T4-ADM-479

Kocku von Stuckrad
Das Ringen um die Astrologie

W
DE
G

Religionsgeschichtliche
Versuche und Vorarbeiten

Herausgegeben von
Fritz Graf · Hans G. Kippenberg
Lawrence E. Sullivan

Band 49

Walter de Gruyter · Berlin · New York
2000

Kocku von Stuckrad

Das Ringen um die Astrologie

Jüdische und christliche Beiträge
zum antiken Zeitverständnis

Walter de Gruyter · Berlin · New York
2000

Die Reihe *Religionsgeschichtliche Versuche und Vorarbeiten*
wurde 1903 begründet von Albrecht Dieterich und Richard Wünsch.
Die Bände I–XV erschienen 1903–1915 unter der
Herausgeberschaft von Ludwig Deubner und Richard Wünsch.
Die Bände XVI–XXVII erschienen 1916–1939 unter
der Herausgeberschaft von Ludolf Malten und Otto Weinreich.
Die Bände XXVIII–XXXVIII erschienen 1969–1982
unter der Herausgeberschaft von Walter Burkert und Carsten Colpe.

⊚ Gedruckt auf säurefreiem Papier, das die
US-ANSI-Norm über Haltbarkeit erfüllt.

Die Deutsche Bibliothek – CIP-Einheitsaufnahme

Stuckrad, Kocku / von:
Das Ringen um die Astrologie : jüdische und christliche Beiträge zum
antiken Zeitverständnis / von Kocku von Stuckrad. – Berlin ; New
York : de Gruyter, 2000
   (Religionsgeschichtliche Versuche und Vorarbeiten ; Bd. 49)
   Zugl.: Bremen, Univ., Diss., 1999
   ISBN 3-11-016641-0

© Copyright 2000 by Walter de Gruyter GmbH & Co., KG, D-10785 Berlin.
Dieses Werk einschließlich aller seiner Teile ist urheberrechtlich geschützt. Jede Verwertung
außerhalb der engen Grenzen des Urheberrechtsgesetzes ist ohne Zustimmung des Verlages
unzulässig und strafbar. Das gilt insbesondere für Vervielfältigungen, Übersetzungen, Mikroverfilmungen und die Einspeicherung und Verarbeitung in elektronischen Systemen.
Printed in Germany
Textkonvertierung: Ready Made, Berlin
Druck: Werner Hildebrand, Berlin
Buchbinderische Verarbeitung: Lüderitz & Bauer-GmbH, Berlin

Vorwort

Die Welt deutend zu erfassen, die Wirklichkeit auf ihre verborgene Symbolik hin zu untersuchen, auf geheime Zusammenhänge und zugrundeliegende Strukturen, ist seit jeher ein wesentliches Ziel menschlichen Nachdenkens gewesen. Das kulturgeschichtlich bedeutendste Ergebnis solchen Forschens dürfte die Astrologie sein, mit deren Hilfe eine genaue Beschreibung vergangener, gegenwärtiger und zukünftiger Zeitqualitäten möglich ist. Im Zuge eines Entsprechungsdenkens, welches die unterschiedlichen Ebenen der Wirklichkeit durch qualitative Eigenschaften oder – mit Cassirer gesprochen – in mythischen Klassen verbunden weiß, entwickelte sich die Sternkunde zur maßgeblichen Disziplin abendländischer, aber auch östlicher Geistigkeit und steht sowohl historisch als auch systematisch am Anfang jeglicher Esoterik.

Die sinnstiftende Funktion von Gegenwartsdeutung ließ die Astrologie stets mit religiösen Fragen in Verbindung treten, galt es doch, den eigenen Ort innerhalb eines kosmischen Geschehens zu entdecken. Im antiken Polytheismus, wo jede Göttin und jeder Gott „ihren" oder „seinen" Planeten hatte, spiegelte sich die Dynamik des Pantheons in den Wegen der Gestirne, während im monotheistischen Kontext Gott als der große Weltenlenker galt, der seinen Willen in den Planetenbahnen zum Ausdruck brachte. Die Deutungsnatur des Menschen und sein Hang, den Willen der Göttinnen und Götter zu erforschen, machte vor keiner Religion halt, und der Versuch christlicher Kaiser, die *curiositas* ihrer Untertanen ein für allemal zu verbieten, wurde von der Geschichte als hilfloses Unterfangen aufgedeckt.

Es ist die kulturprägende Kraft der Astrologie und ihr Vermögen, sich unterschiedlichsten religiösen und philosophischen Systemen anpassen zu können, die ihr seit nunmehr bald viertausend Jahren einen herausragenden Platz innerhalb der menschlichen Geschichte gesichert hat. Auch im ausgehenden zwanzigsten Jahrhundert kann von einer Infragestellung astrologischer Deutungsmuster keine Rede sein, im Gegenteil: Die beinah täglichen Meldungen über Endzeiterwartungen, Wendezeitspekulationen und Prophezeiungen jeglicher

Couleur, ausgelöst durch die Jahrtausendwende und bisweilen verstärkt durch das Erscheinen von Kometen oder die „Jahrhunderteklipse" vom August 1999, legen vom menschlichen Bemühen, die „Zeichen der Zeit" zu erkennen, ein beredtes Zeugnis ab, nicht nur im engeren Bereich der modernen Esoterik, sondern auch und gerade im Kontext christlicher und jüdischer Religionen.

Hinzu kommt, daß jenes „hermetische" Denken in Entsprechungen und die geheimnisvolle Synchronizität aller Wirklichkeitsdimensionen durch die Entwicklungen der modernen Physik auf erstaunliche Weise gerechtfertigt erscheint. Hermetik und Astrologie liefern ein philosophisches Modell, welches die Zumutungen der Relativitätstheorie und der Quantenmechanik für das „aufgeklärte" Denken westlicher Prägung abzumildern vermag. Biologie und Geologie sind ebenfalls auf dem Wege, die Vernetzung aller Lebensbereiche nicht nur zu akzeptieren, sondern als wesentlichen Bestandteil in ihre Methodik aufzunehmen. Die Geistes- und Sozialwissenschaften schließlich versuchen mit Hilfe von Systemtheorien die Vielschichtigkeit der Wirklichkeit und die Interdependenz scheinbar völlig unabhängiger Größen abzubilden.

Die Implikationen dieses neuen wissenschaftlichen Paradigmas sind bislang nur in Ansätzen sichtbar, und vielen Wissenschaftlerinnen und Wissenschaftlern fehlt noch der Mut, ihre überkommenen Positionen tatsächlich einer Prüfung zu unterziehen. In Zukunft werden wir dem nicht ausweichen können.

Die vorliegende Studie stellt die leicht überarbeitete Fassung meiner Dissertation dar, die Ende 1998 im Fach Religionswissenschaft an der Universität Bremen angenommen wurde. Für das Zustandekommen der Arbeit bin ich vielen Menschen zu Dank verpflichtet. Allen voran ist Hans G. Kippenberg zu nennen, der meine Untersuchung von Anfang an mit lebhaftem Interesse begleitet und mir mehr als einmal darüber die Augen geöffnet hat, in welcher philosophischen Tradition ich mich eigentlich befinde. Nicht zuletzt durch seine Anteilnahme ist mir das Schreiben zum Vergnügen geworden. Herr Karl Hoheisel, Bonn, hat sich dankenswerterweise bereit erklärt, trotz erheblicher Belastungen das Zweitgutachten der Arbeit zu übernehmen, was alles andere als selbstverständlich ist.

Der Universität Bremen möchte ich für das zweijährige Stipendium danken, ohne das die Arbeit nicht hätte fertiggestellt werden können, sowie für die Möglichkeit, als Lehrbeauftragter Erfahrungen zu sammeln. Den Teilnehmerinnen und Teilnehmern meiner Seminare bin ich für manche Rückfrage und Anregung dankbar. Endlich ist auch das Max-Weber-Kolleg für kultur- und sozialwissenschaftliche Studien der Universität Erfurt zu nennen, an dem ich als Gastkollegiat meine Arbeit vorstellen durfte. Das interessante interdisziplinäre Forschen an diesem Ort hat meinen Horizont wesentlich erweitert, wofür ich Fellows und Kollegiaten dankbar bin.

Abschließend sei den Herausgebern der RGVV und dem Verlag Walter de Gruyter gedankt für die Aufnahme der Arbeit in diese geschichtsträchtige Reihe. Ich bin darüber besonders froh, stellt mein Versuch doch so etwas dar wie die durch *linguistic turn*, *pragmatic turn* und die *writing culture*-Debatte hindurchgegangene religionsgeschichtliche Schule. Neben Ludwig Wittgenstein, Richard Rorty oder Hayden White stellen deshalb Albrecht Dieterich oder Franz Boll weitere heimliche Helden dieses Buches dar.

Bremen, im Juli 1999   Kocku von Stuckrad

*Denn dieses eine steht fest: Wertvoll und
wahrhaftig ist die Wissenschaft der Astrologie,
eine Krone ist sie des Menschengeschlechtes und ihre
ganze ehrwürdige Weisheit ein Zeugnis Gottes.*

Philipp Melanchthon

*So seltsam wie alles an der Astrologie den
modernen Menschen berühren mag, so gewiß ist sie ein
paar Jahrtausende lang eines der wesentlichsten Stücke
im geistigen Gemeinbesitz der Menschheit gewesen,
und ihre Literatur darf im umfassendsten Sinne Weltliteratur
heißen. Vielleicht in ihr allein haben sich Ost und West,
Christen, Mohammedaner und Buddhisten mühelos verstanden.*

Franz Boll und Carl Bezold

Inhalt

Vorwort V

I. Einleitung

1. Allgemeiner Forschungsstand 2
   1.1. Geschichte der antiken Astrologie 2
   1.2. Die Rezeption der Astrologie im jüdisch-christlichen Kontext 4
2. Vorgehensweise 8
3. Inhaltliche und zeitliche Abgrenzung 10

II. Geschichte als Kommunikation: Methodische Grundlegung

1. Richard Rorty: Hermeneutik und Pragmatismus 14
   1.1. Der Mythos der Widerspiegelung und der Glaube an privilegierte Vorstellungen: Eine Kritik der „Korrespondenztheorie" 18
   1.2. Sprache und Kontingenz 23
   1.3. Relativismus und Ethnozentrismus 35
2. Pragmatistische Religionswissenschaft 55
3. Die Astrologie als Gegenstand religionswissenschaftlicher Analyse 69
   3.1. Kosmos und Sympathie: Das Entsprechungsdenken als Voraussetzung astrologischer Wirklichkeitsdeutung .. 71
   3.2. Konzeptionen der Zeitqualität: Beiträge der Philosophie 76
   3.2.1. Henri Bergson 78
   3.2.2. Wolfgang Pauli 87

III. Num 24,17 als Agens jüdischer Politik und Herrschaftslegitimation

1. Der „Stern der Hasmonäer" 105
2. Die Sternsymbolik im herodianischen Umfeld 112
   2.1. Die Ereignisse der Jahre 7 und 6 v.u.Z. 124

2.2. Herodes als Messias 128
3. Num 24,17 in Qumran 133
4. Astrologische Konnotationen des Bar-Kokhba-Aufstandes 141
   4.1. Hadrian und die Astrologie 145
   4.2. Bar Kokhba, der „Sternensohn" 151
   4.3. Münzprägungen des Aufstands 152

IV. Astrologie und Priestertheologie in Qumran

1. Zusammenfassung der bereits erarbeiteten Thesen 160
   Exkurs 1: Die astrologische Semantik des Mithraskultes . 163
2. Priestertradition und Kulttheologie 168
   2.1. Sabbatopfer-Gesänge 169
      2.1.1. Sabbatopfer-Gesänge und Hekhalot-Literatur 180
3. Richtiger Kalender und rechte Weltordnung 184
4. Astrologumena in Qumran im jüdischen und paganen
   Kontext 193
   4.1. 4Q186 194
   4.2. 4Q318 204
5. Ergebnisse oder: Eine theologische Astrologie 215
   5.1. Das innerjüdische Gespräch 216
   5.2. Das Gespräch mit der Umwelt 220

V. Die Astrologie im Lichte der jüdischen Geschichtsschreibung

1. Philo von Alexandria 224
   1.1. Philos Begegnung mit der Astrologie 228
   1.2. Ein Feind der Astrologie? 231
   Exkurs 2: Ciceros Kritik der Astrologie in
   de divinatione II, 87-99 240
   1.3. Kult, Kosmos, Sympathie 247
2. Josephus Flavius – Grenzgänger im jüdisch-römischen
   Gespräch 254
   2.1. Josephus und die Astrologie von Nero bis Domitian 257
   2.2. Der astrologische Diskurs bei Josephus 269
      2.2.1. Heimarmene und Tyche 272
      2.2.2. Die Zeichen der Zeit erkennen 288
      2.2.3. Astrologisches im Werk des Josephus 300
3. Weitere Zeugnisse 306
   3.1. Artapanos 306
   3.2. Aristobulos 308

VI. Die astrologischen Zeugnisse der „zwischentestamentlichen" Literatur

1. Die Henochtradition 316
   1.1. Das *Astronomische Buch* – Herkunft und
        theologische Bedeutung 317
   1.2. Wie astrologiefeindlich ist das AB? 325
   1.3. Die Astrologie in der weiteren Henochtradition ... 338
       1.3.1. Astrologie in 1Hen 338
       1.3.2. Astrologie in 2Hen 343
2. Das Jubiläenbuch 352
   2.1. Astronomie und Kalender 354
   2.2. Astrologie 359
3. Die Schrift des Sem 365
   3.1. Welcher Jahresanfang ist gemeint? 368
       3.1.1. Der *horoskopos* 371
       3.1.2. Das Wanderjahr 373
       3.1.3. Die lunare Tages-Deutung 375
       3.1.4. Das Sothisjahr 381
       3.1.5. Ergebnisse 383
   3.2. Inhaltliche Untersuchung 384
       3.2.1. Die Deutungen im Lichte der astrologischen
              Tradition 385
       3.2.2. Theologische Implikationen 391
4. Das Testamentum Salomonis 394
   4.1. Tradierte astrologische Inhalte 399
       4.1.1. Das 18. Kapitel und die ägyptischen Dekanlehren 399
       4.1.2. Kapitel 8 und weitere Beobachtungen 403
   4.2. Ergebnisse 415
5. Die Sibyllinischen Orakel 420
   5.1. Das Buch III 422
   5.2. Das Buch V 425

VII. Die Astrologie im rabbinischen Diskurs

1. Vorüberlegungen 432
   1.1. Haben die Rabbinennamen eine historische
        Bedeutung? 434
   1.2. Der babylonische Talmud als literarisches Phänomen 441
2. Mischna, Tosefta, Midrasch: Exposition rabbinischer
   Diskursstrategien 448
3. Der Jerusalemer Talmud 454

Inhalt

4. Der Babylonische Talmud 460
   4.1. Der *locus classicus* bSchab 156ab 461
      4.1.1. Übersetzung 461
      4.1.2. Interpretation 466
   4.2. Israel und der *mazzal*: weitere Belege 480
   4.3. Sternkult 483
   4.4. Talmudische Astrologie 485
      4.4.1. Astrologische Kompetenz 485
      4.4.2. Horoskopinterpretation und Prognosen 491
      4.4.3. Astrologische Medizin 499
5. Ergebnisse 503

Exkurs 3: Antike Sternverehrung zwischen Polemik und Wirklichkeit 512
   1. Die Rolle der Sterne in nicht-jüdischen Kulten 512
   2. Sternverehrung im jüdischen Kontext 520
   2.1. Sefär ha-razîm 523
   3. Ergebnis: Der Sternkult als besonderer Zweig der Astrologie 532

Christliche Beiträge zum antiken Gespräch

Kritische Einleitung 534

VIII. Die Astrologie im christlichen Kanon

1. Spurensicherung 543
   1.1. Der Gebrauch astraler Symbolik 544
   1.2. Himmlische Omina und „Zeichen der Zeit" 546
   1.3. Antiastrologische Polemik 548
2. Die Magier-Perikope und der „Stern von Bethlehem" ... 555
   2.1. Erklärungsansätze 556
      2.1.1. Mt 2 und der Magier-Zug des Tiridates 557
      2.1.2. Ist Mt 2 eine Auslegung zu Num 24,17? 560
      2.1.3. Kometentheorien 562
      2.1.4. Die Große Konjunktion des Jahres -6 565
   2.2. Analyse des Textes Mt 2,1-12 – eine Indizienkette astronomischer Spuren 566
      2.2.1. Aufgang und Stillstand des Sternes 569
      2.2.2. Das Zodiakallicht 570
      2.2.3. Die Dauer der Sternerscheinung 572
   2.3. Babylonien oder Persien: Wer sind die *magoi*? 575

2.4. Ergebnisse: Die Magier-Perikope zwischen Dichtung und Wahrheit 580
3. Johannesapokalypse 587
   3.1. Astrologische Konnotationen 588
   3.2. Apk 12, die *Regina caeli* und das „Zeichen am Himmel" 595
   Exkurs 4: Parusieverzögerung, Endzeiterwartung und Apokalyptik 604

IX. Astrologie im gnostischen Kontext

1. Einführung 624
2. Zentrale Positionen gnostischer Astrologie 631
   2.1. Kosmologie und Zodiakalastrologie 632
   2.2. Heimarmene, Befreiung der Seele und Himmelsreise 636
   2.3. Einzellehren 643
      2.3.1. Markos 643
      2.3.2. Theodotus 650
      2.3.3. Bardesanes von Edessa 655
      2.3.4. Dekanmelothesie in Nag Hammadi 663
3. Die Gnosis innerhalb des antiken Diskurses 669
   3.1. Gnosis und Hermetik 670
   3.2. Gnosis und Judentum 680
      3.2.1. Himmelsreise in Gnosis und Hekhalot-Mystik ... 681
      3.2.2. Dekanlehren in 3Hen und *Shiʿûr qôma*? 686

X. Manichäische Astrologie

1. Hintergründe und Vorläufer 700
   1.1. Elchasai 701
   Exkurs 5: Der frühchristliche Osterkalender und seine heilsgeschichtliche Bedeutung 708
      1. Die Passah-Feier der Quartadezimaner 710
      2. Parusieerwartungen in der kirchlichen Osterfeier ... 716
      3. Christliche Positionen zur Sabbatstruktur der Geschichte 719
2. Astrologische Weltdeutung bei Mani 726
   2.1. Astrologische Konnotationen manichäischer Kosmologie 728
      2.1.1. Sonne und Mond 730
      2.1.2. Die Planeten und ihre Verbindung zur irdischen Welt 737

2.2. Astrologie *in sensu stricto* 743
  2.2.1. Melothesie 743
  2.2.2. Zodiakalgeographie in kosmischer Perspektive ... 747
  2.2.3. Planeten und Stundenherrscher 756
  2.2.4. Lebenszeit und Weltzeit: Manis Offenbarung der
         Zeitqualität 761

XI. Antiastrologische Diskurse im zentristischen Christentum

1. Argumente kirchlicher Apologeten gegen die
   Astrologie 768
   1.1. Fatalismus, Willensfreiheit und Vorhersagbarkeit
        des Schicksals 771
   1.2. Die Gestirne: Bewirkende Mächte oder Zeichen? ... 779
2. Die Verdrängung der Astrologie aus dem
   gesellschaftlichen Diskurs 782
   2.1. Theologische Kriminalisierung 782
   2.2. Politische Kriminalisierung im Spiegel der Gesetze .. 788
       2.2.1. Von Diokletian bis Theodosius:
              Die Neuformatierung des Diskurses 792
3. Zusammenfassung 797

XII. Ergebnisse

1. Metastrukturen des antiken Gesprächs 803
   1.1. Die Struktur der Entsprechung 804
   1.2. Die kulttheologische Struktur 805
   1.3. Die magisch-mystische Struktur 806
   1.4. Das Rechnen mit Zeitkontingenten und der Ort auf
        der Zeitachse 807
   1.5. Schicksal und freier Wille 808
   1.6. Die Struktur religiöser Propaganda 809
2. Lokale Brennpunkte des Gesprächs 810
   2.1. Ägypten 811
   2.2. Syrien, Persien, Mesopotamien 814

Abkürzungsverzeichnis 816
Quellenverzeichnis 821
Literaturverzeichnis 825
Astrologische Symbole 855
Glossarium astrologischer Fachtermini 856

Inhalt XVII

Tabellen und Abbildungen

Verzeichnis der Jupiter-Saturn-Konjunktionen von −200
bis 710 u.Z. 860
Verzeichnis der Kometenerscheinungen nach antiken Berichten 862

Abbildungen

Tafeln:
Tafel 1: Große Konjunktion des Jahres 126 v.u.Z. 864
Tafel 2: Große Konjunktion des Jahres 7 v.u.Z. 865
Tafel 3: Jupiter, Saturn und Mars im Jahre 66 u.Z. 866
Tafel 4: Jupiter, Saturn und Mars im Jahre 134 u.Z. 867
Horoskope:
Abb. 1: Chanukka 41 v.u.Z. 868
Abb. 2: Große Konjunktion des Jahres 7 v.u.Z. (1) 869
Abb. 3: Große Konjunktion des Jahres 7 v.u.Z. (2) 870
Abb. 4: Große Konjunktion des Jahres 7 v.u.Z. (3) 871
Abb. 5: Heliakischer Aufgang des Jupiter im Jahre 6 v.u.Z. . 872
Abb. 6: Geburtshoroskop Kaiser Hadrians 873
Abb. 7: Jupiter-Saturn-Konjunktion am 19.01.134 u.Z. 874
Abb. 8: Geburtshoroskop Kaiser Neros 875

Register

Stellenregister 876
Namensregister 888
Sachregister 898

I. Einleitung

Die Astrologie zählt zu den Wissenschaften, die sich in der Antike höchster Reputation erfreuen konnten. Als *ars mathematica* eng mit der Astronomie verbunden, entfaltete die Deutung der Sternenbewegung ihren Einfluß im römischen Kaiserreich bis in höchste politische Kreise hinein. Gleichwohl kam es immer wieder zu erbitterten Auseinandersetzungen über Bedeutung und Einfluß astrologischen Weltverständnisses, was wiederholt zu Ausweisungen und Verfolgungen von Astrologinnen und Astrologen geführt hat. Meist liegen die Gründe hierfür nicht in einer Ablehnung der Gültigkeit des astrologischen Deutungsmodells, sondern rühren von politischen Überlegungen her: Einerseits durfte das „Wissensmonopol" des Kaisers auch auf diesem Gebiet nicht in Frage gestellt werden, andererseits wußten die Herrscher astrologische Legitimationen ihrer Königswürde geschickt in machtpolitische Überlegungen einzubeziehen.

Die Astrologie der griechisch-römischen Zeit ist dank umfangreicher Forschungen gut dokumentiert. Umso mehr muß es verwundern, daß die Diskurse über astrologische Fragen im *jüdischen* und *christlichen* Kontext jener Zeit bislang nur rudimentär erforscht worden sind. Im wesentlichen gilt nach wie vor das Urteil Gundels: „Die hebräischen Astrologumena und die Beziehungen der Juden zur Astrologie harren noch einer modernen Sonderuntersuchung."[1] Dabei tangiert die Astrologie genuin religiöse Bereiche, wie beispielsweise die Vorbestimmung, die Freiheit des Menschen oder das Verhältnis Gottes zu den Gestirnen. Daß sich die wissenschaftliche Untersuchung dieses Gebietes vergleichsweise gering ausnimmt, liegt nicht etwa an einem Desinteresse monotheistischer Religionen an der Astrologie, sondern vor allem an gewissen Implikationen der verwendeten Methode, welche die Astrologie dem „Sternenkult" sowie einem notwendigen Fatalismus zuordnet. Auf diese Weise sucht sie die Sternkunde dichotomisch vom jüdischen und christlichen Glau-

---

[1] GUNDEL 1966, 53 Anm. 4.

ben abzutrennen.[2] Eine gründliche Sichtung des Materials zeigt dagegen, wie verfehlt eine solche Grundposition ist. Von einer einheitlichen Haltung in der Auseinandersetzung um die pagane Wissenschaft der Sterndeutung kann nämlich keine Rede sein. Vielmehr führten die einzelnen Gruppen eine intensive Auseinandersetzung über die religiösen Dimensionen der Astrologie, wobei neben theologischen Positionen auch pragmatische und politische Überlegungen eine oft unterschätzte Rolle gespielt haben.

Um der Vielfalt der Haltungen gerecht werden zu können, versucht die vorliegende Arbeit den *Diskurscharakter* der Auseinandersetzung widerzuspiegeln, wobei die je unterschiedlichen Motivationen und der „Sitz im Leben" der Dokumente aufzuhellen sind. Anstatt also die Haltung *des* Judentums oder *des* Christentums zu *der* Astrologie herauszudestillieren, geht es im folgenden um die Beschreibung möglicher Antworten von Juden und Christen auf die vielen Fragen astrologischer Weltdeutung. Ein verallgemeinerbares Ergebnis ist aus diesem Grunde von vornherein ausgeschlossen und auch nicht intendiert. Statt dessen wird ein lebendiger theologischer, philosophischer und politischer Diskurs sichtbar, welcher der Astrologie in der antiken Gesellschaft einen zentralen Platz zuerkannte.

1. Allgemeiner Forschungsstand

1.1. Geschichte der antiken Astrologie

Die Astrologie der Antike ist von historischer Seite in den letzten ca. 100 Jahren detailliert aufgearbeitet worden. Allen voran ist hier A. Bouché-Leclercq zu nennen, dessen epochales Werk *L'Astrologie grecque*[3] auch heute noch zu den verläßlichsten Beiträgen zur Erforschung der antiken Astrologie zählt. Im Anschluß daran machten sich insbesondere deutsche und französische Autoren an die Erfassung und Aufbereitung der auf uns gekommenen Astrologumena. Ein Großteil dieser Arbeit wurde von den Wissenschaftlern F. Cumont[4] und F.J.

---

[2] Die Meinung G.F. MOORES steht dabei für viele: „[...] der ganze Tenor der alttestamentlichen Geschichte und Prophetie machte astralen Fatalismus, ganz abgesehen von seinem heidnischen Ursprung und Charakter, unvereinbar mit dem jüdischen Monotheismus" (1973, 187).
[3] Paris 1899.
[4] *Astrology and Religion among the Greeks and Romans*, New York 1912; *L'Egyptes des astrologues*, Paris 1937; *Symbolisme*, Paris 1943; *Lux perpetua*, Paris 1949.

Boll[5] geleistet. Diese beiden waren es auch, die den von 1898-1953 auf 12 Bände angewachsenen *Catalogus codicum astrologorum graecorum* (Brüssel) initiierten, ein Kompendium, das als ein Meilenstein der Forschung anzusehen ist. In den folgenden Jahrzehnten waren es insbesondere W. und H.G. Gundel, die sich um die Aufhellung der antiken Astrologiegeschichte verdient machten. Vor allem ihr gemeinsames Werk *Astrologumena: Die astrologische Literatur in der Antike und ihre Geschichte*[6] ist in diesem Zusammenhang zu nennen, auch wenn verschiedene maßgebliche jüdische Astrologumena keine Berücksichtigung fanden. Von mathematisch-astronomischer Seite ist ebenfalls erhebliches Material beigesteuert worden. Für die Astrologiegeschichte bedeutsam waren die Forschungen von F.X. Kugler,[7] E.F. Weidner,[8] A. Sachs[9] und dann die umfangreichen Neubewertungen durch O. Neugebauer[10] und B.L. van der Waerden.[11] Für die historische Forschung sei darüber hinaus auf F.H. Cramer[12] verwiesen, während A. Strobel[13] eine entscheidende Aufarbeitung der astralen Hintergründe der spätantiken Religion lieferte.

Im weiteren Verlauf der Forschung zeigte sich alsbald ein grundsätzlicher Streit über die Rolle des griechischen Denkens für die Herausbildung der „klassischen" Astrologie. Auf der einen Seite

---

[5] *Sphaera: Neue Griechische Texte und Untersuchungen zur Geschichte der Sternbilder*, Leipzig 1903; *Aus der Offenbarung Johannis. Hellenistische Studien zum Weltbild der Apokalypse*, Leipzig/Berlin 1914; *Sternglaube und Sterndeutung: Die Geschichte und das Wesen der Astrologie* (mit C. BEZOLD, hg. von W. GUNDEL), Leipzig 1926; *Kleine Schriften zur Sternkunde des Altertums*, Leipzig 1950.

[6] In „Sudhoffs Archiv", Wiesbaden 1966.

[7] *Sternkunde und Sterndienst in Babel. Assyriologische, astronomische und astralmythologische Untersuchungen*, Münster 1907-1935.

[8] Besonders zu nennen sind seine Publikationen der Serie „Enuma Anu Enlil" im *Archiv für Orientforschung* 14 (1944), 17 (1955) und 22 (1968-69).

[9] „Babylonian Horoscopes". In: *Journal of Cuneiform Studies* 6 (1952), 49-75; *Late Babylonian Astronomical and Related Texts*, Providence 1955.

[10] Von seinen umfangreichen Publikationen seien lediglich genannt: *The Exact Sciences in Antiquity*, Kopenhagen 1951; *Astronomical Cuneiform Texts: Babylonian Ephemerides of the Seleucid Period for the Motion of the Sun, the Moon, and the Planets*, London 1955 (=New York 1983); *Greek Horoscopes* (mit H.B. VAN HOESEN), Philadelphia 1959; *Egyptian Astronomical Texts* (mit R.A. PARKER), London 1960-1969; *A History of Ancient Mathematical Astronomy*, Berlin 1975; *Astronomy and History. Selected Essays*, New York 1983.

[11] *Erwachende Wissenschaft*, 2 Bände, Basel/Stuttgart/Berlin 1966/1968.

[12] *Astrology in Roman Law and Politics*, Philadelphia 1954.

[13] *Weltenjahr, große Konjunktion und Messiasstern*. In: ANRW II.20.2, Berlin/New York 1987, 988-1190.

waren jene, die die kritische Wissenschaft, welche gemeinhin der hellenistischen Welt zugeschrieben wird, als *conditio sine qua non* für eine vom Sternenkult „gesäuberte" Astrologie bezeichneten. Im Zuge dieser Zuordnung erscheint die mesopotamische Astronomie allenfalls als pseudo- bzw. protowissenschaftlich. Von einem der erbittertsten Kritiker dieser Position, D. Pingree, wurde jene *hellenophile* Haltung als wesentlicher Grund dafür ausgemacht, daß die Darstellung der antiken Astrologie – insbesondere im Zusammenhang mit der Sternkunde nicht-griechischer Provenienz – von vornherein zu unbefriedigenden Resultaten führen mußte.[14] In dem Maße, wie die Erforschung der mesopotamischen Astronomie zu immer beachtlicheren Ergebnissen kam, sahen sich die „hellenophilen" Wissenschaftlerinnen und Wissenschaftler mit einer zunehmenden Infragestellung ihrer Position konfrontiert.[15] Bis heute ist in dieser Frage kein Konsens erreicht, was nicht zuletzt an der fehlenden *methodischen* Auseinandersetzung zu liegen scheint. Gerade die Herausarbeitung des wissenschaftlichen Vorverständnisses ist aber ein notwendiges Kriterium zur Beilegung des erwähnten Streites, was zugleich bedeutet, unser Weltbild, das griechische Geistigkeit als die Krone der Wissenschaft zu sehen gewohnt ist, einer Überprüfung zu unterziehen. Tamsyn Bartons Arbeit *Ancient Astrology* kann in dieser Hinsicht als erster Anfang betrachtet werden.[16]

1.2. Die Rezeption der Astrologie im jüdisch-christlichen Kontext

Das Judentum galt lange Zeit als vehementer Gegner jedweder magischen, mantischen oder astrologischen Betätigung. Diese wissenschaftliche Grundposition führte dahin, daß eine Erforschung jüdisch-christlicher Magie oder Astrologie weithin als obsolet angesehen wurde, da wir es hier allenfalls mit Randerscheinungen oder gar Häresien zu tun haben. Dieses pauschale Urteil ist in der jüngeren Forschung allenthalben untergraben worden. Denn insbesondere die fruchtbare Analyse der magischen Traditionen im Judentum hat zu der Erkenntnis geführt, daß derartige Strömungen viele Bereiche des antiken religiösen Befindens maßgeblich beeinflußten, und zwar

---

[14] Neben seinen Studien der persischen und indischen Astrologie ist in diesem Zusammenhang zu nennen: „Hellenophilia versus the History of Science." In: *Isis* 83 (1992), 554-563; vgl. auch VON STUCKRAD 1996, 39f.
[15] Zur Darstellung der Forschungsgeschichte sei hier auf VON STUCKRAD 1996, 17-85, verwiesen.
[16] BARTON 1995.

Allgemeiner Forschungsstand

nicht nur im paganen Kontext der Umwelt, sondern auch in Judentum und Christentum selber.[17] Die Astrologie, im antiken Weltbild angesiedelt im Spannungsfeld zwischen Wissenschaft und Magie, harrt indes weiterhin einer umfassenden Darstellung, die in ähnlicher Weise die erhaltenen Dokumente einer Neubewertung unterzieht und zugleich jüngere Ergebnisse verwandter Forschungsbereiche (wie die Entdeckung der zahlreichen Fußbodenmosaiken antiker Synagogen mit astrologischen Motiven) angemessen zu integrieren sucht.

Was die Forschungsgeschichte betrifft, so stellen die Ergebnisse von L. Löw[18] und L. Blau[19] noch immer wichtige Grundlagen dar, wenngleich sie in starkem Maße von dem beschriebenen Paradigma geprägt sind, die Einflußmöglichkeit astrologischen Denkens auf das Judentum a priori auszuschließen. Trotz neuer Quellen gilt diese letztlich apologetische Aufrechterhaltung alter Positionen auch für nachfolgende Wissenschaftler. Zunächst ist hier E. Bischoff[20] zu nennen, der weiteres Material untersuchte. Erst mit der Diskussion um E.R. Goodenough[21] und seine Thesen zu jüdischen Mysterienkulten wurde die Forschung belebt, ohne aber für die Astrologie zu greifbaren Ergebnissen zu kommen. Neben J. Trachtenberg,[22] der im Rahmen der Magie auch die Astrologie behandelte, war es vor allem J.H. Charlesworth,[23] der den neueren Forschungsstand zusammenfaßte und ebenfalls das Paradigma der jüdischen Unberührtheit von astrologischem Gedankengut kritisch hinterfragte. Wenn

---

[17] Von den jüngeren Forschungsbeiträgen zur Magie im Judentum sind zu nennen: SCHLÜTER 1982; SCHÄFER 1988 und 1991; J. TROPPER: *Nekromantie. Totenbefragung im Alten Orient und im Alten Testament*, Kevelaer/Neunkirchen-Vluyn 1989; J. NEUSNER, E.S. FRERICHS, P.V. MCCRACKEN FLESHER (Hrsg.): *Religion, Science, and Magic. In Concert and in Conflict*. New York 1992; NAVEH/SHAKED 1987 und 1993; C. HERMANN: *Ägyptische Amulette aus Palästina/Israel. Mit einem Ausblick auf ihre Rezeption durch das Alte Testament*, Göttingen/Freiburg (Schweiz) 1994.
[18] In: *Gesammelte Schriften*, Bd.2, hg. von I. Löw, Szegedin 1890.
[19] *Altjüdisches Zauberwesen*, Budapest 1898.
[20] *Babylonisches Astrales im Weltbilde des Thalmud und Midrasch* (1907).
[21] *By Light, Light: The Mystic Gospel of Hellenistic Judaism*, New Haven 1935, sowie das Werk *Jewish Symbols in the Greco-Roman Period*, 8 Bde., New York 1953–1968. Vgl. zur Diskussion VON STUCKRAD 1996, 179-187.
[22] *Jewish Magic and Superstition*, New York 1970.
[23] *Jewish Astrology in the Talmud, Pseudepigrapha, the Dead Sea Scrolls and Early Palestinian Synagogues*. In: *Harvard Theological Review* 70 (1977), 183-200. *Jewish Interest in Astrology during the Hellenistic and Roman Period*. In: ANRW II, 20.2, Berlin/New York 1987, 926-950.

man von einem rabbinischen Beitrag,[24] der wissenschaftlichen Kriterien nicht genügt, und einer nicht sehr ergiebigen und darüber hinaus schwer zugänglichen Dissertation[25] absieht, so stellen die genannten Autoren die keinesfalls befriedigende Quintessenz der bisherigen Forschung dar.

Freilich sind zu einzelnen Aspekten der jüdischen Auseinandersetzung mit der Astrologie Aufsätze verfaßt worden, die jedoch in keinem Falle eine gründliche Untersuchung intendierten. Besonders die Astrologumena, welche sich im Schrifttum der Gemeinde von Qumran am Toten Meer fanden, gaben immer wieder zu Spekulationen über eine Neubewertung der Astrologie im Kontext des antiken Judentums Anlaß, doch letzten Endes begnügte man sich – auch aufgrund des schwierigen Charakters jener Fragmente – mit der neuerlichen Feststellung, astrologischem Gedankengut könne auch für Qumran nur marginale Bedeutung eingeräumt werden. Diese These ist von mir bereits im Rahmen meiner früheren Studie kritisch überprüft worden.[26]

Ähnliches gilt für die archäologischen Funde, die in den letzten 50 Jahren immer wieder von sich reden machten. Zahlreiche Mosaikfußböden spätantiker Synagogen weisen einen Tierkreis auf, was die Frage nach der Rolle der Sterndeutung für das antike Judentum in einem neuen Licht erscheinen läßt. Da von marginaler Bedeutung zumindest in diesem Zusammenhang keine Rede sein kann, fällt es vielen Wissenschaftlerinnen und Wissenschaftlern schwer, das plötzliche Auftreten „heidnischer" Symbole in jüdischen Gebetshäusern plausibel zu begründen.[27] Daß dieser Befund dazu geeignet ist, die Axiome und Paradigmata der bisherigen Forschung zu falsifizieren – soweit dies bei Axiomen überhaupt möglich ist –, ist selten angemessen gewürdigt worden.

---

[24] J.C. DOBIN: *The Astrological Secrets of the Hebrew Sages. To Rule Both Night and Day*, Rochester 1983.

[25] L.J. NESS: *Astrology and Judaism in Late Antiquity*, Diss. Miami University 1990 (die Universitätsbibliothek München verfügt mittlerweile über eine Microfiche-Kopie der Arbeit). Die wichtigeren Kapitel sind 3 („Astral Religion") und 4 („Jewish Astrology"), bevor NESS sich im Schlußkapitel 5 der „Astrology in Synagogue Art" zuwendet. Die Seitenangaben des Inhaltsverzeichnis stimmen nicht mit den tatsächlichen Seiten überein! Die Arbeit bringt wenig Neues und bietet auf weniger als 300 Seiten allenfalls einen guten Überblick.

[26] Vgl. VON STUCKRAD 1996, 105-135.

[27] Für eine detaillierte Beschreibung des Forschungsstandes sei auf VON STUCKRAD 1996, 161-178, verwiesen.

Allgemeiner Forschungsstand

Was den Bereich der sog. zwischentestamentlichen Literatur betrifft, so liegen bisher lediglich für die *Henochbücher* umfangreiche Studien vor, wobei die Rolle der Astrologie auch hier nicht im Zentrum der Untersuchung steht. Nachdem O. Neugebauer[28] eine erste Analyse der astronomischen Kapitel des äthiopischen Henoch vorgelegt hatte, war es C. Böttrich,[29] der in detaillierter Form den slavischen Henoch einer textkritischen Untersuchung unterzog. In den letzten Jahren gab es eine Reihe äußerst aufschlußreicher Studien über den theologischen Hintergrund der Henoch-Astronomie. Allen voran ist hier die Arbeit zum *Astronomischen Henochbuch* (AB) von M. Albani[30] zu nennen, die wesentlich zur Erhellung der Tempelkult-Theologie beigetragen hat. Die astralen Dimensionen dieser Priestertheologie lassen sich besonders gut aus den Qumranschriften herauslesen.

Das AB führt bereits in die Epoche hinein, welche die zwischentestamentliche Literatur hervorbrachte. Obwohl die Sternkunde innerhalb dieses gewaltigen Textkorpus' eine wichtige Rolle spielt, wurden die Dokumente bisher noch nicht auf ihren Platz im antiken astrologischen Diskurs hin befragt. In diesem Sachverhalt spiegeln sich nicht nur die nicht unerheblichen textkritischen Schwierigkeiten wider, sondern auch das fehlende Interesse moderner Forschung an jenen Texten, die zu Unrecht an den Rand des antiken religiösen Empfindens und Denkens gedrängt wurden.

Für das Gebiet der frühchristlichen Religionsgeschichte stellt sich die Forschungslage in einzelnen Bereichen freundlicher dar, obgleich auch hier das o.g. Paradigma nur ansatzweise aufgearbeitet scheint. Nachdem F. Boll[31] kenntnisreich die neutestamentlichen Texte auf astrologische Spuren hin analysiert hatte, lieferte U. Riedinger[32] eine wichtige Aufarbeitung der frühkirchlichen Auseinandersetzung mit der Astrologie. Sodann konnten die umfangreichen Studien W. Hübners[33] die

---

[28] *The ‚Astronomical' Chapters of the Ethiopic Book of Enoch (72 to 82): Translation and Commentary*, Kopenhagen 1981.
[29] BOETTRICH 1992, 1995 und 1997.
[30] M. ALBANI: *Astronomie und Schöpfungsglaube. Untersuchungen zum astronomischen Henochbuch*, Neukirchen-Vluyn 1994; vgl. auch die Einzelstudien von U. GLESSMER.
[31] *Aus der Offenbarung Johannis. Hellenistische Studien zum Weltbild der Apokalypse*, Leipzig/Berlin 1914.
[32] *Die Heilige Schrift im Kampf der griechischen Kirche gegen die Astrologie von Origenes bis Johannes von Damaskos. Studien zur Dogmengeschichte und zur Geschichte der Astrologie*, Innsbruck 1956.
[33] Vgl. HÜBNER 1982, 1983, 1988, 1989 und 1995.

Forschung um wesentliche Punkte bereichern. Auch über die rechtlichen Fragen der Astrologie im Römischen Reich sind wir hervorragend informiert, da F.H. Cramer[34] eine umfangreiche Dokumentation bis zum Ende des Prinzipats vorlegte, die jüngst von M.Th. Fögen[35] in neuem Zusammenhang weitergeführt wurde.

Abgesehen von diesen wichtigen Monographien ist zu konstatieren, daß sich zwar im Hinblick auf einzelne Passagen der kanonischen christlichen Literatur eine ausgiebige Diskussion ergab, jedoch nur in wenigen Fällen ein größerer astrologischer Zusammenhang in den Blick gerückt wurde.[36] Das Fehlen wissenschaftlicher Untersuchungen ist besonders eklatant für den Bereich der unter dem Oberbegriff *judenchristliche Strömungen* zusammengefaßten Bewegungen. Denn hier war die Forschung großenteils darauf angewiesen, das Bild aus den Darstellungen der „Kirchenväter" zu rekonstruieren, da Originalquellen weitgehend verloren waren. Inzwischen ist jedoch eine beachtliche Menge an Material zugänglich gemacht worden – man denke allein an die Nag-Hammadi-Schriften und den Kölner Mani-Kodex –, wodurch wir in der Lage sind, die Zuschreibungen bestimmter Haltungen hinsichtlich der Astrologie, mehrheitlich aufgrund von patristischen Quellen unkritisch übernommen, anhand der Originalzeugnisse zu überprüfen. Denn gerade jene später „häretisch" genannten gnostischen, manichäischen oder judenchristlichen Gruppierungen sind es, die in plakativer Weise als überzeugte Anhänger der Sternkunst bezeichnet worden sind, was zu einer Schieflage in der Beurteilung der antiken Diskussion führte. Hier gilt es eine Korrektur vorzunehmen, indem die aus dem wissenschaftlichen und gesamtgesellschaftlichen Diskurs verbannten Lehrmeinungen aus dem Dunkel der Forschungsgeschichte ans Licht geholt werden.

2. Vorgehensweise

Die kulturellen, wissenschaftlichen und religiösen Diskurse der antiken Gesellschaften verliefen nicht innerhalb fest umrissener sozialer Gruppierungen. Zeitliche und regionale Unterschiede sind weitaus prägender für die Ausbildung bestimmter Meinungen gewesen

---

[34] *Astrology in Roman Law and Politics*, Philadelphia 1954.
[35] *Die Enteignung der Wahrsager. Studien zum kaiserlichen Wissensmonopol in der Spätantike*, Frankfurt a. M. 1993.
[36] Ein Beispiel hierfür ist die geradezu inflationäre Publikationswelle zur Magierperikope des Matthäus (Mt 2) und zum „Stern von Bethlehem".

als die Zugehörigkeit zu einer Religionsgemeinschaft. Dieser Umstand, von der bisherigen Forschung gewöhnlich übersehen oder heruntergespielt, erfordert eine methodische Vorgehensweise, die das ganze Spektrum möglicher Haltungen zur Astrologie innerhalb konkreter sozialer Zusammenhänge verortet, und zwar unter Rücksicht auf die politisch-kulturellen Determinanten, welche die untersuchten Quellen hervorgebracht haben. Dafür ist es vielfach von großem Nutzen, den Blick von der rein *semantischen* Betrachtung der überlieferten Dokumente zu erweitern im Hinblick auf die *pragmatische* Bedeutung des Textes. Denn erst wenn wir die sozialen und politischen Hintergründe des antiken Diskurses offenlegen – den Sitz im Leben –, gelangen wir zu einem angemessenen Verständnis des (möglicherweise) Gemeinten. Für die Astrologie ist der Vorteil einer solchen Herangehensweise leicht einzusehen, denn immer wieder werden wir feststellen, daß bestimmte äußere Umstände – etwa maßgebliche Konjunktionen von Jupiter und Saturn, Kometenerscheinungen oder die Ausrichtung der Politik an der Sterndeutung – theologische Überlegungen anstießen, die in den verschiedenen Religionsgemeinschaften gleichermaßen ihre Wirkung entfalteten – auch wenn jede Gruppe sich ihren eigenen Reim auf die Botschaften des Himmels machte.

Auf einer grundsätzlicheren Ebene versucht die vorliegende Untersuchung philosophischen Überlegungen Rechnung zu tragen, die von der pragmatischen Theorie *Richard Rortys* her entwickelt werden. Dieser Denker hat wie kaum ein anderer zur Dekonstruktion unseres etablierten wissenschaftlichen Selbstverständnisses beigetragen, indem er die Suche nach transhistorischen Wahrheiten und klarer Erkenntnis untergrub. Nimmt man Rorty ernst, so kann man schlechterdings nicht mehr sinnvoll nach übergeordneten Kategorien des Wissens suchen, die uns einen archimedischen Punkt der Interpretation zur Verfügung stellen würden. Wir können noch nicht einmal mit Sicherheit davon ausgehen, daß ein beliebiges Zeugnis antiken Denkens überhaupt mit unserem Verstehenshorizont kommensurabel ist. Wir haben uns mit einer „bloßen Hoffnung auf Übereinstimmung" zufriedenzugeben, die sich aus den jeweiligen „Diskursen des Tages" ergibt und somit den uns *heute* möglichen Zugang zu den Quellen darstellt. Für die konkrete Forschungsarbeit ergibt sich dadurch folgender Sachverhalt: Die Übertragbarkeit der Ergebnisse im Hinblick auf einzelne Texte bzw. eine einzelne Makroform auf andere Quellen kann nicht ohne weiteres unterstellt werden. Jedes einzelne Zeugnis wird als singulärer Beitrag zu einem Gespräch aufgefaßt, der einzig durch die kulturellen Determinanten, in denen er entstand, bzw. durch die Bedeutung, die wir ihm heute beimessen, einen greifbaren Sinn erhält.

3. Inhaltliche und zeitliche Abgrenzung

Der zeitliche Rahmen der untersuchten Dokumente erstreckt sich im wesentlichen vom zweiten vorchristlichen Jahrhundert bis zur arabischen Eroberung. Diese recht großzügige Einteilung trägt der Tatsache Rechnung, daß in vielen Fällen die Datierung der heranzuziehenden Texte in wissenschaftlichen Kreisen stark umstritten ist, bzw. eine ausgeprägte Umformung des tradierten Stoffes bis zur uns überlieferten Gestalt unterstellt werden muß. Darüber hinaus läutet erst die muslimische Eroberung eine fundamentale Wende ein, die für die Geschichte der Astrologie kaum hoch genug bewertet werden kann; führte nämlich die Kunst der Sterndeutung unter christlicher Ägide ein vergleichsweise unterdrücktes Dasein, so entfaltet sich im frühen und besonders im späteren Mittelalter – vermittelt durch die islamische Geistigkeit – ein buntes Spektrum ausgeprägter Beschäftigung mit der Astrologie. Da der talmudischen Epoche für das Judentum eine überragende Bedeutung zukommt, die den nachfolgenden Diskurs entscheidend prägt, kann eine umfassende Darstellung der jüdischen Astrologie überdies nicht darauf verzichten, die Gedankenwelt der Rabbinen, wie sie sich im palästinischen und babylonischen Talmud zeigt, in die Betrachtung mit einzubeziehen.

Den zeitlichen Ausgangspunkt der erörterten Texte markiert die Hasmonäerdynastie, in der es zur Ausformung des eschatologisch-apokalyptischen Schrifttums gekommen ist, wie es in Qumran bzw. der zwischentestamentlichen Literatur seinen Niederschlag gefunden hat. Auch das Christentum gehört zunächst in diese Tradition, wenngleich es im Laufe der Zeit zu einer individuellen Entwicklung gekommen ist, die zu einer endgültigen Trennung vom Judentum führte. Trotz unterschiedlicher Antworten auf die astrologischen Fragen gibt sich bei Juden und Christen ein durchaus vergleichbarer kultureller Hintergrund zu erkennen, m.a.W.: unter pragmatischen Aspekten wurde das Ringen um die Astrologie über religiöse Grenzen hinweg geführt. Man teilte in bestimmten Kreisen nicht nur ein endzeitliches Weltbild, sondern auch soziale, rechtliche und kulturelle Bedingungen.

Hiermit ist bereits angedeutet, daß der inhaltliche Rahmen die genuin religiöse Sphäre an vielen Stellen überschreiten muß, will man die pragmatische Ebene des Diskurses angemessen würdigen.

Inhaltliche und zeitliche Abgrenzung

Neben der Hinzunahme der römischen, christlichen und jüdischen Historiker werden dementsprechend auch rechtliche Quellen in unsere Betrachtung mit einbezogen werden müssen. Außerdem soll aufgezeigt werden, daß die Politik in weiten Teilen von astrologischem Wissen Gebrauch machte, wie anhand der Indienstnahme von Num 24,17 für die Legitimation der Königswürde sehr deutlich zu erkennen ist.

Im folgenden wird es also nicht um eine Geschichte der spätantiken Astrologie gehen; auch wäre es vermessen, eine vollständige Würdigung aller jüdischen und christlichen Astrologumena anzustreben. Statt dessen werde ich meinen Blick auf verschiedenste Zeugnisse antiker Religiosität richten, um das Kaleidoskop der möglichen Haltungen zur astrologischen Weltdeutung sichtbar werden zu lassen. Auf diese Weise entsteht ein Gewebe aus vielen Gesprächsfäden, die bald eng, bald lose miteinander verknüpft sind. Zu beachten ist dabei, daß es nicht nur die Quellen sind, die jene Verbindungsmöglichkeiten nahelegen, sondern im wesentlichen *wir* den Teppich der Geschichte weben. Geschichtsschreibung reflektiert stets die Diskurse der Gegenwart und ist deshalb offen für Veränderung – eine Veränderung freilich, die nicht als „Fortschritt" zu bezeichnen ist, sondern als Ausdruck dafür, daß eine Geschichte plötzlich als überkommen, unpassend, ärgerlich oder einfach langweilig empfunden wird und man deshalb eine andere erzählt. Anstatt also die *eine* Geschichte der Ablehnung jeglicher Sternkunde durch Judentum und Christentum zu wiederholen, möchte ich im folgenden dafür werben, die vielen einzelnen Geschichten wahrzunehmen und in ihrem Eigenwert zu würdigen.

II. Geschichte als Kommunikation: Methodische Grundlegung

Die Astrologie als Thema religionswissenschaftlicher Analyse erfordert eine grundsätzliche Reflexion auf die zugrundegelegte Methode. Was Wouter J. Hanegraaff für die Esoterik im allgemeinen konstatiert, gilt ebenso für die Astrologie im besonderen:

> [O]ne misses the realization that, whatever methodology one may consider appropriate for *Religionswissenschaft*, it does not follow automatically that this methodology will be appropriate equally and in precisely the same way for all more specialized fields of study. Furthermore, the possibility cannot be ruled out beforehand that the preference of certain authors for certain general methodological principles may be largely determined by the specific requirements of the *particular* field(s) of study in which they happen to specialize [...] I suggest it might be wise temporarily to depart from the focus on „religion" as such and the way to study „it", and focus on specific areas and the appropriate methods for studying them.[1]

So richtig dieser Befund für die religionswissenschaftliche Forschung insgesamt ist, so bedeutsam wird er, wenn wir uns den astrologiegeschichtlichen Fragen zuwenden. Hier versagen nämlich sowohl theologische Konzepte, welche die Astrologie aus dem Bereich der Religion ausschließen möchten, als auch religionswissenschaftliche Modelle, die auf Ideen vom „Heiligen" aufbauen. Denn der Rekurs auf transzendente numinose Größen ist kein notwendiges Kriterium, Astrologie zu betreiben. Noch dringender als für die Esoterik generell (wo das Heilige eine durchaus integrale, wenn auch nicht diskursfähige Kategorie darstellen mag) ist also eine gründliche Darlegung der Methode gefordert, die uns dem Thema *Astrologie* näherbringen soll, sei dies in historischer oder systematischer Perspektive.

In diesem ersten Kapitel möchte ich ein Plädoyer für die *Pragmatistische Religionswissenschaft* halten, weil diese Methode, wie ich zu zeigen versuche, hervorragend zur Erhellung der Rolle der Astrologie in Judentum und Christentum der Antike geeignet ist.

---

[1] HANEGRAAFF 1995, 99f (Hervorhebung im Original).

Darüber hinaus bin ich zuversichtlich, daß auch in einem größeren Anwendungsgebiet, wenn nicht für die Religionswissenschaft insgesamt, der Pragmatismus ein ernstzunehmendes Modell darstellt, wissenschaftliche Forschung zu betreiben, ohne den erkenntnistheoretischen Problemen des Historismus einerseits und den apologetischen Tendenzen der sog. „Verstehenden Religionswissenschaft" andererseits zu erliegen. Der Pragmatismus weist einen Weg aus der leidigen Debatte um „Erklären" und „Verstehen", wie sie im hermeneutischen Kontext auch in der Religionswissenschaft angeregt geführt wurde und wird.

Um diese Behauptungen zu untermauern, werde ich als meinen Kronzeugen Richard Rorty zu Wort kommen lassen, dessen beinah anarchistische Thesen unter Philosophinnen und Philosophen für einigen Aufruhr sorgten. Leider ist die ausgesprochen fruchtbare Diskussion des anglo-amerikanischen Raums in Deutschland bislang nicht angemessen rezipiert worden. Dies ist umso bedauerlicher, als die Herausforderungen der „postmodernen Philosophie" – ein Terminus, der sehr unglücklich ist und von Rorty für seine Philosophie abgelehnt wird – auch das Selbstverständnis der Religionswissenschaft, die mit einem Bein in der Theologie, mit dem anderen in der Geschichts- und Sozialwissenschaft steht, zu unterminieren beginnen.[2] Die aktuellen Debatten um Legitimität und Methodik der Sozialwissenschaft[3] bilden deswegen – auch wenn nicht immer expressis verbis darauf rekurriert werden kann – den Hintergrund der folgenden Überlegungen.

In der ohnehin immer notwendigen Selbstvergewisserung der Disziplinen kann der Pragmatismus als anregende Alternative zu überkommenen Positionen gewertet werden; dies umso mehr, als einige jener Positionen im Hinblick auf die Erforschung der Astrologie zu enttäuschenden, mitunter auch ärgerlichen Ergebnissen geführt haben.

---

[2] Das Verhältnis der beiden Disziplinen ist in historischer Perspektive kürzlich von S. HJELDE dargestellt worden: *Die Religionswissenschaft und das Christentum. Eine historische Untersuchung über das Verhältnis von Religionswissenschaft und Theologie* (Studies in the History of Religions [Numen Bookseries] 61), Leiden u.a. 1994. Das Ergebnis seiner Studie – Unterschiede seien eigentlich marginal – kann allerdings nicht, wie HJELDE es postuliert, als Grundlage einer Verhältnisbestimmung dienen; wesentlich besser dagegen die Ausführungen von A. MOENIKES: „Zum Verhältnis zwischen Religionswissenschaft und Theologie", in: *ZRGG* 49.3 (1997), 193-207 (Literatur).

[3] Vgl. als einen interessanten Überblick das Bändchen *Wozu heute noch Soziologie?*, hrsg. von J. FRITZ-VANNAHME, Opladen 1996, wo Aufsätze aus der Wochenzeitschrift „Die Zeit" versammelt sind.

1. Richard Rorty: Hermeneutik und Pragmatismus

In diesem Abschnitt soll ein Ansatz diskutiert werden, der die Rolle der Philosophie als tonangebende Trägerin des kulturellen Diskurses in Frage stellt. Richard Rorty verbindet diese Intention in seinen verschiedenen Schriften mit einer weitreichenden Kritik der Philosophie, wobei er den „erkenntnistheoretischen Fundamentalismus" ins Zentrum seiner Angriffe rückt. Da Rorty die gehaltvollste und die meisten Vordenker integrierende Auseinandersetzung darstellt, und da seine Thesen im deutschsprachigen Raum bisher kaum angemessen gewürdigt worden sind, habe ich seinen Ansatz in den Mittelpunkt der methodischen Grundlegung gestellt. Ein weiterer Grund für die Herausstellung seiner pragmatistischen Philosophie ist, wie bereits angedeutet, darin zu sehen, daß Rorty eine radikal antimethaphysische und anti-religiöse Position vertritt, wodurch seine Theorie die gründlichste Erwiderung auf die „Denker des Heiligen" darstellt und von vornherein die Beeinflussung der Religionswissenschaft durch theologische Vorentscheidungen ausschließt.

Es ist sicherlich stark zu bezweifeln, ob Rorty selber einer solchen Indienstnahme zustimmen kann, denn schließlich sagt er programmatisch: „Eine post-metaphysische Kultur erscheint mir nicht unmöglicher als eine post-religiöse und genauso wünschenswert."[4] Ich werde dennoch zu zeigen versuchen, daß die von dieser Seite kommende interessante Kritik der Rolle der Sozialwissenschaften im gesellschaftlichen Diskurs auch für unsere Disziplin äußerst fruchtbare Ergebnisse bietet. Es geht hierbei um nichts geringeres als eine grundlegende Neubewertung der Möglichkeit von Fremdverstehen, kultureller Übersetzbarkeit, Kommensurabilität unterschiedlicher Systeme und damit der integralen Bestandteile einer religionswissenschaftlichen Hermeneutik. Rorty unternimmt den Versuch, sich angesichts des erkenntnistheoretischen Dilemmas weder vom fundamentalepistemologischen Horn noch vom relativistischen Horn aufspießen zu lassen. Vielmehr möchte er beide Hörner ergreifen und mitsamt dem ganzen philosophischen Ballast aus der Welt schaffen. Inwieweit ihm dies gelingt, werden wir im folgenden zu untersuchen haben.

Doch zunächst soll die Argumentationsweise Rortys im einzelnen nachvollzogen werden. Dies geschieht einmal anhand seiner grundlegenden Schrift *Der Spiegel der Natur. Eine Kritik der Philosophie*[5],

---

[4] RORTY 1995, 15.
[5] RORTY 1984. Das Original erschien 1979 unter dem Titel *Philosophy and the Mirror of Nature* bei Princeton University Press.

in welcher er die ausführlichste Begründung seiner hermeneutisch-pragmatistischen oder, wie er in späteren Werken gerne schreibt, *ironistischen* Position dargelegt hat. Dieses Werk ist es auch, welches unter Gelehrten teilweise Entsetzen auslöste, während es ganze Generationen von Studentinnen und Studenten elektrisierte. Darüber hinaus gilt es freilich gerade die später vorgestellten Ausarbeitungen seiner Position – vor allem *Kontingenz, Ironie und Solidarität*[6]– hinzuzuziehen, da Rorty sich darin nicht zuletzt auch mit seinen Kritikern auseinandersetzt.

Vor der Explikation der Argumentation Rortys gilt es ein entscheidendes Kriterium jeder hermeneutischen Untersuchung festzuhalten: Immer scheint der Begründungsweg in bestimmter Weise zirkulär zu sein, muß doch die Hinterfragung eines Vorverständnisses immer auch die Relativierung der eigenen Position ins Auge fassen; Kulturkritik ist mithin stets reflexiv. H.-G. Gadamer hat diesen Wesenszug sehr schön beschrieben:

> Man kann die innere Widersprüchlichkeit eines jeden Relativismus noch so klar aufweisen [...] alle diese Argumentationen haben etwas von Überrumpelungsversuchen an sich. So überzeugend sie scheinen, so verfehlen sie doch die eigentliche Sache. Man behält recht, wenn man sich ihrer bedient, und doch sprechen sie keine überlegene Einsicht aus, die fruchtbar wäre. Daß die These der Skepsis oder des Relativismus selber wahr sein will und sich insofern selbst aufhebt, ist ein unwiderlegliches Argument. Aber wird damit irgend etwas geleistet? [...] Insofern ist der Formalismus solcher Reflexionsargumente nur scheinbar von philosophischer Legitimität. In Wahrheit wird in ihnen nichts erkannt.[7]

Diese Aussage muß man im Hinblick auf Rorty leicht modifizieren, denn er will ausdrücklich keinem Relativismus das Wort reden, sondern versteht seine Skepsis im Sinne einer *Kontingenztheorie*. Dennoch gilt, daß letzen Endes alle hermeneutischen Thesen einen heuristischen Charakter erhalten, während sie den Status eines übergeordneten philosophischen Beweises, dessen Existenz sie ja gerade anzweifeln, einbüßen. Ob Rorty selber dieser trivialen hermeneutischen Gesetzmäßigkeit in jedem Falle Rechenschaft zollt, wird zu untersuchen sein. In diesem Zusammenhang scheint H.-H. Kögler recht zu haben, wenn er sagt: „Daß ein [...] kulturkritischer wie

---

[6] RORTY 1995 (=*Contingency, Irony, and Solidarity*, Cambridge 1989).
[7] GADAMER 1975, 327. Vgl. zur Position RORTYS in diesem Zusammenhang vorab RORTY 1995, 30, sowie unten S. 32.

kulturüberbrückender Dialog möglicherweise selbst der philosophischen Begründung bedarf, ist für Rorty zweifellos ein ebenso schauerlicher wie abwegiger Gedanke."[8] Auf der anderen Seite ist die Position Rortys gegen diesen Vorwurf einigermaßen immun, da er eine Letztbegründung der Philosophie insgesamt ablehnt. Wir werden auf diese Probleme zurückkommen.

In seiner Kritik der Philosophie will Rorty den alten Theorien der menschlichen Erkenntnis keine weitere hinzufügen; er will sich an den Versuchen einer Verankerung der epistemologischen Gewißheit ausdrücklich nicht beteiligen. Sein Denken will etwas anderes, wie er programmatisch sagt:

> Es will die Zuversicht des Lesers untergraben, „das Mentale" sei etwas, worüber man „philosophischer" Ansicht zu sein habe, die „Erkenntnis" sei etwas, was Fundamente habe und worüber eine „Theorie" möglich sein müsse. Es will sein Vertrauen zur „Philosophie" in ihrem Selbstverständnis seit Kant erschüttern. [...] Das Buch ist, wie die Schriften meiner Lieblingsphilosophen, nicht konstruktiv, sondern therapeutisch.[9]

Um diese therapeutische Wirkung zu entfalten und der Philosophie einen neuen Platz im Diskurs der Öffentlichkeit zuzuweisen, geht Rorty folgendermaßen vor: Zunächst muß einmal das Scheitern der erkenntnistheoretischen Philosophie in adäquater Weise nachgewiesen werden. Dies versucht Rorty durch einen historischen Zugang, indem nämlich der *Mythos der Widerspiegelung* in seinen je unterschiedlichen Spielarten von Platon bis heute nachgezeichnet wird. Jener Mythos, welchen Rorty als die Crux jedweder erkenntnistheoretischen Bemühung ausgemacht hat, verbindet sich nahtlos mit dem Glauben an in irgendeiner Weise *privilegierte Vorstellungen*. Diese Vorstellungen wiederum stehen mit der Wirklichkeit – und das ist die Überzeugung der meisten Philosophen – derart in Verbindung, daß die Eruierung der Wirklichkeit aufgrund der privilegierten Vorstellungen *prinzipiell möglich* sein muß. Die äußere Natur spiegelt sich gleichsam in der inneren. Die post-epistemologische Philosophie, die Rorty anstrebt, schickt sich an, die dieser Konzeption vorgängige und sich zugleich aus ihr ergebende *Korrespondenztheorie der Wahrheit*, welche in einer (letztlich nur unterstellten) Isomorphie zwischen Sprache, Denken und Wirklichkeit gründet, zu über-

---

[8] KÖGLER 1992, 215.
[9] RORTY 1984, 17.

winden. Rorty ist sich im klaren darüber, daß die Philosophie sich dadurch gleichsam selber den Teppich unter den Füßen wegzuziehen scheint, doch in gut pragmatistischer Manier kann er die Ängste der professionellen Philosophinnen und Philosophen zerstreuen:

> Ein Beruf kann das Paradigma überleben, dem er sich verdankt. Auf jeden Fall ist das Bedürfnis nach Lehrern, die die großen toten Philosophen gelesen haben, groß genug, um sicherzustellen, daß es philosophische Seminare geben wird, solange es Universitäten gibt.[10]

Die Destruktion des philosophischen Paradigmas der Widerspiegelung vollzieht sich in mehreren Stufen: in einem ersten Zugang weist Rorty nach, daß die bis heute vorgebrachten Begründungen der Korrespondenztheorie allesamt fehlerhaft sind, da sie jeweils nur die Wahrheit mit einer Entität der Wirklichkeit *gleichsetzen*. Auf diese Weise wird die Wahrheit selber zu einer Entität, deren ontologische Qualität indes keiner weiteren Beschreibung zugänglich ist, es sei denn, man unterstellt eine „Sprache der Natur", welche letztlich metaphysische Implikationen in die Philosophie einführt. Mit diesem historischen Befund begnügt sich Rorty nicht, vielmehr stellt er in einer allgemeinen methodologischen Analyse klar, daß eine Korrespondenztheorie in jedem Falle zum Scheitern verurteilt ist, denn dem Menschen ist die Wahrnehmung von „etwas als etwas" einzig und allein in Form von *sprachlicher* Vermittlung möglich. Indem Rorty somit die Nichthintergehbarkeit der sprachlichen Weltvermittlung expliziert, kann er die prinzipielle Unmöglichkeit des Vergleiches unserer „Bilder und Namen von Etwas" mit dem ontologisch gegebenen „Etwas selbst" erweisen.[11] Schon jetzt sei darauf hingewiesen, daß diese Theorie in keiner Weise die *Existenz* letztlich metaphysischer Entitäten zu untergraben trachtet – ein Umstand, der im Hinblick auf das „Heilige" von kardinaler Bedeutung ist –, sondern lediglich das Vertrauen in die Zuverlässigkeit des philosophischen Diskurses bei der *Erfassung* jener Entitäten erschüttern möchte.[12]

Um seinem Ziel gerecht zu werden, eine fundamentale Revision der philosophischen Debatte zu erreichen, die jede Art von Erkenntnistheorie als überkommen ablehnt, muß Rorty jedoch noch weitergehen; denn auch in dem dargestellten nominalistischen Ansatz kann

---

[10] Ebda. S. 425.
[11] Dies hat Konsequenzen für eine *phänomenologische Religionswissenschaft*, die die Phänomene noch immer als Erscheinungen „von etwas" auffaßt, s.u.
[12] Diese wichtige Implikation wird u. S. 60-62 näher ausgeführt.

gleichsam durch die Hintertür ein epistemologisches Interesse begründet werden, indem nämlich die Sprache als unsere Erfahrung strukturierendes bzw. Erkenntnis konstituierendes Medium aufgefaßt wird. Um diese Möglichkeit auszuschließen, rekurriert Rorty besonders in seinen jüngeren Schriften auf die Kritik des Schema-Inhalt-Dualismus' durch Donald Davidson, nach dem die Sprache grundsätzlich nicht mehr als erkenntnisvermittelndes Werkzeug zur Verfügung steht.[13] Auch hier ist darauf hinzuweisen, daß eine solche Sicht keineswegs die Philosophie insgesamt in Frage stellt – eine Möglichkeit, die a priori ausgeschlossen ist, denn die Existenzberechtigung der Philosophie bezweifeln hieße wiederum wahrhaft philosophieren –, vielmehr sollen die Bedingungen des philosophischen und kulturellen Diskurses nach Verabschiedung jedweder epistemologischer Intention in den Mittelpunkt des Interesses gerückt werden.

Der Gedankengang Rortys soll anhand dieser Strukturierung im folgenden nachvollzogen werden, wobei gleichzeitig die Bedeutung für eine Pragmatistische Religionswissenschaft bei der Gewichtung der einzelnen Argumentationsschritte leitend sein wird. Die Ergebnisse werden im Kapitel 2 auf die Religionswissenschaft übertragen, was zu einigen grundsätzlichen Infragestellungen bisheriger Forschungsansätze führt. In Kapitel 3 findet schließlich eine Engführung der Diskussion auf die Astrologie statt, um die Besonderheiten des Themas genauer auszuloten.

1.1. Der Mythos der Widerspiegelung und der Glaube an privilegierte Vorstellungen: Eine Kritik der „Korrespondenztheorie"

Durch die Geschichte der Philosophie zieht sich seit Platon wie ein roter Faden die Auffassung, der Mensch könne kraft seiner Gedanken eine Verbindung herstellen zwischen den Dingen, wie sie uns erscheinen, und den „Dingen selbst". Es wird – und zwar in einer apriorischen Weise – eine Korrespondenz zwischen den Erscheinungen und gewissen Entitäten konstruiert. Rorty sieht in dieser Annahme den Schlüssel für die Hochschätzung, mit welcher die Kultur der Philosophie ihren Ort im gesellschaftlichen Diskurs zuerkannte: Nur Philosophen sind in der Lage, die verborgenen Zusammenhänge der Dinge mit transpersonalen oder überindividuellen Größen adäquat

---

[13] Zur näheren Ausführung der Theorie DAVIDSONS s.u. S. 24-29.

zu erfassen. Eben jenen Ort gilt es neu zu bestimmen; es gilt zu erkennen, daß es keine Fragen gibt, über die man „philosophischer Ansicht" zu sein habe oder Philosophen das letzte Wort zu sprechen beanspruchen können. Rorty plädiert dafür, den *erkenntnistheoretischen Fundamentalismus* endgültig zu verabschieden und durch das *kulturelle Gespräch* zu ersetzen, das nicht mehr von der Hoffnung getragen ist, Erkenntnisse zu erlangen, die für mehr taugen als die jeweiligen Bedürfnisse der Gesellschaft. Bevor wir auf die weitreichenden Konsequenzen dieser Forderungen zu sprechen kommen, wollen wir die Kritik am philosophischen Ideal der Abbildung der Wirklichkeit Revue passieren lassen.

Seit der griechischen Antike werden für die Explikation des Erkenntnisvorgangs bzw. der Bewußtmachung der Welt insgesamt Metaphern verwendet, die von *visuellen Begriffen* Gebrauch machen, von der Vorstellung, „unsere Meinungen würden dadurch bestimmt, daß wir Auge in Auge mit dem Gegenstand dieser Meinungen konfrontiert sind (beispielsweise der geometrischen Figur, die das Theorem beweist)."[14] Dieser Prozeß ist so gründlich in unser Denken eingegangen, daß es uns schwer fällt, ihn nicht als natürlich oder notwendig aufzufassen. Wir haben ihn ebenso adaptiert wie die aus ihm in einer nächsten Stufe hervorgehende Konsequenz, daß wir unsere Wahrnehmungen der Wirklichkeit – unsere *Bilder* – lediglich genauer ins Auge fassen müßten, um die Welt richtig zu sehen. Die Philosophie hat mithin die Aufgabe, die Relation zwischen unseren Bildern der Wirklichkeit und der Wirklichkeit selber in einer Weise zu erhellen, die unsere Abbildungen *akkurat* erscheinen lassen. Um einen Begriff aus der Logik zu verwenden, könnte man auch sagen: Die Philosophie hat das Instrumentarium bereitzustellen – und kann das auch! –, zwischen der Menge der Bilder oder Metaphern einerseits und der Menge der Entitäten andererseits eine ein-eindeutige Relation herzustellen. Wir müssen den „Spiegel der Natur" lediglich akkurat verwenden.

So kam es zu der Auffassung, in dem Ensemble unserer Vorstellungen über die Welt gäbe es eine Menge von Eindrücken, die in irgendeiner Weise *privilegiert* seien. Die privilegierten Vorstellungen sind jene, deren Genauigkeit von keinem vernunftbegabten Menschen ernsthaft in Zweifel gezogen werden können. Dieses Paradigma hat in Kant und den Neukantianern seinen vorläufigen Höhepunkt erreicht, wie Rorty diagnostiziert:

---

[14] Rorty 1984, 182.

> Diese privilegierten Fundamente werden die Erkenntnisfundamente sein und die Disziplin, die uns zu ihnen hinführt, die Erkenntnistheorie, das Fundament der Kultur. Sie wird die Suche dessen sein, was das Bewußtsein zum Meinen nötigt, sobald man den Schleier von ihm nimmt. Als Erkenntnistheorie wird die Philosophie nach den unwandelbaren Strukturen Ausschau halten, innerhalb deren sich Erkenntnis, Leben und Kultur aufzuhalten haben – Gebäude aus den privilegierten Vorstellungen, die sie untersucht.[15]

In diesem Passus sind bereits wesentliche Begriffe versammelt, die Rorty zur Destruktion der allgemein anerkannten Philosophie veranlaßt: der Glaube an Fundamente der Erkenntnis und unwandelbare Strukturen, die mit der *Wahrheit* in einer privilegierten Beziehung stehen, sowie die herausgehobene Rolle der (Erkenntnis-) Philosophie in der gesellschaftlichen Ordnung der modernen Kultur.

Was die *Fundamente der Erkenntnis* anbelangt, so läßt sich diese Annahme bis zu Descartes oder Spinoza zurückverfolgen. Hier finden sich bereits die Ansätze, die der kantianischen Abgrenzung der Philosophie von den Wissenschaften den Weg bereitete, indem man die „Erkenntnistheorie" zum Kernstück der Philosophie erklärte und gleichzeitig zum Fundament jedweder Wissenschaft.[16] Das bis heute in weiten Teilen gültige Selbstverständnis der Philosophen gründet sich freilich im wesentlichen auf die Leistung Kants, die Philosophie mit wissenschaftlichen Kriterien vereint zu haben. War Descartes noch der Meinung, Gewißheit könnten wir einzig hinsichtlich unserer Ideen erreichen, so expliziert Kant nunmehr, daß wir notwendigerweise eine Gewißheit denken müssen, die *vor* unseren Ideen liegt, da sie nicht aus diesen zusammengesetzt werden kann (Erkenntnis a priori). Kant verlegt auf diese Weise die äußere Welt in die innere und macht auch für die innere die Gesetze geltend, die die Naturwissenschaft für die äußeren Dinge herausgefunden hat. Die Inanspruchnahme der apriorischen Ebene der Erkenntnis kann für das Selbstverständnis der Philosophie bzw. der Erkenntnistheorie kaum hoch genug bewertet werden.[17] An dieser Stelle klingt bereits der Konflikt zwischen *Notwendigkeit* von Ideen und der von Rorty intendierten *Kontingenz* unserer Meinungen an, die wir später aufgreifen werden.

Die Fundamente unserer Erkenntnis stehen in einer direkten Beziehung zu dem, was wir für *wahr* halten. Denn der epistemologische Fundamentalist sagt ja, daß die „Wahrheiten [...] kraft ihrer Ursa-

---

[15] Ebda. S. 182f.
[16] Vgl. ebda. S. 150.
[17] Zur Diskussion um KANT in diesem Punkt vgl. RORTY 1984, 156f.

chen, nicht aufgrund der Argumente gewiß sind, die wir für sie anführen".[18] Die „Wahrheit selber" nötigt dem Menschen gleichsam die Richtigkeit eines als fundamental angesehenen Satzes auf. „Die Idee einer ‚notwendigen Wahrheit' ist geradezu die Proposition, die wir glauben, weil wir dem ‚Zugriff' des Gegenstandes auf uns nicht zu entkommen vermögen."[19] Dieser Zugriff der Sache selbst führt zu einer „Ontologisierung" der Wahrheit. Es zeigt sich nämlich, daß jene Wahrheitskonzepte lediglich auf einen suggestiven Kunstgriff zurückzuführen sind.[20] Ohne die unterstellte Beziehung zwischen den für wahr gehaltenen Ideen (privilegierten Vorstellungen über die Welt) mit der Wirklichkeit überhaupt näher bestimmen zu können, ist es lediglich zu einer *Substantivierung der Wahrheit* gekommen: In dem Moment, wo man den Gebrauch des Begriffes „Wahrheit" von seinem kontextuellen Umfeld ablöst und zu *der* Wahrheit stilisiert, wird letztere zu einer eigenen Entität, die als Subjekt sinnvoller Sätze Verwendung finden kann. Erst durch diese fatale künstliche Verallgemeinerung wurde die Philosophie vor das Problem gestellt zu zeigen, inwieweit der Wahrheitsbegriff, nunmehr selber Erklärungsbegriff, zum Erfassen der Wirklichkeit etwas beizutragen vermag. Ein Zirkel ist unausweichlich, solange man die Korrespondenztheorie zwischen Realität und deren Abbildung unterstellt.

Für Rorty hingegen ist die Institutionalisierung der Wahrheit als Erklärungsbegriff von vornherein ein untaugliches Verfahren. Denn im Begriff des „Wahrseins" liegt nichts, was der für wahr gehaltenen Aussage inhaltlich in irgendeiner Weise einen Beitrag leistet. Er hält nichts „Informatives" bereit. Rorty vergleicht diesen Sachverhalt mit Molièrs Doktor, der die schlafbringende Wirkung des Opiums mit dessen „Schlaferzeugungskraft" erklärt.[21] Ein solcher Wahrheitsbegriff, so Rorty, führe zu nichts, so daß man sich dem pragmatistischen Ansatz zuwenden solle – hiermit bezieht er sich auf James –, der das Prädikat »ist wahr« keinen transzendentalen Entitäten mehr zuordnet, sondern lediglich als Kompliment für sich bewährende Aussagen auffaßt. Nur so kann die fundamentalepistemologische Konsequenz vermieden werden, daß es eigentlich die Welt selber ist, die über die Wahrheit unserer Beschreibungen

---

[18] Ebda. S. 176. RORTY ergänzt, daß diese Anschauung „die Frucht der griechischen (und insbesondere der Platonischen) Analogisierung von Wahrnehmen und Denken" ist.
[19] Ebda. S. 176f.
[20] Vgl. RORTY 1982, XIIIff.
[21] Vgl. ebda. S. XXIV.

von ihr entscheidet.[22] Zusammenfassend und seinen nächsten Punkt vorbereitend sagt Rorty:

> Es gehört so sehr dazu, wenn etwas als „philosophisches Denken" soll gelten können, vom besonderen Charakter mathematischer Wahrheit beeindruckt zu sein, daß es nicht leicht fällt, sich dem Zugriff des Platonischen Prinzips zu entziehen. Denkt man sich „rationale Gewißheit" dagegen als abhängig nicht von einer Relation zu einem erkannten Gegenstand, sondern von überlegener Argumentation, so wird man, wenn man eine Erklärung dieses Phänomens zu geben sucht, nach unseren Gesprächspartnern Ausschau halten, nicht nach unseren Vermögen [...] Unsere Gewißheit wird eine Funktion des Miteinandersprechens von Personen sein, nicht ihrer Interaktion mit einer nichtmenschlichen Realität. Wir werden also zwischen „notwendigen" und „kontingenten" Wahrheiten keinen prinzipiellen Unterschied anerkennen, sondern höchstens einen Unterschied des Grades der Leichtigkeit, mit der man gegen unsere Meinungen Einwände vorbringen kann.[23]

Die Position, daß die Wahrheit selber einer Entität gleicht, die „dort draußen" irgendwo existiert und darauf wartet, von den Philosophen entdeckt zu werden, ist das Ergebnis der skizzierten Widerspiegelungstheorie. Wenn wir in irgendeiner Weise über diese vermutete Wahrheit zu kommunizieren wünschen, so sind wir auf die uns vertraute Sprache zurückverwiesen. Rorty schreibt:

> Daß die Wahrheit nicht dort draußen ist, heißt einfach, daß es keine Wahrheit gibt, wo es keine Sätze gibt, daß Sätze Elemente menschlicher Sprachen sind und daß menschliche Sprachen von Menschen geschaffen sind [...] Die Welt ist dort draußen, nicht aber Beschreibungen der Welt. Nur Beschreibungen der Welt können wahr oder falsch sein. Die Welt für sich – ohne Unterstützung durch beschreibende Tätigkeit von Menschen – kann es nicht.[24]

Man erkennt hier, daß Rorty seinen weitreichenden Kontingenzbegriff von der Untersuchung der Sprache her aufbaut, dem wir uns im folgenden zuwenden wollen. Die bisher skizzierten Punkte lassen sich zunächst so zusammenfassen: Die Theorien der Wahrheit, welche von den Realisten unterschiedlichster Couleur vorgetragen werden, fallen dem grundsätzlichen Einwand zum Opfer, daß (1) die Struktur der genannten Korrespondenzbeziehung sich einer genauen Klärung verschließt, (2) die Substantivierung der Wahrheit keine Erklärung der Richtigkeit unserer für wahr gehaltenen Meinungen

---

[22] Vgl. RORTY 1989, 5.
[23] RORTY 1984, 175f.
[24] RORTY 1995, 24.

beibringt, und schließlich (3) die Annahme einer „letzten Sprache der Dinge" als notwendige Konsequenz des Realisten anzusehen sein müßte, die wiederum so etwas wie ein „Vokabular der Natur" suggeriert, welchem wir – wenn wir nur auf dem richtigen Wege fortschreiten – unsere eigene Sprache dereinst vollkommen annähern werden. Weil dies eine offensichtliche Aporie darstellt, muß das ganze Unternehmen aufgegeben werden.

1.2. Sprache und Kontingenz

Da uns die Welt – zumindest im kulturellen wie philosophischen Diskurs – einzig mit Hilfe der Sprache zugänglich gemacht werden kann, liegt es auf der Hand, den pragmatistischen Ansatz von der Sprache her zu entwickeln. Hierfür kann Rorty auf Vorläufer zurückgreifen, die vor allem in den Vereinigten Staaten die Diskussion nachhaltig prägen: Es sind die sog. „klassischen Pragmatisten" Peirce, James und Dewey, die als Wegbereiter der modernen Sprachphilosophie gelten können. Die zweite Gruppe besteht aus den „Neopragmatisten" Quine, Goodman, Putnam, Davidson und anderen. Der Übergang von der einen zur anderen Gruppe vollzog sich im Zusammenhang mit dem *linguistic turn*, also der Hinwendung zu sprachlichen Fragen, die eine Abwendung von Erfahrungstheorien beinhaltete.[25] Man versuchte nunmehr, die Beziehung zwischen Meinungen, Sätzen oder Sprachen einerseits und der „Welt" andererseits nicht mehr im Sinne einer Abbildungstheorie der Wirklichkeit aufzufassen, also im Sinne der klassischen Subjekt-Objekt-Theorie, die den „Geist" oder das „Bewußtsein" als vermittelndes Drittes zwischen Sprache und Welt konstatierte, sondern dieses Dritte „Sprache" zu nennen. Auf diese Weise schien es leichter, eine kausale Erklärung für das offensichtliche Vorhandensein sprachbegabter Individuen zu finden, ohne auf einen transzendenten Geist oder den Idealismus zurückgreifen zu müssen. Rorty möchte einen Schritt weiter gehen und die Auffassung der Sprache als Medium insgesamt überwinden, denn sonst

> benutzen wir das Subjekt-Objekt-Bild weiter und bleiben in den Problemen des Skeptizismus, Idealismus und Realismus stecken. Denn wir können Fragen zur Sprache immer noch in derselben Weise stellen, wie wir nach dem Bewußtsein fragten.[26]

---

[25] Schon 1967 deutete RORTY im Vorwort zu *The Linguistic Turn* an, was er später ausführen würde. Vgl. zum Thema insgesamt BUBLITZ 1994.
[26] RORTY 1995, 33.

Hier ist eine grundlegende Neuorientierung vonnöten, will man aus dem alten Diskussionsrahmen ausbrechen.

Um diesen Punkt herauszuarbeiten, greift Rorty in einem ersten Ansatz auf die Sprachspieltheorie Wittgensteins zurück und betont, daß wir über keinerlei transzendentes Kriterium verfügen, um die Richtigkeit unserer Positionen unabhängig von jeweiligen kulturellen Sprachspielen zu verankern.[27] Rorty hält somit an der *Unhintergehbarkeit der Sprache* fest, denn immer wenn wir unsere Meinungen zu begründen suchen – auch und gerade im Hinblick auf metaphysische Ansichten –, so sind wir auf die Konventionen des kulturellen Sprachspiels zurückgeworfen. Der Realist könnte nun einwenden, daß auch dieser Sprachbegriff letztlich auf die Strukturierung unserer Erfahrung oder unserer Erkenntnis abziele; es werde einfach die Wahrheit als Entität fallengelassen, um das Sprachspiel als erkenntniskonstituierend einzuführen. Da Rorty aber das Unternehmen „Erkenntnistheorie" insgesamt untergraben möchte und ihn die Frage interessiert, „ob die Philosophie an ihrem kantianischen Selbstverständnis festhalten kann, wenn sie erst einmal die Idee von der Sprache als dem Ursprung apriorischen Wissens fallenläßt,"[28] so muß er den Charakter der Sprache als Medium insgesamt kritisieren.

Eine Hilfestellung hierfür findet sich in der Philosophie *Donald Davidsons*, denn

> Davidson behandelt Wahrheit zusammen mit Sprachenlernen und Metapher und konstruiert so die erste systematische Behandlung von Sprache, die *vollständig* mit der Auffassung von Sprache als etwas, das der Welt oder dem Selbst angemessen oder unangemessen sein kann, bricht. Davidson bricht nämlich mit der Auffassung, Sprache sei ein *Medium*, ein Medium der Darstellung oder des Ausdrucks.[29]

Es ist besonders die Kritik des *Schema-Inhalt-Dualismus'* durch Davidson, auf welche Rorty hier abhebt:[30] Davidson zeigt auf, daß man gemeinhin von den propositionalen Gegenständen des Bewußtseins und ihren einzelnen Bestandteilen annimmt, sie führten zur *Identifizierung* eines Gedankens, indem sie seinen Inhalt in einer

---

[27] Dies ist einer der Ansatzpunkte der Kritik, RORTY betreibe einen radikalen *Ethnozentrismus*, s. hierzu unten Kap. 1.3. Abschnitt II.
[28] RORTY 1984, 293.
[29] RORTY 1995, 32 (Hervorhebung im Original).
[30] Die Bereicherung der Philosophie RORTYs durch D. DAVIDSON ist jüngst von BEN H. LETSON ausführlich dargelegt worden (LETSON 1997). Zur Diskussion um die Positionen DAVIDSONs vgl. LEPORE 1986.

näher zu eruierenden Weise anzeigen; „ferner sind sie dadurch, daß sie von der Person mit dem betreffenden Gedanken erfaßt oder sonstwie erkannt werden, *konstitutiv* für einen wesentlichen Aspekt der psychologischen Beschaffenheit dieses Gedankens".[31] Es geht also um den Versuch, eine Beziehung zwischen dem Geist einerseits und den Propositionen des Bewußtseins – den „Objekten" des Geistes – andererseits, näher zu ergründen. Dieses letztlich auf Descartes zurückgehende Bedürfnis nach einer Erkenntnis, welche prinzipiell davor geschützt ist, den Menschen irrezuführen, kann den Gedanken nicht fallenlassen, *daß* den Propositionen des Geistes eine „quasi"-Entität zuerkannt werden muß. Auch Davidson kritisiert hierbei die visuellen Metaphern, mit deren Hilfe wir einen solchen Sachverhalt suggeriert bekommen: Wir „drehen einen Gedanken hin und her", uns „schwebt ein Gedanke vor", wir „teilen unsere Gedanken mit anderen" usw.

Wenn wir nun zwar durch die Bemühungen der analytischen Philosophie gelernt haben, den ontologischen Grundaussagen derartiger Sätze mit Skepsis zu begegnen, so ist ein Problem bislang noch nicht befriedigend gelöst worden: die sog. *Belief-Sätze*, also Sätze der Art, daß „p glaubt, daß s der Fall ist."[32] Hier scheint es unmöglich zu verstehen, was gemeint ist, wenn wir nicht eine Relation zwischen dem Subjekt p und einer Meinung bzw. einem Gedanken – nämlich „daß s der Fall ist" – unterstellen. Die Versuche, »glauben« nicht als relationalen Terminus aufzufassen, sind nach Meinung Davidsons allesamt unbefriedigend geblieben.[33] Wenn man freilich akzeptiert, daß eine solche Relation tatsächlich vorhanden ist, muß man sich einem ärgerlichen Problem stellen: Denn einerseits muß man hinnehmen, daß wir, wenn wir eine Einstellung oder Meinung haben, mit einem Gegenstand besonderer Art in Beziehung stehen, andererseits können wir keine befriedigende Erklärung dafür geben, wie denn die psychische Beziehung zwischen dem Individuum und den propositionalen Bewußtseinsinhalten gedacht werden kann, damit es diese und nur diese Meinung haben kann. Der Irrtum, so Davidson, besteht in folgendem:

> Daraus, daß ein denkendes Subjekt weiß, was es denkt, und daraus, daß das, was es denkt, festgelegt werden kann, indem man es zu einem

---

[31] D. DAVIDSON: „Was ist dem Bewußtsein gegenwärtig?", in: DAVIDSON 1993, 16-39, S. 17 (Hervorhebung im Original).
[32] Für eine ausführlichere Darstellung der Problematik vgl. D. DAVIDSON: „Sagen, daß", in: DAVIDSON 1986, 141-162.
[33] Vgl. ebda. S. 22.

bestimmten Gegenstand in Beziehung setzt, folgt nicht, daß das denkende Subjekt mit diesem Gegenstand bekannt ist oder auch nur irgend etwas darüber weiß. Es folgt daraus noch nicht einmal, daß das denkende Subjekt überhaupt etwas über irgendeinen *Gegenstand* weiß.[34]

Es besteht demnach kein *konstituierender* oder *notwendiger* Zusammenhang zwischen den propositionalen Meinungen und der Wirklichkeit. Die Meinung, das Bewußtsein erfasse die von den Äußerungen oder intendierten Bedeutungen benutzten Entitäten in adäquater oder eben nicht-adäquater Weise, muß aufgegeben werden. Denn andernfalls müßten wir unterstellen, daß sich Gedanken als verschieden erweisen, wenn die gemeinten Entitäten unterschiedlich sind. „Das ist so, als wäre der auf ein Metermaß bezogene ‚Unterschied' zwischen der Länge 1 Meter und der Länge 100 Zentimeter ein Unterschied im Metermaß selbst."[35] Das bedeutet allerdings nicht – ein Vorwurf, der gegen diese Darstellung gerne geltend gemacht wird –, daß die Wirklichkeit der in Relation gedachten Entitäten insgesamt in Zweifel gezogen würde. Wir müssen andersherum argumentieren: Nach dieser Auffassung des Zusammenhangs erscheint jede Meinung zunächst einmal als angemessen, denn schließlich muß ich unterstellen, daß das Subjekt weiß, was es mit seinen Worten meint.[36] Dieses *Prinzip der Nachsicht* ist schon deshalb zwingend, weil es die Vorraussetzung dafür ist, überhaupt Sprache zu haben bzw. der Interpretation zugänglich zu sein. Es muß sinnvollerweise klar sein, daß ich mich in der Meinung dessen, was der Inhalt meiner Äußerung ist, nicht generell irre.

Nun taucht das Problem auf, daß ein anderer möglicherweise nicht weiß, was ich meine; an dieser Stelle ist der Witz des Davidsonschen Systems, daß wir die Hoffnung fahren lassen müssen, mittels der Sprache die Richtigkeit – d.h. die Übereinstimmung meiner Meinung mit der Wirklichkeit – zweifelsfrei überprüfen zu können. Wir können, spätestens seit Wittgenstein, keine Antworten mehr auf Fragen finden wie diese: „Ist die Sprache, die wir benutzen, die ‚richtige'"? Derartige Fragen setzen voraus, daß die Sprache in irgendeiner Weise die Funktion eines Mediums zwischen Subjekt und Realität ausfüllt.

Davidson plädiert dafür, die Sprache nicht länger als verbindendes Drittes zwischen Mensch und Welt aufzufassen. Wenn wir statt

---

[34] Ebda. S. 24 (Hervorhebung im Original).
[35] Ebda. S. 37.
[36] Diesen Standpunkt machte DAVIDSON deutlich in seinem Essay „A Coherence Theory of Truth and Knowledge", in: LEPORE 1986.

dessen die Verbindung zwischen Sprache und Wirklichkeit aufbrechen, kommen wir zu einem Kommunikationsmodell, in welchem die jeweils verwendete Sprache für den Umgang mit einem konkreten Teil unserer Welt wichtig ist. Wenn wir sagen, unsere frühere Sprache genüge bestimmten Themen nicht mehr, die heute für uns wichtig sind (beispielsweise die Astrologie), so ist damit keine Aussage über die Wahrheit oder Falschheit dieser Gegebenheiten impliziert; das Medium Sprache bringt uns den intendierten Sachverhalten nicht näher; wir drücken damit lediglich aus, daß wir mit Hilfe unserer veränderten Sprache bestimmte Bereiche unserer Welt leichter handhaben können. Wenn wir nun in ein Gespräch mit einem anderen Individuum eintreten, so brauchen wir nicht zu unterstellen, unser Gegenüber habe einen ähnlichen Zugang zur Wirklichkeit (der Astrologie), sondern der Konsens oder Dissenz richtet sich einfach danach, ob unser Gesprächspartner und wir es fertigbringen, unsere jeweiligen Theorien einander anzunähern. Es gibt keine Überzeugungen im Sinne von Entitäten. „Und genausowenig brauchen wir Gegenstände zu erfinden, die als ‚Gegenstände der Überzeugung' oder als etwas dem Bewußtsein Vorschwebendes beziehungsweise dem Gehirn Innewohnendes dienen sollen."[37]

Vor dem Hintergrund dieser Argumentation gelangt Davidson zu einer Kritik der Kuhnschen Inkommensurabilitätsthese, denn man kann nicht mehr davon sprechen, daß Wissenschaftlerinnen und Wissenschaftler unterschiedlicher Epochen oder Teildiskurse innerhalb einer Kultur gleichsam „in unterschiedlichen Welten" leben und dadurch ihre Sprachen prinzipiell inkommensurabel seien.[38] Diese Vorstellung krankt an demselben Paradox wie die meisten bisher erarbeiteten Konzepte zur Verständlichmachung des Begriffsrelativismus':

> Verschiedene Standpunkte haben zwar Sinn, aber nur wenn es ein gemeinsames Koordinatensystem gibt, in dem man ihre Stelle abtragen kann; doch das Vorhandensein eines gemeinsamen Systems straft die These der überwältigenden Unvergleichbarkeit Lügen. Was wir brauchen, ist, wie mir scheint, eine gewisse Vorstellung von den Überlegungen, die der begrifflichen Gegensätzlichkeit Grenzen setzen.[39]

---

[37] „Was ist dem Bewußtsein gegenwärtig?" A.a.O. S. 28.
[38] „Vielleicht sind Kuhns Wissenschaftler, anstatt in verschiedenen Welten zu leben, ebenso wie diejenigen, die des Diktionärs bedürfen, nur durch Wörter voneinander getrennt" („Was ist eigentlich ein Begriffsschema?", in: DAVIDSON 1986, 261-282, S. 269).
[39] Ebda. S. 262.

Um dies zu erreichen, versucht Davidson den Dualismus von Schema und Inhalt zu überwinden, indem er seine Sinnlosigkeit erweist. Denn wir können schlechterdings keine Gründe für die These beibringen, zwei Menschen hätten unterschiedliche Begriffsschemata, wenn ihre Sprachen sich nicht ineinander übersetzen lassen.[40] In jedem Falle müßten wir dafür eine Entität unterstellen, die jenseits des verwendeten Schemas steht und auf die das Schema in irgendeiner Weise „paßt". Auch der Rekurs auf eine „Wahrheit" ist uns nicht möglich, wenn wir das System der Sprache nicht verlassen können. „Es gibt [...] nichts, kein *Ding*, das Sätze oder Theorien wahr macht; weder Erfahrung noch Oberflächenreizungen noch die Welt sind imstande, einen Satz wahr zu machen."[41] Es sei sinnlos, so folgert Davidson, weiter nach einer theorieneutralen Realität Ausschau zu halten, auf die wir die Unterscheidung von Begriffsschemata zu gründen beabsichtigen. Denn wir können niemals urteilen, andere hätten Überzeugungen, die von unseren völlig abweichen. Als Ergebnis hält er fest:

> Indem wir uns der Abhängigkeit vom Begriff einer uninterpretierten Realität (eines Etwas, das außerhalb aller Schemata und aller Wissenschaft liegt), entziehen, verzichten wir nicht auf den Begriff der objektiven Wahrheit – ganz im Gegenteil. Ist das Dogma eines Dualismus von Schema und Realität gegeben, erhalten wir Begriffsrelativität und Wahrheit relativ zu einem Schema. Ohne das Dogma geht diese Art von Relativität über Bord. Natürlich bleibt die Wahrheit der Sätze sprachrelativ, aber objektiver geht es nun einmal nicht. Indem wir den Dualismus von Schema und Welt fallenlassen, verzichten wir nicht auf die Welt, sondern stellen die unmittelbare Beziehung zu den Gegenständen wieder her, deren Possen unsere Sätze und unsere Meinungen wahr oder falsch machen.[42]

Man kann den Zusammenhang zwischen Sätzen, Welt und Wahrheit auch so verstehen, daß der Preisgabe des Schema-Inhalt-Dualismus' eine veränderte Auffassung von Wahrheit folgen muß: Jeder Satz, der von anderen Menschen jemals geäußert worden ist – und der sprachrelativ wahr ist –, bezieht sich auf genau diejenige Welt, von der *wir heute* glauben, daß sie existiert. Mit dieser Akzentverschiebung geben wir weder die Existenz der Welt auf, noch brauchen wir die Kuhnsche Hypothese der „vielen Welten" mitzumachen. Der

---

[40] Zur detaillierten Analyse der verschiedenen sich anbietenden Möglichkeiten vgl. den angeführten Aufsatz „Was ist eigentlich ein Begriffsschema?".
[41] Ebda. S. 276 (Hervorhebung im Original).
[42] Ebda. S. 282.

Rede von einem Schema, dessen Inhalt mit der Welt in gleichsam isomorpher Weise Verbindung aufzunehmen vermag, können wir indes keinen Sinn mehr abgewinnen.

Allerdings jongliert Davidson hier m.E. etwas zweideutig mit dem Begriff der „objektiven Wahrheit", denn obwohl er einen solchen nur im Zusammenhang von Sprache sinnvoll verwenden kann, stellt er dennoch die Verbindung mit den Gegenständen bzw. der Welt in Aussicht. Diese Gratwanderung wird evident, wenn man sich seine Verteidigung von Tarskis Konvention W näher betrachtet,[43] die in einer merkwürdigen Spannung zur Weiterführung der Quineschen Überlegungen zur Bedeutungstheorie steht, wo Davidson diese Theorie zu einer „Theorie der absoluten Wahrheit" auszubauen vorschlägt; ontologische Implikationen können dadurch gewissermaßen durch die Hintertür wieder eingeschleust werden, ohne freilich eine Bezugnahme der Sprache auf die Realität nötig zu machen.[44] Obwohl es reizvoll wäre, dieser Spannung weiter nachzugehen, wollen wir es dabei belassen, um uns wieder Rorty zuzuwenden, der in charakteristischer Weise von diesen Überlegungen Gebrauch macht.

Was Rorty an den sprachphilosophischen Betrachtungen Davidsons interessiert, ist, wie bereits angedeutet, dessen gründliche Hinterfragung unserer Vorstellung, die Sprache sei ein *Medium* für die Erfassung der Wirklichkeit, welches entweder passend oder unpassend sein könne. Rorty schließt sich auch der Kritik am *Schema-Inhalt-Dualismus* an, legt sie sich jedoch so zurecht, daß sie als Stütze seines pragmatistischen Ansatzes fungieren kann.[45] Dieser stellt sich nun folgendermaßen dar: Wenn wir die Vorstellung aufgeben, das Ziel unserer Sprache bestehe darin, die „immanente Natur" der Welt in adäquater Weise abzubilden, so hat dies weitreichende Konsequenzen im Hinblick auf unsere Suche nach *Wahrheit* einerseits und auf unser *Selbstverständnis als Menschen* andererseits.

Was den Bereich der Wahrheit betrifft, so ist die Kritik an einer Korrespondenztheorie bereits zur Sprache gekommen. Wir müssen nunmehr erkennen, daß „es keine Wahrheit gibt, wo es keine Sätze

---

[43] Vgl. „Zur Verteidigung von Konvention W", in: DAVIDSON 1986, 106-120, sowie seine Betrachtung über die Oratio Obliqua in „Sagen, daß", ebda. S. 141-162.
[44] Vgl. hierzu „Realität ohne Bezugnahme", in: DAVIDSON 1986, 306-320.
[45] Zur Diskussion zwischen DAVIDSON und RORTY über die Berechtigung dieser Indienstnahme vgl. RORTY: „Pragmatism, Davidson, and Truth", in: LEPORE 1984; außerdem D. DAVIDSON: „A Coherence Theory of Truth and Knowledge", in: MALACHOWSKI 1990, 120-138.

gibt, daß Sätze Elemente menschlicher Sprache sind und daß menschliche Sprachen von Menschen geschaffen sind."[46] Dieser transitive Schluß kann als Grundlage der besonderen Sprachtheorie Rortys gelten.[47] Deutlicher wird dieser Zusammenhang, wenn wir unseren Blick von der Betrachtung einzelner Sätze hin auf die Untersuchung ganzer Vokabulare lenken. Wenn wir beispielsweise das Vokabular der Politiker im alten Athen demjenigen Thomas Jeffersons gegenüberstellen, die Rede des Paulus den Sprachspielen moderner Psychologie, oder auch das aristotelische Sprachspiel dem newtonschen, so können wir nicht erkennen, daß eines dieser Vokabulare in irgendeiner Weise einen privilegierten Zugang zur Wirklichkeit besitzt. Es gibt kein Vokabular, welches gleichsam „die Sprache der Natur" zu sprechen beanspruchen kann. Der Grund hierfür ist banal:

> Die Welt spricht überhaupt nicht. Nur wir sprechen. Die Welt kann, wenn wir uns eine Sprache einprogrammiert haben, die Ursache dafür sein, daß wir Meinungen vertreten. Aber eine Sprache zum Sprechen kann sie uns nicht vorschlagen. Das können nur andere Menschen tun.[48]

Da wir über kein Kriterium verfügen, die Qualität oder Wahrheit eines Sprachspiels im Zusammenhang mit einem Rekurs auf die Wirklichkeit anzugeben, so können wir die Berechtigung dafür, an einem bestimmten Sprachspiel teilzunehmen, einzig und allein aufgrund von *pragmatischen Überlegungen* ableiten. Es hat sich herausgestellt, daß Einsteins Vokabular für die Bewältigung unserer kulturellen wie wissenschaftlichen Bedürfnisse ein angemesseneres Werkzeug darstellt als jenes Newtons. Das hindert uns nicht daran, in manchen Zusammenhängen dennoch „newtonisch" zu sprechen, wo es uns angemessen erscheint.[49] Große Veränderungen unseres Weltbildes ergaben sich demnach auch nicht dadurch, daß wir ein

---

[46] RORTY 1995, 24.
[47] Vgl. dazu die kritischen Beiträge von A.R. MALACHOWSKI, D. HOUGHTON und M. CLARK in MALACHOWSKI 1990. Es kann freilich nicht oft genug betont werden, daß RORTY hier auf die *Diskursfähigkeit* der Wahrheit bzw. auf die Wahrheit als Thema philosophischer Betrachtung abhebt. Eine andere interessiert ihn nämlich gar nicht.
[48] RORTY 1995, 25.
[49] Das Nebeneinander verschiedener Erklärungsmodelle der Wirklichkeit, für den Pragmatismus ein selbstverständlicher Sachverhalt, spielt auch in der modernen Physik und Wissenschaftstheorie eine große Rolle. Darauf wird unten Kap. 3.2.2. im Zusammenhang mit WOLFGANG PAULI zurückzukommen sein.

Vokabular „entdeckten", welches die immanente Natur besser abbildete, sondern durch die Entwicklung eines neuen Sprachspiels wurden wir befähigt, unseren Alltag neu zu sehen und besser zu bewältigen. Zugleich werden gewisse Fragen, die uns früher stark beschäftigten, plötzlich belanglos. Es ist nämlich nicht so, daß wir auf aristotelische Fragen nunmehr eine richtigere Antwort gefunden hätten, sondern wir haben erkannt, daß manche aristotelische Fragen uns heute nicht mehr interessieren, da wir ein Sprachspiel erfunden haben, in welchem diese Fragen nicht vorkommen. Man könnte nun einwenden, es würde bei dieser Sicht der Dinge lediglich ein willkürliches subjektives Kriterium zur Teilnahme an einem bestimmten Sprachspiel suggeriert, doch dem ist nicht so, denn eine Kultur entscheidet sich ja nicht einfach für ein bestimmtes Vokabular, sondern sie verliert im Laufe ihrer Geschichte schlicht die Gewohnheit, bestimmte Wörter zu verwenden (beispielsweise die romantische, die sozialistische oder galileische Sprechweise). Die Wahl des Vokabulars ist mithin nicht subjektiv, wohl aber *kontingent*.[50]

Im Anschluß an Wittgenstein und Davidson faßt Rorty also die Sprache als ein *Organ* auf, mit dessen Hilfe wir die Welt, in der wir leben, für uns handhabbar machen. Dieser Auffassung stellt er jene gegenüber, die von unterschiedlichen Sprachen als von alternativen Teilen eines großen Puzzles spricht;[51] die Puzzlemetapher hält die Hoffnung aufrecht, wir könnten zu einer Art „Supervokabular" vorstoßen, wenn wir unterschiedliche Vokabulare kompatibel machten. Wenn dies nicht gelingt, so seien wir gezwungen, uns für eines – das der Wirklichkeit näher kommt – zu entscheiden. Rorty hingegen plädiert dafür, derartige Fragen einfach fallenzulassen und sich vielmehr zu überlegen, ob der Gebrauch eines Vokabulars (eines Werkzeugs) einem anderen im Wege steht. Wenn dies nicht der Fall sein sollte, werden wir auch keine Probleme bekommen.

Dies veranschaulicht Rorty am Beispiel der „Zwei-Tische-Problematik" Eddingtons: Wie kommt es, daß ein Tisch in unseren alltäglichen Sprachspielen ein relativ fester Gegenstand ist, während er aus der Sicht der Mikrophysik aus winzigen rasenden Teilen besteht, die keinerlei Festigkeit erahnen lassen? Diese beiden Vokabulare haben ihre offensichtliche friedliche Koexistenz schon lange bewiesen, und das vermeintliche Problem Eddingtons ist ein Beispiel da-

---

[50] Für eine gründliche Analyse dieser Zusammenhänge sowie die These, wissenschaftliche Neuerungen seien kein verbesserter Einblick in die Natur der Dinge, sondern lediglich *metaphorische Neubeschreibungen*, vgl. HESSE 1980.
[51] Vgl. RORTY 1995, 34f.

für, „wie Philosophen ihre Arbeit in Mißkredit bringen, indem sie Schwierigkeiten sehen, die niemand sonst sieht."[52] Schwierigkeiten entstehen erst, wenn alte Vokabulare zur Formulierung drängender Fragen der Zeit nicht mehr auszureichen scheinen. So war das aristotelische Vokabular dem im sechzehnten Jahrhundert entwickelten mathematisch-mechanistischen schlicht im Wege; dort ging es nicht um die Anpassung alter Fragen an neue Sprachen, um ein Zusammenpuzzeln also, sondern man erfand einfach ein neues Werkzeug, welches das alte abzulösen geeignet war.

An diesem Punkt gilt es ein entscheidendes Problem festzuhalten: *Wir können die neuen Fragen in der alten Sprache nicht formulieren.* Diese zunächst überraschend anmutende Feststellung gibt uns einen Schlüssel an die Hand, die teilweise provokanten oder eigenwilligen Argumentationswege Rortys besser zu verstehen. Wenn wir den Versuch unternehmen, die bisherigen Paradigmata der philosophischen Diskurse zu hinterfragen, so müssen wir – sofern wir verstanden werden wollen – uns eben jener Sprachspiele bedienen, um unseren Punkt zu explizieren. Wir könnten natürlich sagen, es sei uns unwichtig, verstanden zu werden, und andere müßten sich unser Sprachspiel zu eigen machen, um die Schwächen des alten Vokabulars zu erkennen. Doch dann könnte unsere Kritik des philosophischen Diskurses sehr leicht von den Verfechtern der traditionellen philosophischen Themen mit einem schlichten Achselzucken kommentiert werden. Das Dilemma, welches hier zu Tage tritt, läßt sich kaum lösen, sondern nur gewissermaßen aufweichen.[53]

Der Pragmatist, wie Rorty ihn versteht, sollte niemals den Eindruck erwecken, nun habe man endlich eine Philosophie entwickelt, die die Natur der Dinge vernünftig darstellt. Ob es sich um die Rede von der „immanenten Natur" oder die Rede von der „Wahrheit" handelt – die Kritik daran muß sich mit dem Appell begnügen, jene Termini, da sie offensichtlich mehr Verwirrung als Klärung unserer Meinungen verursacht haben, nicht länger zu verwenden. „Wir sollten einfach wenig zu diesen Themen *sagen* und sehen, wie weit wir damit kommen."[54] Mit anderen Worten: Der Pragmatist sollte gar nicht erst den Versuch machen, *Argumente* gegen jene Paradigmata vorzubringen, da man auf diese Weise vorgibt, zeigen zu können, daß das althergebrachte Vokabular gemäß seinen eigenen Maßstäben inkonsistent ist.

---

[52] Ebda. S. 35.
[53] Vgl. die Darstellung GADAMERS o. S. 15, die sich mit diesem Befund deckt.
[54] RORTY 1995, 30 (Hervorhebung im Original).

Aber das kann man *niemals* zeigen. Jedes Argument, das zeigen soll, die uns vertraute Verwendung eines vertrauten Terminus sei inkohärent, leer, konfus, vage oder „rein metaphorisch", kann nur ungültig und eine *petitio principii* sein. Denn schließlich ist die Verwendung eines Terminus das Paradigma für kohärenten, sinnvollen, buchstäblichen Sprachgebrauch. Solche Argumente sind immer parasitäre, verkürzte Argumente für die Behauptung, ein besseres Vokabular sei verfügbar. Interessante Philosophie ist nur selten eine Prüfung der Gründe für und wider eine These. Gewöhnlich ist sie explizit oder implizit Wettkampf zwischen einem erstarrten Vokabular, das hemmend und ärgerlich geworden ist, und einem neuen Vokabular, das erst halb Form angenommen hat und die vage Versprechung großer Dinge bietet.[55]

An dieser Stelle mag man einwenden, Rorty entziehe sich den allseits bekannten und von allen als sinnvoll erachteten Diskursregeln, um seinen Standpunkt gegen Kritik abzudichten. Das ist durchaus richtig, doch bleibt Rorty gar nichts anderes übrig; und er ist klug genug, aus der Not eine Tugend zu machen. Es geht ihm nicht darum, der Falsifizierbarkeit seiner Theorie aus dem Weg zu gehen, sondern so etwas wie Falsifizierbarkeitskriterien dadurch zu entwickeln, daß eine Theorie bzw. ein Vokabular sich in der Kommunikation zwischen Individuen zu *bewähren* hat, unabhängig davon, ob dieses Vokabular nun eine numinose immanente Wirklichkeit abzubilden vermag, oder nicht. Dem Beweis setzt er die sophistische Überredungskunst entgegen: „Ich [werde] versuchen, das Vokabular, das ich favorisiere, attraktiv zu machen, indem ich zeige, daß es zur Beschreibung einer Vielfalt von Themen brauchbar sein kann."[56] Erst wenn wir das neue Vokabular etabliert haben, können wir mithin die Gründe für eben jene Etablierung formulieren.

Auf dem Weg dorthin muß das *Gespräch* als unhintergehbarer Kontext der Möglichkeit von Erkenntnis oder besser von Verständnis angesehen werden. Die Suche nach Erkenntnis nämlich wäre schon wieder die Suggestion, unsere Sätze seien mit der Wirklichkeit verknüpft. Dagegen fordert Rorty:

Wir sollen die visuelle Metaphorik – insbesondere die der Widerspiegelung – vollständig aus der Sprache verbannen. Hierfür dürfen wir die Rede nicht nur nicht als das Externalisieren innerer Darstellungen verstehen, sondern überhaupt nicht als Darstellen. Wir müssen den Korrespondenzbegriff für Sätze wie auch für Gedanken fallenlassen

---

[55] Ebda. (Hervorhebung im Original).
[56] Ebda. S. 31.

und uns diese Sätze als mit Sätzen, nicht mit der Welt, verknüpft denken.[57]

Wenn wir somit im philosophischen und kulturellen Gespräch einen privilegierten Zugang zur Welt nicht mehr behaupten können, so gerinnen unsere vermeintlichen „Beweise" zu Vorschlägen. „Unter Umständen *sagt man einfach etwas* – man leistet keinen Forschungsbeitrag, sondern man partizipiert an einem Gespräch. Etwas sagen heißt vielleicht nicht immer, sagen, wie Etwas ist."[58] Dieser schöne Satz drückt die Quintessenz der sprachphilosophischen Überlegungen Rortys aus. Das Ziel der Philosophie kann demgemäß nur darin bestehen, das Gespräch zwischen den Menschen in Gang zu halten. Im Gespräch produzieren wir in einem fort sprachliche Wahrheiten (manchmal auch nicht), die wir unserem Gegenüber anbieten mit dem unausgesprochenen Vorschlag: „Versuch doch einmal, es von dieser Seite aus zu betrachten." Der *Gewaltaspekt* verschwindet auf diese Weise aus unseren Diskursen, und wir sind von dem Bemühen angetrieben, das Vokabular unterschiedlicher Menschen und Kulturen zu lernen, um es in unserem eigenen verstehen zu können.[59] An die Stelle der richtigen Theorie tritt die „*bloße Hoffnung auf Übereinstimmung* – oder zumindest auf interessante und fruchtbare Nichtübereinstimmung."[60]

Es zeigt sich durch die bisher dargestellten Überlegungen, daß Rorty die Kontingenz der Sprache mit guten Argumenten zu belegen vermag. Da er sich für die Annahme ausspricht, Menschen produzieren Wahrheit, indem sie Sätze formulieren, die jeweils durch das kulturelle Sprachspiel vorherbestimmt sind, kann er daraus eine weitergehende Folgerung im Hinblick auf das Selbstverständnis des Menschen wie auf gesellschaftliche Bedingungen insgesamt ableiten. Auf diese Weise gewinnt Rorty das seine Philosophie tragende Gerüst der dreifachen Kontingenz – nämlich der *Kontingenz von Sprache, Selbst und Gemeinschaft*. Die Kontingenz der Sprache und der Wahrheit hat Rorty den Vorwurf des Relativismus eingetragen. Aber auch die Kontingenz von Selbst und Gemeinschaft ist es, die Kritikerinnen und Kritiker immer wieder zu teilweise erbittertem

---

[57] RORTY 1984, 402.
[58] Ebda. (Hervorhebung im Original).
[59] Im *Spiegel der Natur* scheint RORTY noch von der Hoffnung getragen zu sein, das Vokabular des Gesprächspartners könne gelernt werden (S. 346). Später stellt sich diese Möglichkeit etwas anders dar und wird geradezu zum Schlüssel für den Ethnozentrismus RORTYS.
[60] RORTY 1984, 346 (Hervorhebung im Original).

Widerspruch herausgefordert hat, scheint Rorty doch dem Ethnozentrismus Tür und Tor geöffnet zu haben. Diesen Eindruck verschärft Rorty selber in seiner mitunter flappsigen und ironischen Weise, die so gar nicht mit den ehrwürdigen Idealen des philosophischen Diskurses harmonieren möchte.

Diesen Vorwürfen wollen wir uns nun zuwenden, und ich werde zu zeigen versuchen, daß Rorty lediglich etwas zum Ausdruck bringt, was schon immer gängige Praxis war. Er erteilt einer Haltung Absolution, die man als den Schatten der kulturellen Diskurse ansehen kann, gegen die jeder sich auszusprechen bemüßigt fühlt, obwohl er sie doch selber einnimmt.

1.3. Relativismus und Ethnozentrismus

Jene Position, die „Wahrheit" im Sinne von Übereinstimmung mit einer objektiven Realität auffaßt, wird von Rorty als *realistisch* definiert. Wir haben gesehen, daß der Realist notwendigerweise auf eine letztlich metaphysisch zu nennende Beziehung zwischen der Wirklichkeit und unseren Meinungen rekurrieren muß, um die Adäquatheit einer Meinung in der Welt verankern zu können. Darüber hinaus sieht sich der Realist – wie bereits dargestellt – in der mißlichen Lage, Verfahren entwickeln zu müssen, die unsere Meinungen als mit der Natur der Dinge in Übereinstimmung stehend deutlich machen können. Demgegenüber führt Rorty die *pragmatistische* Position ein, welche auf die Unterlassung jeder Metaphysik oder Erkenntnistheorie abzielt und die Kontingenz unserer Anschauungen, mithin ihre Abhängigkeit von historischen und kulturimmanenten Determinanten in den Mittelpunkt des Interesses rückt.

Diese Neuorientierung in ihrer zugespitzten Form hat dazu geführt, daß vor allem Verfechter der realistischen Position Rorty einen gefährlichen *Relativismus* vorgeworfen haben.[61] Und in der Tat scheint die Relativierung unserer Meinungen an vielen Stellen mit dem Plädoyer für eine Beliebigkeit der Positionen einherzugehen; wenn man sich die unterschiedlichen Stellungnahmen Rortys zu diesem Problem ansieht, so ergibt sich ein durchaus zwiespältiges Bild, denn der Terminus „Relativismus" ist selber viel zu vage, als daß er einer eindeutigen Verwendung zugänglich ist. Wenn man nämlich die unter realistischen Vorzeichen geläufige Definition übernimmt, so stellt sich Rortys Argumentation tatsächlich als relati-

---

[61] Zur neueren Diskussion vgl. die allerdings tendenziöse Darstellung bei TOLLAND 1991, 5-136 sowie das Resümee von VADEN HOUSE 1994, 9-24.

vistisch dar, während er selber vehement dagegen Einspruch erhebt. Sein Ziel ist es, der realistischen Einstellung gegenüber einem Relativismus seine eigene pragmatistische entgegenzuhalten, womit er aufzeigen kann, daß sich diese Frage gar nicht mehr stellt, hat man erst einmal das realistische Paradigma überwunden. Da dies für die Diskussion um Rorty ein entscheidender Streitpunkt ist, gilt es nun, uns hierüber etwas mehr Klarheit zu verschaffen.

I

Wenn Realisten den Pragmatisten eine relativistische Haltung vorwerfen, so liegen dieser Einschätzung gewöhnlich drei Möglichkeiten zugrunde.[62] Zum einen wird damit die Einstellung umschrieben, ein Glaube tauge ebenso viel wie jeder beliebige andere; zweitens kann „Relativismus" die Überzeugung darstellen, der Terminus »wahr« sei selber mehrdeutig, denn es können unzählige Rechtfertigungsverfahren eruiert werden, die dem Terminus eine je andere Bedeutung zukommen lassen.

> Die dritte Auffassung ist die, wonach es über Wahrheit oder Rationalität außer den Beschreibungen der vertrauten Rechtfertigungsverfahren, die eine bestimmte Gesellschaft – die *unsere* – auf diesem oder jenem Forschungsgebiet verwendet, nichts zu sagen gibt. Es ist diese dritte, die ethnozentrische Auffassung, die der Pragmatist vertritt. Dagegen vertritt er weder die sich selbst widerlegende erste Auffassung noch die überspannte zweite.[63]

Auf die Verbindung zum Ethnozentrismus kommen wir später zurück. Hier geht es zunächst einmal um die Feststellung, daß der Pragmatist im Sinne Rortys eben keine relativistische Theorie anbietet, da eine solche ja von der Voraussetzung auszugehen hat, es gebe etwas, das relativ zu etwas anderem sei. Eine solche positive Theorie kann der Pragmatist nicht vertreten, zieht er doch gerade die Möglichkeit einer Begründung positiver Theorien insgesamt in Zweifel. Für ihn gibt es keine sinnvolle Unterscheidung zwischen „Wissen" und „Meinung"; die Schwierigkeiten – so Rorty – entstehen erst dadurch, daß ein Realist sich schlechterdings nicht vorstellen kann, jemand vertrete ernsthaft die Ansicht, die Wahrheit habe kein inneres Wesen, das wir entschlüsseln könnten. Dadurch muß er auch die pragmatistische Position als positive Theorie über das Wesen der Wahrheit auffassen, was zwangsläufig zum Vorwurf des Relativis-

---

[62] Vgl. zum folgenden Rorty 1995a, 15ff.
[63] Ebda. S. 15 (Hervorhebung im Original).

mus führen muß. Denn die Darstellung des Pragmatisten, wonach Wahrheit die singuläre Meinung eines Individuums oder einer ausgewählten gesellschaftlichen Gruppe darstellt, hebt sich – als positive Theorie vorgebracht – natürlich selber auf.

Diese zirkuläre Argumentation will Rorty nicht mitmachen, und er besteht darauf, eben keine positive Theorie der Wahrheit anzubieten; ebenso will der Pragmatist auch keine Erklärung erkenntnistheoretischer Art liefern für das Gelingen oder Mißlingen wissenschaftlicher Forschung bzw. gesellschaftlichen Diskurses. „Da er *keine* Erkenntnistheorie vertritt, vertritt er a fortiori keine relativistische."[64] Dies sieht aus wie ein Trick, mit dem Rorty sich gleichsam aus dem Schneider stiehlt. Doch wir müssen uns vergegenwärtigen, daß im Rahmen des erkenntnistheoretischen oder wahrheitstheoretischen Vokabulars die Formulierung einer Position, die Erkenntnis- oder Wahrheitstheorie *unterlassen* möchte, schlechterdings nicht möglich ist. Es ist ein Leichtes für den Realisten, eine solche Theorie zu sabotieren. Wirkliches Format bekommt sie dagegen erst, wenn man ihr ihre eigenen Maßstäbe zugrundelegt: Die Suche nach Fundamenten unserer Erkenntnis und Rechtfertigungen unserer Meinung, die jenseits des gesellschaftlichen Sprechens liegen, führt zu nichts. Den Begriffen »Wissen«, »Erkenntnis« oder auch »Wahrheit« kommen keine realen Bedeutungen zu; sie sind

> schlicht ein Lob, das man den Überzeugungen spendet, die man für derart gerechtfertigt erachtet, daß eine weitere Rechtfertigung zur Zeit nicht vonnöten sei. Eine Untersuchung des Wesens der Erkenntnis kann nach pragmatistischer Auffassung nur eine soziohistorische Darstellung der Verfahren sein, mit deren Hilfe verschiedene Leute versucht haben, Einigkeit über die zu vertretenden Überzeugungen zu erzielen.[65]

Wenn man bereit ist, dem erkenntnistheoretischen Vokabular eine neue Bedeutung zu geben, oder aber dieses Vokabular ganz zu verlernen, so findet man plötzlich Sinn in den Anschauungen des Pragmatisten, und der Vorwurf eines relativistischen Standpunktes führt sogleich zurück auf die eigene Position, denn nur im Rahmen einer positiven Theorie der Erkenntnis können Fundamente relativiert werden. Der Relativismusvorwurf kann demnach als Projektion realistischer Philosophie auf den Pragmatismus angesehen werden.

---

[64] Ebda. S. 16 (Hervorhebung im Original).
[65] Ebda. S. 17.

Eine Ableitung davon ist die offenkundige Weigerung des Pragmatisten, sich auf einen Standpunkt *außerhalb* des kontingenten kulturellen Koordinatensystems zu stellen. Auch hier diagnostiziert Rorty in etwas polemischer Weise, der Realist könne sich eine derartige Weigerung offensichtlich gar nicht vorstellen, da jeder doch danach trachten müsse, Abstand zu den Dingen zu gewinnen. Dieses Ziel aufzugeben, hieße für den Realisten, der Beliebigkeit in der Auswahl unterschiedlicher Standpunkte Tür und Tor zu öffnen. Wir können schließlich nicht mehr überzeugend darlegen, warum die Ansicht Galileis der Theorie des Aristoteles überlegen sein soll, wenn wir den Zusammenhang zwischen der „Wahrheit" ihrer Theorie und einer Welt, die diese Wahrheit zu bestätigen vermag, ausklammern. Mit Davidson können wir indes sagen, daß wir die Wahrheit der galileischen oder aristotelischen Ansicht *nur dann* zubilligen werden, wenn sie sich in Übereinstimmung mit dem befindet, was wir heute für wahr erachten. Denn die Welt macht schließlich keine Theorie wahr. „Somit gelangen wir zu einer Position, die den Ausdruck ‚wahr' trivialisiert (indem sie ihn von dem, was Putnam einen ‚Gottesgesichtspunkt' nennt, trennt), ohne ihn jedoch zu *relativieren* (was hieße, daß man ihn im Sinne eines spezifischen ‚Begriffsschemas' definierte)."[66]

Mit dieser *Trivialisierung* des Wahrheitsbegriffs werden wir die Gründe für die Überlegenheit der galileischen Welterklärung über die des Aristoteles darin suchen, daß Galilei eben zufällig ein Werkzeug in die Hände gefallen ist, das er seinen Zeitgenossen ohne große Schwierigkeiten als überzeugender vorstellen konnte. Binnen kurzem schlossen sich die meisten Europäerinnen und Europäer dem neuen Vokabular an, weil es vielversprechend schien. Eine transzendente Wahrheit ist in diesem Zusammenhang zweitrangig, und die Welt fungiert allenfalls als kausaler Auslöser für die Erfindung des neuen Werkzeugs. Daß die Welt galileisch spricht oder zumindest das Galileische eine bessere Übersetzung der Sprache der Natur darstellt als das Aristotelische, ist – wie wir bereits gesehen haben – eine kuriose Folgerung aus der Argumentation der Realisten.

Eine weitere Spielart des Relativismusvorwurfs findet sich in der Kritik, der Pragmatist verwechsle den Begriff der „Wahrheit" mit dem der „Rechtfertigung", wo doch nur der letztere kontingente Eigenschaften aufweise, während die Wahrheit von der pragma-

---

[66] R. RORTY: „Ist Naturwissenschaft eine natürliche Art?", in: RORTY 1993, 13-47, S. 22 (Hervorhebung im Original).

tistischen Kritik gar nicht berührt werde. Hierauf erwidert Rorty: Es gibt überhaupt keinen Zusammenhang zwischen Rechtfertigung und Wahrheit, denn ein solcher wird immer von der Vorstellung geprägt sein, die Wissenschaft sei auf dem Weg zur Wahrheit. Somit seien es eigentlich die Realisten, die einer Verwechslung erliegen, indem sie vorbringen, wir würden uns der Wahrheit annähern, je mehr Rechtfertigungen wir finden.

> Die Pragmatisten dagegen meinen, daß es zwar eine Menge von Einzelheiten gibt, die man vor einem gegebenen Auditorium zur Rechtfertigung anführen kann, doch über Rechtfertigung im allgemeinen sei gar nichts zu sagen. Ebendarum gebe es auch weder über das Wesen oder die Grenzen der menschlichen Erkenntnis noch über einen Zusammenhang zwischen Rechtfertigung und Wahrheit etwas Allgemeines zu sagen.[67]

Der Widerspruch zwischen Realisten und Pragmatisten läßt sich nicht zuletzt damit erklären, daß man gemeinhin auf das platonische Verständnis abhebt, wenn man von der „Wahrheit", der „Wirklichkeit" oder auch dem „Guten" spricht. Die Referenten dieser transzendenten Termini müssen mittels der philosophischen Methode *ohne* Rückgriff auf unsere gängige Rechtfertigungspraxis ermittelt werden können. Denn wenn die Referenten unseren Tagesdiskursen entlehnt würden, gerieten die transzendenten Termini selber in den Strudel des Relativismus.

Der Pragmatist sagt an dieser Stelle nichts anderes, als daß es bisher nicht gelungen ist, ein solches Vorhaben zu verwirklichen, daß es überdies prinzipiell unmöglich eingelöst werden kann und wir uns deshalb nicht mehr mit dieser Mühe belasten sollten. Er dreht den Spieß um und sagt, die Suche nach Individuation transzendenter Termini sei von dem Bedürfnis getragen,

> sich seiner Freiheit der Konstruktion immer neuer Theorien und Vokabulare zu entledigen. Der bildende Philosoph, der dieses Bedürfnis als ein inkohärentes aufweist, wird dann zu einem „Relativisten", zu einem, dem es an moralischem Ernst mangelt, weil er sich nicht der allgemeinmenschlichen Hoffnung anschließt, die Qual der Wahl werde mit der Zeit nicht mehr auftreten.[68]

Wir kommen also mit unserer Frage, ob Rortys Philosophie relativistisch ist oder nicht, kaum zu einem befriedigenden Ergebnis. Denn wir scheinen uns beinahe in unterschiedlichen syntaktischen Kategorien zu befinden, wenn wir seine eigene Auffassung mit der

---
[67] RORTY 1994, 31.
[68] RORTY 1984, 407.

Definition des Relativismus durch die platonisch geprägten Philosophen – die Realisten – konfrontieren. Ich möchte deshalb das Pferd andersherum aufzäumen und fragen, was eigentlich das Verwerfliche an relativistischen Standpunkten ist.[69] Die vermeintliche Gefahr liegt doch wohl nur in eben dem Mechanismus, den Rorty so gründlich desavouiert, nämlich der Weigerung der Mehrheit der philosophischen Zunft, ihrer intuitiven Meinung, die Philosophie diene einem „höheren Ziel" als der Erklärung des Tagesdiskurses, den Laufpaß zu geben.[70] Deswegen halte ich die Diskussion um den Relativismus des Pragmatisten für ein Scheingefecht, das von der eigentlichen Frage ablenkt: *Bedeutet Relativismus Beliebigkeit?* Diese Unterscheidung ist es, auf die die Pragmatisten bestehen sollten, während sie sich zu einem gesunden Relativismus – wenn die Realisten dies denn so formulieren wollen – durchaus bekennen können.

Bevor wir uns dem Ethnozentrismus Rortys zuwenden, soll noch ein Vorschlag zur Sprache kommen, der zwar nicht den Versuch macht, die Standpunkte der Realisten mit denen der Pragmatisten zu vereinen, aber doch die Diskussion auf möglicherweise ertragreichere Felder umzuleiten. Es ist schließlich so, wie Rorty feststellt, daß die pragmatistische Linie keine Argumente beizusteuern beabsichtigt, die einen Realisten tatsächlich überzeugen könnte, sondern sie möchte die Fragen demontieren, die überhaupt den Konflikt erst heraufbeschwören. Hierin entfaltet sich die *therapeutische* oder auch die *bildende* Kraft der Philosophie, wie sie der Pragmatist versteht; gegen den Beweis setzt er die Überredungskunst oder die Erzählung. „Wir hoffen nämlich, daß solche Erzählungen therapeutischen Zwecken dienen und den Leuten bestimmte Streitfragen derart verleiden, daß sie allmählich das Vokabular preisgeben, in dem diese Streitfragen formuliert sind."[71]

Rorty entwickelt den Vorschlag zur Umgehung der Diskussion – ihm ist natürlich klar, daß eine solche Vermeidungsstrategie für den Realisten etwas Hinterhältiges hat – anhand der Frage, wie es dazu kommen konnte, daß die Naturwissenschaft in den Ruf geriet, ihre Methode sei in irgendeiner Weise „reiner" oder komme der Wahrheit

---

[69] S. auch unten S. 46ff.
[70] Es scheint mir hierbei ähnlich zu sein wie hinsichtlich des über Jahrhunderte hinweg unter Theologen immer wieder aufgewärmten „Pantheismusvorwurfs": Auch in diesem Falle kann man nur von einem Vorwurf sprechen, wenn man die vom christlichen Vokabular geprägten Überzeugungen als *conditio sine qua non* für „philosophisch verankerte Theologie" zu begreifen gewohnt ist.
[71] „Ist Naturwissenschaft eine natürliche Art?" (oben Anm. 66), 44.

näher als beispielsweise die Politik, die Musik oder die Sozialwissenschaften. Daß ihre Methode sich nicht auf einen privilegierten Zugang zur Wirklichkeit berufen kann bzw. vorgeben sollte, die Sprache der Natur besser zu verstehen, wurde oben gezeigt. Rorty bringt nun zur Beantwortung der genannten Frage eine *moralische* Dimension ins Spiel: Die Wissenschaftlerinnen und Wissenschaftler haben sich diesen Ruf erworben, weil sie im Vergleich zu anderen gesellschaftlichen Gruppen in den meisten Fällen unbestechlicher, kritischer, geduldiger und bereiter waren, ihre Überzeugungen durch Überredungskunst anstatt durch Gewalt zu vertreten. „Auch heute noch werden mehr ehrliche, zuverlässige, rechtschaffene Leute in die Royal Society gewählt als etwa in das Unterhaus. In Amerika ist die Akademie der Wissenschaften längst nicht so bestechlich wie das Repräsentantenhaus."[72] Es ist nach pragmatistischer Ansicht kaum erfolgversprechend, dies mit dem Hinweis erklären zu wollen, das Vorherrschen moralischer Tugenden bei dieser Personengruppe stehe in Verbindung mit der Natur ihres Gegenstandes oder ihrer wissenschaftlichen Methoden. Es ist vielmehr so, daß jene Tugenden – vor allem im neunzehnten Jahrhundert – häufig mit einer Eigenschaft verwechselt wurden, die man als „Rationalität" bezeichnete. Mit dieser Verwechslung wurde der Heiligsprechung der Naturwissenschaft der Weg vollends bereitet. Demgegenüber hält Rorty fest:

> Nach pragmatistischer Ansicht ist die Rationalität weder die Anwendung eines „Ratio" genannten Vermögens, das in einer bestimmten Beziehung zur Wirklichkeit steht, noch der Gebrauch einer Methode, sondern sie beruht auf nichts weiter als Aufgeschlossenheit und Neugier sowie darauf, daß man sich auf Überredung statt Gewalt stützt.[73]

An dieser Stelle merkt man sehr deutlich, wie Rorty bemüht ist, die Rechtfertigungen unserer Meinungen mit Hilfe der philosophischen Terminologie, die auf Erkenntnis oder Wahrheit aufbaut, durch ein neues Vokabular zu ersetzen, welches *gesellschaftliche* und *historische* Dimensionen zu integrieren vermag, ja solche Einflüsse als konstituierend für das „Glauben an etwas" expliziert.[74] Diese gesell-

---

[72] Ebda. S. 45.
[73] Ebda. S. 46f.
[74] In diesem Sachverhalt zeigt sich die Nähe der Philosophie RORTYS zur Politik. In jüngster Zeit hat er vermehrt diesem politischen Interesse nachgegeben, wobei er allerdings teilweise haarsträubende Positionen bezieht. Darauf kann hier nicht eingegangen werden, vgl. *Das Kommunistische Manifest 150 Jahre danach: Gescheiterte Prophezeiungen, glorreiche Hoffnungen*, Frankfurt a. M. 1998, und besonders *Achieving Our Country: Leftist Thought in Twentieth-Century America*, Cambridge, Mass. 1998.

schaftliche Ausrichtung verbindet Rorty mit seiner Kontingenzidee der Sprache, so daß er in der Folge für einen Ethnozentrismus plädiert, der ihm viel Kritik eingetragen hat. Diesem Problemkreis wollen wir uns nun zuwenden.

II

Rortys Ethnozentrismus läßt sich in direkter Linie aus seinen Überlegungen hinsichtlich der Wahrheit unserer Sprachspiele gewinnen. Im Anschluß an den bereits zitierten Passus, wonach jeder Satz, der jemals von einem Menschen geäußert wurde, sich auf eben jene Welt bezieht, von der *wir jetzt* glauben, sie sei wahr, führt Rorty aus: Diese Behauptung „ist ebenso trivial wie die Behauptung, daß sich sowohl Aristoteles als auch Galilei vor dem Gerichtshof unserer jetzigen Überzeugungen verantworten müssen, ehe wir überhaupt eine ihrer Aussagen als ‚wahr' bezeichnen."[75] Diese triviale Aussage kann sich auf Quine berufen, der ja bekanntlich die Meinung kritisierte, wissenschaftliche Forschung beruhe auf der Anwendung von Kriterien oder von „Rationalität" auf Einzelfälle, und dafür plädierte, diese Tätigkeit durch das beständige Neuweben eines Glaubensnetzes zu beschreiben. Das bedeutet für das interkulturelle Gespräch nichts weiter, als daß wir die Meinungen, welche uns von anderen Gesellschaften, aber auch von anderen Gruppen der eigenen Gesellschaft angeboten werden, mit unseren Glaubenssätzen zusammenweben müssen, bevor wir sie überhaupt verstehen, geschweige denn für wahr halten können.

Rorty will dabei nicht auf die hermeneutischen Dimensionen des Sich-immer-wieder-in-Frage-stellens hinaus – obwohl der hermeneutische Zirkel durchaus mit seinen Auffassungen kompatibel ist, wie mir scheint –, sondern auf den unausweichlichen Mechanismus, daß wir unseren Tagesdiskurs schlechterdings nicht transzendieren können, mithin die Rede vom *Fremdverstehen* eine moralisch zwar respektable, letztlich aber uneinlösbare und in sich widersprüchliche[76] Illusion darstellt. Mit einer solchen anthropologischen Illusion kann nur gearbeitet werden, wenn man eine Unterscheidung zwischen dem *Interkulturellen* und dem *Intrakulturellen* unterstellt – von pragmatistischer Seite kann dieser Rückgriff auf ahistorische Dimensionen selbstverständlich nicht mitgetragen werden.

---

[75] Ebda. S. 23.
[76] Entweder mir ist etwas fremd – dann verstehe ich es nicht. Oder ich verstehe etwas – dann ist es mir nicht fremd.

Jede Kultur ist darum bemüht, die von den Mitgliedern ihrer Gemeinschaft für gültig erachteten Prinzipien auf ein geeignetes Fundament zu stellen. Dies gilt für moderne Demokratien in gleicher Weise wie für den Kommunismus, die Theokratie oder für Stammesgesellschaften. Da infolge der pragmatistischen Kritik ein Rekurs auf transkulturelle Sphären nicht mehr möglich ist, plädiert Rorty dafür, sich im Zuge der Suche nach Rechtfertigung unserer Gesellschafts- und Diskurssysteme auf *soziologische* wie auch auf *moralische* Erklärungsansätze zu konzentrieren. In diesen beiden Bereichen entfaltet sich die ethnozentrische Sicht, ohne indes den bekannten unangenehmen Begleiterscheinungen wie Faschismus, Rigorismus etc. das Wort zu reden. Im Hinblick auf die soziologische Dimension führt Rorty aus:

> Sich ethnozentrisch verhalten heißt: das Menschengeschlecht einteilen in diejenigen, vor denen man seine Überzeugungen rechtfertigen muß, und die übrigen. Die erste Gruppe – der *ethnos* – umfaßt diejenigen, mit deren Meinungen man genügend übereinstimmt, um ein fruchtbares Gespräch möglich zu machen. In diesem Sinne verhält sich jeder ethnozentrisch, sobald er sich auf eine wirkliche Auseinandersetzung einläßt, gleichgültig, wie viele realistische Objektivitätsphrasen er in seinem Gelehrtenstübchen aushecken mag.[77]

Ich möchte dies an einem Beispiel erläutern: Wenn jemand in Europa zur Durchführung eines religiösen Kultes einem Schaf die Kehle durchschneiden möchte, um das in einer Schale aufgefangene Blut anschließend zu trinken, so wird er nur wenige Menschen finden, die eine solche Praxis als gerechtfertigt betrachten. Vermutlich muß er sogar rechtliche Konsequenzen fürchten, wenn er nicht durch Überredungskunst oder Gewaltanwendung die öffentliche Meinung auf seine Seite zu ziehen vermag. Wenn er dagegen eine „Tierfabrikation" aufmacht, in der Hühner an den Füßen aufgehängt, durch unter Strom stehendes Wasser gezogen und anschließend aufgeschlitzt werden, um mundgerecht verpackt in den Supermärkten zu landen, das aufgefangene Blut wiederum zu Wurst verarbeitet wird, so wird er vermutlich als Förderer des Bruttosozialproduktes zu Ehren und Geld kommen. Ein Europäer, der derartige Praktiken innerhalb bestimmter Stammeskulturen einzuführen gedenkt, muß sich demgegenüber auf erhebliche Rechtfertigungsprobleme oder gar auf Bestrafung einstellen, wenn er nicht zu Überredungskunst oder Gewaltanwendung greift.

---

[77] RORTY 1995a, 27f.

Der Pragmatist sagt nun folgendes: Es geht hier überhaupt nicht um die Frage, ob das eine oder andere Verhalten „der Natur des Menschen entspricht"; auch die These, der Mensch werde kraft seiner Rationalität notwendig früher oder später die Richtigkeit bestimmter Überzeugungen einsehen, kann nicht aufrechterhalten werden. Das einzige, was zählt, ist die Notwendigkeit der Rechtfertigung unserer Überzeugung vor den Mitgliedern der Gesellschaft, welcher wir angehören. Es geht auch nicht um die Frage von „Unübersetzbarkeit" verschiedener Standpunkte, denn wir leben nicht prinzipiell in unterschiedlichen Welten, und es ist immerhin möglich, daß wir zu oder von einer bestimmten Meinung bekehrt werden können. Diese Bekehrung ist allerdings nicht das Ergebnis von Folgerungen, die auf gemeinsame Prämissen wie die „menschliche Natur" oder dergleichen zurückgehen. So zeigt ein Blick auf die Kolonialgeschichte sehr deutlich, daß die „Eingeborenen" sich nicht deshalb dem christlichen Glauben angeschlossen haben, weil er ein „besseres" Modell für die menschliche Natur darstellt oder vielleicht mit der transkulturellen Ordnung der Welt übereinstimmt, auch nicht deshalb, weil sie nun erstmals von ihrer „Rationalität" notwendig zur Erkenntnis der wahren göttlichen Ordnung geführt worden seien, sondern schlicht und ergreifend deshalb, weil sie gemerkt haben, welche Konsequenzen sie zu gewärtigen haben, wenn sie sich nicht an das neue Sprachspiel gewöhnen würden. Es gehört zur Tragik der Kolonialisierung und Missionierung, daß der „Erfolg" der westlichen Strategie – meßbar in der Anzahl der Taufen – in rekursiver Weise die Ansicht stützt, jedes vernunftbegabte Wesen müsse zur Erkenntnis des christlichen Glaubens oder der Demokratie gelangen, anstatt einzusehen, daß die Anzahl der Taufen in direktem Zusammenhang steht mit Überredungskunst oder mit Gewaltanwendung.

Der Pragmatist bemüht sich um die Einsicht, daß unsere kulturellen Meinungen nicht auf metaphysische Stützen zurückzuführen sind, und daß wir im übrigen derartige Fundamente auch nicht brauchen, um unsere Positionen zu begründen. Entgegen der Auffassung, die Zugehörigkeit zur Gattung Mensch beinhalte per se gewisse Rechte, die mittels Rationalität zu eruieren seien, verzichtet der Pragmatist auf „diese Art von Tröstung", wie Rorty sagt,

> weil er meint, die Aussage, daß bestimmte Personen bestimmte Rechte haben, besage nichts weiter, als daß wir sie in bestimmter Weise behandeln sollen. Ein *Grund*, weshalb wir sie in dieser Weise behandeln sollen, sei damit jedoch nicht angegeben.[78]

---
[78] Ebda. S. 29 (Hervorhebung im Original).

Hiermit ist der zweite Bereich des pragmatistischen Ethnozentrismus angesprochen. Die epistemologische Konzeption soll abgelöst werden durch eine moralische Rechtfertigung unserer Anschauungen vor den Mitbürgerinnen und Mitbürgern. Unter Bezugnahme auf Nietzsches Wahrheitsbegriff, der unsere Suche nach Fundamenten als nutzloses Werkzeug zu entlarven versuchte,[79] formuliert Rorty diesen Sachverhalt als den Gegensatz zwischen *Objektivität* und *Solidarität*; der Suche nach objektiv gültigen Wahrheiten stellt er den bildenden oder pragmatistischen Menschen gegenüber, der einen ausreichenden Sinn in seinem Leben findet, indem er „die Geschichte des eigenen Beitrags zu einer Gemeinschaft"[80] erzählt. Notwendigerweise kann das Gespräch, welches sich hieraus entwickelt, nur unter Zugrundelegung des von den Gesprächsteilnehmern geteilten Sprachspiels ein sinnvolles Unterfangen sein.

Hiermit berührt Rorty einen ausgesprochen heiklen Punkt. Er grenzt sich zwar entschieden von Nietzsches Plädoyer für die Rechtfertigung der gewaltsamen Durchsetzung der eigenen – „stärkeren" – Position ab, die er dessen eigenen „ressentimentgeladenen und idiosynkratischen Idealisierungen von Stille, Einsamkeit und Gewalt"[81] zuschreibt, doch es bleibt unklar, wie der gesellschaftliche Umgang mit Meinungen, die eben nicht mehrheitsfähig sind, konkret gedacht werden kann. Wenn man dafür die demokratischen Spielregeln unserer Zeit – oder die Thomas Jeffersons, um ein Lieblingsbeispiel Rortys zu nehmen – verwenden möchte, so kommt man zu dem bescheidenen Ergebnis, nach den Konventionen unserer Gesellschaft gehöre es sich eben nicht, Minderheiten oder Andersdenkende auszugrenzen, solange sie die Existenzgrundlage des Gemeinwesens nicht in Mitleidenschaft ziehen.[82] Aber nichts in der Welt verpflichtet mich, überhaupt das Gespräch mit Andersdenkenden zu suchen; ich kann sie schlichtweg ignorieren, da ich mich mit der Mehrheit meines *ethnos* in Übereinstimmung befinde. Noch unangenehmer

---

[79] So äußert sich F. NIETZSCHE in „Über Wahrheit und Lüge im außermoralischen Sinn" (1873), in: *Werke*, hrsg. von K. SCHLECHTA, Bd. 3, München 1966, S. 314, folgendermaßen: Die Wahrheit ist nichts weiter als „ein bewegliches Heer von Metaphern, Metonymien, Anthropomorphismen, kurz eine Summe von menschlichen Relationen, die, poetisch und rhetorisch gesteigert, übertragen, geschmückt wurden und die nach langem Gebrauch einem Volke fest, kanonisch und verbindlich dünken."
[80] RORTY 1995a, 11.
[81] Ebda. S. 31.
[82] Vgl. RORTY: „Der Vorrang der Demokratie vor der Philosophie", in: RORTY 1995a, 82-125.

wird das Problem, bringen wir fremde Kulturen ins Spiel, die per se keine Gefahr für das bestehende Gemeinwesen darstellen: Wie kann ein Pragmatist die Anschauungen einer anderen Kultur überhaupt als *Herausforderung* betrachten? – Es sind Fragen wie diese, die die Gemüter im Hinblick auf Rorty besonders erhitzen.

In der Regel wird die Kritik an Rorty von zwei Seiten begründet: von der *Diskursrelativität der Wahrheit* sowie der *Selbstbezüglichkeit*. Wenn wir uns zunächst der Diskursrelativität zuwenden, so scheint die Argumentation Rortys darauf hinauszulaufen, daß wir uns entweder für das relativistische Horn des Dilemmas entscheiden müssen, da die Wahrheit nicht nur relativ zum Tagesdiskurs aufgefaßt wird, sondern darüber hinaus auch ein Pluralismus unterstellt wird, der sich auf die historisch-kulturellen Symbolsysteme bezieht – oder aber für das ethnozentrische Horn, ist doch das Verstehen eines „fremden" Sinnes prinzipiell nur im Rahmen der eigenen Vorstellungswelt möglich. Während Rorty empfiehlt, sich für das zweite Horn des Dilemmas zu entscheiden, haben ihm etliche hermeneutische Philosophen einen „diskursiven Narzismus" vorgeworfen.[83] Es ist nämlich nach dieser Position kaum mehr möglich, die *Autonomie* des Gesprächspartners in adäquater Weise anzuerkennen. Ein Gespräch besteht nun nicht mehr aus zwei gleichberechtigten Personen(gruppen), die sich gegenseitig nicht nur bereichern und herausfordern, sondern auch tatsächlich *Neues* über „die Welt" vermitteln können; ein derartiger Lernprozeß wird von Rorty offensichtlich in dem Moment ausgeschlossen, wo er sagt, ich könne eigentlich nur etwas lernen, was ich schon in meiner eigenen Welt als wahr angesehen habe (was wiederum zirkulär ist). Der springende Punkt in der Kritik durch Putnam, Habermas und McCarthy besteht darin, daß es unumgänglich ist, eine gemeinsam geteilte *objektive Wahrheit* zu unterstellen, auch wenn diese Wahrheit durchaus wandelbar gesprächsimmanent – gleichsam als diskursinterne Prämisse – gedacht werden kann. Kögler führt diese Kritik weiter und stellt fest:

> Nur durch die *hermeneutische Hintergehbarkeit* spezifischer eigener Rationalitätsstandards – exemplarisch durch die Erfahrung anderer solcher Normen, aber auch durch innovative Sinnbildung oder kreative Umbildung konfrontativer Erfahrungen überhaupt – wird eine reflexi-

---

[83] Vgl. zum folgenden J. HABERMAS: „Die Einheit der Vernunft in der Vielheit ihrer Stimmen", in: HABERMAS 1988, 173ff; PUTNAM 1987; TH. MCCARTHY: „Contra Relativism: A Thought Experiment", in: *Zeitschrift für philosophische Forschung* 43, 318-330; KÖGLER 1992, 254-267.

ve Distanz zu den eigenen normierenden Prämissen ebenso möglich wie eine freie Anerkennung des Andern in nichtethnozentrischer Weise.[84]

Da genau diese Hintergehbarkeit von Rorty ausgeschlossen wird, er sogar einen Unterschied zwischen Fürwahrhalten und Wahrsein grundsätzlich als nicht dingfest zu machen betrachtet, was dazu führt, daß Wahrheit und Rationalität vollständig aus den Relationen des Diskurses abgeleitet werden müssen, so kann der Kulturrelativist mithin eigentlich nicht sinnvoll von verschiedenen Wahrheiten sprechen, denn er ist ja immer auf die eine – nämlich die eigene – verwiesen. Die Rede von den verschiedenen Vokabularen, in denen Wahrheit je unterschiedlich erfaßt wird, stellt nach Putnam einen Widerspruch dar, weil sie notwendig auf einer transzendentalen Ebene die Existenz von „Wahrheit" kulturübergreifend akzeptieren muß.[85] Sein Festhalten am diskursinternen Begriff der objektiven Wahrheit – den er nachmetaphysisch definiert als „rationale Akzeptierbarkeit unter idealisierten Bedingungen" – begründet Putnam außerdem anhand folgender Überlegung: Wenn ich davon ausgehe, daß meine Standards kultur- und sprachrelativ sind, so muß ich selbstverständlich jedem anderen Sprecher dasselbe zugestehen. Wie kann ich aber nun dies anders zugestehen als durch die Maßgabe meiner eigenen Überzeugungen? Ein Verstehen fremder Positionen ist a priori ausgeschlossen, und mein Gesprächspartner wird zu einem innerweltlichen Objekt meiner Anschauung bzw. zu meinem eigenen Konstrukt. „Dialog" und „Lernen" sind offensichtlich Begriffe, die nunmehr keinerlei Bedeutung haben können, ein umso mißlicheres Ergebnis, als doch der Kulturrelativist angetreten ist, um größere Toleranz und Verständigung zwischen den Kulturen zu erreichen.

In seiner Antwort auf diese Kritik macht Rorty noch einmal deutlich, daß wir keinerlei transkultureller Rationalität bedürfen, um einen erfolgreichen oder fruchtbaren Dialog zu führen.[86] Dieser Begriff verschwindet ebenso aus unserem Vokabular wie der Dualismus Ethnozentrismus versus Relativismus; denn es bleibt uns zunächst überhaupt gar nichts anderes übrig, als unser Gegenüber im Lichte dessen, was wir für wahr halten, auf die Bedeutung seiner Äußerungen hin zu verstehen zu suchen. Wir müssen ihm gleichsam möglichst viele sinnvolle und vernünftige Sätze unterstellen, die

---

[84] KÖGLER 1992, 256 (Hervorhebung im Original).
[85] Vgl. dazu PUTNAM 1987 sowie ders.: *Vernunft, Wahrheit und Geschichte*, Frankfurt a.M. 1982.
[86] RORTY 1995a, 17ff.

indes nur das sein können, was wir selber als vernünftig betrachten. Da wir unseren eigenen Rationalitätskriterien wohl oder übel treu sein müssen (wenn man überhaupt solche Kriterien geltend macht), kann der Pragmatist schlechterdings nicht von Relativität der Wahrheit oder der Vernunft sprechen. Der Angiff Putnams geht folglich in die Leere.[87]

Bevor wir uns mit weiteren Konsequenzen dieses Streits befassen, soll noch der zweite Ansatzpunkt einer Ethnozentrismuskritik ins Spiel gebracht werden, nämlich die Frage nach der *Selbstbezüglichkeit des Diskurses*. Im Anschluß an die Feststellung, in Rortys System könne dem Gegenüber kein autonomer, sondern lediglich ein objekthafter innerweltlicher Status zugebilligt werden, läuft diese Kritik darauf hinaus, daß dem Relativisten (im Sinne Putnams, nicht im Sinne Rortys) auch die wirkliche Erfassung seines *eigenen* Denkens und Erkennens unmöglich ist. In den Worten Köglers:

> Weil er die Eigenständigkeit des Andern, d.h. dessen reflexive Distanz und Transzendierbarkeit gegenüber den ihm vertrauten Normen und Standards, nicht anzuerkennen vermag (eben weil er nur vor den eigenen Standards bzw. Überzeugungen gesehen werden kann), bleibt ihm die seiner eigenen Praxis innewohnende Normativität konzeptuell ebenfalls verschlossen. Dies ist genau, was Putnam als *intellektuellen Suizid* bezeichnet: Der Sprecher reduziert sich [...] auf ein geräuscherzeugendes, bloß kausal bestimmtes Wesen, anstatt der normativen Kluft, die unsere Überzeugungen allererst zu solchen machen, gerecht werden zu können.[88]

Diese „Selbstreduktion zum Objekt" kann nur verhindert werden, wenn man eine Differenz von Wahrsein und Fürwahrhalten akzeptiert. Außerdem ergibt sich auch von dieser Seite die Notwendigkeit, zumindest konzeptionell eine objektive Welt zu unterstellen. Putnam versucht dies durch das schon genannte innerdiskursive Konzept der „rationalen Akzeptierbarkeit unter idealisierten Bedingungen".[89] In ähnlicher Weise argumentiert auch Habermas: Ohne die Unterstellung eines Bezugspunktes, welcher die Unterscheidung ermöglicht zwischen momentan für wahr gehaltenen Meinungen und solchen Positionen, die grundsätzlich (unter idealisierten Bedingungen) als wahr gelten werden,

---

[87] Eine ausführlichere Darlegung des Streits zwischen dem „Kulturrelativismus" RORTYS und dem „Kantianismus" PUTNAMS findet sich bei RÜDEL 1987 (vgl. etwa S. 2f).
[88] KÖGLER 1992, 261 (Hervorhebung im Original).
[89] PUTNAM a.a.O. (oben Anm. 85), S. 166-168.

können wir nicht erklären, warum wir reflexiv lernen, d.h. auch die eigenen Rationalitätsstandards *verbessern* können. Sobald das rational Gültige mit dem sozial Geltenden zusammenfällt, schließt sich die Dimension, in der allein Selbstdistanzierung und Selbstkritik und damit eine Überschreitung und Reform unserer eingefahrenen Rechtfertigungspraktiken möglich sind.[90]

Der springende Punkt ist also, inwieweit Rorty seine eigene Vorgabe, nämlich eine solidarische, auf Gewalt verzichtende und tolerante Gesprächskultur zu schaffen, einzulösen vermag. Denn er kann seine Gesprächspartner offensichtlich nur als Objekte seiner Anschauung auffassen, nicht aber als Ko-Subjekte, die eine unabhängige Aussage über die gemeinsam geteilte Welt machen. Dies impliziert ein Machtgefälle, welches mich der Verpflichtung enthebt, meine eigenen Anschauungen *durch die Augen des Gesprächspartners* immer wieder einer Überprüfung zu unterziehen. Der Willkür oder, wie Putnam sagt, dem „kulturellen Imperialismus" wird auf diese Weise der Weg bereitet.

Ich möchte nun die kurz skizzierte Kritik an Rorty aufgreifen und überprüfen. Dabei werde ich die Position des Ethnozentrismus als notwendige Konsequenz darstellen, will man nicht in den alten Dualismus von Relativismus versus Realismus zurückfallen. Rorty scheint mir den kohärentesten Ansatz in dieser Hinsicht zu vertreten, und für diese Feststellung ist es zunächst einmal irrelevant, ob uns eine solche Meinung sympathisch ist oder nicht. Gleichwohl scheint mir die Erweiterung des pragmatistischen Ansatzes unumgänglich, wenn wir das Gespräch zwischen verschiedenen Kulturen bzw. unterschiedlichen Glaubens- und Weltdeutungspositionen angemessen zu würdigen trachten. Ich bin jedoch der Ansicht, daß Rortys Pragmatismus ein ausreichendes Fundament hierfür abgibt, wenn man es in einigen Punkten etwas klarer faßt. Anders ausgedrückt: Wenn ich im folgenden die pragmatistische Philosophie meiner eigenen Intention anzupassen suche, so ist das nicht gleichbedeutend mit einer Kritik an Rorty oder einer Unterstützung seiner Kritiker; ich möchte vielmehr mit Rorty die Möglichkeiten abklopfen, eine Religionswissenschaft zu begründen, die ohne Rekurs auf ontologische oder transkulturelle Dimensionen auskommt. Ob Rorty mir in diesen Punkten folgen würde, mag allerdings bezweifelt werden.

Die immer wieder geäußerten Vorwürfe des „Relativismus" sind von Rorty in deutlicher Weise kommentiert worden und bedürfen

---

[90] HABERMAS 1988, 176f (Hervorhebung im Original).

hier keiner weiteren Erörterung. Ich möchte lediglich abschließend zu bedenken geben, daß mir die Angst vor relativistischen Positionen – wie bereits gesagt – durchaus übertrieben erscheint. Clifford Geertz hat zu diesem Thema in gewohnt klarer Weise die passenden Worte gefunden.[91]

Natürlich ist es so, daß mit der Untergrabung der Möglichkeit eines diskursübergreifenden Wahrheitsbegriffes auch unser Selbstverständnis als Philosophinnen und Philosophen deutliche Blessuren davonträgt. Wir können uns nicht mehr in der sicheren Bequemlichkeit ausruhen, der Fortschritt des kulturellen Gesprächs oder der wissenschaftlichen Arbeit werde früher oder später Antworten auf Fragen finden, die wir heute stellen. Unser Horizont wird so stark eingeschränkt, daß mancher sich fragen mag, was der philosophische Diskurs eigentlich noch leisten soll, wenn wir ihm die Aussicht nehmen, zu transkulturellen Wahrheiten vordringen zu können. Meines Erachtens ist diese letztlich irrationale Angst der Grund dafür, warum man sich – auch auf hermeneutischer Seite – so rigoros von Rorty abzugrenzen versucht. Ein weiterer Grund mag darin zu sehen sein, daß Rorty in seiner teilweise polemischen Art den Respekt vermissen läßt, den man – vor allem in Europa – gewissen philosophischen Problemen (von denen Rorty zu Recht bemerkt, daß nur Philosophen diese Probleme haben) zu zollen gewohnt ist. Doch ich möchte noch einmal betonen: Wenn eine Haltung unbequem ist, so muß sie noch lange nicht falsch sein.

Die sicherlich unsympathischste Konsequenz des Pragmatismus ist bei Rorty in einigen seiner ethnozentrischen Grundzüge zu erkennen. Neben dem Relativismus, der eigentlich keiner ist, nimmt sich dieses Problem auch wesentlich interessanter aus, da hier gewichtige Fragen unserer kulturellen Selbsteinschätzung berührt werden. Dies gibt Rorty selber unumwunden zu, wenn er sagt:

> Dem vom Streben nach Solidarität beherrschten Pragmatisten kann man eigentlich nur vorwerfen, er nähme die eigene Gemeinschaft *zu* ernst. Nicht wegen seines Relativismus kann man ihn kritisieren, sondern nur wegen seines Ethnozentrismus.[92]

---

[91] C. GEERTZ: „Anti anti-relativism", in: *American Anthropologist* 86 (1984), 263-278. Zu Recht spricht auch HANEGRAAFF davon, daß „[f]or reductionists and religionists alike, relativism functions like a ‚boo-word', for moral and pragmatic rather than scientific reasons" (1995, 104 Anm. 12). Zur Wirkung C. GEERTZ' vgl. die neue Studie von V. GOTTOWIK: *Konstruktionen des Anderen. Clifford Geertz und die Krise der ethnographischen Repräsentation*, Berlin 1997.
[92] RORTY 1995a, 27 (Hervorhebung im Original).

Die Kontroverse, welche sich zwischen Putnam, Habermas, McCarthy, Kögler und anderen gegenüber Rorty entwickelt hat, läßt sich u.a. auf gewisse Unklarheiten bei der Rede von der „Gemeinschaft" oder dem *ethnos* zurückführen. Wie wir gesehen haben, definiert Rorty seinen „unumgänglichen Ethnozentrismus" durch die Notwendigkeit, die eigenen Anschauungen vor einer Gruppe von Menschen rechtfertigen zu müssen. Diese Gruppe findet sich eben in der Gemeinschaft, der man angehört oder doch angehören möchte. Wenn wir mit Meinungen (oder *Sätzen*) anderer Gemeinschaften konfrontiert werden, so müssen diese sich erst in unserer eigenen Welt bewähren, bevor wir sie als gerechtfertigt betrachten können. Die Kritiker Rortys wiederum machen geltend, daß auf diese Weise der Gesprächspartner entmündigt wird, indem man ihn zu einem letztlich innerweltlichen Geschehen herabstuft.

Ich möchte die Position Rortys aus zweierlei Richtungen verteidigen: Zum einen genügt ein flüchtiger Blick auf die Art und Weise, wie Vertreterinnen und Vertreter unserer Kultur mit denen anderer Gesellschaftsformen in ein „Gespräch" eintreten, um festzustellen, daß Rorty selbst in dieser überspitzten Form die tatsächlichen Sachverhalte angemessen beschreibt, und Toleranz oder Verständnis für nach unserer Maßgabe gänzlich inkommensurable Weltentwürfe – wie das Opfern von Menschen oder die Ablehnung der Elektrizität – sich auf theoretische Absichtserklärungen oder methodische Verstehensphrasen beschränken. Im konkreten Gespräch wird sich auch der fundamentalistische Hermeneutiker erst einmal an das halten, was er an vernünftiger Rede beim Gegenüber auszumachen vermag und was auf der Waagschale der eigenen Rationalitätskriterien als gewichtig genug erachtet wird, um vielleicht die eigene Position zu hinterfragen.

Genau diesem Mechanismus erteilt Rorty gewissermaßen die Absolution, wenn er sie als unumgänglich bezeichnet. Es geht eben nicht um die erkenntnistheoretische Frage, ob wir oder jemand anders über eine bessere Darstellung der wahren Sachverhalte verfügen, sondern um die *moralische*, ob wir gehalten sind, Andersdenkende zu achten anstatt sie zu verfolgen. Auch der hermeneutische Impetus, daß im Gespräch das eigene Vorverständnis in einem kontinuierlichen Prozeß zu überprüfen ist, stellt sich somit als ein moralischer Anspruch heraus, der keiner weiteren metaphysischen Begründung bedarf. Selbst der Vorwurf, das Gegenüber werde in Rortys Konzept zum bloßen Objekt, besitzt allein eine moralische Qualität, die mit der Kohärenz der Theorie überhaupt nichts zu tun hat.

Wenn man indes aus diesen Überlegungen folgern würde, wir könnten als Pragmatisten der *Beliebigkeit* unserer Standpunkte das

Wort reden, wäre man auf der falschen Spur, womit ich beim zweiten Punkt bin. Auch im Umgang mit inkommensurablen oder schlicht „fremden" Kulturen sind wir nicht der Verpflichtung zur Rechtfertigung unserer Meinungen enthoben; dies kann man deutlich erkennen, wenn wir den Begriff des *ethnos* in der Weise auffassen, wie Rortys Theorie dies verlangt. Leider hat Rorty selber nicht genug zu einer Klärung beigetragen, und er scheint gelegentlich auch von einem sehr eingeschränkten Begriff der „Gemeinschaft" auszugehen, so daß Mißverständnisse unausweichlich sind. Zunächst sei noch einmal die schon zitierte Definition Rortys aufgegriffen:

> Sich ethnozentristisch verhalten heißt: das Menschengeschlecht einteilen in diejenigen, vor denen man seine Überzeugungen rechtfertigen muß, und die übrigen. Die erste Gruppe – der *ethnos* – umfaßt diejenigen, mit deren Meinungen man genügend übereinstimmt, um ein fruchtbares Gespräch möglich zu machen.[93]

Wenn man diese Definition mit Inhalt füllen möchte, so sieht man, daß der *ethnos* doch weit über das hinausgeht, was gemeinhin mit einer „Kultur" oder einem „Staatengebilde" gleichzusetzen ist. So gehört etwa jeder Inuit, *sofern ich mich mit ihm unterhalten kann*, zu eben der Gruppe, vor der ich meine Überzeugungen rechtfertigen muß. Der springende Punkt hierbei ist der, daß es getrennte Diskurse in dem Moment schlechterdings nicht mehr gibt, in denen ein Gepräch stattfindet. Denn nun bemühen sich beide Gesprächspartner, die Äußerungen des jeweils anderen in möglichst vernünftiger Weise – entsprechend ihren eigenen Kriterien – zu deuten. Gelingt dies nicht, so kann man höchstens von einer Nichtübereinstimmung sprechen, aber kaum davon, ein Gespräch habe nicht stattgefunden bzw. sei grundsätzlich nicht möglich.

Und es zeigt sich ein weiterer Sachverhalt: Die Verständigungsschwierigkeiten zwischen Inuit und Europäern sind nur *graduell* unterschieden von denen zwischen Fundamentaltheologen und Naturwissenschaftlern. Denn auch im letzteren Fall kann man durchaus von inkommensurablen Diskursen sprechen, wenn wir beispielsweise an Fragen wie Klonen, Genmanipulation, Zeugung im Reagenzglas oder dergleichen denken. Doch es wäre ein offensichtlicher Fehler, daraus zu schließen, diese beiden Personengruppen könnten kein *Gespräch* führen, das diesen Namen verdiente.[94] Wenn beide der deutschen Sprache mächtig sind, so wird das Gespräch höchstens darauf

---

[93] Ebda. S. 27f (Hervorhebung im Original); s.o. S. 43.
[94] Das würde bedeuten, die beiden Gruppen lebten in zwei verschiedenen KUHNschen Welten; s.o. S. 27.

hinauslaufen, daß der Versuch, die eigene Position vor dem anderen zu rechtfertigen, als vorläufig gescheitert betrachtet wird. M.E. ist kein Grund zu erkennen, warum hier ein qualitativer Unterschied zu Gesprächen zwischen Inuit und Europäern vorliegen sollte, solange man sich in einer beiden Seiten geläufigen Sprache unterhält.

Die Erweiterung des Begriffs *Gemeinschaft* läßt sich auch aus der *Sprachspieltheorie* extrapolieren. Wie Davidson sehr klar aufgezeigt hat, findet bei einer Kommunikation zweier Menschen, die nicht dieselbe Sprache sprechen, eine gegenseitige Interpretation des Verhaltens im Zusammenhang mit bestimmten Lautäußerungen statt. Man könnte auch sagen: *Diese beiden erfinden ein Sprachspiel.* Doch was geschieht, wenn wir einen solchen Befund auf die Definition der Gemeinschaft durch Rorty anwenden? Offensichtlich zeigt sich doch, daß ich mit etwas Geduld prinzipiell immer die Möglichkeit habe, gemeinsame Anschauungen mit einem Gesprächspartner zu ermitteln, die zu einem fruchtbaren Dialog führen können. Die Engführung der Sprachspieltheorie auf eine Gemeinschaft, mit der wir immer schon gewisse Anschauungen geteilt haben, halte ich für ungerechtfertigt. Sie widerspricht im übrigen der Intention jener Theorie, die ja auf eine Integration der Alltagssprache in die Philosophie abzielt.

Vor diesem Hintergrund stellt sich das o.g. Beispiel folgendermaßen dar: Fundamentaltheologie und Naturwissenschaft verfügen durchaus über inkommensurable Vokabulare. Wenn es nun zu einem Gespräch der beiden Gruppen kommt, so erfinden die jeweiligen Vertreter ein vollkommen neues Sprachspiel, welches geeignet ist, die Frage der Übereinstimmung oder Nichtübereinstimmung so zu formulieren, daß beide Parteien sich damit zurechtfinden können. Möglicherweise werden beide Seiten auf ihren Standpunkten beharren; vielleicht kann auch aufgrund der inkommensurablen Vokabulare keine wirkliche Überzeugungsarbeit geleistet werden – doch dies (mit Rorty) zu akzeptieren heißt keinesfalls die These vertreten, ein Gespräch führe zu nichts.

Um einen weiteren Punkt ins Spiel zu bringen, sei darauf hingewiesen, daß in Rortys Konzept das Gegenüber tatsächlich zu einem innerweltlichen Phänomen wird, doch man wird sich auch hier zu fragen haben: Wird damit der Sinn von Gesprächen untergraben? Ich möchte diese Frage verneinen, denn die Äußerungen eines Dialogpartners werden in *jedem Fall* etwas bei mir auslösen, auch wenn sich dies vermutlich nicht mit dem eigentlich Gemeinten vollständig in Deckung bringen läßt. Selbst die Gedankengänge einer mir bislang fremden Kultur werden mein eigenes Vokabular beeinflussen und bereichern. Dies ist schon Grund genug, um in ein Gespräch einzutreten. Und es spielt hierbei keine Rolle, ob die fremde Kultur nun tatsächlich als Ko-Subjekt auftritt oder nicht; schließlich bin ich für mein Gegenüber auch „nur" ein innerweltliches Geschehen, ohne daß ich mich dadurch gekränkt fühlen muß.

M.E. werden hier erneut moralische mit methodischen Fragen zusammengeworfen, wobei besonders die Frage der Macht gerne ins Spiel gebracht wird. Doch im Gegensatz zu vielen Kritikerinnen und Kritikern des Pragmatismus wird man festhalten können, daß auch gegenüber Minderheiten oder unterprivilegierten Gruppen einer Gesellschaft ein Rechtfertigungsanspruch besteht, da mit allen eine Einigung über das zu verwendende Vokabular bzw. Sprachspiel prinzipiell möglich ist.[95] Der Vorwurf des „kulturellen Imperialismus" betrifft eigentlich nur den Umgang mit Gruppen, mit denen man nicht spricht – in diesem Falle kann man ihn wohl vernachlässigen. Sobald ich jedoch mit einem Inuit in ein Gespräch eintrete, habe ich die Hoffnung auf zu erreichende Übereinstimmung bereits deutlich gemacht, und ich werde mich im übrigen darum bemühen, mein Vokabular so zu erweitern, daß tatsächlich eine Verständigung möglich ist. Hierzu bin ich aber nicht deswegen verpflichtet, weil die Natur des Menschen eben auf Kommunikation und Toleranz hin zu veredeln ist, oder weil ich auf der Suche nach einer transkulturellen Wahrheit bin, sondern ich handle so, weil ich mir von der Begegnung mit anderen Glaubenssätzen eine Bereicherung meiner eigenen Welt verspreche, oder weil mich schlichtweg das Gegenüber interessiert. Dies mag man minimalistisch oder unphilosophisch nennen, aber „intolerant" ist es ganz sicher nicht, da die Kontingenz jeder Meinung – folglich auch der eigenen – vorbehaltlos eingeräumt wird.[96]

Es ist Rortys Verdienst, auf die tatsächlich relevanten Aspekte hingewiesen zu haben: Wir müssen jeden Rekurs auf transkulturelle Wahrheiten fallenlassen, da wir immer nur unser eigenes Vokabular auf die Welt projizieren. Jeder Versuch, trotz dieser Vorgabe die Hoffnung auf einen epistemologischen Zugang zu den Meinungen anderer Systeme zu schüren, bedeutet einen Rückfall in die Korrespondenztheorie.[97] In der Konsequenz dieser Argumentation liegt es, daß wir an die Stelle der Erkenntnistheorie die Hoffnung auf

---

[95] Dieses zu bezweifeln hieße das *Prinzip der Nachsicht* zu verletzen, s.o. S. 26.
[96] Der *rekursive* Charakter der Theorie wird uns unten S. 57f weiter beschäftigen.
[97] NIELSEN 1991, 125-248 hat in bemerkenswerter Weise aufgezeigt, wie eine Philosophie aussehen könnte, die die Kritik RORTYS ernst nimmt und die Tradition aus ihrer Verantwortung entläßt. Dies führt nicht zum Ende der Philosophie, wie manche Kritikerinnen und Kritiker befürchteten.

Übereinstimmung, an die Stelle der Objektivität die Hoffnung auf eine bessere, solidarischere Zukunft setzen.

2. Pragmatistische Religionswissenschaft

Die Philosophie Richard Rortys ist aus dem Grunde ausführlich gewürdigt worden, weil sie einen wertvollen Beitrag zur Klärung gängiger religionswissenschaftlicher Streitigkeiten leisten kann. Gerade die Auseinandersetzungen zwischen der *Verstehenden Religionswissenschaft*, der *Phänomenologie*[98] sowie einer als *ideologiekritisch* zu bezeichnenden Forschung bekommen im Zuge der pragmatistischen Annäherung eine gänzlich andere Kontur.

Es kann hier nicht darum gehen, die mit jener Diskussion verbundenen Argumentationen im Detail auszuloten. Wir müssen uns damit begnügen, die zentralen Positionen pragmatistischen Denkens auf die religionswissenschaftliche Forschung anzuwenden. Wie weitreichend die daraus sich ergebenden Konsequenzen für die praktische wissenschaftliche Arbeit sind, soll in einem zweiten Schritt anhand der Erforschung der antiken Astrologie exemplarisch vorgeführt werden. Denn gerade jene religiösen Phänomene, die auf von unserem Wirklichkeitsverständnis stark abweichende Konzeptionen rekurrieren – und dies gilt nicht nur für die Astrologie, sondern in ähnlicher Weise auch für die Magie, die Esoterik usw. –, bieten sich für eine pragmatistische Erforschung an. Die ideologiekritische Aufhellung unseres Vorverständnisses in Bezug auf die beobachteten Zusammenhänge reicht nämlich hier nicht mehr aus, da noch immer an einer Korrespondenztheorie der Wirklichkeit festgehalten wird, somit auch an der These, es gebe in irgendeiner Weise privilegierte Zugänge zur

---

[98] Vgl. die Forschungsbilanz in H.G. KIPPENBERG/B. LUCHESI (Hrsgg.): *Religionswissenschaft und Kulturkritik. Beiträge zur Konferenz „The History of Religions and Critique of Culture in the Days of Gerardus van der Leeuw (1890–1950)"*, Marburg 1991. „Phänomenologie" ist streng genommen – im HUSSERLschen Sinne – eine „Mogelpackung", denn „[w]o immer Phänomene als Phänomene *von* etwas – als Erscheinungen eines selbst grundsätzlich nie zur Gegebenheit kommenden ‚Dahinter' – gedacht werden, da ist noch ein metaphysischer Phänomenbegriff in Kraft" (NEUF 1976, 351 [Hervorhebung im Original]). Mit Abstrichen stimmt dieser Befund auch für die sog. „Neue Phänomenologie" J. WAARDENBURGS u.a.; vgl. WAARDENBURG: „Grundsätzliches zur Religionsphänomenologie", in: *Neue Zeitschrift für Systematische Theologie und Religionsphilosophie* 14 (1972), 315-335. Die Diskussion zu diesem Thema ist neuerdings wieder voll entbrannt; vgl. J. DANIELS: „How New is Neo-Phenomenology? A comparison of the methodologies of Gerardus von der Leeuw and Jacques Waardenburg", in: *MThSR* 7 (1995), 43-55.

historischen Wahrheit. Was die Astrologie angeht, so müssen wir mit der Möglichkeit rechnen, daß der antike Mensch in einen gänzlich anderen Diskurs integriert war, als wir es gewöhnlich vermuten. Um diese Frage zu klären, ist ein Blick auf die zeitphilosophischen Dimensionen unseres Themas von außerordentlich großem Interesse. Zu diesem Zweck werden wir als Philosophen Henri Bergson und als Physiker Wolfgang Pauli zu Wort kommen lassen.

Der Begriff *Pragmatistische Religionswissenschaft* wurde von mir gewählt, um die Nähe zur Philosophie des Pragmatismus zu dokumentieren. Die Alternative *Pragmatische Religionswissenschaft*, zugegebenermaßen der wesentlich sympathischere und handlicherer Terminus, impliziert nicht notwendig die hier vorgeschlagene Bedeutung, sondern wird auch für eine streng historische, am alltäglichen und eben „praktischen" orientierte Forschung verwendet.[99] Der Unterschied wird noch deutlicher, wenn man sich vergegenwärtigt, daß „Pragmatische Religionswissenschaft" von einem *Pragmatiker* betrieben wird, „Pragmatistische Religionswissenschaft" indes von einem *Pragmatisten*. Aus diesem Grunde werde ich bei dem etwas umständlichen Begriff bleiben.

Wollen wir nach dieser Begriffsklärung nun die Grundzüge pragmatistischer Religionswissenschaft darstellen, so steht am Anfang ein negativer Befund: Wir können nicht mehr auf transkulturelle Dimensionen rekurrieren, die es uns ermöglichen, die Zeugnisse einer anderen Religion oder Kultur ohne die Zensur unserer eigenen sprachlichen Wahrnehmung zu erfassen. Es gibt demnach keinerlei privilegierten Zugang zu einer möglicherweise außerhalb unserer diskursiven Wirklichkeit beheimateten „Wahrheit". Auch die herkömmliche Auffassung hinsichtlich eines *Fortschritts* der wissenschaftlichen Erkenntnis, sofern sie auf die stets zu erstrebende Annäherung an eine zu erreichende Wahrheit abhebt, muß endgültig fallengelassen werden. Da kein Korrespondenzgesetz zwischen Meinungen und der Wirklichkeit existiert, kann es in diesem Sinne auch keinen Fortschritt unserer Abbildungen geben. Die pragmatistische Argumentation kommt somit zu ähnlichen Ergebnissen wie die Empirie Wouter J. Hanegraaffs:

> [E]mpirical research is characterized by the *rejection* of metaphysical axioms (either in the religious or the philosophical sense) as a valid foundation of scientific knowledge. It implies a „criticism of ideologies" which severely limits the domain in which science may legitimately speak with authority [...] empirical research of religions must recognize

---

[99] Vgl. etwa die Rede von *pragmatics* (s.u. S. 68 Anm. 139).

that we only have access to religions as human events in space and, most importantly, in *time*. The historical character of religious phenomena is what is empirically given; any „transhistorical" or otherwise unchanging dimension it may possess constitutes a secondary interpretation. Although empirical research may (or may not) come to interpret some elements of religions as universal through time, it does not permit such a conclusion to be the starting point of investigation.[100]

Der hier vorgestellte Pragmatismus unterstützt eine solche Einschätzung voll und ganz, geht jedoch noch über den damit verbundenen Historismus hinaus und untergräbt das Unternehmen der historischen Wahrheit insgesamt. Ideologiekritik ist notwendig, doch muß sie auch *rekursiv* angewandt werden; während die Empirie noch auf Fundamenten unserer Erkenntnis aufbaut – auch wenn sie nicht metaphysisch beschrieben werden können –, zieht sich der Pragmatismus selber den Boden unter den Füßen weg und erklärt die wissenschaftliche Geschichtsschreibung zur *Erzählkunst interessanter Geschichten*.

Innerhalb der Geschichts- und Sozialwissenschaften wird das dahinter stehende Thema seit einiger Zeit äußerst kontrovers diskutiert. Oft geht es dabei um die Frage, ob das Eingeständnis eines erheblichen konstruktivistischen Anteils beim Erzählen von Geschichte mit der Infragestellung der eigenen wissenschaftlichen Disziplin einhergeht.[101] Hatte man früher Geschichtsschreibung als *Rekonstruktion* von Faktischem betrachtet,[102] so scheint man sich heute

---

[100] HANEGRAAFF 1995, 104 (Hervorhebung im Original).
[101] Auf die inzwischen sehr umfangreiche Literatur kann hier nicht im einzelnen verwiesen werden. Eine Sichtung der aktuellen Diskussion bietet H. NAGL-DOCEKAL (Hrsg.): *Der Sinn des Historischen. Geschichtsphilosophische Debatten*, Frankfurt a. M. 1996 (darin auf S. 7-63 ihr eigener Aufsatz: „Ist Geschichtsphilosophie heute noch möglich?"); S.J. SCHMIDT: *Die Zähmung des Blicks. Konstruktivismus – Empirie – Wissenschaft*, Frankfurt a. M. 1998. Eine gelungene Zuspitzung der Debatte auf die Religionswissenschaft hin liefert KIPPENBERG 1997, bes. S. 259-270.
[102] Tatsächlich wurde dieses Selbstverständnis schon durch MAX WEBER erschüttert, ließ er doch keinen Zweifel daran, daß man einen „unvermeidlichen Ethnozentrismus" und Konstruktivismus einräumen müsse. Dies wird bereits im ersten Satz seiner „Vorbemerkung" zur protestantischen Ethik (aus dem Jahre 1920) deutlich: „Universalgeschichtliche Probleme wird der Sohn der modernen europäischen Kulturwelt *unvermeidlicher- und berechtigterweise* unter der Fragestellung behandeln: welche Verkettung von Umständen hat dazu geführt, daß gerade auf dem Boden des Okzidents, und nur hier, Kulturerscheinungen auftraten, welche doch – *wie wenigstens wir uns gern vorstellen* – in einer Entwicklungsrichtung von universeller Bedeutung und Gültigkeit lagen?" (*Gesammelte Aufsätze zur Religionssoziologie* Bd. 1, Tübingen ⁹1988, 1 [Hervorhebung KvS]).

nurmehr darüber zu streiten, wie groß der Anteil der neuerlichen *Konstruktion* dabei ist. In diesem Zusammenhang ist der Begriff der *Historischen Sinnbildung* weiterführend: Historischer Sinn wird nicht einfach „gestiftet", sondern „bildet" sich im Zusammenhang mit verschiedenen, näher zu beschreibenden sozialen Größen.

Jörn Rüsen hat drei Dimensionen vorgeschlagen, auf welche sich historischer Sinn erstrecken kann, nämlich eine inhaltliche, eine formale und eine funktionale Ebene.[103] Inhaltlich wird dabei verlangt, daß die vergegenwärtigte Vergangenheit tatsächlich eine Erfahrungsqualität aufweist, d.h. die berichteten Sachverhalte müssen als Faktizität von den Rezipienten erkennbar sein. Die formale Dimension besagt nicht mehr und nicht weniger, als daß „schlüssig nachvollziehbar erzählt wird. Die Zeitfolge, die Änderungen und Relationen zwischen den Zeiten müssen plausibel sein."[104] Die funktionale Ebene schließlich weist auf die große Bedeutung der praktischen Anwendbarkeit des Wissens in der Gegenwart. Die Verankerung historischer Faktizität in den Lebensbedingungen der Gegenwart ist eine immer schon mitgängig vorhandene Intention des Erzählens.

> Historischer Sinn legt sich also in die drei Komponenten Erfahrung, Deutung und Orientierung aus. Alle drei beziehen sich auf Vergangenheit in vermittelter zeitlicher Distanz zur Gegenwart. [...] ‚Sinn' [erscheint] als adäquate Bezeichnung für die in diesem Verhältnis selber maßgebende Kohärenz. Sinn ist Integration aller drei Komponenten. Sie müssen aufeinander bezogen sein, ineinander konvergieren, sich wechselseitig bekräftigen. [...] Praktisch wird die Integration der drei Komponenten durch die Operation des Erzählens vollzogen und geleistet. Sinn im Erzählen ist der rote Faden, dem die Geschichte folgt; er wird durch das jeweils maßgebende historische Deutungsmuster erzeugt.[105]

In der Formulierung Rüsens zeigt sich die Möglichkeit einer wissenschaftlichen Methode der Vergegenwärtigung von Vergangenheit, die ihre konstruktivistischen Elemente nicht hintergeht, gleichwohl aber ihre Ansprüche an überpersönliche Gültigkeit durch die Suche nach Kohärenz oder Konvergenz verschiedener Lebenswelten aus einer neuen Perspektive heraus formuliert. Weiterführend in dieser Debatte ist auch der Ansatz Reinhart Kosellecks, der zwischen *Erfahrungsraum* und *Erwartungshorizont* unterscheidet:

---

[103] Vgl. J. RÜSEN: „Was heißt: Sinn der Geschichte? (Mit einem Ausblick auf Vernunft und Widersinn)", in: MÜLLER/RÜSEN 1997, 17-47, bes. 34-39.
[104] Ebda. S. 35. Besser wird dies von HAYDEN WHITE analysiert, s.u.
[105] Ebda. S. 36.

Erfahrung und Erwartung sind zwei Kategorien, die geeignet sind, indem sie Vergangenheit und Zukunft verschränken, geschichtliche Zeit zu thematisieren. Die Kategorien sind geeignet, geschichtliche Zeit auch im Bereich empirischer Forschung aufzuspüren, weil sie, inhaltlich angereichert, die konkreten Handlungseinheiten im Vollzug sozialer oder politischer Bewegung leiten.[106]

Die Rekapitulation von Vergangenheit – dem Erfahrungsraum – unter Einbeziehung von Gegenwart und Zukunft – dem Erwartungshorizont – führt notwendig zur Frage der *konkreten Darstellung* von Geschichte. Hierbei haben besonders zwei Denker, der eine für die Anthropologie, der andere für die Historiographie, eine Seite der Diskussion in den letzten Jahrzehnten bestimmt, was sich in erheblichem Maße auch auf das Selbstverständnis der vorliegenden Arbeit auswirkte. Clifford Geertz war es, der den „Anthropologen als Schriftsteller" zum Thema machte und damit die „Nüchternheit" und „Objektbeziehung" der anthropologischen Forschung entzauberte, stattdessen aber die „Last der Autorschaft" den Forschenden zurückgab.[107] In dieselbe Richtung schreitet auch Hayden White, allerdings auf der grundsätzlichen Ebene der *Tropologie*. Indem er die klassischen rhetorischen Tropen der Metapher, Synekdoche, Metonymie und Ironie auf die großen Werke der Geschichtsschreibung überträgt, reiht er die historische Einbildungskraft der Wissenschaft in einen Kontext von Poesie ein:

> Tropische Rede ist der Schatten, vor dem jeder realistische Diskurs zu fliehen sucht. Diese Flucht ist jedoch vergeblich; denn die Tropen stellen den Prozeß dar, durch den jeder Diskurs die Gegenstände *konstituiert*, die er lediglich realistisch zu beschreiben und objektiv zu analysieren behauptet.[108]

---

[106] KOSELLECK 1995, 353. Methodisch wichtig ist die Einschränkung, daß „[d]er formale Vorgriff, die Geschichte überhaupt mit diesen polar gespannten Ausdrücken aufzuschlüsseln, [...] also nur beabsichtigen [kann], die Bedingungen möglicher Geschichten zu umreißen und festzusetzen, nicht diese Geschichten selbst. Es handelt sich um Erkenntniskategorien, die die Möglichkeit einer Geschichte begründen helfen" (S. 351).

[107] „Wenn es dazu kommt, daß man anfängt, sich ethnographische Texte anzusehen und nicht nur durch sie hindurchzublicken, daß man sieht, wie sie gemacht werden, und zwar mit dem Ziel zu überzeugen, dann haben die, die sie machen, einiges mehr an Verantwortung zu tragen. Eine derartige Situation mag zuerst beunruhigen und dazu führen, daß das Establishment auf den Tisch pocht und eine Rückkehr zu den Fakten fordert, während seine Gegner Fehdehandschuhe schleudern, die den Willen zur Macht demonstrieren. Doch man kann sich, genügend Zähigkeit und Mut vorausgesetzt, daran gewöhnen" (GEERTZ 1993, 134).

[108] WHITE 1991a, 8 (Hervorhebung im Original).

White kommt, indem er das tropische Verfahren als die „Seele des Diskurses" betrachtet, zur relationalen Dimension jeden Diskurses:

> Diskurs ist mit einem Wort im wesentlichen ein *vermittelndes* Unternehmen. Als solches ist der Diskurs sowohl interpretativ als auch präinterpretativ; er handelt immer ebensosehr *über* das Wesen der Interpretation selbst wie *über* den Gegenstand, der der manifeste Anlaß zu seiner eigenen Entstehung und Gestaltung ist.[109]

Wichtig ist in diesem Zusammenhang zu betonen, daß die Vorrangstellung der Rhetorik und des Gesprächs vor der historischen „Wahrheit" keineswegs einer Beliebigkeit das Wort redet.[110] Auch der Pragmatismus leugnet die grundsätzliche Faktizität von „etwas dort draußen" nicht,[111] sondern lediglich die sprachliche und kognitive Beherrschbarkeit dessen, was „objektiv" gegeben ist.

Wenn wir auf das engere Gebiet der Religionswissenschaft zurückkommen, so gilt es ein weiteres Ergebnis festzuhalten: wir können transkulturelle oder überpersönliche Dimensionen wie *das Heilige* nicht mehr in unsere religionswissenschaftliche Methode einbauen. Bedarf dies für die Art und Weise, wie Rudolf Otto jene Kategorie in die Religionswissenschaft implementierte, keiner ausführlichen Begründung,[112] so trifft dies in veränderter Form auch auf die neueren

---

[109] Ebda. S. 11 (Hervorhebung im Original). In seiner Studie „Metahistory" dekliniert WHITE im einzelnen die großen Geschichtsentwürfe des neunzehnten Jahrhunderts durch und weist nach, daß die narrative Strukturierung (*emplotment*) des neutralen Materials entscheidend für die Wirkung und den Stil des Autors ist: „Dort nämlich vollzieht der Historiker einen wesentlich *poetischen* Akt, der das historische Feld *präfiguriert* und den Bereich konstituiert, in dem er die besonderen Theorien entwickelt, die zeigen sollen, ‚was *wirklich* geschehen ist' (1991, 11 [Hervorhebung im Original])."

[110] Sehr schön ist dies von C. GEERTZ benannt worden: „Wenn man behauptet […], daß das Schreiben ethnographischer Werke mit dem Erzählen von Geschichten, dem Malen von Bildern, dem Ausdenken von Symbolismen und dem Entfalten von Tropen zu tun hat, so stößt das auf oft heftigen Widerstand wegen einer Verwechslung, die im Abendland zumindest seit Platon endemisch ist: Verwechselt wird das Imaginierte mit dem Imaginären, das Erfundene mit dem Falschen, das Behaupten von Dingen mit dem Ausdenken von Dingen" (1993, 136).

[111] Man erinnere sich daran, daß RORTY lediglich darauf besteht, daß die Welt „da draußen" *nicht spricht*, das heißt selbstverständlich nicht, daß sie gar nicht existiert!

[112] R. OTTO: *Das Heilige. Über das Irrationale in der Idee des Göttlichen und sein Verhältnis zum Rationalen*, München 1917. Vgl. zur Einordnung und Kritik an dieser Position KIPPENBERG 1997, 249-253. Sehr interessant im Hinblick auf die gesellschaftlichen Diskurse, in denen R. OTTO sich bewegte, ist die Untersuchung von D. HOFFMANN: *Die Wiederkehr des Heiligen. Literatur und Religion zwischen den Weltkriegen*, Paderborn u.a. 1998.

Versuche zur „Reanimierung" des Konzeptes des Heiligen zu.[113] W. Gantke legte in diesem Zusammenhang eine Theorie vor, die sich im Anschluß an O.F. Bollnow und andere hermeneutische Denker für eine „problemorientierte Religionsphänomenologie" stark macht.[114] Nach einer Destruktion unseres wissenschaftlichen Erkenntnisvermögens, die durchaus parallel zur in dieser Arbeit verfolgten Argumentation verläuft, überträgt Gantke H. Plessners „Prinzip der offenen Frage", d.h. ein auf dialogischen Prinzipien aufgebautes Wissenschaftsmodell, auf die Religionswissenschaft. Er führt aus:

> Jedem ‚prinzipientheoretischen' Ansatz, der mit der Frage nach dem Heiligen sofort auf ‚feste' Prinzipien abzielt, wird, so paradox dies klingt, durch diese ‚prinzipielle' Offenheit die Grundlage entzogen. Für die Religionswissenschaft liegt der Vorteil dieses ‚Prinzips' darin, daß sie auf eindeutige ‚normative Vorgaben' verzichten kann, ohne deshalb zugleich einem bloß äußerlichen Deskriptivismus verfallen zu müssen.[115]

Anstatt sich damit zufrieden zu geben, daß eine ontologische Kategorie, wie sie das Heilige auch bei Gantke notwendig darstellt, für die Religionswissenschaft nie mehr sein wird als eine „black box", unternimmt er den Versuch, eine derartige transzendente Größe gleichsam als „mitgängig anwesend" in der Religionsgeschichte zu erweisen. Dies wird deutlich, wenn man die Kernthese der Arbeit betrachtet:

> Die Wahrheit des Heiligen *bewegt* sich möglicherweise im Horizont der Zeit, ist also geschichtlich zu denken. Das Fragwürdigwerden des traditionellen Anspruchs auf ewige Gültigkeit einer unveränderlichen Wahrheit des Heiligen bedeutet also nicht, daß die Religionswissenschaft auf den umstrittenen, mehrdeutigen, in bestimmten Kontexten vielleicht eine Sachwahrheit treffenden und vielleicht sogar unersetzbaren, ‚hermeneutischen' Begriff des Heiligen ganz verzichten muß.[116]

Mit der Rede von der „Wahrheit des Heiligen" reiht sich Gantke in die Linie der „Verstehenden Religionswissenschaft" ein. Sein An-

---

[113] Vgl. dazu E. CASTELLI (ed.): *Le Sacré. Etudes et recherches. Actes du Colloque organisé par le Centre International d'Etudes Humanistes et par l'Institut d'Etudes Philosophiques de Rome (4.-9.1.1974)*, Paris 1974; S.H. NASR: *Knowledge and the Sacred*, New York 1981; D. KAMPER/CHR. WULF (Hrsgg.): *Das Heilige. Seine Spur in der Moderne*, Frankfurt a. M. 1987; G. M. KLINKHAMMER, S. RINK und T. FRICK (Hrsgg.): *Kritik an Religionen. Religionswissenschaft und der kritische Umgang mit Religionen*, Marburg 1997; KLIMKEIT 1997.
[114] Vgl. GANTKE 1987 und 1998.
[115] GANTKE 1998, 279.
[116] Ebda. S. 429 (Hervorhebung im Original).

satz, aus der Intention geboren, der Transzendenz in der Religionswissenschaft zu ihrem Recht zu verhelfen,[117] ist letztlich christlich-theologischen Neigungen verpflichtet, wie sich in folgender Aussage zeigt: Es müsse

> gesehen werden, daß auch für eine sich nicht auf rein binnentheologische Fragestellungen beschränkende, für die Fragen und Probleme der Zeit offene Theologie in der Aufnahme und Ausdeutung des Gedankens der hier unter verschiedenen Blickwinkeln beleuchteten säkularisierungs-resistenten *immanenten Transzendenz* eine große Zukunftschance liegt. [...] Die problemorientierte Religionsphänomenologie kommt der Theologie aufgrund ihrer ‚Transzendenzoffenheit' zweifellos entgegen.[118]

Die Kritik an Gantke richtet sich demnach weniger gegen seine Dekonstruktion unserer Erkenntnisfähigkeit, als vielmehr gegen den positiven Teil seiner Theorie, der letztlich erneut die Religionswissenschaft an die Theologie ausliefert. Eine solche Unterscheidung ist wichtig, da vor diesem Hintergrund auch die „ideologiekritische Religionswissenschaft", wie sie besonders von Kurt Rudolph gegen die Denker des Heiligen vorgetragen wird,[119] der pragmatistischen Dekonstruktion nicht standhalten kann, da sie der *Rekursion der Ideologiekritik* zum Opfer fällt.

Der Pragmatismus begnügt sich mit der Feststellung, daß die Rede vom Heiligen nicht mehr und nicht weniger ist als die Äußerung einer Meinung in den Grenzen konkreter gesellschaftlicher, wissenschaftlicher oder theologischer Semantik, womit die Frage nach einer *Existenz* des Heiligen in keiner Weise berührt wird. Dieser Umstand verdient Beachtung, denn der oft erbittert geführte Streit um die Konzeption einer derartigen Entität verliert vor diesem Hintergrund jeglichen Sinn. Der Pragmatist leugnet nicht die Mög-

---

[117] Die Möglichkeit, daß nach dialogischer Auseinandersetzung gemäß des Prinzips der offenen Frage das Heilige als nicht-existent oder vollständig von Menschen konstruiert erscheint, ist im Rahmen dieser Theorie ausgeschlossen.

[118] GANTKE 1998, 429 (Hervorhebung im Original). Meine Kritik bleibt auch bei Berücksichtigung der „unverdächtige[n], ‚nichttheologische[n]' Zeugen wie H. Plessner und A. Weber" (ebda.) bestehen.

[119] Vgl. K. RUDOLPH: „Die ‚ideologiekritische' Funktion der Religionswissenschaft", in: *Numen* 25.1 (1976), 17-39; ders.: „Mircea Eliade and the ‚History' of Religion", in: *Religion* 19 (1989), 101-127. Gerade die Diskussion um M. ELIADE, der – obschon als Religions*historiker* bezeichnet – nachgerade von einem Horror vor dem „Fall in die Geschichte" getrieben wurde, ist in den letzten Jahren unter dem Stichwort *New Comparativism* wieder angeregt geführt worden, vgl. die Beiträge von L.H. MARTIN, W.E. PADEN, M.A. HEWITT, D. WIEBE und E.TH. LAWSON in *MThSR* 8 (1996).

lichkeit einer tatsächlichen Existenz des Heiligen, sondern lediglich die Berechtigung, das Heilige als konzeptionelle Größe in unsere Methode einzubauen. In denselben Kontext gehört auch die vollkommen richtige Feststellung Hanegraaffs: „Actually, empirical researchers do not limit themselves to the empirical because they wish to claim that it is the only reality (privately they may believe the opposite), but simply because it is the only one accessible to them for investigation."[120] Das Heilige gehört zu den inkommensurablen Bereichen unseres Diskurses; eine Theorie hierauf zu errichten, scheint keine Aussicht auf Erfolg zu haben.

Pragmatistische Religionswissenschaft, indem sie den Anspruch untergräbt, mit dem Begriff des Heiligen (oder auch *des* Numinosen oder *der* Religion) mehr als eine Meinung – einen *belief-Satz* – zu äußern, zieht die Konsequenz aus der Kritik der analytischen Philosophie an der Verstehenden Religionswissenschaft. Diese prangert völlig zu Recht die fehlenden *Definitionen*, die mangelhafte *Begriffsbildung* und *-explikation*, Verstöße gegen die logische *Syntax* sowie den *methodischen Irrationalismus* an.[121] Dies muß zwangsläufig zu einem Sinnlosigkeitsverdacht[122] gegenüber den meisten Theorien der Verstehenden Religionswissenschaft führen.

> Selten sind [in der Verstehenden RW, KvS] besonders raumzeitlich eingeschränkt gültige, rein projektbezogene Festsetzungen, die frei wären von der Prätention auf Universalität und Endgültigkeit, dafür aber wenigstens eindeutige und kommunikable Begriffe schüfen, über deren Grenzen hinaus zu „meinen" sinnlos würde.[123]

Pragmatistische Religionswissenschaft ist nicht in der Gefahr, diesen Fehler zu wiederholen, gibt jedoch gleichzeitig jede Hoffnung auf Erkenntnis transzendenter Wahrheiten auf.

Diesem negativen Befund steht ein positiver gegenüber. Pragmatistische Religionswissenschaft hält sich nicht mit Fragen nach der Verankerung unserer Erkenntnis oder unseres Glaubens in über-

---

[120] HANEGRAAFF 1995, 101f.
[121] Schlüssig vorgetragen wird diese Kritik von NEUF 1976; vgl. außerdem G. LÖHR: „Verstehen – eine religionswissenschaftliche Kategorie im Lichte der analytischen Philosophie", in: KLIMKEIT 1997, 99-111.
[122] NEUF nennt das schöne Beispiel ELIADES: „Schöpfung entspringt einem Überschuß an ontologischer Substanz. Aus diesem Grund wird der Mythos, der diese heilige Ontophanie [...] erzählt, zum exemplarischen Modell für alle menschlichen Tätigkeiten." Vgl. NEUF 1976, 346, der feststellt, daß die Sätze „mindestens *ein* bedeutungsloses *Wort* aus der Sprache der Spekulation enthalten" (Hervorhebung im Original).
[123] NEUF 1976, 344.

persönlichen Dimensionen auf, sondern konzentriert sich von vornherein auf die Eruierung der verschiedenen *Beiträge zu einem Gespräch*. In diesem Gespräch ist nicht die Frage nach der „Richtigkeit" einer Position von Belang, sondern jene nach der „Überzeugungskraft" der Argumentation gegenüber den anderen Teilnehmerinnen und Teilnehmern des Gesprächs. Noch einmal sei an den Satz Rortys erinnert:

> Eine Untersuchung des Wesens der Erkenntnis kann nach pragmatistischer Auffassung nur eine soziohistorische Darstellung der Verfahren sein, mit deren Hilfe verschiedene Leute versucht haben, Einigkeit über die zu vertretenden Überzeugungen zu erzielen.[124]

Das Streben nach objektiver Erkenntnis oder der Verbesserung unserer wissenschaftlichen Abbildung der historischen „Wirklichkeit" tritt zurück zugunsten einer Darstellung von *Gesprächssträngen*. Religionswissenschaft macht es sich mithin zur Aufgabe, die *Meinungen*, wie sie den Quellen zu entnehmen sind, im jeweiligen Kontext des Diskurses zu verorten. Geschichtswissenschaft schrumpft sich gleichsam gesund zu einer *Darstellung der Geschichte von Beiträgen zu einer Gemeinschaft*.[125] Es wurde oben gezeigt, daß dies keineswegs mit einem hemmungslosen Relativismus einhergehen muß,[126] denn immerhin sind die Wissenschaftlerinnen und Wissenschaftler darauf angewiesen, die Interpretation der Quellen und ihre Verortung vor ihren Kolleginnen und Kollegen zu rechtfertigen. Die Qualität einer vorgetragenen Theorie richtet sich nicht nach dem Grad ihrer Annäherung an die historische Wirklichkeit, sondern nach dem Ausmaß ihrer Überzeugungsfähigkeit im wissenschaftlichen Diskurs unserer Zeit.

Dies hat zur Konsequenz, daß sich die historische „Wirklichkeit" nach den *heutigen* Sprachspielen richtet, nicht aber nach ihren eigenen Regeln, die wir lediglich im Laufe der Forschungsgeschichte entdecken würden.[127] Der Pragmatismus bestätigt den Eindruck, den auch Henri Bergson durch seine Überlegungen gewinnt: *Die Gegen-*

---

[124] RORTY 1995a, 17.
[125] Vgl. RORTY 1995a, 11: „Dies kann die historisch wirkliche Gemeinschaft sein, in der man lebt, bzw. eine zeitlich oder räumlich entfernte oder eine ganz imaginäre Gemeinschaft, die vielleicht aus einem Dutzend Helden oder Heldinnen besteht, die der Geschichte oder der Literatur oder beiden entnommen sind." Die Geschichten dieser Art nennt RORTY Beispiele für den Wunsch nach *Solidarität*, die er vom Streben nach *Objektivität* absetzt (ebda.).
[126] S.o. II.1.3.
[127] Von Fortschritt können wir nur in dem Sinne sprechen, daß im Laufe der Zeit eine Vielzahl von Sprachspielen sich der Historie gewidmet hat, die wir nun deskriptiv aufgreifen können, um uns selber darin zu verorten.

wart erschafft die Vergangenheit, der Zeitpfeil kann sich in diesem Sinne umdrehen.[128]

Daß die Erforschung der Astrologiegeschichte in besonderer Weise unter den Unzulänglichkeiten einer theologisch-metaphysisch orientierten Methode zu leiden hatte, welche unkritisch aktuelle Meinungen über den Gegenstand der Forschung auf die Antike überträgt, läßt sich am besten anhand eines Beispiels zeigen. Ich wähle zu diesem Zweck den Aufsatz von Ludwig Wächter „Astrologie und Schicksalsglaube im rabbinischen Judentum",[129] da er zum einen die vertretenen Positionen in denkbar klarer Weise formuliert, zum anderen aber eine Abhandlung darstellt, die nach wie vor der Forschung als herausragender Beitrag zum Thema gilt.

Wächter beginnt seine Untersuchung mit der These (die er freilich nicht als Arbeitshypothese, sondern als Tatsache verstanden wissen will):

> Schicksalsglaube und Gottesglaube sind zwei durchaus verschiedene Glaubenshaltungen. Wer an Gott glaubt, steht in einer persönlichen Beziehung zu Gott, als Fragender und Antwortender, als Bittender und Empfangender. Wer an das Schicksal glaubt, kann zu diesem eine solche Beziehung nicht haben; denn das Schicksal ist ein unwiderruflich ablaufender Mechanismus.[130]

Wächter setzt voraus, daß die Astrologie in jedem Falle einen Schicksalsglauben postuliert und damit dem Gottesfürchtigen ernsthafte Probleme bereiten muß. Ob und, wenn ja, in welchem Ausmaß diese Probleme in den Schriften der Antike selber nachweisbar sind, interessiert hierbei nicht, denn es geht zunächst einmal nur um die Richtigkeit der axiomatisch vorausgesetzten Dichotomie. Das dichotomische Denken bringt es mit sich, daß es einen Mittelweg per definitionem nicht geben kann. In diesem Sinne ist die folgende Ableitung der Prämisse, wie Wächter sie formuliert, absolut kohärent:

> So ist das entscheidende Kriterium, ob Gottesglaube oder Schicksalsglaube vorliegt, das Gebet. Wird es als sinnlos erachtet, weil man nicht damit rechnet, daß es Antwort finden könne, eine Antwort, die unter Umständen eine Änderung des Geschickes bewirkt, so ist dies als Zeichen dafür zu werten, daß kein Gottesglaube vorhanden ist, sondern allenfalls Schicksalsglaube.[131]

---

[128] Darauf wird unten Kap. II.3.2.1. ausführlich eingegangen.
[129] WÄCHTER 1969a.
[130] WÄCHTER 1969a, 181.
[131] Ebda. S. 181.

Wenn man die Forschungsgeschichte überblickt, so stellt man fest, daß jenes theologisch-apologetische Diktum sich einer erstaunlichen Resonanz erfreut, obschon sich die darin gemachte scharfe Trennung bereits bei einem flüchtigen Blick auf die antiken Quellen, gleich welcher religiöser Provenienz, als vollkommen unzureichend erweist. Die Frage, ob sich Astrologie und Gottesfurcht gegenseitig ausschließen, ist in der Antike allenfalls am Rande diskutiert worden; erst nachdem das Christentum zur neuen Macht aufgestiegen war, wurde der Ton einseitiger und schärfer. Die genannte Dichotomie verfehlt demnach die jüdische und frühchristliche Semantik vollkommen.

Im Sinne der Wächterschen Dichotomie kann derjenige, welcher an die Astrologie „glaubt", seine Hoffnung nicht mehr auf die Gnade der Götter setzen. Wie kommt es dann aber, daß uns ein derartiges Verständnis der Astrologie aus keinem Text der Antike überliefert wird? Warum haben gottesfürchtige Menschen keinen Widerspruch zwischen ihrem Glauben und der Astrologie gesehen, sondern praktizierten beides nebeneinander? Nach den Postulaten Wächters kann hierin nur ein hohes Maß an Naivität gesehen werden, die die Astrologie „bewundert und von ihrer Gefahr nichts merkt".[132] Die Möglichkeit, daß die Gelehrten der Alten Welt sich mit diesem Problem gar nicht auseinandersetzen mußten, weil sie ein anderes Weltbild hatten, wird ausgeschlossen. Die Ernsthaftigkeit jenes Weltbildes wird dem modernistischen theologischen Ansatz geopfert. So ist es nur eine logische Konsequenz, wenn Wächter in seiner Studie zu dem Ergebnis kommt: „Die Entscheidung für oder wider die Astrologie ist letztlich immer eine Glaubensentscheidung. Befreien kann von den Bindungen des Schicksalsglaubens nicht irgendein Wissen, sondern nur der Glaube an Gott."[133]

Unter methodischen Gesichtspunkten liegt hier ein ganz klarer logischer Zirkel vor, denn das Ergebnis der Untersuchung ergibt sich zwangsläufig aus den eingangs postulierten Axiomen, die sich wiederum auf das Ergebnis stützen: Ein sich selbst tragendes System, das leider ohne Aussagewert ist. Und die Bedenklichkeit der Methode bekommt aus philosophischer Sicht noch weitere Nahrung: Um mit der Wirklichkeit der Texte, die sein einfaches Schema schnell als unhaltbar erkennen lassen, fertig zu werden, muß Wächter sich in metaphysische Spekulationen versteigen, in denen sich plötzlich die Dichotomie „Freiheit" versus „Sternenzwang" auf wahrhaft theolo-

---

[132] Ebda. S. 184.
[133] Ebda. S. 194.

gische Weise aufzulösen scheint: Er faßt zusammen, „worum es bei der Frage ‚Gott oder Schicksal' geht: Entweder ängstliche Abhängigkeit in der Furcht vor den Sternen oder *Freiheit in der Gebundenheit an Gott.*"[134]

Es ist erstaunlich, welche Anstrengungen Theologinnen und Theologen unternehmen, um die Trennung von Astrologie und (christlicher) Religion aufrecht zu erhalten.[135] Fast gewinnt man den Eindruck, es hätte etwas Anrüchiges, sich mit diesem Thema zu beschäftigen, und so beeilen sich viele, ihre persönliche Ablehnung der Astrologie entschuldigend zu betonen. Es liegt auf der Hand, daß unter solchen Vorzeichen eine unvoreingenommene Sichtung des erhaltenen Materials nur zögerlich vonstatten gehen kann. Umso notwendiger ist die Überprüfung des eingebrachten Vorverständnisses, will man der Rolle der Astrologie in Judentum und Christentum auch nur ansatzweise gerecht werden. Wir müssen uns die Mühe machen, die Quellen als Beiträge zu einem Gespräch zu werten, das möglicherweise anderen Gesetzen folgte als heute.[136] Um die Stränge des antiken Gespräches zu eruieren, gilt es, die historischen Zusammenhänge in ihrem jeweiligen „Sitz im Leben" zu verankern. Auch hier trägt der Pragmatismus der analytischen Kritik Rechnung: „Religion als reales, d.h. *prozessuales* und dauernder Veränderung unterworfenes Gebilde, als Resultante dynamisch interdependenter Komponenten soziokultureller, geographischer und anderer Art ist noch vielfach unbegriffen."[137] Pragmatistische Religionswissenschaft dagegen rückt die *Wandelbarkeit* gesellschaftlicher Gespräche einerseits sowie die Bedeutung der *Lokalen Religionsgeschichte* andererseits ins Zentrum unseres Interesses.[138]

---

[134] Ebda. S. 194 (Hervorhebung KvS).
[135] Auch M.P. NILSSON, nach wie vor eine Kapazität der griechischen Geschichtsforschung, argumentiert in dieser Weise: „Die kausale Verkettung [der Astrologie, KvS] schließt jeden willkürlichen übernatürlichen Eingriff in den Weltverlauf aus, so daß die Astrologie folgerichtig zum Atheismus führen mußte; sie hat es getan, wie von ihrem überzeugten Anhänger Kaiser Tiberius erzählt wird" (1941, II, 278).
[136] Die pragmatistische Auffassung, wir könnten unsere eigenen Diskurse nicht transzendieren, steht dieser Forderung nicht im Wege, denn das, was wir über den früheren Diskurs in Erfahrung bringen, gilt einzig vor dem Hintergrund der gegenwärtigen gesellschaftlichen Debatte.
[137] NEUF 1976, 350 (Hervorhebung im Original).
[138] Die Lokale Religionsgeschichte kann geradezu als eine notwendige Disziplin aus dem pragmatistischen Ansatz extrapoliert werden. Vgl. dazu KIPPENBERG/ LUCHESI 1995; auf diese Zusammenhänge wird immer wieder zurückzukommen sein.

Mit der Konzentration auf die lokalen Belange der Menschen wiederum geht einher, daß die Dimension der *gelebten Religion* gegenüber der *verordneten Religion* unser Gesamtbild der religiösen „Wirklichkeit" wesentlich zu bereichern vermag. Nicht mehr nur die theoretische Darlegung der semantischen Ebene der Texte steht im Mittelpunkt unseres Interesses, sondern in gleichem Maße auch die Kommunikation der Menschen darüber sowie die aus den Diskursen sich ergebenden Handlungen oder politisch-sozialen Aktivitäten. Hans G. Kippenberg stellt das dahinter stehende Problem folgendermaßen dar:

> To use pragmatics in the interpretation of religion does not only mean to apply a method; it means to open the door to neglected sources. Until today the study of religion has only incidentally taken notice of the pragmatic turn in the theory of meaning that had been achieved in particular by J.L. Austin. Committed primarily to the content of religions, and concerned with defining it, the discipline lost sight of another just as universal aspect of meaning: meaning created by communication.[139]

Indem die je unterschiedlichen Beiträge einzelner religiöser oder sozialer Gruppierungen sowie die hinter den Texten stehenden und sich aus ihnen ergebenden Handlungen in ihrem räumlich und zeitlich begrenzten Rahmen in unser Gesamtbild einfließen, werden wir nicht mehr erwarten können, zu die Gruppen transzendierenden Aussagen über *die* Rolle *der* Astrologie in der Antike gelangen zu können. Dafür tritt uns ein Bild entgegen, dessen Vielschichtigkeit ein Kaleidoskop gesellschaftlicher Diskussionen offenbart, welches uns die antike Welt in ihrer ganzen Lebendigkeit näherbringt.

---

[139] H.G. Kippenberg: „Pragmatic Meanings as a Particular Source for the History of Religions", in: Biderman/Scharfstein 1992, 53-67, S. 53. Die in diesem Aufsatz vorgestellte Konzeption von „pragmatischer Bedeutung" sollte nicht mit der pragmatistischen Religionswissenschaft gleichgesetzt werden, wie sie in der vorliegenden Arbeit entwickelt wird (s.o. S. 56 Anm. 99). Doch die Überschneidungen sind groß genug, um möglicherweise einige der vielen Fragen, die Kippenberg bewußt offenläßt, einer weiteren Erforschung zugänglich zu machen: „The study of pragmatic meanings attributed to religions raises more questions than we are able to answer. But if we succeed in giving at least some answers, we shall perhaps be able to better understand why religions play such an important task in regulating social interaction" (ebda. S. 64).

3. Die Astrologie als Gegenstand religionswissenschaftlicher Analyse

Die Hinterfragung der am Beispiel von Ludwig Wächter dargestellten apologetischen Abspaltung der Astrologie von der Religion, die einen künstlichen Eingriff in den Gang der Religionsgeschichte bedeutet, hat in den letzten Jahren zu einem neuen Interesse an der Astrologie geführt. Die Überschneidungen, fast muß man sagen: die gegenseitige Durchdringung, von Religion und Astrologie wird auf diese Weise in zunehmendem Maße transparent. Gerade an neueren Publikationen zeigt sich der Paradigmenwechsel: Tamsyn Barton interessiert sich in ihrer Arbeit *Ancient Astrology* gerade für jene Überschneidungen, „which could crudely be subsumed under the ancient category of *philosophia*, literary, love of wisdom. Wisdom and truth could be sought in the religious arena as much as in the scientific."[140] Dieser Themenkreis ist bislang zugunsten der Geschichte astrologischer Techniken bzw. dem Streit zwischen „hellenophilen" und „nicht-hellenophilen" Positionen hintangestellt worden.[141] Barton legt bewußt andere Schwerpunkte:

> In this book there will be no prizes awarded for scientific achievement to any particular person or group, nor censure for those who fail to match up to modern ideals of science. Indeed, I think that the old tendency to see astrology as a pseudo-science is an anachronistic diversion from the more fruitful enquiry into how astrology functioned in antiquity.[142]

Daß der *pragmatic turn* mittlerweile – wenn auch methodisch eher unbewußt als expressis verbis gewollt – sogar die christlich-theologische Forschung zu prägen beginnt, zeigt sich an einigen neueren Studien zur Astrologie. Auf theologischer Seite ist es u.a. Michael Albani zu danken, jenes Defizit ins Bewußtsein gerückt zu haben: Seine Untersuchungen zeigen,

> welche eminent theologische Bedeutung die Himmelskunde damals hatte. Auf diesem Hintergrund ist auch die Geburtsgeschichte Jesu mit der oft als sentimentales Beiwerk betrachteten Erzählung von den drei Weisen aus dem Morgenland (Mt 2,1ff.) oder die Bemerkung in Lk 23,45 von der Verfinsterung der Sonne bei der Kreuzigung Jesu zu sehen. Damals ging man offenbar viel selbstverständlicher als gemeinhin angenommen davon aus, daß sich Gottes Wille und sein Geschichts-

---

[140] BARTON 1995, 7.
[141] Vgl. hierzu VON STUCKRAD 1996, 39-41.
[142] BARTON 1995, 6.

handeln auch im Bereich der Gestirne widerspiegeln. Dieser Befund sollte auch im systematisch-theologischen Nachdenken mehr Berücksichtigung finden.[143]

Die vorliegende Studie hat es sich zur Aufgabe gemacht, diesen Faden aufzunehmen und en detail in verschiedenen antiken Diskursen zu verorten. Außerdem soll die theoretische methodische Absicherung dazu beitragen, die Religionswissenschaft von etwaigen Rücksichtnahmen auf theologische Konzeptionen zu entlasten sowie auf den Anspruch der „Denker des Heiligen", erst die Existenz einer numinosen Entität rechtfertige die Beschäftigung der Religionswissenschaft mit dem Thema. Da der Rekurs auf übergeordnete Entitäten im Rahmen der Astrologie zwar begegnet, nicht aber eine *notwendige Bedingung* zu ihrer Ausübung darstellt, liegt es im wohlverstandenen Interesse der Religionswissenschaft, will sie die Astrologie thematisieren, sich von den genannten Positionen deutlich und selbstbewußt zu distanzieren.[144]

Die Astrologie ist gerade deshalb von außergewöhnlichem Interesse, weil sie neben der eminent religiösen Tragweite, die ihre Konzepte implizieren, den rein religiösen Diskurs transzendiert in Bereiche der Philosophie, der Weltbilder und Wirklichkeitsentwürfe hinein. Wir können sogar noch weiter gehen und festhalten, daß ein Verständnis der Astrologie ohne den Rekurs auf die unterschiedlichen Deutungsmöglichkeiten der Wirklichkeit, damit einhergehend philosophischer Reflexionen, schlechterdings nicht zu erreichen ist. Kategorien von „Aberglaube" oder „Vielgötterei" führen hier nicht

---

[143] ALBANI 1994, 350.
[144] „Eine nicht relativierende Formulierung, die von der Existenz eines ‚empirisch nicht faßbaren, aber doch wirklichen, ja wirksamen ‚Anderen" spricht [J. WAARDENBURG: *Religionen und Religion. Systematische Einführung in die Religionswissenschaft*, Berlin/New York 1986, 24], ist bereits keine religionswissenschaftliche Aussage mehr, sondern eine theologische bzw. religionsphilosophische, da sie das im religiösen Akt als Wirklichkeit der Religion Empfundene (z.B. Gott o.ä.) als wirklich Gegebenes annimmt. Nicht die *Wirklichkeit* von religiös Empfundenem ist Gegenstand von Religionswissenschaft (z.B. die Wirklichkeit von Gott/Göttern), sondern die religiöse *Empfindung* (also z.B. Gottes-/Götter*vorstellungen*) – unabhängig von der tatsächlichen Wirklichkeit oder Nicht-Wirklichkeit des Empfindungs*inhalts*" (MOENIKES 1997 [s.o. S. 13 Anm. 2], 196, Hervorhebung im Original). MOENIKES' Aussagen sind ein Lichtblick an Klarheit innerhalb ansonsten sehr mühsamer wissenschaftlicher Auseinandersetzungen. Pragmatistisch betrachtet müßte man freilich selbst die verständliche Hoffnung, „möglichst wenig in ein religiöses Phänomen hineinzuinterpretieren, was nicht in ihm enthalten ist" (S. 204), als methodisch nicht einlösbar in Frage stellen.

weiter, notwendig ist eine Sichtung der philosophischen Hintergründe der astrologischen Debatte.

Da wir es bei der Astrologie mit einer Wissenschaft zu tun haben, die die Kategorien des Raumes und der Zeit auf eine bestimmte Art und Weise zu verbinden sucht, liegt es auf der Hand, daß in erster Linie *Zeitphilosophien* zur Erhellung der astrologischen Positionen führen können. Dies soll im folgenden unternommen werden, wobei nicht nur die Astrologie selber thematisiert wird, sondern im weiteren Sinne auch die esoterisch zu nennende Weltdeutung. Als „Nebeneffekt" ist zu verzeichnen, daß wir vor diesem Hintergrund moderne Diskurse, die ebenfalls um „Wendezeiten", „Sympathie" sowie holistische Entwürfe kreisen, in einen dem Thema angemessenen Rahmen einordnen können.

3.1. Kosmos und Sympathie: Das Entsprechungsdenken als Voraussetzung astrologischer Wirklichkeitsdeutung

Die Astrologie geht nicht von einem kausalen Wirklichkeitsmodell aus, nach dem die Planeten in irgendeiner Weise einen meßbaren „Einfluß" auf irdische Vorgänge ausüben. Vielmehr liegt ihr ein Modell zugrunde, welches die Sternenbewegungen mit anderen Ebenen der Wirklichkeit durch ein Band der Entsprechungen verknüpft sieht. Die Planeten sind mithin die *Anzeiger* übergreifender und alles beeinflussender Energien, kausale Verknüpfungen werden hier nicht angestellt.[145] Die Astrologie ist durch dieses Denken in einen Ge-

---

[145] Sehr häufig wird dieses Grundgesetz nicht genügend beachtet, besonders wenn die Kenntnisse der Astrologie oder der Esoterik insgesamt nur rudimentär sind. Die Verwechslungen der Modelle sind deshalb häufig; auf eine andere Ebene bezogen fällt die Unstimmigkeit sofort ins Auge: niemand würde behaupten, die Tachonadel löse die Bewegung eines Fahrzeugs aus. – M.E. noch immer die beste Einführung in das „Senkrechte Weltbild" der Astrologie ist TH. DETHLEFSEN: *Schicksal als Chance. Das Urwissen zur Vollkommenheit des Menschen*, München 1979 (Kap. IV: „Astrologie – ein Abbildungssystem der Wirklichkeit"). Die radikale Ablehnung der kausalen Systeme in der Astrologie wird nachdrücklich vorgetragen von P. ORBAN/I. ZINNEL: *Drehbuch des Lebens. Eine Einführung in esoterische Astrologie*, Reinbek 1996; als gute Darstellung astrologischer Grundlehren vgl. ferner J.C. WEISS: *Horoskopanalyse*, 2 Bände, Wettswil ³1992. Der Einwand, es handle sich bei diesen Beiträgen um moderne Entwürfe, die nicht auf die Antike übertragbar seien, greift nicht angesichts der Tatsache, daß eben diese Entwürfe den Schlüssel an die Hand geben, die Wirklichkeitsdeutung der Antike, wie sie in Hermetik, Stoa, Pythagoreismus etc. begegnet, zu verstehen. Selbstverständlich gab es auch damals andere Entwürfe, doch der Einfluß jenes Denkens in Entsprechungen ist weitaus höher zu veranschlagen als in der Moderne.

samtzusammenhang von „Esoterik" eingeordnet, deren zentrales Merkmal die Theorie der Entsprechung ist:

> These correspondences are considered more or less veiled at first glance, and they are therefore meant to be read, to be decoded. The entire universe is a great theater of mirrors, a set of hieroglyphs to decipher; everything is a sign, everything harbours and manifests mystery.[146]

Anhand von sechs Charakterzügen entwickelt Antoine Faivre bekanntlich die Definition der Esoterik als eine *Denkform*.[147]

Heute ist das dahinterstehende Weltbild aktueller denn je, und die Bemühungen verschiedenster wissenschaftlicher Disziplinen um die Integration der so unterschiedlichen Konzepte in ein Modell, welches als *vernetzt* oder auch *holistisch*[148] bezeichnet wird, sind allenthalben spürbar, nicht nur in der Esoterik selber,[149] sondern auch in der Naturwissenschaft[150] und der Psychologie.[151]

---

[146] FAIVRE in FAIVRE/NEEDLEMAN 1992, xv. Auf Deutsch findet sich das Zitat in FAIVRE 1996, 23.

[147] Die Entsprechungen – Die lebende Natur – Imagination und Mediationen – Die Erfahrung der Transmutation – Die Praxis der Konkordanz –Transmission oder Initiation durch Meister. Vgl. FAIVRE 1996, 22-32.

[148] Zur Holismusdiskussion vgl. W. BECHER: *Der Blick aufs Ganze. Das Weltbild Othmar Spanns*, München 1985; G. AMMON: *Der mehrdimensionale Mensch. Zur ganzheitlichen Schau von Mensch und Wissenschaft*, Pinel ²1995; *Die Geschichte des ganzheitlichen Denkens* (Das Verständnis der Natur 11), München 1996.

[149] Der philosophische Hintergrund der Esoterik und die Chancen eines wissenschaftlichen Diskurses mit ihr werden von RUNGGALDIER 1996 vorsichtig ausgelotet; er hebt dabei besonders auf die platonisierenden Tendenzen der Esoterik ab. Weitaus gründlicher ist HANEGRAAFF (1995 und 1996). In diesen Ansätzen ist eine Weiterführung der französischen Forschung zu erkennen, die besonders auf A. FAIVRE zurückgeht; vgl. FAIVRE/NEEDLEMAN 1992 sowie FAIVRE 1994 und 1996 (von Weiterführung ist deshalb zu sprechen, weil eine Ausweitung des Esoterik-Begriffes über den Rahmen der christlichen Tradition hinaus vollzogen wird). Von der dort vorgetragenen historischen Perspektive zu unterscheiden ist die soziologische, die historische Rahmenbedingungen zugunsten einer gruppenspezifischen Betrachtung großzügig übergeht; vgl. zu dieser Methode E.A. TIRYAKIAN (ed.): *On the Margin of the Visible: Sociology, the Esoteric, and the Occult*, New York 1974 sowie CHR. BOCHINGER: *‚New Age' und moderne Religion. Religionswissenschaftliche Analysen*, Gütersloh 1994. Die Kritik, welche HANEGRAAFF zu dieser Methode vorbringt (1995, 119-121), hebt auf dieselben Probleme ab, wie auch die pragmatische Überlegung, daß es nämlich keinen Rekurs auf transkulturelle und „transtemporäre" Bereiche geben kann. Vgl. zum Thema ferner M.G. WHITE: *Was ist und was getan werden sollte. Ein Essay über Ethik und Erkenntnistheorie*, Freiburg/München 1987; L. STEINHERR: *Holismus, Exi-*

Gerade die historische Annäherung an dieses Thema macht deutlich, daß wir es mit einem sehr alten Wirklichkeitsmodell zu tun haben, welches vom Platonismus über die Stoa, die Hermetik, die Gnosis und mystische Traditionen bis heute überliefert wurde. Nun verhält es sich freilich nicht so, daß die erstaunliche Konstanz gewisser Ideen uns eine Hypothese an die Hand gibt, nach der es transhistorische Definitionen der Astrologie geben würde, die durch die historischen Unterschiede lediglich sekundär verändert worden wären.[152] Die Auffassung der Religionsgeschichte als *Beschreibung von Tagesdiskursen* bringt es mit sich, daß stets mit der Formbarkeit der „Tradition" je nach religiösen, sozialen, politischen, lokalen, nicht zuletzt auch individuellen Gesichtspunkten zu rechnen ist. Eine Vergleichbarkeit zeitlich und räumlich differierender Texte ist aus diesem Grunde nur mit großen Vorbehalten möglich. Es handelt sich demnach um einen *contingental approach* im Sinne Joseph Dans, der als *concept of beginning* charakterisiert werden kann.[153]

---

stenz und Identität. Ein systematischer Vergleich zwischen Quine und Hegel (Dissert. Philos. Reihe 16), St. Ottilien 1995; F. MOSER: *Bewusstsein in Raum und Zeit. Grundlagen der holistischen Weltsicht*, Frankfurt a. M. 1996; R. WALLISCH: *Die letzte denkbare Einheit. Platons vorsokratische Ontologie*, Wien 1996.

[150] Vgl. unter den neueren Publikationen R. KATHER: *Der Mensch – Kinder der Natur oder des Geistes. Wege zu einer ganzheitlichen Sicht der Natur*, Würzburg 1994; F. CAPRA: *Lebensnetz. Ein neues Verständnis der lebendigen Welt*, München 1996. Eine wertvolle Sichtung der ablaufenden Prozesse bietet ARZT 1992. Im Zusammenhang mit WOLFGANG PAULI wird auf diese Zusammenhänge näher einzugehen sein (s.u. 3.2.2.).

[151] Vgl. R.A. MÜLLER: *Der (un)teilbare Geist. Modularismus und Holismus in der Kognitionsforschung* (Grundlagen der Kommunikation und Kognition), Berlin 1991. Hinzuweisen ist außerdem auf die großangelegte Studie von K. WILBER: *Eros, Kosmos, Logos. Eine Vision an der Schwelle zum nächsten Jahrtausend*, Frankfurt a. M. 1996 (engl. Original Boston 1995); die transpersonale Psychologie Wilbers eröffnet auch der Religionswissenschaft hochinteressante Perspektiven, die stärker auszuleuchten ein lohnendes Unternehmen wäre. Zur Zusammenarbeit zwischen Psychologie und Anthropologie vgl. ferner H. LANG/H. WEISS (Hrsgg.): *Interdisziplinäre Anthropologie*, Würzburg 1992.

[152] Auch hier stimme ich HANEGRAAFF zu, der (gegen die „esoteric religionists") für die Esoterik festhält: „The perception of differences, however, is what necessitates the enterprise of definition in the first place; whoever wishes to demonstrate the unity of esotericism should explicitly *account for* those differences rather than start from the comfortable assumption that they are ‚secondary'" (1995, 109 [Hervorhebung im Original]). Dieser Befund läßt sich nahtlos auf die Astrologie übertragen.

[153] J. DAN: „In Quest of a Historical Definition of Mysticism: The Contingental Approach", in: *Studies in Spirituality* 3 (1993), 58-90.

Die Astrologie kann am besten beschrieben werden als Teil einer *Denkform*, welche sich das „senkrechte Weltbild" zu eigen macht. Ernst Cassirer hat etwas ähnliches im Sinn, wenn er sagt, die astrologische Weltsicht beanspruche

> der Form nach nichts Geringeres als dasjenige, was die moderne naturwissenschaftliche Naturerklärung leistet. Die Astrologie ist, rein formal betrachtet, einer der großartigsten Versuche systematisch-konstruktiver Weltbetrachtung, der je vom menschlichen Geiste gewagt wurde: die Forderung, „das Ganze im Kleinsten zu erblicken", ist selten so eindringlich gestellt und so konsequent durchzuführen versucht worden wie hier.[154]

Dazu kommt – insbesondere für das antike Bild der Astrologie – die Verknüpfung dieser Disziplin mit den wissenschaftlichen Standards der Zeit. Die Tatsache, daß die Sterndeutung als *ars mathematica* im Römischen Reich zu den Wissenschaften gerechnet wurde, zeigt die Bedeutung des Entsprechungsdenkens einerseits und den Stellenwert der Diskussion um menschliche Freiheit, Determinismus, Heimarmene, Sympathie etc. innerhalb des antiken Diskurses andererseits. In diesem Gespräch kamen selbstverständlich auch jene zu Wort, die einem Denken in Entsprechungen kritisch gegenüberstanden und eine kausal-fatalistische Astrologie thematisierten.[155] Doch erst dem erbitterten Kampf des Christentums gelang es, die Erinnerung an das senkrechte Weltbild, welches der Astrologie Pate gestanden hatte, zugunsten eines nunmehr als Häresie und Eingriff in die göttliche Unverfügbarkeit desavouierten Konzeptes mit aller Entschiedenheit aus dem Diskurs zu verbannen.

Es erscheint bemerkenswert, daß im Geleit der naturwissenschaftlichen und philosophischen Entwicklung hin zu einem holistischen Weltbild auch die Erinnerung an frühere Möglichkeiten der Wirklichkeitsdeutung – die in der Tat niemals zur Gänze verloren wa-

---

[154] CASSIRER 1922, 30. Er ergänzt, daß „sich das kausale Denken der Wissenschaft [...] von der Art der Kausalität, die im astrologischen System herrscht, scharf und prinzipiell unterscheidet" (30f). W.-E. PEUCKERT schließt sich dieser Definition an und zeigt auf, daß eine *Weltanschauung* nicht beweisbar ist, was Auswirkungen auf die Methode ihrer historischen Darstellung hat; vgl. PEUCKERT 1960, 7-10.

[155] Es wird sich indes immer wieder zeigen, daß die Grenzen hier nicht eindeutig zu ziehen sind. So propagiert die *Stoa* etwa das Sympathiekonzept und verbindet es mit einem ausgeprägten Kausalitätsdenken. „Freiheit vs. Determinismus" stellt demnach ein anderes Diskussionsfeld dar als die Astrologie selber oder das Entsprechungsdenken hermetischer Provenienz.

ren – das Interesse der Geisteswissenschaft findet. Thomas Arzt formuliert etwas pathetisch, aber in der Sache richtig:

> Das eingefleischte „Vorurteil" des modernen Menschen, daß sich die Welt vollständig einzig und allein durch das Werkzeug der rationalen Analyse zu enthüllen hat, kann – man muß es einmal explizit hervorheben – nur als eine naive Idealisierung bezeichnet werden; und nur eine chronische, weil mit unbelehrbarer Blindheit geschlagene Wissenschaftsgläubigkeit kann heute noch, am Ende dieses an Exzessen und Entgleisungen so reichen 20. Jahrhunderts, die Ambivalenz der neuzeitlichen Fortschrittsidee unterschlagen [...] Die Wissenschaft des 21. Jahrhunderts wird in einem nächsten Entwicklungsschritt den Gegensatz von wissenschaftlicher Rationalität und spirituellem Erfahrungswissen einer *cognitio dei quasi experimentalis* überwinden müssen, sie wird in einem ganzheitlichen Ansatz den Menschen und seine Religiosität als konstituierendes Element beinhalten und damit das Sakrale wieder in die Rechnung einbeziehen müssen [...].[156]

Diese heute von vielen Wissenschaftlerinnen und Wissenschaftlern geteilte Neuorientierung scheint die Argumentation(en) jener Verstehenden Religionswissenschaft zu stützen, die das Sakrale als festen Bestandteil der Methode betrachtet. Zu Recht stößt eine solche Forderung, wie des öfteren bemerkt, in weiten Teilen der Forschung auf große Skepsis, da sie die Gefahr der Unüberprüfbarkeit und Projektion eigener Glaubensinhalte (zumeist sind es die christlich-theologischen) nie abzuwehren vermochte. Die Pragmatistische Religionswissenschaft bietet eine Chance, im Streit zwischen der positivistischen Wissenschaft, die stets in der Gefahr der Unterschlagung wichtiger Dimensionen der „Wirklichkeit" ist, und der verstehenden zu vermitteln, indem sie beiden Seiten die Berechtigung zu Urteilen abspricht, die den Tagesdiskurs zu transzendieren beanspruchen.

Das Senkrechte Weltbild, das ich nach dem Vorbild der antiken hermetischen Philosophie auch gerne *hermetisch* nenne, stellt eine Ordnung der Raum-Zeit-Strukturen dar, die sich von der uns geläufigen wissenschaftlichen deutlich unterscheidet. Weil die Hermetik wiederum für das Thema der vorliegenden Studie von herausragender Bedeutung ist, scheint es angemessen, den wissenschaftlichen und philosophischen Implikationen jenes Weltbildes noch weiter nachzuspüren. An der Schwelle zum 21. Jahrhundert befinden wir uns in der glücklichen Lage, die Relativität überkommener Raum-

---

[156] „Einführende Betrachtung zur Idee des Unus Mundus", in: ARZT 1992, 9-28, S. 12.

Zeit-Ordnungen in ihrer ganzen Bedeutung ermessen zu können. Die fundamentale Krise aber, in welche die newtonsche Mechanik durch die Relativitätstheorie und die Quantenmechanik gestürzt wurde, ist auch nach beinah einhundert Jahren noch immer nicht voll erfaßt worden.[157] Hier ist eine weitere Erosion auf philosophischem und geisteswissenschaftlichem Gebiet zu erwarten, die bislang mit der naturwissenschaftlichen Entwicklung kaum Schritt zu halten vermag.

Aus diesem Grunde sollen im folgenden exemplarisch zwei Ansätze zur Darstellung kommen, die uns ein Werkzeug an die Hand geben können, die weitreichenden Paradigmenwechsel auch geistig-philosophisch verankern zu können. Der direkte Zusammenhang mit dem Thema dieser Untersuchung wird schnell deutlich, wenn man bedenkt, daß die Varianz von Zeitentwürfen, die Relativität von Kausalität und Determiniertheit, nicht zuletzt aber die Etablierung von Synchronizitäten oder Gleichzeitigkeiten eine ganz neue Dimension in der Erforschung der Astrologie und der antiken Welt insgesamt darstellen.

3.2. Konzeptionen der Zeitqualität: Beiträge der Philosophie

Die Revolutionen der modernen Physik führten dazu, daß die Zusammenhänge zwischen Zeit, Raum, Determiniertheit, Objektivität usw. in einem bisher kaum für möglich gehaltenen Ausmaß problematisiert und diskutiert worden sind. Man kann in diesem Zusammenhang davon sprechen, „daß das gegenwärtige Jahrhundert zeitphilosophisch insofern ausgezeichnet sei, als erst in ihm die Zeitvergessenheit der abendländischen Philosophie bewußtgemacht und korrigiert werde."[158] Die nunmehr stark ausdifferenzierten Positionen der modernen Zeitphilosophie geben ein Ringen mit den Zeitparadoxien der heutigen Wissenschaft zu erkennen, die nach wie vor als ungelöst zu betrachten sind.[159] Besonders die Arbeiten von

---

[157] Zu Recht schreibt ARZT, die damit einhergehenden Paradigmenwechsel seien „bislang kaum innerhalb eines kollektiven Bewußtseins präsent geworden in dem Sinne, daß heute schon eine substantielle Wandlung im Verhältnis zwischen Mensch und Welt konstatiert werden könnte" (a.a.O. [oben Anm. 156], 14).

[158] W. CH. ZIMMERLI und M. SANDBOTHE in ihrer „Einleitung" zu ZIMMERLI/SANDBOTHE 1993, 7.

[159] Vgl. ZIMMERLI/SANDBOTHE 1993, 10f. Die Einleitung ins Thema des Bandes ist übersichtlich, schlüssig und gut abgesichert, so daß es hier vollauf genügt, darauf zu verweisen.

William James, John E. McTaggart, Henri Bergson, Bertrand Russell, Martin Heidegger und Hans-Georg Gadamer markieren wichtige Stränge im Diskurs der modernen Zeitphilosophie.[160]

Anstatt die Debatte in ihrem Gesamtverlauf nachzuzeichnen, sollen nun zwei Ansätze erörtert werden, die in besonderer Weise geeignet scheinen, für die Thematik der vorliegenden Arbeit fruchtbar gemacht werden zu können. Es ist dies zunächst die Philosophie Henri Bergsons, die, obwohl schon beinah einhundert Jahre alt, noch immer überraschende Einsichten zu vermitteln vermag. Anschließend wird die Verbindung zwischen Philosophie, Synchronizitäten – dem „senkrechten Weltbild" – und der modernen Physik zur Sprache kommen; hierfür eignet sich nichts besser, als die faszinierenden Ausflüge Wolfgang Paulis in die Philosophie und Psychologie zu studieren. Wir werden uns zu fragen haben, welche Konsequenzen die modernen Zeitkonzeptionen für unser Verständnis der antiken wie der modernen Astrologie zeitigen. Neben dieser eingegrenzten Fragestellung wird – so hoffe ich – außerdem offenbar, wie hilfreich die von religionswissenschaftlicher Seite mitunter übersehene philosophische Reflexion für die Erhellung der Wirklichkeiten unterschiedlicher Kulturen und Zeiten sein kann.

---

[160] Als Übersicht empfiehlt sich ZIMMERLI/SANDBOTHE 1993. Zusätzlich zu der dort (S. 23-28) genannten Literatur sei auf folgende neuere Publikationen hingewiesen: T. CHAPMAN: *Time. A Philosophical Analysis* (Synthese Library 159), Dordrecht/Boston/ London 1982; M. CAPEK: *The New Aspects of Time. Its Continuity and Novelties. Selected Papers in the Philosophy of Science* (Boston Studies in the Philosophy of Science 125), Dordrecht/Boston/London 1991; CHR. RAY: *Time, Space and Philosophy* (Philosophical Issues in Science), London/New York 1991; H.M. BAUMGARTNER (Hrsg.): *Das Rätsel der Zeit: Philosophische Analysen*, Freiburg/München 1993; R. LE POIDEVIN/M. MACBEATH (eds.): *The Philosophy of Time*, Oxford (New York) 1993; J.M. GUYAU: *Die Entstehung des Zeitbegriffs*, Cuxhaven 1993; ST. MCCALL: *A Model of the Universe: Space-Time, Probability, and Decision* (Clarendon Library of Logic and Philosophy), Oxford (New York) 1994 (ausgehend von MCTAGGART und der Quantenmechanik Diskussion der Zeitrichtungen, der Kausalität sowie von Determinismus und freiem Willen); R. TEICHMANN: *The Concept of Time*, New York u.a. 1995 (Neubewertung der Argumentation MCTAGGARTS); E. RICHTER: *Ursprüngliche und physikalische Zeit* (Philosophische Schriften 15), Berlin 1996 (HEIDEGGER im Verhältnis zu Mathematik und Physik); J. RENN: *Existentielle und kommunikative Zeit: Zur „Eigentlichkeit" der individuellen Person und ihrer dialogischen Anerkennung*, Stuttgart 1997 (zu HUSSERL, HEIDEGGER und RICOER). Aus soziologischer Richtung trug ZERUBAVEL (1981) einiges zur Diskussion bei. Zum Zeitbegriff in den Religionen (namentlich in Judentum, Christentum, Islam, Hinduismus und Buddhismus) vgl. BALSLEV/MOHANTY 1993.

3.2.1. Henri Bergson

I

Henri Bergson (1859–1941) kann als einer der originellsten Denker seiner Zeit angesehen werden. Wie in einem philosophischen Spiegelbild dokumentiert sein Werk die tiefen Erschütterungen, welche die Allgemeine Relativitätstheorie und die damit einhergehende Aufhebung strenger räumlich-zeitlicher Kategorien in der Wissenschaft auslöste.[161] Die Physik schien mehr und mehr ihres exakten Charakters verlustig zu gehen, denn an die Stelle der Form und der Substanz traten Wahrscheinlichkeit, Energie, Bewegung und *Dynamik*. Es ist gerade der dynamische Aspekt der Physik, der Bergsons Denken beflügelte und sich wie ein roter Faden durch sein Werk zieht. Wollen wir jene zeitphilosophischen Überlegungen studieren, so greifen wir am besten zu seinem Spätwerk *La pensée et le mouvant*,[162] denn dort werden die wichtigsten Etappen seines Lebenswerkes noch einmal geschlossen dargestellt.[163]

Schon in der Einleitung entwickelt Bergson den Gedanken einer dynamischen und nicht kausal in eine Zeitrichtung festgelegten Wirklichkeit, die das Besondere seiner Philosophie markiert. Er beginnt mit der Feststellung eines beachtlichen Mangels der Philosophiegeschichte: „Was der Philosophie am meisten gefehlt hat, ist die Präzision. Die philosophischen Systeme sind nicht auf die Wirklichkeit, in der wir leben, zugeschnitten. Sie sind zu weit für sie."[164]

---

[161] Auf die genaueren physikalischen Zusammenhänge werden wir unten Kap. 3.2.2. zu sprechen kommen. Die fruchtbaren Verbindungen zwischen Bergson und der Physik seiner Zeit werden von M. CAPEK eingehend beschrieben: *Bergson and Modern Physics. A Reinterpretation and Re-Evaluation* (Boston Studies in the Philosophy of Science 7), Dordrecht 1971.

[162] Paris 1934; die deutsche Übersetzung *Denken und schöpferisches Werden* von L. KOTTJE erschien erstmals Meisenheim am Glan 1948 (=BERGSON 1993).

[163] Vgl. zur Philosophie BERGSONS besonders folgende neueren Publikationen: G. PFLUG: *Henri Bergson. Quellen und Konsequenzen einer induktiven Metaphysik*, Berlin/New York 1959; G. DELEUZE: *Bergson zur Einführung*, Heidelberg 1989; G. DROESSER: *Freiheitspraxis im Prozess. Zur geschichtsanthropologischen Grundlegung einer Theologie des Ethischen* (Forum interdisziplinäre Ethik 4), Frankfurt a. M. u.a. 1992; A. PHILONENKO: *Bergson ou de la Philosophie comme science rigoureuse*, Paris 1994 (gründliche Würdigung des Gesamtwerks BERGSONS); F. GIESENBERG: *Wahl und Entscheidung im Existentialismus sowie bei Platon, Aristoteles, Pascal, Descartes und Bergson*, Frankfurt a. M. u.a. 1996. Zur Wirkungsgeschichte BERGSONS (bei CH. PEGUY, P. VALERY, M. PROUST, J. BENDA) vgl. A.E. PILKINGTON: *Bergson and His Influence. A Reassessment*, Cambridge 1976.

[164] BERGSON 1993, 21. Die nachfolgenden Zitate stammen ebenfalls aus diesem Werk.

Anhand von Beispielen stellt er klar, was er mit diesem Urteil meint, nämlich die Tatsache, daß die von uns verwendeten philosophischen Erklärungsmodelle ebenso gut auf eine Welt passen würden, die etwa weder Pflanzen noch Tiere enthielte, in der Menschen nicht essen und trinken, nicht schlafen, alt geboren werden – kurz, die so ganz anders wäre als die uns wohlvertraute. Dieser Umstand deutet auf eine große Diskrepanz zwischen naturwissenschaftlicher Theorie, die stets mit dem Gegenstand ihrer Erklärung in einer (ein-)eindeutigen Verbindung zu stehen hat, und den philosophischen Systemen hin.

Auf der Suche nach den Gründen für diese Abweichung stellt Bergson fest, daß es einen naturwissenschaftlichen Bereich gibt, der ebenfalls eine Diskrepanz zwischen Theorie und dem beschriebenen Gegenstand aufweist: das Phänomen der *Zeit*. Der Begriff der Deckungsgleichheit würde für die Zeit eine Absurdität darstellen, „[d]enn jede Wirkung der Dauer, die sich mit sich selbst zur Deckung bringen ließe und folglich meßbar wäre, würde ihrem Wesen nach nicht mehr eine Dauer sein" (S. 22). Das Problem der *Dauer* kann man gewöhnlich nur so in den Griff bekommen, daß man es in räumlichen Kategorien beschreibt, etwa einer Linie, die man abmessen kann.[165] Diese Linie indes ist eine ruhende, unbewegliche Metapher, während doch die Dauer ständig in Bewegung ist. Was wir messen, ist demnach nicht die Dauer, sondern eine Aneinanderreihung von *Momenten,*

> d.h. im Grund von virtuellen Ruhepunkten der Zeit. Behaupten, daß ein Ereignis nach Ablauf einer Zeit stattfinden wird, besagt einfach, daß man von jetzt bis dahin eine Anzahl von Gleichzeitigkeiten einer gewissen Art gezählt haben wird. Zwischen den Gleichzeitigkeiten kann sich alles Beliebige abspielen. Die Zeit könnte sich ungeheuer, selbst unendlich beschleunigen: Für den Mathematiker, Physiker und

---

[165] Die vielleicht schlüssigste Darstellung dieser Position findet sich bei JOHN LOCKE, der im 14. und 15. Kapitel seines *Essays Concerning Human Understanding* (dt. *Versuch über den menschlichen Verstand*, 2 Bände, Hamburg ⁴1981, I, 209-239) der Idee der „Dauer" nachgeht. Diese setzt sich zusammen aus aufeinanderfolgenden Einzelideen: „Die Reflexion darauf, wie viele verschiedenen Ideen nacheinander in unserm Geist erscheinen, ist das, was uns mit der Idee der *Aufeinanderfolge* ausstattet; den Abstand zwischen beliebigen Teilen dieser Aufeinanderfolge oder zwischen dem Erscheinen zweier beliebiger Ideen in unserem Geist nennen wir *Dauer*" (a.a.O., I, 210 [Hervorhebung im Original]). Zum zentralen Thema der Dauer bei BERGSON vgl. L. GIROUX: *Durée pure et temporalité. Bergson et Heidegger*, Montréal/Québec 1971.

Astronomen wäre damit nichts geändert. Der Unterschied für das Bewußtsein wäre jedoch tiefgreifend (ich will natürlich sagen, eines Bewußtseins, das nicht mit Molekularbewegungen innerhalb des Gehirns solidarisch wäre) (S. 23).

Worauf Bergson hinauswill, ist die Tatsache, daß wir offensichtlich mit Erklärungsmodellen operieren, die nicht miteinander kompatibel sind. Um die eigentliche Dauer zu beschreiben, brauchen wir eine Metapher, die nicht dem unbeweglichen Raum entlehnt ist – also eine Aneinanderreihung von beliebig vielen Momentaufnahmen[166] –, sondern tatsächlich die *Bewegung* der Dauer einzufangen vermag.

Erstaunlicherweise, so Bergson, ist die Inkompatibilität der verwendeten Metaphern in der Philosophiegeschichte nie wirklich thematisiert worden. Stets ging man davon aus, die Zeit im Sinne einer räumlichen Anschauung auffassen zu können. „Die Theorie der Zeit wird so ein Seitenstück zur Theorie des Raumes: um von der einen zur anderen zu gelangen, genügt es, ein Wort zu ändern: man hat ‚Nebeneinanderstellung' durch ‚Aufeinanderfolge' ersetzt" (S. 24f).[167] Obwohl wir durch die Bewegungen unseres Geistes, die nicht notwendig im Sinne von Kant a priori gegeben sind, sondern durchaus „zufälliger Art sein und auf einer erworbenen Denkgewohnheit beruhen" können (S. 40),[168] dazu angehalten werden, die Dauer in der beschriebenen Weise zu segmentieren, bleibt ein gewisses Unbehagen darüber, daß wir die Zeitdauer durchaus als unteilbare Ganzheit begreifen, diese Kontinuität aber nicht adäquat auszudrücken vermögen.[169] Unser Bewußtsein nimmt an, das bewegliche Ding sei nacheinander an jedem Punkt der gedachten Linie *tatsächlich* gewesen. Aber „[i]m Höchstfall kann man sagen, daß es dort *gewesen wäre*, wenn es früher angehalten worden wäre" (S. 26 [Hervorhebung im Original]).

---

[166] Zu Recht weist BERGSON darauf hin, daß unser Geist in der Zerstückelung einer „Zeitlinie" ohne Probleme einen infiniten Regreß durchzuführen vermag, also immer mehr Momentaufnahmen zwischen zwei Zeitpunkte einfügt, ohne jemals die eigentliche Dauer zu erfassen (S. 25).

[167] Nur am Rande sei bemerkt, daß hier eine Parallele zur Kritik RORTYS an der visuellen Metaphorik unserer Erkenntnisphilosophie vorliegt. Indem die Zeit verräumlicht wird, gewinnt ihre Darstellung visuellen Charakter; die Dynamik der Zeit freilich geht dabei verloren.

[168] In solchen Randbemerkungen offenbart sich die tatsächliche Größe BERGSONS, denn hier wird bereits ein Denken sichtbar, welches die Kontingenz von Erkenntnis in beinah pragmatistischer Weise vorformuliert.

[169] Wie stark dieses „Unbehagen" sich auch in der physikalischen Theorienbildung manifestiert, ist von CAPEK a.a.O. (s.o. Anm. 160), S. 189ff deutlich gemacht worden.

Aus diesen Überlegungen ergibt sich folgendes: Die Aneinanderreihung einzelner Momente wird niemals zu einer Erkenntnis dessen führen, was in der Zeit eigentlich passiert. Nicht die Momentaufnahmen stellen die Wirklichkeit dar, sondern der *Fluß der Zeit selber*, die „Kontinuität des Übergangs" (S. 27), mithin die Veränderung selber.

> Diese Veränderung ist unteilbar, sie ist sogar substantiell. Wenn unser Verstand sich darauf versteift, sie als unsubstantiell zu beurteilen, ihr, ich weiß nicht, welchen festen Träger unterzuschieben, so liegt das daran, daß er sie durch eine Reihe von nebeneinander gesetzten Zuständen ersetzt hat; aber diese Vielzahl ist künstlich; künstlich ist auch die Einheit, die man nachträglich wiederherzustellen sucht. Es gibt hier nur eine ununterbrochene Dynamik der Veränderung – einer Veränderung, die niemals ihren Zusammenhang in einer Dauer verliert, die sich endlos aus sich selber weiter gebiert (S. 27).

Man sollte nicht meinen, diese Konstruktion sei lediglich ein Gedankenspiel wie das Paradoxon Zenons, auf das Bergson sich auch bezieht.[170] Es ist der Ausdruck eines tief empfundenen Unbehagens über die engen Grenzen unserer Sprache und unseres Denkens, die uns von der Lebendigkeit und „Eigentlichkeit" der Wahrnehmung abschneiden. Durch die Verkettung räumlicher Begriffe, die stets notwendig aus dem Vorhergehenden entwickelt werden können, gewinnt die Philosophie – dem tatsächlichen Wesen der Zeit zum Trotz – die Metapher der vollkommenen *Determiniertheit* allen Geschehens. Selbst Philosophen, die dem freien Willen das Wort reden, reduzieren jene Freiheit auf die Wahl zwischen fest vorgegebenen Möglichkeiten. „Von einer Handlung, die wahrhaft schöpferisch wäre (wenigstens von innen her gesehen), und die vorher nicht einmal in der Form einer reinen Möglichkeit existierte, scheinen sie sich keinen Begriff zu machen" (S. 30).

Diese Überlegungen führen uns ganz selbstverständlich zum wichtigsten Anliegen Bergsons, das auch seinem Buch den Namen verlieh: das *schöpferische Werden (le mouvant)* der Wirklichkeit begrifflich und gedanklich abzusichern. Es muß eine Möglichkeit geben, die tatsächliche Freiheit des Lebens, wie sie sich aus der Dynamik der

---

[170] Bekanntlich lautet das Paradoxon Zenons sinngemäß: Wenn ich von Hamburg nach München fahre, lege ich erst eine Hälfte der Strecke zurück. Vom Rest der Strecke lege ich wieder zunächst die Hälfte zurück, vom Rest wieder die Hälfte usw. Der infinite Charakter dieser Argumentation beweist, daß ich eigentlich niemals in München ankommen kann, bzw. es keine wirkliche Bewegung geben kann.

Zeitbewegung ergibt, philosophisch zu beschreiben. Doch hierfür ist es zuerst notwendig, die vertrauten Metaphern hinter sich zu lassen. Eine solche Gewohnheit ist es anzunehmen, „daß ein Ereignis sich nicht vollzogen hätte, wenn es sich nicht hätte vollziehen können: daß es folglich möglich gewesen sein müsse, bevor es wirklich werden konnte" (S. 32). So verständlich eine solche Konstruktion auch ist, man sollte sich, so Bergson, davor hüten, sie zum allgemeinen Gesetz zu erheben und zu behaupten, *alles*, was überhaupt geschehen könne, müsse zuvor als Möglichkeit existiert haben. Diese Annahme impliziert nämlich, daß alles tatsächlich Geschehene seit Anbeginn der Zeit in einer Art virtuellem Raum bereits angelegt gewesen ist, zumindest als Vorstellung.

> So schreiben wir jedem wahren Urteil eine Art von Rückwirkung zu, oder vielmehr wir verleihen ihm eine Art rückläufiger Bewegung. Als ob ein Urteil den Ausdrücken, die es zusammensetzen, vorhergehen könnte! Als ob die Ausdrücke nicht erst mit der Erscheinung der Gegenstände, die sie darstellen, geboren würden! Als ob das Ding und die Idee des Dings, seine Wirklichkeit und seine Möglichkeit nicht gleichzeitig geschaffen würden, wenn es sich um eine wirklich neue, von der Kunst oder der Natur erfundene Form handelt (S. 33)!

Unser Geist benötigt die Krücken der räumlichen Metapher, die ihn zwangsläufig zur Idee der vollständigen Determiniertheit führen. Diese Metapher als Illusion zu entlarven, stellt die Quintessenz der Bergsonschen Zeitphilosophie dar. In der zuletzt zitierten Passage klingt bereits ein Gedanke an, der die aufregenden Konsequenzen dieser Philosophie ankündigt: die *Umkehrung des Zeitpfeils*.

Weil das Gegenwärtige im Vergangenen gleichsam als Möglichkeit bereits existent gedacht wird, übersehen wir gewöhnlich die damit zusammenhängende Tatsache, daß es erst dann als *möglich* gedacht werden kann, wenn es auch *wirklich* geworden ist! Bergson erklärt diesen Sachverhalt anhand eines Beispiels: In der heutigen Literaturwissenschaft neigt man dazu, bei den „Klassikern" bereits Anteile der Romantik des 19. Jahrhunderts vorweggenommen zu sehen. Nun verhält es sich aber so, daß erst die Herausbildung der Romantik dafür sorgte, überhaupt etwas distinkt Romantisches bei den Klassikern wahrnehmen zu können. Ohne die Existenz der romantischen Dichter „hätte man nicht allein niemals etwas von Romantik bei den ehemaligen Klassikern wahrgenommen, sondern *es hätte auch wirklich keine Romantik bei den ehemaligen Klassikern gegeben*" (S. 35 [Hervorhebung im Original]). Die Implikationen dieses einfachen Beispiels sind enorm, denn wir stellen plötzlich fest, daß die Romantik retrospektiv auf die Klassik eingewirkt hat.

Verallgemeinernd bedeutet das: *Die Gegenwart erfindet die Vergangenheit und wirkt auf sie zurück.*

Wenn wir also den Verlauf der Geschichte darstellen wollen, der schließlich in die gegenwärtige Welt einmündete, so können wir dies nur in Relation zu dem unserer Meinung nach maßgeblichen „roten Faden" tun; wir erkennen in der Vergangenheit Anzeichen für eine fortschreitende Entwicklung – beispielsweise der Demokratie – einzig auf dem Hintergrund der gegenwärtigen Situation. Die früheren Historiker waren nicht in der Lage, die „Anzeichen" wahrzunehmen; notwendigerweise ist also auch unsere aktuelle Geschichtswahrnehmung stets vorläufig, da ein roter Faden erst in der Retrospektive sichtbar werden wird.[171] Schließlich führt diese Überlegung zu der Vermutung, daß die Zukunft selber kontingent und unvorhersehbar sein muß.

Bergson gelingt es auf diese Weise, die Auflösung der Eindeutigkeiten in der raumzeitlichen Beschreibung der Wirklichkeit in der Physik des beginnenden 20. Jahrhunderts aus einem philosophischen Blickwinkel zu erhellen. Die Umkehrung des Zeitpfeiles betrifft in seiner Theorie nicht nur die Unmöglichkeit der kohärenten Vorhersage der Zukunft aus der Gegenwart heraus, sondern es handelt sich sogar um ein *kausales Verhältnis*, wenn wir die Vergangenheit durch unsere gegenwärtige Deutung erst erschaffen.

Mit diesem argumentativen Werkzeug ausgestattet versucht Bergson nun, das eingangs erwähnte Problem zu beheben, welches er in der Diskrepanz zwischen dem Sachverhalt (dynamische Zeitdauer) und der dazugehörigen Theorie (räumliche Kategorie von Zeitpunkten) ausgemacht hatte. Um zu einer angemessenen Abbildung der Dynamik der Zeit zu gelangen, brauchen wir eine Alternative zum naturwissenschaftlichen Modell, ein System also, das „weder in das Begriffsschema des reinen Mechanismus, noch in dasjenige der eigentlichen Finalität paßt" (S. 45). Bergson umschreibt den Kerngedanken eines solchen Systems mit dem vieldeutigen Begriff der *Intuition*, den er deutlich von seiner Verwendung bei Schelling oder Schopenhauer abgesetzt wissen möchte, da er nicht einfach der Intelligenz gegenüber gestellt werde (S. 42).[172] Die Intuition dagegen, von der er spricht,

---

[171] In der gegenwärtigen geschichts- und sozialwissenschaftlichen Kontroverse gewinnt diese Position erneut große Bedeutung, etwa im Konvergenzmodell der Sinnhorizonte, wie J. RÜSEN es entwickelt; s.o. S. 58.

[172] Zur Intuition vgl. M. AUSTERMANN: *Die Entwicklung der ethischen und religionsphilosophischen Gedanken bei Henri Bergson*, Diss. Münster 1968, 46-67.

> bezieht sich [...] vor allem auf die innere Dauer. Sie erfaßt eine Aufeinanderfolge, die keine Nebeneinanderstellung ist, ein Wachstum von innen her, die ununterbrochene Verlängerung der Vergangenheit in eine Gegenwart hinein, die ihrerseits in die Zukunft eingreift. Es ist die direkte Schau des Geistes durch den Geist [...] An Stelle von starren Zuständen, die sich nur äußerlich berühren und einer Reihe von nebeneinander gesetzten Worten entsprechen, tritt hier die unteilbare und daher substantielle Kontinuität des inneren Lebensstromes. Intuition bedeutet also zunächst Bewußtsein, aber ein unmittelbares Bewußtsein [...] (S. 44).

Indem das Abbildungssystem dynamisiert wird, etabliert es sich als adäquates Mittel, um die Lebendigkeit und fortwährende Neuschöpfung der Wirklichkeit erfassen zu können.[173] In einem ersten Schritt ist hierin natürlich ein Alternativ- (wenn nicht gar ein Konkurrenz-) Modell zur naturwissenschaftlichen Erklärung der Geschichte und der Zeit zu erkennen; bei genauerem Hinsehen indessen stellt sich heraus, daß die geistige Diskrepanz in den Zeitentwürfen innerhalb der modernen Physik selber problematisiert wird. Bergsons Intuition wird somit in die Relativitätstheorie und die quantenmechanische Beschreibung der Wirklichkeit hineingetragen.

Nicht die Konkurrenzsituation zur Physik also, sondern die philosophische Beschreibung konkurrierender physikalischer Modelle stellt die eigentliche Bedeutung der Bergsonschen Überlegungen dar. Angesichts der weiteren Entwicklung der Naturwissenschaft unseres Jahrhunderts ist diese Bedeutung nicht geschmälert, sondern im Gegenteil erst richtig wahrgenommen worden.

II

Wie können wir nun die Philosophie Bergsons für die religionswissenschaftliche Erforschung der Astrologie fruchtbar machen? Ich schlage vor, diese Frage aus zweierlei Richtungen anzugehen – der pragmatistisch-religionswissenschaftlichen einerseits und der eigentlich astrologischen andererseits.

Unter einem allgemeinen Blickwinkel betrachtet liefert Bergson eine Bestätigung für die pragmatistische Behauptung, der eigene diskursive und geistige Horizont stelle das entscheidende Kriterium dar, wie wir eine vergangene Kultur zu erfassen vermögen. Die Umkehrung des Zeitpfeils sorgt dafür, daß wir genau das als wesentlich für den Gang der Geschichte erkennen, was nach Maßgabe

---

[173] Dies führt zu einem dynamischen Gottes- und Religionsbegriff bei BERGSON, wie AUSTERMANN ebda., S. 189-214 deutlich macht.

unseres heutigen Wissens im allgemeinen als roter Faden sich abzeichnet. Und da die Zukunft mehr oder minder kontingent ist, sind wir vollständig auf die *Tagesdiskurse* verwiesen, um das jeweils gültige Bild der Vergangenheit zu ermitteln. Die Konsequenzen dieses Entwurfes zeigen sich sehr deutlich, wenn man sie an konkreten Beispielen studiert. Wir können nämlich die Ausführungen Bergsons über die romantischen Aspekte klassischer Literatur leicht auf Fragestellungen der Astrologiegeschichte übertragen. Zwei Probleme seien genannt: Bei der Behandlung des jüdischen Diskurses werden wir auf die Frage stoßen, inwieweit ein Zusammenhang hergestellt werden kann zwischen Literatur aus Qumran und den Hekhalot-Texten. Gewisse Ähnlichkeiten deuten in der Tat darauf hin, daß eine Linie vom Toten Meer bis zur mystischen Tradition rabbinischer Zeit gezogen werden kann. Doch jene Linie ist einzig deshalb in die Diskussion gekommen, weil die Hekhalot-Texte in dieser Weise interpretiert worden sind. Suchte man nach anderen „roten Fäden" der Religionsgeschichte, wäre keine Wissenschaftlerin und kein Wissenschaftler auf die Idee gekommen, dort einen Zusammenhang herzustellen, der immerhin einige Jahrhunderte großzügig überspringt. Als Pragmatisten behaupten wir freilich nicht, eine solche Linie existiere nicht; wir machen lediglich darauf aufmerksam, daß *wir* es sind, die jene Linie in die Geschichte hineintragen. Und darüber hinaus schlagen wir vor, uns an das Gespräch der jeweiligen Zeit zu halten, anstatt im Nachhinein so etwas wie eine „innere Entwicklung" zu konstatieren. In unserem Beispiel heißt dies, den jüdischen und interreligiösen Diskurs der Spätzeit des Zweiten Tempels aufzuhellen, um die tatsächlichen Themen kennenzulernen, die den Qumranschriften ihren Impetus verliehen. Die Wahrscheinlichkeit, bei dieser Beschränkung gänzlich am Diskurs vorbeizugehen, ist immerhin geringer als bei einer Betrachtung, die den Veränderungsprozeß über Jahrhunderte hintanstellt zugunsten eines vermeintlichen inneren Zusammenhangs.

Im Christentum wiederum werden wir uns mit der Frage beschäftigen müssen, ob die Ablehnung und Verdammung der Astrologie, wie sie nach Konstantin und dann in Byzanz in den Mittelpunkt staatlicher Politik rückte, sich tatsächlich mit innerer Stringenz aus den christlichen Positionen ergab, wie gerne behauptet wird. Auch hier müssen wir mit der Möglichkeit rechnen, den roten Faden der Geschichte aufgrund heutiger Diskurse in wesentlichen Punkten verfehlt zu haben. Wenn es nämlich nicht zu einer restriktiven Verfolgung der Astrologie als Häresie gekommen wäre, sondern vielleicht zu einer friedlichen Koexistenz, so würde die moderne

Geschichtsschreibung selbstverständlich eben dies als in der Geschichte des frühen Christentums angelegt aufzuspüren wissen. Wenn wir aber nicht die spätere Entwicklung, wie wir sie sehen, kausal aus der früheren abzuleiten versuchen, sondern den Diskurs tatsächlich *in der jeweiligen Zeit* beschreiben, so stellen wir plötzlich fest, daß das Christentum in seiner Ablehnung der Astrologie keineswegs so gefestigt war, wie dies den Anschein haben mag. Es wird im Gegenteil eine lebendige Diskussion sichtbar werden, die einerseits astrologisches Gedankengut mit großer Selbstverständlichkeit aufnahm und andererseits sich von solchen Gedanken radikal abzusetzen bestrebt war. Plötzlich sind es u.a. politische Entscheidungen, in ihrer Tragweite nicht vorhersehbar und durchaus kontingent, die über die weitere Behandlung der Astrologie im Christentum entschieden. – Von Henri Bergson können wir lernen, wie gefährlich und relativ die Projektion eines „roten Fadens" auf die Geschichte ist.

Über diese allgemeinen Überlegungen hinaus tun sich auch hinsichtlich des astrologischen Weltbildes und unseres Verständnisses davon durch die Philosophie Bergsons einige neue Perspektiven auf. Die Unterscheidung der statischen Aneinanderreihung von Zeitpunkten einerseits und der dynamischen Aspekte der Zeitdauer andererseits läßt sich nämlich auch im Sinne einer Gegenüberstellung von Zeit*quantität* und Zeit*qualität* lesen. Womit die Physik gewöhnlich beschäftigt ist, kann als Objektivierung eindeutig meßbarer Zeitabschnitte betrachtet werden; demgegenüber nimmt sich das individuelle Erleben derartiger Abschnitte äußerst subjektiv aus. Die Zeit kann langsam oder schnell vergehen, je nach dem Empfinden des einzelnen Menschen. Wir können auch sagen, die Zeitqualität hat trotz ihrer objektiven quantitativen Eigenschaften durchaus wandelbaren Charakter. Die *Dauer* als dynamischer, kreativer und immer neu sich erschaffender Prozeß des Lebens wird zu einer Chiffre für die Beweglichkeit der Zeitqualität, die uns mit der intuitiv erfaßten, dadurch freilich auch subjektiv gefärbten „Eigentlichkeit" der Zeit verbindet.

Es eröffnen sich unter diesem Gesichtspunkt viele Vergleichsmöglichkeiten zwischen Bergson und antiken Konzepten der Sympathie, der *oikeiosis*–Lehre etc., wie sie vor allem in der Stoa vertreten wurden.[174] Darüber hinaus läßt sich so ein Licht auf bislang

---

[174] Vgl. K.P. Romanòs: *Heimkehr. Henri Bergsons lebensphilosophische Ansätze zur Heilung von erstarrtem Leben*, Frankfurt a. M. 1988, 105-146. Romanòs geht in erster Linie auf die ethischen Modelle ein, doch auch die „Evoluierende Natur und Sympathie" (S. 139ff) kommt zur Sprache.

verborgene Bedeutungsebenen zeitlicher Beschreibungen werfen, wie sie uns beispielsweise aus der apokalyptischen Literatur entgegentreten; wenn dort von *qualitativen* Veränderungen die Rede ist – etwa daß die Tage sich verkürzen oder die Sünden überhand nehmen werden –, so besteht die Möglichkeit, daß die Autoren durchaus nicht in quantitativ abmeßbaren Zeiträumen gedacht haben, sondern im dynamischen Erleben einer auf „Erfüllung" drängenden subjektiven *Dauer* ihre Heilserwartungen formulierten.[175] Das „Ende der Tage" kann im Sinne einer geschichtstranszendierenden Wirklichkeit – ähnlich dem rabbinischen עולם הבא – das Erlebnis der aktuellen oder erwarteten Zeitqualität zum Ausdruck bringen.

An dieser Stelle kommt die Astrologie ins Spiel, stellt sie doch ein Werkzeug zur Verfügung, die Zeitqualität gleichsam zu *objektivieren*. Die Astrologie ist das Bindeglied zwischen den meßbaren physikalischen Zeitabschnitten und dem nur qualitativ erfaßbaren Erleben der Zeit. Mit ihrer Hilfe wird die subjektive Dimension der Zeit in eine physikalische und damit berechenbare Sprache übertragen; der Mensch wird folglich in die Lage versetzt, an jedem beliebigen Punkt auf der Zeitachse einen senkrechten Schnitt anzusetzen und – je nach Können – die genaue Qualität dieses Zeitpunktes zu eruieren. Gerade in der Befähigung zur freien Bewegung auf der Zeitachse ist die Faszination der Astrologie zu sehen, die ihr seit jeher einen Sonderstatus unter den Disziplinen der Wirklichkeitsdeutung zuerkannte. Bergson zeigt einen Weg auf, diese Faszination auch philosophisch zu begreifen.

3.2.2. Wolfgang Pauli

Unter den vielen namhaften Wissenschaftlerinnen und Wissenschaftlern, die an der Entwicklung der physikalischen Weltbilder unseres Jahrhunderts und deren philosophischen Implikationen entscheidenden Anteil gehabt haben, nimmt Wolfgang Pauli (1900–1958), der 1945 den Nobelpreis für Physik verliehen bekam, sicherlich eine Sonderposition ein. Dies gilt nicht zuletzt für das Thema der vorliegenden Untersuchung, denn Pauli beschäftigte sich immer wieder in Aufsätzen, Vorträgen und Briefwechseln mit der Problematik der *Kausalität*, der *Determiniertheit*, der *Objektivität* von Wissenschaft und Realität sowie der *Synchronizität*. Die forschungsgeschichtliche Situation bezüglich Leben und Werk Paulis ist vorzüglich,[176] und

---

[175] Diesem Gedanken werden wir im Exkurs 4 ausführlich nachgehen.
[176] Vgl. besonders PAULI, *CSP* und PAULI, *Briefwechsel*. Neben diesen Sammlun-

doch ist die Erinnerung an diesen außergewöhnlichen Denker im Vergleich zu den Namen Einstein, Heisenberg und Bohr längst nicht so präsent, wie man es erwarten sollte. Dies dürfte nicht zuletzt dem Umstand zuzuschreiben sein, daß Pauli in aller Bescheidenheit, ohne revolutionären Anspruch, seiner wissenschaftlichen Arbeit nachging. „Die Ambition, alle seine Ideen selber auszuwerten und zu publizieren lag ihm fern; er konnte sich über geglückte Arbeiten anderer genau so freuen wie über die eigenen."[177] Erst in den letzten Jahren, seitdem die *Holismus*-Debatte auch die Gespräche zwischen Physik, Philosophie und Religion prägt, läßt sich eine Rückbesinnung auf das Denken Paulis konstatieren.[178]

I

Ähnlich wie bei Henri Bergson soll auch für Pauli gelten, daß eine Gesamtwürdigung seines Werkes, die viele Seiten beanspruchen würde, zugunsten einer Engführung seiner Theorien auf das hier zu verhandelnde Thema hintangestellt werden muß. Es geht mithin im wesentlichen um die zentralen Punkte der philosophischen Reflexion Paulis: Determinismus, Kausalität und Synchronizität.

Die *deterministische Weltsicht* ist durchaus nicht so alt, wie es uns gelegentlich erscheinen mag. Gerade wenn wir den Blick auf die Antike richten, so konstatieren wir eine bunte Vielfalt unterschiedlicher religiös konnotierter naturwissenschaftlicher Erklärungsmodelle. Erst vor etwa 400 Jahren begann sich die Ansicht durchzusetzen, *alle* Naturphänomene wären unwandelbaren Naturgesetzen unterworfen, die wiederum der menschlichen Erkenntnis prinzipiell

---

gen ist zu nennen: M. FIERZ/V.F. WEISSKOPF (eds.): *Theoretical Physics in the Twentieth Century. A Memorial Volume to Wolfgang Pauli*, New York/London 1960; ST. RICHTER: *Wolfgang Pauli. Die Jahre 1918–1930. Skizzen zu einer wissenschaftlichen Biographie* (Veröff. d. Schweiz. Ges. f. Gesch. d. Medizin u. d. Naturwissensch. 32), Aarau 1979; CH.P. ENZ/K.V. MEYENN (Hrsgg.): *Wolfgang Pauli. Das Gewissen der Physik*, Braunschweig/Wiesbaden 1988; LAURIKAINEN/MONTONEN 1993; CH. P. ENZ/K.V. MEYENN (eds.): *Wolfgang Pauli: Writings on Physics and Philosophy*, Berlin/Heidelberg/New York 1994.

[177] C.P. ENZ in der „Einführung" zu ENZ/MEYENN a.a.O. (oben Anm. 176), 3 (Kommasetzung im Original).

[178] Vgl. insbesondere K.V. LAURIKAINEN 1988 und PEAT 1991. Eine wichtige Sichtung der Diskussion stellen folgende Artikel in ARZT 1992 dar: H. ATMANSPACHER: „Alchemie und moderne Physik bei Wolfgang Pauli", 135-181; D. PEAT: „Synchronizität: Das Speculum zwischen Inschaft und Landschaft", 203-214; K.V. LAURIKAINEN: „Vom Dualismus zur *Einen Welt*: Wolfgang Paulis ontologische Ansätze", 215-242.

zugänglich seien. Es war zwar noch nicht ausgemacht, ob Gott als Ursache all dieser Gesetze anzusprechen sei oder nicht – diese Frage entzweite beispielsweise Newton und Leibniz[179] –, doch die *Uhrwerks-Metapher* stellte das Bild dar, welches eine radikale deterministische Komponente in das neuzeitliche Weltbild implantierte. Marquis de Laplace klopfte die These, das Universum sei in allen Belangen deterministisch und damit prinzipiell ergründbar, zu Beginn des 19. Jahrhunderts fest. Gemäß der Uhrwerks-Metapher wurde das Übernatürliche, das Irrationale und Transzendente als der natürlichen Welt nicht zugehörig ausgeschlossen. Dasselbe galt selbstverständlich auch für die Idee des freien Willens, denn die Naturgesetze vollzogen sich gänzlich unabhängig vom menschlichen Bewußtsein, wurden also nicht durch den Willen des Beobachters tangiert.

Genau diese Sichtweise ist durch die moderne Physik ins Wanken geraten. Zunächst war es Werner Heisenberg, der 1926 in Erweiterung eines Vorschlags von Max Planck (1900) die berühmte *Unschärferelation* formulierte: Um die Position und die Geschwindigkeit eines Teilchens für die Zukunft vorherzusagen, muß man die gegenwärtige Position und Geschwindigkeit kennen. Nun ergibt sich aber ein Problem: Je genauer man die Position des Teilchens zu messen versucht, desto ungenauer läßt sich – aufgrund der Störeffekte des einwirkenden Quantums – seine Geschwindigkeit erfassen, und umgekehrt. Man könnte nun einwenden, dies sei ein rein technisches Problem, das sich durch bessere Meßtechnik beheben ließe, doch dem ist nicht so:

> Die Heisenbergsche Unschärferelation ist eine fundamentale, unausweichliche Eigenschaft. Die Unschärferelation hat weitreichende Folgen für unsere Sicht der Welt. Selbst heute, fünfzig Jahre nach ihrer Formulierung, haben viele Philosophen diese Konsequenzen noch nicht in ihrer vollen Bedeutung erfaßt, und sie sind nach wie vor Gegenstand heftiger Kontroversen. Die Unschärferelation bereitete dem Laplaceschen Traum von einem absolut deterministischen Modell des Universums ein jähes Ende.[180]

Die Quantenmechanik ist eine direkte Weiterentwicklung der Unschärferelation Heisenbergs. Sie erklärt, warum es sinnvoll sein

---

[179] Vgl. LAURIKAINEN 1992, 216.
[180] ST.W. HAWKING: *Eine kurze Geschichte der Zeit. Die Suche nach der Urkraft des Universums*, Reinbek 1993, 77; das englische Original *A Brief History of Time: From the Big Bang to Black Holes* erschien New York 1988. HAWKING versteht es, auch komplexe Zusammenhänge mit eindrucksvoller Klarheit zu präsentieren.

kann, zur Erklärung von Phänomenen auf Theorien zurückzugreifen, die sich eigentlich widersprechen.[181] Allgemein bekannt ist das Nebeneinander von Wellenmodell und Teilchenmodell: In bestimmten Erklärungsmodellen können wir eine Wellenstrahlung diagnostizieren, nach anderer Theorie – bei einem Durchgang der „Welle" durch kleine „Löcher" – dagegen stellen wir den Aufprall von Teilchen fest.[182] Die nach Niels Bohr so genannte *Komplementaritätstheorie* zeigt in diesem Zusammenhang deutlich, daß es von der Wahl des Beobachters abhängt, wie ein quantenphysikalisches Phänomen beschrieben und gedeutet wird.

Da die „Freiheit" des Beobachters also fester Bestandteil der Theorie ist, „kann die menschliche Psyche nicht vom physikalischen Bild der Welt isoliert werden."[183] Dies jedenfalls ist der Standpunkt Paulis, den er gegenüber Bohr in einer berühmt gewordenen Auseinandersetzung bekräftigte. Bohr war nämlich der Meinung, auf unterschiedliche Modelle bei der Erklärung physikalischer Versuche zurückgreifen zu können:

> Während im Rahmen der klassischen Physik die Wechselwirkung zwischen Objekt und Apparat vernachlässigt oder notfalls kompensiert werden kann, bildet diese Wechselwirkung in der Quantenphysik einen untrennbaren Teil des Phänomens. Demgemäß muß die eindeutige Beschreibung eigentlicher Quantenphänomene prinzipiell die Angabe aller relevanten Züge der Versuchsanordnung umfassen.[184]

---

[181] Von A. EINSTEIN wird die Anekdote erzählt, er habe sich in geselliger Runde auf die Bitte, die Relativitätstheorie zu erläutern, folgendermaßen geäußert: „Nehmen wir an, ich gehe mit einem blinden Freund spazieren und erzähle ihm, daß ich gerne ein Glas Milch trinke. ‚Milch, was ist das?', fragt er. ‚Das ist eine weiße Flüssigkeit.' ‚Was ist weiß?' ‚Die Farbe einer Schwanenfeder.' ‚Was ist ein Schwan?' ‚Ein Vogel mit einem gebogenen Hals.' ‚Was ist gebogen?' Ich zeige ihm das, indem ich seinen Arm zuerst strecke, dann biege. ‚Aha', sagt der Freund, ‚jetzt weiß ich, was mit Milch gemeint ist'." (Diese und weitere Geschichten finden sich in TH. BÜHRKE: *Newtons Apfel. Sternstunden der Physik. Von Galilei bis Lise Meitner*, München 1997.) Ich räume freimütig ein, daß mein Verständnis von Relativitätstheorie und Quantenmechanik dem von Einstein beschriebenen nicht unähnlich ist. Physikerinnen und Physiker mögen deshalb etwaige Ungenauigkeiten großzügig verzeihen.

[182] Auf diesen Versuch werden wir unten S. 93 zurückkommen. Zu weiteren Paradoxa vgl. A. PERES: „Quantum Mechanics and Objectivity: An Analysis of Some Paradoxes", in: LAURIKAINEN/MONTONEN 1993, 57ff.

[183] LAURIKAINEN 1992, 217.

[184] N. BOHR: *Atomphysik und menschliche Erkenntnis. Aufsätze und Vorträge aus den Jahren 1930 bis 1961*, Braunschweig 1985, 107.

Damit konnte Pauli sich nicht zufriedengeben. Denn auch im Falle einer Beobachtung im „klassischen Sinne" kann der Sachverhalt erst dann als eingetreten betrachtet werden, wenn es tatsächlich zu einer Beobachtung gekommen ist.[185] Die Wahrnehmung durch einen Beobachter ist für ihn selber integraler Bestandteil des Meßvorgangs, und er fragte sich, wie Bohr dies übersehen konnte, wenn er gleichzeitig davon sprach, der Mensch sei sowohl Zuschauer als auch Teilnehmer in dem großen Schauspiel des Daseins.[186] Pauli wandte deshalb den Komplementaritätsbegriff strenger an als Bohr und weigerte sich, in der Physik zwei unterschiedliche „Sprachen" nebeneinander zu gebrauchen. Es hieße Pauli jedoch einseitig interpretieren, wenn man davon ausginge, er wolle die „relativistische" Quantenmechanik zum *allgemeinen Prinzip* der Wirklichkeit erheben. Dieser Verabsolutierung erteilte er eine Absage:

> [D]er Astronom berechnet weiter praktisch unbekümmert um die Errungenschaften der modernen Physik die Planetenbahnen mit grossem Erfolg nach dem Newton'schen Gravitationsgesetz [...] Es zeigt sich nämlich, dass durch die späteren Entwicklungsschritte in der Physik die früheren Stadien nicht etwa schlechthin für null und nichtig erklärt werden, sondern dass nur eine Abgrenzung des Anwendungsbereiches dieser früheren Stadien aufgezeigt wird.[187]

Die Kontroverse mit Bohr bezieht sich demnach in erster Linie auf die Quantenmechanik selber. Wie stark diese Meinungsverschiedenheit nachwirkte, zeigt sich im Verlauf der *Kopenhagener Interpretation*, die sich trotz Kritik an der Zwei-Sprachen-Theorie eben dieser Forderung anschloß.[188]

Die Abhängigkeit der empirisch wahrnehmbaren Wirklichkeit vom Bewußtsein des Beobachters ist eine weitreichende These, die sich zwangsläufig aus der Quantenmechanik ergibt. Die Implikatio-

---

[185] Hier ist die philosophische Kontroverse über die Frage gemeint: „Knackt der Ast im Wald, wenn niemand es hört?" Bohr scheint ein „Ja" für möglich zu halten, während Pauli die Frage verneint. Wir werden auf dieses Problem gleich zurückkommen.
[186] Vgl. Bohr a.a.O. (oben Anm. 179), 11.
[187] „Raum, Zeit und Kausalität in der modernen Physik", in: *Scientia (Milan)* 59 (1936), 65-76, S. 66; wiederabgedruckt in Pauli, *CSP* II, 737-748.
[188] Vgl. K.V. Laurikainen: „The Role of the Copenhagen Interpretation Today", in: Laurikainen/Montonen 1993, 3ff. Die Suche nach einer einheitlichen Theorie – der man den schönen Namen *GUT* (*Grand Unified Theory*) gab; s. Hawking a.a.O. (oben Anm. 180), 100 – zeugt auch heute noch von dem Unbehagen, das die Existenz unterschiedlicher Sprachen in der Naturwissenschaft auslöst.

nen dieses Gedankens führen uns jedoch in Bereiche, wo jeder „objektiven Realität" der Boden entzogen wird. Denn es kann schlechterdings keine von der empirischen Wahrnehmung unabhängige Wirklichkeit existieren, und die Unterstellung einer nicht-empirischen Realität ist rein hypothetisch.[189] Genauer müßte man formulieren: Sofern es eine unabhängige Realität gibt, bleibt sie uns, die wir auf die empirische Realität verwiesen sind, grundsätzlich verborgen. Bauen wir ein derartiges Fundament aber in die empirische Wissenschaft ein, so schleusen wir damit durch die wissenschaftlichen Kriterien nicht gedeckte, letztlich irrationale Komponenten in die Beschreibung der Welt ein. Pauli betont diesen Aspekt gegenüber Einstein[190] und anderen, die nach wie vor von der rationalen Struktur der unabhängigen Wirklichkeit ausgehen.[191] „Für Pauli war dies nicht mehr tragfähig. *Die Wirklichkeit besteht sowohl aus rationalen wie auch irrationalen Elementen.* Nicht alles kann daher mit Hilfe rationaler Theorien erklärt werden."[192]

Um die Irrationalität der Wirklichkeit zu belegen, stützt Pauli sich neben der allgemeinen Überlegung hinsichtlich der Definition des Versuchsaufbaus und der subjektiven Komponente der Versuchsauswertung auf die Ergebnisse der Quantenmechanik selber. Zur Erläuterung sei noch einmal auf das Nebeneinander von Wellen-

---

[189] LAURIKAINEN beschreibt das Problem so: Die Idee des vom Beobachter unabhängigen Universums besitzt „keine stringente Wissenschaftlichkeit vom Standpunkt der empirischen Forschung aus, weil sie sich prinzipiell durch Beobachtung nicht verifizieren läßt. Ungeachtet dessen setzen die Physiker in ihrem Denken die Existenz einer unabhängigen Wirklichkeit voraus. Moderne Kosmologien beschreiben die Entwicklung des Universums von einem Zeitpunkt aus, als noch kein wahrnehmender Beobachter existierte. Es ist daher notwendig hervorzuheben, daß der diesen Überlegungen zugrunde liegende Standpunkt nicht empirisch verifizierbar ist, sondern eine Annahme *hypothetischer Natur* darstellt, die unsere Bemühungen auf falsche Bahnen führen kann" (1992, 225f [Hervorhebung im Original]). Daß der Ast im Wald knackt (s.o. Anm. 180), ist also rein hypothetisch.
[190] Bekanntlich sah EINSTEIN im *Glauben* an eine unabhängige Wirklichkeit (natürlich wußte auch er, daß sich diese Dimension außerhalb der Reichweite der Physik befindet) eine beinah religiöse Ebene der Forschung, die seinem eigenen Wissensdrang immer wieder wichtige Impulse verlieh.
[191] Die Haltung PAULIS geht besonders klar aus seinem Briefwechsel mit MARKUS FIERZ hervor. LAURIKAINEN 1988 macht deshalb weithin von diesem Gedankenaustausch Gebrauch.
[192] LAURIKAINEN 1992, 226 (Hervorhebung im Original). Diese Darstellung der Irrationalität bei PAULI ist nicht unhinterfragt geblieben; vgl. die Diskussion zwischen LAURIKAINEN, ENZ, CARD und PRIMAS in LAURIKAINEN/MONTONEN 1993, 333ff, bes. 340f.

modell und Teilchenmodell hingewiesen. Im berühmten „Doppelspaltexperiment"[193] befindet sich eine Lampe vor einer Trennwand mit zwei Schlitzen. Das von der Lampe ausgesandte Licht geht durch die Schlitze und trifft dahinter auf einen zweiten Sichtschirm. Auf jeden Punkt des Schirms treffen Wellen aus beiden Schlitzen. Da die Wege durch die beiden Schlitze unterschiedlich lang sind, ergeben sich unterschiedliche Phasen des Lichtes, die sich teilweise gegenseitig verstärken, teilweise aber aufheben. So entsteht auf dem Sichtschirm ein charakteristisches Streifenmuster, die *Interferenzstreifen*. Zwei Dinge sind äußerst bemerkenswert: Es entsteht exakt dasselbe Muster, wenn statt der Lichtquelle eine Teilchenquelle verwendet wird, die z.B. Elektronen mit einer bestimmten Geschwindigkeit aussendet. Selbst bei nur einem Schlitz weicht das Ergebnis kaum von dem Doppelschlitzexperiment ab. Noch merkwürdiger erscheint die zweite Tatsache, denn die Interferenzstreifen entstehen auch, wenn nur ein einziges Teilchen ausgesendet wird. Jedes Elektron muß demnach durch *beide* Schlitze hindurchgegangen sein! Es ergibt sich daraus, daß es offensichtlich sinnvoll ist, in einigen Fällen sich Wellen als Teilchen vorzustellen, in anderen aber Teilchen als Welle zu betrachten.

Ein weiteres anschauliches Beispiel für das hinter der Untergrabung des Determinismus stehende Problem findet sich im radioaktiven Zerfallsprozeß: Die sog. Halbwertszeit entspricht der mittleren Zeit, in der die Hälfte der zu Beginn existierenden Atome eines Radionuklides durch Teilchenemission zerfallen ist. Der Verfallsprozeß insgesamt läßt sich sehr genau prognostizieren (also die Halbwertszeit), doch es ist unmöglich anzugeben, wann ein gegebenes einzelnes Atom zerfallen wird.

> Gemäß der Kopenhagener Interpretation der Quantenmechanik ist aus prinzipiellen Gründen keine Beschreibung eines einzelnen Ereignisses möglich. In der Sprache Wolfgang Paulis bedeutet dies, daß die Irrationalität der Wirklichkeit als *Grundcharakteristikum der Wirklichkeit* anerkannt ist. Bohr, Born, Heisenberg und vor allem Pauli haben

---

[193] Vgl. zur Beschreibung dieses Versuches HAWKING a.a.O. (oben Anm. 180), 79-81 sowie die Abbildungen 15 und 16 ebda. In wissenschaftlicher Terminologie findet sich der Versuch von H. VAN ERKELENS erläutert in LAURIKAINEN/MONTONEN 1993, 333f. Er schließt im Hinblick auf PAULI: „What you can calculate is a *continuous structure*, the wave pattern. The correspondence between all those events that occur and the continuous structure is only of a statistical kind. That is why Pauli introduces here the terminology of ‚statistical correspondence'" (Hervorhebung im Original).

von Beginn an diese „erkenntnistheoretische Lektion" der Atomphysik verstanden [...] Damit läßt sich sagen, daß ihre Einstellung entscheidend geprägt war von der Überwindung der Vorstellung einer *deterministischen Kausalität* und deren Ablösung durch das Konzept der *statistischen Kausalität*.[194]

Pauli erklärt in einem Vortrag über „Wahrscheinlichkeit und Physik",[195] daß der mathematische Wahrscheinlichkeitsbegriff mit den Erkenntnissen der Quantenmechanik durchaus in Einklang steht. Gerade die an den Vortrag anschließende Diskussion ist hier aufschlußreich. Markus Fierz führt dort aus:

> Die Interpretation der Wellenmechanik als nichtdeterministische, statistische Theorie [...] hängt wesentlich mit der Annahme zusammen, dass der physikalische Beobachter die *Freiheit* hat, zu messen was er will. Das heisst er kann nicht nur den Zeitpunkt seiner Messung frei wählen, er ist nicht nur frei, verschiedene, komplementäre Messanordnungen zu verwenden, sondern es steht ihm auch frei, was er zum System, was er zum Messapparat rechnen will [...] In diesem Sinne steht der Beobachter ausserhalb der Naturgesetze. Es scheint mir nun bemerkenswert, daß auch in den Regeln der praktischen Anwendung der Wahrscheinlichkeitsrechnung ein Motiv der Willkür erscheint.[196]

Nimmt man die Implikationen der Quantenmechanik ernst, so ergibt sich, daß die Uhrwerks-Metapher endgültig und vermutlich unwiederbringlich aufgegeben werden muß. In einem Brief an Fierz bringt Pauli dies auf den Punkt:

> Nun kommt die grosse Krise des Wirkungsquantums: man muss das Einmalige und den „Sinn" desselben opfern, um eine objektive u. rationale Beschreibung der Phänomene zu retten. Wenn zwei Beobachter dasselbe tun, ist es wirklich auch physikalisch nicht mehr dasselbe: nur die *statistischen Durchschnitte* bleiben im allgemeinen dieselben. *Das physikalisch Einmalige ist vom Beobachter nicht mehr abtrennbar* – und geht der Physik deshalb durch die Maschen ihres Netzes. Der Einzelfall ist occasio und nicht causa. Ich bin geneigt, in dieser „occasio" – die den Beobachter und die von ihm getroffene Wahl der Versuchsanordnung mit einschliesst – ein „revenue" der im 17. Jahrhundert abgedrängten anima mundi (natürlich „in verwandelter Gestalt") zu erblicken. La donna è mobile – auch die anima mundi und die occasio.[197]

---

[194] LAURIKAINEN 1992, 224f (Hervorhebung im Original).
[195] In: *Dialectica* 8 (1954), 112-124, wieder abgedruckt in PAULI, CSP II, 1199ff.
[196] Ebda. S. 118f (=*CSP* II, 1205f), Hervorhebung im Original.
[197] Aus einem Brief PAULIS an MARKUS FIERZ vom 3. Juni 1952, zit. in LAURIKAINEN 1988, 140-142 (Hervorhebung im Original).

Wir können also nicht länger von der Determiniertheit und klaren Berechenbarkeit der Natur ausgehen, und die Kategorie der *Freiheit* wird plötzlich wichtiges Konstituens wissenschaftlicher Theorie.[198] Damit ist keineswegs nur ein „Zufall" gemeint, den wir eben nur mit einer gewissen Wahrscheinlichkeit berechnen könnten, sondern – und darauf hat Pauli immer wieder hingewiesen – wir werden in die Lage versetzt, einen *teleologischen* Impetus der biologischen oder menschlichen Entwicklung in die Physik zu integrieren. Hier ist der eigentliche Übergang zwischen Physik und Religion, wie Pauli ihn thematisierte, zu erkennen.[199]

Die Aufhebung des strengen Determinismus und die Einführung eines freien Willens in die Evolution ermöglicht demnach so etwas wie eine gerichtete, von transzendenten Kräften geleitete Teleologie. Freilich ist eine solche Kategorie nicht durch die Quantenmechanik bewiesen, und die Möglichkeit einer empirischen Erfahrung dieser Transzendenz dürfte wohl durch die Physik ausgeschlossen sein, doch gilt es festzuhalten, daß wir nicht mehr von einer *prinzipiellen Ergründbarkeit* der Wirklichkeit ausgehen können. Dies schafft Raum für weitreichende metaphysische Spekulationen, wie sie etwa der theoretische Physiker David Peat anstellt.[200] Es kann als Weiterentwicklung der Gedanken Paulis aufgefaßt werden, wenn er schreibt, es eröffnete sich nun

> die Möglichkeit von nicht-deterministischen Prozessen, das heißt solchen, in denen die Gegenwart die Vergangenheit miteinschließt, ohne daß diese die Gegenwart völlig bestimmt. Oder, um es in andere Worte zu kleiden: alles Existierende ist Gegenwart, denn in ihr machen wir unsere Erfahrungen. Nur von der Gegenwart aus können wir die Vergangenheit einsehen und entfalten [...] Die Gegenwart wird somit zur „Inschaft", zu etwas seiner Natur nach Unerschöpflichem. Die Gegenwart birgt und umfaßt die Gesetze der Zeit. Doch ist das nicht die eigentlich mechanische, lineare Zeit des Physikers, sondern jene,

---

[198] M. FIERZ: „In jeder induktiven Wissenschaft gibt es Wahrscheinlichkeitsurteile: die induktiven Schlüsse selber. Das sind *subjektive* Wahrscheinlichkeitsurteile. In dieser Hinsicht verhält sich die Quantenmechanik gleich wie die klassische Mechanik. Neu ist in ihr das Auftreten *objektiver* Wahrscheinlichkeiten" (a.a.O. [oben Anm. 190], 120 [=*CSP* II, 1207], [Hervorhebung im Original]).
[199] Vgl. LAURIKAINEN 1992, 228.
[200] Sein wichtigstes Buch zum Thema ist PEAT 1987; vgl. aber auch PEAT 1991. Die Thesen PEATs sind nicht unumstritten, wie auch diejenigen seines Mitstreiters DAVID BOHM; vgl. zu einer Einordnung Hanegraaff 1996, 70-72; 171ff.

die wir selbst erzeugen, wenn wir die Muster, die der Gegenwart innewohnen, zu enthüllen suchen [...] Der lineare Zeitlauf der traditionellen Physik erscheint so als eine wirklich nur oberflächliche Widerspiegelung dieser viel tieferen Ordnung.[201]

An dieser Stelle schließt sich der Kreis zu Henri Bergson: Die Determiniertheit der Gegenwart wird aufgehoben, die Möglichkeit einer Umkehrung des Zeitpfeiles kommt in Sicht und schenkt dem Menschen eben jene Freiheit zurück, die ihm die Uhrwerk-Physik zu nehmen trachtete. Darüber hinaus erhält die intuitive, subjektive, letztlich *qualitative* Dimension der Zeit einen Stellenwert, wie sie ihn seit der Antike nicht mehr besaß.

Das Bild der Gedankenwelt Wolfgang Paulis wäre unvollständig ohne eine Darstellung seiner Überlegungen zur *Synchronizität*. Diesen Begriff übernimmt Pauli im wesentlichen von Carl Gustav Jung, mit dem er einen regen und freundschaftlichen Gedankenaustausch pflegte. Die Kooperation des Physikers mit dem Psychologen ist von herausragender Bedeutung, denn beide Disziplinen können von den Ergebnissen der jeweils anderen wertvolle Anregungen beziehen. In einem gemeinsam herausgegebenen Buch bringen Pauli und Jung dies zum Ausdruck.[202] Für die differenzierten Analysen hinsichtlich der psychologischen Deutung der Synchronizität muß auf den Artikel Jungs verwiesen werden. Für unseren Zweck mag es genügen, die verschiedenen Umschreibungen aufzuzählen, welche Jung dem Phänomen gibt: „sinngemäße Koinzidenz (zweier oder mehrerer ursächlich nicht miteinander verbundener Ereignisse, die dieselbe oder ähnliche Bedeutung haben)", „akausale Parallelismen", „Schöpfungsakte" usw. Schon diese wenigen Schlagworte belegen die große Nähe des Jungschen Verständnisses der Synchronizität zum esoterischen Prinzip des „Wie oben, so unten", also zu einem Entsprechungsdenken, welches auch der Astrologie vorausgesetzt ist. So nimmt es nicht wunder, daß Jung im genannten Aufsatz auf die Sternkunde zu sprechen kommt.[203] Der Schwerpunkt liegt in diesem Falle auf der

---

[201] PEAT 1992, 213f.
[202] *Naturerklärung und Psyche* (Studien aus dem C.G. Jung-Institut, hrsg. von C.A. MEIER), Zürich 1952. Der Band enthält JUNGS Aufsatz „Synchronizität als ein Prinzip akausaler Zusammenhänge" (wieder abgedruckt in GW 8, Olten 1987) sowie PAULIS Abhandlung „Der Einfluß archetypischer Vorstellungen auf die Bildung naturwissenschaftlicher Ideen bei Kepler".
[203] PAULI scheint von diesen Implikationen wenig gehalten zu haben. Im schon genannten Brief an FIERZ vom 3. Juni 1952 schreibt er: „(NB. Jungs astrologische Untersuchung in Kap. II scheint mir völlig missglückt)"; zit. nach LAURIKAINEN 1992, 230.

Gleichzeitigkeit von Phänomenen, die durch die Ähnlichkeit ihrer Bedeutung miteinander verbunden sind, nicht jedoch durch ein kausales Verhältnis.

Die Quantenmechanik bietet faszinierende Ausblicke auf eine physikalische Deutung der Synchronizität, wie sich am *Pauli-Prinzip* sowie der *Bellschen Korrelationen* zeigen läßt.[204] Ersteres besagt, daß die Verteilung der Elektronen im Grundzustand eines Atoms so festgelegt ist, daß zwei Elektronen nicht denselben Satz von Quantenzahlen besitzen können. Erst durch diese Voraussetzung können die Elemente in ihrer Verschiedenheit entstehen. Nun besteht eine Implikation des Ausschließungsprinzips, wie es auch genannt wird, darin, daß der gegenseitige Ausschluß der Elektronen *akausal* verläuft, denn die inneren Wechselbeziehungen der Elektronenbewegungen werden nicht durch eine physikalische Kraft oder einen Energietransfer gesteuert, sondern durch

> die direkte Manifestation der Gesamtform der Wellenfunktion im ganzen System [...] Man könnte deshalb sagen, daß die Elektronenbewegungen die Manifestation eines globalen Musters oder einer Gesamtform darstellen, die sich nicht örtlich begrenzen läßt – ein wahrer Ausdruck also von Synchronizität."[205]

Dies wird klarer, wenn man bedenkt, daß eine solche Wellenfunktion prinzipiell nicht in Einzelabschnitte zerlegt werden kann.

An dieser Stelle kommen die Bellschen Korrelationen ins Spiel: jene „nicht-klassischen Korrelationen" wurden zwischen weit auseinander liegenden Quantenteilchen experimentell bestätigt.[206] Erneut handelt es sich hier nicht um eine irgendwie kausale Verbindung, sondern tatsächlich um eine gleichzeitige Manifestation einer Wellenfunktion *an allen ihren Orten zur selben Zeit*.[207] Eine klarere

---

[204] Vgl. zum folgenden PEAT 1991 und 1992, 211-213; außerdem LANDSCHEIDT 1994, 8-31.

[205] PEAT 1992, 211f.

[206] Vgl. J.S. BELL: *Speakable and Unspeakable in Quantum Mechanics*, Cambridge 1987.

[207] Vgl. zum Thema die spekulativen, dennoch faszinierenden Überlegungen von F.-D. PEAT: *Einstein's Moon: Bell's Theorem and the Curious Quest for Quantum Reality*, Chicago 1990. Daß es sich bei diesem Phänomen in der Tat um eine *augenblickliche Änderung der Wellenfunktion des gesamten Universums* handelt, macht auch S. WEINBERG, Träger des Nobelpreises für Physik, unmißverständlich klar; vgl. *Dreams of a Final Theory*, New York 1992, 81. Der Physiker N. HERBERT weist darauf hin, daß „die tiefere Realität der Welt durch eine unsichtbare Quantenverknüpfung aufrecht erhalten [wird], deren allgegenwärtiger Einfluß unvermittelt, ungeschwächt und unmittelbar ist" (*Quantenrealität*, München 1990, 326; s. auch ebda. S. 283).

physikalische Bestätigung hermetischen Denkens ließe sich kaum ausmalen, und Peat schreitet in eben diese Richtung fort, wenn er schreibt:

> Meine Vermutung geht dahin, daß dynamische Formmuster der ganzen Natur, der Materie, der Energie und dem Geistigen zugrunde liegen [...] Es scheint in der Tat ein vielversprechender Weg der Spekulation zu sein, die Idee eines zusammenhängenden „Tanzes" von Form, Muster, Sinn und Information sowohl innerhalb der Materie als auch innerhalb des Geistes zu erforschen [...] Damit gelangt man zu einer neuen Sicht von Dynamik, in der Prozesse in der Materie „Sinnfelder" erzeugen und in der, umgekehrt, Felder „aktiven Sinns" zur Entfaltung oder Manifestation von Mustern einer materiellen Aktivität führen. Ebenso werden „Inschaft" und Landschaft zur jeweiligen Manifestation des anderen, und Synchronizität wird zum Muster von Sinn und Aktivität, das den Unterschied zwischen Innerem und Äußerem überwindet.[208]

Selbst wenn man diesen spekulativen Ausflügen nicht folgen mag, erkennt man deutlich, wie gewaltig der Paradigmenwechsel von der Uhrwerks-Metapher hin zu einem *open realism*[209] seinen Niederschlag in den geistigen Umbrüchen unseres Jahrhunderts gefunden hat.[210]

Ein schönes Beispiel für die Brisanz dieser Entwicklung ist eine in Innsbruck 1997 erstmals durchgeführte „Teleportation" – landläufig unter dem Begriff „Beamen" bekannt –, in deren Verlauf die

---

[208] PEAT 1992, 212f.
[209] Vgl. B. D'ESPAGNAT: „Open Realism", in: LAURIKAINEN/MONTONEN 1993, 47-56, der von der „verschleierten Realität" spricht: Diese sei a) nicht in Zeit und Raum erfaßbar und b) „exceeds man's power, and *on this basis* (not just on the basis of indeterminism, which does not seem to me to be a convincing argument) I tend to agree with Professor Laurikainen when, following Pauli, he speaks of the ‚irrationality' of Reality" (S. 55f [Hervorhebung im Original]). Nicht viele Wissenschaftlerinnen und Wissenschaftler wollen der Irrationalität solche Zugeständnisse machen wie PAULI oder sein kompetentester Interpret LAURIKAINEN, der schließlich selber einräumt, die Vorstellung der „freien Wahl" und die Einführung des teleologischen Denkens in die Evolution stelle „für die meisten Naturwissenschaftler einen unzumutbaren Gedankengang dar. Kein wissenschaftliches Argument zwingt uns jedoch, aus unserer wissenschaftlichen Weltsicht den Geist und seinen ‚irrationalen' Einfluß auszuschließen, wenn wir nur die Bedeutung der ‚freien Wahl' in einer nicht-deterministischen Welt zu begreifen vermögen" (1992, 228).
[210] Hinzuweisen ist in diesem Zusammenhang auf die diversen Aufsätze zum Thema „Quantum Mechanics and the Real World" in *The Monist* 80.1 (1997). Daran ist zu erkennen, wie aktuell die hier dargelegten Zusammenhänge am Ausgang unseres Jahrhunderts sind.

Schwingungsebene eines Photons auf ein anderes übertragen wird, so daß eine exakte Kopie entsteht, während das Ursprungsphoton zerstört wird. Selbst wenn die beiden Photonen Millionen Lichtjahre auseinander liegen, würde das Phänomen *zur selben Zeit* geschehen.[211] Man sieht hier deutlich, daß das überkommene Wirklichkeitsverständnis den Ansätzen der Physik des nächsten Jahrhunderts nicht mehr gerecht wird, jenes neue Konzept wiederum erstaunliche Ähnlichkeiten mit dem *hermetischen* Denken offenbart.[212] Emphatisch bringt dies Th. Landscheidt zum Ausdruck:

> Somit ist der *astrologische Grundsatz vom Kosmos als ganzheitlichem Gefüge*, das alle in ihm enthaltenen Teilsysteme miteinander verbindet, nicht nur mit moderner Naturwissenschaft vereinbar, sondern sogar von ihr bewiesen. [...] [D]ie Grundvorstellung der Astrologie vom Kosmos als einem organischen Prozeß, der alle mikrokosmischen und makrokosmischen Teilprozesse zu einer Einheit verbindet, [erweist sich] als fortschrittliches Konzept.[213]

---

[211] Vgl. D. BOUWMEESTER, A. ZEILINGER u.a.: „Experimental Quantum Teleportation", in: *Nature* 390 (1997), 575-579; außerdem den Artikel „Captain Kirk stand Pate" in der *Frankfurter Rundschau* 289 (12.12.1997), 30, der auf ein Interview mit A. ZEILINGER von der Universität Innsbruck zurückgeht.

[212] Dies ist den Physikerinnen und Physikern in vielen Fällen noch nicht bekannt. So lesen wir im o.g. Artikel der *Frankfurter Rundschau*: „Quantensysteme hätten völlig skurrile Eigenschaften, erläutert Zeilinger. Schon Einstein habe dies mit zwei ‚Quantenwürfeln' zu verdeutlichen versucht. Der eine Würfel befindet sich dabei in Wien, der andere in Budapest. Wann immer gleichzeitig mit beiden Quantenwürfeln gewürfelt wird, sei zwar das Resultat völlig zufällig – sie zeigten aber jeweils die gleiche Zahl. ‚Man kann etwa meinen, daß die beiden Würfel auf geheimnisvolle Weise miteinander in Verbindung stehen', sagt Zeilinger. Es sei jedoch sicher am besten, zu vertreten, ‚daß es für die Verstehbarkeit der Welt in der Quantenphysik Grenzen gibt'."

[213] LANDSCHEIDT 1994, 28 (Hervorhebung im Original). LANDSCHEIDTS Arbeit ist ein wichtiger und leider viel zu wenig beachteter Beitrag zur wissenschaftlichen Aufhellung der Zusammenhänge zwischen hermetischem Weltbild, moderner Physik und Astrologie. Besonders sein erster Teil – „Kritik der Astrologiekritik und Test astrologischer Praxis" – bietet eine Fülle von Nachweisen dafür, daß die allgemeine, aber gerade auch die (natur)wissenschaftliche Kontroverse um die Astrologie im wesentlichen mit Argumenten geführt wird, die dem physikalischen Weltbild des 19. Jahrhunderts entstammen. „Die Kontrahenten verhalten sich, als ob es die moderne Quantentheorie, die allgemeine Relativitätstheorie, die evolutionäre Erkenntnistheorie, die allgemeine Systemtheorie, die Informationstheorie, die Synergetik, die Erforschung der Zusammenhänge zwischen Chaos und Ordnung in dynamischen Systemen, die Morphologie komplexer Grenzen, die neue Formulierung des Einstein-Podolsky-Rosen-Paradoxons, die Bellschen Ungleichungen und die Diskussion über solar-terrestrische Beziehungen nicht gäbe" (S. 5).

Die beiden abendländischen Traditionen sind durchaus in der Lage, sich gegenseitig zu befruchten, denn einerseits kann das senkrechte Weltbild der Hermetik und Astrologie ein Modell quantenmechanischer Vorgänge abgeben, andererseits wird durch die Physik das Verständnis für die Astrologie neue Impulse beziehen. Endlich erhalten wir auch Anregungen hinsichtlich des Pragmatismus' und seiner Orientierung am „Tagesdiskurs".

II

Diese Impulse gilt es nun in aller Kürze zu resümieren. Zunächst liegt es auf der Hand, daß die Erkenntnisse der Quantenphysik und der Relativitätstheorie einem pragmatistischen „Relativismus" in die Hände arbeiten. Physikalische Erkenntnis war schon immer die Einigung der Mehrheit der Zeitgenossen auf die bislang beste Erklärung der Wirklichkeit, also jener Erklärung, die die meisten Phänomene zu berücksichtigen vermag und weitgehend konsistent erscheint. Physik ist mithin dem Tagesdiskurs ebenso unterworfen wie die aktuellen Meinungen über die Wahrheit. Eine transzendente Wirklichkeit mag es vielleicht geben – ihre Existenz ist sogar sehr wahrscheinlich –, doch die physikalischen Modelle können nicht für sich in Anspruch nehmen, privilegierte Abbildungen der „eigentlichen" Wirklichkeit zu sein.

Dies ist mittlerweile beinah eine Binsenweisheit. Viel interessanter für unser Thema ist die Feststellung, daß aufgrund der Quantenmechanik auch die Astrologie in neuem Licht erscheint. Das Modell der Gleichzeitigkeit bzw. der Synchronizität der Erscheinungen (im Wellenmodell) offeriert eine Erklärung für die Wirklichkeitsdeutung der Astrologie, die Fragen der Kausalität und des Determinismus zugunsten eines „senkrechten Weltbildes" zurückstellt. Wir wollen die Astrologie deshalb als ein Deutungskonzept definieren, welches *Zeitqualität(en)* beschreibt, also gewissermaßen *die Essenz der gleichzeitig auftretenden und durch inhärente Symbole und Bedeutungen miteinander in sinnfälliger Weise verbundenen Phänomene.*

Das bedeutet natürlich nicht – und darauf ist eigens hinzuweisen –, daß die Astrologie kausale Mechanismen insgesamt ablehnt. Dies wäre schon deshalb widersprüchlich, weil sie durch die Erstellung von Ephemeriden deterministisch anzugeben weiß, wann welche Konstellation notwendig zu erwarten ist. In diesem Zusammenspiel zwischen Determinismus (im Zeitpunkt) und Freiheit (im tatsächlichen Erleben der Zeitqualität) ist geradezu die besondere Stellung der Astrologie zu sehen. Die Astrologie besteht nun allerdings darauf, daß zur Beschreibung der Zeitqualität ein anderes

Modell zu verwenden ist als jenes für die Zeitquantität. Auch hier besteht eine Parallele zur Physik, die zur Erklärung bestimmter Fragen – beispielsweise der Sternbewegung – nach wie vor auf das Newtonsche Gravitationsmodell rekurriert.[214] Die Quantenmechanik erklärt nicht alle Phänomene in derselben Weise.

Dieser Sachverhalt ist von Bedeutung, wenn wir uns der antiken Astrologie zuwenden. Schließlich können wir die Uhrwerks-Metapher, wie sie im 16. Jahrhundert entwickelt wurde, nicht ohne weiteres auf die Antike übertragen. Es ist der Quantenmechanik zu verdanken, daß es heutzutage möglich ist, auch eine nicht-kausale Astrologie überhaupt zu *denken*, anstatt sie a priori als Unsinn zu verwerfen. Auch wenn die Denker der Spätantike von Quantenmechanik nichts wußten, eröffnen sich für uns, die wir ihr Weltbild zu verstehen suchen, wertvolle Einsichten in Welterklärungsmodelle, die möglicherweise dem tatsächlichen Diskurs sehr nahe kommen.

---

[214] S.o. S. 91.

III. Num 24,17 als Agens jüdischer Politik und Herrschaftslegitimation

Die Geschichte um den Moabiter Bileam, der – scheinbar ohne es eigentlich zu wollen – zum Propheten der glücklichen Zukunft des Volkes Israel avanciert, stellt einen kaum zu überschätzenden Kristallisationspunkt dar, an den sich immer wieder die unterschiedlichsten Spekulationen und Hoffnungen anlagerten.[1] Die Legenden sind in Num 22-24 überliefert. Dort erfahren wir zunächst (22,5), daß Bileam, der Sohn des Beor, aus Pethor am Euphrat stammt, also dem Land Abrahams, Jakobs bzw. Labans. Außerdem gibt diese Ortsangabe mesopotamische Traditionen zu erkennen.[2] Er scheint über eine gute Reputation als Wahrsager und Magier zu verfügen, denn der König der Moabiter, Balak, ist sich sicher: „Wen du segnest, der ist gesegnet, und wen du verfluchst, der ist verflucht" (22,6). Das Unterfangen gestaltet sich jedoch äußerst schwierig, denn Bileam erhält vom Gott Israels die Weisung, der Aufforderung zur Verflu-

---

[1] Aus der Fülle der Literatur sei auf folgende Beiträge verwiesen: S. Mowinckel: „Der Ursprung der Bilᶜamsage", in: *ZAW* 48 (1930), 233-271; E. Burrows: *The Oracles of Jacob and Balaam*, London 1938; O. Eissfeld: „Die Komposition der Bileam-Erzählung", in: *ZAW* 57 (1939), 212-241; W.F. Albright: „The Oracles of Balaam", in: *JBL* 63 (1944), 208-233; A.S. Yahuda: „The Name of Balaam's Homeland", in: *JBL* 64 (1945), 547-515; J. Liver: „The Figure of Balaam in Biblical Tradition", in: *Eretz Israel* 3 (1954), 97-100; G. Vermes: „Deux traditions sur Balaam", in: *Cahiers Sioniens* 9 (1955), 289-302; O. Eissfeldt: „Sinai-Erzählung und Bileam-Sprüche", in: *HUCA* 32 (1961), 179-176; R. Largement: „Bileᶜam et la mantique sumero-akkadienne", in: *Mémorial du cinquantenaire de l'École des Langues Orientales de l'Institut Catholique de Paris*, Paris 1964, 37-50; Vermes 1973, 59; 165f; ders.: „The Qumran Interpretation of Scripture in Its Historical Setting", in: *ALUOS* 6 (1969), 92ff; ders. 1973a, 133f; Hengel 1976, 243ff; H. Donner: *Balaam Pseudopropheta* (Beiträge zur alttestamentlichen Theologie), Göttingen 1977; A. Rofe: *The Book of Balaam (Numbers 22:2-24:25)*, Jerusalem 1979 [hebr.]; Urbach 1987, 999 Anm. 81.

[2] Daß man ihn aufgrund dieses Umstandes notwendigerweise mit den „Magi aus dem Osten" des Matthäus in Verbindung bringen mußte, wird uns unten Kap. VIII.2. noch beschäftigen. Vgl. vorab Kirschbaum 1954, 129-171.

chung der Israeliten nicht Folge zu leisten. Auf diese Weise gerät der Schachzug des Balak zu einem Bumerang und Bileam selber zum Werkzeug des göttlichen Planes in der Heilsgeschichte des erwählten Volkes.

Der inkohärente Duktus der Erzählung deutet darauf hin, daß hier verschiedene Inhalte zusammengeflossen sind, um konkrete theologische Aussagen zu plausibilisieren. Ein erstes Indiz für die Künstlichkeit der Geschichte mag man bereits im Namen בִּלְעָם erkennen, was als „Verderber des Volkes" zu interpretieren ist. Auch wenn die textkritischen Fragen mithin zu einer Aufteilung des Berichts in verschiedene Fragmente führen, ist die Forschung sich doch seit der Entzifferung der aramäischen Inschrift vom Tell Deir ʿAlla in Jordanien sicher, daß ein Prophet Bileam (oder Balaam) tatsächlich historisch verifiziert werden kann.[3] Die damit verbundenen Fragestellungen sind für unsere Zwecke allerdings von untergeordneter Bedeutung, denn in erster Linie interessiert uns das, was die späteren Interpretatoren aus ihrer je unterschiedlichen Perspektive heraus mit dem Text anfingen. Im Mittelpunkt steht hierbei die berühmte Weissagung des Bileam, die sich in Kap. 24 findet. Dort wird berichtet, der Geist Gottes sei über den Propheten gekommen (ganz im Stile der biblischen Tradition, vgl. 1Sam 10,10; 19,23f u.ö.) und habe ihm die segensreiche Zukunft des Volkes Israel offenbart. Israel, gleich einem jungen Löwen,[4] gleich einem wilden Stier, wird die feindlichen Völker zerschlagen, um seinem Gott den Weg zu bereiten. Dann heißt es:

Ich sehe ihn, aber nicht jetzt. Ich erblicke ihn, aber nicht von nahem. Ein Stern geht auf aus Jakob, ein Szepter erhebt sich aus Israel. Und er/ es wird zerschmettern die Schläfen der Moabiter und den Scheitel aller Söhne Seths. Edom wird er/es einnehmen, und einnehmen wird er/es

---

[3] Die Inschrift wird um 700 v.u.Z. datiert. Vgl. dazu J. HOFTIJZER: „The Prophet Balaam in a 6th-Century Aramaic Inscription", in: *BA* 39 (1976), 11-17; ders. und G. VAN DER KOOIJ: *Aramaic Texts from Deir ʿAlla*, Leiden 1976; A. CAQUOT/A. LEMAIRE: „Les textes araméens de Deir ʿAlla", in: *Syria* 54 (1977), 189-208; H.-P. MÜLLER: „Einige alttestamentliche Probleme zur aramäischen Inschrift von Deir ʿAlla", in: *ZDPV* 94 (1978), 56-67; P.K. MCCARTER; „The Balaam Texts from Deir ʿAlla. The First Combination", in: *BASOR* 239 (1980), 49-60; M. DELCOR: „Le texte de Deir ʿAlla et les oracles bibliques de Balaʿam", in: *Congress Volume: Vienna 1980* (VT Suppl. 32), Leiden 1980; J.A. HACKERTT: *The Balaam Text from Deir ʿAlla*, Chico 1984.

[4] Hierin ließen sich bereits astrologische Konnotationen ausmachen, die den Löwen traditionell mit Juda verknüpfen. Konkretere Aussagen sind freilich spekulativ.

Seïr, seinen Feind. Und Israel wird den Sieg davontragen. Er/es wird hinabsteigen aus Jakob und vernichten den Entkommenen aus der Stadt (Num 24,17-19).

Diese auf den ersten Blick doch recht unscheinbare und auf eine konkrete politische Machtsituation ausgerichtete Prophezeiung hat ein erstaunliches Echo gefunden, das quer durch die jüdische Literatur der Antike widerhallt.

Im folgenden soll anhand von einigen wichtigen Eckpfeilern die Vielfältigkeit der Interpretationen wie auch der politischen Indienstnahme der Bileamsweissagung aufgezeigt werden.[5] Diese Deutungen waren – was zu zeigen sein wird – stets mit astrologischen Konnotationen verbunden, die ihnen erst den eigentlichen Impetus verschafften. Es konnte sich schon früh um Num 24,17 eine Tradition des *Messiassternes* anlagern, die vor allem durch den Einfluß der hellenistisch-römischen Gedankenwelt in zunehmendem Maße von astrologischen Implikationen beeinflußt wurde. So verwundert es nicht, daß bereits die LXX den messianischen Zusammenhang herstellt, denn dort übersetzte man: „Ein Stern kommt hervor aus Jakob, ein *Mensch* (ἄνθρωπος) wird erstehen aus Israel." Denselben Zusammenhang geben auch die Targumim zu erkennen; im TO heißt es: „Wenn aufsteht der *König* aus Jakob und mächtig wird der *Messias* aus Israel." TPsJ: „Wenn ein starker *König* aus dem Hause Jakobs herrschen und der *Messias* und ein starkes *Szepter* aus Israel mächtig wird." Schließlich noch FrgmT/CN: „Einst wird ein *König* aus dem Hause Jakobs erstehen und ein *Erlöser* und *Herrscher* aus dem Hause Israels." Endlich sei noch auf die Peschitta verwiesen („ein Führer") sowie verschiedene Qumrantexte, die uns weiter unten ausführlich beschäftigen werden.

Die durchaus inkohärenten Deutungen der Weissagung sollen nunmehr zunächst im Hinblick auf die Herrschaftslegitimation der Hasmonäerdynastie sowie im Selbstverständnis der herodianischen Politik aufgesucht werden. Anschließend gilt es, die spezielle Art und Weise zu betrachten, in der man in der Gemeinde von Qumran auf

---

[5] In einer großangelegten Studie hat Antti Laato jüngst gezeigt, daß die messianische Konnotation jüdischer Herrschaftskonzeption und späterer Christologie ihre Wurzeln in der vorderasiatischen Königsideologie der Zeit des Zweiten Tempels hat; vgl. LAATO 1997.

[6] Zur Geschichte vgl. COHEN 1987, APPLEBAUM 1987 und 1989, HACHLILI 1988, MAIER 1989, CATE 1989, KUHNEN 1990, KASHER u.a. 1990. Ferner: S.L. DERFLER: *The Hasmonean Revolt: Rebellion or Revolution* (Ancient Near Eastern Texts and Studies 5), Lewiston, NY 1990.

die Bileamsweissagung zurückgriff, um schließlich die astrologischen Konnotationen des Bar-Kokhba-Aufstandes einer Analyse zu unterziehen.

1. Der „Stern der Hasmonäer"

Als Judas Makkabäus im Jahre 164 v.u.Z. den Tempel in Jerusalem neu weihte, kam ein über Jahrzehnte geführter Kampf, der insbesondere durch die restriktive Politik des Antiochus IV. Epiphanes (175-164) religiös wie politisch angeheizt worden war, zu einem vorläufigen Ende.[6] Im Verlaufe jener Auseinandersetzungen kam es innerjüdisch zu gewaltigen Spannungen, die allenthalben eschatologische, also auf ein Ende der Geschichte in der beginnenden Heilszeit abzielende Spekulationen und Erwartungen in radikaler Weise zuspitzten. Die zahlreichen apokalyptischen Schriften der nunmehr anbrechenden „zwischentestamentlichen Zeit", nämlich nach Abschluß des Buches Daniel im Jahre 165 v.u.Z., legen von der erwarteten Erfüllung der Heilsgeschichte in naher Zukunft deutliche Zeugnisse ab.

Wenn wir uns die Verbreitung der Sternkunde jener Epoche im hellenistischen bzw. seleukidisch-ptolemäischen Einflußbereich vergegenwärtigen, so finden wir im Buch Daniel erstmals ausgeprägte astrologische Spuren.[7] Durch den weiter wachsenden Einfluß der Astrologie, besonders im Römischen Reich, wurde die Verbindung zwischen endzeitlichen Spekulationen und sternkundlichen Betrachtungen zunehmend enger, wie noch zu zeigen sein wird. Doch schon die Hasmonäer waren mit hellenistischen Bildungsidealen – und die Astrologie gehörte notwendig dazu – vertraut, so daß es nicht verwundert, wenn in ihrem Umfeld astrologische Kenntnisse absorbiert wurden.[8] Die prägnantesten Belege für diese Annahme finden sich in den vielen *Münzprägungen* der Makkabäer, auf denen immer wieder der sog. „Stern der Hasmonäer" als zentrales Motiv begegnet. Wir wollen diese Befunde einzeln rekapitulieren, wobei zugleich der pragmatische Hintergrund sowohl der konkreten politischen Situation als auch der astronomischen Besonderheiten – sofern es solche gibt – der entsprechenden Jahre in die Überlegungen einzubeziehen sind.

---

[7] Vgl. VON STUCKRAD 1996, 101ff.
[8] Die Gegenüberstellung von „Hellenismus versus Judentum" als dichotomische Begriffe stellt eine kaum haltbare Stilisierung dar; vgl. MAIER 1992, 40.

Die Münzen, welche von den Hasmonäern geschlagen worden sind, gaben immer wieder zu teilweise heftigen Meinungsverschiedenheiten hinsichtlich ihrer Datierung Anlaß. Der Grund hierfür liegt vor allem in der Tatsache, daß Münzen mit dem Namen יוחנן bzw. יהודה unterschiedlichen Personen zugeordnet werden können. Aufgrund umfangreicher Studien, die nicht nur archäologisches Material, sondern auch schriftliche Quellen (Makkabäerbücher etc.) einbeziehen, schlug Y. Meshorer 1967 einen neuen Weg ein und vertrat die These, Alexander Jannai (103–76) sei der erste Hasmonäer gewesen, der überhaupt Münzen verbreiten ließ.[9] Da er sich mit großer Sicherheit bereits kurz nach der Machtübernahme den Königstitel gab, sei es nur verständlich und zu erwarten, daß sich dies auch auf den Münzprägungen niederschlage. Und tatsächlich finden wir Münzen mit der Inschrift ΑΛΕΞΑΝΔΡΟΙ ΒΑΣΙΛΕΟΣ („Von Alexander dem König"). Der Titel – nun mit dem Namen Jonathans – begegnet auch in hebräischen Lettern (יהונתן המלך). Eine große Anzahl von Münzen trägt demgegenüber den Titel des Hohenpriesters (יהונתן הכהן הגדל); bekanntlich bestand ja für die Hasmonäer und deren Gegner ein besonderes Problem darin, daß sie die Funktionen des Königs und des Hohenpriesters in Personalunion ausübten, was bis dahin als Sakrileg betrachtet wurde. Dazu kam, daß die Stammbäume der Hasmonäer einen solchen Anspruch keineswegs zuließen.[10] Aus diesem Grunde wird bisweilen angenommen, daß Alexander Jannai aus Rücksicht auf pharisäische Kreise in späterer Zeit den Königstitel öffentlich bescheidener führte und sich auf das Hohepriesteramt beschränkte. Ein Beleg hierfür wird u.a. in einigen Münzen gesehen, die zunächst die Inschrift ΑΛΕΞΑΝΔΡΟΙ ΒΑΣΙΛΕΟΣ getragen hatten, später jedoch umgeprägt wurden in יהונתן הכהן הגדל.[11] Hieran läßt sich bereits ablesen, wie eng die Auswahl der publizierten Münzmotive mit dem Selbstverständnis des Herrschers einerseits und praktischen politischen Überlegungen andererseits verknüpft worden ist.[12]

---

[9] Vgl. MESHORER 1967, 41-63. MADDEN 1976, 67ff war noch der Meinung, Simon Makkabäus sei der erste gewesen, der Münzen prägen ließ.

[10] Dies ist ein entscheidender Grund dafür, daß der „Anweiser der Torah", der in Qumran wirkte, als Abkömmling Zadoks dem hasmonäischen Hohenpriester dieses Amt streitig machte.

[11] Vgl. u.a. die Münze Nr. 17 in MESHORER 1967, 120 bzw. Tafel III.

[12] Zur Frage, inwieweit der Herrscher selber für die Münzprägungen verantwortlich war, vgl. C.H.V. SUTHERLAND: *The Emperor and the Coinage*, London 1976. Im Römischen Reich zur Zeit Caesars kann man von einer tatsächlichen „imperial coinage" (S. 10) ausgehen, was in späterer Zeit nicht ohne weiteres aufrecht zu erhalten ist. Vgl. ferner SUTHERLAND 1987.

Wenn wir uns nun dem eigentlichen *Hasmonäerstern* zuwenden, so finden wir ihn gut belegt während der ganzen Regierungszeit des Alexander Jannai, wobei die meisten Wissenschaftlerinnen und Wissenschaftler davon ausgehen, daß die Hauptpräsenz des Sternes in den letzten Jahren der Regentschaft (um 78) anzusetzen ist.[13] Die Darstellung des Sternes schwankt in ihrer Ausgestaltung; so finden sich Sterne mit acht Strahlen,[14] teilweise eingerahmt mit einem Kreis aus Perlen. Letztere Form ist von Kanael als Diadem gedeutet worden. Er vermutet, der Stern sei ein jüdisches Symbol für „Monarchie", welches sich aus Num 24,17 ableite, während das Diadem das hellenistische Zeichen für „Königtum" darstelle.[15] Weiter findet sich ein Stern mit sechs Punkten anstelle der Strahlen sowie stilisierte Sterndarstellungen in einem Kreis, was Meshorer als „perhaps the most common Jewish coin" bezeichnet.[16] Die Rückseiten der Münzen weisen durchgehend ein Motiv auf, welches in der Forschung als „Anker" gedeutet wird, wobei durchaus unklar ist, welchen Hintergrund man hier zu unterstellen hat.[17] Der Anker wird in den meisten Fällen durch die Inschrift ΒΑΣΙΛΕΟΣ ΑΛΕΞΑΝΔΡΟΙ umrahmt.[18] Dies scheint der These zu widersprechen, daß der Königstitel bevorzugt in den ersten Regierungsjahren Alexander Jannais Verwendung fand, während man später auf den Hohepriestertitel zurückgriff. Möglicherweise können wir hierin jedoch auch einen Hinweis darauf erkennen, daß sich die Sternsymbolik nicht erst gegen Ende der Regierungszeit durchzusetzen begann. Was die Interpretation des Sternes anbelangt, so erfordert die schlichte Behauptung Meshorers, „despite [its] heathen significance, the astrological connotations of the symbol were also accepted by the Jews", doch eine Begründung, die über das methodisch bedenkliche Heranziehen von bAboda Zara hinauszugehen hat.[19] Um die Frage der Bedeutung des Sternes in

---

[13] Vgl. MADDEN 1976, 83ff; 90ff; MESHORER 1967, 119 (Nr. 8-11) sowie MESHORER 1982, I, 60.
[14] Vgl. zu den folgenden Angaben MESHORER 1967 und 1982, I, Gruppe C (Tafeln 5-7).
[15] KANAEL 1963, 44. Dieser Meinung schließt sich MESHORER 1982, I, 61 an.
[16] MESHORER 1967, 119.
[17] Gedacht wurde u.a. an die Eroberung der Mittelmeerstädte durch Alexander Jannai, aber auch an eine schlichte Nachahmung der Münzen des Antiochus Sidetes. Vgl. MESHORER 1967, 58 sowie ders. 1982, I, 62, wo er die späteren Münzen mit Anker von den früheren abgrenzt.
[18] Vgl. die Nr. 8, 8A, 8B, 9 bei MESHORER 1967.
[19] 1982, I, 60. Auch die Berufung auf GOODENOUGH reicht nicht, wie an anderer Stelle gezeigt wurde (VON STUCKRAD 1996, 179-187).

jener Zeit aufzuhellen – gültig beantworten lassen wird sie sich nicht –, ist ein Blick auf die politischen wie auch die astronomischen Vorgänge sinnvoll.

Das Hasmonäerreich erlebte in den letzten Jahren des Alexander Jannai seine größte wirtschaftliche Blüte, und auch die territoriale Ausdehnung erreichte eine Größe, die Erinnerungen an das davidische Großreich aufkommen ließ. Innenpolitisch hatte der König sich nach zähem Kampf endgültig seines Widersachers Ptolemäus Lathyrus entledigen können, so daß man insgesamt eine strahlende unangefochtene Königsmacht konstatieren muß, die sich ihrer besonderen Stärke auch auf militärischem Gebiet voll bewußt war, wie an der zunehmenden Überlegenheit über den Nabatäerkönig Aretas III. abzulesen ist.[20] Trotz dieser offensichtlichen Erfolge darf man die internen Spannungen und politisch-religiösen Gegensätze nicht außer acht lassen – man denke allein an den Konflikt zwischen Königswürde und Hohepriesteramt, ein zentrales Thema des später entbrennenden Bürgerkrieges.[21]

In einer solchen Zeit mag es geraten erscheinen, sich seiner eigenen unangefochtenen Königslegitimation durch den Rekurs auf eine uralte Weissagung – Num 24,17 – zu vergewissern. Dadurch läßt sich zweierlei erreichen: Zum einen werden konkurrierende Thronprätendenten in ihre Schranken gewiesen, denn Alexander Jannai allein feiert seine militärisch-politischen Erfolge als die Erfüllung der verheißenen Siegeszeit. Zum anderen stellt sich der König auf diese Weise in einen Gesamtzusammenhang von kosmischen Wendepunkten, so daß auch auf religiösem Gebiet kein Zweifel an der Legitimität des Herrschers aufkommen konnte.

Wie wir immer wieder feststellen werden, spielten die Planeten Jupiter und Saturn für das antike Denken eine überragende Rolle, waren sie doch die langsamsten beobachtbaren Himmelskörper jener Zeit.[22] Ihre Zyklen fanden insbesondere im Zusammenhang mit der Person des Königs starke Beachtung, wobei im Falle des Saturn auch eine Verbindung zum Judentum immer wieder vertreten wurde. Im Geburtsjahr des Alexander Jannai, nämlich 126 v.u.Z., kam es zu einer Jupiter-Saturn-Konjunktion, die über längere Zeit im Zeichen der Fische zu beobachten war. Nach dem ersten (rechtläufigen)

---

[20] Zur Auseinandersetzung zwischen Hasmonäern und Nabatäern vgl. I. SHATZMAN: *The Armies of the Hasmonaeans and Herod. From Hellenistic to Roman Framework* (TSAJ 25), Tübingen 1991, 98-128.

[21] Vgl. W.C. BUEHLER: *The Pre-Herodian Civil-War and Social Debate*, München 1974.

[22] Zur Thematik allgemein: STROBEL 1987.

Kontakt der beiden wäre es beinah zu einer Großen Konjunktion gekommen, denn in seiner rückläufigen Phase kam ♃ immerhin bis auf 1°05' an ♄ heran.[23] Die beschriebene Konjunktion ist auch deshalb von Bedeutung, weil die letzte Konjunktion in den Fischen längere Zeit zurückgelegen hatte, eine dreifache Begegnung sogar bis ins Jahr 861 v.u.Z.[24] Wie Ferrari d'Occhieppo darüber hinaus aufzeigte, wurde der paarweise Abendaufgang jener Planeten nach babylonischer Rechenmethode für den August 126 auf 10°7' ♓ (♃) bzw. 7°59' ♓ (♄) erwartet. Zusätzlich herausgehoben wurden die beiden Planeten dadurch, daß man in diesem Jahr zweimal einen Stillstand in den Fischen beobachten konnte. Dies war der letzte parallele Stillstand von Jupiter und Saturn bis zu ihrer erneuten Fische-Konjunktion im Jahre 7 v.u.Z., die uns im Zusammenhang mit der Politik des Herodes sowie der Messiassterndebatte noch beschäftigen wird.[25] Da wir also mit einigem Recht annehmen dürfen, daß die in der griechischen wie auch der mesopotamischen Welt[26] viel beachteten Jupiter-Saturn-Läufe auch den Hasmonäern bekannt gewesen sind, muß die Verwendung des Sternmotives durch Alexander Jannai als ein kluger staatspolitischer Schachzug angesehen werden. Inwieweit er sich selber in der Rolle des verheißenen Königs sah, können wir freilich kaum beurteilen.

Wie bereits angedeutet kam es nach dem Tod des Alexander Jannai zum Ausbruch der zuvor unterschwellig und durch die Autorität des Königs unterdrückten Spannungen im Reich. Gelang es der

---

[23] Die Positionen seien kurz genannt: am 25.10. -125, dem Ende der rückläufigen Phase Jupiters, stand dieser auf 29°05'57" ♒, Saturn aber auf 28°00'53" ♒. ♄ wurde kurz darauf (am 31.10.) rechtläufig; vgl. die Übersicht im Anhang. Alle Planetenstände in dieser Untersuchung wurden mit der Software *Galileo* der Firma *Paessler* in Erlangen berechnet. Die TUCKERMAN-Tafeln sind aufgrund ihrer veralteten Ephemeriden-Technik heute nicht mehr brauchbar; vgl. HOULDEN/STEPHENSON 1986, i-iv. Doch auch die von HOULDEN/STEPHENSON 1986 ergänzten Daten sind für unsere Zwecke nicht exakt genug.

[24] Vgl. J. SCHAUMBERGER: „Iterum Textus cuneiformis de stella Magorum?", in: *Biblica* 7 (1926), 294-301; STROBEL 1987, 1067. Die Konjunktion ereignete sich am 25.6. -860, dann rückläufig am 30.7. -860 und zum dritten Mal am 24.12. -860 auf 14°17', 13°21' bzw. 9°13' ♓.

[25] FERRARI D'OCCHIEPPO 1994, 141 und 152f; dort werden seine umfangreichen früheren Studien zusammengefaßt.

[26] Die Konjunktion des Jahres 126 v.u.Z. ist von babylonischen Astrologen berechnet worden. Den Nachweis führte F.X. KUGLER mit der Edition der fragmentarischen Keilschrifttafel Sp. II, 469, die die Ephemeride für das Jahr 185 SÄ (bei KUGLER versehentlich 249) enthält; vgl. *Sternkunde und Sterndienst in Babel. Assyriologische, astronomische und astralmythologische Untersuchungen*, Münster 1907-1935, II, 498f.

Gemahlin des Alexander, Salome Alexandra (76–67), zunächst noch, die politische Entwicklung zu kontrollieren, indem sie selber als Königin amtierte, während ihr ältester Sohn, Hyrkan II., das Hohepriesteramt übernahm, und indem sie gleichzeitig das Gewicht der Priesterschaft – der „Sadduzäer" – gegenüber dem Einfluß der „Pharisäer" schmälerte,[27] so entbrannte nach ihrem Tod ein heftiger Bruderkrieg, welcher alsbald das ganze Volk spaltete. Zunächst verdrängte der jüngere Bruder Aristobul II. den älteren Hyrkan vom Amt des Königs und Hohenpriesters, wobei er die enttäuschten Sadduzäer auf seine Seite zu ziehen vermochte. Doch Hyrkan taktierte mit dem Nabatäer Aretas III., was ihn bald erneut auf den Thron brachte; da eine Entscheidung zwischen den Thronprätendenten offensichtlich nicht allein gefunden werden konnte, griff 64 v.u.Z. Rom als Schiedsmacht ein und beendete die Unabhängigkeit des hasmonäischen Judäa.[28]

Der Hasmonäerstern begegnet gehäuft während der Regierungsjahre Aristobuls II. (67–63) und dann auf Münzprägungen seines Bruders Hyrkan II. (47–40), der von den Römern seines Königstitels beraubt worden war und lediglich als Ethnarch und Hoherpriester fungierte. Diese Zuordnung der Münzen mit Sternsymbolik geht auf Madden[29] zurück, während Meshorer die Hauptmasse der Prägungen dem Alexander Jannai zuschlägt.[30] In dieser Auseinandersetzung erscheint es hilfreich, die *astronomischen Begebenheiten* jener aufregenden Jahre einer Bilanz zu unterziehen. Ähnlich wie in Rom wurden derartige Himmelserscheinungen selbstverständlich auch in Jerusalem aufmerksam verfolgt, möglicherweise jedoch anders interpretiert. Ohne diese Hintergründe ist die Verwendung des Sternsymbols in einem solchen Umfang kaum hinreichend zu erklären.

Was war es nun, das die Gemüter damals so erhitzte? Kurz nach dem Tod der Salome Alexandra – zwei Saturn-Zyklen waren seit 126 vergangen – kam es erneut zu einer Konjunktion von Jupiter und Saturn in den Fischen. Am 20. Februar des Jahres 66 v.u.Z. standen sie 0°55' auseinander,[31] ein Sachverhalt, der von den baby-

---

[27] Zu den Schwierigkeiten dieser letztlich auf wenigen Quellen fußenden Einteilung der jüdischen „Parteien" vgl. die prägnante Darstellung bei STEMBERGER 1991.
[28] Vgl. SMALLWOOD 1976; A.E. SAMUEL: *The Promise of the West: The Greek World, Rome and Judaism*, Oxford 1988.
[29] MADDEN 1976, 95-99.
[30] Zu den Münzen des Antigonus bzw. Hyrkans II. vgl. MESHORER 1967, 121-126.
[31] Vgl. zu dieser Angabe HUGHES 1979, 135f. Nach moderner Berechnung ergibt sich dagegen ein Orbis von nur 0°11' (♃ auf 8°45' ♓, ♄ auf 8°34' ♓).

lonischen Astrologen genau im Voraus berechnet worden war.[32] Als Jupiter und Saturn im Juli dann ihren Stillstand erreichten, trat Venus ihrerseits ins Zeichen der Jungfrau ein;[33] dies wurde sowohl in Babylon als auch im hellenistischen Raum stets mit der „kosmischen Geburtshelferin" Virgo in Verbindung gebracht.[34] Vor diesem Hintergrund mußte sich die Frage nach einem charismatischen König zwangsläufig zuspitzen, wenn nicht sogar bereits messianische Untertöne eine Rolle spielten, wie sie in späterer Zeit allenthalben anklangen.

Astronomisch betrachtet verliefen die beiden folgenden Jahrzehnte vergleichsweise unauffällig; erst die Jahre 41 und 40 v.u.Z. ließen wieder massive Erwartungen hinsichtlich eines neuen Äons aufkommen, ähnlich jenen im Römischen Reich, dort kristallisiert um die 4. Ekloge Vergils.[35] Für den jüdischen Zusammenhang mag von besonderem Interesse gewesen sein, daß die außergewöhnlichen Himmelserscheinungen sich um das Chanukka-Fest abspielten, welches auf die Neuweihung des Tempels zurückgeht.[36] Auf diese Weise erhielten die Vorgänge eine ungeheure religiöse Dynamik, war doch seit jeher der irdische Tempelkult das Abbild des himmlischen Kultes, dessen sichtbare Ebene eben in den Planetenbewegungen gefunden wurde.[37] Eine Rekonstruktion des Ereignisses findet sich in *Abbil-*

---

[32] Vgl. SCHAUMBERGER a.a.O. (oben Anm. 24). Detaillierte Nachweise finden sich bei GÖSSMANN 1950. Eine moderne Berechnung ergibt, daß sich die exakte ♃-♄-Konjunktion am 18.02. −65 auf 8°22' ereignete.

[33] Der Ingress der Venus fand am 9. Juli statt.

[34] In Babylon kam noch hinzu, daß die Fische (dort hießen sie „Schwänze") der Venus geweiht waren. Vgl. GÖSSMANN 1950, 71 (Nr. 175 I 2)

[35] Vgl. VON STUCKRAD 1996, 67ff. Auf den Verheißungsträger der Ekloge, C. Asinius Gallus, werden wir unten zurückkommen.

[36] An dieser Stelle sei daran erinnert, daß im Jahr der Tempelreinigung 164 v.u.Z. der Komet Halley sichtbar war, wie wir aus babylonischen Keilschrifttafeln wissen. Er war zwischen September und November zu beobachten; vgl. dazu STEPHENSON/YAU 1985; eine Abbildung der Tafel findet sich in YEOMANS 1991, 265. Es ist nicht ausgeschlossen, daß die Ereignisse um Makkabäeraufstand und Antiochus IV. durch eine solche Erscheinung weiter stimuliert worden waren, was in der Erinnerung zu ambivalenten Reaktionen führen konnte, da die Kometen gewöhnlich als Unglücksvorzeichen gedeutet wurden. Diese Zusammenhänge bestehen auch dann, wenn man die Tempelweihung nach neuerer Chronologie ins Jahr 163 verlegt. Zum Thema der Kometendeutung s.u. Kap. VIII.2.1.3. sowie das Verzeichnis der Kometenerscheinungen im Anhang.

[37] Vgl. allgemein zum Thema MAIER 1990, 290 (Literatur), sowie zum astrologischen Zusammenhang VON STUCKRAD 1996, 132-135. Die Kulttheologie jener Zeit wird uns unten Kap. IV.2. am Beispiel der Qumranschriften ausführlicher beschäftigen.

dung 1 im Anhang. Wir erkennen den rückläufigen Jupiter in einem weiten Trigon zur Sonne, wobei auch das große Trigon aus ☉, ♃ und ☽ von Bedeutung ist. Wenn nun zum Fest der Wintersonnenwende, gleichzeitig das Tempelweihfest, Jupiter als Königsstern alle anderen Planeten überstrahlend im Trigon zur Sonne stand, um nach seiner rückläufigen Phase am 4. Januar, pünklich zum römischen Aionstag am 6. Januar,[38] seinen Stillstand zu erreichen, während alle anderen Planeten durch die Nähe zur Sonne verblaßten, so konnte dies für das Hasmonäergeschlecht nur bedeuten, daß nunmehr die Frage nach der legitimen und von Gott bestimmten Führungspersönlichkeit mit aller Schärfe nach einer Lösung verlangte. Nicht nur die beiden zerstrittenen Erben des Makkabäergeschlechtes dachten in diese Richtung; auch Herodes, der neue Stern am jüdischen Horizont, machte ausgiebig von einer derartigen Deutung Gebrauch.

2. Die Sternsymbolik im herodianischen Umfeld

Um in dem Bruderzwist zu vermitteln, wurde Rom um Hilfe gebeten. 64 v.u.Z. griffen die Römer von Syrien aus, das ja bereits eine römische Provinz war, nach Westen über und eroberten 63 Jerusalem. Pompeius setzte Hyrkan als König ab und gewährte ihm lediglich das Amt des Hohenpriesters; die weltliche Macht indes lag in den Händen des pro-römischen, edomitisch-jüdischen Antipater und ging anschließend auf dessen Söhne über. Besonders der Antipatersohn Herodes – in die Geschichte als Herodes der Große eingegangen – setzte dem noch immer schwelenden Bruderkrieg ein machtvolles Ende, indem er die jüdische Provinz bis zu seinem Tode im Jahre 4 v.u.Z. mit teilweise brutalen Mitteln, aber wirtschaftlich und politisch äußerst erfolgreich, in seine Gewalt brachte.[39] Es gelang ihm, sein Territorium mehrfach zu erweitern, bis es die Ausmaße des davidischen Großreiches übertraf. Durch seine engen Kontakte zum römischen Kaiserhof gelang es Herodes, Ausnahmeregelungen für

---

[38] Zur Verbindung zwischen paganen Kultfesten und dem Judentum jener Zeit vgl. KASHER 1990a, 29-48. TUCKERMAN 1962, I, 313, kommt zu etwas abweichenden Ergebnissen, die nach neuerer Berechnung zu korrigieren sind; ebenso die Interpretationen bei STROBEL 1987, 1037, beispielsweise daß ♃ erst am 6. Januar direktläufig geworden sei. Das stimmt nicht einmal bei Zugrundelegung des julianischen Kalenders. Die exakten Positionen für den 5.1.41 v.u.Z. lauten: ☉ 15°42' ♑; ☽ 11°41'48" ♒ (12:00 h GMT); ☿ 18°10' ♑; ♀ 0°45' ♓; ♂ 29°03' ♑; ♃ 10°58' ♉; ♄ 25°21' ♑.

[39] Vgl. zum Thema besonders OTTO 1913; SCHALIT 1969.

die Juden auch in den anderen Provinzen zu erwirken, wozu u.a. eine relativ unabhängige Rechtsprechung zählte.[40] Diesen Kontakten nach Rom kommt auch für die Verbindung zwischen Astrologie und Politik im jüdischen Kontext eine besondere Bedeutung zu, denn Herodes erscheint wiederholt als intimer und sensibler Kenner astrologischer Thematik. Um dies angemessen zu würdigen, müssen wir etwas ausholen.

Uns liegt im Bericht des Josephus Flavius (AJ XIV, 381ff) eine detaillierte Schilderung der Kontakte zwischen Herodes und Antonius vor, die schließlich zur Verleihung der Königswürde führten. Herodes war durch die Ereignisse des Panthereinfalls, die die ganze Familie zur Flucht gezwungen hatten, in eine schwere Krise geraten. Insbesondere der Tod seines Bruders Phasael veränderte die politische Lage vollkommen; waren die beiden Brüder bisher offensichtlich gleichberechtigte Partner – als Tetrarchen kam ihnen dieselbe Macht zu –, so wußte Herodes nun trotz der Trauer über den Tod des Bruders die neue Situation zu seinen Gunsten auszunutzen, wollte er nicht des Einflusses in Judäa vollends verlustig gehen.[41] Nach Josephus habe er bei sich erwogen, daß auch die Machthaber „dem Schicksal unterworfen seien". Es ist nicht ganz klar, welche Überlegungen zur Einsetzung des Herodes geführt haben. Einerseits scheint er nach dem Bericht des Josephus relativ unvorbereitet in diesen Genuß gekommen zu sein;[42] klar ist indes, daß Antonius sehr schnell von dem Plan überzeugt war, denn er sah darin einen Vorteil für den parthischen Krieg. Und auch für Antonius stellte sich die Lage, da Phasael ums Leben gekommen war, anders dar, war er doch

> der peinlichen Situation ledig, von zwei Brüdern, die beide gleich dastanden, beide in Rom gleich gut angeschrieben waren, dem einen einen Vorzug geben zu sollen, indem er ihn dem von den Parthern eingesetzten Hasmonäerkönig als König im Namen Roms gegenüberstellte.[43]

---

[40] Vgl. BAUMANN 1986; LINDNER 1987.
[41] Diese Ansicht wird plausibel begründet von SCHALIT 1969, 81-88. Vgl. AJ XIV, 374-376; zum Aufenthalt des Herodes in Ägypten außerdem BJ I, 279.
[42] Josephus AJ XIV, 386f berichtet nämlich, Herodes habe nicht sich selber ins Gespräch bringen wollen, sondern Aristobul, den jungen Enkel des Hyrkan. Diese Erzählvariante ist alles andere als überzeugend. Die Ansicht, Herodes sei beinahe zufällig zum König geworden, vertritt dennoch STROBEL 1987, 1064, der sich zu Unrecht auf OTTO 1913, 23ff beruft. Letzterer hält es nämlich für ausgeschlossen, daß Herodes nicht schon zuvor den Plan gehegt hatte, um die Königsmacht zu bitten (vgl. Sp. 25f).
[43] SCHALIT 1969, 82.

Da keine Einwände bestanden, wurde der Beschluß sofort umgesetzt. Was uns in diesem Zusammenhang interessiert, ist die besondere Rolle des *Schicksals*, die den Bericht des Josephus kennzeichnet. Strobel stellt zu Recht fest: „Unverkennbar spricht der entscheidende Begriff der Tyche in dem erklärenden Satz des Josephus einen astronomischen Stern- und Schicksalsglauben an."[44]

Dieser Befund wird weiter erhärtet, wenn wir uns die in den Inthronisierungsprozeß involvierten Personen ansehen: Neben Antonius und Octavian, zu der Zeit noch Triumvir, nennt Josephus unter den anwesenden Konsuln auch den wohlbekannten Gaius Asinius Pollio, den Vater nämlich des C. Asinius Gallus, des Trägers der vergilschen Verheißung.[45] Alle Beteiligten waren über den Anbruch des verheißenen Äons aufs Beste informiert und spielten jeweils mit der Frage, welche Rolle ihnen wohl dabei zufallen würde. Daß Herodes selber die hellenistischen Erwartungen eines Goldenen Zeitalters mit der jüdischen Messiashoffnung zu verbinden geneigt war, geht aus verschiedenen Kennzeichen seiner politischen Karriere hervor.[46] Allerdings haben wir es dabei stets mit einem Januskopf zu tun – Schalit verwendet den schönen Ausdruck der „doppelten Buchführung" –, der sowohl den jüdischen Eigenheiten als auch der tief im hellenistischen Gedankengut verwurzelten Kultur gerecht zu werden versucht.[47] Wir können mit Sicherheit davon ausgehen, daß Herodes ebenfalls von den astronomischen Zusammenhängen Kenntnis erhielt, zumal sich eine enge Freundschaft zwischen dem Polliohaus und dem neuernannten König Judäas entwickelte.

Wir können sogar noch weitergehen und die Vermutung anstellen, daß die Spekulation um den Anbruch eines neuen Zeitalters schon zuvor für Herodes von Interesse war, denn auf seiner Reise nach Rom hatte er Rhodos besucht, wie wir wissen ein bedeutendes Astrologenzentrum der Zeit. Mit ausgesprochener Großmütigkeit hatte er den Wiederaufbau des abgebrannten Tempels des Pythischen

---

[44] STROBEL 1987, 1064.
[45] AJ XIV, 389.
[46] Nachweise bei SCHALIT 1969, 438ff u.ö. (s.u.).
[47] Herodes hat den schwierigen Versuch unternommen, „durch eine irreführende äußerliche Verwendung der jüdischen messianischen Idee und der Worte ‚Messias' und ‚messianisches Reich' einem Ziel zu dienen, das ganz und gar imperial-römischen Charakter hatte, nämlich, im Herzen des Volkes den Glauben einzupflanzen, daß das neue Rom des ‚Erlösers' Augustus der Schauplatz der Errichtung des jüdischen Messiasreiches sei, und daß die Herrschaft des Herodes bereits zu diesem gehöre" (SCHALIT 1969, 482). S. dazu unten Kap. III.2.2.

Apoll finanziert.[48] Apoll kommt deshalb eine solche Bedeutung zu, weil – so war die gängige Meinung – er dem Goldenen Zeitalter des Saturn den Weg bereiten werde. Herodes sollte seiner Hochschätzung des Apoll-Kultes treu bleiben; so errichtete er in der Stadt Sebaste unweit von Caesarea neben weiteren Heiligtümern auch eine Kultstätte für Apoll.[49] Gleichzeitig achtete Herodes offensichtlich jedoch darauf, die Juden nicht dadurch zu erzürnen, daß er derartige Tempel im eigentlich „jüdischen" Territorium errichtete. Hierauf weist Josephus ausdrücklich hin,[50] auch wenn man wohl davon ausgehen muß, daß der Begriff „jüdisches Territorium" erst dem römischen Sprachgebrauch angepaßt werden mußte.[51] Was die „Astrologeninsel" Rhodos anbelangt, so bedachte Herodes sie während seiner gesamten Regierungszeit wiederholt mit großzügigen Schenkungen,[52] worin die enge Verbundenheit mit der paganen Religion einerseits und mit der wissenschaftlichen Sterndeutung andererseits zum Ausdruck kommt.

Wenn wir die *Münzemissionen* des Herodes zur Erklärung hinzuziehen, so werden wir mit Problemen konfrontiert, die die Forschung nach wie vor in unterschiedliche Lager spaltet. Der Grund hierfür liegt darin, daß Herodes allem Anschein nach Symbole prägen ließ, welche sowohl Juden als auch Römer nach ihrem eigenen Gutdünken interpretieren konnten.[53] Die Richtigkeit eines solchen, wenn auch durchaus unbefriedigenden Befundes, wird nahegelegt durch die schon erwähnte „doppelte Buchführung" des Königs. Wir werden also vorsichtig sein müssen, übereilte Schlußfolgerungen aus den Münzprägungen des Herodes zu ziehen. Dies zeigt sich bereits bei

---

[48] AJ XIV, 378. In BJ wird dieses Detail nicht erwähnt. Vgl. OTTO 1913, 74.
[49] Vgl. zu Samaria/Sebaste G.A. REISNER/F.S. FISCHER u.a.: *Harvard Excavations at Samaria 1908 to 1910*, Vol. I, Cambridge MA 1924, 167-223; SCHÜRER 1986, II, 160-164 (Literatur); KASHER 1990a, 198-203. Beachten wird man außerdem, daß die Idumäer nachweislich einen Apoll-Kult pflegten, vgl. OGIS no. 737; SCHÜRER 1986, III, 597f. Zur Verbreitung des Kultes in Palästina insgesamt vgl. SCHÜRER 1986, II, 30-38.
[50] AJ XV, 328f berichtet, Herodes habe viele Tempel errichtet in den Städten seines Königreiches, doch οὐκ ἐν τῇ τῶν Ἰουδαίων. Hier scheint Josephus sich auf seine Quelle, Nikolaus von Damaskus, zu stützen, ebenso wie bei der unglaubwürdigen Entschuldigung Herodes', er handle nicht auf eigene Verantwortung, sondern auf Geheiß anderer (ebda. 330).
[51] Vgl. KASHER 1990a, 204.
[52] Vgl. OTTO 1913, 74.
[53] So MESHORER 1967, 65f. S. auch die kurze Zusammenfassung der unterschiedlichen Standpunkte bei dems. 1982, II, 18-20.

dem Motiv des *Dreifußes*, welches in geradezu inflationärer Weise zur Darstellung kam: In der Regel ist man geneigt, dies mit dem Apollokult in Verbindung zu bringen. So schrieb schon Madden:

> The occurence of a tripod on the coins of Herod illustrates his paganizing spirit, as he probably adopted it from the coins of the Seleucidae, where there no doubt is a connexion of the tripod with the worship of Apollo.[54]

Wenn man bedenkt, wie eng die Verbindung Herodes des Großen zur Insel Rhodos und dem dort ansässigen Apolloheiligtum war, so scheint einiges für eine solche Interpretation zu sprechen. Als Minimalergebnis kann sicherlich festgehalten werden, daß es sich hier um die Verehrung einer Gottheit des paganen Umfeldes handelt, welches indes durchaus von jüdischen Zeitgenossen als jüdisches Motiv angesehen werden konnte. Einmal mehr zeigt sich das diplomatische Geschick des Idumäers. Dies streicht auch Kanael heraus, wenn er in bezug auf den Dreifuß sowie die Rückseite, die er als *Thymiaterion* deuten möchte, ausführt:

> Herod apparently wished to emphasize the Jewish-Grecian nature of his state by striking on his coins both a heathen symbol (though not one which would clearly offend his Jewish subjects) and a Jewish one (though not one exclusively Jewish and distinctly „national" like Antigonus' candlestick and table of show-bread).[55]

Eine Vielfalt von Interpretationen ermöglicht auch die Verwendung eines Helmes auf der größten erhaltenen Münze des Herodes. Die Darstellung darauf erinnert an einen Dioskurenhelm mit beidseitigem Wangenschutz. Der Helm wird flankiert von zwei Palmzweigen, die auf einen sechsstrahligen Stern ausgerichtet sind.[56] Reicht hier eine Ähnlichkeit, die freilich nicht auf alle Details der Darstellung zutrifft, aus, eine schlichte Nachahmung zu unterstellen? Die Schwierigkeit wird noch deutlicher, wenn man in Rechnung stellt, daß viele Details auch an ein verbreitetes hellenistisches Kultobjekt – das schon genannte *Thymiaterion* – denken lassen.[57] Und wenn Herodes tat-

---

[54] MADDEN 1975, 108.
[55] KANAEL 1963, 48.
[56] MESHORER 1967, Nr. 37; die Münze Nr. 37A zeigt ebenfalls Reste des Sternes am abgebrochenen Rand; vgl. außerdem MESHORER 1982, II, 18f bzw. Nr. 1 auf Tafel 1.
[57] Vgl. MESHORER 1967, 65 sowie MESHORER 1982, II, 19 zur Kritik an KANAEL. Ferner W. WIRGIN: „Two Notes (2): On King Herod's Messianism", in: *IEJ* 11 (1961), 151ff.

sächlich das eine oder andere Motiv im Hinterkopf hatte, welche Aussage intendierte er damit? Kann es sein, daß der König in der Verwendung des Sternmotives eine astrologische Erwartungs- und Legitimationshaltung zum Ausdruck brachte, die den im Helm sich ausdrückenden Sieg des Königtums kosmisch zu überhöhen trachtete? Ist es vielleicht sogar möglich, daß Herodes die Verbindung zwischen Helm und Stern konzipierte, um seinen Sieg über den Hasmonäerstern, der durch den wahren, vom göttlichen Ratschluß eingesetzten Herrscher nunmehr glanzvoll überstrahlt wird? Herodes war ein gerissener Fuchs, und die Vieldeutigkeit des Motives mag durchaus Programm gewesen sein. Die Antwort auf diese Fragen müssen wir allerdings noch zurückstellen, bis wir über das Ausmaß der sternkundlichen Ausrichtung herodianischer Politik weiteres Material hinzugezogen haben.

Etwas größere Klarheit bieten die Inschriften der Münzen, denn diese sind von einer auffälligen Monotonie. Die meisten führen den Königstitel im Genitiv an: ΗΡΩΔΟΥ ΒΑΣΙΛΕΩΣ. Abgesehen von diesem Titel begegnet noch ein Monogramm, welches umfangreiche Spekulationen auslöste. Es handelt sich um die Kombination der griechischen Buchstaben T und P, was von Kanael[58] als die Abkürzung für ΤΡΙΤΟΣ, also „drittes" angesehen wurde. Diese Anschauung konnte sich nicht durchsetzen, allein schon deshalb, weil es unverständlich bliebe, warum die Jahreszahl „drei", die sich explizit auf der Münze findet, in verschlüsselter Form wiederholt werden sollte. Auch an die Abkürzung für ΤΡ(ΙΑΣ) oder ΤΡ(ΙΣΑΛΚΟΝ) wurde gedacht,[59] doch die bislang beste Erklärung lieferte Meshorer, der eine Abkürzung für Τ(ΕΤ)Ρ(ΑΡΧΟΣ) vorschlägt.[60] Auf diese Weise würde die Münze auf das Jahr 40 hinweisen, war doch Herodes im Jahr 42 von Marcus Antonius zum Tetrarchen ernannt worden.[61] Die Jahresangabe „drei" wäre somit ein Hinweis auf den nunmehr massiv vertretenen Königsanspruch des Herodes gegenüber dem Hasmonäer Antigonus.

Man wird ferner beachten müssen, daß sich Herodes im Jahr 37 klugerweise mit der Makkabäerprinzessin Mariamme verheiratete, der Enkelin Hyrkans II und somit der letzten Erbin des Hasmonäerhauses. Die Verdrängung der Herrschaftsansprüche der Hasmonäer

---

[58] 1963, 48.
[59] MADDEN 1976, 108.
[60] MESHORER 1982, 18.
[61] AJ XIV, 325f; BJ I, 244. Vgl. SCHÜRER 1986, I, 278.

durch den „neuen Stern am jüdischen Horizont" wurde also auch von dieser Seite offensiv betrieben. – Wir finden das Datum „drei" noch auf einer weiteren Münze:[62] Auch hier begegnet neben der Inschrift „König Herodes" das schon beschriebene Monogramm. Der Helm ist mazedonischen Typs, und auf der Rückseite der Münze finden wir einen mazedonischen Schild mit einer Sonnenscheibe, umgeben von Strahlenglanz. Wenn auch eine schlüssige und kohärente Deutung nach wie vor unmöglich scheint, so kann doch eine astrologische Konnotation der Motive – im letzteren Fall eines sehr weit verbreiteten Sonnenkultes – kaum von der Hand gewiesen werden.[63]

Betrachten wir die weitere Politik des Herodes. Nachdem er Jerusalem mit Hilfe der Römer im Jahre 37 v.u.Z. erobert hatte,[64] begann er seine Macht durch ein massives Vorgehen insbesondere gegen die über beträchtlichen Rückhalt in der Bevölkerung verfügenden am Leben gebliebenen Hasmonäer weiter zu konsolidieren.[65] Es stellte sich für den neuen König ja das besondere Problem, daß er dem jüdischen Volk als ein Herrscher erscheinen mußte, der von den verhaßten Römern oktroyiert worden war. Da er weder Davidide, noch überhaupt Jude im vollgültigen Sinne war,[66] mußte ihm klar sein, daß nur die enge Beziehung zum römischen Kaiserhof die neu errungene Macht festigen konnte. Dies zeigt sich nicht zuletzt auch darin, daß er seine beiden Söhne Alexander und Aristobul schon frühzeitig nach Rom schickte, um ihnen eine höfische Erziehung und die Bekanntschaft mit der kaiserlichen Familie zu bieten.[67] Von Augustus wurde Herodes dadurch geehrt, daß er es ihm gestattete, seinen Thronnachfolger schon zu Lebzeiten zu bestimmen.[68]

Was uns an dieser Episode besonders interessiert, ist das freundschaftliche Verhältnis, das die herodianische Familie nicht nur zu

---

[62] MADDEN 1975, 109.
[63] Ähnlich äußert sich STROBEL 1987, 1066: „Hier mag gezielt eine Sonnensymbolik angestrebt sein, weshalb nicht auszuschließen ist, daß Herodes auf den Münzen verewigt hat, was ihm vorher auf Rhodos im Zeichen der Sterne Auftrag und Gelübde war." Zur Diskussion um den Sonnenkult vgl. STÄHLI 1985 sowie MAIER 1979.
[64] Zur Diskussion um das richtige Datum vgl. BAUMANN 1983, 159-163.
[65] Zu den militärischen Auseinandersetzungen mit den Hasmonäern vgl. I. SHATZMAN a.a.O. (oben S. 108 Anm. 20).
[66] Vgl. Dt 17,15. Nach AJ XIV, 403 schimpft Antigonus Herodes einen „Halbjuden"; vgl. SCHALIT 1967, 692f; SCHÜRER 1986, I, 27. 207n. 296.
[67] AJ XV, 342f; XVI, 6; BJ I, 445. Vgl. OTTO 1913, 68.
[68] AJ XV, 343; XVI, 92. 129; BJ I, 454. 458.

Augustus und Agrippa, sondern auch zur Familie des Pollio pflegte. So berichtet Josephus von der Ankunft der beiden Brüder in Rom: „Als sie dort angekommen waren, kehrten sie bei Pollio, einem sehr guten Freund ihres Vaters, ein, obwohl es ihnen auch erlaubt war, beim Kaiser selber abzusteigen" (AJ XV, 343). Herodes ließ demnach seine Söhne in direkter Nähe des vergilschen Verheißungsträgers erziehen, C. Asinius Gallus, der einige Jahre älter war als Alexander und Aristobul.[69] Strobel hat Recht, wenn er ausführt:

> Wir müssen annehmen, daß Herodes die auf ihm [Asinius Gallus, KvS] ruhenden Hoffnungen der Familie bestens bekannt waren, und wir müssen schließen, daß der kluge Diplomat alles unternahm, gegebenenfalls an dem himmlischen Glück der Familie zu partizipieren. Unverkennbar ging Herodes der Große damals daran, mit gezielter Weitsicht den Bestand seiner Herrschaft zu sichern.[70]

An dieser Stelle muß noch einmal daran erinnert werden, daß die 4. Ekloge des Vergil einen gewissen Spielraum ließ, wem denn nun die Verheißung konkret gelten solle. Somit konnte Herodes gleichsam zwei Fliegen mit einer Klappe schlagen: sollte das Glück – man muß wohl besser sagen: das Schicksal – es mit der Familie der Pollios gut meinen, so wäre er hier zur rechten Zeit am rechten Ort, um seinen eigenen Anteil am Fortgang der Geschichte zu sichern; falls die Sterne indes einen anderen begünstigen würden, vielleicht sogar ihn selber oder seine Nachkommen, so zahlte es sich ebenfalls aus, die Kontakte zu Rom in aller Freundschaft zu vertiefen.

Wir stellen also erneut fest, daß sich jeder im Spiel der Macht Involvierte die Karten so zurechtlegte, daß er ein möglichst großes Stück vom zu erwartenden Kuchen abbekommen würde, sollte er nicht gar selber der ersehnte Herrscher sein. Letzteres bezog sich bei Herodes freilich nur auf seine Rolle als König des jüdischen Volkes, denn zu groß war seine aufrichtige Verehrung des römischen Kaisers.

Er hatte schon bald darauf Gelegenheit, an der gezielten Zelebrierung gleichsam kosmischer Legitimierung der augusteischen Herrschaft zu partizipieren. Als er nämlich im Jahre 17 v.u.Z. nach Rom reiste, um seine beiden Söhne wieder in Empfang zu nehmen, richtete er es so ein, daß er an den jahrelang minutiös geplanten *ludi sae-*

---

[69] Möglicherweise sympathisierte der Konsul C. Asinius Pollio selber mit dem Judentum. Vgl. L.H. FELDMAN: „Asinius Pollio and his Jewish Interests", in: *TAPhA* 84 (1953), 73-80.
[70] STROBEL 1987, 1071.

culares des Kaisers teilnehmen konnte.[71] Die Spiele fanden vom 31. Mai bis 3. Juni statt, und am letzten Tag wurde das *Carmen Saeculare* des Horaz auf dem Palatin und dem Kapitol aufgeführt.[72] Eigentlich hätten die Spiele, die pünktlich alle einhundert Jahre abgehalten wurden, schon zehn Jahre eher stattfinden müssen, doch Octavian hielt es für besser, sie mit der Zehn-Jahres-Feier seiner Ernennung zum Augustus zusammenfallen zu lassen.[73] Und die soeben beschlossenen politischen Entscheidungen – die Einführung des Principats, Agrippa als *tribunicia potestas* und *imperium maius*, nicht zuletzt die Adoption seiner Enkel Caius und Lucius – ließen es möglicherweise geraten erscheinen, durch die Jahrhundertspiele abgesichert zu werden.

Interessanterweise fand in dieser Zeit eine Jupiter-Saturn-Opposition statt, wobei der rückläufige Saturn 154° von der Sonne entfernt hell am Himmel stand, während alle anderen Planeten nicht zu erkennen waren.[74] Vor diesem Hintergrund mußte es wie ein Geschenk des Himmels erscheinen, daß, wie Sueton berichtet, sich ein Komet zeigte und sieben Tage sichtbar blieb:

> Während der Spiele, die sein Erbe Augustus zum erstenmal anläßlich seiner [Caesars] Vergöttlichung abhielt, erschien ein Komet für sieben Tage ununterbrochen, aufsteigend um die elfte Stunde, und man glaubte, dies sei die Seele Caesars, die in den Himmel aufgenommen wurde; aus diesem Grunde wurde seinem Bild ein Stern hinzugefügt.[75]

---

[71] Zu den Saecularspielen vgl. G. Radke: Art. „Saeculum", in: *kP* IV, 1492-1494; J. Gagé: *Recherches sur les jeux séculaires*, Paris 1934; Wagenvoort 1956; S. Weinstock: *Divus Iulius*, Oxford 1971, 370ff, besonders 379-382; Liebeschuetz 1979, 97f; J.F. Hall: „The *Saeculum Novum* of Augustus and its Etruscan Antecedents," in: ANRW II.16.3 (1986), 2565f. 2575ff.

[72] Vgl. CIL VI, 32323ff.

[73] Durch eine künstliche Reihung – *ludi saeculares* in den Jahren 126, 236, 346 und 456 – legitimierte Octavian den Wechsel auf 110 Jahre. Neben dem genannte Grund kann auch ein Rekurs auf entsprechende griechische Zyklen hinter der Entscheidung stehen; vgl. J.B. Pighi: *De ludis saecularibus populi Romani Quiritium*, Amsterdam ²1965, 23-25. 40-42; P. Brind' Amour: „L'origine des jeux séculaires", in: ANRW II.16.2 (1978) 1334-1417; Gladigow 1983, 266.

[74] Die Positionen für den 3. Juni –16 seien kurz genannt: ☉ 11°53' ♊; ☿ 0°08' ♊; ♀ 09°17' ♊; ♂ 05°24' ♋; ♃ 16°17' ♉; ♄ 17°34' ♏ ℞. Die exakte Jupter-Saturn-Opposition ereignete sich am 7. Juni –16.

[75] Sueton *Div. Iul.* 88: *Siquidem ludis, quos primos consecrato ei heres Augustus edebat, stella crinita per septem continuos dies fulsit exoriens circa undecimam horam, creditumque est animam esse Caesaris in caelum recepti; et hac de causa simulacro eius in vertice additur stella.*

Das führte selbstverständlich zur nachhaltigen Belebung der Legenden, welche sich um die himmlische Wohnstatt Caesars und das *sidus Iulium* rankten.[76] Dies läßt sich auch an Münzemissionen des Jahres 17 ablesen, wo die Inschrift CAESAR AUGUSTUS, DIVUS IULIUS sowie ein achtstrahliger Stern nebeneinander dargestellt sind.[77] Wir haben also die interessante Situation, daß zum einen die römische Welt der Apotheose Caesars beiwohnte, darüber hinaus jedoch auch Augustus diesen himmlischen Beistand für sich auszunutzen gedachte.[78] Er ließ Münzen prägen mit der Aufschrift: AVGVST(US) DIVI F(ILIUS) LVDOS SAE(CULARES). Ein Herold in langer Robe mit einem gefiederten Helm ist darauf zu sehen, in der Hand einen Caduceus (Heroldsstab) und einen runden Schild, welchen ein sechsfacher Stern schmückt.[79] Man erkennt daran sehr deutlich, wie stark das römische Kaiserhaus und mit ihm die gesamte höfische und kulturelle Szene, vom Fieber des neuen Zeitalters erfaßt worden war. Die Erwartung der Zeitenwende war allenthalben präsent, und jede Sternenerscheinung mußte zwangsläufig in diesem Sinne ausgedeutet werden.

Wenn wir uns nun wieder Herodes zuwenden, so sehen wir ihn inmitten dieser – fast möchte man sagen: hysterischen – Aufbruchstimmung Roms. Und wir brauchen nicht die engen Kontakte zur Familie Pollio zu bemühen, um sicher sein zu können, daß er sich seinen eigenen Reim auf die Vorgänge machte und mit der Frage spielte, welche Rolle er selber (bzw. seine Nachkommenschaft) im kosmischen Spiel der Macht einzunehmen habe. Zu dieser Zeit war er bereits in die schwierigen und aufreibenden Intrigen verwickelt, die bis zum Ende seiner Regierungszeit die herodianische Familie vollends zerrütten sollten. Die komplexen Zusammenhänge müssen

---

[76] Das sidus Iulium, welches an den Kometen des Jahres 44 v.u.Z. anknüpft, ist die vielleicht wichtigste Kometenerscheinung und -interpretation der antiken Welt. Entgegen früheren Annahmen, die mit den (falschen) Berechnungen von Sir Edmund Halley arbeiteten und die Sichtbarkeit des Kometen in den September legten, war der Komet aller Wahrscheinlichkeit nach schon im Juli deutlich zu beobachten, was ein interessantes Licht auf die Umstände von Caesars Beerdigung und Verstirnung sowie – nicht zuletzt – auf die Augusteische Herrschaftslegitimation wirft. Vgl. dazu RAMSEY/LICHT 1997.
[77] Nachweise bei SUTHERLAND 1987, 17-19.
[78] Daß Augustus bereits vor 27 v.u.Z. seine Vergöttlichung zunächst privat, dann jedoch auch öffentlich dokumentierte, zeigt R. ALBERT: *Das Bild des Augustus auf den frühen Reichsprägungen. Studien zur Vergöttlichung des ersten Prinzeps* (Schriftenreihe der Numismatischen Gesellschaft Speyer 21), Speyer 1981.
[79] RIC I, London ²1984, 66, Nr. 339f.

wir uns an dieser Stelle ersparen;[80] stattdessen gilt es, die wesentlichen Merkmale der Spannungen und deren gesellschaftlichen Hintergründe aufzuzeigen.

Als entscheidendes Moment der Krise muß der bereits angedeutete Konflikt zwischen *hellenistischen Idealen* und dem *jüdisch-hasmonäischen Erbe* betrachtet werden, den Herodes zu keiner Zeit wirklich in den Griff bekam. Solange er mit der Hasmonäerin Mariamme verheiratet war, konnte er noch einen minimalen Rückhalt in der jüdischen Bevölkerung voraussetzen; dies änderte sich schlagartig, als er nach seiner wichtigen Unterredung mit Octavian im Jahre 30 von der Insel Rhodos zurückgekehrt war.[81] Hatte er hier einen kaum zu überschätzenden politischen Erfolg für sich verbuchen können, mußte er bei seiner Ankunft feststellen, daß Mariamme in ihrer Ablehnung gegenüber seiner antihasmonäischen Politik und dem Hinmetzeln ihrer eigenen Familie alles andere als gleichgültig war. Offensichtlich machte sein Charakter es ihm unmöglich, das Ausmaß des Hasses, welchen die Reste der hasmonäischen Dynastie und nicht zuletzt seine Frau gegen ihn hegten, in sein Kalkül einzubeziehen. Er reagierte auf die denkbar blutrünstigste Weise, und die Ermordung der Mariamme im Jahre 29 v.u.Z. ging als Beweis der herodianischen Brutalität in die Geschichtsschreibung ein.

Da die Söhne der Mariamme sich ihrer stolzen hasmonäischen Vergangenheit bewußt waren und darüber hinaus durch ihr offensichtlich sympathisches Auftreten über einigen Rückhalt in der Bevölkerung verfügten, wurde die Auseinandersetzung zwischen jüdischem und hellenistisch-römischem Denken und Handeln zur Triebfeder der endgültigen Zerrüttung der Familie. Hierbei erscheint es zunächst einmal belanglos, inwieweit ein derartiger Widerspruch tatsächlich bestand, denn auch die Söhne des Herodes sind durch ihre Erziehung alles andere als „traditionell jüdisch" einzustufen, ein Terminus, welcher ohnehin auf die damalige Situation nicht sinnvoll anzuwenden ist. Es ist vielmehr zu konstatieren, daß die Geschichtsschreiber – namentlich Nikolaus von Damaskus bzw. Josephus – sowie beträchtliche Teile der oppositionellen jüdischen Gruppierungen eine Polarisierung *konstruierten*, die dem damaligen Diskurs entsprach. Und dieser Diskurs operierte je länger je mehr mit Begriffen, die auf eine endgültige Konfrontation apokalyptischen Ausmaßes ausgerichtet waren.

---

[80] Sie sind ausführlich von SCHALIT 1967 behandelt worden.
[81] Vgl. SCHALIT 1967, 127ff.

In der innerjüdischen Debatte ging es nicht mehr nur um eine aggressive Repressionspolitik und die Unterdrückung der Bevölkerung durch „Geheimdienstmethoden", sondern um den Kampf zwischen der Erwählungsgemeinschaft und ihrem Gegenspieler („Edom"), der die Errichtung eines Goldenen Zeitalters messianischer Prägung vorzubereiten hatte. Dieser Hintergrund gibt der blutigen Auseinandersetzung ihren spezifischen emotionalen Charakter, wie wir im Rahmen der Darstellung der unterschiedlichen religiösen Gruppen (besonders anhand der Qumranliteratur) noch sehen werden. Im Hinblick auf die beinah dichotomische Gegenüberstellung herodianischer Politik und jüdisch-hasmonäischer Interessen gilt es mit Baumann festzuhalten,

> daß die durch die herodesfeindliche Quelle im Werke des Josephus vorgegebene folgerichtige Entwicklung (alle Taten des Herodes sind darauf abgestellt, die Hasmonäerfamilie systematisch auszurotten, alle dem anscheinend widersprechende Reaktionen sind Heuchelei des Königs, um die Umwelt über seine wahren Absichten hinwegzutäuschen), die sich in durchaus ähnlicher Weise auch in der Mehrzahl der wissenschaftlichen Literatur über Herodes konstatieren läßt, historisch realiter vorhanden gewesen sein *kann*, jedoch nicht *muß*.[82]

Wir werden wohl auch in diesem Falle von einem weitaus komplexeren Gesamtbild auszugehen haben, als dies einfache Zuschreibungen und Gegenüberstellungen suggerieren. Der pragmatische Ansatz kann dabei insofern eine Hilfe darstellen, als auf diese Weise die von Nikolaus, Josephus und anderen überlieferten Geschichtsdetails in geeigneter Form verortet werden können, indem Informationen und Hintergründe in Anschlag gebracht werden, die über die reine Textexegese hinausführen.

Doch betrachten wir zunächst den weiteren Verlauf der Geschichte in aller Kürze: Die angesprochene Spaltung der Familie führte zur erbitterten Auseinandersetzung zwischen Herodes und seinen Söhnen. Nachdem er sie anläßlich der Saecularfeiern im Jahre 17 aus Rom abgeholt, wo sie – wie Josephus erwähnt – voll ausgebildet waren,[83] und ihnen Gattinnen ausgesucht hatte, begannen Alexander und Aristobul, sich auf ihren hasmonäischen Stolz berufend, mit breit angelegten Intrigen gegen den Vater. Diese eskalierten nach 14 v.u.Z., als Feinde seiner Söhne in die Intrigen eingriffen und Gerüchte streuten, um Herodes glauben zu machen, die Söhne wollten das

---

[82] BAUMANN 1986, 173 (Hervorhebung im Original).
[83] AJ XVI, 6f. Der dritte Sohn der Mariamme war in Rom gestorben.

Blut ihrer Mutter an ihm rächen.[84] Besonders die Ränke schließlich, welche der Stiefbruder der beiden, der aus Herodes' erster Ehe mit Doris stammende Antipater, am Hof entfesselte, führten zur weiteren Eskalation der Umstände. Es gelang Antipater, die Idumäer sowie Herodes' Bruder Pheroras – die ihm in der Kunst der Intrige offensichtlich mehr als gewachsene Herodesschwester Salome ließ sich nicht gewinnen – gänzlich auf seine Seite zu ziehen und das Mißtrauen des Herodes gegen seine beiden „hasmonäischen" Söhne bis zum Verfolgungswahn zu steigern.[85]

Es sind die Jahre 7 und 6 v.u.Z., die zum Ausbruch der Spannungen führten und uns auch vor dem astrologischen Hintergrund besonders interessieren. Hierfür ist es unerläßlich, die Singularität der Himmelserscheinungen jener Jahre zu würdigen.

2.1. Die Ereignisse der Jahre 7 und 6 v.u.Z.

Zum ersten Mal seit langer Zeit ereignete sich eine Große Konjunktion von Jupiter und Saturn im Zeichen der Fische, also eine dreifache Begegnung, die sich aus der (scheinbaren) Rückläufigkeit der Planeten ergibt. Das Ereignis konzentrierte sich exakt am damaligen Frühjahrspunkt (in der Nähe des Sternes ζ Piscium[86]) und war deshalb in besonderer Weise geeignet, Erwartungen eines neuen Zeitalters zu stimulieren.[87] Die erste Begegnung der beiden Planeten vollzog sich am 27. Mai –6 und zeigt bereits die große Dramatik der Ereignisse, finden wir doch Mars in Opposition zu Jupiter/Saturn, wobei sich der Orbis in den nächsten Wochen weiter verringern sollte.[88] Mars kommt in diesem Zusammenhang deshalb eine besondere Bedeutung zu, weil er nach antiker Auffassung eine aggressive, kriegerische Komponente darstellt, wodurch die Jupiter-Saturn-Konjunktion zu einem explosiven Gemisch wurde, das äußerste Gefahr anzuzeigen pflegte.[89]

---

[84] AJ XVI, 73-77; BJ I, 447. Vgl. Otto 1913, 127ff; Schalit 1967, 592.
[85] Vgl. Otto 1913, 138f; Schalit 1967, 620-628.
[86] Zu ζ Piscium vgl. Kroll 1979, Abb. 48, die nach Strobel 1987, 1000 geringfügig zu korrigieren ist. Danach befand er sich im Jahr 6 v.u.Z. auf 351°45', also 21°45' ♓.
[87] Vgl. von Stuckrad 1996, 74f.
[88] S. *Abbildung 2* im Anhang.
[89] Vgl. Manilius *astron*. II, 443; III, 633 („*Tunc et bella fero tractantur Marte cruenta*"); IV, 217-229. 718f. Zur Ansicht, Mars sei auch für gefährliche, fiebrige und zum Tode führende Krankheiten verantwortlich, vgl. *BL* 422-425. Vgl. K. Ferrari-d'Occhieppo: „Die Rolle des Mars bei der Großen Konjunktion 7 v.Chr.", in: *Der Sternbote* 9 (1966), 30ff.

Die enge Konjunktion hielt über den Sommer an, und nachdem beide Planeten rückläufig geworden waren, folgte die zweite Konjunktion am 29. September –6.[90] Während der ganzen Zeit war das Ereignis gut zu beobachten, da die Sonne in einem großen Winkel davon entfernt stand. Die letzte ♃-♄-Begegnung fand dann im Quadrat zur Sonne statt, und zwar am 3. Dezember –6;[91] der 90°-Winkel der Sonne war geeignet, die Deutungen in ihrer Schärfe weiter zu untermauern, denn Quadrate galten seit jeher als besondere Herausforderungen. Der letzte Akt des kosmischen Dramas vollzog sich in der Nacht vom 14. auf den 15. April –5: Auf *Abbildung 5* erkennt man sehr deutlich, wie ♃ heliakisch im Widder aufgeht, und zwar nach dem Erscheinen von Venus, Saturn und Mond, gefolgt von der Sonne. Die Reihenfolge Mond, Venus, Saturn, die Strobel anführt, muß demnach berichtigt werden. Nichts zu berichten gibt es indes an seiner Deutung:

> Für den Beobachter stand außer Frage, daß Jupiter seinen Standort in der Mitte der übrigen sechs Planeten hatte, wobei deren Massierung im Frühjahr im Bereich des Überganges der Zodiakalzeichen Fische und Widder zu außerordentlichen Überlegungen Anlaß sein mußte, geschah diese Massenzusammenkunft der Planeten doch im Anschluß an die singuläre Jupiter-Saturn-Konjunktion des Vorjahres. Saturn am Beginn des Tierkreises mußte in solcher Versammlung zu diesem Termin die zentrale Frage nach dem Weltenjahr wecken.[92]

Der ganze Verlauf der Konjunktion vollzog sich ruhig und gewissermaßen würdevoll, was jene beiden Himmelskörper immer gegenüber den erdnahen Planeten Merkur, Venus und Mars auszeichnet, die dagegen eine gewisse Schnellebigkeit ausstrahlen.[93] Dazu kommt, daß Jupiter in besonders strahlendes Licht getaucht war, befand er sich doch in der Nähe seines Perihels, d.h. seiner größten Sonnennähe (heliozentrisch betrachtet!). Und schließlich sei daran erinnert, daß dieses Ereignis die Konjunktion des Jahres 126 v.u.Z. noch übertraf, weil nun die beiden Planeten über Monate hinweg gemeinsam am Himmel standen, während im vorhergehenden Fall Jupiter beim zweiten Stillstand östlich von Saturn stehenblieb, so daß er sich gleich darauf wieder von ihm zu lösen begann.[94] Es liegt auf der

---

[90] S. *Abbildung 3* im Anhang.
[91] S. *Abbildung 4* im Anhang.
[92] STROBEL 1987, 1051.
[93] S. *Tafel 2* im Anhang.
[94] Zum Thema vgl. FERRARI D'OCCHIEPPO 1994, 45; in seiner Tabelle 1 (S. 141) sind außerdem alle gemeinsamen Aufgänge von Jupiter und Saturn verzeich-

Hand, daß bei derartiger Ähnlichkeit sich die Frage stellen *mußte*, ob nunmehr der künftige Weltenherrscher auf den Plan treten bzw. an welche Person sich die Erwartungshaltung, die überall zum Greifen war, anheften würde.

Es steht außer Zweifel, daß die Vorgänge am Jerusalemer Hof mit aller Akribie verfolgt worden sind. Wir dürfen außerdem mit großer Sicherheit unterstellen, daß – nach althergebrachter empirischer Tradition – die Gelehrten einen Zusammenhang mit den Ereignissen des Jahres 126 v.u.Z. herzustellen suchten. Für die jüdische Geschichte ergibt sich daraus, daß die neuerliche Große Konjunktion die sich aus der Geburt des Alexander Jannai[95] ergebenden Geschehnisse auf eine drastische Weise zu wiederholen drohte. Immerhin hatte das Jahr 126 einen jüdischen König hervorgebracht, der sich 27 Jahre hat halten können, das Reich beträchtlich erweiterte und außenpolitisch große Macht ausstrahlte, und dem maßgebliche Kreise der Bevölkerung auch 70 Jahre[96] nach seinem Tod noch immer große Verehrung zollten. Diese Zusammenhänge lagen jedem astrologisch Gebildeten offen vor Augen, und es erforderte bedingungsloses und entschiedenes Handeln seitens der Machthaber, um nicht von den Ereignissen überrollt zu werden. Die hitzige und für viele Beobachter schwer nachzuvollziehende Reaktion des Herodes auf die Herausforderer in der eigenen Familie gewinnt vor diesem Hintergrund eine durchaus nachvollziehbare Dynamik.

Die Art und Weise, wie Herodes sich anläßlich der Gerichtsverhandlung gegen Alexander und Aristobul gebärdete, offenbart nicht nur den Zerrüttungszustand der königlichen Familie, sondern auch die emotionale Disposition, die seitens des Königs bereits an Verfolgungswahn zu grenzen schien.[97] Die Erdrosselung der beiden Thronfolger in Sebaste (dem ehemaligen Samaria), vermutlich im Jahre 7 v.u.Z., konnte nicht einmal von Augustus verhindert werden, denn Herodes sah sich nun auch von der Stimmung im Heer in die Enge

---

net, wie sie sich aus der babylonischen Rechenweise ergaben, und die mehr oder weniger mit den tatsächlichen Ereignissen korrespondieren. Vgl. zudem die Übersicht auf *Tafel 1* im Anhang.

[95] Zur Geburt Alexander Jannais s.o. S. 108.

[96] Das Jahr 6 v.u.Z. mit dem 70. Todesjahr des Alexander Jannai in Verbindung zu bringen, ist zwar verlockend, doch äußerst spekulativ. Da indes auch die damaligen Astrologen derartige Spekulationen liebten, ist aus diesem Zusammenhang immerhin eine Verschärfung der dargestellten Überlegungen aus der Sicht der Hofastrologen oder gar des Herodes abzuleiten.

[97] AJ XVI, 328-334. 361-366 (Herodes in der Gerichtsverhandlung); BJ I, 535-543; Vgl. OTTO 1913, 137f.

getrieben, so daß er nicht nur die Mariammesöhne dem Tod überantwortete, sondern in derselben Gerichtsverhandlung auch all jene Angehörigen des Militärs steinigen ließ, welche sich der Sympathie mit den beiden verdächtig gemacht hatten.[98] Wie wir gesehen haben, paßt diese Überreaktion in die aufgeregte astrologische Debatte jener Monate.

Und die Deutung der besonderen Rolle des Mars, der immer wieder den Verlauf der Großen Konjunktion zu stören schien, hat im Handeln des Herodes auch nicht gerade zu einer Entschärfung der Situation beigetragen, im Gegenteil: Wie Josephus[99] überliefert, kam es in jenem Jahr zur Hinrichtung einer größeren pharisäischen Oppositionsgruppe, die – und das ist besonders interessant – ausgeprägten messianischen Tendenzen anhing. Den Hintergrund bildet eine dunkle Prophezeiung, nach der Herodes „nach dem Ratschluß Gottes" die Herrschaft verlieren würde.[100] Die Kontakte der Frau des Herodesbruders Pheroras zu jenen Kreisen der eschatologisch orientierten Pharisäer brachte Herodes gegen Pheroras auf, und er forderte von ihm die Trennung von seiner Frau. Der Bericht des Josephus verzeichnet darüber hinaus auch die Hinrichtung des Eunuchen Bagoas samt einem gewissen Karos, welcher „vom König geliebt wurde", sowie aller Mitglieder der Dienerschaft, welche den Reden der Pharisäer Glauben geschenkt hatten (AJ XVII, 44). Dieser Eunuch hatte den Mut besessen zu behaupten, „er werde der Vater und Wohltäter dessen heißen, der einst über das Volk mit dem Titel des Königs gesetzt werde. Alle Macht werde bei ihm sein, und er würde Bagoas die Fähigkeit zurückgeben, zu heiraten und eigene Kinder zu zeugen."[101] Wir erkennen hier sehr deutlich, daß auch große Teile der Bevölkerung – inwieweit wir von „Pharisäern" spre-

---

[98] AJ XVI, 373-394; BJ I, 544-551.
[99] AJ XVII, 41-46; interessant an dieser Stelle ist darüber hinaus, daß Josephus den Pharisäern die Divinationskunst zuspricht, die er sonst nur im Zusammenhang mit den Essenern erwähnt (so AJ XV, 371-379, s.u.). Hat er die Gruppen nur verwechselt? Verarbeitete er ungeprüft eine andere Quelle (Nikolaus war bekanntlich ein Gegner der Pharisäer)? Oder hält die einfache Zuordnung dem historischen Sachverhalt nicht stand, und auch unter den Pharisäern gab es Zukunftsdeuter? Vgl. als Parallele ferner BJ I, 569-571.
[100] AJ XVII, 43f: „οἱ δὲ ἀμειβόμενοι τὴν εὔνοιαν αὐτῆς (πρόγνωσιν δὲ ἐπεπίστευντο ἐπιφοιτήσει τοῦ θεοῦ) προὔλεγον, ὡς Ἡρώδῃ μὲν καταπαύσεως ἀρχῆς ὑπὸ θεοῦ ἐψηφισμένης αὐτῷ τε καὶ λένει τῷ ἀπ' αὐτοῦ, τῆς δὲ βασιλείας εἴς τε ἐκείνην περιηξούσης καὶ Φερώραν παῖδάς τε οἳ εἶεν αὐτοῖς. καὶ τάδη [...] ἐξάγγελτα βασιλεῖ ἦν, καὶ ὅτι τῶν αὐλὴν διαφθείροιέν τινας."
[101] AJ XVII, 45: „κατὰ χεῖπα γὰρ ἐκείνῳ τὰ πάρτ' εἶναι, παρέξοντος αὐτῷ γάμου τε ἰσχὺν καὶ παιδώσεως τέκνων γνησίων."

chen können, sei dahingestellt – von der Erwartung eines neuen Äons ergriffen waren.

Wie stark diese Hoffnung war, läßt sich zusätzlich daran ablesen, daß schon das Gerücht um den Tod des Herodes ausreichte, um den aufgestauten Emotionen Bahn zu brechen: Einige junge Schüler der angesehenen (pharisäischen) Lehrer Judas und Mattathias entfernten unverzüglich den goldenen Adler, welchen Herodes am großen Tor des Tempels hatte anbringen lassen.[102] Man nahm sie gleich fest, und das Verfahren gegen sie, vom noch recht lebendigen Herodes in Jericho durchgeführt, geriet zum Fanal des königlichen Zorns. Angesichts der geschilderten astrologischen Zusammenhänge können wir ermessen, daß es sich bei dieser Reaktion weniger um die schwindende geistige Zurechnungsfähigkeit des Herodes gehandelt haben wird als vielmehr um die begründete Angst, seine historische Position in der jüdischen Geschichte werde nun durch einen unbekannten und nicht von ihm eingesetzten Herrscher untergraben. Josephus selber bietet eine solche Deutung an, wenn er im Hinblick auf den Tod der Mariammesöhne die berechtigte Frage stellt, ob es sich hier nicht eigentlich um *Notwendigkeit* und *himmlisches Schicksal* handle, da anders die ungeheure Zuspitzung des Konflikts nicht angemessen verstanden werden könne.[103] Wir werden in einer zusammenfassenden Deutung sehen, daß eben diese Erklärung ins Zentrum des antiken Diskurses hineinführt.

2.2. Herodes als Messias

Um zu beurteilen, welche Rolle Herodes und sein Umfeld im römischen bzw. jüdischen Diskurs über die Astrologie eingenommen

---

[102] AJ XVII, 149-167; BJ I, 648-655. Außerdem Eusebius HE I, 8. 5ff. Zur Bedeutung des Adlers in diesem Zusammenhang vgl. SCHÜRER 1986, I, 325; SCHALIT 1969, 458-459. 734; SMALLWOOD 1976, 99; BAUMANN 1986, 226f. Ferner: C. ROTH: „An Ordinance Against Images in Jerusalem", in: *HThR* 49 (1956), 169-177. Der Tod des Herrschers wurde später in der christlichen Deutung der Geschichte ebenfalls kosmologisch überhöht, wie Apg 12,19b-24 zeigt; vgl. dazu O.W. Allen, Jr.: *The Death of Herod. The Narrative and Theological Function of Retribution in Luke-Acts*, Atlanta, GA 1997.

[103] AJ XVI, 397: „[...] ἣ καὶ τὴν τύχην παντὸς εὐγνώμονος λογισμοῦ μείζω τὴν δύναμιν ἐσχηκυῖαν, ὅθεν καὶ πειθόμεσα τὰς ἀνθρωπίνας πράξεις ὑπ' ἐκείνης προκαθωσιῶσθαι τῇ τοῦ γενέσθαι πάντως ἀνάγκῃ, καὶ καλοῦμεν αὐτὴν εἱμαρμένην, ὡς οὐδενὸς ὄντος ὃ μὴ δι' αὐτὴν γίνεται." Vgl. zur Stelle SCHALIT 1969, 627f, und STROBEL 1987, 1073, der feststellt: „Die Sprache ist eindeutig im Blick auf den Einfluß astrologischer Vorstellungen".

haben, müssen wir noch ein weiteres Moment in die Betrachtung einbeziehen: die Frage nach dem *herodianischen Messianismus*. Es wurde bereits im Zusammenhang der Verleihung der Königswürde an Herodes gezeigt, daß auch dem Idumäer die vergilsche Verheißung und die Hoffnungen im Hause Pollio wohlbekannt waren. Ebenso teilte er die Meinung der römischen Gelehrten, die Herrschaft des Augustus – des „Erhabenen", „Verehrungswürdigen", griechisch des σεβαστός[104] – läute ein neues Zeitalter des Friedens (der *pax Augusta*) ein. Dies wird anläßlich seines Besuches der Saecularfeiern überdeutlich. Doch so sehr Herodes auch von der Verehrung des Kaisers erfüllt war, immer wieder versuchte er, den römischen Kult mit dem jüdischen Erbe in Einklang zu bringen. Mehr noch: war Augustus der von den Göttern beschirmte römische Herrscher, so nahm Herodes von sich selber an, der vom Gott der Juden erwählte und von den Propheten verheißene König zu sein. Dies ist der Grund dafür, daß er seinen Stammbaum – ganz nach Art der hellenistischen Herrscher – fälschte, um sich als echter Davidide präsentieren zu können. Auch wenn diese Taktik bei der Mehrheit der jüdischen Bevölkerung offensichtlich nicht verfing, zeigt es doch die Ausmaße der messianischen Selbsteinschätzung des Herodes. In seiner glänzenden Analyse dieser Zusammenhänge kommt denn auch Schalit zu dem Ergebnis:

> Durch die Gewinnung eines erhabenen Ranges eines Messias aus dem Davidshaus hoffte Herodes sich hoch über das Gezänke der sich bekämpfenden Parteien im Lande emporzuschwingen und als eine Gestalt anerkannt zu werden, die durch den Ratschluß der göttlichen Vorsehung zur Erde herniedergestiegen sei. Indem er seinem Reich den Titel eines messianischen Reiches beizulegen gedachte, wollte Herodes eben das zum Ausdruck bringen, daß sein Königtum auf Geheiß des Himmels ins Dasein gerufen und zu dem Zweck erstanden sei, alles Gute, was dem jüdischen Volke für die Tage des Messias von Gott verheißen sei, in die Wirklichkeit umzusetzen.[105]

Die Parallelität der politischen Handlungen mit den beachtenswerten astrologischen Überlegungen (die von Schalit leider ausgeklammert wurden) muß als weiterer Beleg dieses Ergebnisses angesehen werden. Herodes selber äußerte sich in einer Rede aus Anlaß des Tempelneubaus zur göttlichen Erwählung des Herrschers; Josephus läßt ihn sagen:

---

[104] Man beachte, daß Herodes die Stadt Samaria – wie erwähnt – in „Sebaste" umbenennen ließ, um die Verehrung des Weltherrschers zu unterstreichen.
[105] SCHALIT 1969, 476.

Ich denke, ich habe durch den Willen Gottes dem jüdische Volk zu einem Wohlstand verholfen, wie er vormals nicht bekannt war (AJ XV, 383). [...] Aber nun, durch den Willen Gottes, bin ich der Herrscher, und es wird eine lange Periode des Friedens geben und einen Überfluß an Wohlstand und Einkommen (AJ XV, 387).[106]

Herodes ist somit der von Gott erwählte Herrscher, gleichsam das jüdische Pendant zu Augustus.[107]

Unseren Eindruck, daß Herodes in ausgeprägter Weise nicht nur das hellenistische deterministisch-astrologische Weltbild geteilt hat, sondern zugleich auch seinen eigenen Platz im von Gott vorgegebenen kosmischen Spiel der Macht suchte und fand, können wir weiter festigen anhand von verschiedenen Episoden, welche bei Josephus überliefert sind. So wird aus der Kindheit des Königs eine Legende erzählt,[108] nach der ein gewisser Essener namens Menachem den kleinen Herodes als „König der Juden" (βασιλέα 'Ιουδαίων) auf der Straße grüßt. Herodes, im Glauben, es handle sich um einen Scherz, antwortet ihm, er sei lediglich ein normaler Bürger. Daraufhin lächelt Menachem, klopft ihm auf die Schulter und sagt: „Du wirst König sein, und du wirst das Reich glücklich führen, denn du bist dafür würdig befunden worden durch Gott."[109] Da wir angesichts des kindlichen Alters kaum unterstellen können, daß Herodes mit dem Königtum für außergewöhnliche Leistungen oder Frömmigkeit belohnt werden sollte, kann diese Episode nur dahingehend gedeutet werden, daß ein tief verwurzelter Determinismus, den Josephus ebenso den „Essenern" zuschreibt wie die Fähigkeit der Zukunftsschau,[110] auch von Herodes geteilt worden ist.

---

[106] AJ XV, 383 „[...] οἴμαι σὺν τῇ τοῦ θεοῦ βουλήσει πρὸς εὐδιμονίαν ὅσον οὐ πρότερον ἀγμοχέναι τὸ 'Ιουδαίων ἔθνος." Und 387: „ἐπειδὴ δὲ νῦν ἐγὼ μὲν ἄρχω θεοῦ βουλήσει, περίεστι δὲ καὶ μῆκος εἰρήνης καὶ κτῆσις χρημάτων καὶ μέγεθος προσόδων [...]"

[107] Vgl. BAUMANN 1986, 217.

[108] AJ XV, 373.

[109] AJ XV 374: „ἀλλά τοι καὶ βασιλεύεις," ἔφη, „καὶ τὴν ἀρχὴν εὐδαιμόνως ἐπάρξεις. ἠξίωσαι γὰρ ἐκ θεοῦ." Zu Textfragen vgl. die Ausgabe R. MARCUS: *Josephus in Ten Volumes*, VIII, Cambridge/London 1980 (¹1963), 180f.

[110] Zur Frage der divinatorischen Kompetenz der Essener s.u. Die Vermutung L. GINZBERGS (*On Jewish Law and Lore*, Philadelphia 1955, 101), bei Menachem handle es sich um den Anführer einer konservativen pharisäischen Gruppe, der von seinem Amt abgesetzt wurde, nachdem er zu den Essenern übergewechselt war (vgl. pChag 2,2), muß in den Bereich der Spekulation verwiesen werden; interessant daran ist allerdings, daß die Grenzen zwischen Essenern und Pharisäern, ähnlich wie bei der o.g. „Verwechslung" durch Josephus, durchaus nicht so klar bestimmt waren, wie moderne Forscherinnen und Forscher dies für ihre Modelle benötigen. Vom pragmatistischen – oder auch

Die Sternsymbolik im herodianischen Umfeld 131

Allerdings scheint Herodes erst in späteren Jahren vollends davon überzeugt gewesen zu sein, denn zunächst schenkte er der Prophezeiung wenig Beachtung. Erst als er den Höhepunkt seiner Macht erreicht hatte, erinnerte er sich des Esseners und ließ ihn erneut zu sich rufen, um die Zeit zu erfahren, die er noch regieren könne (vgl. die Fortsetzung in AJ). Josephus möchte mit jener Episode weniger die Schicksalsgläubigkeit des Herodes erklären, als vielmehr die Milde und Achtung, welche der König gegenüber den Essenern zum Ausdruck brachte (AJ XV, 372); auch wenn die Geschichte dadurch etwas konstruiert wirkt, dürfte sie doch einen wichtigen Aspekt treffen hinsichtlich der Haltung des Herodes zu seinem eigenen Schicksal.

Ähnlich verhält es sich mit einer weiteren Begebenheit: Josephus berichtet von der wundersamen Errettung des Königs vor einem geplanten Attentat;[111] obwohl er sich ungeschützt beim Bade erholt, gelingt es mehreren bewaffneten Männern nicht, ihn zu überwältigen. Josephus bemerkt hier ausdrücklich, der Grund für die Rettung liege „in der Vorsehung Gottes".[112] Kurz zuvor, als Herodes sich in Jericho aufhielt, war bereits ein vergleichbares Wunder geschehen, so daß die besondere Erwählung des Königs für alle sichtbar wurde:

> An der folgenden Begebenheit kann man erkennen, wie wohlgesonnen Gott gegenüber dem König war. Denn das Dach des Hauses brach ein, ohne daß jemand drinnen verletzt wurde, so daß alle glaubten, Herodes sei ein Liebling Gottes, daß er solch großer und unerwarteter Gefahr entronnen sei (AJ XIV, 455).

An diesen Geschichten zeigt sich ohne Zweifel, daß Herodes in der Ausrichtung seiner Politik und der Legitimation seines Herrschertums von deterministischen Voraussetzungen ausging. Wie wir immer wieder feststellen konnten, verband sich diese Haltung mit einem ausgeprägten Sternglauben, wie er in der gesamten römisch-griechischen Welt jener Zeit vorherrschte.[113] Die Freundschaft zum Hause Pollio wie auch zu Augustus trug zusätzlich dazu bei, Herodes in den astrologischen Diskurs der römischen Kaiserzeit voll zu integrieren. Außerdem stellten wir bei Berücksichtigung der beobachteten Himmelserscheinungen fest, daß es auffallende Parallelen

---

lokalgeschichtlichen – Standpunkt aus wird man mit derlei Zuordnungen sehr vorsichtig sein.
[111] AJ XIV, 462-464.
[112] AJ XIV, 462. Diese Art der Berichterstattung wirft ein helles Licht auf die Haltung des Josephus selber zur Heimarmene bzw. zum göttlichen Erwählungsgedanken, wie unten Kap. V.2.2.1. näher erörtert wird.
[113] Zum Verhältnis des Königs zur hellenistischen Kultur vgl. zusammenfassend SCHÜRER 1986, I, 304-313.

gibt zwischen den entsprechenden astrologischen Diskursen und der königlichen Politik.[114]

Herodes nimmt freilich insofern eine besondere Stellung ein, als er auch den jüdischen Diskurs, der in erster Linie von der Hoffnung auf einen Zeitenumschwung gekennzeichnet war, zu verstehen und für sich zu nutzen suchte. Wenn wir somit die Frage nach der *Kompatibilität* zwischen Astrologie und jüdischem Glauben bei Herodes stellen, so müssen wir konstatieren: nichts deutet darauf hin, daß der König überhaupt eine Spannung zwischen der Kunst der Sterndeutung und der jüdischen Tradition gesehen hat; was die Frommen als „Willen Gottes" und „göttliche Fügung" ansahen, war nach astrologischen Termini nichts anderes als das Wirken kosmischer Mächte, welches sich anhand der Planetenbewegungen ablesen ließ. Der Gegensatz, den moderne Wissenschaft hier gerne hineinzulesen pflegt, ist aus der antiken Berichterstattung nicht abzuleiten. Es ist auch nicht so, daß Herodes – in seiner eigenen Wahrnehmung – in dem Moment, wo er astrale Dimensionen in sein Handeln einfließen ließ, den Boden jüdischer Frömmigkeit verlassen hatte; die Auseinandersetzung mit den verschiedenen jüdischen Gruppierungen entbrannte eher im Hinblick auf die richtige *Deutung* der beobachteten Phänomene und im Zusammenhang mit der Hochschätzung nichtjüdischer Kulte. Wie Baumann richtig feststellt, war „dieses Selbstverständnis seiner Herrschaft [...] durchaus geeignet, bei seinen jüdischen Untertanen Anklang zu finden, da sie sich zudem noch auf geschickte Weise mit der messianischen Erwartung verbinden ließ."[115]

War Herodes also einerseits von astrologischem Gedankengut maßgeblich geprägt, so versuchte er andererseits, die spezifisch jüdischen Erwartungshaltungen zu erfüllen, indem er in durchaus kluger Weise Prophezeiungen wie Num 24,17 zu instrumentalisieren verstand. Wo dies nicht in der von ihm intendierten Weise beim Volk verfing, schlug er mit der ganzen Härte seiner königlichen Macht dazwischen, wie die Hinrichtung seiner beiden „Lieblingssöhne" deutlich macht. Wir werden noch feststellen können, daß es insbesondere die Ereignisse der astronomisch so bedeutsamen Jahre 7 und

---

[114] Ähnlich äußert sich STROBEL 1987, 1074: „Man muß nur im Auge behalten, wie sehr die Grundlagen seines Königtums von Anfang an in einen größeren astrologisch-astronomischen Denkhorizont eingebettet waren, wobei sich die wesentlichen Aktionen zur Sicherung der Dynastie unschwer von daher erklären."

[115] BAUMANN 1986, 218f. Vgl. auch den Hinweis auf AJ XV, 316 (ebda. Anm. 101), wonach man vermuten kann, „daß Herodes während seiner Regierungszeit vom Volke keineswegs nur gehaßt wurde".

6 v.u.Z. gewesen sind, die das Denken der Menschen und die Hoffnung auf eine Zeitenwende weiter vorantrieben. Denn die Große Konjunktion von Jupiter und Saturn elektrisierte die Menschen in einem solchen Ausmaß, daß sich weitere Legenden um den „Messiasstern" leicht an dieses Ereignis anzulagern vermochten.[116]

3. Num 24,17 in Qumran

Die Gemeinde von Qumran war in die politischen Auseinandersetzungen der Hasmonäerzeit wie auch der herodianischen Regentschaft in starkem Maße verwickelt. Sowohl innerjüdisch als auch im Verhältnis zu Rom (*Edom*) bezog man deutlich Stellung, so daß der Eindruck des klösterlichen isolierten Wartens einer „Sekte" auf die hereinbrechende Endzeit, den man bisweilen bekommt, mit Sicherheit nicht den Tatsachen entspricht. Das Gegenteil ist der Fall: Die Qumranleute haben am antiken Diskurs zweifellos genauso teilgenommen wie die Tempelpriesterschaft Jerusalems oder die hellenisierten Juden Palästinas und der Diaspora. Deshalb dürfen wir auch im Hinblick auf die astrologische Debatte einen Beitrag erwarten, der sich direkt mit gängigen Meinungen der Zeit auseinandersetzt. Dies wird weiter unten ausführlich zu analysieren sein. An dieser Stelle möchte ich eine Engführung auf die Assimilation der Bileamsweissagung im qumranischen Schrifttum anbieten, da sich auf diese Weise die Verbreitung der Messiaserwartung im Anschluß an Num 24,17 aufzeigen läßt. In Kapitel IV wird sodann ein größerer Blickwinkel zugrundegelegt, der die Ergebnisse dieser ersten Annäherung weiter vertiefen soll.

Die Bileamsweissagung findet sich an mehreren Stellen der Literatur aus Qumran. Zumeist wird sie nur zitiert, um das Bevorstehen der endzeitlichen Entscheidung zu belegen;[117] in der Damaskusschrift aber haben wir eine weiterführende Interpretation vorliegen. CD VII, 12b ff heißt es:[118]

---

[116] S. unten Kap. VIII.2.
[117] Vgl. M. McNamara: „Where the Magi Essenes?", in: *Irish Ecclesiastical Review* 110 (1968), 312-318, der eine Verbindung mit der Magierperikope Mt 2,1-12 herzustellen versucht. Wie unsere Analysen zeigen, ist trotz gewisser Übereinstimmungen in Qumran ein gänzlich anderer, nämlich priesterlicher, Kontext anzusetzen, als im Christentum.
[118] Die Qumranschriften werden von mir nach der Übersetzung J. Maiers zitiert (Maier 1995, hier I, 18). Fettdruck weist hin auf 4Q266, Frg. 3 Kol. iv, Unterstreichung dagegen auf 4Q269, Frg. 5.

Als nämlich die beiden Häuser Israels sich trennten, (13) fiel Efraim von Judah ab **und alle** Abtrünnigen wurden dem Schwert überliefert, aber jene, die (an Judah) festhielten, (14) retteten sich ins Nordland. [(leer)]. Wie Er gesagt hat (Am 5,26-27): *<Ich verschleppe>*[119] *die SKWT eures Königs* (15) *und den Kiwan eurer Bilder* <[120]> *fort über* *<die Zelte> von Damaskus hinaus!* Die Schriftrollen der Torah, sie sind die SWKT (!) (Hütte) (16) des Königs, wie Er gesagt hat (Am 9,11): *Und ich richte die zerfallene Hütte Davids wieder auf.* – Der *König*, (17) das ist die **Gemein**de, und der *<Kiwan der Bilder>*[121] **das sind die Prophet**en-**Schriftrollen**, (18) deren Worte Israel verachtet hat. [leer] Und der *Stern* (Am 5,26), **das ist der Torah-Darleger**, (19) der **nach Damaskus** gekommen ist, **wie es geschrieben steht** (Num 24,17): *Es ging ein Stern aus Jakob auf, ein Szepter erhob sich* (20) **aus Israel**. Das *Szepter*, das ist **der Fürst der** ganz**en** Gemeinde, und bei seinem Auftreten wird er zerschmettern (21) **alle Söhne des Seth**. [(leer)] Diese sind entronnen in der **ersten** Zeit der Heimsuchung, (Kol. VIII, 1) **doch die Abtrünnigen** hat man **dem Schwert über**liefert.

Dieser Passus ist aus mehreren Gründen interessant: Zunächst stellt er eine Verbindung her zwischen Num 24,17 und Am 5,26f, ein Umstand, der Licht wirft auf die schwer einzuordnende Amos-Aussage. Dreh- und Angelpunkt der Interpretation ist die Übersetzung von כיון ("Kijjun" oder "Kiwan"), was man zumeist von akk. *kajjamanu/kajjanu* (sag.uš) herzuleiten versucht, womit sich der Terminus auf den Planeten *Saturn* beziehen läßt.[122] Folglich kann man den Passus auch so wiedergeben: „Ich will vertreiben Sikkut, euren König (oder: die Sikkut eures Königs) und Kijjun, euer Götzenbild (oder: den Kijjun eurer Abbilder) [...] Die Schriften der Torah, sie sind Sukkot, der König." Das Wortspiel kann noch weitergetrieben werden: „Der König, das ist die Gemeinde, und was versteht er unter den Bildern? Die Bedeutung (Kijjun) der Bilder, das sind die Schriften der Propheten (oder: ‚Und die Treue [Kewan] der Abbilder sind die Bücher der Propheten'), deren Worte Israel verachtet hat."[123]

Die Verknüpfung Israels mit Saturn zieht sich quer durch die Literatur der Antike. Durch Texte wie Am 5,26 wurde einer solchen Interpretation der Boden bereitet, auch wenn die Intention der Ver-

---

[119] Aus v. 27 (Anfang) vorgezogen.
[120] <> Auslassung.
[121] Dittographie.
[122] Vgl. H.M. BARSTAD: *The Religious Polemics of Amos. Studies in the Preaching of Am 2,7b-8; 4,1-13; 5,1-27; 6,4-7; 8,14* (VT Suppl. 34), Leiden 1984, 123f; SCHROER 1987, 267-272; LORETZ 1989, VON STUCKRAD 1996, 96f.
[123] Diese Übersetzung stammt von STROBEL 1987, 1069.

fasser gar nicht in diese Richtung gegangen sein sollte. Doch eine astrale Dimension scheint CD in jedem Falle in den Blick zu rücken: Schließlich bezieht sich die Aussage „und der *Stern*, das ist der Torah-Darleger" offensichtlich auf die Amosstelle, was die Auffassung des Kijjun als Stern (Saturn) mehr als wahrscheinlich macht. Dies mag auch das Stichwort gegeben haben, Num 24,17 anzuschließen; nach der Zeit des Götzendienstes, welche Amos beschreibt, bricht nunmehr das Neue Zeitalter an, das zum endgültigen Triumph der Fürsten Israels über die Feinde führen wird.

Für die Bedeutung Kijjun=Stern/Saturn spricht ferner, daß Am 5,26 in der frühjüdischen und besonders auch der *adversus-iudaeos-Literatur* in einen solchen Zusammenhang gestellt wurde.[124] Der Spruch richte sich gegen den Götzendienst Israels, wie Apg 7,42f polemisch ausführt:

> Aber Gott wandte sich ab und gab sie dahin, daß sie dienten dem *Heer des Himmels*; wie denn geschrieben steht in dem Buch des Propheten: „Habt ihr vom Hause Israel die vierzig Jahre in der Wüste mir auch je Opfer und Gaben dargebracht? (43) Ihr truget umher die *Hütte Molochs* und den *Stern des Gottes Rompham*, die Bilder, die ihr gemacht hattet, sie anzubeten. Und ich will euch wegführen bis jenseits Babylon."

Die astrale Bedeutung der messianischen Interpretation von Num 24,17, die aus der Parallelisierung mit Am 5,26 zu erheben ist, scheint also ein gängiges Sujet der antiken Diskussion gewesen zu sein. Strobel ist sich darüber hinaus sicher, daß

> der Zusammenschluß von Amos 5,26f und Num 24,17 einen astronomischen Hintergrund zu erkennen gibt, der ursprünglich mit Kijjun (Kewan)=Saturn und womöglich einem weiteren Stern (Jupiter?) zu tun hat. So gesehen, paßt dieses Zeugnis der frühen Zeit des „Bundes im Lande Damaskus" ausgezeichnet in jene astrologisch aufgeheizten Jahre um 40 v.Chr.[125]

Eine solche Interpretation – auch wenn sie durchaus im Bereich des Möglichen angesiedelt ist – überzieht m.E. doch die Aussage der Damaskusschrift. Gerade die Verbindung *Sikkut*/weiterer Stern (Jupiter) ist äußerst spekulativ, zumal die antiken Autoren selber zuerst an die *Hütte* von Am 9,11 dachten. Darüber hinaus scheint mir die Übertragung der Planeten auf die Torah bzw. die Prophetenrollen weiterer Erklärung zu bedürfen. Denn wenn wir die Sukkot

---

[124] Vgl. MACH 1992, 293f.
[125] STROBEL 1987, 1069.

auf einen Planeten beziehen, so werden die Schriftrollen der Torah selber gleichsam „astralisiert", ein Zugeständnis, das in Qumran kaum zu erwarten ist.

Viel passender ist denn auch der Erklärungsansatz, in den Sukkot eine Chiffre für das Heilsgeschehen Israels zu sehen: Die „Sukkot eures Königs" bezeichnet demnach die Torah Israels, die „verschleppt" worden war, d.h. verborgen und mißachtet. Diese zerfallene Hütte soll wieder aufgerichtet werden, m.a.W.: die wahre Torah Israels wird erneut bekannt werden. Genau an diesem Punkt kommt der *Torah-Darleger* (דורש התורה) ins Spiel: Seine Aufgabe besteht darin, die göttlichen Gesetze, wie sie in der (verborgenen) Torah enthalten sind, kraft seiner visionären Begabung zu enthüllen.[126] Dies vergleicht CD mit dem Stern aus Numeri, so daß keine eigentlich messianische Implikation vorliegt.[127] Der דורש התורה ist eher der Enthüller der Torah und Verkünder des ihm folgenden Messias, der von Bileam mit dem Szepter angekündigt worden war. Das Szepter – nicht der Stern! – ist das messianische Symbol; es verkündet den Fürsten Israels, der im Kampf gegen „alle Söhne Seths" (gemeint sind vermutlich sowohl die Römer [Edom] als auch die Abweichler vom vorbestimmten Weg in den eigenen Reihen) den endgültigen Sieg erringen wird. Dieselbe Trennung der Funktionen liegt vor in 4Q174 (4Q*Florilegium*) Kol. III, 11b-12:[128] „Das ist der Sproß Davids, der mit dem Toraherteiler auftritt, welchen (12) [Er auftreten lassen wird] in Zi[on am E]nde der Tage, wie es geschrieben steht (vgl. Am 9,11, vgl. Apg 15,16): *Und ich richte die umgefallene Schutzhütte Davids wieder auf.*"

---

[126] Dies hat nichts mit dem rabbinischen *Midrasch* zu tun, ein Unterschied, auf den nicht oft genug hingewiesen werden kann, da die spezifischen Eigenheiten des qumranischen „Lehrers" durch eine Interpretation nach rabbinischem Muster stark verzerrt werden. Dagegen MAIER 1996b, 119: „The Zadokite tradition and under its influence also the Qumran community claimed that the actually effective Torah (*nigleh*) can only be found under the guidance of priestly/Zadokite mediation. Not necessarily thanks to their textual transmission of laws or by their exegesis of written laws, but just like an oracle attained by *drš*, meaning both the applying and responding procedures as well, denoting thus a mediating function."

[127] Es ist demnach zwar richtig, mit SCHÄFER 1981, 56 „von der messianischen Interpretation des Verses Num 24,17 als einer relativ weit verbreiteten gemeinjüdischen Auslegung zu sprechen, die möglicherweise in der Gemeinde von Qumran besonders beliebt, aber gewiß nicht auf diese beschränkt war", doch gewinnt eine solche Annahme ihr Hauptgewicht aus dem *Szepter*, weniger aus dem *Stern*, zumindest nicht nach CD VII, 18-21.

[128] MAIER 1995, II, 104 (=Frg. 1+2).

Auch wenn die Rolle eines „zweiten Sternes (Jupiter)" von Strobel möglicherweise überschätzt wird, verdient seine Einbettung von CD VII, 13-21 – wir können auch 4Q174 hinzunehmen – ins Umfeld der herodianischen Opposition einige Beachtung.[129] Daß es sich bei den „Frommen des Landes" um die „Sikariersekte" handelt, steht für ihn „außer Zweifel".[130] Strobel macht darauf aufmerksam, daß sich im Zeugnis der Damaskusschrift ablesen läßt, wie eng politische Aktion bis hin zum Terrorismus mit der messianischen Instrumentalisierung von Am 5,26f bzw. 9,11 und Num 24,17 im Hinblick auf die eigene Entstehungsgeschichte verflochten war. Die prophetische Weissagung dient der Legitimierung der eigenen *Torah*, also des rechten Verständnisses der verborgenen göttlichen Gesetze.

Mittelbar wird auch das Zeugnis der Planeten, nämlich der zu erwartende Stern, zur eigenen Legitimation instrumentalisiert. Im Angesicht des nahen Weltenendes (oder auch -umschwungs) mußte jeder Hinweis – besonders aber außergewöhnliche Sternerscheinungen – politisch umgedeutet werden.[131] Strobel ist folglich insoweit zuzustimmen, als astrale Phänomene mit Sicherheit vorhandene Strömungen und Erwartungen weiter anzuheizen vermochten. Die Politik der Makkabäer und später des Herodes war in besonderer Weise dazu geeignet, solche Interpretationen anzustellen, denn wie wir gesehen haben, diente eine astrologisch-astronomische Deutung jenen Herrschern in ausgeprägter Weise zur Legitimierung der eigenen – von Gott eingesetzten – Macht. Dies mußte den Widerspruch opponierender Gruppen herausfordern, und es liegt auf der Hand, daß sich die Opposition eben jener Mittel bediente, welche die herrschende Schicht zur Begründung ihrer Macht verwendete. Anders ausgedrückt: Indem die Damaskusschrift eine astrale Dimension von Num 24,17 und Am 5,26 ins Auge faßt, *stellt sie sich selber mitten in den Diskurs der damaligen Zeit* hinein. Sie nimmt die Legitimationsstrategie der politisch Herrschenden auf und untergräbt deren Rechtfertigung, indem sie sie als illegitime Indienstnahme der nur den „Frommen" offenbarten Torah zu entlarven trachtet.

Mit diesem ersten Ergebnis wollen wir nunmehr die weiteren qumranischen Belege untersuchen. In der *Kriegsrolle* (1QM 4b-9a) heißt es:[132]

---

[129] STROBEL 1987, 1068ff.
[130] Ebda. S. 1068.
[131] Ähnlich HENGEL 1976, 242: „Wie schon im Alten Testament bezogen sich auch jetzt, da man unter dem Eindruck des nahen Endes stand, die Weissagungen weithin auf die Voraussage oder Deutung historisch-politischer Ereignisse."
[132] MAIER 1995, I, 140f. Grundlage der Übersetzung ist F 97 (SHR 3375) und F 98 (SHR 3397).

Dein ist der Kampf
und von Dir her (kommt) die Stärke
(5) und nicht (von) uns!
Nicht unsere Kraft und unserer Hände Stärke übte Gewalt,
sondern durch Deine Kraft
und durch die Stärke Deiner großen Macht!
So [wie] Du es (6) uns verkündet hast
von längsther folgendermaßen (Num 24,17b-19):
Es geht ein Stern aus Jakob auf,
ein Szepter erhebt sich aus Israel,
und es zerschmettert Moabs Schläfen
und tritt nieder alle Söhne des Seth.
(7) Er kommt von Jakob herab
und rottet Entronnene [aus der] Stadt aus,
der Feind wird (dann) zum Besitz,
und Israel übt Macht aus.
Durch Deine Gesalbten, (8) der Bezeugungen Seher,
hast Du uns verkündet
die Zeiten der Kriege Deiner Hände,
(Dich) zu verherrlichen an unseren Feinden,
Um zu fällen (9) Belials Scharen,
die sieben nichtigen Völker,[133]
durch die Armen Deiner Erlösung,
[durch Kra]ft und durch Heil nach Wundermacht
und ein verzagtes Herz nach Hoffnungsöffnung.[134]

Die dualistische Zuspitzung des endzeitlichen Kampfes ist in keiner Qumranschrift so deutlich zu finden wie in der Kriegsrolle. Einige bemerkenswerte Details lassen sich im Hinblick auf unsere Fragestellung aus dem vorliegenden Passus gewinnen:

(1) Num 24,17 ist die *Verkündigung eines Kampfes*, und zwar des endgültigen Krieges zwischen den Erwählten Israels und deren Gegnern. Eine Trennung zwischen dem „Stern" und dem „Szepter", wie es in CD begegnet, findet sich hier nicht, so daß wir beide Komponenten der Weissagung auf den martialischen Aspekt des messianischen Reiches beziehen müssen.[135] (2) Die Propheten – offensichtlich

---

[133] Vgl. Dt 7,1.
[134] Vgl. Hos 2,17.
[135] An dieser Stelle muß daran erinnert werden, daß die messianische Symbolik in Qumran alles andere als eindeutig war. Es finden sich Belege sowohl für einen einzelnen davidischen oder auch priesterlichen Messias, als auch für mehrere messianische Gestalten; vgl. dazu F. GARCÍA MARTÍNEZ: „Messianic Hopes in the Qumran Writings", in: GARCIA MARTÍNEZ/TREBOLLE BARRERA 1995, 159-189.

sind sie mit den „Gesalbten" (משיחכה) gemeint[136] –, die „Seher der Bezeugungen", haben verkündet „die *Zeiten* (קצי) der Kriege Deiner Hände"; dieser immer wieder begegnende Terminus weist zum einen auf die deterministische Grundhaltung der Qumrangläubigen hin (s.u.), darüber hinaus aber auch auf eine Zeitalterspekulation, mithin ein kosmisches Geschehen, das nicht zuletzt anhand von astronomischen Erscheinungen den Wissenden entschlüsselt werden kann. M.E. ist eben dies der Grund dafür, daß man das Erscheinen des Fürsten Israels und das Anbrechen der vorbestimmten Zeitenwende gerade mit Num 24,17 begründete, also mit einer Aussage, die schon immer eine astrale Dimension beinhaltete.

Der Stern wird hier mit dem Szepter sozusagen funktional gleichgesetzt. Vielleicht geht die Sternerscheinung dem Szepter, d.h. dem endgültigen Sieg Israels voraus, vielleicht treten sie gemeinsam auf, um die Entscheidungsschlacht anzuzeigen. Wir können es nicht wissen, doch die Verknüpfung der astralen Ebene mit der politisch-sozialen macht es auch in diesem Falle wahrscheinlich, daß man in Qumran den Diskurs der Zeit insofern adaptiert hatte, als mit großer Selbstverständlichkeit ein Wirkzusammenhang – eigentlich muß man von einer *Isomorphie* sprechen, da eine Kausalität nicht notwendig bestand – zwischen der planetarischen Ebene und der irdischen zugrundegelegt wurde.

Hierfür ist es nicht notwendig, wie Strobel nahelegt, eine konkrete Sternerscheinung wie die um das Jahr 40 v.u.Z. als Auslöser derartiger Spekulationen anzunehmen. Da im damaligen Diskurs der genannte Zusammenhang eine unhinterfragte Prämisse darstellte, konnte praktisch *jede* halbwegs interessante Planetenstellung den eigenen Interessen und Interpretationen dienstbar gemacht werden. Wenn natürlich das Zeugnis der Sterne tatsächlich bemerkenswert war (dafür kommt nicht nur das Jahr –39 in Betracht, wie wir sahen), so wurde die Diskussion zusätzlich angeheizt. Und ein weiteres läßt sich daran ablesen: Auch wenn die Kontakte zwischen Jupiter und Saturn alle anderen Ereignisse überstrahlten, so entspann sich die Auseinandersetzung doch zumeist an der *Interpreta-*

---

[136] Dies mag man als weiteren Beleg dafür nehmen, daß der Begriff *Messianismus* für diese Phase der Zeit des Zweiten Tempels nicht so ganz greifen will. Schon für die Semantik der Bibel gilt: „In none of the 39 times where the Hebrew Bible uses the word ‚Messiah' does this word have the precise technical meaning of the title of the eschatological figure whose coming will bring in the era of salvation" (GARCÍA MARTÍNEZ/TREBOLLE BARRERA 1995, 160).

tion jener Begegnungen, die jede Gruppe nach ihrem eigenen Selbstverständnis zu unterschiedlichen Ergebnissen kommen ließ. Vor diesem Hintergrund ist die Einbeziehung der astralen Dimension in den Passus von 1QM XI mehr als verständlich.

In 4Q175 (*4QTestimonia*) findet sich eine Kombination von Ex 20 und Dtn 18,18ff, worin wir die qumranische Auffassung von den Funktionen der verschiedenen Ämter Priester, König und Prophet „wie Mose" erkennen können.[137] Es geht hier also nicht zuletzt um Fragen der Macht und ihrer Legitimation, und so ist es interessant, daß wir hier erneut auf Num 24,17 stoßen:

(9) {[138]} *Und er hob an seine Rede und sagte:*
„Spruch des Bileam, Sohn des Beor,
Spruch des Mannes, (10) der{redlichen (?)}[139] Auges:
Es spricht, der Worte Gottes vernimmt
und Wissen des Höchsten kennt,
der (11) ein Schaddaj-Gesicht schaut,
hinfällt {enthüllten Auges}:[140]
Ich schaue ihn, aber nicht jetzt,
(12) ich gewahre ihn, doch nicht nah –
Es geht ein Stern aus Jakob auf,
ein Szepter {erhebt sich} aus Israel,
und zerschmettert (12 [sic!, gemeint ist 13, KvS]) die Anführer[141] Moabs
und tritt nieder alle Söhne des Seth[142]"
[(leer)]

Aus dem Zusammenhang geht hervor, daß hier erneut die martialische Interpretationsrichtung der Weissagung intendiert wird. Noch bemerkenswerter ist aber die innerjüdische Auseinandersetzung, die in 4Q175 ihren Niederschlag gefunden hat: Der letzte Teil der Schrift verunglimpft die hasmonäischen Palastbauten in Jericho und damit deren Anspruch auf königliche und zugleich hohepriesterliche Ämter. Bekanntlich war es vor allem der als König auftretende Alexander Jannai, der ausgeprägte Bautätigkeiten in Jerusalem, Jericho und anderen Städten entfaltet hatte, was von Herodes später in vielen Fällen aufgegriffen und erweitert wurde.[143] Diese Tätigkei-

---

[137] MAIER 1995, II, 107-110.
[138] {} Schreiberzeichen.
[139] {ShHTM} MT wie 24,3 sh^{e}tum = ?; LXX: „der wahrhaft schaut"; Targum Onkelos: „der gut schaut", pal. Targumim: „der geehrter als sein Vater".
[140] {glw ^{e}jn} MT: glwj ^{e}jnjm.
[141] Man übersetzt meist „Schläfen", aber siehe LXX und Targumim.
[142] Targum Onkelos: „alle Menschensöhne".
[143] Vgl. KASHER 1990a, 137f.

ten werden in Qumran als „Entweihung", „Mauer und Türme zu einer Frevelzuflucht" usw. gebrandmarkt. Die Bileamsweissagung wird dabei nicht nur in Anspruch genommen, um die Verfehlung der Hasmonäer bloßzustellen und den Kampf gegen solche Missetäter anzukündigen – gleichzeitig geht es um die Zurückweisung des aus Num 24,17 abgeleiteten *Selbstverständnisses* der Hasmonäer, wie es sich besonders seit Alexander Jannai durchzusetzen begann.

Im Rahmen des Diskurses der Zeit des Zweiten Tempels sagt 4Q175: Die Inanspruchnahme von Num 24,17 als Legitimation der hasmonäischen Königs- und Priestermacht ist eine Verfehlung. Die politische Deutung durch Alexander Jannai und seine Tendenz, sich mit dem „Stern der Hasmonäer" zu brüsten, ist ein Abfall von der nur den Frommen Israels wirklich offenbarten Gottesordnung. Zugleich bedeutet dies: Nur den an der Heiligkeit Israels Partizipierenden, also den Qumrangläubigen, ist die Kenntnis der richtigen Interpretation von Sternerscheinungen vergönnt, denn hier geht es nicht nur um die korrekte Deutung einer biblischen Aussage, sondern auch – und gerade – um die *Ermittlung des festgesetzten Zeitpunktes* ihres Eintreffens. Wir werden noch Gelegenheit haben, dieses Thema, das mit astronomischen und kalendarischen Fragen verbunden ist, weiter zu vertiefen.

4. Astrologische Konnotationen des Bar-Kokhba-Aufstandes

Mit Beginn der römischen Kaiserzeit gelangten astrologische Deutungen der Gegenwart noch stärker in den Bereich öffentlicher Debatten hinein, und von offizieller Seite wurde nichts unversucht gelassen, die eigene Herrschaft als von den Göttern gegeben und durch die Sterne angekündigt zu legitimieren. Für die jüdische Geschichte überaus bedeutsam war in diesem Zusammenhang der Komet Halley, welcher im Jahre 66 für 74 Tage sichtbar war und Spekulationen Nahrung gab, es werde bald zu einem historischen Einschnitt kommen. Für den jüdischen Krieg gegen Rom, der zur Zerstörung des Tempels führte, lieferte dieses Signal zusätzliche Motivation auf Seiten der apokalyptisch orientierten Aufständischen, aber natürlich auch auf Seiten der Römer. Über die verschiedenen Auffassungen die „Zeichen der Zeit" betreffend werden wir unten im Zusammenhang mit Josephus Flavius ausführlicher zu sprechen kommen.[144] An dieser Stelle wollen wir den Blick auf den Bar-

---

[144] Vgl. Kap. V.2.2.2.

Kokhba-Aufstand richten, der wie kaum ein anderes Ereignis jener Zeit messianische Konnotationen mit sich führte. Man rekurrierte dabei implizit und explizit auf Num 24,17 und verwendete in aufschlußreicher Weise eben jene astrologischen Deutungsmuster, die uns aus der paganen Welt vertraut sind.

Zwei Grundlinien kennzeichneten die Jahrzehnte vor dem neuerlichen Aufstand gegen Rom in den Jahren 132–135 u.Z., nämlich einerseits die wachsende rabbinische Bewegung, welche sich vom Zentrum in Jabne aus zusehends Anerkennung sowohl innerhalb der zersplitterten jüdischen Gruppen, von denen nicht wenige in den Neuanfang involviert waren, als auch bei der römischen Obrigkeit zu verschaffen begann; andererseits entschied sich Hadrian, der nach seiner Inthronisierung im Jahre 117 zunächst eine judenfreundliche Politik betrieben und sogar den Wiederaufbau des Tempels in Aussicht gestellt haben soll, nun doch im Zuge seiner „panhellenischen" Tendenzen zu äußerst restriktiven Schritten.[145]

Über die wachsenden Spannungen zwischen Juden und Rom sind wir hauptsächlich durch die Berichterstattung des Dio Cassius informiert,[146] während anderweitige Zeugnisse erst für die Zeit des eigentlichen Aufstandes das Bild ergänzen können.[147] Aus diesem Grund kommen den Münzprägungen des Krieges sowie den schriftlichen Dokumenten und Briefen, welche am Toten Meer gefunden und erst in den letzten Jahrzehnten nach und nach publiziert wurden, ganz besondere Bedeutung zu.[148] Trotzdem stellt der genaue historische Verlauf des Aufstandes die Forschung noch immer vor große Schwierigkeiten, da sich die antiken Quellen mitunter wider-

---

[145] Vgl. zum Überblick SAFRAI in BEN-SASSON 1981, 405-409; SCHÜRER 1986, I, 534-557. Zu den Verfolgungen vgl. M.D. HERR: „Persecution and Martyrdom in Hadrian's Days", in: *Scr. Hier.* 23 (1972), 85-125; S. SAFRAI: „Kiddush ha-Shem in the Teaching of the Tannaim", in: *Zion* 44 (1977), 28-42. G. REEG: *Die Geschichte von den Zehn Märtyrern*, Tübingen 1985.

[146] *Hist. Rom.* LXIX, 12-14.

[147] Hierzu gehören vor allem: Appian *Syriaca* L, 252; Justin *I Apol.* XXXI, 6; Fronto *Epistulae* (ed. NABER 218, ed. VAN DEN HOUT 206); Eusebius HE IV, 5, 2; 6 und *Chron.* ed. SCHÖNE, II, 166-169.

[148] Zu den Briefen vgl. P. BENOIT: *Les grottes de Murabba'at*, I-II, Oxford 1961 (DJD II), besonders nos. 22-46; N. AVIGAD u.a.: „The Expedition to the Judean Desert", in: *IEJ* 11 (1961), 3-72, besonders 21-30; 36-62; außerdem *IEJ* 12 (1961), 167-262; B. LIFSHITZ: „Papyrus grecs du désert de Juda", in: *Aegyptus* 42 (1962), 240-256; Y. YADIN: *Bar Kokhba. Archäologen auf den Spuren des letzten Fürsten von Israel*, Hamburg 1971; N. LEWIS/Y.YADIN/J.C. GREENFIELD: *The Documents from the Bar Kokhba Period in the Cave of Letters*, Jerusalem 1989. Zu den Münzen s.u.

sprechen und Münzemissionen wie auch die erhaltenen Briefe unterschiedliche Bewertungen erlauben. Es kann hier folglich nicht darum gehen, die Schwierigkeiten en detail zu erörtern,[149] sondern es soll versucht werden, die astrologischen Konnotationen, welche während des Aufstandes allenthalben eine Rolle spielten, einer eingehenden Analyse zu unterziehen. Wenn nämlich astrologische Beweggründe auf Seiten der Römer wie auch der Aufständischen involviert waren, so wirft dies auf Fragen des konkreten historischen Verlaufs der Revolte zusätzliches Licht. Die Engführung auf den Messiasstern nach Num 24,17 bringt es zudem mit sich, daß vor allem der spezifische *Messianismus* Bar Kokhbas untersucht werden muß.

Zu den wichtigsten Fragen gehören die folgenden: Welche Ursachen können für den Ausbruch der Erhebung ausgemacht werden? Hat die Umbenennung Jerusalems in *Aelia Capitolina* und die Errichtung eines Jupiterheiligtums den Aufstand ausgelöst, oder ist darin eine Reaktion auf ihn zu sehen? Und weiter: Hatten die Aufständischen um Simeon jemals Jerusalem in ihrer Hand? Auf diese Fragen können nur vorläufige Antworten gefunden werden, auch wenn nicht wenige Wissenschaftlerinnen und Wissenschaftler ihre Meinungen als historische Tatsachen hinzustellen pflegen. Gerade die Spärlichkeit der Quellen scheint „die Kombinationsgabe und Phantasie der Forscher in besonderer Weise herausgefordert zu haben".[150]

Wenn wir zunächst die möglichen *Ursachen* für den Aufstand rekapitulieren, so begegnen uns in der Forschungsliteratur im wesentlichen drei unterschiedliche Ansätze: (1) Hadrian hatte den Juden, wie erwähnt, zunächst gestattet, ihren Tempel in Jerusalem neu zu errichten. Weil er diese Erlaubnis später widerrief, lieferte er selber den Anlaß für das Aufkochen der Emotionen. Diese Erklärung gründet im wesentlichen auf dem recht späten Midrasch BerR 64,10 sowie auf dem Barnabasbrief 16,4. Wie P. Schäfer stringent nachweist, muß eine Verbindung dieser Quellen mit dem historischen Befund ins Reich der Phantasie verwiesen werden.[151]

(2) Hadrian trug sich mit der Absicht, das zerstörte Jerusalem neu zu errichten und auf dem Platz des jüdischen Tempels ein Heiligtum für Jupiter bauen zu lassen. Die Stadt wurde in *Aelia Capitolina* umbenannt; dies mußte die Juden im Kern treffen, und der Aufstand war eine unausweichliche Reaktion. Hierbei ist es zunächst einmal

---

[149] Dies ist von SCHÄFER 1981 in vorbildlicher Weise unternommen worden.
[150] SCHÄFER 1981, 1.
[151] SCHÄFER 1981, 29-34.

unerheblich, ob die Umbenennung dem Aufstand vorausging oder nicht, denn allein die Bekanntgabe der Absicht, verbunden mit einer restriktiven Politik seitens der Römer, mag den Widerstand der Juden herausgefordert haben. Dies ist eine ernstzunehmende Erklärung, und wir werden gleich darauf zurückkommen.

(3) Hadrian verfügte in einem Edikt das Verbot der Beschneidung, womit erneut das jüdische Selbstverständnis an einem zentralen Punkt betroffen war. Auch wenn – und das wird zuweilen vergessen – sich das Beschneidungsverbot nicht speziell gegen Juden richtete,[152] dürften diese sich doch in besonderer Weise angesprochen gefühlt haben, und ein weiteres Anheizen der ohnehin gespannten Atmosphäre war die Folge. – Ein genauer Blick auf die politisch-religiösen Umstände zeigt, daß wir nicht weiterkommen, wenn wir einzelne Ursachen als Erklärung zum Ausbruch des Krieges isolieren oder gegeneinander auszuspielen versuchen. Man wird deshalb Schäfers Einschätzung recht geben müssen:

> Indirekt war zweifellos die „Hellenisierungspolitik" Hadrians für den Krieg verantwortlich, aber nicht als gezielte antijüdische Maßnahme, sondern als Ausdruck einer Geisteshaltung, die auch im Judentum ihre Anhänger hatte. Die Ursachen des Krieges sind somit sehr viel differenzierter zu sehen als dies bisher in der Forschung geschah und werden sich erst dann genauer beschreiben lassen, wenn wir ein klareres Bild von den politischen und vor allem sozialen Verhältnissen des Judentums in der ersten Hälfte des 2. Jh. n. Chr. gewonnen haben.[153]

Um über die möglichen astrologischen Hintergründe des Krieges genauere Aussagen machen zu können, ist es unabdingbar, der tiefen Verwurzelung der Politik Hadrians im Sternenglauben nachzugehen. Wie im allgemeinen übereinstimmend geurteilt wird, ist die ausgeprägt hellenistische Geisteshaltung des Kaisers als wesentliches Agens der Spannungen mit den Juden anzusehen. Hadrian aber war, wie Cramer sein entsprechendes Kapitel überschreibt, „another astrologer on the throne", und so gehen wir nicht fehl, wenn wir seine politischen Entscheidungen stets in einen astrologischen Zusammenhang einordnen. Was den jüdischen Diskurs wiederum anbelangt, so dür-

---

[152] Herodot (II, 104, 2-4) beispielsweise listet unter den Völkern, die Beschneidung praktizieren, u.a. Ägypter, Äthiopier, Phönizier und Juden auf. Dieser Brauch erschien den Römern als barbarisch, so daß man ihn verbot. Vgl. dazu E.M. SMALLWOOD: „The Legislation of Hadrian and Antoninus Pius against Circumcision", in: *Latomus* 18 (1959), 334-347, sowie das „Addendum" dazu in *Latomus* 20 (1961), 93-96; SCHÄFER 1981, 38-50; SCHÜRER 1986, I, 536-540.

[153] SCHÄFER 1981, 50.

fen wir mit einigem Recht vermuten, daß er sich in direkter oder indirekter Weise auf eben diesen Zusammenhang bezieht. Was hatte es nun auf sich mit der Sternkunst Hadrians?

4.1. Hadrian und die Astrologie

Hadrian wurde in eine Familie hineingeboren, die bereits über eine eindrucksvolle astrologische Vorgeschichte verfügte. Sein Großonkel, Aelius Hadrianus, galt als ein Experte auf diesem Gebiet,[154] und auch der Vater Hadrians, P. Aelius Afer, war über seine Zukunft durch das Erstellen des Geburtshoroskops bestens informiert. Durch einen glücklichen Umstand ist jenes Horoskop, für den 5. April 40 u.Z., vor einiger Zeit identifiziert worden.[155] Als nun am 24. Januar 76 u.Z. P. Aelius Afer und seiner Frau, Domitia Paulina, ein Sohn geboren wurde, hat man unverzüglich auch für diesen ein Horoskop erstellt, was dem Großonkel leicht möglich war.[156]

Wir haben es dem Astrologen Hephaistion von Theben (4. Jhdt.) zu verdanken, daß uns das Horoskop Hadrians überliefert ist; es geht ursprünglich auf Antigonus von Nicaea zurück, der wahrscheinlich im zweiten Jahrhundert lebte, in jedem Falle aber vor 250.[157] Hier wird uns ein detaillierter Einblick gewährt in die zeitgenössische Methode der Horoskopierkunst, wobei die gelehrte Schule des Antigonus mit den Erkenntnissen der besten Astrologen der Zeit verglichen werden kann. Antigonus errechnete folgende Konstellationen: ☉ auf 8° ♒, ☽, ♃ und MC zusammen „in den ersten Graden" ♒, ♄ auf 5° ♑, zusammen mit ☿ (12°). Die ♀ stand auf 12° in ♓, nicht weit von ♂ (22° ♓). Für die Ermittlung der Geburtszeit ist neben der Himmelsmitte die Angabe des Deszendenten von entscheidender Bedeutung. Dieser befindet sich laut Antigonus ebenfalls auf 22°, doch im Zeichen ♏, wodurch Mars ein Trigon darauf wirft. *Abbildung 6* zeigt eine moderne Rekonstruktion des Hadrian-Horoskopes nach julianischem Kalender, wobei die Geburtszeit auf 12:15 Uhr Ortszeit (=11:15 Uhr GMT) gemittelt wurde.[158] Wie man

---

[154] Vgl. zu Hadrian *BL* 557f (zu Aelius 557 Anm. 1), zum folgenden insbesondere CRAMER 1954, 162ff.
[155] Publiziert bei NEUGEBAUER/VAN HOESEN 1959.
[156] Hierüber berichten SHA, *Hadrian*; Appian VI, 7, 38; Dio Cassius LXIX, 1, 1; Gellius XVI, 13, 4; Eutropius VIII, 6, 1; Jerome *Chron.* I, 224.
[157] Vgl. CRAMER 1954, 165, wo sich auch ein facs. des *cod. phil. gr. Vindob.* 108, ff. 301-303, findet (S. 165-167).
[158] Nur zwischen ca. 10:00 h und 11:30 h GMT befindet sich der Deszendent im ♏.

schnell erkennt, stimmen die antiken Berechnungen nur teilweise überein, besonders ☽ weist eine starke Abweichung auf. Dennoch sind die Übereinstimmungen exakt genug, um sicher zu sein, daß hier tatsächlich das Horoskop Hadrians vorliegt.[159] Erwähnenswert ist zudem die Tatsache, daß sich an den Eckpunkten des Radix kaum etwas ändert, wenn man es nicht für Rom – wie hier geschehen –, sondern für Italica (Südspanien), ebenfalls für den späten Vormittag erstellt. Vielleicht ist dies ein Grund dafür, daß SHA, *Hadrian* 2, 4 sich für Rom entscheidet, während andere Autoren den Geburtsort in Italica vermuten.[160] Für die Deutung bestand darin kein Unterschied.

Auf jeden Fall kam man darin überein, daß es sich um eine wahrhaft herrscherliche Geburt handeln müsse. Es kann also als sicher gelten, daß der spätere Kaiser sehr früh mit den Erwartungen vertraut war, die das Horoskop an ihn selber stellte, auch wenn die Wirklichkeit zunächst gar nicht danach aussah, daß er sie würde erfüllen können. Während seiner Ausbildung verfiel er ganz und gar dem griechischen Bildungsideal, worin alle Quellen übereinstimmen; dazu gehörte selbstverständlich auch die Aneignung einer astrologischen Kompetenz. Nachdem er die Macht übernommen hatte – am 8. August 117 u.Z. –, erstellte Hadrian an jedem Neujahrstag ein Jahreshoroskop für sich, um seine Politik entsprechend einrichten zu können. Er wird sogar gerühmt, die Stunde seines Todes im Neujahrshoroskop des Jahres 138 u.Z. vorhergesagt zu haben.[161]

Diese hohe astrologische Kompetenz gilt es zu berücksichtigen, will man die einzelnen politischen, militärischen und nicht zuletzt auch städtebaulichen Entscheidungen Hadrians in einen angemessenen Rahmen stellen. Da uns im Moment besonders die dreißiger Jahre des zweiten Jahrhunderts interessieren, erscheint ein Blick auf die letzte große triumphale Reise Hadrians geboten, die ihn zwischen 128 und 132 u.Z. über Athen und Asia minor nach Ägypten führte, von wo er vermutlich über Syrien und Athen nach Rom zurückkehrte. In seinem Gefolge reiste nicht nur Antinous, von dessen Schönheit Hadrian berauscht war, und der unter mysteriösen Umständen im Nil ertrank,[162] sondern auch *Julia Balbilla*, die sich

---

[159] Die beachtliche Übereinstimmung zeigt sich vor allem anhand der sehr sensiblen Hauptachsen AC und MC.
[160] Vgl. CRAMER 1954, 163 Anm. 122.
[161] Vgl. SHA, *Hadrian* XVI, 7; Aelius III, 9; Dio Cassius LXIX, 11, 3.
[162] Auf die Frage, ob es sich um ein „astralmystisches" Unglück gehandelt haben könnte, wie Dio Cassius LXIX, 11, 2f andeutet, kann hier nicht eingegangen werden. Vgl. CRAMER 1954, 172.

mit Hadrians Frau Sabina durch ihren offensichtlich intellektuellen Geschmack verbunden fühlte. Die Anwesenheit Julia Balbillas ist deshalb erwähnenswert, weil sie auf eine alte astrologische Familientradition zurückblicken konnte, war doch der Urgroßvater Julias der berühmte Astrologe Thrasyllus, der Freund des Augustus und persönliche Vertraute des Tiberius. Ihr Großvater wiederum, Balbillus, genoß unter den römischen Herrschern von Claudius bis Domitian höchste Reputation.[163] Wir dürfen wohl mit einigem Recht davon ausgehen, daß die tief in der hellenistischen Geistigkeit verankerte Julia, überdies mit dem ganzen Stolz ihrer Familie, einen regen Austausch mit Hadrian und seiner Frau pflegte, wobei es auch um astrologische Fragen gegangen sein dürfte.

Leider sind von Julia Balbilla lediglich einige fragmentarische Gedichte erhalten,[164] doch immerhin verdanken wir ihnen das genaue Datum der Ankunft der Reisegesellschaft am berühmten Memnonkoloß, also der Statue Amenophis' III, nämlich den 20. und 21. November 130 u.Z. In den poetischen Huldigungen erkennen wir unschwer die astrale Dimension der Regentschaft Hadrians. Er ist der *Geliebte der Götter*, eine Wendung, die uns inzwischen als Legitimation der Herrscherwürde und als Ausdruck des kaiserlichen Selbstverständnisses vertraut ist. Die Nähe zur *ars mathematica* brachte es darüber hinaus mit sich, daß Hadrian die professionellen Sterndeuter hoch schätzte und ihnen auch materielle Zuwendung schenkte.[165] Diese Haltung wurde im Zuge seiner letzten Reise noch verstärkt, denn die Begegnung mit dem Erbe der hellenistischen Geistigkeit scheint den Herrscher tief beeindruckt zu haben. Als er – spätestens im Jahre 134[166] – nach Rom zurückgekehrt war, ließ er nach athenischem Vorbild *Gymnasien* einrichten. Auch das alexandrinische *Museion*, wo der große Ptolemaios möglicherweise schon auf sich aufmerksam machte, wurde von Hadrian bedacht.

Wenn wir uns nun dem jüdischen Aufstand zuwenden, so paßt die Umbenennung Jerusalems in *Aelia Capitolina* hervorragend in die Politik jener Jahre; *Aelia* (der von nun an bevorzugte Name unter

---

[163] Vgl. *BL* 556f. Auf diese Astrologendynastie werden wir verschiedentlich zurückkommen.
[164] Vgl. W. PEEK: „Zu den Gedichten auf dem Memnonkoloss von Theben", in: *Mitteilungen des deutschen Instituts für ägyptische Altertumskunde* 5 (1934), 95-109.
[165] Vgl. SHA, *Hadrian*, XVI, 8. 10; XX, 2.
[166] Auf diesen Termin kommt man, wenn man CIG no. 5906 vom „5. Mai des 18. Jahres der Tribunalherrschaft des Hadrian" hinzuzieht, welches in Rom verfaßt worden ist.

den Historikern) bezeichnet dabei natürlich die Familie des Hadrian, während *Capitolina* die Verehrung Jupiters und die Absicht zum Ausdruck bringt, in Jerusalem ein Heiligtum für ihn zu errichten. Wie bereits angedeutet, ist der genaue Termin für die Namensänderung nicht zuverlässig zu erheben. Stattdessen wollen wir uns vergegenwärtigen, welche astrologischen Konstellationen in jenen Jahren festzustellen waren, denn mit Sicherheit waren diese für das Verhalten Hadrians leitend.

Vor allem in den Jahren 133–134 werden wir schnell fündig:[167] Am 15. März 133 u.Z. wurde Jupiter im Grenzbereich von Skorpion und Schütze stationär (auf 29°06' ♏). Saturn erreichte seinen Stillstand kurz darauf, nämlich am 23. März auf 14°15' ♐. Beide wurden daraufhin rückläufig, Jupiter bis zum 16. Juli (19°16' ♏) und Saturn bis zum 12. August (7°39' ♐). Die Bahn der beiden Planeten verlief also fast parallel, auch wenn sie zunächst noch recht weit auseinander standen. Dies änderte sich, als Jupiter sich im Laufe des Jahres immer weiter Saturn annäherte. Die exakte Konjunktion der beiden Planeten – durch den Hinzutritt der Venus besonders herausgestellt – ereignete sich in der Nacht vom 18. auf den 19. Januar 134 u.Z., also wenige Tage vor dem kaiserlichen Geburtstag, ein Umstand, der unbedingt zu beachten ist.[168] Am 5. April 134 wurde Saturn bei 25°33' ♐ rückläufig. Jupiter – noch immer in großer Nähe – folgte ihm am 19. April auf 2°18' ♑. Die weite Konjunktion hielt während der rückläufigen Phase an, die für Jupiter am 19. August (22°28' ♐) und für Saturn am 23. August (18°57' ♐) endete. Daraufhin entfernten sich die beiden wieder voneinander. Es ist also falsch, mit Strobel hier von einer „Großen Konjunktion" zu sprechen,[169] denn es ist nur zu einer exakten Begegnung gekommen. Beachtenswert ist an der Erscheinung indessen die Gleichförmigkeit, mit welcher sich Jupiter und Saturn bewegten.[170]

Wir können demnach davon ausgehen, daß die professionellen Sterndeuter – unter ihnen der Kaiser selber – sich ihren Reim auf die Konjunktion machten, besonders da die Konjunktion vom 19. Janu-

---

[167] Vgl. TUCKERMAN 1962, II, 84f. Die dort verzeichneten Werte wurden mit Hilfe moderner Computerberechnung aktualisiert. Die Angaben bei STROBEL 1987, 1104 sind schwer nachzuvollziehen.
[168] Vgl. *Abbildung 7.*
[169] STROBEL 1987, 1106 u.ö.; die erste Große Konjunktion der beiden Planeten nach dem wichtigen Kontakt im Jahre 7 v.u.Z. fand erst 332/333 u.Z. statt, und zwar in der Waage.
[170] Vgl. *Tafel 4* im Anhang.

ar 134 das Solar – also das Geburtstagshoroskop – des Kaisers maßgeblich beeinflußte;[171] und wie immer bei Jupiter-Saturn-Kontakten drängte der Problemkreis *Herrscher- und Königtum* in den Brennpunkt des Interesses. Erneut stellte sich die Frage nach der Legitimation irdischer Macht mit Hilfe göttlicher Prädestination. Und nichts liegt näher, als daß Hadrian sich der Unterstützung Jupiters im Konflikt mit den Juden zu versichern gedachte, indem er Jerusalem – den Inbegriff jüdischer Begehrlichkeit – eben jener Gottheit weihte, die zur Zeit majestätisch ihre Bahn am Himmel zog.

Eine solche These erhält weiteres Gewicht, wenn wir bedenken, daß es im zweiten Jahrhundert selbstverständlich war, das *Elektionshoroskop* für die Gründung größerer Städte im Römischen Reich genau zu beachten. Ptolemaios schreibt dazu:

> Bedeutenderen Städten hingegen künden jene Stellen des Zodiak im besonderen etwas, in denen Sonne und Mond zu Beginn ihrer Erbauung sich aufhielten, in derselben Art wie bei einer Nativität der Aszendent. Ist aber die Zeit ihrer Erbauung nicht festzustellen, so nimmt man zu irgendeiner Zeit das Medium Coelum der Nativität ihrer Fürsten oder Könige als Grundlage. Daraus kann man dann im allgemeinen Vorhersagen berechnen, besonders über hervorstechende Ereignisse des ganzen Reiches oder der Stadt im großen Ganzen.[172]

Für die Neugründung Jerusalems konnte die Herausstellung des Jupiter-Saturn-Themas geltend gemacht werden, um anschließend in einer genauen Terminierung – die uns heute nicht mehr greifbar ist – die feierliche Umbenennung entsprechend den Sonne-Mond-Zyklen vorzunehmen. Da das Radix-MC des Kaisers im Wassermann lag, nach Antigonus auch der Jupiter im Bereich der Himmelsmitte stand und der Wassermann-Herrscher Saturn in seinem Zweitdomizil Steinbock zu stehen kam, die Sonne zusätzlich mit Jupiter eine Konjunktion bildete, lag für jeden astrologisch Gebildeten die günstige Voraussetzung für die Städtegründung offen zutage.

Damit haben wir auf die Frage des *Zeitpunktes* dieser Entscheidung freilich noch keine Antwort gefunden, denn schließlich brauchte die Konjunktion nicht erst beobachtet zu werden, um auf sie zu reagieren; man wußte schon weit im voraus, wie die Planeten in den

---

[171] Im Solar für den 24. Januar 134 finden wir neben der Konjunktion von Jupiter-Saturn-Venus im Schützen (Orbis unter 2°) eine Konjunktion von Mars und Sonne (Orbis unter 5°) im Quadrat zur Mondknotenachse, demnach also einen Marstransit über die Radixsonne des Kaisers einige Tage zuvor.
[172] Ptolemaios *tetrab.* II, 5 (WINKEL 1995, 98).

Jahren 132–134 wandern würden, so daß man gegebenenfalls schon frühzeitig die Politik darauf einrichten konnte. Die beiden so strittig diskutierten Möglichkeiten schließen sich, so betrachtet, nicht aus: Hadrian kann (und vieles spricht dafür, daß er dies auch tat) schon vor dem Krieg gegen die Juden den Plan verfolgt haben, anläßlich der wichtigen Jupiter-Saturn-Begegnung dem höchsten römischen Gott ein Heiligtum zu errichten. Als der Krieg dann losbrach, mag er sehr schnell Jerusalem als den auch politisch richtigen Ort dafür erkannt haben; für diese Annahme spricht, daß mit Jupiter und Saturn auch der höchste römische Gott mit dem „Gott Israels", so wie es damals gesehen wurde, in Auseinandersetzung geriet. Als der Krieg schließlich für die römischen Truppen siegreich verlaufen war, konnte Hadrian durch die Errichtung des Heiligtums zugleich seinen Dank für die göttliche bzw. schicksalhafte Unterstützung zum Ausdruck bringen. Derartige Überlegungen lassen sich aufgrund der erhaltenen Zeugnisse schwerlich beweisen; auf der anderen Seite kann es als ausgeschlossen betrachtet werden, daß Hadrian *nicht* in maßgeblicher Weise von den Erkenntnissen der Sterndeutung Gebrauch machte. Folglich muß jede moderne Geschichtsrekonstruktion an der antiken Wirklichkeit vorbeigehen, die die Heranziehung der astrologischen Dimension als obsolet links liegen läßt.

Wir haben nun ein genaueres Bild über die römische Seite des Krieges gewonnen. Es stellt sich natürlich die Frage, ob – und wenn ja, inwieweit – die jüdischen Aufständischen dieser Sicht der (himmlischen) Dinge zustimmen konnten, oder ob sie sich möglicherweise einen eigenen Reim auf die Jupiter-Saturn-Begegnung machten. Um es vorwegzunehmen: wir wissen es nicht genau. Wir können uns einer Antwort höchstens so weit nähern, wie es die erhaltenen Quellen zulassen, und diese sind alles andere als eindeutig. Im Hinblick auf die astrologischen Fragen, die wir gestellt haben, sind selbstverständlich in erster Linie die Legenden, die sich um Bar Kokhba als *Sternensohn* in Verbindung mit Num 24,17 ranken, von Belang; zusätzliche Indizien für eine bestimmte Interpretation der damaligen Wirklichkeit finden wir sodann in den spezifischen *Münzprägungen* des Krieges, aber wir werden sehen, daß doch eine gehörige Portion Optimismus dazugehört, diese als Beleg für astrologische Erwartungshaltungen anzusehen.

4.2. Bar Kokhba, der „Sternensohn"

Es gibt eine ganze Reihe von Legenden, die sich der historischen Persönlichkeit Bar Kokhbas anlagerten. Die bekannteste ist jene, welche sich auf R. Schimon b. Jochai beruft und in jTaan 4,8 (68d) tradiert wurde:[173]

> R. Schimon b. Jochai lehrte: Mein Lehrer Akiba legte (den Bibelvers) *Ein Stern tritt hervor aus Jakob* (folgendermaßen) aus: Kozeba tritt hervor aus Jakob. R. Akiba sagte (nämlich), als er den Bar Kozeba sah: „Dieser ist der König Messias!" Es sagte (aber) R. Jochanan b. Torta zu ihm: „Akiba, Gras wird aus deinen Kinnbacken sprießen, und der Sohn Davids wird noch immer nicht erschienen sein!"

Wir erkennen an dieser Stelle, daß die weit verbreitete Indienstnahme von Num 24,17 auch vor der Person des Bar Kokhba nicht haltmachte.[174] Es müßte auch verwundern, wenn dem so wäre, denn die messianische Auslegung der Bileamsweissagung kann als Allgemeingut des antiken Judentums angesehen werden. Dies bedeutet zugleich, daß einseitige Rückschlüsse auf eine Verbindung Bar Kokhbas zu Qumran[175] unzulässig sind.

Die verschiedenen anderen Zeugnisse, welche auf Bar Kokhba Bezug nehmen, können – und das hat Schäfer aufgezeigt – wenig zur Erhellung der Einzelheiten des Aufstandes bzw. der Rolle, die Simeon dabei spielte, beitragen.[176] Allein die starke messianische Konnotation der Revolte scheint aus den vorliegenden Quellen eindeutig ableitbar zu sein. Bevor wir uns nun den Münzprägungen zuwenden, verdient noch das Zeugnis des Eusebius Beachtung, denn es leitet

---

[173] Zu diesem Text sowie den Parallelstellen EchaR 2,4 und EchaRB S. 101 vgl. SCHÄFER 1978, 86ff.

[174] Vgl. zum Thema S. ZEITLIN: „Bar Kokhba and Bar Kozeba", in: *JQR* 43 (1952), 77-80; Y. YADIN: „More on the Letters of Bar Kochba", in: *BA* 24 (1961), 86-95; J.A. FITZMYER: „The Bar Kochba Period", in: J.L. MCKENZIE (Hrsg.): *The Bible in Current Catholic Thought*, New York 1962, 133-168; Y. YADIN: *Bar Kokhba*, New York 1971; S. APPLEBAUM: *Prolegomena to the Study of the Second Jewish Revolt*, Oxford 1976. Zur Rolle R. Akibas im jüdischen Aufstand vgl. A. GUTTMANN: „Akiba ‚Rescuer of the Torah'", in: *HUCA* 17 (1942-43), 395-421; R.P. BENOIT: „Rabbi Aquiba ben Joseph sage et héros du Judaïsme", in: *RB* 54 (1947), 54-89; G.S. ALEKSANDROV: „The Role of ʿAqiba in the Bar-Kokhva Rebellion", in: *REJ* 132 (1973), 65-72.

[175] Dies propagieren DEVIR: בר כוכבא. האיש והמשיח, Jerusalem 1964, 105ff, sowie (in abgeschwächter Form) FITZMYER 1962, 140f. Zur Kritik vgl. SCHÄFER 1981, 56f.

[176] Zu nennen sind besonders: bSan 93b (parallel Yalq Jes § 416 S. 781a); ShirR 2, 7; Justin *Apol.* I, 31, 6; Die *Apokalypse des Petrus* sowie Hieronymus *Adv. Rufin.* III, 31 (PL 23, 480). Vgl. SCHÄFER 1981, 57-62.

direkt über zur astrologischen Dimension des Geschehens. In seiner *Historia Ecclesiastica* behauptet er:

> Führer der Juden war [ein Mann] namens Bar Kokhba [Βαρχωχεβας], was *Stern* bedeutet. Er war zwar ein mordlustiger und räuberischer Mensch, wurde aber aufgrund seines Namens sklavisch als eine *Leuchte* [φωστήρ] verehrt, der den Bedrängten vom Himmel herabgestiegen und ihnen aufgeleuchtet sei.[177]

Dieser Passus bestätigt, daß die Bedeutung des Namens, den Simeon vermutlich noch während des Aufstandes „verliehen" bekam,[178] sich auch unter Außenstehenden verbreitet hatte. Zu beachten ist dabei ferner, daß der Terminus φωστήρ als astrologischer Begriff für Stern(enleuchten) häufig belegt ist.[179] Substantivisch bezeichnet ὁ φωσφόρος zudem den Morgenstern, also *Venus*,[180] was im Zusammenhang mit dem Messianismus des Bar Kokhba besonders gut paßt, drückt sich darin doch die große Hoffnung aus, welche jüdischerseits in den „Sternensohn" gesetzt worden war. Dies findet weitere Bestätigung durch die radikale Absage an den messianischen Anspruch Bar Kokhbas (bzw. der Zuschreibung desselben durch seine Anhänger) auf Seiten der Christen.[181]

Wir wollen uns nun den Münzen des Bar-Kokhba-Aufstands zuwenden, um dadurch eine Antwort auf die Frage zu versuchen, inwieweit die astronomisch-astrologischen Ereignisse jener Zeit möglicherweise auch auf das jüdische Verständnis eingewirkt haben.

4.3. Münzprägungen des Aufstands

Die Münzen, die im Laufe der jüngeren Forschungsgeschichte durch umfangreiche archäologische Untersuchungen ans Tageslicht befördert wurden, haben einen erstaunlichen Wissenschaftlerstreit ausgelöst im Hinblick auf ihre Verwertbarkeit zur Rekonstruktion des Aufstandes einerseits und zur Frage des Messianismus' Bar Kokhbas andererseits.[182] Die Diskussionen kreisen vor allem um zwei Berei-

---

[177] HE IV, 6, 2.
[178] So STROBEL 1987, 1104, unter Berufung auf SCHÄFER 1981, 55ff.
[179] Vgl. insbesondere die Verwendung durch Vettius Valens 104, 30; 105, 7; Heliodor II, 24, 6; PGM XIII, 298. Jüdische Belegstellen u.a.: Gen 1,14.16; Wsh 13,2; Sir 43,7; PsSal 18,10; OrSib III, 88; TestLevi 14, 3; TestJuda 25, 2.
[180] Vgl. Ps.-Plato *Tim. Locr.* 96E; 97A; Plutarch *mor.* 430A; 601A; 889A u.ö.; Cicero *nat. deor.* II, 20; Vettius Valens 236, 6; OrSib V, 516.
[181] Vgl. Justin *Apol.* I, 31, 6.
[182] Zur Literatur vgl. KINDLER/STEIN 1987, bes. S. 22-37 (Aelia Capitolina).

che: Geben die spezifischen Unterschiede zwischen den Münzen des „Jahres 1" und denen des „Jahres 2" Aufschluß darüber, ob die Aufständischen zwischenzeitlich Jerusalem – und damit den Tempel! – in ihrer Gewalt hatten? Und weiter: Kann die sternartige Figur, welche sich auf etlichen Münzen findet, tatsächlich als Stern interpretiert werden und damit als Verbildlichung des Namens Bar Kokhba, was eine messianische Dimension impliziert?

Die erste Frage können wir relativ kurz behandeln, da sie für die vorliegende Untersuchung nur von marginaler Bedeutung ist. Dio Cassius, Eusebius, Jerome und andere Autoren (s.o.) stimmen darin überein, daß die Revolte im Jahre 132 u.Z. begann und nach dreieinhalb Jahren von den Römern niedergeworfen wurde. Aus diesem Grunde geht man gemeinhin davon aus, daß die Münzen mit der Prägung „Jahr 1" sich eben auf 132 beziehen. Doch schon hier gilt es Vorsicht walten zu lassen, denn „many pieces with this date were struck in the years following 132 C.E."[183] Es ist also durchaus möglich, daß der zwischenzeitliche Verlauf des Aufstandes seine Spuren in der Wahl der Motive hinterlassen hat. Dessenungeachtet hat man immer wieder versucht, die spezifischen Unterschiede zwischen den Münzen des „ersten Jahres" und denen des „zweiten Jahres" zu weitreichenden Interpretationen zu verwenden. Ein Beispiel dafür ist die Tatsache, daß die frühen Münzen stets die Angabe „Jahr eins der *Erlösung* Israels [לגאולת ישראל] tragen, die späteren indes die Aufschrift „Jahr zwei der *Befreiung* Israels [לחרות ישראל] bzw. – diese werden dem dritten Jahr zugeordnet – „der (oder auch: für die) Befreiung Jerusalems" [לחרות ירושלים].

Es wurde verschiedentlich vorgeschlagen, den Begriff *Erlösung* auf eine messianische Konnotation, den der *Befreiung* jedoch auf eine politische hin zu deuten,[184] doch derartige Versuche müssen schon aufgrund der unsicheren Voraussetzungen scheitern: Einerseits ist, wie gesagt, keineswegs sicher, daß die Münzen auch alle im entsprechenden Jahr geprägt worden sind, und zum anderen – dieser Befund wiegt noch schwerer – ist die Trennung zwischen messianischer Erlösungshoffnung und politischer Revolte für das antike Judentum in keiner Weise gerechtfertigt. Der erwartete Erlöser war in

---

[183] MESCHORER 1982, II, 135.
[184] Dies versucht durch einen Vergleich mit dem ersten Aufstand SH. YEIVIN: בר כוכבא מלחמת, Jerusalem ²1957, 85. Besonders weitreichend und spekulativ sodann B. KANAEL: „The Historical Background of the Coins ‚Year Four...of the Redemption of Zion'", in: *BASOR* 129 (1953), 18-20; ders.: „Notes on the Dates Used During the Bar Kokhba Revolt", in: *IEJ* 21 (1971), 39-56, hier S. 42.

jedem Falle auch ein politischer Fürst, der das Joch der Unterdrükkung vom jüdischen Volk abschütteln würde.[185] Abgesehen davon ist immer noch die Tatsache zu beachten, daß auf keiner einzigen Münze der Titel „Messias" begegnet. Die Prägungen des ersten Jahres tragen den Titel „Simeon, Fürst Israels" [שמעון נשיא ישראל], so daß man den Messianismus Bar Kokhbas schwerlich aus seinem Titel erschließen kann. Hierfür wird man nach anderen Indizien suchen müssen.

Dasselbe gilt für die Nennung des Hohenpriesters Eleasar: Hieraus ist keine Ämtertrennung zwischen religiöser und politischer Führung mit Sicherheit zu erschließen, schon gar nicht die Hypothese, die Aufständischen hätten Jerusalem in Besitz genommen und den Tempel nach jüdischem Brauch wieder zu errichten begonnen. Immerhin wird durch die Nennung des Priesters die Wichtigkeit der religiösen Dimension des Aufstandes deutlich untermauert. In diesem Sinne sollte man auch das Symbol des Tempels, welches überall begegnet, nicht mit einem konkreten Ereignis während der Revolte in Verbindung bringen – beispielsweise des Weiterbaus –, sondern sich mit der Feststellung begnügen, daß die Befreiung Jerusalems und die Reinigung des Tempels zum erklärten Ziel Bar Kokhbas gehörte.[186] Wie nah er diesem Ziel gekommen ist, können wir aus den erhaltenen Quellen nicht sicher ablesen. Aus der Verbreitung der Münzen können wir aber vermuten, daß Jerusalem auf jeden Fall nicht lange genug in der Hand der Aufständischen war, um Münzen zu prägen oder in Umlauf zu bringen: Von den 40.000 in Jerusalem entdeckten Münzen läßt sich nur eine (!) auf die Jahre des Krieges datieren, nämlich auf 135.[187]

---

[185] Vgl. zu dieser Kritik an KANAEL SCHÄFER 1981, 63: „Die Unterscheidung zwischen ‚messianisch' im engeren und ‚politisch' im weiteren Sinne [ist] religionsgeschichtlich eine unhaltbare Konstruktion. Jede messianische Bewegung im Judentum hatte massive politische Implikationen und die Reduktion des ‚eigentlich Messianischen' auf eine unkonkret (unpolitisch)-utopische Heilserwartung wird den Quellen nicht gerecht."

[186] Ähnlich äußert sich MESHORER 1967, 93: „[...] the main aspiration of the freedom fighters was the reinstitution of the Temple service and the restoration of the capital of the Land of Israel after it had lain desolate for sixty-two years."

[187] Vgl. MESHORER 1982, II, 134. Er führt weiter aus: „It [the coin, KvS] may therefore have been left in Jerusalem by a Roman soldier, and not by a rebel. Yet the coins of the first and second years of the war, which were struck in large quantities, were not present among the archaeological finds. This absence suggests that the Bar Cochba coins were minted elsewhere."

Damit kommen wir zum wichtigeren Aspekt, nämlich den Darstellungen eines „Sternes" auf den Münzen. Interessanterweise taucht dieses Motiv allein auf Münzen der Jahre 2 und 3 auf, also der Jahre 133/134 und 134/135 u.Z. Stets findet es sich oberhalb der Tempelfassade, was von vornherein eine deutliche Verbindung zu Religion und Kult herstellt. Die Darstellungen variieren ein wenig, so daß eine eindeutige Lesart kaum möglich ist: Während in den meisten Fällen sowohl eine Rosette als auch ein Stern identifiziert werden kann,[188] ist die Figur in mehreren Fällen zu einem schlichten Kreuz stilisiert,[189] manchmal gar durch eine Wellenlinie ersetzt.[190] Gelegentlich prägte man die Tempelfassade auch ohne weitere Ergänzung.

Trotz dieser Vieldeutigkeit waren sich die meisten Forscher darüber einig, daß es sich hier um einen Stern handeln müsse.[191] In der Regel leitete man diesen Befund aus der eingangs zitierten Talmudstelle ab, die die Verbindung des Anführers mit einem Stern sicherzustellen scheint. Nun ist diese Herleitung zweifellos äußerst dünn, und Mildenberg kritisiert sie aus methodischer Sicht völlig zu Recht:

> An element from a primary source, a coin, is brought into association not with factual data from another primary source but instead with a much later literary tradition – namely, the third/fourth century rabbinical interpretation of Akiba's „ordination" of Bar Kosiba as the Messiah.[192]

Diese Kritik führt zunächst einmal dazu, daß man sich auf das zurückbesinnt, was als die wesentliche Aussage der Münzen angesehen werden kann. Mildenberg: „Much, however, does refer to the man as a good Jew, the undisputed leader of the rebellion and the reigning prince of Israel".[193] In den Vordergrund jeder Deutung müssen demnach die traditionellen, mit dem Tempel in Verbindung stehenden Attribute – Lulab und Etrog finden sich auf *allen* zu berücksichtigenden Münzen! – rücken, und erst anschließend sollte

---

[188] Vgl. MESHORER 1967, Nr. 199-200; MESHORER 1982, II, Tafel 22, Nr. 16 und Tafel 25, Nr. 51-52. 54; die besten Abbildungen finden sich bei MILDENBERG 1984, Abb. 27-87.
[189] MESHORER 1967, Nr. 179-180; MESHORER 1982, II, Tafel 21, Nr. 12a, 13, 13b; MILDENBERG 1984, Abb. 10-26.
[190] MESHORER 1982, II, Tafel 25, Nr. 53; MILDENBERG 1984, Abb. 88-96.
[191] STROBEL (1987, 1106) drückt sich folgendermaßen aus: „[Es] kann auf Grund völlig eindeutiger Prägungen über das dargestellte Symbol nicht der mindeste Zweifel bestehen."
[192] MILDENBERG 1984, 45. Vgl. auch die dort verzeichnete Literatur.
[193] Ebda.

man sich fragen, ob sich in diesen Zusammenhang ein Stern bzw. eine Rosette einfügen läßt. Das bedeutet allerdings *nicht* – und dies sei gegen Mildenberg ausdrücklich betont –, daß das Motiv der Stern-Rosette von geringem Interesse ist, auch wenn Numismatiker bisweilen nicht in die niederen Gefilde der Interpretation hinabsteigen wollen.[194] Immerhin ist es erklärungsbedürftig, warum im Zusammenhang mit dem Tempel, verbunden mit anderen Kultmotiven, an *exponierter Stelle* eine Stern-Rosette zur Darstellung kommt, und dazu noch auf den wertvollsten Münzen der Zeit, nämlich den Silber-Tetradrachmen. Die Reduktion auf schlichte Verzierung, wie Mildenberg andeutet,[195] stellt m.E. die denkbar unbefriedigendste Lösung dar, denn es erscheint ausgeschlossen, daß ein derart wichtiges Motiv wie der Tempel – vor allem der neu zu errichtende Tempel! – durch einfache Ornamentik ergänzt worden sein soll. Die Münzen waren Programm und Propaganda, darüber hinaus stellen die weiteren Motive einen eindeutigen Bezug zum Tempelkult sicher und sind keineswegs Verzierungen. Aus diesem Grunde erscheint es sinnvoll, nach einem Zusammenhang zwischen Tempelkult und Stern-Rosette zu suchen, um von dieser Seite zu einer Klärung beizutragen.

Wie wir bereits wiederholt feststellen konnten, spielte der ordnungsgemäß durchgeführte Kult für die Heilsgeschichte Israels, und zwar für jedwede jüdische Strömung, eine überragende Rolle. „Krisen traten [...] auf, sofern das Funktionieren des Kultes aus irgendwelchen Gründen in Frage gestellt erschien und einzelne befürchten konnten, daß das ungesühnte Unheilspotential ihnen persönlich und ganz Israel zum Verderben wirkt."[196] Diese theologische Grundhaltung erklärt die Virulenz antirömischer Tendenzen unter den Juden, die sich schnell wieder zu erbitterter Todfeindschaft gegen „Edom" auswachsen konnte. Die Verunreinigung des Jerusalemer Kultes durch die Zerstörung des Tempels bzw. die Absicht Hadrians, dort ein Jupiter-Heiligtum zu errichten, hatte demnach nicht nur auf das religiöse Empfinden der Juden Auswirkung, sondern führte im Zuge

---

[194] Erinnert sei an das Diktum L. HAMBURGERS: „Die ernstliche Numismatik hat mit solchen Hypothesen nichts zu tun" (*Die Münzprägungen während des letzten Aufstandes der Israeliten gegen Rom. Ein Beitrag vom numismatischen Standpunkt zur Geschichte jener Zeit*, Berlin 1892, 305). Diese Warnung scheint so stark zu wirken, daß auch MILDENBERG sich nicht davon lösen mag (vgl. a.a.O. S. 44f).
[195] A.a.O., S. 45, plädiert er dafür, die einzelnen Elemente zu interpretieren „within the entire development of the *ornament* over the Temple" (Hervorhebung KvS).
[196] MAIER 1996a, 63.

dieses Denkens nachgerade zur kosmischen Infragestellung der Heilsgeschichte Israels. Richten wir aus dieser Perspektive erneut einen Blick auf die Münzen des Aufstandes, so scheint die polemische Frage Mildenbergs, „what might the ‚Son of the Star' have to do with the cross-rosette and the architectural element [...]",[197] durchaus beantworbar zu sein. Bar Kokhba kommt für seine Anhänger in der Heilsgeschichte Israels eine zentrale Aufgabe zu, nämlich die Restaurierung des Jerusalemer Kultes – unabhängig davon, ob er als Hoherpriester, Messias oder schlicht als Fürst fungierte, sogar unabhängig davon, ob er selber sich in dieser Rolle sah.

Was dürfen wir vor diesem Hintergrund für eine Reaktion erwarten, wenn sich Jupiter und Saturn zu einer beeindruckenden Konjunktion zusammenfinden? Unsere bisherige Untersuchung des Problems hat gezeigt, daß konkrete astronomische Ereignisse zur Forcierung ohnehin virulenter Positionen geführt haben. Die Begegnung der beiden Planeten in den Jahren 133 und 134 u.Z. (in den Orbis Saturns trat Jupiter freilich schon im Jahre 132) wird mit hoher Sicherheit die Phantasie auch der jüdischen Beobachter angespornt haben. Auch für sie schien sich eine Entscheidung – wie immer man sie interpretieren mochte – anzubahnen zwischen dem Herrscher Roms (♃) und dem Repräsentanten Israels (♄).[198] Diese Deutung erhält zusätzliches Gewicht, wenn man bedenkt, daß sich die Konjunktion von Jupiter und Saturn mit bloßem Auge beobachten ließ, wir also keine ausgeklügelten Rechenexempel voraussetzen müssen, wie sie am Hofe Hadrians angewandt wurden. Jede und jeder konnte mit eigenen Augen sehen, daß die Zeichen des Himmels eine beträchtliche Isomorphie mit den Geschehnissen des Krieges aufwiesen, und nichts lag näher, als der eigenen Interpretation, die mit der Wiederherstellung der kosmischen Ordnung durch den irdischen Kult verbunden war, auf den Münzen entsprechend Gewicht zu verleihen.

So betrachtet, löst sich auch der Widerspruch, daß die Tempeldarstellung eher an heidnische Architektur denn an den Jerusalemer Tempel erinnert.[199] Der Stern würde in diesem Falle möglicherweise

---

[197] MILDENBERG 1984, 45.
[198] Selbst wenn man die Verbindung Israel-Saturn hintanstellt, erwächst dem Jupiter ein Kontrahent oder – alternativ – auch eine Verstärkung in Saturn, was die Reaktion aller von Rom Unterdrückten herausfordert.
[199] Die Vermutung MESHORERS 1982, II, 140, die 62 Jahre, die seit der Zerstörung des Tempels durch Titus vergangen waren, hätten die Erinnerung an das tatsächliche Aussehen des Tempels getrübt, kann als abwegig übergangen werden.

mit paganen Symbolen wie Kalender, kosmischer Ordnung oder dem Tempel als Wohnsitz der (astralen) Götter korrespondieren.[200] Es ist durchaus möglich, daß die Darstellung auf den Münzen sich an paganen Symbolen orientiert, doch die Interpretation kann nicht vom spezifisch jüdischen Denken im Hinblick auf die Heilsgeschichte Israels abgekoppelt werden, für die der ordnungsgemäß durchgeführte Tempelkult eine entscheidende Voraussetzung ist. Um die kosmische Ordnung darzustellen, eignet sich nichts besser als ein Stern, wohingegen die Deutung als Rosette sich mit der bloßen Ornamentik der Tempelfassade zufrieden geben müßte. Die meisten Wissenschaftler, die eine Rosette propagieren, stehen zudem vor dem Problem zu erklären, warum gerade dieses Motiv derart hervorgehoben worden sein mag. Eine befriedigende Deutung steht nach wie vor aus. Die Waagschale neigt sich somit aus pragmatischer Perspektive eindeutig zugunsten des Sternes, wobei wir zugleich beachten müssen, daß damit nicht (notwendig) eine messianische Deutung des Auftrags und Selbstverständnisses des Bar Kokhba impliziert ist.[201]

---

[200] Vgl. zu dieser Sicht schon P. ROMANOFF: „Jewish Symbols on Ancient Jewish Coins", in: *JQR* 33 (1942/43), 1-15; 34 (1943/44), 161-177. 299-312. 425-440.

[201] Der Befund SCHÄFERS ist in seiner Zurückhaltung nach wie vor gültig: „Insgesamt ist die Frage, ob der Stern auf den Bar Kokhba-Münzen ein messianisches Symbol ist, daher nicht endgültig zu entscheiden, doch wird die Antwort beim gegenwärtigen Quellenstand eher negativ sein müssen" (1981, 65).

IV. Astrologie und Priestertheologie in Qumran

Durch die Entdeckung und die schrittweise Publikation der Literatur der Qumrangemeinde ist der Wissenschaft ein bis vor kurzem unvorstellbarer Blick in die Wirklichkeit einer jüdischen Gruppierung während der Schlußphase der Zeit des Zweiten Tempels ermöglicht worden. Für unser Thema stellt deshalb die Literatur des *Jachad* in Qumran eine Quelle erster Ordnung dar. Zum Stand der Texteditionen ist zu bemerken, daß noch immer einige – von vielen Wissenschaftlerinnen und Wissenschaftlern freilich als marginal bezeichnete – Fragmente einer kritischen Ausgabe harren. Die Auswahl der zu edierenden Dokumente ist dabei keineswegs zufällig: Am Beispiel des Brontologions 4Q318 etwa, auf das Milik schon vor 40 Jahren hingewiesen hatte,[1] zeigt sich vielmehr das Desinteresse der Forschung an Themen, die das traditionelle Bild des antiken Judentums in Frage zu stellen vermögen. 1992 erst gaben Eisenman/Wise eine vorläufige Edition heraus,[2] die eine nunmehr interessierte Forschung nach sich zog.[3]

Es zeigte sich rasch, daß das qumranische Judentum nicht nur innerjüdisch, sondern auch im Hinblick auf hellenistische, babylonische und persische Diskursstränge in das multikulturelle Gespräch des ersten vorchristlichen Jahrhunderts eingegliedert war. Im folgenden geht es um die Erhellung der astrologischen Komponenten jenes Gesprächs, zu dem die Qumranschriften wertvolle Beiträge leisteten. In meiner Arbeit *Frömmigkeit und Wissenschaft* (1996) bin ich den eigentlichen Astrologumena aus Qumran bereits nachgegangen. Dies

---

[1] Vgl. J.T. MILIK: *Ten Years of Discovery in the Wilderness of Judaea*, London 1959 (franz. Original Paris 1957)
[2] Vgl. EISENMAN/WISE 1994, 263-268. Damit soll keineswegs die unseriöse Weise gerechtfertigt werden, in der EISENMAN und WISE ihr Material vorlegten. Ihre Edition ist nicht nur vorläufig, sondern völlig unbrauchbar.
[3] Damit soll in keiner Weise einer der beliebten „Verzögerungstheorien" das Wort geredet werden. Dazu ist im Prinzip alles gesagt; vgl. etwa die Zusammenfassungen bei H. STEGEMANN: *Die Essener, Qumran, Johannes der Täufer und Jesus. Ein Sachbuch*, Freiburg u.a. ⁵1993, 23ff; GARCÍA MARTÍNEZ/TREBOLLE BARRERA 1995, 17ff.

geschah einerseits vor dem Hintergrund des Prädestinationsdenkens, andererseits im Rahmen der Zwei-Geister-Lehre, d.h. des dualistischen Weltentwurfs.[4] Das dort erarbeitete Ergebnis soll hier kurz rekapituliert werden, um im Anschluß daran die Perspektive auf zwei weitere wichtige Bereiche auszudehnen: die *priesterliche Kulttheologie* der Qumrantexte, die in der Tradition der nachexilischen Tempeltheologie steht, sowie die Spiegelung ethischer und religiöser Dimensionen in der Suche nach dem „*richtigen*" *Kalender*, ein Topos, der in innerjüdischen Auseinandersetzungen zu unerhört heftigen Diskussionen Anlaß bot. Es wird zu fragen sein, ob wir diesen Streit überhaupt angemessen verstehen können, ohne ein Entsprechungsdenken zu unterstellen, welches der irdischen Ordnung eine kosmische an die Seite stellt – auf diese Weise öffnet sich der Diskurs für eine astrologische Erklärung der Wirklichkeit. Die kalendarischen Fragen sind in ihrem größeren Kontext durch die hervorragenden Studien U. Glessmers und M. Albanis inzwischen wesentlich besser ausgeleuchtet worden als bis vor einigen Jahren noch, so daß es genügt, diese Forschungsergebnisse darzustellen und auf die astrologischen Fragen zuzuspitzen.

Darüber hinaus gilt es die Frage zu erörtern, ob die in der Forschung vielfach angestellten Vergleiche zwischen Qumrantexten und weitaus späteren jüdischen Zeugnissen methodisch haltbar sind. Die Ausrichtung an pragmatischen Erklärungsmustern sowie am interkulturellen *Gespräch* stellt einen Jahrhunderte leichtfertig überbrückenden Vergleich in Frage und rückt die zeitgenössischen Parallelen nicht-jüdischer Provenienz demgegenüber stärker in den Vordergrund.

1. Zusammenfassung der bereits erarbeiteten Thesen

Ein hervorstechendes Merkmal der Qumrangemeinde läßt sich im ausgeprägten Glauben an die *göttliche Vorherbestimmung* ausmachen. Diese deterministische Auffassung ist in zentralen Schriften (CD, 1QS und 1QH) so gut belegt, daß sie keiner weiteren Bestätigung bedarf.[5] Weitaus schwieriger wird das Terrain, wenn wir die Frage stellen, wie denn ein ethisch einwandfreies Verhalten möglich ist, wenn die menschliche Freiheit in einer solchen Weise einge-

---

[4] VON STUCKRAD 1996, 105-135.
[5] Nachweise bei VON STUCKRAD 1996, 107-110.

schränkt wird.⁶ Immerhin ist die Verurteilung der Sünder und Frevler ein wichtiger Topos im qumranischen Schrifttum, der indes nur dann Sinn macht, wenn die Menschen Verantwortung für ihr Handeln übernehmen können.

Das scheinbar hieraus sich ergebende Dilemma wird in Qumran auf interessante Weise gelöst. Obwohl nämlich alles seit Anbeginn der Zeiten durch den göttlichen Plan vorherbestimmt ist, sind die Gläubigen aufgerufen, sich durch ihre Frömmigkeit als Angehörige der Erwählungsgemeinschaft zu *erweisen*. Indem sich jemand der Qumrangemeinde anschließt, zeigt er, daß er von Anfang an von Gott für dieses Leben bestimmt gewesen ist.⁷ Wir können eine solche Haltung beinah mit der stoischen Sicht eines Seneca vergleichen, der die Aufgabe des Menschen darin sieht, sich in den göttlichen Plan seines Lebens willig einzufügen, damit das wahre Potential sich entfalten möge.⁸ Freilich handelt es sich in Qumran weniger um eine philosophische Reflexion als um den Versuch, die starke jüdische Ausrichtung auf ethische Gesichtspunkte mit jenem Denken in Einklang zu bringen, welches von einem urzeitlichen göttlichen Plan ausging, der der Heilsgeschichte des jüdischen Volkes einen kosmischen Sinn zu verleihen vermochte.

Das zweite für Qumran überaus wichtige theologische Merkmal findet sich im ausgeprägten *Dualismus* der Schriften.⁹ Zu unterscheiden haben wir einmal einen kosmischen Dualismus, der die ganze Welt in feindliche Lager aufteilt,¹⁰ und einen individuellen ethischen Dualismus, der als Spiegelbild des kosmischen aufgefaßt werden kann. Letzterem gilt das Hauptinteresse der qumranischen Schriften. Bei Untersuchung der Quellen zeigt sich, daß man davon ausging, in jedem Menschen in unterschiedlicher Mischung sowohl Anteile der Finsternis wie auch solche des Lichtes zu finden. Bis zum Tag des Gerichts

> kämpfen die Geister der Wahrheit und des Frevels im Herzen des Menschen, und sie wandeln in Weisheit und in Torheit, und gemäß dem Erbteil eines Menschen an Wahrheit und Gerechtigkeit haßt er den Frevel, und gemäß seinem Anteil am Lose des Frevels handelt er

---

[6] Dies ist einer der wichtigsten Einwände gegen den astrologischen Determinismus durch Philo, der uns noch beschäftigen wird (s.u. Kap. V.1.2.).
[7] Vgl. VON STUCKRAD 1996, 115-117.
[8] Vgl. beispielsweise Seneca *Epist.* 107, 11. Die Auseinandersetzung Philos mit dieser Ansicht wird unten Kap. V.1.2. darzustellen sein.
[9] Vgl. VON STUCKRAD 1996, 110-115.
[10] Zentrale Belegstelle hierfür ist 1QS IV, 15-26. Vgl. außerdem diverse Aussagen der Kriegsrolle.

gottlos in ihm und demzufolge verabscheut er die Wahrheit. Denn Seite an Seite hat Gott sie gesetzt bis zum fest bestimmten Ende und zur neuen Schöpfung (1QS IV, 23b-25).

Jede und jeder einzelne ist somit ein Teil des kosmischen Dualismus, der zwangsläufig zu einer letzten entscheidenden Schlacht führen muß.

Unter dieser Voraussetzung fügt es sich nahtlos ins Konzept, daß man in Qumran die Frage zu beantworten suchte, wie groß in einem Individuum denn der Anteil von Licht und Finsternis ausfalle. Die Antwort machte sich ein Siebenerschema zunutze, das kein Gleichgewicht zwischen Gut und Böse zuläßt. Die Belege liegen in einigen *Horoskopen* und ähnlichen Zeugnissen vor, die explizit die individuelle Verteilung der beiden Geister zum Gegenstand haben und mit äußeren Merkmalen wie Aussehen, Stimme etc. in Zusammenhang bringen.[11] In den Horoskopen spiegelt sich darüber hinaus die eigensinnige Lösung des dargestellten Dilemmas wider, denn in der Nativität erkennt man nicht nur die Verteilung der Potentiale, sondern auch das ethische Ringen um ein gottgefälliges Leben. Dies trifft sogar auf hochgestellte Persönlichkeiten – den „Erwählten Gottes" – zu.[12]

Aus dem untersuchten Material ergibt sich mit innerer Stringenz, daß wir es in Qumran keineswegs mit einer vom interkulturellen Gespräch abgeschnittenen Gruppierung zu tun haben, sondern mit einer radikalen jüdischen Gemeinschaft, die das hellenistische wissenschaftliche Weltbild zu integrieren suchte. Die Astrologie als Teil dieses Weltbildes bot sich in dem Sinne an, daß mit ihrer Hilfe nicht nur individuelle Prognosen, sondern auch zeitgeschichtliche Abläufe transparent gemacht werden konnten. Diese These gilt es nun anhand der priesterlichen bzw. kulttheologischen Prägung der Qumranschriften zu überprüfen.

Zuvor jedoch wollen wir einen Blick auf die astrologischen Dimensionen des Mithraskultes werfen, dessen Ursprünge in eben jene Zeit fallen, die auch die Qumranschriften prägte. Wie sich im Laufe unserer Untersuchung immer wieder zeigen wird, ist die Mithrastheo-

---

[11] Vgl. VON STUCKRAD 1996, 118-132.
[12] Vgl. 4Q534 (=4QMess ar); VON STUCKRAD 1996, 124-127. GRUENWALD beschreibt das genannte Dilemma ganz richtig als eine Art Scheinproblem, denn „[w]e take predestination to mean that man's participation in, or exclusion from the future salvation is fixed by God, right from the beginning. Man, however, must not be aware of his ‚lot' (*gôral*), and his decisions are, therefore, taken, from his own subjective point of view, freely. There is no fatal coersion blindly directing his actions" (1988, 86 Anm. 49).

logie nicht nur für das Gedankengut der Qumranleute äußerst aufschlußreich, sondern für die platonisierenden, gnostisierenden und „hermetisierenden" Tendenzen der damaligen Diskurse insgesamt.

Exkurs 1: Die astrologische Semantik des Mithraskultes

Will man die theologischen Dimensionen der Astrologie der römischen Zeit in ihrer ganzen Tiefe ausloten, ist ein Blick auf den *Mithraskult* unumgänglich, wie neuere Untersuchungen jener mysteriösen Religionsgemeinschaft erwiesen haben. Die Kulte um den persischen Gott Mithras nahmen ihren Anfang im zweiten vorchristlichen Jahrhundert, um im Laufe der Zeit eine zunehmende Zahl von Anhängern zu gewinnen, bis sich diese Religion schließlich im ganzen Römischen Reich verbreitet hatte. Erst das christliche Rom machte den als Konkurrenz erlebten Mithraskulten ein Ende.[13]

Für unser Thema ist von besonderer Bedeutung, daß die Mithrastheologie in ausgeprägter Weise von platonisierenden Tendenzen geprägt war, welche sich ebenso in gnostischen Kreisen, aber auch in der Qumrantheologie wiederfinden. Immer wiederkehrendes Motiv ist dabei das Bild der *Tore* zu den Planetensphären. Im *Mitreo delle Sette Sfere* in Ostia etwa waren die Gestirne und die Tierkreiszeichen am Kultort aufgemalt, den Weg des Mysten durch die Sphären symbolisierend. Wie wir von Origenes erfahren, der den Bericht des Celsus überliefert, bestand an jeder Station die Möglichkeit zu einer besonderen Kulthandlung, die den Adepten mit der entsprechenden Planetenenergie verband. Hierfür sorgten Entsprechungen der Planeten wie die sieben Altäre, die sieben Fackeln etc. Das Symbol für den Durchgang der Seele besteht in einer Leiter mit sieben Toren und einem achten Tor an der Spitze; ebenso finden wir hier – wenn auch in anderen Zuordnungen – die Farben der Planeten wieder.[14]

---

[13] Vgl. zum Thema vor allem DIETERICH 1923, 88-92; VERMASEREN 1956-60; GUNDEL 1966, 308f; HINNELS 1975; HALSBERGHE 1977; BIANCI 1979; R.L. GORDON: „Reality, Evocation and Boundary in the Mysteries of Mithras", in: *JMS* 3 (1980), 19-99; MERKELBACH 1984, 199ff (mit umfangreichen Nachweisen); BECK 1988; ULANSEY 1989; FAUTH 1995, 1-33; BARTON 1995, 197-207. Die zuletzt genannten Autorinnen und Autoren markieren die „neue Linie" der Mithrasforschung, die sich deutlich von FRANZ CUMONT distanziert; zu CUMONTS These der iranischen Herkunft des Kultes vgl. vor allem sein Werk *The Mysteries of Mithra*, New York 1956.

[14] Origenes *c. Cels.* VI, 22; DIETERICH führt noch Belege für die Bedeutung des mystischen Aufstiegs in der Mithrasweihe bei Julian, Porphyrius und Tertullian

Exkurs 1: Die astrologische Semantik des Mithraskultes

Nicht nur die neuplatonische Komponente, sondern auch die eigentliche Kulttheologie der Mithrasreligion scheint bei Porphyrius durch, wenn er in seiner Beschreibung der Mithräen davon spricht, jene Höhlen lieferten „ein Abbild des Kosmos".[15] Daß es sich dabei in der Tat um explizit astrologische Lehren handelt, zeigt folgende Bemerkung:

> Sie weisen dem Mithras die Äquinoktien als angemessene Region zu; und aus diesem Grunde trägt er das Schwert des Widder, dem Zeichen des Mars. Außerdem reitet er den Stier, welcher der Venus zugehörig ist.[16]

Die Inschrift eines Eingeweihten des Mithraskultes bestätigt den Eindruck der kosmischen Entsprechung des Kultes, denn dort heißt es über den Erbauer des Mithräums von San Silvestro in Capite, seinen Plan des Heiligtums habe er „aus den Sternen und den Himmeln" bezogen.[17] Der astrologische wie auch der kulttheologische Bezug kann demnach als gesichert angenommen werden, was aus den neueren Forschungen auch zweifelsfrei hervorgeht; bis vor kurzem war noch das Diktum F. Cumonts vorherrschend, der eine astrologische oder auch nur astronomische Dimension der Mithräen stark heruntergespielt hatte zugunsten seiner These der iranischen

---

an (1923, 90f); vgl. zudem MERKELBACH 1984, 213-215. Das Motiv der gefallenen Engel, welches in der Henochliteratur begegnet, findet ebenfalls seinen Widerhall in der „Mithrasliturgie". Dort wird es u.a. durch die magische Formel „Ich bin ein Stern, der mit Euch seine Wandelbahn geht und aufleuchtet aus der Tiefe" (DIETERICH 1923, 8 Zeile 5f) – aufgegriffen, um die Kontrolle der kosmischen Gesetzmäßigkeiten durch den Adepten zum Ausdruck zu bringen; vgl. MACH 1992, 175. Zur Verbreitung der beliebten Formel „ich bin der und der ..." in der antiken Magie, die aus dem Isis-Kult stammt, doch auch im jüdischen Umfeld belegt ist, vgl. GRAF 1996, 106. Als Beispiel für eine jüdische Konnotation sei auf PGM V, 113, verwiesen, wo es heißt: „Ich bin Mose dein Prophet, dem du die von Israel gefeierten Mysterien übergeben hast." GRAF a.a.O S. 89 bemerkt dazu: „Mit dieser Berufung auf den präzisen Moment der einstigen Offenbarung fügt sich der Magier zu Hermetischem." Vgl. zudem KOTANSKY 1994, 140. Zur Verwendung der Formel durch Simon Magus und Jesus vgl. FOSSUM 1985, 114. 124ff. Einmal mehr wird deutlich, daß (1) die Trennung zwischen Magie, Religion, Mystik und Astrologie in vielen Fällen schwierig ist, und (2) die Hermetik das Gedankengut bereitstellt, in welchem alle Fäden zu einem eigenen Gewirke vereint werden. Zur neueren Magieforschung vgl. neben GRAF besonders GAGER 1992, aber auch LUCK 1990.

[15] *De Antr. Nymph. (Höhle der Nymphen) 6.*
[16] *Höhle der Nymphen 24.*
[17] Vgl. BECK 1988, 14 Anm. 34.

Exkurs 1: Die astrologische Semantik des Mithraskultes 165

Ursprünge des Kultes.[18] Inzwischen greift man gewöhnlich die bereits 1869 von K.B. Stark geäußerte Vermutung auf, bei den Mithräen handele es sich um Darstellungen astronomischer Gegebenheiten im Allgemeinen, bzw. um die Sicht des Himmels zu bestimmten Zeitpunkten im Besonderen.[19]

In verschiedenen Spielarten ist dieser Erklärungsansatz für die Aufhellung der Ursprünge der mysteriösen Mithrasreligion nutzbar gemacht worden: R. Beck vermutet, die dargestellten Himmelsbilder korrespondieren mit dem heliakischen Untergang der entsprechenden Konstellationen im Herbst, also der Zeit der Ernte.[20] Ganz ähnlich argumentiert S. Insler, nur legt er den heliakischen Aufgang zugrunde und kommt dadurch auf den Frühlingsanfang.[21] A. Bausani wiederum erinnert an das vorderasiatische Allgemeingut seit sumerischer Zeit, welches die Auseinandersetzung zwischen Löwe und Stier thematisiert; im Mithraskult werde genau dieser Zusammenhang astronomisch hergestellt.[22]

Einen wichtigen Baustein zur Entschlüsselung der astrologischen Semantik des Mithraskultes hat David Ulansey geliefert, indem er die Theorie explizierte, es handele sich bei Mithras um die personifizierte Gottheit, die für das Vorrücken des Frühjahrspunktes – die Präzession – verantwortlich zeichnet und entsprechend geehrt wird.[23] Seine Argumentation entfaltet sich folgendermaßen: Eine Gruppe stoischer Intellektueller in der kilikischen Hauptstadt Tarsus erfuhr aufgrund ihrer intensiven Beschäftigung mit der Astrologie sowie durch enge Kontakte zur „Astrologeninsel" Rhodos frühzeitig von der Entdeckung der Präzession durch Hipparch.[24] Die Enthüllung dieses Geheimnisses mußte damalige Gelehrte elektrisiert haben,

---

[18] Auf die Details kann hier nicht eingegangen werden, vgl. F. CUMONT: *Textes et monuments figurés relatifs aux mystères de Mithra*, 2 vol., Brüssel 1896/1899 sowie die oben Anm. 13 angeführte Literatur.
[19] K.B. STARK: „Die Mithrassteine von Dormagen", in: *Jahrbücher des Vereins von Altertumsfreunden im Rheinlande* 46 (1869), 1-25. Zur Rezeption dieser These vgl. ULANSEY 1989, 15ff.
[20] R. BECK: „Cautes and Cautopates: Some Astronomical Considerations", in: *JMS* 2.1 (1977), 1-17, hier S. 10.
[21] S. INSLER: „A New Interpretation of the Bull-Slaying Motif", in: M.B. DE BOER / T.A. EDRIDGE (eds.): *Hommages à Maarten J. Vermaseren*, Leiden 1978, 519-538.
[22] A. BAUSANI: „Note sulla preistoria astronomica del mitto di Mithra", in: BIANCHI 1979, 503-515.
[23] ULANSEY 1989.
[24] Zu Bedeutung Hipparchs vgl. NORTH 1994, 92-104.

und der stoische Hang zur Mythisierung kosmischen Geschehens führte dazu, daß man einen obersten Gott inthronisierte, der stärker war als alle anderen, hatte er doch die Kraft, die kosmischen Achsen aus ihrer Bahn zu werfen. Das Symbol für die überragende Kraft des neuen Gottes Mithras – der sich aus Perseus herausgebildet hatte – war die Tötung des Stiers, also der Übergang vom Stier- zum Widderzeitalter etwa zweitausend Jahre zuvor.

An dieser Stelle hat Ulansey das Problem zu lösen, warum die ersten Anhänger der neuen Religion ausgerechnet eine Zäsur wählen sollten, die sich im Dunkel der Geschichte verlor, „rather than by creating a symbol for the entire cycle of the precession through all the twelve signs of the zodiac". Er spekuliert: „The simplest answer to this question is that the shift out of Taurus was the most recent one, the one responsible for the *current* world age, and could therefore be taken to stand for the entire cycle."[25] Ulansey übersieht hier, daß man sich zur Zeit der Entdeckung Hipparchs bereits am Übergang zum Fischezeitalter befand, vom „gegenwärtigen" Zeitalter also keine Rede sein kann. Wie kommt es aber, daß der im ersten vorchristlichen Jahrhundert in Intellektuellen- und Politikerkreisen so viel diskutierte Übergang des Frühjahrspunktes in die Fische keinen Niederschlag in der Mithrastheologie fand? Nicht nur diese Frage bleibt in Ulanseys Theorie, so wertvoll sie insgesamt ist, letztlich unbeantwortet, sondern auch jene nach der hohen astrologischen Kompetenz, die die Anhänger der neuen Religion mitbringen mußten.[26] Eine Verbreitung des Kultes im ganzen Römischen Reich, auch innerhalb astronomisch völlig ungebildeter Kreise, ist vor diesem Hintergrund schwer zu erklären.[27]

---

[25] ULANSEY 1989, 90f (Hervorhebung im Original).
[26] NORTH 1994, 102, sieht in der Kompliziertheit der Rechnungen sogar einen Grund des Verschwindens der Schriften Hipparchs: „Hipparchus was responsible for changing the direction of Greek astronomy, away from qualitative geometrical description and towards a fully empirical science. He never composed a systematic treatise covering the whole of the science, and his many short works were probably lost because they were too difficult for ordinary readers."
[27] ULANSEY ist sich dieser Problematik durchaus bewußt und grenzt in kluger Weise ein: „Of course, before long Mithraism evolved and spread far beyond the beginnings which I have reconstructed here. It is thus important to reemphasize that my study has been concerned solely with the *origins* of Mithraism" (1989, 125 [Hervorhebung im Original]). Doch auch hier besteht die Problematik, daß die Entdeckung der Präzession nicht sogleich zu einer allgemeinen Verbreitung dieses „Geheimnisses" unter den Gelehrten führte. ZINNER stellt fest: „Es ist bemerkenswert, daß die Entdeckung des Hipparch

Exkurs 1: Die astrologische Semantik des Mithraskultes

Trotz dieser nach wie vor offenen Fragen ist eines durch die Forschungen von Ulansey und Beck unmißverständlich klar geworden:

> Mithraism was much more complicated than the various state cults of the Sun, and seems to share some cosmological features with Gnosticism and Neoplatonism. Recent scholarship has suggested that astrology and astronomy offer keys to the mithraic mystery.[28]

Die möglichen Überschneidungen zwischen Mithraskult und jüdischen Kulten sollten aus diesem Grunde immer im Auge behalten werden.[29]

In den Mysterien des Mithras geht es um einen Aufstieg des Adepten durch die Planetensphären, begleitet und erleichtert durch einen entsprechenden Kult im Heiligtum. Dieser Topos hat eine starke Parallele in dem Text, welchen Dieterich als „Mithrasliturgie" einstufte, neuerdings auch unter dem Titel „Pschai-Aion-Liturgie" bekannt.[30] Im Zuge einer magischen Zeremonie kommt es dort zur ekstatischen Himmelfahrt des Adepten mit dem Ziel der Neugeburt, wenn nicht gar der Unsterblichkeit. In diesem Zusammenhang erhält der Magier ein neues Horoskop,[31] womit die Verbindung zwischen Magie und Himmelfahrt, aber auch zwischen Magie, Re-

---

zu seiner Zeit kein Aufsehen erregte. PLINIUS, KLEOMEDES, GEMINOS und THEON von Smyrna, wohl auch POSEIDONIUS, ADRASTOS und DERCYLLIDES erwähnen sie nicht" (*Die Geschichte der Sternkunde*, Berlin 1931, 87). Ähnlich äußert sich NEUGEBAUER 1945, 24.

[28] BARTON 1995, 198.

[29] Die spannenden Nebenstrecken unseres Themas können hier leider nicht weiter verfolgt werden. Zu diesen gehört u.a. die große Nähe zwischen Mithras und *Helios*, die beide in ganz ähnlicher Weise zur Darstellung kamen, etwa beim Fahren der Quadriga inmitten des Zodiaks oder eingehüllt in den Sternenmantel (vgl. ULANSEY 1989, 103-112). Dieser Zusammenhang wirft ein interessantes Licht auf die Fußbodenpavimente der spätantiken Synagogen, vgl. VON STUCKRAD 1996, 161-176.

[30] DIETERICH 1923; Neubearbeitung MEYER 1976; vgl. auch MERKELBACH/TOTTI, *Abrasax*, III, 155-183; 233-249. Diese Einschätzung ist alles andere als sicher, was F. CUMONT zu der drastischen Bemerkung veranlaßte: „[J]e persiste a croire que Dieterich s'est trompé et que la ‚Mithras-Liturgie' n'est pas une liturgie et n'est pas mithraique" (CUMONT in A. VON HARNACK: *Die Mission und Ausbreitung des Christentums in den ersten drei Jahrhunderten*, Leipzig ⁴1923, 941). Wir werden noch Gelegenheit haben, diese Frage kritisch zu erörten; vgl. den Exkurs 3.

[31] Die Erlangung eines neuen Horoskops ist ein durchaus geläufiger jüdischer Topos, der häufig mit der Aufforderung Gottes an Abraham „geh heraus aus deinem Horoskop" – abgeleitet aus Gen 15,5 „Und er führte ihn nach draußen" – in Zusammenhang steht, vgl. VON STUCKRAD 1996, 145-150. Daß dies auch heute noch in einem jüdischen Ritus praktiziert wird, beschreibt DOBIN 1983, 159.

ligion und Astrologie klar zutage tritt.[32] Die Nähe zu mystischen Szenarien, wie sie besonders im mittel- und neuplatonischen Milieu gepflegt wurden, ist unverkennbar. Bei Philo läßt sich entsprechendes Denken problemlos nachweisen;[33] da der Aufstieg des Mystikers bei Philo im Diesseits erfolgt, ist hierin ein Gegenbeispiel für die von Barton vertretene Trennung der Mithrasreligion von gnostisierenden Tendenzen zu sehen:

> Unlike the seven gates or spheres of the Gnostics, what we have in Mithraism is not the ascent of the soul after death, but in life, as a result of the stages of initiation. The particular order selected in Mithraism represented a map for the initiates which drew on familiar categories but offered a new synthesis.[34]

Die jüdischen Texte zum Aufstieg der Seele werden von Barton unverständlicherweise nicht berücksichtigt, so daß interessante Vergleiche mit Henoch-Traditionen, mit dem „Schreibtischmysterium"[35] eines Philo von Alexandria oder frührabbinischen Erzählungen über den Aufstieg des Gläubigen[36] nicht durchgeführt werden können. Klare Grenzen würden dadurch verwischt, stattdessen kämen die signifikanten Schnittpunkte der antiken Diskurse in den Mittelpunkt der Betrachtung.[37]

2. Priestertradition und Kulttheologie

Die Kulttheologie steht im Mittelpunkt jüdischer Frömmigkeit zur Zeit des Zweiten Tempels.[38] Dies gilt nicht nur für die eigentliche Priesterschaft, sondern infolge der genauen Abgabenverordnungen

---

[32] MEYER 1976, 19f.
[33] Vgl. GOODENOUGH 1935 sowie unten Kap. V.1.
[34] BARTON 1995, 199. Einschränkend gilt es festzuhalten, daß die Einwirkung der Mithraskulte auf das eigentliche Christentum vermutlich geringer war, als bisweilen vermutet; vgl. LEASE 1980.
[35] FRÜCHTEL 1968, 112.
[36] Vgl. MAIER 1963.
[37] Leider haben sich in die Arbeit BARTONS auch in Details immer wieder Fehler eingeschlichen. Neben dem schon genannten schreibt sie (S. 199) über die Gestirne Sonne, Saturn, Venus, Jupiter, Merkur, Mars und Mond: „Thus, as days of the week, they must be read *from left to right*" (Hervorhebung KvS).
[38] Vgl. I. HEINEMANN: *Philons griechische und jüdische Bildung*, Hildesheim ²1962, 16-101; LEVINE 1974; M. HARAN: *Temple and Temple Service in Ancient Israel*, Oxford 1978; H. STADELMANN: *Ben Sira als Schriftgelehrter*, Tübingen 1980, 40ff; J. MILGROM: *Studies in Cultic Theology and Terminology*, Leiden 1983; MAIER 1990, 218ff.

auch für die auf Jerusalem bezogenen Kreise. Die Kultordnung wurde als verbindliche Offenbarung betrachtet und spiegelte deshalb die von Gott gesetzte Ordnung wider. Die Bedeutung dieses Sachverhaltes kann für das Verständnis des nachexilischen Judentums kaum hoch genug veranschlagt werden.[39] Auch die innerjüdischen Auseinandersetzungen um die Interpretation jenes von Gott geschaffenen Kultgesetzes gewinnen vor diesem Hintergrund erst ihre eigentlichen Konturen.

Was die Qumranliteratur anbelangt, so kommt den priesterlichen und kulttheologischen Interessen eindeutig eine Schlüsselfunktion zu.[40] Nicht zuletzt anhand der besonderen Auswahl der biblischen Traditionsstoffe läßt sich dies zeigen: Im Mittelpunkt standen neben chronographisch-geschichtstheologischem Material die priesterlich und kultisch relevanten Stoffe.[41] Ein für uns ganz entscheidender Sachverhalt findet sich in der besonderen Verbindung zwischen dem priesterlichen Kult auf Erden – im idealen Jerusalem – und dem himmlischen Kult, der von den verschiedenen Engelklassen durchgeführt wird. Die Isomorphie zwischen beiden kann in einigen Texten bis zu einer scheinbaren Verschmelzung führen, die nicht mehr erkennen läßt, welche Heiligkeitsebene konkret beschrieben wird. Da wir uns auf die astrologischen Konnotationen des Themas zu beschränken haben, erscheint es sinnvoll, anhand einiger, allerdings paradigmatischer Texte das besondere Verhältnis zwischen Astralebene und Tempelkult zu erörtern.[42]

2.1. Sabbatopfer-Gesänge

Die vielleicht eindrucksvollsten Zeugnisse dieser Art finden sich in den *Shîrê ʿOlat hash-Shabbat*, den *Sabbatopfer-Gesängen*.[43] Es han-

---

[39] Gegen O. CAMPONOVO, der in seinem Buch *Königtum, Königsherrschaft und Reich Gottes in den frühjüdischen Schriften* (OBO 58), Freiburg/Schweiz–Göttingen 1984, das Entsprechungsdenken insgesamt am Beispiel des Königtums Gottes unverhältnismäßig herunterspielt. Zur Kritik hieran vgl. die Rezension von H. MERKLEIN in ThRev 82 (1986), 193f; außerdem das Vorwort zu HENGEL/SCHWEMER 1991.

[40] Als neuere Übersichten zu Qumran empfiehlt sich die sehr gute Einführung GARCÍA MARTÍNEZ/TREBOLLE BARRERA 1995 sowie J.C. VANDERKAM: *Einführung in die Qumranforschung*, Göttingen 1997.

[41] Vgl. MAIER 1995, III, 13.

[42] Zum Thema insgesamt vgl. HENGEL/SCHWEMER 1991; MAIER 1990a; zum Engelglauben in Qumran MACH 1992 und DAVIDSON 1992.

[43] Textedition durch NEWSOM 1985. Vgl. außerdem (u.a.): MAIER 1990a; SCHWEMER 1991; MAIER 1992a; B. NITZAN: *Qumran Prayer and Religious*

delt sich dabei um liturgische Beschreibungen der 13 Sabbate eines Jahresquartals, wobei dem siebten Sabbat die größte Bedeutung zukommt. J. Maier hat schlüssig aufgezeigt, daß die *Shîrîm* sich nicht nur auf ein Quartal beschränken, sondern im Einklang mit dem qumranischen Sonnenkalender das ganze kultische Jahr umfassen.[44] Wir werden unten (Kap. 3) feststellen, daß in der Tat die kalendarische Dimension kaum hoch genug veranschlagt werden kann, ein Sachverhalt, welcher in manchen wissenschaftlichen Beiträgen unverständlicherweise übersehen wird.[45] Da in der Qumrangemeinde zehn Exemplare dieses Textes vorhanden waren, können wir davon ausgehen, hier auf einen zentralen Bereich der Kultpraxis zu stoßen. Die Sabbatlieder selber sind nicht aufgeführt, die richtige und mit dem Kalender im Einklang stehende Durchführung des himmlischen und irdischen Kultes steht im Mittelpunkt –

> eine ausgesprochen priesterliche Spezialliturgie. Der Text zeichnet sich durch eine sehr stereotype, in hohem Maß kulttechnisch bestimmte Diktion aus und stellt ein aufschlußreiches Zeugnis für das frühjüdische priesterliche Kultverständnis dar.[46]

Für die Interpretation stellt sich die Schwierigkeit, den „Sitz im Leben" dieser formalisierten Gesänge zu eruieren; denn auch wenn die Texte eindeutig die Funktionsebene des „Tempelkultes" im Auge haben, ist durchaus nicht sicher, ob der Text tatsächlich zu liturgischen Zwecken diente.[47] So neigte schon C. Newsom in ihrer Edition

---

Poetry, Leiden 1994. Der Aufsatz von H. LÖHR: „Thronversammlung und preisender Tempel. Beobachtungen am himmlischen Heiligtum im Hebräerbrief und in den Sabbatopferliedern aus Qumran", in: HENGEL/SCHWEMER 1991, 185-205, bietet interessante Überlegungen, ist allerdings, wie die meisten Beiträge des Bandes, stark christlich-theologisch orientiert. Vgl. allein das Axiom, mit dem LÖHR seine Ausführungen beginnt: „Gott als das die Wirklichkeit letztlich Bestimmende auszusagen, ihn als ἔσχατον des κόσμος zu verkünden, ist die Grundaufgabe gläubiger religiöser Rede." Aus religionswissenschaftlicher Sicht ist eine derartige Prämisse nicht nur unhaltbar, sondern auch gefährlich im Hinblick auf das zu erreichende Forschungsergebnis.

[44] MAIER 1992a, 544: „There is in fact nothing which points specifically to the first quarter of the year, to its beginning and its festivals." Demgegenüber gebe es „some reason to assume that the cultic setting of the *Songs* concerns the quarter of the year as a calendric-cultic unit (*teqûfah*), the *Songs* being composed for the 13 sabbaths of each quarter or season."

[45] Dies gilt beispielsweise für die Publikationen in HENGEL/SCHWEMER 1991.

[46] MAIER 1995, I, 39.

[47] Vgl. MAIER 1990a, 570. MAIER betont zu Recht die Wichtigkeit der Unterscheidung der Funktionsebenen, womit eine Kritik bisheriger Forschungsansätze einhergeht. Im Zusammenhang mit der Hekhalot-Literatur werden wir darauf zurückzukommen haben.

zu der Annahme, die Gesänge intendierten eine meditative Verwendung, nicht aber eine liturgische.[48] J. Maier stellt dieser Einschätzung eine andere gegenüber, die der antiken Wirklichkeit vermutlich etwas näher kommen wird: Nach der Trennung des Qumran-*Jachad* vom Jerusalemer Tempelkult benötigte man einen Ersatz für das offizielle Sabbatopfer, „and offered in substitutes the Songs, in solemn form describing and in a certain sense also staging and participating in the performance of the corresponding ritual in the heavenly sanctuary."[49]

Welche Funktion man auch immer unterstellen mag, aus unserer Annäherungsrichtung wird sich zeigen, daß derartige Unterscheidungen am Ergebnis kaum etwas ändern, denn erstens nehmen in der Qumrangemeinde, die ihre Lebensweise ausdrücklich als Ersatz für den mittlerweile unwirksam gewordenen Jerusalemer Tempelkult empfand, auch „profane" oder „meditative" Textstücke ohne weiteres kultisch-kosmische Dimensionen auf und transportieren sie weiter;[50] zweitens geht es für uns in erster Linie um die Erhellung des *hinter* den Texten stehenden Weltbildes: Auch wenn wir also im Auge zu behalten haben, daß die Schriften in je anderen Funktionsebenen neu zu interpretieren sind, ist das Faktum nicht von der Hand zu weisen, daß ein Denken in kosmisch-irdischen Entsprechungen sowohl in eklektischen oder „esoterischen" Priestertexten,

---

[48] Vgl. NEWSOM 1985, 117f. Vgl. auch ihren Aufsatz „'He has Established for Himself Priests': Human and Angelic Priesthood in the Qumran Sabbath *Shirot*", in: L.H. SCHIFFMAN (ed.): *Archaeology and History in the Dead Sea Scrolls* (JSOT/ASOR Monograph Series 2, JSP Suppl. Series 8), Sheffield 1990, 101-120. Zu einem ähnlichen Ergebnis kommt auch SCHWEMER 1991, 64f, doch bleibt die kalendarische Bedeutung des Sabbatzyklus – wie erwähnt – vollständig ausgeklammert.

[49] MAIER 1992a, 553. Auf S. 560 präzisiert er: „As according to the Qumran priests the ritual at the Temple of Jerusalem was not a correct one, they implicitly denied the communion between priests in service in Jerusalem and angelic priests. [...] Thus the separation from Jerusalem could not separate the dissident priests in a *functional* respect from their service but only temporarily from its elected and legitimate but now polluted place" (Hervorhebung im Original). Da die Wurzeln dieser Ansichten in älteren Traditionen zu suchen seien, sei es wahrscheinlich, daß die *Shîrot* auch in priesterlichen Kontexten außerhalb Qumrans bekannt gewesen sind.

[50] Dieser Umstand wird immer dann heruntergespielt, wenn es um einen Vergleich mit rabbinisch-talmudischen Liturgietraditionen geht, die gegenüber der kultisch-priesterlichen Linie eine heilsgeschichtliche Ausprägung in den Vordergrund stellen. Letztere ist in Qumran mit der Konzentration auf den frommen *Jachad* kaum zu belegen.

als auch in der Öffentlichkeit zugänglichen Liturgien auskristallisieren kann.[51]

Nach diesen Vorüberlegungen kommen wir nunmehr zum Inhalt der Sabbatopfer-Gesänge: Es wird darin beschrieben, wie die heiligen Engelklassen den himmlischen Kult vollziehen, „denn Er begr]ündete sie [für] sich zu [hoch]hei[ligen Dienenden im Al]lerheiligsten."[52] Solcherart von Gott eingesetzt

> künden sie den Prunk Seines Königtums
>   entsprechend ihrer Erkenntnis
> und erheben [Seine Herrlichkeit
>   in allen (?)] (4) Himmeln Seines Königtums
> und in allen hohen Höhen,
> Psalmen wunderbarer Art gemäß all[....
> ..] (5) der Herrlichkeit des Königs von Gottesengeln
>   erzählen sie an ihren Standortstätten. [(leer)][53]

Die Gottesengel (*Elohîm*[54]) dienen dem höchsten Gott im transzendenten Allerheiligsten, womit den Sinnen nicht mehr faßbare Dimensionen des Kultes gemeint sind.[55] Sichtbarer Ausdruck jener Heiligkeit ist der Vollzug des priesterlichen Kultes, denn die Ebenen der Wirklichkeit sind durch Entsprechungen eng miteinander verknüpft:

> (42) Spie[let] dem Got[t, fu]rchtbar von Kraft,
>   [alle Geister *der Erkenntnis und des Lichtes,*
> *zum gemein*sam*en* [*Trag*]*en des Firmaments von Reinheit,*
>   Reine für das Heiligtum [Seiner] Heiligkeit.
> (43) [Und preiset I]hn, Geister Gott[es],
>   damit beken[nen (?) für Ewigkeit von E]wigkeiten

---

[51] Anders verhält es sich freilich mit dem Versuch, die divergierenden Schriften auf einer einzigen Funktionsebene zusammenfassen zu wollen, wie es beispielsweise S. TALMON für die Ebene der Benediktionen versucht hat („The ‚Manual of Benedictions' of the Sect of the Judaean Desert", in: *RdQ* II, 8 [1959/60], 475-500). Noch einmal: Uns geht es lediglich um die „Meta-Ebene" der Weltdeutung, die sich in unterschiedlichen Funktionsebenen manifestiert.
[52] 4Q400 Frg. 1 Kol. I, 10 (MAIER 1995, II, 378).
[53] 4Q400 Frg. 2, 3-5 (MAIER 1995, II, 379f).
[54] Zur zunehmenden Verschmelzung des Gottesnamens mit den „Boten Gottes" vgl. MACH 1992, 53-56. Dies ging so weit, daß die „Anbetung" der Engel zu einem Problem wurde, das nicht nur von religiösen Gegnern immer wieder vorgebracht wurde, vgl. ebda. S. 291-300.
[55] Es wäre durchaus interessant, von hier aus einen Vergleich mit dem transzendenten Kult bei Philo anzustellen, der, obwohl er aus anderen Zusammenhängen kommt, in ganz ähnlicher Weise den Tempelkult mystisch überhöht, s.u. Kap. V.1.3.

das Firmament, *Haupt von Hö[h]en,*
  alle [seine] B[alken], und seine Mauern,
a[l]l (44) sein [Gebäu]de,
  die Ausführungen [seines] Baumodel]ls.[56]

In diesem Passus wird der Kosmos mit einem göttlichen Bauwerk verglichen, das vom Anbeginn der Zeiten in Vollkommenheit Gottes Stärke symbolisiert. Dem „Firmament von Reinheit" und damit der Planetensphäre kommt hierbei eine besondere Rolle zu, sind es doch die dort angesiedelten Engel, die jene Vollkommenheit verkünden und zugleich repräsentieren. Wir können mithin von *Planetenengeln* sprechen, worauf auch die Hervorhebung der Zahl Sieben in den Sabbatopfer-Gesängen hindeutet. Es handelt sich hierbei um eine Erweiterung der biblischen Rede von צבא השמים, wie sie Ps 148, Hi 38 oder Ri 5 begegnet.[57] Hinzu kommen – besonders in der Henoch-Tradition (s.u.) – astronomische Überlegungen im Zusammenhang mit den „gefallenen Engeln". Indem sie die kosmische Ordnung aufrechterhalten, werden die Engel zu Priestern, die Priester aber zu Engeln. Man verwahrte sich zwar in Qumran gegen eine Heiligung der Priester,[58] doch die funktionale Gleichsetzung der verschiedenen Ebenen des Kultgeschehens band die Priester in ein gesamtkosmisches Phänomen ein, welches sich im unwandelbaren Firmament widerspiegelte.[59] Es wurde verschiedentlich darauf hingewiesen, daß jener Topos sich nicht zuletzt aus kanaanäischen Traditionen speist.[60] Dabei dienen die Planeten als entscheidende Stützen im kosmischen Geschehen:

(2) *Allerheiligst]en, Stütz[pfeiler des] Himmels hoc[h obe]n und alle Ecke[n seines Gebäudes --]* (3) *[.......]Erkenntnis und des Lichts zum gemeins[samen] Tragen des Firmaments von Reinheit[--]* (4) *[......].*

---

[56] 4Q403 (= 4QShirShabb^d) Frg. 1 Kol I, 42-44 sowie 4Q405 Frg. 6 (*kursiv*) (MAIER 1995, II, 393).
[57] Vgl. zum Thema „Die Engel und die Sterne" den gleichnamigen Exkurs bei MACH 1992, 173-184.
[58] Vgl. 4Q400 Frg. 2, 6-8, wo der Unterschied deutlich benannt wird: „Und unser Priestertum, was gilt es an ihren Stätten?"
[59] Auch die Gleichsetzung Priester–Engel findet sich im philonischen Werk, dort motiviert durch das platonische Denken (s.u.).
[60] K. SPRONK: *Beatific Afterlife in Ancient Israel and in the Ancient Near East*, Neukirchen-Vluyn 1986, 213ff; J.C. DE MOOR: *An Anthology of Religious Texts from Ugarit*, Leiden 1987, 169 Anm. 8; 262 Anm. 241f; M.S. SMITH: „Biblical and Canaanite Notes to the Songs of the Sabbath Sacrifice from Qumran", in: *RdQ* 12 (1987), 585-588; M.C.A. KORPEL: *A Rift in the Clouds. Ugaritic and Hebrew Descriptions of the Divine*, Münster 1990, 560-577.

Ewigkeit der E*wigkeiten das Firma*[*ment, H*]*äupt*er *von Höh*[*en* --] (5) *Geister des Allerheilig*[*sten des lebendigen Gottes, Geist*[*er von Heili*[*gkeit* von Ewigkeiten.⁶¹

In einem anderen Fragment heißt es von den Engeln:

*Gebil*de von *Firmament-Geis*[*tern*] *wunderbarer Art*, (4) *von po*liertem *reinen Glanz*. Erkenntnis-[Ge]ister von Wahrheit [und] *Gerechtigkeit* im Aller[he]iligsten, [Fo]rmen des *lebendigen* Gottes, Formen von Geistern, (5) erleucht*end a*[*l*]*le* ihre [*Gebilde*].⁶²

Vor einer Interpretation sei noch ein weiterer sehr aufschlußreicher Abschnitt zitiert, der den zwölften Sabbat charakterisiert:

Als Bauwerk eines Märkabah-Thrones, preisen von oberhalb des Firmamentes die Kerubim
(9) [und die Maje]stät des Firmaments des Lichts bejubeln sie unterhalb des Sitzes Seiner Herrlichkeit.
Und gehen die Ofannim ab, kehren Heiligkeits-Engel wieder, kommen heraus zwischen (10) [R]ädern Seiner Herrlichkeit wie Feuererscheinungen.
Geister des Allerheiligsten ringsum, Erscheinungen von Feuerflammen im Abbild eines Chashmal,
und Gebilde (11) [aus Strahleng]lanz, durchflochten mit Herrlichkeit von wunderbaren Farben, polierter reiner Glanz.
Geister des lebendigen [G]ottes, ständig hin und hergehend mit der Herrlichkeit der Wagen (12) [des] Wunders,
ein Schall von Preisungs-Stille im Gedröhn ihres Ganges und des Lobs von Heiligkeit.
An der Kehre ihrer Wege, wenn sie erheben, erheben sie auf wunderbare Weise,
und wohnt (13) Seine [Herrlich]keit ein, (herrscht) Schall frohlockenden Jubels,
Ruhe und Still[e] von Gottespreisung in allen Lagern Gottes (/von Gottesengeln).⁶³

Dieser Abschnitt ist ausführlich zitiert worden, weil sich in ihm einige Sachverhalte nachweisen lassen, die für unser Thema von überragender Bedeutung sind. Zunächst gilt es festzuhalten, daß der Kosmos geradezu als ein großer Märkabah-Thron aufgefaßt wird, in dem die Firmamentengel gleich nach den Kerubim unterhalb des

---

⁶¹ 4Q405 Frg. 6 / 4Q403 Frg. 1 Kol. I, 40ff (*kursiv*) (MAIER 1995, II, 401).
⁶² 4Q405 Frg. 19 A-B-C-D und 11QShirShabb j-d-g-p (*kursiv*) (MAIER 1995, II, 405).
⁶³ 4Q405 Kol. XX,8-13 (MAIER 1995, II, 406f, mit Anmerkungen zur Übersetzung).

göttlichen Thrones ihren Dienst verrichten.[64] Wir sahen bereits, daß die Siebenerstruktur der Engel letztere in direkten Zusammenhang mit den Planeten stellt. Diese Annahme findet nun eine weitere Bestätigung, denn die Darstellung in vv. 10f verwendet nicht nur die Metapher der Farben[65] und des Glanzes, sondern die Planeten sind „Geister des lebendigen Gottes"; ihre Wege am Himmel werden mit der „Herrlichkeit der Wagen des Wunders" verglichen; sogar von der „Kehre ihrer Wege" spricht der Text und offenbart damit die Kenntnis eines zentralen Interesses babylonischer Astrologie.[66] Daß sich hier in der Tat astronomische Terminologie zu erkennen gibt, werden wir gleich anhand der Beschreibung der „Tore" feststellen.[67]

Doch zuvor soll auf einen weiteren Punkt hingewiesen werden: Die Planetenengel haben im qumranischen Denken einen ähnlichen Stellenwert, wie er auch im *hermetischen* Konzept begegnet. Man denke allein an die berühmte Offenbarung des Poimandres, wo die sieben Planeten als „Regenten" apostrophiert und mit dem Konzept der *heimarmenê* verbunden werden (CH I, 9). Dies wird uns unten Kap. V.2.2.1. im Zusammenhang mit Josephus Flavius weiter beschäftigen. Für den Moment genügt es darauf hinzuweisen, daß die Annahme Dodds, das Konzept in CH rekurriere auf Gen 1,16.18 und finde seinen Widerhall in 2Hen 30, 2-7, durch die Qumranschriften weitere Unterstützung erfährt.[68] Dasselbe gilt für die These Dodds', der die vornehmlich in PGM nachweisbaren „Torwächter" mit den hermetischen Regenten in Verbindung bringt.[69] Eine solche Verbindung finden wir nämlich auch in den Sabbatopfer-Gesängen:

> Es loben Ihn Gottes[eng]el [mit Lo]bgesang ihres Auftritts und alle G[eister der] Firmamen[t]e (7) der Reinheit jauchzen ob Seiner Herrlichkeit und Schall von Preisung aus allen Seinen Abteilungen zählt die Firmamente Seiner Herrlichkeit auf.

---

[64] Daß dies nicht zu einem vorschnellen Vergleich mit den Texten der „Märkabah-Mystik" führen darf, wird gleich zu erörtern sein.
[65] Die später weit verbreitete Verbindung einzelner Planeten mit Farben findet ihren frühesten Nachweis bei Philo (!), wie wir noch sehen werden (Kap. V.1.3.).
[66] Vgl. VON STUCKRAD 1996, 32. Texte finden sich bei PINCHES/STRASSMAIER/SACHS 1955.
[67] S. unten Kap. 3.
[68] Vgl. DODD 1935, 138-141. Schon REITZENSTEIN (1904, 68-81. 102) hatte dafür plädiert, die Vorläufer jener Regenten in Judentum, Gnosis und Christentum zu suchen.
[69] DODDS 1970, 14-16.

> Und es lobsingen Seine Tore (8) mit Jubelschall an Eingängen Göttlicher von Erkenntnis und an Öffnungen von Herrlichkeit und an allen Ausgängen von Heiligkeits-Engeln zu ihrer Herrschaftausübung.
> (9) Öffnungen von Eingängen und Ausgangs-Tore lassen die Herrlichkeit des Königs vernehmen,
> es preisen und lobsingen alle Geister (10) Gottes beim Ausgang und Eingang an Tor[en] von Heiligkeit.[70]

Das Motiv der Tore ist im Hinblick auf die Henoch-Astronomie von großer Wichtigkeit.[71] Doch die Bedeutung geht vermutlich noch über die Planeten*berechnung* hinaus in Bereiche, die die qumranische Sicht mit mystischen oder platonischen Denkmodellen verbindet, die im ersten vorchristlichen Jahrhundert allenthalben spürbar waren.[72]

Wir sahen anläßlich des Exkurses zu den Mithrasmysterien, daß eine dem qumranischen liturgischen Denken durchaus vergleichbare Theologie auch in anderen Kreisen der Spätzeit des Zweiten Tempels gepflegt wurde. Dieser Befund scheint auch dann zu gelten, wenn wir die gänzlich andere Funktionsebene der Sabbatopfer-Gesänge berücksichtigen, die im Gegensatz zu den Mithraskulten weniger auf eine Initiation einzelner Adepten abzielen als auf die funktionale

---

[70] 4Q405 Kol XXI / Frg. 23 Kol. I, 6-10 (MAIER 1995, II, 408f).

[71] Uns interessiert hier in erster Linie die astronomische Bedeutung der Tore, während die theologische Dimension der *Tore der Gerechtigkeit*, hergeleitet aus Ps 118,19f u.a. „Tempeleinlaßliturgien", den Hintergrund dafür abgibt, warum astrologische Konnotationen der „gerechten Wege des Himmels" so bruchlos in die Konzeption des irdischen Gerechten aufgenommen werden konnten. Vgl. H.-J. KRAUS: „Tore der Gerechtigkeit", in: D.R. DANIELS u.a. (Hrsgg.): *Ernten, was man sät. Festschrift für Klaus Koch zu seinem 65. Geburtstag*, Neukirchen-Vluyn 1991, 265-272 (mit weiterer Literatur). M.E. offenbart die Qumranliteratur allerdings, daß die Trennung zwischen „Ägypten" und dem „Zweistromland" einerseits, wo die „rituelle Reinheit die entscheidende Einlaßbedingung" war, und dem „Alten Testament", wo der Begriff der Gerechtigkeit bestimmend gewesen sei (S. 266), in dieser Zuspitzung nicht aufrecht erhalten werden kann. Gerade Qumran ist von einer außerordentlichen Betonung des Reinheitsdenkens bestimmt.

[72] Methodisch ist ein Vergleich mit den zeitgenössischen Diskussionen – und die Hermetik gehört dort ebenso hin wie die Stoa – wesentlich besser abgesichert als die Inanspruchnahme qumranischer Quellen für die rabbinische Sichtweise, in die zwar priesterliche Elemente eingeflossen sind, die aber doch eine jahrhundertelange intensive Auseinandersetzung und Umformung der Tradition vom *Jachad* am Toten Meer trennt. Welche Erkenntnisse aus einer Integration der Qumrangemeinde in die antike Gesellschaft und deren Vorstellungen gezogen werden können, hat M. WEINBERG mit seinem Vergleich anderer hellenistischer Gruppen deutlich gemacht (*The Organizational Pattern and the Penal Code of the Qumran Sect*, Freiburg 1986). Auf diese Fragen werden wir unten Kap. 4 u. 5 zurückkommen.

Ineinssetzung des himmlischen Kultes mit der Liturgie des „wahren Israel".[73] Auf der anderen Seite hat dieser Befund nicht zur Konsequenz, eine Übernahme „fremden" Gedankenguts durch die Qumran-Essener diagnostizieren zu können; wir müssen demgegenüber konstatieren, daß die Juden am Toten Meer am selben *Zeitgeist* partizipierten, der auch die hermetischen Schriften, den Mittelplatonismus und die Wirklichkeitsdeutung eines Josephus hervorbrachte. Es ist Gundel also Recht zu geben, wenn er schreibt:

> Die Spekulationen über den Abstieg der Seele und vor allem über ihre Himmelfahrt lassen, wie auch die Anschauungen und Riten etwa der Ophiten, Gnostiker oder Manichäer erweisen, verschiedene Überlagerungen, aber abgesehen von einer Heilslehre kein wirklich primäres Ferment erkennen. Sie trugen aber dazu bei, daß man sich den höchsten Gott allmählich nicht mehr innerhalb des sichtbaren Kosmos, sondern jenseits des materiellen Himmels in einer lediglich intelligiblen Welt vorstellte. Die Folge dieses Hinausschiebens war eine Abwertung der Gestirngötter und schließlich ihre Umwertung zu bösen Mächten, wobei zahlreiche Ansatzpunkte in den Astrologumena mitgewirkt haben mochten.[74]

In den Qumranschriften finden wir ein Stadium dieser Entwicklung vor, das noch von einer Hochschätzung der Planetengötter ausging – immerhin bediente man sich des Gottesnamens *Elohim* für sie! –, zugleich aber die göttlichen Entitäten als Engel dem Willen Gottes unterordnete, wie es in Gen 1,14-18 bereits vorgezeichnet war. Die Dämonisierung und zunehmende kosmisch-dualistische Zuspitzung ist ebenfalls in Qumran zu beobachten.

Die in der zakokidischen Priestertradition stehenden Qumranleute hatten keinerlei Schwierigkeiten, jenes mystische Konzept in ihre eigene Auffassung der Engelsphären einzugliedern. Wir können sogar noch weiter gehen und festhalten, daß ein solches Konzept auch für die jüdische Priestertradition ein Erklärungsmodell der Welt anbot, welches man kaum ausschlagen konnte. Denn nun war es möglich, die Tempelliturgie mit dem ganzen Kosmos in Einklang zu bringen, der wiederum von der göttlichen Heiligkeit und Vollkommenheit durchklungen ist. Dies können wir sogar in Texten bestäti-

---

[73] Auch das Bild der Tore folgt unterschiedlichen Intentionen, denn während es in der „Mithrasliturgie" um den Aufstieg des Adepten geht, der die kosmischen Tore passiert, bekommen jene Tore in der Qumran- (=Henoch-) Astronomie einen räumlichen Charakter. Da jedoch auch in Qumran die astronomische Komponente die ethische keineswegs ausschließt, sondern geradezu bedingt, können wir von einem gemeinsamen Ferment sprechen.
[74] GUNDEL 1966, 309.

gen, die der Astrologie kritisch gegenüberstehen, wie Jub und Hen. Auch dort kommt der kultischen Dimension des Sabbat eine so große Rolle zu, daß man das Resümee ziehen muß: „Die Heiligkeit Israels besteht in der kultischen Gemeinschaft mit den Engeln am Sabbat."[75]

Ein weiterer Hinweis auf die engen Beziehungen zwischen Liturgie und Kosmos findet sich in der Beschreibung des *Allerheiligsten* des Tempels, wie man sie aus Ex 25f ableitete. Die dahinterstehende Tradition wurde nicht nur in Qumran, sondern auch bei Philo[76] und Josephus[77] ausführlich rezipiert, so daß wir von einer ungemein großen Attraktivität für das Denken zur Zeit des Zweiten Tempels auszugehen haben. In den Sabbatopfer-Gesängen wird das Allerheiligste und der Vorhang, der uns hier besonders interessiert, wie folgt beschrieben:

> Abbild (?) von wunderbarer Art (?). Ein Geist vom Allerheiligs[ten] aus ...[-- Z]*unge von Preisung, und aus dem Abbild* (3) [Gottes (?) eine St]imme von Preisung für den König erhebend, und das Lob ihrer Wunder für den Gott Göttlicher[--]. *Ihr Gewirk. Und es jubeln* (4) [.........]. Vorhallen ihrer Eingänge Nah-Geister vom Allerheiligsten .[--] *Ewigkeiten.* (5) [und ein Abbil]d des lebendigen Gottes, einziseliert an Vorhallen von Königs-Eingängen, Gestalten von Lichtergeist[-- K]*önigs, Gestalten von Herrlichkeits-Li*[cht], *Geister* (6) [von wunderbarer Art in]mitten von Prunk-Geistern, gewirkte Kunstgebilde von wunderbarer Art, Gestalten des lebendigen Gottes .[-- in den D]*ebirim*[78] *der Herrlichkeit, ein Modellbau* (7) [des Heiligtums, ein Al]lerheiligstes in den Königs-Debirim, Gestalt[en von G]o[ttesengeln. Und aus dem]Abbild .] --]*Allerheiligstes* (8) [.........][79]

In der folgenden Kolumne heißt es:

> (1) Randwulst[--] (2) Ströme von Licht [--].[.........].......[--] (3) Erscheinungen von Feuer-Flammen[-- von P]*racht am Vorhang des Debirs des Königs* ..[--] (4) im Debir seines Angesichts Gewirktes

---

[75] SCHWEMER 1991, 53. Vgl. auch BERGER 1981, 332 Anm. IIa: „Die Heiligkeit Israels ist im Sabbat, in seiner Bewahrung begründet."
[76] S.u. Kap. V.1.3.
[77] S.u. Kap. V.2.2.3.
[78] Der *debîr* begegnet in den Gesängen 33mal (31mal, wenn man Duplikate berücksichtigt) und bezieht sich stets auf den Ort der kultischen Anwesenheit Gottes. Der strenge Formalismus sowie die Konsequenz, in der das Entsprechungsdenken alle Ebenen erfaßt, läßt sich zudem daran erkennen, daß im siebten Gesang von *sieben debîrim* die Rede ist (4Q405 Frg. 7 A+B, vgl. MAIER 1995, II, 402).
[79] 4Q405 Kol. XVI / Frg. 14 und 15 Kol. I (*kursiv*) (MAIER 1995, II, 404).

von[--]. *alles herausgearbeitet* ..[..].. *Gestalten von Gott*[*esengeln* --] (5) *Herrlichkeit von ihren beiden Seiten*[--] *Vorhang der Debirim des Wunders, und sie preisen den*[--] (6) *ihre Seiten lassen sie vernehmen* [--]. *von wunderbarer Art aus dem Inneren vom* .... *des Debir*[--](7) [......]... *von wunderbarer Art* [-- *Lob*]*t den König der Herrlichk*[*eit*] *mit Jubelschall* [--] (8) [--]..[.].. *alle*[--][80]

Wie anhand der Beschreibungen bei Philo und Josephus gezeigt werden kann, ging man in einigen – offensichtlich vor allem priesterlichen Kreisen! – davon aus, auf dem Vorhang vor dem Allerheiligsten habe sich die Darstellung des gestirnten Himmels befunden.[81] M.E. steht auch hinter der kosmisch überhöhten Rede von „Strahlen des Lichts", „Feuerflammen", „Pracht" etc. ein Rekurs auf astrale Größen, wie er im gesamten Duktus der *Shîrê ʿOlat hash-Shabbat* begegnet.[82] Ein zusätzliches Indiz für diese Annahme liegt in der Tatsache, daß hier nicht die technischen Detailfragen im Mittelpunkt stehen, wie beispielsweise in 11Q19 VII, 13-14. Dort wird lediglich gesagt, der *parokhet* solle aus Gold bestehen und Darstellungen der Kerubim tragen.[83] Die „mystische Schau" der Sabbatopfer-Gesänge läßt sich so kaum hinreichend erklären, und es steht zu vermuten, daß sich Traditionen des Goldenen Vorhangs mit

---

[80] 4Q405 Frg. 15 Kol. II und Frg. 16 (*kursiv*) (ebda.).
[81] Inwieweit diese Tradition mit der Wirklichkeit übereinstimmte, kann hier nicht entschieden werden. Wenn wir allerdings bedenken, daß in Qumran eine äußerst lebendige priesterliche Praxis gepflegt wurde, so stellt der vorliegende Text einen bedeutsamen Hinweis auf die tatsächlichen Verhältnisse dar. Dies gilt freilich nur, wenn man der hier vermuteten Konnotation und Interpretation folgt. Zum Aussehen des „tatsächlichen" Vorhangs vgl. S. LÉGASSE: „Les voiles du Temple de Jérusalem. Essai de parcours historique", in: *RB* 87 (1980), 560-589. Durch die Publikation der Sabbatopfer-Gesänge scheint sich die Waagschale zur Beschreibung des Vorhangs durch Philo und Josephus zu neigen.
[82] Ähnlich LÖHR a.a.O. (oben S. 170 Anm. 43), der die vielfältigen und nicht um eine präzise Darstellung bemühten Begriffe für die Architektur und Einrichtung des Tempels damit erklärt, der Dichter vereinige so „den Tempel und seine Gegenstände mit den Engelordnungen zum Lobpreis Gottes: Der Tempel wird lebendig und singt"; und weiter: „Möglicherweise stimmen die Figuren an diesem Vorhang in den Lobpreis der Engel mit ein" (S. 193).
[83] Zur Tempelrolle vgl. L.H. SCHIFFMAN: „The Furnishings of the Temple According to the *Temple Scroll*, in: TREBOLLE BARRERA/VEGAS MONTANER 1992, 621-634, bes. 625-627 („The Golden Curtain"). Die Ergebnisse SCHIFFMANS lassen sich nicht auf 4QShirShab übertragen – worauf er interessanterweise auch gar nicht zu sprechen kommt –, da dort die kosmische Überhöhung intendiert ist. Zur Rolle insgesamt im Kontext der neueren Forschung s. J. MAIER: *Die Tempelrolle vom Toten Meer und das „Neue Jerusalem"*, 3., völlig neu bearb. Aufl., München/Basel 1997.

solchen verbunden haben, die eine astrale Dimension der Darstellung in den Vordergrund rückten. – Philo von Alexandrien wird kaum einhundert Jahre später genau dieser theologisch motivierten Haltung eine philosophische Untermauerung liefern, die das Judentum in noch stärkerem Maße im paganen Umfeld als „diskursfähig" erscheinen läßt.

Wie stark die astralen Obertöne im kultischen Geschehen mitschwingen, ist durch neuere Texteditionen noch einmal deutlich geworden. Es zeigt sich nämlich, daß nicht nur die Deutung des Allerheiligsten, sondern auch die himmlische Dimension des hohepriesterlichen Gewandes in Qumran tradiert wurde. Zu nennen wäre hier beispielsweise das Fragment 11QNJ, das die Darstellung von sieben Kronen auf dem Gewand des Hohenpriesters erwähnt.[84] In mancherlei Hinsicht ähneln diese Theologumena der astralen Schau des Johannes, wie sie Off 1,10-20 beschrieben wird, worauf noch zurückzukommen ist.[85]

2.2.1. Sabbatopfer-Gesänge und Hekhalot-Literatur

Um das bis hierhin skizzierte Bild um eine weitere Nuance zu bereichern, ist ein Blick auf die *Hekhalot-Literatur* aufschlußreich. Dort zeigt sich nämlich eine frappierende Übereinstimmung, wenn es um das Theologumenon der Entsprechung zwischen himmlischem und irdischem Kult geht. Schon bald nach Publikation erster Fragmente der *Shîrot* wurde auf diesen Umstand hingewiesen,[86] doch blieb die Behauptung einer textlichen Abhängigkeit nicht unhinterfragt und muß heute als widerlegt angesehen werden.[87] Dies bedeutet indes nicht, daß ein Vergleich beider Textgattungen obsolet geworden ist, und gerade wenn wir den Diskurscharakter der antiken jüdischen Texte zu eruieren beabsichtigen, so interessieren uns nicht so sehr

---

[84] Vgl. M. KISTER: „Notes on Some New Texts from Qumran", in: *JJS* 44 (1993), 282.
[85] S.u. Kap. VII.3. Zur übereinstimmenden Bedeutung der „sieben Sterne" in Qumran und bei Johannes vgl. SMELIK 1995, 138-141.
[86] Vgl. L.H. SCHIFFMAN: „Merkava Speculation at Qumran: The 4QSerekh Shirot ʿOlat ha-Shabbat", in: J. REINHARZ/D. SWETSCHINSKI (eds.): *Mystics, Philosophers, and Politicians. Essays in Jewish Intellectual History in Honor of Alexander Altmann*, Durham NC 1982, 15-47.
[87] Vgl. C. NEWSOM: „Merkabah Exegesis in the Qumran Sabbath Shirot", in: *JJS* 38 (1987), 11-30 ; J.M. BAUMGARTEN: „The Qumran Sabbath Shirot and Rabbinic Merkabah Traditions", in: *RdQ* 13 (1988), 199-213; MAIER 1990a, 572f.

die etwaigen Übernahmen einzelner Segmente, sondern der argumentative und (im Wortsinne:) weltanschauliche Impetus, der sich in den Texten in je anderer Weise zu erkennen gibt und der die Gläubigen – trotz aller Unterschiede – in ein durchaus vergleichbares Schema konventioneller Weltdeutung einzubinden vermochte.

In allen Makroformen[88] der Hekhalot-Literatur nimmt das Konzept der himmlisch-irdischen Entsprechung einen herausragenden Platz ein. Exemplarisch sei hier §179 angeführt:[89]

Und alle Dienstengel
und alle Engel (jedes) einzelnen *raqiaʿ*,
wenn sie den Schall der Loblieder und Lobpreisungen hören,
die Israel von unten spricht,
eröffnen von oben mit: Heilig, heilig, heilig (Jes 6,3).[90]

Es wird also eine geheimnisvolle Verbindung zwischen der Engelliturgie und den Lobpreisungen Israels hergestellt, wobei ein Unterschied zur qumranischen Sicht auffällt: In den Sabbatopfer-Gesängen ist von einer direkten Entsprechung die Rede, ohne daß der irdische Kult dem himmlischen vorausgesetzt ist; in der Hekhalot-Literatur dagegen scheinen die Benediktionen Israels eine stärkere Verbindung zu Gott darzustellen als die Gesänge der Engel.[91] „Israel ist den Engeln und auch den *hayyot* in der Liturgie und im Wettstreit um die Liebe Gottes eindeutig überlegen."[92] Wir können mithin eine Akzentverschiebung konstatieren von der stark priesterlich orientierten Qumrankonzeption hin zu einer Betonung der Rolle „Israels", die die Anliegen rabbinischer Gruppen widerspiegelt. Was beiden Textgruppen gemeinsam ist, erkennen wir erneut im ausgeprägten Entsprechungsdenken. M.a.W.: Nicht die kosmologischen Ansichten unterscheiden Qumran und die Hekhalot-Texte, sondern Funktionsebene und Kulttheologie.[93]

---

[88] Hier folge ich der Definition von Peter Schäfer, vgl. Schäfer 1991, 6.
[89] Für weitere Nachweise s. Schäfer 1991, Register „Liturgie", „Lobpreis" etc.
[90] Vgl. Schäfer 1991, 47. Zur Antwort der himmlischen Welt auf den irdischen Kult vgl. Ego 1989, 44f.
[91] §174 (nach den Handschriften New Yor 8128 und Vatikan 228): „Jeder einzelne Engel und jeder einzelne ʿSeraf, jede einzelne *hayya* und jeder einzelne Ofan, (die) ich erschuf, (sollen mir verstummen), bis ich höre und vernehme den Beginn aller Loblieder und Lobpreisungen und Gebete und den Wohlklang der Gesänge Israels." Vgl. Schäfer 1991, 47.
[92] Schäfer 1991, 48.
[93] Deshalb erscheint die Beschränkung Maiers auf einen Vergleich der Qumantexte mit der sog. „Apokalyptik", während die Hekhalot-Literatur hier wenig Aufschlußreiches zu bieten habe, etwas übertrieben (1990a, 573).

Diese These läßt sich anhand eines weiteren Motivkomplexes erhärten; so nimmt die *Zahl Sieben* – wie überall im antiken Judentum – in beiden Textgattungen einen zentralen Platz ein: In *Maʿaseh Märkabah* wird die Qedusha von den Engeln in den Sieben himmlischen Palästen gesungen.[94] Sowohl die Siebenerstruktur des Kosmos als auch das Trishagion spielen in den Sabbatopfer-Gesängen eine bedeutende Rolle. Allerdings ist nicht eindeutig zu eruieren, welches Stadium der Liturgieentwicklung hier Ausdruck findet.[95] Es fällt nämlich auf, daß Jes 6,3 in Qumran außerhalb der „Gesänge" nicht anzutreffen ist, während die Qedusha in der Merkabah-Mystik vielfach den Höhepunkt der Dramaturgie kennzeichnet. Auch in der rabbinischen Tradition kommt ihm im Kontext der himmlischen Liturgie Bedeutung zu. Dies sollte uns aber nicht dazu verleiten, die Qedusha für Qumran als nebensächlich zu betrachten, im Gegenteil: Das Schweigen der Quellen deutet gerade darauf hin, daß wir es hier mit dem empfindlichsten Bereich der priesterlichen Kulttheologie zu tun haben, vielleicht mit dem Inhalt des Gesanges am siebten Sabbat, für den die *Shîrot* den liturgischen Rahmen absteckten. Auch Maier verweist auf die mögliche Erklärung, „daß die eigentliche Thronliturgie als Kulminationspunkt der exklusivsten Priesterliturgie doch einer Art Arkandisziplin unterlag, weil man ja noch in der lebendigen Kulttradition stand."[96] Die Scheu also, die Qedusha in einen weiteren Zusammenhang zu stellen, war beträchtlich größer als unter den Hekhalot-Mystikern.

Der Merkabah-Mystiker versteht sich als eine Art Stellvertreter der Gemeinde Israel und als ein Wanderer zwischen den Welten. Durch seine besondere Befähigung zur Himmelsreise, welche mit Hilfe magischen Wissens zusätzlich verstärkt wird, ist der Mystiker in der Lage, zwischen den himmlischen und den irdischen Ebenen zu *vermitteln*.

> The Merkavah mystic represents in his person the participation of Israel in the heavenly liturgy and simultaneously confirms for the earthly congregation that it stands in direct contact with God in its synagogue liturgy, a contact which God needs just as much as Israel does.[97]

---

[94] Vgl. besonders §555 (SCHÄFER, *Übersetzung*, III, 259-262).
[95] Zur Qedusha als dem Gesang der Engel vgl. SCHIFFMANN a.a.O (oben Anm. 86), 17f. SCHWEMER 1991, 97-99 geht davon aus, daß das siebte Sabbatlied die Qedusha voraussetzt. Vgl. auch GRUENWALD 1988, 145-173 („Angelic Songs, the Qedushah and the Problem of the Origin of the Hekhalot Literature").
[96] MAIER 1990a, 573f.
[97] SCHÄFER 1988, 288.

Trotz der immer zu berücksichtigenden Unterschiede auf der Funktionsebene stellt die Hekhalotliteratur eine interessante Parallel- und Weiterentwicklung des Denkens dar, wie es uns in Qumran begegnet. Die Hekhalot-Literatur mit ihrer stärkeren magischen Prägung läßt sich nicht streng von der priesterlich-kultischen Tradition der Qumrangemeinde abgrenzen;[98] die Gemeinsamkeiten der Weltdeutung gehen bis in Details der kosmischen Liturgie hinein.[99] Allerdings wird noch zu untersuchen sein, ob sich aus einem derartigen Vergleich inhaltliche Übernahmen, direkte Anleihen oder dergleichen aufweisen lassen (s.u. Kap. 4). Möglicherweise wird das Ergebnis bescheidener ausfallen und sich darauf beschränken, die Tatsache einer gemeinsamen Teilhabe am zeitgenössischen Gespräch festzuhalten. Da jenes Gespräch im Laufe der Jahrhunderte fortgesetzten Veränderungen unterworfen war, wird zu fragen sein, ob den älteren Zeugnissen – wie der Mithrasliturgie[100] –, auch wenn sie nicht dem jüdischen Milieu entstammen, bei einem Vergleich der Vorzug eingeräumt werden muß vor Texten, deren frühe Urgestalt wir kaum mehr in Erfahrung bringen können.

---

[98] Ähnlich I. GRUENWALD: „The idea of the mystics sharing the song of the angels comes close to the idea expressed by the Qumran sectarians that the special merit of the believers was to enjoy partnership with the angels. But what the *Hekhalot* mystic actually maintains is that he can use the angelological hymns for his own theurgic purposes" (GRUENWALD 1980, 152).

[99] So schreibt auch SCHÄFER 1991, 91: „Obgleich der Zusammenhang mit dem Gebet nur noch sehr lose ist, kann doch kein Zweifel bestehen, daß die magische Handlung als rituell-liturgischer Akt verstanden wird [...] Auch die extreme Form der magischen Beschwörung in *Ma'ase Merkava* ist in einen – freilich individuellen (von einer *Gemeinde* ist hier nirgendwo die Rede) – liturgischen Kontext eingebettet und hat sich keineswegs vom Traditionszusammenhang des ‚normativen' Judentums gelöst" (Hervorhebung im Original).

[100] Hierbei ist es unerheblich, ob wir die Mithrasliturgie von der eigentlichen Mithrasreligion abzutrennen geneigt sind, wie dies CUMONT 1956 und in seinem Gefolge viele Wissenschaftlerinnen und Wissenschaftler taten, oder ob wir eine solche künstliche Trennung nicht vollziehen. Zur neuerlichen Herausforderung der CUMONTschen Position vgl. R. BECK: „Mithraism since Franz Cumont", in: ANRW II.17.4 (1978), 87-147; R.L. GORDON: „Franz Cumont and the Doctrines of Mithraism", in: *Mithraic Studies* 2.2 (1978), 148-174; ULANSEY 1989, 105f. Zu den Vergleichsmöglichkeiten zwischen Mithrasreligion und Gnostizismus, mit ähnlichen Problemen und Chancen befrachtet wie die hier diskutierten Parallelen, vgl. U. BIANCI: „Mithraism and Gnosticism", in: HINNELS 1975, 457-465.

3. Richtiger Kalender und rechte Weltordnung

Im qumranischen Denken verbindet ein geheimnisvolles Band die Engelliturgie und den Engelkult im Himmel mit der irdischen Ebene. Was die Stoa als „Sympathie" bezeichnet, Josephus als „Heimarmene" beschreibt, findet in Qumran seinen Ausdruck im kosmischen Walten des einen Schöpfergottes, dem auf allen Ebenen des Kultes Lobpreis zuteil wird. Wenn man die Vollkommenheit der göttlichen Ordnung bedenkt, so steht zu vermuten, daß dem *Kalender*, besonders dem Kultkalender, eine besondere Bedeutung zukommen muß. Und genau dies läßt sich in Qumran – und nicht nur da – beobachten. Wir haben es in jener Zeit geradezu mit einem ausgesprochenen Kalenderstreit zu tun, der einen wichtigen Grund dafür geliefert haben dürfte, daß die Qumrangläubigen sich vom Jerusalemer Tempelkult absetzten.[101] Dort hatte man sich nämlich für einen lunaren Kalender entschieden, wie er mit unwesentlichen Abweichungen noch heute in Gebrauch ist.

Die Frage, welche Alternativen den Qumranleuten zur Verfügung standen, hat im Laufe der Forschungsgeschichte zu einiger Verwirrung geführt, denn das erhaltene Material ist alles andere als eindeutig. So lassen sich unterschiedliche Mischformen belegen:[102]

(1) Ein Sonnenkalender mit 360 Tagen zu 12 Monaten mit 30 Tagen. Am Ende eines Quartals wurde ein Schalttag eingefügt, was einem 364-tägigen Jahr entspricht. Dies ist freilich kein exaktes Sonnenjahr, und noch immer wandern die Termine rückwärts. Daß die Differenz zum astronomischen Jahr von 365,25 Tagen schon in

---

[101] Zum Thema: A. JAUBERT: „Le calendrier des Jubilés et les jours liturgiques de la semaine", in: *VT* 7 (1957), 35-61; J. VAN GOUDOEVER: *Biblical Calendars*, Leiden 1959; A. JAUBERT: „The Calendar of Qumran and the Passion Narrative in John", in: CHARLESWORTH 1972, 62-75; J.M. BAUMGARTEN: „4QHalakha (a) 5, the Law of Hadash, and the Pentecostal Calendar", in: *JJS* 27 (1976), 36-46; STROBEL 1977; E. SCHWARZ: *Identität durch Abgrenzung*, Frankfurt a. M. 1982, 111ff; J. MAIER: *The Temple Scroll*, Sheffield 1985, 70ff; S. TALMON: *King, Kult and Calendar in Ancient Israel (Collected Essays I)*, Leiden 1986; J.C. VANDERKAM: „The Temple Scroll and the Book of Jubilees", in: G.J. BROOKE (ed.): *Temple Scroll Studies*, Sheffield 1989, 211-236; M. CHYUTIN: *The War of the Calendars in the Period of the Second Temple and the Redaction of the Psalms according to the Calendar* [hebr.], Tel Aviv 1993. Zum babylonischen Kultkalender: B. LANDSBERGER: *Der kultische Kalender der Babylonier und Assyrer*, Leipzig 1915 (Ndr. Leipzig 1968). Zum ägyptischen Kalender: NEUGEBAUER 1942; PARKER 1950. Daß מועדים astrale Dimensionen besitzt, hat MILIK 1976, 187f plausibel gemacht.

[102] Eine Kurzübersicht findet sich bei MAIER 1995, I, XVf. Vgl. auch MAIER 1992a.

Qumran bekannt war und ausgeglichen wurde, läßt sich aufgrund neuester Studien aus 4Q319 (=4QOtot) erschließen.[103]

(2) Daneben gibt es einen kultischen Agrarkalender mit Fünfzigerperioden zwischen den verschiedenen Festen zur Abgabe der Erstlingsfrucht. Diese Praxis hat sich lediglich im Abstand von Passah zum Wochenfest erhalten (bzw. von Ostern zu Pfingsten).

(3) Im Festzyklus lassen sich weitere Elemente nachweisen, die teilweise noch heute in Gebrauch sind.

(4) Darüber hinaus gibt es einen lunaren Kalender, an welchem sich die Kultdienst-Einteilung ausrichtet. Ähnlich wie in 1Chr 24,1-19 beschrieben, begann jede der 24 Priester-Dienstabteilungen an einem eigens für sie reservierten Sabbat; die komplexe Art und Weise, mit der eine solche Praxis mit dem Sonnenjahr in Einklang gebracht werden konnte, wird im Anschluß untersucht werden.

Man kann leicht erkennen, daß in Qumran keineswegs ein streng solarer gegenüber dem lunaren Kalender am Jerusalemer Heiligtum verfochten wurde, wie es die ältere Forschungsliteratur nahelegt.[104] Wir müssen stattdessen auch für das Judentum von einer Pluralität der Kalender ausgehen, wie sie im römischen Umfeld charakteristisch gewesen ist.[105] Und ähnlich wie in der paganen Gesellschaft kommt im Judentum der Kalenderpraxis eine eminente theologische, nicht zuletzt aber auch machtpolitische Bedeutung zu.[106] Dieser Umstand gewinnt zusätzliche Verschärfung durch die kosmische Dimension des irdischen Kultes, den wir bei den Sabbatopfer-Gesängen kennenlernten.

Die Basiseinheiten des zadokidischen Priesterkalenders – und damit kommen wir zum komplexen qumranischen System – finden sich in *Sechser-* und *Siebenermustern*.[107] Die Bedeutung der Siebener-

---

[103] Vgl. GLESSMER 1996 und die Erläuterungen unten.
[104] Vgl. den Forschungsüberblick bei ALBANI 1994, 1-30
[105] Vgl. ALBANI 1994, 283f. Die kaum noch zu überschauenden Kalendersysteme im Römischen Reich sind dargestellt und diskutiert bei RÜPKE 1995.
[106] Zur Bedeutung des Kalenders für die damalige Gesellschaft aus soziologisch-psychologischer Sicht vgl. ZERUBAVEL 1981 und 1985. Außerdem: P.A. SOROKIN/ R.K. MERTON: „Social Time: A Methodological and Functional Analysis", in: *American Journal of Sociology* 42 (1936/37), 615-629; P.A. SOROKIN: *Sociocultural Causality, Space, Time: A Study of Referential Principles of Sociology and Social Science*, Durham 1943 (Ndr. 1964); N. ELIAS: *Über die Zeit* (Arbeiten zur Wissenssoziologie 2), Frankfurt a. M. 1988.
[107] Zur Diskussion um den Kalender in Qumran und die Schaltungspraxis vgl. insbesondere ALBANI 1994, GLESSMER 1991 und 1996 (dort auch weitere Literatur). Das Ganze wird zudem übersichtlich und umfassend dargestellt bei MAIER 1995, III, 52-160.

einheiten erhellt sofort aufgrund der siebentägigen Schöpfungswoche sowie durch den Mondzyklus von 28 Tagen.[108] Der Ursprung der siebentägigen Woche liegt in Babylonien, wobei durchaus umstritten ist, ob die Lunation hierbei Pate gestanden hat oder nicht.[109] Auf jeden Fall setzte sich diese Zeiteinteilung in Rom bereits am Ende des ersten vorchristlichen Jahrhunderts neben der achttägigen römischen Woche durch,[110] und zwar einerseits vermittelt über den jüdischen Sabbat, dessen Observanz auch die augusteische Gesetzgebung berücksichtigt,[111] andererseits durch die Entwicklung der griechischen Planetenwoche. Jene erst in hellenistischer Zeit entstandene Kalendertradition scheint auf ausschließlich astrologischen Gesichtspunkten aufzubauen, indem sie die sieben Planeten(götter) den Wochentagen zuordnet. Für Rom konstatiert Rüpke:

> Inhalt und Rezeption der beiden Formen legen nahe, daß es die Planetenwoche war, der die entscheidende Rolle zukam: ein astrologisches Muster, das einfachste Zeiteinteilungen mit hoher inhaltlicher Trennschärfe und einer theologisch plausiblen Motivierung verband. Es scheint, als ob auch die jüdische Sabbatpraxis, die kaum religiöses Interesse provozierte, in Rom von vornherein im Horizont des *dies Saturni* interpretiert worden sei.[112]

---

[108] Darüber hinaus muß auch der Saturn-Zyklus von 28-30 Jahren, also 7x4 Jahren, in Rechnung gestellt werden.

[109] Vgl. RÜPKE 1995, 456, der sich gegen den Einfluß der Mondzyklen ausspricht (mit weiterer Literatur). M.E. spricht allerdings viel mehr für eine babylonische Orientierung am Mond, wie auch die frühere Ausrichtung des Sabbats an den Mondzyklen nahelegt, vgl. ALBANI 1994, 279, der unter Rekurs auf ältere Arbeiten vermutet: „Rein kalendertechnisch gesehen sind erhebliche Zweifel angebracht, ob es in vorexilischer Zeit bereits eine Sabbatheiligung in dem strikten nachexilischen Sinn gegeben haben kann. Wahrscheinlicher ist da die Annahme Meinholds/Veijolas, daß der Sabbat als Vollmondfest an den Mondlauf gebunden war." Zur Diskussion um den Sabbat vgl. außerdem besonders J. MEINHOLD: *Sabbat und Woche im Alten Testament*, Göttingen 1905; ders.: „Die Entstehung des Sabbats", in: *ZAW* 29 (1909), 81-112; dagegen N.E. ANDREASEN: *The Old Testament Sabbath: A Tradition-Historical Investigation*, o.O. 1972; ders.: *Rest and Redemption: A Study of the Biblical Sabbath*, Berrien Springs 1978.

[110] Vgl. J. RÜPKE: „Zeitliche Strukturen religiöser Aktivitäten: Historische und gegenwärtige Perspektiven", in: *ZfR* 4 (1996/1), 3-18, hier S. 7-10.

[111] So berichtet Philo *Legat.* 158 davon, daß die Juden, wenn die Ausgabe von Getreidespenden auf einen Sabbat fiel, die Austeilung auf den folgenden Tag verschieben durften.

[112] RÜPKE 1995, 457f. Zum römischen Kalender vgl. ferner G. RADKE: *Fasti Romani. Betrachtungen zur Frühgeschichte des römischen Kalenders*, Münster 1990. Die Wochentagsgötter werden zuerst bei Tibull I, 3, 18 genannt, vgl. *BL* 476-484; F.H. COLSON: *The Week*, Cambridge 1926; NEUGEBAUER 1951, 162.

Die jüdische Sabbatwoche ist natürlich auf den siebten Tag als Ruhetag hin ausgerichtet.[113] In Qumran, wo der zadokidische Kalender propagiert wurde, stellt der Sabbat jedoch nicht den ersten Tag der Zeitrechnung dar: Der Neujahrstag fiel stets auf den vierten Tag der Woche (Mittwoch), auf eben jenen Tag, an welchem nach dem Schöpfungsbericht die Gestirne erschaffen worden waren. Deshalb bedeutet in Texten wie Jub und Hen, die den 364-tägigen Kalender voraussetzen, „Monatsbeginn" nicht zugleich „Neumond", ein Umstand, der in den Übersetzungen nicht immer Berücksichtigung fand.[114]

Die schöpfungstheologische Bedeutung der Siebentagewoche kann kaum hoch genug bewertet werden, denn der Sabbat ist nicht nur der Ruhetag, sondern zugleich auch die Wiederholung des urzeitlichen Schöpfungsaktes, denn nun schließt sich ein göttlicher Kreislauf. So nimmt es nicht wunder, daß die *Sabbatstruktur der Geschichte* zu einem zentralen Theologumenon werden konnte, wie K. Koch anhand der sog. „Zehn-Wochen-Apokalypse" des ersten Henochbuches deutlich machte.[115] Die weitreichenden Konsequenzen für die Chronologie der israelitischen Geschichte, wie Koch sie aus seinen Prämissen ableitet, lassen sich in dieser Weise kaum aufrechterhalten,[116] und auch seine Bemerkungen über „die Evidenz der Siebenerzeiten" wirken sehr oberflächlich.[117] Trotzdem hat er mit seiner Studie auf

---

[113] Wir müssen dabei immer im Auge behalten, daß diese Aussage in erster Linie für die priesterliche Tradition gilt. Für die nichtpriesterlich geprägten Juden kann die rituelle Observanz des Sabbat – also gemeinschaftliches Gebet o.ä. – bis zum Ende des zweiten nachchristlichen Jahrhunderts nicht nachgewiesen werden, vgl. H.A. MCKAY: *Sabbath and Synagogue. The Question of Sabbath Worship in Ancient Judaism* (Religions in the Graeco-Roman World 122), Leiden/New York/Köln 1994.

[114] Vgl. MAIER 1995, III, 101.

[115] KOCH 1983; schon zuvor hatte KOCH auf die Zusammenhänge hingewiesen: „Die mysteriösen Zahlen der judäischen Könige und die apokalyptischen Jahrwochen", in: VT 28 (1978), 433-441. Durch die Analyse der sieben שבועות kommt KOCH zu dem Ergebnis, es handele sich hier keinesfalls um „Wochen", so daß wir den Text besser „Zehn-Epochen-Lehre" nennen sollten.

[116] So schreibt z.B. GARCÍA MARTÍNEZ: „KOCH's Hypothesis seems interesting, but too artificial because it involves a certain manipulation of the chronological data in an effort to adapt them to his presupposition" (1992, 87). Besonders eine anti-makkabäische Tendenz der Henochtexte könne nicht aus ihrem Schweigen über die Makkabäerrevolte bzw. die Neuweihung des Tempels abgeleitet werden.

[117] „Vermutlich entspricht ein Wechsel von sechs Tagen Arbeiten und einem Tage Ruhe sowohl dem Biorhythmus des gewöhnlichen Menschen als auch

einen Sachverhalt aufmerksam gemacht, der durch nachfolgende Editionen der Qumrantexte weitere Bestätigung fand: Die Geschichte wurde – zumal in der Gemeinde am Toten Meer – periodisiert und im Einklang mit heiligen Rhythmen, wie es das Siebenerschema darstellt, interpretiert. Besonders das Dekajubiläum von 490 Jahren (=7x70 Jahren oder 70 Jahrwochen)[118] ist nicht nur aus Qumran, sondern bereits in der biblischen Geschichtsüberlieferung (Dan 9,1f. 24) und auch in der christlichen Chronologie geläufig.[119] Wie wir gleich sehen werden, stellt jedoch die besondere Ausprägung der qumranischen Zahlenspekulation einen Zusammenhang her, der die Ausführungen Kochs bestätigt.

Die Potenzierung des Siebenerrhythmus führt in Bereiche hinein, die neben einer Periodisierung der Geschichte auch eine Transzendierung derselben ins Auge fassen.

> Es gibt in dieser Sichtweise also geschichts-transzendierende Zeit: vor, nach und im Grunde über der Weltgeschichte. In der späteren jüdischen Tradition wirkt dieses Grundkonzept nach, wenn von „Dieser Welt" und von der „Kommenden Welt" die Rede ist, sofern dabei nicht einfach zwei sukzessive Geschichtsperioden oder eine bloße Fortsetzung der Weltzeit in die Ewigkeit gemeint ist, sondern ein allzeit präsenter Äon jenseits von Raum und Zeit, ebensowenig zu definieren wie die Gottheit selbst. Und es ist gerade diese „Kommende Welt", nicht etwa die „messianische Zeit", die mit der traditionellen Sabbatsymbolik verbunden ist.[120]

Eine vergleichbare *Metahistorie* ergibt sich auch aus den Forschungen K. Kochs, also ein transzendenter Geschichtsverlauf, der die realen äußeren Entwicklungen in sinnfälliger Weise überhöht. Dies ist schon in prophetischem Kontext Israels feststellbar.[121]

---

normalerweise den ökonomischen Arbeitsbedingungen. Wie anders sollte es sich erklären, daß auf dem Weg über das Christentum die israelitische Sieben-Tages-Woche in unserem Jahrhundert sich weltweit durchgesetzt hat?" (1983, 426) Diese Deutung kann nur als hilflos angesehen werden. Gerade weil KOCH die astrologischen Hintergründe beiläufig erwähnt (ebda.), erscheint es unverständlich, daß diesem für die Antike so zentralen Diskursstrang keine weitergehende Aufmerksamkeit geschenkt wird.

[118] Dieses steht im Mittelpunkt der Theorie KOCHS.
[119] Vgl. MAIER 1995, III, 119-123.
[120] MAIER 1995, III, 102. Von hier ist es nur noch ein kleiner Schritt zur These BLUMENBERGS, in der Apokalyptik sei es gelungen, die „Schere zwischen Weltzeit und Lebenszeit" zu schließen, vgl. BLUMENBERG 1986, besonders S. 71-79. S. dazu unten den Exkurs 4.
[121] Vgl. K. KOCH: *Die Profeten*. Bd. I: Assyrische Zeit, Stuttgart ³1995, 84f.

Durch eine Analyse der babylonischen astronomischen Serie ᵐᵘˡApin ist es M. Albani gelungen, die Vorgeschichte dieser auf die Siebentagewoche ausgerichteten Kulttheologie zu erhellen.[122] Die Entdeckung, daß die berechenbare und somit gesetzmäßige Himmelsordnung auf die Sabbatheiligung hinausläuft, „dürfte tatsächlich eine Offenbarung für die jüdischen Schriftgelehrten gewesen sein."[123] Dies umso mehr, als die Observanz des Sabbat in zunehmendem Maße zum Merkmal jüdischer Identität avancierte.[124]

> Der unveränderliche „ewige Kalender" von 364 Tagen machte eine genaue Sabbatheiligung möglich und mußte überdies ein wunderbares Bewußtsein für die Harmonie von kosmischem und irdischem Geschehen schaffen, die in der Feier des Sabbat begangen werden konnte.[125]

In der Tat bestätigen unsere Untersuchungen die ausgesprochen hohe Bedeutung der Sabbatstruktur des Kosmos. Wir haben es mit einer Art *Raum-Zeit-Kontinuum* zu tun, nach welchem praktische kalendarische Fragen letztlich mit der Beschreibung göttlicher Strukturen ineinsfallen.[126] Es ist nicht ausgeschlossen, daß ein weiterer Gesichtspunkt eine Rolle gespielt hat: Die Quersumme von 364 ist 13, womit auf geheimnisvolle Weise auch noch die 13 Mondzyklen eines Jahres ihren Widerhall finden. Theologisch bedeutete dies: die Ordnung des Mondes geht trotz oder gerade wegen des Primats der Sonne in deren Ordnung auf – man muß nur genau hinsehen und die verborgenen Dimensionen ausleuchten.

An dieser Stelle sei noch einmal an die Sabbatopfer-Gesänge erinnert, denn dort begegnete uns die überragende Stellung des Siebten Sabbat. Nachdem die Bedeutung des Kalenders herausgestellt wurde, erscheint die These J. Maiers, es handele sich bei den Gesängen um einen Zyklus im Einklang mit dem Sonnenkalender, vollständig gerechtfertigt. Das 364-tägige Sonnenjahr ist der Sabbatobservanz zuträglich, und ebenso sind es die 91 Tage der *Shîrîm*, die sich aus den 13x7 Tagen eines Zyklus ergeben. Wie aus der nachfolgenden Abbildung ersichtlich ist, fallen nach diesem Kalender bestimmte Festtermine stets auf denselben Wochentag, was für die kultische Dimension des Kalenders von zentraler Bedeutung ist.[127]

---

[122] Zu ᵐᵘˡApin vgl. VON STUCKRAD 1996, 25-29.
[123] ALBANI 1994, 278.
[124] Dies wird u.a. Ez 20,12 deutlich: „Meine Sabbattage gab ich ihnen zum Zeichen (לאות)."
[125] ALBANI 1994, 278.
[126] Bei Philo und Josephus werden wir erneut auf diese Zusammenhänge stoßen.
[127] Vgl. GLESSMER 1991, 382-384.

Monate

Quartal (1–4):	I	II	III
	IV	V	VI
	VII	VIII	IX
	X	XI	XII

Wochentag   *Tageszählung*

4. (=Mi)	1	8	15	22	29		6	13	20	27		4	11	18	25
5. (=Do)	2	9	16	23	30		7	14	21	28		5	12	19	26
6. (=Fr)	3	10	17	24		1	8	15	22	29		6	13	20	27
7. (=Sa)	**4**	**11**	**18**	**25**		**2**	**9**	**16**	**23**	**30**		**7**	**14**	**21**	**28**
1. (=So)	5	12	19	26		3	10	17	24		1	8	15	22	29
2. (=Mo)	6	13	20	27		4	11	18	25		2	9	16	23	30
3. (=Di)	7	14	21	28		5	12	19	26		3	10	17	24	31

Ein Jahr im 364-Tage-Kalender

Daß den Vertretern des 364-Tage-Kalenders die Abweichung von der babylonischen Kalendertradition voll bewußt war, erkennen wir an der Tatsache, daß die babylonischen Monatsnamen in diesem Zusammenhang in der Regel nicht verwendet werden. Man benutzte schlichte Zahlenzuordnungen.[128]

Maier[129] macht im Hinblick auf die 91 Tage eines Jahresquartals auf einen weiteren interessanten Sachverhalt aufmerksam: 1+2+3+4 +5+6+7+8+9+10+11+12+13=91; dies ist mitnichten zufällig, sondern muß als Ausdruck der strengen kulttheologischen Prägung der Qumrantexte angesehen werden, die einer pythagoräischen Zahlenspekulation nicht unähnlich ist.

Um die Vollkommenheit des Qumran-Kalenders zu ermessen, müssen wir nun noch die *Sechsereinheiten* zum bisher dargestellten in Beziehung setzen. Man begnügte sich nämlich nicht mit einer Sabbatwoche und deren Potenzierungen, sondern brachte diese Struktur mit der Sechsereinheit der Priesterdienstrotation in Einklang. Dies hat man sich folgendermaßen vorzustellen: Die 24 Priesterdienst-Abteilungen gliederten sich in vier Gruppen zu je sechs Abteilungen. Eine Abteilung verrichtete sechs Tage der Woche ihren Dienst und wechselte am siebten Tag, der als erster Diensttag der nachfolgenden Abteilung zählte. Dies führt zwangsläufig dazu, daß von Jahr zu Jahr der Priesterdienstwechsel zurückfällt, bis mit dem siebten Jahr wieder die Ausgangssituation erreicht ist.

---

[128] Vgl. M.D. HERR: „The Calendar", in: CRINT 1.2 (1987), 834-864, hier S. 842. S. auch GLESSMER 1991, 382.

[129] 1992a, 546.

Natürlich kann man das Ganze potenzieren, und Texte wie 4QMishmarot und 4QOtot belegen eindeutig, daß derartige Rechnungen eine große Rolle spielten.[130] Durch die Integration der Sechsereinheiten des priesterlichen Dienstwechsels in die Sabbatstruktur der Zeit und des Kosmos gelangte man zu immer höheren Dimensionen kalendarischer Vollkommenheit, die auch eine Periodisierung der Geschichte erlaubten. „Auf diese Weise wurde die kultdienst-organisatorische Zeiteinteilung zu einer kulttheologisch untermauerten Geschichtsperiodisierung ausgebaut."[131]

Wie bereits angedeutet, kannte man in Qumran das Problem, daß das astronomische Jahr 365,25 Tage dauert.[132] Im Text 4QOtot (=4Q319) wird dieses Problem offenbar vorausgesetzt und durch eine bestimmte Schaltregelung gelöst.[133] Das astronomische Jahr ist nämlich mit dem Sechs-Jubiläen-Zyklus von 294 Jahren gekoppelt und kann auf Dauer gesehen in Einklang gebracht werden. Man interkalierte zu diesem Zweck nach dem lunaren Kalender im Abstand von drei Jahren einen zweiten Monat Adar. Jene Jahre mit Mondkalenderschaltungen werden in 4Q319 für die einzelnen Jubiläen einer Großperiode gekennzeichnet. Herausgehoben werden die Jahresanfänge, welche auf einen Vollmond fallen. Der Text listet das jeweilige Jahr auf, weist durch das Wort „Zeichen" auf den Vollmondtermin hin und verbindet damit den Namen der jeweiligen Priesterdienstabteilung, die am Jahresanfang den Dienst verrichtet.

Der zweite relevante Text zu unserem Thema ist 4QMishmarot, denn hier wird die Synchronisation des lunaren mit dem solaren

---

[130] Vgl. ALBANI 1994, 284-296; MAIER 1995, III, 102-105. 116-119; GLESSMER 1996.
[131] MAIER 1995, III, 103. Er folgert: „Unter den bisher bekannten Beispielen der Weltchronographie stellt dieses System wohl das imposanteste dar, weil es in sich völlig schlüssig ist und mit dem Jahreskalender von 364 Tagen noch den großen Vorteil einer fixen Position von Wochen- und Monatstagen aufweist." Ähnlich GLESSMER, der außerdem die politische Bedeutung betont: „Ein exakt berechenbarer Kalender ermöglicht die Einhaltung der Kultzeiten. Damit ist eine Universalität und Unabhängigkeit von zentralen Schaltungsentscheidungen am Jerusalemer Tempel gegeben, die auch in Entfernung zum Tempel eine gedankliche Verbindung zur Begegnung der göttlichen und menschlichen Sphäre in den dafür vorgesehenen Kultzeiten erlaubt" (1991, 398).
[132] GLESSMER vermutet zu Recht: „Doch erscheint es aufgrund der großen Bedeutung von Astrologie/Astronomie im vorderen Orient historisch als äußerst unwahrscheinlich, daß gebildeten [sic!] Menschen spätestens in hellenistischer Zeit nicht die Länge des astronomischen Solarjahres gekannt haben könnten" (1991, 380).
[133] Vgl. GLESSMER 1996, 144ff.

364-Tage-Kalender ebenfalls auf eindrucksvolle Weise betrieben. In diesem Text werden die Namen der Priesterfamilien, wie sie sich wöchentlich im Tempeldienst ablösen, mit bestimmten Festterminen verbunden. Darüber hinaus findet sich ein ähnliches Schema wie in 4QOtot, fallen doch die 48 jährlichen Abteilungen im 52-wöchigen Jahr ebenfalls kontinuierlich zurück.[134] Erst nach 13 Halbjahreszyklen, also im siebten Jahr, verrichtet eine Familie wieder in derselben Woche ihren Tempeldienst. Wir haben es also mit einem Entwurf zu tun, der das System von 2x24=48 mit dem siebenjährigen Schema verbindet. Dieser eindrucksvolle Zusammenhang

> muß zur Vergewisserung beigetragen haben, daß kalendarische Rechenkunst und ‚traditioneller' Kultbetrieb durchaus keinen Gegensatz darstellen müssen, sondern daß sie nach derselben höheren Ordnung als gewollt zu betrachten sind.[135]

Die von Koch avisierte Sabbatstruktur der Geschichte ist durch die komplexen Überlegungen, welche der qumranischen Kultdienstordnung vorausgingen, um eine weitere Nuance bereichert worden.

Zusätzlich zu diesem Ergebnis läßt sich aus 4QMishmarot entnehmen, daß der 364-tägige Kalender tatsächlich in den Augen der Priesterastronomen aus Qumran mit den kultischen und kosmischen Belangen vollständig harmonierte. Diese Harmonie wurde versinnbildlicht durch das Ineinandergreifen des Kalenders, der Priesterrotation sowie der dreijährigen Schaltzyklen.

> Der 364-Tage-Kalender ist nach der Überzeugung ihrer Erfinder also keine beliebige Konstruktion, sondern bereits von Anbeginn in der „Schöpfung" [$b^e r\hat{i}\,'ah$] verankert. Auf dem Hintergrund des 364-Tage-Kalenders erhält der vierte Schöpfungstag somit eine zentrale Bedeutung im Schöpfungsgeschehen. *Der Grundgedanke der in 4QMišmarot repräsentierten Kalenderordnung ist die Vorstellung einer himmlisch-irdischen Entsprechung, wonach die Umläufe der Gestirne und die Zyklen der Priesterdienste einen gemeinsamen Ursprung haben.* Diese Universalisierung des Tempelkultes bis zum weitesten Horizont der Weltschöpfung kann natürlich nur den theologischen Interessen priesterlicher Kreise entsprungen sein.[136]

---

[134] Vgl. besonders GLESSMER 1991, 384ff und 1993, 54ff; ALBANI 1994, 290f. Die Annahme von 26 Priesterordnungen, wie sie sich aus 1QM II, 2 gewinnen läßt, ist durch diese Studien widerlegt; vgl. zu dieser These S. TALMON: „The Calendar-Reckoning of the Sect from the Judaean Desert", in: C. RABIN/Y. YADIN (eds.): *Aspects of the Dead Sea Scrolls* (Scr. Hier. 4), Jerusalem 1958, 162-199, hier S. 162f.
[135] GLESSMER 1991, 398.
[136] ALBANI 1994, 289f (Hervorhebung im Original).

4. Astrologumena in Qumran im jüdischen und paganen Kontext

Unsere bisherigen Untersuchungen führten zu der begründeten Annahme, daß die Gläubigen der Qumrangemeinde von zeitgenössischen – jüdischen wie „hellenistischen" – Ansichten die Astrologie betreffend nicht nur beeinflußt waren, sondern daß sie sogar das astrologische Gedankengut als willkommenes Weltbild aufgenommen haben, um die kulttheologische wie auch die ethisch-dualistische Gesinnung des *Jachad* im Einklang mit den wissenschaftlichen Errungenschaften ihrer Zeit zu verankern.[137] Dabei sind Texte zur Sprache gekommen, die beachtliche Ähnlichkeiten mit astrologischen Lehren außerhalb der Qumrangemeinde zeitigten. Diesen soll im folgenden noch weiter nachgespürt werden, läßt sich so doch der größere Traditionszusammenhang des qumranischen Judentums mit einiger Klarheit aufweisen. Unter Zuspitzung auf die eigentlichen Astrologumena der Gemeinde sollen Fragen diskutiert werden, die mit der Einordnung jener Zeugnisse in die Religionsgeschichte der Zeit des Zweiten Tempels, doch auch darüber hinaus mit der jüdischen Geschichte der talmudischen Zeit zusammenhängen. Erneut wird jene Methode problematisiert, die die Texte der Kairoer Genizah mit den Qumranschriften auf recht unbefangene Weise zu vergleichen pflegt. Für die ausführliche Darstellung der Astrologumena selber – namentlich 4Q186 – sei auf meine frühere Publikation verwiesen.

Zwei astrologische Texte sind es, die sich besonders für eine Gegenüberstellung mit Traditionen außerhalb Qumrans anbieten: Zunächst ist die besondere Genethlialogie zu nennen, wie sie sich in 4Q186 findet. Hierzu ist die Frage zu klären, inwieweit astrologische Parallelen existieren, welche die dahinterstehende Horoskopierkunst ebenfalls dokumentieren. In Detailfragen lohnt sich zudem ein Blick auf die Fragmente von 4Q561 (4QPhysiognomy/Horoscopes ar), da auch dort physiognomische Voraussagen getroffen werden,

---

[137] Es zeigte sich dabei, daß so manches theologische Dilemma, von modernen Forscherinnen und Forscher konstruiert, auf Qumran nicht richtig passen will. Ein Beispiel für diese modernistische Sicht lieferte HENGEL: „Wie [...] die astrologischen Fragmente [aus Qumran, KvS] zeigen, war die essenische Haltung zwiespältig, die *Einsicht* von Jub. 12 wurde nicht durchgehalten. Das Streben nach zeitgemäßer ‚Wissenschaftlichkeit' war stärker als die *tiefere theologische Einsicht*" (1969, 438, Hervorhebung KvS). Einmal mehr offenbart die Wortwahl das Vorverständnis des Autors.

die denen aus 4Q186 sehr nahe kommen. Es gilt indes zu beachten, daß keineswegs ausgemacht ist, ob hinter 4Q561 ein Horoskop steht oder eine ebenso gängige Deutung aufgrund von äußeren körperlichen Merkmalen.[138] – Im Anschluß daran ist das sog. *Brontologion* (4Q318) mit anderen Omina zu vergleichen, die in ähnlicher Weise den Lauf des Mondes durch die Zeichen, bzw. die Donner in bestimmten Zodiakalabschnitten zum Inhalt haben.

4.1. 4Q186

Als wahre Fundgrube haben sich die Quellen erwiesen, die im Umfeld des aramäischsprechenden jüdischen Palästina entstanden sind. Aramäisch avancierte in neubabylonischer, achämenidischer und seleukidischer Zeit zur *lingua franca* des mesopotamischen Raumes. Wenn man bedenkt, wie weit verbreitet die astrologische Literatur im Zweistromland gewesen ist, so erscheint es selbstverständlich, daß auch in Palästina aramäische Zeugnisse auf reges Interesse stießen.

Die vorderasiatischen Vergleichstexte sind besonders von J.C. Greenfield und M. Sokoloff der Forschung zugänglich gemacht worden.[139] Es zeigt sich darin nicht nur die Verwandtschaft mit babylonischen Omenserien wie *Enuma Anu Enlil*,[140] sondern auch mit mesopotamischer astrologischer Literatur im weiteren Sinne[141] und schließlich einer spezifischen jüdischen Adaptation solcher Lehren, wie sie in den mandäischen und syrischen Omina ihren Niederschlag gefunden hat.[142] Mit welcher Kontinuität jene Traditionen

---

[138] Vgl. zum Text EISENMAN/WISE 1994, 268f; MAIER 1995, II, 739f.
[139] GREENFIELD/SOKOLOFF 1989.
[140] Vgl. hierzu besonders ROCHBERG-HALTON 1988 sowie dies.: „New Evidence for the History of Astrology", in: *JNES* 42 (1984), 115-140.
[141] Besonders ᵐᵘˡApin, vgl. HUNGER/PINGREE 1989. Außerdem sind zu nennen die Berichte der Astrologen an die assyrischen Königshäuser, die von HUNGER 1992 publiziert wurden. Eine neue Einführung in mesopotamische Astrologie bietet KOCH-WESTENHOLZ 1995.
[142] Für die Mandäer vgl. besonders: E.S. DROWER (ed.): *The Book of the Zodiac (Asfar Malwašia)*, London 1949; die syrischen Texte wurden ediert von E.A.W. BUDGE: *Syrian Anatomy, Pathology and Therapeutics of „The Book of Medicines"*, London 1913, 441ff, und G. FURLANI: „Astrologisches aus syrischen Handschriften", in: *ZDMG* 75 (1921), 122-128, sowie ders.: „Tre trattati astrologici siriaci sulle eclisi solare e lunare", in: *Atti della Academia Nazionale dei Lincei, Rendiconti, Classe di scienze morali, storiche e filologiche* 8/2, Roma 1947. Weiteres Material außerdem bei GREENFIELD/SOKOLOFF 1989.

überliefert wurden, erkennen wir überdies an der Tatsache, daß in der Kairoer Genizah Texte zu Tage gefördert wurden, die in diesen Zusammenhang gehören.[143]

Nun stellt sich hierbei natürlich das methodische Problem, wie aussagekräftig konkrete Parallelen in einzelnen Texten und Textgattungen sind, wenn zwischen ihnen eine jahrhundertelange Entwicklung steht, die mit großer Sicherheit das Material in je eigener Weise umformte. Dieses Problem sei an einem Beispiel erläutert: I. Gruenwald publizierte physignomische und chiromantische Texte aus der Kairoer Genizah, die dem Typus von 4Q186 sehr nahe stehen.[144] Unter ihnen das folgende:

> Derjenige, der am Tag X der Woche im (Zeichen des) Jupiter (צדק) oder im (Zeichen des) Mondes (לבנה) geboren wurde, wird ein Anführer sein und weise, er wird zwei Frauen nehmen [...] Im Alter von 57 Jahren wird er ein Beamter im königlichen Schatzamt oder in seinem Palast sein, um Staatsgeschäfte zu führen, und er wird im Alter von 70 Jahren sterben.[145]

Ebenfalls aus der Genizah stammt ein Fragment, das P. Schäfer veröffentlichte.[146] In ganz ähnlicher Weise werden aus der Sternkonstellation bestimmte chiromantische – die Handlinien betreffende – und metoposkopische – das Aussehen des Gesichts betreffende – Folgerungen gezogen. Auch die im Voraus festgelegten Ereignisse im Lebenslauf finden sich in Schäfers Fragment:

> Und er [Metatron] zeigte mir zwölf Sternbilder und auch ihre Tierkreise.[147] [14] Das, was hier gesagt wird, (bezieht sich) nur auf mich. Er sprach:
> Wer [15] im Sternbild der Waage geboren wird,

---

[143] Vgl. GREENFIELD/SOKOLOFF 1989, 202ff.
[144] „Further Jewish Physiognomic and Chiromantic Fragments" [hebr.], in: *Tarbiz* 40 (1970/71), 301-319. Vgl. außerdem GRUENWALD 1980, 218-224. G. SCHOLEM hatte zuvor schon auf dieses Genre aufmerksam gemacht: „Ein Fragment zur Physiognomik und Chiromantik aus der Tradition der spätantiken jüdischen Esoterik", in: G. WIDENGREN (ed.): *Liber Amicorum: Studies in Honour of C.J. Bleeker*, Leiden 1969, 175-193.
[145] Vgl. GRUENWALD, *Further Jewish*...(oben Anm. 144), 308.
[146] SCHÄFER 1984, 135-139; außerdem „Ein neues Fragment zur Metoposkopie und Chiromantik", in: SCHÄFER 1988, 84-95.
[147] הרני שנים עשר מזלות וגם מלושהן (?). מלוש ist schwer zu interpretieren. In ihrem Kommentar zum Fragment bemerken GREENFIELD/SOKOLOFF: Das Wort מלושהן „as far as can be determined, is unique in Hebrew and is unknown in Jewish Aramaic sources, but it is well known in Syriac and Mandaic as a

am ersten Tag,
(unter der Vorherrschaft) des Jupiters oder des Mondes,
wenn [16] das Kind in jenen zwei Stunden geboren wird,
wird es nicht anders geboren als [17]
ZWTWQTYN und gelblich.

Ein Zeichen wird es auf den Fingern seiner Hände haben
und (auf) den Zehen [18] seiner Füße;
oder ein überzähliger Finger wird an seinen Händen
bzw. (ein überzähliger Zeh) an seinen Füßen sein.
Jener Mensch wird schnell [19] sein
und drei Linien in (Form von?) Kronen auf seiner Stirn haben,
und die mittlere (Linie) schneidet ab [20] d' und g' (?).
Und die Linien sind breit;
und er ist einer von den Guten.

Im Alter von [21] sieben Monaten und zehn Tagen
wird er krank sein
und in warmem Wasser liegen. [22]
Sie kommen über ihn,
und jeder, der ihn sieht, sagt:
Er wird nicht gerettet werden von jener (Krankheit)...[148]

Die Ähnlichkeiten der angeführten Texte sind so klar, daß sie zweifellos eine gemeinsame Deutungstradition zu erkennen geben. Dies ist allerdings auch schon alles, was wir aus den wenigen erhaltenen Fragmenten herauslesen können; eine Chronologie, nach der etwa die physiognomischen Aspekte der Deutung sekundär in die Astrologie Einzug fanden, ist nicht zu eruieren.[149] Dies würde zudem nur

---

term for the zodiacal signs, and it may very well be the original term used in our text" (1989, 211). Diese Tatsache ist sicherlich eines der stärksten Argumente für eine inhaltliche Tradierung aus jener Richtung. Fraglich bleibt indes, wie die Semantik an dieser Stelle zu verstehen ist, denn die Rede von mehreren Tierkreisen scheint wenig Sinn zu ergeben. Möglicherweise haben wir es mit der Deutung eines Fremdwortes zu tun, die den parallelen Gebrauch erklären könnte. Allerdings würde man in diesem Falle eine andere grammatische Konstruktion erwarten. Vielleicht deutet die Unterscheidung von *masalôt* und *mᵉlôsheîhen* auch auf die Differenz zwischen Stern*bildern* und Stern*zeichen* hin, so daß zu übersetzen wäre: „Er zeigte mir die Sternbilder und auch deren Sternzeichen." Voll befriedigen kann diese Übersetzung freilich auch nicht, so daß die Übersetzung vorläufig ihre Vagheit behält. Ich werde deshalb eine weitere Möglichkeit ins Auge fassen, die auf die Aszendentenlehre rekurriert (s.u.).

[148] SCHÄFER 1988, 93-95; vgl. auch die zahlreichen Angaben zur Übersetzung.
[149] Diese Einschränkung richtet sich gegen GRUENWALD, dessen Ausführungen

für den Traditionsstrang der Genizah-Fragmente Geltung besitzen, denn 4Q186 zeugt von physiognomischen Deutungstendenzen schon im ersten vorchristlichen Jahrhundert.

Damit ist bereits die Frage angeschnitten, ob und unter welchen methodischen Gesichtspunkten die Texte aus Kairo mit denen vom Toten Meer sinnvoll zu vergleichen sind. Immerhin erinnern mehrere Aspekte auffällig an die Nativität aus 4Q186:[150] In allen Fällen wird das Aussehen des Nativen anhand der Gestirnskonstellation prognostiziert; auch die Intelligenz wird gedeutet und der zu erwartende biographische Werdegang. Interessant ist darüber hinaus die ethische Bewertung des Horoskopes – „er wird einer der Guten sein" –, denn auch in Qumran wurde der Prognose, inwieweit der Native zur Erwählungsgemeinschaft gehören würde, große Bedeutung beigemessen.[151]

Will man in dieser Frage zu einer größeren Klarheit gelangen, so ist es unerläßlich, die zeitgenössischen (!) und regional bedeutsamen Diskursstränge des jeweiligen Umfeldes der Texte zu berücksichtigen. Es kann also methodisch nicht genügen, Qumran mit den Genizah-Fragmenten zu vergleichen, ohne die besondere Situation der vollkommen unterschiedlich sich darstellenden Gemeinden ins Kalkül zu ziehen. Wie dies geschehen kann, sei an einem Beispiel dargestellt: Die Rede von der „Station" oder „Säule" (עמוד) in 4Q186 weist auf den ersten Blick eine übereinstimmende Redewendung mit der „Station" des Jupiter bzw. Mondes des Genizah-Fragmentes auf. Doch bei näherer Betrachtung entpuppt sich das erstere als die Bezeichnung eines bestimmten Zodiakalabschnittes,[152] während letzteres die Tagesposition der Gestirne innerhalb der Tierkreiszeichen genauer klassifiziert.

---

eine derartige Chronologie implizieren (*Further Jewish*...[oben Anm. 144], 301). Richtig dagegen P. SCHÄFER: „Für eine solche Vermutung, wie überhaupt für die Etablierung einer inneren Chronologie der wenigen erhaltenen Texte zur Physiognomik, fehlt vorläufig jede Basis". Auch seine weitere Einschränkung gilt es zu beachten: „Ob und inwieweit die Astrologie im Judentum ein integraler Bestandteil der Physiognomik und Chiromantik war, läßt sich beim gegenwärtigen Textbefund nicht beantworten" (beides 1988, 86).

[150] Zu 4Q186 vgl. VON STUCKRAD 1996, 118-124 (Literatur).
[151] Leider ist 4Q561 so fragmentarisch, daß eine ethische Bewertung des Nativen, sofern überhaupt vorhanden, nicht mehr zu finden ist.
[152] Vgl. VON STUCKRAD 1996, 119 Anm. 423.

Wenn wir nach Parallelen für das Genizah-Horoskop suchen, so müssen wir unseren Blick zuerst auf Texte des direkten Umfeldes richten. Und in der Tat finden sich zu jener Präzisierung der Tagesposition in der ägyptischen Dekanlehre – genauer: der *Dekanmelothesie* – interessante Querverbindungen. Die Dekanmelothesie ist ein wichtiger Baustein der astralmagischen Interessen jener Zeit.[153] So werden beispielsweise körperliche Eigenschaften, moralische und intellektuelle Züge sowie die wichtigen Ereignisse des menschlichen Lebens – Ehe, Beruf, Finanzen, Kinder, Reisen, Krankheit, Tod – von *Hephaistion von Theben* in seinem um 381 u.Z. verfaßten astrologischen Werk anhand der 36 Dekane detailliert geschildert.[154] Das Aussehen der Schenkel kann dort – wie im Beispiel der Genizah-Fragmente – lang, kurz, mager, fleischig sein, die Finger und Zehen können von der Norm abweichen (besonders lang oder schmal), das Gesicht kann hübsch oder häßlich sein. Was die Biographie des Nativen anbelangt, so wird etwa ein Leben als Priester, Kämpfer, Mathematiker oder Beamter avisiert, und alle Höhen und Tiefen können im Voraus durch die Dekanastrologie bestimmt werden. Da es im vorliegenden Fall um eine Geburt mit Sonnenstand Waage geht, ist ein Blick auf die Dekane der Waage aufschlußreich: Die Kinder des ersten Dekans der Waage

> werden zu früh geboren, verlieren die Eltern und werden in Kummer und Leid geprüft werden. Sie müssen ihre Heimat verlassen, mit Menschen eines anderen Volkes leben und viele Leiden ausstehen. Später werden sie in ihr Vaterland zurückkehren, dann wird es ihnen gut gehen und sie werden das schöne Gedeihen ihrer Kinder erleben dürfen. Sie werden den Namen von Herren führen, eine Wunde und eine Narbe auf dem Kopf haben. An der Hand und an dem Fuß sind sie durch Feuer angebrannt, sie werden von einem hohen Platz hinuntergestürzt, aber nicht daran sterben.[155]

---

[153] GUNDEL 1936a, 260ff bietet umfangreiches Material zu diesem Thema.
[154] Das aus drei Büchern bestehende Werk ist nur unvollständig erhalten. Vgl. A. ENGELBRECHT: *Hephaistion von Theben und sein astrologisches Compendium*, Wien 1887 (nur Buch I); F. CUMONT und C.E. RUELLE veröffentlichten in CCAG weiteres Material (VIII, 1, 141ff und VIII, 2, 57ff). Vgl. außerdem F. BOLL: Art. „Hephaestion (8)", in: RE VIII, 309f; GUNDEL 1966, 241-244; J. SCHWARTZ: „Héphaistion de Thèbes", in: J. VERCOUTTER (ed.): *Institut Français d'Archéologie Orientale: Livre du centenaire 1880-1980*, Kairo 1980, 311-321. Rhetorius und Theukros tradierten ähnliche astrologische Lehren, wenn auch nicht in dieser Ausführlichkeit, vgl. GUNDEL 1936a, 320.
[155] GUNDEL 1936, 320f.

An diesem Deutungsprozeß läßt sich sehr schön zeigen, wie tief das Denken in Entsprechungen im astrologischen Kontext verwurzelt war. Kausale Zusammenhänge werden hier nicht unterstellt, vielmehr handelt es sich um *Isomorphien* auf unterschiedlichen Ebenen der Wirklichkeit.

Im Hinblick auf die Genizah-Fragmente können wir davon ausgehen, daß dort in der Tat astrologische Traditionen ägyptischer Provenienz rezipiert worden sind, die gleichwohl auch im griechischen Kontext begegnen.[156] Die Tatsache, daß die gesamte in der Genizah aufgefundene Hekhalot-Literatur von diesem Denken geprägt ist, scheint den Rekurs auf die Dekantraditionen weiter zu bestätigen. Für den Schützen mit seinem Regenten Jupiter (צֶדֶק) als drittem Dekan des Zeichens Waage ließe sich überdies Manilius *Astron.* IV, 338-343 anführen.[157] Durch die Übernahme von astrologischen Lehren, die nachweislich bereits in der römischen Kaiserzeit im Umlauf waren, ist ein höheres Alter jener Lehren gesichert. Allerdings werden wir aufgrund der ägyptischen Provenienz des tradierten Materials nicht unbedingt auf die Qumranschriften verwiesen, sondern viel eher auf Texte wie das *Testamentum Salomonis*. Hierauf wird noch ausführlicher einzugehen sein (Kap. VI).

Obgleich also vieles für einen Einfluß ägyptischer Dekanlehren spricht, sei noch eine weitere Möglichkeit ins Spiel gebracht, wie die Zeilen 14 und 15 des o.g. Genizahfragmentes zu verstehen sein können. „Die Vorherrschaft des Jupiters oder des Mondes" muß m.E. durchaus nicht notwendigerweise auf bestimmte Abschnitte des Sternbildes Waage bezogen werden, sondern kann ebenso das *Aszendententhema* ins Auge fassen. Alle zwei Stunden wechselt das im Osten aufgehende Zeichen, womit die Aussage „wenn das Kind in jenen zwei Stunden geboren wird" sehr gut verständlich wird. Es handelt sich demnach um eine Nativität mit der Sonne auf 1° Waage und dem Horoskopos im Schützen bzw. Krebs. Dem Aszendenten schenkte man im Hinblick auf das Aussehen Beachtung, doch auch

---

[156] Vgl. Manilius *Astron.* II, 442f, der wie Hephaistion die Waage unter Rekurs auf den griechischen Gott Hephaistos mit dem Vulkan identifiziert – deshalb die angebrannten Hände und Füße.

[157] *Sed Libra exemplo gaudet, pariterque regentem noctes atque dies diverso in tempore secum Lanigerum sequitur: veris iuga temperat ille, haec autumnalis componit lucibus umbras: nulli concedit primam, traditque sequenti vicinam partem; Centauri tertia summa est.* Manilius übergeht ansonsten – wie Ptolemaios auch – die Dekanmelothesie. Anders Firmicus II, 4, 5 sowie IV, 22, 5ff, der ausdrücklich die ägyptische Herkunft der von ihm tradierten Dekanlehre betont.

biographische oder charakterliche Fragen wurden durch ihn zu deuten gesucht.[158] Verfolgt man diese These weiter, so ergibt sich sogar die Möglichkeit, das Problem der „Sternbilder und ihrer Tierkreise" zu lösen: מלושהן könnte als Zodiakalzeichen des Aszendenten aufgefaßt werden.

In Schäfers Genizahfragment sind demnach verschiedene Deutungstraditionen miteinander verwoben. Im Mittelpunkt stehen ägyptische Dekanlehren, und auch der Rekurs auf die Interpretation des Aszendenten widerspricht dem ägyptischen Ambiente nicht.

Will man folglich Qumranschriften mit Genizah-Texten vergleichen, so gilt es aus den beschriebenen Gründen mit übereilten Folgerungen und Vergleichen vorsichtig zu sein. Daß in beiden Textkorpora astrologisches Wissen adaptiert wird, steht außer Zweifel; doch zwischen 4Q186 und den Genizah-Fragmenten liegen nicht weniger als 800 Jahre,[159] so daß sich eine Behauptung etwaiger Abhängigkeiten von vornherein auf schwankendem Terrain bewegt. Dasselbe gilt für einen Vergleich mit talmudischen Texten, wie ihn Greenfield/Sokoloff anstellen.[160] Wird diese Vorsicht nicht in angemessener Weise berücksichtigt, können so folgenschwere Fehleinschätzungen auftreten, wie sie bei M.R. Lehmann zu studieren sind: Aus dem Vergleich zwischen 4Q186 und „Hillels belief in free will and freedom from predetermination by stars" ergebe sich „the fact that the Qumranites were at variance with normative Judaism."[161]

---

[158] So führt Man. *Astron.* II, 826-835 aus: „Weiter erhebt sich nach jenem als dritter der Hauptpunkt, der in sich jenen strahlenden Aufgang enthält, wo die Sterne erstehen, wo die Rückkehr des Tages erfolgt und die Teilung in Stunden; deshalb nennen ihn Horoskopos die griechischen Städte, und er will nicht übersetzt sein, weil er den Fachausdruck gern hört. Dieser entscheidet den Lebensverlauf, bestimmt den Charakter, leiht Unternehmungen Glück und erschließt Beruf und Berufung, wie wir nach der Geburt die ersten Zeiten verleben, welche Erziehung wir haben, für welchen Platz wir erwählt sind, wenn die Planeten ihr Wirken hinzutun und günstig sich zeigen" (Übers. nach Fels). Auch Ptolemaios *tetrab.* III, 5 betont, daß Planeten „größere Kraft [besitzen], bezüglich ihrer Stellung in der Nativität, wenn sie in Eckpunkten sich aufhalten, als wenn sie in nachfolgenden Häusern sich befinden. Denn die stärksten und wichtigsten Orte sind der Aszendent und das Medium Coelum" (Winkel 1995, 144).

[159] Dieser Sachverhalt behält seine Gültigkeit auch dann, wenn wir ein weitaus höheres Alter der überlieferten Lehren unterstellen dürfen. *Aufgeschrieben* haben die Texte Juden des frühen Mittelalters mit ihrer eigenen Lebenswirklichkeit. Hierüber wird gewöhnlich allzu großzügig hinweggesehen.

[160] 1989, 211f.

[161] M.R. Lehmann: „New Light on Astrology in Qumran and the Talmud", in: *RdQ* 32 (1975), 599-602, hier S. 602.

Es ist jedoch in keiner Weise ausgemacht, daß Hillel das immer wieder gern zitierte „normative Judentum" vertritt,[162] mit dem überhaupt für die vortalmudische Zeit nicht zu rechnen ist: Gehören die magischen und astrologischen Texte der Kairoer Gemeinde zum normativen Judentum oder nicht? Wenn es überhaupt eine Gruppierung gegeben hat, auf die eine solche Bezeichnung zutreffen könnte, müßte man für die Zeit des Zweiten Tempels nicht gerade die Priesterschaft dafür als Kandidaten vermuten?

Wie wir gleich sehen werden, ist der Vergleich zwischen Qumran, Talmud und der Genizah in besonderer Weise dazu geeignet, die Rede von „Normativität" und „Varianz" als irreführend zu untergraben. Wir sollten dieses Begriffspaar allenfalls durch „Mehrheit" und „Minderheit" ersetzen, obwohl auch hier große Fehleinschätzungen auftreten können und die Zuordnungen über die Jahrhunderte so beträchtlich differieren, daß die ganze Definition in Frage gestellt wird. Viel interessanter – besonders aus pragmatischer Sicht – erscheint das Begriffspaar „offizielle Religion" und „gelebte Religion", denn nun öffnet sich die Perspektive und die jeweilige Lebenswirklichkeit kommt in den Blick.

Bevor dieser Spur weiter nachgegangen wird, sei auf die Konsequenzen hingewiesen, die die Mißachtung solcher Grundprinzipien nach sich ziehen kann. Die Aporie der Lehmannschen Argumentation tritt nämlich vollends zutage, wenn man die Schlußsätze seines kleinen Aufsatzes betrachtet:

> The study and comparison between the Qumran text and the Talmudic passage underlines the importance of making full use of the *obvious interrelationship* of these two bodies of literature, *representing the same historic period*. Our observation should lead to further examinations of the nature and development of astrology in Judaism, and may also explain why astrology never got a permanent foothold in Judaism, since it was, from the beginning, fraught with *sectarian overtones*.[163]

Es wird Lehmanns Geheimnis bleiben, wie sich die Großzügigkeit „derselben historischen Periode" oder der „offensichtlichen inneren Verwandtschaft" zwischen Qumran und dem Talmud rechtfertigen läßt. In seinem Aufsatz ist lediglich deren apologetische Behauptung zu finden. Die weitreichenden Folgerungen einer solchen Konstruktion müssen schon deshalb in aller Schärfe zurückgewiesen werden,

---

[162] Zur Problematisierung der Zuschreibung von Lehrsätzen zu bestimmten rabbinischen Autoritäten s.u. Kap. VII.1.1.
[163] A.a.O., S. 602 (Hervorhebungen KvS).

weil der Aufsatz Lehmanns – obwohl inzwischen weitaus bessere Analysen erarbeitet wurden – noch immer durch die wissenschaftliche Literatur geistert.[164] Hieran mag man ablesen, wie selbstverständlich eine solche biblizistische, vielleicht auch rabbinistische, den Zeitgeist nicht erfassende Position nach wie vor bezogen wird.

Die historisierende pragmatische Methode bietet die beste Gewähr dafür, daß derartige Fehler vermieden werden. Allerdings ist gleichzeitig der Verzicht auf übergreifende Theorien in Kauf zu nehmen, die den Sitz im Leben allzu stark in den Hintergrund treten lassen. Eine ähnliche, wenn auch nicht auf pragmatischer Methode beruhende Forderung hat Charlesworth aufgestellt:

> The complexity of the question regarding the origin of Jewish interest in astrology demands a refined methodology. Documents widely separated chronologically or geographically need to be examined separately and one should not proceed as if all Jews of the Greco-Roman period shared a unifying perspective and as if a monolithic system had been evolving majestically through the centuries.[165]

Das aus den Dokumenten ersichtliche astrologische Wissen gehört zum spätantiken Allgemeingut und besagt erst einmal nicht mehr und nicht weniger, als daß viele Juden jener Zeit am aktuellen astrologischen Wissensstand partizipierten.

Die in Frage kommenden Texte sind also zunächst nur aus ihrer eigenen Zeit heraus zu interpretieren. Falls wir dabei auf Material einer älteren Tradition stoßen, so können wir diesen Faden aufnehmen und in früheren Texten weiterverfolgen. Doch selbst wenn gewisse Übereinstimmungen konstatiert werden können (was im vorliegenden Beispiel zweifellos der Fall ist), so erfährt das Material in der spezifischen Deutung der einzelnen Gruppen eine gänzlich unterschiedliche Akzentuierung. Dieser Sachverhalt ist am vorgenannten Text deutlich zu erkennen, denn die ethische Brisanz, die sich vor dem Hintergrund der stark dualistisch orientierten Qumranschriften aus 4Q186 und seiner Nativität ergibt, ist nicht gleichzusetzen mit dem Satz „er wird einer der Guten sein" – trotz der äußeren Ähnlichkeit.

An einem von Greenfield/Sokoloff publizierten Dokument läßt sich der Prozeß der Aneignung vermeintlich „fremden" Gedankenguts sehr gut nachvollziehen.[166] In jenem jüdisch-aramäischen Text

---

[164] Zur Kritik an LEHMANN vgl. CHARLESWORTH 1987, 936f sowie VON STUCKRAD 1996, 123.
[165] CHARLESWORTH 1987, 927.
[166] 1989, 203ff.

finden sich Omina, welche unzweifelhaft aus babylonischen Sammlungen wie EAE hervorgegangen sind: „Wenn (der Mond) im Monat Adar verfinstert ist, wird es Hunger geben, und Mäuse werden sich vermehren."[167] Eine Verbindung mit ägyptischen Interessen wird in Omen 10 hergestellt:

> Wenn (der Mond) aufrecht ist und verfinstert wird im Monat Ab, wird es Mord in Ägypten geben und Hunger im Süden. Der Nil wird niedrig sein und nicht ansteigen, und alle Raben werden als Nahrung gebraucht.

In diesem Omen ist bereits eine Adaptation an ägyptische Verhältnisse zu erkennen, vielleicht unter Zuhilfenahme der im Land am Nil geläufigen Prognosen über die Nilschwemme.[168] Daß desweiteren eine jüdische Interessenlage ins Spiel kommt, sehen wir am zwölften Omen:

> Der Mond ist niemals verfinstert im Tishri. Doch falls er verfinstert ist, stellt dies ein schlechtes Zeichen für die Feinde der Juden dar. Religionsverfolgung wird ausgehen vom Königtum, und großer Kummer wird auf die Juden kommen.

Diese Beispiele mögen genügen, um die Formbarkeit der überlieferten Deutungspraktiken zu veranschaulichen. Interessanterweise kommentieren Greenfield/Sokoloff ausschließlich jene Omina, die direkte Anleihen aus älteren syrischen und mandäischen Texten machen, während für die jüdischen Adaptationen (wie Omen 12) keine Parallelen angeführt werden.

Wie unter einem Vergrößerungsglas können wir in diesen Deutungen nachvollziehen, auf welche Weise die Aneignung älterer Ominapraxis vermutlich vonstatten ging. Eine Trennung zwischen „babylonischem", „ägyptischem" und „jüdischem" Gedankengut ist schlechterdings nicht mehr durchführbar; was uns entgegentritt ist vielmehr die *gelebte* Religiosität, welche durch den langen Kontakt der einzelnen Kulturen geformt wurde und sich in den lokalen Ausprägungen mehr oder minder stark voneinander unterschied. Wir kommen der religiösen Wirklichkeit nur dann näher – und das ist ein methodischer Grundansatz der vorliegenden Arbeit –, wenn wir die lebenspraktischen Anliegen der Gläubigen in den Blick der

---

[167] Omen 17, a.a.O., 204. Dort finden sich auch die folgenden Omina.
[168] Bekanntestes Beispiel dafür dürfte Ptolemaios *tetrab.* II, 8 sein: Für eine Eklipse im Sommersolstitium gilt: „In Ägyten besonders hemmt sie den Nil, der über seine Ufer treten muß" (WINCKEL 1995, 105).

religionswissenschaftlichen Analyse mit einfließen lassen. H.G. Kippenberg drückt diese Forderung so aus:

> Weder sollten wir – als Normalfall – in der Lebenspraxis von Religionsangehörigen eine direkte Konsequenz aus Glaubensanschauungen sehen, noch sollten wir Schriftreligionen zur Gänze als eine abgehobene, praktisch mehr oder weniger folgenlose Theologie betrachten. Beide Fälle kommen zwar in der Religionsgeschichte vor. Wenn es aber um ein Modell geht, das helfen soll, die Lebenswelt von Menschen mit Hilfe von Schriftreligionen besser zu verstehen, muß man die Art und die Dauerhaftigkeit des Zusammenhanges von Schriftreligionen und Lebenspraxis nicht postulieren, sondern zum Thema machen und suchen.[169]

Immer wieder stellen wir fest, daß die Astrologie im Kontext der antiken Schriftreligionen für diese Methode ein besonders geeignetes Feld ist, mehr noch: sie wird allein auf diese Weise adäquat verständlich gemacht. Jede allgemeine wissenschaftliche These geht angesichts der disparaten antiken Lebenswirklichkeiten zwangsläufig am Thema vorbei.

Dies hat Konsequenzen, die im vorliegenden Beispiel die Sachlage noch komplizierter gestalten: Die Annahme nämlich, daß sich die praktizierte Religion von der durch Priesterschaft, später durch die Rabbinen propagierten Religionsausübung in prägnanter Weise unterschied, läßt sich aus dem Material nicht verifizieren. Denn einerseits ist der Talmud ein lebendiges Zeugnis für die Vielfältigkeit der religiösen Wirklichkeit (von den Rabbinen mitunter nur notdürftig auf eine gemeinsame Linie eingeschworen),[170] andererseits bezeugt die Tatsache, daß man in der großen Gemeinde von Kairo, die wir keineswegs zur Minderheitenströmung des damaligen Judentums zählen können, jene Texte der Aufbewahrung in der Genizah für wert befunden hat, eine nicht zu unterschätzende Virulenz der dargestellten Omentraditionen.

4.2. 4Q318

Neben dem Interesse an der Horoskopierkunst ist für die Qumrangemeinde auch die Auseinandersetzung mit einem weiteren Zweig deutender Himmelskunde belegt: der *meterologischen Astrologie*.

---

[169] „Einleitung" zu KIPPENBERG/LUCHESI 1995, 11-20, hier S. 14. Vgl. auch die methodischen Anmerkungen oben Kap. II.2.
[170] Vgl. die talmudischen Paralleltexte, die bei GREENFIELD/SOKOLOFF 1989, 211ff, diskutiert werden.

Wichtigster Beleg hierfür ist das sog. *Brontologion* in 4Q318.[171] Eigentlich handelt es sich in diesem Text um zwei voneinander zu unterscheidende Bereiche astrologischer Tätigkeit, nämlich einmal die Beschreibung des Mondlaufes durch die Tierkreiszeichen innerhalb eines Jahres – also ein *Selenodromion* – und im Anschluß daran das eigentliche Brontologion, das das Auftreten von Donner in bestimmten Tierkreiszeichen in seiner Bedeutung interpretiert.

Was den Mondlauf durch die Zeichen anbelangt, so stellt sich die Frage, ob der Darstellung ein 360-tägiges oder ein 364-tägiges Jahr zugrundeliegt. Eisenman/Wise erweiterten die Zeile 8 in Frg. 1 sowie die Zeile 5 in Frg. 2 Kol. II derart, daß am Ende eines Quartals jeweils ein zusätzlicher Tag herauskommt, mithin ein 364-tägiges Jahr Pate gestanden hätte. Albani hält dagegen: „Die Ergänzungen haben keine Anhaltspunkte im Text,"[172] und plädiert für ein 360-Tage-Jahr; der Text selber stelle „die Abschrift einer mesopotamischen Vorlage" dar.[173] Auch Greenfield/Sokoloff verweisen darauf, daß „there is no need to distort this text to fit a 364-day-calendar",[174] schließen jedoch aufgrund der Differenz zum Qumrankalender von 364 Tagen auf eine nichtqumranische Provenienz von 4Q318.[175] Ich halte diesen Dissenz für kaum entscheidbar, denn auch wenn die Erweiterung von Frg. 1 zweifellos problematisch ist, liegt der Fall bei

---

[171] Vgl. hierzu vor allem CHARLESWORTH 1987, 939; EISENMAN/WISE 1994, 263-268; M.O. WISE: „Thunder in Gemini: An Aramaic Brontologion (4Q318) from Qumran", in: WISE 1994, 13-50; ALBANI 1993 (mit tabellarischer Rekonstruktion des Textes) und 1994, 83-87; BEYER 1994, II, 128-133; MAIER 1995, II, 275-277; VON STUCKRAD 1996, 128-131. Zu den griechischen Brontologien und dem Versuch, diese auf Babylonien zurückzuführen, vgl. BEZOLD/BOLL 1911.
[172] 1994, 85.
[173] Ebda. Anm. 135.
[174] GREENFIELD/SOKOLOFF 1995, 517 Anm. 30.
[175] „While some scholars have glibly assumed that this text was composed by the Qumran community, this is far from clear [...] thus, like the other Aramaic compositions found at Qumran, this is also an example of a text in Standard Literary Aramaic which has survived there" (GREENFIELD/SOKOLOFF 1995, 517). Dies damit zu begründen, 4Q318 „cannot be considered sectarian in content" (ebda.), scheint mir doch sehr kurz zu greifen, denn der „sektiererische Charakter" der Qumrangemeinde ist heute alles andere als deutlich umrissen (vgl. STEGEMANN 1992). Zudem dürfte es für unser Thema unwichtig sein, ob die *Jachad*-Angehörigen die Texte selber rezipierten oder einfach abschrieben; auch im letzteren Fall deutet alles auf eine hohe Reputation der abgeschriebenen und aufgehobenen Quellen hin sowie auf die Möglichkeit, daß sich die Frommen von Qumran mit ihnen in positiver Weise auseinandersetzten.

Frg. 2 Kol. I Zeile 5 nicht so einfach: betrachtet man das Faksimile lange genug, so lassen sich beide Möglichkeiten in die Lücke „visualisieren".[176] Weitreichende Gedankengebäude, wie Albani sie konstruiert, sollte man deshalb nicht auf eine derart unsichere Lesart aufbauen.

Während die Frage nach dem hinter 4Q318 stehenden Kalender nicht eindeutig zu beantworten ist, lassen sich zum Vergleich mit dem Selenodromion wertvolle Parallelstellen beibringen. Es gibt eine ganze Gattung antiker Schriften, die als *Mondwahrsagebücher* bezeichnet werden können; die Beschreibung des Mondlaufes durch die Tierkreiszeichen stellt einen besonderen Zweig dieses Genres dar, weshalb wir hinsichtlich des Qumrantextes eher von einem *Zodiologion* oder auch *Zodiakallunar* sprechen sollten.[177] In der Regel wurde anhand des Mondlaufes durch die einzelnen Tage – ohne Berücksichtigung der Zeichen – prognostiziert, was im Hinblick auf mundanastrologische, individuelle, landwirtschaftliche oder meteorologische Zusammenhänge zu erwarten sei. Bei den Zodiakallunaren schließlich wurde die Zeichenstellung des Mondes berücksichtigt, mitunter bereichert durch die Stellung innerhalb der 28 Mondstationen im Zeichen.[178] Vieles spricht für die Präsenz derartiger Lunare in der Gemeinde vom Toten Meer. Der vielleicht wichtigste Grund mag darin zu erkennen sein, daß es sich bei den Mondprognosen um relativ schlichte Interpretamente der Laienastrologie handelte. In

---

[176] So entschied sich auch J. MAIER für die Übersetzung „(5) Wassermann. Am 26. und am 2[7. und am 28.] Fi[sche.] Am 2[9. und am 30. und am 31.] (6) Widder." In seiner Anmerkung verweist er ausdrücklich auf das „Quartals- und Jahresende" (1995, II, 276). Die Chiffren für die Zahlenangaben sind in ihrer Größe nicht eindeutig meßbar. Selbst die Möglichkeit, daß über der Zeile der 31. Tag nachgetragen wurde, ist nicht auszuschließen, wie am Nachtrag in Zeile 3 desselben Fragmentes eindeutig zu erkennen ist. GREENFIELD/SOKOLOFF (1993, 510) wiederum schließen sich der Lesart ALBANIS an.

[177] Vgl. zum Folgenden die Übersicht bei GUNDEL 1927, 136-146; F. CUMONT: „Les présage lunaires de Virgile et les ‚Selenodromia'", in: *L'Antiquité Classique* 2 (1933), 259-270; E. SVENBERG: *De Latinska Lunaria*, Diss. Göteborg 1936; M. FÖRSTER: „Vom Fortleben antiker Sammellunare im Englischen und in anderen Volkssprachen", in: *Anglia* 67/68 (1944), 1-170 (auf S. 5 findet sich eine hervorragende Übersicht über die verschiedenen Ausprägungen); E. WIFSTRAND: *Lunariastudien* (Göteborgs Högskolas Årsskrift 48 [1944], 4, 3); GUNDEL 1959, 77ff; 1966, 263ff.

[178] Auf die Frage nach dem Kalender bekommen wir übrigens auch hier keine Antwort, da die Monate „rund 30 Tage" im Durchschnitt betragen, wie GUNDEL 1966, 264, schreibt.

den einschlägigen astrologischen Fachbüchern wurde diese undifferenzierte Betrachtungsweise zumeist übergangen. Dies wiederum paßt gut in das Bild, welches die astrologische Kompetenz in Qumran insgesamt spiegelt: das Hauptinteresse lag nicht in einer differenzierten astrologischen Analyse, sondern in der *Instrumentalisierung astrologischer Wissenschaft im Hinblick auf ethische und priesterkultische Fragestellungen.*

Ein weiteres kommt dazu: Die bereits in hellenistischer Zeit anzusetzende Laiendeutung der Mondstellung[179] fand ihren Weg nachweislich auch in jüdische und christliche Texte hinein:[180] die hellenistischen Tagegötter oder sonstige Regenten der Zodiakalabschnitte werden nun zu biblischen Gestalten umgedeutet, woran wir erneut die Formbarkeit des Materials entsprechend individueller Bedürfnisse ablesen können.[181]

Angesichts der Tatsache, daß in 4Q318 allein die Mondbewegung verzeichnet wird, nicht aber eine Interpretation damit einhergeht, stellt sich natürlich die Frage, ob wir es hier überhaupt mit einem astrologischen Fragment, das die rein kalendarischen Belange transzendiert, zu tun haben. Dieses Problem wird durch das Brontologion beantwortet, welches direkt auf das Zodiakallunar folgt – nach einer kleinen Lücke noch in derselben Zeile 6 in Frg. 2 Kol. II:

[Wenn es im Stier] donnert: ... (?) ..[--] (7) [und] Mühsal für die Provinzen und Verwü[stung durch .].. des Königs und in der Provinz ..[--] (8) werden und (für?) die Schiffe (/Araber) [..........].. Hunger (/ Hände). Und sie werden einan[der] plündern[--] (9) Wenn es in den Zwillingen donnert: Furcht und Unglück (geht) von den Fremden aus und .[--] (Unterer Kolumnenrand)[182]

Es wird also ganz offensichtlich der Mondlauf in bestimmter Weise mit einer Deutung des in einzelnen Zeichen auftretenden Donners in Verbindung gebracht. Die Verbindung zwischen Donner und Zodiakalstellung kann indes nur sinnvoll hergestellt werden, wenn wir eine dritte Größe hinzuziehen (es ist nahezu unmöglich, den Donner

---

[179] Dreißigtägige Selenodromien werden im allgemeinen schon in hellenistischer Zeit angenommen. So spricht der Stoiker Geminos aus Rhodos um 70 u.Z. anläßlich seiner Erörterung der unterschiedlichen Kalender und der Harmonisierung von Mond- und Sonnenjahr von den „30 Mondtagen", die in drei Phasen eingeteilt sind (*Isagoge* 8, 11). Vgl. die Edition mit deutscher Übersetzung von C. MANITIUS: Εἰσαγωγὴ εἰς τὰ φαινόμενα, Leipzig 1898.
[180] Vgl. GUNDEL 1966, 266.
[181] Vgl. hierzu CCAG III, 32ff; IV, 142ff; VIII, 4, 105ff; X, 121; XI, 1, 134ff und 2, 157ff.
[182] Übersetzung nach MAIER 1995, II, 276f.

in bestimmten Tierkreiszeichen zu lokalisieren). Dafür bieten sich, wie Albani darstellte, sowohl der Mond als auch die Sonne an. Erstere Variante nennt er die „lunare Tages-Deutung", letztere die „solare Monatsdeutung".[183] Für die lunare Verbindung haben sich Eisenman/Wise in ihrer Übersetzung entschieden (auch wenn sie die Erweiterung des Textes bedauerlicherweise nicht eigens kenntlich machten): „[Wenn] es donnert [an einem Tag, an dem der Mond im Stier ist] etc.", bzw. „Wenn es donnert an einem Tag, an dem der Mond in den Zwillingen steht etc."[184] Daß man den Zusatz „während der Mond im Zeichen x steht" der Vereinfachung wegen wegließ, leuchtet durch den Kontext ohne weiteres ein. Daß aber die beiden Texte nicht in einem einzigen zusammengefaßt wurden, deutet auf den Wunsch der Benutzer hin, eine Art „ewigen Kalender" separat verwenden zu können,[185] um ihn nach Bedarf mit den tradierten Omina in Beziehung zu setzen. Demgegenüber unterscheidet sich die solare Monatsdeutung darin, daß nun der Bezugspunkt des Donnerzeitpunktes der Aufenthalt der Sonne im jeweiligen Zeichen ist, was zu einer Gültigkeit von einem Monat führt.

Als Beleg für die lunaren Bezüge können eine ganze Reihe von Speziallunaren angeführt werden, die in derselben Weise aus dem zodiakalen Stand des Mondes die Wirkungen von Donner, Blitz und anderen meteorologischen Ereignissen deuten. Auch das Auftreten von Finsternissen oder Kometen wird entsprechend interpretiert.[186] Da die Verbreitung derartiger astrologischer Laienkompendien folglich für die Spätzeit des Zweiten Tempels als erwiesen gelten kann, die jüdische Umdeutung der Omina aber ebenso klar belegt ist, müssen wir davon ausgehen, auch in Qumran auf die Adaptation

---

[183] Vgl. ALBANI 1993, 13ff.
[184] EISENMAN/WISE 1994, 268.
[185] Dieser Wunsch paßt hervorragend zur hohen kultischen Bedeutung des „ewigen Kalenders", der auch in anderen Zusammenhängen von Wichtigkeit ist, wie oben gezeigt wurde. Auf die konkreten Probleme eines solchen Kalenders wird im Anschluß einzugehen sein.
[186] Vgl. CCAG III, 39f; IV, 142-145; X, 136f; XI, 1, 165f. Zu weiteren Nachweisen vgl. FÖRSTER und SVENBERG a.a.O. (oben Anm. 177). Der vielleicht bemerkenswerteste Beleg ist Lydus *De ostentis* 39-41, der eindeutig die Protasis an den Aufenthalt des Mondes in den Zeichen koppelt, vgl. D. PINGREE: „Appendix I: Astronomical Considerations", in: GREENFIELD/SOKOLOFF 1995, 518f. Er schränkt jedoch gleich ein: „It is unclear, however, whether or not the Fonteius text is related to, e.g. the brontologion in *Catalogus codicum astrologorum graecorum* 4 [170-172], wherein it is clear that what is meant is the occurrence of the New Moon in each Zodiacal sign."

einer im palästinischen Raum beliebten Deutungspraxis zu stoßen. Für die Frommen des *Jachad* mochte es sich darüber hinaus günstig fügen, daß sie mit dem vorliegenden Text nicht nur eine konkrete Diagnose zukünftiger Ereignisse an der Hand hatten, sondern – gleichsam als Nebenprodukt[187] – auch noch der ewige Kalender als Richtschnur göttlicher Weissagung damit in Einklang stand. Auf diese Weise konnte die strenge kulttheologische Ausrichtung des Kalenders, wie sie aus den *Shirot* erhellt, mit einer eher pragmatischen Anwendung astrologischer Diagnostik ohne größere Brüche zusammengefügt werden.[188]

Doch auch die solare Monatsdeutung kann einige Parallelversionen für sich in Anspruch nehmen, besonders aus der Tradition der babylonischen Ominaliteratur.[189] Es besteht darüber hinaus die Möglichkeit, daß beide Versionen zur Zeit des Zweiten Tempels zirkulierten, sich also nicht gegenseitig ausschließen müssen. 4Q318 kann sogar als eine Kombination beider Modelle verstanden werden.[190] Eine Entscheidung in dieser Frage ist m.E. zur Zeit nicht zu treffen, und es bleibt bei der nicht sehr erfreulichen Feststellung Pingrees: „We have, therefore, *no* text (including the Aramaic fragment) to which the table is applicable."[191]

Wenn wir die Argumentation eines „ewigen Kalenders" noch weiter verfolgen, haben wir ein zentrales Problem zu gewärtigen: Wir brauchen nämlich ein Korrektiv, das den lunaren Kalender von 4Q318 mit dem Sonnenkalender in Einklang bringt, um überhaupt so etwas wie einen „ewigen Kalender" zu erhalten. Der 364-tägige

---

[187] Freilich ist durchaus nicht sicher, was hier das *Neben-* und was das *Haupt*produkt ist.

[188] Die weitgehenden Folgerungen EISENMAN/WISES, die sich auf die „typischen nationalistischen und fremdenfeindlichen Gefühle" (1994, 264) der Qumranleute beziehen, sind aus diesem Befund freilich keineswegs ableitbar. Noch weniger können christliche Texte mit den Apodosen der Omina sinnvoll verglichen werden – die Heranziehung einiger übereinstimmender Worte muß ins Leere führen und kann nur dem plakativen Impetus des Buches zugeschrieben werden. Bezeichnenderweise werden die griechischen Vergleichstexte ausdrücklich aus der Betrachtung ausgeklammert (ebda).

[189] Zu den Nachweisen vgl. ALBANI 1993, 14ff.

[190] ALBANI folgert: „Die solare Monats-Deutung und die lunare Tages-Deutung von 4Q318 würden sich also im Lichte der bisher besprochenen Texte nicht ausschließen, sondern ließen sich als Entwicklungsstadien dieser astrologischen Textgattung vom einfacheren zum komplizierteren Schema hin verstehen" (1993, 17).

[191] PINGREE a.a.O. (oben Anm. 186), 519 (Hervorhebung im Original).

Kalender führt ja dazu, daß die Mondpositionen nicht jedes Jahr gleich sind. Es bieten sich hier verschiedene Lösungsmöglichkeiten an:

M. Albani kann aus dem beschriebenen Problem das stärkste Argument für seine These vom 360-tägigen Kalender ableiten, denn bekanntlich legt der Mond täglich etwa 13° entlang der Ekliptik zurück, braucht für ein Zeichen von 30° also ca. 2,3 Tage, was dazu führt, daß der Mond in einem Zeitraum von 7 Tagen drei Zeichen durchläuft.[192] Da nach 30 Tagen 390° (13° x 30 Tage) zurückgelegt werden, tritt der Mond zum Monatswechsel – wie die Sonne – in ein neues Tierkreiszeichen ein. „Damit ist die perfekte Harmonie mit dem Sonnenlauf hergestellt."[193] In der Übersicht aus 4Q318 habe man diese Rhythmen dargestellt, indem der Mondlauf konsequent dem Schema 2/2/3 in Bezug auf drei hintereinanderliegende Zeichen folgt. Wenn man 4Q318 genau analysiert, so stellt man allerdings fest, daß die von Albani konstatierte eindeutige Schablone nicht durchgehalten wird. Zunächst trifft das Schema 2/2/3 lediglich dann zu, wenn wir die Monate für sich betrachten. An jedem Monatsende steht nämlich ein „Zweierschritt", so daß wir über den Monatswechsel ein Schema 2/2/2/3 haben.[194] Dieses Muster ist keineswegs symmetrischer oder vollkommener als das 364-tägige Schema, welches am Quartalswechsel 3/2/2/3 aufweist. Und was den Zeichenwechsel zum Monatsbeginn im Einklang mit der Sonne anbelangt, so weist das letztere Schema auf längere Sicht sogar eine noch höhere Harmonie auf, da es besser an den Sonnenlauf angepaßt ist.[195]

Selbst wenn man dies hintanstellt und im Sinne Albanis von einer Idealisierung der tatsächlichen Mondbewegung zugunsten eines einheitlichen Schemas spricht, so wird die Sache in dem Moment kompliziert, wenn wir bedenken, daß dem erhaltenen Text allein der Monatswechsel von Tebeth zu Shebat sowie von Shebat zu Adar zu entnehmen ist. Für alle anderen Monate muß spekuliert werden. Um seine Interpretation aufrechterhalten zu können, ist Albani überdies gezwungen, den Text Frg. 2 Kol. I durch einen zusätzlichen Tag zu erweitern.[196] Da

---

[192] Die astronomisch exakten Daten sind folgende: Der Mond hat eine siderische (wahre) Umlaufzeit von 27d 07h 43m 11,5s. Um wieder als Neumond in der Linie Sonne–Erde zu stehen, braucht er etwa zwei Tage mehr, womit seine synodische Umlaufzeit 29d 12h 44m 2,9s beträgt.
[193] ALBANI 1994, 84.
[194] Dies läßt sich auch in ALBANIS Tabelle IV (1991, 367) sehr schön nachvollziehen.
[195] Vgl. zur Uneinheitlichkeit jener Schemata in den Vergleichstexten PINGREE a.a.O. (oben Anm 186), 518.
[196] Also „[am 12.], 13. und 14. (des Monats Tebet) Krebs".

eine entsprechende Lücke im Text nicht vorhanden ist,[197] sind wir auch hier auf Spekulationen angewiesen.

Allerdings gibt es einen Sachverhalt, welcher der von Albani vorgeschlagenen Deutung ein starkes Gewicht verleiht: In 4Q318 werden – im Gegensatz zu den anderen Qumrantexten, die den 364-Tage-Kalender voraussetzen – die babylonischen Monatsnamen verwendet. Es wurde bereits festgestellt,[198] daß den Propagandisten des 364-Tage-Kalenders die Abweichung vom babylonischen Mondkalender durchaus bewußt war und sie deshalb die Monatsnamen wegließen. Dieser Befund wird durch die Thesen Albanis befriedigend erklärt, wenn es auch durchaus vorstellbar ist, in 4Q318 auf eine andere Tradition zu stoßen als in den anderen Kalendertexten.[199]

Eine alternative Lösung besteht darin, den 364-tägigen Kalender auch für 4Q318 zugrundezulegen. Wie besonders aus 4QShirShab deutlich wurde, stellt diese Kombination des solaren und lunaren Kalenders[200] ein bislang unübertroffenes Mittel dar, um die kosmische Dimension des „richtigen" Kalenders unter Beweis zu stellen. Die Abweichung des 364-tägigen Jahres vom natürlichen Jahreslauf konnte man entweder „als Symptom für die zunehmende Verderbnis der Menschheit"[201] deuten, oder aber man versuchte sie durch teilweise komplexe Schaltpraktiken auszugleichen.[202] Um das Bronto-

---

[197] Die Zeile – mit hoher Wahrscheinlichkeit auch die Kolumne selber – beginnt ohne Zweifel mit dem „13. und 14."; s. das Foto bei EISENMAN/WISE 1994 zu Text 45 sowie die Übersetzung bei MAIER 1995, II, 276.
[198] S.o. S. 190.
[199] Genau dies wird ja auch von ALBANI vermutet: „4Q318 ist offenbar überhaupt ein Text fremder Herkunft, denn er zeigt keinerlei spezifisch jüdische oder gar für Qumran typische Anschauungen. Im Gegenteil, er stimmt mit griechischen oder babylonischen Texten dieser Art vollkommen überein" (1994, 85). Vgl. auch ALBANI 1993, 13-20. M.E. läßt sich diese Abgrenzung nicht so einfach vornehmen, denn allein die Tatsache, daß man in Qumran jene Texte abschrieb und aufbewahrte, zeugt von einem weitergehenden Interesse.
[200] GLESSMER stellt völlig zu Recht fest: „The misleading designation ‚solar' has to be replaced. The calendar in 4QAstrEn is clearly a combination of solar and lunar elements with a large ‚synchronistic section'. 364 ‚days' is a schematic value which probably resulted from an abstraction from degrees in Babylonian astronomical texts" (1996, 143; die Bemerkung gilt für die Qumranschriften insgesamt). Die Komplexität der kalendarischen Fragen wird immer deutlicher, je mehr Texte ediert werden, vgl. die Übersicht bei CALLAWAY 1993.
[201] MAIER 1995, III, 52. Vgl. auch die Ausführungen zu Henoch unten.
[202] Dies ist besonders von GLESSMER erarbeitet worden, vgl. 1993 und 1996. Vgl. außerdem seine Überlegungen in „Investigation of the Otot-Text (4Q319) and Questions about Methodology", in: *Methods of Investigation of the*

logion sinnvoll einsetzen zu können, mußte man also die Angaben zum Mondlauf mit dem tatsächlichen Kalender vergleichen. Daß dies den Qumranleuten ohne weiteres möglich war, hat Glessmer aufzuzeigen vermocht.

Eine letzte Möglichkeit sei ebenfalls angeschnitten: Wenn wir – wie Albani – von einem konstruierten Schema für einzelne Monate ausgehen, können wir dasselbe auch für ein ganzes Jahr durchführen. Hintergrund der Ephemeride wäre demnach ein lunarer Kalender, was die Verwendung der babylonischen Monatsnamen ebenfalls befriedigend erklären könnte.[203] Wenn der Mondlauf aus 4Q318 aber nur für ein Jahr Gültigkeit beanspruchen kann, so muß es weitere Kalender dieser Art gegeben haben, die für die folgenden Jahre Verwendung fanden. Analog zu den oben beschriebenen Angleichungen der Siebener- und Sechserschemata innerhalb großer Perioden ergibt sich sogar die Möglichkeit, in einem derartigen Kalender erneut die grandiose Vollkommenheit der großen Zyklen erkennen zu können. Nach einem Ablauf von ungefähr elf 364-Tage-Jahren wäre wieder die Ausgangslage erreicht.[204] Um diese These zu prüfen, bedürfte es allerdings weiterer Fragmente aus 4Q318. Sollte sich dabei herausstellen, daß für bestimmte Tage desselben Monats unterschiedliche Mondpositionen angegeben sind, hätte man ein starkes Argument für die Existenz eines umfangreicheren Zodiologions.

Es dürfte deutlich geworden sein, daß die Kalenderfrage unter modernen Wissenschaftlerinnen und Wissenschaftlern ähnlich intensiv diskutiert wird wie in der Gemeinde am Toten Meer. Ein abschließendes Urteil ist zur Zeit im Hinblick auf 4Q318 sicher nicht zu fällen.

Dead Sea Scrolls and the Kirbeth Qumran Site: Present Realities and Future Prospects, Annuals of the New York Academy of Sciences 722, New York 1994, 429-440.

[203] Die gleichzeitige Verwendung unterschiedlicher Kalender, wie sie in Qumran anzutreffen ist, stellt durchaus keine Seltenheit dar. In Ägypten beispielsweise verwendete man neben dem 365-tägigen solaren, der astronomisch gut funktionierte, für kultische Zwecke einen lunaren Kalender, vgl. PARKER 1950.

[204] Die Zyklen des Mondes konnten in Babylon nach verschiedenen Systemen (A und B) relativ exakt berechnet werden. Vgl. hierzu O. NEUGEBAUER: *Astronomical Cuneiform Texts: Babylonian Ephemerides of the Seleucid Period for the Motion of the Sun, the Moon, and the Planets*, London 1955 (=New York 1983). Eine Zusammenfassung bietet VAN DER WAERDEN 1968, 136-172. Inwieweit diese anspruchsvollen Rechenmethoden in Qumran zur Anwendung kamen, ist ungewiß. Vieles spricht für eine idealisierte Periodisierung, die im Einklang mit bedeutsamen Zahlen stand.

Die Analyse des Brontologions kann nicht abgeschlossen werden, ohne die Frage zu streifen, welche Gründe dafür geltend gemacht werden können, daß die Prognosen nicht mit dem Widder beginnen, wie es zu erwarten wäre, sondern mit dem *Stier*. Albani verweist in diesem Zusammenhang auf die Tatsache, daß auch in ^mulApin der Jahreslauf mit dem Stier beginnt,[205] was der frühesten Phase astrologischer Aufzeichnungen im Zweistromland entspricht, als der Frühjahrspunkt tatsächlich noch in diesem Zeichen lag.[206] Da der Einfluß babylonischer Astronomie auf die Henoch-Traditionen, wie sie in Qumran gepflegt wurden, nachweislich sehr stark gewesen ist, liegt der Schluß nahe, daß die Autoren von 4Q318 einfach von einer älteren Version abschrieben.[207]

Eisenman und Wise legten in ihrer Edition die These vor, es handle sich bei 4Q318 um die Beschreibung eines *thema mundi*, also um ein Horoskop der Weltschöpfung.[208] Der Beginn des Jahreslaufes im Stier wäre demnach nicht eine schlichte Archaisierung und ein Festhalten an der Tradition, sondern eine bewußte Anwendung des Wissens um die Präzession. Hierzu ist zunächst zu sagen, daß für ein Weltschöpfungs*horoskop* mehr Informationen nötig sind als der Mondstand.[209] Davon abgesehen wäre es von der Abfassungszeit her durchaus möglich, daß man in Qumran die Entdeckung des Hipparch

---

[205] ^mulApin I, 4, 33; vgl. ALBANI 1993, 23-35; ALBANI 1994, 86f.

[206] Im dritten vorchristlichen Jahrtausend befand sich der Frühjahrspunkt im Sternbild Stier nahe bei den Plejaden (^mulmul). Weil die ältesten Tafeln des astronomischen Kompendiums vermutlich aus dieser Zeit stammen, vertritt W. PAPKE vehement eine Frühdatierung von ^mulApin, vgl. *Die Keilschriftserie MUL.APIN, Dokument wissenschaftlicher Astronomie im 3. Jahrtausend*, Diss. Tübingen 1978, 42ff, sowie ders.: *Die Sterne von Babylon*, Bergisch-Gladbach 1989, 237ff. Selbst wenn die Aufwertung astronomischer Kompetenz für Babylonien in diesem Ausmaß übertrieben sein mag, ist sie allemal wahrscheinlicher als der gegenteilige Befund J. KOCHS, der in ^mulApin Gestirnsaufzeichnungen um 700 v.u.Z. ausmacht (*Neue Untersuchungen zur Topographie des babylonischen Fixsternhimmels*, Wiesbaden 1989, 114ff). VAN DER WAERDEN 1988, 3ff, schließt sich PAPKES Theorie an.

[207] „Die hohe Wertschätzung dieses Kompendiums der Astrologie, dessen Grundbestand möglicherweise bis in die sumerische Zeit zurückreicht, würde die merkwürdige Tatsache verständlich machen, warum man entgegen den aktuellen astronomischen Tatsachen am Sternbild Stier als Frühlingstierkreiszeichen festhielt, denn jegliche Veränderung des Wortlautes war strengstens verboten" (ALBANI 1993, 33).

[208] EISENMAN/WISE 1994, 264; vgl. auch die ausführliche Erörterung bei WISE 1994, 39-50.

[209] Daß das *thema mundi* in dieser Form von vornherein ausscheidet, hat auch ALBANI 1993, 25 erkannt.

verarbeitete, da unser Brontologion vermutlich zu Beginn des ersten vorchristlichen Jahrhunderts aufgeschrieben wurde.[210]

Das schwerwiegendste Argument gegen die Theorie des *thema mundi* ist sicherlich darin zu sehen, daß wir für eine auch nur annähernd dem wissenschaftlichen Stand der Zeit entsprechende astronomische Kompetenz *keinerlei* Spuren in Qumran finden, schon gar nicht in 4Q318.[211] Das Interesse lag in einer hochgradig theologisierenden henochitischen Astronomie, die wissenschaftliche Tagesdiskurse nicht ins Kalkül zog. War also schon für die stoischen Gelehrtenkreise in Tarsus, die Ulansey für den Beginn des Mithraskultes verantwortlich macht, die Verbreitung des „Geheimnisses des Frühjahrspunktes" eine Schwachstelle der Theorie,[212] so ist für den Qumran-*Jachad* erst recht festzuhalten: „Nichts berechtigt zu der Annahme, daß die Verfasser von 4Q318 auch nur den Schimmer einer Ahnung von den komplizierten astronomischen Zusammenhängen um die Präzession hatten."[213]

Auch wenn diese Feststellung gegen Eisenman und Wise völlig zu Recht vorgebracht wird, sollten wir nicht verkennen, wie stark im ersten vorchristlichen Jahrhundert das Thema des Zeitenumschwungs – übrigens auch in Qumran – in den Mittelpunkt des gesellschaftlichen Diskurses rückte, wobei stets astrologische Konnotationen eine Rolle spielten. Zweifellos war die *mathematische Bewältigung* der Präzession alleiniges Verdienst des Hipparch. Die *Kenntnis* der Präzession aber dürfte jedem möglich gewesen sein, der die babylonischen Rechentafeln lange genug überblickte.[214] Insofern

---

[210] Vgl. MAIER 1995, II, 275.

[211] Gemäß dem „Großen Jahr" Platons verstand man zumeist unter dem *thema mundi* die Wiederkehr der Planeten zur selben Zeit an ihren Ausgangspunkt. Wie umstritten indes auch unter Astrologen diese Lehre war, können wir Ptolemaios' Kommentar entnehmen: „Denn niemals, besonders nicht in solchen Zeitspannen, die der Mensch zu verfolgen vermag, wird es eintreten können, daß genau der gleiche Stand der Gestirne und die gleiche Verfassung der Welt sich wiedereinstellen. Wenn nicht jemand sich etwa mit dem selbstgefälligen leeren Schein einer höheren Erkenntnis solcher Dinge, die wir niemals gänzlich erfassen können, brüsten wollte" (*tetrab*. I, 2 [WINCKEL 1995, 20]).

[212] S.o. S. 165-167.

[213] ALBANI 1993, 24.

[214] In seiner Kritik an der panbabylonischen Schule schreibt NORTH 1994, 100: „In a certain sense, a ‚knowledge of precession' was in the possession of any prehistoric observer who found that the risings and settings of stars were not as marked out by his ancestors. In a sense they were known to the Babylonian astronomers who first realized that there is a difference between the tropical and sidereal mean longitudes of the Sun. But this is not to say that these early observers could rationalize the discrepancy, as did Hipparchus."

ist den Qumran-Gläubigen, wie den Anhängern des Mithraskultes auch, eine rudimentäre Kenntnis der Wanderung des Frühjahrspunktes nicht von vornherein abzusprechen. Zweifellos wäre dies eine willkommene Bestätigung ihrer apokalyptischen Rechenkunst gewesen, die davon ausging, daß die Zeiten gewissermaßen aus dem Ruder liefen.

5. Ergebnisse oder: Eine theologische Astrologie

Aus den Untersuchungen der verschiedenen Qumranschriften, die implizit oder explizit die Astrologie thematisieren, lassen sich einige klare Schußfolgerungen ziehen. Diese gilt es nun vorsichtig zu isolieren und zusammenfassend auf einen Nenner zu bringen. Die Stellung der Astrologie im qumranischen Denken kann im wesentlichen aus zwei verschiedenen Richtungen beschrieben werden: einerseits einer innerjüdischen, die vor allem priesterliche Traditionen in den Mittelpunkt stellt, andererseits aber einer gesamthellenistischen Richtung, in welcher maßgebliche Diskursstränge der paganen Umwelt auf die Formung des Materials in den Qumrantexten einwirkten.

Die Beteiligung an den Diskussionen um die Frage, ob und inwieweit die Schriften aus Qumran „*den Essenern*" bzw. einer essenischen Teilgruppe zuzurechnen sind, ist in dieser Arbeit bewußt hintangestellt worden. Wie H. Stegemann 1992 noch einmal deutlich machte,[215] ist die Rede von einer „sektiererischen" Gruppe, dem das „main stream"-Judentum gegenübergestellt werden kann, als vollkommen überaltet abzulehnen. Genau dieser Befund ergibt sich auch aus der nüchternen Betrachtung des Materials, welches die Astrologie im weitesten Sinne zum Inhalt hat. Ein wesentlich differenzierteres Bild gilt es zu berücksichtigen, wollen wir uns der religiösen Wirklichkeit der Spätzeit des Zweiten Tempels nähern. In jener Wirklichkeit spielten die zakokidischen Ansichten, die in Qumran vertreten wurden, eine größere Rolle, als der eingrenzende Begriff der „Sekte" vermuten läßt – zumal die Verwendung einer gemeinsamen Tradition die Grenzen zwischen einzelnen Strömungen – oder „Parteien", wie man früher sagte – erneut verschwimmen läßt. Wir finden aus diesem Grunde einige Ansichten in Qumran wieder, die man auch den Sadduzäern zuschreiben kann, ohne daß dadurch das

---

[215] H. Stegemann: „The Qumran Essenes – Local Members of the Main Jewish Union in Late Second Temple Times", in: Trebolle Barrera/Vegas Montaner 1992, I, 83-166.

essenische Moment der Schriften verwässert werden muß. Man kommt an der Erkenntnis nicht vorbei, daß in Qumran Theorien vertreten wurden, die auf so etwas wie das „main stream"-Priestertum zurückgeführt werden können, doch in jenem zadokidischen Flügel viel radikaler angewandt wurden als unter den gemäßigteren Tempelpriestern Jerusalems.[216] Eine solche priesterkultische Radikalität allerdings widerspricht der sehr weitgreifenden These Stegemanns,

> that the Essenes were indeed the *main Jewish Union* of late Second Temple times [...] the Essenes became spiritually the leading group of Palestinian Judaism in their times, after more than a century of their existence praised by contemporary Jewish authors as „the best of all Jews".[217]

Damit fällt Stegemann von einem Extrem ins andere, was zwar sehr anregend, im Detail indes wenig überzeugend ist.

5.1. Das innerjüdische Gespräch

Um mit den innerjüdischen Entwicklungslinien zu beginnen, bestätigt sich zunächst einmal in Qumran der Eindruck, der aus dem Studium der biblischen Texte gewonnen wurde: Nicht die Sternkunde per se hatte einen anrüchigen Status, sondern allenfalls die unterschiedlichen Spielarten des Stern*kultes* galt es zu vermeiden, da dort die Gefahr der Idolatrie und des kultischen Vergehens bestand.[218] Um die Astrologie als probates wissenschaftliches Mittel zur Analyse der *Zeitqualität* einzusetzen, bedurfte es überdies nicht notwendig der Vermittlung durch griechische Quellen, denn bereits in exilisch-nachexilischer Zeit machten die Juden intensive Bekanntschaft mit der babylonischen Sterndeutung.

Aufgrund der zadokidisch-priesterlichen Tradition der Qumrangemeinde hatte man ein besonderes Interesse an allen kultischen Fragen. Sogar innerhalb der um die Macht konkurrierenden priesterlichen Gruppen dürfte jene Legitimation des rechten Kultes eine nicht zu unterschätzende Rolle gespielt haben.[219] Der Tempel war

---

[216] Diese direkte Auseinandersetzung in kultischen wie auch „halakhischen" Fragen beweist 4QMMT, sei der Brief nun fiktiv oder nicht.
[217] A.a.O. (s.o. Anm. 215), 165 (Hervorhebung KvS).
[218] Zur Astrologie in der hebräischen Bibel vgl. VON STUCKRAD 1996, 87-105, zu den Ergebnissen S. 104f. S. außerdem ZATELLI 1991.
[219] Vgl. A. BÜCHLER: *Die Priester und der Cultus im letzten Jahrzehnt des Jerusalemer Tempels*, Wien 1895; A.H.J. GUNNEWEG: *Leviten und Priester*,

ein Abbild des Kosmos, und die Priesterschaft verrichtete in analoger Weise eben jenen Dienst, welchen die Engelklassen im himmlischen Heiligtum – im Angesicht des göttlichen Thrones – leisteten. Diese Analogie verband den Tempel und seinen Kult, bzw. den Ersatzkult der Qumrangemeinde, der die Verfehlungen der Jerusalemer Priesterschaft zu sühnen trachtete, mit den höchsten Höhen der religiösen Wirklichkeit, letztlich mit der transzendenten göttlichen Sphäre. Ein Entsprechungsdenken im Sinne des hermetischen „wie oben, so unten" ist hierfür eine *conditio sine qua non*. Und anhand der *Sabbatopfer-Gesänge* läßt sich sehr genau aufweisen, daß in der Tat ein solcher Zusammenhang fest im Denken der Qumrangemeinde verankert gewesen ist.

Das hermetische Entsprechungsdenken wiederum ist die Schneise, durch welche astrologisches Gedankengut ohne Schwierigkeiten in die ansonsten sehr traditionalistischen Konzepte der Qumrantheologie Einzug finden konnte. Die Existenz von Horoskopen und Omina in der Bibliothek am Toten Meer überrascht vor diesem Hintergrund nicht, denn sowohl die Deutung der Zeitqualität, die nicht zuletzt aus apokalyptischem Blickwinkel heraus von höchstem Interesse war, als auch die Eruierung individueller Dispositionen im Hinblick auf die Zugehörigkeit zur Erwählungsgemeinschaft machten eine Adaptation astrologischen Wissens nicht nur wahrscheinlich, sondern geradezu notwendig. Solange die Gestirne im biblischen Sinne dem Wirken Gottes untergeordnet blieben, der Monotheismus mithin nicht in Gefahr war, konnten sie als Anzeiger des göttlichen Schöpfungswerkes verherrlicht werden. Und nichts sprach dagegen, dieses vollkommene Schöpfungswerk auf verborgene Zeichen hin zu untersuchen, die das Walten Gottes zu erkennen gaben.

Die Frommen des *Jachad* lebten nicht in einer abgeschlossenen Enklave, sondern waren in die innerjüdischen Diskussionen um Kult, Kalender etc. involviert, wie an vielen Stellen sichtbar ist. Nun wurde oben gezeigt, daß die hohepriesterlichen Familien, die Makkabäer und Herodianer je länger je mehr in den Sog der astrologischen Diskussionen gezogen wurden, die im ersten vorchristlichen Jahrhundert allenthalben entfacht wurden, nicht nur im römischen Kontext. So liegt es auf der Hand, daß man in Qumran auch mit den anerkannten zeitgenössischen Deutungsdisziplinen vertraut

---

Göttingen 1965; A. CODY: *A History of Old Testament Priesthood*, Rom 1969; A. VANHOYE: *Prêtres anciens, prêtres nouveaux, selon le Nouveau Testament*, Paris 1980; SCHÜRER 1986, II, 237ff (Priester) u. 250ff (Leviten); M. GOODMAN: *The Ruling Class of Judaea*, Cambridge 1987.

wurde, zumal sie hervorragend in das eigene Weltbild eingefügt werden konnten. Sie boten eine philosophische Rechtfertigung des kulttheologischen Entsprechungsdenkens einerseits und der dualistischen Grundhaltung der Qumrangemeinde andererseits. Verbunden mit der stark deterministischen Orientierung war es der Gemeinde nun nämlich möglich, die Eignung eines potentiellen Mitglieds durch astrologische Methoden zu eruieren.[220]

Diese Nützlichkeit der Astrologie und die besondere Interessenlage hat freilich dazu geführt, daß man es in Deutungsfragen nicht zu einer größeren Kompetenz gebracht hat. Die überlieferten Astrologumena stellen ein Laienniveau dar, wie es in jener Zeit verbreitet war. Die Lehren wurden nicht aus rein analytischem Interesse aufgenommen, sondern im Hinblick auf ihre Anwendbarkeit in kultischen und auch ethischen Fragen – man könnte sagen, wir haben es hier mit einer *theologischen Astrologie* zu tun.

Dieselbe Form des astrologischen Interesses besitzt auch für die Kalenderfragen Gültigkeit. So wie die Sterne die Vollkommenheit des göttlichen Schöpfungsplanes versinnbildlichen – oder das Abweichen davon, je nach Interpretation –, stellt der „richtige" Kalender eine Harmonie zwischen irdischer und himmlischer Welt dar. In diesem Bereich haben die Qumranpriester überragende Sachkenntnis bewiesen, und das Ringen um den lunisolaren Kalender mit all seinen Implikationen hat zu einer Komplexität geführt, die auch heute noch imponiert. Besonders die Verknüpfung des Kalenders mit den Priesterdienstrotationen zeigt das Bestreben einer kosmischen Überhöhung irdischen Kultes. Im Einklang mit den „richtigen Zeiten" funktioniert nicht nur ein Kalender besser, sondern auch der Kult wird zu den gewünschten Resultaten führen. Erneut handelt es sich um eine Kategorie von Zeitqualität, die astrologische Gesichtspunkte ins Spiel bringt: *priesterliche Astronomie ist stets mit der Bedeutung von Zeit verknüpft.*

Diese Zusammenhänge müssen auch am Jerusalemer Tempel eine große Rolle gespielt haben. Einiges spricht dafür, daß bestimmte in Qumran vorhandene Schriften ältere Spezialliteratur für priesterliche Angelegenheiten sind, die in Jerusalem in derselben Weise geregelt werden mußten. Philo und Josephus, beide mit Priestertraditionen vertraut, bezeugen, daß sich diese gemeinsame Sprache nicht zuletzt auf jenes Entsprechungsdenken erstreckte, wie es bei der Deutung der Tempelsymbolik zu finden ist. So übereinstimmend vermutlich

---

[220] Diese Zusammenhänge habe ich 1996, 105-117, ausgeführt.

das „Metasystem" der Isomorphie zwischen Himmel und Erde auch beurteilt wurde, so erbittert stritt man über Fragen der kultischen Details, wie vor allem im Hinblick auf den Kalender herausgestellt wurde; doch es gilt festzuhalten, daß die qumranischen Angriffe und theologischen Überlegungen nur verstanden werden können, wenn wir ein das (priesterliche) Judentum insgesamt erfassendes *Gespräch* zugrundelegen.

Diesem positiven und reichhaltigen Befund steht ein negativer gegenüber: Vergleiche mit jüdischen Texten, die einen großen zeitlichen Abstand zu Qumran aufweisen, sind nur mit großen Vorbehalten durchzuführen. Natürlich ist es theoretisch denkbar – und in einzelnen Fällen auch nachweisbar –, daß der hinter jenen späten Texten stehende Diskursstrang uns in die Zeit des Zweiten Tempels zurückführt,[221] doch wie anhand einiger Beispiele gezeigt werden konnte, müssen wir stets vollkommen anders gelagerte Intentionen und Gesprächszusammenhänge mit einkalkulieren, die eine „alte" Tradition in besonderer Weise umzuformen pflegten. Und gelegentlich kann es passieren, daß von den vermeintlichen Ähnlichkeiten nicht mehr viel tatsächlich greifbares übrigbleibt, das eine inhaltliche Verwandtschaft zu untermauern geeignet wäre. So verlockend denn auch ein Vergleich der Qumranschriften mit den Hekhalot-Texten oder auch rabbinischen Schriften ist, uns bleibt zunächst nichts anderes übrig, als die Texte in ihrer je eigenen Umwelt zu verorten, ohne die Perspektive zu weit über den Horizont der Zeit hin auszuweiten. Ein Vergleich beispielsweise der priesterlichen Anteile in Mischna und Talmud mit den Qumranbelegen wird dadurch freilich nicht obsolet; doch man wird nicht zu übereilten Schlußfolgerungen verleitet, wenn man die so gänzlich unterschiedlichen Lebenszusammenhänge der verhandelten Texte mit ins Kalkül zieht. Und die Gefahr, allzu leichtfertig das eigene Vorverständnis in die Texte zu projizieren – eine Tendenz, die sich sowohl auf rabbinistischer als auch auf christlich-theologischer Seite immer wieder bemerkbar macht –, wird auf diese Weise ebenfalls entschärft.

Will man die pragmatische Dimension der Qumrantexte sinnvoll ausloten, so ist man aus diesem Grunde weniger auf die Hekhalot-Literatur verwiesen als auf die jüdischen Zeugnisse der Spätzeit des Zweiten Tempels. Neben der sog. „zwischentestamentlichen Literatur" (die z.T. freilich auch aus späteren Textumformungen rekonstruiert werden muß) rücken deshalb Aussagen, wie sie bei Philo und

---

[221] Dies gilt besonders für die Henochliteratur, vgl. Kap. VI.1.

Josephus begegnen, stärker in den Vordergrund. Anhand von vielen Parallelen, die sich zwischen Qumran und Philo gerade im Hinblick auf den himmlischen Kult und die Gleichsetzung von Priestern und Engeln finden, läßt sich das gelehrte Gespräch der Spätzeit des Zweiten Tempels in wesentlichen Grundzügen rekonstruieren.[222]

Aber auch die besondere Auseinandersetzung mit astrologischen Fragen innerhalb der Hasmonäerdynastie verdient hier eine viel stärkere Beachtung, als gemeinhin zugestanden wird. Wie in Kapitel III.3. gezeigt werden konnte, lassen sich die Qumranschriften, wenn sie die Bileamsweissagung thematisieren, als direkter Angriff auf das hasmonäische Selbstverständnis lesen. Besonders die Inanspruchnahme von Num 24,17 als Legitimation der Königswürde durch Alexander Jannai und seine Nachfolger wurde im *Jachad* streng zurückgewiesen. Da Alexander Jannai sein Geburtsjahr 126 v.u.Z. mit der Konjunktion von Jupiter und Saturn in Verbindung bringen konnte (s.o. Kap. III.1.), liegt hier ein weiteres Indiz dafür vor, daß man in Qumran auch die astrologischen Obertöne der Jerusalemer Herrschaftspolitik zur Kenntnis nahm und entsprechend zu kontern versuchte. Interessanterweise ist die erste Hälfte des ersten vorchristlichen Jahrhunderts genau die Zeit, aus welcher uns die qumranischen Astrologumena erhalten geblieben sind. Die Frommen vom Toten Meer wurden demnach in den Strudel der sich zunehmend überstürzenden politischen Verwicklungen mitsamt ihrer astrologischen Aufheizung hineingezogen.

5.2. Das Gespräch mit der Umwelt

Da die pragmatische Methode zeitgenössische Diskussionen stärker berücksichtigt als einen Vergleich mit temporal divergierenden Quellen, ergibt sich die Notwendigkeit, auch außerjüdische Texte und Positionen in die Betrachtung mit einzubeziehen. Besonders fruchtbar ist ein solches Verfahren natürlich bei jüdischen Quellen, die eine direkte Färbung durch hellenistisches, ägyptisches oder anderes Gedankengut zu erkennen geben, wie bei Josephus oder der Hekhalot-Literatur ersichtlich wird. Daß auf diesem Wege indes auch für die Qumrantexte wertvolle Erkenntnisse zu erreichen sind, ist anhand von einigen Hinweisen bereits angesprochen worden. So zeigt

---

[222] Interessant ist in diesem Zusammenhang die These M. WEINFELDS, die in Qumran greifbare Idee der „liturgischen Partnerschaft" von Priestern und Engeln lasse sich bis in sumerische Quellen zurückverfolgen; vgl. seinen hebräischen Aufsatz in *Beit Mikra* 1974, 136ff.

die konstatierte Ähnlichkeit zum philonischen Werk indirekt die Partizipation der Qumranleute an einem Zeitgeist, welcher durch platonische Ansichten geprägt ist. Selbstverständlich wurde am Toten Meer nicht „philosophiert", zu sehr standen ethische und theologische Anliegen im Vordergrund, und doch lassen sich gewisse theologische Überhöhungen – namentlich im Zusammenhang mit dem himmlischen Kult – als Positionen verstehen, die nahtlos in philosophische Argumentationen übergehen können. Wie reibungslos ein solcher Vorgang stattfinden konnte, erkennen wir an den umfangreichen Ausführungen Philo von Alexandrias kurze Zeit später.

Doch nicht nur Philo kommt als Parameter in Betracht, wenn wir nach einer Einordnung der qumranischen Stellung zur Astrologie Ausschau halten. Auch christliche Quellen können zu diesem Zweck Aufschluß geben. Die Parallele zwischen den sieben Kronen auf dem Gewand des Hohenpriesters aus 11QNJ mit der Offenbarung Johannis ist bereits zur Sprache gekommen;[223] ebenso läßt sich aus einem Vergleich der Sabbatopfer-Gesänge mit dem Hebräerbrief die weite Verbreitung des dargestellten Entsprechungsdenkens erweisen.[224]

Schließlich sollte man die Astrologumena der paganen Umwelt Qumrans nicht aus den Augen verlieren. Ist in diesem Zusammenhang die zumindest basale Kenntnis babylonischer Astrologie und griechischer Horoskopierkunst den Qumranschriften eindeutig zu entnehmen, so führt ein Vergleich mit hellenistischen Kulten, wie dies für die Mithrasliturgie bereits angedeutet wurde, noch tiefer in die Religionsbegegnungen jener Zeit hinein. Die Adaptationen astrologischer Lehren, das wurde dabei deutlich, lassen sich ohne weiteres miteinander vergleichen, besonders wenn es sich um eine ähnlich „esoterische" Gemeinschaft handelt wie die in Qumran. M. Weinberg vermochte zu zeigen, daß sich die Vorstellungen über eine ideale Gemeinschaft im Sinne des *Jachad* sehr eng anlehnen an Organisationsmuster, die in anderen Gilden und Religionsgemeinschaften der Hasmonäerzeit zu finden sind.[225] Diesen Befund können

---

[223] S.o. S. 180.
[224] Vgl. H. LÖHR a.a.O. (oben S. 170 Anm. 43, mit einer kritischen Anmerkung).
[225] *The Organizational Pattern and the Penal Code of the Qumran Sect*, Freiburg 1986. Dies gilt für nahezu alle Belange des täglichen Lebens und des Umgangs miteinander; ob es sich um die Aufnahme (Initiation) neuer Mitglieder handelt, um das Einschwören der Kandidaten auf das geltende religiöse Gesetz, um das Verbot lauten Lachens oder respektlosen Verhaltens während der Versammlungen – in allen Fällen gelten derartige Regelungen nicht nur für die Qumrangemeinde, sondern sind charakteristisch für jede esoterisch organisierte Gemeinschaft. WEINBERG wendet sich damit besonders gegen die Rede

wir durch die Untersuchung nichtjüdischer Astrologumena bestätigen, wenn auch die Adaptation – und das muß immer betont werden – in ganz eigener Weise vonstatten ging.

Die besondere Interessenlage in Qumran brachte es mit sich, daß astrologisches Denken zur Instrumentalisierung priesterlicher Positionen diente, und zwar auf drei unterschiedlichen Ebenen: Einmal wurde die hohepriesterliche Herrschaftslegitimation thematisiert, wie sie durch die Hasmonäer propagiert wurde. Zweitens suchte man nach einer „Verortung" der Gegenwart im kosmischen Zeitplan aufgrund von Endzeiterwartungen und -berechnungen;[226] die Kalenderfragen mit ihren kulttheologischen Implikationen gehören ebenfalls in diesen Bereich.[227] Drittens schließlich galt das Interesse der Entschlüsselung des vorherbestimmten Schicksals eines einzelnen *Jachad*-Mitglieds; hierzu bot sich in besonderer Weise die Genethlialogie an.

---

von einer „Halakha in Qumran", wie L.H. SCHIFFMAN sie propagiert (*Halakha in Qumran*, Leiden 1975; *Sectarian Law in the Dead Sea Scrolls. Courts, Testimony and the Penal Code*, Chico, CA 1983). WEINBERG dagegen: „All these have hothing [sic!] to do with ‚inspired biblical exegesis' as Schiffman argues (p. 39 [1983]) but with conventional rules of associations determined on a voluntary basis by the members of the associations themselves" (S. 72). Diesen Fragen kann hier nicht weiter nachgegangen werden; vgl. als Kritik an SCHIFFMAN aus anderer Richtung P.R. DAVIES: „Halakha in Qumran", in: ders. (ed.): *A Tribute to Geza Vermes. Essays on Jewish and Christian Literature and History*, Sheffield 1990, 37-50.

[226] S. dazu unten den Exkurs 4.

[227] Vgl. A. STROBEL: „Der 22. Tag des XI. Monats im essenischen Jahr", in: *RdQ* 12 (3,4) (1961/62), 539-543; R. BECKWITH: „The Significance of the Calendar for Interpreting Essene Chronology and Eschatology", in: *RdQ* 10 (38) (1980), 167-202; L.L. GRABBE: „The End of the World in Early Jewish and Christian Calculations", in: *RdQ* 41 (11,1) (1982), 107-109; BECKWITH 1996.

V. Die Astrologie im Lichte der jüdischen Geschichtsschreibung

In diesem Kapitel soll die Frage erörtert werden, inwieweit der gesellschaftliche Diskurs über die Astrologie auf die jüdischen Historiker abgefärbt hat. So leicht diese Frage zu stellen ist, so schwierig ist bereits die Zuordnung antiker jüdischer Schriften zum Genre der „Geschichtsschreibung" befriedigend durchzuführen. Wir müssen nämlich bedenken, daß jene Autoren, auch wenn sie ausdrücklich betonen, objektive Geschichte zu schreiben, im wesentlichen von der Intention geleitet waren, die jüdische Rolle im Weltgeschehen deutlich hervortreten zu lassen. Dies gilt unabhängig davon, ob das Zielpublikum in der eigenen Glaubensgemeinschaft angesiedelt war, oder aber in der den Juden nicht immer freundlich gesinnten paganen Bevölkerungsgruppe bestand. Die eigene jüdische Tradition sollte als uralt und der hellenistisch-römischen Kultur zumindest ebenbürtig, vielleicht sogar überlegen dargestellt werden. Antike Geschichtsschreibung ist immer auch Geschichtserklärung und -bewältigung. Dies gilt in besonderem Maße auch für das Judentum, und so ist es richtig, von *Selbstvergewisserung* und – im vollkommen wertfreien Sinne – von *Apologetik* zu sprechen.[1]

Vor dem Hintergrund des bislang erarbeiteten Materials gilt es, die Frage der Geschichtsschreibung auf jene Aspekte zuzuspitzen, die die Rolle der Astrologie im historischen, politischen, aber auch dem jüdisch-heilsgeschichtlichen Kontext zum Thema haben. Darüber hinaus soll geklärt werden, ob der jüdische Anspruch, nicht nur ethisch, sondern auch astrologisch auf uralte Traditionen zurückblicken zu können, aus rein apologetischen Gründen erhoben wurde, oder ob wir es nicht vielmehr mit einem ernsthaften Versuch der Integration astrologischen Denkens in jüdische Theologie zu tun haben.

Wenn man sich nun fragt, welche Schriften unter diese Vorgabe fallen, so erscheint es sinnvoll, neben den ausgesprochenen Historikern (Josephus, Artapanos) auch jene Denker mit einzubeziehen, die gleichsam intellektuelle oder geschichtstheoretische Rückendeckung

---

[1] Zur Tradition dieser Intention der Geschichtsschreibung vgl. STERLING 1992.

zu geben vermochten. Dies trifft besonders auf Philo zu, der selber nicht als Historiker aufgetreten ist, sondern als Philosoph und Denker. Gleichwohl rechtfertigt seine intensive Auseinandersetzung mit der jüdischen Heilsgeschichte und dem Walten transzendenter Mächte in ihr die Aufnahme in dieses Kapitel. Dagegen sind andere Historiker – Demetrios, Aristeas, Eupolemos – ausgeklammert, da sie zu unserem Thema wenig beizutragen haben. Weitere „historische" Schriften, die man ohne weiteres in dieses Kapitel aufnehmen könnte, werden wiederum in anderen Zusammenhängen aufzugreifen sein, womit besonders das 2., 3. und 4. *Makkabäerbuch*, die *Sapientia Salomonis*, die *Oracula Sibyllina* oder auch die Erzählung *Joseph und Aseneth* gemeint sind.

Im Mittelpunkt unserer Erörterung wird deshalb Josephus Flavius stehen, der als Kronzeuge des ersten nachchristlichen Jahrhunderts in die Geschichte eingegangen ist. Zuvor soll aber sein jüngerer Zeitgenosse Philo von Alexandria gewürdigt werden, der nicht nur selber zur Astrologie einiges zu sagen wußte, sondern auch für die christliche Auseinandersetzung mit der Sternkunst in seinem Einfluß kaum überschätzt werden kann. Zum Abschluß werden wir in einem kursorischen Überblick die weiteren Zeugnisse Revue passieren lassen, die zu einem vertieften Verständnis des philonischen Werkes wie auch der Ansichten des Josephus beitragen.

1. Philo von Alexandria

Trotz des gewaltigen Werkes, das Philo von Alexandria hinterlassen hat, sind Informationen über die genaueren Umstände seines Lebens äußerst spärlich.[2] Aus seiner Bemerkung (*Legat*. I, 182), er sei zur

---

[2] Die Philo-Forschung hat eine enorme Menge an Literatur erbracht. Deshalb sei hier auf die einschlägigen Bibliographien verwiesen: H.A. GOODHART/E.R. GOODENOUGH: *A General Bibliography of Philo Judaeus*, New Haven 1937; E. HILGERT: „Bibliographia Philoniana 1935–1981", in: ANRW II.21.1, 47-97; R. RADICE/D.T. RUNIA: *Philo of Alexandria. An Annotated Bibliography*, Leiden ²1992; J.R. ROYSE: *The Spurious Texts of Philo of Alexandria*, Leiden 1991. Außerdem J. LEISEGANG: *Philonis Alexandrini: Opera quae supersunt. Indices ad Philonis Alexandrini Opera*, Berlin 1930 (Ndr. Berlin 1963). Einen guten Überblick über Leben und Werk Philos bieten A. MADDALENA: *Filone Alessandrino*, Milano 1970; H. HEGERMANN: „Philon von Alexandria", in: MAIER/SCHREINER 1973, 353-369; SANDMEL 1979; WILLIAMSON 1989, 1-27. Wichtige Forschungsbeiträge sind GOODENOUGH 1935, WOLFSON 1962, AMIR 1983, GOULET 1987, MENDELSON 1987, COHEN 1995 und ANRW Band II.21.1 u. 2 (*Philon und Josephus*, 1984).

Regierungszeit Caligulas bereits ein „alter Mann" gewesen, können wir schließen, daß er zwischen 20 und 30 v.u.Z. geboren worden ist. Er lebte ungefähr bis 45 u.Z., womit er für uns zu einem Zeitzeugen ersten Ranges wird. Philo gehörte zur selbstbewußten und weitgehend eigenständigen jüdischen Bevölkerung Alexandrias,[3] die in einem starken Ausmaß am hellenistischen Bildungsideal partizipierte.[4] Die ägyptische Stadt galt als Hochburg der griechischen Bildung, verfügte über ein Museum, eine Universität und eine Bibliothek mit über 400.000 Bänden[5] und wurde von Rom bisweilen eifersüchtig

---

[3] Wir besitzen keine genauen Informationen über die doch sehr umfangreiche jüdische Bevölkerungsgruppe in Alexandria, die Philo selber *Mos.* II, 232 und *Legat.* 23-45 erwähnt. Seine Angabe, es lebten in Ägypten über eine Million Juden (*Flacc.* 43), wird gemeinhin vorsichtig bewertet, vgl. FRASER 1972, I, 84. Ganz auszuschließen ist eine solche Zahl freilich nicht, wenn wir bedenken, daß allein in Alexandria zu Beginn des ersten Jahrhunderts u.Z. etwa 100.000 Menschen die jüdische Gemeinde gebildet haben dürften. BARON (1934, I, 130) spricht gar von 200.000 Juden zur Zeit Vespasians. Um die Zeitenwende betrug die Einwohnerzahl Alexandrias nach mehrheitlicher Meinung moderner Forschung etwa 500.000, was ein Fünfzehntel der ägyptischen Gesamtbevölkerung ausmachte; vgl. P. JOUGUET: „Vie municipale dans l'Égypte Romaine" (Bibliothèque des Écoles Françaises d'Athènes et de Rome 104), Paris 1911, 483; S. DAVIS: *Race Relations in Ancient Egypt*, London 1953, 90. 96-98; KOCH 1993, 488. Die Bevölkerungszahlen für Ägypten und Alexandria sind Gegenstand von Diskussionen, da widersprüchliche Angaben bei Josephus BJ II, 385 (8-9 Mio. für ganz Ägypten) und Diodorus Siculus (I, 31, 6-9: 3 Mio.) belegt sind. Letzteres erscheint weitaus realistischer, wie DOMINIC RATHBONE und an ihn anschließend ROGER BAGNALL und BRUCE FRIER aufzeigten; vgl. D. RATHBONE: „Village, Land and Population in Graeco-Roman Egypt", in: *PcPhS* 216, n.s. 36 (1990), 103-142; R.S. BAGNALL/B.W. FRIER: *The Demography of Roman Egypt* (Cambridge Studies in Population, Economy and Society in Past Time 23), Cambridge 1994 (repr. 1995), 53-57. Auf das alexandrinische Judentum werden wir im Laufe der Studie wiederholt zu sprechen kommen. Vgl. als allgemeine Orientierung: FRASER 1972; H.Z. (J.W.) HIRSCHBERG: *A History of the Jews in North Africa* I, Leiden 1974; S. APPLEBAUM: *Jews and Greeks in Ancient Cyrene*, Leiden 1979; ARIEL 1982; G. LÜDERITZ: *Corpus jüdischer Zeugnisse aus der Cyrenaika*, Wiesbaden 1983; IANCU 1985; KASHER 1985.

[4] Vgl. I. HEINEMANN: *Philons griechische und jüdische Bildung*, Breslau 1932; W. BOUSSET: *Jüdisch-Christlicher Schulbetrieb in Alexandria und Rom*, Göttingen 1915. Zum wissenschaftlichen Diskurs in der ägyptischen Stadt vgl. SMITH 1974 (ein Vergleich griechisch-römischer mit alexandrinischer Bildung findet sich 108ff).

[5] Vgl. WILLIAMSON 1989, 6. Die Geschichte von Museion und Bibliothek werden ausführlich dargestellt von FRASER 1972, I, 305-335. Die Frage, inwieweit die Juden am kulturellen Angebot partizipierten, hängt eng zusammen mit dem Problem ihrer *Bürgerschaft* in Alexandria. Die äußerst schwierige text-

beobachtet. Daß Philo zur einflußreichen Schicht Alexandrias gehörte, können wir indirekt aus zwei Indizien erschließen: Er war der Leiter einer Delegation, die bei Caligula vorstellig wurde, um sich über antijüdische Maßnahmen zu beschweren, die insbesondere mit dem vom Kaiser intendierten religiösen Kult zusammenhingen (s.u. 1.1.). Das zweite Indiz finden wir in den erstaunlichen Karrieren der Söhne seines älteren Bruders Julius Alexander, der es selber bereits zum Generalzollpächter und Güterverwalter der Kaisermutter Antonia gebracht hatte; während Markus Alexander nämlich die Tochter des Königs Herodes Agrippa I. heiratete, stieg Tiberius Alexander vom Unterpräfekten in Ägypten, dann römischen Prokurator in Palästina und Präfekten von ganz Ägypten bis zum Generalstabschef der römischen Truppen im Kampf gegen die jüdischen Aufständischen 66–69 auf. Er befand sich also im Umkreis Vespasians – wie auch Josephus – und wird Apg 4,6 unter die Verfolger der Christen eingereiht. Josephus (BJ II, 220) beschreibt ihn als Überläufer und Abtrünnigen vom Judentum.[6]

Philo dagegen ist nicht als Politiker hervorgetreten, sondern als Theologe und Philosoph. Ähnlich wie nach ihm Josephus trachtete er danach, dem hellenistischen Umfeld die jüdische Religion verständlich zu machen und nahezubringen. Während letzterer aber die Geschichtsschreibung zu seinem apologetischen Instrument erkor, verfocht Philo eine theoretische Auseinandersetzung mit der griechischen Philosophie, die er nicht nur als mit dem Judentum kompatibel betrachtete, sondern deren eigentliche Grundlage im jüdischen Erbe er zu erweisen versuchte. Er ist von der Überzeugung getragen, „daß die besten Intentionen des Hellenismus gerade, ja im Grunde ausschließlich in einem jüdischen Hellenismus zur Erfüllung kommen; dafür möchte er Juden und Griechen gewinnen."[7] Die Bedeutung Philos liegt demnach in seinem gedanklichen Ringen um die Integration jüdischer Religiosität in eine philosophisch-hellenistische Weltanschauung. Um dies zu erreichen, baut er auf einem mittelplatonischen Fundament auf, das er mit theologischen Darstellungen, vor allem allegorischer Bibelauslegung,[8] zu überhöhen versucht. Die

---

liche Situation, die sich in gegensätzlichen wissenschaftlichen Positionen widerspiegelt, kann hier nicht erörtert werden; vgl. dazu besonders die umfangreiche Studie von KASHER 1985.

[6] Vgl. V. BURR: *Tiberius Julius Alexander*, Bonn 1955.
[7] H. HEGERMANN a.a.O. (oben Anm. 2), 353.
[8] Vgl. hierzu: I. CHRISTENSEN: *Die Technik der allegorischen Schriftauslegung bei Philon von Alexandrien*, Tübingen 1969; B.L MACK: „Philo Judaeus and Exegetical Traditions in Alexandria", in: ANRW II.21.1 (1984), 227-271. Im

Allegorese sowie die platonisierenden Tendenzen seines Werkes rükken ihn in die Nähe eines mystischen Judentums, über dessen Verbindung zu hellenistischen Mysterienkulten viel spekuliert wurde.[9]

Tatsache ist, daß Philo innerhalb des Judentums eine eklektische Tendenz vertritt und von nachfolgenden Generationen nicht rezipiert wurde.[10] Daß uns sein Werk erhalten geblieben ist, haben wir der christlichen Überlieferung zu danken, die den jüdischen Autoren nach seiner Entdeckung lange Zeit für einen Christen gehalten hat. Christliche Denker machten in starkem Maße von Philos Überlegungen Gebrauch, nicht zuletzt deshalb, weil seine allegorische Bibelauslegung dem christlichen Rekurs auf die Heilige Schrift Argumente liefern konnte.[11]

Wenn wir uns nun der Astrologie im philonischen Werk zuwenden, so finden wir uns in der erfreulichen Lage, daß Philo diesem Thema umfangreiche Überlegungen gewidmet hat. Besonders in seinem Buch *De Providentia* geht er der astrologischen Wissenschaft auf den Grund, um ihre inneren Widersprüche und theologischen Dilemmata mit philosophischen Mittel nachzuweisen. Dies wird im folgenden zu erörtern sein, wobei sich die Frage anschließen wird, ob wir es hier mit einer Ablehnung der Astrologie insgesamt oder aber gewisser theologischer Aporien der *fatalistischen Astrologie* zu tun haben (1.2.). In einer Erweiterung der Perspektive wird im Anschluß daran die kulttheologische bzw. die kosmisch-mystische

---

selben Band S. 156-226 von J. CAZEAUX: „Philon d'Alexandrie, exégète"; P. BORGEN: *Philo of Alexandria: An Exegete for His Time* (Nov. Test. Suppl. 86), Leiden 1997. Daß das „literarische" (=rabbinische?) vom allegorischen (=mystischen?) bei Philo – namentlich in *Quaest. in Ex./Gen.* – nicht eindeutig zu trennen ist, wurde nachgewiesen bei D.M. HAY (ed.): *Both Literal and Allegorical. Studies in Philo of Alexandria's* Questions and Answers on Genesis and Exodus, Atlanta 1991.

[9] Die Diskussionen wurden durch die weitreichenden Thesen GOODENOUGHS (1935) ausgelöst, die hier nicht referiert werden können. Vgl. zum Thema VON STUCKRAD 1996, 179-187, sowie die Sammlung von J. NEUSNER/E.S. FRERICHS (eds.): *Goodenough on the History of Religion and on Judaism* (Brown Judaic Studies 121), Atlanta 1986; außerdem: CHR. RIEDWEG: *Mysterienterminologie bei Platon, Philon und Klemens von Alexandrien* (Unters. z. antiken Lit. u. Gesch. 26), Berlin/New York 1987.

[10] Auch eine kritische Auseinandersetzung ist nicht zu belegen.

[11] Zur Wirkungsgeschichte des philonischen Denkens im Christentum vgl. BERCHMAN 1984; F. TRISOGLIO: „Filone Alessandrino e l'esegesi cristiana. Contributo alla conoscenza dell'influsso esercitato da Filone sul IV secolo, specificatamente in Gregorio di Nazianzo", in: ANRW II.21.1 (1984), 588-730, sowie im selben Band S. 731-759 von H. SACON: „Saint Abrose et saint Jérôme, lecteurs de Philon".

Dimension der philonischen Theologie daraufhin abgeklopft, ob ihre Nähe zu hermetischem wie auch stoischem *Sympathiedenken* möglicherweise einer solchen Astrologie Einlaß gewährte, wie sie von nicht wenigen hellenistisch aufgeklärten Zeitgenossen Philos mit *verve* vertreten wurde (1.3.).

Doch zunächst wollen wir die Frage erörtern, ob Philo in den römischen Diskurs über die Astrologie direkt oder nur indirekt involviert gewesen ist. Hierfür gilt es, den wenigen noch greifbaren Spuren seines Lebens nachzugehen.

1.1. Philos Begegnung mit der Astrologie

Philo wurde – wie er beteuert[12] – beinah gegen seinen Willen mit der hohen Politik konfrontiert.[13] Nachdem im Jahre 37 u.Z. Gaius Caligula den Kaiserthron bestiegen hatte, nahmen die antijüdischen Tendenzen in Ägypten immer bedrohlichere Ausmaße an. Vor allem seine Absicht, sich durch alle Untertanen, also auch die Juden, in den Heiligtümern des Reiches als Gott verehren zu lassen, erregte den jüdischen Widerstand. Konnte in Judää das Schlimmste (vorerst) vermieden werden durch die gemäßigte Haltung des syrischen Statthalters Petronius (vgl. BJ II, 185-203), wurde der römische Präfekt in Alexandria, Flaccus, von nichtjüdischen Bevölkerungsgruppen dazu verleitet, den kaiserlichen Wunsch mit allen Mitteln durchsetzen zu wollen.[14] Um Caligula davon zu überzeugen, daß es dem jüdischen Religionsgesetz von Grund auf widerspreche, eine menschliche Gestalt kultisch zu verehren, wurde im Jahr 39 eine Delegation von fünf angesehenen Juden Alexandrias, unter Vorsitz von Philo, nach Rom entsandt. Die unrühmlichen Erlebnisse der Gesandtschaft werden von Philo *Flacc.* und *Legat.* berichtet. Als sie nämlich gerade in Rom eingetroffen waren, erfuhren sie von dem kaiserlichen Erlaß, eine Kolossalstatue Caligulas als Zeus im Allerheiligsten des Tempels aufstellen zu lassen, den selbst der Hohepriester nur einmal im

---

[12] In *Spec. Leg.* III, 1 erinnert er sich wehmütig an die Zeit, als er noch „Muße für Philosophie und das Nachdenken über das Universum und seinen Inhalt hatte", doch nun sei er „eingetaucht in das Meer der öffentlichen Angelegenheiten" (III, 3).

[13] Zum Thema: E.R.G. GOODENOUGH: *The Politics of Philo Judaeus*, New Haven 1938; R. BARRACLOUGH: „Philo's Politics. Roman Rule and Hellenistic Judaism", in: ANRW II.21.1 (1984), 417-553.

[14] Die Einzelheiten dieses Berichtes widersprechen teilweise dem Hergang, wie er von Strabo erzählt wird; vgl. FRASER 1972, I, 55f.

Jahr betreten durfte (*Legat.* 306). Philo schreibt: „Wir standen sprachlos und machtlos da im Zustand des Kollaps, unsere Herzen zu Wasser verwandelt" (*Legat.* 189).

In ihrer Hilflosigkeit versuchen sie dem Kaiser klarzumachen, daß es den Juden ehrenhafter sei, zu sterben als diese Sünde zu begehen.[15] Eine solche Haltung ergebe sich aus ihrem Glauben, daß „die Gesetze Orakel sind, die Gott gewährt hat; durch die Einprägung dieser Lehre seit den frühesten Jahren tragen sie [die Juden] die Ideen der Gebote fest verschlossen in ihrer Seele mit sich" (*Legat.* 210). Die Reaktion Caligulas auf die eindringlichen Reden der Delegierten war niederschmetternd: Zur Erheiterung seines Hofstabes macht sich der Kaiser lustig über jüdische Gebräuche wie die Ablehnung von Schweinefleisch, um schließlich festzustellen: Die Juden scheinen „eher unglückliche als verdorbene Leute zu sein, [...] wenn sie sich weigern, an meine göttliche Natur zu glauben" (*Legat.* 366f). Damit entläßt er die Delegation unverrichteter Dinge.[16]

Wie erbittert der Streit zwischen Römern, Ägyptern und Juden gerade in Alexandria ausgefochten wurde, zeigt die gleichzeitig zu Philos diplomatischer Intervention stattfindende Reise einer Delegation aus Alexandria – unter der Leitung Apions[17] –, die sich bei Caligula für die entschlossene Durchführung der antijüdischen Kampagnen einsetzte – mit deutlich besserem Erfolg. Allerdings führte der baldige Tod des Kaisers (am 24. Januar 41) zu einer Entspannung der Situation, und Caligulas Nachfolger Claudius neigte zu einer gemäßigteren Haltung gegenüber den Juden. So kam es, daß die Anliegen der philonischen Delegation sogar vor dem Senat vorgetragen werden konnten.

Noch im selben Jahr 41 allerdings suchte eine weitere antijüdische Mission aus Alexandria Rom auf, und es ist diese Gruppe hoher ägyptischer Persönlichkeiten, die uns besonders interessiert. Den Vorsitz nämlich hatte der Sohn des berühmten Astrologen Thrasyllus, *Balbillus*, inne. Thrasyllus war bekanntlich der hochgeachtete Berater der Kaiser Augustus und Tiberius, und Balbillus sollte in den folgenden Jahren das Ansehen der Familie noch beträchtlich vergrö-

---

[15] Zur Rhetorik der Rede, zu Parallelen und dem alexandrinischen gelehrten Diskurs insgesamt vgl. SMITH 1974, 52ff.
[16] Vgl. K. REGGIANI: „I rapporti tra l'impero romano e il mondo ebraico al tempo di Caligola secondo la ‚Legatio ad Gaium' die Filone Alessandrino", in: ANRW II.21.1 (1984), 554-586.
[17] Es handelt sich um eben jenen Apion, dem die Apologie des Josephus ihren Namen verdankt.

ßern.[18] In der schwierigen Jugendzeit des Claudius stellte die Familie Thrasyllus offensichtlich ein Refugium für den späteren Kaiser dar, wo er den Anfeindungen und dem Spott seiner Umwelt entgehen konnte.[19] Deshalb verband Claudius eine lebenslange Freundschaft mit dem deutlich jüngeren Balbillus, und für letzteren dürfte es eine Selbstverständlichkeit gewesen sein, aus Alexandria unverzüglich nach Rom zu reisen, um dem neuen Kaiser zur Seite zu stehen.

Umso bemerkenswerter ist es, daß die von Balbillus vorgetragenen Erwartungen hinsichtlich einer antijüdischen Politik in Alexandria von Claudius außerordentlich gedämpft wurden. In einem Brief, der uns erhalten ist, mahnt der Kaiser Mäßigung an und fordert die Alexandriner auf, ihre rechtlosen Ausschreitungen gegen die Juden zu unterlassen. Den Juden wiederum macht er klar, daß sie nicht mehr fordern sollten als die Privilegien, die ihnen seit alters her eingeräumt worden sind. Er beschließt das Schreiben mit einer persönlichen Anrede an Balbillus,[20] die diesen allem Anschein nach vor der Kritik bewahren soll, er habe seine Sache vor dem Kaiser mangelhaft vertreten:

> I bear witness to my friend Barbillus [sic!] of the solicitude which he has always shown for you in my presence and of the extreme zeal with which he has now advocated your cause. ... Farewell.[21]

Der Astrologe Balbillus und der jüdische Gelehrte Philo, beide der gehobenen Gesellschaftsschicht Alexandrias entstammend, haben also in derselben Angelegenheit die Interessen ihrer jeweiligen Gruppe in völlig gegensätzlicher Weise vor dem römischen Hof vertreten. Da die Missionen auch noch nahezu gleichzeitig stattfanden, mithin die aufgeregten Diskussionen in Alexandria selber widerspiegeln, dürfen wir mit Cramer festhalten: „It is therefore certain that both Philo and Balbillus knew each other and had perhaps met personally."[22]

Inwieweit eine inhaltliche Diskussion zwischen den beiden Kontrahenten über die Astrologie mit dieser Feststellung angedeutet ist, können wir freilich nicht ermessen. Tatsache ist aber, daß Philo

---

[18] Von Balbillus sind einige Astrologumena erhalten geblieben, die F. CUMONT in Ausschnitten publizierte, vgl. CCAG VIII, 4, 233ff. Jener Astrologendynastie werden wir unten Kap. 1.2. detailliert nachgehen. Die Enkeltochter des Balbillus, Julia Balbilla, ist bereits anläßlich ihrer Reise mit Hadrian durch Ägypten vorgestellt worden (s.o. III.4.1.).
[19] Zum Verhältnis Claudius–Thrasyllus–Balbillus vgl. CRAMER 1954, 112ff.
[20] Der Text weist, wie viele spätere auch, den falschen Namen Ba*r*billus auf.
[21] *Pap. Lond.*, 1920/21 entdeckt. Zit. nach CRAMER 1954, 113.
[22] CRAMER 1954, 125.

durch das aufgeklärte geistige Klima, welches in Alexandria die jüdische Gemeinde eng mit dem hellenistischen Gedankengut verband, in den römischen Diskurs vollständig integriert war. Gundel schreibt denn auch zu Recht: „Zahllose Reflexe astrologischer Auffassungen sind bei ihm zu beobachten."[23] Selbst wenn Philo Balbillus nicht persönlich begegnet sein sollte, war er mit Sicherheit über das geistige Modell, das der zeitgenössischen Astrologie Pate gestanden hat und das letzten Endes nur philosophisch zu beschreiben war, im Bilde.

Nach diesen Vorbemerkungen wollen wir uns jetzt der inhaltlichen Auseinandersetzung Philos mit der Astrologie zuwenden, um zu prüfen, ob die politischen Konflikte mit Balbillus auch auf philosophischem Terrain ihren Niederschlag gefunden haben.

1.2. Ein Feind der Astrologie?

Wenn Philo auf die Astrologie zu sprechen kommt, so geschieht dies in der Regel in Form einer philosophischen Auseinandersetzung mit epikuräischem Gedankengut vor dem Hintergrund von Platonismus und Stoa. In einer solchen Diskussion macht Philo sich die Argumente zu eigen, die in späthellenistischer bzw. römischer Geistigkeit gewöhnlich gegen deterministische Einstellungen und einen strengen Fatalismus vorgebracht wurden.[24] Die jüdische Färbung seines Gedankengebäudes – so wichtig sie für uns ist – nimmt hierbei zunächst eine sekundäre Stellung ein, was vor allem für die frühen Schriften seines Werkes gilt.[25] Es trifft auch für das zentrale Buch *de providentia* zu, das lediglich in einer aramäischen Version erhalten

---

[23] GUNDEL 1966, 182.
[24] Einen Überblick über Philos Haltung zum Fatalismus gibt AMAND 1945, 81-95; vgl. außerdem CRAMER 1954, 125f und GUNDEL 1966, 180-183. Die philonische Auseinandersetzung konkretisiert sich vornehmlich am Begriff der Heimarmene, vgl. WENDLAND 1892, 24-37; CUMONT 1912, 523; BRÉHIER 1925.
[25] Vgl. BRÉHIER 1925. Auch AMAND (1945, 81) spricht von einer „période grecque" im Frühwerk Philos. Kritisch diskutiert M. HADAS-LEBEL die Frage, ob *prov.* „un essai de jeunesse" sei, in der französischen Edition Bd. 35, 38-40. Auch die Authentizität des Textes, in der Forschung lange unbestritten, wird von ihr vorsichtig angezweifelt (ebda. S. 46). Für die hier zu behandelnden Fragen nach der Astrologie und dem freien Willen sind die in *prov.* transportierten Ansichten allerdings leicht mit anderen in Deckung zu bringen, so daß das Problem der Authentizität nicht gravierend ist, vgl. auch FÖGEN 1993, 264 Anm. 23.

ist.²⁶ Hier wendet sich Philo explizit gegen das Stellen von Horoskopen und die damit verbunde Schicksalsgläubigkeit (I, 77-88), und zwar mit folgenden Argumenten:

> 79. [...] Vor allem gilt es die Frage zu stellen, inwieweit jener zu verurteilen ist, der die Freiheit des Menschen abstreitet und alles dem astrologischen Schicksal zuschreibt [...] Oder sollten tatsächlich die Obrigkeiten der Städte die Todesstrafe über Freveltäter verhängen, die freilich die Verbrechen ohne eine freie Entscheidung begangen haben, sondern vielmehr durch die Bewegungen der Gestirne ins Verbrechen gestürzt wurden, ein eigenes rechtschaffenes Leben (also) aus sich selbst gar nicht zu führen vermögen (und zwangsläufig) durch die tyrannische Macht der Sterne auf die schiefe Bahn geraten?²⁷

Mit klaren Worten spitzt Philo die fatalistische Grundposition auf ihre ethischen Schwierigkeiten zu.²⁸ Er thematisiert damit einen auch innerhalb der stoischen Debatte umstrittenen Punkt,²⁹ der gerade vor einem jüdischen Hintergrund ins Zentrum der Kritik rücken mußte. Er malt das Szenario weiter aus und stellt die rhetorische Frage, ob es denn gerecht wäre, wenn man Menschen bestrafte, die gegen ihren eigenen Willen in die Irre gehen, gleichsam durch die Kräfte des Schicksals getrieben. „Wie kann man dem Schicksal widerstehen, von dem sogar der (vom rechten Weg) abgebracht wird, welcher sich willentlich widersetzt?"³⁰ Mit dieser Frage bezieht Philo explizit Stellung gegen die stoische Sicht seiner Zeit, die es als ethische Pflicht erachtete, sich willentlich in das vorbestimmte Schicksal zu fügen, es gleichsam erst zum Leben zu erwecken. Seneca kann hier als Musterbeispiel dienen, wenn er *Epist.* 107, 6 zunächst bemerkt:

---

[26] In lateinischer Übersetzung von J.-B. AUCHER erstmals erschienen Venedig 1822. Vgl. zu diesem Buch das immer noch maßgebliche Werk WENDLAND 1892; außerdem BRÉHIER 1925 und AMAND 1945, 82-85. 90-95.

[27] *Verum illud ante omnia quaerere oportet, anne errans delinquat ille, qui libertatem hominis abscidens, omnia adscribit genethlialogiae? Id modo multiplici interrogatione indagabimus. An scilicet rectores civitatum oporteat sententia mortis animadvertere in malos; quippe qui non libero arbitrio mala fecerunt, sed stellis mutatis in mala nequiverunt, ex tyrannica astrorum potentia per vim ducti?*

[28] Vgl. dazu D. WINSTON: „Philo's Ethical Theory", in: ANRW II.21.1 (1984), 372-416.

[29] Vgl. die gute Übersicht bei COLISH 1985, I, 21-60, bes. 36-50. Die ältere Literatur ist dokumentiert bei H. REINER: „Die ethische Weisheit der Stoiker heute", in: *Gymnasium* 76 (1969), 330-357. Vgl. außerdem G. RODIS-LEWIS: *La morale stoïcienne*, Paris 1970.

[30] §80: *Quomodo potest obstare fato, a quo vel invitus abducitur?*

„Wundern wir uns über nichts, wozu uns die Geburt bestimmt hat",
um später das berühmte Gebet Ciceros an Jupiter anzuführen:

> O Vater, höchster Weltenlenker, führe mich, wohin du willst, ich folge
> gern und willig dir. Denn wollt ich nicht, so müßt ich seufzend folgen
> dir und litt als böse, was ich leiden konnt' als gut. Wer will, der ist des
> Schicksals Freund, wer nicht, sein Knecht (*volentem ducunt fata,
> nolentem trahunt*).[31]

Eine solche Sichtweise ist für Philo nicht akzeptabel. Denn, so wendet er ein, wahrhaft ethisches Verhalten braucht als notwendige Bedingung stets die Willensfreiheit, damit sich ein Mensch für oder gegen ein Verbrechen entscheiden kann. Ein Konzept wie dasjenige Senecas würde implizieren, daß wir uns entweder in das vorgegebene Schicksal einfügen und es willig annehmen, auch wenn dies moralisch unvertretbar sein sollte – oder aber wir werden tatsächlich vom Schicksal beherrscht, einer autonomen Handlung unfähig. Philo zählt verschiedene Verbrechen wie Elternmord oder Ehebruch auf, die alle unter Verweis auf das Horoskop des Verbrechers nicht verurteilt werden können, und zieht das Fazit:

> §81. All [diese Verbrechen] werden nämlich entschuldigt durch die Sternkonstellationen der Nativität, deren Herrschaft über alle Menschen unausweichlich ist. 82. Wenn alles durch die Nativität festgesetzt ist, zögern und schweigen Gesetz, Recht, Gerechtigkeit, Richterspruch; denn der menschliche Wille ist eben nicht frei das zu tun, was seine eigentliche Aufgabe ist. Und so ist der freie Wille untergeordnet, und die Nativität beherrscht alles, bis schließlich die Tugenden nicht mehr gepriesen werden können und die Verbrechen nicht mehr getadelt [...] 83. Wenn Richter die kriminellen Absichten der Verbrecher durch Furcht zerstören könnten, würde die Nativität über niemanden herrschen.[32]

Dieser Argumentationsgang hat in der antiken Welt, vor allem im Rahmen christlicher Polemik gegen die Astrologie, eine reichhaltige Wirkung entfaltet. Ich werde darauf noch ausführlicher eingehen.

---

[31] *Epist.* 107, 11, in der Übersetzung von O. APELT. In Ciceros Schriften sind diese Verse verloren gegangen.

[32] *Eos enim excusant natalitia astrorum universis hominibus inevitabilia. 82. Quod si a natalitiis omnia disponuntur, cessabunt tacebuntque lex, jus, justitia, judicum sententiae; haud enim libera est voluntas hominum ad agendum, quod est sibi propositum. Itaque sublato libero arbitrio, ac natalitiis cuncta operantibus, deinceps nec gloria debetur virtuti, neque malitiae vituperatio [...] 83. Quod si malefactorum malitiam destruere judices per timorem possunt, non ergo natalitia singulis imperant.*

An dieser Stelle sei jedoch schon auf eine der vielen fast wörtlichen Parallelen in der christlichen Literatur verwiesen, die das antifatalistische Gedankengut weiter tradierte: Eusebius (ca. 260–339 u.Z.) beruft sich in seiner *Praeparatio evangelica* VI, 7ff auf verschiedene Autoren, unter ihnen Bardesanes und Origenes, um in ganz ähnlicher Weise wie Philo die Widersprüche fatalistischer Astrologie aufzuzeigen und „das Hohelied der Willensfreiheit" anzustimmen, wie M.Th. Fögen schreibt.[33]

Die dargestellte Argumentation bildet den Kern der Kritik Philos, doch er führt noch weitere Punkte an: Obwohl die Angehörigen eines Volkes – Juden, Skythen, Ägypter – sich in Alter, Geschlecht und sozialer Schicht unterscheiden (also auch in ihren Horoskopen), fühlen sie sich einem gemeinsamen Moralkodex zugehörig.[34] Wenn durch ein Unglück eine ganze Stadt zerstört wird, oder wenn unzählige Bewohner durch Seuchen dahingerafft werden, kann man dann sagen, alle Bürger hätten dasselbe Geburtshoroskop? Offensichtlich doch nicht! Und schließlich: Die Astrologen sind nicht in der Lage, ein exaktes Empfängnishoroskop zu erstellen, da der genaue Zeitpunkt der Befruchtung stets unbekannt ist (§87).[35] – Amand hat mit guten Gründen die These vertreten, diese mehrschichtige Kritik an der fatalistischen Astrologie gründe im wesentlichen auf Karneades.[36] Seine Meinung konnte sich allgemein durchsetzen, nachdem bisweilen auch Panaitios[37] oder Poseidonius[38] als Hauptquelle Philos vermutet wurden.[39]

---

[33] FÖGEN 1993, 267f. Ihre Stellungnahme, das Hohelied der Willensfreiheit erschalle „bei Eusebios mit einer bis dahin nicht erreichten und trotz unablässiger Wiederholung nicht mehr steigerungsfähigen Leidenschaftlichkeit" (S. 268), erscheint mit Blick auf Philo doch erheblich übertrieben. Schon AMAND (1945, 85) hatte Philo den Ehrentitel „partisan résolu de la liberté humaine" gegeben.

[34] *Prov.* I, 84-86.

[35] Die einzelnen Argumente werden im folgenden *Exkurs* (S. 240-247) nochmals aufgegriffen.

[36] AMAND 1945, 84f. Karneades (2. Jhdt. v.u.Z.) hat bekanntlich selber nichts geschrieben, so daß seine Lehren aus zweiter Hand – Cicero, Eusebius, Alexander von Aphrodisias u.a. – rekonstruiert werden müssen.

[37] BRÉHIER 1925, 167. Für diese Annahme spricht u.a. die Tatsache, daß Cicero sich *div.* II, 97 anläßlich seiner Auseinandersetzung mit der Astrologie ausdrücklich auf Panaitios beruft und Karneades als Urheber ablehnt.

[38] WENDLAND 1892. Poseidonius war offensichtlich ein Anhänger der Astrologie, der seine gelehrten Kollegen der Neuen Akademie – unter ihnen Cicero – jedoch nicht zu überzeugen vermochte; vgl. CRAMER 1954, 70.

[39] Vgl. zur Diskussion E. ZELLER: *Philosophie der Griechen* III.2, Leipzig ⁴1903, 442ff.

Wir können somit konstatieren, daß Philo sich Argumente gegen die Astrologie zu eigen macht, die in der anti-fatalistischen Philosophie – vor allem bei Karneades, doch auch beim späten Cicero – ausgiebig diskutiert worden sind. Jene gedankliche Nähe, die uns im nachfolgenden Exkurs noch näher beschäftigen wird, verdeutlicht zur Genüge, daß sich die philonische Kritik in erster Linie gegen eine *fatalistische* Astrologie richtet, die wahrhaft ethisches oder tugendhaftes Handeln ad absurdum führt. Zu diesem Ergebnis kommt auch Cramer:

> It should be remembered, however, that the anti-astrological opposition of which Philo was perhaps the most important representative of his time, was intrinsically hostile to fatalistic astrology only. To deny astral influences in general, even to oppose on principle catarchic astrology was a different matter.[40]

Das Hauptinteresse Philos galt mithin der Inthronisierung des freien Willens, der den Menschen erst befähigt, sich für oder gegen die Tugend, für oder gegen Gott zu entscheiden.[41] Neben der schon genannten Stelle kommt dies *Deus imm.* 47-51 in klarer Weise zum Ausdruck, verbunden mit einer platonischen Wendung: In der menschlichen Freiheit spiegelt sich die Freiheit Gottes, so wie der menschliche Verstand aus derselben Substanz besteht wie das Göttliche. Die Freiheit des Willens – das hat schon W. Völker festgestellt[42] – ist für ihn ein göttliches Geschenk an den Menschen.[43] Eine solche platonische Auffassung steht auch *Migr. Abr.* 181 Pate, so daß Bréhier konstatiert:

> La véritable critique de l'astrologie et des cultes cosmiques n'est pas, comme chez un Carnéade ou un Panétius, une critique dialectique, mais ell' est la description des démarches intérieures de l'âme qui, partant du sensible, l'entaînemant dans un au-delà intelligible.[44]

Wenn der Mensch in divinatorischer Absicht die Wege des Schicksals zu ergründen sucht, macht er sich einer Sünde schuldig. Zudem

---

[40] CRAMER 1954, 126.
[41] Vgl. auch FÖGEN 1993, 264, die Philos Argumentation für den freien Willen „aus moralisch-sittlicher Einsicht" von der „physikalisch-wissenschaftlichen" abgrenzt, wie sie sich beispielsweise bei Lucrez findet.
[42] *Fortschritt und Vollendung bei Philo von Alexandrien*, Leipzig 1938, 58-63.
[43] Vgl. zur Willensfreiheit ferner E. ZELLER: *Philosophie der Griechen* III. 2, Leipzig ⁴1903, 444 Anm. 3; H. WILLMS: EIKΩN. *Eine begriffsgeschichtliche Untersuchung zum Platonismus. I. Teil: Philon von Alexandreia*, Münster 1935, 80-87; AMAND 1945, 86f
[44] BRÉHIER 1925, 168.

verwechselt er die Ebenen, weil der, welcher jenen Künsten „anhängt und ihnen folgt, seine Gedanken von dem Urheber aller Dinge ablenkt, da er unbewußt seine Lebenspläne gleichsam an die schwächsten Taue knüpft, sie abhängig macht von Vögeln und anderen Tieren der Luft und ihrem Hin- und Herziehen."[45] Deshalb hat Mose diese Künste verboten, die außerdem „in Wirklichkeit höchst unzuverlässig sind und sich selbst widersprechen."[46]

Einer Astrologie, die den freien Willen leugnet, sagt Philo also den erbitterten Kampf an. Daß ein solcher Kampf tatsächlich nicht die Astrologie insgesamt zum Gegner hatte, erhellt aus diversen Passagen im philonischen Werk, die mit großer Selbstverständlichkeit astrologische Gedankengänge adaptieren. So erläutert Philo in *de opificio mundi* in allegorischer Auslegung das große Schöpfungswerk Gottes. Über Sonne, Mond und Planeten, nach Gen 1,14-19 am vierten Tag erschaffen,[47] führt er aus, diese seien

> nicht allein zur Anzeige von Tag und Nacht eingesetzt, sondern als Zeichen, die das Zukünftige ankündigen. Denn aus ihrem Auf- und Untergang oder ihren Eklipsen, aus dem heliakischen Aufgang der Planeten und ihrem Verschwinden oder aus anderen Beobachtungen ihrer Bewegungen, könne der Mensch vermuten, was kommen wird. Fruchtbarkeit und Unfruchtbarkeit, Entstehen und Vergehen von Lebewesen, heiteres Wetter und Bewölkung, Windstille und gewaltige Stürme, Anschwellen und Austrocknen der Flüsse, Veränderungen der Jahreszeiten, sei es daß ein Sommer winterlich kalt oder ein Winter warm, ein Frühling herbstlich oder ein Herbst frühlingshaft wird. Manche haben auch schon aus den Bewegungen am Himmel Erderschütterungen, Erdbeben und viele andere ungewöhnliche Dinge vorhergesagt, so daß es richtig ist zu sagen, die Gestirne seien als Zeichen geschaffen.[48]

---

[45] *Spec. Leg.* I, 62.
[46] Ebda. §64.
[47] Hintergrund der philonischen Aussage ist nicht nur Gen, sondern auch Plato *timaios* 39b, c, wobei die Tradition in eigener Weise umgestaltet wird. Insofern ist die Aussage FRÜCHTELS (1968, 14) m.E. abzuschwächen, „Philo [knüpfe] in De opificio mundi weder an einen alten Mythos, noch an einen der platonischen Kunstmythen an."
[48] *Opif. mundi* 58f: Γεγόνασι δ' ὅπερ αὐτὸς εἶπεν οὐ μόνον, ἵνα φῶς ἐκπέμπωσιν ἐπὶ γῆν, ἀλλὰ καὶ ὅπως σημεῖα μελλόντων προφαίνωσιν. ἢ γὰρ ἀνατολαῖς αὐτῶν ἢ δύσεσιν ἢ ἐκλείψεσιν ἢ πάλιν ἐπιτολαῖς ἢ ἀποκρύψεσιν ἢ ταῖς ἄλλαις περὶ τὰς κινήσεις διαφοραῖς ἄνθρωποι τὰ ἀποξησόμενα στοχάζονται, καρπῶν φορὰς καὶ ἀφορίας, ζῴων τε γενέσεις καὶ φθορὰς, αἰθρίας καὶ νεφώσεις, νηνεμίας καὶ βίας πνευμάτων, ποταμῶν πλημμύρας καὶ κενώσεις, θαλάττης ἠρεμίαν καὶ κλύδωνα, ὡρῶν τῶν ἐτησίων ὑπαλλαγὰς ἢ θέρους χειμαίνοντος ἢ χειμῶνος

Es ist keineswegs so, daß Philo hiermit lediglich die Meteorologie akzeptiert, während Astrologie oder Magie außer acht blieben.[49] Landwirtschaftliche Prognosen sind ein Teil der Astrologie,[50] der auf denselben Grundannahmen aufbaut, allerdings bleiben die heiklen Fragen die menschliche Freiheit betreffend weitgehend ausgeklammert. Dies ist auch der Fall, wenn Philo schreibt, der Große Wagen habe einen Einfluß auf den menschlichen Geschlechtsverkehr, oder Sonne und Mond bestimmten die Empfängnis.[51]

Ohne also das stoische Sympathiekonzept zu übernehmen, gelangt Philo zu der Annahme, daß die irdischen Ereignisse durch die himmlischen Phänomene angezeigt werden.[52] Es besteht zwar kein *zwingender* Zusammenhang, aber doch eine hohe Wahrscheinlichkeit, das Zeichen richtig zu deuten.[53] Vor diesem Hintergrund überrascht es nicht, wenn Philo die Astrologie als Begleiterin der Astronomie auf eine hohe Stufe stellt, indem er sie den „enzyklischen Wissenschaften" zuordnet. Im Traktat *de congressu eruditionis gratia* (§50) nennt er die ἀστρονομία, die „Wissenschaft der Astronomen und Chaldäer", sogar βασιλὶς τῶν ἐπιστημῶν, also Königin des Wissens.[54] Erneut können wir die offensichtlichen Widersprüche in der philonischen Einschätzung der Astrologie nur erklären, indem wir die rein fatalistische Ausprägung von einer wissenschaftlichen Sternkunde abtrennen, die für Philo durchaus zu wichtigen Erkenntnissen führen kann.

Es kommt jedoch noch ein weiterer bedeutender Punkt ins Spiel. Für Philo ist die Astrologie in dem Moment inakzeptabel, wenn die Planeten in ihrem Rang überbewertet, vielleicht sogar vergöttlicht

---

φλέγοντος ἢ ἔαρος μετοπωρίζοντος ἢ μετοπώρου ἐαρίζοντος. [§59] ἤδη δὲ καὶ κλόνον καὶ σεισμὸν γῆς ἐκ τῶν κατ' οὐρανὸν κινήσεων στοχασμῷ προεσήμηνάν τινες καὶ μυρία ἄλλα τῶν ἀμθεστέρων, ὡς ἀψευδέστατα λεγέχθαι ὅτι „γενόνασιν εἰς σημεῖα" οἱ ἀστέρες, προσέτι μέντοι καὶ „εἰς καιρούς" (Gen 1,14).

[49] Gegen ARNALDEZ ad loc. Bd. 1, 178 Anm. 1.
[50] Zu Philos Zeiten war die frühere (babylonische) Ominadeutung bereits in die *ars mathematica* integriert. Zur Geschichte vgl. VON STUCKRAD 1996, 20-41.
[51] Vgl. BRÉHIER 1925, 165f. Dieser Zusammenhang, vor allem dargestellt in *Opif. mundi* 101. 113. 117, wird unten Kap. 1.3. erneut aufgegriffen.
[52] Zur der mittleren Platonismus eigenen Ansicht, daß die Stoa mit den platonischen Lehraussagen im Grunde zusammenfällt, s.u. Kap. 1.3.
[53] Ähnlich CRAMER 1954, 126: „All terrestrial events were foretold by the stars. Steady observations would eventually enable scholars to discover in the heavens mundane events which were likely, but *not* fated to happen" (Hervorhebung im Original). Ebenso AMAND 1945, 89, aus dem CRAMER weitgehend schöpft.
[54] Vgl. BRÉHIER 1925, 176f; AMAND 1945, 98f; außerdem W. BOUSSET: *Jüdisch-Christlicher Schulbetrieb in Alexandria und Rom*, Göttingen 1915, 101f.

werden. Dies bringt er *spec. leg.* I, 13ff (=*de monarchia*) zum Ausdruck, wo er die Gestirne erneut gemäß der jüdischen Tradition als von Gott geschaffene „Zeichen" beschreibt, dem Willen ihres Schöpfers untergeordnet.[55] Die Gestirne können somit auch als eine Emanation Gottes aufgefaßt werden. Dies wird verständlich, wenn wir uns vergegenwärtigen, daß für Philo die Begriffe „Sonne" und „Mond" auf unterschiedlichen Ebenen Bedeutung haben; hinter den sinnlich wahrnehmbaren Gestirnen verbergen sich nämlich – nach platonischem Muster – die Urbilder der Erscheinungen, vom Logos zusammengehalten. Der Sonne kommt hierbei eine besondere Rolle zu, repräsentiert sie doch die göttliche Kraft selber:

> Gott ist sowohl urbildliches Paradigma der für die Menschen verbindlichen Gesetze als auch als geistige Sonne Vorbild für die empirische. Es handelt sich also um keinen Vergleich mehr, sondern, im platonisch-„idealen" Sinn, um eine Stufenfolge. Die geistige Sonne, dem Menschen unzugänglich, schickt ein unendlich abgemindertes Licht in das Auge des Menschen, und zwar über den Weg der sichtbaren Sonne. Dies sinnlich erfahrbare Licht ist nur graduell und nicht prinzipiell vom geistigen unterschieden. Hier also hat Philon die schroffe horizontale, ausschliessliche Entgegensetzung von göttlichem und weltlichem Licht zugunsten einer vertikalen, graduellen Differenzierung im Anschluss an die platonischen Ideen aufgegeben.[56]

Es ist folglich der platonische Zug seines Denkens, der Philo eine Synthese schaffen läßt zwischen der strengen Ablehnung jeglichen Sternkultes[57] und der zeitgenössischen Hochachtung der astrologischen Wissenschaft, wie er sie in Person des Balbillus kennengelernt hatte. Die Planeten *repräsentieren* die vollkommene göttliche Schöpfungsordnung, die selber den Sinnen nicht wahrnehmbar ist.[58] Wir werden noch feststellen können, daß jener Denkansatz dazu geeignet ist, gleichsam über den Umweg eines hermetischen Ent-

---

[55] Zur Funktion der Himmelskörper in der Hebräischen Bibel vgl. VON STUCKRAD 1996, 89-91.
[56] KLEIN 1962, 37.
[57] Hier kann er Plato *tim.* 39 nicht folgen, der von den Planeten als „göttlichen Wesen" spricht. Obwohl Philo sie ebenfalls als „sichtbare Götter" bezeichnet, lehnt er ihre Darstellung als θεοῦς αὐτοκρατόρας ab (vgl. *Spec. Leg.* I, 23). Demgegenüber nennt er sie ἄρχοντας, und GUNDEL bemerkt, dies sei „die erste mir bekannte Erwähnung des später in den Geheimkulten und in der Gnosis so beliebten Schlagwortes" (1966, 181 Anm. 4). Dies ist nicht die einzige astrologische Lehre, die Philo als erster überliefert hat, wie wir noch sehen werden.
[58] Vgl. GOODENOUGH, *Symbols*, VIII, 210.

sprechungsdenkens astrologische Weltdeutung in jüdische Tradition einzuschleusen (s.u. 1.3.).

Durch die platonisierende Philosophie einerseits und die allegorische Bibelauslegung andererseits kann Philo also eine Brücke zur Astrologie schlagen. Daß die Astrologie sogar selber dazu beiträgt, den Sternkult zu überwinden, wird am Beispiel Abrahams erläutert: Der jüdische Stammvater, dessen Name etymologisch aus hebr. אב רם (= „hochstehender Vater") abgeleitet und mit πατήρ μετέωρος übersetzt wird,[59] stammt bekanntlich aus Ur in Chaldäa und war deshalb mit der Kunst der babylonischen Sterndeutung vertraut.

> Er befaßte sich in seiner Heimat mit der Beobachtung der Himmelskörper; er berechnete ihren Lauf und betrachtete staunend ihre Harmonie. Aber noch besaß er nicht die Kenntnis des wahren Gottes, sondern hielt die Gestirne für Götter. Die Astronomie sollte ihn ja erst dazu anleiten, auf die Existenz eines Schöpfers aller Dinge zu schließen. Tatsächlich sah auch Abraham ein, daß es über den Sternen einen Lenker der Welt geben müsse und erhob sich auf diese Weise von der Naturbeobachtung zu einer Geisteswissenschaft.[60]

In diesem Resümee Heinischs kommt sehr schön zum Ausdruck, auf welche Weise Philos Synthese zwischen wissenschaftlicher Sternkunde und theologischen Grundannahmen ausformuliert wird. Abraham galt nicht nur der jüdischen Tradition als Astrologe *par excellence*,[61] sondern auch der griechischen, ägyptischen und christlichen.[62]

Indem die Astrologie sich über Sternkult und fatalistische Schicksalsgläubigkeit erhebt,[63] gewinnt sie den Status einer Geisteswissenschaft, mehr noch: Sie kann den Menschen zur Anschauung des wahrhaft Göttlichen führen, denn der gestirnte Himmel ist eine

---

[59] *Cher.* 4.
[60] HEINISCH 1908, 187. Wichtigste Belegstellen sind *Migr. Abr.* 176ff und *Abr.* 69-80.
[61] Daß Abraham die Astrologie aus Chaldäa nach Ägypten brachte, vermerkt auch Josephus AJ I, 166-168. Zur jüdischen Tradition vgl. VON STUCKRAD 1996, 141-143; 145-150.
[62] Vgl. STRACK-BILLERBECK III, 212 und RIEDINGER 1956, 110-116; außerdem die neue Studie von JAN ASSMANN 1997. Auf diese Zusammenhänge werden wir unten zu sprechen kommen.
[63] In ihrer dichotomischen Bestimmtheit dem heutigen Forschungsstand nicht mehr angemessen, wenn auch in ihrer Tendenz durchaus zutreffend ist die Feststellung AMANDS (1945, 87): „Son judaïsme, sa foi monothéiste l'obligent certes à proscrire l'adoration des astres et à condamner l'astrolâtrie. Les corps célestes ne sont point dieux; ce ne sont que des créatures de Dieu."

Manifestation der transzendenten heiligen Ordnung. Ein solcher Gedanke bringt uns bereits zum spezifischen *Entsprechungsdenken* Philos, wie es sich in seinen Schriften findet. Bevor wir diese Spur weiter verfolgen, ist es aber sinnvoll, kurz innezuhalten und die Diskussion Ciceros über die Astrologie etwas näher zu betrachten. Denn hier zeigt sich nicht nur die übereinstimmende Kritik an fatalistischer Astrologie, sondern zugleich auch in prägnanter Weise die exakte Zielrichtung jener Kritik, die andere Tätigkeitsfelder deutender Astrologie unberücksichtigt läßt.

Exkurs 2: Ciceros Kritik der Astrologie in *de divinatione* II, 87-99

In seiner großen Schrift *de divinatione*, während seiner letzten Lebensjahre verfaßt, beschäftigt sich Cicero mit den verschiedenen Techniken der Zukunftsschau, also Haruspizin (II, 28ff), Augurium (§§70ff), Losen (§§85ff) und Astrologie (§§87ff), außerdem den „natürlichen" Deutungsmethoden, nämlich Träumen und Ekstase (§§100ff), um sie hinsichtlich ihrer Zuverlässigkeit miteinander zu vergleichen.[64] Mit dem Satz „nun kommen wir zu den widernatürlichen Auffassungen der Chaldäer!"[65] leitet er seine beißende Kritik der Astrologie ein. Durchaus kenntnisreich erläutert er zunächst die Grundpositionen der sterndeutenden Zunft,[66] um anschließend zum Gegenschlag auszuholen. Dies geschieht mit den Worten: „Welch unglaublicher Wahnsinn! Nicht jeder Irrtum darf als simple Torheit gelten."[67]

Es sind im wesentlichen sechs Argumente, die Cicero ins Feld führt: Erstens gingen die Astrologen von Voraussetzungen aus, die aus astronomischen Erkenntnissen nicht gesichert sind; denn da die Planeten unendlich weit voneinander entfernt seien, könnten sie

---

[64] Wichtigste Orientierung stellt nach wie vor die grundlegende Textausgabe von PEASE dar. Vgl. ferner REINHARDT 1926, 61-177; R. PHILIPPSON: Art. „M. Tullius Cicero", in: RE, 2. Reihe, VII.1, 1156-1161; W. THEILER: *Tacitus und die antike Schicksalslehre* (Phyllobolia für P. von der Mühll), Basel 1945, 35-90; CRAMER 1954, 69-73; J. LINDERSKI: „Cicero and Roman Divination", in: *La parola del passato* 37 (1982), 12-38; M. BEARD: „Cicero and Divination: The Formation of a Latin Discourse", in: *The Journal of Roman Studies* 76 (1986), 33-46; im selben Heft (S. 47-65) von M. SCHOFIELD: „Cicero for and against Divination"; P.-A. BRUNT: „Philosophy and Religion in the Late Republic", in: GRIFFIN/BARNES 1989, 174-198; FÖGEN 1993, 257-260.

[65] *Div.* II, 87: *Ad Chaldaeorum monstra veniamus.*

[66] Daß Cicero über Quadrat- und Trigonalaspekte informiert ist (§91), spricht für eine über das durchschnittliche Laienverständnis hinausgehende Kenntnis astrologischer Deutung. Dasselbe gilt für die astronomischen Zusammenhänge, die er erläutert (ebda.).

[67] §90: *O delirationem incredibilem! non enim omnis error stultitia dicenda est.*

nicht einen gleich starken Einfluß auf die Menschen ausüben, wie es die Astrologen behaupten (§91f). Voraussetzung für diese Kritik ist ein *kausales* Verständnis der planetarischen Einflüsse, wie es in der Antike verbreitet war; allerdings sollte nicht übersehen werden, daß auch zu Ciceros Zeiten ein Denken in *Entsprechungen*, wie es im Sympathiekonzept sich manifestiert, welches also nicht kausal, sondern symbolisch strukturiert ist, ebenfalls allgemeine Rezeption erfuhr, nicht nur im „esoterischen" Hermetismus, sondern auch in der Stoa. Die Überlegungen *Geminos' von Rhodos* z.B. dürften Cicero vertraut gewesen sein: Dieser Astronom diskutierte im ersten vorchristlichen Jahrhundert die Frage, ob die Sterne tatsächlich die Ursachen für mundane Einflüsse sind, oder ob sie nicht vielmehr letztere *anzeigten*.[68] – Welche Astrologie hat Cicero also im Blick?

Ciceros zweiter Einwand gründet ebenfalls in astronomischen Überlegungen und zielt darauf ab, daß die Sternkonstellationen in unterschiedlichen Breitengraden stark voneinander abweichen, ein Umstand, den Astrologen eigentlich zu berücksichtigen hätten (§92f). Ebenso wie beim ersten Einwand stellt sich die Frage, welche astrologische Schule Cicero hier im Auge hat, will man ihm nicht unterstellen, über den aktuellen Stand wissenschaftlicher Astrologie nicht ausreichend informiert gewesen zu sein. In professionellen Kreisen galt es nämlich schon in der frühen Kaiserzeit als notwendig, den *horoskopos*, also den Aszendenten, sowie den *kulminierenden Punkt*, der das MC bestimmt und damit die anderen Häuser, dem Geburtsort entsprechend zu berechnen.[69] Regeln zur Ermittlung jener Haupt-

---

[68] Vgl. Geminos II, 1, 5ff; I, 17, 1-38. Die Diskussion wird referiert bei BARTON 1995, 36f. Auch sie greift die Frage auf, inwieweit Cicero von astrologischem Diskurs Kenntnis hatte. Nicht zuletzt, weil „[h]is account reveals a limited knowledge of the discipline", folgert sie: „Despite the backing that Stoicism offered to astrology, its influence on elite Romans should not be exaggerated as the single factor in converting them to astrology. For one thing, philosophy did not cut ice with everybody. It was a commonplace of conservative rhetoric to present philosophy as a suspicious activity for a true Roman" (S. 36). Dieser Befund deckt sich im wesentlichen mit den hier vorgetragenen Thesen über die Haltung der Neuen Akademie, auch wenn m.E. die Darstellung Ciceros nicht auf seine vermeintliche Unkenntnis astrologischer Lehren allein zurückgeführt werden sollte.

[69] Nachweise, auch ägyptischer Quellen, finden sich bei BL 257ff. Da Positionsangaben für das MC von den Gradzahlen des Aszendenten abweichen, muß es sich notwendigerweise um die tatsächliche Himmelsmitte handeln, und nicht um das Zehnte Haus im äqualen Häusersystem. Bereits im 1. vorchristlichen Jahrhundert macht zudem *Geminos* darauf aufmerksam, daß das MC durchaus nicht immer senkrecht auf den Horizont zu stehen kommt, was in der Genethlialogie zu berücksichtigen sei (*Isagoge* II).

achsen im Horoskop finden sich bei Manilius, Vettius Valens, Firmicus Maternus und Ptolemaios.[70] Von entscheidender Bedeutung ist allerdings das astronomische Werk *Anaphorikos* des um 175 v.u.Z. lebenden Hypsikles. Dieser Gelehrte hat nämlich eine Rechenmethode entwickelt, die – auch wenn sie exemplarisch für das Klima Alexandrias dargestellt wird – auf alle Breitengrade übertragbar ist, sobald die Dauer des längsten Tages für das jeweilige Klima gegeben ist.[71]

Berücksichtigen wir diese astronomische Kompetenz, so ergeben sich für die Bedeutung der Kritik Ciceros zwei Möglichkeiten: Entweder er ist jener Berechnungen schlicht unkundig, was durchaus möglich, wenn auch angesichts der großen Verbreitung dieser Kenntnisse in gelehrten Kreisen nicht sehr wahrscheinlich ist;[72] oder Cicero kritisiert eben jene Gruppe professioneller Astrologen, die auf eine Differenzierung ihrer Berechnungen verzichtet und damit das Ergebnis verfälscht.[73] M.E. ergibt nur die zweite Möglichkeit einen Sinn, denn Cicero lehnt nicht die Astrologie insgesamt ab, sondern plädiert für eine Revision astrologischer Positionen, die die astronomischen Erkenntnisse stärker berücksichtigt. Dies kommt auch in seinem Fazit zum Ausdruck (§93):

> Also: Auch wenn wir nun einräumen, in gewisser Hinsicht wirke ein himmlischer Einfluß auf die ein, die auf der Erde geboren werden, müssen die Astrologen doch anerkennen, daß die, welche zur gleichen Zeit geboren werden, mit unähnlichen Wesensarten bedacht werden

---

[70] Bei Manilius werden die Aufgangszeiten nur für die geographische Breite – das *Klima* – Babylons gegeben, während Firmicus sechs und Vettius sieben Klimata aufführt. Vgl. E. HONIGMANN: *Die sieben Klimata*, Heidelberg 1929; VAN DER WAERDEN 1968, 264. Wie wichtig die Hauptachsen für die astrologische Deutung waren, ist aus Man. *Astron.* II, 788-841 leicht zu ersehen.

[71] Vgl. K. MANTIUS: *Des Hypsikles Schrift Anaphorikos* (Progr. d. Gymnas. heil. Kreuz), Dresden 1888. Der Rechenweg wird erläutert bei VAN DER WAERDEN 1968, 264f, der mit der Vermutung schließt (265): „Ob die Babylonier bereits Aufgangszeiten für verschiedene Klimata berechnet haben, ist sehr fraglich. Bis auf weiteres müssen wir annehmen, dass diese Erweiterung der Theorie griechisch ist."

[72] Dies würde auch dem allgemeinen Eindruck zuwiderlaufen, daß Cicero ganz offensichtlich alles kannte, was zum Thema erarbeitet worden war, wie PHILIPPSON betont (s.o. Anm. 64, Sp. 1162). Eine Abhängigkeit von einzelnen Autoren (wie Poseidonius περὶ προνοίας) sollte deshalb nicht überschätzt werden. Hiervor warnte schon in unterhaltsamer Weise REINHARDT 1921, 208ff.

[73] Daß es eine solche Gruppe gegeben hat, steht außer Frage, und Manilius kann vielleicht als Repräsentant dieser Astrologen gelten.

können wegen der Unähnlichkeit am Himmel: das aber behagt ihnen keineswegs; denn sie fordern, daß alle, die zur gleichen Zeit geboren werden – wo auch immer sie zur Welt kämen –, unter den gleichen Bedingungen zur Welt kommen müßten.

Ciceros drittes Argument greift die „Unähnlichkeiten am Himmel" auf, diesmal jedoch bezugnehmend auf die Witterungsbedingungen zur Zeit der Geburt: „Aber was ist denn das für ein Irrsinn, daß es trotz riesiger Umwälzungen und Veränderungen am Himmel keine Rolle spielen soll, was Wind, Regen, allgemein das Wetter überall je beitragen" (§94). Mit dieser Frage will er den Widerspruch aufzeigen, daß einerseits solch gravierende Einflüsse als peripher abgewertet werden, während andererseits „jenes unfaßbar Feine, das man mit den Sinnen überhaupt nicht, mit dem Verstand nur schwer erfassen kann", kausal auf die Nativität einwirken solle.

Mit dem vierten Argument nimmt Cicero Philos Hinweis vorweg, daß es gravierende Unterschiede zwischen einzelnen Kulturen gebe, wie der Inder, Perser, Äthiopier und Syrer (§96f). Deshalb sei es außerordentlich wichtig, den Ort der Geburt und die damit einhergehende soziale Prägung ins Kalkül mit einzubeziehen. Natürlich ist es auch den Astrologen im Römischen Reich nicht entgangen, daß es jene Unterschiede gibt, und man hat dieses Problem zu beheben versucht, indem jedem Kulturkreis bestimmte Zeichen und Planeten zugeordnet wurden, die auch über das Aussehen Hinweise erlauben.[74] Wenn Manilius schreibt: „Denk an den Klang von so vielerlei Stimmen, so vielerlei Sprachen, und an Gesittung und Brauch, die dem Klima der Gegenden gleichen",[75] so kann Cicero kaum eine solche astrologische Schule im Visier gehabt haben. Erneut macht seine Argumentation nur Sinn, wenn wir sie auf eine Astrologie beziehen, die dem gebildeten Diskurs seiner Zeit nicht Rechnung zu tragen vermag, auf die „Vulgärastrologie" also.

Das fünfte Argument ist uns ebenfalls bereits von Philo her bekannt: Cicero möchte nämlich wissen, „ob alle, die in der Schlacht bei Cannae fielen, unter einer und derselben Konstellation standen; aller Tod jedenfalls war ein und derselbe" (§97). So beiläufig diese Frage bei Cicero im Raum steht, so gravierend ist doch das Problem, das sie benennt. Denn in der Tat scheint unter astrologischer Prämisse davon ausgegangen werden zu müssen, daß jene Soldaten, wie

---

[74] Vgl. beispielsweise Manilius *Astron.* IV, 585ff und Ptolemaios *tetrab.* II, 2-4, wo diese Zusammenhänge ausführlich dargelegt werden. Auf die zodiakale und planetare Geographie werden wir wiederholt zu sprechen kommen.
[75] *Astron.* IV, 731f.

auch Bewohner einer Stadt, die von Seuchen heimgesucht werden, ähnliche Horoskope aufweisen müssen. Auch wenn Cicero ausdrücklich betont, das Argument sei seinem eigenen Geist entsprungen, rekurriert er hier zweifellos auf Karneades.[76] Auch bei Sextus Empiricus findet sich jener Vorwurf,[77] und wir dürfen davon ausgehen, daß er in astrologiefeindlichen Kreisen allenthalben adaptiert worden ist. Die Astrologinnen und Astrologen vermuten, daß ein gewaltsamer Tod anhand von bestimmten Horoskopeigenschaften bestimmt werden kann.[78] Und über den Tod in einer Schlacht schreibt Firmicus, ein Mensch mit Schützebetonung werde im Krieg grausam niedergemacht.[79]

Somit haben wir hier den ersten Kritikpunkt Ciceros, der tatsächlich die gesamte astrologische Wissenschaft trifft und nicht einige besondere Schulen. Der Streit konnte aus ersichtlichen Gründen niemals beigelegt werden, da empirische Untersuchungen über Soldaten, die in einer Schlacht sterben, schlechterdings undurchführbar sind. Spätestens seit Ptolemaios indes löste die professionelle Astrologie das Problem dadurch, daß man in verschiedenen Kontexten – namentlich bei Kriegen und gesamtgesellschaftlichen Belangen – vom Primat der *mundanastrologischen* Planetenstellung ausging, die dem Schicksal des Individuums vorgeordnet sei:

> Es werden die Ereignisse ganzer Reiche durch umfassendere und schwerwiegendere Ursachen heraufgeführt, als die einzelnen Menschenlebens. Da nun stets schwächere Ursachen in der Natur mächtigeren untergeordnet sind, ebenso wie Teilwirkungen sich großen Allgemeinwirkungen einfügen, so ist es eine Notwendigkeit, uns vorher mit den allgemeinen bekannt zu machen, wenn wir persönliche Schicksale, die nur Teile des großen Ganzen sind, einer Betrachtung unterziehen wollen.[80]

---

[76] Vgl. BL 425; AMAND 1945, 46-49 sowie S. 53-55 zum Nachweis, daß das Thema des „kollektiven Todes" ebenfalls von Karneades übernommen ist.

[77] *Adv. Astrol.*, S. 353.

[78] Hierfür waren insbesondere Mars und Saturn, jeweils in schwierigen Aspekten zu Sonne (=Wesenskern/Existenz) und Mond zu untersuchen. Die Zeichen, in denen Saturn oder Mars stehen, geben Auskunft darüber, ob ein Mensch z.B. eher erdrosselt wird oder aber durch Ertrinken stirbt. Vgl. BL 423f. Ein kaiserliches Horoskop, das eine solche Konfiguration aufweist, nämlich Neros, wird uns unten noch beschäftigen (s. S. 258-260).

[79] *Undecima pars Sagittarii si in horoscopo fuerit inventa, homines faciet qui in hostili bello percussi crudeliter pereant* (*mathes.* VIII, 27).

[80] Ptolemaios *tetrab.* II, 1 (WINCKEL 1995, 75f). Nebenbei bemerkt ist diese Argumentation bis heute vorherrschend, will man Katastrophen wie Flugzeugabstürze oder Hungersnöte astrologisch entschlüsseln; vgl. dazu BAIGENT/CAMPION/HARVEY 1989.

Exkurs 2: Ciceros Kritik der Astrologie

Als letztes Hauptargument gegen die Astrologie sei die schlichte Feststellung Ciceros genannt, daß die meisten Prognosen der Sterndeuter nicht in Erfüllung gegangen sind (§99). Wie vielen Herrschern sei fälschlich prophezeit worden, daß sie

> im Alter, alle zu Hause, alle im Glanz ihres Ruhms sterben würden. So erscheint es mir denn höchst merkwürdig, daß es überhaupt Leute gibt, die auch jetzt noch denen ihr Vertrauen schenken, deren Voraussagen offenkundig täglich von der Wirklichkeit der Ereignisse widerlegt werden.

Über diese Einschätzung ließ sich in damaliger Zeit trefflich streiten. Konnte Cicero noch viele seiner Zeitgenossen von der Logik seines Einwandes überzeugen, so sollte der gesellschaftliche Diskurs schon einhundert Jahre später eine ganz andere Wendung genommen haben. Plötzlich war es ausgemacht, daß ein guter Astrologe in der Tat den Tod eines Herrschers präzise vorauszusagen vermochte. Das Vorverständnis hat auch damals schon das Gespräch deterministisch beeinflußt.

Dies sind die wichtigsten Argumente, welche Cicero gegen die Astrologie anführt. Einige weitere seien nur kurz aufgezählt: der Einfluß der Eltern, die durch die Zeugung doch ganz offensichtlich Aussehen und Charakter des Kindes bestimmen (§94); die Tatsache, daß Menschen, die zur gleichen Zeit geboren wurden, ganz unterschiedliche Schicksale erleiden können (§95); Menschen mit einer angeborenen Behinderung sind zuweilen in der Lage, dieses „schicksalhafte" Defizit durch Fleiß und starken Willen zu beheben (§96); wenn wir die Prämissen der Astrologie übernehmen, müssen wir auch bei Tieren von einer Geburtskonstellation ausgehen. „Könnte man aber etwas Ungereimteres behaupten als dies" (§98)?

Zusammenfassend können wir festhalten, daß Cicero in einer bis dahin kaum erreichten Brillanz die Diskussionen der Neuen Akademie, hervorgegangen namentlich aus den Theorien von Karneades und Panaitios, dargestellt hat.[81] So deutlich dieser Befund auf der einen Seite ist, so vorsichtig müssen wir sein, voreilige Schlüsse zu ziehen. Selbst in Dialogpassagen, die Cicero ausdrücklich als seine eigene Stimme bezeichnet, hat er nicht selten Argumente eingebaut, die der Philosophiegeschichte entstammen. Allem übergeordnet – und damit der archimedische Punkt seines Denkens – ist der unverbrüchliche *Skeptizismus*, der davon ausgeht, daß es keine definitiven Wahrheiten gibt, welche unangefochten den Menschen auferlegt

---

[81] Vgl. AMAND 1945, 47.

werden könnten. Aus diesem Grunde hat Cicero es auch als einem römischen Gelehrten und Edelmann angemessen betrachtet, jedem Fanatismus und jeder Verabsolutierung einer einzigen Wahrheit zu trotzen.[82] So kann Fögen die moderne Forschung mit dem Satz zusammenfassen: „Cicero [...] hat mit De divinatione weder ein persönliches Bekenntnis des (Un-)Glaubens ablegen noch die traditionellen römischen Methoden der Welterklärung untergraben wollen."[83] Die nach objektiver Erkenntnis strebende Haltung der Neuen Akademie kommt auch darin zum Ausdruck, daß Cicero mit Philosophen, die gänzlich andere Positionen vertraten, dennoch lebenslange Freundschaften pflegte, wie bei Poseidonius, Varro und Nigidius Figulus deutlich wird. Poseidonius und auch Varro waren Anhänger der Astrologie, so daß wir die Möglichkeit, Cicero habe am astrologischen Diskurs schlicht nicht partizipiert (s.o.), eindeutig verneinen können.

Die Dialoge Ciceros verfolgen ein beinah didaktisches Ziel, das der Vermittlung griechischer Philosophie in römischem Gewande dient.[84] Die eigene Haltung des Autors ist, wie wir sahen, mitunter nur verschwommen zu erkennen. Kompliziert wird die Angelegenheit noch dadurch, daß Cicero an anderen Stellen sich der Astrologie zugetan zeigt.[85] So können wir mit Eindeutigkeit lediglich festhalten, daß Cicero jede *fatalistische Astrologie* strikt ablehnte. Dies macht er in seiner Schrift *de fato*, im selben Kontext wie *div.* und *de natura deorum* verfaßt, klar: „Die Himmelskörper mögen, wenn du willst,

---

[82] Dies macht er selber noch einmal deutlich in den letzten Sätzen seiner Untersuchung: „Nun zeichnet aber folgendes die Akademie aus: Sie bringt kein eigenes Urteil ins Spiel, erkennt das an, was ihr am wahrscheinlichsten scheint, vergleicht Argumente, legt offen, was man gegen jede Auffassung vorbringen kann, verzichtet auf den Einsatz ihrer Autorität und läßt das Urteil der Hörer unangetastet und frei" (*div.* II, 150).
[83] FÖGEN 1993, 258.
[84] Neuere Studien zur antiken Philosophie haben deren therapeutische Funktion herausgearbeitet. Stoiker, Skeptiker und Epikuräer zielten auf eine Verbindung zwischen Rationalem und Emotionalem, indem sie ihren Leserinnen und Lesern eine Änderung ihrer psychischen Einstellung nahelegten, die es ihnen ermöglichte, das Schicksal gleichmütig zu erfüllen. Die „Würde der Vernunft", die auch bei Cicero leitend ist, führt dann die Schüler selbständig zu den richtigen Schlußfolgerungen; vgl. dazu HADOT 1981 und NUSSBAUM 1994. NUSSBAUMS Ansicht, die Philosophie unterscheide sich von Volksreligiosität, Traumdeutung und Astrologie dadurch, daß sie die Verbindlichkeit rationaler Argumente anerkenne (1994, 353), findet allerdings in den antiken Diskursen zur Sternkunde kaum Rückhalt.
[85] Beispielsweise im Gedicht über seine Konsulatszeit, wiedergegeben in *div.* I, 17-18. Vgl. CRAMER 1954, 71.

einige Dinge beeinflussen, aber sicherlich werden sie nicht alles beeinflussen."[86] Hiermit ist eine Unterscheidung markiert, die sich auch in den dargestellten Argumenten wiederfindet, nämlich eine radikale Ablehnung prognostizierender und fatalistischer Astrologie bei gleichzeitiger Akzeptanz astrologischer Erklärungen auf anderem Gebiet. „Catarchic astrology might, however, pass, and certainly the effect of the sun on the growth of plants and that of the moon on the tides was so well known that no general objection to sidereal influences was tenable."[87]

Cicero befand sich mit seiner skeptischen Grundhaltung in jener Zeit bereits zusehends auf verlorenem Posten, und schon zwei Generationen später war der gesellschaftliche Konsens von astrologischem Denken in starkem Maße bestimmt.[88] Die christliche Auseinandersetzung erst adaptiert weithin Gedankengut, wie Cicero es in seinem Werk entfaltete, und verhilft der anti-astrologischen Tendenz zum entscheidenden Durchbruch.[89]

1.3. Kult, Kosmos, Sympathie

Nach diesem Ausflug in die gelehrten Argumentationen der Neuen Akademie kommen wir auf unseren jüdischen Denker zurück. Im bisherigen Verlauf unserer Untersuchung konnten wir feststellen, daß Philo gegenüber der Astrologie eine differenzierte Haltung einnahm, indem er auf der einen Seite Fatalismus und Sternkult strikt ablehnte, auf der anderen Seite jedoch entscheidende Grundprämissen astrologischer Weltdeutung vorbehaltlos in sein Konzept aufnehmen konnte. Eine dieser Grundannahmen findet sich im Gedanken der *Sympathie*, die den Kosmos durchwaltet und das Obere mit dem Unteren durch unsichtbare Bande zusammenknüpft. Innerhalb dieses Modells gibt es unterschiedliche Ausrichtungen, und das hermetische Entsprechungsdenken ist nicht ohne weiteres auf das stoische Sympathiekonzept zu übertragen. Was uns hier jedoch interessiert, ist gleichsam die idealtypische Explikation jener Positionen im Sinne

---

[86] *De fato* IV, 8. Vgl. außerdem *de fato* III, 6.
[87] CRAMER 1954, 71.
[88] Ähnlich CRAMER 1954, 73: „In Cicero the scepticism of Carneades and Panaetius shone brightly for the last time in Rome at the end of the republican era. Except for a short-lived renaissance of anti-astrological sentiment in the second century A.D. paganism thereafter overwhelmingly on all levels of society accepted to a greater or lesser degree the dogma of fatalistic astrology, or, on the lower social levels, religious concepts of star worship."
[89] Vgl. zum Thema M. TESTAR: *Saint Augustine et Cicero*, Paris 1958.

von Max Weber,[90] die eben darin besteht, daß es tatsächlich *nichtkausale* Verbindungen zwischen einzelnen Ebenen der Wirklichkeit gibt. Eine solche Annahme ist wesentliche Voraussetzung dafür, Astrologie zu betreiben.

Philo teilt diese Ansicht. Für ihn ist es die göttliche Emanation in die Stufen der Wirklichkeit, die den Kosmos durchwaltet und in der Tat Oben und Unten verbindet. Hier verwendet er nicht nur die platonische Ideenlehre, sondern in starkem Maße auch die Ansichten der Stoa.[91] Wie sonst in mittel- und neuplatonischer Philosophie auch herrscht bei ihm die Ansicht vor, daß letzten Endes – oder δυνάμει, wie Sextus Empiricus schreibt[92] – die Theorien Platos mit den stoischen kompatibel sind, wenn nicht sogar identisch.[93] Besonders deutlich wird dieser Sachverhalt im Hinblick auf die Zusammenhänge zwischen irdischem, „materialisiertem" Kult und den „wahren", d.h. den Sinnen nicht faßbaren Dimensionen dieses Kultes, die Philo in seinem Denken entwickelt.[94] Der Symbolik des Tempels bzw. Zeltes und des hohenpriesterlichen Gewandes kommt hierbei eine besondere Bedeutung zu, die es nun zu untersuchen gilt.[95]

---

[90] WEBER definiert den Begriff des Idealtypus' im Zusammenhang mit seinem Verstehensbegriff: „Verstehen" heißt deutende Erfassung u.a. „des für den *reinen* Typus (Idealtypus) einer häufigen Erscheinung wissenschaftlich zu konstruierenden (‚idealtypischen') Sinnes oder Sinnzusammenhangs" (aus Kap. I von „Wirtschaft und Gesellschaft", abgedruckt in: *Soziologische Grundbegriffe* [ed. J. WINCKELMANN], Tübingen ⁶1984, 25 [Hervorhebung im Original]). Die Konzeption der Idealtypen ist durchaus kompatibel mit dem pragmatistischen Ansatz, der die *Konstruktion* des historischen Bildes ausdrücklich nicht zu hintergehen versucht. Vgl. auch WEBERS Kommentar a.a.O. S. 40: „Man hat eben methodisch sehr oft nur die Wahl zwischen unklaren oder klaren, aber dann irrealen und ‚idealtypischen', Termini. In diesem Fall aber sind die letzteren wissenschaftlich vorzuziehen." NB: WEBER intendiert damit keineswegs die Hintanstellung konkreter historischer Verortung, sondern beschreibt systematisch die Probleme vergleichender Geschichtsschreibung.

[91] So konstatiert FARANDOS 1976, 279: „Philo vertritt die Einheit der Welt in Übereinstimmung besonders mit Platon und den Stoikern." Vgl. zum Thema außerdem HAHM 1977.

[92] πρὸς φυσικούς I, 104f führt er aus, daß die Timaiosrede (*tim.* 19) in dieser Hinsicht dasselbe sage wie der Syllogismus Zenons τὸ λογικὸν τοῦ μὴ λογικοῦ κρεῖττον.

[93] Vgl. FRÜCHTEL 1968, 12 Anm. 3.

[94] Vgl. zum folgenden vor allem GOODENOUGH, *Symbols*, VIII, 207ff; KLEIN 1962; FRÜCHTEL 1968; FARANDOS 1976, 276-306; L.H. MONTES-PERAL: *Akataleptos Theos. Der unfaßbare Gott* (Arbeiten zur Literatur und Geschichte des hellenistischen Judentums 16), Leiden u.a. 1987, besonders 164-205.

[95] Eine erschöpfende Integration der hier zu untersuchenden Gedankengänge Philos in sein philosophisch-mystisches Gesamtkonzept kann im Rahmen

Die beiden zentralen Abschnitte im philonischen Werk zu unserem Thema sind *Spec. Leg.* I, 66ff und *Mos.* II, 67ff.[96] Gleich zu Beginn seiner Tempelbeschreibung *Spec. Leg.* I, 66 macht Philo klar, daß es ihm nicht (nur) um eine irdische Entsprechung des Tempels geht, daß vielmehr der „wahre Tempel Gottes die ganze Welt umfaßt." In diesem Sinne ist auch der heilige Bezirk des Tempels zu verstehen, wie er §71 genannt wird.[97] Die konkreten Entsprechungen werden von Philo in folgender Weise tradiert: Der Tempelraum (νέω) repräsentiert als wichtigster Bestandteil des Tempels den Himmel. Der Himmel ist der erhabenste Ort im Kosmos, und er besteht aus der feinsten Materie, dem ätherischen Feuer. Die Weihegeschenke, die im Tempel aufgestellt sind, stehen für die Sterne. Auch die Priester, die die Kulthandlungen vollziehen, fungieren im „wahren Tempel" als Engel, Repräsentanten der einen göttlichen Kraft.[98] Es liegt auf der Hand, daß ein solcher Entwurf den Jerusalemer Tempel als überflüssig betrachten kann, ja u.U. dessen Ehrung sogar kritisiert, weil dies die eigentliche, den Sinnen verborgene Dimension außer acht läßt.[99]

Indem die Gläubigen den Kult zelebrierten, stimmten sie sich ein in die kosmische Harmonie, welche den Tempel durchklingt und „joined the great cosmic worship wherein all creation manifested and worshiped the Creator."[100] Dies wird noch deutlicher bei der Betrachtung des priesterlichen Gewandes, dem Philo sich nun zuwendet: Der Hohepriester verfügt über zwei klar unterschiedene Gewänder, nämlich ein „buntes" und ein weißes. Letzteres ist aus unsterblichem Material und darf nur einmal im Jahr getragen werden, wenn der Hohepriester das Allerheiligste des Tempels betritt. Das bunte Gewand[101] dagegen stellt erneut die kosmische Ordnung

---

dieser Arbeit nicht angestrebt werden. Wir müssen uns darauf beschränken, die wesentlichen Gesichtspunkte zusammenzutragen und auf seine Haltung zur Astrologie hin zuzuspitzen.

[96] FRÜCHTEL (1968, 69) hat überzeugend dargelegt, daß hier zwei unterschiedliche Tempeltraditionen ihren Niederschlag fanden.
[97] So FRÜCHTEL 1968, 71 Anm. 3.
[98] §66. Zur Funktion der Engel in diesem Zusammenhang vgl. WOLFSON 1962, I, 366-385.
[99] Vgl. GOODENOUGH, *Symbols*, VIII, 209; FRÜCHTEL 1968, 72. Dies ist ja auch ein Grund dafür, daß Philo im christlichen Kontext auf Interesse stieß: Nicht nur konnte der Verlust des Jerusalemer Tempels bewältigt werden, sondern Philos Kritik am nur äußerlich verstandenen Kult diente christlicher Apologetik dazu, den jüdischen Tempelkult als überholt zu desavouieren.
[100] GOODENOUGH, *Symbols*, VIII, 209f.
[101] Bunt bedeutet für Philo soviel wie „der Duas angehörig", das weiße Gewand dagegen ordnet er der Monas zu.

dar, wobei das Oberteil den Himmel als oberste Region im Kosmos repräsentiert. Die beiden Smaragde auf dem Gewand faßt Philo als Abbilder der Hemisphären auf (§86),[102] doch besonders interessiert ist er am Brustschild des Priesters, dem περιστήθιον (§94); jener außerordentlich wichtige Bestandteil des priesterlichen Gewandes, das auf Ex 28 zurückgeht und §88 auch λογεῖον genannt wird, ist mit zwölf Edelsteinen geschmückt, in vier Reihen zu je drei Steinen. Philo schließt sich hier der allgemeinen jüdischen Deutung an, der Brustschild sei „nach dem Vorbild des Tierkreises geformt; denn dieser besteht aus zwölf Bildern und stellt den Wechsel der vier Jahreszeiten dar, indem er je drei Bilder auf jede verteilt" (§87).[103]

Allerdings wird die Deutung nun in der Weise kosmisch überhöht, daß das Logeion dafür verantwortlich ist, die kosmische Harmonie aufrechtzuerhalten, denn alles muß nach Zahlen und ihren Entsprechungen geordnet, nichts darf dem Unvernünftigen überlassen werden.[104] Hier offenbart Philo eine große Nähe zum pythagoräischen Weltbild, das in der perfekten und zahlenmäßig erfaßbaren Harmonie eben jene Sphärenmusik wiederfindet, die der Gläubige auch bei Philo durch die Versenkung in die kosmische Dimension der hohenpriesterlichen Gewänder zu hören vermag.[105]

In *Mos.* II, 67ff greift Philo das Thema auf, jedoch fußt seine Deutung auf einer etwas anderen Tempeltradition.[106] Übereinstimmend wird der Tempel – genauer gesagt: das Zeltheiligtum des Mose – als Abbild des Kosmos dargestellt; sowohl das sinnlich Wahrnehmbare als auch das Geistige im platonischen Sinne findet seinen Widerhall in den Gegenständen des Zeltes. So sind die Lichter des siebenarmigen Leuchters Repräsentanten der Planeten, mit der Sonne in der Mitte.[107] Das Logeion indes erfüllt nunmehr eine doppelte Funktion, entsprechend seiner doppellagigen Ausfertigung, was

---

[102] Dies scheint eine Homerexegese zu sein; vgl. FRÜCHTEL 1968, 72 Anm. 4.
[103] Josephus tradiert diese Deutung ebenfalls, s.u.
[104] §88: 'Επι δὲ τοῦ λογείου διττὰ ὑφάσματα καταποικίλλει προσαγορεύων τὸ μὲν δήλωσιν, τὸ δὲ ἀλήθειαν.
[105] Weitere Belegstellen für diese Verbindung finden sich bei FRÜCHTEL 1968, 74f. Was die Sphärenmusik anbelangt, so ist ferner *Virt.* 73-75 hinzuzuziehen, wo es von Mose heißt: „Die Engel konnten kaum glauben, daß ein Mensch, eingesperrt in seinen sterblichen Körper, die Macht haben konnte, zu singen wie Sonne, Mond und der heilige Chor der anderen Sterne, so daß er seine Seele einstimmen konnte in das göttliche Musikinstrument, nämlich den Himmel und das ganze Universum."
[106] Nach FRÜCHTEL 1968, 75ff.
[107] Auch diese Deutung kennt Josephus, s.u.

von Philo als makrokosmische und mikrokosmische Ebene unterschieden wird.

Was Philo hier überliefert, läßt sich nur als wohl ausgewogener Versuch bezeichnen, die geläufige stoische Vorstellung vom weltimmanenten Logos und die im mittleren Platonismus entwickelte Lehre vom transzendenten göttlichen Verstand zu einer Einheit zu verschmelzen.[108]

Im Zusammenhang mit dem Logeion tritt noch ein wichtiger Umstand hinzu, auf den Gundel aufmerksam machte: Zum ersten Mal in der antiken astrologischen Literatur werden die *Farben des Zodiaks* genannt (*Mos.* II, 126); Philo stellt nämlich fest, daß von den zwölf Steinen keiner dem anderen in der Farbe gleicht, denn sie haben kosmische Bedeutung und entsprechen den Sternbildern des lebenstragenden Kreises (ζῳοφόρος).[109] Somit haben wir – neben der Theorie der Archonten[110] – schon einen zweiten Beleg dafür, daß Philo als erster in der erhaltenen antiken Literatur astrologische Erkenntnisse tradierte, ein Umstand, der zwar nicht überzubewerten sein sollte, aber doch für eine tiefgehende Begegnung Philos mit der Astrologie spricht.[111]

Wollen wir die besondere Rolle der Planeten genauer in den Blick bekommen, so ist noch ein weiterer Passus hinzuzunehmen, der das bisher Gesagte aufnimmt und bestätigt. In *Mos.* II, 133-135 heißt es:

> Der Hohepriester, wenn er sich anschickt, die religiösen Riten zu vollziehen, ist auf eine Weise geschmückt, daß, wenn er hineingeht und die Gebete und Opferungen der Väter darbietet, der ganze Kosmos mit ihm geht durch die Kraft der Symbole [μιμητά], die er trägt.

Es folgt die Beschreibung des Gewandes, wobei die einzelnen Bestandteile die vier Elemente repräsentieren.[112] Dann kommt Philo auf die astrologischen Symbole zu sprechen:

> Symbols of the zodiac are the twelve stones upon his chest arranged in four rows of three stones in each row, while the breastplate (*logeion*) as a whole represents that Principle [i.e., from the context, the logos] which holds together and rules all things. For it was necessary that he who was consecrated to the Father of the world should have that Father's Son who is perfect in virtue to plead his cause that his sins

---

[108] FRÜCHTEL 1968, 79.
[109] Vgl. GUNDEL 1966, 181 Anm. 6 (mit weiterer Literatur).
[110] S.o. S. 238 Anm. 57.
[111] Daß er von Balbillus oder seinem Kreis derartige Kenntnisse vermittelt bekam, ist absolut möglich.
[112] Eine detaillierte Beschreibung findet sich ebenfalls bei Josephus, s.u.

might be remembered no more and good gifts be showered in abundance. Yet perhaps it is also to teach in advance one who would worship God that even though he may be unable to make himself worthy of the Creator of the cosmos, he yet ought to try increasingly to be worthy of the cosmos. As he puts on his imitation (symbol) he ought straightway to become one who bears in his mind the original pattern, so that he is in a sense transformed from being a man into the nature of the cosmos, and becomes, if one may say so (and indeed one must say nothing false about the truth), himself a little cosmos.[113]

In diesem Abschnitt kommt deutlich zum Ausdruck, daß es sich bei Philos Adaptation astraler oder auch astrologischer Inhalte um eine mystische Überhöhung handelt, welche die divinatorische Ebene der Astrologie verläßt. Diesem Eindruck widerspricht es auch nicht, wenn Philo davon ausgeht, daß die sinnlich wahrnehmbaren Planetenbewegungen tatsächlich irdische Vorgänge anzeigen.[114] Das Eigentliche und Essentielle an den Planetenbewegungen liegt darin, daß die Sterne gleichsam eine kosmische Priesterschaft andeuten, der Kosmos wiederum als einziger wahrer Hohepriester Gottes angesehen wird.[115]

Der Hohepriester ist eine Chiffre für jeden wahrhaft Gläubigen; jeder ist in der Lage, an der vollkommenen Schöpfungsordnung zu partizipieren, die nichts anderes ist als eine grandiose und auf mystischem Wege erfahrbare Hierophanie. Philo bringt diesen Gedanken poetisch zum Ausdruck (*Spec. Leg.* I, 207):

> Die Seele dessen nämlich, der Gott liebt, erhebt sich in Wahrheit von der Erde zum Himmel und wandelt beflügelt in die Höhe, in der Sehnsucht, ihren Platz einzunehmen im Chor und in den Bewegungen von Sonne, Mond und den anderen hochheiligen und in perfekter Harmonie stehenden Sternen (καὶ τῇ τῶν ἄλλων ἀστέρων ἱερωτάτῃ καὶ παναρμονίῳ στρατιᾷ), unter der Führung und der Herrschaft Gottes.

---

[113] *Mos.* II, 133-135, in der Übersetzung GOODENOUGHs (*Symbols*, VIII, 210f). Mit dieser m.E. gut nachvollziehbaren Übersetzung sind die Interpretationen GOODENOUGHs verbunden, s. GOODENOUGH 1935, 106.

[114] Diese Funktion schreibt er den φύσεις zu, wie FRÜCHTEL im Zusammenhang mit dem bunten Priestergewand erläutert (1968, 73 Anm. 1). Vgl. zudem die schon genannte Stelle *Opif. mundi* 58 (s.o. S. 236).

[115] Vgl. GOODENOUGH, *Symbols*, VIII, 210. Sein Vergleich mit der babylonischen und stoischen Astrologie – den er richtig von CUMONT herleitet – muß allerdings korrigiert werden: „This sort of astralism was not like the Chaldean and Stoic astralism which Cumont has described, for there men saw in the heavenly bodies, supremely in the heaven itself [...], the object of worship as a materialistic pantheism which Philo hated above all heresies." Es dürfte im Rahmen unserer Untersuchungen inzwischen deutlich geworden sein, daß eine solche Trennung unhaltbar ist.

Die Sterne, auf diese Weise als Repräsentanten der kosmischen Harmonie beschrieben, sind für den Adepten gleichsam die Wegweiser zur transzendenten göttlichen Entität. Dies ist zwar eine große Wertschätzung der Planeten, die durch ihre Darstellung als handelnde Priester noch gesteigert wird, aber von einem „true astral or cosmic Judaism", wie Goodenough[116] schreibt, kann keine Rede sein. Das Hauptinteresse des philonischen Denkens gilt nämlich der inneren Wirklichkeit des Gläubigen, dem die astrale Welt lediglich als Metapher dient für die Reise zu Gott.

Unsere Ausgangsfrage, ob Philo mit Balbillus möglicherweise nicht nur diplomatische, sondern auch philosophisch-religiöse Auseinandersetzungen hatte, müssen wir nach Sichtung der Befunde differenziert beantworten. So gilt es zunächst mit Cramer festzuhalten: „In short, Philo clashed with Balbillus not concerning the value of astrology as a whole, but about the validity of fatalistic astrology."[117] Wie wir feststellen konnten, stand Philo mit einer solchen Meinung nicht allein. Auch in astrologiefreundlichen Kreisen wurde vom fatalistischen Zug jener Wissenschaft Abstand genommen. Dennoch ist die Astrologie, wie Philo sie in seinem Konzept integrieren kann, eine andere als die von Balbillus praktizierte. Dem jüdischen Denker geht es nämlich nicht um die Eruierung individuellen Schicksals oder um mundanastrologische Gesichtspunkte, sondern um einen theologisch-mystischen Zugang zur hinter der Sternenwelt sich verbergenden „wahren Wirklichkeit". Es gelingt Philo, Platon nicht nur mit der Stoa, sondern auch mit den Epikuräern zu versöhnen – selbst wenn dieses Unterfangen alles andere als konsistent ist.[118]

In einer solchen Integration erkennen wir zugleich den Versuch, sich einerseits von Sternkult und fatalistischer Astrologie zu distanzieren, da die religiösen Vorschriften dem entgegenstehen, andererseits aber den zeitgenössischen Diskurs aufzunehmen und mit der jüdischen Religiosität in Einklang zu bringen.

---

[116] *Symbols*, VIII, 212. Dasselbe gilt für sein Diktum: „[...] we have evidence that Jews actually made their temple cultus, made Judaism itself, into an astral religion" (S. 213). Hierbei beruft er sich neben Philo noch auf Josephus, doch wir werden sehen, daß die Haltung Josephus' zur Astrologie kaum mit derjenigen Philos gleichgesetzt werden kann. Auf die Schwierigkeiten in GOODENOUGHS Argumentation kann hier nicht eingegangen werden, vgl. dazu VON STUCKRAD 1996, 179-187.
[117] CRAMER 1954, 126.
[118] Die Adaptation epikuräischer Zahlenmystik hindert Philo nicht daran, die von Demokrit stammende Behauptung der Epikuräer abzulehnen, das Weltall bestehe aus unendlich vielen begrenzten Einzelwelten, vgl. FARANDOS 1976, 279.

2. Josephus Flavius – Grenzgänger im jüdisch-römischen Gespräch

Josephus Flavius, der große jüdische Historiker, kommt auf die Astrologie nur im Vorbeigehen zu sprechen, so daß man auf den Gedanken verfallen kann, die *ars mathematica* habe für sein Denken wenn überhaupt, so doch lediglich periphere Bedeutung gehabt. Ob dieses Urteil zu halten ist oder einem differenzierteren Bild Platz machen muß, soll im folgenden Gegenstand der Untersuchung sein. Zu diesem Zweck ist es notwendig, sich zunächst einen guten Überblick über die Lebensumstände und die besonderen Kontakte zu verschaffen, die das Wirken des Historikers prägten (2.1.) Denn ohne das konkrete Umfeld ist eine „Verortung" des Opus schlechterdings nicht möglich. Im Anschluß daran sollen zentrale Begriffe des römischen Diskurses, welche direkt mit der Astrologie zusammenhängen – *heimarmenê* und *tychê* – bei Josephus auf ihre individuelle Bedeutung hin untersucht werden (2.2.1). Hierbei wird auch sein Selbstverständnis anzusprechen sein, welches ihn der Prophetie und der Zukunftsschau befähigt (2.2.2.). Nach diesen eher grundsätzlichen Überlegungen sollen schließlich die eigentlichen astrologischen Belege in seinem Werk aufgesucht werden (2.2.3.).

Zunächst gilt es also, uns einen groben Überblick über die Lebensgeschichte des Josephus Flavius zu verschaffen, der im Jahre 37/38 u.Z. in eine wohlhabende jüdische Familie priesterlicher Abstammung in Jerusalem hineingeboren wurde. Über den Verlauf seiner erstaunlichen Biographie sind wir in erster Linie durch Josephus' eigene Darstellungen informiert.[119] Da diese in einigen Details unterschiedliche Interpretationen nahelegen, nimmt es nicht wunder, daß die wissenschaftliche Literatur hierüber alles andere als konsensfähig ist.[120] So ist immer wieder festgestellt worden, daß die Intention, welche Josephus mit biographischen Notizen verfolgte, nichts

---

[119] Die Literatur zu Josephus ist kaum zu überblicken. Die wichtigsten Bibliographien sind Schreckenberg 1968 und 1979 sowie Feldman 1984. Besonders erwähnenswert sind Thackeray 1929, Cohen 1979, Rengstorf 1973–1986, Rajak 1983, H.W. Attridge, „Josephus and His Works", in: Stone 1984, 185-232, Bartlett 1985, Varneda 1986, Bilde 1988, Schwartz 1990, Sterling 1992. Vgl. außerdem die Beiträge in ANRW II.21.2 (1984).

[120] So schreibt Sterling 1992, 228f: „There is clearly no *opinio communis* to which one may appeal. The reason for so much diversity is that there are different elements within the text itself. What has happened is that some have appealed to one group of tendencies while others have given more weight to an alternate set."

mit einer genauen Schilderung seines Lebens zu tun hat, sondern mit der Untermauerung bestimmter Entwicklungen seines Denkens und Handelns.[121] Dies gilt es zu berücksichtigen, wenn wir das Bild, welches seine *Vita*, aber auch BJ und AJ präsentieren, nun kurz resümieren:

In seiner *Vita* führt er aus, daß er bereits mit 14 Jahren den Hohenpriestern und Würdenträgern Jerusalems Auskunft erteilte (*Vita* 9)[122] um sich mit 16 aus freien Stücken dafür zu entscheiden, die unterschiedlichen jüdischen Schulen kennenzulernen und zu prüfen (*Vita* 10). Im Alter von 19 Jahren – die jüdischen Schulen konnten ihn nicht hinreichend befriedigen – schließt Josephus sich dem Asketen Bannus an, von welchem er sagt, seine Philosophie gleiche derjenigen der Stoa (*Vita* 11-12). Sieben Jahre später – trotz der asketischen Schule wurde Josephus inzwischen in die Jerusalemer Gesellschaft eingeführt – folgt er einem diplomatischen Auftrag nach Rom, um befreundeten Priestern in ihrer gerichtlichen Auseinandersetzung mit Nero (54–68) beizustehen. In Rom macht Josephus die Bekanntschaft mit Neros Lieblingsschauspieler, Alityrus, welcher ihn u.a. mit Neros späterer Frau Poppaea Sabina bekannt macht. Da Poppaea offensichtlich vom Judentum fasziniert war,[123] gelingt es Josephus mit ihrer Hilfe, seine priesterlichen Freunde aus der Haft zu befreien (*Vita* 16). Dies begab sich im Jahr 64. Nach Palästina zurückgekehrt, bemerkt Josephus eine zunehmende Spannung zwischen Juden und Römern, welche er zu mäßigen versucht (*Vita* 17). Dies gelingt ihm indes nicht, und trotz seiner eindringlichen Warnungen lassen sich die Juden 66 in den großen Aufstand gegen Rom hineinziehen (*Vita* 18-19).

Es sind die Ereignisse des Krieges selber, die Josephus' besondere Stellung innerhalb des Judentums jener Zeit charakterisieren. Hier wird er zum Grenzgänger, von beiden Seiten gefährdet, nach beiden Seiten hin diplomatisch ausbalancierend. Die Berichte in *Vita* und BJ sind die Ereignisse der nächsten Jahre betreffend widersprüchlich, und eine genaue Analyse kann hier nicht durchgeführt werden.[124]

---

[121] BILDE 1988, 32: „Therefore, it can hardly be true that Josephus intended to write an ordinary biography in *Vita*."
[122] Zur Parallele dieser Glosse mit Luk 2,41-52 (Jesus als Zwölfjähriger im Tempel) vgl. BILDE 1988, 30.
[123] AJ XX, 195 heißt es von ihr, sie stehe auf der Seite des jüdischen Volkes, mehr noch: sie sei „gottesfürchtig" (θεοσεβής). Auf Poppaea wird noch ausführlicher einzugehen sein (s.u. S. 260-262).
[124] Der Frage der unterschiedlichen Lebensbeschreibungen geht ausführlich S.J.D. COHEN nach: *Josephus in Galilee and Rome. His Vita and Development as a*

Was uns am Verlauf der Kriegshandlungen, in welche Josephus nunmehr voll involviert wird, besonders interessiert, ist Josephus' einzigartige Mittelposition zwischen den verschiedenen Parteien, die er, so scheint es, geschickt für seine eigenen Ziele auszunutzen verstand. Von 67 bis 69 geriet er in römische Kriegsgefangenschaft, aus welcher er von Vespasian entlassen wurde. Dieser hatte sich nämlich an die Prophezeiung des Josephus in Jotapata erinnert, die dem Herrscher den Sieg vorhergesagt hatte (s.u.). Vespasian war von den prophetischen Qualitäten des jüdischen Kriegsgefangenen vollständig überzeugt, und er ehrte Josephus durch die Verleihung seines Familiennamens „Flavius" (BJ IV, 585-629). Zusammen mit Vespasian und Titus gelangte Josephus daraufhin nach Alexandria, von wo er nach Palästina zurückgesandt wurde, um den Feldzug des Titus zu begleiten. Dies war im Frühjahr und Frühsommer des Jahres 70 (Vita 416; BJ V, 39ff). Erneut mußte Josephus nun sein Verhandlungsgeschick unter Beweis stellen, denn er vermittelte zwischen den Römern und den belagerten Juden Jerusalems – vergeblich, wie wir wissen. Im Zuge dieser Auseinandersetzungen wird Josephus verwundet, doch von Titus' Soldaten gerettet (BJ V, 546-547).

Nach dem Fall Jerusalems gelingt es Josephus aufgrund seiner guten Kontakte zu Titus, für viele seiner Glaubensgenossen – insbesondere aus den Reihen der Priesterschaft – die Freilassung aus der Gefangenschaft zu erwirken (Vita 418-419). Im Jahr 71 kehrt Josephus mit Titus zusammen nach Rom zurück, wo er von Vespasian mit Reichtümern und Ehrungen ausgestattet wird (Vita 423). In diesen Jahren entstand der Bericht über den „Jüdischen Krieg". Nach den gemeinsamen Erlebnissen mit Titus nimmt es nicht wunder, daß Josephus auch in der Zeit dessen Regentschaft (79–81) die Anerkennung erfuhr, die ihm unter Vespasian zuteil geworden war. Dasselbe gilt für Titus' Nachfolger Domitian (81–96), und Josephus erzählt davon, daß die Ehrungen nun sogar noch reicher ausfielen als zuvor (Vita 429); Domitian verfolgte die jüdischen Gegner seines Günstlings, von denen es aufgrund der Kriegsgeschehnisse nicht wenige gegeben haben dürfte. Es war im 13. Jahr des Domitian (also

---

Historian, Leiden 1979; vgl. zudem FELDMAN 1984, 782-784; BILDE 1988, 38ff bzw. 173-182. Zur Sache insgesamt J.J. PRICE: *Jerusalem under Siege*, Leiden 1992. Zur Möglichkeit, die Widersprüche durch die je unterschiedliche Intention in BJ und AJ zu glätten, vgl. Vgl. M. GOODMAN: *The Ruling Class of Judaea. The Origins of the Jewish Revolt Against Rome A.D. 66–70*, Cambridge 1987 (repr. 1988), 20f.

93–94), daß Josephus AJ und *Vita* fertigstellen konnte.[125] Seine letzten Lebensjahre – das genaue Todesdatum ist nicht zu eruieren – werden bestimmt durch die freundschaftlichen Kontakte mit seinem neuen bibliophilen Gönner, dem Freigelassenen Epaphroditus.[126]

Soweit in aller Kürze die Lebensgeschichte des Josephus Flavius, wie er selber sie uns präsentiert. Bevor wir in die eigentliche Diskussion um die Haltung des Josephus zur Astrologie einsteigen, erfordert der pragmatische Ansatz einen genauen Blick auf die Kontakte, welche der jüdische Historiker im Laufe seines Lebens mit den römischen Herrscherhäusern zu knüpfen verstand. Vor diesem Hintergrund wird schnell deutlich werden, daß die Auseinandersetzung mit stoischer Philosophie, mit Horoskopierkunst, nicht zuletzt auch mit der außerordentlichen Erwartungshaltung im Hinblick auf herrschaftliche „Schicksale", kein Randthema der Gespräche des Josephus in Rom gewesen sein dürften, daß vielmehr diese Thematik immer wieder im Mittelpunkt des Interesses gestanden hat.

2.1. Josephus und die Astrologie von Nero bis Domitian

Die Regentschaften sowohl von Nero, als auch von Vespasian und Titus, sind in maßgeblicher Weise von astrologischen Konnotationen bestimmt. Dasselbe gilt – wenn auch in etwas veränderter Form – für Titus' Bruder und Nachfolger Domitian. Da durch die Arbeit von Frederick H. Cramer *Astrology in Roman Law and Politics*[127] diese Zusammenhänge unter Zuspitzung auf die „Astrologen-Dynastie" der Familie Thrasyllus/Balbillus in ausgezeichneter Weise entschlüsselt worden sind, erübrigt sich hier eine nochmalige Behandlung. Stattdessen sollen jene Episoden etwas ausführlicher zur Sprache kommen, deren Zeuge Josephus zweifellos gewesen ist, um gewisse Tendenzen seiner philosophischen und religiösen Aussagen im römischen Ambiente des Herrscherhauses besser verorten zu können.

Wenn wir zunächst *Nero* betrachten, so finden wir ihn tief geprägt von astrologischen Grundannahmen, wie sie ihm durch die Familie Thrasyllus und in philosophischer Brillanz durch den Stoiker Seneca erwachsen sind. Nur ein Beispiel sei hier genannt: Seneca,

---

[125] Zur Datierungsfrage vgl. RAJAK 1983, 237f.
[126] Zur Identifizierung des Epaphroditus vgl. R. LAQUEUR: *Der jüdische Historiker Flavius Josephus. Ein biographischer Versuch auf neuer quellenkritischer Grundlage*, Gießen 1920, Ndr. Darmstadt 1970, 23-36; die moderne Forschung vertritt RAJAK 1983, 223f.
[127] CRAMER 1954. Vgl. zu den hier verhandelten Zusammenhängen S. 115-146.

der größten Einfluß auf Agrippina und deren Sohn Nero besaß, wenn er auch fassungslos vor dem extremen Lebenswandel seines Schützlings stand, führt in seinen *Quaest. Nat.* (II, 35) aus:

> „Was also nennst du Schicksal?" Ich glaube, es ist die Notwendigkeit (*necessitatem*) aller Dinge und Handlungen, die keine Macht jemals brechen kann. Wenn du glaubst, diese Notwendigkeit lasse sich erweichen durch Opfer oder den Kopf eines weißen Lammes, dann hast du nichts von [der Bedeutung des] Göttlichen verstanden. Du gibst zu, daß das Gebot eines weisen Mannes nicht geändert werden kann – wie viel weniger dasjenige Gottes! Der weise Mann aber weiß nur, was in der gegenwärtigen Notwendigkeit das beste ist, während im Geist Gottes alles [bis in Ewigkeit] vorhanden ist.

Dieser Passus ist nicht nur im Hinblick auf sein explizit stoisches Grundverständnis interessant, sondern darüber hinaus auch als Vertreter einer Möglichkeit, wie die *Notwendigkeit*, die die Welt regiert, mit einem Gottesglauben in Einklang gebracht werden kann. Ein solcher denkerischer Ansatz wird uns noch wiederholt beschäftigen. Daß dies freilich in verschiedene Aporien und Dilemmata zu münden scheint, ist wenigen so klar wie Seneca selber.[128] Auf jeden Fall prägte sich dem Denken des Kaisers die *Notwendigkeit* des Faktischen, dargestellt durch die Bewegungen der Sterne, von früh an ein. Schon seine Geburt stand unter Vorzeichen, die nach antiker Auffassung Unheil erwarten lassen mußten; Sueton berichtet über die Umstände seiner Geburt:

> Nero wurde in Antium geboren, und zwar neun Monate nach dem Tode des Tiberius. Es war der 15. Dezember [37 u.Z.], und die Sonne ging gerade auf. So kam er eher mit ihren Strahlen als mit der Erde in Berührung. Über die Konstellation bei seiner Geburt erging man sich allenthalben sogleich in allen möglichen Unheilsprognosen.[129]

Dio Cassius führt weiter hierzu aus:

> Und ein gewisser Sterndeuter gab auf Grund dieser Tatsache und der Bewegung der Gestirne in jenem Zeitpunkt sowie ihres gegenseitigen Standes gleichzeitig zwei Prophezeiungen, die den Kleinen betrafen, einmal, daß er Kaiser werde, und dann, daß er seine Mutter ermorde. Als Agrippina davon hörte, geriet sie augenblicklich derart von Sinnen, daß sie tatsächlich den Ausruf tat: „Er soll mich umbringen, wenn er nur Kaiser wird!" Doch später sollte sie ihren Wunsch bitter bereuen.[130]

---

[128] Vgl. seine Diskussion a.a.O., II, 36-37 sowie CRAMER 1954, 118-120.
[129] *Nero* (6), übers. und hrsg. von M. GIEBEL, Stuttgart 1978, 13.
[130] *Hist. Rom.* LXI (ed. VEH, Bd. V, 24f); vgl. auch Suet., *Claudius* 27.

Schon Tacitus hat die Vermutung geäußert, jener „gewisse Sterndeuter" sei kein Geringerer als Balbillus persönlich gewesen,[131] eine Vermutung, die angesichts der Bedeutung der Thrasyllus/Balbillus-Familie sehr realistisch scheint.[132] Daß Nero zuerst die Bekanntschaft mit der Sonne machte, bevor er irdischen Boden betrat – wie Dio Cassius ausdrücklich erwähnt –, nimmt einen Zug der kaiserlichen Politik vorweg, dem Nero wie kaum ein anderer folgen sollte: die *Solarisierung* herrschaftlicher Macht.

Bevor wir dieser Prägung weiter nachgehen, wollen wir einen kurzen Blick auf das kaiserliche Horoskop werfen, um zu verifizieren, daß die fachkundigen Beobachter der Antike in der Tat wenig Erfreuliches ausmachen konnten. *Abbildung 8* zeigt die Gestirnspositionen gemäß der zeitgenössischen Berichterstattung, also kurz nach Sonnenaufgang – die Sonne steht mithin gerade auf dem Aszendenten – um 06:55 Uhr in Antium, dem heutigen Anzio. Schon auf den ersten Blick ist zu erkennen, daß die aggressive Konjunktion zwischen Mars und Sonne im flexiblen Feuerzeichen Schütze ein „martialisches" Vorgehen andeutet, das durch die sehr genaue Quadratur zu Saturn in tragischer Weise herausgefordert wird.[133] Zwar mag der Saturn als höchstgestellter Planet des Horoskops eine grandiose herrschaftliche Bestimmung erwarten lassen – das MC in der Waage würde dies zusätzlich unterstreichen –, doch dürfte diese Herrschaft eine ebenso katastrophale Niederlage nach sich ziehen, wie sie in der *damnatio memoriae*, welche nach Neros Tod im Jahre 68 über ihn verhängt wurde, deutlich zum Ausdruck kommt.

Die solare Thematik, die der Politik des Kaisers eine besondere Prägung verlieh, läßt sich in vielen Entscheidungen Neros nachzeichnen. Zu nennen wären hier einmal die Geschehnisse um die Inthronisation des Tiridates, aus deren Anlaß der König von Armenien Nero in die Geheimnisse des mithräischen Sonnenkultes eingeweiht haben soll;[134] sodann die immer deutlicher werdende Tendenz, die

---

[131] Tac. *Ann.* VI, 22. Zu dieser Möglichkeit vgl. C. CICHORIUS: „Der Astrologe Balbillus, Sohn des Thrasyllus", *Rheinisches Museum* 76 (1927), 103f.
[132] Vgl. CRAMER 1954, 116.
[133] Daß dies von den Astrologen in der Tat so verstanden wurde, sahen wir bereits (s.o. S. 244 Anm. 79). Zur Problematik des Quadrataspektes vgl. Ptolemaios *tetrab.* I, 14 (WINCKEL 1995, 52).
[134] Berichte liegen von folgenden Autoren vor: Dio Cassius *Hist. Rom.* VIII, 146; LXII-LXIII; Tac. *Ann.* XV, 28-30; XVI, 23; Suet. *Nero* 13. 30. Vgl. zur Sonnenthematik und Mithras STIERLIN 1988, 36-45. Es wird häufig in Frage gestellt, ob die Initiation tatsächlich stattgefunden hat, so schon Plinius *Nat.* 30.6.17, der dies verneint; vgl. dazu M. GRANT: *Nero: Emperor in Revolt*, New York 1970, 148. Wir werden auf die Visite des Tiridates unten zurück-

Verschmelzung des Kaisers mit Helios-Apoll und damit seine Apotheose zu betreiben. Diesbezügliche Bemühungen werden nicht zuletzt durch die außergewöhnlichen Bauvorhaben Neros unterstrichen, von denen die *Domus aurea,* das Goldene Haus, sicher zu den interessantesten gehört. Hier hat Nero in ausgeklügelter Weise die himmlische Welt in einem grandiosen Kuppelbau, mit gegeneinander beweglichen Ebenen bauen lassen, was einem riesigen Planetarium entspricht. Zusätzlich gab es ein komplexes Röhrenwerk, aus dem duftende Essenzen oder auch ein „goldener Regen" auf die darunter speisenden Menschen herabströmen konnten. H. Stierlin hat durch die Verbindung der antiken Berichte mit neuesten archäologischen Forschungen überzeugend dargelegt, daß es sich bei dieser Konstruktion um die Visualisierung eines mithräischen Sonnenkultes und damit um die Apotheose des Kaisers gehandelt haben dürfte.[135]

Durch die geschickte Politik seiner Mutter Agrippina wurde Nero als Stiefsohn durch Claudius angenommen, was ihm den Weg auf den Thron ebnete. Doch wenden wir unsere Aufmerksamkeit der Geliebten und späteren zweiten Ehefrau Neros zu, Poppaea Sabina. Hier liegt nämlich einer der Schlüssel, die uns ein Indiz für astrologische Begegnungen ersten Ranges durch Josephus an die Hand geben.[136] Poppaea Sabina, nach Meinung der Historiker die schönste Frau im Römischen Reich, wurde 58 die Geliebte Neros, doch ihre Ambitionen waren von vornherein auf die Partizipation an der kaiserlichen Macht, d.h. auf die Ehe mit Nero gerichtet. Durch geschickte Einflußnahme gelang es ihr, Nero von der Notwendigkeit zu überzeugen, daß Agrippina zu beseitigen war. Auf diese Weise erfüllte der Kaiser auch den zweiten Teil der frühen Prophezeiung. Doch was uns an dieser Episode noch mehr interessiert, ist die Tatsache, daß Poppaea zu jenem Zeitpunkt bereits einen beachtlichen Astrologen-Zirkel um sich geschart hatte, den sie womöglich gar als Konkurrenz zum von Nero geehrten Balbillus zu instrumentalisieren trachtete.[137] Tacitus berichtet darüber: „Viele dieser [Astrologen] nahmen an den

---

kommen, da dieser „Zug von Magiern" von manchen mit der Magierperikope des Matthäus in Verbindung gebracht wird (s.u. VIII.2.1.1.).

[135] STIERLIN 1988, 52-63. Dort finden sich auch Abbildungen. STIERLIN schließt mit dem Ergebnis (S. 56): „[Alles] konzentriert sich auf die symbolische Bedeutung, die auf dem Kult des Sonnengottes fußt. Der Kaiser sucht, ihn zu befördern, indem er sich selbst als Gott verehren und in Gestalt von Apollo-Helios-Mithras anbeten läßt."

[136] Vgl. zum folgenden CRAMER 1954, 128-130.

[137] So CRAMER (1954, 130): „Poppaea was intelligent and perhaps mischievous enough to put her own favorite astrologer, Ptolemy Seleucus, forward as a rival of Balbillus in the esteem of Nero."

geheimen Versammlungen der Poppaea teil und waren die übelsten Werkzeuge im Betrieb der kaiserlichen Ehe."[138]

Im Jahr 62 ist Poppaea am Ziel, alle Gegner sind ausgeschaltet, und die Ehe wird geschlossen. Allerdings waren die nächsten Jahre in keiner Weise dazu angetan, Harmonie und Ruhe aufkommen zu lassen, denn Nero wurde in immer größere Schwierigkeiten verwickelt, die eskalierten, als es im Jahr 64 zu einem verheerenden Brand in Rom kam, von dem nicht wenige der Meinung waren, Nero selber habe ihn gelegt, um Platz für seine grandiosen Bauabsichten zu schaffen. Zusätzlichen Auftrieb bekamen derartige Gerüchte, als „gegen Ende des Jahres ein Komet erschien, den Nero stets mit dem Blut von Edlen zu besänftigen trachtete."[139] Was Tacitus nur kurz vermeldet, berichtet Sueton ausführlicher:

> Ein Komet, dessen Erscheinung nach geläufiger Meinung Unheil für den höchsten Herrscher ankündigt, hatte sich bereits seit etlichen Nächten in Folge am Himmel gezeigt. Hiervon beunruhigt konsultierte [Nero] den Astrologen Ba[l]billus, und als er von diesem die Nachricht bekam, daß Könige in der Regel durch die Exekution einer Anzahl von berühmten Persönlichkeiten ein derartiges schlechtes Zeichen von sich selber auf ihre Nobilität ablenken können, entschied sich [Nero] sofort, alle Vornehmen Roms zu ermorden, dies um so mehr, als die Entdeckung von zwei Verschwörungen ihm hierfür eine Art Rechtfertigung verschaffte.[140]

Es ist genau diese hitzige Atmosphäre, welche Josephus bei seinem Besuch in Rom antrifft. Dies geht aus der Angabe *Vita* 13 hervor, die Mission habe nach Vollendung seines 26. Lebensjahres stattgefunden, also im Jahre 64.[141] Hier macht er die Bekanntschaft mit Poppaea, die ihm hilft, seine diplomatische Aufgabe zur Zufriedenheit zu erfüllen. Josephus' Kontakt zur Frau Neros verläuft über den Lieblingsschauspieler des Kaisers, nämlich Alityrus, der – wie wir erfahren – jüdischer Herkunft ist. Im Anschluß heißt es (*Vita* 16 Ende):

---

[138] *Hist.* I, 22. Zuvor hatte Tacitus schon geschimpft, die Astrologen seien eine „Menschensorte, den Machthabern gegenüber verräterisch, den Hoffenden trügerisch, die man in unserem Staat immer wieder ausweisen und doch immer zurückhalten wird." Hier bezieht er vor allem gegen die astrologischen Intrigen um Otho Stellung, während in anderen Zusammenhängen eine positive Sicht der Astrologie durchscheint (*Ann.* VI, 22; XIII, 22); vgl. CRAMER 1954, 129f.
[139] Tac. *Ann.* XV, 47.
[140] Suet. *Nero* 36.
[141] Vgl. RAJAK 1983, 39.

> Durch ihn wurde ich der Poppaea vorgestellt, der Frau des Kaisers, und ergriff die erste Gelegenheit, um ihre Hilfe zu gewinnen, die Entlassung der Priester zu erwirken. Nachdem ich, neben diesem Gefallen, große Geschenke von Poppaea erhalten hatte, kehrte ich in mein eigenes Land zurück.[142]

Wir können uns leicht ausmalen, daß Josephus während seines Besuches die aufgeregten Debatten um die richtige Deutung des Kometen (sofern dieser schon gesichtet worden war), mit Sicherheit aber die Spekulationen über die Hintergründe des großen Feuers intensiv miterlebte.[143] Wenn der Kontakt zu den Kreisen der Poppaea mehr als ein einmaliges Ereignis war, so dürften Begegnungen mit Astrologen an der Tagesordnung gewesen sein.

Die Freundschaft mit der schwierigen Kaisersfrau währte indes nicht lange, denn schon zwei Jahre später wurde sie von Neros eigener Hand getötet. Der Kaiser folgte ihr am 9. Juni 68[144] durch seinen Freitod, womit er die julisch-claudische Dynastie beendete und den Weg frei machte für die Flavier.

Was Josephus' Kontakt mit astrologischen Deutungen anbelangt, so muß die Verzahnung mit dem flavischen Herrscherhaus im Mittelpunkt unserer Untersuchung stehen. Schon früh, nämlich nach der Niederlage von Jotapata, legte Josephus durch seine erstaunliche Prophezeiung die Grundlage für eine lange und enge Beziehung mit Vespasian und Titus. BJ III, 401-402 sagt er:

> Du, Vespasian, wirst Kaiser und Alleinherrscher, sowohl du wie dieser dein Sohn. Laß mich jetzt nur noch fester fesseln und für dich selbst aufbewahren, denn du, Caesar, wirst nicht nur mein Herr sein, sondern der über Erde und Meer und das ganze Menschengeschlecht.

Den vielen offenen Fragen im Zusammenhang mit jener Prophezeiung kann hier nicht nachgegangen werden.[145] Immerhin hat die

---

[142] Die Annahme FELDMANS (1984a, 782), die Geschenke der Poppaea seien der Dank dafür, daß Josephus die beginnende Revolte zu beruhigen versprach, ist kaum haltbar, vgl. STERLING 1992, 231 Anm. 24.

[143] Zur Diskussion um den Kometen des Jahres 64 und Josephus s.u. 2.3.

[144] Als astrologische Nebeninformation sei vermerkt, daß der in Neros Horoskop so schwierig gestellte Saturn (s.o.) zu dieser Zeit seine erste Wiederkehr erreichte, also auch das Quadrat zur Sonne aktivierte (Stellung am 9.6.68: 27°10' ♍). Antike Beobachter haben sich auf jeden Fall ihren Reim auf einen solchen Transit gemacht.

[145] Die verschiedenen Möglichkeiten der Einordnung der Prophezeiung untersucht RAJAK 1983, 185ff. Der Meinung SCHALITS, die Prophezeiung müsse später angesetzt werden, nämlich zwischen Galbas Tod und der Ausrufung Vespasians zum Kaiser (SCHALIT 1975, 297-300), wird i.a. nicht zugestimmt,

Vorhersage des jüdischen Gefangenen, Vespasian werde zum Herrscher über die ganze Menschheit aufsteigen, einen solchen Eindruck hinterlassen, daß etliche zeitgenössische Historiker darauf Bezug nehmen.[146] Dies ist nicht weiter verwunderlich, denn im Römischen Reich kursierten eine ganze Reihe von entsprechenden Vorhersagen, meist astrologischer Provenienz. Die Erwartungen scheinen bestätigt, als Vespasian Anfang Juli 69 von den römischen Truppen in Alexandria zum Kaiser ausgerufen wird. „[This] seemed an immediate corroboration of such prophecies. Under the circumstances the majority of astrologers in Rome would, therefore, be inclined to see in Vespasian the man who would vindicate their earlier forecasts in a slightly revised form."[147]

Zusätzlichen Auftrieb für Vespasian dürften die Gerüchte geliefert haben, der neue Herrscher der Welt würde aus Judäa aufsteigen, ein Motiv, welches nicht auf Josephus zurückgeht, sondern beinah zum Allgemeingut jener Jahre zählte.[148] Dies wiederum kam dem zwischenzeitlich regierenden Vitellius, der seine eigene Karriere ebenfalls von astrologischen Überlegungen hatte leiten lassen,[149] äußerst ungelegen, so daß er sich gezwungen sah, die Astrologen durch ein Edikt aus Rom zu vertreiben. Das konnte den Aufstieg Vespasians freilich nicht stoppen, und nun erinnerte sich der neue Kaiser auch wieder des jüdischen Adligen, der – wie er erfahren mußte – noch immer in Palästina als Kriegsgefangener hauste.[150] Auf Betreiben von Titus, Vespasians Sohn, trennte man die Fesseln des Josephus feierlich mit einer Axt durch, womit ihm das Stigma eines freigelassenen Sklaven erspart wurde.[151] Josephus selber berichtet über die astrologisch aufgeheizte Atmosphäre, die durch das Erscheinen eines Kometen weitere Zuspitzung erfuhr:

> So wurde das unglückliche Volk damals von Betrügern und angeblich von Gott Gesandten überredet. Den klaren, die künftige Verwüstung

---

vgl. H.R. MOEHRING: „Joseph ben Matthia and Flavius Josephus: the Jewish Prophet and Roman Historian", in: ANRW II.21.2 (1984), 864-944, sowie STERLING 1992, 232 Anm. 31. Wir werden später die Prophezeiung noch einmal im Zusammenhang aufgreifen.

[146] Tac. *Hist.* I, 10; II, 4. 78; Suet. *Vespasian* 4-5; *Titus* 5; Dio Cass. *Hist. Rom.* LXVI, 1.
[147] CRAMER 1954, 134.
[148] Vgl. Suet. *Vespasian* 4-5; Tac. *Hist.* V, 13.
[149] Vgl. CRAMER 1954, 135.
[150] BJ III, 392-408.
[151] Vgl. D. DAUBE: „Three Legal Notes on Josphus after His Surrender", in: *Law Quarterly Review* 93 (1977), 192.

andeutenden Vorzeichen dagegen schenkten sie weder Beachtung noch Glauben, sondern sie überhörten, als wären sie betäubt und hätten weder Augen noch Verstand, die lauten Warnungen des Gottes. So war es, als ein schwertähnlicher Stern über der Stadt stand und ein Komet ein ganzes Jahr lang am Himmel blieb [τοῦτο μὲν ὅτε ὑπὲρ τὴν πόλις ἄστρον ἔστη ῥομφαία παραπλήσεως καὶ παρατείνας ἐπ᾽ ἐνιαυτὸν κομήτης, τοῦτο δ᾽ ἡνίκα πρὸ τῆς ἀποστάσεως], als vor dem Aufstand und den ersten kriegerischen Bewegungen, während das Volk beim Fest der ungesäuerten Brote am achten des Monats Xanthikos versammelt war, um die neunte Stunde ein so starkes Licht den Altar und den Tempel umstrahlte, daß man glauben konnte, es sei heller Tag, eine Erscheinung, die fast eine halbe Stunde anhielt.[152]

Josephus zählt noch weitere „ganz eindeutige" Willensbekundungen Gottes auf, die allerdings nur von den Eingeweihten richtig, d.h. Verheerung anzeigend, gedeutet werden, während die Unkundigen darin gute Vorzeichen sehen möchten (s.u.). Es ist eben dieser Komet kurz vor Ausbruch des Krieges,[153] welcher den jüdisch-christlichen Diskurs insgesamt beeinflußte, wie Eusebius und Hegesippus deutlich machen.[154] Josephus jedenfalls bezieht derartige Omina eindeutig auf Vespasian, wie BJ VI, 313-315 zeigt:

Was [die Juden] jedoch am meisten zum Kriege getrieben hatte, war ein zweideutiger Orakelspruch, der sich gleichfalls in ihren heiligen Schriften fand, wonach um diese Zeit einer aus ihrem Lande die Weltherrschaft erlangen würde. Dies bezogen sie auf einen ihres Stammes, und auch viele ihrer Weisen irrten sich in der Auslegung des Spruches. Das Orakel aber wies auf die Herrscherwürde des Vespasian hin, der in Judäa zum Imperator ausgerufen wurde. Doch es ist den Menschen nicht möglich, dem Schicksal zu entrinnen, selbst wenn sie es vorhersehen. Die Juden deuteten manche der Vorzeichen nach ihren Wünschen, über andere wieder setzten sie sich leichtsinnig hinweg, bis endlich der Fall ihrer Hauptstadt und ihr eigenes Verderben sie von ihrem Unverstand überzeugten.

Auf das interessante Verständnis der *Heimarmene* sowie der Interpretation von Num 24,17,[155] die Josephus hier mitten hinein in den

---

[152] BJ VI, 288-291.
[153] Josephus verlegt wahrscheinlich den Kometen des Jahres 60 oder 64 auf dieses Datum (s.u.).
[154] Euseb. *HE* III, 8, 2; Hegesippus *hist. eccl.* V, 44. Vgl. auch die bereits genannte Stelle Tac. *Hist.* V, 13 und Suet. *Vespasian* 4. Zur Diskussion über die verschiedenen Prophezeiungen vgl. MICHEL-BAUERNFEIND II.2, Exkurs XIV und XV sowie SCHALIT 1975, 269-276. Zur Frage, inwieweit Tac. und Suet. von Josephus abhängen, s.u. S. 291 Anm. 258.
[155] In dieser Zuordnung folge ich HENGEL 1976, 224ff. Zur Diskussion, welche Tradition Josephus hier im Auge hatte, s.u. S. 295.

antiken Diskurs stellt, werden wir unten zurückkommen. Dasselbe gilt für die Vorzeichen der Tempelzerstörung. Für den Moment soll lediglich die enge und ergebene Beziehung zum flavischen Kaiser aufgezeigt werden sowie die Auffassung des Josephus, er selber gehöre selbstverständlich den prophetisch kundigen Zeitgenossen an. Inwieweit dies – und das legt der antike Diskurs nahe – zwangsläufig auch die richtige Interpretation astrologischer Omina einschließt, müssen wir zunächst offenlassen.

Durch die Nähe zu Vespasian partizipierte Josephus an ausschweifenden astrologischen Überlegungen, die am römischen Hof an der Tagesordnung waren. Vespasian verhalf dem Thrasyllus-Erben Balbillus, dem er wiederholt am Hofe Neros begegnet war, zu einem kometenhaften Aufstieg, nachdem durch die Intrigen der Poppaea Sabina gegen Neros Hofastrologen es Balbillus offensichtlich ratsam erschienen war, sich aus der Schußlinie zu entfernen.[156] So groß war der Respekt des Kaisers, daß er seinem Astrologen die Ehre zukommen ließ, eigene sakrale Spiele in Ephesus abzuhalten, „ein Privileg, das er keiner anderen Stadt zuerkannte."[157] Diese „Großen Balbillea (-Spiele)"[158] gewannen auch überregional Bedeutung, woran wir den Einfluß jener Astrologenfamilie ablesen können. Cramer kommt zwangsläufig zu dem Ergebnis:

> The nativity of Vespasian must have been analyzed by competent astrologers long before his accession. His faith in the stars was naturally confirmed by his successful rise to power; his trust in his court astrologers became well-nigh complete.[159]

Doch auch bei Vespasian finden wir das ambivalente Verhältnis zu den praktizierenden Astrologinnen und Astrologen seines Reiches, welches schon für seine Vorgänger charakteristisch war: Zu trauen ist letztlich nur den wirklich professionellen Sterndeutern, und das sind natürlich jene, die dem kaiserlichen Selbstverständnis zuarbeiten. Die anderen – besonders wenn sie sich mit dem Ende des Herrschers befassen – können äußerst gefährlich werden. So überrascht es nicht, daß Vespasian als eine seiner ersten Amtshandlungen die Sterndeuter einmal mehr aus Rom vertrieb. Der Dienste des besten damaligen

---

[156] Vgl. CRAMER 1954, 115ff.
[157] Dio *Hist. Rom.* LXV (LXVI), 9, 2 von Xiphilinus, vgl. CRAMER 1954, 138.
[158] νικήσαντα ἐν Ἐφέσῳ τὰ μεγάλα Βαλβίλλα. Vgl. *Revue de Philologie* 29 (1913), 312. Eine Liste der Inschriften zu diesen Spielen gibt F. CUMONT: „Astrologues romains et byzantines", in: *Melanges d'archéologie et de l'historie ...de l'école française de Rome* 37 (1918–1919), S. 34 Anm. 3.
[159] CRAMER 1954, 138.

Astrologen freilich – Balbillus – versicherte er sich durch großzügige Ehrungen, wie wir sahen. Das ungebrochene Vertrauen in die astrologische Wissenschaft findet auch darin seinen Ausdruck, daß Vespasian mit Großmut auf vereinzelt auftretende Prophezeiungen reagierte, die sein baldiges Ende in Aussicht stellten. Wie Sueton uns überliefert, war

> [Vespasian] so gelassen und überzeugt von seinem eigenen Schicksal und dem seiner Familie, wie es in den Sternen geschrieben stand, daß er, trotz der wiederholt gegen ihn gerichteten Intrigen, die Kühnheit besaß, dem Senat mit Überzeugung zu verkünden, niemand denn seine Söhne würden ihm nachfolgen.[160]

Diese Gelassenheit kennzeichnet auch die Regentschaft seines Sohnes Titus (79–81), der noch zu Lebzeiten Vespasians an der kaiserlichen Macht partizipierte. Wie es zur damaligen Zeit üblich war, verfügte auch Titus über ein herrschaftliches Horoskop, das ihm allerdings kein Astrologe, sondern ein Arzt gedeutet hatte.[161] Da Titus – wie wir gesehen haben – mit Balbillus bekannt war, kann es als sicher gelten, daß der junge Kronprätendent mit der auf ihn wartenden Verantwortung mit großer Selbstverständlichkeit umgehen lernte. Dies können wir auch an folgender Begebenheit ablesen:

> Zwei Männer aus patrizischer Herkunft wurden der Verschwörung gegen den Thron überführt. Titus ermahnte sie lediglich, von diesem Plan Abstand zu nehmen, denn, wie er sagte: „Der Thron wird zugeteilt vom Schicksal." [...] Es wird außerdem davon berichtet, daß er durch die Kenntnisnahme der Horoskope der beiden Männer vorhersah, daß beide in großer Gefahr schwebten, doch erst in einer zukünftigen Zeit und durch einen anderen (als ihn), so wie es dann tatsächlich eintrat.[162]

Josephus gegenüber überboten sich die Kaiser offensichtlich mit Generosität; nachdem Josephus Titus nach Alexandria begleitet hatte, lebte er in Vespasians ehemaligem Wohnsitz bei Rom. Hier hatte er den nötigen Schutz und die Ruhe, die der Historiker Vespasians – nunmehr römischer Bürger und den Beinamen Flavius tragend – benötigte, um das *Bellum* zu schreiben. Zusätzlich zu seinem Einsatz im jüdischen Krieg scheint dies auch die Gegenleistung gewesen zu sein für die doch erstaunliche Anerkennung durch den Kaiser.[163] Zu

---

[160] Suet. *Vespasian* 25. Vgl. auch Dio *Hist. Rom.* LXV (LXVI), 12, 1.
[161] Suet. *Titus*, 2.
[162] Suet. *Titus*, 9, 2.
[163] RAJAK 1983, 195f, betont die Möglichkeit, Josephus sei für sein Schreiben entlohnt worden, da sie die enge Verbindung des Josephus mit den Römern hintanstellen möchte. Anders STERLING 1992, 239, der festhält: „Nonetheless, the connection with the Flavians must be given the due" zur Niederschrift des BJ.

beiden Kaisern empfindet Josephus eine tiefe Zuneigung, doch ist es gerade Titus, den der Nimbus eines gottgleichen Triumphators umgibt – hier ist der jüdische Historiker ganz auf der Linie seiner römischen Kollegen.[164]

Da es uns lediglich um die astrologische Ausrichtung der flavischen Politik und die enge Integration des Josephus in jene Gedankenwelt geht, soll es bei dieser Übersicht sein Bewenden haben. Als Ergebnis können wir festhalten, daß – neben der Verwurzelung im priesterlich-jüdischen,[165] vielleicht auch im pharisäischen Milieu – Josephus am römischen Diskurs notwendigerweise teilnahm. Wie wir sehen konnten, war dieser Diskurs gerade zu jener Zeit maßgeblich von der astrologischen Deutung der Wirklichkeit bestimmt, sei dies nun vor dem Hintergrund einer stoischen Philosophie im Sinne von Seneca oder einer allgegenwärtigen Endzeiterwartung, die stets auch eine Heilszeiterwartung gewesen ist. Bevor wir den Spuren dieser Debatte im Werk des Josephus nachgehen, sei noch ein Blick auf die Regentschaft des *Domitian* geworfen – zumindest den Beginn seiner Herrschaft hat Josephus noch erleben dürfen –, von welchem es heißt, auch dieser letzte Flavier habe Josephus besondere Ehrungen zuteil werden lassen.

Domitian folgte seinem Bruder Titus im Jahre 81 auf den Thron. Die 15 Jahre seiner Regentschaft standen von vornherein unter dem negativen Einfluß, welchen eine frühe astrologische Prophezeiung den Todestermin Domitians betreffend ausübte:

> Seit langer Zeit hatte [Domitian] sichere Kenntnis vom Jahr und Tag seines Todes, in der Tat sogar von der Stunde und der Art und Weise seines Endes. In seiner Jugend hatten ihm die Chaldäer all dies vorhergesagt. [...] Sogar sein Vater machte sich einmal am Tisch über ihn lustig, als er sich weigerte, von bestimmten Pilzen zu essen: „Kennt er das Schicksal, das auf ihn wartet, nicht viel besser?! Er sollte sich vor Eisen fürchten (und nicht vor Pilzen)."[166]

Wenn wir das kaiserliche Verhalten mit der Souveränität vergleichen, welche Vespasian und Titus hinsichtlich ihres eigenen Schicksals an den Tag legten, so kommt bei Domitian eine andere Note ins Spiel: Trotz eines geradezu ängstlichen Glaubens an die Richtigkeit der astrologischen Prognosen verfuhr er mit möglichen Herausforderern in äußerster Härte, wenn sie von sich behaupteten, ein herr-

---

[164] Vgl. RAJAK 1983, 204f.
[165] Vgl. dazu M. GOODMAN a.a.O. (oben S. 256 Anm. 124), 20.
[166] Suet. *Domitian* 14, 1

schaftliches Horoskop zu besitzen.[167] Vielleicht können wir Domitians Fatum-Verständnis am besten in der Art begreifen, daß das Schicksal nicht unter *allen* Umständen eintreffen wird – ein Glaube, der seinen Vater und Bruder unerschütterlich prägte –, sondern daß man dem Glück nachzuhelfen hat, will man an seinem Glanz partizipieren.[168]

Die astrale Ausrichtung seiner Herrschaft, die neben einem astrologischen Impetus auch zugleich der Apotheose des Kaisers Vorschub zu leisten hatte, kommt in einem Bauwerk Domitians zum Ausdruck: der *Domus Flavia*. Ähnlich wie die Domus Aurea Neros, doch nun auf dem Palatin errichtet wie dereinst das Haus des Augustus und die julisch-claudischen Herrscherhäuser und den Circus Maximus an Größe überragend, treffen wir in der gigantischen Kuppel, die einen Prunksaal von 1200 Quadratmetern überwölbt, erneut astrologische Symbolik an. Jene Kuppel trägt nämlich „die Sterne und die Himmelssphäre" (*astra polumque*), unter welcher, gleichsam der irdischen Sphäre entrückt, sich der Thron befindet. So beschreibt Martial[169] das Gebäude, stellvertretend für andere Berichterstatter.[170] Stierlin spricht zu Recht von einer *imago mundi*.[171] Darüber hinaus stellt er die interessante These auf,

> daß die Nähe des kaiserlichen Palastes zum Zirkus (*Circus Maximus*), der im Süden an den Palatin grenzt, die kosmisch bzw. astrologisch symbolische Bedeutung unterstreicht, die dem Domizil des Kaisers attribuiert [sic!] wird. Wir werden sehen, daß die Wagenrennen die Bewegung der Planeten am Firmament simulieren. Die Wagen – Zwei- und Viergespanne – stellen in der antiken Vorstellungswelt die Sterne auf ihrer Bahn dar. So kämpft die Quadriga mit den weißen Pferden des Sonnengottes Helios mit dem Wagen von Luna oder Venus.[172]

All diese Bemühungen scheinen den Schatten der frühen Prophezeiung nie von Domitian genommen zu haben. Im Gegenteil: Je näher der vorbestimmte Termin rückte, desto hysterischer versuchte der Kaiser seinem Schicksal zu entkommen. Die Umstände seines Todes gleichen denn auch einem Gruselstück, das freilich nicht einer gewissen Komik entbehrt.[173] Da der Todestermin allgemein bekannt war,

---

[167] Beispielsweise im Falle des Mettius Pompusianus, wie Sueton berichtet (*Domitian* 10, 3).
[168] Vgl. zu Domitian CRAMER 1954, 142-144.
[169] Martial *Epigramme* VII
[170] Vgl. STIERLIN 1988, 143-150.
[171] Ebda. S. 145.
[172] Ebda. S. 147.
[173] Alle antiken Berichte finden sich bei CRAMER 1954, 143f.

dürften auch die von Domitians eigener Frau angeheuerten Mörder sich im Einklang mit den kosmischen Rhythmen empfunden haben. Sie vollstreckten lediglich das, was ohnehin vorbestimmt war, gleichzeitig garantierte der richtige Zeitpunkt ihres Anschlags das Gelingen desselben. „Thus ended on September 18, 96 the Flavian era, and with it the whole period in which, since the reign of Augustus, astrologers, having become the power behind the throne, had reached the zenith of their influence in Roman history."[174]

Wenn wir uns nun den Schriften des Josephus zuwenden, so müssen wir immer im Auge behalten, daß er sich an eben jene Leser wendet, die in der gerade skizzierten Weise die Wirklichkeit zu verstehen gewohnt waren. Daß Josephus selber an einer solchen Wirklichkeitsdeutung partizipierte, steht zu vermuten, doch endgültigen Aufschluß darüber können wir erst nach der Sichtung des Materials erlangen.

2.2. Der astrologische Diskurs bei Josephus

Josephus geht in seinen Schriften wiederholt auf Themenbereiche ein, die in direktem Zusammenhang mit der astrologischen Debatte stehen, welche er in Rom kennenlernte. Die Adaptation solcher Auseinandersetzungen und Spekulationen indes geschieht in einer ganz eigenen Weise, die versucht, hellenistisch-römische Traditionen als jüdisches Erbe darzustellen.

Um den dahinterstehende Impetus zu verstehen, ist es unumgänglich, eine Klärung des *Selbstverständnisses* Josephus' voranzustellen. Denn wie wir bereits gesehen haben, liegen in seinen Schriften nicht nur historische Berichte, sondern im gleichen Maße auch apologetische Argumentationen vor. Wie also hat Josephus sich selber gesehen? Immerhin dürfte es einem Menschen einige Schwierigkeiten bereiten, ein apologetisches Werk über die Juden zu schreiben, gleichzeitig aber von der Rente des römischen Kaiserhauses zu leben. Josephus selber beschreibt die Motivation für jene Gratwanderung, welche ihn seit den Vorgängen in Jotapata immer wieder angetrieben hat, als einen besonderen *prophetischen Auftrag Gottes*. Denn obwohl die Weitergabe der alten Prophetie fehlgeschlagen ist,[175] geht Josephus davon aus, daß diese Gabe in besonders hervorgehobenen Persönlichkeiten weiterhin existiert. Zu diesen Individuen zählt er Johannes Hyrkan, den Essener Judas, den Pharisäer Pollio (oder

---

[174] CRAMER 1954, 144.
[175] Vgl. CA I, 41.

Abtalion) und selbstverständlich die eigene Person.[176] Sogar die aufrichtige Beschreibung seines „Fahnenwechsels" in Jotapata, die einer Selbstverurteilung gleichkommt,[177] gewinnt vor diesem Hintergrund einiges an Bedeutung, denn Josephus kann gar nicht anders, als seinem inneren Auftrag zu folgen.[178]

Wie aus BJ III, 354 u.ö. deutlich wird, sah Josephus sich als σὸς διάκονος mit dem Auftrag, die Belange des jüdischen Volkes vor den Römern zu vertreten.[179] Ein solcher Auftrag stellt Josephus in eine Reihe mit den biblischen Propheten, insbesondere mit Jeremia, mit dem er sich mehrmals vergleicht, wie in BJ V, 391-393. Sterling folgert: „He ist therefore not a traitor, but the true patriot who stood before the walls of Jerusalem as Jeremiah *redivivus*."[180] Pointiert stellt er heraus:

> Although he never openly calls himself a προφήτης, the texts we have examined indicate that he understood himself to be one. It is his prophetic status that allows him to write a definitive history of the Jewish people. His work thus has direct ties to the OT tradition of historiography in the sense that it is prophetic history, i.e., history written by a prophet.[181]

Auch wenn die Tendenz dieser Schlußfolgerung richtig sein dürfte, spielt sie m.E. die signifikanten Unterschiede zwischen Josephus und Jeremia herunter. So macht Lindner darauf aufmerksam, daß Jeremia schließlich kein Jotapata hatte.[182] Hinzu kommt die Frage, wem der prophetische Impetus des Josephus denn gegolten haben mag, da er seine Werke schließlich einem römischen Publikum zueignete. Aus diesem Grunde werden wir mit der Möglichkeit rechnen müssen, daß Josephus sich nicht *nur* in der Traditionslinie der biblischen

---

[176] Vgl. BJ III, 399f; AJ XIII, 299. 311; XV, 4. Zur Sache THACKERAY 1929, 98.
[177] Dieser wichtige Punkt wird auch von BILDE (1988, 51) ausdrücklich hervorgehoben: „The narration is without equal in its openness [...] Any other version would have served Josephus' interests better, and, actually, for a person like Josephus it would have been easy to fabricate such a story."
[178] Zu dieser Einschätzung vgl. STERLING 1992, 235-237.
[179] Das schließt selbstverständlich andere – menschlichere – Motive nicht aus. B. BRECHTS Äußerung über Galilei dürfte sicher auch bei Josephus eine Rolle gespielt haben: „Groß ist nicht alles, was ein großer Mensch tut / und Galilei aß gern gut."
[180] STERLING 1992, 237 (Hervorhebung im Original).
[181] STERLING 1992, 238.
[182] LINDNER 1972, 73 Anm. 2: „Für Jeremia hat es nie ein ‚Jotapata' gegeben (vgl. Jer. 37, 11-15), noch ist er je zum Propagandisten des feindlichen Eroberers geworden."

Propheten sah, sondern sich auch als ein Verkünder zukünftiger Ereignisse den Römern präsentierte. Dies wiederum hebt ihn aus dem genuin jüdischen Erbe heraus und integriert ihn in die Zunft der römischen Zukunftsdeuter jeder Couleur. Erneut begegnet uns Josephus als Wanderer zwischen den Welten, und wir werden uns zu fragen haben: Wo ist der Unterschied zwischen einem jüdischen Propheten, der Einblick in den göttlichen Plan (πρόνοια) erhält, und einem Orakelpriester, der das Walten der *heimarmenê* zu ergründen vermag? Je geringer die Kluft zwischen jenen Professionen ist, desto eher gelingt die Gratwanderung des Josephus.[183]

Im schon genannten Selbstverständnis des Josephus' als διάκονος θεοῦ finden wir einen Schlüssel zur besonderen Rolle, welche der jüdische Historiker in Rom gespielt hat. Denn nicht nur durch die prophetische Gabe fühlt er sich in die Lage versetzt, die Zukunft vorherzusagen, sondern auch, „weil er als Priester und Priestersohn mit den Weissagungen der heiligen Schriften wohl vertraut ist."[184] Dies gilt insbesondere dann, wenn der Priester gleichsam als Mittelsmann Gottes fungiert, denn nun sind genuin priesterkultische Belange in den Vordergrund gestellt.[185] Beide Elemente kommen in der Weissagung von Jotapata zum Tragen. Macht Josephus in BJ III, 405-408 zunächst gegenüber den Römern klar, daß er in der Tat über ausgezeichnete mantische Begabung verfügt, da er den Fall Jotapatas und seine eigene Gefangennahme schon zu Beginn der Belagerung vorausgesehen hatte, so stellt der Rückbezug auf bibli-

---

[183] Zur Diskussion um diese wichtigen Fragen vgl.: R. MEYER: *Der Prophet aus Galiläa*, Leipzig 1940; M. BRAUN: „The Prophet Who Became a Historian", in: *The Listener* 56 (1956), 53. 56-57 (hier S. 56); E. STAUFFER: „Der Hofprophet mit dem Alten Testament", in: ders.: *Christus und die Caesaren. Historische Skizzen*, Hamburg ⁵1960; I. HAHN: „Josephus und die Eschatologie von Qumran", in: BARDTKE 1963, 167-191; GASTON 1970; M. DE JONGE: „Josephus und die Zukunftserwartungen seines Volkes", in: BETZ/HAACKER/HENGEL 1974, 205-219 (hier 206f); SCHALIT 1975; COHEN 1979, 232; D.E. AUNE: „The Use of ΠΡΟΦΗΤΗΣ in Josephus", in: *JBL* 101 (1982), 419-421; BILDE 1988, 55f. 191; STERLING 1992, 238. Eine Engführung der Frage auf die Propheung an Vespasian findet sich in folgenden Arbeiten: A. SHOCHAT: „On the ‚Ambigous Oracle' in the Words of Josephus" [hebr.], in: M. HÄNDEL (ed.): *Sefer Yosef Shilo*, Tel-Aviv 1961, 163-165; Y. BAER: „Jerusalem in the Times of the Great Revolt. Based on the Source Criticism of Josephus and Talmudic-Midrashic Legends of the Temple's Destruction" [hebr.], in: *Zion* 36 (1971), 127-190.
[184] O. BETZ: *Offenbarung und Schriftforschung in der Qumransekte* (WUNT 6), Tübingen 1960, 137.
[185] Vgl. LINDNER 1972, 60.

sche Prophezeiungen nicht zuletzt auch die priesterliche Autorität des Josephus heraus. Jene Autorität steht in der Argumentationslinie, daß die rechte Lehrtradition letztlich eine Angelegenheit der priesterlichen Seite ist.[186] Die Frage, inwieweit Josephus hiermit vom pharisäischen Lager abrückt, dem er sich ja sonst zugehörig zu fühlen scheint, ist wissenschaftlich nach wie vor umstritten.[187] Eine befriedigende Lösung ist angesichts des disparaten Materials, welches Josephus selber uns in dieser Hinsicht anbietet, kaum erreichbar, da sich jede Meinung auf Primärquellen beziehen kann. Was allerdings in dieser Untersuchung angestrebt wird, ist eine Klärung der verschiedenen Positionen – seien sie nun „pharisäisch-rabbinisch" oder „kultisch-priesterlich" – zum astrologischen Themenbereich, die Josephus von den späteren rabbinischen Ansichten abheben und seinen ganz eigenen Weg zwischen Jerusalem und Rom markieren.

Ich gehe nun einen Schritt weiter und werde dem eng mit der Astrologie verbundenen und in Rom allenthalben diskutierten Verständnis von εἱμαρμένη und τύχη nachspüren, wie es aus den Schriften des Josephus zu entnehmen ist. Dabei muß mit aller Deutlichkeit hervorgehoben werden, daß Ideen von stoischer Sympathie, von Heimarmene und Tyche natürlich nicht *notwendig* zur Astrologie führen. In vielen Fällen haben sie das nicht getan. Worauf ich im folgenden lediglich bestehe, ist die Tatsache, daß derartige Konzepte, die letztlich auf Faivres ersten beiden Charakteristika esoterischen Weltbildes fußen,[188] als eine *wichtige philosophische Vorbedingung* für jedwede astrologische Fragestellung anzusprechen sind.

2.2.1. Heimarmene und Tyche

Josephus verwendet die unterschiedlichen philosophischen Begriffe, welche den Zusammenhang zwischen Freiheit, Determinismus und „Schicksal" artikulieren, quer durch alle Teile seines Schriftwerkes.

---

[186] Vgl. CA I, 30ff und I, 54, wo Josephus die Legitimität der Torahüberlieferung an der Reinheit der priesterlichen Genealogie orientiert; außerdem *Vita* 1 (Abstammung) und 10-12 (Ausbildung des Priesters).

[187] Vgl. die Diskussion bei LINDNER (1972, 71-77), der das priesterliche Element hervorhebt, doch zu Recht konstatiert (77): „Josephus ist von eigenen Voraussetzungen her zu verstehen, die ihn durchaus auch von den Formen des Diasporajudentums unterscheiden. Er hat eigenes Profil, gerade auch dort, wo man seine Entscheidungen nicht anerkennen kann. Sein Anspruch verbietet es, ihn als einen unter vielen zu werten."

[188] Gemeint ist neben dem Denken in Entsprechungen das Konzept der lebenden Natur.

Mitunter können sie auch nebeneinander begegnen (wie BJ IV, 622), was nicht wenige Wissenschaftlerinnen und Wissenschaftler dazu veranlaßte, von einer Austauschbarkeit auszugehen.[189] Da die einzelnen Begriffe im Werk des Josephus mit Bedacht gesetzt sind (auch wenn dies nicht kontinuierlich geschieht), ist jedoch eine genaue Differenzierung vonnöten.[190]

Was zunächst die εἱμαρμένη anbelangt, so sind es besonders vier Stellen, welchen das Interesse der Forscherinnen und Forscher gilt, denn hier geht Josephus auf die unterschiedliche Haltung der Pharisäer, Sadduzäer und Essener zur Heimarmene ein. Diese Passagen finden sich AJ XIII, 171-173; XVI, 397 sowie XVIII, 12-22. Zu nennen ist darüber hinaus die Parallelerzählung in BJ II, 162-166. AJ XIII, 171-173 ist die einzige Stelle, an der die unterschiedlichen Haltungen explizit genannt werden:

> Zu dieser Zeit gab es drei Denkschulen unter den Juden, welche unterschiedliche Meinungen über die menschlichen Angelegenheiten vertraten. Die erste war jene der Pharisäer, die zweite die der Sadduzäer und die dritte die der Essener. Was die Pharisäer angeht, so sagen sie, daß bestimmte Ereignisse das Werk des Schicksals (εἱμαρμένη) seien, aber nicht alle; im Hinblick auf andere Ereignisse hängt es von uns selber ab, ob sie eintreten oder nicht. Die Schule der Essener aber erklärt, daß das Schicksal die Herrin aller Dinge ist, und daß nichts dem Menschen widerfährt, das nicht im Einklang mit seinem Beschluß steht. Aber die Sadduzäer halten nichts vom Schicksal, in der Annahme, es gebe so etwas nicht, und daß menschliche Handlungen nicht erreicht werden durch die Übereinstimmung mit seinem Beschluß, sondern daß alle Dinge in unserer eigenen Kraft liegen, so daß wir selber verantwortlich sind für unser Wohlergehen, während wir Unglück durch unsere eigene Gedankenlosigkeit erleiden.

Der etwas statisch wirkende Duktus läßt schon bei flüchtigem Blick die Vermutung aufkommen, Josephus sei hier eher von einem schematisierenden denn einem historisch detailgetreuen Impetus getragen.[191] Für Josephus bestand das Problem, im Hebräischen kein Äquivalent für *heimarmenê* zu besitzen, so daß er den Themenkreis der göttlichen Vorsehung und des Determinismus in philosophische Termini zu kleiden versuchte, die dem hellenistischen Kontext ent-

---

[189] Zur Diskussion vgl. SCHLATTER 1910 und 1932, 32ff; WOCHENMARK 1933; MOORE 1973; MICHEL-BAUERNFEIND Exkurs XVIII; WÄCHTER 1969; LINDNER 1972, 89-94; MARTIN 1981; STEMBERGER 1991, 65-67.
[190] Vgl. MICHEL-BAUERNFEIND II.2, 213.
[191] Vgl. SCHÜRER 1986, II, 394.

liehen sind.[192] Die Passage läßt das Bemühen des Autors erkennen, die verschiedenen möglichen Antworten auf die deterministische Frage auf die einzelnen „Parteien" der Juden zu verteilen. Von Josephus unabhängige Bestätigungen einer solchen Zuteilung besitzen wir – wenn überhaupt! – nur für die Essener, falls wir die in Qumran begegnende Annahme der göttlichen Vorsehung als typisch essenisch bezeichnen wollen. Wie stark an hier ganz andere Komponenten, namentlich priesterlich-zadokidischer Provenienz ins Spiel kommen, wurde oben zur Genüge dargelegt. Daß darüber hinaus die anderen Schulen durch Josephus mehr als unzureichend charakterisiert werden, kann nicht deutlich genug betont werden.[193]

Die Quellen, welche man hier gerne als Vergleichstexte anführt, sind ihrerseits äußerst umstritten, was sowohl für die Stelle Abot III,15 gilt[194] – von der man nicht weiß, ob dort pharisäisches Gedankengut tradiert wird (und dann auch noch genau das Gedankengut, welches Josephus als pharisäisch definiert!) –, als auch für die Stelle AJ X, 278, welche eine Verbindung zwischen Sadduzäern und Epikuräern herstellt. Hier müssen wir mit G. Stemberger festhalten: „Die sachliche Parallele ist unbestreitbar, doch bleibt die so beliebt gewordene Parallelisierung der Sadduzäer mit den Epikureern historisch unbewiesen."[195]

Anstatt der unter pragmatischen Gesichtspunkten unergiebigen Frage nachzugehen, wieweit Josephus mit der Zuordnung der unterschiedlichen Haltungen zu den einzelnen jüdischen Gruppen „richtig liegt"[196] – hierfür wäre eine Eruierung der aktuellen Tagesdiskurse und der zeitgenössischen Einigung auf die Verwendung entsprechender Begriffe notwendig –, wollen wir uns fragen, welche Haltung Josephus selber in seiner Darstellung erkennen läßt. Im Zusammenhang mit der Zerstörung des Tempels stellt Josephus Überlegungen an, wie der Verlust einer derartigen Kostbarkeit mit dem Walten Gottes in Einklang gebracht werden kann (BJ VI, 267-270):

---

[192] Vgl. MOORE 1973.
[193] STEMBERGER 1991, 65-67.
[194] Rabbi Akiba sagt dort: „Alles ist vorhergesehen, und doch ist Wahlfreiheit gegeben." Vgl. STEMBERGER 1991, 67.
[195] STEMBERGER 1991, 67; gegen die Meinung G. MEYERS (Art. „Sadduakaios", in: ThWNT VII (1966), 35-54, hier S. 46), der unhinterfragt die Darstellung des Josephus übernimmt. Richtiger dagegen WÄCHTER (1969, 106), Josephus nehme hier „eine Verketzerung der ihm feindlichen Sadduzäer vor."
[196] Eines der Hauptinteressen bei WÄCHTER (1969, passim) und MARTIN 1981, 129f.

Man muß gewiß um ein solches Bauwerk sehr trauern; es war ja von allen Bauten, von denen wir aus Berichten oder eigener Anschauung Kenntnis haben, das Wunderbarste [...] Doch wird man überreichen Trost finden in dem Gedanken, daß Werke und Stätten der Menschen dem Schicksal ebensowenig entrinnen können wie lebende Wesen (μεγίστην λάβοι παραμυθίαν τὴν εἱμαρμένην ἄφυκτον οὖσαν ὥσπερ ἐμψύχοις οὕτω καὶ ἔργοις καὶ τόποις). Man muß sich jedoch sehr über die Genauigkeit im Umlauf der Zeiten wundern (θαυμάσαι δ' ἄν τις ἐν αὐτῇ τῆς περιόδου τὴν ἀκρίβειαν), die in diesem Schicksal zu erkennen ist: Paßte es doch, wie ich schon erwähnt habe, den Monat und sogar den gleichen Tag ab, an welchem der Tempel einstmals von den Babyloniern in Brand gesetzt worden war. Von seiner ersten Gründung, die durch den König Salomo erfolgt war, bis zu seiner jetzigen Zerstörung, die in das zweite Regierungsjahr Vespasians fiel, ergeben sich 1130 Jahre, 7 Monate und 15 Tage, von der zweiten Gründung, die Haggai im zweiten Jahr des Königs Kyros vollzog, bis zur Eroberung unter Vespasian 639 Jahre und 45 Tage.

Josephus greift hier einen Topos auf, den er kurz zuvor (BJ VI, 249f) bereits eingeführt hatte:

Titus zog indessen wieder auf die Antonia zurück. Er war entschlossen, sich bei Anbruch des nächsten Tages (11. Ab) mit seiner gesamten Heeresmacht auf die Feinde zu werfen und den Tempel ringsherum einzuschließen. Diesen hatte Gott jedoch schon längst zum Feuer verurteilt, und in den Umläufen der Zeiten war jetzt der schicksalhaft bestimmte Tag herbeigekommen (τοῦ δ' ἄρα καταψήφιστο μὲν τὸ πῦρ ὁ θεὸς πάλαι, παρῆν δ' ἡ εἱμαρμένη χρόνων περιόδοις), nämlich der zehnte des Monats Loos, an welchem der Tempel auch schon ehedem vom König der Babylonier in Brand gesteckt worden war. Daß der Tempel in Flammen aufging, war diesmal freilich von den Juden selbst veranlaßt und verschuldet.

Die *heimarmenê* erscheint in dieser Darstellung als das weit im Voraus bestimmte geschichtsträchtige Walten Gottes, dem die Geschicke der Menschen, insbesondere der Juden, unentrinnbar ausgeliefert sind. Es sind die *Umläufe der Zeiten* (περίοδοι χρόνων), welche das Wirken der Heimarmene in überschaubare, ja berechenbare Bahnen einordnet. Denn wäre dem nicht so, könnte eine exakte Terminierung der Tempelzerstörung nicht durchgeführt werden.

Wann immer es aber um zeitliche Berechnungen geht, kommen zwangsläufig astronomische und astrologische Konnotationen ins Spiel. Und in der Tat rezipiert Josephus hier eine innerjüdische Weltzeitaltertheorie, wie sie bereits im Danielbuch vorzufinden ist und explizit in Jub begegnet, deren astrologische Relevanz außer Frage steht.[197] Mit diesem Befund allein aber wird man der Josephus-

---

[197] So u.a. Dan 2,21f. Vgl. VON STUCKRAD 1996, 101-103.

Adaptation sicherlich nicht gerecht, ist doch das Bemühen des Autors unverkennbar, den hellenistischen Heimarmenebegriff – nicht zuletzt im Hinblick auf seine römische Leserschaft – mit einzubeziehen. περίοδοι χρόνων entspringt einem zyklischen Geschichtsbild, welches im griechisch-römischen Denken oberste Priorität hat.[198] Im Judentum bevorzugte man in der Regel – aber nicht immer – ein linear-teleologisches Geschichtsbild, welches das heilsgeschichtliche Wirken Gottes zur Grundlage hat. Zeitalter erscheinen vor diesem Hintergrund als *Perioden* der Heilsgeschichte, nicht als Wiederholungen und Zyklen. Die Periodisierung ist es denn auch, welche im christlichen Denken greifbar ist,[199] und die sich in der rabbinischen Tradition durchsetzen sollte.[200]

Im *Gespräch*, das Josephus mit seinen Zeitgenossen führte, waren die unterschiedlichen Möglichkeiten einer Geschichtsdeutung keineswegs distinkt, und so verwundert es nicht, im *bellum* auf Konzeptionen zu stoßen, die den Anschein der Unvereinbarkeit haben, und die Josephus doch Seite an Seite stellte, ohne offensichtlich einen Widerspruch zu empfinden. Ein solches Problem liegt auch im genannten Passus vor, denn ungeachtet der unerbittlich eintretenden göttlichen Vorsehung, dem zwangsläufig sich manifestierenden Umlauf der Zeiten, sind es die Juden selber, die durch ihr Handeln die Zerstörung des Tempels erst möglich machen. Es stellt sich mithin die Frage, inwieweit es den „Vernünftigen" unter den Juden – die Josephus wiederholt nennt, und zu denen er sich selbstredend ebenfalls zählt – überhaupt möglich gewesen wäre, den Fall des Tempels zu verhindern.[201] Wir spüren hier ein wirkliches Ringen mit den Dilemmata deterministischer Weltanschauung, wie es unter stoischen Philosophen allenthalben vorzufinden ist. Einen Mittelweg suchend scheint Josephus zum Ausdruck bringen zu wollen: Die

---

[198] Vgl. SCHLATTER 1932, 16; MICHEL-BAUERNFEIND II.2, 174 Anm. 109. Interessant ist in diesem Zusammenhang die Überlegung DIHLES, daß der Unterschied zwischen griechischer Kosmologie und jüdischer Schöpfungslehre erst spät, nämlich durch Celsus und Galen, thematisiert worden ist. Erst diese „Entdeckung" erlaubte der Philosophie die explizite Überordnung des Schöpfergottes über das „Schicksal"; vgl. DIHLE 1985, 9-30; zum Problem der Freiheit nach Galen und Celsus ferner S. 110-137.
[199] So nennt Mt 1,17 drei Perioden der Geschichte bis zum Kommen des Messias.
[200] Als Beispiel des Entsprechungsdenkens innerhalb der Perioden vgl. bTaan 29a zu mTaan 4, 6.
[201] Wie wir bereits sahen, haben jene „Vernünftigen" die Vorzeichen der Zerstörung richtig gedeutet. Die Möglichkeit der Verhinderung kommt auch dort nicht ins Spiel (s.o.).

Heimarmene ist jenes göttliche Walten, das in die Geschichte der Juden immer wieder handelnd eingreift und dem urzeitlichen Plan zur Manifestation verhilft. Zugleich gibt es eine Art „Meta-Gesetz", welches die Heilsgeschichte Israels in einen ethischen, letztlich deuteronomistischen Zusammenhang stellt. Israel ist durch gerechtes oder unrechtmäßiges Verhalten selber an seinen Geschicken beteiligt.

Man könnte nun einwenden, Josephus' Rede von den περίοδοι χρόνων sei ein Zugeständnis an die römische Leserschaft, womit sein genuin jüdisches Geschichtsverständnis lediglich überspielt wäre. Doch wir konnten schon wiederholt feststellen, daß der jüdische Diskurs nicht den strengen methodischen Richtlinien folgte, welche moderne Wissenschaftlerinnen und Wissenschaftler anzulegen gewohnt sind, sondern daß vielmehr ein buntes Nebeneinander sich scheinbar widersprechender Wirklichkeitsentwürfe das Bild bestimmt.

Wenn wir der Periodisierung noch weiter nachgehen, so stoßen wir erneut auf widersprüchliche Angaben. Zunächst einmal ist der Umstand erwähnenswert, daß Josephus in BJ VI, 435-442 von einem Siebenerschema Gebrauch macht, um die bisherige Geschichte Jerusalems zu periodisieren.[202] Auf diese Weise schlägt er einen Mittelweg zwischen der Apokalyptik, die an der zukünftigen Perspektive interessiert ist, und der rabbinischen Annahme der Entsprechungen unterschiedlicher Perioden ein.[203] Vergleicht man nun die konkreten historischen Angaben, wie sie sich an anderen Stellen im Werk des Josephus finden, mit der o.g. Datierung BJ VI, 267-270, so stellt man erhebliche Inkonsistenzen fest: Nach AJ XX, 224-251 ergeben sich für die Zeit vom Ersten Tempel bis zur Zerstörung des Zweiten Tempels 1181 Jahre, der Erste Tempel hatte nach dieser Angabe 467 Jahre bestanden. AJ X, 147 dagegen spricht von 471 Jahren des Ersten Tempels. Dieser Abschnitt hätte also im ersten Fall 49 Jahre, im zweiten 45 Jahre länger gedauert, als es BJ VI, 267-270 vermerkt. Um diese Widersprüche aufzuklären, sind viele Vorschläge unterbreitet worden, die jedoch bisher nicht zu befriedigenden und kohärenten Ergebnissen geführt haben.[204]

Vielleicht ist es hilfreich, sich zu vergegenwärtigen, daß es Josephus nicht in erster Linie um die (im modernen Sinne!) chronologisch

---

[202] Zum Siebenerschema s.u.
[203] Vgl. MICHEL-BAUERNFEIND II.2, 174 Anm. 109.
[204] Vgl. J. v. DESTINON: *Die Chronologie des Josephus*, Kiel 1880; MICHEL-BAUERNFEIND II.2, 176 Anm. 119.

exakte Wiedergabe der Ereignisse geht, sondern um das Aufhellen der besonderen *Sinnhaftigkeit* der jüdischen Geschichte. Um das immanente Wirken der göttlichen Absicht transparent zu machen, bedient sich Josephus der Periodisierung. Aus diesem Grunde ist der Widerspruch in den Zeitangaben dem umfassenden Interesse untergeordnet, die Besonderheit jener Ereignisse in aller Deutlichkeit herauszustellen. Noch ein weiteres kommt dazu: Die Dehnbarkeit und Varianz der Zeitbegriffe, geradezu ein Kennzeichen apokalyptischen Wirklichkeitsentwurfes,[205] hat möglicherweise auch auf Josephus eingewirkt. Im Vordergrund steht nicht die Quantität der Zeit, sondern ihre *Qualität*. Damit gewinnen konkrete Zeitangaben eine gänzlich andere Bedeutung, denn nun handeln sie von Ereignissen, welche die „Erfüllung der Zeiten" sichtbar machen. Die Symmetrie der Zeitangaben verfolgt die Intention, auf die Unausweichlichkeit der Ereignisse sowie die Richtigkeit der Deutung jener zu verweisen, die die Zeichen der Zeit erkannt haben.

In der dramatischen Rede des Josephus an die eingeschlossenen Bürger Jerusalems und an Johannes von Gischala (BJ VI, 99-110) treffen wir wieder auf die Heimarmene. Nach der Geißelung der schändlichen Taten, insbesondere der Einstellung des Tamid-Opfers,[206] die Johannes zu verantworten hat, wendet sich Josephus direkt an Johannes:

> Schon wieder bist du ganz außer dir und hast mir Schmähungen zugeschrien. Ja, ich habe noch viel schlimmere verdient, weil ich nämlich da noch zurede, wo vom Schicksal schon etwas anderes verhängt ist, und weil ich die von Gott Verurteilten noch mit Gewalt retten will (ὃς ἄντικρυς εἱμαρμένης τι παραινῶ καὶ τοὺς ὑπὸ τοῦ θεοῦ βιάζομαι κατακρίτους σώζειν). Wer kennt nicht die Aufzeichnungen der alten Propheten und weiß nicht, daß der Spruch, der über diese leidgeprüfte Stadt ergangen ist, jetzt eintreffen wird? Denn damals haben sie ihre Eroberung vorausgesagt für die Zeit, in der jemand den Brudermord beginnt. Sind aber die Stadt und der ganze Tempel nicht voll von Leichen eurer eigenen Leute? Gott selbst führt nun zugleich mit den Römern ein Feuer zur Reinigung herbei und rafft die von unzähligen Greueln strotzende Stadt dahin.

Gottes Wille und die Heimarmene sind in diesem Passus, wie schon zuvor, zu einer festen Einheit verschmolzen. Josephus, im Bemühen,

---

[205] Vgl. BLUMENBERG 1986, besonders 71-79. Die christliche Seite wurde zuletzt untersucht von ERLEMANN 1995 bzw. 1996; s. dazu den *Exkurs 4* unten.

[206] Bezeichnenderweise verwendet Josephus hier den Begriff ἐναγισμός, der sonst nur für Totenopfer benutzt wird. Vgl. MICHEL-BAUERNFEIND II.2, 164 Anm. 31.

das Unabwendbare noch zu verhindern, macht sich sogar einer Sünde schuldig, denn gegen Gottes Plan kann der Mensch nichts ausrichten. Die Römer kommen einem Werkzeug Gottes gleich, der mit ihrer Hilfe „ein Feuer der Reinigung" über Jerusalem kommen läßt. Hierin offenbart Josephus streng deuteronomistisches Denken.[207] Interessanterweise stellt Josephus auch an dieser Stelle das Walten der Heimarmene in einen direkten Zusammenhang mit der prophetischen Schau, bzw. der korrekten Deutung von Omina, welche nur durch die Priester und Eingeweihten durchgeführt werden kann. Wir werden darauf im nächsten Abschnitt eingehen.

Betrachten wir vor einer allgemeinen Bewertung noch die wichtige Passage der *Antiquitates*, in der Josephus im Zusammenhang mit der Tragödie herodianischer Familienpolitik Reflexionen über das Schicksal anstellt. AJ XVI, 394-399 stellt die Frage, wie es kommen konnte, daß Herodes mit einem solchen Haß auf seine Söhne reagierte; ist die Schuld dafür bei den Söhnen zu suchen, bei Herodes,

> oder bei der τύχη, welche eine größere Macht hat als alle kluge Überlegung, und aus diesem Grund sind wir überzeugt, daß menschliche Handlungen von ihr im Vorhinein festgelegt sind, um unausweichlich einzutreffen. Und wir nennen es Schicksal (εἱμαρμένη) aus dem Grunde, daß es nichts gibt, das nicht von ihr hervorgebracht wird. Ich glaube nun, es wird genügen, diese Meinung mit jener zu vergleichen, nach der wir einen Teil der Ursachen uns selber zuschreiben und uns nicht ohne Verantwortung für die Unterschiede in unserem Verhalten ansehen, wie es philosophisch erörtert worden ist vor unserer Zeit durch das Gesetz.

Josephus läßt uns einmal mehr im Unklaren darüber, wie weit das numinose Walten des Schicksals tatsächlich reicht.[208] Zunächst akzeptiert er anstandslos die verbreitete römische Haltung, daß die *heimarmenê* alle Handlungen des Menschen bestimmt, um gleich anschließend eben jene Sichtweise zu vertreten, die er an anderer Stelle (s.o.) den Pharisäern zugeschrieben hatte, daß nämlich ein Teil unserer Handlungen in unserer eigenen Verantwortung liegt.[209]

Die Intention ist klar: obwohl Josephus an der zeitgenössischen Auffassung der Heimarmene festhält, die die eigene Verantwortung in den Hintergrund rückt, möchte er die jüdische Tradition, deren

---

[207] Vgl. BILDE 1988, 185.
[208] Zur Rolle der Tyche s.u.
[209] Zur pharisäischen Haltung des Josephus an dieser Stelle vgl. MICHEL-BAUERNFEIND II.2, 214.

Augenmerk seit jeher auf der *Ethik* und damit der Schuldfähigkeit des Menschen liegt, mit dieser Tradition vereinen. Das gelingt freilich nur mit Mühe, wie an der vorliegenden Stelle leicht erkennbar ist. Für dieses Bedürfnis des Autors spielt es im übrigen keine Rolle, ob hier unterschiedliche Vorlagen mit der eigenen Sicht des Josephus zusammenkomponiert worden sind. Der Historiker hatte in jedem Fall seine Gründe, wenn er die verschiedenen Elemente und Argumentationslinien Seite an Seite nebeneinanderstellte. Es zeugt von der Ernsthaftigkeit des gedanklichen Ringens und von historisch-philosophischer Seriosität – ganz im Sinne des römischen Bildungsideals –, die eigene Meinung immer wieder zur Disposition zu stellen.

Die Explikation des klassischen deterministischen Dilemmas – „keine Ethik ohne Willensfreiheit" – hat für Josephus mit Sicherheit eine Rolle gespielt. Aber wenn wir uns vor Augen führen, wie variabel sowohl die strenge stoische Sichtweise sein konnte, indem sie trotz deterministischer Vorbestimmung das ethisch richtige Verhalten des Menschen einforderte, als auch die moralische Sichtweise rechtgläubiger Juden, deren Glaube an die Eigenverantwortung des Menschen einen urzeitlichen Plan Gottes nicht ausschloß,[210] so müssen wir mit vorschnellen Erklärungen der Gründe vorsichtig sein, welche Josephus zu dieser besonderen Haltung veranlaßt haben könnte. Vor allem die beliebte These, Josephus kontrastiere hiermit den *heimarmenê*-Begriff hellenistischer Provenienz mit dem jüdischen Konzept der Torahfrömmigkeit, das die Bedingtheit der jüdischen Geschicke aufzuheben vermag, erscheint in dieser Zuspitzung verfehlt.[211] Eine solche moderne Sicht, die dem antiken Denken m.E. nicht gerecht wird, zeigt L.H. Martin:

> *Heimarmene*, then, in Josephus' writings names a particular sense of human existence prior to and apart from Torah. It views human existence as deterministic, in the usual Hellenistic manner. For Josephus, freedom from this determinism, and thus human responsibility, is

---

[210] Dies ist besonders in Qumran eindeutig nachweisbar, vgl. VON STUCKRAD 1996, 115-117.

[211] Ähnliches gilt für die bereits kritisierte Dichotomie jüdisches versus hellenistisches Denken. So kann es als überzogen angesehen werden, wenn MOORE 1973, 181, feststellt, daß der Begriff *heimarmenê* „ein Begriff war, der allem jüdischen Denken, das wir kennen, fremd war." Die Tatsache, daß es für das griechische Wort kein hebräisches Äquivalent gibt, reicht für eine so weitträgende Dichotomie nicht als Begründung. Unter Berufung auf WITTGENSTEIN wäre es durchaus möglich, daß trotz verschiedener Begrifflichkeiten dasselbe Sprachspiel vorliegt.

possible only in obedience to the will of God. His use of the term can be understood as a semantic ploy which sets up an apologetic contrast: life under and life apart from Torah.[212]

Wenn wir von einem „apologetic contrast" sprechen wollen, so trifft dieser vermutlich stärker auf die wissenschaftliche Forschung zu, denn auf Josephus selber. Die angeführten Passagen zeigen doch, daß es dem antiken Autor in keinster Weise angelegen war, die römische Sicht der Heimarmene zu „überwinden", daß er aber gleichwohl darum bemüht war, dieses Konzept mit der ethischen Ausrichtung jüdischen Geschichtsverständnisses zu harmonisieren. Sobald wir das Vorverständnis fallenlassen, diese beiden Konzepte seien per se inkompatibel und Josephus habe sich deshalb für das eine oder das andere entscheiden müssen,[213] brauchen wir einseitige Konstruktionen wie die genannte nicht mehr zu bemühen. Daß eine solche Argumentation logischen Einwänden ebensowenig standhält wie die ambivalente Haltung des Josephus, zeigt die Schlußfolgerung Martins: „He [Josephus] presents the Jews as the people who are freed from *heimarmene* by the providence of God, and who consequently exercise free will and human responsibility in and through their obedience to Torah."[214] Da die *heimarmenê*, wie gesehen, mit dem Willen Gottes verschmilzt, zugleich aber die Vorsehung Gottes im jüdischen Denken jener Zeit durchaus deterministischen Charakter hatte, ergeben sich aus einer solchen Zuspitzung mehr Probleme als Klärungen.

In die korrekte Richtung weist Martin jedoch an der Stelle, wo er den zeitgenössischen Diskurs in den Mittelpunkt seiner Untersuchung stellt.[215] Zu Recht macht er darauf aufmerksam, daß die astrologische Deutung der Welt engstens mit der hermetischen Tradition verknüpft war, die im ersten nachchristlichen Jahrhundert von oft unterschätzter Bedeutung war. Jene Tradition ist explizit

---

[212] MARTIN 1981, 134.
[213] Besonders die älteren Arbeiten weisen diesen Tenor auf, wie SCHLATTER 1932, 32-34. Zur Kritik vgl. LINDNER 1972, 89-91.
[214] MARTIN 1981, 135.
[215] Ebda. S. 132. Vgl. auch MOORE 1973, 184-187; die Darstellung der jüdischen Astrologie, welche MOORE gibt, ist allerdings als oberflächlich abzulehnen. In für die Forschung durchaus typischer Weise räumt er zunächst die fundamentale Bedeutung der Astrologie für die Stoa ein (184), um dann weitere Überlegungen mit dem schlichten Satz zu beenden (187): „ [...] der ganze Tenor der alttestamentlichen Geschichte und Prophetie machte astralen Fatalismus, ganz abgesehen von seinem heidnischen Ursprung und Charakter, unvereinbar mit dem jüdischen Monotheismus."

ausgesprochen im ersten Traktat des *Corpus Hermeticum*, wiedergegeben als Offenbarung des Poimandres:

> Der Geist, Gott, der mannweiblich und der Leben und Licht ist, gebar durch das Wort einen zweiten Geist, den Demiurgen, der als Gott des Feuers und Pneumas eine Art von Verwaltern, sieben an der Zahl, schuf, die in Kreisen den sichtbaren Kosmos umgeben; und ihre Verwaltungstätigkeit wird Schicksal [εἱμαρμένη] genannt.[216]

Es ist genau dieses Diktum, welches auch bei Josephus' Adaptation des Heimarmene-Konzeptes Pate gestanden haben dürfte.[217] Daß eine solche Konzeption sich sogar mit der biblischen Tradition in Deckung bringen läßt, hat Dodd aufgezeigt.[218] Er vergleicht die „stoische Konzeption" im CH mit Gen 1,16.18, um die Linie anschließend in 2Hen 30, 2-7 weiterzuziehen. Darüber hinaus beruft sich Dodd auf Philo *Conf. Ling.* 168-173 sowie auf *Weish* 8,1, wo der Topos des διοίκηται in vergleichbarer Weise aufgegriffen wird.[219] Dies überzieht sicherlich das vorliegende Material und verwischt die Grenzen zwischen den einzelnen Entwürfen, doch auf der anderen Seite ist hierin eine Möglichkeit angedeutet, den Übergang astrologisch-hermetischer Weltkonzeption in jüdisches Gedankengut nachzuvollziehen. Die Ähnlichkeiten machten eine Adaptation erheblich leichter.

Die Leichtigkeit der Übernahme hermetischen Denkens in jüdische Weltsicht läßt sich darüber hinaus auch an der *Dekanlehre* ablesen: Nicht nur im *Corpus Hermeticum* werden die Planeten als κοσμοκράτορες und als στοιχεῖα bezeichnet, sondern auch im TestSal 8, 2 sowie im magischen Umfeld der Spätantike.[220] Die Regenten des vorliegenden Textes lassen sich überdies – und das ist der Ansatz von Dodds[221] – mit den verschiedenen astrologischen „Torwächtern" der spätantiken Religionen parallelisieren, wie sie insbeson-

---

[216] CH I, 9 (CHD I, 13). Vgl. FESTUGIÈRE 1950, I, 314f sowie FESTUGIÈRE/NOCK 1946/1954, I, 1-28; außerdem das aktualisierte Material bei COPENHAVER 1992, 2.
[217] Sehr aufschlußreich ist in diesem Zusammenhang auch die ausführliche Darstellung der „Schicksalsordnung" im *Asclepius* 39-40.
[218] Vgl. DODD 1935, 138-141.
[219] Diese Zusammenhänge werden uns unten noch beschäftigen.
[220] So in PGM I, 94, 661ff., vgl. GUNDEL 1936a, 227 Anm.1. GUNDEL (a.a.O. S. 292) stellt außerdem ein griechisch-jüdisches Buch vor, das zur Anfertigung von magischen Amuletten mit Hilfe der Dekanlehre diente. Zum TestSal s.u. Kap. VI.4.1.
[221] DODDS 1970, 14-16.

re in den PGM manifestiert sind.²²² Den Ursprung jener Regenten hatte schon Reitzenstein²²³ in Judentum, Gnosis und Christentum vermutet, wobei er sich auf nicht unerhebliches hermetisches Material stützen konnte.²²⁴ Da wir von einer *Vernetzung* der antiken Religionen ausgehen müssen, dürfte dieser einseitige Schluß vermutlich zu kurz greifen, was unten im Zusammenhang mit den gnostischen und christlichen Astrologumena noch zu erörtern sein wird.²²⁵ Hier soll zunächst lediglich der nahtlose Übergang in astrologische Welterklärungsmodelle festgehalten werden, der sich aus der engen Verflechtung der wissenschaftlichen Astrologie mit den philosophischen Weltbildern jener Zeit ergibt. Aus diesem Grunde braucht Josephus auch nicht einen derartigen Zusammenhang expressis verbis herzustellen, wenn er auf astrologische Argumentationen eingeht; der gesellschaftliche Konsens über das Wirken der Heimarmene, ablesbar an den Bewegungen der Gestirne, war so weit etabliert, daß jeder Leserin und jedem Leser die astrale Dimension des Schicksals notwendig einleuchten mußte.²²⁶

Wenn Josephus die Heimarmene mit dem Willen Gottes gleichsetzt, öffnet er sich zugleich einer astrologischen Wissenschaft, die – indem sie das Walten der Heimarmene zu erforschen trachtet – den Willen Gottes zum Mittelpunkt ihres Interesses macht.

Wie können wir nun den Begriff der τύχη hierzu in Beziehung setzen? Diese Dimension des Schicksals kommt in den Werken des Josephus immer wieder vor,²²⁷ und es hat den Anschein, daß die Tyche den eigentlichen Antrieb ausmacht, der ganze Epochen der

---

²²² Vgl. PGM IV, 674-693 (BETZ, *GMP*, 51) und besonders PGM XIII, 161-205 (BETZ, *GMP*, 176-178), wo ebenfalls sieben Götter/Planeten geschaffen werden. Zur Thematik vgl. ferner die Literatur bei COPENHAVER 1992, 97-105.
²²³ REITZENSTEIN 1904, 68-81. 102.
²²⁴ CH X, 17. 23; XII, 5-9; XVI, 11. 16. 18; *Asclep.* 19. 39-40; Hipp. *Ref.* 5. 7. 23. 24
²²⁵ Zur Diskussion um diesen Punkt vgl. vorab BOUSSET 1960; BRÄUNINGER 1926, 29-40; E. HÄNCHEN: „Aufbau und Theologie des ‚Poimandres'", in ders.: *Gott und Mensch: Gesammelte Aufsätze*, Tübingen 1965, 166. 175; GUNDEL 1966, 311; GUNDEL 1968, 70-72; COPENHAVER 1992, 105f; BURKERT 1996, 40f.
²²⁶ Ähnlich MARTIN 1981, 133: „Josephus never uses *heimarmene* in any astrological context; but it was not necessary for him to have done so." Allerdings ist die Begründung, eine lebensfeindliche und weltverneinende Grundtendenz der Zeit sei hierfür – wie auch für die Astrologie – verantwortlich, als apologetisch zu verneinen.
²²⁷ Zur Tyche vgl. vor allem MICHEL-BAUERNFEIND Exkurs XVIII (II.2, 212-214) und LINDNER 1972, 89-94.

Geschichte geprägt hat. Eben dieses Verständnis der Tyche ist es auch, die uns hier interessiert; andere Konnotationen, die bei Josephus ebenfalls begegnen, müssen wir außer acht lassen.[228]

Die Tyche Roms ist ein Motiv, „das das ganze Werk des Bellum durchzieht und in bestimmten Grundstellen geradezu richtungsweisend wird."[229] Zu nennen sind in diesem Zusammenhang vor allem die Passagen BJ II, 360; V, 367 und III, 354, die in ihrem Tenor sowohl das traditionell hellenistische Verständnis widerspiegeln, als auch die Adaptation in jüdische Weltwahrnehmung durch Josephus. Betrachten wir die Stellen nacheinander.

In BJ II, 360 wird im Rahmen der Agrippa-Rede und dessen Lob auf die römische Herrschaft die Tyche ins Spiel gebracht:

> Und (selbst) die Makedonier, die heute noch von Philippus träumen und die τύχη, die mit Alexander die Saat der Weltherrschaft für sie ausstreute, vor Augen haben, ertragen einen solchen Wechsel und huldigen denen, zu denen jene Göttin übergegangen ist.

In streng hellenistischer Manier erscheint hier die Tyche als personifizierte Schicksalsmacht, als Göttin, welche – ob in berechenbarer Weise oder nicht, sei dahingestellt – den Gang der Geschichte beeinflußt, indem sie ihre Gunst einer bestimmten Partei zuwendet. In BJ V, 366f spricht Josephus selber die Juden an, um sie zur Aufgabe zu bewegen:

> Vernünftigerweise könne man allenfalls unbedeutende Herrscher mißachten, aber nicht solche, denen die ganze Welt untertan sei. Was sei denn bisher der Herrschaft der Römer entgangen, abgesehen von einigen Gebieten, die ihre Hitze oder Kälte unbewohnbar mache? Überall habe sich die τύχη ihnen zugeneigt, und Gott, der unter den Völkern die Herrschaft von einem zum andern übergehen lasse, stehe jetzt zu Italien.

Anders als im ersten Zitat verbindet Josephus nun den hellenistischen Tyche-Begriff ausdrücklich mit dem Geschick des jüdischen

---

[228] Hierzu gehören alle drei Tyche-Verwendungen, wie sie bei den Historikern nachgewiesen werden können: (1) Tyche als persönlicher Schutzgeist, (2) als Kategorie des „Zufälligen", des Unvorhersehbaren, und (3) als höhere Macht, wie wir sie im folgenden untersuchen werden. Zur Entwicklung des Tyche-Verständnisses vgl. NILSSON 1941, II, 190ff; A.A. BURIKS: ΠΕΡΙ ΤΥΧΗΣ: De ontwikkeling van het begrip tyche tot aan de Romeinse tijd, hoofdzakelijk in de philosophie, Leiden 1948; G. HERZOG-HAUSER: Art. „Tyche", in: RE 2. Reihe, VII, 1643-1689; P. PÉDECH: La méthode historique de Polybe, Paris 1964; zum Nachweis aller drei Verwendungen bei Josphus vgl. LINDNER 1972, 46f.

[229] MICHEL-BAUERNFEIND II.2, 212.

Volkes. Die Suche nach Integration der unterschiedlichen Konzepte ist deutlich sichtbar, denn plötzlich ist es Gott selber, der sich der Tyche gleichsam als sein Instrument bedient. Der vorliegende Passus wirkt wie eine gelungene Synthese aus der hellenistischen, personifizierten Göttin Tyche mit Dan 2,21: „Er bestimmt den Wechsel der Perioden und Zeiten. Er setzt Könige ab und Könige ein."[230] Die Tyche ist also das Mittel zur Ausführung göttlichen Willens. Mit dieser Synthese gelingt es Josephus, auch noch das deuteronomistische Bild der Heilsgeschichte Israels mit einzubeziehen, nach dem die Juden für etwaige Heimsuchungen selber verantwortlich gemacht werden. In derselben Rede (V, 395) fragt er rhetorisch: „Aber wer hat die Römer nun eigentlich gegen unser Volk aufgeboten? Ist es nicht die Gottlosigkeit der Bewohner des Landes selbst?"

Dieses Amalgam aus jüdischer, eigentlich priesterlicher Tradition und hellenistischem Schicksalsdenken verbietet es von vornherein, bei Josephus das eine gegen das andere ausspielen zu wollen.[231] Dies gilt auch für die sehr persönliche Schilderung der Gebetes, welches Josephus vor seinem Übertritt zu den Römern an Gott richtet (BJ III, 354):

> Da es dir gefällt, daß das Volk der Juden, das du geschaffen hast, in die Knie sinkt, und die ganze Tyche [ἡ τύχη πᾶσα] zu den Römern übergegangen ist, und du ferner meine Seele erwählt hast, die Zukunft anzusagen, so übergebe ich mich aus freien Stücken den Römern und bleibe am Leben.

Dieses Gebet kann als zentraler Wendepunkt im *bellum* wie vermutlich auch im Leben des Josephus angesehen werden. Die Unterscheidung, welche Michel-Bauernfeind in ihrem Kommentar anstellen – daß nämlich Josephus an dieser Stelle zu verstehen ist „aus dem auch ihn umgreifenden hellenistisch-orientalischen Vorstellungsbereich, der den Begriff bestimmt",[232] während im vorherigen Passus II, 360 die Tyche aus diesem Bereich herausgehoben werde –, ist kaum nachzuvollziehen. Dasselbe gilt für ihre Behauptung, Josephus „trennt sich von der Tradition und dem Ruhm der Väter und läßt die heidnische τύχη den Glauben an die Führung Gottes (κηδεμὼν θεός

---

[230] Richtig MICHEL-BAUERNFEIND II.2, 213f: „Man könnte daran denken, daß Josephus hier eine ursprünglich apokalyptische Lehre von sich ablösenden Weltzeitaltern, die vom Wechsel der Herrschaft sprachen [...], umbildet und so zu der speziellen τύχη Roms gelangt."
[231] Vgl. LINDNER 1972, 92.
[232] MICHEL-BAUERNFEIND II.2, 213.

§ 387) überspielen."²³³ Eine solche künstliche Trennung der religiösen Konzepte, mit denen Josephus umzugehen versucht, verkennt das eigentliche Anliegen des Autors, welches eben nicht darauf ausgerichtet ist, das eine zugunsten des anderen zu „überwinden", sondern den Glauben an die Führung Gottes dem paganen Tyche-Konzept einzugliedern. Wie sollte er seiner Sozialisation und seinem Werdegang auch anders gerecht werden.

In den 93/94 u.Z. fertiggestellten *Antiquitates* begegnet ein etwas anderes Tyche-Bild. Die enge Verbindung jener Macht mit Rom und ihr geschichtsprägender Einfluß treten nun in den Hintergrund, worauf Michel-Bauernfeind²³⁴ aufmerksam machen. Allerdings erscheint es erneut überzogen, hieraus den Schluß ziehen zu wollen: „Das τύχη-Verständnis des Bellum ist damit in Antiquitates durch den Gehorsam gegen das Gebot überwunden."²³⁵ Wie wir bereits sehen konnten, zeugt auch die frühere Schrift von der Haltung des Josephus, daß es einen engen Zusammenhang zwischen ethischem oder auch kultischem Vergehen einerseits und der göttlichen Zurechtweisung andererseits gibt, welche sich der Tyche als ihr Mittel bedient.

Daß der Wandel in den späten Schriften allenfalls eine Tendenz widerspiegelt, nicht aber einen Bruch, läßt sich zudem an AJ XX, 70 oder auch *Vita* 18 ablesen, wo die Tyche in demselben Zusammenhang erscheint wie in BJ. In ähnlicher Weise müssen wir auch die bereits angeführte Stelle AJ XVI, 394-399 verstehen: Wenn Josephus von der Tyche sagt, sie habe „eine größere Macht als alle kluge Überlegung, und aus diesem Grund sind wir überzeugt, daß menschliche Handlungen von ihr im Vorhinein festgelegt sind, um unausweichlich einzutreffen", und wenn er im nächsten Satz die moderatere Haltung präsentiert, die uns zumindest für einen Teil unserer Handlungen verantwortlich macht, so zeigt sich hierin, wie gesagt, ein intensives Ringen mit den kulturellen und religiösen Überzeugungen seiner Zeit.

Fassen wir zusammen: Josephus verwendet die Begriffe Heimarmene und Tyche in einer Weise, die eindeutig dem hellenistischen Diskurs entlehnt ist. Auch wenn die Unterscheidung der beiden Begriffe bei Josephus nicht so eindeutig und konsequent durchgehalten ist, wie in der Forschung zuweilen dargestellt, lassen sich doch klare Ten-

---

[233] Ebda. Damit schließe ich mich der Kritik bei LINDNER 1972, 92f an.
[234] MICHEL-BAUERNFEIND II.2, 214. Zustimmend LINDNER 1972, 93.
[235] Ebda.

denzen erkennen, die folgendermaßen charakterisiert werden können:

Die Heimarmene wird im Denken des Josephus sehr eng mit dem Willen Gottes in Verbindung gebracht, an manchen Stellen scheint sie vollends mit ihm verschmolzen zu sein. Sie ist der hinter aller Geschichtlichkeit numinos waltende und sich in der Geschichte erst offenbarende Willen Gottes. In diesem Sinne ist die Heimarmene eine deterministische Komponente, ganz nach stoischem Muster. Die Nähe des stoischen Konzeptes der *Sympathie* zu hermetischem Gedankengut stellt den Schlüssel dar, um die Rolle der Astrologie im Denken des Josephus aufzuklären. Diese Verbindung war für die antiken Zeitgenossen – nicht nur für Philosophen und Politiker, sondern für alle, die als Leserinnen und Leser des Josephus in Betracht kommen – a priori gegeben, insbesondere im direkten kaiserlichen Umfeld des Historikers.

Dies ist indes nur die eine – die hellenistische – Seite der Medaille. Die priesterlich-jüdische Seite der Schriften des Josephus erst markiert das Ringen mit den unterschiedlichen Konzepten, in welchem sich der Autor befand, und das er durch eine hochinteressante Synthese zu lösen versuchte. Um dies adäquat zu erkennen, müssen wir auf einen weiteren Begriff rekurrieren, der für Josephus in diesem Zusammenhang eine große Rolle spielt, den Begriff der πρόνοια. Die *Pronoia* bezeichnet den ursprünglichen Heilsplan Gottes, womit sie eine Verbindung schafft zwischen dem deterministischen stoischen Konzept und dem genuin jüdischen. Wir können auch sagen, daß die πρόνοια θεοῦ eine theologische Variante der εἱμαρμένη darstellt.[236] Das bedeutet zugleich, daß das numinose Walten der Heimarmene nun in einen teleologischen Rahmen eingebunden wird, der die Vollendung der Geschichte durch den seit Anbeginn der Zeiten feststehenden Heilsplan Gottes ins Auge faßt. Die πρόνοια θεοῦ richtet sich nicht nur auf das Schicksal des ganzen (jüdischen) Volkes, sondern betrifft auch das Ergehen einzelner Menschen, besonders wenn sie an geschichtlich herausgestellter Position auftreten. Dies erhellt aus BJ III, 391, wo Josephus durch sein Vertrauen in Gottes Führung das „russische Roulette" im jüdischen Lager überlebt. „Man mag dabei von τύχη[237] sprechen oder von Gottes Vorsehung [εἴτε ὑπὸ θεοῦ προνοίας]." Wie wir gesehen haben, versteht

---

[236] Ähnlich MICHEL-BAUERNFEIND II.2, 213.
[237] I.a. wird hier „Zufall" übersetzt, doch andere Möglichkeiten sollten im Auge behalten werden.

Josephus sich selber in einer prophetischen Rolle, und in dieser Rolle ist er nicht nur fester Bestandteil der Heilsgeschichte Israels,[238] sondern auch in der Lage, den numinosen Schicksalsplan Gottes korrekt zu deuten.[239] Der Begriff der πρόνοια θεοῦ vermag also dem hellenistischen Schicksalsbegriff eine jüdische Konnotation zu verleihen.[240]

Die Tyche scheint in den Schriften des Josephus dagegen die konkrete Manifestation der numinosen Heimarmene zu kennzeichnen. Sie kann – zumal als *Fortuna* in personifizierter Form nach römischem Vorbild – direkt ins Geschehen eingreifen und so die Geschichte beeinflussen. Michel-Bauernfeind haben aus diesem Grunde vorgeschlagen, die Heimarmene als Konzept des Philosophen (und Pharisäers) aufzufassen, während der Historiker die Tyche benötigt, um „unter geschichtsphilosophischen Aspekten übergreifende Zusammenhänge erfassen und darstellen" zu können.[241] Wir sollten uns allerdings davor hüten, aus einer solchen Tendenz allgemeine Regeln ableiten zu wollen. Insbesondere die Auffassung, die Heimarmene beschränke sich auf Einzelschicksale, während die Tyche das Geschick von Staaten und damit übergeordnete geschichtliche Prozesse thematisiere,[242] läßt sich nicht stützen, wie wir an verschiedenen Passagen erkennen können (vor allem an BJ IV, 297f. 318. 323; VI, 108f. 250. 267f. 428).[243] Tyche und Heimarmene sind beide entscheidende Konstituenten des göttlichen Wirkens, und trotz ihrer unterschiedlichen Rolle im Geschichtsbild des Josephus stehen sie nicht im Widerspruch zum theologischen Erbe der Juden.[244]

2.2.2. Die Zeichen der Zeit erkennen

Im Rahmen der Biographie des Josephus sind wir bereits auf die weitreichenden Spekulationen zu sprechen gekommen, die sich um

---

[238] Diese ganze Episode des Losziehens erscheint derart künstlich, daß vieles dafür spricht, Josephus habe sie eingebaut, um seine herausgehobene Rolle, wenn nicht gar die besondere Erwählung durch Gottes Plan zu unterstreichen.
[239] Dies wird im nächsten Abschnitt vertiefend untersucht.
[240] Vgl. MICHEL-BAUERNFEIND II.2, 212: „Der religiöse Begriff πρόνοια θεοῦ (bell. 3, 391) steht dem at.-lich-jüdischen Überlieferungsgut am nächsten, obwohl er auch hellenistische Entsprechungen hat." Ähnlich LINDNER 1972, 51.
[241] MICHEL-BAUERNFEIND II.2, 213.
[242] So MICHEL-BAUERNFEIND II.2, 212.
[243] Vgl. zu dieser Einschätzung LINDNER 1972, 93f.
[244] Das hat bereits SCHLATTER (1910, 55) festgestellt. Tyche drücke lediglich „das Mißverhältnis [aus], in dem der Ablauf der Ereignisse zum Wunsch des Menschen steht." Dies gilt, selbst wenn wir die einzelnen Begriffe als selbständige Mächte ansehen (SCHLATTER 1932, 32).

die Vorzeichen der Tempelzerstörung rankten. Diese waren, wie wir sahen, in astrologische Überlegungen eingebunden, deren Zeuge auch Josephus geworden ist. Da Josephus sich als Mitglied der Priesterschaft in einer herausgehobenen prophetischen Tradition verstand, ist es notwendig, die damaligen Prophezeiungen und Omina noch einmal aufzugreifen und im Zusammenhang zu deuten. Besonders die Erscheinung des „schwertähnlichen Sternes" und des Kometen in BJ VI, 289f[245] verdient natürlich unser besonderes Augenmerk. Josephus macht darauf aufmerksam, daß, ebenso wie die Lichterscheinung um den Altar, „den Unerfahrenen [der Stern] zwar etwas Gutes zu bedeuten [schien], die Gelehrten der heiligen Schrift aber deuteten es sofort auf das, was dann gekommen ist" (VI, 291). Hier offenbart Josephus eine gute Kenntnis antiker Ominadeutung, denn die Kometen standen in der Tat unter Fachleuten eher als unangenehme Boten im Ruf.

Ein kurzer Überblick mag dies verdeutlichen:[246] Alle klassischen Autoren handeln in extenso über dieses Problem, von den Astrologen Ptolemaios[247], über Manilius[248] und Hephaiston (I, 24) zu den Philosophen und Historikern.[249] Die römische Geschichtsschreibung kommt immer wieder auf das Erscheinen eines Kometen zu sprechen, das in der Regel mit einem entscheidenden Einschnitt in der Weltgeschichte einhergeht: Herrschaftswechsel (Tac. *Ann.* XIV, 22), die Apotheose Caesars (Suet. *Caesar* 88),[250] oder der Tod des Kaisers.[251]

Stellvertretend sei hier die Beschreibung bei Manilius angeführt, enthüllt sie doch interessante Parallelen zum Bericht des Josephus. So spricht er in seiner langen Abhandlung über die Kometen davon, daß es

> auch Feuer gibt, welche nur selten sich zeigen und wieder fortgerafft sind. Daß plötzliche Flammen erglänzen bei klarer Luft und Kometen

---

[245] S.o. S. 264.
[246] Vgl. zum Thema *BL* 357-361; CRAMER 1954, 117.
[247] *Tetrab.* II, 9.
[248] *Astron.* I, 805-927.
[249] Seneca *Quaest. Nat.* VII passim; Stobaios *Eccl.* I, 27; Avien. bei *Serv. Aen.* X, 272. Besonders Plinius (*Nat.* II, 98) ist hier aufschlußreich, denn er stand in direktem Kontakt zum Umfeld des Josephus, insbesondere zu Vespasian und vermutlich auch zu Balbillus, vgl. W. KROLL: *Die Kosmologie des Plinius*, Breslau 1930, sowie CRAMER 1954, 139-141.
[250] Vgl. GUNDEL 1966, 127; VON STUCKRAD 1996, 67.
[251] Suet. *Claudius* 46 und *Nero* 36; Dio Cass. *Hist. Rom.* LX, 35; LIV, 29, 8; Tac. *Ann.* XV, 47. Vgl. zu Caesar insbesondere RAMSEY/LICHT 1997.

nach kurzem Zug durch den Himmel verschwinden, sah man im Laufe der Zeiten nur selten, doch furchtbar erschüttert.[252]

Auch hier werden also – wie bei Josephus – zwei unterschiedliche Erscheinungen beschrieben, die gleichwohl eng miteinander verknüpft sind, nämlich eine flammende Lichterscheinung und ein Komet. In seiner bilderreichen Sprache führt Manilius weiter aus (835-837):

> Bald nämlich fliegt, wie wenn lang vom Scheitel das Haupthaar herabwallt, Haarsträhnen gleichendes Licht, und mit schimmernden Strahlen entfaltet feines Feuer nach allen Richtungen flatternde Haare.

Manilius folgt einem hermetisch zu nennenden Modell, wenn er eine direkte Entsprechung zwischen den Himmelserscheinungen und den Feuersbrünsten und Katastrophen auf der Erde annimmt, denn „niemals erglühte der Äther ohne Bedeutung von Feuern" (876). Man kann sich vorstellen, welche Entsprechungen zu erwarten sind:

> Solches verkündigen oft die Kometen, sobald sie erglänzen: Gräber verkünden die Fackeln, den Ländern drohen sie endlos brennende Scheiterhaufen an, wenn der Kosmos dahinsiecht und die Natur, die ein neues Grab sich erloste, so scheint es. Ja, sogar Kriege verkündet ihr Leuchten und plötzlichen Aufruhr und sogar Waffen, welche mit heimlicher Tücke erstehen.[253]

Manilius gibt sich nicht mit einer einfachen deterministischen Erklärung zufrieden, wenn er sagt (904-907):

> Wundre dich nicht, daß Menschen und Dinge gewaltig verderben! Wir sind oft schuld; wir verstehen es nicht, dem Himmel zu glauben. Innere Unruhen auch und Kriege unter Verwandten künden sie an.

Diese Deutungstradition weist eine so erstaunliche Nähe zur Darstellung bei Josephus auf, daß wir eine Kenntnis astrologischer Sachverhalte – insbesondere der Ominadeutung – des jüdischen Historikers anzunehmen haben, die über eine oberflächliche Vertrautheit hinausgeht.[254] Wie bei Manilius ersichtlich, erleichtert die Tradition außerdem eine jüdische Assimilation, indem sie die Ver-

---

[252] *Astron.* I, 813-815.
[253] I, 892-898: *Talia significant lucentes saepe cometae: fundera cum facibus veniunt, terrisque minantur ardentis sine fine rogoscum mundus et ipsa aegrotet natura novum sortita sepulcrum. Quin et bella canunt ignes subitosque tumultus et clandestinis surgentia fraudibus arma.*
[254] Dieser Annahme widerspricht es nicht, daß gerade der Komet des Jahres 64 u.Z. von Balbillus im Hinblick auf Neros Zukunft durchaus positiv gedeutet wurde, wie oben ausgeführt.

antwortung des einzelnen in ihr Konzept einbaut. Es ist die besondere Aufgabe der „Wissenden", also jener, die die Botschaften des Himmels zu deuten verstehen, auf die zu erwartenden Ereignisse zu reagieren und möglicherweise das Schlimmste zu verhindern.

Diese Haltung ist vollständig kompatibel mit derjenigen, welche uns Josephus präsentiert. Eine vergleichbare Übernahme findet sich zudem in den Sibyllinischen Orakeln, dort eindeutig apokalyptisch geprägt: „Im Westen aber wird ein Stern leuchten, den sie einen Haarstern [Kometen] nennen werden, von Schwert und Hunger und Tod für die Menschen das Zeichen, und vom Morde der Führer und großer hervorragender Männer."[255] In ähnlicher Weise beschreiben OrSib III, 673 und 796f die Vorzeichen der Endzeit:

> Vom Himmel werden feurige Schwerter auf die Erde fallen; wiederum große Fackeln werden kommen, mitten unter die Menschen hineinleuchtend. [...] Ich werde dir aber ein deutliches Zeichen sagen, daß du erkennen kannst, wann das Ende aller Dinge auf Erden kommt: wenn Schwerter am gestirnten Himmel nächtlicherweise erscheinen gegen Abend und auch gegen Morgen.[256]

Die Sibyllen werden uns noch ausführlicher beschäftigen.[257] An dieser Stelle genügt es, die Ubiquität des Kometen-Topos nicht nur innerhalb der paganen Tradition, sondern auch im jüdisch-christlichen Umfeld aufzuzeigen.

Tacitus berichtet ebenfalls über die Omina in Jerusalem: „Es waren Vorzeichen geschehen (*evenerant prodigia*); doch sie durch Opfer und Gelübde zu entsühnen, hält das dem Aberglauben ergebene, heiligen Bräuchen abholde Volk für nicht erlaubt."[258] Mit

---

[255] OrSib III, 334f. Übersetzung nach BLAß 1900.
[256] Übersetzung nach BLAß 1900.
[257] S.u. Kap. VI.5.
[258] *Hist.* V, 13. SCHLATTER (*Zur Topographie und Geschichte Palästinas*, Calw/Stuttgart 1893, 391) vermutet eine gemeinsame lateinische Quelle hinter Tac. und Suet., die nicht von Josephus beeinflußt ist. Auch E. NORDEN geht von einer unabhängigen Quelle hinter Tacitus (Antonius Julianus) aus, vgl. „Josephus und Tacitus über Jesus Christus und eine messianische Prophetie", Teil 3, in: *Neues Jahrbuch für das klassische Altertum* 16 (1913), 637-666. Ähnlich WEBER 1921, 34-42 sowie STERN 1980, 3. 61f. RAJAK (1983, 193) dagegen betont den genuin jüdischen Hintergrund der beschriebenen Ereignisse, wie er aus bJoma 39b und bPesachim 57a erkennbar ist, so daß Tacitus hier vermutlich aus Josephus schöpft. Dem jüdischen Hintergrund geht auch J.G. GRIFFITHS nach: „Tacitus Hist. 5.13.2 and the Dead Sea Scrolls", in: *Rheinisches Museum* 113 (1970), 363-368. Zu Sueton: H.G. GRAF: *Kaiser Vespasian. Untersuchungen zu Suetons Vita Divi Vespasiani*, Stuttgart 1937. Zum weiteren Umfeld schließlich: MCCASLAND 1932 und die Diskussion der christlichen Quellen unten.

dieser Bemerkung ist der Unterschied markiert zwischen dem, was Manilius als Verantwortung der Wissenden betrachtet, nämlich auf das Eingreifen Gottes im Vorfeld zu reagieren,[259] und dem Verhalten, welches Josephus im Einklang mit jüdischem Selbstverständnis vorzieht – das Vertrauen in die Führung Gottes, der nur das beseitigt, was durch innerjüdischen Frevel verdorben worden ist. In dieser Haltung ist indes kein *fundamentaler* Unterschied zur römischen Sichtweise gegeben, sondern allenfalls eine Tendenzverschiebung, die je nach Lage der Dinge einmal zur einen Seite, einmal zur anderen ausschlagen konnte. Beide Richtungen lassen sich, wie wir sehen konnten, bei Josephus nachweisen.

Der engen Parallele zwischen Tacitus und Josephus, die bis in terminologische Ähnlichkeiten reicht, ist nicht eindeutig zu entnehmen, in welcher Richtung hier möglicherweise Abhängigkeiten bestehen. Da die jüdische Konnotation der Mehrzahl der Vorzeichen unbestritten ist, spricht aber vieles für die Übernahme durch Tacitus, wie Rajak u.a. vermuten.[260] Dagegen läßt sich die These, Josephus rekurriere hier auf dieselbe Tradition, welche auch hinter Mt 2,2.9 stehe,[261] nicht halten. Denn erstens verläuft die Deutung gegensätzlich (bei Matthäus als messianisches Zeichen, bei Josephus als Omen der Zerstörung), zweitens findet sich bei Josephus keine genaue Datierung, die für Matthäus überaus wichtig ist, drittens sind die im *Bellum* dokumentierten Erscheinungen *Vorzeichen*, während der „Stern von Bethlehem" als *Anzeichen* zu werten ist, und viertens ist der Ort der Erscheinung verschieden, was bei der Wichtigkeit eines solchen Phänomens unbedingt zu beachten ist. Diese Problematik ist bei Michel-Bauernfeind richtig erkannt worden,[262] doch erscheint

---

[259] Diese Sichtweise steht in langer babylonischer Tradition. Auch dort herrschte kein blinder Determinismus vor, sondern die Menschen konnten durch geeignete Opfer die Erfüllung der Omina noch abwenden. Vgl. VON STUCKRAD 1996, 23.

[260] RAJAK 1983, 193 (zur Ergänzung der eben genannten Literatur s.o. S. 264 Anm. 154). Vgl. zudem die textkritischen Untersuchungen bei LINDNER 1972, 129-132.

[261] Diese These wird expliziert bei MONTEFIORI 1960, 140-148.

[262] MICHEL-BAUERNFEIND II.2, 181: „Man wird nicht sagen können, daß zwischen Josephus und Matthäus unmittelbare oder mittelbare Beziehungen vorliegen." Auf Mt 2 werden wir noch ausführlich eingehen. An dieser Stelle sei bereits darauf hingewiesen, daß es sich bei Matthäus mit großer Sicherheit um die Jupiter-Saturn-Konjunktion des Jahres –6 handelt, nicht aber um einen Kometen. Die vermutete Ähnlichkeit eines „schwertähnlichen Sternes" mit dem bei Mt beschriebenen Phänomen gründet wohl eher auf volkstümlicher Überlieferung, denn bei Mt ist von einem „Schweif" o.ä. keine Rede.

ihre Warnung davor, statt dessen einen Zusammenhang zu den bei Tacitus beschriebenen Kometen der Jahre 60 und 64 u.Z. herzustellen, m.E. übertrieben.[263] Nicht nur das auffällige Fehlen einer konkreten Datierung spricht für diese Kometen,[264] sondern auch die große Nähe zur hellenistischen Astrologie und die Tatsache, daß selbstverständlich ein in Rom deutlich sichtbarer Komet auch in Jerusalem zu beobachten ist. In Zeiten der politisch-religiösen Eskalation würde es zudem verwundern, wenn eine derartige Erscheinung nicht zu weitreichenden Spekulationen Anlaß bieten würde.

Die Verbindung zwischen der hellenistischen Deutungstradition und dem jüdischen Erbe läßt sich darüber hinaus auch an den weiteren Zeichen ablesen, die Josephus BJ VI, 289-299 aufzählt. Denn neben dem Kometen und dem „schwertähnlichen Stern", die nicht zu verstehen sind ohne einen hellenistisch-astrologischen Hintergrund, weisen die anderen Omina einen kulttheologisch-priesterlichen Zusammenhang auf.[265] Zunächst kommt es zu der außergewöhnlichen Lichterscheinung um den Altar, die von Josephus exakt datiert wird. Man denkt hier selbstverständlich gleich an einen Rekurs auf Jes 60,1-4, wo Jerusalem die Heilszeit verkündet wird, welche mit glänzendem Licht einhergeht.[266] Es ist jedoch ebenso möglich, Dan 12,3 anzuführen, wo das Ende der Zeiten damit einhergeht, daß „die Verständigen strahlen werden wie der Glanz des Firmamentes, und die vielen, die gerecht gemacht haben, wie die Sterne für immer und ewig." Diese eschatologische Tradition paßt zudem gut in den Duktus des Josephus, da auch bei Daniel zuvor (8,14) die Beendigung des täglichen Opfers mit astraler Symbolik gekoppelt wird.[267]

Auf jeden Fall ist ersichtlich, warum ein derartiges Zeichen von vielen Juden als heilsverkündend angesehen wurde. Dem hält Josephus entgegen, daß die wirklichen Schriftkundigen (ἱερογραμ-

---

[263] Ebda.
[264] Hierin zeigt sich einmal mehr der Primat der *sinnfälligen Zusammenhänge* und damit der *Zeitqualität* vor dem Diktum der historischen Exaktheit bei Josephus (und nicht nur dort). Eine ähnliche „Methode" offenbart auch das Rabbi Jose zugesprochenen Urteil: „Man wälzt Heilvolles auf einen Tag des Heils und Unheilvolles auf einen Tag des Unheils" (tTaan. 4,9).
[265] Zu dieser Unterscheidung vgl. MICHEL-BAUERNFEIND II.2, 179f.
[266] „Über dir geht leuchtend der Herr auf, seine Herrlichkeit erscheint über dir. Völker wandern zu deinem Licht und Könige zu deinem strahlenden Glanz." Dieser Zusammenhang wird von beinah allen Kommentatorinnen und Kommentatoren hergestellt.
[267] Dies war für Josephus ein wesentliches Vergehen, das in den Krieg mündete (s.o.). Zur Danielpassage vgl. VON STUCKRAD 1996, 101f.

μαteῖς²⁶⁸) sofort die negative Botschaft der Omina erkannten. Hierfür könnte er sich beispielsweise auf Jes 10,17 berufen, wo von der Umkehrung des Lichtes in verheerendes Feuer die Rede ist. Das Ereignis, daß eine Kuh im Tempel ein Lamm warf, was einer Entweihung gleichkommt, wird von Josephus wohl auch deswegen an dieser Stelle genannt, weil es die Umkehrung der Heilsbotschaft in die Ankündigung des Unheils klar zu belegen vermag.²⁶⁹

Was das Licht um den Altar betrifft, so wird gewöhnlich auf die *Schechina*, also die kultische Gegenwart Gottes, abgehoben. Auch wenn dieser Zusammenhang für Josephus mit großer Sicherheit eine wichtige Rolle spielte, bleibt der Widerspruch zu erklären, warum die Schechina zu diesem Zeitpunkt in ihrem ganzen Glanz sichtbar wird, ohne jedes Anzeichen der baldigen Zerstörung. Diese wird erst dann angedeutet, wenn wir das folgende Phänomen mit dem Licht der Schechina in Verbindung bringen, nämlich den vielstimmigen (!) Ruf „Wir ziehen fort von hier", welchen die Priester im inneren Tempelvorhof hören (BJ VI, 299). Diese Verbindung zweier Zeichen ist ebenso möglich wie andere, die die Lichterscheinung mit den Himmelsphänomenen in Zusammenhang bringen. Eine solche Überlegung hatte schon Brüne geäußert, indem er das Zodiakallicht, das am Tempel deutlich zu sehen gewesen ist, ins Spiel brachte.²⁷⁰ Gegen diese Annahme spricht freilich, daß das Zodiakallicht ein beinah permanentes Phänomen in Palästina ist, und wir genauere Angaben über das konkrete Aussehen des Lichtes erwarten müßten, ähnlich wie bei Mt 2.²⁷¹ Trotzdem ist dieser Hinweis wertvoll, macht er doch auf die enge Verbindung zwischen der kulttheologischen Deutung (Schechina) und einer astralen Symbolik aufmerksam, die wir im Nachhinein wohl kaum noch eindeutig voneinander zu trennen vermögen.

---

[268] Der Begriff weist nach MICHEL-BAUERNFEIND II.2, 180 auf „eine Verbindung priesterlicher und exetetischer Traditionen hin", wie CA I, 6 zeigt.

[269] An dieser Stelle gilt es eine interessante Querverbindung zu vermerken: 4QMMT (=4Q394 Frg. 8 Kol. III, 8f) spricht davon, daß es nach Meinung der Qumran-Zakokiden verboten ist, eine trächtige Kuh im Heiligtum zu schächten. Wenn eine Kuh nun im Tempel kalbt, ist genau dies (willentlich oder unwillentlich) beabsichtigt gewesen; im Qumranfragment wird diese Vorschrift mit einem nichtbiblischen Torahzitat begründet: „(es steht) das Wort geschrieben: [‚Ein Trächtiges (/ihr(en) Fötus)'"; vgl. MAIER 1995, II, 365. Offenbart Josephus hier zadokidisches Wissen, das nicht einmal den Weisen des offiziellen Klerus gegenwärtig war, wie es die Qumranschrift vermuten läßt?

[270] B. BRÜNE: *Flavius Josephus und seine Schriften in ihrem Verhältnis zum Judentume, zur griechisch-römischen Welt und zum Christentume*, Gütersloh 1913, 128.

[271] Zum Zodiakallicht und Mt 2 vgl. unten Kap. VIII.2.

Wir konnten wiederholt feststellen, daß Josephus sich aufgrund seiner priesterlichen und prophetischen Legitimation besonders dazu befähigt fühlte, die „Zeichen der Zeit" zu deuten. Dies wurde exemplifiziert anhand seines deterministischen Modells der „Erfüllung der Zeiten", die gleichwohl eine jüdische Ethik nicht ausschließt, weiter anhand der besonderen Gabe der Prophezeiung, die es Josephus ermöglichte, die Herrschaft des Vespasian vorherzusehen und gleichzeitig zu erkennen, daß die messianische Auslegung der biblischen Weissagungen durch die „Ungebildeten" ein Irrweg ist, und zuletzt im Zusammenhang seiner Darstellung und Deutung der im Tempel aufgetretenen Vorzeichen der Zerstörung. Um ein differenziertes Bild von der Haltung des Josephus zum Schicksal und zur Astrologie zu erhalten, soll nun noch einmal die Behandlung der verschiedenen biblischen Prophezeiungen aufgegriffen werden. Im Mittelpunkt der Diskussion steht hierbei die bereits angeführte Passage BJ VI, 313-315,[272] welche die Gründe thematisiert, die die Juden zum Aufstand veranlaßten. Denn was sie „am meisten zum Kriege getrieben hatte, war ein zweideutiger Orakelspruch, der sich gleichfalls in ihren heiligen Schriften fand, wonach um diese Zeit einer aus ihrem Lande die Weltherrschaft erlangen würde" (§313). Zunächst – und das hat Rajak herausgestellt[273] – geht aus diesem Satz hervor, daß jener zweifelhafte Orakelspruch nur ein Grund unter anderen gewesen ist, die Juden aufzustacheln. In der Frage, welche Bibelstelle hier intendiert gewesen sein könnte, wurden neben Num 24,17[274] Gen 49,10 und Dan 7,14 genannt.[275] Auch wenn Gen und Dan nicht gänzlich ausgeschlossen werden können, so deutet doch die geradezu inflationäre Inanspruchnahme der Bileams-Weissagung darauf hin, daß Num 24,17 zumindest mitschwingt im Bericht des Josephus, vermutlich sogar dessen wichtigsten Impetus darstellt.[276]

---

[272] S.o. S. 264 Anm. 154.
[273] RAJAK 1983, 141.
[274] So HENGEL 1976, 244ff.
[275] Vgl. J. BLENKINSOPP: „Prophecy and Priesthood in Josephus", in: JJS 25 (1974), 245; MICHEL-BAUERNFEIND II.2, 191.
[276] H.G. KIPPENBERG hat neben dieser Quelle weitere Orakeltraditionen in Erwägung gezogen, die einen gesamtvorderasiatischen Kontext ins Auge fassen: „‚Dann wird der Orient herrschen und der Okzident dienen.' Zur Begründung eines gesamtvorderasiatischen Standpunktes im Kampf gegen Rom", in: N.W. BOLZ/W. HÜBENER (Hrsgg.): *Spiegel und Gleichnis. Festschrift für Jacob Taubes*, Würzburg 1983, 40-48.

Zweifellos dürfte aber ein messianischer Zusammenhang mit jener Weissagungstradition bestehen, gegen den Josephus sich hier ausdrücklich wendet. Während der Historiker davon ausgeht, daß die Tempelzerstörung im Einklang sowohl mit dem Ablauf der Zeiten als auch mit dem deuteronomistischen Geschichtsbild steht, macht er auf der anderen Seite deutlich, daß die zu beobachtenden Zeichen nicht messianisch mißverstanden werden dürfen. Das hat schon Thackeray herausgearbeitet und mit dem knappen Satz bewertet: „Of any Messianic beliefs Josephus gives no sign."[277] Dieses Diktum ist nicht unbestritten geblieben, und vor allem die theologische Forschung hat immer wieder auf die eschatologische Komponente im flavischen Werk abgehoben.[278] So könnte man argumentieren, die besondere Situation des Josephus am römischen Hof verbiete es ihm, offen über einen etwaigen Messianismus zu spekulieren. Doch hält diese These einer Untersuchung des Materials nicht stand, denn besonders in der Beurteilung der Zeloten durch Josephus wäre ihm ein deutliches Wort ohne weiteres möglich gewesen.[279] Zu einem ähnlichen Ergebnis gelangt man, wenn man sich zwei Passagen vergegenwärtigt, an denen Josephus die biblische Weissagung thematisiert. In AJ IV, 125 kommt er direkt auf die Bileamsgeschichte zu sprechen:

> Als er auf sein Gesicht niederfiel, weissagte er, welche Katastrophen auf die Könige zukommen, und was auf die Städte höchsten Ranges – von denen einige bis zu diesem Zeitpunkt noch nicht einmal bewohnt waren –, zusammen mit anderen Ereignissen, die die Menschen in (nunmehr) vergangenen Zeiten schon heimgesucht haben, zu Land oder zu Wasser, bis in Zeiten, die ich selber noch erinnere. Und da all diese Prophezeiungen, die er machte, in Erfüllung gingen, kann man schließen, was die Zukunft noch bereit hält.

Josephus beläßt es bei dieser etwas kryptischen Anspielung, wie auch im zweiten Fall, der von Daniels Traumgesicht handelt (AJ X, 210):

---

[277] THACKERAY 1929, 97. Das sog. *testimonium* des Josephus über Jesus, „den Christus" (AJ XVIII, 63f), das sich vermutlich einem christlichen Einschub verdankt, schließt THACKERAY sinnvollerweise aus dieser Bemerkung aus (vgl. zum *testimonium* a.a.O. 125-153).
[278] Vgl. zu dieser Einschätzung Rajak 1983, 139.
[279] Als Protagonisten dieses Streites seien Hengel 1976 und Rajak 1983 herausgestellt. RAJAK setzt sich a.a.O. S. 139-143 mit dieser Frage auseinander. Zur Thematik außerdem: M. BOHRMANN: *Flavius Josèphe, les Zélotes et Yavne*, Bern 1989.

Und Daniel offenbarte dem König außerdem die Bedeutung des Steines, doch ich hielt es nicht für angemessen, hierüber zu berichten, denn von mir wird erwartet, über das Vergangene und Abgeschlossene zu schreiben und nicht über das, was noch kommen wird. Wenn es trotzdem jemanden gibt, der ein so großes Interesse an genauer Information hat, daß er sich nicht hiermit zufrieden gibt, sondern über die verborgenen Dinge, die noch kommen werden, mehr erfahren möchte, so möge er sich die Mühe machen, das Buch Daniel zu lesen, welches er unter den heiligen Schriften finden wird.

Wir können hieraus schließen, daß Josephus sich seinen eigenen Reim auf den Gang der Geschichte machte, besonders über die Rolle, welche Rom dabei zukommt. Vielleicht hat er sich sogar der zeitgenössischen (jüdischen) Meinung angeschlossen, der Stein in Daniels Deutung verweise auf den Niedergang des Römischen Reiches, so daß er sich aus verständlichen Gründen scheute, ins Detail zu gehen. Doch selbst wenn dies der Fall gewesen ist, können wir daraus keineswegs eine messianische Konnotation des jüdischen Aufstands ableiten.[280] Wir müssen im Gegenteil festhalten, daß Josephus – obwohl er die Bileamsweissagung für zuverlässig hält – den *Zeitpunkt*, welchen die Uneingeweihten der Erfüllung jener Verheißung beilegen, als völlig verfehlt ansieht.

Im Mittelpunkt der Erhebung standen politische, wirtschaftliche und soziale Konflikte, und die gewaltige religiöse Dimension des Krieges, die er keineswegs leugnet, ist erst von einigen Hitzköpfen, die mit der wahren Tradition nicht vertraut sind, geschürt worden. Deshalb ist Rajak zuzustimmen, wenn sie vom Primat der sozialen vor der messianischen[281] Komponente im jüdischen Krieg ausgeht und festhält:

> In any case, this prophecy is not in the full sense Messianic. A good deal has also been made of the personality cults surrounding Simon bar Giora, and, earlier, Menahem; it has seemed to some a short step from charisma and from alleged kingly pretensions to Messiahship. But the gap is a decisive one.[282]

Indem Josephus die biblische Prophezeiung auf Vespasian deutet, zeigt er seine tiefe und ehrliche Verbundenheit mit dem flavischen Kaiserhaus. Gleichzeitig – wie aus der Bemerkung, die zukünftigen

---

[280] Vgl. THACKERAY 1929, 98.
[281] Es gab freilich auch die *religiöse* Komponente, die es aber vom Messianismus zu unterscheiden gilt: „If they were aided by the conviction that God rewarded the righteous, this was faith but not Messianism" (RAJAK 1983, 142f).
[282] RAJAK 1983, 141. S. auch die dortigen Anmerkungen.

Ereignisse wolle er nicht berichten, deutlich wird – hält er sich die Option offen, daß die Heilszeit der Juden dereinst noch eintreten werde.[283]

Die Zeichen des Himmels aber, die von den Uneingeweihten voreilig auf den Beginn einer neuen jüdischen Herrschaft, vielleicht sogar der messianischen Zeit hin gedeutet werden, ergeben aus seiner Sicht einen ganz anderen Sinn. Zu jenen Zeichen gehörten aber nicht nur die Kometen der Jahre 60 und 64 und die der jüdischen Tradition entlehnten Vorzeichen am Tempel – das Hauptwerkzeug zur anspruchsvollen Messung der Zeitqualität war im Umfeld des Josephus zweifellos die Astrologie, die die jüdische Prophetie zu ergänzen vermochte. Wir könnten uns also fragen, ob die Haltung des Josephus, der Umlauf der Zeiten, der die Lebensdauer des Tempels bestimmt, sei zwar erfüllt, die zu erwartende Heilszeit sei aber noch nicht angebrochen, möglicherweise astrologisch abgesichert gewesen ist. Auf diese Weise läßt sich auch unsere These überprüfen, nach der sich revolutionäre Bewegungen immer dann mit messianischen verbanden, wenn auch astrologisch eine entsprechende Konstellation – vor allem Jupiter-Saturn-Kontakte – zu beobachten war.

Und in der Tat ergaben sich im Jahr 66 u.Z. keine Planetenkonstellationen, die auf einen entscheidenden Umschwung hätten hindeuten können. Am 25.4.66 jK, nach dem Bericht des Josephus der Tag der Lichterscheinungen im Tempel, standen alle relevanten Planeten weit auseinander,[284] allerdings war die beginnende Mars-Saturn-Opposition alles andere als vielversprechend, machte sie doch nach landläufiger Meinung auf eine kriegerische Auseinandersetzung aufmerksam. Falls Saturn als Regent des jüdischen Volkes Beachtung fand, dürfte darüber hinaus die Tatsache seiner Rückläufigkeit jedem jüdischen Enthusiasmus den Boden entzogen haben. Dies wäre dann eine weitere Bestätigung des „falschen Zeitpunktes" für Beobachter vom Fach.[285]

---

[283] Deshalb muß die früher häufig vertretene Abgrenzung der jüdischen Zukunftshoffnung vom Denken des Josephus korrigiert werden, vgl. BILDE 1988, 187f.
[284] Die Planetenstände für den 25.4.66 jK: ♂ 8°53' ♓; ♃ 9°38' ♈; ♄ 02°45'℞ ♍.
[285] Ptolemaios hat dies unmißverständlich formuliert: „Die Kräfte der Planeten wachsen, wenn diese östlich stehen oder rechtläufig sind. Dann besitzen sie größere Kraft, als bei westlicher Stellung und retrogradem Laufe; in letzterem Falle haben sie eine schwache, träge Wirkung" (*tetrab.* I, 24 [WINCKEL 1995, 74]).

Am 15. Juni, dem Ausbruch des Krieges, konnte in einer beginnenden Jupiter-Mars-Konjunktion eine Herausforderung gesehen werden.[286] Doch da eine solche Begegnung alle drei Jahre stattfindet – die Mars-Saturn-Opposition sogar alle zwei Jahre –, sollte dies nicht zu hoch bewertet werden.[287] Josephus macht keine Aussagen über konkrete astrologische Spekulationen in diese Richtung, und so muß die Frage offen bleiben, inwieweit sich in seiner Deutung der himmlischen Zeichen die ausführlichen Forschungen des flavischen Kaiserhauses, namentlich in Gestalt des Hofastrologen Balbillus, niedergeschlagen haben. Wir können aber davon ausgehen, daß sich die messianische Komponente der Revolte um einiges radikaler zugespitzt hätte, wäre es in diesen Jahren zu einer herausragenden Jupiter-Saturn-Begegnung gekommen, wie dann während des Bar-Kokhba-Aufstandes.

Josephus setzt sich in seinen Schriften nicht expressis verbis mit der Astrologie auseinander. Die Deutung der Wirklichkeit, wie sie besonders im stoischen Umfeld begegnet, war so eindeutig auf das astrologische Meßinstrument hin angelegt, daß er eine derartige Auseinandersetzung auch nicht zu führen brauchte. Er war kein Philosoph, der diesen Fragen nachzugehen hat, sondern in erster Linie Historiker und jüdischer Adliger. Josephus beschreibt die Wirklichkeit in einer Weise, wie seine Zeitgenossen es verstanden. Seine apologetische Grundhaltung tat das Ihrige dazu, sich dem römischen Diskurs anzupassen. In Anlehnung an die Philosophie R. Rortys und D. Davidsons läßt sich dieser Zusammenhang auch so beschreiben: Die Gesellschaft des Josephus sprach „astrologisch", weshalb es ihm überhaupt nicht in den Sinn kam, diesen gemeinsamen Zugang zur Wirklichkeit in Zweifel zu ziehen. Den metakommunikativen Diskurs über die Astrologie hat er anderen überlassen, nämlich den philosophisch orientierten Zeitgenossen, unter ihnen Seneca, Plinius oder Philo von Alexandria.

Ob dieses Urteil zu halten ist, soll abschließend anhand der explizit astrologischen Passagen im Werk des Josephus überprüft werden.

---

[286] Die Positionen am 15.6.66 jK: ♂ 15°32' ♈; ♃ 19°55' ♈; ♄ 04°01' ♓. Saturn war am 5.5. jK zwar wieder rechtläufig geworden, doch die Ereignisse am Tempel werden ihren Schatten auch auf diese Position geworfen haben – eine zwiespältige Situation also.

[287] Gegen KRITZINGER 1911 und STROBEL 1987, 1086, der den „in jeder Hinsicht singulären Charakter des Geschehens" hervorhebt. Wir werden unten Kap. VII.2.1. auf die Problematik zurückkommen.

2.2.3. Astrologisches im Werk des Josephus

Josephus kommt auf astrologische Zusammenhänge immer dann zu sprechen, wenn es um Kultangelegenheiten, bzw. die Entsprechung zwischen irdischem und himmlischem Kult geht. Dagegen werden Spekulationen über herrschaftliche Horoskope oder überhaupt die Rolle der astrologischen Divination von ihm weitgehend ausgeblendet. Betrachten wir die Stellen im einzelnen:

Anläßlich der ausführlichen Beschreibung des Jerusalemer Tempels führt Josephus in BJ V, 211-214 aus:

> [Das Tempelgebäude] hatte goldene Türflügel von 55 Ellen Höhe und 16 Ellen Breite. Vor diesen hing ein ebenso langer Vorhang, ein babylonisches Gewebe, buntgewirkt aus violetter Wolle, weißem Linen, scharlachroter und purpurner Wolle, eine wunderbare Arbeit. Dabei hatte man diese Zusammenstellung des Materials nicht ohne Überlegung gewählt, denn sie sollte gleichsam ein Abbild des Alls sein. Denn mit dem Scharlachrot schien das Feuer auf versteckte Weise angezeigt, mit dem weißen Linen die Erde, mit dem Violett die Luft, mit dem Purpur das Meer. Dabei war in zwei Fällen der Vergleich aufgrund der Farbe, beim weißen Linen aber und beim Purpur aufgrund der Herkunft angestellt; denn jenes liefert die Erde, dieser stammt aus dem Meer. Auf das Gewebe war das ganze sichtbare Himmelsgewölbe, mit Ausnahme der Bilder des Tierkreises, aufgestickt.

Es ist offensichtlich, daß Josephus mit dieser Interpretation eine kulttheologische Deutung vorträgt, die auf priesterliche Tradition zurückgeht. Die Entsprechung zwischen dem Tempel und dem von Gott geschaffenen Kosmos ist ein wichtiger Garant für das rechte Gelingen des Kultes; gerade dieser Aspekt ist es ja auch, der in innerjüdischen Kontroversen immer wieder thematisiert wurde, wie besonders die Qumranliteratur zeigt.

Auf das Entsprechungsdenken, das wir als *hermetisch* bezeichnet haben, rekurriert Josephus, indem er ausdrücklich den Tempel als „Abbild des Alls" definiert. Er macht zudem von der Einteilung in die vier Elemente Gebrauch, die besonders in der Astrologie eine bedeutende Rolle spielt.[288] Hierbei bezieht er sich auf die biblischen

---

[288] Natürlich prägt diese Einteilung auch Medizin, Magie und Philosophie insgesamt, da sie eng mit der aristotelischen Theorie der Elementarqualitäten zusammenhängt. Vgl. BL 25; GUNDEL 1966, 87; VON STUCKRAD 1996, 58f. Desweiteren J. ALTHOFF: *Warm, kalt, flüssig und fest bei Aristoteles: Die Elementarqualitäten in den zoologischen Schriften* (Hermes Einzelschriften 57), Stuttgart 1992, 16.

Vorgaben, wie sie sich in Ex finden: Die Stoffbahnen für das Zeltheiligtum (Ex 25,4; 26,1), die Decke am Zelteingang (26,36), der Vorhang zwischen Heiligem und Allerheiligstem (26,31) und schließlich die Priestergewänder (28,6-8) sollen aus violettem und rotem Purpur angefertigt werden. Die weiteren Zutaten (Karmesin, Gold, gezwirnter Byssus) sind nicht durchgehend als notwendig beschrieben. Die in Ex aufgeführten Kerubim werden von Josephus ausgeklammert, vermutlich um nicht den Verdacht aufkommen zu lassen, die Juden hätten Tiere oder menschliche Gestalten verehrt;[289] dies ist auch der Grund für den Verzicht auf die Tierkreiszeichen, denn eine Ablehnung der astralen Dimension des Kultes ist hier keineswegs erkennbar.

Es ist sogar möglich, daß wir in der Deutung der Farben auf die vier Elemente eine ursprüngliche Erklärung für die in Ex begegnenden Bestimmungen haben, die zum Allgemeingut der Antike zählte.[290] Eine solche Annahme wird gestützt durch die Tatsache, daß auch Philo ausdrücklich die Parallele zwischen Tempelbau und den Elementen zieht.[291] Vor diesem Hintergrund muß es als biblizistisch abgelehnt werden, wenn Michel-Bauernfeind behaupten, „das farbige Material [sei] nicht, wie Josephus angibt, mit Rücksicht auf eine symbolische Darstellung des Weltalls gewählt".[292] Man muß im Gegenteil konstatieren, daß die astrale Färbung der Interpretation, die Josephus anbietet, aus einer alten nachexilischen Tradition vor allem priesterlicher Provenienz schöpft, die die Entsprechung zwischen Tempel und Kosmos in den Mittelpunkt stellte.

Mit welcher Selbstverständlichkeit aus dem astralen ein astrologischer Topos wird, zeigt sich in der Fortsetzung der Tempelbeschreibung bei Josephus (BJ V, 216-218):

> Im ersten Raum, der auf 40 Ellen bemessen war, befanden sich drei besonders wunderbare und bei allen Menschen weit berühmte Werke: Leuchter, Tisch und Räucheraltar. Die sieben Lampen, die vom Leuchter abgezweigt waren, zeigten die Planeten [τοὺς πλανήτας], die auf dem Tisch liegenden zwölf Brote den Tierkreis [τὸν ζῳδιακὸν κύκλον] und das Jahr an.

---

[289] Statt dessen bemerkt Josephus AJ III, 126, der Vorhang sei mit Blumen und figürlichen Darstellungen geschmückt, nicht aber mit Lebewesen. Vgl. MICHEL-BAUERNFEIND II.1, 254 Anm. 80.
[290] Für die Beachtung der Farben bei Finsternissen und Kometenerscheinungen sei auf Ptolemaios *tetrab*. II, 10 verwiesen.
[291] *Mos.* II, 88 (s.o.)
[292] MICHEL-BAUERNFEIND II.1, 254 Anm. 79.

Die Darstellung deutet darauf hin, daß es Josephus nicht in den Sinn gekommen wäre, die kosmische oder auch astrologische Dimension des irdischen Kultes in Zweifel zu ziehen. Der Tempel ist der sichtbare Ausdruck der himmlischen Ordnung, ebenso wie der Tierkreis und die Planeten die Ewigkeit und Vollkommenheit der göttlichen Schöpfungskraft symbolisieren. Genau diese Grundannahme, die vollständig kompatibel ist mit hellenistischem und römischem Gedankengut, hat dazu geführt, daß fromme Juden astrologische Symbole ohne theologische Vorbehalte intensiv der eigenen Tradition einfügen konnten, wie Josephus zeigt, sogar am Allerheiligsten des Tempels.[293] In dieser Hinsicht offenbart Josephus eine große Nähe zur Kulttheologie qumranisch-zadokidischer Provenienz, aber ebenso zu jener Gruppe von Juden, die kurze Zeit später ihre Synagogen mit Tierkreisen in zentraler Position schmücken sollten.[294]

Josephus wiederholt die Deutung des Leuchtersymbols durch die Planeten in AJ III, 145 und dann ausführlich 179ff. Dort heißt es zunächst noch einmal: „Jedes dieser Objekte (im Tempel) soll an das Universum erinnern und es repräsentieren" (180); nun folgt die genauere Erklärung:

> Indem [Mose] auf den Tisch die zwölf Brote legte, machte er deutlich, daß das Jahr in ebenso viele Monate unterteilt ist. Indem er den Leuchter aus 70 Teilen bestehen ließ, machte er aufmerksam auf die Dekane der Planeten,[295] und durch die sieben Lampen darauf auf den Weg der Planeten selber, denn dies ist ihre Anzahl (182).

Es folgt sodann eine Wiederholung der Zuordnungen der vier Elemente. Was die *Dekane* der Planeten anbelangt, so gehen sie auf die lateinische Version der *Antiquitates* zurück (*decamoriae*), während die griechischen Mss. von einer zwölffachen Einteilung sprechen.[296] Wie Gundel darlegte, handelt es sich bei δεκαμοιρίας und δεκανός (Dekan) um synonyme Begriffe,[297] womit eine Adaptation der astrologischen Dekan-Lehre vorliegen würde, nach welcher jedes Tierkreiszeichen in jeweils drei Abschnitte zu je 10° eingeteilt ist.[298]

---

[293] Das umfangreiche Material dokumentiert GOODENOUGH, *Symbols*, VIII, vor allem 167-214.
[294] Zu den Tierkreismosaiken spätantiker Synagogen vgl. NESS 1990, 218ff; VON STUCKRAD 1996, 161-175.
[295] τὴν δὲ λυχνίαν ἐξ ἑβδομήκοντα μορίων ποιήσας συγκειμένην τὰς τῶν πλανητῶν δεκαμοιρίας ἠνίξατο.
[296] *Lat. Bernard:* δωδεκαμοιρίας (δώδεκα μοίρας) codd. Vgl. THACKERAY ad loc.
[297] GUNDEL 1936a, 30 (mit umfangreichen Nachweisen). Die These hatte kurz zuvor schon THACKERAY ad loc. geäußert.
[298] Zur Dekanlehre vgl. GUNDEL 1936a sowie VON STUCKRAD 1996, 45-48. Wir

Diesen Abschnitten werden wiederum bestimmte, mit dem Zeichen verwandte Planeten zugeordnet.[299] In jedem Fall erhalten wir 12 x 3 = 36 Dekane, wodurch die Angabe bei Josephus überaus konstruiert erscheint, ein Befund, der auch durch die Änderung des Textes in zwölffache Bezirke nicht anders ausfallen würde. Daß in der angeführten Passage astrologisches Wissen um die aus Ägypten stammende Dekanlehre reflektiert wird, steht außer Zweifel. Doch scheint dieses Wissen der Hauptintention des Josephus untergeordnet zu sein, welche wir in der kulttheologischen Begründung des Tempeldienstes ausgemacht haben.

Bei Philo finden wir eine ganz ähnliche Deutung des Leuchters,[300] was auf eine weit verbreitete Überlieferung schließen läßt.[301] Eine etwas andere Erklärung bietet Josephus dagegen in BJ VII, 147-149, wo er vom Triumphzug der siegreichen Vespasian, Titus und Domitian erzählt: Der Leuchter, welchen man aus Jerusalem mitgenommen habe, weise eine Bauart auf, die ganz anders als die gewohnte sei. Er laufe aus in sieben Armen, „um die von den Juden der Siebenzahl entgegengebrachte Hochschätzung zu veranschaulichen" (§ 149).

Der griechische Begriff der „Siebenzahl" (ἑβδομάς) wird von Josephus an anderer Stelle auch für die jüdische Siebentagewoche[302] oder den Sabbat[303] verwendet, so daß wir hier mit mehreren Bedeutungsebenen rechnen müssen. Aus diesem Grunde ist die allgemeine Übersetzung „Siebenzahl" vorzuziehen,[304] zumal sie in ausreichender Weise die kalendarische und kulttheologische Bedeutung des Leuchters zu veranschaulichen vermag. Auch wenn Josephus eine weitere kosmologische Analyse der Symbole an dieser Stelle

---

werden immer wieder auf diese Thematik zu sprechen kommen, vor allem im Zusammenhang mit ägyptischen Lehren der zwischentestamentlichen und magisch-gnostischen Literatur.

[299] Eine ausführliche Beschreibung der Zuordnungen, die sehr individuelle Deutungen nach sich ziehen, gibt Man. *Astron.* IV, 294-407. Allerdings handelt es sich bei Manilius um eine spezifische Erweiterung der gängigen Dekan-Deutungen, vgl. GUNDEL 1936a, 33.

[300] *Mos.* II, 105; *Quaest. in Ex.* II, 73-79; *Rer. Div. Her.* 216-229. S.o. 1.3.

[301] Vgl. auch SMELIK 1995, 138: „The representation of the luminaries by the menorah lamps, in the wake of Zechariah's fifth vision and Mesopotamian astronomy, was current in the days of Philo and Josephus."

[302] BJ II, 42; AJ III, 252.

[303] BJ I, 60. II, 147; CA II, 175.

[304] Zur Diskussion um diesen Leuchter, seinen Zusammenhang mit dem auf dem Titus-Bogen dargestellten sowie die Fragen der Übersetzung vgl. MICHEL-BAUERNFEIND II.2, 246-248.

unterläßt, kommt durch die Betonung der Sieben die entsprechende Konnotation dennoch zum Ausdruck.[305]

Zum Abschluß sei noch das Gewand des Hohenpriesters erwähnt, das Josephus ebenfalls mit einer astrologischen Deutung versieht. Über das Gewand sagt er (AJ III, 184-186):

> Auch sein Obergewand zeigt das Ganze der Natur (τοῦ παντὸς τὴν φύσιν), das nach Gottes Willen aus vier Elementen besteht [...] Sonne und Mond werden angezeigt durch die beiden Sardonyxe, die auf die Robe des Hohenpriesters gesteckt sind. Was aber die zwölf Steine angeht, so wird man nicht die Absicht des Gesetzgebers mißverstehen, wenn man in ihnen die Monate oder die Anzahl der Sternbilder erkennt, den die Griechen den Zodiakalkreis nennen (εἴτε τὸν οὕτως ἀριθμὸν τῶν ἀστέρων, ὃν ζῳδιακὸν κύκλον Ἕλληνες καλοῦσι).

Diese Deutung des hohenpriesterlichen Gewandes ist ebenfalls weit verbreitet,[306] wobei die wichtigste Parallele sich vielleicht in Weish 18,24 findet.[307] Die Ubiquität des Motives jedenfalls ist offensichtlich, und Josephus schöpft hier lediglich aus einem jüdischen Fundus, der die kosmische Bedeutung des Hohenpriesters und seines Gewandes herausstreicht. Die Nähe zum hermetischen wie auch zum astrologischen Gedankengut ist unverkennbar.

Wie steht es nun mit unserer These, Josephus habe durch seinen Kontakt mit der astrologischen Diskussion am römischen Kaiserhof am damaligen Diskurs partizipiert, was dazu geführt habe, daß er mit großer Selbstverständlichkeit das astrologische Modell in seine Schriften mit aufnehmen konnte? Nach Untersuchung der astrologischen Bemerkungen des Josephus müssen wir konstatieren, daß eine

---

[305] Ein Vergleich mit der verbreiteten Symbolik des „siebenfachen Scheins" der Gerechten, die ebenfalls eine astrale Dimension ins Spiel bringt, könnte die vorgetragene Deutung weiter erhärten, vgl. SMELIK 1995, besonders 131ff. Zur Symbolik der Menora: M. SMITH: „The Image of God", in: *Bulletin of the John Rylands Library* 40 (1958), 473-512; GOLDMAN 1966; A.M. GOLDBERG: „Der siebenarmige Leuchter. Zur Entstehung eines jüdischen Bekenntnissymbols", in: *ZDMG* 117 (1967), 232-246; L. YARDEN: *The Tree of Life. A Study of the Menorah. The Seven-branched Lampstand*, Uppsala 1972 (London ¹1971); CHR. KORANDA: „Menora-Darstellungen auf spätantiken Mosaikpavimenten", in: *Kairos* 1988/89, 218-239; J. VOß: *Die Menora. Gestalt und Funktion des Leuchters im Tempel zu Jerusalem* (Orbis Biblicus et Orientalis 128), Freiburg/Schweiz 1993.

[306] Vgl. die Diskussion oben zu Philo (*Mos.* II, 124f) Kap. 1.3.; eine ganze Reihe von Parallelen werden aufgezählt bei GUNDEL 1992, 48f.

[307] „Auf seinem langen Gewand war die ganze Welt dargestellt, auf den vier Reihen der Edelsteine waren die ruhmreichen Namen der Väter eingeschnitten und auf seinem Stirnband dein hoheitsvoller Name."

solche Selbstverständlichkeit in der Tat bestanden hat. Hierbei offenbart Josephus zumindest rudimentäre Kenntnisse der Astrologie,[308] an einzelnen Stellen – man denke an seine Behandlung des Kometen – tritt uns sogar Detailwissen entgegen, das an einen Kontakt mit Balbillus und dessen Umfeld denken läßt.[309]

Das Fehlen einer tiefergehende Reflexion in seinem Werk verweist uns gerade nicht auf eine ablehnende Haltung des jüdischen Historikers gegenüber der Astrologie, sondern zeugt von der tiefen Verwurzelung im Denken seiner Zeit. Josephus *stellte die Fragen einfach nicht*, die einige seiner Zeitgenossen, vor allem aber auch die modernen Wissenschaftlerinnen und Wissenschaftler interessierten; die Unausweichlichkeit des Schicksals war für ihn ebenso unverbrüchlich festgeschrieben wie die Freiheit Gottes und die Pflicht des Menschen, dem göttlichen Gebot Folge zu leisten. Letzteres offenbart die Verankerung im jüdischen Denken, was programmatisch von Josephus AJ I, 14 formuliert wird: Strenger Gehorsam gegen Gottes Gebote garantiert ein glückliches Leben, gepaart mit dem Vertrauen in Gottes gerechte Fügung.[310]

Die Katastrophe wird erst möglich durch die Übertretung der „väterlichen Gesetze". Jene *patrioi nomoi* als politisches Modell sind von H.G. Kippenberg auf ihre hellenistische Komponente hin untersucht worden, und das Ergebnis läßt sich mit dem vergleichen, was wir als Adaptation hellenistischer Schicksalsbegriffe an das jüdische Erbe bezeichnet haben. Es zeigt sich nämlich,

> daß das antike Judentum sich eine pagane politische Konzeption angeeignet hat, ohne ihr zu erliegen. Dabei ging es um eine politische Konzeption, die Freiheit und Autonomie der Bürger legitimierte. So wichtig war Juden damals diese Konzeption, daß sie sogar ihre eigene Geschichte revidierten. Denn das Modell der erstrebenswerten politischen Ordnung war nicht das eigene biblische Königtum, sondern die politische Ordnung der Heiden. Daß eine solche Verbindung von griechischem politischen Denken und jüdischer Theologie möglich war, macht die damalige Epoche so interessant.[311]

---

[308] Eine Kenntnis der Anzahl der Planeten und Tierkreiszeichen dürfen wir als antikes Allgemeingut auch unter Juden ansehen.
[309] Balbillus war Spezialist für Kometendeutung, wie wir sahen.
[310] BILDE 1988, 185: „By declaring this as his programme, Josephus may be said to have placed the teaching of retribution and the idea of God's just providence and guidance as a theological heading over *Ant*. But [...] this also applies to *Bell.*, *Vita* and *Ap*."
[311] H.G. KIPPENBERG: „Die jüdischen Überlieferungen als ‚patrioi nomoi'", in: R. FABER/R. SCHLESIER (Hrsgg.): *Die Restauration der Götter. Antike Religion*

Ein ganz eigenes Amalgam aus hellenistischer und jüdischer Tradition kennzeichnet das Werk des Josephus, wobei die Trennung zwischen dem einen und dem anderen gerade bei ihm fast undurchführbar ist.

3. Weitere Zeugnisse

Wir haben uns nun einen guten Überblick über die Werke von Philo und Josephus verschaffen können und die Frage nach der Rolle der Astrologie in diesen Schriften ansatzweise klären können. Es geht nun darum, in einem Überblick das weitere Material zu sichten, um herauszufinden, ob Philo und Josephus – in je unterschiedlicher Weise – lediglich individuelle Lösungen für die astrologische Debatte anboten, oder ob sie, was anzunehmen ist, in ein weiteres Traditionsfeld einzuordnen sind. Da die Quellenlage hier alles andere als eindeutig ist, müssen wir uns mit einer groben Einschätzung begnügen, die gleichwohl die wesentlichen Ergebnisse zu bestätigen vermag.

3.1. Artapanos

Nach dem wenigen, was wir über Artapanos wissen, handelt es sich bei diesem Autor um einen der Priestertradition nahestehenden Juden, der im zweiten Jahrhundert v.u.Z. vor einem ägyptisch-alexandrinischen Hintergrund schrieb.[312] Er hat eine Geschichte der Juden – περὶ Ἰουδαίων – verfaßt, die uns in Fragmenten durch Eusebius *Praep. Ev.* IX, 8. 23. 27 erhalten ist. Danach hat Artapanos praktisch alles, was als Errungenschaft der ägyptischen Kultur galt, auf die jüdische Tradition zurückgeführt: Joseph lehrte die Ägypter den

---

und Neo-Paganismus, Würzburg 1985, 45-60, S. 60. Vgl. zudem die neue Studie von B. Schröder: *Die „väterlichen Gesetze": Flavius Josephus als Vermittler von Halachah an Griechen und Römer* (Texte und Studien zum antiken Judentum 53), Tübingen 1996, der sich S. 224-231 kritisch mit den Thesen Kippenbergs auseinandersetzt.

[312] Zu Artapanos vgl. J. Freudenthal: *Hellenistische Studien* I, Breslau 1875, 143ff; P. Dalbert: *Die Theologie der hellenistisch-jüdischen Missionsliteratur unter Ausschluß von Philo und Josephus*, Hamburg-Volksdorf 1954, 42-52; Hengel 1969, 165-177. Der Artikel „Artapanos" in RE II, Sp. 1306 (Schwartz) ist vollkommen wertlos. Besser: J.J. Collins, „Artapanus", in: Charlesworth, *Pseudepigrapha*, 889-903 sowie kurz Fraser 1972, I, 704-706. Die einzige Monographie zu Artapanos ist die neugriechische von K.I. Merentites: *Ho Ioudaios Logios Artapanos kai to Ergon Autou*, Athen 1961. Vgl. auch die Ausführungen zur Astrologie bei Ness 1990, 171-173.

Ackerbau, Mose erfand „Schiffe und Steintransportmaschinen und die ägyptischen Waffen, außerdem Bewässerungsgerät, Kriegsgerät und die Philosophie." Mose sei es auch gewesen, der jedem ägyptischen Bezirk seinen je eigenen Tierkult zugeteilt habe, eine Bemerkung, die über das Ausmaß der antiken Verflechtung jüdischer und paganer Religion ein beredtes Zeugnis ablegt.

Was uns hier aber vor allem interessiert, ist die Rolle, welche Artapanos dem Abraham zuweist. Abraham lehrte die Ägypter nämlich die Astrologie; während seines zwanzigjährigen Aufenthaltes in Ägypten habe er den König Pharethothes in die Kunst der Sterndeutung eingeführt, um anschließend nach Syrien zurückzukehren.[313] Es liegt in diesem Dokument also ein weiterer Beleg dafür vor, daß die jüdische Apologetik der paganen Astrologie schon zur Zeit des Zweiten Tempels den Rang abzulaufen trachtete. Vielleicht ältestes Zeugnis – freilich auch nur indirekt überliefert – in dieser Richtung stellt *Hermippos* dar, der ein Schüler des Kallimachos war und um 220 v.u.Z. lebte; dieser kannte nach dem Bericht des Vettius Valens bereits zu jener Zeit astrologische Bücher des „sehr bewundernswerten Abraham",[314] ein Motiv also, das sich erheblicher Verbreitung erfreuen konnte.[315] Erwähnenswert ist in diesem Zusammenhang auch, daß Hermippos Abraham die *Katarchenhoroskopie* zuweist,[316] die wir ja auch bei Philo als „akzeptabel" kennenlernten.

Wie stark die einzelnen Erzähltraditionen ineinander übergehen konnten, erkennen wir daran, daß Eusebius im Zuge seiner Beschreibung der Ansichten des Artapanos vermerkt, Henoch sei es gewesen, der wiederum Abraham in der Astrololgie unterrichtet habe (*Praep. Ev.* IX, 17, 8). Es handelt sich hier also um ein schier unentwirrbares

---

[313] Nach Alexander Polyhistor (Eus. *Praep. Ev.* IX, 18, 1), Ausgabe HOPFNER 1922, 276; vgl. RIESSLER 1928, 186ff; STRACK-BILLERBECK II, 402ff; GUNDEL 1966, 53.

[314] Vett. Val. II, 28 (ed. KROLL 96, 8).

[315] Auf Abraham als zentrale Figur im astrologischen Denken kommen wir verschiedentlich zurück. Für die Darstellung in T und M vgl. VON STUCKRAD 1996, 141-143. 145-150.

[316] Vett. Val. II, 29 (ed. KROLL 96, 28). Abraham soll nämlich ein Urteil über den Zeitpunkt einer Reise abgeben, welches er mit Hilfe eines Systems der planetarischen Lose entscheidet. Abraham soll die dahinterstehende Lehre (Beurteilung der zwölf Orte und die Planetenwirkungen dort) in einem Buch niedergeschrieben haben. Er fährt fort (auch Firm. *Math.* VIII, 3 berichtet darüber), das Buch enthalte die Geheimlehre der „sehenden" und „hörenden" Zeichen. Auch in der Lehre vom Ort der Fortuna und des Daemon beruft sich Firm. *Math.* IV, 17, 2. 5; 18, 1 auf den „göttlichen" Abraham. Vgl. GUNDEL 1966, 53f.

Knäuel astraler, magischer und astrologischer Traditionen, Seite an Seite mit dem Anspruch, die Geschichte des jüdischen Volkes darzustellen. Von modernen Zuschreibungen sollten wir aus diesem Grunde Abstand nehmen und mit der Möglichkeit rechnen, daß sich auch bei so großen Gestalten wie Philo oder Josephus Gedankengut äußert, welches wir als „synkretistisch" einzustufen haben – eine ebenso bunte wie inspirierende Mischung jüdischer und hellenistischer Religiosität, die die Astrologie als notwendigen Bestandteil einer ganzheitlichen Lebenserfahrung zu erweisen hatte. Diese Notwendigkeit stellte sich in der römischen Kaiserzeit, wie wir sahen, je länger je mehr.

3.2. Aristobulos

Aristobulos lebte unter der Regentschaft des Ptolemaios VI. Philometor (171–145 v.u.Z.) in Alexandria.[317] Nicht nur die regionale Nähe, sondern auch das Bestreben, mit Hilfe allegorischer Bibelauslegung die „höchste aller Philosophien", das Judentum nämlich,[318] der jüdischen und nichtjüdischen Bevölkerung zu vermitteln, verbindet ihn mit Philo von Alexandria. Leider ist das vermutlich recht umfangreiche Werk des Aristobulos nur in Fragmenten überliefert, vor allem durch Eusebius.[319] Seine „Lehrschrift" verfolgt die Intention, das mosaische Gesetz als Bestandteil der wahren und höchsten Philosophie zu erweisen. Und es erinnert bereits stark an Philo, wenn Aristobulos schreibt, die Erkenntnis der Gottheit, des Kosmos und der Stellung des Menschen in ihm sei durch allegorische Auslegung der Philosophie des Mose zu eruieren, der überhaupt den reinen Gottesbegriff eingeführt habe.

Besonders aufschlußreich – und gleichzeitig der Grund, warum Aristobulos hier zu nennen ist – sind seine Ausführungen über die *Siebener-Struktur* des Kosmos. Dort finden wir nämlich Gedanken wieder, welche wir anläßlich der Erörterung des philonischen Sympathiedenkens (s.o. 1.3.) schon kennenlernten. Bei Aristobulos läßt sich überdies nachweisen, daß es vor allem der pythagoräische Einfluß gewesen ist, durch den sich die Harmonie des Kosmos im

---

[317] Vgl. N. WALTER: *Der Thoraausleger Aristobulos* (TU 86), Berlin 1964; ders.: „Anfänge alexandrinisch-jüdischer Bibelauslegung bei Aristobulos", in: *Helikon* 3 (1963), 353-375; außerdem HENGEL 1969, 294-307; FRASER 1972, I, 694ff.
[318] Vgl. Eus. *Praep. Ev.* XIII, 12, 8. 11.
[319] Der älteste Verweis auf den Denker findet sich 2Makk. 1,10.

Einklang mit den astronomischen Gesetzmäßigkeiten als wichtiger Bestandteil jüdischen Denkens etablierte.[320] Im Fragment 5 führt der Verfasser aus, der Sabbat sei

> ein Zeichen des siebenfaltigen Prinzips, welches um uns herum wirkt, durch das wir Kenntnis erhalten von menschlichen und göttlichen Dingen. Und tatsächlich entfaltet sich der Kosmos aller Lebewesen und jeden Wachstums in Siebenerzyklen.[321]

Da der Hintergrund dieser Bemerkung das kosmische Geschehen ist, liegt es auf der Hand, hier einen astrologischen Impetus zu vermuten, der sich mit der pythagoräischen Zahlensymbolik in Einklang weiß,[322] in der die Sieben eine zentrale Rolle spielte. Abgesehen davon, daß das Siebenerschema zweifellos mit der Übernahme babylonischer Astrologie nach Griechenland eingeführt wurde,[323] findet sich der Sieben-Jahres-Rhythmus im Zyklus des *Saturn* wieder: Ein Saturn-Zyklus dauert ca. 28 Jahre, so daß nach sieben Jahren das erste Quadrat, nach 14 die Opposition und nach 21 Jahren das zweite Quadrat die Abschnitte markieren. Dies sind wichtige Einschnitte im Leben der Menschen, was in der Antike allgemeine Beachtung fand.[324]

Wir können deshalb mit Collins festhalten:

> In Aristobulus' time there was probably a well-developed Pythagorean speculative tradition on the number seven. This tradition had probably been discovered, adopted and expanded by Jews in Alexandria already before Aristobulus. The Jews would naturally have been most interested in speculation on the number seven because of its applicability to interpretations of the sabbath. The Pythagorean tradition reinforced and helped Jewish thinkers carry further the tendency already present in Gen 1:1–2:4a, the priestly account of creation, to understand the sabbath in cosmic terms.[325]

Wie stark die philosophische Spekulation über die kosmischen Symmetrien und Zahlengesetze sich mit einer mystisch-astralen Religio-

---

[320] Vgl. hierzu ROSCHER 1906; WALTER 1964 a.a.O. (oben Anm. 317), 160-162; HENGEL 1969, 301f; COLLINS 1984, 1254-1257.
[321] Eus. *Praep. Ev.* XIII, 12, 9-16.
[322] Gegen WALTER 1964 a.a.O (Anm. 317), 68-70, der im Sinne Platons und Aristoteles von Ebenen des Verstandes und der Seele spricht. Richtig dagegen COLLINS 1984, 1255, der das „law of nature" in den Mittelpunkt stellt.
[323] Vgl. COLLINS 1984, 1255 (Literatur).
[324] Vgl. ROSCHER 1906, 14-17, der den astrologischen Hintergrund jedoch nicht ausreichend berücksichtigt.
[325] COLLINS 1984, 1255.

sität auch im Judentum verbinden konnte, haben wir bei Philo feststellen können. Aristobulos kommt deshalb eine große Bedeutung zu, weil er Zeugnis davon ablegt, daß Philo nicht in einem luftleeren Raum, sondern in einer bestimmten Traditionslinie wirkte und dachte, die an der Harmonisierung jüdischer und hellenistischer Kosmologie arbeitete. Im Zuge dieser Harmonisierung galt es auch die Astrologie mit dem eigenen Erbe in Einklang zu bringen.

VI. Die astrologischen Zeugnisse der „zwischentestamentlichen" Literatur

Die im bisherigen Verlauf der Untersuchung herangezogenen Quellen bezogen sich entweder auf konkrete Themenstellungen, die in der Zeit des Zweiten Tempels zirkulierten (wie die Tradition um Num 24,17) oder aber auf einzelne, klar zu definierende Gruppen bzw. Personen. Weder Datierungsfragen noch Probleme hinsichtlich eines längerfristigen Wachstums und einer möglichen Formung des Materials im Laufe seiner Adaptation mußten dabei in nennenswerter Weise berücksichtigt werden. Dies sieht vollkommen anders aus, wenn wir uns nun der Literatur des Zweiten Tempels zuwenden, welche gemeinhin unter dem Begriff *Zwischentestamentliche Literatur*, *Deuterokanonische Schriften* oder auch *Apokryphen/Pseudepigraphen des Alten Testaments* zusammengefaßt werden. Über die Angemessenheit der einzelnen Bezeichnungen ist viel gestritten worden, was hier nicht im einzelnen resümiert werden kann.[1] Einige Grundüberlegungen sind jedoch notwendig, damit die besondere Themenstellung dieser Arbeit sowie die zugrundeliegende Methode in adäquater Weise transparent gemacht werden kann.

Fast immer offenbart die Auseinandersetzung um den „richtigen" Begriff der zur Debatte stehenden Literatur der Spätzeit des Zweiten Tempels einen Interessenkonflikt zwischen christlich-theologischer Annäherung, jüdischer Apologetik und historisch-neutraler Betrachtungsweise. „Apokryphe/Pseudepigraphische" Literatur etwa impliziert das Vorhandensein eines normativen Text- oder doch Traditionszusammenhanges, vor dessen Hintergrund jene ominösen Quellen ihre Konturen erhalten. Ähnliches gilt für den Begriff der „Deuterokanonischen oder auch außerkanonischen Literatur", denn hier wird ebenfalls vorausgesetzt, daß es zur Zeit des Zweiten Tempels bereits einen, wenn auch vorläufigen, *Kanon* gegeben hat. Daß

---

[1] Vgl. als Überblick zum Thema ROST 1971; GRUENWALD 1979; NICKELSBURG 1981; MCNAMARA 1983; STONE 1984; DE JONGE 1985; SCHÜRER 1986, III; MAIER 1990; DONNER 1995; BAUMGARTEN 1997 und natürlich CHARLESWORTH, *Pseudepigrapha*.

diese Annahme in keiner Weise gerechtfertigt ist, wir im Gegenteil von einer großen Varianz der Textgestalten auszugehen haben und höchstens von einer Kontinuität der tradierten *Stoffe* sprechen können, die erst spät in den Begriff der *Torah* oder einer verbindlichen Sammlung von Texten mündete, ist in den letzten Jahren in aller Deutlichkeit herausgearbeitet worden, vor allem auch in der Qumranforschung.[2]

Eine Parallele zu dieser auf Vorentscheidungen beruhenden Terminologie findet sich in der Beschreibung einiger Torahtextstücke aus der Bibliothek in Qumran, die, sofern sie auch im biblischen Text begegnen, als „Paraphrasen", „Rewritten Torah" oder dergleichen bezeichnet werden, während man Stücke, die bislang unbekannt waren, als „sektiererisch" und „außerkanonisch" auffaßt, auch wenn sie unzweifelhaft „Torah" enthalten.[3] Johann Maier konstatiert:

> Dieser realitätsferne, rein kanontheologisch-dogmatisch motivierte Ansatz verstellt das Verständnis für die in Wirklichkeit offensichtlich weit dramatischeren Auseinandersetzungen um Torah und Geschichtsdeutung, die damals im Judentum stattgefunden haben, und dies nicht am Schreibtisch von Exegeten, sondern in engstem Zusammenhang mit Fragen der Praxis und mit den gruppenspezifischen und politischen Interessen jener Zeit.[4]

---

[2] Vgl. MAIER 1996b.
[3] Als Beispiel hierfür vgl. G.J. BROOKE: „Torah in the Qumran Scrolls", in: H. MERKLEIN/K. MÜLLER/G. STEMBERGER (Hrsg.): *Bibel in jüdischer und christlicher Tradition. Festschrift für Johann Maier zum 60. Geburtstag* (Bonner Biblische Beiträge 88), Frankfurt a. M. 1993, 97-120. Daß es Torahtraditionen außerhalb des Pentateuch gegeben hat, ist schon Neh 10,35 zu entnehmen, wo es in Bezug auf die Holzabgabenordnung heißt: „wie es geschrieben steht in der Torah." Ein Pentateuchgesetz hierzu ist nicht erhalten, wohl aber der Beleg in Jub 21,12-14 und 11Q19 Kol. 23-25, wo diese Ordnungen als wichtiger Torah-Bestandteil aufgenommen wurden. Mehrere neu edierte Qumranschriften haben die Diskussion in den letzten Jahren angefacht (etwa 4Q364-367, 4QpaleoLev, 4QpaleoEx^m, 4QNum^b), so daß der Qumran-Kongress in Madrid 1991 maßgeblich von den Problemen jener *borderline texts* geprägt gewesen ist, vgl. die Beiträge in TREBOLLE BARRERA/VEGAS MONTANER 1992 sowie die kritische Bilanz des Kongresses von F. GARCÍA MARTÍNEZ: „Resultados y Tendencias. Congreso Internacional sobre los Manoscritos del Mar Muerto", in: *Sefarad* 51 (1991), 417-435; eine zusammenfassende Darstellung der *biblical borderline* mit den neuesten Texteditionen findet sich zudem in GARCÍA MARTÍNEZ/TREBOLLE BARRERA 1995, 123ff.
[4] MAIER 1995, III, 15. Dort findet sich auch eine Übersicht über außerbiblische Torah und gesetzliche Regelungen („Halakha") in den erhaltenen Qumrantexten. Vgl. auch MAIER 1996b, 111-113. Außerdem: D. DIMANT: „The Hebrew Bible in the Dead Sea Scrolls: Torah Quotations in the Damascus Covenant", in: FISHBANE/TOV 1992, 113-122.

"Zwischentestamentliche" Literatur 313

Die in den ersten Kapiteln dieser Arbeit herangezogenen Quellen haben deutlich gezeigt, daß dieser Befund kaum hoch genug bewertet werden kann. Zu einer Konstruktion einzelner klar abgegrenzter „Parteien", „normativer Strömungen" oder auch nur eindeutiger Haltungen des Judentums zu gewissen Fragen gelangt man allein, wenn man mit einem entsprechenden Bild an die Quellen herangeht. Vom pragmatistischen Ansatz her verbietet sich eine solche Vorentscheidung, wodurch die schillernde Vielfalt der Meinungen antiker Juden allererst in den Blick kommt.

Es muß demnach festgehalten werden, daß die außerbiblischen Texte der Zeit des Zweiten Tempels – natürlich im Verhältnis zu ihrer quantitativen Verbreitung – von *demselben religionsgeschichtlichen Wert sind* wie die biblischen. Dies läßt sich schon ableiten aus der Tatsache, daß in der Bibliothek von Qumran nicht alle später kanonisch gewordenen Stücke so beliebt waren wie etwa Hen oder Jub[5] – eine Tatsache, die in der Forschung viel zu wenig Beachtung findet. Dies wirft übrigens auch ein bezeichnendes Licht auf die Zuordnung der Henochbücher zur „Apokalyptik". Die Diskussion um einen solcherart eingrenzenden oder gar inhaltsleeren Terminus, welcher der christlichen Theologie entlehnt ist,[6] hat in den letzten Jahren vorsichtigere Standpunkte hervorgebracht.

> Die neuesten Definitionen von „Apokalypse" sind offener und bezeichnen eigentlich nicht mehr als eine Offenbarungsschrift. Damit wird aber die Beschreibung einer sogenannten „Apokalyptik" als geistesgeschichtlicher Strömung oder gar Gruppenkennzeichen von der neuen Gattungsdefinition her fragwürdiger denn je.[7]

---

[5] Die Häufigkeit der in Qumran gefundenen Bücher weist folgende Reihenfolge auf: Ps (36 Exemplare), Dtn (29), Jes (20), Gen (17), Ex (17), Jub (16), CD (12), Lev (12), 1QS (11), 1QH (09), Buch der Giganten (8), 0QShir (8), XII Propheten (8) Henochbücher (7), Num (7). Vgl. MAIER 1995, III, 10f. Die Statistik allein gibt zwar keine eindeutigen Hinweise auf die Beliebtheit der Schriften, aber doch auf den Verbreitungsrahmen einzelner Traditionen.
[6] Vgl. KOCH 1970.
[7] MAIER 1990, 123. Gegen die Eingrenzung der „Apokalyptik" stellt MAIER die Ausweitung des Begriffes, „[d]enn es geht dabei um mehr als nur um Geschichtsspekulation mit akut-eschatologischer Akzentuierung, es handelt sich um erste Ansätze zu einer umfassenden religiös-spekulativen Erfassung der menschlichen Erfahrungsbereiche Welt und Geschichte" (123f). Eine sehr gute Analyse der neueren wissenschaftlichen Diskussion liefert F. SCHMIDT: „,Traqué comme un loup'. A propos du débat actuel sur l'Apocalyptique juive", in: *Arch. sc. soc. des. rel.* 53 (1982), 5-21. Vgl. außerdem die Sammlung von Aufsätzen in HELLHOLM 1989.

H.G. Kippenberg hat ebenfalls eine strukturelle Neuorientierung der Diskussion um die „Apokalyptik" gefordert. Aufgrund des Fehlens verbindlicher Definitionen solle man sich auf drei zu differenzierende Merkmale konzentrieren: (1) Unterschiedliche Konzeptionen, etwa im Hinblick auf Immanenz und Transzendenz oder die Rolle des einzelnen, (2) die Verschriftlichung jener Konzeptionen, und (3) die unterschiedlichen Formen, wie die Gläubigen aktiviert werden.

> Jede religionshistorische Beschreibung wird mit diesem elementaren Instrumentarium besser arbeiten können als mit den drei Idealtypen Apokalyptik – Messianismus – Chiliasmus. Denn es herrschen in der Religionsgeschichte die ungeordneten Verhältnisse und nicht die geordneten. Dazu kommt, daß diese Typologie auch theologisch verschlissen worden ist. Dem Judentum der (nationale) Messianismus – dem Christentum die (universale) Apokalyptik: dieser protestantische Schlüssel zur Verteilung der religionsgeschichtlichen Güter hat ausgedient.[8]

Stattdessen macht Kippenberg darauf aufmerksam, daß die *Kontexte* der unterschiedlichen literarischen und sozialen Formen der Apokalpytik stärker berücksichtigt werden müssen.[9] Eine solche Einschätzung wird von der pragmatistischen Sichtweise selbstverständlich geteilt.

Die Konzentration auf den *Diskurs* führt natürlicherweise zu einer anderen Gliederung des in diesem Kapitel zu untersuchenden Stoffes. Die Zeugnisse der zwischentestamentlichen Zeit, also etwa von 165 v.u.Z. (Buch Daniel) bis zum Beginn des zweiten nachchristlichen Jahrhunderts, sind nicht nur im Hinblick darauf zu analysieren, ob und inwieweit sie mit dem später normativ gewordenen Judentum bzw. dem sich entwickelnden Christentum in Beziehung stehen, sondern haben das Recht, ein jedes für sich verortet und bewertet zu werden. Dies ist im übrigen nicht nur die Forderung der pragmatistischen Methode, sondern auch einer literaturwissenschaftlichen Annäherung, die von einzelnen Mikroformen auszugehen hat, um über komparative Methoden die Makroform der Texte zu eruieren, welche wiederum in literarische Gesamtwerke einfließt.[10] Der Pragmatismus ist allerdings skeptischer im Hinblick auf die Möglichkeit, in unzweideutiger Weise von divergierenden Mikroformen

---

[8] KIPPENBERG 1990, 13. In diesem Artikel findet sich alle maßgebliche Literatur zum Thema.
[9] Ebda. S. 14f. Die dargestellten Überlegungen an Geschichtsentwürfen der Neuzeit lassen sich ohne weiteres auf die Antike übertragen.
[10] Vgl. W. STENGER: *Biblische Methodenlehre*, Düsseldorf 1987.

auf eine dahinterliegende Makroform Rückschlüsse ziehen zu können.
Die Themenstellung dieser Arbeit bringt es mit sich, daß an die Stelle einer erschöpfenden Analyse literaturwissenschaftlicher Gesichtspunkte die Konzentration auf inhaltliche Fragen treten muß. Welche *Meinungen* über die Astrologie werden in den zu untersuchenden jüdischen Schriften transportiert? Welches *Weltbild* und welche theologische Position mag dahinterstehen? In welchem Verhältnis stehen jene Meinungen zu denen der jüdischen und nichtjüdischen Umwelt? Können wir *Personengruppen* ausmachen, die als Autoren in Frage kommen, und welchem kulturellen Horizont sind diese zuzuordnen? Welche *Adressaten* haben die Texte im Auge? – Die Antworten auf solche Fragen sind äußerst schwierig zu finden, was auch an der Vielzahl wissenschaftlicher Positionen zur zwischentestamentlichen Literatur abzulesen ist. Die Einordnung hat deshalb vorsichtig zu geschehen, Übertragungen von einzelnen Befunden auf andere Zeiten und Lebenswelten sollten mit Vorbehalt und erst zu einem späteren Stadium der Untersuchung durchgeführt werden, um nicht vorschnell eine „Makroform" zu konstruieren, die allein in der Systematik der wissenschaftlichen Betrachtung existiert, nicht aber in der historischen Wirklichkeit.
Eine wichtige These, die es in diesem Zusammenhang zu überprüfen gilt, hängt mit der vermuteten Entwicklung innerhalb des Judentums von anfänglicher Abscheu gegenüber der Astrologie hin zu einer immer stärker werdenden Akzeptanz astrologischen Gedankenguts zusammen. Läßt sich eine solche Entwicklung tatsächlich nachweisen, wie man sie besonders anhand der zwischentestamentlichen Literatur, aber auch der rabbinischen Texte[11] gerne zu belegen sucht? Die bisherigen Untersuchungen haben bereits gezeigt, daß sich die Behauptung einer solchen Entwicklungslinie auf schwankendem Terrain befindet; viel eher wird man der antiken Wirklichkeit gerecht, wenn man die *Vielschichtigkeit* der Diskurse angemessen würdigt, die dann nicht mehr eine logische Entwicklung zu erkennen geben, sondern ein erbittertes Ringen um die Nutzbarmachung fremder Diskurse für das eigene Selbstverständnis, das in unterschiedlichen Kreisen zu je anderen Ergebnissen führte. Die verschiedenen Meinungen sind nicht unbedingt in eine logische Entwicklung einzuordnen – pragmatistisch gesehen besteht hierfür

---

[11] Im Zusammenhang mit L. WÄCHTER ist dies bereits zur Sprache gekommen (s.o. Kap. II.2); zur rabbinischen Diskussion s. ausführlich Kap. VII.

auch keine Notwendigkeit –, und bereits das Herausfinden der jeweils vorherrschenden Position bereitet erhebliche Schwierigkeiten.

Eine gesunde Skepsis ist demnach angebracht, wenn wir uns den zwischentestamentlichen Texten zuwenden und nach übergeordneten Entwicklungen Ausschau halten. Die Skepsis wird noch größer, wenn man bedenkt, daß wir uns hier mit erheblichen textkritischen Problemen konfrontiert sehen, die von vornherein die Einordnung der Quellen in einen historischen oder lokalen Kontext erschweren. Die Autorenschaft ist häufig ebenso unsicher wie die Adressatenschaft, bisweilen kann nicht einmal die Frage beantwortet werden, um welche Textgattung es sich eigentlich handelt. Wir werden uns deshalb damit zufriedengeben müssen, textimmanent die astrologischen Spuren zu sichern, um im Anschluß daran den Horizont durch Vergleiche mit zeitgenössischen jüdischen und nichtjüdischen Astrologumena zu erweitern. Erst am Schluß der Arbeit folgt der Versuch einer Systematisierung der antiken jüdischen Diskurse (Kap. XII), was eine Art Koordinatensystem erbringen soll, in welchem die je unterschiedlichen Beiträge einzelner Gruppen eine Zuordnung erfahren.

1. Die Henochtradition

Die Henochschriften gehören ganz sicher zu den zentralen Quellen der zwischentestamentlichen Periode, und ihre Verbreitung zeugt von einer erstaunlichen Hochschätzung innerhalb jüdischer Kreise (allein in Qumran wurden sieben Exemplare des Buches gefunden). In den letzten Jahren hat die Erforschung der astronomischen wie der astrologischen Aspekte dieser Schriften eine erfreuliche Wendung genommen, während man sich in älteren Publikationen mit einer herablassenden Attitüde über die fehlenden astronomisch-wissenschaftlichen Fähigkeiten der „Hebräer" auszulassen pflegte.[12] Inzwischen ist man in dieser Hinsicht vorsichtiger geworden, denn die Henochtradition scheint von einer ganz bestimmten theologischen Grundhaltung aus astronomische Kenntnisse adaptiert zu haben – nicht die Suche nach „wissenschaftlich" exakten Daten war maßgebend, sondern der Aufweis einer vollkommenen göttlichen Ordnung.

Zu diesem Zweck rückten die *kalendarischen Fragen* zunehmend in den Vordergrund, spätestens nachdem die Bedeutung des Kalender-

---

[12] Zur Forschungsgeschichte vgl. ALBANI 1994, 1-30.

streites durch die Qumranschriften transparenter gemacht werden konnte.[13] Das wissenschaftliche Interesse konzentrierte sich dabei in der Regel auf die astronomischen Fragen, während die genuin astrologische Thematik demgegenüber zumeist in den Hintergrund trat. Ein Grund hierfür liegt in der Definition der Astrologie, die – zwar nicht immer aus historischen, wohl aber aus systematischen Gründen – eine Trennung von der Astronomie anzustreben pflegt. Es wird im folgenden zu untersuchen sein, ob die immer wieder geäußerte These, man habe in der Henochtradition zwar die Astronomie übernommen, sich aber von astrologischen Konnotationen radikal abzugrenzen versucht, in dieser Klarheit aufrechterhalten werden kann. Was die Astrologie selber anbelangt, so sind von Matthias Albani erste Anregungen gegeben worden,[14] und jüngst widmete Christfried Böttrich als ausgewiesener Kenner der Henochschriften der Astrologie eine nähere Betrachtung.[15]

Ich werde meine Untersuchung in folgender Weise durchführen: Der erste Schritt besteht in einer Sichtung des ältesten Materials, das sich vor allem im äthiopischen Henoch (1Hen) findet. Dabei gilt dem sogenannten „Buch vom Umlauf der Himmelslichter", also dem *Astronomischen Buch* (AB), 1Hen 72-82, das besondere Augenmerk. Da hier auf die gründliche Studie von M. Albani zurückgegriffen werden kann, können wir uns mit den wesentlichen Punkten begnügen. Nach der Klärung der astronomischen Aussagen und ihrer Verbindung zu Kulttheologie und rechter Weltordnung geht es in einem zweiten Schritt darum, die eigentlich astrologischen Ebenen auszuloten. Hierfür ist es notwendig, nicht nur die verwandten jüdischen und nichtjüdischen Texte der entsprechenden Zeit zu berücksichtigen, sondern auch die weitere Formung der Henochtradition, wie sie vor allem in 2Hen belegt ist.

1.1. Das *Astronomische Buch* – Herkunft und theologische Bedeutung

Bis zur Entdeckung der Qumranschriften kannte man das Astronomische Buch allein als Bestandteil des äthiopischen Henoch (1Hen

---

[13] Wichtige Monographien zum Thema sind LIMBECK 1971; RAU 1974; MILIK 1976; VANDERKAM 1984; GLESSMER/KOCH 1987; KVANVIG 1988; ALBANI 1994. Die Literatur ist verzeichnet in F. GARCIA MARTÍNEZ: „1 Enoch and the Figure of Enoch, A Bibliography of Studies 1970–1988", in: *RdQ* 14 (1989), 149-174.
[14] ALBANI 1994, 335-344 („Manteia – Astrale Zukunftsschau im AB?").
[15] BÖTTRICH 1997.

72-82). Inzwischen brachten die Qumranfunde aramäische Fragmente hervor (4QEnastr[a-d]), doch nur in 4QEnastr[b+c] finden sich mehr oder weniger übereinstimmende Passagen zum äthiopischen Text.[16]

Der Inhalt stellt sich in aller Kürze folgendermaßen dar:[17] Henoch bekommt von dem heiligen Engel Uriel ein Buch gezeigt, welches die ganze Himmelsordnung enthält, wie sie bis zum Anbruch der neuen Schöpfung Gültigkeit hat. In dieser Ordnung spielen die Bewegungen von Sonne und Mond eine herausragende Rolle. Sie werden in Beziehung gesetzt zu den „Horizonttoren", d.h. Himmelsabschnitten, die in jahreszeitlichen Abständen den Weg der Sonne markieren. Auf diese Weise gelangt man zu einem 364-tägigen Sonnenjahr (72, 32). Das Sonnenjahr wird sodann mit den Bewegungen des Mondes verbunden, wodurch eine Harmonisierung des solaren Jahres mit dem 354-tägigen Mondjahr angestrebt wird (74, 13-17). Weiter werden Angaben über Interkalation und die vier Lichter gemacht, die „in Gerechtigkeit" an ihren kosmischen Positionen dienen und derentwegen die Menschen irren (75, 1-2). Neben den kalendarischen Fragen wendet sich Uriel in einer zweiten Rede an Henoch und beschreibt die Tafeln des Himmels und das Buch aller Taten der Menschen (81, 1-2), woraufhin Henoch einen Lobpreis auf den Schöpfer anstimmt, der in einen Makarismus auf die Gerechten, die am Tag des Gerichtes ohne Sünde sein werden, einmündet (81, 3-4). Henoch kehrt von seiner Himmelsreise zurück mit dem Auftrag, die empfangenen Offenbarungen an seinen Sohn Methusalah weiterzugeben. Dies tut Henoch. Am Schluß des Buches werden noch einmal die Ordnung der Sterne (nicht erhalten) und die Hierarchie der Sternenengel genannt. Eine unvollständige Aufzählung der Jahreszeitenführer und Beschreibungen der jahreszeitlichen Phänomene beenden das Buch.

Für die Deutung des inkohärenten und den Eindruck einer willkürlichen Anordnung des Stoffes vermittelnden Textes muß auf die einschlägige Literatur verwiesen werden.[18] Diese hat übereinstimmend festgestellt, daß der Duktus des AB eine Tendenz zu erkennen

---

[16] Vgl. GLESSMER/KOCH 1987; zum Text: BEER in KAUTSCH 1900, 217ff; CHARLES 1900, xxff.; MILIK 1976, 83ff, der darüber hinaus geringe Teile des Buches in griechischen Fragmenten überliefert sieht, ebda. S. 19f; NEUGEBAUER 1981; UHLIG 1984, 483ff; BLACK 1985, 1ff. Die gründlichste deutsche Übersetzung des AB findet sich bei RAU 1974, 506-522.
[17] Vgl. die Übersicht bei ALBANI 1994, 31-33.
[18] Vgl. besonders ALBANI 1994, 33ff.

gibt, astronomische Details zugunsten des Erweises der großartigen kosmischen Harmonie in zeitlicher und räumlicher Hinsicht zu übergehen. Es ist deswegen irreführend, von einer Inkompetenz der henochitischen Astronomie zu sprechen, denn die Intention der Autoren ist weniger astronomisch, als vielmehr theologisch konnotiert. Dies hat besonders Albani in aller Deutlichkeit nachweisen können.

Dreh- und Angelpunkt der Interpretation sind dabei die 2 x 6 Horizonttore, die ein 360-tägiges Jahr bilden:

> Dieses 360tägige Idealjahr ist essentiell mit dem Schema der 2x6 Horizonttore verbunden, die wiederum durch den jährlichen Sonnenlauf konstituiert werden. Die Tore haben sich als Schlüssel zum Verständnis des [sic!] gesamten henochitischen Astronomie erwiesen. Sie bestimmen die Strukturen des Systems.[19]

Kosmische Symmetrie ist demnach das leitende Interesse der Astronomie im AB, und für die angemessene Interpretation ergibt sich daraus folgendes:

> Das Postulat der ewigen Unveränderlichkeit der Gestirnbewegungen in 1Hen 72,1 ist in der Tat als „Glaubensartikel" anzusehen, wie es Charles sehr treffend, jedoch mit abfällig wertenden [sic!] Unterton formuliert hat. Deshalb ist eine theologische Betrachtungsweise dieser Schrift erforderlich! Es geht also im AB um das in Sonnen-, Mond- und Sternumläufen exemplarisch anschaubare Prinzip der Ordnungshaftigkeit, und nicht um die genauen Details und die vollständige Erfassung aller astronomischen Phänomene, auch wenn die Überschrift in 1Hen 71,1 dies zunächst nahezulegen scheint.[20]

Die Konzentration auf die Unveränderlichkeit der kosmischen Ordnung bringt es mit sich, daß die Bewegungen der Planeten, aber auch Finsternisse und dergleichen hinter der Darstellung der Sonne zurücktraten. Für letztere sind keine Anomalien wie retrograde Phasen und Schwankungen in der Laufgeschwindigkeit zu berücksichtigen, weshalb sie aus theologischen Gründen den Inbegriff göttlicher

---

[19] ALBANI 1994, 97.
[20] Ebda. S. 98. Unter Bezugnahme auf RAU kommt auch MÜNCHOW 1981, 28 zu dem Ergebnis: „In seiner Gesamtheit zeigt das Astronomische Buch die enge formale wie inhaltliche Verknüpfung von astronomischer mit eschatologischer und ethischer Belehrung. Die von weisheitlichen Traditionen abhängige Unterweisung über das kosmische Geschehen wird durch einen Rahmen eschatologischer und ethischer Aussagen interpretiert."

Vollkommenheit verkörpert.[21] Es wird noch zu untersuchen sein, ob das Fehlen einer genauen Beschreibung der Sternenwelt im AB auf eine Astrologiefeindlichkeit hindeutet, oder – im Sinne der Interpretation Albanis – der theologischen Fixierung kosmischer Harmonie entspringt (s.u. 1.2.).

In jedem Falle gerinnt die Intention der henochitischen Astronomie zu den beiden zentralen theologischen Konzepten der *Ordnung* und der *Gerechtigkeit*. Exemplarisch sei hier 1Hen 2, 1 genannt:

> Beobachtet alle Werke am Himmel, wie sie ändern ihre Wege, und die Lichter am Himmel, wie alles aufgeht und untergeht, jedes geordnet zur angeordneten Zeit, und nicht ihre eigene Ordnung übertreten.[22]

Dem Begriff חשבון, von Kvanvig als „astronomical calculation" übersetzt,[23] kommt in diesem Zusammenhang kardinale Bedeutung zu: Die Bewegungen von Sonne und Mond offenbaren eine heilige Symmetrie, einen *Plan*, denn trotz der unterschiedlichen Basiszahlen (nämlich sexagesimal bei der Sonne und hebdomadisch beim Mond) gelangt man in der Zahl 364 zu einer Synthese, wenn man die im AB genannten vier Quartalssterne hinzuaddiert (s. 1Hen 75, 1ff.): 7 x 52 = 12 x 30 + 4 = 364. Wir haben es also mit einem System zu tun, das auf gemeinsamen Vielfachen heiliger Zahlen aufgebaut ist, wie es uns bereits aus Qumran bekannt ist (s.o.). Die kosmische Harmonie, die sich im Zyklus der Priesterwachen und im Tempelkult des Qumran-*Jachad* spiegelte, muß für die damaligen Gläubigen eine großartige Offenbarung gewesen sein. Auch die Tatsache, daß man jenes theologisch-astronomische System als Offenbarung eines Engels verstanden wissen wollte, weist in diese Richtung, unterstreicht dieser Umstand doch die Heiligkeit der profanen kalendarischen Überlegungen. Ebenso wie in Qumran insgesamt verweist die Zahl 364 in der henochitischen Astronomie auf das vollkommene Zusam-

---

[21] Daß die Babylonier, von denen die henochitische Astronomie übernommen wurde, über diese Fertigkeiten verfügten, hat VAN DER WAERDEN 1968 nachgewiesen; vgl. auch VON STUCKRAD 1996, 31-38. Zur Kritik an der Hypothese KUHNS und BECKWITHS, es handele sich bei der Beschreibung des AB um reale Gegebenheiten, d.h. die „Verkürzung der Jahre" aufgrund der Sünde der Menschen habe kalendarische Ursachen, vgl. ALBANI 1994, 108-112 (Beobachtungen, auch wenn sie real gewesen sein sollten, sind nur erklärbar vor dem Hintergrund theologischer Prämissen).

[22] Sofern nicht anders vermerkt, werden die Passagen aus 1Hen stets in der Übersetzung RAUS zitiert (RAU 1974, 503ff).

[23] Vgl. KVANVIG 1988, 61. S. dann besonders S. 66ff.

menwirken und die überragende Einheit von Schöpfungsordnung, Kultordnung und der Heilsgeschichte Israels.[24]

Über den kosmischen Ordnungsgedanken und seine Spiegelung im irdischen Geschehen gelangt man ohne Schwierigkeiten zum zweiten Pfeiler henochitischer Theologie, der *Gerechtigkeit*. Von dort aus erklären sich die Makarismen im AB, welche als Spiegelung der astralen Ordnung aufgefaßt werden können:

> Selig alle Gerechten, die auf dem Weg der Gerechtigkeit gehen, und die keine Sünde haben wie die Sünder in der Zahl all ihrer Tage, nach der die Sonne am Himmel geht, durch die Tore eingehend und ausgehend 30 Tage mit den ‚Häuptern der tausend' der Ordnung der Sterne mit den vier, ‚die hinzugefügt werden' ... (1Hen 82, 4).

Die von Gott gesetzte Ordnung ist eine Aufforderung an die Frommen, den Gestirnen in ihrem Gehorsam gegenüber Gott nicht nachzustehen. Die Himmelskörper in den „Wegen ihrer Gerechtigkeit" sind als Spiegelbild der irdischen Wege des Gerechten aufzufassen, der an den Verfehlungen seiner irrenden Zeitgenossen nicht teilnimmt. „Henoch ist der Prototyp des Gerechten, der sowohl in die Gesetze der Astronomie eingeweiht wurde, als auch das Privileg einer himmlischen Entrückung erfuhr."[25]

Ein solches Denken ist fest verankert in der nachexilischen Kulttheologie. Die Zeugnisse aus Qumran geben hierüber ebenso Aufschluß wie die priesterlichen Spuren im Werk von Philo und Josephus, wie oben gezeigt werden konnte. Zusätzlich zu jener kulttheologischen Ausprägung können wir eine zunehmende *Solarisierung* der jüdischen Religion ausmachen, die gut zur herausragenden Stellung der Sonne im henochitischen System paßt.[26] Verschiedentlich ist

---

[24] Vgl. ALBANI 1994, 100f sowie die Ausführungen oben Kap. IV.3.
[25] ALBANI 1994, 107. Umgekehrt könnte man mit hinsichtlich des AB „von der Ethisierung kosmologischer Vorstellungen sprechen" (MÜNCHOW 1981, 28).
[26] Vgl. dazu McKAY 1973, 42ff. 67-73; MAIER 1979; STÄHLI 1985; SCHROER 1987, 260-266; 283-300; O. LORETZ: *Ugarit und die Bibel. Kanaanäische Götter und Religion im Alten Testament*, Darmstadt 1990, 172-174; VON STUCKRAD 1996, 94-96. K. KOCH hat dies folgendermaßen zum Ausdruck gebracht: Zur Zeit Jeremias „beginnt eine Astralisierung des Gottesverständnisses sich durchzusetzen, nach der die großen Götter sich vornehmlich in den ihnen zugeordneten Gestirnen offenbaren [...] So ergibt sich mit Notwendigkeit, daß das Zusammenspiel der Götter, welche die Welt durchwalten, ewigen Gesetzen folgt, die die Weisen und Sternkundigen erkennen! Das hat eminent praktische Folgen. Die im Zweistromland vorherrschende induktiv-instrumentale Mantik [...] findet in diesen Theorien ihre beweisbare Grundlage. Denn der Einfluß der Gestirne auf die Erde und das Menschenleben ist unverkennbar" (*Die Profeten II. Babylonisch-persische Zeit*, Stuttgart ²1988, 56f).

neben der kanaanäischen Herkunft dieser Tendenz ein Einfluß aus Babylonien angenommen worden. So äußert Limbeck die folgende Vermutung:

> [F]ür babylonisches Denken erlangte das menschliche Tun in dem Maße Vollkommenheit und Bestand, in dem es sich aus der himmlischen Welt normieren ließ. Daß derartige Vorstellungen wenigstens von bestimmten Kreisen der Priesterschaft in das eigene Denken aufgenommen werden konnten, erscheint dann nicht mehr als unwahrscheinlich, wenn man bedenkt, daß der Gedanke einer Weltordnung der Jerusalemer Priesterschaft nicht nur aus dem weisheitlichen Denken, sondern vor allem auch aus kanaanäischen (Kult-) Traditionen vertraut war.[27]

Diese Feststellung ist vollkommen richtig, auch wenn das Konzept der Symmetrie zwischen irdischer und himmlischer Ordnung im Vorderen Orient jener Zeit so weit verbreitet war, daß eine Einflußnahme einzelner Traditionen m.E. kaum noch zu isolieren ist.

Helge Kvanvig ist der Nachweis gelungen, daß neben den kanaanäischen, hittitischen, phönizischen und griechischen Einflüssen, die im Henochbuch ein ganz eigenartiges Amalgam bilden, vor allem *mesopotamisches Gedankengut* allenthalben spürbar ist.[28] Er zeigt dies in erster Linie an den Attributen der Henochgestalt und der Figur des heldenhaften „Menschensohnes", welche in mesopotamische Traditionen zurückweist. Seine Studie, die von den biblischen Texten und den aramäischen Qumranschriften ausgeht, legt besonderes Gewicht auf die Geschichten um *Enmeduranki*, den siebten mesopotamischen Urkönig. Zum beinah identischen Ergebnis kommt die unabhängig von Kvanvig entstandene Arbeit VanderKams,[29] allerdings macht ersterer neben der Enmedurankitradition auch noch mesopotamische Legenden um die urzeitlichen Weisen als Grundlage der Henochgestalt geltend.[30]

Zweifellos spielt die Figur Enmedurankis eine ganz entscheidende Rolle, nicht zuletzt im Hinblick auf die astrologischen Fragen des Henochbuches. Denn

---

[27] LIMBECK 1971, 60. Vgl. auch ALBANI 1994, 107f.
[28] „On the one hand we have disparate elements corresponding to Canaanite, Phoenician, Hittite and Greek sources. On the other hand we have fixed traditions which can be traced back to a fairly uniform Mesopotamian concept of primeval time from the period when the Enochic traditions and literature were formed" (KVANVIG 1988, 319).
[29] VANDERKAM 1984.
[30] Vgl. KVANVIG 1988, 191ff. Ein kurzer Vergleich zwischen seiner eigenen Studie und der VANDERKAMS findet sich S. 319f Anm. 331.

[t]he best known astrological series *Enuma Anu Enlil* was said to have been revealed to Enmeduranki in the heavenly assembly and taught by him in the antediluvian city Sippar. In addition, mathematical tables which served as basis for the astronomical calculations were revealed to Enmeduranki.[31]

In der Konsequenz dieses Befundes liegt es, daß die älteste Schicht des AB astronomische Tafeln aufgewiesen haben muß, die noch immer in den verschiedenen erhaltenen Versionen nachweisbar sind.[32] Insgesamt zum selben Ergebnis kommen auch VanderKam, Glessmer und Albani,[33] so daß inzwischen die These Neugebauers,[34] das AB enthalte eine Erfindung ohne ältere astronomische Traditionen, als widerlegt gelten kann.

War in der Serie *Enuma Anu Enlil* ein Grundmotiv der Henochtradition angelegt, so weisen die konkreten astronomischen Berechnungen und Interpretationen frappierende Ähnlichkeiten mit dem späteren babylonischen Kompendium ^{mul}APIN auf. Die Untersuchung dieser Übereinstimmungen steht im Mittelpunkt der Studie Albanis.[35] So erweisen sich etwa die 2 x 6 Horizonttore des AB als „eine direkte Weiterentwicklung – wenn auch in sehr schematischer Weise – des Drei-Wege-Konzepts der älteren babylonischen Astronomie [...] Damit wäre die Herkunft des wichtigsten Bestandteils der jüdischen Henochastronomie geklärt."[36]

Für die Ziele dieser Arbeit genügt es, den aktuellen Forschungsstand zur Kenntnis zu nehmen und festzuhalten, daß die Henochastronomie zweifellos aus einem mesopotamischen Boden erwachsen ist. Interessant ist noch die Frage, warum man sich dazu entschloß, die ältere astronomische Weisheit von ^{mul}APIN zu übernehmen, obwohl die wissenschaftliche Erforschung der Sternenwege in persischer Zeit schon weiter fortgeschritten war. Diese Frage muß „in enger Beziehung zu der Frage nach den Gründen für die jüdische Rezeption des babylonischen Konzepts von den vorsintflutlichen Offenbarungen gesehen werden".[37] Albani weist in diesem Zusam-

---

31 KVANVIG 1988, 236. Vgl. auch VANDERKAM 1984, 76ff. Auf die Möglichkeit, neben der babylonischen Tradition um Enmeduranki und Gilgamesch auch *ägyptisches* Gedankengut ins Feld zu führen, besonders die Person des Hermes Trismegistos, werden wir unten zu sprechen kommen (s. S. 323).
32 Vgl. KVANVIG 1988, 60f.
33 Vgl. VANDERKAM 1984; GLESSMER 1987; ALBANI 1994.
34 Vgl. NEUGEBAUER 1981; s. auch unten S. 308 Anm. 104.
35 Vgl. ALBANI 1994, 155-272.
36 Ebda. S. 208.
37 Ebda. S. 270 (im Original kursiv); vgl. auch den dort gegebenen Aufriß der Forschungsbeiträge.

menhang zu Recht darauf hin, daß es nicht genügt, äußere Gründe für jene Rezeption beizubringen, sondern daß auch die *inhaltlichen* und *theologischen* Aspekte der babylonischen Offenbarungstraditionen in angemessener Weise Berücksichtigung finden müssen.[38] Dies geschieht mit Hilfe der Aufhellung theologischer und kultischer Symmetriegedanken bzw. der bereits genannten Konzepte von „Ordnung" und „Gerechtigkeit".

In der Untersuchung der Rolle der Astrologie innerhalb der Qumrangemeinde hat sich gezeigt, wie eng kulttheologische Konzepte und kalendarisch-astronomische Überlegungen mit genuin astrologischen Aspekten zusammenhängen. Es stellte sich für die Frommen überhaupt nicht die Frage, ob sich die beiden Disziplinen möglicherweise gegenseitig ausschlossen, wie von modernen Wissenschaftlerinnen und Wissenschaftlern immer wieder behauptet wird. Ein ähnliches Bild zeigen auch die Henochschriften, wie in diesem Kapitel dargelegt werden soll. Die Forschungslage ist hier nicht so vorbildlich, wie die umfangreichen Studien über die astronomischen Dimensionen der Henochtradition eigentlich vermuten lassen. Abgesehen von einigen Bemerkungen über Ominatraditionen, die ebenfalls aus ^{mul}APIN in die henochitischen Konzepte eingegangen sind, begnügt man sich in der Regel damit, auf die *astrologiefeindliche Grundhaltung* der Henochbücher zu verweisen, die eine Übernahme ganzer Konzepte von vornherein schwierig gemacht habe. Ausführlicher in dieser Richtung ist VanderKam, der den divinatorischen Hintergrund der apokalyptischen Literatur insgesamt und in seiner Verbindung zu akkadischen Prophetien und Omina auslotet;[39] Albanis Studie bietet erste Ansätze zu einer Neubewertung der henochitischen Astrologie,[40] und schließlich lieferte Böttrich jüngst eine Übersicht zum Thema, die die groben Linien der Henochtradition in ihren astrologischen Haltungen sichtbar zu machen sucht.[41]

Ich werde aus zwei Richtungen an das Thema herangehen: Zunächst gilt es die Frage zu klären, wie astrologiefeindlich die Henochschriften tatsächlich sind (1.2.), d.h. ob überhaupt sinnvoll von einem „Paradoxon" oder „theologischen Dilemma" bei der Übernahme astronomischer Positionen gesprochen werden kann. Im Anschluß daran (1.3.) werde ich die These überprüfen, nach der eine Entwicklung zu konstatieren sei, die von anfänglicher Abneigung

---

[38] Ebda. S. 272.
[39] VanderKam 1984, 52-75.
[40] Albani 1994, 335-344.
[41] Böttrich 1997.

gegen die Astrologie zu allmählicher (unbewußter) Öffnung verlief. Eine derartige Entwicklung stellt die Grundannahme beinah aller wissenschaftlichen Untersuchungen dar, zumeist in unkritischer Assimilation der Thesen L. Wächters. Sollte sich diese These mithin als falsch erweisen, geraten viele traditionelle Sichtweisen über die Haltung der Henochtradition (und nicht nur dieser) zur Astrologie ins Wanken. Statt dessen rückt die pragmatistische Methode die Vielfalt und Widersprüchlichkeit der Texte und Diskurse trotz oder gerade wegen des Verzichts auf übergreifende historische Aussagen in ein neues Licht.

1.2. Wie astrologiefeindlich ist das AB?

1Hen gilt im allgemeinen insgesamt als astrologiefeindliches Werk.[42] Der Grund hierfür liegt vor allem an einer Passage des achten Kapitels – also aus dem Buch der Wächter –, wo davon berichtet wird, wie die gefallenen Engel den Menschen allerlei Schlechtigkeiten lehren. Dieser Befund wird dann oft leichtfertig auf das AB übertragen. 1Hen 8, 3 lautet in der aramäischen Version wie folgt:

> (1) Shemichaza lehrte Beschwör[ung --] (2) [Z]auberei und Wahrsagerei und Bös[es -- Kokabi'el lehrte] (3) Gestirns-[We]issagung, Ziqq(i)'e[l --] (4) [Sham]shi'el lehrte Weissagungen (nach) der Sonn[e, Sahri'e[l lehrte Weissagungen (nach)] dem Mon[d, und sie alle begannen damit,] (5) ihren Frauen Geheimnisse [aufzudeck]en.[43]

Die Geschichte der gefallenen Engel knüpft an der Legende an, die sich auch in Gen 6 findet;[44] dadurch daß die Lehren von den sündigen Engeln gelehrt werden, liegt der Schluß nahe, auch die Astrologie als abgewertet zu betrachten. Es bleiben jedoch einige Fragen: In dieser Passage wird nicht nur die Astrologie, sondern auch das Wissen um die Bewegungen von Sonne und Mond durch die gefallenen Engel offenbart; aber aufgrund der herausragenden Bedeutung der Sonnenbewegung in 1Hen würde man kaum annehmen können, dieses Wissen sei durch 1Hen 8, 3 negativ besetzt worden. Daß

---

[42] Vgl. z.B. die knappe Darstellung bei CHARLESWORTH 1987, 933.
[43] 4Q201 Kol. IV, s. MAIER 1995, II, 140f; vgl. zudem MILIK 1976, 157f.
[44] Der Mythos ist mehrfach in 1Hen eingeflossen, vgl. 18, 13-16 (7 Sterne); 21, 3-6 (7 Sterne); 80, 6; 86, 1-6; 88, 1-3; 90, 24. Zu beachten ist in diesem Zusammenhang, daß die Varianten des Themas im Henochbuch „nicht einfach als Ausdeutungen von Gen 6,1-4 verstanden werden können, sondern auf breiteren Traditionen fußen, die in Gen 6,1-4 nur einen Reflex hinterlassen haben" (MAIER 1990, 118). Zu Gen 6,1-4 vgl. MACH 1992, 30f mit Anm. 47.

Henoch eine *andere* Lehre als den gefallenen Engeln offenbart wurde, wird in diesem Zusammenhang nicht gesagt. Folgerichtig sagt VanderKam:

> This appraoch [sic!] to the secrets stands in a certain tension, it appears, with the AB in which astronomical information was revealed to Enoch with no effort to suppress it (cf. also 2:1-5:3), but it also acts as a foil for Enoch's reception and transmission of revealed knowledge in the remainder of the AB.[45]

R. Bartelmus vertritt aufgrund dieser Spannung die These, Kapitel 6-11 gehörten nicht in die ursprüngliche Henochüberlieferung, sondern seien noachitisch.[46] Die textlichen Probleme sind diesbezüglich enorm, klare Ergebnisse kaum zu erwarten.[47] Es ist aus diesem Grund ratsam, das AB als wichtigsten Teil der frühen Henochüberlieferung zur Astrologie für sich zu betrachten, was zugleich bedeutet, daß wir nicht ohne weiteres von der kritischen Haltung in 1Hen 8, 3 – die selber, wie gesagt, Fragen aufwirft – auf das AB Rückschlüsse ziehen können, wie dies etwa Böttrich macht: In „der Henochastronomie" fehlt „jeder Hinweis etwa auf den Zodiakos, dessen Behandlung eine grundlegende Voraussetzung aller Astrologie darstellt. Dies aber ist offensichtlich kein Mangel an Kenntnis, sondern das Ergebnis einer ganz bewußten antiastrologischen Tendenz", was durch einen Verweis auf 1Hen 8, 3 erhärtet wird.[48] Eine solche Ausweitung der Perspektive soll dagegen in unserer Untersuchung erst im Anschluß an die Untersuchung des AB erfolgen (1.3.).

Die astrologiefeindlichen Tendenzen des AB gewinnen Gestalt in einer Art Negativmatrix, welche sich aus den „Wegen der Gerechtigkeit" ergibt. Wie wir sahen, spiegeln sich die gerechten Wege der Sonne im gottgewollten Verhalten des Frommen, der am kosmischen Heilsgeschehen partizipiert. In 1Hen 80, 1 richtet der Offenbarungsengel Uriel eine Rede an Henoch, die als Antithese zum Vorigen aufgefaßt werden kann:

---

[45] VANDERKAM 1984, 126.
[46] R. BARTELMUS: *Heroentum in Israel und seiner Umwelt* (AThANT 65), Zürich 1979, 154f (mit weiterer Literatur); vgl. auch ebda. S. 161-166. Zu einer vorsichtigen Sondierung des Materials vgl. KVANVIG 1988, 87-93.
[47] Vgl. VANDERKAM 1984, 126f.
[48] BÖTTRICH 1997, 225 mit Anm. 12. Vgl. dazu unten S. 339. Auch ALBANI, der sich ansonsten mit guten Gründen auf das AB konzentriert, macht die Botschaft aus 8, 3 unkritisch für das AB nutzbar, vgl. ALBANI 1994, 336, sowie zur Kritik daran unten S. 300.

> Siehe, ich habe dir alles gezeigt, Henoch, und ich habe dir alles enthüllt, damit du sähest diese Sonne und diesen Mond und die die Sterne des Himmels führen und alle die verändern werden ihre Werke und ihre Zeiten und ihre Ausgänge.

Die zu erwartenden Veränderungen werden „in den Tagen der Sünder" geschehen (80, 2) und lassen verschiedene Ebenen erkennen: Einerseits kommt es zu katastrophalen Veränderungen im landwirtschaftlichen Jahr, denn die Jahre werden kürzer werden „und ihr Same wird später sein auf ihrer Erde und auf ihrem Feld" (80, 2). Der Parallelismus zwischen astronomischem und menschlichem „Vergehen" wird 80, 6-8 thematisiert:

> Und es werden abirren viele Häupter der Sterne von der Ordnung, und diese werden verändern ihren Weg und ihr Werk, und sie werden nicht gesehen werden zu ihren Zeiten, die ihnen angeordnet sind. (7) Und die ganze Ordnung der Sterne wird zugeschlossen sein für die Sünder, und die Gedanken der auf der Erde (Wohnenden) werden abirren gegen sie, und sie werden sich abwenden von allen ihren Wegen, und sie werden abirren und sie für Götter halten. (8) Und es wird sich vermehren über ihnen das Böse, und der Zorn wird auf sie kommen, um alles zugrunde zu richten.

Die Tage der Sünder sind demnach in dreifacher Weise charakterisiert:[49] (1) Die Ordnung der Sterne gerät durcheinander, indem die Planetenherrscher von dem ihnen bestimmten Weg abweichen. (2) Den sündigen Menschen ist der Zugang zur kosmischen Ordnung verwehrt, sie sind nicht mehr in der Lage, die geheime, Henoch offenbarte Struktur zu erfassen. (3) Die Menschen werden abirren und sich der Sternenverehrung und damit eines schwerwiegenden kultischen Vergehens schuldig machen.

Zweifellos handelt es sich bei den astronomischen Unregelmäßigkeiten und deren Auswirkungen auf landwirtschaftliche Manifestationsebenen um *kalendarische* Fragen. Ähnlich wie in Jub 6, 36, wo es heißt, der Mond „verderbe" die Zeiten (s.u.), wird auch hier den die Planeten regierenden Wesenheiten unterstellt, den durch Sonne und die „vier Sterne" gebildeten 364-tägigen Kalender zu stören.[50] Weil

---

[49] Vgl. ALBANI 1994, 113-129.
[50] Vgl. 1Hen 72, 37: „So geht [die Sonne] heraus und so kommt sie und nimmt nicht ab und ruht nicht, sondern kreist Tag und Nacht." Von den Sternen, die die vier Kardinalpunkte des Jahres markieren, heißt es 75, 2: „Jene Lichter dienen in Gerechtigkeit an den Stationen des Olam, einer im 1. Tor und einer im 3. Tor und einer im 4. Tor und einer im 6. Tor. Und es wird vollendet die Genauigkeit des Olam in je 364 Stationen des Olam."

die Sonne die gerechte Weltordnung repräsentiert, erscheint sie nicht in der Aufzählung der Gestirne, die in der Endzeit von ihren Bahnen abweichen werden (80, 6). Die Sonne übernimmt demnach zunehmend die Kontrolle über die Kalenderordnung. „Obwohl das Postulat der Harmonie von Sonnen- und Mondlauf noch behauptet wird, gilt er [der Mond, KvS] schon als unsicheres Element."[51]

Albani kontrastiert dies mit dem Jubiläenbuch, das einen weiteren Schritt im „Eliminierungsprozeß" des Mondes darstelle: Was in 1Hen erst „in den Tagen der Sünder" eintreffen soll, ist für Jub bereits sündige Gegenwart. Er konstatiert: „Die astronomischen Inkonsistenzen der Henoch-Astronomie haben damit eine theologische Deutung erfahren".[52] Der Mond wird in zunehmendem Maße abgewertet, was gut zur angesprochenen Solarisierungstendenz im Judentum jener Zeit passen würde. Allerdings zeugt die Behandlung und auch der Lobpreis auf Mond und Planeten, wie er sich in 1Hen wiederholt findet, m.E. nicht notwendig von einer Abwertung des Mondes, sondern von einer intensiven Suche nach einer Harmonisierung zwischen Mond- und Sonnenlauf, die alle Ebenen des göttlichen Kosmos zu integrieren vermag. Wie eine solche Integration lunarer Siebenereinheiten und solarer Sechsereinheiten aussehen kann, haben wir anhand des faszinierenden Kultkalenders in Qumran feststellen können. Hen und Jub müssen demnach nicht unbedingt derselben Grundposition und damit derselben Autorengruppe entstammen, lediglich in einer zeitlichen Abfolge, sondern können ebenso gut auch verschiedene Meinungen des antiken Judentums repräsentieren. Diese Möglichkeit wird anläßlich der Untersuchung des Jubiläenbuches erneut aufzugreifen sein.

Aus den bisher untersuchten Textpassagen läßt sich keineswegs eine Astrologiefeindlichkeit des AB ablesen. Denn hier wird nicht die Berechenbarkeit und Deutbarkeit des kosmischen Geschehens per se abgewertet, sondern der Berechnung der Sünder wird die Henoch offenbarte gerechte Weltordnung antithetisch gegenübergestellt. Es handelt sich um ein Offenbarungsgeschehen, welches zunächst kalendarische Fragen zu klären versucht, die gleichwohl eminente kulttheologische Zusammenhänge bergen. Anders ausgedrückt: Die Sünde der Menschen liegt nicht darin, Astrologie zu betreiben, sondern im Anhaften an der „falschen" kosmischen Ordnung, die der von Gott gewollten Harmonie zuwiderläuft.

---

[51] ALBANI 1994, 118.
[52] Ebda. (im Original kursiv).

Ein weiteres kommt dazu: Die Henoch offenbarte Ordnung schließt Sonne, Mond und Sterne ein, wie 1Hen 82, 4 (s.o.) unmißverständlich zum Ausdruck bringt. Hinter der Ausrichtung auf die Wege der Sonne, die zweifellos im Zentrum der Henoch-Astronomie steht, gibt es demnach noch einen größeren Plan, den die Menschen „in den Tagen der Sünder" zwar sträflich vernachlässigen, der gleichwohl die eigentliche Ordnung repräsentiert. Allein aufgrund des Fehlens einer detaillierten Behandlung der Planetenbahnen auf eine Ablehnung der Astrologie zu schließen, erscheint allzu voreilig.[53] Abgesehen davon spielt die Sonne in jeder astrologischen Schule die Hauptrolle,[54] so daß man sich fragt, ob hier überhaupt die ganze Astrologie abgelehnt werden kann, ohne sich selber gleichsam die Legitimation zu entziehen.

Ein wichtiger Aspekt muß noch weiter verfolgt werden, da er viel zum Mythos der Astrologiefeindlichkeit des AB beigetragen hat: der Vorwurf aus 1Hen 80, 7, die Menschen würden „abirren und sie [die Sterne] für Götter halten." In der Forschung ist es weithin üblich, dieses „Vergehen" mit dem Betreiben von Astrologie gleichzusetzen. Selbst Albani, dem eine solche Vorentscheidung ansonsten nicht nachzusagen ist,[55] sieht den Grund für die Abgrenzung vom Sternkult in der nachexilischen Begegnung Israels mit Babylon:

> Eine Klärung war daher dringend geboten, wenn das Volk Jahwes nicht ganz dieser unaufhaltsamen Bewegung verfallen sollte. Dies will offenbar das AB leisten, indem es die scheinbar so mächtigen Gestirne ganz dem Gesetz Gottes und seiner Engel unterstellt.[56]

---

[53] Auf diesen Punkt wird zurückzukommen sein (s.u. S. 340), und ich werde vorschlagen, statt dessen den *Geheimcharakter* der Sternenbahnen ins Auge zu fassen.

[54] Man denke etwa an Ptolemaios *tetrabib.* II, 9: „Sonne und Mond sind die Leiter aller übrigen Gestirne und so die hauptsächlichsten Verursacher von Ereignissen, lenken die Herrschaft der Planeten und kräftigen die Wirkungen derselben oder schwächen sie" (WINCKEL 1995, 107). Dies ist nicht eine Theorie des zweiten nachchristlichen Jahrhunderts, sondern Allgemeingut der Vulgata.

[55] So schreibt er programmatisch: „Besonderes Anliegen dieser Arbeit ist es, die verstärkte Beschäftigung mit der Himmelskunde in nachexilischer Zeit, wie sie im AB ihren schriftlichen Niederschlag gefunden hat, als essentiellen Bestandteil des theologischen Denkens jener Epoche zu erweisen, der eine Abqualifizierung als ‚alberne Geheimkünste' (Beer) esoterischer Apokalyptikerzirkel oder gar als ‚wertlos' (Charles) nicht verdient" (1994, 30). Mit dieser erfreulichen, weil wissenschaftlicher Objektivität verpflichteten Position stellt ALBANI nach wie vor eine Ausnahme dar, was hier ausdrücklich hervorgehoben werden soll.

[56] ALBANI 1994, 122f.

Die Wortwahl, die in diesem Kontext in den wissenschaftlichen Untersuchungen immer wieder begegnet – „Verfallensein", „in den Sog gezogen werden", „der Attraktivität erliegen"[57] etc. – offenbart deutlich das Problem, welches sich heutigen Theologinnen und Theologen mit der Astrologie stellt.[58] Wenn man jedoch nüchtern untersucht, was von 1Hen eigentlich abgelehnt wird, so stößt man nicht auf die Astrologie, sondern auf die *Astrolatrie*. Dieser Unterschied darf – und das ist ein wesentlicher Ansatz der vorliegenden Arbeit – nicht verwischt werden. Wie schon mehrmals aufgezeigt, ist die (kultische) Sternverehrung das eigentliche Problem, dessen man sich in nachexilischer Zeit zunehmend bewußt wurde, und eine Klärung war in der Tat notwendig.

Doch im Gegensatz zu den meisten Studien würde ich diese Klärung nicht mit einer Ablehnung der Astrologie insgesamt in Verbindung bringen, sondern mit einer *Ausgrenzung des Sternkultes aus dem Bereich der Astrologie*, denn die Interpretation der von Gott gesetzten Ordnung, Hauptanliegen der Sternkunde, ist dem Judentum der Antike keineswegs verdächtig geworden, wie in einer schlichten Übertragung gerne unterstellt wird.[59] Wir können 1Hen demnach lesen als einen Versuch, die Harmonie der göttlichen Sternordnung zu begreifen und darzustellen, ohne den Glauben an den Einen Gott dabei in Frage zu stellen. In diesem Zusammenhang erscheint es notwendig, darauf hinzuweisen, daß die Gleichsetzung von Astrologie und Sternverehrung auch in Mesopotamien nicht so einfach durchgeführt wurde, wie gemeinhin angenommen; dies haben J. Bottéro u.a. klar zu zeigen vermocht.[60] Erinnert sei lediglich an ᵐᵘˡAPIN, wo beide Konzepte nebeneinander belegt werden können. So heißt es Tafel II i, 40:

---

[57] Vgl. ALBANI 1994, 127, wo er von der „außerordentlichen Faszinationskraft der Gestirnreligion" spricht, „der sich auch der fromme Hiob nur mit Mühe entziehen kann."

[58] Vgl. auch KVANVIG, der sich mit einem ähnlichen Vorverständnis in arge Schwierigkeiten bringt, wie noch zu zeigen ist: Der Autor des AB teile nicht die astrologische Position, daß die Sternbilder mit dem Willen der Götter zusammenhängen. „This was *excluded* because (of, KvS) the author's monotheistic faith and his setting in Old Testament traditions where the celestial bodies were a part of the order of the created universe" (KVANVIG 1988, 75, Hervorhebung KvS).

[59] S. dazu den *Exkurs 3* unten.

[60] Vgl. J. BOTTÉRO: *Mesopotamia. Writing, Reasoning, and the Gods*, Chicago/London 1992; außerdem VAN DER WAERDEN 1968, 51; KLIBANSKY/PANOFSKY/SAXL 1990, 214; VON STUCKRAD 1996, 22f.

[These are the gods (?) who] keep changing their positions and their glow.⁶¹

Auch wenn die Texterweiterung auf „gods" nicht zwingend sein muß, läßt sie sich aufgrund paralleler Ausdrücke in ᵐᵘˡAPIN gut begründen.⁶² Sollte man dies jedoch für einen Beleg dafür halten, daß die Sterne selber Göttinnen oder Götter waren, sieht man sich getäuscht, denn schon im nächsten Satz heißt es unmißverständlich:

[and] touch [the stars of the sky]; on the day *their stars* become visible, you observe their risings, their glow.⁶³

Der Planet Venus etwa ist nicht selber Ischtar, sondern der *Planet Ischtars*, ein Unterschied, der für eine Untersuchung babylonischer Astralreligion von großer Bedeutung ist. Beachtenswert ist zudem das Zeugnis des *Diodor von Sizilien* über die babylonische Astrologie. Er schreibt:

Die größte Sorgfalt verwenden sie [die Babylonier] auf die Untersuchung der Bewegung der 5 Sterne, die Planeten heißen. Sie nennen dieselben gewöhnlich „Dolmetscher"; [...] Dolmetscher heißen die Planeten darum, weil, während die anderen Sterne nicht umherirren und auf einer Bahn nur eine Bewegung haben, jene allein ihre eigene Bahn machen und damit die Zukunft *anzeigen* und den Menschen die Gesinnung der Götter *verdolmetschen*.⁶⁴

Freilich muß man einräumen, daß ein derartiger Unterschied für die Astronomen des nachexilischen Israel von eher akademischem Inter-

---

⁶¹ HUNGER/PINGREE 1989, 81.
⁶² Interessanterweise läßt ALBANI 1994, 250 in seinem Zitat der Stelle die eckigen Klammern fort, ohne dies zu kennzeichnen.
⁶³ HUNGER/PINGREE 1989, 81 (Hervorhebung KvS). Die Verwirrung wird komplett, wenn man den folgenden Satz hinzuzieht, wo die Opferungen anscheinend wieder den Planetengöttern gewidmet sind: „[...] where they become visible, and the wind that blows: on the day they become visible, you present offerings to them; horses will touch bitumen" (II i, 42f; ebda.); vgl. auch II i, 30 und II iii, 37. HUNGER/PINGREE stellen den Sachverhalt völlig korrekt dar, wenn sie schreiben: „[...] the occurrences of (inauspicious) omens call forth as response a prayer to the *indicating star or planet*" (ebda. S. 150, Hervorhebung KvS). Dies ist die vernünftigste Beschreibung des Zusammenhangs, auch wenn die Begrifflichkeiten zuweilen durcheinandergehen. (Vermutlich haben die babylonischen Priester auch nicht damit gerechnet, daß die Trennung zwischen Gott/Göttin und Planet für spätere Zeitgenossen ein derart wichtiges Thema sein könnte.)
⁶⁴ Diodor II, 29, zitiert aus MEISSNER 1925, 398 (Hervorhebungen KvS). Dieser zwischen 60 und 30 v.u.Z. verfaßte Bericht ist für die Rezeption babylonischer Astrologie von großer Wichtigkeit, vgl. BARTON 1995, 24.

esse gewesen sein dürfte. Je unbedeutender aber die Dimension des Kultes innerhalb der Astrologie wurde, ein Prozeß, der spätestens zur Zeit des Diodor fast vollständig abgeschlossen war, desto attraktiver wurde die Astrologie insgesamt für das Judentum.

Wie dem auch sei, die Wege des Himmels sind den Henoch-Astrologen ergründbar geworden, und Albani hat völlig recht, wenn er schreibt:

> Das AB liest sich wie die Antwort auf die rethorische [sic!] Frage von Hi 38,33: was dem leidenden Gerechten Hiob nicht vergönnt ist – nämlich die Kenntnis der Himmelsordnungen – das bekommen die Gerechten, die in der Tradition Henochs, des urzeitlichen Gerechten stehen. Sie partizipieren damit ein gutes Stück an der Schöpfermacht Gottes. Hier hat sich in der Apokalyptik gegenüber dem weisheitlichen Pessimismus hinsichtlich der Erkennbarkeit der Schöpfung ein bemerkenswerter Wandel vollzogen.[65]

So richtig dieser Vergleich ist, so schwer läßt sich aus ihm eine Astrologiefeindlichkeit ableiten. Im Gegenteil: Henoch ist durch die Offenbarung Uriels im Besitz der „wahren Sternordnung", die den Unwissenden verborgen ist. Der einzige Unterschied zur mesopotamischen Astrologie ist darin zu sehen, daß Gott selber als Herrscher über die Sternenwelt fungiert, ein Unterschied, der theologisch bedeutsam ist, astrologisch allerdings nur von peripherem Interesse, denn Gott erscheint gleichsam als der „größte Astrologe" – eine

---

[65] ALBANI 1994, 126. Vgl. dazu auch VANDERKAM 1984, 90. Auf den Zusammenhang zwischen Henoch und der Weisheitstradition kann hier nicht vertiefend eingegangen werden, vgl. ALBANI 1994, 142-154. In diesem Zusammenhang wäre auch der sog. *Pseudo-Phokylides* zu nennen, der nicht nur von der Weisheitstradition (besonders Sir), sondern auch von der hellenistischen Gedankenwelt stark beeinflußt war. Sein Gedicht ist aller Voraussicht nach zu Beginn des ersten Jahrhunderts u.Z. verfaßt worden. Dort heißt es (70-75): „Do not envy (your) friends their goods; do not fix reproach (upon them). The heavenly ones also are without envy toward each other. The moon does not envy the much stronger beam of the sun, nor the earth the heavenly heights though it is below, nor the rivers the seas. They are always in concord. For if there were strife among the blessed ones, heaven would not stand firm" (zit. nach P.W. VAN DER HORST: „Pseudo-Phocylides. A New Translation and Introduction", in: CHARLESWORTH, *Pseudepigrapha* II, 565-582, S. 576; vgl. die Literatur ebda. S. 573). Auch wenn die Intention des Autors nicht zweifelsfrei eruiert werden kann, zeigt der Text doch die fließenden Übergänge zwischen hellenistischer und jüdischer Astrologie. Auch die Entsprechung von ethischer und astronomischer Ebene geht klar aus dem Passus hervor.

Lösungsidee, die im antiken Judentum immer wieder zur Assimilation paganer Sternkunde beigetragen hat.[66]

Ähnlich ernüchternd ist der Befund, wenn wir die biblischen Parallelen, insbesondere aus der prophetischen Tradition, zum Vergleich heranziehen. Selbstverständlich ist es richtig, daß 1Hen an der theologischen Position eines Jeremias oder (Deutero-)Jesajas anknüpft, die bekanntlich im Einklang mit der deuteronomistischen Offensive gegen die babylonische Sternverehrung polemisierten.[67] Doch eine Analyse der biblischen Auseinandersetzung mit der Astrologie ergibt, daß erneut allein die *kultische Verunreinigung* durch die Sternverehrung zum Zielpunkt der Kritik wurde. Der einzige stichhaltige Beleg dafür, daß man auch die *Deutung* der Sternbewegungen zum Bereich der Sünde zählte, ist Jer 8,2, wo der Prophet den Menschen in Juda vorwirft, sie hätten Sonne, Mond und das Heer des Himmels geliebt und ihnen gedient. Sie seien ihnen nachgelaufen, *hätten sie befragt* (דרשום) und sich vor ihnen anbetend niedergeworfen.[68] Insgesamt bleibt festzuhalten: Nur eine unkritische Ineinssetzung von Sternverehrung und astrologischer Divination kann für die biblischen Quellen eine Astrologiefeindlichkeit konstatieren.

Wenn man bedenkt, daß das AB weithin aus sternkundlichem Wissen schöpfte, wie es in ^mul^APIN dokumentiert ist, so ist die Tatsache bemerkenswert, daß im Henochbuch keine detaillierten Angaben über die *Planetenbewegungen* gemacht werden. Immerhin stellen die fünf sichtbaren Planeten neben Sonne und Mond für die babylonische Astronomie ein wichtiges Forschungsfeld dar. Albani erklärt das Fehlen der Planeten im AB mit der Veränderbarkeit der Sternbewegungen, die sich dem Verständnis der Menschen entziehen.

> Gerade in diesen peculiaren Bewegungen der Planeten unter den Fixsternen offenbarte sich nach babylonischer Anschauung der Wille der Götter. Im jüdischen AB hingegen, das ganz auf die Darstellung der

---

[66] Aus demselben Grunde ist die scharfe Trennung ALBANIS zu hinterfragen: „Die Babylonier mit ihrer Astralwissenschaft erscheinen somit als Erben der sündigen Lehren der gefallenen Wächterengel. Henoch hingegen erhält seine astronomischen Offenbarungen von dem ‚heiligen Engel' Uriel. Die Botschaft ist klar: Heidnische Astrologie führt ins Verderben, während die henochitische Astronomie Heil bewirkt" (1994, 336). Die Idee von Gott als dem mächtigsten Astrologen finden wir besonders ausgeprägt im rabbinischen Judentum; vgl. VON STUCKRAD 1996, 150-153 sowie unten die Diskussion in Kap. VII.2. und VII.3.

[67] Vgl. Dt 4,19; Dt 5,8; Dt 17,3-5; 2Kön 23,4f; Jer 8,2; Jer 10,2; Jes 47,13. Vgl. zum Thema VON STUCKRAD 1996, 98ff.

[68] Vgl. VON STUCKRAD 1996, 100. 104f; ZATELLI 1991.

Unveränderlichkeit der Gestirnordnungen bedacht ist, gehören Veränderung und Abweichung von der Ordnung zu den schwersten Sünden, da sie Ausdruck des Ungehorsams gegenüber dem göttlichen Gebot sind.[69]

Etwas später schließt er: „Das AB ist damit als jüdischer *Gegenentwurf* zur babylonischen Sternkunde zu verstehen."[70] Diese Darstellung widerspricht der Realität in mehrfacher Hinsicht. Zunächst gilt es festzuhalten, daß der mesopotamischen Astronomie die unwandelbare Ordnung auch der Planetenbewegungen schon früh – spätestens in seleukidischer Zeit – bewußt war.[71] Selbst wenn die mathematische Bewältigung der Ephemeriden noch nicht ausgereift war, erlaubten die jahrhundertelangen Beobachtungen insbesondere der Venusbahn den Schluß auf eine gleichbleibende Struktur. Aus diesem Grunde erscheint es äußerst gewagt, den Henoch-Astronomen zu unterstellen, die Planetenbewegungen symbolisierten für sie die chaotischen Zustände der Sünde, während einzig die Sonnen- und Mondbahn unveränderlich seien.

Im übrigen ist im AB selbst die kosmische Harmonie auch auf den Bereich der Sterne ausgeweitet, wie 1Hen 75, 6-8 zeigt:

> (6) […] wenn geöffnet werden 12 Tore am Himmel an den Enden der Erde, durch die herausgehen Sonne und Mond und Sterne und *alle Werke des Himmels im Osten und im Westen.* (7) Und (es sind) viele offene Fenster zur Linken und zur Rechten, und ein Fenster spendet Hitze zu seiner Zeit, wie jene Tore, durch die die Sterne herausgehen, wie er ihnen anordnete, und in denen sie untergehen nach ihrer Zahl. (8) Und ich sah Wagen am Himmel, während sie laufen am Olam oberhalb jener Tore, durch die Sterne sich verändern, die nicht untergehen. Und einer ist größer als alle, und er ist es, der für alle Ewigkeit kreist.

1Hen 82, 9 heißt es: „Und dies ist die Ordnung der Sterne, die untergehen an ihren Orten und zu ihren Zeiten und an ihren Festen und in ihren Monaten."[72] Zwar handelt es sich bei diesen Aussagen in der Regel um die Fixsternsphäre, doch kann etwa im Ausdruck „und alle Werke des Himmels" (75, 6) ohne weiteres auch die Planetenwelt einbezogen sein. Rau vermutet, die Erweiterung sei

---

[69] ALBANI 1994, 250.
[70] Ebda. S. 254 (Hervorhebung im Original).
[71] Dies macht u.a. der von KUGLER edierte Text *SH 135* deutlich, der auf das späte 6. vorchristliche Jahrhundert datiert wird; vgl. VAN DER WAERDEN 1968, 108; VON STUCKRAD 1996, 32-34.
[72] Vgl. zur Erörterung dieser Passage RAU 1974, 240ff.

Die Henochtradition

„wohl ein Nachklang von der Reihung in 75,3f."[73] Dort hieß es nämlich, Uriel habe Henoch „Zeichen und Zeiten und Jahre und Tage" gezeigt, und zwar in seiner Funktion als Aufseher über „alle Lichter des Himmels am Himmel und am Olam", die „Führer sind für Tag und Nacht, Sonne, Mond und Sterne und alle Diener." Daß es sich hier um einen Hinweis auf die Planetenzyklen handelt, scheint mir durchaus möglich.

Auch das von Milik veröffentlichte Fragment 4Q227 rückt ja die Wege der „Sternheerscharen" in den Mittelpunkt der gerechten Wege, so daß hier entweder Monatssterne, d.h. Paranatellonta zur Sonne, aber eben auch Planetenzyklen angedeutet sein könnten.[74] Dies wirft zusätzliches Licht auf die Rekonstruktion von 4QEnastr^b 28 (die aramäische Version der zitierten Stelle 1Hen 82, 9) durch Milik, der dort einen Hinweis auf den Zodiak sieht und den Begriff מועדים als „constellations of the Zodiac" übersetzt.[75] Weiter vermutet Milik, daß der Text, der offensichtlich in 1Hen 82, 20 abbricht, durch Andeutungen in 4QEnastr^d eine Fortsetzung fand, „in which the author briefly outlined the movement of the stars on the celestial sphere divided into 360 degrees."[76] Charlesworth scheint einer solchen Einschätzung zuzustimmen, beruft sich jedoch in erster Linie auf den „achten Himmel", der in 2Hen מזלות genannt wird.[77] Neugebauer vertritt eine entschiedene Gegenposition, wenn er sagt, „that the customary interpretation of the ‚gates' of heaven as zodiacal signs is obviously untenable [...]."[78] Albani wiederum stimmt Neugebauer zwar darin zu, „daß die Tore nicht mit den Zodiakalzeichen identisch sind, was jedoch nicht heißen muß, daß sie nicht als horizontales Pendant dazu hergeleitet sein können."[79]

Die im Zusammenhang mit Zodiak und Planetenbewegungen auftretenden Probleme sind, wie man sieht, alles andere als eindeutig

---

[73] RAU 1974, 188.
[74] MILIK 1976, 12. Vgl. dazu BERGER 1981, 343; VANDERKAM 1989, 26 sowie die Diskussion bei ALBANI 1994, 65f.
[75] „[...] [with regard] to their Zodiacal periods, their new moons, their (daily) signs"; vgl. MILIK 1976, 187. 295.
[76] MILIK 1976, 296f.
[77] CHARLESWORTH 1987, 934. Es ist fraglich, ob 2Hen so einfach zur Erklärung von 1Hen herangezogen werden kann. S.u. 1.3.
[78] O. NEUGEBAUER: „Notes on Ethiopic Astronomy", in: Orientalia, NS 33 (1964), 49-71, hier S. 50. Zum AB stellt er kurz und bündig fest: „Neither constellations nor the zodiac nor planets are ever mentioned. This remains the rule also for the Ethiopic computus until the Arab conquest" (1981, 4). Vgl. zur Diskussion außerdem BÖTTRICH 1997, 224f.
[79] ALBANI 1994, 158. Gerade 4Q318 werfe auf diese Frage ein neues Licht.

zu klären. Es müssen aus diesem Grunde Zweifel angemeldet werden, wenn man – wie Albani – die unveränderliche Fixsternsphäre bzw. Sonne und Mond der veränderlichen Planetensphäre in scharfem Kontrast gegenüberstellt. Die Schwierigkeit einer solchen Position zeigt sich besonders deutlich, sieht man sich die Folgerungen an, die daraus gezogen werden. Albani kontrastiert im Rahmen seiner Überlegungen die Gesetze der Gestirnumläufe mit den Sternzyklen:

> *Der Gedanke der Gesetzmäßigkeit wurde also von der Astronomie auf die Geschichte übertragen.* Besonders die späteren apokalyptischen Geschichtsentwürfe mit ihren Periodenspekulationen zeigen deutlich, daß man auch die (oft unbegreiflichen) geschichtlichen Ereignisse nach dem Muster der astralen Periodenrechnungen in einen sinnvollen Zusammenhang bringen wollte, die jedoch im Unterschied zu den Sternzyklen auf ein bestimmtes Ziel, die Gottesherrschaft, hinauslaufen.[80]

Unsere bisherigen Untersuchungen haben eindeutig ergeben, daß eine solche Unterscheidung nicht gemacht werden kann.[81] Sowohl die Spekulation über Weltalter, aus der Präzession resultierend, als auch die Betrachtung der Planetenzyklen werden zur Geschichtsdeutung herangezogen. Nicht zuletzt die direkte astrologische Deutung der Planetenkontakte fand das besondere Interesse auch der jüdischen Gelehrten, wie die beinah Hysterie auslösenden Großen Konjunktionen von Jupiter und Saturn immer wieder belegen. Gerade die Begegnung dieser beiden Planeten ist es, die durchaus auf das „Ziel der Gottesherrschaft" hinauslaufen kann.[82]

Wenn man die astrologiefeindlichen Tendenzen des AB in den Mittelpunkt stellt, so fällt es schwer, die Tatsache zu erklären, warum Henoch selber das Wissen um *alle* Wege des Himmels mitgeteilt worden ist, ohne daß er dafür als Sünder gilt. Dieser Widerspruch ist den Kommentatoren durchaus bewußt, und man versucht sich seiner zu entledigen, indem man einräumt, die Henochastronomen hätten mehr oder minder unbewußt die „Grundvoraussetzungen" der Astrologie übernommen, nämlich Determinismus sowie den kausalen Zusammenhang zwischen „oben" und „unten". So folgert Kvanvig: „When the stars ‚went astray', when they did not ‚appear at the times which were prescribed for them', the author

---

[80] ALBANI 1994, 339 (Hervorhebung im Original).
[81] Es bleibt darüber hinaus unklar, wo für ALBANI der Unterschied zwischen „Periodenrechnungen" und „Sternzyklen" besteht, ergeben sich doch erstere zwangsläufig aus letzteren, wenn sie nicht ohnehin identisch sind.
[82] S.o. Kap. III. Die christliche Deutung der Großen Konjunktion, die ganz parallel verläuft, wird uns unten Kap. VIII.2. beschäftigen.

knew that the period of confusion had come."[83] Um dies festzustellen, benötigt er aber genau das Wissen, was nach allgemeiner Ansicht im AB dem Bereich der Sünde zugeordnet wird![84] Da Henoch in der übrigen Literatur jener Zeit überdies für sein astrologisches Wissen gerühmt wird,[85] erscheint die Schublade „astrologiefeindlich" für das AB mehr Fragen aufzuwerfen als zu beantworten.

Statt dessen sollte man m.E. die kalendarischen und damit die kulttheologischen Dimensionen des Buches stärker in den Vordergrund rücken. So macht Kvanvig zu Recht darauf aufmerksam, daß das AB viele Züge einer *priesterlichen Tradition* aufweist,[86] was durch die interessierte Rezeption der Henochastronomie in Qumran weiter unterstrichen wird. Und ebenso wie im *Jachad* vom Toten Meer genuin Astrologisches und Astronomisches bunt durcheinandergehen, sich jedenfalls keineswegs ausschließen, wird man auch für das AB annehmen dürfen, daß sich hier ein (priesterliches) Ringen um den rechten Kalender ausdrückt, der durch die geheimen Offenbarungen urzeitlicher Helden legitimiert wird.

Diese Vermutung wird auch dadurch gestützt, daß die ältesten Teile der in Qumran gefundenen Henochfragmente (4QEnastr^a) lediglich die Sonnen- und Mondberechnungen enthalten, die in der äthiopischen Version fehlen.[87] Darüber hinaus scheint das AB in Qumran in einer eigenen Rolle vorhanden gewesen zu sein, ohne weiteres henochitisches Material.[88] Und nicht zuletzt gilt es zu beachten, daß die Henochliteratur Teil einer innerjüdischen Auseinandersetzung um die rechte Tradition gewesen ist. So konnte

> frühzeitliches Wissen [...] postuliert werden, um bestimmte aktuelle Anliegen als alte Traditionsinhalte, als der Torahoffenbarung zeitlich vorgeordnete, älteste Tradition auszuweisen – ein wirksames Mittel für Autoritätsnachweise in den innerjüdischen Richtungskämpfen.[89]

---

[83] KVANVIG 1988, 75.
[84] Dies gilt auch für den Fall, daß man den „Irrtum der Sterne" lediglich auf die Fixsternsphäre anwendet, eine Einschränkung, die, wie gesagt, nicht notwendig ist.
[85] Vgl. z.B. den Bericht des sog. „Pseudo-Eupolemus" unten S. 351, der zeitlich so früh anzusetzen ist, daß die Erweiterung des henochitischen Wissens auf die Astrologie nicht dem späteren Redaktionsprozeß des Henochbuches anzurechnen ist, wie er sich aus 2Hen ergibt, sondern durchaus mit dem AB in Verbindung gebracht werden kann.
[86] KVANVIG, 1988, 84.
[87] MILIK 1976, 275 vermutet, 1Hen 73, 1-74, 9 bzw. 74, 3-9 enthalte eine Zusammenfassung der ausführlicheren Berechnungen.
[88] Vgl. KVANVIG 1988, 54.
[89] MAIER 1990, 116.

Die Debatten um Kultordnung und Kalender können für das Judentum in nachexilischer Zeit kaum hoch genug bewertet werden. Anstatt die vermeintliche Astrologiefeindlichkeit zu betonen, die als Adressat ihrer Kritik eine nichtjüdische Sternreligion benötigt, sollte man die innerjüdische Diskussion stärker beachten.[90]

Für die Frommen verbot sich die kultische Verehrung verschiedener Gottheiten, doch der Monotheismus steht keineswegs im Widerspruch zur astrologischen Wissenschaft. Wir können im Gegenteil das AB als einen Versuch auffassen, die Errungenschaften der Astrologie in einen monotheistischen Zusammenhang zu integrieren, indem die Sternverehrung aus dem kultischen Geschehen ausgeklammert wird.

1.3. Die Astrologie in der weiteren Henochtradition

Die Rolle, welche die Astrologie im Astronomischen Buch spielt, ist in ihrer besonderen Problematik deutlich geworden. Im folgenden geht es darum, die Perspektive im Hinblick auf die weitere Entwicklung der Henochtradition auszuweiten. Dafür wollen wir zuerst innerhalb des äthiopischen Henoch nach weiteren astrologischen Details fragen, um in einem zweiten Schritt die Zunahme des Materials im slavischen Henoch zu beleuchten. Die Untersuchung Chr. Böttrichs[91] kann uns hier als Leitfaden dienen.

1.3.1. Astrologie in 1Hen

Im Zusammenhang mit dem Selenodromion und dem Brontologion in 4Q318 sind bereits einige Bemerkungen über diese Gattung astrologischer Literatur gemacht worden.[92] Nun gibt es in 1Hen einige bemerkenswerte Passagen, die Zeugnis davon ablegen, daß Henoch in die Geheimnisse der Deutung von Blitz und Donner eingeweiht worden ist. So heißt es etwa 1Hen 17, 3:

---

[90] Was die Selbstdefinition Israels in den entsprechenden Quellen angeht, so stellt J. MAIER fest: „Der weiterreichende Rückbezug auf prä-diluvianische ‚Erwählte' verstärkt nur den Anspruch der wahren Erben der Verheißungen gegenüber den Anmaßungen der de facto stärkeren. Die erwählungstheologische Selbstdefinition Israels begann damit ansatzweise eine schöpfungstheologische zu werden" (MAIER 1990, 117). Dies gilt freilich nicht nur gegenüber den Nichtjuden, sondern ebenso innerhalb der eigenen religiösen Strömungen.
[91] BÖTTRICH 1997.
[92] S.o. Kap. IV.4.2.

> Und ich sah die Orte des Lichtes und des Donners an den Enden, in seiner Tiefe, wo ein feuriger Bogen und Pfeile mit ihren Köchern und ein feuriges Schwert und alle Blitze (sind).[93]

Böttrich erläutert, diese Darstellung des Donners unterscheide sich von der biblischen darin, daß er nicht mehr die Gewalt und Herrschaft Gottes symbolisiert, sondern „sozusagen domestiziert worden" ist.[94] In gewaltigen „Vorratskammern" werden die Blitze aufgehoben, zusammen mit anderen Witterungserscheinungen wie Hagel, Rauhreif, Nebel und Regen (vgl. 1Hen 69, 23). Daß Henoch in die tieferen Geheimnisse des Donners Einblick erhält, wird auch 41, 3 dargelegt:

> Und dort sahen meine Augen die Geheimnisse der Blitze und des Donners und die Geheimnisse der Winde, wie sie verteilt werden, daß sie auf der Erde wehen, und die Geheimnisse der Wolken und des Taus; und dort sah ich, von wo sie an diesem Ort hervorkommen, (und wie) von dort aus der Staub der Erde gesättigt wird.

Die Verteilung von Blitz und Donner folgt einem ganz bestimmten Plan, der sich nahtlos in das Konzept der großen kosmischen Harmonie einfügen läßt (vgl. 1Hen 60, 13-15). Ihre Aufgabe wird sowohl im Segnen als auch im Fluchen beschrieben, „wie es der Herr der Geister will" (59, 1). Es geschieht also zweierlei: Die verborgene Bedeutung des Geschehens wird Henoch enthüllt; dadurch gewinnt es einen übergeordneten Sinn und ist nicht länger der Willkür fremder Mächte unterworfen, sondern geschieht im Rahmen und unter der Herrschaft des „Herren der Geister". Blitz und Donner sind dem Willen Gottes unterworfen, „[d]och wie es scheint, hat sich dieser Wille eine feste Ordnung geschaffen, in die es nun auch möglich wird, Einblick zu nehmen."[95] Es ist eben dieses Konzept, das uns bei der Frage, wie die frommen Juden das astrologische Denken zu assimilieren verstanden, immer wieder begegnet. Auch JHWH hält sich sozusagen an die selber geschaffenen Regeln, was einen anderen Akzent setzt als die biblische Darstellung, welcher der Glaube an eine größere „Zufälligkeit" der Erscheinungen innewohnt.

---

[93] Übersetzung nach UHLIG 1984.
[94] BÖTTRICH 1997, 227. Vgl. auch die dort angegebenen Bibelverweise.
[95] BÖTTRICH 1997, 229. Er ergänzt: „Eine solche Wirksamkeit aber schließt, wie die Beispiele antiker Brontologien zeigen, sehr wahrscheinlich einen Bezug auf den Zodiakos ein." Mit dieser Aussage widerspricht BÖTTRICH seiner zuvor (S. 225) geäußerten Ansicht, es fehle „jeder Hinweis etwa auf den Zodiakos". S.o. S. 326 Anm. 48.

Wenn man bedenkt, welch große Verbreitung Brontologien in der Zeit des Zweiten Tempels hatten, daß sie auch in Qumran studiert worden sind und zudem einen integralen Bestandteil der frühen Stadien der Astrologie bildeten, muß man sich fragen, warum in 1Hen genauere Angaben über diese Form der Divination fehlen. Böttrich vermutet:

> Bei der bewußt antiastrologischen Tendenz des äthHen mußten solche Gedanken freilich unterdrückt werden, denn ihre konkrete Formulierung hätte zwangsläufig auch die Behandlung des Zodiakos selbst erforderlich gemacht. Offensichtlich teilt der Autor aber die Überzeugung seiner hellenistischen Umwelt von gesetzmäßigen Zusammenhängen zwischen dem Auftreten von Donner und Blitz sowie positiven und negativen Wirkungen in der Welt des Menschen.[96]

Nun sahen wir im letzten Abschnitt, daß es mit der „bewußt antiastrologischen Haltung des äthHen" nicht so leicht ist, wie es den Anschein hat. Das Fehlen detaillierter Angaben verlangt gleichwohl nach einer angemessenen Erklärung. Ich möchte deshalb einen anderen Punkt ins Spiel bringen, der auch die Tatsache betrifft, daß genauere Darstellungen der Planeten und des Zodiaks in 1Hen nicht zu finden sind.[97] Im Buch der Wächter wird, wie gesehen, die Legende vom Fall der Engel erzählt, die sich mit den menschlichen Frauen versündigen. Ein genauerer Blick auf den Text zeigt, daß neben dem sexuellen Verlangen der Engel nach den Menschenfrauen das eigentliche Vergehen der Engel darin besteht, die himmlischen *Geheimnisse* den Menschen mitgeteilt zu haben. Deshalb sprechen die Erzengel zu Gott (1Hen 9, 6f):

> (6) Du hast gesehen, was Asasel getan hat, wie er allerlei Ungerechtigkeit auf Erden gelehrt und die himmlischen Geheimnisse der Urzeit geoffenbart hat, die die Menschen kennen zu lernen sich haben angelegen sein lassen. (7) Die Beschwörungen hat Semjasa gelehrt, dem du die Vollmacht gegeben hast, die Herrschaft über seine Genossen zu üben.[98]

Die Engel waren demnach in die geheimen Zusammenhänge der kosmischen Ordnung eingeweiht, und es kommt einer Katastrophe gleich, jene Zusammenhänge aus dem Bereich der Heiligkeit entfernt zu haben. Gott selber macht dies deutlich, wenn er Raphael auffordert (1Hen 10, 7f), die Erde zu heilen, damit

---

[96] Böttrich 1997, 230.
[97] S.o. S. 329.
[98] Übersetzung nach Beer in Kautzsch 1900, II, 241.

nicht alle Menschenkinder durch das ganze Geheimnis umkommen, das die Wächter verbreitet und ihren Söhnen gelehrt haben. (8) Die ganze Erde wurde durch die Werke der Lehre Asaels verderbt, und ihm schreibe alle Sünden zu.[99]

Abgesehen von der moralischen Verworfenheit der gefallenen Engel ist durch die Mitteilung kosmischer Geheimnisse, unter ihnen die astrologischen Lehren, eine Situation entstanden, die die unermeßliche Grenze zwischen Menschen und Gott aufzuheben droht. *Das Enthüllen astrologischer Gesetze stellt eine unentschuldbare Sünde der Engel dar.* Die neue Situation unterscheidet sich vom Bild der Weisheitsliteratur entschieden, denn die „Ordnungen der Sternenwelt stellen für sie [die Irdischen] ein Geheimnis dar, das nur Gott kennt."[100]

Henoch bekommt nun Einblick in die astrologischen Geheimnisse und partizipiert an der Ordnung der Heiligkeit. Er verfügt demnach über genau das Wissen, welches die gefallenen Engel den Menschen mitgeteilt hatten. Henoch erhält von Gott den Auftrag, seinen Nachkommen das erhaltene Wissen zu überliefern.

Einzelnen ausgewählten Frommen ist es nun möglich, in die tiefsten Geheimnisse des Kosmos einzudringen, wenn auch nicht durch eigenes Forschen, sondern durch göttliche Offenbarung. In der Gestalt Henochs bündelt sich dieser neue kognitive Optimismus.[101]

Was Albani als kognitiven Optimismus dem weisheitlichen Pessimismus gegenüberstellt, hat zugleich alle Merkmale eines *Geheimwissens*. Denn nicht die ganze Menschheit kommt in den Genuß der astrologischen Weisheit Henochs, sondern lediglich ein Kreis von Erwählten, die sich selber als „Nachkommen" Henochs begreifen.[102] Wenn wir das Fehlen astrologischer Details in 1Hen unter diesem Gesichtspunkt beleuchten, so bieten sich grundsätzlich zwei Möglichkeiten an:

---

[99] Nach BEER a.a.O., S. 242.
[100] ALBANI 1994, 145, unter Hinweis auf Hi 38,33; 28,23.24ff.
[101] ALBANI 1994, 145.
[102] ALBANI weist ebenfalls auf den Charakter der henochitischen Astronomie als Geheimlehre hin, doch sei ihr Inhalt „vollkommen verständlich dargestellt und erhebt ja auch die Forderung, von allen Gerechten befolgt zu werden" (1994, 167). Ob die Darstellung tatsächlich „vollkommen verständlich" ist (und dies auch für die antiken Leserinnen und Leser war!), erscheint angesichts der modernen Debatten um die Henochastronomie doch fragwürdig. Und wer zu den „Gerechten" zu zählen ist, stellt ja gerade den Streit zur Zeit des Zweiten Tempels dar.

(1) Astrologisches Wissen (Brontologien, Planetenzyklen etc.) stellt eine Geheimlehre dar, die nur den Eingeweihten offenbart werden darf. Es findet deshalb keinen Eingang in die Henochschrift, sondern wird in anderen Formen übermittelt. Sowohl 4Q318 als auch 4Q186[103] und vergleichbare Texte könnten eine derartige Ergänzung zum AB oder zum Buch der Wächter darstellen. Ein ähnlicher Fall liegt in den Sabbatopfer-Gesängen vor, denn auch dort ist lediglich das Schema und die äußere Struktur überliefert, während sich der vermutlich als besonders heilig aufgefaßte Inhalt der Priestergesänge unserer Kenntnis entzieht.

(2) Die Henochastronomie konzentrierte sich aus bereits dargestellten Gründen auf die Sonnen- und Mondbahn. Die komplexen Rechenwege zur Eruierung der Planetenbahnen, in seleukidischer Zeit zwar bekannt, doch sicherlich Experten vorbehalten, waren den jüdischen Frommen nicht vertraut.[104] Gleichwohl repräsentierten für sie auch die Sterne insgesamt die von Gott gesetzte und Henoch offenbarte Ordnung.

Beide Möglichkeiten sind ernsthaft in Erwägung zu ziehen, wobei die erste aufgrund der Qumranfunde die besseren Argumente für sich hat. Auf jeden Fall geht die einfache Feststellung, das Fehlen der Astrologie deute auf eine antiastrologische Grundhaltung hin, sicherlich an der Wirklichkeit vorbei, die besonders auch in Qumran wesentlich komplexer aussah, als ein flüchtiger Blick vermuten ließe.[105]

---

[103] Auch die Tatsache, daß 4Q186 in Geheimschrift abgefaßt worden ist, macht aus diesem Blickwinkel heraus durchaus Sinn.

[104] Die Primitivität des Systems wird von verschiedenen Wissenschaftlern immer wieder hervorgehoben, vgl. z.B. NEUGEBAUER 1981, der die als „ad hoc construction" (388) bezeichnete henochitische „Astronomie" stets in Anführungszeichen setzt. Zur Abschwächung dieser Position s.o. S. 335.

[105] Deshalb ist NESS zuzustimmen, wenn er konstatiert: „Astrology was not the hobby of a few isolated eccentrics at Qumran. Indeed, it may have been used to screen applicants. This may seem odd, since I Enoch, which condemns astrology, was one of the most popular books in the Qumran library. But even I Enoch does not condemn astrology completely. Astrology was one of many technological skills which the watchers revealed to an unready humanity. Writing was another such skill, but this did not keep the Qumran community from having a library and scriptorium. Astrology was just one more dubious activity that could not be avoided in a fallen and imperfect world" (1990, 180f). Der letzte Satz läßt sich in dieser Form aufgrund der vorliegenden Studien allerdings nicht mehr aufrecht erhalten. Die Astronomie und Astrologie der Henoch-Tradition war für die Gläubigen weniger „dubios" als vielmehr „geheimnisvoll" und auf eine seltsame Weise vollkommen.

1.3.2. Astrologie in 2Hen

Das in slavischer Sprache überlieferte Henochbuch stellt eine besondere Herausforderung an Textkritik und literaturwissenschaftliche Forschung dar. Mehrere Redaktionsschritte überlagern sich und zeugen von einer langen Entstehungsgeschichte, in der einzelne Stadien kaum eindeutig voneinander zu trennen sind. Dementsprechend komplex ist die Forschungslage. In seinen verschiedenen Arbeiten,[106] besonders jedoch im opus magnum „Das slavische Henochbuch"[107] hat Christfried Böttrich die einzelnen Schichten sorgfältig freigelegt und kommt zu dem Ergebnis, daß die Entstehung der Schrift mit relativ großer Sicherheit vor der Zerstörung des Jerusalemer Tempels im Jahre 70 anzusiedeln ist. Als Ort der Abfassung gilt Alexandria,[108] womit wir – wie schon bei Philo, der Hekhalot-Literatur und im hermetischen Denken insgesamt – einen ägyptischen Rahmen mit ins Auge fassen müssen, der die babylonische Tradition des äthiopischen Henochbuches möglicherweise mitgeprägt hat.

Gegenüber 1Hen stellt die jüngere Version zweifellos eine Weiterentwicklung dar, was an vielen Punkten sichtbar wird, auch wenn vor allem das Buch der Wächter und das AB bis in einzelne Formulierungen hinein getreulich überliefert wurde. Doch sowohl die Ausgangslage als auch die Intention der Autoren ist eine andere: Das Hauptinteresse des Buches

> richtet sich [...] darauf, den ererbten Gottesglauben mit den philosophischen Ansichten seiner hellenistischen Umwelt zu vermitteln. Dies bedingt von vornherein eine weit größere Aufgeschlossenheit und Bereitschaft, fremdes Gedankengut zu integrieren.[109]

Betrachten wir vor einer Bewertung zunächst die spezifischen Erweiterungen, welche gegenüber 1Hen vorgenommen wurden. Nachdem Henoch in den Siebten Himmel aufgestiegen ist, empfängt er von Gott die folgende Offenbarung (2Hen 30, 2-6):

> (2) Und da wurde es Abend, und es wurde Morgen: der 4. Tag. Und am vierten Tag befahl ich, daß große Leuchten werden sollten auf den Kreisen des Himmels. (3) Auf den ersten und höchsten Kreis setzte ich den Stern Kronos, auf den 2. darunter setzte ich die Aphrodite, auf den

---

[106] BÖTTRICH 1992 fragt besonders nach dem theologischen Anliegen des slHen, während BÖTTRICH 1995 die Lehren der hellenistischen Umwelt (Mikrokosmosspekulation, stoische Seelenkonzeption usw.) mit dem Henochbuch in Beziehung setzt.
[107] BÖTTRICH 1996.
[108] Vgl. BÖTTRICH 1996, 781-1040, besonders S. 812f.
[109] BÖTTRICH 1997, 230.

> 3. den Ares, auf den 4. die Sonne, auf den 5. den Zeus, auf den 6. den Hermes, auf den 7. den Mond. (4) Und mit den kleineren Sternen schmückte ich den Aër darunter. (5) Und ich bestimmte die Sonne zur Erleuchtung des Tages, aber den Mond und die Sterne zur Erleuchtung der Nacht, (6) und daß die Sonne jedes Lebewesen entlanggehe. Und die 12 Lebewesen sind der Ablauf der Monate. Und ich gab ihnen Namen, und den Donner ihrer Lebewesen, und ihre Neugeburten und ihre Stundenwerke, wie sie umlaufen.[110]

Neben der funktionalen Bestimmung der Gestirne als „Leuchten", wie sie sich in Gen 1 findet, wird das biblische Bild in zweierlei Hinsicht erweitert: zum einen werden die Namen der Planeten aufgeführt,[111] die auf ihren Kreisbahnen über den Himmel laufen. Die kleineren Sterne, vermutlich die Fixsterne aus 1Hen, dienen lediglich der Ausschmückung – auch hier wird das biblische Modell nicht verlassen. Eine Neuheit verrät erst Vers 6 mit der etwas dunklen Formulierung, die Sonne solle alle Lebewesen gewissermaßen begleiten. In diesem Zusammenhang wird auch der Zodiak genannt, denn die „12 Lebewesen" sind eine schlichte Übersetzung des griechischen ζῴδια.[112] Diese sind der Herrschaft Gottes unterstellt, da Er ihnen die Namen gegeben hat. Die „Depotenzierung" der Macht der Sterne, die bereits in 1Hen zur Sprache kam, findet hier ihre Fortsetzung. 27, 3 sagt Gott:

> Und ich schuf von innen 7 Kreise und bildete [sie] wie Kristall, naß und trocken, das heißt Glas und Eis, Umläufe den Wassern [und] den anderen Elementen. Und den 7 Sternen zeigte ich einem jeden von ihnen seinen Weg, jedem von ihnen an seinem Himmel, damit sie so gingen.

Dieser Passus ist äußerst interessant, denn er verweist uns nicht nur auf die griechische Astrologie, die bereits seit Aristoteles die Lehre von den Elementarqualitäten entwickelt hatte,[113] was von Ptolemaios mit den Klimata etc. verbunden wird,[114] sondern auch auf hermetische Traditionen, die gut ins Bild alexandrinischer Geistigkeit des ersten Jahrhunderts passen.[115] Wir konnten bereits feststellen, daß

---

[110] Übersetzungen von 2Hen nach BÖTTRICH 1996, wenn nicht anders vermerkt.
[111] Zur hier gegebenen Reihenfolge der Planeten, die schwer zu erklären ist, vgl. BÖTTRICH 1997, 231 Anm. 37.
[112] Vgl. dazu GUNDEL 1992, 15.
[113] Vgl. BL 25; GUNDEL 1966, 87, sowie J. ALTHOFF: *Warm, kalt, flüssig und fest bei Aristoteles: Die Elementarqualitäten in den zoologischen Schriften* (Hermes Einzelschriften 57), Stuttgart 1992.
[114] Vgl. tetrab. I, 10.
[115] Auch die Kenntnis der Planetenbewegung wird hier angedeutet, s.u. S. 347.

der Aufstieg des Visionärs, des Adepten oder Magiers durch die Sieben Sphären einen besonderen Topos hermetischen Denkens darstellt, der sowohl in den Mithras-Mysterien als auch in der Hekhalot-Literatur zentrale Bedeutung gewann.

Es ist daran zu erinnern, daß auch die „Mithrasliturgie" vom Motiv der Himmelfahrt Gebrauch macht, in der ein *angelus interpres* dem Visionär zur Seite steht:

> Be gracious to me, O Providence and Psyche, as I write these mysteries handed down [not] for gain but for instruction [...] the great god Helios Mithas ordered [the mysteries] to be revealed to me by his arch angel, so that I alone may ascend into heaven as an inquirer and behold the universe.[116]

Nun stellt die Himmelsreise des Sehers ein weit verbreitetes Genre spätantiker Literatur dar, so daß eine konkrete Übernahme einzelner Traditionen kaum nachzuweisen ist.[117] Interessant ist indes, daß gerade im Kontext alexandrinischer Gelehrsamkeit der Aufstieg durch die Planetensphären begegnet, verbunden mit der Offenbarung kosmischer Geheimnisse. Henoch wird das astronomische Wissen im Vierten Himmel mitgeteilt (2Hen 11-17), was ebenfalls Parallelen in der Mithrasliturgie hat:

> For in that day and hour you will see the divine order of the skies: the presiding gods rising into heaven, and others setting. Now the course of the visible gods will appear through the disk of god, my father [...][118]

Als einen weiteren Vergleichstext sei an dieser Stelle die *Leiter Jakobs* herangezogen, wo folgende, an Gen 28,12f orientierte Szene beschrieben wird:

> (1, 3) And behold, a ladder was fixed on the earth, whose top reached to heaven. (4) And the top of the ladder was the face as of a man, carved out of fire. (5) There were twelve steps leading to the top of the ladder, and on each step to the top there were two human faces, on the right and on the left, twenty-four faces (or busts) including their chests.[119]

---

[116] *Mithrasliturgie* 475-485; zit. nach MEYER 1976, 3. S. dazu oben den *Exkurs* 1.

[117] Vgl. M. DEAN-OTTING: *Heavenly Journeys. A Study of the Motif in Hellenistic Jewish Literature* (Judentum und Umwelt 8), Frankfurt a. M. u.a. 1984. Deshalb ist die angeführte Schrift auch dann von Bedeutung, wenn es sich nicht um eine Mithrasliturgie handeln sollte.

[118] *Mithrasliturgie* 544ff, zit. nach MEYER 1976, 7.

[119] Zit. nach H.G. LUNT: „Ladder of Jacob. A New Translation and Introduction", in: CHARLESWORTH, *Pseudepigrapha* II, 401-411, S. 407 (mit weiterer Litera-

Hier ist es also Jakob, dem das Privileg der Himmelsschau zugeschrieben wird. Die *Leiter Jakobs* kann überdies als Beispiel dafür betrachtet werden, wie stark die verschiedenen astrologischen Diskurse ineinander übergehen, heißt es doch in Kapitel 2:

> (2, 10) You who have made the skies firm for the glory of your name, (11) stretching out on two heavenly clouds the heaven which gleams under you, (12) that beneath it you may cause the sun to course and conceal it during the night so that it might not seem a god; (13) (you) who made on them a way for the moon and the stars; (14) and you make the moon wax and wane, and destine the stars to pass on so that they too might not seem gods.[120]

Mit dieser Darstellung nähert sich der Text wieder der kulttheologischen Argumentation an, die an der Astrologie nicht die Ergründung göttlichen Willens kritisiert, sondern die Verehrung der Gestirne als Götter.

Die Ähnlichkeiten der erweiterten Henochtradition zu hermetischem Denken bzw. auch der Mithrasreligion sind deutlich genug, um von einer intensiven Begegnung beider Kreise auszugehen.[121] Dies erkennen wir auch daran, daß Henoch in derselben Weise wie Hermes Trismegistos als Hüter göttlichen Wissens erscheint.[122] Der Traktat *De XV stellis*, in lateinischen Handschriften immer wieder genannt, wird einmal Henoch, ein andermal Hermes Trismegistos zugeschrieben.[123] Der Übergang zu magischen Anwendungsmöglichkeiten schließlich, die in 2Hen keine Rolle spielen, ist leicht nachzuvollziehen und fand ebenfalls im Rahmen ägyptischer Religiosität statt, wie die Hekhalot-Texte, aber auch das noch zu behandelnde Testamentum Salomonis zeigen.

Im Henochbuch werden disparate astronomische Lehren der hellenistischen Umwelt mitgeteilt, und zwar ohne Rücksicht auf eine schlüssige Ordnung: Traditionen um den Sonnenvogel Phönix (12 und 15), um den Sonnenwagen und seine Eskorte (11-14), die Fahrt der Sonne

---

tur). LUNT datiert den Text vorsichtig ins erste Jahrhundert u.Z. Eine deutsche Übersetzung legte N. BONWETSCH vor: „Die apokryphe ‚Leiter Jakobs'", in: *Göttinger Nachrichten, philol.-hist. Klasse*, Göttingen 1900, 76-87.
[120] Übersetzung nach LUNT.
[121] Vgl. GUNDEL 1966, 55, der davon spricht, daß die Henochbücher „zahlreiche Anklänge an hermetische Astrologumena enthalten." Ob diese Aussage auch für 1Hen volle Berechtigung hat, sei dahingestellt.
[122] Vgl. REITZENSTEIN 1904, 173; außerdem F. CUMONT in CCAG V, 1, 140,1.
[123] Vgl. THORNDIKE 1923, I, 340, sowie L. DELATTE (ed.): *Textes latins et vieux français relatifs aux Cyranides*, 1942, 276-288, zit. nach GUNDEL 1966, 55 Anm. 6.

auf der Nachtseite (14, 2f), die 182 Parallelkreise der Sonne zwischen den Wendekreisen (48, 1f) und anderes mehr lassen erkennen, daß es dem Buch „offenbar weniger um eine Stimmigkeit des Systems als um die Präsentation und Aneinanderreihung gelehrten Wissens überhaupt" geht.[124] Die zwölf Horizonttore der henochitischen Astronomie fügen sich nun nahtlos in das Zodiakalschema ein, wobei die o.g. Frage, ob dies schon in 1Hen vorgegeben sein mochte, kaum eindeutig zu beantworten ist. Auf jeden Fall liegt die Zusammenstellung beider Konzepte nahe, und die Kenntnis des Zodiakalschemas muß für die Zeit des Zweiten Tempels vorausgesetzt werden.

Ein weiteres Betätigungsfeld antiker Astrologen wird in 2Hen näher ausgeführt, nämlich das Erstellen von *Brontologien*. In einer Zusammenfassung der Kenntnisse, die Henoch offenbart wurden, heißt es (2Hen 23, 1):

Und er sagte mir alle Dinge des Himmels und der Erde und des Meeres und aller Elemente, ihre Übergänge und Gänge und den Donner ihrer Lebewesen, und Sonne und Mond und die Sterne, und ihre Gänge und Wechsel, und die Zeiten und Jahre, und Tage und Stunden, die Aufstiege der Wolken, die Ausgänge der Winde, die Zahl der Engel und die Lieder der bewaffneten Heerscharen [...]

Neben dem Deuten der Donner und Witterungsgeschehen kann in der Rede von den „Übergängen und Gängen" der „Dinge des Himmels" durchaus auch eine genauere Kenntnis von Planetenbewegungen und deren Aspekten zueinander ins Auge gefaßt sein. Eindeutig läßt sich dies nicht entnehmen, allerdings deutet die schon angeführte Stelle 2Hen 27, 3, wo es heißt, Gott habe nicht nur die sieben Kreise geschaffen, sondern auch den *sieben Sternen* ihre Wege am Himmel gezeigt,[125] auf eine Ausdehnung des henochitischen Wissens auf die Planeten hin. Was Henoch als Offenbarer von Donnerbüchern angeht, so wird 2Hen 40, 9 näher ausgeführt:

Ich habe das Grollen des Donners niedergeschrieben und die Blitze. Und sie zeigten mir die Schlüssel und ihre Bewahrer, und ihren Aufgang und ihren Ausgang, wohin sie gehen nach Maß. Sie werden mit einer Fessel genau hinaufgezogen und mit einer Fessel heruntergelassen, damit sie nicht vor schwerem Leid oder aus Heftigkeit Wolken des Zornes hinabwerfen und alles auf der Erde vernichten.[126]

---

[124] BÖTTRICH 1997, 230.
[125] Da „jeder von ihnen" seinen eigenen Weg gewiesen bekommt, scheidet die Bedeutung des Siebengestirns hier aus.
[126] Zu den textlichen Schwierigkeiten dieses Passus vgl. BÖTTRICH 1997, 236.

Von einer astrologiefeindlichen Haltung ist hier nichts mehr zu spüren, vielmehr wird Henoch als der Urvater der Astrologie gekennzeichnet.

Ebenso wie in 1Hen ist die himmlische Welt, seien es nun die Sterne oder die Engel, welche Blitz und Donner kontrollieren, dem Herrschaftsbereich Gottes unterstellt. Und durch die Offenbarung an Henoch werden Brontologien und andere astrologische Lehren gleichsam legitimiert, sie werden dem Bereich der Sünde, dem sie (wenn überhaupt) zuvor angehörten, entzogen und den Frommen als jüdische Tradition zur Verfügung gestellt. Dabei ist es unerheblich, ob tatsächlich Brontologien unter Henochs Autorschaft umliefen, wie Böttrich andeutet.[127] Zu verbreitet war diese Textgattung in jener Zeit auch in jüdischen Kreisen, als daß wir begründet annehmen könnten, die Anhänger der Henochtradition hätten davon *keine* Kenntnis gehabt. Einige Beispiele mögen dies verdeutlichen:

Aus vorchristlicher Zeit[128] stammen bereits verschiedene astrologische Traktate, die Esra zugeschrieben werden und u.a. von Brontologien handeln. Da nicht selten ein Kalendologion direkt hinzugestellt wird, ist ein solcher Text für die Henochastronomie, doch auch für den Zusammenhang mit 4Q318 höchst interessant.[129] Schließlich spricht einiges dafür, daß jener Qumrantext und die Henochastronomie in einem engen Verhältnis zueinander standen.[130] Brontologion und Kalendologion finden sich auch Seite an Seite in einem Sammellunar, das in unzähligen Variationen verbreitet war und den Titel „Einige Gesichte des Propheten Daniel" bzw. „Apokalypsen des Propheten Daniel" trägt.[131] Schließlich sei auf ein weiteres Brontologion hingewiesen, welches man ebenfalls Daniel zuschrieb. Außer Donner und Blitz werden dort auch Erdbeben gedeutet.[132]

---

[127] BÖTTRICH 1997, 236: „[...] darf man daraus schließen, daß in jenem alexandrinischen Henochkreis auch ganz direkt Brontologien unter Henochs Autorschaft umliefen?"

[128] So GUNDEL 1966, 55.

[129] Das Brontologion wurde von DELATTE ediert, vgl. CCAG X, 58f, s. auch CUMONT in CCAG VIII, 4, 80 fol. 136. GUNDEL 1966, 56 Anm. 9 nennt noch etliche weitere Quellen. Vgl. auch die *Revelatio Esdrae de qualitatibus anni*, die von JAMES, LAOT S. 80f veröffentlicht wurde (vgl. dazu noch CHARLESWORTH 1981, 182-184

[130] ALBANI stellt dazu fest: „Am plausibelsten erscheint mir die Annahme, daß 4Q318 und das AB einen gemeinsamen Ursprung haben: sowohl die Zodiakalastrologie als auch das AB haben sich aus der MUL.APIN-Astronomie herausentwickelt" (1993, 35).

[131] Vgl. CCAG VII, 171ff; VIII, 3, 171ff; X, 153; XII, 153f.

[132] Ediert von BOUDREAUX in CCAG VIII, 3, 168ff. Vgl. auch das Lunar Davids und Salomons, das DELATTE in CCAG X, 122ff herausgab.

Als Erweiterung des hermetischen Siebenerschemas (das freilich auch dem babylonisch-jüdischen Erbe entstammte) muß es angesehen werden, wenn in 2Hen 21, 6f noch ein achter, neunter und zehnter Himmel genannt wird:

> Und ich sah den achten Himmel, der in hebräischer Sprache Muzaloth genannt wird, den Veränderer der Zeiten von Trockenheit und Nässe, [und] die 12 Zodia, die über dem siebenten Himmel sind. Und ich sah den neunten Himmel, der in hebräischer Sprache Kuchavim genannt wird, wo die himmlischen Häuser der Zodia sind.

Hier begegnen also die hebräischen „Originalausdrücke" für die Sternzeichen (מזלות)[133] sowie für die Sterne insgesamt (כוכבים).[134] Der Begriff ערבות für den zehnten Himmel findet sich auch in der rabbinischen Literatur, dort allerdings als Name des siebten Himmels.[135] Da auch in 3Hen, also im Kontext der Hekhalot-Literatur, der siebte Himmel so bezeichnet wird,[136] ist davon auszugehen, daß die Erweiterung des „klassischen" Modells der sieben Sphären einer späteren redaktionellen Arbeit zugeschrieben werden muß, die uns weit in die rabbinische Zeit bringt, vielleicht auch schon ins Mittelalter.[137] Für eine Bewertung der zwischentestamentlichen Astrologie im Judentum können jene Passagen nicht herangezogen werden.

Ähnlich verhält es sich mit Überlegungen zur Geburtshoroskopie, die 2Hen 68, 4 angestellt werden. Aus den Lebensdaten Henochs wird eine Art Modell entwickelt und auf alle Menschen übertragen:

> Denn ein jeder Mensch hat die finstere Natur dieses gegenwärtigen Lebens, so auch Empfängnis und Geburt und Abscheiden von diesem Leben. In jener Stunde, in der er empfangen wird, in der Stunde wird er auch geboren, in der verscheidet er auch.

---

[133] Vgl. zur Übersetzung als „Sternzeichen" VON STUCKRAD 1996, 146 Anm. 539.
[134] Vgl. BÖTTRICH 1997, 237 Anm. 62, der auf den Engelnamen „Kokabiel" in 1Hen 8, 3 hinweist, während sich im aramäischen Text „Zeichen der Sterne" und im griechischen „Astrologie" bzw. σημειωτικά findet.
[135] So bCHag 12b. Vgl. STRACK/BILLERBECK 1924, III, 532c; BIETENHARD 1951, 8-10. Auf diese Zusammenhänge werden wir unten Kap. VII.4.4.1. zurückkommen.
[136] 17, 13 und 18, 1f. Vgl. BÖTTRICH 1997, 237 Anm. 60.
[137] Vgl. BÖTTRICH 1992, 81f. 109-111. Auch CHARLESWORTH 1987, 934 schreibt: „These passages show considerable astrological influence upon Jewish thought, but each is preserved only in N. FORBES' ‚A recension' [in CHARLES, Pseudepigrapha II, 442,] which intermittently has received interpolations by medieval scribes. The suspicion is raised that these astrological sections are late insertions."

Auch hier finden sich Parallelen in der rabbinischen Literatur,[138] die unten Kapitel VII näher zu behandeln sein werden.[139]

In einer *Zwischenbilanz* will ich nun das dargestellte Material zusammenfassend bewerten. Es zeigt sich dabei ganz eindeutig, daß die genuin astrologischen Sachverhalte in 2Hen gegenüber den früheren Traditionen zunehmend in den Vordergrund rücken. Mit großer Selbstverständlichkeit wird Henoch als der jüdische Urahne eingeführt, welcher die Sternkunde unter den Menschen bekannt gemacht hat. Diese Entwicklung wird gewöhnlich so gedeutet, daß „auf die Dauer [...] das jüdische Denken seiner Umwelt nicht widerstehen" konnte, wie Albani es ausdrückt.

> Schon das astrologiefeindliche AB sowie die Henochschriften insgesamt haben eine Reihe astrologieähnlicher Vorstellungen rezipiert. In hellenistischer Zeit wurde dann die Astrologie von der jüdischen Apologetik geradezu vereinnahmt [...] Um die Zeitenwende und danach gewann die Astrologie dann zunehmend an Einfluß im Judentum, besonders im Rabbinismus [...] Gerade in der Abwehr heidnischer Vorstellungen hatte man sich nach und nach unbewußt die Denkvoraussetzungen der Gegner zu eigen gemacht.[140]

Bei Böttrich liest sich dies ganz ähnlich,[141] und stets wird auf das Diktum L. Wächters rekurriert, der eine Chronologie der Ereignisse besonders in rabbinischer Zeit aufgrund äußerst bedenklicher methodischer Prinzipien durchführt.[142] Ein weiterer Grund für die Betonung einer entscheidenden Wandlung innerhalb *des* antiken Judentums („das jüdische Denken") liegt in der Annahme, es handele sich bei 1Hen um ein astrologiefeindliches Werk, wie auch der Tanach insgesamt diese Tendenz zu erkennen gebe.

---

[138] Etwa tSot 11.7f; bSot 13b; bRhSh 11a.
[139] Zur Wirkungsgeschichte der Henochtradition im rabbinischen Corpus vgl. M. HIMMELFARB: *A Report on Enoch in Rabbinic Literature*, SBL.SP, hrsg. von P.J. ACHTEMEIER (1978), 259-269, sowie CHR. BÖTTRICH: „Beobachtungen zum Midrasch vom ‚Leben Henochs'", in: *Mitteilungen und Beiträge der Forschungsstelle Judentum, Theologische Fakultät Leipzig* 10/11 (1996), 44-83.
[140] ALBANI 1994, 253 Anm. 360.
[141] „Die Henochtradition hat sich nach anfänglicher Abwehr der Astrologie zunehmend geöffnet. Was hier im Judentum seit der Exilszeit an grundlegenden Wandlungen geschehen ist, läßt sich an der Entwicklung der Henochtradition exemplarisch ablesen" (1997, 244).
[142] Vgl. WÄCHTER 1969a bzw. 1975, 28ff. Zur Kritik vgl. oben Kap. II.2. Im Zusammenhang mit dem rabbinischen Judentum werden wir auf WÄCHTER zurückkommen müssen (Kap. VII.1.).

Unsere Untersuchungen haben demgegenüber ergeben, daß eine derartige Entwicklung in dieser Weise nicht stattgefunden hat, sondern stets innerhalb des Judentums unterschiedliche Positionen im Hinblick auf die Astrologie anzutreffen waren. Hier sei lediglich an Artapanos und Aristobulos erinnert,[143] die bereits im zweiten vorchristlichen Jahrhundert die jüdischen Ahnen als eigentliche Offenbarer astrologischer Weisheit propagierten. Beide stammen aus einem alexandrinischen Milieu, so daß es nicht verwundert, bei ihnen Konzeptionen anzutreffen, wie sie auch in 2Hen enthalten sind.

In derselben Weise muß auch das Zeugnis des sog. *Pseudo-Eupolemus*, eines anonymen Samaritaners, gewertet werden, der in der Zeit zwischen 150 und 100 v.u.Z. schrieb.[144] Dort wird der Anspruch Abrahams bekräftigt, die Ägypter in die Kunst der Astrologie eingeführt zu haben. Anschließend stellt der Autor fest, daß Henoch der erste gewesen sei, der die wissenschaftliche Astrologie entdeckt habe:

> Abraham lived in Heliopolis with the Egyptian priests and taught them much: He explained astrology and the other sciences to them, saying that the Babylonians and he himself had obtained this knowledge. However, he attributed the discovery of them to Enoch. Enoch first discovered astrology, not the Egyptians ['Ενὼχ [...] καὶ τοῦτον εὑρηκέναι πρῶτον τὴν ἀστρολογίαν].[145]

Solche Ansichten waren also weit verbreitet in der Zeit zwischen –200 und 200 u.Z., so daß die These, es habe hier eine deutlich zu erkennende Entwicklung innerhalb breiter Kreise des Judentums gegeben, viel zu allgemeinen Charakter hat, um der Wirklichkeit zu entsprechen. Stattdessen müssen wir unser Augenmerk auf den „Sitz im Leben" jener Texte richten und uns fragen, welche Intention die antiken Autoren mit ihnen verfolgen mochten.

---

[143] S.o. V.3.1. und 3.2. Von Artapanos und Ps.-Hekataios wird auch bei Josephus (AJ I, 167) die Meinung überliefert, Abraham habe die Ägypter Arithmetik und Astronomie gelehrt.

[144] Vgl. B.Z. WACHOLDER: „Pseudo-Eupolemus' Two Greek Fragments on the Life of Abraham", in: *HUCA* 34 (1963), 83-113; ders.: *Eupolemus: A Study of Judaeo-Greek Literature*, Cincinetti 1974; N. WALTER: *Pseudo-Eupolemus* (JSHRZ I/2), Gütersloh 1976; CHARLESWORTH 1981, 77f; R. DORAN: „Pseudo-Eupolemus. A New Translation and Introduction", in: CHARLESWORTH, *Pseudepigrapha*, II, 873-882 (DORAN plädiert für die Autorschaft des Eupolemus); CHARLESWORTH 1987, 934f.

[145] *Praep. Ev.* IX, 17, 8.; Übers. nach DORAN a.a.O. (oben Anm. 144), 881; vgl. A.-M. DENIS: „Fragmenta pseudepigraphorum quae supersunt graeca", in: *PVTG* 3, Leiden 1970, 186-195, S. 198.

Wir stellen dann fest, daß etwa 2Hen viel größere Nähe zum ägyptischen Raum hat, d.h. zu Hekhalot-Texten und hermetischem Gedankengut.[146] Freilich ist noch immer priesterliches Kultdenken zu spüren, allerdings in einer deutlich anderen Weise, als dies in den aramäischen Fragmenten von 1Hen aus Qumran der Fall ist. 2Hen reagiert auf den Wettkampf zwischen den Aspiranten, die die Erfindung der astrologischen Wissenschaft, seit dem ersten vorchristlichen Jahrhundert besonders in den kulturellen Metropolen etabliert, für sich in Anspruch nahmen. Diese Auseinandersetzung ist in Alexandria wesentlich erbitterter geführt worden als beispielsweise in Jerusalem. Wir müssen also Artapanos, Aristobulos und sogar Philo zu einem Vergleich mit 2Hen heranziehen, um die Gedankenwelt dieses Textes sowie die vermeintlichen Gesprächspartner zu eruieren. Wir richten dann unser Hauptaugenmerk nicht mehr auf die Weiterentwicklung der Henochtradition, sondern auf den alexandrinischen Diskurs, der sich die Henochtradition zu eigen machte und in spezifischer Weise in die schon länger laufenden Debatten integrierte. Eine Verallgemeinerung auf die Haltung des Judentums zur Astrologie ist aus dieser Perspektive unmöglich und sollte streng vermieden werden.

2. Das Jubiläenbuch

Das Jubiläenbuch ist mit großer Wahrscheinlichkeit im selben Traditionskreis entstanden wie die Henochschriften.[147] Es handelt sich bei diesem Buch um eine Nacherzählung biblischer Geschichte

---

[146] Als Bestätigung hierfür könnte auch ein hermetischer Text angeführt werden, der von HENGEL in einen Zusammenhang mit jüdischer Apokalyptik (etwa in Dan 11) gestellt wird. Der Traktat beschreibt die negativen Ereignisse, welche vor allem Ägypten und Syrien heimsuchen werden, wenn eine Sonnen- oder Mondfinsternis in den einzelnen Zodiakalzeichen stattfindet (Text in CCAG VII, 129-151). „Daß die stark national gefärbte, antimakedonische und fremdenfeindliche ägyptische ‚Apokalyptik' und ihr jüdisches Gegenüber sich wechselseitig beeinflußten, ist nicht unwahrscheinlich" (HENGEL 1969, 339, dort auch weitere Literatur). Zu den jüdischen Orakeln und ihrer Verbindung mit Ägypten s.u. Kap. 5.2.

[147] Vgl. zu Jub u.a. folgende Literatur: H. RÖNSCH: *Das Buch der Jubiläen oder die kleine Genesis*, Leipzig 1874; E. LITTMANN: „Das Buch der Jubiläen", in: KAUTZSCH 1900, II, 30-119; CHARLES 1902; A.-M. DENIS: „Fragmenta pseudepigraphorum quae supersunt graeca: Liber Jubilaeorum" (*PVTG* 3), Leiden 1970, 70-102 (Zusammenstellung griechischer Parallelen und Zitate); G.L. DAVENPORT: *The Eschatology of the Book of Jubilees* (SPB 20), Leiden 1971; BERGER 1981; WINTERMUTE, *Jubilees*; VANDERKAM 1989.

von den Anfängen über Adam, Noah, Jakob bis hin zu Mose. Der Inhalt wurde Mose während seines vierzigtägigen Aufenthaltes auf dem Berg Sinai von Gott selber offenbart. Wir haben es also, wie bei Hen, mit einer direkten Enthüllung göttlichen Wissens zu tun, wobei Jub Gesetzesfragen stärker in den Vordergrund rückt.

Über das Genre des Textes ist schwer Einigung zu erzielen, da verschiedene Komponenten in Jub eingeflossen sind, die M. Testuz mit „Geschichtsschreibung, Testamentliteratur, Apokalyptik, Ritualgesetzen und Chronologie" umrissen hat.[148] Auch andere Elemente sind enthalten, wie etwa Anklänge an Midraschliteratur.[149] So ungewiß die Frage nach dem Genre ist, so sicher scheint die Herkunft und der zu vermutende Autorenkreis in der wissenschaftlichen Forschung herausgearbeitet worden zu sein. Das priesterliche Element ist unübersehbar, weshalb nicht selten eine Ansiedlung in qumranischem oder „vor-essenischem" Ambiente vorgeschlagen wird.[150] Alles deutet außerdem darauf hin, daß das Buch in Palästina entstanden ist, was nicht nur durch die Qumranfunde belegt werden konnte, sondern auch durch textimmanente Untersuchungen. Hierbei ist die Originalsprache von Jub, nämlich Hebräisch, von besonderer Bedeutung.[151] Was die Abfassungszeit anbelangt, so herrscht im wesentlichen ein Konsens darüber, daß wir diese im zweiten vorchristlichen Jahrhundert anzusetzen haben, vermutlich kurz nach den Kriegen des Judas Makkabäus.[152]

---

[148] Vgl. M. TESTUZ: *Les idées religieuses du livre des Jubilés*, Genf 1960, 11f.

[149] Vgl. WINTERMUTE, *Jubilees*, 39f.

[150] Qumranisch: L. ROST: *Einleitung in die alttestamentlichen Apokryphen und Pseudepigraphen*, Heidelberg 1971, 100; EISSFELD 1976, 823 (mit weiterer Literatur). „Prä-Essenisch": NICKELSBURG 1981, 78f. „Essenisch": HENGEL 1969, 346 u.ö. Die von CHARLES 1902, lxxiii geäußerte Vermutung eines pharisäischen Hintergrundes wird heute kaum noch vertreten. Auch die Zuschreibung WINTERMUTES (*Jubilees*, 44) zu „hasidäischen Kreisen", die sich freilich jeder genaueren Analyse entziehen, ist kaum zu halten. Das gilt auch für die umfangreichen Spekulationen, die M. HENGEL (1969) über diese geheimnisvolle „Gruppierung" der Makkabäerzeit anstellte, die gerne als Vorläufer der Pharisäer, bei HENGEL auch der Qumran-„Essener" gesehen wird. Hierzu hat G. STEMBERGER die notwendigen Bemerkungen gemacht, vgl. STEMBERGER 1991, 91ff. S. auch COLLINS 1989, 62-67.

[151] Nach VANDERKAM wurde das Original in Hebräisch geschrieben, von dort ins Griechische und Syrische übersetzt, vom Griechischen wiederum ins Lateinische und Äthiopische; vgl. J.C.VANDERKAM: *Textual and Historical Studies in the Book of Jubilees* (Harvard Semitic Museum, Harvard Semitic Monograph 14), Missoula 1977.

[152] So schreibt VANDERKAM in seiner gründlichen Untersuchung (ebda., 283): „The latest events to which I can find reference in Jubilees are Judas Maccabeus' wars in 161 B.C." Vgl. auch die Bemerkungen bei EISSFELD 1976, 824.

Wir wollen auch bei Jub die Haltung zur Astrologie aus zwei verschiedenen Richtungen betrachten, nämlich einmal der ethischen Dimensionen kosmischer „Gerechtigkeit", wie wir sie schon aus Hen kennen, daneben aber auch aus der eigentlich astrologischen Thematik heraus, wie sie uns in Jub entgegentritt. Hierbei gilt es Übereinstimmungen und Unterschiede zwischen Hen und Jub herauszufiltern.

2.1. Astronomie und Kalender

Das Jubiläenbuch wendet sich massiv gegen einen lunaren Kalender von 354 Tagen und steht damit innerhalb des Kalenderstreites auf derselben Seite wie die Henochastronomie, welche von einem anfänglichen 360-Tage-Jahr zum 364-tägigen übergegangen ist, doch scheinen die Autoren einer radikaleren Sichtweise das Wort zu reden. Jub 6, 23ff führt explizit aus, daß das Jahr in vier Quartale eingeteilt wird, wobei am ersten Tag des ersten, des vierten, des siebten und zehnten Monats ein „Tag des Gedächtnisses" einzuhalten ist, in Erinnerung an die Geschehnisse der Sintflut.[153]

> (6, 28) And therefore he ordained them for himself as feasts of remembrance forever, and thus they are ordained. (29) And they set them upon the heavenly tablets. Each one of them is thirteen weeks from one to another of the remembrances, from the first to the second, and from the second to the third, and from the third to the fourth. (30) And all of the days which will be commanded will be fifty-two weeks of days, and all of them are a complete year. (31) Thus it is engraved and ordained on the heavenly tablets, and there is no transgressing in a single year, from year to year.[154]

Von Wichtigkeit ist in diesem Zusammenhang die Fortsetzung Jub 6, 32-38. Dort wendet sich Gott mit den folgenden Worten an Noah:

> (32) And you, command the children of Israel so that they shall guard the years in this number, three hundred and sixty-four days, and it will

---

[153] In einem 364-Tage-Jahr kann es sich hierbei nicht um einen Neumond handeln, da dieser nicht am Quartalsanfang auftritt. „In Jub 6,23ff. handelt es sich also nur noch um ‚nominelle' Neumonde. Es geht dabei um den jeweils ersten Tag eines Solarmonats. Dies ist eine Konsequenz der Eliminierung des Mondes aus der Kalenderrechnung in Jub. Damit steht Jub im deutlichen Widerspruch zu den lunar-solaren Synchronisationsbemühungen im AB und in 4QMišmarot/4QSᵉ/4QOtot" (ALBANI 1994, 294). Vgl. dazu M. WEISE: *Kultzeiten und kultischer Bundesschluß in der „Ordensregel" vom Toten Meer*, Leiden 1961, 36f.

[154] Übersetzung nach WINTERMUTE, *Jubilees*.

be a complete year. And no one shall corrupt its (appointed) time from its days or from its feasts because all (of the appointed times) will arrive in them according to their testimony, and they will not pass over a day, and they will not corrupt a feast. (Wintermute)

Daß diese Rede Gott in den Mund gelegt wird, dürfte nachträgliche Redaktion sein und mit der Rahmensituation in Jub (vgl. Jub 1) zu tun haben. Die Aussage nämlich, „und jetzt will ich dir kundtun" (6, 35), die nur von Gott oder einem Engel gesprochen sein kann, kontrastiert mit der Fortführung „ich weiß, aber nicht aus meinem Herzen", sondern aufgrund der Offenbarung himmlischer Tafeln oder des geheimen Buches. Ursprünglich muß es sich deshalb „wie bei den übrigen Texten um die Rede eines Menschen gehandelt haben."[155] Das Volk Israel wird also ermahnt, sich an einem Jahr mit 364 Tagen zu orientieren. Doch die „Tage der Sünder", die wir schon aus Hen kennen, werden auch in Jub bereits vorweggenommen:

(6, 34) Und alle Kinder Israels werden vergessen den Neumond und die Zeit und den Sabbat. Und in aller Ordnung der Jahre werden sie irren. (35) Denn ich weiß, und von jetzt an will ich es dich wissen lassen – und nicht aus meinem Herzen, sondern so, wie ein Buch vor mir geschrieben ist und angeordnet ist auf Tafeln des Himmels die Einteilung der Tage, damit sie nicht vergessen die Feste des Bundes und wandeln in den Festen der Heiden, hinter ihrem Irrtum und hinter ihrer Unkenntnis.[156]

Ebenso wie in der Henochtradition bringen die Autoren des Jub den Kalender ins Spiel, um die große Sünde der Menschen zu charakterisieren.[157] Und genau wie in 1Hen 82, 6f ist die wahre kosmische Ordnung in himmlischen Tafeln eingraviert, die nun – zu ihrer Zeit und gemäß ihrer Bestimmung – offengelegt werden.[158] Aus Hen wissen wir auch schon, daß es vor allem der *Mond* ist, welcher als Teil und als Ursache der großen Unordnung angesehen wird (vgl. 1Hen 80, 4). Diese Position wird in Jub stärker herausgehoben:

(6, 36) And there will be those who will examine the moon diligently because it will corrupt the (appointed) times and it will advance from

---

[155] RAU 1974, 360.
[156] Übersetzung nach BERGER 1981.
[157] Die ethischen Dimensionen des Jub wurden, allerdings ohne Rekurs auf die astronomischen Zusammenhänge, von MÜNCHOW 1981, 43ff erörtert. Zum Kalender in Jub, wie er sich aus den Festzeiten und Sabbaten ergibt, vgl. ferner GOUDOEVER 1961, 63ff.
[158] Vgl. dazu RAU 1974, 359ff.

year to year ten days. (37) Therefore, the years will come to them as they corrupt and make a day of testimony a reproach and a profane day a festival, and they will mix up everything, a holy day (as) profaned and a profane (one) for a holy day, because they will set awry the months and sabbaths and feasts and jubilees. (Wintermute)

Der Mond „verdirbt" also die Zeiten, weshalb er unter ethischen Gesichtspunkten dem Bereich der Sünde zugeordnet wird. Dasselbe gilt für jene Menschen, die sich mit dem Mondlauf auseinandersetzen und seine Regelmäßigkeit studieren. Es muß deshalb davon ausgegangen werden, daß sich Jub nicht nur gegen den offiziellen Lunisolarkalender wendet, sondern auch gegen die Synchronisationen innerhalb der Henochastronomie.[159] Es handelt sich also um eine radikalere Haltung als im Henochbuch, wo die Suche nach einer Harmonisierung offenbar noch das Denken bestimmte. Albani folgert aus dieser Tatsache: „1Hen 80,4 und Jub 6,36 reflektieren vermutlich auf verschiedene Weise das gleiche Problem, wobei 1Hen 80,4 den Anfang des Eliminierungsprozesses darstellt, während Jub an dessen Ende steht."[160]

In der Tat hat die Abwertung des Mondes gegenüber der Führung durch die Sonne im Jubiläenbuch eine andere Qualität erreicht als es noch in der Henochastronomie der Fall gewesen ist. Ob dies allerdings auf eine Entwicklung schließen läßt, ist m.E. nicht eindeutig festzustellen. Ebenso gut könnte es sich bei Jub um das Zeugnis einer zwar verwandten, aber eben radikaleren Gruppe innerhalb des nachexilischen Judentums handeln.[161] Die größere theologische Entschiedenheit läßt sich auch an der Tatsache ablesen, daß kultische Gesichtspunkte uneingeschränkt im Vordergrund stehen, wenn es um Kalenderfragen geht. Dies wird noch einmal Jub 6, 38 deutlich, wo die Sünde des Kalenderirrtums erneut mit dem Vermischen von Fest- und Wochentagen verbunden wird, und dann ergänzt wird: „[t]hey will eat all of the blood with all flesh" (Wintermute).

Der Vers 6, 38 ist auch aus einem anderen Grund interessant, denn der Autor läßt Gott sagen, daß nach Noahs Tod dessen Söhne vom rechten Weg abweichen und ein Jahr einhalten werden, welches

---

[159] Vgl. ALBANI 1994, 87. Er kommentiert dazu: „Es wäre also denkbar, daß es aufgrund der Kompliziertheit und Funktionsuntüchtigkeit des synchronistischen Schemas zu einer allmählichen solaren Simplifizierung des astronomischen Systems kam, wie es in Jub anzutreffen ist."
[160] ALBANI 1994, 118.
[161] Ähnlich RAU 1974, 485.

„nicht mehr *nur* 364 Tage" währt.[162] Diese Formulierung kann nur so verstanden werden, daß den Autoren des Textes die „wahre" Länge des Jahres von 365,25 Tagen bekannt gewesen ist, denn eine andere Länge, die größer als 364 ist, begegnet nirgends. Albani führt zu diesem Sachverhalt aus: „Man dürfte diese Stelle nun nicht so verstehen, als ob damit die kalendarische Gültigkeit der Größe 365,25 geleugnet werden soll. Vielmehr wird dazu aufgefordert, trotz der Jahreslänge von 365,25 Tagen die heilige 364-Tage-Rechnung beizubehalten."[163] Der Astronomie des Jubiläenbuches liegt ohne Zweifel eine Rechnung mit *heiligen Zahlen* zugrunde (7 und 12), wie sie auch im AB anzutreffen ist und in Qumran breit diskutiert worden sein dürfte. Wie wir bereits feststellen konnten, weist der 364-tägige Kalender eine Sabbatstruktur auf, welche die Siebenerzyklen in einer Art „ewigem Kalender" in sich vereint.[164]

Wenn die Zahlen demnach Vorrang gegenüber den Bewegungen der Gestirne besitzen, so kann dies mit Albani geradezu als *Paradigmenwechsel* bezeichnet werden, ist doch die Abkehr vom lunaren Jahr und die Hinwendung zum solar-stellaren Jahr ein tiefgreifender Wandel, der sich nachweislich in der babylonischen Diaspora vollzog.[165] Die astronomischen Bedingungen, die der Observanz eines derartigen Kalenders zugrundeliegen, sind in Mesopotamien allein von der Priesterkaste erarbeitet und als Geheimwissen tradiert worden.[166] Ein ähnliches Phänomen kommt auch in der Henochastronomie zum Ausdruck, denn sowohl das priesterliche Element, als auch der Geheimcharakter der Offenbarung sind entscheidende Konstituenten der überlieferten Schriften. Die verborgenen Ordnun-

---

[162] „[…] because after you have died your sons will be corrupted so that they will not make a year only three hundred and sixty-four days" (WINTERMUTE).
[163] ALBANI 1994, 294. Auch das 365-tägige Jahr, wie es z.B. in Ägypten benutzt wurde, fiele unter den Vorbehalt des Jubiläenbuches.
[164] S.o. Kap. IV.3. Die Integration des Mondes im System der Sonne kommt auch in der Quersumme der Zahl 364, also 13, zum Ausdruck, wie wir sahen.
[165] Vgl. ALBANI 1994, 280f, der darin auch eine Erklärung für den Passus CD III, 13f sieht.
[166] Vgl. F.K. GINZEL: *Handbuch der mathematischen und technischen Chronologie*, 2 Bände, Leipzig 1906/1911, Bd. I, 128f; J.B. SEGAL: „Intercalation and the Hebrew Calendar", in: *VT* 7 (1957), 250ff, hier S. 259f vermutet, das Kalenderwissen sei sowohl in Mesopotamien als auch in Israel geheimes Priesterwissen gewesen. Noch weiter greift BAIGENT aus, wenn er aufgrund antiker Quellen die Tradierung des geheimen priesterlichen Wissens aus Babylonien nach Griechenland (Pythagoras, Sokrates, Plato) für wahrscheinlich hält (1994, 177); zur Verkündigung des Neumonds durch die Priester vgl. ebda. S. 140f.

gen des Sonnenlaufes waren aber nur jenen zugänglich, die sich in der Tradition der Henochastronomie sahen, worin ein wichtiges Argument im damaligen innerjüdischen Richtungskampf ausgemacht werden kann. Schließlich ist darauf hinzuweisen, daß die Stelle Gen 5,23, wo das Alter Henochs mit 365 verzeichnet ist, ebenfalls als „geheimer Hinweis" darauf gewertet werden kann, daß innerhalb der Priestertradition – und Gen 5,23 entstammt der Priesterschrift – astronomische Überlegungen das Sonnenjahr betreffend gemacht wurden.[167]

Das Geheimwissen wird in Jub direkt an die Person Henochs gebunden. Ähnlich wie in 1Hen 12, 3f und dann im gesamten AB heißt es Jub 4, 17-19:[168]

> (17) This one was the first who learned writing and knowledge and wisdom, from (among) the sons of men, from (among) those who were born upon earth. And who wrote in a book the signs of the heaven according to the order of their months, so that the sons of man might know the (appointed) times of the years according to their order, with respect to each of their months. (18) This one was the first (who) wrote a testimony and testified to the children of men throughout the generations of the earth [...] (19) And he saw what was and what will be in a vision of his sleep as it will happen among the children of men in their generations until the day of judgment. He saw and knew everything and wrote his testimony and deposited the testimony upon the earth against all the children of men and their generations. (Wintermute)

Das Wissen Henochs scheint nach diesem Bericht keine Grenzen zu kennen – „er sah und verstand alles". Diese Formel ist es, die als Hinweis darauf gewertet werden kann, daß sich in der Henochtradition Elemente des *Gilgamesch-Epos* wiederfinden. So heißt es dort von Gilgamesch: „He who saw everything [to the end]s of the

---

[167] Vgl. dazu KVANVIG 1988, 51-53, der zudem auf einen interessanten Zusammenhang aufmerksam macht: „According to Gen 7,11 the flood started on the seventeenth day of the second month. According to Gen 8,14 it ended on the twenty-seventh day of the second month of the next year. Hence, the flood lasted twelve months and eleven days. The lunar year encompasses 354 days. Adding eleven days we get 365 days, exactly on [sic!] solar year" (S. 52). Dies ist ein sehr gutes Beispiel für die enge Verbindung zwischen Henoch, Noah und der Flut als entscheidende Wegmarke der Geschichte Israels einerseits und der ausgeprägten Liebe priesterlicher Kreise zur Zahlensymbolik andererseits. Vgl. zu Gen 5,23 auch VANDERKAM 1984, 31f und ALBANI 1994, 281f.

[168] Die Verbindungen zwischen diesem Passus und den Henochtraditionen bzw. Gen 5,21-24 werden von KVANVIG 1988, 127ff ausführlich untersucht.

land, [who all thing]s experienced, [conside]red all!" (I,1f).[169] Allerdings kann man auch auf *Hermes Trismegistos* verweisen, von dem gesagt wird:

> Hermes saw the totality of things. Having seen, he understood. Having understood, he had the power to reveal and show. And indeed what he knew, he wrote down. What he wrote, he mostly hid away, keeping silence rather than speaking out, so that every generation on coming into the world had to seek out these things.[170]

Aufgrund der Ubiquität des „allwissenden Weisen aus der Vorzeit" vor allem in mystischen und eklektischen Kreisen ist es m.E. sinnvoller, von einer religiösen *Makrostruktur* zu sprechen, als im Nachhinein klare Trennungen zwischen babylonischen und ägyptischen Traditionssträngen vorzunehmen. Allerdings scheinen die mesopotamischen Legenden den hermetischen zeitlich vorauszugehen, und es ist nicht auszuschließen, daß die jüdische Vermittlung solcher Gedanken auch die hermetische Literatur der römischen Zeit beeinflußte.

Henoch wird nicht nur das Wissen um die Gegenwart, sondern auch die Kenntnis der Zukunft zugeschrieben, eine Kenntnis, die natürlich die vollkommene Beherrschung der Sternbewegungen voraussetzt. Das offenbarte Wissen schrieb er auf himmlische Tafel, die den dieses Wissens Würdigen zu ihrer Zeit zugänglich gemacht werden. Es liegt auf der Hand, daß die Autoren sich zum Kreis jener Erwählten zählten, die im Besitz des dereinst offenbarten Wissens sind. Dieser Anspruch eint sie mit den Henochastronomen und entfernt sie sogleich von der Theologie eines Hiob, für den der Aufstieg in den Himmel und die Annäherung an Gott – mit allen magisch-theurgischen Implikationen – eine Kompetenzüberschreitung darstellen würde.[171]

2.2. Astrologie

Wenn wir uns nun fragen, welche Rolle die Astrologie *in sensu stricto* in der Theologie des Jubiläenbuches spielt, so ist ein Rekurs auf die Polemik gegen „heidnische", also babylonische oder kanaanäische Religion, hilfreich. Im bereits zitierten Passus Jub 6, 35 (oben S. 355) wird Israel ermahnt, nicht dem falschen Kalender zu folgen, „damit sie nicht vergessen die Feste des Bundes und wandeln

---

[169] Vgl. ALBANI 1994, 242f.
[170] *Kore Kosmou 5*, zit. nach LINDSAY 1970, 160. Vgl. auch CCAG VIII, 4, 102.
[171] S.o. S. 332.

in den Festen der Heiden, hinter ihrem Irrtum und hinter ihrer Unkenntnis." Unsere Vermutung, die Ablehnung des lunaren Kalenders und der Erforschung der „Wege des Mondes" insgesamt gründe im wesentlichen auf kulttheologischen Überlieferungen, wird in diesem Satz bestätigt, steht hinter dem „Irrtum" und der „Unkenntnis" in Kalenderfragen doch ein kultisches Vergehen.

Direkt wird die Astrologie in Jub 11, 8 genannt, wo sie ebenfalls implizit mit kultischen Vergehen zu tun hat. Denn zunächst heißt es von Ur und Serug:

> (11, 3) And ´Ur, the son of Kesed, built the city of ´Ur of the Chaldees and he named it after his name and his father's name. (4) And they made for themselves molten images, and everyone worshiped the icon which they made for themselves as a molten image. And they began making graven images and polluted likenesses. And cruel spirits assisted them and led them astray so that they might commit sin and pollution. (Wintermute)

Nun tritt Mastema als Prinz der Dämonen auf, und wir erfahren Konkretes über die verwerflichen Kulthandlungen, die schließlich an den Sohn Nahor weitergegeben werden:

> (11, 7) [...] And he used to worship idols [...]. (8) [...] And [Nahor] grew up and he dwelt in ´Ur among the Chaldeans, and his father taught him the researches of the Chaldeans in order to practice divination and astrology according to the signs of heaven.

Diese Darstellung erinnert an die Aufforderung des Propheten Jeremia: „Lernt nicht den Weg der Völker und erschreckt nicht vor den Zeichen des Himmels, denn die Völker zittern vor ihnen."[172] Jub teilt den theologischen Hintergrund dieses Angriffs, indem nicht nur der Kalender als Irrtum verworfen wird, sondern die Beschäftigung mit den Sternbewegungen insgesamt, wie die Bemerkung Jub 6, 36 – „who will examine the moon diligently" – deutlich macht. Man könnte sagen, *in Jub wird das Kind mit dem Bade ausgeschüttet.*

Wie stark die Ablehnung der lunaren Astrologie war, läßt sich indirekt aus einem weiteren, sehr aufschlußreichen Abschnitt entnehmen. In Jub 12, 16-18 wird die Zeit beschrieben, als Abram – noch bevor er den Namen Abraham bekam – in Haran wohnte:

---

[172] Jes 10,2. Das *kî* wörtlich mit „denn" zu übersetzen, gibt die theologische Auseinandersetzung besser wieder als die gewöhnliche Übersetzung „auch wenn". Koch läßt die wichtige Konjunktion ganz weg, was seine Analyse der Stelle jedoch nicht verschlechtert, vgl. K. Koch: *Die Profeten II. Babylonisch-persische Zeit*, Stuttgart ²1988, 59.

(16) And in the sixth week, in its fifth year, Abram sat up during the night on the first of the seventh month, so that he might observe the stars from evening until daybreak so that he might see what the nature of the year would be with respect to rain. And he was sitting alone and making observations. (17) And a word came into his heart, saying, „All of the signs of the stars and the signs of the sun and the moon are all in the hand of the Lord. Why am I seeking? (18) If he desires, he will make it rain morning and evening, and if he desires he will not send (it) down; and everything is in his hand." (Wintermute)

Es schließt sich ein Lobpreis Abrams an auf die Schöpferkraft Gottes, verbunden mit der Bitte, aus der Hand der bösen Geister errettet zu werden, die über die Gedanken im Herzen der Menschen herrschten (12, 20). In dieser Stelle findet sich die wohl stärkste Ablehnung der Astrologie, der wir im bisherigen Verlauf unserer Untersuchung begegnet sind. Wie die Verbindung mit den sündhaften Geistern in Vers 20 deutlich macht, wird die Sternkunde, welche Abram in Haran studiert hatte, als unvereinbar mit dem Glauben an JHWH dargestellt.

Zweierlei ist dabei bemerkenswert: Haran ist das babylonische Kultzentrum des *Mondgottes*.[173] Eine Herabsetzung der dort praktizierten wissenschaftlichen und theologischen Bemühungen steht deshalb von vornherein in der Intention der am Sonnenlauf orientierten Theologie des Jub.[174] Die Methode, nach der Abram unserem Zeug-

---

[173] Vgl. T.M. GREEN: *The City of the Moon God – Religious Traditions of Harran* (RGRW 114), Leiden u.a. 1992, 19-73; Abrams Verhältnis zu Haran wird S. 10ff thematisiert. Zum reichen ikonographischen Befund vgl. KEEL/UEHLINGER 1995, bes. 339ff. Das Material bestätigt den Befund, „daß die Verehrung des Mondgottes von Haran über die assyrisch-aramäische Beamtenschaft nach Palästina vermittelt worden ist" (S. 340).

[174] In diesem Kontext bestätigt sich auch die zunehmende *Solarisierung* der jüdischen Religion zur Zeit des Zweiten Tempels. Schließlich deutet vieles darauf hin, daß JHWH zunächst alle Attribute eines Mondgottes hatte. Vgl. z.B. KEEL/UEHLINGER 1995, 421, die zum „Leuchten" Gottes (vgl. Ps 31,17; 67,2; 80,4.8.15.20; 119,135; Dan 9,17; 10,6) ausführen: „Das recht allgemeine ‚Leuchten', verbunden mit der anthropomorphen Vorstellung von Jahwes ‚Antlitz', dürfte in der EZ [=Eisenzeit] II C aber mindestens so stark mit der Vorstellung von Jahwe als lunar konnotiertem El verbunden gewesen sein [...] – erst recht in der Dunkelheit von Nacht und Grab, wo Jahwes eigenes ‚Antlitz' nun an die Stelle desjenigen der Aschera tritt." Vgl. zur Wahrscheinlichkeit, daß im Juda des siebten Jahrhundert v.u.Z. in Juda JHWH als Mondgott verehrt wurde, ebda. S. 353ff. Besonders die feministische Theologie hat weitere Belege für die Richtigkeit dieser Annahme erbracht, vgl. etwa die Untersuchung des Kultes von En Gedi und die Geschichte um Tamar und Ger aus Gen 38 in WEILER 1990. – Wenn Jub sich gegen die Haran-Tradition Abrams wendet, ist dies demnach ganz im Zeichen kulti-

nis gemäß den Nachthimmel am Neumond untersuchte, deckt sich im übrigen mit der in Babylonien üblichen Rangfolge Sterne–Mond–Sonne, wobei besonders das Verhältnis von Sternen und Mond über die zu erwartenden Verhältnisse Aufschluß gab.[175]

Der zweite Aspekt betrifft nun die Astrologie selber, denn zunächst geht Abram selbstverständlich davon aus, daß aus dem Stand der Sterne Prognosen bezüglich Witterung und Ernte abzulesen sind.[176] Dies wird von seiner inneren Stimme, die auf göttliche Eingebung zurückgeführt wird, ins Lächerliche gezogen: Wenn es Gott gefällt, wird er es – unabhängig vom Planetenstand am Neumondtag – regnen lassen, oder nicht. Die Planeten sind der Willkür Gottes erneut unterworfen, ein Umstand, den die babylonische Astronomie gerade durch den Erweis der Regelmäßigkeit der Sternbewegungen zu beheben trachtete. Die theologische Aussage impliziert, daß es nicht möglich ist, Gott gleichsam „in die Karten zu schauen", zumindest nicht durch astrologische Untersuchungen. Immerhin müssen wir bedenken, daß die „Himmlischen Tafeln", in welche Henoch Einblick erhält, durchaus in Spannung stehen zum Duktus der vorliegenden Stelle, da auch die Tafeln einen prädestinatorischen Hintergrund aufweisen, wie er hier kritisiert wird. Doch während es sich bei Henoch um einen urzeitlichen Weisen handelt, steht Abram für die Anmaßung des Menschen, die Wege Gottes durch Himmelsbeobachtung ergründen zu wollen.

Die Erforschung der Mondwege und das Erstellen von astrologischen Neumondprognosen wird hier abgelehnt und dem Bereich der Sünde zugeschlagen, wobei die überregionale Bedeutung des Mondkultes zu Haran sicherlich wichtigen Anteil an der Abgrenzung hatte. Auch wenn damit folglich nur bestimmte Disziplinen der Sternkunde auf der Anklagebank sitzen, macht der Duktus doch deutlich, daß die Theologen des Jub keine weiteren Differenzierungen im Auge hatten, sondern die Sünde des Babyloniers Abram mit dem Betreiben von Astrologie identifizierten. Die rabbinische Versi-

---

scher Überlegungen zu verstehen! Im Zusammenhang mit dem TestSal werden wir auf diese Thematik erneut zu sprechen kommen (s.u. S. 413). Zur Entstehung der antiken Mondreligionen insgesamt vgl. ZEHREN 1957.

[175] Vgl. BOLL 1931, 4. ALBANI weist darauf hin, daß „im AB [...] die astronomische Wertskala bezeichnenderweise im reziproken Verhältnis zur astrologischen der Babylonier" steht (1994, 260 Anm. 387). Er folgert: „Diese Stelle [Jub 12, 16-18] ist gewissermaßen die Antithese zu 1Hen 80,2ff" (ebda.).

[176] Daß dies auch in Teilen des Judentums im zweiten vorchristlichen Jahrhundert weithin angenommen wurde, beweist die *Schrift des Sem*, die uns im nächsten Kapitel beschäftigen wird.

on der Geschichte stand ihnen offensichtlich noch nicht zur Verfügung, nach der eine klare Trennung zwischen „Abram" und „Abraham" gemacht wird: letzterer kann seine astrologischen Kompetenzen ausspielen, ohne sich den Verdacht kultischer Vergehen zuzuziehen.[177]

Sowohl die Henochtradition als auch die Theologie des Jub gründet auf priesterlichem Erbe, das Spuren mesopotamischer Religiosität trägt. Kvanvigs umfangreiche Analysen haben diesen Befund als sehr wahrscheinlich erwiesen, wobei die Kontinuität von Levi zu Henoch den Schlüssel zum Verständnis darstellt. Kvanvig vermutet, daß „behind the concept Enoch – Levi stood a group of oppositional priests claiming priestly rights because they were the true descendants of Levi." Wenn diese Vermutung richtig ist, spricht alles dafür, „that this group of Levites was the one who created the Enoch traditions in the diaspora and later brought them to Palestine."[178] Zu Recht macht Kvanvig darauf aufmerksam, daß dies nicht mit einer Rehabilitation des levitischen Stammes als Priesterkaste zu tun hat; vielmehr führte es „to an alteration of the Zadokite genealogies making Levi an ancestor of Zakok (cf. 1Chrs 6,1-8)."[179] Die hohe Reputation der Henochastronomie in Qumran findet dadurch eine gute Erklärung.[180] Die Auseinandersetzungen um die kultischen Ebenen der offiziellen Zeitrechnung gewinnen vor diesem Hintergrund scharfe Konturen, was ein erhellendes Licht auch auf die dahinterstehenden Machtfragen wirft.

Wenn man Kvanvigs These weiterverfolgt, so ergibt sich die Möglichkeit, daß der Kultkalender aus Hen und Jub im Tempelbetrieb durchaus angewandt worden ist. Eine Analyse der Qumranschriften erhärtet diese Vermutung.[181] Zumindest wird man unterstellen dürfen, daß es einige Flügel innerhalb der Priesterschicht gegeben hat, die jenen Kalender propagierten, und daß die Auseinandersetzung darüber im Laufe der Zeit an Radikalität zugenommen hat. Jub legt hiervon ein beredtes Zeugnis ab.

---

[177] Dies wird gewöhnlich mit Gen 15,5 erklärt, wonach der Satz „und Gott führte ihn nach draußen" auf das Horoskop Abrams bezogen wird. Vgl. dazu VON STUCKRAD 1996, 141-150. Wir werden unten Kap. VII darauf zurückkommen.
[178] KVANVIG 1988, 331.
[179] Ebda, S. 332.
[180] Vgl. auch RAU 1974, 484f, der das „Haus Henoch" mit priesterlichen Angehörigen der Exilierten verbindet. Zur Diskussion der einzelnen Thesen vgl. zudem ALBANI 1994, 261-264.
[181] Vgl. ALBANI 1994, 284ff. 348.

Im Hinblick auf die Haltung zur Astrologie müssen wir demgegenüber - wie schon bei Hen - als negatives Ergebnis festhalten: Auch das Jubiläenbuch greift die Kunst der Sterndeutung nicht direkt an, sondern implizit im Rahmen der Verurteilung des falschen Kalenders. Der falsche Kalender bildet eine kultische Verunreinigung, eine Vermischung von heilig und profan, welche letztlich in die große Katastrophe mündet. Im Unterschied zu Hen wird die Offensive gegen die Sternkunde deutlicher auch auf die ausgeweitet, welche sich der Erforschung der Planetenwege, besonders aber der Wege des Mondes, widmen. Gleichwohl gilt es festzuhalten, daß hiermit die Astrologie nicht insgesamt aus dem System ausgeklammert wird, sondern aus theologischen Gründen eine Abwertung des Mondes mit gleichzeitiger Konzentration auf die Sonne stattfand.[182] Sobald sich die Astrologie vom Verdacht des Sternkultes freizumachen begann, konnten sich auch die in der zadokidischen Linie der Priesterschaft stehenden Theologen des Jubiläenbuches, namentlich innerhalb des Qumran-*Jachad*, den weiteren astrologischen Tätigkeitsfeldern öffnen.

Jub und Hen sind Dokumente priesterlicher Gruppierungen, die besonders an den kulttheologischen Implikationen der Astrologie interessiert sind. Diese gilt es abzuwehren, was nicht bedeutet, daß Zukunftsschau, die Berechnung des Endes der Welt, Spekulationen über verborgene Dimensionen der geschichtlichen *Jubiläen* und dergleichen von ihnen ebenfalls ausgeklammert wurden. Das Gegenteil ist der Fall, wie sich bei der Untersuchung der Quellen zeigt. Deshalb gibt es keinen Grund, von der Existenz genuin astrologischer Schriften in Qumran auf einen nicht-priesterlichen oder der Qumrantheologie fremden Impetus jener Lehren zu schließen. Ebenso voreilig ist es, der Henochastronomie eine grundsätzlich anti-astrologische Haltung zu unterstellen. Selbst wenn dies auf einige Teile der Priesterschaft zuträfe, konnte die Offenbarung an Henoch doch im Laufe der Zeit ohne weiteres mit astrologischen Lehren verbunden werden.

Dies gilt auch für die radikalere Sicht des Jubiläenbuches: Die Radikalität beschränkt sich nämlich in erster Linie auf die Rolle des

---

[182] Zu einem ähnlichen Ergebnis kommt die Studie ALBANIS: „Vermutlich hat man tatsächlich, wie Rau vermutet, zwischen der Astronomie und kultischer Anwendung streng unterschieden. Auch in Jub 4,17f wird offenbar zwischen dem AB und den kultischen Zeitordnungen differenziert" (1994, 349). Einschränkend müßte man ergänzen, daß zwar im AB kultische Überlegungen fehlen, die allerdings in Jub eine wichtige Rolle spielen.

Mondes innerhalb der henochitischen Astronomie, wenn auch eine Ausweitung auf die Erforscher des Mondes Platz greift. Wie bereits angedeutet, muß der Unterschied zwischen 1Hen und Jub nicht notwendigerweise auf eine innere Entwicklung hindeuten, wie Albani vermutet.[183] Wir können ebenso gut die beiden Schriften als Manifestation des damaligen Kalenderstreits im Judentum auffassen, in dem Jub die strengere Position bezogen hat. Dies deutet auch Rau an, wenn er darauf hinweist,

> daß die Beziehungen, die wir vor allem zwischen dem Henochbuch, dem Jubiläenbuch und der Qumranliteratur nachgewiesen haben, nicht durch die Herleitung dieser Schriften aus ein und demselben Trägerkreis erklärt werden dürfen. Sie müssen – wenigstens z.T. – auf Schulzusammenhänge zwischen durchaus verschiedenen Trägerkreisen zurückgeführt werden.[184]

Die Henochastronomie und ihre Behandlung im Jubiläenbuch zeugen vom Ringen der Frommen in der Zeit des Zweiten Tempels um den Aufweis einer von Gott gesetzten, kosmische Harmonie transportierenden Ordnung, die im kultischen Geschehen auf der Erde, repräsentiert durch den Kalender, sich offenbart. Die Partizipation an dieser Harmonie läßt den Gläubigen zugleich an der gottgefälligen, „gerechten" Lebensweise anteilhaben. Die Astrologie kommt hierbei nur am Rande zur Geltung, was die Leichtigkeit erklärt, mit welcher die Figur Henochs im Laufe der Zeit mit astrologischem Geheimwissen ausgestattet werden konnte, obwohl im Jub eine negative Haltung zur Sterndeutung überwog. Gerade innerhalb der „zwischentestamentlichen" Literatur zeigt sich die Kristallisation astrologischer Lehren an den Helden der urzeitlichen Geschichte.

3. Die Schrift des Sem

Die Gattung der Kalendologien wurde im Zusammenhang mit den Qumrantexten und den Brontologien der Zeit des Zweiten Tempels wiederholt angesprochen. In der *Schrift des Sem* (TrShem) liegt ein ausgesprochen wichtiger Text jener Gattung vor, welcher, obgleich schon seit 1917 bekannt,[185] erst aufgrund der erneuten Bearbeitung

---

[183] S.o. S. 356.
[184] RAU 1974, 485.
[185] Damals legte A. MINGANA seine Übersetzung vor: *Some Early Judaeo-Christian Documents in the John Rylands Library: Syriac Texts, The Book of Shem*

durch James Charlesworth ein größeres wissenschaftliches Interesse fand.[186] Dennoch begnügen sich die meisten Wissenschaftlerinnen und Wissenschaftler mit einer sporadischen Erwähnung der Schrift, eine umfassende Würdigung und literaturkritische Einordnung steht nach wie vor aus.

Bei der Schrift des Sem handelt es sich um eine aus zwölf Kapiteln bestehende Abhandlung. Anhand der zwölf Tierkreiszeichen, von Widder bis Fische, wird ausführlich dargelegt, welche Ereignisse zu erwarten sind, wenn das Jahr im entsprechenden Zodiakalzeichen beginnt. Die Kapitel Wassermann und Fische sind aufgrund eines Abschreibfehlers vertauscht worden, worauf im Dokument ausdrücklich hingewiesen wird. Der Text der Abhandlung ist in einem syrischen ungebundenen Manuskript des 15. Jahrhunderts erhalten, und vieles weist darauf hin, daß auch die Originalsprache semitischer Herkunft gewesen ist (Hebräisch oder Aramäisch/Syrisch).[187] Die Frage nach dem Autor ebenso wie die nach Provenienz und Datierung des TrShem läßt sich nur aufgrund von Indizienketten beantworten. Charlesworth plädiert für einen ägyptischen Hintergrund des Textes, da immer wieder die Nilhochwasser und die landwirtschaftlichen Produkte Nordafrikas Erwähnung finden. Bezugnahmen auf widrige und günstige Wüstenwinde sowie auf Seefahrt (Schiffe, Fischfang etc.) machen es wahrscheinlich, daß *Alexandria* der Entstehungsort des Traktates ist.[188] So einleuchtend diese Diagnose ist, so schwierig läßt sich damit der Sachverhalt erklären, daß im Text wiederholt vom Regen die Rede ist, der ergiebig fallen wird, was auf Ägypten nicht zutreffen kann.[189] Auch die Erwähnung der

---

Son of Noah, Manchester 1917, 20-29 (Einführung und englische Übersetzung); 52-59 (Text); Neuauflage von *Bulletin of the John Ryland University Library of Manchester* 4 (1917), 59-118.

[186] CHARLESWORTH 1987a. Vgl. außer CHARLESWORTH 1977 und 1981 noch ders.: „Rylands Syriac MS 44 and a New Addition to the Pseudepigrapha: The Treatise of Shem", in: *Bulletin of the John Rylands University Library of Manchester* 60 (1978), 376-403. Eine englische Übersetzung findet sich zudem in CHARLESWORTH, *Pseudepigrapha*. Praktisch unverändert präsentiert NESS 1990, 183-189 die Thesen CHARLESWORTHS. Der einzige, welcher TrShem angemessen würdigte, ist GOODENOUGH, *Symbols*, VIII, 199.

[187] Vgl. CHARLESWORTH 1987a, 953.

[188] Vgl. CHARLESWORTH 1987a, 956f.

[189] CHARLESWORTH vermutet: „Vielleicht ist die Erwähnung des Regens eine traditionelle Floskel, die in dieser Art von Schriften angewendet wird. Sie könnte aber auch ein Teilaspekt des Traumes des Autors von einer besseren Zukunft darstellen [...]" (ebda. S. 957 Anm. 13).

Orte Damaskus und Hauran[190] sollte trotz der eindeutigen Konzentration auf Alexandria nicht als unwichtig erachtet werden, solange wir über die exakte Herkunft des Textes nichts Sicheres wissen.[191] Es wird darauf zurückzukommen sein.

Zur *Datierung* des Textes schreibt Charlesworth, es sei nicht möglich, die exakte Abfassungszeit eindeutig zu belegen, „aber es ist durchaus gerechtfertigt, anzunehmen, daß die darin enthaltenen Angaben nicht fiktiv, sondern historisch fundiert sind."[192] Charlesworth gewinnt im Zuge der inhaltlichen Analyse der einzelnen Beschreibungen ein differenziertes Bild der historischen Hintergründe, wobei insbesondere die Schlacht von Aktium im Jahre 31 v.u.Z. eine gewichtige Rolle spielt. Die häufige Erwähnung von Kriegen, bei denen meist die Römer beteiligt sind, lassen in der Tat an konkrete historische Ereignisse denken, die das Verhältnis Roms zu Ägypten prägen. Da für die einzelnen Analysen auf Charlesworth verwiesen werden kann, möge es bei einem Beispiel zur Veranschaulichung bleiben: In TrShem 6, 13-17 wird folgendes vorhergesagt: „Und der König wird mit einem König kämpfen und ihn erschlagen. Und Alexandria wird verloren gehen [...] und viele Schiffe werden zerstört werden."[193] Charlesworth schlägt vor, hierin einen Widerhall der Seeschlacht bei Aktium zu sehen, die Antonius zunächst eine Niederlage einbrachte und anschließend seine Selbsttötung in Alexandria auslöste. Charlesworth zieht den Schluß:

> Aus den oben angegebenen Gründen folgt, daß diese astrologische Schrift ein Jude nach 31 v.Chr., wahrscheinlich in den späten zwanziger Jahren, geschrieben hat, zu einem Zeitpunkt, als der Sieg bei Aktium schon zu einem wesentlichen Bestandteil der römischen Propaganda geworden war.[194]

Kritisch anzumerken ist zur Analyse Charlesworths, daß er seine Prämisse, es handele sich um tatsächlich beobachtete Vorgänge und man den Text ernstzunehmen habe, selber bisweilen übergeht, etwa wenn er zwei Prognosen aus unterschiedlichen Kapiteln – die notwendigerweise unterschiedlichen Jahren zuzuordnen sind! – einfach

---

[190] Vgl. TrShem 1, 11; 7, 20 und 10, 14.
[191] Palästina, das ebenfalls erwähnt wird (Kap. 4, 6 und 11), schließt CHARLESWORTH aus, da von dort nur Übles kommt (1987a, 956f).
[192] CHARLESWORTH 1987a, 954. Aus pragmatistischem Blickwinkel spricht selbstverständlich viel für eine solche Grundannahme.
[193] Ebda. S. 977.
[194] Ebda. S. 956.

auf dasselbe Jahr bezieht.[195] So einleuchtend seine Datierungsvorschläge sind, so widersprüchlich sind die Überlegungen in Einzelfragen.

Festzuhalten ist dennoch, daß die Schrift des Sem, selbst wenn man nicht an der exakten Datierung Charlesworths festhält, in jedem Falle vor dem jüdischen Krieg gegen Rom, der auch in Alexandria zu großen Verlusten führte, entstanden sein muß. Insofern ist die Quelle ein sehr früher Beleg dafür, daß Teile des Judentums ohne jede Bedenken astrologische Techniken adaptierten. „Allein die Tatsache, daß wir die Schrift besitzen, sollte genügen, die kürzlich aufgestellte Behauptung zu entkräften, daß die Astrologie in der jüdischen Tradition nie mehr gewesen sei als eine qumranische oder sektiererische Verirrung."[196]

Wenn wir uns nun inhaltlichen Fragestellungen zuwenden, so können wir die Theorie Charlesworths als relativ gut gesicherte Ausgangsposition betrachten, was uns nicht davon abhalten soll, nach alternativen Erklärungsmöglichkeiten für die mitunter doch sehr schwierigen Omina zu suchen. Besonders die Problematik, welche sich aus der Protasis der einzelnen Kapitel ergibt („Wenn das Jahr im Zeichen x beginnt ..."), erfordert doch deutlich mehr Reflexion, als ihr gemeinhin eingeräumt wird.

3.1. Welcher Jahresanfang ist gemeint?

Die Prognosen des TrShem sind nach einem festen Muster aufgebaut. Die einzelnen Kapitel beginnen stets mit dem Jahresanfang in bestimmten Tierkreiszeichen. Beispielsweise:

> (Kap. 2, 1) Wenn das Jahr im Stier beginnt, wird jedermann, dessen Name ein Beth oder Judh oder Kaph enthält, krank werden oder durch das Eisen verwundet werden. (2) Und es wird Krieg (herrschen). (3) Und ein Wind wird ausgehen von Ägypten und die ganze Erde erfüllen. (4) Und in diesem (Jahr) wird es Weizen geben und reichen Regenfall, aber der Adel des Landes und der Umgebung wird (die Ernte) zerstören. (5) Und [der Regen] in (diesem) Jahr wird nachlassen drei Monate lang, und danach werden die Feldfrüchte ausnehmend teuer sein sechsunddreißig Tage lang. (6) Und viele Leute werden sterben an Hals-

---

[195] So bezieht er die Aussage 3, 6, wonach die Römer die Parther besiegen werden, auf das Jahr 34, als Antonius seinen Sieg über die Meder und Parther feierte. Doch „ebenso paßt der Hinweis in 12:4 gut auf das Jahr 34 v. Chr." (1987a, 955), nach dem Ägypten über Palästina herrschen wird.

[196] Ebda. S. 960. CHARLESWORTH bezieht sich hier auf die Thesen LEHMANNS zu 4Q186, die auch in dieser Studie kritisiert wurden, s.o. IV.4.1.

krankheiten; dann wird die Dürre ein Ende haben. (7) Und das erste Getreide wird in derselben Weise verderben, aber das letzte Getreide wird geerntet werden. (8) Und Gerste und Trockenerbsen werden (auch) geerntet werden. (9) Und Teufel werden die Menschen anfallen, aber ihnen in keiner Weise Schaden zufügen. (10) Und zwei Könige werden sich gegeneinander erheben. (11) Und der große Fluß Nil wird über die Ufer treten. (12) Diejenigen, die auf einem Schiff inmitten der [sic!] Meeres sind, oder Leute, die auf See sind, werden in große Not geraten. (13) Aber am Ende des Jahres wird ein großer Segen sein.[197]

Bevor wir auf die Interpretation der Prognosen selber zu sprechen kommen, müssen wir die zunächst harmlos wirkende Frage beantworten, auf welchen Jahresbeginn in den Kapiteln eigentlich Bezug genommen wird. Auszuschließen ist lediglich die Möglichkeit, daß der Text auf den Frühlingspunkt, also den astronomischen Jahresanfang abhebt, denn dieser verschiebt sich, wie wir wissen, in viel zu großen Intervallen, als daß er für eine so konkrete Prognose interessant sein könnte. Schließlich würde dies dazu führen, die Apodosis des Jahresbeginns im Widder auf gut 2000 Jahre beziehen zu müssen, was offensichtlicher Unsinn ist.

Obwohl Charlesworth diese banale Tatsache ebenfalls erkannte, legt er großen Wert auf die Feststellung, daß TrShem zur Zeit des Übergangs zum Fischezeitalter verfaßt worden ist. „Die ‚Schrift des Sem' scheint ein beispielloser Bericht von dieser gewaltigen Veränderung zu sein, die sich mit dem Vorrücken der Tag- und Nachtgleichen vollzog."[198] Diese Vermutung ist vollkommen unangemessen, da zum einen, wie gesagt, ein solches Verständnis der Apodosen in die Irre führt, und zum anderen die Ordnung des Textes, der schließlich mit dem Zeichen Widder beginnt, kaum als Hinweis auf eine Zeitenwende verstanden werden kann. Auch die von Charlesworth diagnostizierte Verbesserung der Erwartungen von Widder bis zu den Fischen[199] kann ich in den Voraussagen nicht wiederfinden; freilich wird im Jahr der Fische von „Friede und Wohlstand unter den Menschen und Liebe und Eintracht unter allen Königen, die auf der ganzen Erde sind" (TrShem 11, 18), gesprochen – dieses Zitat bringt Charlesworth zur Verdeutlichung –, doch ebenso heißt es für dieses Jahr:

---

[197] Alle Übersetzungen des TrShem folgen CHARLESWORTH 1987a.
[198] CHARLESWORTH 1987a, 965.
[199] „Ursprünglich waren die zwölf Kapitel nach den Eigenschaften der einzelnen Jahre angeordnet, und zwar beginnend mit dem Widder, in dessen Zeichen offensichtlich das schlechteste Jahr anhebt, und kulminierend in den Fischen, in deren Zeichen eindeutig das beste Jahr anfängt" (1987a, 953).

(11, 1) [...] jeder, dessen Name ein Kaph oder Mim enthält, [wird] krank werden und am Ende (!) erschlagen werden [...] (5) Und wenn (die See) wogt, werden Schiffe zerschellen (7) Und (Leute) werden krank werden [...] (10) Es wird Kriege geben und viel Verwüstung in den Städten.

Auch das Jahr des Widders hat nicht nur Negatives aufzuweisen, denn der Roggen wird eine gute Höhe erreichen (1, 3), der Nil wird in ausreichendem Maße über die Ufer treten (1, 4), und trotz des Krieges wird es möglich sein, von dort zu fliehen und befreit zu werden (1, 13). Die Widersprüchlichkeit der Prognosen betrifft im übrigen alle zwölf Kapitel der Schrift des Sem, so daß nicht sinnvoll von einer Entwicklung gesprochen werden kann. Stattdessen sollte man den Blick darauf richten, ob hier möglicherweise traditionelle Zuschreibungen zu den einzelnen Tierkreiszeichen überliefert wurden, die etwa die Verbindung des Widders mit dem Krieg ausreichend erklären können. Dieser Versuch wird unten Kap. 3.2. unternommen.

Wenn wir nach passenden Erklärungen für die Protasen suchen, so bieten sich grundsätzlich vier Alternativen an:

(1) Es handelt sich um den *horoskopos*, also das Zeichen, welches zum Jahresanfang im Osten aufgeht.

(2) Wir legen ein *Wanderjahr* zugrunde, das unterschiedliche Varianten haben kann: (a) das ägyptische 365-tägige Jahr, oder (b) ein lunares Jahr von 354 Tagen. Gemeint ist dann jeweils die Stellung der Sonne in den Zodiakalzeichen am Neujahrstag.

(3) In Analogie zu den Selenodromien könnte man vermuten, es handele sich um die Stellung des *Mondes* zur Zeit des Jahreswechsels (*lunare Tages-Deutung*).

(4) Wenn wir TrShem in Alexandria ansiedeln, muß auch die Möglichkeit eines *Sothisjahres* in Betracht gezogen werden, sei es in der einfachen Version, sei es in der von Parker angeregten um den Neumond erweiterten Fassung.

Überblickt man die bisherige Forschung zu TrShem, so stellt man mit Erstaunen fest, daß die Problematik der genannten Fragestellung überhaupt nicht gesehen wird. Man scheint froh zu sein, daß Charlesworth eine plausible Erklärung vorgelegt hat, die danach lediglich unkritisch rezipiert wird.[200] Die Erklärung Charlesworths erschöpft sich in einer einzigen Stellungnahme: „Der Autor denkt

---

[200] So etwa bei ALBANI 1993, 6 Anm. 13 (wörtlich wiederholt in ALBANI 1994, 343 Anm. 261). Das völlige Fehlen weitergehender Analysen ist umso erstaunlicher, als „[i]m Hinblick auf unsere Frage nach dem Zodiakos in Qumran [...] das von Charlesworth veröffentlichte pseudepigraphe ‚Buch des Sem' bedeutsam [ist], das am deutlichsten in positiver Weise die Zodiakal-

offensichtlich an die Häuser (*Geoarc*) des Zodiakos, die etwa alle zwei Stunden mit der Drehung der Erde um ihre Achse wechseln."[201] Diese Möglichkeit soll zuerst untersucht werden.

3.1.1. Der *horoskopos*

Es wurde bereits darauf hingewiesen, daß die wissenschaftliche Astrologie schon im zweiten vorchristlichen Jahrhundert in der Lage war, die Aufgänge der Tierkreiszeichen exakt zu berechnen.[202] Etwa alle zwei Stunden wechselt der *horoskopos*, d.h. der im Osten sichtbare Zodiakalabschnitt, der zugleich den Aszendenten und die zwölf Häuser in der Genethlialogie definiert. Das wichtigste Zeugnis für die mathematische Beherrschung dieser Rechnung lieferte Hypsikles, ein alexandrinischer Astronom, in seiner Schrift *Anaphorikos*, entstanden um 175 v.u.Z.[203] Wie weit verbreitet die notwendigen

---

astrologie rezipiert hat" (ALBANI 1993, 6). BÖTTRICH (1997, 224 Anm. 9) ist sich der Fragestellung offensichtlich überhaupt nicht bewußt; ebensowenig findet man sie bei NESS 1990, 183-189.

[201] CHARLESWORTH 1987a, 967 Anm. 42. Er ergänzt: „Er bezieht sich nicht auf die Zeichen (*Heliarc*) des Zodiakos, die das Jahr entsprechend der Drehung der Erde um die Sonne in zwölf Teile teilen. Jedes Jahr beginnt in einem anderen Haus, aber die Jahre beginnen in Intervallen von ungefähr 2000 Jahren im selben Tierkreiszeichen. Seit Anfang der historisch erfaßbaren Geschichte haben die Jahre in nur drei Zeichen begonnen: Stier, Widder und Fische." Die Bemerkung J.F. OATES' (ebda. 956 Anm. 12), der Frühjahrspunkt sei „at exactly this time", also ca. 20 v.u.Z., „from the House [sic!] of Aries to Pisces" gewandert, ist irreführend, da sich der Übergang schon viel früher vollzog. Tatsächlich war der Frühjahrspunkt zur Zeit der Großen Konjunktion von Jupiter und Saturn im Jahre –6 bereits auf ca. 28° Fische vorgerückt.

[202] S.o. den *Exkurs 2*.

[203] Ediert von K. MANTIUS: *Des Hypsikles Schrift Anaphorikos* (Programm des Gymnasiums heil. Kreuz), Dresden 1888. Vgl. *BL* 193-199. Der Rechenweg wird demonstriert bei VAN DER WAERDEN 1968, 264f. FRASER kommt ebenfalls auf Hypsikles zu sprechen (1972, I, 435ff), geht offenbar jedoch nur widerwillig auf die von ihm so genannten „false sciences" ein, die er wahlweise auch als „various corrupted sciences" oder „pseudo-sciences" bezeichnet: „There is indeed scarcely a branch of science which did not, in the course of time, produce its own bastard – the fruit of a decline in scientific originality, combined with superstition and philosophical fatalism: astronomy, whose child was astrology and the lore of the horoscope [...] This is not the place to trace the long history of these aberrations" (1972, I, 434). Es ist immer wieder erstaunlich, mit welchen apologetischen Bemühungen kompetente Wissenschaftler und Wissenschaftlerinnen aufwarten, wenn es um die Verteidigung „hellenistischer" Kultur und „Wissenschaft" geht, selbst wenn sie dadurch ihrer historisch-kritischen Methode verlustig gehen. Jeder der zitierten Sätze wird durch eine vorurteilsfreie(re) Forschung widerlegt, wie diese Arbeit hoffentlich zu zeigen vermag. Zu Hypsikles vgl. auch *BL* 263f.

Rechenschritte im ersten vorchristlichen Jahrhundert waren, läßt sich nicht eindeutig eruieren; Tatsache ist, daß die Werke von Manilius, Vettius Valens, Firmicus Maternus und Ptolemaios selbstverständlich davon Gebrauch machen. Im Hinblick auf TrShem ist natürlich der Sachverhalt von Interesse, daß es sich bei dem Werk des Hypsikles um eine Schrift aus Alexandria handelte, die „astronomisch ein interessantes Zwischenglied zwischen babylonischer und hellenistischer Wissenschaft [darstellt]".[204]

Es ist aus diesem Grunde durchaus möglich, schon zu jener Zeit in gelehrten jüdischen Kreisen Alexandrias auf die Kenntnis der astronomischen Voraussetzungen zur Berechnung des *horoskopos* zu stoßen. Dies würde freilich den Kreis der potentiellen Autoren auf die gebildete Oberschicht einschränken, welche tatsächlich Zugang zur neuesten wissenschaftlichen Forschung hatte. Will man diese Einschränkung nicht machen, ist man gezwungen, die Datierung der Schrift zu korrigieren; dann käme lediglich das erste nachchristliche Jahrhundert – also die Zeit vor 70 u.Z. – in Betracht.

Nehmen wir aber für den Moment an, die Datierung Charlesworths sei korrekt und die Berechnung des zu einem gegebenen Zeitpunkt aufgehenden Zodiakalabschnittes den damaligen (jüdisch-hellenistischen) Astronomen möglich, so schließt sich die Frage an, welchen *Zeitpunkt* wir für den Beginn des neuen Jahres zugrundelegen müssen. Nach dieser Methode ist es ja von großer Bedeutung, die exakte Stunde zu kennen, zu der der Jahreswechsel erfolgte. Legen wir nun einen lunaren Kalender zugrunde, der das neue Jahr mit dem Neumond beginnen läßt, so ist der genaue Zeitpunkt einzig durch komplizierte Rechnungen, nicht aber durch die weithin üblichen Beobachtungen zu ermitteln, da diese den Neumond von der Beobachtung der zunehmenden Mondsichel zurückdatieren müssen. In der Praxis ist es immer wieder zu Uneinigkeiten gekommen hinsichtlich der richtigen Neujahrstermine, wie Snaith aufzeigte.[205]

Wenn wir aber die Beobachtung ausschließen, so sind wir erneut auf relativ komplexe Rechnungen verwiesen, diesmal jedoch aus babylonischem Boden erwachsen. Dort waren bereits im vierten vorchristlichen Jahrhundert exakte Ermittlungen des Neumondes möglich.[206] Im ägyptischen Raum dagegen genoß der 365-tägige Kalender eine weitaus größere Akzeptanz, so daß es fraglich ist, ob die alexandrinischen Juden über die Rechenmöglichkeiten babyloni-

---

[204] J. MAU: Art. „Hypsikles", in: *kP* II, 1289f, hier Sp. 1290.
[205] Vgl. N.H. SNAITH: *The Jewish New Year Festival*, London 1947.
[206] Vgl. NEUGEBAUER 1955 sowie VAN DER WAERDEN 1968, 138ff.

scher Provenienz verfügten, oder nicht einfach den Sichelmond beobachteten, um das Neujahr im Nachhinein auszurufen. Letzteres wäre ein Argument gegen die *horoskopos*-These, es sei denn, man siedelte die Autorenschaft in einer Schicht an, die mit der babylonischen Astronomie vertraut gewesen ist. Wir müssen dieses Problem noch zurückstellen, bis wir den ägyptischen Kalender näher betrachtet haben.

3.1.2. Das Wanderjahr

Der schon früh vorherrschende ägyptische Kalender bestand aus 365 Tagen, die sich aus zwölf Monaten zu je 30 Tagen sowie fünf zusätzlichen Tagen, den sog. Epagomenen, zusammensetzten.[207] Da das astronomische Jahr 365,25 Tage dauert, haben wir es mit einem Wanderjahr zu tun, welches alle vier Jahre einen Tag zurückfällt. Auf diese Weise entsteht ein Zeitraum von 1460 Jahren, bis der Neujahrstag wieder mit dem astronomischen Neujahr zusammenfällt. Diese Rechnung verband sich mit einer anderen Tradition, der ein bäuerlicher Kalender mit drei Jahreszeiten zugrundelag – der Zeit der Überschwemmung, des Wachstums und der Hitze. Die Nilflut wiederum wurde durch den heliakischen Aufgang des Sirius angezeigt, ein Ereignis, das stets in den Tagen um den 20. Juli eintrat. Die Periode von 1460 Jahren wird dementsprechend auch *Sothisperiode* genannt (nicht zu verwechseln mit dem *Sothisjahr*, das uns gleich noch beschäftigen wird), denn erst nach diesem Zeitraum entspricht der heliakische Aufgang des Sirius (=Sothis) wieder den astronomischen Gegebenheiten.

Trotz der enormen Stabilität dieses Kalenders gab es für den kultischen Bereich auch noch einen Mondkalender, der bis in die Spätzeit hinein in Gebrauch gewesen ist.[208] Allerdings erwies sich der 365-tägige Kalender als äußerst zählebig, was man daran erkennen kann, daß Ptolemaios III. Euergetes es nicht gelang, im Jahre 238 v.u.Z. einen vierjährlichen Schalttag einzuführen, um die Probleme

---

[207] Vgl. zum ägyptischen Kalender allgemein Neugebauer 1942; Parker 1950; Otto 1966, 747; van der Waerden 1968, 11f sowie J. Beckerath: „Der ägyptische Ursprung unseres Kalenders", in: *Saeculum* 4 (1953), 1-12; ders.: „Bemerkungen zum ägyptischen Kalender", in: *Zeitschrift für ägyptologische Studien* 120 (1993), 7-21; 131-136.

[208] Vgl. Neugebauer 1942, 398f; Ph. Derchain: *Mythes et dieux lunaires en Égypte* (La lune, mythes et rites: Égypte, Sumer, Babylone, Cambodge, Japon, Chine, Sibérie), Sources Orientales 5, Paris 1962, 28-31; Beckerath 1953, 6-9; 1993, 131-136 (s.o. Anm. 207) mit Verweis auf Parker.

des Wanderjahres in den Griff zu bekommen.[209] So bleibt die Tatsache bestehen, daß „[t]his civil calendar was extended over the whole of Egypt, because power was centralised, so that the alternative lunar calendar, according to which religious festivals were established, receded into the background."[210]

Ägypten war demnach das einzige antike Land, welches auf eine lange Tradition des 365-Tage-Jahres zurückblicken konnte. Für unsere Fragestellung mag noch von Interesse sein, daß im fünften vorchristlichen Jahrhundert eine Parallelentwicklung in Rom eintrat, die mit der dezemviralen Kalenderreform auf nicht weniger als die Eliminierung der lunaren Bezugspunkte abhob. „Der revolutionäre Charakter des vorjulianischen Kalenders besteht in seiner Abschaffung echter Mondmonate. Außer in Ägypten kennen wir für keine andere zeitgenössische Kultur einen solchen Schritt."[211] Einschränkend muß indes festgehalten werden, daß wir in Ägypten keinen „Kalenderstreit" feststellen können wie in anderen Kulturen, sondern eine friedliche Koexistenz unterschiedlicher Zeitmessungsmethoden zu verschiedenen Zwecken.[212]

Wenn wir dem TrShem ein ägyptisches Wanderjahr unterlegen, so ist das Ergebnis ähnlich unbefriedigend, wie es beim Frühjahrspunkt gewesen ist: Die „Rückläufigkeit" ist zwar erheblich langsamer, doch es dauert immer noch 120 Jahre, bis die Sonne zu Neujahr in einem anderen Zeichen steht; eine solche Rechnung ergibt für unseren Text keinen Sinn, so daß wir das ägyptische Standardjahr ohne astronomisches Korrelat ausklammern müssen.

Wie sieht es aber nun mit einem *lunaren* Kalender aus, nach dem die Sonne am Neujahrstag weitaus häufiger das Tierkreiszeichen wechselt? Im jüdischen Kontext wurde diesem Kalender bekanntlich

---

[209] Vgl. RÜPKE 1995, 207f Anm. 71 (mit weiterer Literatur). Die angestrebte Schaltpraxis wurde erst zur Zeit des Kaisers Augustus in Alexandria in die Tat umgesetzt, womit der *Alexandrinische Kalender* geboren war, welchen noch Ptolemaios benutzte, vgl. VAN DER WAERDEN 1968, 12f.

[210] BARTON 1995, 20. Ähnlich argumentiert NEUGEBAUER, der darin den entscheidenden Grund für die unterschiedliche Entwicklung in Mesopotamien und Ägypten sieht (1942, 401f). Ansonsten betont er die völlige Unabhängigkeit von 365-Tage-Kalender und Mondkalender: „The key to understanding the origin of the Egyptian calendar seems to me to be the insight into the *independence* of all its elements which we still see in existence in historical times: the Nile, the Sothis star, the fiscal calendar, and the moon" (1942, 403; Hervorhebung im Original).

[211] RÜPKE 1995, 206.

[212] Vgl. NEUGEBAUER 1942, 402, sowie S. 403: „[N]o Egyptian thought about a Sothis-lunar calendar or any analogous construction."

seit früh an der Vorzug eingeräumt, und die henochitische Astronomie rang, wie wir sahen, mit den kultischen Schwierigkeiten eines lunaren Wanderjahres. Erst im Jub ist die Solarisierung des Kalenders eindeutig greifbar. Könnte TrShem ein Mondkalender zugrundeliegen? Wäre dies der Fall, so behielten die einzelnen Apodosen für ungefähr drei Jahre ihre Gültigkeit, da das Neujahr jährlich um zehn Tage nach vorne läuft. Die Voraussagen des Textes umfaßten dann einen Zeitraum von etwa 36 Jahren, was durchaus im Rahmen der Möglichkeit bleibt. Auch Charlesworth datiert die beschriebenen Ereignisse in die „ersten zwei Drittel des ersten Jahrhunderts v. Chr.", kulminierend in der Schlacht von Aktium 31 v.u.Z.[213] Die Prognose in TrShem 12, 4 – „und Ägypten (wird herrschen) über Palästina" –, die Charlesworth auf das Jahr 34 bezieht, als Kleopatra von Antonius die Herrschaft über Palästina übertragen wurde, ließe sich in diesem Sinne durchaus auf mehrere Jahre ausdehnen, eventuell bis ins Jahr 31. Auch die Aussagen in TrShem 1, 5-9 – „Und der König der Römer wird nicht an einem Orte bleiben [...] ein großer Krieg und Elend (werden herrschen) auf der ganzen Erde und vor allem im Lande Ägyptens" – verwiesen dann nicht mehr ausschließlich auf die Schlacht von Aktium, sondern auf einen Zeitraum der wachsenden Spannung, als Antonius mit Kleopatra nach ägyptischem Gesetz verheiratet war (37–30 v.u.Z.). Sogar die Selbsttötung der Kleopatra und des Antonius und die brutalen Maßnahmen Octavians in Alexandria 30 v.u.Z. könnten noch in die Prognose einfließen.[214] Überhaupt sind die kriegerischen Auseinandersetzungen, welche der Text erwähnt, häufig nicht auf ein Jahr beschränkt gewesen, besonders wenn man die Vor- und Nachgeschichte der Kämpfe miteinbezieht.

Diese Überlegungen führen dazu, daß wir einen lunaren Kalender als Grundlage der Schrift des Sem nicht ausschließen können. Das wichtigste Gegenargument wäre die vermutete ägyptische Provenienz des Textes, auch wenn die Ansiedlung in jüdischen Kreisen dies geringfügig zu relativieren scheint.

3.1.3. Die lunare Tages-Deutung

Bei der Untersuchung des Zodiakallunars in 4Q318 (oben Kap. IV.4.2.) ist bereits zur Sprache gekommen, daß sich derartige Omina auf die Stellung des Mondes zum Zeitpunkt der Protasis beziehen

---

[213] CHARLESWORTH 1987a, 954.
[214] Ebenso CHARLESWORTH 1987a, 955, der damit implizit seiner These widerspricht, es handele sich um Aussagen über ein einzelnes Jahr.

lassen, was Albani als „lunare Tages-Deutung" bezeichnet. Auf TrShem bezogen hieße das, wir müßten die Einleitung der Kapitel folgendermaßen verstehen: „Wenn das Jahr beginnt, während der Mond im Zeichen x steht ..." Bei Zugrundelegung des ägyptischen Kalenders bedeutete dies, jedes Jahr auf eine andere Prognose zu stoßen, was natürlich dem Verständnis des Textes sehr gut entsprechen würde. Wir werden uns also zu fragen haben, ob es vergleichbare Texte gibt, die die Verbreitung einer solchen astrologischen Technik belegen können. Interessanterweise werden wir ausgerechnet im ägyptischen Raum der hellenistischen Zeit fündig! Ein Überblick möge dies veranschaulichen:

Die *Mondwahrsagebücher* sind ein zentrales Werkzeug vor allem der Populärastrologie in der Antike gewesen, da auf eine exakte Ermittlung aller Gestirnstellungen verzichtet werden konnte. Was zählte, war allein die Mondstellung in den Zeichen.[215] In diesem Kontext begegnen dann wiederholt Neujahrsprognosen, die mit dem Mondstand zur Zeit des Siriusaufgangs operierten. Damit haben wir einen ersten Hinweis auf den ägyptischen Kulturraum, was seine Bestätigung findet durch die Kenntnis einzelner konkreter Schriften: Das vielleicht berühmteste Werk stammt von *Antiochus von Athen*, dem später von Porphyrius und Rhetorius weithin adaptierten Gelehrten des ersten vorchristlichen Jahrhunderts.[216] Auf die textlichen Schwierigkeiten, die sich der Rekonstruktion des genuinen Antiochus-Werkes in den Weg stellen, kann hier nicht eingegangen werden. Als gesichert kann gelten, daß das Kalendarium, welches dem Antiochus zugeschrieben wird, tatsächlich auf ihn zurückgeht. Darin sind die Phasen der hellsten Sterne vom 1. Januar bis Ende Dezember aufgeführt, bisweilen durch Witterungshinweise komplettiert. „Das würde darauf hinweisen, daß Antiochos zur Zeit der Abfassung des Kalenders in Alexandria gelebt und dort wohl auch seine genaue Kenntnis der dort umlaufenden Astrologumena gewonnen hat."[217]

---

[215] Vgl. GUNDEL 1966, 263 (Literatur).
[216] Zur Person vgl. BOLL 1903, 52ff; CCAG I, 140ff; W. KROLL: Art. „Antiochus", in RE Suppl. IV, 32f bzw. V, 2f; F. CUMONT: *Antiochus d'Athènes et Porphyre* (Mélanges Bidez), Brüssel 1933, besonders 135ff; GUNDEL 1966, 115ff. Die Frühdatierung seines Lebens ist besser abgesichert als die Vermutung, er habe im zweiten Jahrhundert u.Z. gelebt, wie sie sich bei CRAMER 1954, 17 findet. So ist auch die These nicht von der Hand zu weisen, es handele sich um dieselbe Person wie Antiochus von Askalon, den Leiter der Akademie in Athen und den Lehrer Ciceros. Zu dieser Möglichkeit vgl. CUMONT a.a.O. S. 145ff.
[217] GUNDEL 1966, 116f. Die Angaben sind später nach den Erkenntnissen des Ptolemaios revidiert worden.

Was uns hier besonders interessiert, ist die Schrift „Über den Siriusaufgang", die in den antiken Quellen ebenfalls dem Antiochus zugeschrieben wird. Dort bekommen wir einen Eindruck davon, welche Astrologumena im Alexandria jener Zeit zirkulierten. Gedeutet wird der Zodiakalstand des Mondes während des heliakischen Aufgangs des Sirius, was man zu Prognosen für das neue Jahr ausbaute. Die Angaben beginnen mit dem Löwen und enden beim Krebs, was als Hinweis darauf gewertet werden kann, daß Antiochus entweder auf den nicht vorgerückten ägyptischen Kalender als Idealtypus zurückgriff, oder aber vom Sothisjahr Gebrauch machte (s.u. 3.1.4.).[218]

Besonders mit der Mondwahrsagung befaßt ist *Petosiris*, wie uns die Überlieferung berichtet, der in den hermetischen Schriften seit dem dritten vorchristlichen Jahrhundert immer wieder als Garant okkulten Wissens begegnet. Die *Universalastrologie* bzw. die später von Ptolemaios so genannte *Mundanastrologie* stellen sein wichtigstes Forschungsfeld dar.[219] Auch von ihm werden Neujahrsprognosen überliefert, welche die Mondstellung zur Zeit des Siriusaufgangs bewerten.

Die hermetischen *Genika* beschäftigen sich, wie TrShem, ebenfalls mit der Universalastrologie. Wie der Astrologe des Jahres 379 und auch Hephaistion berichten, schließen sich derartige Aussagen an die Himmelsdeutung zur Zeit des Siriusaufgangs an.[220] Zur Datierung solcher Traditionen ist zu sagen, daß das Fehlen von individualastrologischen Überlegungen uns auf jeden Fall vor die römische Kaiserzeit bringt, evt. ins dritte vorchristliche Jahrhundert.

Das vielleicht eindrucksvollste Dokument wurde von G.R. Hughes publiziert.[221] Es handelt sich um einen demotischen Papyrus aus römischer Zeit, der ähnliches Material enthält, wie wir es aus TrShem kennen. Dort heißt es:

---

[218] Der Text wurde ediert von J. BIDEZ/F. CUMONT: *Les mages hellénisés. Zoroastre Ostanès et Hystaspes d'après la tradition grecque*, 2 vols., Paris 1938, II, 178ff (dort auch weitere Literatur).
[219] Vgl. W. KROLL: Art. „Petosiris", in: RE IXX, 1165. Ein Überblick findet sich außerdem bei VON STUCKRAD 1996, 51-53.
[220] Hephaistion I, 23; vgl. A. ENGELBRECHT: *Hephaistion von Theben*, Wien 1887, 82ff; F. BOLL: Art. „Hephaistion von Theben", in: RE XV, 309f; GUNDEL 1966, 15. Der Text folgt nicht dem Wanderjahr, sondern der Beobachtung des Siriusaufgangs am 25. Epiphi (19. Juli). Aufgrund der Stellung der Planeten in den Zodiakalzeichen zu jener Zeit werden Ereignisse in Ägypten und Syrien prognostiziert. Vgl. auch HUGHES 1951, 257.
[221] HUGHES 1951.

(1) The influences of Sothis. If it rises when the moon is in Sagittarius: .... grain in the field [.........] (2) in the country of the Syrian. ... death will occur ... will abound in weakness by night and day. [...] will (3) go ... and he (it) will be filled.

If it (Sothis) rises when Saturn is <in> Sagittarius: The King [will] fight ... of his and he will .... (4) prince in Egypt. Pharaoh [......] will got to ..... The inundation will come to Egypt. [...] (5) will occur in the country of the Parthian.

If it (Sothis) rises when Jupiter is in Sagittarius: The king of Egypt will rule over his (6) country. An enemy will be [his and] he will escape from them again. Many men will rebel against the king. An inundation which is proper is that which comes to (7) Egypt. Seed (and) grain will be high as to price (in) money, which is .... The burial of a god will occupy in Egypt. (8) ... [will come] up to Egypt and they will go away again.

If it (Sothis) rises when Mars is in Gemini: (9) Some men will rebel [against the king of] Egypt in the country of the Syrian. The king will proceed to them (10) with his army. He will fight. The sky abundant with rain will not be able to [occur] in the country of the Syrian. (11) ....[...]..... distress for five months.

If it (Sothis) rises when Venus is in [Gemini: ....].......... (13) The king will do a good thing for Egypt. [........] come at the end of this year ... judgment (14) of Sachmet will occur after ... months [...

If it (Sothis) rises when] Mercury is in Gemini. The whole earth will [...] (18) Grain will be high as to price [(in) money ...] ...

If it (Sothis) rises [when the sun] is in Sagittarius: (19) The king of Egypt will do [......................] in [...[222]

Der Text ist in einem schlechten Erhaltungszustand, was die vielen Lücken erklärt. Die Tatsache, daß nur die Zeichen Zwillinge und Schütze vertreten sind, läßt sich mit der Stellung des Fixsterns Sirius in den Zwillingen erklären, die bei seinem heliakischen Aufgang demnach den Aszendenten bilden (mit Schütze entsprechend am Deszendenten). Die Prognosen beschränken sich offensichtlich auf die Planetenstellungen, welche eine Opposition bzw. eine Konjunktion mit Sirius zu dieser Zeit bilden. Diese durchaus plausible These von Hughes[223] hat allerdings das Problem zu gewärtigen, daß die

---

[222] *Papyrus Cairo* 31222 des Ägyptischen Museums in Kairo. Der Papyrus wurde zuerst ediert von W. SPIEGELBERG: *Die demotischen Denkmäler II*, Strassburg 1906–1908, 309 bzw. Tafel CXXXIX. Übersetzung nach HUGHES 1951, 258f. Vgl. zu diesem Fragment CRAMER 1954, 16; BARTON 1995, 24.
[223] Vgl. HUGHES 1951, 256f.

Sonne zu dieser Zeit nicht im Schützen sein kann. Hughes hält dennoch an der Ergänzung in Z. 18 fest mit der Erklärung, „that it marks the beginning of a new section in which opposition to Sothis takes the place of conjunction and vice versa." Das Thema des Textes ist demnach „the significance of conjunction and opposition (and possibly, in lost portions, of other aspects) of the seven planets with Sotis at its rising." [224]

Die Übereinstimmungen mit den Prognosen des TrShem sind in mehrfacher Hinsicht spürbar: Bei beiden spielt allein die mundanastrologische Ebene eine Rolle, d.h. die erst später entwickelte Individualastrologie kommt noch nicht zum Tragen, was eine Frühdatierung wahrscheinlich macht. Beide interessieren sich für die Schicksale von Königen und Staaten, für wirtschaftliche Entwicklungen wie die Preise in Import und Export, und nicht zuletzt für landwirtschaftliche und meteorologische Aussichten.

Was im vorliegenden Papyrus indessen fehlt, sind die wiederholten Aussagen über das Nilhochwasser, den Regen (er wird nur in Zeile 10 genannt) und die Winde, welche sich in der Schrift des Sem finden. Dies mit dem fragmentarischen Zustand des Textes zu erklären, erscheint nicht ausreichend. Ein weiterer Unterschied besteht in der Hinzunahme der anderen Gestirne im demotischen Text; das darf allerdings nicht überschätzt werden, da die üblichen Techniken ungemein variabel waren, wie die anderen Paralleltexte zeigen. Schließlich ist es ohne weiteres denkbar, daß die jüdischen Autoren des TrShem dem Mond aufgrund ihres religiösen Erbes den Vorzug gaben. Auch der Laiencharakter der Schrift des Sem spricht für eine Vereinfachung des Schemas. Jene Vereinfachung kommt endlich darin zum Ausdruck, daß es in der jüdischen Schrift nicht um Aspekte zu Sirius geht, sondern lediglich um die Stellung des Mondes.[225]

Nun wäre es verlockend, die einzelnen Apodosen auf Übereinstimmungen zu untersuchen. Aber wie wir noch feststellen werden (s.u. 3.2.), haben wir es bei dieser Art Literatur mit dermaßen

---

[224] HUGHES 1951, 257 unter Berufung auf O. NEUGEBAUER.
[225] Ohnehin muß man gegen die von HUGHES (bzw. NEUGEBAUER) vorgeschlagene Lösung, es handele sich um Aspekte zu Sirius, die Tatsache bedenken, daß eine Stellung der Planeten im gegenüberliegenden oder im selben Zeichen noch keineswegs zu einer Opposition resp. Konjunktion führt. Hier kommt wohl doch der übliche Tenor zum Tragen, die ägyptische Astrologie sei vollkommen unterentwickelt gewesen, ein Tenor, den vor allem NEUGEBAUER in seinen Schriften vertritt. Zur kritischen Hinterfragung dieser Position vgl. LEITZ 1989.

disparaten Aussagen zu tun, daß – abgesehen von einigen kontinuierlichen Grundpositionen – auch bei nachweislich zusammenhängenden Traditionslinien einheitliche Deutungen allenfalls durch Zufall begegnen.[226] Erst die Systematisierung durch spätere Wissenschaftler, namentlich durch Ptolemaios, haben zu einer Vereinheitlichung des Wissens geführt.

Die umfangreiche Literatur, die sich im Ägypten des ersten vorchristlichen Jahrhunderts mit Jahresprognosen dieser Art auseinandersetzte, sowie die Tatsache, daß es sich dabei um eine Lehre handelte, an der auch Laien ohne weiteres partizipieren konnten, stellen die Schrift des Sem in einen hochinteressanten Kontext. Nicht nur wird die Datierung Charlesworths dadurch gestützt, sondern wir erhalten zusätzliche Hinweise auf das Milieu, in dem sie entstanden ist. War es bislang vor allem die gelehrte Oberschicht Alexandrias, die in Frage kam, können jetzt auch andere Kreise in Betracht gezogen werden (was erstere freilich nicht ausschließt). Eine abschließende Bewertung können wir jedoch erst versuchen, wenn wir die inhaltliche Dimension des Textes ausgelotet haben.

Die lunare Tagesdeutung, verbunden mit dem ägyptischen Jahr, hat sich nach Sichtung des Materials als bislang wahrscheinlichste Möglichkeit erwiesen, die Protasen der Schrift des Sem einzuordnen. Im Zuge unserer Argumentation konnten wir überdies auch die Datierung und Verortung des Textes weiter festigen.[227] Es ließen sich noch andere Schriften heranziehen, die in unmittelbarem oder mittelbarem Zusammenhang zu den Mondwahrsagebüchern standen, und die unseren Befund weiter zu erhärten vermöchten. Zu erinnern ist besonders an die oben IV.4.2. aufgeführten Selenodromien, die erstaunliche Ähnlichkeiten zum TrShem aufweisen. Nur ein weiteres Beispiel sei genannt: In griechischer Sprache enthalten die sog. *Geoponica* folgende Vorhersagen:

---

[226] Auch HUGHES muß feststellen, daß ein Vergleich zwischen Hephaistion von Theben und dem Papyrus Cairo 31222 kaum weiterhilft: „At no point are the predictions for the same heavenly body in the same sign identical, and in only one instance are they reasonably similar" (1951, 257).

[227] Es muß allerdings eingeräumt werden, daß diese Argumentation etwas Zirkuläres hat, da wir von der Hypothese ausgehen, es handele sich um eine alexandrinische Schrift des ersten vorchristlichen Jahrhunderts. Ebenso gut könnte man die babylonischen Omina als Vergleich heranziehen und eine Adaptation an ägyptische Verhältnisse (Nilhochwasser etc.) konstatieren. Auf diese Ähnlichkeit macht beispielsweise CRAMER (1954, 16) aufmerksam. Am Ergebnis allerdings ändert sich dadurch nichts, weil wir die Endgestalt immer noch in Ägypten vermuten müssen.

Wenn es donnert, während sich der Mond im Stier aufhält, so bedeutet das Vernichtung des Weizens und der Gerste, sowie Ansturm von Heuschrecken. Am königlichen Hof aber wird Freude sein. Die hingegen gen Osten wohnen, werden Trübsal und Hungersnot haben.[228]

TrShem ist ohne Zweifel in eine solche Deutungstradition einzuordnen, wobei es äußerst schwierig ist, einzelne inhaltliche Entwicklungen voneinander zu trennen. Dies bringt schon die Art der Deutung mit sich: Da hier ein *senkrechtes Weltbild* zugrundeliegt, wie es besonders in der hermetischen Tradition erarbeitet wurde, lassen sich dieselben Deutungsmuster auf gänzlich unterschiedliche Bereiche anwenden, etwa das Auftreten von Donner oder den Aufgang des Sirius.

3.1.4. Das Sothisjahr

In verschiedenen Texten des Mittleren und des Neuen Reiches wird Sirius als der „Bringer des neuen Jahres" gepriesen.[229] Das Morgenerst des Sirius erscheint dabei als der „Anfang des Jahres", was zu unterschiedlichen Positionen innerhalb der Forschung geführt hat. Wir wollen diese Diskussion nicht im einzelnen verfolgen, sondern an dieser Stelle allein die Frage diskutieren, ob dem TrShem ein „echtes" Sothisjahr zugrundeliegen könnte. Die Schlichtheit eines solchen Jahres spricht dafür, daß es in Ägypten (vielleicht nicht nur dort) allenthalben verbreitet war. Man beobachtet einfach die erste Sichtbarkeit des Sirius am Morgen und ruft das neue Jahr aus; da das Datum dieses Ereignisses relativ gleichbleibend ist, hat man kaum Schwierigkeiten zu gewärtigen.

Hat man einmal das Wanderjahr, so kann man die Schätzung sogar noch genauer machen. Der nächste Siriusaufgang hat im Wanderjahr ungefähr das gleiche Datum wie der vorige, mit einer möglichen Abweichung von nur wenigen Tagen. Die Behörden können also ein für allemal festsetzen, dass das Fest des Jahresanfangs in der Regel am gleichen Datum gefeiert werden soll wie im Jahr zuvor; nur muss man im Durchschnitt alle vier Jahre das Datum um einen Tag verschieben. Die Verschiebung kann von Fall zu Fall auf Grund einer Beobachtung des Siriusaufgangs angeordnet werden. Astronomische Kenntnisse sind dazu nicht erforderlich.[230]

---

[228] Textausgabe von H. BECKH: *Geoponica*, Leipzig 1895, 19f; zitiert nach ALBANI 1993, 13. Vgl. die Prognose, „große Heuschrecken werden kommen", in TrShem 7, 8.

[229] Vgl. zum folgenden die Literatur oben Anm. 207 sowie VAN DER WAERDEN 1966, 10ff.

[230] VAN DER WAERDEN 1966, 12. Die Frage, warum die Ägypter diese Jahreszählung nicht den bäuerlichen oder kultischen Kalenderanforderungen an-

Dieses System ist in seiner Praktikabilität bestechend, zumal noch nicht einmal das Wanderjahr von 365 Tagen dafür eine Voraussetzung bilden muß. Ohne das Wanderjahr rechnet man einfach zwölf Mondmonate und acht bis 14 Tage vom letzten Siriusaufgang aus, um den nächsten Neujahrstermin zu bekommen.

Fragen wir uns erneut, ob ein solcher Kalender der Schrift des Sem sinnvoll unterlegt werden kann. Da der Sonnenstand zum Neujahrstermin konstant in dieselben Zeichen fällt – es kann nur einen Wechsel zwischen Krebs und Löwe geben –, müssen wir auch bei einer solchen Rechnung eine weitere astronomische Größe hinzuziehen, um die Diversifikationsmöglichkeiten des Textes zu erhalten. Der Mond bietet sich hierzu aufgrund der weiten Verbreitung seiner Beachtung sowie der ohne Aufwand durchzuführenden Beobachtung am ehesten an. Gerade der Mond ist es, dem R.A. Parker in seiner aufschlußreichen Untersuchung größere Aufmerksamkeit schenkt, als dies gemeinhin der Fall war.[231] Parker vermutet, der Neujahrstermin korreliere nicht mit dem Morgenerst des Sirius, sondern mit dem Tag des Verschwindens des Mondes nach diesem Ereignis, also der folgenden Dunkelmondphase. Dies würde dazu führen, daß in Ägypten jedes Jahr entweder 12 oder 13 Mondmonate enthalten haben muß.

Selbst wenn ein solcher Kalender Beachtung gefunden haben sollte, kann er dem TrShem nicht zugeschrieben werden, und zwar aus einem einfachen Grund: Der dem heliakischen Siriusaufgang folgende Neumond kann ebenfalls allein bei einem Zodiakalstand der Sonne im Krebs oder im Löwen stattfinden. Das zusätzliche Korrelat – der Mond – fiele bei einem solchen Kalender indessen fort, weil er sich in Konjunktion mit der Sonne in eben jenen Zeichen befände. Nach einem alternativen Korrelat zu suchen (etwa Jupiter oder Saturn als „Planet der Juden"), erscheint m.E. zu weit hergeholt, so daß wir diese Möglichkeit ausklammern müssen.[232]

---

paßten, wird von NEUGEBAUER mit der einfachen Erklärung beantwortet: „[A]stronomers are practical-minded people who do not connect more or less mystical feelings with the calendar, as the layman frequently does, but who consider calendaric units [...] as nothing but conventional units for measuring time" (1942, 396). Dies sei der Grund dafür, warum jener Kalender von Ptolemaios und sogar noch von Kopernikus 1543 verwendet wurde.

[231] Vgl. PARKER 1950.
[232] Freilich würde es auch zu weit gehen, diesen Schluß als Falsifizierung der PARKERschen Hypothese umzukehren.

3.1.5. Ergebnisse

Wir wollen nun die Ergebnisse der Sichtung unterschiedlicher Kalendergrundlagen für die Schrift des Sem zusammenfassend bewerten. Die Ansicht von Charlesworth, der sich die meisten angeschlossen haben, die Protasen der Schrift bezögen sich auf den *horoskopos*, ist alles andere als abgesichert. Dies gilt insbesondere für den Fall, daß das neue Jahr vom Neumond eingeleitet wird, da die Beobachtung nicht zu einem exakten Ergebnis führt, während für eine Berechnung die astronomische Kompetenz kaum ausgereicht haben dürfte.[233] Allerdings können wir nicht ausschließen, daß sich der Neujahrstermin aufgrund des ägyptischen Wanderjahres ergab und nicht entsprechend dem Neumond: In diesem Falle bräuchte man lediglich zur Jahreswende zu überprüfen, welcher Zodiakalabschnitt gerade im Osten aufging. Diese Möglichkeit ist nicht von der Hand zu weisen, doch leider gibt es, soweit ich sehe, keine vergleichbaren Texte, die eine solche Vorgehensweise nahelegen.

Was das Wanderjahr (ohne Korrektiv) angeht, so stellte sich allein ein *lunarer Kalender* als realistische Alternative heraus. Der besondere Vorzug dieser Lösung wäre der, daß wir die Aussagen des Textes „wenn das Jahr im Zeichen x beginnt ..." wörtlich verstehen können, da sie sich auf die Sonnenstellung beziehen lassen. Bei allen anderen Variationen muß der Text in geeigneter Weise ergänzt werden (übrigens auch bei der *horoskopos*-Theorie Charlesworths). Die These gewinnt zusätzliches Gewicht dadurch, daß wir es mit einer jüdischen Schrift zu tun haben, die also in einer lunaren Kalenderlinie beheimatet ist. Auch in Ägypten wurde der Mondkalender verwendet, wie wir sahen. Allerdings beschränkte sich sein Gebrauch auf den kultischen oder auch privaten Bereich und wurde bald ganz an den Rand gedrängt.

Um der Schrift des Sem einen lunaren Kalender zu unterlegen, müssen wir also davon ausgehen, die Autoren hätten eine Spezialtradition überliefert, die in ihrem sozialen Umfeld kaum Beachtung

---

[233] NEUGEBAUER stellt fest: „The actual behavior of the moon is so complicated that not before the very last centuries of Babylonian history was a satisfactory treatment of the movement of the sun and the moon developed sufficiently accurate to predict the length of the lunar months for an appreciable time in the future" (1942, 400). Auch wenn die Sichtweise hinsichtlich Babylonien heute nicht mehr so skeptisch ist, dürfte der Befund auf die ägyptische jüdische Bevölkerung – selbst in Alexandria – noch bis in römische Zeit hinein Gültigkeit besessen haben. Dies lag nicht zuletzt auch an den systemischen Grenzen ägyptischer Mathematik, vgl. BARTON 1995, 19.

fand. Dies allerdings erscheint nicht gerechtfertigt, denn schließlich ist der Text eingebettet in eine größere Deutungstradition, die diverse in Alexandria und anderswo zirkulierende Literatur hervorbrachte, welche sich in erster Linie an Laien und „semiprofessionelle" Astrologinnen und Astrologen wandte. Daß dieser Tradition ein Mondkalender zugrundelag, ist kaum anzunehmen. Schließlich muß auch für die lunare Variante festgestellt werden, daß Paralleltexte für Ägypten fehlen.

Die einzige Möglichkeit, Vergleichstexte ins Feld zu führen, besteht bei einer Kombination zwischen Neujahrstermin und Mondstellung, also der *lunaren Tages-Deutung*. Der besondere Vorteil dieser Erklärung besteht in der Kompatibilität mit dem ägyptischen Jahr, wie es weithin Verwendung fand. Für das Sothisjahr, d.h. die innerägyptische Alternative, trifft dies ebenso zu, so daß wir in der Tat von einer universellen Anwendungsmöglichkeit sprechen können. Dazu kommt, daß für eine solche Interpretation des TrShem keinerlei astronomische Spezialkenntnisse erforderlich sind, da die einfache Beobachtung des Mondes ausreicht. Wir brauchen also – im Gegensatz zur *horoskopos*-Theorie – nicht nach astrologischen Fachleuten innerhalb des ägyptischen Judentums Ausschau zu halten. Gerade die Mondwahrsagebücher zirkulierten ja innerhalb einer breiteren Laienbewegung, ein Umstand, der sich anhand unserer inhaltlichen Untersuchung noch vertiefend aufzeigen läßt.

Aus diesen Gründen halte ich es für gerechtfertigt, die Aszendententheorie zugunsten einer lunaren Tages-Deutung fallenzulassen. Aufgrund der vielen lokalen und temporalen Parallelen ist diese Erklärung auch der Theorie des Mondkalenders vorzuziehen. Der Vorzug, daß wir die Protasen nicht ergänzen müssen, wiegt die Argumente dagegen m.E. nicht auf.

3.2. Inhaltliche Untersuchung

Die Schrift des Sem ist in einer Zeit entstanden, in der das astrologische Denken bereits über eine riesige Menge überlieferter Deutungstechniken verfügte. Von Anfang an folgte die astrologische Forschung dem Prinzip, aufgrund von Koinzidenzien zwischen Himmelsbewegungen und mundanen Ereignissen gewisse Regeln abzuleiten, die bei späterer Wiederholung der Sternkonstellationen überprüft und gegebenenfalls verbessert wurden.[234] Hierin ist ein wesent-

---

[234] Dies nenne ich eine *wissenschaftliche Tätigkeit*; es verwundert also nicht, daß die Römer die Astrologie unter den *artes* führten. Umso bezeichnender

licher Grund für die erstaunliche Kontinuität der zentralen astrologischen Deutungslinien zu sehen.[235] Wenn wir also einen astrologischen Text der Antike betrachten, so müssen wir sowohl nach damals üblichen Deutungsmustern als auch nach individuellen oder auf konkreten historischen Ereignissen beruhenden Aussagen suchen. Charlesworth beschränkt sich in seiner Analyse der Schrift des Sem auf den zweiten Schwerpunkt, wobei er den Eindruck vermittelt, die Autoren hätten in ihren Text lediglich einschneidende politische Vorgänge ihrer Zeit einfließen lassen, ohne auf eine längere Tradition zu rekurrieren. Eine solche einseitige Perspektive führt dazu, daß Charlesworth wichtige Details übersieht, die nicht etwa mit einer unterstellten Entwicklung vom Schlimmen zum Guten – Widder bis Fische – zusammenhängen (s.o.), sondern direkt aus der üblichen Deutung einzelner Tierkreiszeichen erschlossen wurden. Wenn die Autoren gleichsam im luftleeren Raum geschrieben hätten, bräuchten sie nicht das Genre der astrologischen Prognosetechniken zu bemühen, um ihre Meinung über politische Entwicklungen zum Ausdruck zu bringen.

Ich möchte deswegen den Text einmal daraufhin untersuchen, ob vielleicht Interpretamente zu erkennen sind, die in eine breitere astrologische Tradition eingeordnet werden können. Dies wird uns auch einen weiteren Hinweis darauf geben, welche astrologische Kompetenz wir den Autoren zubilligen dürfen, bzw. in welchen Kreisen die Schrift des Sem anzusiedeln ist. In einem zweiten Schritt wird sodann die theologische Bedeutung zu eruieren sein, denn schließlich möchten wir den Diskursbeitrag unseres Textes zur astrologischen Debatte innerhalb des Judentums näher charakterisieren.

3.2.1. Die Deutungen im Lichte der astrologischen Tradition
Seit der Zeit der babylonischen Ominadeutungen verband man die verschiedenen Zodiakalzeichen mit bestimmten Eigenschaften. Diese hatten ihre Entsprechungen auf gänzlich unterschiedlichen Ebenen, etwa der politischen, der landwirtschaftlichen, der körperlichen oder

---

ist es dagegen, daß selbst um Neutralität bemühte Wissenschaftlerinnen und Wissenschaftler diese Zuordnung nicht übernehmen möchten; vgl. etwa NESS 1990, der „scientific" meist in Anführungszeichen setzt.

[235] Auch Ptolemaios profitierte nach eigenem Zeugnis von den in Babylonien geführten astronomischen Tagebüchern (vgl. *Syntaxis* III, 7). Zur empirischen Methode in der Astrologie sei an Vettius Valens erinnert, der die vielen Horoskope seiner Sammlung in der Regel *ex post facto* deutete, nicht um Eindruck zu machen, sondern um die Qualität der Deutungsregeln zu verbessern; vgl. VON STUCKRAD 1996, 65 und 82-84.

individuellen. Die Begegnung mit dem hermetischen Denken Ägyptens brachte das zur Blüte, was (nicht nur) in dieser Arbeit als „senkrechtes Weltbild" bezeichnet wird. Wenn wir also in astrologischen Deutungen auf scheinbar disparate und unzusammenhängende Einzelprognosen treffen, so erschließt sich der Sinn des Ganzen in dem Moment, wo wir ein Entsprechungsdenken an den Text herantragen. Dasselbe gilt auch für die Schrift des Sem, denn völlig unterschiedliche Aussagen stehen kommentarlos nebeneinander, was den Eindruck sinnloser Aneinanderreihung entstehen läßt. Ein Teil der Aussagen allerdings kann ohne weiteres in astrologische Deutungstraditionen eingereiht werden, wie die folgende Übersicht zeigt.

Das Zeichen *Widder* steht im TrShem für ein sehr negatives Jahr, was der allgemeinen Einschätzung dieses Zodiakalzeichens in der Antike entspricht. Dies gilt besonders für die Rede vom Krieg:

(1, 9) Und das Jahr wird schlecht sein, denn ein großer Krieg und Elend (werden herrschen) auf der ganzen Erde und vor allem im Lande Ägyptens.

Daß in einem „Marsjahr" – der Mars ist der Regent des Zeichens Widder – eine solche Aggression zu erwarten ist, paßt nahtlos in die antike Astrologie hinein.[236] Der „rote Planet" stand seit jeher für Blut, Feuer und Eisen. Eine Reminiszenz an diese Attribute könnte man in dem Satz finden: „(1, 6) Und die Sterne des Himmels werden in feurigen Funken auseinanderstieben [...]". Die anderen Prophezeiungen des „Widderjahres" lassen sich jedoch kaum mit der Tradition in Einklang bringen. So würde man die „Verletzung durch das Eisen", die dem Stier zugeordnet wird (2, 2), eigentlich beim Widder erwarten. Auch die übliche Zuordnung in der *Melothesie* – dem Verhältnis zwischen Planet/Zeichen und Körperteil[237] – ist im TrShem

---

[236] Vgl. *BL* 422-425. Zur Unterscheidung zwischen „Planeten von Krieg und Haß" und „Planeten von Frieden und Liebe" vgl. Manilius, *Astron.* II, 608-641. Saturn hat im allgemeinen einen ähnlich schlechten Ruf gehabt wie Mars, vgl. neben Manilius auch Cicero, *div.* I, 85; Plutarch, *De Iside et Osiride* 18. Auch in der Dichtung sind diese Motive weit verbreitet gewesen: Horaz, *Oden* II, 17; Tibull I, 3,17; Ovid, *Ibis*, Zeile 209ff; Juvenal, *Sat.* VI, 569; Properz IV, 1, 83; Lukan, *Bellum civile* I, 651. Vgl. KLIBANSKY/PANOFSKY/SAXL 1990, 219f.

[237] Exemplarisch sei hier Manilius *Astron.* IV, 704-709 genannt: *namque Aries capiti, Taurus cervicibus haeret, bracchia sub Geminis censentur, pectora Cancro, te scapulae, Nemeaee, vocant teque ilia, Virgo, Libra colit clunes et Scorpios inguine regnat, et femina Arcitenens, genua et Capricornus amavit, cruraque defendit Iuvenis, vestigia Pisces.* Dieselbe Darstellung gibt Manilius in II, 453-466; vgl. zudem *BL* 319-325. Vgl. auch die Auflistung bei Paulus

durchbrochen; die dem Widder unterstellte Kopfzone findet sich im Jahr des Löwen: „(5, 10) Und die Menschen werden Kopfschmerz(en) haben."

Die körperliche Zuordnung stimmt wiederum im zweiten Kapitel, wo es unter dem Stichwort *Stier* heißt: „(2, 6) Und viele Leute werden sterben an Halskrankheiten." In diesem Abschnitt des TrShem findet sich auch eine konkretere astrologische Angabe über die Dauer einer prognostizierten Wirkung: „(2, 5) Und [der Regen] in (diesem) Jahr wird nachlassen drei Monate lang, und danach werden die Feldfrüchte ausnehmend teuer sein sechsunddreißig Tage lang." Besonders die 36 Tage sind für die Lokalisierung des Textes von Interesse, nehmen sie doch höchstwahrscheinlich Bezug auf die ägyptische Dekanlehre. Inwieweit allerdings ein inhaltlicher Zusammenhang hergestellt werden kann, ist fraglich.

Die meisten Übereinstimmungen mit der traditionellen Astrologie finden wir für das Zeichen *Skorpion*. Nach klassischer Auffassung hat dieses Zodiakalzeichen mit allen Wandlungsvorgängen zu tun, d.h. mit Krankheit, Tod, Ausscheidungs- und Sexualorganen. So paßt es recht gut, wenn es heißt:

(8, 4) Und Krankheit wird herrschen unter Frauen, die schwanger sind.

(8, 8) Und Geschwüre werden sich bilden in den Körpern der Menschen, aber werden ihnen nicht schaden.

(8, 12) Und jeder, der im Skorpion geboren ist, (wird) (seine Geburt) überleben, aber am Ende des Jahres wird er getötet werden.

Dieser Passus enthält übrigens den einzigen Hinweis des TrShem auf die Genethlialogie. Dieser Zweig astrologischer Forschung war demnach den Autoren durchaus nicht unbekannt, und die Färbung der Prognose läßt den Verdacht aufkommen, daß sie auch hier über gewisse – wenn auch nur rudimentäre – Kenntnisse verfügten.

Die genannten Übereinstimmungen mit der Tradition sind allerdings schon alles, was wir der Schrift des Sem diesbezüglich entlocken können. In allen Kapiteln gibt es daneben Aussagen, welche sich in keiner Weise mit den überkommenen Deutungsmustern in Deckung bringen lassen oder diesen sogar entgegenstehen. Nun gilt es freilich

---

von Alexandria, s. BOLL 1903, 471ff („Bei den Astrologen gab es eine ziemlich feste Reihe der 12 Körperteile, die den 12 Zeichen des Zodiacus untergeordnet wurden" [471]). Die Dekanmelothesie als besondere Spezialität ägyptischer Astrologie wird uns im Zusammenhang mit dem TestSal noch ausführlicher beschäftigen.

zu bedenken, daß es im ersten vorchristlichen Jahrhundert an systematischen Untersuchungen und Zusammenfassungen fehlte, bzw. eine solche Professionalität auf wenige spezialisierte Personenkreise begrenzt war. So begegnet uns in den meisten Astrologumena jener Zeit eine wenig koordinierte und stringente Deutungstechnik, die mit der späteren – etwa bei Ptolemaios – nicht gleichzusetzen ist. Viel eher wird man davon auszugehen haben, daß die Schrift des Sem einem Laienmilieu entstammt, das die in Alexandria zweifellos zirkulierenden Omina und Astrologumena vor dem Hintergrund der eigenen Interessen adaptierte und weiterformte. Tamsyn Barton kommt zu einem ähnlichen Ergebnis:

> The apparently primitive nature of texts [i.e. die genannten Papyri, KvS] clearly does not help dating, since old and new styles and methods seem to have coexisted. The impression given by such texts is of lack of contact with astrology proper. [...] The beginnings of recognisable Hellenistic astrology have long been located by scholars in the Hellenised milieu of Alexandria, and are taken to be exemplified by a group of theoretical astrological works, whose origins are difficult to date. The context of these can only be understood by considering the corpus of texts to which they belong, that is the ‚Hermetic' treatises.[238]

Derselbe Hintergrund ist auch für unsere jüdische Schrift anzunehmen, wobei neben traditionellen Anteilen auch historische Ereignisse und speziell jüdische Schwerpunkte (s.u.) im Text weithin aufgingen, was eine spätere Trennung ungemein schwierig macht.

Nun könnte man freilich auch annehmen, die tatsächlichen Ereignisse der jeweiligen Jahre hätten die traditionelle Deutung überlagert, und die Autoren hätten nicht allgemeine Regeln für Wiederholungsfälle im Auge, sondern berichteten über die Geschehnisse – und ihre eigenen religiösen Erwartungen – lediglich in Form eines astrologischen Traktats. In der Tat scheint Charlesworth von einer solchen Interpretation geleitet zu sein. Doch obwohl diese Intention der Autoren nicht auszuschließen ist und die fehlende Übereinstimmung mit der Tradition zu erklären vermöchte, fragt man sich erneut, warum die Autoren eine solche Darstellungsform gewählt haben. Wir werden darauf zurückzukommen haben.

Bevor wir aber die inhaltlichen Ebenen im Hinblick auf ihre theologischen Implikationen ausloten, sei noch auf ein ebenfalls im TrShem enthaltenes astrologisches Spezialgebiet verwiesen, nämlich die Zuordnung der Zeichen zu bestimmten *Ländern*. Es ist ja auffällig, daß

---

[238] BARTON 1995, 25.

manche Jahre für einzelne Weltreiche oder Landstriche vorteilhaft verlaufen sollen, andere dagegen schwierig. Dieses Forschungsgebiet wurde von Ptolemaios als die vordringlichste Aufgabe der Astrologen bezeichnet, weshalb er das ganze zweite Buch seiner *Tetrabiblos* diesem Thema widmete.[239] Doch schon zuvor galt diesem Deutungszweig das besondere Interesse der Astrologinnen und Astrologen (und der Politiker!), so daß es interessant erscheint, das TrShem daraufhin zu untersuchen, ob hier ein gewisses Schema zu erkennen ist, oder ob vielmehr die tatsächlichen Ereignisse der jeweiligen Jahre die Systematik überdeckt haben könnten.

Obwohl bereits in Mesopotamien umfangreiche Studien die Korrelation von Ländern und Sternzeichen betreffend angestellt wurden, verdanken wir die erste systematische Darstellung dieses Themas Manilius. Die im vierten Buch seiner *Astronomica* (IV, 485ff) entwickelte Zuschreibung fußt im wesentlichen auf mythologischen und historischen Beziehungen einzelner Länder zu Zodiakalzeichen und Planeten. Eine andere, nicht so umfangreiche Liste legte Dorotheos von Sidon bereits im ersten Jahrhundert u.Z. vor,[240] und schließlich ist Paulus von Alexandria zu nennen, der in der zweiten Hälfte des vierten Jahrhunderts u.Z. in der ägyptischen Stadt wirkte und ebenfalls eine Länderliste veröffentlichte.[241] Barton hat aus diesen drei Quellen folgende Übersicht erstellt, die die großen Unterschiede der jeweiligen Zuschreibungen deutlich macht:[242]

	Manilius	*Dorotheos*	*Paulus*
Widder	Hellespont, Propontis Syrien, Persien, Ägypten	Babylon, Arabien	Persien
Stier	Skythien, Asien, Arabien	Medien, Arabien,	Babylonien Ägypten
Zwillinge	Schwarzes Meer	Kappadokien, Perrhabien (?), Phönizien	Kappadokien
Krebs	Indien, Äthiopien	Thrakien, Äthiopien	Armenien

---

[239] Die zodiakalgeographischen Lehren Ptolemaios' werden dargestellt von BOLL 1894.
[240] Zu Dorotheos vgl. GUNDEL 1966, 117ff (Literatur). BARTON (1995, 181) stellt Dorotheos irrtümlicherweise als Nachfolger des Manilius dar.
[241] Zu Paulus Alexandrinus vgl. GUNDEL 1966, 236ff.
[242] BARTON 1995, 182. Vgl. auch die anderen Listen, welche BARTON anführt (Bardesanes, Hephaistion von Theben sowie die sich durchsetzende Methode von Ptolemaios), ebda. S. 181f. Auf Bardesanes von Edessa werden wir unten IX.2.3.3. zurückkommen.

Löwe	Phrygien, Bithynien, Kappadokien, Armenien, Mazedonien	Griechenland, Phrygien, Pontus	Asien
Jungfrau	Rhodos, Karien, Doris, Ionien, Arcadien	Rhodos, Kykladen, Peloponnes	Griechenland, Ionien
Waage	Italien	Kyrene, Italien	Lybien, Kyrenaika
Skorpion	Karthago, Libyen, Kyrenaika, Sardinien, Mittelmeerinseln	Karthago, Libyen, Sizilien	Italien
Schütze	Kreta, Sizilien	Gallien, Kreta	Kilikien, Kreta
Steinbock	Spanien, Gallien, Germanien	Kimmerien	Syrien
Wassermann	Phönizien, Kilikien, Unterägypten	–	Ägypten
Fische	Chaldäa, Mesopotamien, Parthien, Rotes Meer	–	Rotes Meer, Indien

Man kann an dieser Tabelle unschwer erkennen, daß die Tradition zwar einige wenige Grundüberzeugungen hervorgebracht hatte, von einer einheitlichen Zuordnung allerdings noch keine Rede sein konnte. Dasselbe gilt für die Schrift des Sem, die sich hauptsächlich um das Wohlergehen Ägyptens zu sorgen scheint. Die meisten Jahre stehen für dieses afrikanische Land unter einem ungünstigen Vorzeichen, auch wenn bisweilen das Schlimmste abgewendet werden kann und einzelne landwirtschaftliche Erzeugnisse gut gedeihen. Eine unzweideutige Zuordnung läßt sich für Ägypten nicht ermitteln. Hauran und Damaskus werden in Zusammenhang mit Widder, Jungfrau (nur Hauran), Waage und Steinbock genannt; Widder (Persien) und Steinbock (Syrien) könnten dabei mit Paulus Alexandrinus übereinstimmen, Widder auch mit Manilius. Die Römer werden im Kapitel Widder, Zwillinge (wo sie gegen die Parther siegen) sowie im Jahr der Fische genannt; alle drei Zuordnungen haben in den Vergleichstexten keine Parallele. Bleibt noch Palästina, welches mit Widder, Waage (Galiläa) und den Fischen verbunden ist: Auch hier gibt es keine Anhaltspunkte für einen Kontakt mit einer der drei genannten Traditionslinien.

Aus der Untersuchung des Textes ergibt sich zwangsläufig, daß die Autoren der Schrift des Sem entweder *ex post facto* die Zuordnung vorgenommen haben – ohne Rücksicht auf bereits bestehende Traditionen –, oder aber von den allgemein zirkulierenden disparaten Theorien Gebrauch machten, um sie nach den eigenen Vorstellungen zu verarbeiten. Da es zu jener Zeit noch keine annähernd gültigen Zuordnungen gab, erscheinen beide Vorgänge im Bereich des Möglichen. Interessant ist der Sachverhalt, daß es auch mit

Paulus Alexandrinus keine Übereinstimmung gibt (von der spärlichen genannten abgesehen), denn wir dürfen davon ausgehen, daß jener Astrologe die im Alexandria der ersten Jahrhunderte zirkulierenden Astrologumena kannte und in sein System zu integrieren suchte. Wie Boll[243] zu plausibilisieren vermochte, gehen etliche der zodiakalgeographischen Lehren auf die Zeit Alexanders des Großen zurück, und auch Gundel spricht davon, daß „[d]er Wert des Buches für die Geschichte der Astrologie und ihrer Literatur [...] nicht unerheblich [ist]. Es vermittelt uns Einblicke in älteste Systematiken vorwiegend der vulgären Astrologie [...]".[244] Sollten die Autoren des TrShem davon keine Kenntnisse gehabt haben? Genau dies steht zu vermuten.

Die Rolle der einzelnen Länder in der Schrift des Sem fördert noch ein weiteres Indiz zu Tage, das ein Licht auf die Herkunft und zeitliche Einordnung werfen könnte: Wie wir sahen, wird Rom nur dreimal namentlich erwähnt, auch wenn an verschiedenen Stellen implizit auf die Großmacht Bezug genommen wird. Im Vordergrund steht selbstverständlich Ägypten, doch die viermalige Erwähnung von Damaskus und Hauran und die dreimalige Nennung Palästinas zeigt ein hohes Interesse der Schrift auch an jenen Regionen. Dieser Umstand läßt darauf schließen, daß Rom noch nicht seinen endgültigen Siegeszug im Mittelmeer angetreten hatte und in der Tat die Ereignisse der dreißiger Jahre v.u.Z. reflektiert werden. Rom erscheint als eine neue Macht am Horizont, die sich anschickt, die Welt zu unterwerfen; besonders deutlich ist dies in der Prognose 3, 7: „Und die Römer [und Parther] werden schwere Kriege gegeneinander führen. (8) Und die Römer werden sich mit Schiffen auf See begeben, dann werden sie einen Krieg verursachen und die (Parther) vernichten." Die weltpolitische Landkarte begann sich zu wandeln, doch die Assoziation der Autoren mit Damaskus und Palästina zeigt ihre tiefe Verbundenheit mit diesen Kulturen, nicht nur aufgrund ihres jüdischen Glaubens, sondern auch infolge der Bedeutung jener Reiche für die damalige Situation.

3.2.2. Theologische Implikationen

Nachdem wir über die astrologischen Einzelheiten der Schrift des Sem und ihre historische Verortung größere Klarheit gewonnen haben, gilt es nun, sie in den jüdischen Diskurs der Spätzeit des Zweiten Tempels einzuordnen. Zuallererst muß festgestellt werden,

---
[243] BOLL 1903, 297.
[244] GUNDEL 1966, 238.

daß lediglich die Einleitung in den Text – „Die von Sem, dem Sohn Noahs, verfaßte Schrift, den Beginn des Jahres und was immer in dessen Verlauf geschieht, betreffend" – sowie die dreifache Nennung Gottes bzw. des Passah-Festes überhaupt eine jüdische Provenienz des Textes nahelegen. In seiner kurzen Analyse des TrShem schließt deshalb Goodenough:

> That is, again a Jew would seem to have believed in both Judaism and astrology but to have been content to join the two together thus loosely rather than try really to fuse them. Conspicuously the Judaism is made to give its blessing and terminology to astrology; astrology contributes nothing to Judaism.[245]

Die theologische Aussage bestände also darin, die Überlegenheit der jüdischen Religion auch in astrologischen Fragen zu bekräftigen. Diese Tendenz, gerade in zwischentestamentlicher Literatur immer wieder anzutreffen, ist ganz sicher ein wichtiger Aspekt im Verständnis der Schrift. Allerdings ist Goodenough geneigt, unser Traktat als eigentlich paganes Zeugnis anzusehen, dem lediglich ein jüdisches Mäntelchen umgehängt worden ist. Eine ähnliche Ansicht vertritt auch Charlesworth, der auf die völlig „unjüdischen" Aussagen des Textes aufmerksam macht: Der Determinismus, daß Menschen mit bestimmten Buchstaben in ihren Namen das Opfer von Gewalt würden, stünde im Gegensatz zur biblischen Sicht, daß das Heim durch Gott und die Familie geschützt sei. Ferner:

> Der beherrschende Gedanke, daß das Glück, das Steigen des Nils, der Lauf von Mond und Sternen, Gesundheit und eine gute Ernte von der Macht des Tierkreises abhängen, steht völlig der Tradition entgegen, daß Gott der Herr des Universums ist (vgl. Ps 24, Ps 29) und aktiv in das Geschichtsgeschehen eingreift (vgl. z.B. das kultische Glaubensbekenntnis in 5. Mose 26:5-9; vgl. Ps 8). Die Behauptung, daß ausreichende Regenfälle von dem Haus des Tierkreises abhängen, in dem das Jahr beginnt, widerspricht dem Glauben, daß Gott Herr über den Regen ist (vgl. z.B. Amos 4:7, Sach 10:1).[246]

Die Spannung, welche Goodenough und Charlesworth konstatieren, besteht zweifellos. Und doch steht hinter dieser Einschätzung eine beinah dichotomisch zu nennende Trennung zwischen dem „traditionellen" und dem „hellenisierten" Judentum.[247] Die Einschätzung,

---

[245] GOODENOUGH, *Symbols*, VIII, 198.
[246] CHARLESWORTH 1987a, 958.
[247] Bei GOODENOUGH kommt freilich noch die Dichotomie von „normativem Judentum" versus „mystischem Judentum" hinzu, vgl. VON STUCKRAD 1996, 179ff.

im TrShem hingen die Ereignisse „von der Macht des Tierkreises" ab, ist allein auf diese Vorentscheidung zurückzuführen – im Text findet sie keinen Rückhalt. Stattdessen scheint die Schrift des Sem dem uns inzwischen schon wohlbekannten Muster zu folgen, daß Gott die Welt geschaffen hat, die Sterne also nach seinem Plan ihre Bahn nehmen, weshalb sie von den Menschen als zuverlässige Anzeiger göttlichen Willens aufgefaßt werden können.

Ein solches Muster gewinnt Konturen, wenn wir bedenken, daß der Autor des Textes verschiedentlich Gebete an den „lebendigen Gott" nennt:

> (8, 3) Und der Regen wird abnehmen, bis die Leute Bitten und Gebete hersagen, und den lebendigen Gott mit Spenden anflehen.
>
> (10, 17) Und die Menschheit wird Gesuche und Gebete hersagen und eine Fastenzeit (einhalten) und Gabe(n) (darbringen) (in der Hoffnung auf) Regen.
>
> (12, 9) Und die Kaufleute (werden) Hilfe erbitten von dem lebendigen Gott.

Die Gratwanderung zwischen Determinismus und der menschlichen Einflußmöglichkeit auf das Geschehen durch Gebete und Opfer an Gott erinnert an babylonische Theologie, wie wir sie etwa in ^{mul}APIN finden.[248] Weil Gott der Herrscher über die Sternenwelt ist – eine „traditionelle" jüdische Position –, liegt es in seiner Macht, trotz der zuvor gegebenen Zeichen seines Willens gnädig in die irdische Geschichte einzugreifen. Damit wird die Astrologie nicht obsolet, sondern sie wird mit dem Glauben an die Allmacht Gottes verwoben. Es stimmt also nicht, wenn Charlesworth konstatiert: „Der Autor widerspricht eindeutig seinen eigenen astrologischen Ideen, wenn er die ältere Tradition bestätigt, daß Gott mächtig und wirksam ist."[249] Es handelt sich keineswegs um eine Zuspitzung der Frage, ob Gott oder „dem Tierkreis" die alleinige Macht zukomme. Eine solche Zuspitzung wird erst durch die modernistische Perspektive in den Text hineingetragen.

Allerdings nimmt TrShem im innerjüdischen Diskurs über die Astrologie eine Gegenposition zur Sichtweise des Jubiläenbuches ein. Die Möglichkeit, aus der Sternkonstellation des Neujahrs die Menge des zu erwartenden Regens zu ermitteln, wird dort, wie wir sahen, strikt abgelehnt.[250] Mehr noch: man setzte sie mit der Astro-

---

[248] S.o. S. 331 Anm. 63.
[249] CHARLESWORTH 1987a, 960.
[250] Jub 12, 16-18; s.o. 2.2.

logie ineins, die damit dem Bereich der Sünde anheimfiel. Beide Schritte werden in der Schrift des Sem nicht vollzogen, die nichts Unrechtes darin erkennen kann, den Willen Gottes zu erforschen. Da im Alexandria jener Zeit zudem eine kultische Verehrung der Gestirne bereits der Vergangenheit angehörte, während in der nachexilischen Auseinandersetzung dieser Verdacht oft eine Rolle spielte, sind auch die damit verbundenen Berührungsängste im TrShem nicht zu spüren. Noch einmal sei betont, daß die Position des Jub keineswegs als „traditionell" oder als „mainstream Judaism" bezeichnet werden darf, sondern als extreme Haltung, hervorgerufen durch kultische Überlegungen. Der Gegenpol tritt uns in der Schrift des Sem entgegen, ohne daß wir das Zeugnis deshalb aus dem Gros jüdischen Denkens der zwischentestamentlichen Zeit ausklammern dürfen.

Immerhin kann sich die Haltung unseres Textes ebenfalls auf biblische Muster stützen: TrShem 10, 17 nimmt zweifellos Bezug auf 1Kön 18,41-46, wo durch die Gebete Elijas und das Fasten Israels die große Dürre, die Gott geschickt hat, beendet wird. Und es liest sich wie eine Bestätigung der beschriebenen Gratwanderung zwischen Determinismus und Freiheit Gottes, wenn Elija Gott sagen läßt: „In diesen Jahren sollen weder Tau noch Regen fallen, *es sei denn auf mein Wort hin*" (1Kön 17,1).

4. Das Testamentum Salomonis

Das Testamentum Salomonis gehört zweifellos zu den wichtigsten Dokumenten der antiken Magie jüdischer Provenienz. Es nimmt einen zentralen Platz ein inmitten des breiten Stroms magischer Literatur und Überlieferung, der sich aus der Antike über die Renaissance bis in die Neuzeit hinein nachzeichnen läßt. Das *Siegel Salomos* gilt heute wie damals als wirkmächtiges Symbol magischer Kraft.[251]

---

[251] Dies gilt vor allem für die moderne Magie im Erbe der jüdisch-christlichen Tradition. So verbrachte etwa SAMUEL LIDDELL MATHERS alias MCGREGOR MATHERS, der Gründer des *Hermetic Order of the Golden Dawn*, etliche Jahre damit, alte Handschriften der Pariser und Londoner Bibliotheken zu studieren, um 1889 das berühmte Werk *The Key of Solomon* in Übersetzung zu publizieren. Zur Wirkungsgeschichte der salomonischen Magie vgl. C.C. MCCOWN: „The Christian Tradition as to the Magical Wisdom of Solomon", in: *JPOS* 2 (1922), 1-24; PREISENDANZ 1956; PH. ALEXANDER: „Incantations and Books of Magic", in: SCHÜRER 1986, III, 375-378. Umfangreiches Material für die jüdische Antike liefert GOODENOUGH, *Symbols*, I, 68; II, 226-

Gerade die Beliebtheit des salomonischen Namens bringt es allerdings mit sich, daß eine genaue Darstellung der historischen Verläufe der mit ihm verbundenen Tradition ungemein schwierig ist. Dies trifft auch auf das eigentliche TestSal zu, welches in verschiedenen Versionen, jüdischen und christlichen, auf uns gekommen ist. Die noch immer maßgebliche Edition des Textes, die C.C. McCown 1922 vorlegte, verarbeitet nicht weniger als 14 griechische Fragmente, die in ihrer gegenseitigen Abhängigkeit nicht immer einfach zu ordnen sind.[252] K. Preisendanz fand ein weiteres wichtiges Dokument, das für unser Thema von Bedeutung ist, da es die Herkunft des 18. Kapitels des TestSal ins Ägypten der vorchristlichen Zeit zu verlegen scheint.[253] Trotz dieser älteren Elemente geht man im allgemeinen davon aus, daß das Testament im frühen dritten Jahrhundert u.Z. entstand.[254]

Auf die schwierigen textkritischen Fragen kann hier nicht eingegangen werden.[255] Wir müssen uns damit begnügen, einige grundlegende und in der Forschung weitgehend akzeptierte Sachverhalte zu resümieren, um eine einigermaßen verbindliche Einordnung in den spätantiken jüdischen Diskurs vornehmen zu können. Eine zweite Einschränkung ergibt sich zwangsläufig aus dem Thema der Untersuchung, denn auch wenn das magische Material im TestSal zu interessanten und weitreichenden Überlegungen Anlaß bietet, muß unsere Diskussion eine Engführung auf die astrologischen Gesichtspunkte des Textes erfahren, um in der Vielfalt der magischen Traditionen nicht verloren zu gehen. Im Hinblick auf das 18. Kapitel

---

238; VII, 198-200; IX, 1044-1067. Zur Nachwirkung bis ins Mittelalter und im Sefär ha-r*e*fuôt vgl. D. HALPERIN: „The Book of Remedies, the Canonization of the Solomonic Writing, and the Riddle of Pseudo-Eusebius", in: *JQR* 72 (1982), 269-272.

[252] Vgl. MCCOWN 1922, 10-28. Zu textlichen Fragen vgl. außerdem die kurze Zusammenfassung bei DULING, *TestSal*, 937-939.

[253] Es handelt sich um den Text *Vindobonensis 330 (G 330)*, den PREISENDANZ 1955 in der Wiener Nationalbibliothek entdeckte; vgl. K. PREISENDANZ: „Ein Wiener Papyrusfragment zum Testamentum Salomonis", in: *EOS* 48 (1956), 161-167.

[254] Vgl. DULING, *TestSal*, 941. DULING stellt fest: „Whether one follows McCown's early third-century dating or Preisendanz's earlier one, there is general agreement that much of the testament reflects first-century Judaism in Palestine" (942).

[255] Neben den genannten Beiträgen ist hinzuweisen auf die ältere Übersetzung des TestSal durch F.C. CONYBEARE: „The Testament of Solomon", in: *JQR* 11 (1898), 1-45. Weitere Literatur findet sich bei Duling, *TestSal*, 958f. Vgl. außerdem CUMONT in CCAG VIII, 1, 60 fol. 266v; ŠANGIN in CCAG XII, 33, fol. 103.

kann auf die hervorragende und noch immer den Stand der Forschung repräsentierende Studie von W. Gundel aufgebaut werden.[256] Die umfangreichen christlichen Anteile des TestSal schließlich, die besonders aufgrund der Nag-Hammadi-Funde in einem faszinierenden Licht erscheinen, werden wir aus Gründen der Systematik nicht innerhalb des jüdischen Diskurses, sondern unten Kapitel IX behandeln. Nicht nur die Gnosis, sondern auch Origenes und selbst Augustinus setzen sich mit den Traditionen um den Magier Salomo auseinander.[257]

Der *Inhalt* des TestSal läßt sich bereits aus dem griechischen Titel des Textes eindeutig ablesen:

> Testament of Solomon, Son of David, who reigned in Jerusalem, and subdued all the spirits of the air, of the earth, and under the earth; through (them) he also accomplished all the magnificent works of the Temple; (this tells) what their authorities are against men, and by what angels these demons are thwarted.[258]

Um seine magische Kraft zu entfalten, erhält Salomo nach einem Gebet an Gott vom Erzengel Michael den berühmten *Siegelring*, mit dessen Hilfe er die Dämonen und Geister herbeirufen und eliminieren kann (1, 5-7). Der Duktus der Erzählung folgt nun einem einfachen Muster: König Salomo zitiert die verschiedenen Dämonen zu sich, um zunächst ihre genauen Namen zu erfahren. Die Kenntnis des Namens einer Wesenheit oder eines Gegners ist in allen magischen Disziplinen seit jeher *conditio sine qua non* für den Erfolg der Arbeit. Durch die Macht des Ringes gelingt es Salomo ohne Schwierigkeit, den Dämonen die Namen der Engel zu entlocken, unter deren Kontrolle sie stehen. Sind diese Engel erst einmal bekannt, ist die Macht der Dämonen vollends gebrochen, und sie können dem Willen des Magiers unterworfen werden. Salomo zögert nicht, die dämonischen Geister zum Bau seines Tempels abzukommandieren, sei es, daß sie die Grundmauern errichten, Marmor heranschleppen

---

[256] GUNDEL 1936a, 49ff.
[257] Die Auseinandersetzung zwischen jüdischer und nichtjüdischer Magie kann ebenfalls nur unter dem Gesichtspunkt der Astrologie untersucht werden. Die weitreichenden Verbindungen zwischen Salomo als dem bedeutenden Magier und dem hermetisch-alchemistischen Werk wurde von LINDSAY 1970 ausführlich beschrieben; die Konkurrenzsituation zwischen jüdischen und griechischen, ägyptischen oder persischen Autoritäten (Zarathustra) ist dabei für die Verortung solcher Texte von großem Aussagewert; vgl. LINDSAY 1970, 106 (außerdem Register „Solomon"). Vgl. außerdem PATAI 1994, 26-29.
[258] Alle Zitate des TestSal folgen DULING, *TestSal*, der sich wiederum (mit nur ganz geringen Abweichungen) auf McCOWN 1922 stützt.

oder sich anderweitig nützlich machen. Die Freude über seine neu gewonnene Macht verbindet Salomo anschließend stets mit einem Lobpreis auf den Schöpfergott, der ihm diese Macht verliehen habe.[259]

Die Frage der *Herkunft* des TestSal ist auch nach über einhundertjähriger Forschung alles andere als befriedigend gelöst. Der Grund hierfür liegt in dem Umstand, daß sich aus den unterschiedlichsten Kulturkreisen nachweislich Spuren im Text finden, sei dies nun Babylonien, Syrien, Palästina, Kleinasien oder Ägypten. Parallelen aus allen genannten Regionen sind beigebracht worden, so daß wir beim heutigen Stand der Forschung davon auszugehen haben, ein Konglomerat verschiedener Traditionsstränge vor uns zu haben, welche sich um die Person Salomos herum kristallisierten. Eindeutige kulturelle Präferenzen lassen sich nicht eruieren.[260] Allerdings ist ein starker Einfluß *ägyptischen* Gedankenguts nicht zu übersehen, was nicht verwundert, da bereits im zweiten vorchristlichen Jahrhundert Salomo als der Kenner der Astrologie und Magie eingeführt war. Als ebensolcher wird er nämlich in der *Weisheit Salomos 7, 15-22* bezeichnet.

Der ägyptische Einfluß der tradierten Lehren auf das TestSal trifft zweifellos in starkem Maße auf das *astrologische Gedankengut* zu, welches im Mittelpunkt unserer Untersuchung steht. Die Astrologie kommt dabei in mehrfacher Weise zur Sprache. Nachdem Salomo den Namen der Dämonen in Erfahrung gebracht hat, fragt er sie nach dem Ort im Zodiak, den sie bewohnen. Ein Beispiel:

> (2, 1) When I heard these things, I, Solomon, got up from my throne and saw the demon shuddering and trembling with fear. I said to him, „Who are you? What is your name?" The demon replied, „I am called Ornias." (2) I said to him, „Tell me, in which sign of the zodiac do you reside?" The demon replied, „In Aquarius; I strangle those who reside in Aquarius because of their passion for women whose zodiacal sign is Virgo [...]."

Die Zodiakalastrologie, die sich hier mit der Dämonologie verbindet, findet einen weiteren Widerhall in den sieben Gestirnen, die auf Geheiß Salomos erscheinen:

---

[259] Dies ist ein einfaches Beispiel dafür, wie haltlos die früher so beliebte Dichotomie von „Gebet versus Magie" hinsichtlich (nicht nur) der antiken Wirklichkeit ist.

[260] DULING, *TestSal*, 944 kommt deshalb zu dem Befund: „In short, McCown's judgment that it is impossible to reach any certain conclusion about the testament's place of origin must be reaffirmed; but his view of the ascending order of probability – Galilee, Egypt, Asia Minor – might just as likely be stated as Babylonia, Asia Minor, Egypt, Palestine."

> (8, 1) There came seven spirits bound up together hand and foot, fair of form and graceful. When I, Solomon, saw them, I was amazed and asked them, „Who are you?" (2) They replied, „We are heavenly bodies [ἐσμέν στοιχεῖα], rulers of this world of darkness [κοσμοράτορες τοῦ σκότους]." (3) The first said, „I am Deception." The second said, „I am Strife." The third said, „I am Fate." The fourth said, „I am Distress." The fifth said, „I am Error." The sixth said, „I am Power." (4) The seventh said, „I am The Worst. Our stars in heaven look small, but we are named like gods. We change our position together and we live together, sometimes in Lydia, sometimes in Olympus, sometimes on the great mountain."

Es folgt eine genaue Erforschung ihrer jeweiligen dämonischen Tätigkeiten durch Salomo, worauf letzterer sie bannt und dazu verurteilt, Erde für die Grundmauern des Tempels auszuheben.

Bevor wir uns der inhaltlichen Diskussion zuwenden, sei auch der dritte und wichtigste Passus genannt, der den Wert des TestSal für unser Thema ausmacht. Es handelt sich um das Kapitel 18, welches Preisendanz mit guten Gründen im Ägypten des zweiten vorchristlichen Jahrhunderts ansiedelt (s.o.). Erneut stellen sich die gerufenen Dämonen als „Weltherrscher dieses dunklen Zeitalters" vor, doch nun sind es 36 an der Zahl. Die Gestirne erscheinen in unterschiedlicher Gestalt, manche menschlich, andere mit Hundsköpfen, als Stiere, Drachen, Vögel oder Sphingen. Selbstbewußt sprechen sie zu Salomo:

> (18, 3) „But you, King, are not able to harm us or to lock us up; but since God gave you authority over all the spirits of the air, the earth, and (the regions) beneath the earth, we have also taken our place before you like the other spirits."

Nachdem Salomo alle Namen und Aktivitäten der 36 Dämonen in Erfahrung gebracht hat mitsamt dem einzusetzenden Gegenzauber, ruft er aus:

> (18, 41) When I, Solomon, heard these things, I glorified the God of heaven and earth and I ordered them to bear water; (42) Then I prayed to God that the thirty-six demons who continually plague humanity go to the Temple of God.

Die Namen der Dekangötter, nunmehr zu Dämonen herabgesunken, lassen sich, ebenso wie die sie beherrschenden Engel, sowohl auf griechische als auch auf altägyptische Vorbilder zurückführen. Der sich hieraus ergebenden Verortungsmöglichkeit des TestSal soll im folgenden näher nachgegangen werden.

4.1. Tradierte astrologische Inhalte

Die genannten drei Bereiche, in denen uns die Astrologie im TestSal entgegentritt, sollen nacheinander besprochen werden. Denn auch wenn es kaum anzuzweifeln ist, daß das dort mitgeteilte Wissen zu den frühen Schichten des Textes zu rechnen ist, rät doch die schwierige textkritische Situation zu größtmöglicher Vorsicht, will man zu allgemeinen Aussagen über die hinter dieser Quelle stehenden Intentionen fortschreiten. In der Zusammenfassung (Kap. 4.2.) werden wir die Fäden wieder aufgreifen und zu einem Gesamtbild vereinen, sofern dies möglich ist.

4.1.1. Das 18. Kapitel und die ägyptischen Dekanlehren

In seinem großen Werk über die Geschichte der Dekanastrologie hat W. Gundel nachgewiesen, daß das 18. Kapitel des TestSal mit den darin enthaltenen Namen auf sehr alte ägyptische Lehren aufbaut, auch wenn die griechische Herkunft vieler Namen ebenfalls nicht zu übersehen ist.[261] Ohne en detail auf die Herleitungen einzugehen, die im großen und ganzen nicht anfechtbar sind, halten wir gleich das Ergebnis der Untersuchung fest:

> Der vermutlich jüdische Verfasser des hebräischen Urtextes hat nicht nach rein persönlicher Phantasie und Willkür die 36 Dekannamen erfunden, sondern er kennt einmal die ägyptischen Namen; dann muß

---

[261] Vgl. GUNDEL 1936a, 49-62; 286f. Das altägyptische Material zu den Dekanen ist von NEUGEBAUER/PARKER 1960–1969, I („The Early Decans") und III („Decans, Planets, Constellations") zusammengetragen worden; ergänzend vgl. J. ASSMANN: „Das Grab der Mutirdis", in: *Arch. Veröff.* 13, Mainz 1972, 85-88; E. BRUNNER-TRAUT/H. BRUNNER: *Die ägyptische Sammlung der Universität Tübingen*, Mainz 1981, 216-227; K. LOCHNER: „A Further Coffin-Lid with a Diagonal Starclock from the Egyptian Middle Kingdom", in: *Journal for the History of Astronomy* 14 (1983), 141-144; K.P. KUHLMANN/W. SCHENKEL: „Das Grab des Ibi, Obergutsverwalter der Gottesgemahlin des Amun (Thebanisches Grab nr. 36)", in: *Arch. Veröff.* 15, Mainz 1983, 153f mit Tafel 144f; G. LAPP: „Särge des Mittleren Reiches aus der ehemaligen Sammlung Khashaba", in: *Ägyptologische Abhandlungen* 43, Wiesbaden 1985, 10 mit Tafeln 19.39; E. HORNUNG: „Zwei ramessidische Königsgräber. Ramses IV. und Ramses VII.", in: *Theben* 11, Mainz 1990, 89-96; J. KAHL: „Textkritische Bemerkungen zu den Diagonalsternuhren des Mittleren Reiches", in: *Studien der altägyptischen Kultur* 20 (1993), 95-107. Zum Nachleben der Dekane vgl. H. BEHLMER-LOPRIENO: „Zu einigen koptischen Dämonen", in: *Göttinger Miszellen* 82 (1984), 7-23; CH. LEITZ: *Altägyptische Sternuhren. 1. Der Naos mit den Dekaden aus Saft el-Henna* (Orientalia Lovaniensia analecta 62), Leuven 1995. Vgl. auch die Einordnung in die hermetische Tradition bei LINDSAY 1971, 204-212.

er bereits eine ganz starke Entartung der traditionellen Namen gekannt haben, welche Aktionen, Paranatellonta, Bestandteile der Dodekaoros und der Tierkreisbilder bereits mit den Dekanen vermengte. Der griechische Übersetzer, der mit McCown in das dritte nachchristliche Jahrhundert gehört, hat nun seinerseits wiederum manches mißverstanden, Elemente der hebräischen Umdeutungen beibehalten oder selbständig Neubildungen geschaffen. Das Testamentum Salomonis ist uns neben Teukros eines der wertvollsten, bis jetzt nicht genügend beachteten Dokumente für die frühe Entartung der Dekannamen und der Dekanbilder infolge von mißverstandener Interpretation der Namen und Aktionen der einzelnen Dekane.[262]

Die Vergleichstexte aus Ägypten lassen den Eindruck entstehen, daß im Zuge der jüdischen Adaptation die Planetengötter als alte Herrscher der Dekane, welche indes schon früh mit eigentlich „irdischen" Herrschern verschmolzen waren, nunmehr vollends unter das Primat der jüdischen Engeltradition, letztlich das Primat Gottes gestellt wurden.

Die Bekanntschaft der Autoren mit jener älteren Lehrtradition läßt sich nicht nur anhand der Dekannamen aufzeigen, sondern auch mit Hilfe der im TestSal enthaltenen *Dekanmelothesie*, also der Korrespondenz zwischen Dekanherrscher und menschlichen Körperteilen. Diese Lehre kann als Spezialisierung der allgemeineren und viel weiter verbreiteten Disziplin der Zodiakal- oder Planetarmelothesie angesehen werden. Die Entsprechung zwischen Dekanen und Körperteilen ist fast ausschließlich im ägyptischen Kontext erforscht worden, wobei man durchaus unterschiedliche Systeme entwickelte, deren Ursprünge vermutlich schon vor dem Neuen Reich liegen.[263] Bekannt geworden ist das hermetische Werk *Iatromathematika*, das vom Astrologen des Jahres 379 erwähnt wird. Danach bestimmen die Planeten in den jeweiligen Dekanen die Gebrechen der Menschen; auch Teukros von Babylon scheint diesem Werk gefolgt zu sein.[264] Seinen größten Fürsprecher hat die ägyptische

---

[262] GUNDEL 1936a, 56.
[263] In einem sehr alten Zauberpapyrus werden bereits 36 Körperteile aufgezählt, evt. in Übereinstimmung mit den Dekanen; vgl. KOCH 1993, 533. Zum Alter der Vorstellung vgl. auch QUACK 1995, 102.
[264] Vgl. dazu Cumont in CCAG V, 1, 209, 9ff; VIII, 4, 196, 1; GUNDEL 1936a, 282ff; GUNDEL 1966, 16ff; ders.: Art. „Iatromathematike", in: RE IX, 804. Zum ägyptischen Element bei Teukros vgl. die (allerdings recht polemischen und „hellenophilen") Ausführungen bei BOLL 1903, 158ff. QUACK (1995, 121) vermutet, daß Teukros auch als Bindeglied zwischen ägyptischen Astrologumena, den Salmeschiniaka, dem „Buch des Zoroaster" und dem *Apokryphon Johannis* aus Nag Hammadi anzusehen ist.

Iatromathematik in Ptolemaios gefunden: „Die Ägypter haben Medizin und astrologische Prognosen vollständig vereinigt."[265] Derselbe Befund greift auch im Hinblick auf die Magie, die nicht selten als „angewandte Astrologie" aufgefaßt werden kann, und über die J. Assmann sagt: „[T]he most typical functional context of magic, in Egypt, is medicine, and the physician is the normal magician."[266]

Neben einigen unvollständigen Dekanlisten sind auch mehrere beinah vollständige Sammlungen auf uns gekommen, die Gundel synoptisch nebeneinanderstellte. Es handelt sich dabei um drei Dekanlisten des Hermes Trismegistos, eine Liste des Johannes Kamateros, Angaben nach einem hebräisch-griechischen Dekanbuch (s.u.) und schließlich das TestSal.[267] Der Vergleich läßt unmißverständlich erkennen, daß die Autoren über die Grundlagen der Dekanmelothesie, wie man sie in Ägypten lehrte, informiert waren. Auffällig ist dabei, daß die größten Übereinstimmungen in den ersten Dekanen zu finden sind, während im weiteren Verlauf der Korrespondenzen die Abweichungen zunehmen. Die Tatsache, daß auch die anderen Texte keine in allen Details einheitliche Zuordnung aufweisen, läßt darauf schließen, daß wir in jener Zeit mit einer gewissen Vagheit der astrologischen Deutungskonzepte hinsichtlich der Dekanlehren zu rechnen haben. Das TestSal zeigt sich hierbei nicht „besser" oder „schlechter" informiert als die Vergleichstexte.

Unser Text – zumindest das Kapitel 18 – läßt sich aus diesem Grunde am besten in den Zusammenhang ägyptischer Astrologie einordnen, wie sie in ptolemäischer Zeit ihre Ausformung erfuhr. Dasselbe gilt auch für das von Gundel übersetzte anonyme *Griechisch-jüdische Dekanbuch*.[268] Dort werden, beginnend mit dem

---

[265] *Tetrab.* I, 3. BARTON fragt zu Recht, warum wir ein solches Urteil des großen Gelehrten in Zweifel ziehen sollten und erkennt darin einen weiteren Beleg dafür, „that the origins of the networks of correspondences between astrological entities, stones and plants may have been in Egyptian medicine, famed already in the age of Homer, and that they were probably elaborated in Hermetic writings" (1995, 186). CRAMER stellt die Iatromathematik des Ptolemaios in den Zusammenhang mit dessen Diskussion um Fatalismus und freien Willen (1954, 194).

[266] J. ASSMANN: „Magic and Theology in Ancient Egypt", in: SCHÄFER/KIPPENBERG 1997, 1-18, S. 4.

[267] Tabellarische Übersicht bei GUNDEL 1936a, 286f. Eine ältere Tabelle der ägyptischen Dekane – enthalten sind Hieroglyphennamen, Hephaistion, Hermes Trismegistos, griechische Papyri und Firmicus – gibt *BL* 232f.

[268] Eine erste Edition hatte KROLL in CCAG VI, 73-78 vorgelegt. Zu Text und Übersetzung vgl. GUNDEL 1936a, 385ff.

Widder, für alle Tierkreiszeichen die Dekane genannt, die zu bestimmten Heilzwecken angerufen werden können. Ein Beispiel:

> Der 3. Dekan [des Widders, KvS] heißt Delphaa. Man schreibt ihn mit Zaphora und Rosenextrakt, der mit Honig bereitet ist, in grünen Jaspis und trinkt das. Es heilt Zahnschmerzen und Halsweh. [Am Rand Venus]

Man sieht, wie stark hier ein „senkrechtes" Denken Pate gestanden hat, denn jeder astralen Energie werden nicht nur ein Name, sondern auch eine Pflanze, ein Stein, nicht selten noch weitere Entsprechungsebenen, schließlich auch das erkrankte Körperteil zugeordnet. Die Herleitung derartiger Lehren aus der altägyptischen Religion wird auch von Gundel ausdrücklich unterstrichen.[269] Im Unterschied zum TestSal sind die Dekane hier keineswegs dämonisiert, sondern dienen der Heilung von Krankheiten.[270] Auch sonst ist von einer negativen Konnotation der Dekane nichts zu spüren, so daß die Vermutung G. Scholems, es handele sich bei den Namen um „Verballhornungen" ägyptischer oder griechischer Namen, nicht ohne weiteres einleuchtet.[271] Stattdessen könnte auf das Dekanbuch dasselbe zutreffen wie auf die anderen Dekanlisten auch, daß nämlich die alten Überlieferungen nicht mehr vollständig verstanden wurden. Eine theologische Intention, wie sie der Begriff der „Verballhornung" unterstellt, ist dem Text ansonsten nicht zu entnehmen.

---

[269] Siehe etwa seinen Vergleich zwischen dem Ägyptischen Totenbuch Kap. 162 und der Beschreibung des zwölften Dekans im vorliegenden Text (GUNDEL 1936a, 292f). Über die Zauberkraft der Dekane stellt GUNDEL fest, das Griechisch-jüdische Dekanbuch enthalte „[d]ie umfangreichste Tabelle dieser Art aus dem Altertum, die speziell die magische Wirkung der Dekanamulette kennzeichnet" (ebda.).

[270] Eine Parallele läßt sich in älteren ägyptischen Tempelinschriften finden, etwa denen von Esna (Esna 400 und 406); QUACK (1995, 100) bemerkt dazu: „In diesem Text [Esna 406, KvS] wird besonders deutlich, wie die Dekane über die weiterbestehende Rolle als Zeitindikatoren hinaus zu astrologisch wirkenden Größen werden, die potentiell schädlich, aber auch schützend sein können. Dabei dürften manche Vorstellungen erheblich älter als die Entstehungszeit des Esna-Textes sein."

[271] Vgl. GUNDEL 1936a, 385f Anm. 1, wo SCHOLEM diese Meinung damit begründet, daß die Dekannamen ansonsten in keinem ihm bekannten hebräischen Text vorkommen. SCHOLEM weiter: „Der Schreiber hat [...] aus einem anderen Ms. ohne viel Verständnis abgeschrieben. [...] Die Namen der Dekane scheinen mir lautlich auffällige Verwandtschaft mit den ägyptischen hellenistischen Zauberworten der Papyri zu haben, manche Namen kommen mir ganz bekannt vor, so im Klangbild." Wir werden unten Kap. IX.2.3.4. auf diese Namen zurückkommen, nämlich im Zusammenhang mit dem gnostischen *Apokryphon Johannis*.

Das Griechisch-jüdische Dekanbuch ist ein Beleg dafür, daß der jüdische Diskurs über die Astrologie in der Spätzeit des Zweiten Tempels sehr vielschichtig ausgelegt war. Je nach sozialer Herkunft und religiöser Bindung wurden die astrologischen Deutungstechniken, seien sie nun ägyptischer, griechischer oder mesopotamischer Herkunft, den Bedürfnissen der *Alltagsreligion* assimiliert. Wie sehr die gelebte Religion der nicht-priesterlichen Kreise aus derartigen Texten rekonstruierbar ist, läßt sich unschwer an der besonders ausgeprägten Rolle der *Medizin* ablesen. Diesem Eindruck wird unten Kapitel 4.2. weiter nachzugehen sein.

4.1.2. Kapitel 8 und weitere Beobachtungen

Die Passage, in der Salomo die sieben Himmelskörper – *stoicheia* – befragt, gehört mit einiger Sicherheit ebenfalls zu den frühen Bestandteilen des TestSal.[272] Dieser Eindruck wird gestützt durch zahlreiche Parallelen innerhalb der antiken Literatur, die sowohl aus frühchristlichen, als auch paganen Quellen beigebracht werden können. Der neutrale Begriff der *stoicheia* läßt zunächst noch keine eindeutige Klärung zu, ob er die *Planeten* oder möglicherweise das Siebengestirn, also die *Plejaden*, meint. Letzteres ist von McCown vorgeschlagen worden, der sie mit den sieben Töchtern des Atlas in Verbindung bringt.[273] Auch Antiochos könnte hier genannt werden, der das Siebengestirn als δεκανοῦ σχῆμα bezeichnet.[274] Allerdings wird im TestSal nicht von einer „Siebenheit" gesprochen, sondern von einzelnen dämonisierten Gestirnen, die von je unterschiedlichen Engeln kontrolliert werden. Deshalb scheint einiges dafür zu sprechen, daß hier ein ähnliches Konzept vorliegt, wie wir es bereits aus der Henochtradition kennen, nämlich das Motiv der gefallenen Engel, welches auf die astrologische Thematik übertragen wird.[275]

Eine weitere aufschlußreiche Parallele zum vorliegenden Text habe ich bereits im Zusammenhang mit der Diskussion um *heimarmenê* und *tychê* bei Josephus besprochen;[276] die Einordnung in den Sprachgebrauch hermetischer Traktate, besonders im *Poimandres*,

---

[272] D.h. zu McCowns hypothetischer Grundform *d*; vgl. McCown 1922, 88-97.
[273] McCown 1922, 70.
[274] Vgl. Gundel 1936a, 227 Anm. 1.
[275] Vgl. etwa 1Hen 21, 3, wo Henoch die „sieben Sterne des Himmels" zu Gesicht bekommt, die gefesselt ihr Dasein fristen müssen, da sie „den Befehl Gottes" (21, 6) übertreten haben. 1Hen 18, 13-16 wird das Thema ebenfalls angesprochen und die Sünde der Sterne explizit mit ihrem fehlerhaften Lauf in Verbindung gebracht.
[276] S.o. Kap. V.2.2.1.

drängt sich auch für das TestSal geradezu auf.[277] Dies gilt umso mehr, als nur dort eine Verbindung mit der Dekanlehre hergestellt wird. Ferner ist zu beachten, daß der Topos der Weltenherrscher – κοσμοκράτορες – in der griechisch-römischen Antike ungemein verbreitet gewesen ist. Dabei kann man einen religiös-astralen Aspekt von einem politisch-herrschaftlichen unterscheiden: Ein Beispiel für ersteren findet sich in den orphischen Mysterien, deren Ursprünge mindestens ins dritte vorchristliche Jahrhundert reichen.[278] Ähnlich wie in pythagoräischen Kreisen stellte man auch dort eine Verbindung zwischen der menschlichen Seele und den Gestirnen her. Letztere wurden hymnisch verehrt, was wiederum eine ganze Reihe von Astrologumena hervorbrachte.

> Dabei erfolgte allmählich, durch mannigfache Quellen genährt, als Höhepunkt der Heilslehre die Ausbildung vom Aufstieg der Seele in die Sphären, ihrer stufenweise [sic!] Läuterung und Erlösung im siderealen Gottesstaat, an dessen Spitze man sich oft einen höchsten Gott als Kosmokrator dachte; in diesem sah man je nach den einzelnen Religionen und Strömungen bald den Sonnengott, bald Mithras, Aion, Sarapis,

---

[277] „Der Gott des Feuers und des Geistes schuf sieben Regenten, die die durch die Sinnen wahrgenommene Welt umkreisen. Ihre Regentschaft nennt man Heimarmene" (CH I, 9). Vgl. COPENHAVER 1992, 2. KOCH macht darüber hinaus auf die besondere Kombination von Astrologie und menschlicher Freiheit aufmerksam, wie sie in Ägypten entwickelt wurde: „Den Ägyptern bieten sich verschiedene Wege an, der Gewalt des astralen Schicksals zu entrinnen. [...] Da ist einmal der Zauber, der im Magismus seine theoretische, der Astrologie durchaus gerechte Begründung findet. Zum anderen, und hier wird griechisches Erbe auch religiös entscheidend, beginnt man in gelehrten Kreisen selbst in Ägypten Leib und Seele, Körper und Geist dualistisch zu sehen mit dem Ergebnis, daß nur der körperliche, nicht aber der geistige Bereich den Gestirnen unterworfen sei. Solche Ansichten prägen die Hermetik. Drittens aber stützt man sich auf die Vormacht der Himmelskönigin Isis über alle Gewalten droben und alle Elemente unten und feiert sie in den Mysterien als *heimarmene*, wie die Griechen statt *schai* normalerweise sagen. Alle drei Richtungen sind in Ägypten vertreten und vermutlich sogar entstanden" (KOCH 1993, 537). Bei Philo wurde diese Kombination bereits greifbar, in der Gnosis wird sie uns erneut begegnen.

[278] Vgl. F. MÜNZER: Art. „Orpheus", in: RE 35 (1939), 1200-1316 (zur Lyra des Orpheus am Sternenhimmel s. Sp. 1296ff); K. ZIEGLER: Art. „Orphische Dichtung", in: RE 36 (1942), 1321-1417; BOLL/GUNDEL, *Sternbilder*, 1062-1065; skeptischer ist A.H. ARMSTRONG: *Expectations of Immortality in Late Antiquity*, Milwaukee 1987 (Einleitung). Die Verbindung mit Eleusis wurde von F. GRAF dargestellt: *Eleusis und die orphische Dichtung Athens in vorhellenistischer Zeit* (RGVV 33), Berlin/New York 1974; hinzuweisen ist überdies auf die Studie von CHR. RIEDWEG: *Jüdisch-hellenistische Imitation eines orphischen Hieros Logos. Beobachtungen zu OF 245 und 247 (sog. Testament des Orpheus)* (Classica Monacensia 7), Tübingen 1993.

Abraxas, Herakles, Isis, Tyche oder aber auch die Große Bärin und andere Gestirne. Bei diesem Entwicklungsgang büßten die ursprünglich gütigen Planetenmächte oft ihre guten Züge ein und wurden zu menschenfeindlichen, teuflischen Mächten und Rivalen des Erlösergottes und seiner Geister. Damit drang die Dämonologie in diesen astralreligiösen Komplex ein.[279]

Durch die Vermittlung des Eusebius und anderer christlicher Schriftsteller ist uns ein interessanter jüdischer Paralleltext erhalten geblieben, der – vermutlich zu Recht – dem Aristobulos zugeschrieben wird.[280] In der längeren Version des „jüdischen Orpheus" wird davon berichtet, wie Mose oder Abraham[281] in den Himmel aufsteigt und später eine Apotheose erfährt. Die Quelle seines großen Wissens ist die Astrologie:

> (I, 25-31) And no one has seen the ruler of mortal men, except a certain unique man, an offshoot from far back of the race of the Chaldeans. For he was knowledgeable about the path of the Star,[282] and how the movement of the Sphere goes around the earth, both in circular fashion, but each on its own axis. He rides in spirit through the air and through the water of the stream. A comet[283] makes manifest these events – he had a mighty birth.[284]

---

[279] GUNDEL 1966, 306.

[280] Vgl. D. GEORGI: *Die Gegner des Paulus im 2. Corintherbrief*, Neukirchen-Vluyn 1964, 73-76; M. LAFARGUE: „The Jewish Orpheus", in: *SBL 1978 Seminar Papers*, ed. q, Vol. II, 137-144; N. WALTER: *Der Thoraausleger Aristobulos* (TU 86), Berlin 1964, 103-115. 202-261; M. LAFARGUE: „Orphica", in: CHARLESWORTH, *Pseudepigrapha*, II, 796-801. Zu Aristobulos s.o. Kap. V.3.2.

[281] Die Identität des „gewissen einzigartigen Mannes" ist nicht eindeutig zu klären, doch kommen nur Mose und Abraham in Frage. Abraham ist aufgrund der breiten Tradition, die ihn mit der Astrologie der Chaldäer in Ur verbindet, möglicherweise der Vorzug zu geben, allerdings war auch Moses Verbindung zur Astrologie den Juden geläufig, wie Philo (*Mos.* V) beweist. Darüber hinaus ist in Zeile I, 41 von dem „doppelten Gesetz" die Rede, welches der Visionär in Empfang nimmt, ein klarer Hinweis auf Mose. In diesem Zusammenhang von Interesse ist auch die *Apokalypse Abrahams*, die ebenfalls von seiner Entrückung in den Himmel handelt, wo er Einsicht in Vergangenheit und Zukunft erhält; vgl. BONWETSCH 1897.

[282] Vermutlich ist ein allgemeines Wissen um die Planetenbahnen gemeint, doch auch die Bewegung des „Messiassternes", also Jupiter und Saturn, kann intendiert sein, besonders wenn man bedenkt, daß das Fragment durch die Hände des Eusebius gegangen ist. Auch ein besonderer Fixstern ist nicht auszuschließen, etwa Sirius, da im Anschluß von seiner kreisförmigen Bewegung, entsprechend dem Zodiak die Rede ist.

[283] Die Tatsache, daß ein Komet in antikem Erleben fast ausnahmslos mit Unglücksereignissen in Verbindung stand, macht das Verständnis dieser Zeile schwierig.

[284] Übersetzung nach LAFARGUE, *Orphica*, a.a.O. (oben Anm. 280), 799.

Man erkennt an der Entwicklung der Mysterienreligion – neben der Orphik und den Pythagoräern wäre hier auch der Mithraskult zu nennen –, wie intensiv der Austausch zwischen den antiken Religionen tatsächlich gewesen ist. Man macht es sich zu leicht, wenn man nur die beiden Möglichkeiten der „Entfernung von der jüdischen Religion" bzw. die „Propagandaabsicht" derartiger Texte ins Auge faßt.[285] M.E. gibt es überhaupt keinen Grund anzunehmen, die jüdischen Gläubigen hätten das, was sie in derartigen Texten schreiben, nicht auch *wirklich geglaubt*, ohne dabei ihre jüdische Tradition hintanzustellen. Daß andere Interessen hinzukommen mögen, widerspricht diesem Standpunkt nicht. Auch für das TestSal muß das synkretistische Element hoch veranschlagt werden, wobei noch einmal zu betonen ist, daß die Quelle dadurch nicht als weniger „jüdisch" bezeichnet werden darf.

Auch für den politisch-herrschaftlichen Aspekt des *kosmokrator*-Topos lassen sich aufschlußreiche Beispiele nennen. So war es die Königin Kleopatra, die sich Isis und Selene nennen ließ und ihren Zwillingskindern Alexander und Kleopatra die Beinamen Helios und Selene gab, damit von vornherein klar sei, daß sie die zukünftigen Kosmokratoren sein würden.[286] Selbst Konstantin (306–337 u.Z.) war lange ein Anhänger des Sonnengottes und ließ sich als Sol Invictus auf Münzen abbilden, damit seinen Anspruch auf die Rolle des Kosmokrators dokumentierend.[287] Dank der theologischen Arbeit des Eusebius u.a. konnte er diese Rolle beibehalten, auch nachdem die Allmacht Gottes die Alleinherrschaft der (paganen) Kaiser

---

[285] Vgl. etwa LAFARGUE ebda. S. 797: „In view of the unusual contents of this version, this may in some way reflect the spirit in which some Jewish group at the time actually understood the ideas in the hymn, though it may also be that this is simply a propaganda attempt to represent Orpheus treating Jewish themes as esoteric secrets." Da a priori von der Ungewöhnlichkeit des Inhalts (vor welchem Hintergrund eigentlich?) ausgegangen wird, ist die Argumentation zirkulär.

[286] Vgl. Dio Cass. *Hist. Rom.* L, 5, 3; XXV, 3; LI, 32, 4; XLIV, 32, 4. Dies geschah im Jahre 40 v.u.Z., die neue Ära vorwegnehmend, die 37/36 begann. VOLKMANN merkt an, es spiegele sich darin die Propaganda der Königin wider; „In den Beinamen Helios und Selene brach die astrologische Spekulation und Mystik durch, die ein neues goldenes Zeitalter erwartete, wenn die Sterne, vor allen Sonne und Mond, in ihre ursprüngliche Stellung am Himmel zurückkehrten" (H. VOLKMANN: *Kleopatra. Politik und Propaganda*, München 1953, 117).

[287] Vgl. H. DÖRRIES: *Das Selbstzeugnis Kaiser Konstantins* (Abh. d. Akad. Göttingen, phil.-hist. Kl. 3. Folge Nr. 34), Göttingen 1956, 181f.322.345f; H.P. L'ORANGE: *Studies on the Iconography of Cosmic Kingship*, 1953, 33 fig. 15.35.

zurückzudrängen begann.²⁸⁸ Es handelt sich also um eine andere Bedeutungsebene des „Weltenherrschers", teilweise der astralen Dimensionen entkleidet und nur noch dem Kaiser vorbehalten.²⁸⁹

Wenn wir vor diesem Hintergrund das TestSal betrachten, stellen wir fest, daß die Macht der Gestirne dort ebenfalls einer *Depotenzierung* unterworfen ist, indem sie dem Willen des Magiers Salomo unterstellt wird. Mit einem solchen Schritt distanziert sich der Text von der traditionellen ägyptischen Auffassung und nähert sich einer Konzeption an, die besonders in der christlichen Literatur anzutreffen ist. Man denke etwa an die Mahnungen Paulus', sich nicht nach den Weltgesetzen der anderen zu richten, welche von Christus überwunden worden seien. Bis zur Wiederkunft Christi gelte:

> Wir haben nicht gegen Menschen aus Fleisch und Blut zu kämpfen, sondern gegen die Fürsten und Gewalten, gegen die Beherrscher dieser finsteren Welt (πρὸς τοὺς κοσμοκράτορες τοῦ σκότους τούτου), gegen die bösen Geister des himmlischen Bereichs.²⁹⁰

Wie wir noch sehen werden, ist die christliche Haltung zur Symbolik der Zahl Sieben durchaus ambivalent, doch wenn die astrale Dimension in den Blick rückte, schien man sich im Kampf gegen die „Herrscher dieses dunklen Zeitalters" fest zusammenzuschließen.²⁹¹

---

[288] Eusebius formulierte die Gleichung, daß der Kaiser zwar nicht selber Gott, aber Gottes Vertreter auf Erden sei. Konstantin seinerseits wurde „gleich zu Anfang von den Soldaten und lange zuvor von Gott selbst, dem König der Könige, als höchster Kaiser und Augustus ausgerufen" (HE VIII, 13, 14; vgl. auch IX, 9, 1 und X, 8, 6. 7. 16). Zum Kaiserkult des Konstantin vgl. vor allem FÖGEN 1993, 270ff (Literatur). Wir werden auf diese Fragen zurückkommen müssen, doch bereits an dieser Stelle sei darauf hingewiesen, daß die Assimilation römischer Sonnenkulte in christlichem Gewand – etwa die Verlegung der Geburt Jesu auf den 25. Dezember, das Fest des Sol Invictus – ein wichtiger Grund für die politische Durchsetzungskraft des Christentums war. Ferner: „Quite different were the solar and lunar cults of Rome, and the cult of Sol Invictus, which had no complex theology as far as we can tell. Nevertheless, the solar cult is an important transformation of astrological beliefs, though it has nothing to do with the learned discipline. It doubtless contributed to popular receptivity to astrology. When the Sun became the primary deity of the Roman Empire, the wheel had in a sense turned full circle. For astrology had originated many centuries earlier out of the state-organised worship of the Sun and the other gods of the heavens" (BARTON 1995, 207).

[289] Vgl. CUMONT 1937, 27, der den Nachweis führt, daß der Begriff lediglich „König" bedeutete, bevor er auf die römischen Kaiser Anwendung fand.

[290] Eph 6,12. Vgl. auch Kol 2,4. 20; Gal 4,3. 9

[291] Vgl. vorab Mt 12,45; Lk 8,2; 11,26; Off 1,16. 20; 2,1; außerdem Origenes *c. Cels.* VI, 30.

In diesem Ansinnen wußte man sich sogar mit den gnostischen Christen einer Meinung, auch wenn letztere natürlich ihre eigene Interpretation der Geschichte besaßen. So heißt es im Nag-Hammadi-Traktat „Über die Schöpfung der Welt":

> Then since Death was androgynous, he mixed with his nature and begot seven androgynous sons. These are the names of the males: Jealousy, Wrath, Weeping, Sighing, Mourning, Lamenting, Tearful Groaning. And these are the names of the females: Wrath, Grief, Lust, Sighing, Cursing, Bitterness, Quarrelsomeness. They had intercourse with one another, and each one begot seven so that they total fortynine androgynous demons. *Their names and their functions you will find in „the Book of Solomon."*[292]

Dieser Passus ist die einzige Stelle im Nag-Hammadi-Korpus, wo explizit auf ein „Buch Salomos" verwiesen wird.[293] Allerdings ist durchaus nicht sicher, ob hiermit unser TestSal gemeint ist, und Doresse brachte mit guten Gründen die „Epistel an Rehobeam"[294] ins Spiel, die auch als „Hygromantik des Salomo" oder „Der Schlüssel zur Hygromantik" bekannt ist und vermutlich im ersten vorchristlichen Jahrhundert in Ägypten entstand.

In diesem Buch sind Listen der sieben Planeten, Engel und Dämonen enthalten, deren Einfluß auf die 24 Stunden des Tages während einer Woche sowie Gebete an die Planeten und Engel, magische Symbole der Planeten, und schließlich die Entsprechungen zwischen Planeten, Zodiakalzeichen und Pflanzen.[295] Trotz der deutlichen Ähnlichkeiten kommt Doresse zu der Ansicht, der Hinweis des Nag-Hammadi-Traktates sei „to something in that vast collection entitled the *Testament of Solomon*, which enumerates a crowd of genies and mentions, for example, as rulers of this terrestrial world, Deception, Discord, Quarrelsomeness, Violent Agitation, Error, Violence, and

---

[292] H.-G. BETHGE/W.O. WINTERMUTE (tr.): „On the Origin of the World (II. 5 and XIII, 2)", in: NHL 167 (Hervorhebung KvS).

[293] Der Name Salomos taucht allerdings noch in drei anderen Schriften auf, vgl. DULING, TestSal, 942.

[294] Ediert von J. HEEG in CCAG VIII, 2 (1911), 139-165. Vgl. REITZENSTEIN 1904, 186f (zu Vergleichspassagen in Josephus, *Kore Kosmou* und TestSal); FESTUGIÈRE 1950, I, 339f; GOODENOUGH, *Symbols*, II, 233; PREISENDANZ 1956, 690ff (mit weiteren Texten zur Hygromantie, also dem Versuch, Dämonen zwecks Offenbarung in Flüssigkeiten zu bannen). Der Brief an Rehobeam mit seinen Gebeten an die Gestirne dient NESS zur Erklärung der Tierkreise der antiken Synagogenmosaike, denn die Planeten als Engel seien Repräsentanten von Gott selbst, „maintaining the world He created" (1990, 217).

[295] Vgl. DORESSE 1986.

Perversity."²⁹⁶ Diese Parallele ist in der Tat bemerkenswert, unabhängig davon, ob die Zuordnung der männlichen und weiblichen Dämonen, die gelegentlich angezweifelt wurde, so stimmt oder nicht.²⁹⁷ Eine Schwierigkeit der sieben Dämonen im TestSal ist ohnehin, daß es keine direkten Parallelen gibt, die eine bestimmte Herkunft der Namen zu verifizieren vermöchten. Man ist also auf Vermutungen angewiesen. Doch selbst wenn eine konkrete Übereinstimmung mit dem Nag-Hammadi-Traktat nicht beweisbar ist, könnte dort auf das TestSal insgesamt angespielt worden sein. M.E. wäre eine wörtliche Übernahme auch ein großer Zufall, da die Legendenbildung um Salomo als Magier und Astrologe schon früh ansetzte und wir bei diesem Genre beinah von einer *Makroform* astralmagischer Literatur auszugehen haben. Und dieser Makroform lassen sich die verschiedenen Texte in ihrer je anderen Ausgestaltung ohne weiteres zuordnen. Mehr noch: Die Tatsache, daß wir die genannte Makroform in jüdischen wie christlichen Zusammenhängen wiederfinden, zeigt die ungeheure Attraktivität dieses Sujets einerseits und die Anpassungsfähigkeit des Materials an unterschiedliche Zielsetzungen andererseits. Es ist ein Beispiel für die Lebendigkeit des spätantiken Diskurses.²⁹⁸

Wir haben uns damit einen Überblick verschafft über die beiden wichtigsten Passagen des TestSal, die Aussagen über die Astrologie enthalten. Eine Verknüpfung der Befunde ist bislang absichtlich vermieden worden, weil nicht auszuschließen ist, daß hier unterschiedliche Überlieferungsstränge in das Testament Eingang fanden. Allerdings müssen wir selbst dann den antiken Redaktoren zugestehen, sie hätten sich bei der Verbindung etwas gedacht, weshalb wir auch methodisch korrekt verfahren, wenn wir nach einer getrennten Untersuchung den „gemeinsamen Nenner" der Passagen näher zu bestimmen versuchen. Bevor wir dies tun, sollen aber noch in einem kursorischen Überblick weitere Spuren astrologischen Denkens und Wissens im TestSal aufgesucht und beschrieben werden.

Wenn Salomo die Dämonen nach ihrem Namen fragt, schließt sich oft auch die Frage nach dem Ort an, den sie im Zodiak bewohnen. Eine Systematik, die hinter der Verbindung einzelner Dämonen mit bestimmten Zodiakalzeichen stehen könnte, ist dem Text nicht zu entnehmen. So kann die Zusammenstellung von Wassermann und Jungfrau in TestSal 2, 2f (s.o.) – der Dämon erwürgt jene im Was-

---

²⁹⁶ DORESSE 1986, 170.
²⁹⁷ Vgl. DULING, *TestSal*, 942f.
²⁹⁸ Wir werden diesen Überlegungen unten Kap. IX weiter nachgehen.

sermann, die der Schönheit der Jungfrau verfallen sind – aus dem antiken astrologischen Korpus nicht verifiziert werden. Manilius etwa spricht die Eigenschaft, „einzig die Jungfrau zu lieben", dem Zeichen Schütze zu.[299] Wenn überhaupt, könnte man hier die Dekanlehre ins Spiel bringen, die dem Zeichen Jungfrau die Dekanregenten Sonne, Venus und Merkur (Nr. 16-18), dem Wassermann aber Venus, Merkur und Mond als Dekanherrscher zuordnet.[300] Da diese Zuschreibungen jedoch, wie wir sahen, mehr als unzuverlässig sind, führt ein solches Indiz nicht weiter, und man muß davon ausgehen, daß die Zusammenstellung von Jungfrau und Wassermann, die im ansonsten nicht beachteten Quinkunx-Aspekt stehen,[301] wohl auf mythologische oder legendäre Vorstellungen über die Schönheit der Jungfrau zurückzuführen ist, die mit astralen Obertönen verbunden werden, ähnlich den „sieben Jungfrauen" aus dem Roman *Joseph und Aseneth*.[302]

---

[299] *Astron.* II, 504-506: *Nec non Arcitenens magno parere Leoni auribus atque oculis sinum fundentis Aquari conspicere assuevit solamque ex omnibus astris diligit Erigonen.*

[300] Nach der Dekanliste bei BL 233.

[301] Zum Quinkunx vgl. Ptolemaios *tetrab.* I, 17.

[302] Dieses erbauliche Werk wird heute zumeist ins zweite oder dritte Jhdt. u.Z. datiert, die meisten favorisieren Ägypen als Entstehungsort, obwohl die Indizien schwach sind. Die Geschichte von Joseph und Aseneth hat eindeutige astrale Obertöne, etwa im Namen der Aseneth, der der Himmelsgöttin Neith entstammt, oder den genannten sieben Jungfrauen Aseneths, die von einer himmlischen Figur gesegnet werden (17, 4ff). Dazu kommt die Thematik der *Heiligen Hochzeit*, die im Stile des Hohenliedes entwickelt wird: Aseneth schmückt sich als Braut und erfährt eine Art Apotheose in vollkommene Schönheit (18, 3ff), bevor sie von Joseph gepriesen und in „Stadt der Zuflucht" umbenannt wird (19, 5). Vgl. besonders D. SÄNGER: *Antikes Judentum und die Mysterien. Religionsgeschichtliche Untersuchungen zu Joseph und Aseneth* (WUNT 2/5), Tübingen 1980 (Forschungsgeschichte und Literatur); CHR. BURCHARD: *Joseph und Aseneth* (JSHRZ II/4), Gütersloh 1983 (gründliche Studie); außerdem ders.: *Gesammelte Studien zu Joseph und Aseneth*. Berichtigt und ergänzt hrsg. mit Unterstützung von C. BURFEIND, Leiden u.a. 1996, sowie jetzt R.SH. KRAEMER: *When Aseneth Met Joseph: A Late Antique Tale of the Biblical Patriarch and His Egyptian Wife, Reconsidered*, Oxford 1998. Zum literarischen Genre: R.S. PERVO: *Joseph and Asenath and the Greek Novel* (SBL 10), 1976; H. KOCH: *Der antike Roman*, Berlin 1988. Die astrologischen Motive wurden besonders von M. PHILONENKO herausgearbeitet (*Joseph et Aséneth: Introduction, texte critique, traduction et notes* [SPB 13], Leiden 1968). Obwohl m.E. eine astrale – nicht jedoch eine astrologische – Thematik durchaus fester Bestandteil der Erzählung ist, kann sie für unser Thema wenig beitragen, da die Andeutungen viel zu allgemeiner Art sind und nur im Gesamtzusammenhang des Werkes verstanden werden können; eine konkrete astrologische Position läßt sich nicht mit Seriosität ermitteln.

In Kapitel vier befragt Salomo Onoskelis, die ihm von Beelzeboul gezeigt wird. Es handelt sich dabei um einen weiblichen Dämon von schöner Gestalt „with a fair complexion, but her legs were those of a mule" (4, 2). Die Selbstbeschreibung der Onoskelis ist für uns von großem Interesse:

> (4, 4) „My name is Onoskelis. I am a spirit which has been made into a body. I recline in a den on the earth. I make my home in caves. However, I have a many-sided character. (5) Sometimes I strangle men; sometimes I pervert them from their true natures. Most of the time, my habitats are cliffs, caves, and ravines. (6) Frequently, I also associate with men who think of me as a woman, especially with those whose skin is honey-colored, for we are of the same constellation. It is also true that they worship my star secretly and openly. They do not know that they deceive themselves and excite me to be an evildoer all the more. (7) For they want to obtain gold by remembering (me), but I grant little to those who seriously worship me." (8) Next I asked her how she came into being. She said, „I was generated from an unexpected voice which is called a voice of the echo of a black heaven [ὁ μολύβδος], emitted in matter." (9) I said to her, „By what heavenly body do you travel?" She replied, „By the full moon, because by the moon I pass over more things." (10) Then I said, „What angel thwarts you?" She responded, „One that is also in *you*, King!" (11) [...] „I say to you, King, by God's wisdom I have been entrusted to your power."

Der griechische Name ἡ 'Ονόσκελις bedeutet soviel wie „die mit den Eselsbeinen", was diese Dämonin mit dem Zodiakalzeichen Steinbock verbindet.[303] Das Satyrhafte im Steinbock wiederum lieferte schon früh die Grundlage, um mit dem Gott Pan vereint zu werden.[304] Dazu paßt auch die Rede von den Höhlen, in denen die Dämonin lebt.[305] Von der Steinbocksymbolik her fällt möglicherwei-

---

[303] Vgl. McCown 1922, 67; Duling, TestSal, 964f Anm. 4a und c.
[304] Bereits im klassischen Griechenland wurde das Fest des Pan im Winter gefeiert, zur „Steinbockzeit". Der Kult um Pan und die Nymphen gewann zunehmend an Bedeutung, so daß im Jahr 340/339 v.u.Z. ein Delphischer Hymnus auf Dionysos dazu aufrief, den Gott nunmehr das ganze Jahr hindurch zu verehren, und nicht mehr nur im Winter. Über das Thema unterrichtet ausführlich L. Käppel: *Paian*, Berlin/New York 1992, 206-284; vgl. ferner F. Brommer: Art. „Pan", in: RE Suppl. 8, 949-1008; R. Herbig: *Pan, der griechische Bocksgott*, Frankfurt a. M. 1949. Zur Verbindung Pan–Steinbock in der Astrologie vgl. BL 144 (mit weiteren Nachweisen).
[305] Zur Verbindung Pans mit den Höhlen sei darauf hingewiesen, daß ein gewisser Archedemos von Thera in Attika um 400 v.u.Z. eine Höhle für Pan und die Nymphen ausschmückte und eine Zahl von Inschriften verfaßte, in denen er sich als *nympholeptos* – „von den Nymphen besessen" – bezeichnet. Vgl. zum Thema F.T. von Stratn: „Daikrates' Dream", in: *Bulletin Antieke*

se auch ein interessantes Licht auf den schwer einzuordnenden Ausdruck ὁ μολύβδος in 4, 8. In der Forschung versuchte man verschiedentlich eine Verbindung mit ὁ ἦχος „Klang, Stimme" herzustellen und propagierte die Bedeutung „schmutzige Rede, Dreck". Auch ein von Dieterich genannter magischer Papyrus aus Leiden wurde ins Spiel gebracht, denn dort heißt es, Gott habe siebenmal gelacht, was die Geburt von sieben Göttern hervorrief. Er lachte ein zweites Mal, die Erde hörte das Echo [ἠχοῦς], und ein Gott erschien.[306] Sollte diese Parallele mehr als nur ein spekulativer Hinweis sein, könnte man daraus entnehmen, daß im TestSal tatsächlich ältere astralreligiöse Ansichten Eingang fanden, die nunmehr theologisch umgedeutet wurden. Denn jetzt ist es keine Göttin mehr, die sich aus dem Echo in die Materie inkarniert, sondern eine Dämonin.

Was nun den Ausdruck *ho molybdos* anbelangt, so besteht weiterer Erklärungsbedarf; denn die Verbindung mit dem „Echo" oder der Stimme ist nicht ohne weiteres ersichtlich, wenn man bedenkt, daß mit ὁ μολύβδος eigentlich *Blei* gemeint ist.[307] Stattdessen kann man dies als weiteres Attribut der Steinbockthematik interpretieren, denn jenes Zodiakalzeichen, das die wohl höchste Struktur und Festigkeit aller Zeichen aufweist, ist astrologisch stets mit dem schwersten und kompaktesten Metall assoziiert worden.[308] Deshalb würde es nicht verwundern, wenn die saturnine Dämonin aus dem Blei hervorgegangen wäre, ein Umstand, der erneut den „senkrechten" Charakter astrologischen Denkens unterstreicht.

In der zitierten Passage ist aber noch mehr Interessantes enthalten: Onoskelis sagt, *ihr Stern* werde im Geheimen und in der Öffentlichkeit kultisch verehrt (4, 6). Nun spielt Saturn als Vertreter des jüdischen Volkes am Himmel in der Antike eine nicht unwichtige Rolle, und es wurde sogar vermutet, die Juden verehrten den Saturn auch durch Anbetung und Opfer.[309] Daß es in einigen Kreisen des Judentums zu einer geheimen Verehrung des Sterns der Juden kam, ist aus diesem Grunde nicht auszuschließen; das TestSal könnte

---

Beschaving 51 (1976), 1-38; W.R. CONNOR: „Seized by the Nymphs: Nympholepsy and Symbolic Expression in Classical Greece", in: *Classical Antiquity* 7 (1988), 155-189; J. BREMMER: *Götter, Mythen und Heiligtümer im Antiken Griechenland*, Darmstadt 1996, 105f.

[306] Vgl. DIETERICH 1891, 17-19. Die Phrase καὶ ἐγενήτη ἐκ τοῦ ἠχοῦς μέγας θεός (S. 19) ist besser wiederzugeben mit „und aus dem Echo wurde ein großer Gott geboren." Vgl. zur Diskussion DULING, TestSal, 965 Anm. d.

[307] Vgl. μόλιβος in BAUER-ALAND 1065 (mit weiteren Angaben).

[308] Nachweise bei *BL* 95f. Im Französischen bedeutet *saturne* noch heute „Blei".

[309] Vgl. *BL* 318; 478 Anm. 1; 483f Anm. 3.

dafür als Beleg gewertet werden, der zugleich eine theologische Bewältigung dieses als Problem empfundenen Sachverhaltes anstrebt: Die solches tun, wissen nämlich nicht, daß sie sich damit selber betrügen und die Hilfe des Saturn ausbleiben wird (4, 6f).[310]

Es stellt sich nun die Frage, wie bei einer solchen Interpretation die Verbindung mit dem *Mond* hergestellt werden kann, der in 4, 9 genannt wird. Auch diese ergibt sich aus der saturninen Deutung, doch müssen wir dafür die astrologische Tradition verlassen und uns der jüdischen zuwenden. Wir sahen bereits, daß in exilisch-nachexilischer Zeit noch immer ein Mondkult im Judentum anzutreffen war, der in prähistorische Epochen hinaufreichte.[311] In ihrer hochinteressanten Studie über die matriarchale Symbolik des Steinbocks plausibilisiert G. Weiler die enge Verbindung zwischen dem Mondgott und der Göttin, deren Attributtier der Steinbock ist. Die „Göttin mit dem Bock" wurde später zur Dämonin, in christlichem Kontext sodann zur Hexe degradiert, ohne daß die früheren Attribute gänzlich verloren gingen.[312] M.E. reflektiert die Rede der Onoskelis im TestSal eine uralte jüdische Tradition, die von der Verbindung zwischen dem Steinbock als Symbol der Göttin und dem Mond als ihrem Gefährten weiß.

Diese Vermutung wird durch zwei weitere Indizien erhärtet: Zum einen macht Onoskelis die für Salomo überraschende Enthüllung, daß er selber es ist, der über sie Kontrolle hat (4, 10f). Die Überraschung ist nicht mehr so groß, wenn man bedenkt, daß Salomo im matriarchalen Kontext[313] eine herausragende Rolle zukam. Dies wird nicht nur im Hohenlied deutlich, sondern auch in der Bewertung der kultischen Vergehen Salomos innerhalb der jüdischen Geschichtsschreibung.[314] Das zweite Indiz läßt sich aus der Bemerkung ablesen, Onoskelis erwürge bisweilen Menschen (4, 5). Eine Parallele dazu findet sich in TestSal 13, wo die langhaarige Dämonin Obyzouth eingeführt wird, die während der Nacht umherfliegt und die Neugeborenen der Frauen erwürgt; ihre Macht wird als äußerst groß beschrieben, so daß Salomo zu dem brutalen Mittel greift, Obyzouth

---

[310] S. dazu ausführlicher den *Exkurs 3* unten.
[311] S.o. S. 361f.
[312] Vgl. Weiler 1990; viele Hinweise finden sich außerdem in U. Winter: *Frau und Göttin. Exegetische und ikonographische Studien zum weiblichen Gottesbild im alten Israel und in dessen Umwelt*, Freiburg (Schweiz) 1983.
[313] Zu der von mir verwendeten Definition von *Matriarchat* vgl. K. von Stuckrad: *Lilith. Im Licht des schwarzen Mondes zur Kraft der Göttin*, Braunschweig 1997, 25-27.
[314] Vgl. Weiler 1990, 106ff.

an ihren Haaren über dem Tempel aufzuhängen.[315] Die menschenwürgende Dämonin nimmt einen festen Platz ein in der spätantiken jüdischen Literatur; meist ist es *Lilith*, der jene Attribute zukommen, nämlich die Tötung von Neugeborenen, das Wohnen in Höhlen und am Wasser etc. Ich habe an anderer Stelle gezeigt, daß jene Zuschreibungen auf ältere Attribute der vorderasiatischen Göttin zurückgehen, die im Laufe der Zeit dem patriarchalen Geschichtsmythos einverleibt wurden.[316] Dieser Sachverhalt läßt sich auch im TestSal unschwer verifizieren, doch muß auf eine detaillierte Analyse verzichtet werden, da es uns lediglich um die astrologischen Dimensionen des Textes geht. Im Hinblick auf diese Ebenen zeigt sich, daß wir es mit zwei unterschiedlichen Traditionssträngen zu tun haben: auf der einen Seite die astrologische Deutung, die von der Verbindung Pan – Steinbock – Blei – Judentum ausgeht, auf der anderen Seite die jüdische Linie, die den Steinbock mit der Göttin, den Mond wiederum mit deren göttlichem Gefährten assoziiert.

Eine Parallele hierzu findet sich in Kapitel 15, wo Salomo eine weitere Dämonin befragt, nämlich Enepsigos, die jedoch unter zahllosen Namen bekannt ist, wie es heißt (15, 2). Und es klingt wie die Beschreibung der Großen Göttin antiker Kulturen, wenn sie sagt:

> (15, 3) She responded to me, „What are you after? What do you want? I can change my appearance, first being taken for a goddess, and then becoming one who has some other shape. (4) In this regard, do not expect to know all things about me, but because you are here in my presence, listen to this: I hover near the *moon* and because of this I assume three forms. (5) At times, I am conjured as *Kronos* by wise men. At other times, I descend around those who bring me down and appear in another form. The capacity of the heavenly body is invincible, incalculable, and impossible to thwart. At any rate, changing into three different forms, I also descend and become like what you see. (6) I am thwarted by the angel Rathanael, who takes his seat in the third heaven. On account of this, therefore, I say to you, this Temple cannot contain me."

Die frühe Herrlichkeit der Göttin klingt in diesem Passus noch deutlich nach, und auch die Verbindung der Göttin mit dem Steinbock, repräsentiert von Saturn, wird von „weisen Menschen" erkannt. Die Dreifaltigkeit entsprechend den lunaren Zyklen scheint

---

[315] Vgl. auch WeishSal 12,3f.
[316] Vgl. VON STUCKRAD a.a.O. (oben Anm. 314). Zur Parallele zwischen Obyzouth und Lilith sowie zur matriarchalen Konnotation des TestSal insgesamt vgl. G. WEILER: *Der enteignete Mythos. Eine feministische Revision der Archetypenlehre C.G. Jungs und Erich Neumanns*, Königstein 1996, 142-145.

dagegen eine sekundäre Entwicklung zu sein, die einsetzte, nachdem der Mondgott im religiösen Denken keine bedeutende Rolle mehr spielte.

Die weiteren astrologischen Spuren in unserem Text ergeben ein Konglomerat verschiedener Anleihen, das keine eindeutigen Aussagen erlaubt. Der „Stern im Westen" oder auch „Abendstern", der mit dem wichtigen Dämon Beelzeboul verbunden ist (6, 7), ist schwerlich mit den Attributen der Venus in Einklang zu bringen. Daneben ist zu konstatieren, daß nicht nur Planeten und Zodiakalzeichen als Domizile der Dämonen begegnen, sondern auch andere Himmelsbereiche: Lix Tetrax etwa erzählt, er wohne „[t]oward the very tip of the horn of the moon when it is found in the South" (7, 6). Und Asmodeus gibt an: „My constellation (is like an animal which) reclines in its den in heaven; some men call me the Great Bear, but others the Offspring of a Dragon" (5, 4). Die Dämonen haben auch durchaus unterschiedliche Funktionen und Kräfte, sie können mitunter die Zukunft vorhersagen, weil sie zwischen den Sternen herumreisen und gleichsam ihr Ohr an Gottes Mund haben, wie Ornias es andeutet (20, 12).

In einer zusammenfassenden Analyse sollen nun die verschiedenen Interpretationslinien und disparaten Elemente des TestSal in ein Gesamtbild eingewoben werden.

4.2. Ergebnisse

Das TestSal ist kein einheitliches Werk. Es weist disparate Elemente auf, die sowohl aus ägyptisch-hellenistischem, aus babylonischem, als auch aus palästinischem Boden erwachsen sind. Am deutlichsten ist dieser Befund an den magischen Lehren ablesbar.[317] Auch wenn die Untersuchung der astrologischen Inhalte des Buches eindeutig in den ägyptischen Raum weist, ist die Haltung zur Astrologie, die sich aus theologischen Intentionen im weiteren Sinne ergibt, nicht allein aus Ägypten her verständlich. Selbst eine Eingrenzung auf jüdische Haltungen ist nicht möglich, da christliche Überformungen älterer

---

[317] Neben den hermetischen Schriften, die auf Ägypten verweisen, sprechen für Mesopotamien die Dämonologie und die Existenz der sehr ähnlichen aramäischen Beschwörungsschüsseln. Für Palästina wird i.A. die wichtige Stelle aus Josephus AJ VIII, 2 angeführt, die von Eleazar berichtet, der, indem er Salomos Namen und seine magischen Formeln ausspricht, bei Vespasian Heilungen und Wunder zu vollbringen vermag. Auch der spätere *Sefär harazîm*, die *Apokalypse Adams* und der *Targum Shᵉni* zu Esther weisen auf salomonisch-magische Traditionen in Palästina hin.

Materials erst die Endgestalt des Textes ergaben. Schließlich muß man auch bedenken, daß bereits die biblische Darstellung des ungeheuren Wissens und der großen Weisheit Salomos (1Kön 5,9-14) zu Spekulationen über seine magischen Fähigkeiten Anlaß bieten konnte, so daß eine nachträgliche Aufspaltung in distinkte Stränge nicht ohne weiteres möglich ist.[318] An der antiken Wirklichkeit geht sie in jedem Falle vorbei, denn das Charakteristische des TestSal ist ja gerade, daß sich an eine literarische Figur Bedürfnisse und Ansichten verschiedenster Couleur anlagern konnten.

Das einzige, was offensichtlich fehlt, ist eine kultorientierte oder priesterliche Komponente, wie wir sie in der Henochastronomie fanden. Dieser Personenkreis, soviel scheint sicher, zeichnet für die Autorschaft des Textes nicht verantwortlich. Stattdessen rückt die *gelebte Alltagsreligion* in den Mittelpunkt, was sich besonders an den medizinischen Belangen aufzeigen läßt. Duling hält deshalb zu Recht fest:

> The major historical importance of the Testament of Solomon is that it provides a resource for understanding one type of common religious experience in hellenistic Jewish Christianity, an experience related to everyday problems of sickness and health, death and life. But it is also historically important as a means of seeing a high point in the development of the Solomonic legend. Finally, it is an important religious text to compare with other religious texts of the period.[319]

Daß das TestSal sich mit den Belangen des alltäglichen Lebens beschäftigt, heißt freilich nicht, daß seine Autoren am Diskurs ihrer Zeit keinen Anteil hatten. Wie die Einzelanalyse der astrologischen Elemente zeigt, ist durchaus eine Affinität zu älteren Deutungstraditionen vorhanden, soweit diese zu Beginn der christlichen Zeit-

---

[318] Zur textkritischen Einordnung vgl. P. Särkiö: *Die Weisheit und Macht Salomos in der israelitischen Historiographie. Eine traditions- und redaktionskritische Untersuchung über 1Kön 3-5 und 9-11* (Schriften der Finnischen Exegetischen Gesellschaft 60), Göttingen 1994, bes. 56ff. Zur Thematik insgesamt vgl. auch die neue Studie von St. Wälchli: *Der weise König Salomo. Eine Studie zu den Erzählungen von der Weisheit Salomos in ihrem alttestamentlichen und altorientalischen Kontext* (Beiträge zur Wissenschaft vom Alten und Neuen Testament 141), Stuttgart 1997.

[319] Duling, *TestSal*, 951. Vgl. auch Preisendanz 1956, 687: „Dem Benützer des Test. Sal. war eben dieser Abschnitt über die iatro-astrologischen und medizinisch-magischen Wirkungen der völlig degradierten Dekangötter und ihrer Gegendämonen gewiß der wichtigste in der Schrift [...]." Die *Benutzung* der Schrift unterstreicht noch einmal den hohen praktischen Wert im alltäglichen Leben.

rechnung ausgebildet waren. Allerdings muß man zugleich konstatieren, daß solche Affinitäten nicht über einen allgemeinen Kenntnisstand grundlegender Techniken hinausgingen. Gemessen am wissenschaftlichen Niveau der Astrologie jener Zeit trägt das TestSal alle Kennzeichen einer *Laienastrologie.* Hierbei kommen wir zu einem ähnlichen Ergebnis, wie John Gager es für den Bereich der Magie formulierte:

> In popular Egyptian circles where magic flourished, the traditional lines between Jew and gentile seem to have lost much of their meaning. Often it is easier and more accurate to speak of Jewish or Egyptian contributions to this syncretistic environment than to retain traditional labels.[320]

Im TestSal ist das spezifisch Jüdische nicht mehr eindeutig zu erkennen, ohne daß die Schrift dadurch aus dem jüdischen Textkorpus herausfallen würde. Das liegt zum einen an dem beschriebenen synkretistischen Charakter der antiken Religionen insgesamt; doch der jüdische Gehalt tritt auch dann stärker hervor, wenn man die technische Seite des Diskurses verläßt und die religiöse Dimension mit hinzuzieht. Hier konnten wir die Kenntnis frühester astraler Traditionen innerhalb des Judentums plausibilisieren, die in der Deutung des Saturn, des Steinbocks und des Mondes zum Ausdruck kommt. Über solche Verbindungen dürften die Autoren sich selber kaum Rechenschaft abgelegt haben, zumal die göttlichen Entitäten, repräsentiert durch „ihre" Sterne, schon früh einem Dämonisierungsbestreben unterworfen waren, dessen Ergebnis das TestSal ist.

In diesem Sinne weiß sich der Text im Einklang mit den gängigen Diskursmustern der jüdischen Spätantike, aber auch des frühen Christentums. Die Gestirnsmächte sind *depotenzierte Engel oder Götter,*[321] nunmehr dem Willen Salomos unterworfen. Salomo wiederum hat die Fähigkeit zur Beschwörung der kosmischen Mächte nicht aus eigenen Stücken erworben, sondern von Gott verliehen bekommen. Dies ist der Grund dafür, daß jede Beschwörung in einen Lobpreis auf Gott mündet. Die Aussage ist klar: Der jüdische Gott ist es, welcher die Himmelsmächte kontrolliert; durch seine Kraft werden die Dämonen ihrer Göttlichkeit beraubt, gezüchtigt und sogar zum Dienst am Tempelbau herangezogen. Jeder Gläubige, der die Namen der Dämonen kennt und die Invokationen Salomos in der

---

[320] GAGER 1973, 110.
[321] Sie können immer noch für Götter gehalten werden, wenn die sie kontrollierenden Engel nicht bekannt sind, vgl. TestSal 5, 5; 14, 2; 15, 3.

richtigen Weise ausführt, kann an dieser Macht partizipieren – er wird selbst zu Salomo.[322]

Fragen wir uns auch hier, welche theologische Grundposition mit Blick auf die Astrologie hinter einem solchen Entwurf steht. Führt die Entmachtung der astralen Wesenheiten zu einer Ablehnung astrologischen Denkens und Deutens, oder fand man auch im TestSal zu einer „Fortsetzung der Astrologie mit anderen Mitteln", wie wir es in so vielen anderen Texten feststellen konnten? Um diese Frage zu beantworten, sind zwei Gesichtspunkte beachtenswert: Die *Instrumentalisierung* der Dämonen für astrologische Interessen sowie die Haltung zu *kultischen Vergehen*, die im TestSal begegnet. Für ersteres haben wir den aufschlußreichen Bericht des Dämonen Ornias, der folgendes zu Salomo spricht:

> (20, 12) „We demons go up to the firmament of heaven, fly around among the stars, and hear the decisions which issue from god concerning the lives of men."[323]

Die Dämonen sind mithin in der Lage, die Zukunft vorherzusehen, was Ornias auch sogleich unter Beweis stellt, indem er den Tod eines Menschen drei Tage im Voraus kennt (vgl. 20, 6ff und 20, 18ff). Gleichzeitig können sie von den sie beherrschenden Menschen zu eben diesem Zweck eingesetzt werden. Wir erfahren noch mehr, denn Salomo gibt sich mit der Antwort nicht zufrieden:

> (20, 14) I asked him, „Tell me, then, how you, being demons, are able to ascend into heaven." (15) He replied, „Whatever things are accomplished in heaven (are accomplished) in the same way also on earth; for the principalities and authorities and powers above fly around and are considered worthy of entering heaven."

Bei dieser Stelle handelt es sich um eine lupenreine Adaptation des hermetisch-neuplatonischen „wie oben, so unten". Interessanterweise wird der Synchronizitätsgedanke gerade im Zusammenhang mit der Kenntnis zukünftiger Ereignisse ins Spiel gebracht, wodurch sich die Vertrautheit mit entsprechenden Lehren nahelegt. Es ist nun wichtig festzuhalten, daß an keiner Stelle die dahinterstehenden Anschauungen selber desavouiert werden – von einer astrologiefeindlichen Haltung, die sich aus der Depotenzierung der Astral-

---

[322] Schließlich ist der Text nicht aus rein literarischem Interesse geschrieben worden, sondern diente als magisches Rezeptbuch für nachfolgende Generationen.
[323] Vgl. auch 2, 3: „Sometimes I become a creature with wings (flying) up to the heavenly regions."

mächte ergeben könnte, ist im TestSal nichts zu spüren. Stattdessen werden die prognostischen Fähigkeiten der Dämonen dankbar eingesetzt, so daß es nicht verwundert, wenn Salomo sagt:

(20, 21) Upon hearing these things and knowing that the things which were spoken to me by the demon were true, I glorified the God of heaven and earth.[324]

Den Beitrag des TestSal zum Diskurs über die Astrologie könnte man folglich so formulieren: Die Entsprechung zwischen Himmlischem und Irdischem ist eine nicht in Frage zu stellende Tatsache; das Wissen um diese Entsprechungen – die Astrologie – schenkt uns Einblick in die Zukunft; um solches Wissen zu erhalten, müssen wir Kontrolle gewinnen über die Dämonen, welche die himmlische Welt bevölkern und uns, ob sie wollen oder nicht, den Willen Gottes kundtun; die Astrologie ist ein Geschenk Gottes, das wir dankbar annehmen.

Was nun die Aussagen kultischer Art im TestSal betrifft, so fügen sie sich nahtlos in die antike jüdische Haltung zur Sternenverehrung ein. Nachdem verschiedentlich davon die Rede war, daß manche Dämonen sich auch einer kultischen Verehrung durch die Menschen erfreuen,[325] wird dieses Vergehen am Ende des Testamentes dem König selber zur Last gelegt. Seine Liebe zu nichtjüdischen Frauen wird ihm, wie im biblischen Bericht (vgl. 1Kön 11,1-13[326]), auch hier zum Verhängnis. Er läßt sich dazu verleiten, den Göttern der Jebusiter Opfer darzubringen, was zum Verlust seiner Macht führt: „[...] the glory of God completely departed from me; my spirit was darkened and I became a laughingstock to the idols and demons (26, 7)." Die einzige menschliche Sünde, von der das TestSal berichtet, liegt in der Verehrung der Dämonen, ihrer Verwechslung mit Göttern. Das trifft natürlich auch auf die Sternmächte zu, deren Indienstnahme als legitim betrachtet wird, solange gewährleistet ist, daß sie einzig dem Willen Gottes gehorchen. Als Ergebnis können wir einmal mehr festhalten: Die Astrologie ist ein legitimes Werkzeug zur Erkundung

---

[324] Vgl. auch 15, 13-15: Salomo spricht davon, daß er die Prognosen der Dämoninnen und Dämonen erst glaubt, wenn sie tatsächlich eingetroffen sind. „But when they happened, then I understood, and at my death I wrote this testament to the sons of Israel and I gave (it) to them so that (they) might know the powers of the demons and their forms, as well as the names of the angels by which they are thwarted" (14).
[325] Vgl. z.B. die Aussage der Onoskelis in 4, 6 (s.o.); 5, 5.
[326] Vgl. auch die Querverweise bei DULING ad locum sowie SÄRKIÖ a.a.O. (oben Anm. 318), 212ff.

der Zeitqualität, die den Willen Gottes atmet. Die Wege zur Erlangung dieses Werkzeuges können unterschiedlich sein, im vorliegenden Fall führen sie über die Beschwörung der kosmischen Mächte, in anderen Fällen über die peinlich genaue Beobachtung der Planetenbewegungen. Ein struktureller Unterschied in der Argumentation ist dabei nicht zu erkennen, denn in beiden Fällen wird die Sache erst in dem Moment anrüchig, wo sich die Menschen vom Gebiet der Astrologie in jenes der kultischen Sternverehrung hinein bewegen und die Anzeiger des göttlichen Planes mit deren Schöpfer zu verwechseln drohen.

5. Die Sibyllinischen Orakel

Sibyllinische Orakel gehören zu den verbreitetsten Phänomenen in der antiken Welt. Hatte im Judentum die Prophetie die frühere, vor allem von Hohenpriestern durchgeführte Orakeltätigkeit weitgehend abgelöst, so lebte diese Tradition in der Umwelt uneingeschränkt weiter. Nicht nur die eigentlichen Sibyllen sind hier zu nennen, sondern auch die *Orakel des Hystaspes* oder der *Bahman Yasht* im Osten und die *Ägyptischen Töpferorakel* im Westen. Zweifellos gebührte jedoch den unter dem Namen der Sibylle gehenden Orakel in römischer Zeit unangefochten der höchste Ruhm.[327] So verwundert es nicht, daß auch innerhalb des Judentums bzw. des Christentums auf derartige Prophezeiungen in zunehmendem Maße rekurriert wurde; dies umso mehr, als die Unheilsankündigungen der Propheten durch die Zerstörung des Ersten Tempels, die Exilierung und die Fremdbestimmung als erfüllt betrachtet wurden, wodurch die Heilsprophetien, bzw. durch neue Methoden vermittelte Unheilsprophetien in den Vordergrund rückten.[328]

Im allgemeinen geht man davon aus, daß die Sibyllinischen Orakel eine aus dem Osten stammende Tradition darstellen, welche

---

[327] Editionen der OrSib: C. ALEXANDRE: *Oracula Sibyllina* I/II, Paris 1841/1853; RZACH 1891; J. GEFFCKEN: *Die Oracula Sibyllina*, Leipzig 1902. Aus der Literatur zum Thema seien besonders erwähnt: A. RZACH: Art. „Sibyllen/ Sibyllinische Orakel", in: RE 2, 4 (1923), 2073-2183; H.W. PARKE: *Sibyls and Sibylline Prophecy in Classical Antiquity*, London 1988. Die jüdisch-christlichen Elemente in den OrSib sind u.a. in folgenden Studien untersucht worden: W. BOUSSET: *The Antichrist Legend*, London 1896; A. PERETTI: *La Sibilla Babilonese nella propaganda ellenistica*, Florenz 1943; NIKIPROWETZKY 1970; COLLINS 1974; BERGER 1980; HELLHOLM 1983; BARTLETT 1985; COLLINS 1989, 93ff.

[328] Vgl. MAIER 1990, 122.

schon früh ihren Weg in den mediterranen Raum fand. Der Begriff „Sibylle" wiederum läßt sich etymologisch nur schwer einordnen; gewöhnlich wird eine Priesterin mit diesem Namen bezeichnet, die in Ekstase Prophezeiungen von sich gibt. Doch auch eine *Thea Sibylla* begegnet auf einer Münze aus Erythrea,[329] und die Juden reklamieren für sich, die Sibylle sei die Tochter bzw. Schwiegertochter des Noah.[330] An einer solchen Inanspruchnahme erkennt man bereits einen zentralen Aspekt der ganzen Sibyllentradition: In römischer Zeit dienten die sibyllinischen Orakel zuallererst der *politischen Propaganda*,[331] auch wenn selbstverständlich religiöse Gefühle das Ferment darstellten, das im Volk zur Hochschätzung jener Prophezeiungen führte. Besonders in Krisenzeiten wurden die Sibyllinischen Bücher häufig befragt, und die Sühne- und Opferrituale zur Abwendung des vorhergesagten Unheils standen im Mittelpunkt der öffentlichen Religion.[332]

In jenen Kreisen des Judentums, die für Spekulationen über Zeitalterwechsel[333] oder theologische Überhöhungen politischer Vorgänge insgesamt empfänglich waren – und in der hier zur Debatte stehenden Zeit waren das sehr viele – wurden derartige Orakel selbstverständlich mit Interesse verfolgt. Doch nicht nur das: man bemühte sich, die Überlegenheit der eigenen Religion und die Verhei-

---

[329] Nachweise bei RZACH 1923, 2078.

[330] Vgl. OrSib Prolog 33; I, 289; III, 827.

[331] Vielleicht ist es an dieser Stelle erlaubt, auf eine moderne Parallele hinzuweisen, die die besondere Wirkung angesehener Orakel anschaulich zu beschreiben vermag: Im Zweiten Weltkrieg wurden u.a. vom deutschen Astrologen Karl Ernst Krafft Nostradamus-Prophezeiungen lanciert, um die psychologische Kriegsführung in bestimmter Weise zu beeinflussen; der englische Geheimdienst wiederum hielt dagegen, indem er deutsche Geheimdokumente fälschte, die ebenfalls Nostradamus-Prognosen enthielten, aber nun mit der Aussage, die Alliierten seien unweigerlich auf der Siegerstraße etc. Die Dokumente wurden den Deutschen zugespielt und entfalteten eine nicht unbeträchtliche Wirkung. Über dieses Thema informiert ausführlich E. HOWE: *Uranias Kinder. Die seltsame Welt der Astrologen und das Dritte Reich*, Weinheim 1995 (engl. Original London 1967). Daß Orakelsprüche gerne gefälscht und instrumentalisiert werden, war auch in der Antike schon bekannt, und Aristophanes und Lukian gießen ihren Spott darüber aus; vgl. die Texte bei C. ALEXANDRE, *Oracula Sibyllina*, II, Paris 1853, 140-170.

[332] Vgl. RZACH 1923, 2108ff.

[333] Zeitalterspekulationen spielten bekanntlich auch im römischen Denken jener Zeit eine große Rolle, und es war kein Geringerer als Vergil, der in seine vierte Ekloge die cumäische Sibylle einbaute. Zur Ekloge allgemein vgl. VON STUCKRAD 1996, 68-71; zum Verhältnis Vergil–Sibyllen vgl. NORDEN 1969, 145ff.

ßungen auf die Zukunft hin mit eben jenen Mitteln auszudrücken, die in der Umwelt allenthalben Anerkennung fanden. Wie stark dies angesichts konkreter Bedrohungen oder Verfolgungen verfing, wurde bereits anhand der Sibyllinischen Orakel dargestellt, von denen Josephus berichtet und die auf die Tempelzerstörung hinzudeuten schienen.[334]

Die Ankündigung von Unheil und Zerstörung machen den Hauptanteil der Sibyllen aus, was an die prophetische Tradition anknüpft, heißt es doch Jer 28,8: „Die Propheten, die vor mir und vor dir je gelebt haben, weissagten Krieg, Unheil und Pest gegen viele Länder und mächtige Reiche." Auch in der Begründung für die Katastrophen, welche die Länder heimsuchen, fühlt man sich an biblische Argumentationen erinnert, denn stets ist dem Unheil ein religiöses Vergehen vorhergegangen, neben Homosexualität und sexuellen Versündigungen namentlich *Götzendienst* und der Abfall vom Monotheismus. Die teilweise militante Bekämpfung des Götzendienstes zieht sich wie ein roter Faden durch die jüdischen, aber auch die christlichen[335] Sibyllen, so daß hier bereits eine klare theologische Intention zu erkennen ist. Es steht zu erwarten, daß auch die Astrologie dem Verdikt der Idolatrie anheimfällt, eine Argumentation, die wir in einigen radikalen Schriften jener Zeit bereits vorfanden. Um diese Vermutung zu überprüfen, sollen im folgenden die nachweislich jüdischen sibyllinischen Bücher untersucht werden, auch wenn gelegentlich christliche Interpolationen vorkommen. Allen voran sind hier die Bücher III und V zu nennen, die zweifellos aus Ägypten stammen und genuin jüdisches Gedankengut repräsentieren.

5.1. Das Buch III

OrSib III gehört zu den am besten erforschten Büchern des sibyllinischen Korpus'.[336] Die ägyptische Herkunft des Textes kann als gesichert angesehen werden, unabhängig davon, ob die Lokalisierung in Alexandria zweifelsfrei erwiesen ist, oder nicht. Auch über die Datierung herrscht weitgehend Einigkeit; aufgrund der genannten politischen und religiösen Ereignisse setzt man die Schrift in der Mitte des zweiten vorchristlichen Jahrhunderts an. Besonderes Au-

---

[334] S.o. V.2.2.2.
[335] Es versteht sich von selbst, daß die Prophezeiungen auch von der christlichen Kirche instrumentalisiert wurden, wie die unzähligen Passagen beweisen, in denen die „Kirchenväter" darauf Bezug nehmen.
[336] Vgl. die Literatur oben Anm. 327 sowie die Einführung bei COLLINS, *SibOr*, 354-361.

genmerk hat dabei der Gründer des Tempels in Leontopolis, nämlich *Onias IV.*, auf sich gezogen, dessen Anhänger möglicherweise für die Prophezeiungen – oder deren Verbreitung – verantwortlich zeichnen.[337]

Wie bereits angedeutet, nimmt die Polemik gegen kultische Vergehen einen herausragenden Platz in den jüdisch-christlichen Sibyllen ein. Dies trifft auch auf das dritte Buch zu, wobei die Juden dafür gelobt werden, sich an derlei Sünden nicht zu beteiligen:

> Es ist eine Stadt ... im Lande Ur der Chaldäer, aus welcher das Geschlecht der gerechtesten Menschen ist, die immerdar guten Rats und edler Thaten gedenken. Denn nicht sinnen sie über den Lauf der Sonnenscheibe oder des Monds, noch über die ungeheuren Dinge unter der Erde, noch über die Tiefe des funkelnden Meers, des Oceans, nicht über die Zeichen aus dem Niesen noch über die Flugzeichen der Vogeldeuter, nicht über die Wahrsager, die Zauberer, die Beschwörer, nicht über die Täuschungen einfältiger Worte der Bauchredner, noch auch suchen sie aus den Sternen die Orakel der Chaldäer, noch treiben sie Astrologie; denn das alles ist verführend, was thörichte Männer Tag für Tag aufspüren, ihren Geist abmüdend zu keiner nützlichen Wirkung, und sie haben die elenden Menschen Irrsal gelehrt, woher viel Übel den Sterblichen auf Erden entsteht, weil sie abgeirrt sind vom guten Weg und von gerechten Werken.[338]

Der Topos, der Abraham mit Ur und der babylonischen Astrologie verbindet, welche er von dort mitgebracht habe, wird hier also aus einer ganz anderen Perspektive beschrieben. Genau dieses alte Wissen ist es, was nunmehr als anrüchig bezeichnet wird, da es den Menschen abirren läßt „vom guten Weg und von gerechten Werken". Die Warnung knüpft zweifellos an Jer 10,2 an und fügt sich so nahtlos in die radikale Position im Erbe prophetischer Theologie, wie wir sie auch im Jubiläenbuch kennenlernten.

Interessanterweise geißelt die Sibylle nicht nur die Astrologie, sondern auch jene Menschen, die über den Lauf der Sonne und des Mondes nachsinnen. Dies geht nicht nur über die Henochastronomie hinaus, die, wie wir sahen, an einer Harmonisierung von Sonnen- und Mondlauf wenigstens optional festhielt, sondern sogar über die Haltung des Jubiläenbuches, die sich damit begnügte, die Erfor-

---

[337] Vgl. COLLINS 1974, 48f; ders., *SibOr*, 355f; ders. 1989, 99. Zum Konflikt zwischen Jerusalemer Tempel und Onias-Tempel vgl. R. DORAN: *Temple Propaganda*, Washington 1981.
[338] III, 218-233; Übersetzung nach BLASS 1900, wie auch alle folgenden Zitate aus OrSib, soweit nicht anders vermerkt.

schung der Mondbahnen als Sünde zu brandmarken.[339] Die Radikalität der hier dokumentierten Position schenkt uns einen tiefen Einblick in die Polarisierung des Diskurses innerhalb des ägyptischen Judentums, denn zur selben Zeit kursierten die Astrologumena, die uns im TestSal oder der Schrift des Sem entgegentreten. Wir dürfen deshalb vermuten, daß die Debatten erbittert geführt wurden und die Standpunkte vieler alexandrinischer Juden geradezu die radikale Polemik der OrSib erst herausforderten.

Daß es sich bei den Vergehen in erster Linie um kultische Verfehlungen handelt, macht die zweite Eulogie auf die Juden in Zeile 573ff deutlich:

> (OrSib III, 584-590) Denn ihnen allein hat der große Gott verständigen Rat gegeben und Glauben und den besten Sinn in der Brust; die da nicht in leeren Täuschungen noch Werke von Menschen, goldene und eherne und silberne und elfenbeinerne, und Bilder von hölzernen und steinernen abgeschiedenen Göttern [...] ehren, wie es die Sterblichen [thun] nach eitlen Gedanken.

Trotz der starken Ablehnung mantischer Disziplinen rekurriert OrSib III gelegentlich auf astronomische Vorgänge. Dies geschieht immer dann, wenn es um die Beschreibung der *Vorzeichen* der endzeitlichen Katastrophe geht:

> (OrSib III, 796-802) Ich werde dir aber ein deutliches Zeichen sagen, daß du erkennen kannst, wann das Ende aller Dinge auf Erden kommt: wenn Schwerter am gestirnten Himmel nächtlicherweise erscheinen gegen Abend und auch gegen Morgen; alsbald wird auch Staubwirbel vom Himmel herfahren gegen die ganze Erde, und der Glanz der Sonne wird vom Himmel mitten [am Tage] verschwinden und des Mondes Strahlen sichtbar werden und zurück auf die Erde kommen.

Dieses Zeichen des Endes spielte, wie wir sahen, bei der Belagerung Jerusalems durch die Römer eine beachtliche Rolle, wo die „Schwerter am gestirnten Himmel" mit großer Selbstverständlichkeit als *Kometen* aufgefaßt wurden. Das Orakel läßt nicht eindeutig erkennen, ob eine solche Deutung tatsächlich intendiert gewesen ist, aber immerhin konnte es weitreichende Spekulationen auslösen, als am Himmel jene „Schwerter" erschienen. Man sieht daran einmal mehr, wie leicht sich Astrologisches mit Theologischem vermischen konnte, zumal sich die Sibylle per se dazu anbot, zu politischen bzw. geschichtstheologischen Zwecken instrumentalisiert zu werden. So war es kein Widerspruch, daß trotz der Versündigung durch astro-

---

[339] Vgl. Jub 6, 36.

nomische Forschung die Vorzeichen der Endzeit in eben jener Sprache verschlüsselt wurden, deren Verständnis zuvor gebrandmarkt worden war.

Auch die endzeitliche Katastrophe selber wird in astralen Metaphern beschrieben; so heißt es:

> (OrSib III, 672-679) Vom Himmel werden feurige Schwerter auf die Erde fallen; wiederum große Fackeln werden kommen, mitten unter die Menschen hineinleuchtend. Die allesgebärende Erde wird in jenen Tagen bewegt werden durch die unsterbliche Hand, und die Fische im Meer und alle Tiere der Erde und die unzähligen Arten der Vögel und alle Seelen der Menschen und das ganze Meer wird schaudern vor dem unsterblichen Antlitz, und es wird Schrecken sein.

Dieser Passus konnte ebenfalls leicht zu einer Hysterie unter den Gläubigen führen, wann immer ein Komet oder eine bemerkenswerte Sternenkonstellation zu beobachten war. Ob dies der frommen Intention der Sibylle entgegenkam, mag auch hier bezweifelt werden. Ursprünglich dürften sich die Bilder aus den weit verbreiteten Gerichtsmetaphern kosmischen Ausmaßes speisen, wie sie auch in den Orakeln des Hystaspes vorkommen; die griechische Idee des Weltenbrandes am Ende der Zeiten – ἐκπύρωσις – liegt ebenfalls näher als astrologische oder astronomische Zusammenhänge.[340] Die spätere Verwendung der Orakel in astrologischem Rahmen kann deshalb nicht darüber hinwegtäuschen, daß die Haltung des dritten Buches streng der kulttheologischen Linie folgt, die sich mit einer Depotenzierung der Gestirne nicht zufriedengibt,[341] sondern die Erforschung der Sternbahnen a priori dem Bereich der Sünde zuordnet.

5.2. Das Buch V

Das fünfte Buch der sibyllinischen Orakel wird von der Forschung ebenfalls einhellig in Ägypten angesiedelt.[342] Was die Abfassungszeit anbelangt, deutet die Erwähnung Neros darauf hin, daß dessen umstrittene Regierung einen wichtigen Bezugspunkt der Orakel darstellt, womit eine Abfassungszeit nach 70 u.Z. – die Tempel-

---

[340] R. MAYER hat vermutet, daß das Motiv des Weltenbrandes bereits in biblischem Kontext nachweisbar ist; vgl. *Die biblische Vorstellung vom Weltbrand. Eine Untersuchung über die Beziehungen zwischen Parsismus und Judentum* (Bonner orient. Stud. 4), Bonn 1956.
[341] Vgl. auch OrSib III, 713, wo es heißt, Sonne und Mond würden von Gott allein bewegt. Ähnlich wird dies auch in WeisSal 16,24; 5,17-23 gesagt.
[342] Vgl. den Überblick bei COLLINS 1974, 57-64, sowie ders. 1989, 187-191.

zerstörung ist bereits historische Tatsache –, aber vor den Diaspora-Aufständen 115–117 in Frage kommt. OrSib V kann nicht nur zeitlich, sondern auch inhaltlich als eine Weiterentwicklung des dritten Buches betrachtet werden, denn aufgrund der katastrophalen politischen Entwicklung, die in der Zeit zwischen den beiden Büchern die Gläubigen paralysierten, kam es zu einer erheblichen Entfremdung der jüdischen Bevölkerung Alexandrias von der nicht-jüdischen Umgebung.[343] Diese Entfremdung schlägt sich im Text nieder, der nun mit einer harschen Kritik und der Prophezeiung der Zerstörung Ägyptens aufwartet. Die politischen Töne sind radikaler und feindseliger, als dies noch in OrSib III der Fall war, ein Umstand, der leicht die Diaspora-Aufstände unter Trajan zu stimulieren vermochte.[344] In der strengen Auslegung des Monotheismus und der Kritik an Homosexualität, Pädophilie oder „Zauberei" (vgl. OrSib V, 162ff u.ö.) steht das Buch dem dritten Buch nicht nach; kultische Reinheit kommt sogar noch stärker in den Blick des theologischen Bemühens.

Wenn wir nun die astralen Ebenen der Orakel untersuchen, so treffen wir auf eine stärkere Ambivalenz, als dies bei OrSib III auffiel. Einerseits wird zweifellos davon ausgegangen, daß die Versündigungen der Völker zu einer kosmischen Katastrophe führen, die auch auf astraler Ebene ihre Entsprechung hat; zentraler Topos dieser Richtung ist der „Kampf der Sterne" in OrSib V, 515-531, in dessen Folge die Sternenwelt mit feurigem Getöse auseinanderbricht, alle frühere Ordnung aufgehoben wird, die Zodiakalzeichen aufeinander losgehen und schließlich einen sternenleeren Himmel zurücklassen. Wie in OrSib III auch, wird der *Zeitpunkt* der eintretenden Katastrophe mit astronomischen Bildern beschrieben:

> (OrSib V, 206-213) Zittert, Inder, zugleich und großherzige Äthioper! Denn wenn diese das Rad der Achse des Steinbocks und der Stier in den Zwillingen die Mitte des Himmels umwindet, die emporgestiegene Jungfrau und die Sonne, die den Gürtel um die Stirn geheftet hat, ... führt: [dann] wird ein großer himmlischer Brand auf Erden sein, und unter den kriegerischen Gestirnen eine neue Natur, so daß zu Grunde geht in Feuer und Seufzen das ganze Land der Äthioper.

Daß es sich bei diesem Bericht schwerlich um eine Kritik an der Astrologie handeln kann, sondern um die Beschreibung einer kosmischen Katastrophe, leuchtet ohne weiteres ein, wenn man die andere

---

[343] Vgl. COLLINS 1974, 76f.
[344] Vgl. M. HENGEL: „Messianische Hoffnung und politischer ‚Radikalismus' in der ‚jüdisch-hellenistischen Diaspora'", in: HELLHOLM 1983, 653-684.

Seite der astralen Elemente im Bericht des Textes betrachtet. So wird die Erlösergestalt, wie dies im Judentum jener Zeit allgemein üblich war, mit einer Sternensymbolik umgeben, etwa in OrSib V, 414: „Denn es kam von dem Himmelsgewölbe ein seliger Mann, das Scepter in den Händen tragend, welches ihm Gott verliehen." Die vielleicht deutlichste Aussage findet sich in V, 155-161:

> Aber wenn vom vierten Jahre ab ein großer Stern hervorleuchtet, welcher die ganze Erde allein vernichten wird der Ehre wegen, welche sie im Anfange dem meerbewohnenden Poseidon gaben; es wird aber kommen vom Himmel herab ein großer Stern in die schreckliche Salzflut und wird verbrennen das tiefe Meer und Babylon selbst und das Land Italiens, um dessentwillen umkamen viele Heilige [und] Gläubige der Hebräer und das wahrhaftige Volk.

Zweifellos verbindet sich in dieser Prophezeiung die Tradition um den *Messiasstern* aus Num 24,17 mit der apokalyptischen Vision des kommenden Endgerichts. Auch die in hellenistisch-römischer Zeit allgemein virulenten Vorstellungen von der zerstörerischen und feurigen Kraft der Kometen dürften hier mit eingeflossen sein.[345] Trotz der negativen Einstellung zur Sterndeutung sind die Vorzeichen des Endes eindeutig astral koloriert, der „große Stern" nicht das Symbol der Sünde, sondern der Vollstrecker des göttlichen Gerichts und Stellvertreter des zu erwartenden Erlösers. Es liegt auf der Hand, daß auch diese Prognose die verbreiteten astrologischen Spekulationen unterstützte, die sich unweigerlich im Zusammenhang mit einer herausragenden Konjunktion von Jupiter und Saturn – im Jahre 7 v.u.Z. und dann wieder 134 u.Z. – oder dem Auftreten eines Kometen – wie jenem während des ersten jüdischen Kriegs gegen Rom – entwickelten.

Die Metapher der endzeitlichen Feuersbrunst kann, wie bereits in OrSib III, mit der *ekpyrosis*-Vorstellung hellenistischer Provenienz in Verbindung gebracht werden. Die Idee des Weltenbrandes wurde besonders in stoischen Kreisen kultiviert, die auch das Walten von Heimarmene und Tyche mit astrologischen Motiven zu verbinden wußten.[346] Wir sahen bereits, daß Josephus, der mit der jüdischen

---

[345] Vgl. die Nachweise oben Kap. V.2.2.2. Die sehr genauen Parallelen in Apk 8,10 und 9,1 werden uns unten Kap. VIII.1.2. bzw. VIII.3. beschäftigen.
[346] Vgl. POHLENZ 1964, I, 79f. 96; II, 45ff. Das Motiv begegnet zudem an folgenden Stellen: OrSib II, 200f; V, 207-213; 2Pet 3,12. Zur stoischen Position vgl. Seneca *Consolatio ad Marciam* 26, 6; *Thyestes* 844-874; *Nat. Quaest.* III, 29. 1; Nonnos *Dionysiaca* 38, 347-409. Zur Verbindung mit dem Judentum vgl. HENGEL 1969, 349ff.

Sibylle vertraut gewesen ist, auch von den philosophischen Überzeugungen der Stoa beeinflußt war,[347] und es ist interessant, diesen Zusammenhängen in der Sibylle selber nachzuspüren. Denn in der Tat spielt das Walten der *Vorsehung* (πρόνοια) und des *Schicksals* (τύχη) auch in unserem Text eine große Rolle, und zwar im Zusammenhang mit der Politik Neros, die an mehreren Stellen dem Diktat des Schicksals unterstellt wird:

> (V, 215-219) You, too, Corinth, bewail the mournful destruction within you. For when *the three sister* Fates, spinning with twisted threads, lead the one who is (now) fleeing deceitfully beyond the bank of the isthmus on high so that all may see him, who formerly cut out the rock with ductile bronze, he will destroy and ravage your land also, as is decreed.
>
> (225-227) For murder and terrors are in store for all men because of the great city and righteous people which is preserved throughout everything, which *Providence* held in special place.
>
> (228-230) Arrogance, unstable one of evil counsels, surrounded by evil *fates*, beginning and great end of toil for men when creation is damaged and saved again *by the fates*.
>
> (244f) Beginning and great toil for men, when creation is damaged and saved again *by the fates*.[348]

Man kann aus diesen Passagen entnehmen, daß die Autoren der jüdischen Sibylle ebenso am gelehrten Diskurs ihrer Zeit partizipierten, wie es bei Josephus der Fall gewesen ist. Zwischen den Jahren 70 und 115 u.Z. nimmt dies auch nicht wunder, waren doch nicht nur die Flavier und ihre Nachfolger von der Astrologie fasziniert; jüdische Kreise machten sich ebenso ihren Reim auf die Himmelsereignisse.[349]

Zusammenfassend können wir festhalten, daß die jüdischen Sibyllen, wie sie uns in Buch III und Buch V entgegentreten, dem astrologischen Diskurs der römischen Kaiserzeit wesentliche Impulse zu vermitteln hatten. Dabei ist eine eindeutige Wertung des Materials nicht möglich, weil die Haltungen zur Astrologie eine starke Ambivalenz zu erkennen geben, die in Buch V sogar noch ausgeprägter ist als im dritten Buch. Diese Ambivalenz kann mehrere Gründe haben. Der

---

[347] S.o. Kap. III.2.2.1.
[348] Übersetzung nach Collins, *SibOr* (Hervorhebungen KvS).
[349] Zu Nero, Josephus und der Astrologie s.o. V.2.1., zu Hadrian und dem Bar-Kokhba-Aufstand, der ähnlich konnotiert war, s.o. III.4.1.

wichtigste mag darin zu sehen sein, daß wir beim Genre „Orakel- oder Sibyllenliteratur" von vornherein nicht mit einem einheitlichen Redaktionsprozeß, geschweige denn von zu isolierenden Autorengruppen ausgehen können.[350] Es ist deshalb ohne weiteres möglich, in einzelnen Abschnitten der Bücher auf gänzlich unterschiedliche Autorenkreise zu stoßen, die das jeweils in ihren religiösen und politischen Interessen liegende Material aufnahmen und tradierten. Viele Brüche im Duktus des Textes lassen sich so erklären. Auf die Astrologie bezogen heißt dies, daß neben der auf die Reinheit des Kultes ausgerichteten Position, die jede Beschäftigung mit der Sterndeutung radikal ablehnte, andere Substrate in die Bücher eingeflossen sind, die eine unbefangenere Übernahme persischer, hellenistischer und ägyptischer Astrologumena offenbaren.

Doch es können auch andere Gründe für das Nebeneinander sich scheinbar widersprechender Haltungen angeführt werden, die freilich dem literarwissenschaftlichen Argument nicht widersprechen, sondern es ergänzen. Die dargestellte Ambivalenz ist nämlich nicht auf die Sibyllinischen Bücher beschränkt, sondern findet sich – mit unterschiedlicher Ausprägung – quer durch alle Zeugnisse, die bislang Gegenstand unserer Untersuchung waren. Daraus muß man schließen: Die Attraktivität alter Orakelsprüche, die scheinbar aus grauer Vorzeit den Menschen offenbart wurden, war auch den Juden nicht verborgen geblieben, und es kann als Prozeß der Selbstvergewisserung betrachtet werden, die eigene Rolle im Ablauf der Weltgeschichte durch jene Offenbarungen festzuklopfen und zu legitimieren. Dies ist in erster Linie ein religiöser Vorgang der Weltdeutung in Krisenzeiten, auch wenn die politische Dimension, also die Instrumentalisierung der Orakel zu Propagandazwecken, einen weiteren wichtigen Impetus der Sibyllen darstellen.

---

[350] Sehr pointiert stellt FRASER diesen Sachverhalt heraus (1972, I, 708-712), etwa wenn er zu OrSib III sagt: „It is clearly impossible to attribute the sentiments of the *Oracle* to a single author, and, moreover, the style of the work excludes any detailed analysis of the intentions of the authors of the various sections. The whole work is composed in a traditionally wild, chaotic, and obscure style in which the sequence of thought and subject must be followed across intervening sections, and the events referred to are rarely identifiable beyond dispute. [...] Consequently a single comprehensive judgement on the third *Oracle* is impossible" (S. 711). Auch wenn diese Einschätzung in ihrer Tendenz richtig ist, offenbart sich erneut die eingeschränkte Perspektive FRASERS, der es beinah als unter seiner intellektuellen Würde zu betrachten scheint, derartig chaotische, ungebildete und in schlechtem Griechisch verfaßte Zeugnisse antiken Aberglaubens in seiner Abhandlung zu berücksichtigen; s. auch oben S. 371 Anm. 203.

Allerdings dürfen wir die jüdischen Sibyllen nicht auf politisches Kalkül reduzieren, denn ihre enorme Reputation gründet vor allem in der religiösen Funktion, die sie für die Gläubigen innehatten. Im Prozeß der religiösen und historiosophischen Selbstvergewisserung spielen naturgemäß auch astrologische Fragen eine große Rolle, sind sie es doch, die die Rede von Zeitenwenden und dergleichen erst konkret veranschaulichen. So dürfte klar sein, daß auch jüdische Rezipienten der Sibyllen sich jenen Schicksalskräften verbunden fühlten, die in ihrer hellenistisch geprägten Umwelt diskutiert wurden. Natürlich hatten sie ihre eigene Interpretation der Geschichte, die sie ganz im Stile der persischen und römischen Orakel vorbrachten.

Vor diesem Hintergrund ist auch der Unterschied zwischen OrSib III und OrSib V erklärbar; in den etwa zweihundert Jahren, die zwischen den beiden Büchern liegen, hatte sich die Astrologie und die damit verbundene Philosophie als zentrales Instrument der Wirklichkeitsdeutung etabliert. Kultische Verehrung der Gestirne gab es zwar auch im Römischen Reich, doch der gesellschaftliche Diskurs über die Sterndeutung rekurrierte auf diesen Zweig der Astrologie kaum noch. Das Walten der Schicksalsmächte war eine selbstverständliche Tatsache, die auch in jüdischen Kreisen nicht hinterfragt wurde. Die Frage war eher, welche göttliche Macht hinter der Heimarmene zu vermuten war. Im zweiten vorchristlichen Jahrhundert hatte der Diskurs noch einen anderen Charakter, besonders innerhalb des Judentums. Und so leuchtet es ohne weiteres ein, daß in OrSib III die Astrologie noch viel stärker mit dem Polytheismus und seinen für Juden unakzeptablen Konsequenzen eins gesetzt wurde, während sich in OrSib V bereits eine Trennung abzeichnet zwischen den „kultischen Verfehlungen der Völker" und einer astrologischen Weltdeutung.

VII. Die Astrologie im rabbinischen Diskurs

Nach der Zerstörung des Tempels im Jahre 70 u.Z., die weite Teile der jüdischen Bevölkerung, vor allem natürlich im priesterlichen Milieu, paralysiert hatte, kam es offensichtlich recht bald zu einer Sammelbewegung verschiedener Bevölkerungsteile, die sich unter der neuen Gruppierung der Rabbinen zusammenfanden. Trotz umfangreicher Forschungen ist es bis heute nicht gelungen, völlige Klarheit über den sozialen und religiösen Konsolidierungsprozeß zu erhalten, der die talmudische Periode einleitete.[1] Im allgemeinen geht man davon aus, das Rabbinat als eine relativ bruchlose Weiterführung *pharisäischer* Lehrmeinungen betrachten zu dürfen, doch ist diese Position nicht unangefochten geblieben.[2] Dies liegt im wesentlichen an den pharisäischen Quellen selber, da die früheren Zeugnisse – vor allem die Mischna – weithin Traditionen überliefern, die auf einen priesterlichen Hintergrund zurückgehen.[3] Erst später, besonders dann im babylonischen Talmud, tritt der Rekurs auf die glorreiche pharisäisch-rabbinische Vergangenheit deutlicher in den Vordergrund: „[T]he amoraim, especially the amoraim of Babylonia, begin to see themselves more clearly as the descendents of the Pharisees."[4]

Realistischerweise wird man davon auszugehen haben, daß die rabbinische Bewegung unterschiedliche, in der Mehrzahl gemäßigte Gruppen in sich vereinigte. Den Pharisäern kam dabei große Bedeutung zu, ohne daß von einer regelrechten Führungsrolle gesprochen werden kann. Mit der Zeit wurde, auch aufgrund von Legendenbildung um herausragende Persönlichkeiten der Bewegung, der

---

[1] Aus der umfangreichen Literatur sei lediglich auf folgende Standardwerke verwiesen: STEMBERGER 1979; SIGAL 1980; NEUSNER 1982–1989; NEUSNER 1987; URBACH 1975; STEMBERGER 1990; SCHIFFMAN 1991.
[2] Vgl. STEMBERGER 1991, 129-135.
[3] Die Reinheitsvorschriften, die vor allem für Priester relevant waren, nehmen ein Drittel der Mischna ein; auch andere Themen deuten auf priesterliches Gedankengut hin. Vgl. NEUSNER 1981, 70; allgemein J. NEUSNER: *The Mishnah before 70*, Atlanta 1987.
[4] S.J.D. COHEN: „The Significance of Yavneh: Pharisees, Rabbis, and the End of Jewish Sectarianism", in: *HUCA* 55 (1984), 27-53, S. 39.

Mythos der rabbinischen Tradition etabliert, die ungebrochen seit biblischen Zeiten mündlich überliefert worden sei. Auch die „Synode" von Jabne, die in Wahrheit keine war, gehört in die genannte Mythenbildung hinein.[5]

Was die historische Sachlage weiter verschleiert, ist der Umstand, daß wir Rückschlüsse auf die Entwicklung der rabbinischen Bewegung beinah ausschließlich aus ihren eigenen Schriften ziehen können; das gilt sowohl für die sozialen Umbrüche der Zeit bis zum Bar-Kokhba-Aufstand, als auch für die textkritischen Fragen hinsichtlich des rabbinischen Schriftkorpus'. In Ermangelung eines Korrektivs, das sich nicht nur durch archäologische Forschungen, sondern auch textlich greifen ließe, bleibt uns nicht viel anderes übrig, als textimmanent an die rabbinischen Quellen heranzugehen. Welche Fragen sich in diesem Zusammenhang stellen und welche methodischen Konsequenzen daraus zu ziehen sind, wird im Anschluß zu erörtern sein. Die Antworten werden maßgeblich dazu beitragen, unsere Theoriebildung zur rabbinischen Astrologie vor allzu voreiligen Schritten zu bewahren, die bislang die Forschungsbeiträge zum Thema kennzeichneten.

In meiner Vorarbeit habe ich mich auf die astrologischen Diskurse in Mischna, Tosefta und Midrasch beschränkt, unter Berücksichtigung der archäologischen Funde – Fußbodenpavimente spätantiker Synagogen – sowie soziologischer Überlegungen im Hinblick auf das Verhältnis zwischen Rabbinat einerseits und Synagogen und Dorfgemeinschaft andererseits.[6] Es genügt deshalb, wenn wir hier die Ergebnisse dieser Untersuchung resümieren, um uns dann gleich der komplexen talmudischen Diskussion zuzuwenden. Freilich wird in einigen Fällen ein Rekurs auf M oder T notwendig sein, zumal die zunächst heuristischen Thesen sich am späteren Schriftkorpus zu bewähren haben, bevor eine zusammenfassende Sicht der rabbinischen Haltung zur Astrologie möglich ist.

1. Vorüberlegungen

Die rabbinischen Quellen sind von einem bemerkenswerten und religionsgeschichtlich singulären Phänomen gekennzeichnet: Zum einen sind sie vollständig *anonym*. Wir sind nicht darüber infor-

---

[5] Vgl. G. STEMBERGER: „Jabne und der Kanon", in: *JBTh* 3 (1988), 163-174. Eine traditionellere Sicht vertritt URBACH 1975, 593ff.
[6] VON STUCKRAD 1996, 135-191.

miert, welche Autorengruppen für den Inhalt verantwortlich sind, die offensichtlich großen Wert darauf legten, Offenbarungstraditionen von Torah – schriftlicher und mündlicher – nicht durch die Namen einzelner Tradenten zu verwässern. *Die Tradition* steht über der Meinung und dem Beitrag von Individuen. Diesem Befund steht jedoch ein anderer gegenüber, der auf den ersten Blick das Gegenteil zum Ausdruck zu bringen scheint: In den meisten Diskussionen finden sich Argumente, die mit Namen einzelner Gelehrter in Verbindung gebracht werden. Die meisten dieser Personen sind uns von außerhalb der rabbinischen Quellen gänzlich unbekannt, so daß wir auch hier die Genealogie übernehmen müssen, wie sie sich aus dem Talmud ergibt. Es bleibt mithin das Paradoxon zu konstatieren: „[I]ndividuals at the same time play no role and also dominate the representation of discourse."[7] Betrachtet man die einschlägige Literatur zur rabbinischen Astrologie, so stellt man fest, daß die unterstellten Entwicklungen und Diskussionsstränge sich in erster Linie aus dem Vergleich von Meinungen ergeben, die bestimmten Individuen zugeschrieben werden. Eine Klärung dieser Zusammenhänge ist also notwendig, bevor wir uns den inhaltlichen Fragen zuwenden können.

Eine weitere kritische Vorbemerkung betrifft den literarischen Charakter des *babylonischen Talmud*. Die meisten Studien gehen davon aus, daß es sich bei diesem Werk um ein über Jahrhunderte entstandenes Kompendium jüdischen Denkens handelt; Zuschreibungen zu bestimmten Gelehrten-„Generationen" sind vor diesem Hintergrund zumindest theoretisch denkbar. Allerdings macht der bT insgesamt einen dermaßen geschlossenen und logisch kohärenten Eindruck, daß auch die Möglichkeit ins Auge gefaßt werden muß, ihn als ein Werk unabhängiger Gelehrter der babylonischen Schulen aufzufassen, die mit großem geistigem Sachverstand und Selbstbewußtsein gegenüber dem palästinischen Judentum in relativ kurzer Zeit jenes Kompendium schufen. Diese These ist besonders von Jacob Neusner und seiner wissenschaftlichen Schule propagiert worden – man könnte talmudisch geradezu vom „Haus Neusner" sprechen. Für unser Thema ist sie deshalb von Belang, weil sie die Möglichkeit begrenzt, Rückschlüsse aus dem Talmud auf die jüdischen Positionen zur Astrologie in mischnaischer Zeit oder überhaupt in Palästina zu ziehen. Innere dialektische Zusammenhänge des Textes würden zu Lasten einer Suche nach historischen Entwicklungen in den Vordergrund rücken.

---

[7] NEUSNER 1995, 93.

1.1. Haben die Rabbinennamen eine historische Bedeutung?

In der Forschung ist es weithin üblich, zur zeitlichen Rekonstruktion bestimmter rabbinischer Anschauungen auf die Lebenszeit der Meister zurückzugreifen, die mit den jeweiligen Aussagen verbunden werden. Wenn beispielsweise bBer 55b von Rab Aschi die Meinung überliefert wird, man solle, wenn man erkrankt ist, erst am zweiten Tag davon erzählen, um seinen *mazzal* nicht zu schwächen, so wird daraus geschlossen, diese Meinung führe uns in eine Diskussion des frühen fünften Jahrhunderts u.Z. Nach rabbinischer Genealogie handelt es sich bei Rab Aschi nämlich um einen Amoräer der sechsten Generation, der 52 Jahre lang das Lehrhaus in Sura geleitet haben soll und in den Kalla-Monaten den ganzen Talmud, teilweise gar mehrfach, durchgenommen haben soll. Gestorben ist er im Jahre 427.[8] An anderer Stelle (bNed 40a) wird dieselbe Meinung Raba zugeschrieben, dem babylonischen Amoräer der vierten Generation (gestorben 352 u.Z.), dessen Diskussionen mit R. Abaje im Talmud Berühmtheit erlangt haben, und der die rabbinische Dialektik zur Blüte brachte. Wir könnten jetzt daraus schließen, unter den babylonischen Amoräern des vierten Jahrhunderts hätte es namhafte Gelehrte gegeben, die in der beschriebenen Weise an die Wirksamkeit des *mazzal* glaubten.

Diese Vorgehensweise steht hinter den meisten Annäherungen an unser Thema,[9] obwohl es nicht an Stimmen fehlt, die die unkritische Übernahme der rabbinischen Zuschreibungen mit überzeugenden Argumenten in Frage stellten. Zunächst ist hierbei die Schwierigkeit der rabbinischen Biographien zu nennen, welche wir allein aufgrund der stark von Legendenbildung geprägten talmudischen Literatur rekonstruieren können. Die Aussprüche, welche an bestimmte Namen gekoppelt sind, geben uns *keinen* Hinweis auf die historischen Verhältnisse innerhalb des Diskurses. William Scott Green stellt hierzu fest:

---

[8] Vgl. NEUSNER 1965–70, V; NEUSNER 1970 (Index Rab Ashi). Erste Zweifel an dieser Methode ergeben sich bereits aus der Tatsache, daß es zu jener Zeit noch gar keinen „Talmud" gab, wie wir ihn kennen. Welchen Talmud hat R. Aschi gelehrt? „[J]eder große Meister der amoräischen Zeit hat ‚seinen' Talmud gelehrt [...]" (STRACK/STEMBERGER 1982, 194).

[9] Die Methode der *attestation* wird ausgeführt bei J. NEUSNER: *The Rabbinic Traditions about the Pharisees before 70*, 3 vols., Leiden 1971, III, 180ff, der damals noch von der Zuverlässigkeit dieser Vorgehensweise überzeugt war. Zu seiner heutigen Sicht s.u.

We know about early rabbinic figures what the various authorities behind the documents want us to know, and we know it in the way they want us to know it. Consequently, the historical context [...] for any saying attributed to a given master or story about him is the document in which the passage appears, *not* the period in which he is alleged to have lived.[10]

Bevor ich diesen überaus wichtigen Sachverhalt weiter verfolge, seien noch die drei zentralen Argumente gegen die Übernahme rabbinischer Namenzuschreibungen kurz genannt:[11] Häufig findet sich im rabbinischen Text bereits der Hinweis, daß der Name des Tradenten nicht feststeht bzw. verschiedene Tradentennamen für dasselbe Diktum überliefert wurden;[12] mehrere Rabbinen tragen denselben Namen, was zu einiger Unsicherheit führt, besonders wenn zusätzliche Attribute wie Verwandtschaft etc. ausgelassen sind;[13] schließlich ist die Textüberlieferung alles andere als eindeutig: Namen wurden verwechselt (Jonatan mit Jochanan und Natan, Eleazar mit Eliezer, Acha mit Achai, Joschijja mit Hoschaja usw.), nicht zuletzt auch deshalb, weil der Talmud gerne Abkürzungen benutzt, die spätere Abschreiber unterschiedlich auflösten.

Die zitierte Aussage Greens macht unmißverständlich klar, daß die Zusammenstellung von Lehrmeinungen und Tradenten allein aus dem Textzusammenhang zu erklären ist, nicht aber aufgrund historischer Überlieferungen, die hier treulich aufgezeichnet wurden. Daß dies auch an der besonderen literarischen Gestalt des Talmud liegt, wird unten Kap. 1.2. auszuführen sein. Beschränken wir uns zunächst auf die Frage, was der Grund dafür sein könnte, daß die Rabbinennamen in dieser mehrdeutigen Weise Eingang in die talmudische Literatur fanden. Ganz offensichtlich haben die Autoren keinerlei Interesse an einer Identifizierung von individuellen historischen Persönlichkeiten; die *Anonymität* der rabbinischen Literatur gehört zu ihren wichtigsten Eigenschaften:

---

[10] W.S. Green: „What's in a Name? The Problematic of Rabbinic ‚Biography'", in: ders.: *Approaches to Ancient Judaism* II, Chico, CA, 1980, 80 (Hervorhebung im Original). Vgl. auch das Diktum W.S. Towers: „[A]ttributions are simply not historically reliable data" (*The Rabbinic „Enumerations of Scriptural Examples"*, Leiden 1973, 34).
[11] Vgl. die Übersicht bei Strack/Stemberger 1982, 66ff.
[12] Vgl. die zahlreichen Beispiele, die Jacobs 1991, 7ff nennt.
[13] Z.B. R. Jehuda (b. Ilai) und R. Jehuda (bar Jechezqel). Ersterer ist ein Tannait, letzterer ein Amoräer. Der Kontext gibt nicht immer eindeutige Auskunft über den Tradenten, zumal der Kontext selber von späteren Autoren erst geschaffen worden ist!

> Rabbinic literature has no authors. No document claims to be the writing of an individual rabbi in his own words; and all contain the ostensible sayings of, and stories about, many rabbis, usually of several generations. Selected to suit the purposes of compilers and redactors, the documents' components are not pristine and natural. They have been revised and reformulated in the processes of transmission and redaction, with the consequence that *the ipsissima verba of any rabbis are beyond recovery. Rabbinic literature is severely edited, anonymous, and collective.*[14]

Zu dieser Einschätzung würde es auch passen, daß die *Iggeret* des R. Scherira, wichtigste Quelle für das Selbstverständnis der rabbinischen Textgeschichte, die man gewöhnlich als „Abschluß des Talmud" auffaßt,[15] auch im Sinne von „der Talmud wurde anonym gemacht" (*istetem talmuda*) verstanden werden kann.[16] Wenn dem so ist, fragt man sich natürlich, warum die Autoren überhaupt so häufig auf die Meinung von namentlich genannten Individuen verweisen. Man hätte ebenso gut darauf verzichten können zugunsten einer einfachen Gegenüberstellung von Standpunkten oder der zusammenfassenden Position *der* Rabbinen.

J. Neusner hat sich immer wieder mit diesen Fragen auseinandergesetzt, wobei ihm besonders Schechter, Urbach und Moore als Negativfolie für seine eigenen Ansichten dienten;[17] in seinen neueren Studien hat er die Auffassung vertreten, die Zusammenstellung von Aussagen und einzelnen Gelehrten erfülle im wesentlichen drei unterschiedliche und durchaus widersprüchliche Zwecke: (a) die Abgrenzung der Mehrheitsmeinung von der Meinung einer Minderheit; (b) die Herausstellung einer Lehrmeinung als traditionell und (c) die Kennzeichnung differierender Meinungen mit Hilfe von Namen, die dafür als Chiffre dienen.[18] Eine genaue Textanalyse zeigt auf, daß in

---

[14] W.S. Green: „Storytelling and Holy Men", in: J. Neusner (ed.): *Take Judaism, For Example. Studies toward the Comparison of Religions*, Atlanta 1992, 30 (Hervorhebung KvS).

[15] „Und nach ihm saß Rab Assi vor und in seinen Tagen war das Ende der *hora'a*, und der Talmud wurde verschlossen"; vgl. B.M. Lewin (Hrsg.): *Iggeret Rab Scherira Gaon*, Frankfurt a. M. 1920 (Ndr. Jerusalem 1972), 97. Gemeint ist das Jahr 499, in welchem Assis Vorgänger, Rabina, gestorben war. Vgl. auch bBM 86a und bBB 157b, wo die *hora'a* von Rab Aschi und Rabina thematisiert wird.

[16] Dies wird von Goodblatt 1979, 309 in Erwägung gezogen.

[17] Vgl. besonders *From Literature to Theology in Formative Judaism. Three Preliminary Studies* (Brown Judaic Studies 199), Atlanta 1989; zur Frage der Datierungsmöglichkeit aufgrund der Rabbinennamen vgl. S. 199.

[18] Vgl. Neusner 1995, 105.

den unterschiedlichen Quellen (M, T, jT, bT) je eigene Gründe vorzuliegen scheinen, die Namen der Rabbinen zu überliefern. Betrachten wir die drei Intentionen der Reihe nach:

(a) In der Mischna steht neben der Anonymität der Schrift die Nennung einzelner Rabbinen, die indes in keinem Fall als Spezialisten auf einem bestimmten Gebiet hervortreten. Auch gilt diese Feststellung nur für den Traktat Edujot, während alle anderen Traktate nicht um Personen, sondern um Sachthemen kreisen. In mEd dagegen wird „Schammai" von „Hillel" abgesetzt, „Aqiba" von „Tarfon" oder „Meir" von „Jehuda". Die Dispute werden auch dann überliefert, wenn die Mehrheit der Weisen sich anschließend für eine andere Auffassung entscheidet. Die Mischna begründet dies so:

> 1:6 A. Said R. Judah, „If so, why do they record the opinion of an individual against that of a majority to no purpose?
>
> B. „So that if a person should say, ‚Thus have I received the tradition,' one may say to him, ‚You have heard the tradition in accord with the opinion of Mr. So-and-so [against that of the majority].'"[19]

Die Nennung abweichender Meinungen ist demnach von der Intention getragen, den schismatischen Charakter jener Positionen klar zu benennen, was in zukünftigen Disputen die Meinung der Mehrheit zu stärken verspricht. Die Nennung

> is to identify the opinion that is not authoritative, but, nonetheless, subject to consideration. Then it follows, the purpose of citing sayings in the names of authorities is to mark those positions as schismatic and not authoritative – not to validate, but to invalidate.[20]

(b) Im selben Mischna-Traktat treffen wir auch auf die zweite Funktion der Rabbinennamen. Dort wird davon berichtet, daß die Rabbinen – die Mehrheit – R. Aqabja b. Mahalalel auffordern, seine Ansichten in vier Punken zurückzunehmen, dann würde man ihn zum Patriarchen bestimmen. Aqabja weigert sich, denn lieber möge man ihn einen Narren nennen, als daß man ihm nachsagte, er würde aus Karrieregründen der Wahrheit abschwören. Daraufhin stieß man ihn aus der Gemeinschaft aus. Auf dem Sterbebett spricht er mit seinem Sohn:

> mEd 5:7 A. When he was dying, he said to his son, „My son, retract in the four rulings which I had laid down.
>
> B. He said to him, „And why do you retract now?"

---

[19] Übersetzung nach NEUSNER 1995, 97.
[20] NEUSNER 1995, 97.

> C. He said to him, „I heard the rulings in the name of the majority, and they heard them in the name of the majority, so I stood my ground on the tradition which I had heard, and they stood their ground on the tradition they had heard.
>
> D. „But You have heard the matter both in the name of an individual and in the name of the majority.
>
> E. „It is better to abandon the opinion of the individual and to hold with the opinion of the majority."[21]

Ähnlich wie im ersten Fall wird auch hier die Meinung eines Einzelnen abgewertet gegenüber der Meinung der Mehrheit. Doch noch ein weiterer Umstand tritt nun zutage, nämlich die Hochschätzung, welche der anonymen Tradition zuerkannt wird. Die Anonymität ist der Garant für die ältesten und allgemeinsten Stränge rabbinischer Lehrmeinungen, die sich in letzter Konsequenz aus der Offenbarung am Sinai herleiten; die Meinung einzelner Gelehrter entspricht nicht diesem Strom des Wissens.

Allerdings zeigt der Passus auch, daß die Isolierung von anonym überliefertem Gedankengut als „traditionell" durchaus nicht unumstritten war; schließlich konnte eine anonyme Äußerung auch von Individuen stammen. Erst die Verankerung in der Tradition der Mehrheit stellt die hohe Reputation der Meinung sicher. An dieser Stelle zeigt sich deutlich das Selbstverständnis rabbinischer Gelehrsamkeit, das bruchlos aus dem Offenbarungsgeschehen am Sinai hergeleitet werden konnte. Im Traktat Abot wird dies explizit beschrieben: Tradition wird vom Lehrer zum Schüler weitergegeben, seit Anbeginn bis in die Gegenwart. Diese Kette der Überlieferung ist der wesentliche Grund dafür, daß der Talmud einen kanonischen Status erreicht, welcher dem der Bibel kaum nachstand.

Die weitere Entwicklung des rabbinischen Schrifttums führte zu einer Verfestigung dieser Position. Die dreifache Offenbarung der Torah – Bibel, Mischna, Talmud – wird als eine unauflösbare Einheit betrachtet, wobei die Rabbinen selber integraler Bestandteil dieses Offenbarungsvorgangs sind.

> The sage speaks with authority about the Mishnah and the Scripture. As much as those documents of the Torah, the sage too therefore has authority deriving from revelation. He himself may participate in the process of revelation. There is no material difference. Since that is so, the sage's book, whether the Yerushalmi or the Bavli to the Mishnah

---

[21] Übersetzung nach NEUSNER 1995, 98.

or Midrash to Scripture, belongs to the Torah, that is, is revealed by
God. It also forms part of the Torah, a fully canonical document. The
reason, then, is that the sage is like Moses, „our rabbi," who received
torah and wrote the Torah.[22]

In diesem Sinne ist also jeder Rabbine ein Vertreter der wahren
Torah, die zuverlässig seit Anbeginn überliefert worden ist. Neben
den Primat der Mehrheitsmeinung ist das Primat der Traditions-
verbindung getreten, weshalb sich ein deutlicher Widerspruch ergibt
hinsichtlich unserer Ausgangsfrage: Die Nennung der Namen einzelner Autoritäten grenzt ihren Standpunkt von der Mehrheitsmeinung
ab; gleichzeitig kann sie dazu dienen, die Autorität in den Offen-
barungsprozeß der Generationen seit „Mosche Rabbenu" einzubinden. Dies führt uns zur dritten Möglichkeit.

(c) Die Unterordnung des Individuums unter die Meinung der
Mehrheit sowie den Strom der Offenbarungstradition führt dazu,
daß die namentliche Nennung von Autoritäten nicht mit deren tatsächlicher historischer Lehrmeinung gleichgesetzt werden kann. Vielmehr gibt es zahlreiche Beispiele für eine gleichsam *instrumentelle*
Verwendung ihrer Namen; die individuelle Autorität „mattered
because, and only when, he served as a good example."[23] M.a.W.:
abweichende Meinungen einzelner dienen dazu, die Positionen,
welche innerhalb der rabbinischen Gelehrsamkeit insgesamt begegnen, auf einzelne Individuen zu fokussieren. Ein bestimmter Rabbinenname steht für eine konkrete Haltung, die gleichsam als Chiffre
dient für eine Seite innerhalb der talmudischen Dialektik.

Ein Beispiel hierfür ist die Zuschreibung eines Diktums zum
„Haus Hillel", das immer die leichtere Halakha propagiert, während das „Haus Schammai" immer erschwerend auslegt.[24] Eine solche plakative Zuschreibung unterscheidet die Tosefta von der
Mischna, denn nun werden einzelne Aussagen anderen Autoritäten
zugeschrieben als zuvor. Das Ordnungsprinzip ist ganz allgemeiner,
systematischer Art.

> [...] in place of the House of Shammai and the House of Hillel, X and
> Y or black and white or pigeon and turtledove would serve equally
> well. Neither history, nor tradition, nor designation of the accepted
> and the schismatic position, comes into play, when all that is at stake

---

[22] NEUSNER 1995, 109.
[23] NEUSNER 1995, 107.
[24] Eine Ausnahme ist der Traktat *Betsa*, was in bT zu intensiven Überlegungen
Anlaß bot, warum Hillel in diesem Falle erschwerend, Schammai aber er-
leichternd sei.

is the matter of invoking fixed and conventional positions. Then the attributive serves as a formal protocol, nothing more.[25]

Im Zuge einer solchen Intention gibt es keine eigentlich schismatischen Meinungen mehr, sondern lediglich Exponenten innerhalb des rabbinischen Meinungsspektrums. Das Haus Hillel ist nicht mehr und nicht weniger am Offenbarungsgeschehen vom Sinai beteiligt als das Haus Schammai, *die rabbinische Dialektik in ihrer Gänze repräsentiert die mündliche Torah; Rabbinennamen wiederum repräsentieren Eckpunkte des dialektischen Prozesses.*

Was können wir aus diesen Überlegungen schließen? Zunächst einmal sollte klar geworden sein, daß die Zuschreibung von Aussagen an konkrete Personen nicht auf eine historische Wirklichkeit rekurriert; das gilt für alle von Neusner herausgearbeiteten Funktionen der Rabbinennamen, trotz ihrer unterschiedlichen Akzentuierungen. Damit entfällt die Möglichkeit, Rückschlüsse auf Entwicklungen von Halakha oder rabbinischer Meinungsbildung über die Zuordnung zu Autoritäten ziehen zu können. Die historische Dimension des rabbinischen Erkenntnisprozesses bleibt uns verborgen.

So klar dieser Befund auf seiner Negativseite ist, so schwierig wird er, wenn wir nach den konkreten Funktionen der Namen fragen, denn die drei Möglichkeiten – die freilich nicht distinkt voneinander getrennt werden können – führen uns in verschiedenen Texten, teilweise sogar in derselben Quelle, zu durchaus unterschiedlichen Bedeutungen und Intentionen. Es bleibt uns nichts anderes übrig, als jeden Passus für sich zu untersuchen, um die dort vorherrschende Bedeutung der Zuschreibung von Sätzen an Autoritäten zu ermitteln. Dies ist eine Aufgabe, welche die Forschung gerade erst als notwendig erkennt, was Neusner mit dem Satz kommentiert: „[...] these observations only open the question for further research: precisely how do attributions function in the diverse documents? Only systematic research can answer that question."[26]

Wenn wir uns die talmudischen Diskussionsbeiträge zur Astrologie ansehen, müssen wir diese Fragestellungen im Auge behalten. Ein voreiliger Rückschluß auf historische oder lokale Gegebenheiten ist nicht möglich; die Ausgangsfrage dieses Kapitels müssen wir aus diesem Grund eindeutig verneinen. Das heißt freilich nicht, daß man nicht im einen oder anderen Fall Wahrscheinlichkeiten geltend ma-

---

[25] NEUSNER 1995, 103.
[26] NEUSNER 1995, 111.

chen kann;[27] doch allgemein gilt: Erst nach einer Klärung der Rolle, welche die genannten Autoritäten innerhalb der rabbinischen Dialektik spielen, können allgemeinere Überlegungen angestellt werden. Wir sind auf jeden Fall gut beraten, *textimmanenten* Fragen den Vorrang zu geben, indem wir den Duktus, die logische Führung des Diskurses und die damit zu erklärenden Positionen einzelner Autoritäten in den Mittelpunkt der Betrachtung stellen.

Nicht nur die Mischna, sondern auch der babylonische Talmud ist kein Kompendium gesammelter Einzeltraditionen, die mehr oder weniger gekonnt aneinandergereiht wurden, sondern ein durchorganisiertes Werk, das als Zeugnis hochentwickelter rationaler Bewältigung theologischer Fragestellungen gewertet werden muß.[28] Damit ist bereits das Thema der literarischen Stellung des babylonischen Talmuds berührt, dem wir uns nun zuwenden wollen. Wir werden feststellen, daß die beschriebene Problematik auf den Bavli noch weitaus stärker zutrifft als auf die anderen Teile des rabbinischen Kanons.

1.2. Der babylonische Talmud als literarisches Phänomen

Die rabbinische Literatur wirft auch nach Jahrhunderten systematischer Erforschung noch immer grundsätzliche Fragen auf. Dies gilt besonders im Hinblick auf das Verhältnis der einzelnen Schriften untereinander: Gibt es einen ununterbrochenen Strom rabbinischer Gelehrsamkeit, Schritt für Schritt sich entfaltend, der im babylonischen Talmud kulminierte, wie es die rabbinische Eigendarstellung will? Oder stehen die unterschiedlichen Texte jeder für sich und ohne zwingenden Zusammenhang zu anderen Quellen da? Es sind diese Fragen der *Intertextualität*, die auch für das Thema dieser Studie von großer Bedeutung sind, da sie die Grenzen und Möglichkeiten abstecken, verallgemeinernde Aussagen aus dem Studium rabbinischer Literatur destillieren zu können.

In der wissenschaftlichen Auseinandersetzung um den Zusammenhang zwischen Mischna, Tosefta, Midraschim und Talmudim lassen sich zwei diametral entgegengesetzte Positionen benennen, die von namhaften Wissenschaftlerinnen und Wissenschaftlern vertreten

---

[27] Auch haggadische Elemente, die beispielsweise Vorkommnisse in bestimmten Gemeinden beschreiben, dürften nicht selten auf tatsächliche Gegebenheiten rekurrieren.
[28] Gerade christliche Theologinnen und Theologen übersehen dies gelegentlich, wenn sie die scheinbar chaotische Organisation talmudischer Gelehrsamkeit beklagen.

werden. Die erste Position wird zweifellos von der Mehrheit geteilt; sie geht davon aus, daß das rabbinische Textkorpus ein in sich geschlossenes Ganzes bildet, in dem die einzelnen Teile in wesentlichen Fragen aufeinander Bezug nehmen, sich ergänzen und kommentieren. Programmatisch hält Lawrence H. Schiffman fest: „This system, composed of interlocking and re-interlocking parts possessed of an organic connection one to another, is never really divisible."[29] Shaye J.D. Cohen stellt den Sachverhalt ähnlich dar: „Synoptic texts must always be studied synoptically, even if one text is ‚later' than another."[30] Schließlich sei auch noch Susan Handelman genannt, die davon spricht, daß

> all units are so closely interwoven and simultaneously present that none can be considered in separation from any other at any given moment; it is a world of ‚intertextuality' [...]
>
> [...] interpretation is not essentially separate from the text itself – an external act intruded upon it – but rather the extension of the text, the uncovering of the connective network of relations, a part of the continuous revelation of the text itself, at bottom, another aspect of the text.[31]

Ein Blick auf die wissenschaftliche Literatur zeigt schnell, daß es genau diese Auffassung ist, die gewöhnlich – wenn auch gelegentlich ohne Bewußtsein der dahinterstehenden Prämissen – der Untersuchung rabbinischer Quellen Pate steht. Auch im Falle der Astrologie wird ohne jede Befangenheit eine talmudische Frage aus den Midraschim oder der Tosefta beantwortet, Passagen aus jT oder einem haggadischen Werk im Lichte des bT interpretiert usw. Diese Methode ist so verbreitet, daß eine kritische Hinterfragung der zugrundeliegenden Axiome in der Regel unterbleibt.

---

[29] L.H. SCHIFFMAN: *Sectarian Law in the Dead Sea Scrolls. Courts, Testimony, and the Penal Code*, Chico, CA, 1983, 3. Diese Annahme bringt SCHIFFMAN, wie auch J.M. BAUMGARTEN, dazu, die qumranische Halakha vor dem Hintergrund der rabbinischen – d.h. der *normativen* – als „sektiererisch" zu bezeichnen. Aus pragmatistischer Sicht ist eine derartige, letztlich ahistorische Methode, völlig inakzeptabel. Zur Kritik aus zwei unterschiedlichen Richtungen vgl. P.R. DAVIES: „Halakha in Qumran", in: DAVIES/WHITE 1990, 37-50, sowie M. WEINBERG: *The Organizational Pattern and the Penal Code of the Qumran Sect*, Freiburg i.Br. 1986, 72.

[30] SH.J.D. COHEN: „Jacob Neusner, Mishnah, and Counter-Rabbinics", in: *Conservative Judaism* 37 (1983), 48-63, zit. nach NEUSNER 1987a, 31.

[31] S.A. HANDELMAN: *The Slayers of Moses. The Emergence of Rabbinic Interpretation in Modern Literary Theory*, Albany 1982, 78 bzw. 39.

Die pragmatistische Methode bringt es mit sich, daß wir große Skepsis gegenüber einem Textvergleich hegen müssen, der sich auf Quellen bezieht, die mehrere hundert Jahre auseinander liegen und nachweislich in gänzlich verschiedenen lokalen Bedingungen wurzeln. Dies gilt auch dann, wenn einzelne Passagen eines älteren Werkes in dem späteren adaptiert und kommentiert werden, also fraglos ein Zusammenhang besteht. Erst eine genaue Analyse *eines jeden Textes für sich* kann uns gleichsam ein Koordinatensystem an die Hand geben, in dem wir auch andere Quellen einzeichnen können.

Jacob Neusner ist sicherlich kein Pragmatist, doch er ist der wichtigste und radikalste Kritiker der genannten Position der Intertextualität. Seine über Jahrzehnte sich erstreckenden Forschungen decken sich in vielen Punkten mit den Forderungen pragmatistischer Religionswissenschaft, weshalb es wichtig erscheint, ihn erneut zu Wort kommen zu lassen. In seinem Buch *Canon and Connection. Intertextuality in Judaism*[32] setzt er sich ausführlich mit Cohen, Schiffman und Handelman auseinander; die Ergebnisse wiederholte er unter Zuspitzung auf den babylonischen Talmud während eines Vortrags im Jahre 1991.[33]

Zunächst muß schon aus methodischer Sicht der Verdacht geäußert werden, daß jene Position der Intertextualität etwas Zirkuläres hat; die Annahme nämlich, daß alle Texte aufeinander bezogen sind und sich gegenseitig erklären, führt zur Eliminierung aller Hinweise auf den eigenständigen Charakter der jeweiligen Quellen. Diese Hinweise werden schlicht übergangen (bewußt oder unbewußt), da sie dem unterstellten Bild nicht entsprechen, was wiederum dazu führt, daß die Abhängigkeit der Quellen voneinander als belegt angesehen werden kann. Wenn dagegen die Behandlung einzelner Fragen in unterschiedlichen Texten – Mischna, Tosefta, Midraschim und Talmudim – ohne Vorentscheidungen analysiert wird, so treten die starken Abweichungen im Duktus, in der Argumentation sowie in der Verwertung von „traditionellen" Stücken deutlich hervor. Die

---

[32] NEUSNER 1987a.
[33] NEUSNER 1992/93. Vgl. auch seine Studie *Die Gestaltwerdung des Judentums. Die jüdische Religion als Antwort auf die kritischen Herausforderungen der ersten sechs Jahrhunderte der christlichen Ära*, Frankfurt a. M. u.a. 1994; auch dort geht es um die Anonymität der Literatur einerseits, die nur eine *Autorschaft* zu erkennen gibt, und der Frage nach den intrinsischen und extrinsischen Zusammenhängen zwischen den Teilen des jüdischen Kanons (vgl. etwa S. 70 mit Anm. 2).

wissenschaftlichen Ergebnisse sind so unterschiedlich, daß Neusner in aller Schärfe konstatiert:

> Much is at stake. For I see irreconcilable choices. On the one side I identify a heuristic system, with a hermeneutic built out of theology and anachronism, yielding a chaotic and capricious reading of everything in light of everything else, all together, all at once. In such a situation no test of sense limits the free range of erudition [...]. Against that I offer an orderly and systematic reading of the documents, one by one, then in their second order connections, so far as they intersect, finally, as a cogent whole – thus a genuinely secular reading of documents, one by one, in connection with others, as part of a continuous whole, each in its several contexts, immediate and historical, synchronic and diachronic.[34]

Erst eine genaue textimmanente Analyse einer rabbinischen Quelle kann uns die Frage beantworten, in welchem Verhältnis sie zu anderen Texten steht. Dies gilt in besonderem Maße für den *babylonischen Talmud*, da er wie kein anderes Werk die rabbinische Geistigkeit repräsentiert. Um eine derartige Analyse durchzuführen, schlägt Neusner drei Stufen vor:[35] In einem ersten Schritt versuchen wir das thematische Programm früherer Schriften mit dem bT in Beziehung zu setzen, sofern ein gemeinsames Thema vorliegt; d.h. wir stellen die Frage, ob der bT die Programmatik der Mischna in derselben Weise aufgreift wie T und jT. Sodann gilt es herauszufinden, auf welche Art und Weise bT von vorhandenen älteren „Quellen" Gebrauch macht, also inwieweit diese Traditionen in der talmudischen Diskussion überhaupt reflektiert und weitergeführt worden sind. Endlich müssen wir uns dann fragen, ob die Grundaussagen des bT aus früheren Schriften abgeleitet sind, sei es in unkritisch adaptierender, schlicht ignorierender, gänzlich individueller oder vorsichtig erweiternder Form. Dabei ist auch die Möglichkeit zu beachten, daß es sich beim bT nicht um die Sammlung und Sichtung des Vergangenen handeln muß, sondern möglicherweise um ein eigenständiges Werk.

Wenn man in der beschriebenen Weise an die Quellen herangeht, so ist das Ergebnis eindeutig: Die Autoren des babylonischen Talmud haben in ihrer Interpretation der Mischna keineswegs auf ältere Traditionen zurückgegriffen; das Lehrkonzept ist vom jT gänzlich verschieden und kann keineswegs als eine Erweiterung von jT betrachtet werden. Die Verwendung von Bibelversen wiederum unter-

---

[34] NEUSNER 1987a, 148.
[35] Vgl. NEUSNER 1992/93, 69.

scheidet sich prinzipiell von anderen Schriften des rabbinischen Kanons, etwa LevR oder PRK. Damit ist die beliebte These widerlegt, die Hauptdokumente des Judentums würden gemeinhin nur etwas wiederholen und ausdrücken, was eigentlich „schon immer" – rabbinisch gesprochen: seit Mosche Rabbenu – gesagt worden ist. Stattdessen gilt:

> Die Autoren des Bavli verfolgen nicht das Programm von irgendjemand anderem, allein mit Ausnahme dem der Mischna. Sie übernehmen und verfeinern keine anderswo abgeschlossenen Schriften. Sie übernehmen ein wesentliches Erbe und verarbeiten das Ganze zu ihrer eigenen gleichmäßig durchgeführten und innerlich stimmigen Aussage – und dies repräsentiert nicht das Ergebnis eines Prozesses sich ablagernder Tradition, sondern das Gegenteil: systematische Aussage einer zwingenden und logischen Ordnung, die in der Sprache ihrer Autoren verfaßt ist, Verständlichkeit durch die Syntax der Logik ihrer Autoren gewinnt und ein hergebrachtes thematisches Programm revidiert in Begriffen der Problematik und der Interessen, welche von den weiteren Zwecken und der beabsichtigten Botschaft ihrer Autoren bestimmt werden.[36]

Hier ist alles zusammengefaßt, was auch das Anliegen der pragmatistischen Position ist, denn wir kommen nicht an der Tatsache vorbei, daß der babylonische Talmud in ein konkretes soziales, gesellschaftliches und theologisches Gefüge eingebettet ist, aus dem heraus er zu verstehen ist. Gerade die *Systematik* des bT offenbart sein geschlossenes und individuellen Intentionen folgendes Konzept; er ist ein eigenständiges und mit hohem Selbstbewußtsein gegenüber der „Tradition" abgefaßtes Zeugnis babylonischer Gelehrsamkeit.

In einer gründlichen, obgleich exemplarischen, Analyse ist es Louis Jacobs gelungen, diesen Befund eindeutig zu belegen.[37] Auch Jacobs geht dabei von der Funktion der Namen aus, die mit bestimmten Aussprüchen in Verbindung gebracht werden. Zur bisherigen Forschung stellt er nüchtern fest, es sei „extremely precarious [...] to conclude, without further very careful examination, that when the Talmud reports a teacher as ‚saying' something he actually did say it. And yet it is frightening to observe how many scholars are guilty of precisely this."[38] Im Bavli zeigt sich noch stärker als in der rabbinischen Literatur insgesamt, daß die Namen der Rabbinen in bestimmter Weise *instrumentalisiert* wurden, d.h. sie erfüllen eine

---

[36] NEUSNER 1992/93, 66.
[37] JACOBS 1991.
[38] JACOBS 1991, 16; vgl. auch seine aufschlußreichen Beispiele ebda.

Funktion, die nichts mit einer historischen Überlieferung zu tun hat. Der Bavli erhebt auch überhaupt nicht den Anspruch, geschichtliche Wirklichkeit im modernen Sinne zu dokumentieren, sondern er erzählt *Geschichten*. Wenn es irgendwo heißt, Rabbi X „sagte etwas", so ist Rabbi X nicht der *Autor* dieser Erzählung, sondern vielmehr ihr *Hauptdarsteller*, zumindest in einer Vielzahl jener Äußerungen. Die Gründe für jene Zuschreibungen haben wir bereits genannt; Jacobs macht auf einen weiteren Grund aufmerksam:

> [I]n all but the original instance the meaning is not that R. Jeremiah or R. Pappa actually said it where he is said to have *said* it, but rather from the original saying it can be concluded that he would ‚say' it here too and by ‚saying' it there he, in fact, ‚says' it here as well.[39]

Ein Rabbinenname kann auf diese Weise zu einer Chiffre werden für konkrete Lehrmeinungen, vollkommen unabhängig davon, ob dieser Gelehrte eine solche Meinung jemals vertreten hat oder nicht. Es gilt somit einen überaus wichtigen Sachverhalt festzuhalten: Ein bislang stark unterschätzter Anteil des Bavli muß als *pseudepigraphisch* bezeichnet werden.

> How much of the Babylonian Talmud is pseudepigraphic? Certainly not all of it; that would be a ridiculous notion. Some of it is, however, undoubtedly pseudepigraphic and far more than is commonly appreciated. The detection of a strong pseudepigraphic element in the Babylonian Talmud ought to encourage the serious student of the Talmud, whenever he comes across a saying or ruling attributed to Rabbi A or B, to ask not only did Rabbi A or B really say it, but does the Talmud mean us to conclude that he really said it or is it no more than a not unusual literary device.[40]

Die pseudepigraphischen Eigenschaften des Bavli haben natürlich nichts mit einer (bewußten oder unbewußten) „Fälschung" zu tun. Sie sind vielmehr der grundsätzlichen Intention der Redaktoren zuzuschreiben, ein Werk zu schaffen, welches dialektisch, kohärent, aber auch interessant zu lesen sein sollte. Durch eine Analyse der kleinsten Struktur des Talmud, der *Sugia*, läßt sich die dramaturgische Konzeption des zu vermittelnden Inhaltes aufzeigen.[41] Die Absicht der Redaktoren erschöpft sich freilich nicht im Erzählen von Geschichten und der gekonnten Präsentation halakhischen Materials, sondern richtet sich auf das Hauptanliegen talmudischer Gei-

---

[39] JACOBS 1991, 16 (Hervorhebung im Original). Er bezieht sich hier auf bBQ 119b; bMen 76a und bNidda 63a.
[40] JACOBS 1991, 17.
[41] JACOBS hat dies an verschiedenen Sugiot vorgeführt.

stigkeit, nämlich die *Toraherkenntnis*. Die Verwendung von Namen stellt ein Hilfsmittel dar, verschiedene Positionen zu charakterisieren und eine Sugia zu gliedern.

Die Redaktoren des Bavli sind aus den genannten Gründen auf jeder Seite des grandiosen Werkes präsent, auch wenn sie nur implizit in Erscheinung treten. Im Anschluß an David Halivni können wir sie die *Stammaim* („die Anonymen") nennen; diese Gruppe stellt die eigentlichen Autoren und Redaktoren des Bavli dar; die gängige Meinung, sie hätten lediglich kleinere Glossen zu einem bereits von Amoräern geschaffenen Werk beigesteuert, muß als überholt gelten.[42] Auf der anderen Seite darf diese Feststellung uns nicht dazu veranlassen, bT als reine Fiktion zu verstehen; selbstverständlich verwendeten die Redaktoren älteres Material, das teilweise, namentlich auf dem haggadischen Gebiet, bereits literarische Form angenommen hatte. Aber selbst dort, wo sie nachweislich altes Material einbezogen, formten sie es nach ihren Vorstellungen zu einem neuen Ganzen um, ordneten es bestimmten Zusammenhängen zu oder kombinierten es mit der Lehrmeinung eines bestimmten Rabbinen.

Auch wenn wir die große Autonomie der babylonischen „Stammaim" herausstreichen müssen, kam es nicht zu einer grundsätzlichen Abwertung älterer Traditionen, und zwar aus dem einfachen Grunde, daß den Autoren des bT, wie anderen rabbinischen Gelehrten auch, die schriftliche Torah und die Mischna als offenbartes Gotteswort galt. Der bT bezieht sich selbstverständlich auf ältere (kanonische) Schriften, doch kann dieses Verhältnis nicht als Abhängigkeit oder interne Fortschreibung betrachtet werden.

> Das Judentum der schriftlichen und der mündlichen Tora kennt keine Traditionen, die zu rezitieren und zu besprechen sind, sondern bloß Quellen, die immer in Ehren zu halten sind, doch nur zu benutzen, wenn sie einem ganz unabhängigen Gedanken-Programm dienen.[43]

Diese Überlegungen führen zu einem klaren Ergebnis, das sich mit der bisher in dieser Studie angewandten Methodik deckt: Wenn wir im folgenden die Behandlung der Astrologie in den rabbinischen Quellen untersuchen, müssen wir die einzelnen Teile der mündlichen Torah jedes für sich betrachten; Unstimmigkeiten können wir nicht durch einen Rekurs auf andere Schriften klären; Ergebnisse gelten zunächst allein für den Text, der im Mittelpunkt der Betrachtung stand. Erst im Anschluß daran können wir eine vorsichtige Einordnung der

---

[42] Vgl. JACOBS 1991, 4.
[43] NEUSNER 1992/93, 73 (im Original kursiv).

Quellen in den rabbinischen Diskurs vornehmen und Fragen nach historischen Entwicklungen über die Jahrhunderte zu klären versuchen. Konkret geschieht dies anhand eines Vergleiches der Darstellung in bT, der sowohl argumentativ als auch zeitlich den spätesten Entwicklungsstand dokumentiert, mit der Behandlung der jeweiligen Themen in M, T, jT oder den Midraschim. Nur auf diese Weise lassen sich Prozesse im jüdischen Diskurs eruieren, bei gleichzeitiger Berücksichtigung des Eigenwertes der verschiedenen Quellen.

Der babylonische Talmud tritt uns jetzt als ein literarisches Werk entgegen, das nicht nur einen langen Wachstumsprozeß bis hin zu seiner Kanonisierung hinter sich hatte, in dessen Verlauf eine enorme Menge an Einzeltraditionen aufgenommen worden war, sondern das auch die systematisierende Handschrift eines selbstbewußten, eigenständigen, gleichwohl sich der Offenbarungstradition verbunden fühlenden Autorenkreises trägt.

Diese Einschätzung, und darauf muß eigens hingewiesen werden, steht nicht im Widerspruch zu den allgemein bekannten Brüchen im überlieferten Text des bT, da die Redaktion auch ältere Traktate oder Sugiot in die Sammlung mit aufnehmen konnte, sofern sie ins Konzept paßten. Die textkritischen Fragen, etwa zu den Eigenheiten der Traktate Ned, Naz, Meil, Ker und Tam, werden durch diese Darstellung nicht aus der Welt geschafft. Die *lischana acharina* deutet zweifellos darauf hin, daß in die Endgestalt des Talmud auch ältere Passagen oder palästinische Lehrmeinungen eingeflossen sind.[44] Die Betonung der Systematik des bT kaschiert nicht die vielen disparaten Elemente, die sich in ihm finden, sondern besteht lediglich darauf, daß hinter der argumentativen Struktur, und zwar bis in die Einzelheiten des Diskurses hinein, eine spezifische *Intention* sich zu erkennen gibt. Man hat sich etwas dabei gedacht, wenn andere Traditionen einbezogen oder ausgeklammert wurden.

2. Mischna, Tosefta, Midrasch: Exposition rabbinischer Diskursstrategien

Da in meiner Vorarbeit bereits einige Aspekte der rabbinischen Haltung zur Astrologie untersucht worden sind, möchte ich an

---

[44] Schon Raschi deutete die *lischana acharina* als *laschon jeruschalmi*, s. Raschi zu bTem 6b. Zum Ganzen vgl. die Übersicht bei GOODBLATT 1979, 304-307; STRACK/STEMBERGER 1982, 189ff (Literatur). Beide kommen zu dem Ergebnis, daß eine abschließende Entscheidung über die „außergewöhnlichen Traktate" derzeit noch nicht möglich ist.

dieser Stelle lediglich die heuristischen Thesen resümieren, die sich aus der Sichtung des Materials ergaben. In den Mittelpunkt wird dann – wie bei allen anderen Forschungsbeiträgen auch – die talmudische Diskussion rücken müssen, wobei jeweils auf ältere Teile des rabbinischen Korpus' zurückzugreifen ist, um die Entwicklung und das Verhältnis von bT zu M und T transparent zu machen.

Die *Mischna* behandelt die Astrologie lediglich in indirekter Weise. Das System, welches hinter diesem zentralen Werk des zweiten Jahrhunderts steht, ist in seinem „rhetorischen, logischen und inhaltlichen Programm im wesentlichen philosophisch" zu nennen,[45] was sowohl für die Dialektik gilt, als auch für die Tatsache, daß halakhische Fragen gegenüber haggadischen und erbaulichen Anteilen eindeutig im Vordergrund stehen. So verwundert es nicht, daß die Mischna im Zusammenhang mit dem biblischen *Bilderverbot* auf die Astrologie zu sprechen kommt. In mAZ III, 3 findet sich das Diktum:

> Wer funktionale Gegenstände findet, und auf ihnen (befindet sich) das Bild der Sonne, das Bild des Mondes, das Bild des *d^eraqôn*, (der) werfe sie ins Salzmeer. Rabban Schimon ben Gamliel sagt: Auf geachteten (Gegenständen) sind sie verboten, auf verachteten (Gegenständen) sind sie erlaubt.

Neben der strengen Auslegung des Bilderverbots von Dt 5,6ff und Ex 20,2ff wird an dieser Stelle deutlich, daß es in erster Linie um die Möglichkeit der kultischen Verehrung – also des „Götzendienstes" – geht, weniger um eine astrologische Betätigung.[46] Die Nennung des *d^eraqôn*, also des „Drachen", ist insofern interessant, als sich damit m.E. eine astrologische Thematik verbindet, nämlich der Mondknoten, der in der antiken Astrologie auch als „Drachen" bezeichnet wird.[47] Von der Darstellung anderer Gestirne ist hier nicht die Rede,

---

[45] NEUSNER, *Die Gestaltwerdung des Judentums* (oben Anm. 33), 70.
[46] Dies verdeutlicht schon der Kontext des Traktats. Vgl. zur Stelle VON STUCKRAD 1996, 138ff.
[47] Vgl. *BL* 122f; VAN DER WAERDEN 1968, 109ff. 145f. Die Interpretation als Mondknoten ist durch die Verbindung mit Sonne und Mond besser abgesichert als die Möglichkeit, hier sei das Sternbild des Drachen gemeint (zu letzterem vgl. BOLL 1903, 96). In späteren Texten wird der Knoten hebräisch als תלי bezeichnet. M. SCHLÜTER schließt eine astrologische Deutung für die Mischna aus, weil die aus Persien stammende Drachenmotivik späteren Datums ist (vgl. SCHLÜTER 1982, 141; zur zitierten M-Stelle S. 75f.) Aber schon das Zeugnis des Tertullian, der davon berichtet, die Menschen achteten darauf, ob der Mondknoten (*anabibazon*) den Menschen günstig gestellt sei – *Fortasse et Anabibazon obstabat, aut aliqua malefica stella, Saturnus*

offensichtlich ist gegen sie nichts einzuwenden; darin zeigt sich wieder das Hauptinteresse der Mischna nicht an astrologischen Fragen, sondern an solchen des Kultes, denn eine kultische Verehrung der Planeten ist im Römischen Reich der ersten beiden Jahrhunderte nur in Randbereichen praktiziert worden, während der Kult des *Sol Invictus* und die Apotheose des Kaisers mehr und mehr ins Zentrum öffentlicher Religion rückte. Die kultische Bedeutung des Mondes wiederum konnten wir in unseren bisherigen Untersuchungen an vielen Stellen belegen, so daß eine ausdrückliche Erwähnung dieses Gestirns den Autoren von M sinnvoll erscheinen mochte.

Die Astrologie stellte für die Mischna kein ausgesprochenes theologisches Problem dar. Daraus kann man entweder schließen, die von der Mischna angesprochenen Juden hätten mit der Astrologie ohnehin nichts zu tun gehabt, oder aber, sie hätten die Astrologie, im Unterschied zum Sternkult, nicht als Vergehen empfunden, womit halakhische Regelungen überflüssig waren. Aufgrund unserer Untersuchungen müssen wir die zweite Möglichkeit favorisieren, nicht nur wegen der Blüte der römischen Astrologie zur Abfassungszeit der Mischna, sondern auch wegen der Beliebtheit astrologischer Topoi im sonstigen jüdischen Umfeld. Diesen ersten Eindruck – und mehr kann dem Schweigen der Mischna nicht entnommen werden – gilt es immer wieder kritisch zu reflektieren, wenn wir anläßlich der Untersuchung der talmudischen Diskussion auch auf die Mischna zurückgreifen werden.

Die *Tosefta* greift die Frage des „Götzendienstes" in der Weise der Mischna auf, um sie lediglich etwas konkreter zu fassen, eine theologische Pointierung ist nicht erkennbar.[48] Weitaus interessanter ist für unser Thema die Tosefta in einer anderen Hinsicht, denn das Motiv des herausragenden jüdischen Ahnen, der auch über astrolo-

---

quadratus aut Mars trigonus (*In Marcionem* I, 18) – mahnt zur Vorsicht. Im übrigen operiert SCHLÜTERS heuristische These, es handele sich beim d‘raqôn um die ophitische Schlange, ebenfalls mit vielen Variablen, vgl. ebda. S. 142. Auch Mani kannte die Mondknoten, wie wir noch sehen werden (vgl. *Keph.* 69,12ff; s.u.). Allerdings zu optimistisch ist DOBIN 1977, 202, der Sonne, Mond und Knoten als „the three major astrological indicators of the time" bezeichnet. Zur indischen Vorgeschichte des Drachenmotivs vgl. W. HARTNER: „The Pseudoplanetary Nodes of the Moon's Orbit in Hindu and Islamic Iconography", in: *Ars Islamica* 5 (1938), 113-154; zur mittelalterlichen Adaptation bei Donnolo vgl. A. SHARF: *The Universe of Shabbetai Donnolo*, Warminster 1976; SHARF ist sehr skeptisch, was eine ältere Tradition innerhalb des Judentums angeht, vgl. S. 42f.

[48] tAZ V (VI), 1. Vgl. SCHLÜTER 1982, 80; VON STUCKRAD 1996, 140f.

gische Kenntnisse verfügt, hat gleich mehrfach Eingang in den Text gefunden. In T, aber auch in den Midraschim (s.u.) ist es meist *Abraham*, der für seine Sternkunst gerühmt wird. tQid 5,17[49] legt den Satz Gen 24,1 – „Abraham war alt und hochbetagt, und JHWH segnete Abraham in allem" – folgendermaßen aus:

> Was bedeutet „in allem"? R. Eleasar von Modiin sagt: Das ist die große Sternkunde, die unser Vater Abraham hatte. R. Schimon ben Jochai sagt: Das ist ein Edelstein, der am Hals unseres Vaters Abraham hing. Jeder Kranke, der ihn sah, wurde sofort geheilt. Und als Abraham starb, nahm ihn [den Stein] Gott und hängte ihn auf die Sonne.

Die Tradition, welche Abraham mit der Astrologie verband, dürfen wir aufgrund unserer Untersuchungen getrost als Allgemeinwissen des antiken Judentums bezeichnen.[50] Auch die Übertragung jener Fähigkeit auf medizinische und magische Bereiche kennen wir sowohl aus dem palästinischen, als auch dem ägyptischen Judentum.

Die astrologische Kompetenz Abrahams wird in der *Midrasch-Literatur* ausgiebig diskutiert. Überhaupt gilt es festzuhalten, daß unserem Thema hier viel mehr Raum geschenkt wird als in der an Halakha orientierten Mischna.[51] Aus der weitläufigen Midrasch-Literatur lassen sich zwei wesentliche Züge gewinnen, die in einem seltsamen Spannungsverhältnis zueinander stehen. Dies sei an zwei Beispielen exemplarisch gezeigt, die sich jeweils auf Gen 15,3ff beziehen, wo Abram mit Gott hadert, weil er noch immer keine Nachkommen hat.[52] ExR 38,6[53] läßt Gott zu Abram sagen: „Du weißt bereits, daß du nicht zeugen wirst." Abram: „So sehe ich es in meinem Horoskop [במזל שלי],[54] daß ich nicht zeugen werde." Gott hierauf: „Vor dem Horoskop fürchtest du dich? Bei deinem Leben, ebenso wie es unmöglich ist für einen Menschen, die Sterne zu zählen, so wird es unmöglich sein, deine Söhne zu zählen."

---

[49] ZUCKERMANDEL 343f.
[50] Vgl. die Behandlung des Themas durch Philo, Josephus, Artapanos u.a. An dieser Stelle sei außerdem auf die *Apokalypse Abrahams* verwiesen, wo die Thematik noch weiter ausgebreitet wird; vgl. BONWETSCH 1897, 26ff.
[51] Zum Hintergrund der spezifisch rabbinischen Rezeption der jüdischen Ahnen vgl. jetzt die Habilitationsschrift von G. OBERHÄNSLI-WIDMER: *Biblische Figuren in der rabbinischen Literatur. Gleichnisse und Bilder zu Adam, Noah und Abraham im Midrasch Bereschit Rabba* (Judaica et Christiana 17), Bern/Berlin u.a. 1998.
[52] Vgl. die ausführlicheren Bemerkungen bei VON STUCKRAD 1996, 145-150.
[53] Mirqin VI, 119.
[54] Zur Übersetzung des *mazzal* als „Horoskop" s.u. S. 472.

Einerseits wird die astrologische Kompetenz Abrahams sogar von Gott selber als Selbstverständlichkeit betrachtet, andererseits wird eine ängstliche Abhängigkeit von den eigenen Vorhersagen kritisiert. Der scheinbare Widerspruch löst sich auf, wenn man die intendierte Aussage so versteht, daß die Astrologie natürlich zu den im antiken Diskurs etablierten Prognosetechniken gezählt wird, deren Anwendung keinerlei theologische Probleme aufwirft, andererseits aber die Astrologie nicht zu einem fatalistischen Denken verführen sollte, denn Gott kann jederzeit in das Geschehen eingreifen und „die Astrologie" beeinflussen. Eine ganz ähnliche Spannung begegnet auch in GenR 44,10:[55]

> *Und es sprach Abram: Siehe, mir hast du (noch) nicht gegeben eine Nachkommenschaft ...* [Gen 15,3]. Es sagte R. Schmuel bar Jitschaq: (Abram sprach:) Das [mein] Horoskop drückt mich nieder [המזל דחקני] und sagt: Abram wird nicht zeugen. (Da) sprach zu ihm der Heilige, gepriesen sei er: Sei es, wie du sagst: Abram und Sarai werden keine Nachkommen haben, Abraham und Sarah werden Nachkommen haben.

Die Autoren der Midraschim legen großen Wert darauf, daß die astrologische Kompetenz Abrahams nicht in Zweifel gezogen wird.[56] Gott selber bedient sich der Mittel der Sternkunde, um handelnd in die Heilsgeschichte Israels einzugreifen und Abram eine Nachkommenschaft zu sichern: Durch die Neugeburt als Abraham erlangt auch ein neues Horoskop seine Gültigkeit, das dann im Sinne der Geschichte gedeutet wird.

Eine Parallele hierzu findet sich in NumR 2,12, wo Abraham ebenfalls aus seinem Horoskop herausgenommen wird, doch nun aufgrund einer Deutung des Satzes Gen 15,5 („Und er führte ihn hinaus ...").[57] Erneut hält sich Gott gleichsam an die astrologischen Spielregeln, er entpuppt sich in Wahrheit als *der größte aller Astro-*

---

[55] Theodor-Albeck 432, Mirqin II, 144. Vgl. außerdem GenR 44,12; Tanchuma Schoptim 11; PesR 43. Eine andere Interpretation von Gen 15,5 bringt die Entrückung Abrahams über die Himmel ins Spiel (vgl. NumR 2,12; ExR 38,6) oder auch seine Apotheose (vgl. tQid 5,17 oben S. 404); vgl. zu den angegebenen Stellen Stemberger 1975, 37-39.

[56] Gegen Charlesworth 1987, 930, der unter Berufung auf Ginzberg (*The Legends of the Jews*, 7 vols., Philadelphia 1909–1946, V, 227 Anm. 108 u.ö.) dieselben Stellen so deutet, daß „[a]strological beliefs are frequently rejected in rabbinic writings". In der Regel wird nämlich die hier angesprochene doppelsinnige Argumentation angewandt, nur in Einzelfällen heißt es: „Die Rabbanan sagen: Ein Prophet bist du und nicht ein Astrologe" (GenR 44,12); vgl. dazu von Stuckrad 1996, 149f.

[57] Vgl. von Stuckrad 1996, 147ff, wo auch die Fortsetzung der ersten Passage in GenR 44,12 diskutiert wird.

*logen.*⁵⁸ Dieses Motiv wird in verschiedenen Gleichnissen ebenfalls aufgegriffen, von denen eines genannt werden soll:

> R. Huna und R. Jeremiah sagten im Namen von Rabbi Schmuel bar R. Jitschaq: Der Plan (der Erschaffung) Israels ging allen Dingen voraus. Es herrschte (einmal) ein König, der hatte eine Frau als Matrone, und er hatte von ihr (noch) keinen Sohn. Einmal fand man den König auf der Straße gehen. (Plötzlich) sagte der König: „Bringt Tinte und Schreibfeder für meinen Sohn!" Und es begab sich, daß alle sagten: „Er hat (doch) gar keinen Sohn, und er sagt ‚Bringt Tinte und Schreibfeder für meinen Sohn'?!" Sie folgerten und sprachen: „Der König ist ein großer Astrologe [הוא אסטרולוגוס גדול]!" Tatsächlich sah der König, daß er bestimmt ist [עתיד], von ihr einen Sohn zu bekommen [...] Ebenso sah tatsächlich der Heilige, gepriesen sei er, daß nach 25 Generationen Israel bestimmt war [עתידין], die Torah zu empfangen.⁵⁹

Nicht nur Abraham oder Gott werden als Astrologen genannt, sondern über ihre Kompetenz wird auch sonst nachgedacht, wie folgende Geschichte beweist:⁶⁰ Die Frau Potiphars erfährt von einem Astrologen, daß sie durch Joseph einen Sohn haben werde, und verführt Joseph (vgl. Gen 39,7-20); die Sterne waren richtig beobachtet, doch die astrologischen Zuordnungen falsch interpretiert: Joseph war tatsächlich dazu bestimmt, einen Sohn aus der Linie der Frau Potiphars zu bekommen, doch durch ihre Tochter, die er heiratete (vgl. Gen 41,45).

Die Midrasch-Literatur hat auch *zodiakale Motive* aufgenommen, die meist auf die Tradition der Zahl Zwölf in biblischen Texten zurückgeführt werden können. Besonders deutlich wird dies anläßlich der Auslegung der Josephsgeschichte, die selber bereits astrologische Thematik vorgegeben hatte.⁶¹ In GenR 100 (101),9 wird das Verhältnis Josephs zu seinen Brüdern mit astralen Metaphern verbunden und zu einer Aussage verdichtet, die uns bereits gut vertraut ist: Die zwölf Sterne, die für die Josephsbrüder stehen, repräsentie-

---

[58] STEMBERGER formuliert zu Recht: „Im rabbinischen Judentum bedeutet [das erwähnte Motiv] ein Ja zur Astrologie, zugleich aber auch ein Bekenntnis, daß Gott die in den Sternen stehende Vorherbestimmung ändern kann. Doch geschieht dies durch die Herausnahme Abrahams aus seinem Sternbild, was also doch wieder eine Anerkennung der Astrologie darstellt" (1975, 37).
[59] GenR 1,4 (THEODOR/ALBECK 6f). Im Aufbau ähnliche Geschichten finden sich in GenR 63,2; LevR 36,4; DtR 4,5; vgl. VON STUCKRAD 1996, 151f.
[60] GenR 85,2; 87,4. Vgl. THEODOR/ALBECK 1030f und 1064f; Mirqin IV, 32 und 56.
[61] Vgl. besonders Gen 37,9f; zum Thema s. DOBIN 1983, 47-49; VON STUCKRAD 1996, 91-94.

ren die Ordnung der Welt, die Stunden des Tages und die Sternzeichen (*mazzalôt*) am Himmel.[62]

Wir müssen also im Hinblick auf die Astrologie in den Midraschim eine gewisse Spannung konstatieren zwischen der Gültigkeit astrologischer Welt- und Geschichtsdeutung auf der einen Seite und der göttlichen Freiheit auf der anderen. Diese Spannung hat für die rabbinischen Gelehrten der Midraschim offenbar keine große Bedeutung gehabt; vielmehr ist es zu einer interessanten gedanklichen Lösung gekommen, indem

> Gott sich an die Sternzeichen und das in ihnen festgelegte Schicksal bindet und sie als Ausdruck seines Weltgesetzes benützt. Der Glaube an das in den Sternen vorgezeichnete Schicksal wird damit rechtgläubig, da Gott selber hinter dieser Ordnung steht. Der Glaube an die Entsprechung des Oberen mit dem Unteren kann somit über den Bereich der Liturgie hinausgetragen werden, insofern den Menschen trifft, was ihm in der oberen Welt vorgezeichnet ist.[63]

Die Spannung zwischen Astrologie und jüdischer Frömmigkeit, zwischen Determinismus und göttlicher Freiheit, ist also vielleicht gar keine. Wenn wir die talmudischen Belege studiert haben, werden wir die Frage beantworten können, ob es sich hier tatsächlich um konträre Aussagen rabbinischer Theologie handelt, oder vielmehr um eine ganz bestimmte Diskursstrategie, die das jüdische Erbe mit der astrologischen Wissenschaft zu vereinen vermag, indem es *Fatalismus und Astrologie als zwei getrennte Denkmodelle* auffaßt.

3. Der Jerusalemer Talmud

Der palästinische Talmud (Jeruschalmi) stellt das redaktionelle Werk einer Gruppe von palästinischen Amoräern dar, die sich an M und T orientierten, um die bis dahin erarbeitete Lehre in ihrem Sinne zusammenzufassen.[64] Diese sehr allgemeine Darstellung ist auch schon beinah alles, was sich bei dem heutigen Forschungsstand mit Sicherheit sagen läßt. Zahlreiche Theorien sind entwickelt worden,

---

[62] Auch NumR 14,18 wäre hier zu nennen; vgl. VON STUCKRAD 1996, 154f. Weitere Belege nennt FEUCHTWANG 1915.

[63] STEMBERGER 1975, 40f. Aus methodischen Gründen ist anzumerken, daß STEMBERGER dieses Ergebnis nicht nur aus den Midraschim, sondern auch aus bT gewinnt.

[64] Zu jT vgl. zusammenfassend STRACK/STEMBERGER 1982, 163ff und die dort verzeichnete Literatur.

um das Fehlen der Gemara zu maßgeblichen M-Traktaten zu erklären, die vielen Wiederholungen im jt und sein besonderes Verhältnis zu T. Die Literargeschichte des Jeruschalmi zu eruieren, ist nach wie vor ein Desiderat der Forschung, allerdings durch neuere textkritische Ausgaben in erfreulicher Weise begünstigt.[65] Tatsache ist immerhin, daß jenes Werk inzwischen nicht mehr allein als bloße Zitatsammlung palästinischer Gelehrter aufgefaßt wird, sondern der Blick geschärft worden ist für die spezifischen Gründe, die die Autorenschaft dazu veranlaßt haben könnte, durch systematisierenden Impuls in die Überlieferung einzugreifen und das ererbte Material z.T. recht eigenwillig in den neuen Kontext zu integrieren.

Will man die Entwicklung der rabbinischen Haltung zur Astrologie ermitteln, so muß auch hier von den Befunden *innerhalb* des Jeruschalmi ausgegangen werden, um anschließend die Linie über den vorliegenden Text hinauszuziehen nach hinten zu M, T und den (frühen) Midraschim, sowie nach vorn in Richtung babylonischer Talmud. Dies muß in aller Vorsicht geschehen, denn auch im Jeruschalmi sind die Datierungsmöglichkeiten äußerst gering, besonders wenn sie auf der Zuordnung von Lehrmeinungen zu namentlich genannten Autoritäten gründen. Eine zuverlässige Datierung der überlieferten Positionen ist an die literarkritische Forschung gebunden, ohne die – besonders wenn das Material nicht gerade üppig ist, wie bei der Astrologie – alle Aussagen als heuristisch gelten müssen. Stemberger rät deshalb zur Vorsicht, solange diese Arbeit nicht geleistet ist:

> Erst dann ist eine historisch gesicherte Verwendung von pT möglich, die über den zu optimistischen Standpunkt hinwegkommt, Einzelsprüche nach den als Autoren oder Tradenten genannten Meistern zu datieren, ohne dabei ins Gegenteil zu verfallen und nur die Stufe der Endredaktion zu akzeptieren. Bis dorthin ist noch ein weiter Weg.[66]

Wenn wir uns die Spuren des astrologischen Diskurses im Jeruschalmi vor Augen führen, werden wir uns deshalb an folgenden Fragen orientieren: Wie geht jT mit der Darstellung in der Mischna um? Werden unabhängige Beiträge hinzugefügt oder handelt es sich um eine erläuternde Adaptation? Können wir davon sprechen, daß die rabbinische Diskursstrategie, wie sie uns in den bislang erörterten Quellen begegnete, von der Autorenschaft des Jeruschalmi aufge-

---

[65] J. NEUSNER/P. SCHÄFER (Hrsg.): *Synopse des Talmud Jeruschalmi*, Tübingen 1991ff.
[66] STRACK/STEMBERGER 1982, 177.

nommen, erweitert oder vielleicht kritisiert worden ist? Aus diesen Fragen wird sich ein bestimmter Zwischenbefund ergeben, der erst dann in eine Gesamtbewertung der rabbinischen Haltung zur Astrologie einfließen kann, wenn wir die ausführliche Diskussion im babylonischen Talmud nachvollzogen haben. Dies wird in Kapitel 5 geschehen.

Ein wichtiger Aspekt der Auseinandersetzung mit astrologischer Thematik bestand für die Gelehrten der Mischna in der *Abgrenzung vom Sternkult*. Vor diesem Hintergrund interessiert es uns natürlich, wie der Jeruschalmi auf mAZ III, 3 reagiert (s.o. S. 449). jAZ 42d führt dazu folgendes aus:[67]

> WER FUNKTIONALE GEGENSTÄNDE FINDET ETC.: Sie lehrten (es) nur (von) Gegenständen, auf denen (sich) die Gestalt der Sonne und die Gestalt des Mondes (befindet), das bedeutet, (von) allen anderen Planeten [מזלות] (lehrten sie es) nicht. Sie lehrten (es) nur (von einem) d{e}raqôn, das bedeutet, (von) alle(n) Schlangen (lehrten sie es) nicht. [...]
>
> Worauf stützen wir uns? (Auf den Fall, daß) es sicher ist, daß sie verehrt werden? (Wenn es so ist,) sind (doch) sogar nicht geachtete (Gegenstände) verboten! Oder (auf den Fall, daß) es sicher ist, daß sie nicht verehrt werden? (Wenn es so ist,) sind (doch) sogar geachtete (Gegenstände) erlaubt! Vielmehr stützen wir uns (auf den Fall, daß es) unsicher ist (ob sie verehrt werden).

Die Gemara zur Mischna stellt die Darstellung der Gestirne ganz eindeutig in einen kulttheologischen Zusammenhang, der die Frage nach der Astrologie eigentlich überhaupt nicht stellt. Was die Rabbinen an dieser Stelle interessiert – und das verwundert nicht im Traktat *Aboda Zara* „Götzendienst" –, ist nicht die *Befragung* der Planeten, sondern ihre *Darstellung*. Wir bewegen uns folglich in genau derselben Diskursstruktur, welche wir für die frührabbinischen Quellen freilegen konnten, einer Argumentation, die Astrologie von Sternkult zu trennen versucht.

jAZ 42d ist auch deshalb von Interesse, weil im Anschluß an den zitierten Passus davon berichtet wird, daß man „in den Tagen R. Jochanans" damit begann, „Wände zu bemalen" und R. Jochanan nicht dagegen einschritt. Wie Schlüter richtig betont, ist hierin nicht eine mehr oder weniger unfreiwillige Kapitulation vor der allgemein üblichen Praxis zu erkennen, sondern die rabbinische Erkenntnis, „daß man hier eben tatsächlich keinen Hinderungsgrund (mehr?)

---

[67] Zur Übersetzung vgl. SCHLÜTER 1982, 63-65.

sah! Man ‚hinderte' jedoch immer da, wo man Darstellungen von Nichtjuden oder Juden der Verehrung für verdächtig hielt."[68] Dies hat einerseits mit der rabbinischen Annahme zu tun, ein gläubiger Jude sei weniger in der Gefahr der Verehrung jenes Bildes, andererseits – und hier würde ich Schlüter ergänzen – scheint jene Haltung auch zu zeigen, wie unproblematisch die Verwendung astrologischer Symbolik gewesen ist, solange die kultische Seite klar geregelt war. Hier bestand ganz offensichtlich wenig Diskussionsbedarf.[69]

Wenn wir uns nun der eigentlichen Astrologie zuwenden, so finden wir entsprechende Episoden, wie schon in den Midraschim, mit den Namen berühmter Ahnen des jüdischen Volkes verbunden. Eine Variante dieses Motivkomplexes wird in jRH 59a überliefert: Dort ist es Mose, der die astrologische Kunst der Amalekiter zu vereiteln versteht, indem er sie mit ihren eigenen Waffen schlägt:[70]

> Amalek war ein Zauberer. Was tat er? Er stellte Männer auf, die an jenem Tage Geburtstag hatten; denn nicht leicht fällt ein Mensch an seinem Geburtstag. Was tat Mose? Er brachte die Tierkreiszeichen/ Planeten [מזלות] in Unordnung.

Josua ben Levi, dem die Erzählung zugeschrieben wird, zweifelt nicht daran, daß die astrologische List ihre Wirkung entfalten würde. Mose bedient sich deshalb eben jener Kunst der Sterndeutung, um die Grundlage des Sieges der Amalekiter in ihr Gegenteil zu verkehren. Die haggadische Bibelerklärung ist deshalb einzureihen in die apologetischen Bemühungen des antiken Judentums, welche im Grunde auf einen Führungsanspruch auch in astrologischen Belangen hinzielen, sei es durch den Erweis eines besonders hohen Alters (Abraham als „Erfinder" der Astrologie), sei es durch die überlegene Sternkunst jüdischer Anführer, wie im vorliegenden Passus.[71]

---

[68] SCHLÜTER 1982, 89 (mit weiterer Literatur). Vgl. außerdem HADAS-LEBEL 1979, 417-420.
[69] Der Passus ist äußerst aufschlußreich, will man das Verhältnis der palästinischen Rabbinen zu den zahlreichen Fußbodenmosaiken mit zodiakalen Motiven erhellen. Auch die Tatsache, daß schon M jene recht tolerante Haltung dem Patriarchen in Tiberias zuschrieb, zeugt von der Akzeptanz der Darstellungen; vgl. STEMBERGER 1975, 36, der m.E. allerdings die „Sachzwänge" des Patriarchen – „das Zusammenleben der Juden mit der heidnischen Bevölkerung" – zu stark betont. Eine solche Toleranz konnte sich nämlich aus dem rabbinischen Diskurs ebenfalls ergeben, wie unsere Analysen zeigen.
[70] Vgl. Ex 17,11.
[71] Vgl. WÄCHTER 1969a, 185.

Weiter ist zu dieser Stelle zu vermerken, daß Mose hier auf eine Weise in die himmlische Welt eingreift, die ansonsten allein Gott vorbehalten ist. Vermutlich haben wir den Jeruschalmi so zu verstehen, daß das Durcheinanderbringen der *mazzalôth* eigentlich Gott selber vornimmt, der sich lediglich der Person des Mose als seines Werkzeugs und Gesandten bedient, ähnlich wie bei den „Wunder"-Geschichten in Ägypten, die eigentlich einen unverfälschten magischen Wettkampf zwischen Mose und den ägyptischen Priestern dokumentieren. Da Gott hier, indem er die himmlische Ordnung verändert, nicht das astrologische Grundverständnis tangiert, können wir die Episode im Einklang mit der schon beschriebenen Diskursstruktur lesen, welche Gott als den größten aller Astrologen auffaßt, dem zwar alle Freiheit obliegt, der sich aber selber an die astrologischen Spielregeln bindet.

Die Rabbinen waren auf dem Gebiet der Astronomie sehr gut bewandert, wie der Ausspruch von R. Schmuel zeigt, er kenne die Wege des Himmels ebenso gut wie die Straßen seiner Heimatstadt Nehardea (jBer 13c). Diese Geschichte und die Person des Schmuel überhaupt wird uns unten ausführlicher beschäftigen,[72] so daß an dieser Stelle der Hinweis genügt, daß schon im Jeruschalmi die astronomische Kompetenz einzelner Rabbinen herausgestrichen wird. Fragt man sich nun, ob das astronomische Wissen auch für sternkundliche Prognosen von den Rabbinen – in diesem Falle R. Schmuel – nutzbar gemacht wurde, so gibt jSchab 8cd einen Hinweis auf mögliche Antworten.[73] Dort wird die Geschichte eines nichtjüdischen Astrologen erzählt, welcher zwei Schülern R. Chaninas prophezeite, sie würden auf einem Ausflug von einer Schlange gebissen. Die Prophezeiung erfüllte sich nicht, und die beiden kamen von ihrem Ausflug unbeschadet zurück; der Astrologe, zwischenzeitlich von den Anwesenden ausgelacht, öffnete die Beutel der Schüler Chaninas, in denen er eine Schlange fand, die in zwei Hälften zerteilt war. Man fragte, welche gute Tat die beiden getan hätten, daß sie so wunderbar dem Tode entronnen waren, und es stellte sich heraus, daß sie ihr Brot mit einem alten Mann geteilt hatten, der drei Tage nichts gegessen hatte. Darauf versetzt der Astrologe: „Was kann dieser Mann [d.h. ich] machen, wenn der Gott der Juden sich durch ein halbes Brot besänftigen läßt?!"

---

[72] S.u. S. 489-491.
[73] Auch diese Episode wird uns unten ausführlich beschäftigen, da sie Eingang in die Sugia bSchab 156ab fand; aus diesem Grunde können wir uns kurz fassen.

Zwei Dinge lassen sich dieser kleinen Geschichte entnehmen: Der Astrologe ist, erstens, durch den Gang der Ereignisse keineswegs als Scharlatan oder als lächerliche Figur dargestellt worden, sondern seine Prognose ist in ihrem Grundgehalt eingetroffen, allerdings abgemildert durch den Einfluß der Frömmigkeit jener beiden Juden. Daraus können wir, zweitens, folgern, daß die Autoren der Geschichte zum Ausdruck bringen wollen, wie es den Juden möglich ist, sich dem fatalistischen Zug der Astrologie zu entziehen. Wir haben es also weniger mit einer Gegenüberstellung von Gültigkeit und Ungültigkeit der Astrologie zu tun, als vielmehr mit einer Abwehr *fatalistischer Astrologie* durch die jüdische Religion, wie sie von den Rabbinen dokumentiert wird.

Im Bavli wird die hieraus resultierende Diskursstrukur weiter ausformuliert, wie unten zu zeigen ist. Im Jeruschalmi tritt uns jene Argumentation allerdings schon implizit entgegen, was auch an der Eleasar b. Pedath zugeschriebenen Meinung abzulesen ist, es seien die drei Dinge „Gebet, Wohltätigkeit und Buße", die einen harten göttlichen Beschluß aufzuheben vermöchten (jTaan 65b). Der harte Beschluß offenbart sich im Horoskop der Menschen, allerdings kann die *Manifestation* des Urteils durch Torahfrömmigkeit auf eine weniger gefährliche Ebene übertragen werden, wie im Fall der beiden Schüler Chaninas.

Ebenfalls in jSchab 8d hören wir von R. Huna folgende Geschichte über einen Proselyten, welcher zuvor Astrologe gewesen ist:

> Als dieser einmal ausgehen wollte, fragte er sich: soll ich jetzt ausgehen [d.h. ist es eine günstige Zeit zum Ausgehen]? Er besann sich aber und sagte: Habe ich mich nicht deshalb diesem heiligen Volk angeschlossen, um mich von solchen Dingen fernzuhalten? Ich gehe im Namen des Schöpfers aus!

Dies ist der vielleicht stärkste Versuch, die Astrologie insgesamt als den Juden nicht angemessen abzuwehren, den wir bislang innerhalb des rabbinischen Kanons fanden, impliziert die Erzählung doch, daß es schlechterdings keinen Sinn macht, die Sterne über irgendeine Absicht zu befragen, da Gott ohnehin nach eigenem Gutdünken entscheidet. Gerade die Singularität dieser radikalen Position legt aber auch den Verdacht nahe, daß der Impetus der Autoren in eine Richtung ging, die mehr mit Fatalismus als mit Astrologie zu tun haben mochte. Eine solche Möglichkeit ergibt sich auch aus dem Zusammenhang der Sugia, der keine grundsätzlichen Zweifel an der Richtigkeit astrologischer Prognosen auch für Juden nahelegt, sondern die Torahfrömmigkeit als das entscheidende Kriterium einzuführen gedenkt, ob eine Prognose in der konkreten Form eintrifft oder nicht. Auch hierfür könnte die Erzählung R. Hunas ein Beispiel sein. Wir müssen die Frage vorläufig offenlassen, bis wir die Behandlung des Themas im Bavli näher analysiert haben.[74]

4. Der babylonische Talmud

Wir kommen nun zum Hauptwerk des rabbinischen Schriftkorpus'. In den meisten Untersuchungen wird der babylonische Talmud in den Mittelpunkt der Betrachtung gestellt, was besonders deswegen völlig gerechtfertigt ist, weil eine umfassendere Analyse rabbinischer Haltungen zur Astrologie bislang nicht erarbeitet worden ist. Gleichwohl wird man zu prüfen haben, ob die in den vorigen Abschnitten gewonnenen Eindrücke sich ohne weiteres auf bT übertragen lassen; wie in Kapitel 1.2. dargelegt, nimmt bT einen Sonderstatus ein, dem wir nur gerecht werden können, wenn wir die in diesem Werk zum Ausdruck kommenden Lehrmeinungen zunächst ganz für sich betrachten, um erst im Anschluß daran die Beziehung zu den weiteren Schriften des rabbinischen Korpus' herauszuarbeiten.

Viele Analysen der talmudischen Haltung zur Astrologie beschränken sich auf den *locus classicus* bSchab 156ab. In der Tat kondensiert hier eine vermutlich länger geführte Diskussion über die Frage, ob Israel dem deterministischen Prinzip unterworfen ist oder nicht. Schon an dieser Formulierung wird deutlich, daß die Astrologie selber lediglich sekundär zur Sprache kommt, da sie nicht notwendig mit dem Determinismus gleichgesetzt werden muß. Dieser Umstand wird indes gewöhnlich übersehen, wodurch der Passus zum entscheidenden Beleg dafür aufgebaut wird, daß die Rabbinen von der Astrologie Abstand hielten, von einigen Ausnahmen abgesehen.

---

[74] Auch wenn eine radikale Ablehnung der Astrologie in der Beispielerzählung eindeutig in Betracht zu ziehen ist, verbietet sich eine so weitreichende Deutung, wie WÄCHTER sie bringt: „Die Entscheidung für oder wider die Astrologie ist letztlich immer eine Glaubensentscheidung. Befreien kann von den Bindungen des Schicksalsglaubens nicht irgendein Wissen, sondern nur der Glaube an Gott" (1969a, 194). Diese Darstellung ist vollkommen unangemessen und erklärt sich allein aus dem WÄCHTERschen Vorverständnis. Die Rabbinen wollten sich in der Tat von den „Bindungen des Schicksalsglaubens" befreien, aber dies ist kein Angriff gegen die Astrologie, sondern das Votum für eine Sternkunst, die *im Einklang* mit Torahfrömmigkeit und dem „Glauben an Gott" steht. So bleibt die zitierte Erzählung auch die einzige Begebenheit, welche eine weitergehende Interpretation überhaupt als möglich erscheinen läßt.

Am Anfang jeder Behandlung der Astrologie im Bavli muß deshalb eine genaue Analyse dieser zentralen Sugia stehen. Wir werden danach feststellen, daß sich das rabbinische Interesse an der Sternkunde keineswegs auf die Frage des Determinismus' beschränkt, sondern weithin die gängigen astrologischen Techniken im bT Eingang fanden, wie sie im sechsten Jahrhundert (und davor) en vogue waren. Die Verbindung mit zentralen jüdischen Glaubensinhalten rechtfertigt m.E. den Begriff einer spezifischen *talmudischen Astrologie*. Diesen Befunden werde ich in Kap. 4.3. im Detail nachgehen.

4.1. Der *locus classicus* bSchab 156ab

Bevor wir uns der inhaltlichen Analyse zuwenden, soll der Passus in seiner Gesamtheit zitiert werden, wobei ich eine möglichst wörtliche Übersetzung angestrebt habe, um den Charakter des Textes nicht zu stark zu verändern. Grundlage der Übersetzung ist die Ausgabe Wilna, die Schreibweisen der Rabbinennamen etc. (abgekürzt oder ausgeschrieben) wurden hieraus übernommen.

Der Traktat *Schabbat* gehört zur zweiten Ordnung, *Moed* („Festzeiten"), und behandelt die Gesetzesbestimmungen zum Sabbat, wie sie sich etwa in Ex 20,10; 23,12 oder Dt 5,14 finden. Da die biblischen Angaben recht spärlich sind, versuchte man schon im M-Traktat diese Lücke durch umfangreiche Überlegungen zu schließen (insgesamt 24 Kapitel in M), die in eine Unterscheidung in öffentliches, privates, neutrales sowie freies Gebiet mündeten, was den Transport von einem Ort zum anderen betraf; dazu kommen genaue Bestimmungen, welche Beschäftigungen am Sabbat erlaubt sind, sowie eine Systematisierung in 39 Hauptarten verbotener Tätigkeit.

4.1.1. Übersetzung

MISCHNA: MAN DARF EINEM KAMEL NICHT (DAS FUTTER INS MAUL) STOPFEN ODER PRESSEN, ABER MAN DARF ES FÜTTERN. UND NICHT MÄSTEN DARF MAN DIE KÄLBER, ABER FRETZEN. HÜHNERN DARF MAN (FUTTER) STREUEN. MAN DARF WASSER IN DIE KLEIE TUN, ABER NICHT DURCHKNETEN. MAN DARF BIENEN ODER TAUBEN IM SCHLAG KEIN WASSER VORSETZEN, ABER GÄNSEN, HÜHNERN UND HAUSTAUBEN.

GEMARA: [...]

I A   Es stand geschrieben im Notizbuch des Rabbi Jehoschua ben Levi: Wer am Sonntag (geboren wird), wird ein Mann sein, an dem nichts ist.

A 1   Was bedeutet „an dem nichts ist"? Wollte man sagen, nichts

Gutes, so (steht dagegen, daß) Rab Aschi sagte: „ich bin am Sonntag (geboren worden)"; aber (wollte man sagen), nichts Schlechtes, so (steht dagegen, daß) Rab Aschi sagte: „Ich und Dimi bar Kakozta wurden (beide) am Sonntag (geboren). Ich bin ein König, er aber der Kopf einer Räuberbande." Also: Entweder vollständig gut oder vollständig schlecht. Aus welchem Grund? Weil an [diesem Tag] Licht und Finsternis geschaffen wurden.

B   Wer am Montag (geboren wurde), wird ein jähzorniger Mann sein. Aus welchem Grund? Weil an [diesem Tag] die Wasser geteilt wurden.

C   Wer am Dienstag (geboren wurde), wird ein reicher und wollüstiger [ehebrecherischer] Mann sein. Aus welchem Grund? Weil an [diesem Tag] die Gräser geschaffen wurden.

D   Wer am Mittwoch (geboren wurde), wird ein weiser und erleuchteter [נהיר] Mann (mit gutem Gedächtnis[75]) sein. Aus welchem Grund? Weil [an diesem Tag] die Lichter [מאורות] befestigt wurden.

E   Wer am Donnerstag (geboren wurde), wird ein wohltätiger Mann sein. Aus welchem Grund? Weil [an diesem Tag] Fische und Vögel erschaffen wurden.

F   Wer am Freitag (geboren wurde), wird ein strebsamer Mann sein.

F 1   R. Nachman bar Jitschaq sagte: Strebsam in (der Ausübung der) Gebote.

G   Wer am Sabbat (geboren wurde), der wird am Sabbat sterben. Denn durch ihn wurde der große Tag, der Sabbat, entweiht.

G 1   Rabba bar Rab Schila sagte: Er wird ein großer Heiliger genannt werden.

II A   Da sagte zu ihm Rabbi Chanina:[76] Geht und sagt dem Sohn Levis [Levajs]: Nicht der *mazzal*[77] des Tages ist bestimmend, sondern der *mazzal* der Stunde.

---

[75] סכרון ערוך nach Anmerkung in der Ausgabe Wilna.
[76] In der Übersetzung GOLDSCHMIDTs steht fälschlicherweise Rabbi.
[77] מזל bleibt zunächst unübersetzt; seine Bedeutung im Sinne von *Horoskop* wird unten plausibilisiert.

B	Wer unter (der Herrschaft) der Sonne geboren wurde, wird ein glanzvoller Mann sein. Er wird von seinem Eigenen essen und von seinem Eigenen trinken. Seine Geheimnisse werden aufgedeckt. Falls er ein Dieb ist, wird er nicht erfolgreich sein.
C	Wer unter (der Herrschaft) der Venus [כוכב נוגה] (geboren wurde), wird ein reicher und wollüstiger [ehebrecherischer] Mann sein. Aus welchem Grund? Weil unter ihr das Feuer entstand.
D	Wer unter (der Herrschaft des) Merkur[78] (geboren wurde), wird erleuchtet und weise sein, denn er (Merkur) ist der Schreiber der Sonne.
E	Wer unter (der Herrschaft des) Mondes (geboren wurde), wird ein Mann sein, der Übles erträgt [oder: ertragen muß]. Er wird bauen und niederreißen, niederreißen und bauen. Er wird essen, was nicht ihm gehört, und trinken, was nicht ihm gehört. Seine Geheimnisse werden verborgen (bleiben). Falls er ein Dieb ist, wird er erfolgreich sein.
F	Wer unter (der Herrschaft des) Saturn [בשבתאי] (geboren wurde), wird ein Mann sein, dessen Pläne vereitelt werden [מחשבתיה בטלין].
F 1	Es gibt welche, die sagen: Alle Pläne gegen ihn werden vereitelt werden.
G	Wer unter (der Herrschaft des) Jupiter [צדק] (geboren wurde), wird ein Mann von Gerechtigkeit [צדקן] sein.
G 1	Rabbi Nachman bar Jitschaq sagte: Gerechtigkeit im Sinne der Gebote [Wohltätigkeit].
H	Wer unter (der Herrschaft des) Mars (geboren wurde), wird ein Mann sein, der Blut vergießt.
H 1	R. Aschi sagte: Entweder ein Bader oder ein Räuber, entweder ein Schlachter oder ein Beschneidender.
H 2	Rabba erwiderte: Ich bin unter (der Herrschaft des) Mars geboren (und doch weder Bader oder Räuber, noch Schlachter oder Beschneidender).
H 3	Abaje sagte (zu ihm): Auch der Meister läßt bestrafen und töten.

---

[78] Im Text steht nur כוכב, die Bedeutung „Merkur" muß erschlossen werden.

III A Rabbi Chanina sagte: Der *mazzal* macht weise, der *mazzal* macht reich, und für Israel gibt es einen *mazzal*.[79]

B Rabbi Jochanan sagte: Es gibt keinen *mazzal* für Israel.[80] Rabbi Jochanan vertritt hierbei seine Ansicht,[81] denn R. Jochanan sagte: Es gibt keinen *mazzal* für Israel, denn es heißt: *So spricht der Herr: Lernt nicht den Weg der Völker und erschreckt nicht vor den Zeichen des Himmels, denn die Völker erschrecken vor ihnen* (Jer 10,2). Sie erschrecken vor ihnen, nicht (aber) Israel.[82]

C Auch Rab meinte: Es gibt keinen *mazzal* für Israel; wie (auch) Rab Jehuda im Namen Rabs sagte,[83] daß es keinen *mazzal* für Israel gibt, denn es heißt: *Und er führte ihn hinaus* (Gen 15,5). Abraham sprach (nämlich) vor dem Heiligen, gepriesen sei er: Herr der Welt, *ein Leibeigener meines Hauses wird mich beerben* (Gen 15,3). Da sagte er zu ihm: Nein, *sondern dein leiblicher Sohn* (Gen 15,4). Da sprach er vor ihm: Herr der Welt, ich habe in mein Horoskop[84] geschaut und gesehen, daß ich keinen Sohn zeugen werde. Da sprach er zu ihm: Geh hinaus aus deinem Horoskop! Denn es gibt keinen *mazzal* für Israel. Was weißt du (schon)? [156b] Weil Jupiter [צדק] im Westen steht? Ich werde ihn zurückbringen und ihn im Osten aufstellen. Das ist es, was geschrieben steht: *Wer hat erweckt vom Osten her Gerechtigkeit [צדק] und rief sie hinter sich her?* (Jes 41,2).

D Auch von Schmuel lernen wir, daß es keinen *mazzal* für Israel gibt. Schmuel und Ablat nämlich saßen einmal zusammen, als

---

[79] ויש מזל לישראל kann auch übersetzt werden als „und Israel hat einen *mazzal*"; Übersetzungen wie „für Israel *gilt* der *mazzal*" nehmen ein Interpretationsergebnis voraus, das sich erst aus der Analyse ergeben kann. Vgl. auch URBACH 1975, 277: „[...] and Israel is subject to planetary influence".

[80] Vgl. die „Übersetzung" CHARLESWORTHS: „Israel is immune from astrological influence" (1987, 932), die genau das widerspiegelt, was CHARLESWORTH NEUSNER vorgeworfen hat, nämlich „[to seem] guilty of forcing rabbinic statements into a system" (ebda. Anm. 12)

[81] Vgl. bSuk 59a.

[82] Raschi vermerkt zur Stelle: „,Es gibt einen *mazzal* für Israel': Das bedeutet: weder Gebet noch Almosengeben ändert den planetaren Einfluß".

[83] Vgl. bNed 32a (s.u.).

[84] (ב)איצטגנינות ist in verschiedenen Variationen mit der Bedeutung „astrologische Konstellation, Horoskop" belegt, vgl. JASTROW S. 90.

Menschen vorübergingen zu einem See.[85] Da sagte Ablat zu Schmuel: Dieser Mann geht und kommt nicht zurück. Eine Schlange wird ihn beißen, so daß er stirbt. Schmuel erwiderte ihm: Wenn er ein Israelit ist, geht er und kommt zurück. Während sie dasaßen, ging er und kam zurück. Da erhob sich Ablat und warf das Gepäck (des Mannes) zu Boden. Darin fand er eine Schlange, die in zwei Hälften zerteilt war. Schmuel fragte ihn: Was hast du getan (um deinem Schicksal zu entgehen)? Der sagte, jeden Tag würden er und seine Gefährten das Brot zusammenlegen und essen. Aber heute war einer unter ihnen, der hatte kein Brot und schämte sich (deshalb). Er ließ ihn glauben [er tat so], als er (das Brot) eingesammelt habe, er hätte auch von ihm etwas erhalten, damit er sich nicht schäme. Da sagte (Schmuel): Du hast eine gute Tat [מצוה] getan. Darauf ging Schmuel hinaus und legte (den Vers) aus: *Gerechtigkeit (Wohltätigkeit) [צדקה] errettet vom Tod* (Spr 10,2); und zwar nicht nur vom unnatürlichen Tod, sondern vom Tod überhaupt.

E (Auch) von R. Akiba (wissen wir), daß es keinen *mazzal* für Israel gibt. Denn R. Akiba hatte eine Tochter. Da sprachen Astrologen [כלדאי] zu ihm: An dem Tag, an dem sie das Brautgemach betritt, wird eine Schlange sie beißen, und sie wird sterben. Darüber war er sehr betrübt. An jenem Tag nahm sie eine Brosche und steckte sie in die Wand, und da geschah es, daß sie das Auge einer Schlange durchbohrte. Am nächsten Morgen, als sie die Brosche herauszog, schleppte sich die Schlange hinterher. Da sprach ihr Vater zu ihr: Was hast du getan (um deinem Schicksal zu entgehen)? Sie sagte: Ein armer Mann kam abends und klopfte an die Tür, doch alle waren beschäftigt mit dem Festmahl, und niemand hörte ihn. Da nahm ich die Portion, die man mir gegeben hatte, und gab sie ihm. Da sagte (Akiba) zu ihr: Du hast eine gute Tat getan. Darauf ging R. Akiba hinaus und legte (den Vers) aus: *Gerechtigkeit errettet vom Tod* (Spr 10,2); und zwar nicht nur vom unnatürlichen Tod, sondern vom Tod überhaupt.

F (Auch) von R. Nachman bar Jitschaq (wissen wir), daß es keinen *mazzal* für Israel gibt. Der Mutter nämlich von R. Nachman bar Jitschaq hatten Astrologen [כלדאי] (voraus)ge-

---

[85] אגמא (=See, Vertiefung). Möglich ist auch „zur Wiese hin", wenn man אַגְמָא (=Wiese) liest und das Schluß-Alef als Richtungsanzeiger auffaßt.

sagt: Dein Sohn wird ein Dieb. Da ließ sie ihn nicht barhäuptig gehen und sprach zu ihm: Bedecke dein Haupt, damit Gottesfurcht über dir sei, und flehe um Erbarmen. Er wußte nicht, warum seine Mutter dies zu ihm gesagt hatte. Eines Tages saß er unter einer Dattelpalme (die einem anderen gehörte) und studierte. Da fiel ihm das Tuch vom Kopf, er erhob seine Augen und erblickte die Dattelpalme. Da bemächtigte sich sein (böser) Trieb seiner, er kletterte hinauf und biß eine Datteltraube mit seinen Zähnen ab.

4.1.2. Interpretation

Die rabbinische Diskussion, wie sie in der Gemara bSchab 156ab überliefert ist, hat mit den zu interpretierenden Lehrsätzen der Mischna wenig zu tun. Das Verbindungselement dürfte die Erwähnung der *Notizbücher* einzelner Rabbinen sein, die eine gliedernde Funktion innerhalb der Gemara ausüben. Diese „Stichwortverbindung", wie sie gerne genannt wird, sollte uns allerdings nicht dazu verleiten, die Integration der Diskussion um Astrologie und Schicksal innerhalb des Kapitels als zufällig zu betrachten. Im Gegenteil: Der zitierte Passus stellt eine in sich mehr oder weniger geschlossene *Sugia* dar, also eine Art Grundeinheit des bT-Diskurses, die wiederum ganz bewußt von den Redaktoren an dieser Stelle plaziert worden ist.[86] Auf der Suche nach einem passenden Kontext bot sich diese Gemara an, da von den Notizbüchern die Rede war. Die Alternative, nämlich mAZ,[87] wurde vielleicht deshalb nicht gewählt, weil es dort um kultische Verehrung und dergleichen geht, während im vorliegenden Passus Fragen nach Determinismus und Erwählung Israels im Vordergrund stehen. Wenn es auch keinen Beweis für diese Annahme geben kann, so gibt es doch auf der anderen Seite keinen Grund, von einer mehr oder minder zufälligen Plazierung der Sugia auszugehen.

Damit sind bereits die zentralen inhaltlichen Themen angedeutet, die hinter bSchab 156ab stehen. Denn schon ein flüchtiger Blick auf

---

[86] Zu den Sugiot im bT vgl. STRACK/STEMBERGER 1982, 195f (Literatur). JACOBS definiert die Sugia folgendermaßen: „The word *sugya* (pl. *sugyot*) [...] is the technical term for a Talmudic unit complete in itself, though it might also form part of a larger unit; that is to say, a Talmudic passage in which a particular topic is treated in full. Although based on Talmudic usage, the term in this sense is post-Talmudic. The Talmud nowhere gives any label to its units but, by early convention and throughout the history of Talmudic studies, the term *sugya* is used to denote such units" (1991, 5).

[87] Zur talmudischen Reflexion darauf s.u.

den Text offenbart, daß hier keineswegs die Astrologie Gegenstand der Meinungsverschiedenheiten ist, sondern die Frage, inwieweit – erstens – eine astrologische Festlegung zwingend auf das Schicksal des Betroffenen wirkt, und ob – zweitens – Israel dem deterministischen Prinzip ebenfalls unterworfen ist.

Die Diskussion entfaltet sich in drei Teilen, die wir nacheinander durchgehen wollen.

a) Der erste Teil bildet gleichsam den Aufhänger der Diskussion, berichtet er doch vom Notizbuch des hochangesehenen R. Jehoschua ben Levi,[88] der darin allgemeine astrologische Lehren darüber festhielt, wie ein Mensch werde, der an einem bestimmten Wochentag geboren wird. Wie die Ergänzung der Rabbinen (I A1) deutlich macht,[89] ist auch in der Meinung der Mehrheit die astrologische Grundposition nicht in Frage gestellt, sondern es wird lediglich kritisiert, das Diktum R. Jehoschua ben Levis sei nicht genau genug. Dies wird durch einen Rekurs auf die Schöpfungsgeschichte durch Analogie hergeleitet. Die folgenden Lehrsätze (B-G) sind demnach, darauf deutet der Text hin, nicht dem Notizbuch R. Jehoschuas entnommen, sondern dokumentieren die Mehrheitsposition der Rabbinen. Erst die Einleitung zum zweiten Teil (II A) deutet wieder darauf hin, daß R. Jehoschua als Autor der Gesamtlehre angesehen worden ist.

Wie dem auch sei, die tradierten astrologischen Zusammenhänge lassen unschwer erkennen, daß die Rabbinen über grundlegendes sternkundliches Wissen verfügten, wie es nicht erst im sechsten Jahrhundert, sondern bereits viel früher im gesamten Mittelmeerraum, natürlich erst recht in Babylonien, bekannt war.[90] Grundlage der Deutung ist die Explikation der Siebentagewoche, die einst aus Babylonien nach Westen gekommen war, wo sie sich mit den grie-

---

[88] Nach der Tradition ist Jehoschua ben Levi ein palästinischer Amoräer der ersten Generation, also aus der ersten Hälfte des dritten Jahrhunderts. Besonders in haggadischen Dingen hat er es zu großer Berühmtheit gebracht; vgl. BACHER, *pAm*, I, 124-194; Y. FRANKEL: „The Image of Rabbi Joshua ben Levi in the Stories of the Babylonian Talmud" [hebr.], in: 6. *World Congress of Jewish Studies*, Jerusalem 1977, vol. III, 403-417.

[89] Die rhetorische Frage Rab Aschis muß nicht bedeuten, daß der Einwand nur von ihm selber formuliert worden ist. Im Gegenteil: Der Duktus stellt klar, daß die Mehrheit der Gelehrten R. Aschi als Beleg dafür nehmen, daß der Lehrsatz zu konkretisieren sei.

[90] Gegen CHARLESWORTH 1987, 931, der feststellt: „This passage contains a Jewish belief in fatalism; it does not preserve an astrological idea."

chisch-römischen Planeten(göttern) verband.[91] Die damit verbundene Interpretation wird zudem in unserem Text mit genuin rabbinischer Auslegungstechnik weiter ausgebaut, wie ein kurzer Durchgang zeigt:

Der erste Tag der Woche wird von der Sonne beherrscht, so daß die Rabbinen zu Recht fragen, warum an einem solchen Menschen „nichts sei"; erst die Explikation durch R. Aschi stellt klar, daß die Regentschaft der Sonne dazu führe, gleichsam ein „leuchtendes Vorbild" als Menschen erwarten zu dürfen (s. auch II B). Rab Aschi spricht von seinem Königtum, was gut dazu paßt, daß die Sonne dem Zeichen Löwe zugeordnet wird, also dem Königszeichen – nach jüdischer Tradition dem Stamm Juda.[92] Dem offensichtlichen Einwand, daß nicht jeder am Sonntag Geborene ein König sein kann, wird durch den Rekurs auf die Schöpfung des Lichtes und der Finsternis an diesem Tage begegnet: Offensichtlich entscheidet die individuelle ethische Haltung darüber, ob das vorbestimmte Schicksal ins Positive oder Negative ausschlagen wird. Steht dahinter dasselbe Muster, wie wir es schon mehrmals kennenlernten – etwa in Qumran –, daß trotz einer deterministischen Vorprägung erst das klare Bekenntnis zur Erwählungsgemeinschaft eben diese Determinierung als solche hervortreten läßt? Erst eine weitere Analyse kann diese Frage klären.

Der Montag – unter der Regentschaft des Mondes – läßt einen jähzornigen Menschen entstehen, da an diesem Tag die Wasser geschieden worden sind. Erst eine astrologische Interpretation gibt dieser Assoziation einen Sinn, denn der Mond und das ihm zugehörige Zeichen Krebs steht für die Wechselhaftigkeit menschlicher Gefühle.[93]

Dienstag steht unter dem Zeichen des Mars, also dem kriegerischen und aggressiven Planeten antiker Astrologie. Daß seine Antriebskraft zu Wohlstand und sexuellen Ausschweifungen führen kann, nimmt deshalb nicht wunder, wenn auch die Verbindung mit

---

[91] Die Belege sind aufgeführt und diskutiert bei RÜPKE 1995, 456ff und 587ff. Vgl. zudem den Aufsatz von S. GANDZ: „The Origins of the Planetary Week or the Planetary Week in Hebrew Literature", in: *Proceedings of the American Academy for Jewish Research* 18 (1948–49), nachgedruckt in GANDZ 1970, 169-210.

[92] Dies geht in erster Linie auf den Jakobssegen zurück, vgl. VON STUCKRAD 1996, 91f.

[93] DOBINS Ergänzung „and to divide waters is to interrupt one's emotional life, and would lead to bad temper" (1983, 220) stellt eine zwar interessante, aber doch allzu moderne Interpretation des Textes dar.

Gen 1,11f nicht sofort einleuchten will. Dobin schlägt vor: „[t]he sale of herbs and spices – especially those used as aphrodısiacs – would lead to wealth."[94] Eine andere Erklärung könnte darin zu sehen sein, daß die Marszuordnung den Rabbinen durchaus nicht ganz klar war; immerhin wird in II C derselbe Charakter der Venus zugeordnet (s.u.).

Erst der Mittwoch gibt wieder ein eindeutiges Zeugnis astrologischer Hintergründe, denn dieser vom Merkur regierte Mensch wird weise und erleuchtet sein. Die intellektuelle und geistige Kompetenz, die mit Merkur in Verbindung gebracht und aus seiner Eigenschaft als Kurier und Sammler von Informationen abgeleitet wurde, steht hier zweifellos Pate, was besonders aus der ergänzenden Anmerkung hervorgeht, dieser Mensch verfüge über ein gutes Gedächtnis. Wie leicht sich Astrologisches mit rabbinischer Bibelinterpretation verbinden ließ, zeigt die Herleitung des Lehrsatzes aus der Wurzel אור, die sowohl dem guten Gedächtnis als auch den Himmelslichtern zugrunde liegt.

Auch die Verbindung des Donnerstags, bzw. Jupiters, mit Wohltätigkeit und Gerechtigkeit, zeugt von einer glücklichen Adaption astrologischer Tradition, die seit jeher Jupiter als den „großen Wohltäter" ansah, an die rabbinische Deutungstechnik, die auf dem Namen צֶדֶק sowohl für „Jupiter" als auch für „Gerechtigkeit" fußt (dann wird צְדָקָה vokalisiert). Fische und Vögel könnten wiederum deshalb hier genannt sein, weil sie ein Symbol für Vermehrung und wohltätigen Überfluß darstellen (vgl. Gen 1,20-22). Außerdem fallen diese Tiergattungen nicht unter die Halakhot zum Fleisch, so daß sie für Großzügigkeit und das Auskosten gesetzlicher Freiheit stehen konnten.

Der Freitag und seine Verbindung mit Venus scheint in I F wenig Einfluß auf die Deutung genommen zu haben; es hat fast den Anschein, als wenn dies auch schon den Redaktoren aufgefallen ist, denn die Ergänzung durch R. Nachman (I F1) lenkt das Streben auf die Gebote, die am Sabbatabend natürlich im Vordergrund stehen (sollen). Auch die Tatsache, daß hier eine Bibelherleitung fehlt und dazu in II C die Venus mit Wohlstand und Erotik gekoppelt wird, legen den schwachen Status dieses Lehrsatzes nahe.

Zentrale Bedeutung kommt naturgemäß dem Saturntag, dem Sabbat, zu. Deshalb verwundert es nicht, daß die negative Konnotation in I G nicht unkommentiert bleiben durfte. Natürlich ist es so,

---

[94] DOBIN 1983, 220.

daß der am Sabbat Geborene andere – besonders die Mutter, aber auch Ärzte etc. – dazu zwingt, die Sabbatruhe zu durchbrechen. Doch andererseits verweist Rabba b. R. Schila auf die Tradition, daß nur die Heiligsten und Größten das Privileg haben, am Sabbat zu sterben (I G1); schon das Geborenwerden an diesem Tag kann möglicherweise als besondere Auszeichnung gewertet werden. Die rabbinische Deutung schwankt also zwischen der astrologischen Tradition, die in der Antike den Saturn einhellig als negativ konnotiert auffaßte, und der jüdischen, die Saturn als „Planet der Juden" notwendigerweise aufzuwerten bemüht war.

Es zeigt sich also, daß im ersten Teil unserer Sugia rudimentäre astrologische Kenntnisse in rabbinische Darlegungen eingeflossen sind. Man versuchte, zu einer Harmonisierung zwischen Sternkunde und Theologie zu kommen, indem die Lehrsätze der ersteren aus der Bibel heraus verstanden wurden. Dadurch konnte erwiesen werden, daß die (pagane) Astrologie eigentlich bereits in den jüdischen Schriften vorweggenommen war, ein Argumentationsmuster, welches uns schon aus vielen älteren Quellen vertraut ist. Allerdings – und das zeigt die Analyse von Teil I sehr deutlich – erreichte die beschriebene Harmonisierung nicht immer das Niveau, welches man sich auch in damaliger Zeit von rabbinischer Darlegung erhoffte. Deswegen wird Teil II eingefügt, der die R. Jehoschua zugeschriebene erste Annäherung an das Thema mit weiteren Details bereichert und stellenweise auch zu anderen Ergebnissen kommt.

Es gibt mehrere sehr aufschlußreiche *Parallelen* zu unserer Talmud-Sugia, die die Perspektive erweitern und uns Hinweise auf die näheren historischen und lokalen Umstände der tradierten Meinungen geben können. Zunächst wäre hier ein „syrisches Medizinbuch" zu nennen, das in derselben Weise Vorhersagen aufgrund der Geburt an einem bestimmten Tag trifft.[95] In einzelnen Fällen gehen die Ähnlichkeiten sehr weit, etwa in bezug auf den vierten Tag (Mittwoch):

> [I]n the Syriac tradition, a person born on the fourth day will be wise and a person of knowledge [...], while he who is born under Hermes (=*kôkhab*, Mercury) will have knowledge and understanding [...]. In both traditions, the moon is not always a propitious planet. The Mandaic tradition also knows a „weekly forecast of hourly fortune" which shares many features with similar Syriac texts.[96]

---

[95] Vgl. PINGREE 1982; GREENFIELD/SOKOLOFF 1989, 211f.
[96] GREENFIELD/SOKOLOFF 1989, 212.

Die Erwähnung der „Stundenherrschers" nimmt schon die Diskussion voraus, welche in Teil II unserer Sugia angestoßen wird. Bevor wir darauf zurückkommen, sei noch ein weiterer Paralleltext genannt, der aus der Kairoer Geniza stammt und von Sh. Shaked publiziert wurde:[97]

> Yudiel ist sein Name [des Engels des Tages]. (Der Tag ist) nicht gut für ein Amulett. Wer leidend ist, wird geheilt werden. (Denn) Sonne und Mond wurden an ihm [dem vierten Tag] geschaffen. [...] Wer (an diesem Tag) geboren wird [דמוליד], wird leben und sein Schicksal wird gut sein; und wer geboren wird [דמתיליד], wird rechtschaffen und reich. ... Wer krank ist, wird sich erheben.

In mandäischen und syrischen Texten gibt es noch weitere direkte Parallelen zu dem angeführten Passus.[98] Trotz einiger Varianten in Detailfragen offenbart doch die Verbindung der Deutung mit der Schöpfungsgeschichte eine beachtliche Ähnlichkeit zur Struktur in bSchab 156a I D. Greenfield/Sokoloff vermuten deshalb:

> A common source must stand behind them [i.e. den untersuchten Parallelen], perhaps written in Standard Literary Aramaic, from which the dialectical versions were made. Babylonian hemerologies are on the whole more laconic, and when developed, they are usually centered on what one should not do on a particular day.[99]

Es hat also den Anschein, als wenn die im Bavli tradierte Astrologie sich auf eine breite Basis stützt, die vermutlich besonders im babylonischen Raum gepflegt wurde. Das bedeutet allerdings keineswegs, daß wir die Bekanntschaft jener Tradition auf diesen Raum beschränken dürfen.

b) Rabbi Chanina ist es, der den Faden von Rabbi Jehoschua ben Levi aufnimmt und kritisierend weiterspinnt. Unter dem Namen Chanina laufen eine ganze Reihe von Gelehrten, angefangen mit Chanina b. Dosa, einem Tannaiten der ersten Generation, bis hin zu Chanina b. Acha und Chanina b. Abbahu, Amoräern der vierten Generation. Wenn wir es bei der Kurzform belassen, so scheint die Meinung auf den palästinischen Amoräer der zweiten Generation zurückzugehen,[100] eine Bekanntschaft mit dem älteren R. Jehoschua

---

[97] Es handelt sich um das Dokument T-S NS 246.10. Meine Übersetzung beruht auf dem aramäischen Text in GREENFIELD/SOKOLOFF 1989, 212.

[98] Neben dem schon genannten „syrischen Medizinbuch" weisen GREENFIELD/ SOKOLOFF (1989, 212f) noch auf das mandäische „Buch des Zodiaks" hin.

[99] GREENFIELD/SOKOLOFF 1989, 213. Vgl. zum Thema R. LABAT: Hémérologies et ménologies d'Assur, Paris 1939.

[100] Vgl. BACHER, pAm, III, 557f.

ben Levi wäre dann nicht auszuschließen. Allerdings wissen wir gerade von seinem Sohn, R. Acha b. Chanina, daß dieser sich intensiv mit der Lehrmeinung R. Jehoschua ben Levis auseinandergesetzt hatte, viele jener Sätze sogar erst bekannt gemacht hat.[101] Spätere Orientierung an dialektischer Präsentation des Stoffes könnte also den Impetus darstellen, warum die folgende Erwiderung Rabbi Chanina in den Mund gelegt worden ist. Genaueres können wir nicht eruieren. Interessant ist indes zu vermerken, daß die astrologische Tradition – zumindest nach Meinung der Redaktoren – von palästinischen Gelehrten überliefert worden ist.

Für eine künstliche Zusammenfügung zweier zuvor getrennter talmudischer Abschnitte spricht auch die Tatsache, daß „R. Chanina" dem „Sohn Levis" sagen läßt, nicht der *mazzal* des Tages sei bestimmend, sondern jener der Stunde, obwohl in Teil I überhaupt nicht vom *mazzal* die Rede war. M.E. dient die Einleitung lediglich dazu, einen Bruch innerhalb der Argumentation zu vermeiden, Schlüsse auf historische Hintergründe lassen sich daraus nicht ziehen. Auf jeden Fall wird nun der Begriff des *mazzal* eingeführt, der im allgemeinen mit „Schicksalsstern" oder „Glücksstern" übersetzt wird. Allerdings zeigt eine Sichtung des rabbinischen Schrifttums, daß eine Vielzahl von Bedeutungsvarianten hinter dem Begriff stehen konnte: Dies reicht von „Planet" oder „Stern" über „Horoskop" bis hin zu „Sternzeichen".[102] Auch die bereits zitierten rabbinischen Texte, die den *mazzal* thematisieren, machen dies überdeutlich. Wir sind deshalb gut beraten, den Begriff unübersetzt zu lassen, und ihn als das zu nehmen, was er ist: eine Chiffre für *Nativitätsprognosen*, die entweder einen allgemeinen „Glücksstern" ins Auge fassen oder auch eine elaborierte astrologische Genethlialogie andeuten können. Im Einzelfall ist dann zu prüfen, welche Konkretisierung des Begriffs unterstellt werden darf. Der rein astronomische Gebrauch als „Sternzeichen" ist zwar ebenfalls belegt, doch kommt ihm für unser Thema keine große Bedeutung zu. Entscheidend ist also die astrologische Dimension des Begriffes, die den Einzelnen als durch ein bestimmtes Schicksal geprägt erweisen möchte.

Wenn R. Chanina also den *mazzal* des Tages dem der Stunde gegenüberstellt, so kann er damit sowohl ein Gestirn meinen, als auch ein Zodiakalzeichen; übersetzten wir den Passus im Sinne von „(Glücks)stern",[103] so schnitten wir uns von einer wichtigen Bedeu-

---

[101] Vgl. BACHER, *pAm*, III, 504-506.
[102] Vgl. die zahlreichen Belege bei JASTROW S. 755.
[103] So etwa GOLDSCHMIDT, aber auch STEMBERGER (1975, 35).

tungsebene ab, die von den Rabbinen ebenfalls ins Kalkül gezogen wurde, da sie die Vieldeutigkeit des Begriffs *mazzal* genau kannten. Betrachten wir beide Möglichkeiten:

Vieles spricht dafür, daß der *mazzal* der Stunde auf den alle zwei Stunden wechselnden *Aszendenten* abhebt, mithin im Sinne von „Sternbild" zu verstehen ist. Wie bereits mehrfach erwähnt, stellt der *horoskopos* ein zentrales Interpretament antiker Astrologie dar, so daß eine Kenntnis dieses wichtigen Deutungsfaktors den Rabbinen selbst bei nur rudimentärer astrologischer Bildung unterstellt werden kann. Durch ihn kann die sehr allgemeine Deutung aufgrund des Wochentages der Geburt – die im übrigen nur indirekt über das Herrschersystem astrologische Aussagen erlaubt – wesentlich differenzierter gestaltet werden. Außerdem trägt die elaboriertere Deutungsform der Tatsache Rechnung, daß zwei Menschen, die am selben Tag geboren sind, ganz offensichtlich nicht immer gleich sind. Insofern ist der zweite Teil des Passus' auch eine Antwort auf die Frage in I A1, die sich nicht mit einer theologischen Deutung zufrieden gibt, sondern eine höher entwickelte Astrologie dafür ins Feld führt. Über den Aszendenten gelangt man zwangsläufig ebenfalls zu einem Herrschersystem der Planeten; wer also z.B. „unter (der Herrschaft) des Mondes" geboren ist, hat seinen Aszendenten im Zeichen Krebs, welches vom Mond regiert wird. Die Stellung des Mondes im Horoskop ist in diesem Falle für die oder den Betroffenen auch von herausragender Bedeutung, so daß die Formulierungen in Teil II vor diesem Hintergrund gut verständlich sind.

Die zweite Möglichkeit, den *mazzal* der Stunde zu identifizieren, besteht darin, jeder Stunde des Tages ein regierendes Gestirn zuzuordnen. Daß die talmudische Astrologie in der Tat mit solchen Einteilungen rechnete, hat Dobin zu plausibilisieren versucht.[104] Demnach übertrug man die Reihenfolge der Wochentagsgestirne auf die Stunden des Tages, was dazu führte, daß in wöchentlichem Turnus immer dieselben Planeten zur selben Stunde die Regentschaft innehatten. Wir wollen dieses Thema noch zurückstellen, da es für die hier zu behandelnde Stelle nicht relevant ist. Es wird sich aber zeigen, daß andere Passagen im bT durch die von Dobin vorgeschlagene Lösung einen Sinn finden, den sie vordem nicht hatten (s.u. S. 489).

Unabhängig davon also, ob es sich um den Aszendenten oder den planetarischen Regenten der Stunde handelt – auch wenn ersteres das Wahrscheinliche ist –, zeigt sich in Teil II eine Weiterführung

---

[104] DOBIN 1983, 207ff; vgl. besonders Tabelle 20.2 auf S. 213.

und Differenzierung astrologischer Kompetenzen. So werden nun auch biographische Aussagen gemacht, die dem Charakter des entsprechenden Zeichens angemessen erscheinen, wie etwa die „glanzvolle Erscheinung" dessen, der unter der Herrschaft der Sonne geboren wurde, d.h. einen AC im Löwen hat (II B). Das „Königszeichen" läßt erwarten, daß dieser Mensch selbstbewußt durchs Leben geht, eigenen Besitz erarbeitet und niemandem gegenüber Geheimnisse verbirgt. Selbst wenn er dies versuchen sollte, wird es ihm nicht gelingen, was auch für den Fall gilt, daß er ein Dieb sein sollte. Schon hier stellen wir fest, daß die Determinierung alles andere als fest erscheint; vielmehr wirkt lediglich eine gewisse Grundstruktur eindeutig determinierend, doch obliegt es dem Nativen, dies auf verschiedenen Ebenen ins Leben treten zu lassen. Dem Horoskop ist demnach nicht zu entnehmen, ob es sich bei dem Nativen um einen Dieb handelt oder aber um einen König (vgl. I A1). Diese sehr moderne Sicht auf die Astrologie wird uns im folgenden immer wieder begegnen.

Die Venus wird hier mit eben dem Lehrsatz in Verbindung gebracht, der in I C dem Mars zugeschrieben wurde. Es handelt sich demnach um einen Menschen mit AC in Waage oder Stier. Die Erklärung für den Reichtum und die sexuellen Ausschweifungen, die durchaus auch mit der Venus zusammenpassen, ist allerdings ebenso schwer nachzuvollziehen wie im Falle des Mars. Die Erwähnung des Feuers paßt nämlich viel besser zu letzterem als zur Venus. Könnte hier bei der Redaktion oder der Abschrift etwas durcheinandergeraten sein?[105]

Zum Merkur weiß II D lediglich zu ergänzen, daß dieser Planet auch als der Schreiber der Sonne fungiert, immerhin ein interessantes Detail, da die gesamte Tradition um *Hermes Trismegistos* nicht zuletzt auch auf der Schreiber-Motivik aufbaut. Mit Sicherheit kann dieses Wissen auch den Rabbinen zugeschrieben werden.

Der AC im Krebs fügt dann wieder biographische Prognosen hinzu, die sehr gut auf die wässrige und wechselhaft-launische Qualität des Zeichens zugeschnitten sind. So wie der Mond lediglich das Licht der Sonne reflektiert, kann der krebsgeprägte Native kaum etwas eigenes erwirtschaften. Seine Geheimnisse bleiben im Dunkeln, was ihn – will er sich dazu entscheiden – zu einem erfolgreichen Dieb werden läßt. Und wie der Mond wechselnde Phasen

---

[105] Als viel zu spekulativ auszuschließen ist die Erklärung DOBINS für die (Stier-)Venus und das Feuer: „[D]uring the Age of Aries Taurus is the 1st house ruler" (1983, 221).

durchläuft, so kann sich der Krebsgeprägte nicht klar entscheiden: er baut, um gleich darauf wieder einzureißen.

Was den Saturn angeht, so zeigt sich bei ihm eine ähnliche Ambivalenz wie in Teil I; der AC in Steinbock oder Wassermann läßt diesen Menschen entweder sehr erfolglos oder auch sehr erfolgreich werden. Die Interpretation bedient sich dabei eines interessanten Wortspiels, denn die Wurzel שבת steckt sowohl im Wort „Saturn" als auch im Wort „vereiteln"; hinzu kommt, daß der babylonische Name für Saturn aus der Wurzel בטל gebildet wird, was im Hebräischen wiederum auch „vereiteln" heißt – ein Sprachspiel in zwei Sprachen also.[106]

Während der AC im Schützen bzw. in den Fischen dieselbe Deutung erfährt wie die Geburt am Donnerstag, lediglich mit einer Erweiterung durch R. Nachman bar Jitschaq,[107] kommt hinsichtlich der Herrschaft des Mars, also eines AC in Widder oder Skorpion, erneut einschlägige astrologische Tradition zum Vorschein: Dieser Mensch wird nämlich Blut vergießen. Interessant ist an dieser Stelle, daß man sich nicht einig war, *in welcher Weise* diese Prognose ins Leben der oder des Betreffenden treten werde, sei es durch Raub und Krieg, durch Schlachtung oder durch Beschneidung (der Bader will hier allerdings nicht so recht passen). Der Einwand Rabbas (II H2), er sei unter Mars geboren, habe aber keinen der genannten Berufe ergriffen, zielt demnach am Thema vorbei, was von Abaje sogleich klargestellt wird (II H3): Nicht die Manifestation ist vorhersagbar, sondern lediglich die *Qualität* der zu erwartenden Tätigkeit; und in seiner Eigenschaft als Richter habe er es sehr wohl auch mit Blutvergießen zu tun, indem er Todesurteile ausspreche (dabei ist es unerheblich, ob derartige Urteile tatsächlich von Rabba gefällt wurden).

Noch ein weiteres zeigt sich an dieser Stelle: R. Aschi, auf den sich der Einwand Rabbas bezieht, lebte nach talmudischer Genealogie deutlich später als Rabba. Der babylonische Amoräer der sechsten Generation starb erst im Jahre 427, Rabba dagegen schon im Jahre 352. Es ist also äußerst unwahrscheinlich, daß die beiden sich in einem realen Disput gegenüberstanden, bzw. daß Rabba Äußerungen Aschis kommentiert haben kann.[108] Man wird vielmehr da-

---

[106] Vgl. DOBIN 1983, 221.
[107] Nach der Tradition ist dieser Gelehrte ein babylonischer Amoräer der vierten Generation, der 356 u.Z. gestorben ist. Vgl. BACHER, *bAm*, 133-137.
[108] Dies gelte nicht für den Fall, daß es sich hier um den „Rabba ha-scheni" handelt, den ALBECK ins Spiel bringt und den letzten Amoräern zuordnet; vgl. CH. ALBECK: „Raba ha-scheni" [Hebr.], in: *Festschrift J. Freimann*, Berlin 1927, 1-71.

von auszugehen haben, daß die jeweiligen Meinungen von späteren Redaktoren zugewiesen wurden. Diese Zuweisungen sind natürlich nicht unbedingt willkürlich vorgenommen worden, sondern ergaben sich aus gewissen Traditionen, die man als „die Linie Aschis" oder „die Linie Rabbas" überliefert hatte. Allerdings heißt dies, daß wir historische Rückschlüsse aus den Nennungen der Namen auch hier nicht vornehmen können.

c) Mit dem Diktum R. Chaninas, der *mazzal* mache weise und reich, und auch für Israel gebe es einen *mazzal*, wird der dritte Teil der Sugia eröffnet. Wichtiges Gliederungsmoment ist dabei die Parallele zu II A, wo ebenfalls R. Chanina die Diskussion anstößt. Genau dies könnte umgekehrt auch ein Indiz dafür sein, daß „Rabbi Chanina" in unserem Text gleichsam eine Chiffre darstellt für astrologische Kompetenz (Teil II) und die feste Überzeugung, auch Juden seien der Wirkung der astralen Ebene unterworfen (Teil III). Ob beide Teile tatsächlich mit R. Chanina in Verbindung standen, ist nicht mehr festzustellen.

Die direkte Antithese zu R. Chaninas Diktum wird von R. Jochanan überliefert, dem Amoräer der zweiten Generation, der laut Maimonides für die Redaktion von pT verantwortlich war und nach der Tradition 80 Jahre lang Schuloberhaupt gewesen sein soll, bis er im Jahre 279 starb.[109] Getreu der biblischen Gegenposition zur Astrologie beruft er sich auf Jer 10,2, was ihn in eine lange Linie jüdischen Diskurses stellt. Die anschließend eingefügte Meinung Rabs[110] (III C) greift ebenfalls eine ältere Deutungstradition auf, die uns schon aus den Midraschim bekannt ist, nämlich Gen 15,5 (s.o. S. 452). Auch die beliebte Hinzunahme von Jes 41,2 mit dem Wortspiel um צדק gehört beinah zum rabbinischen Allgemeingut.[111] Im Unterschied zu III B, wo eine klare Gegenposition zu R. Chanina

---

[109] Vgl. BACHER, *pAM*, I, 205-339; J.S. ZURI: *Jochanan, der erste Amoräer Galiläas*, Berlin 1918. Die Möglichkeit, daß „R. Jochanan" für die Autoren des Bavli lediglich eine *Chiffre* darstellte, wird noch zu untersuchen sein.

[110] Rab gehört zu den wichtigen Autoritäten der ersten Generation babylonischer Amoräer; er soll im Jahre 247 gestorben sein. Vgl. zu Rab R. FELTEN: *Die Stellung Rabs in der haggadischen Überlieferung*, Diss. Köln 1972.

[111] Die Verbindung von צדק und „Wohltätigkeit" ist keineswegs so eng, wie gewöhnlich angenommen wird. Wie AHUVA HO: *Sedeq and Sedaqah in the Hebrew Bible*, New York u.a. 1991, nachzuweisen vermochte, gibt es im biblischen Rahmen für diese Gleichschaltung keinerlei Anzeichen. Auch im rabbinischen Kontext zeigt sich bei näherer Betrachtung ein Schwerpunkt auf der Bedeutung „torahgemäßes Handeln", das erst sekundär die Wohltätigkeit in sich schließt.

formuliert wird, führt die Argumentation Rabs erneut jene Ambivalenz ein, die einerseits Gottes Freiheit stark betont, andererseits davon ausgeht, daß Gott sich an die Regeln der Astrologie hält, indem er Abraham ein neues Horoskop verschafft, damit er leibliche Kinder zeugen kann.

Noch deutlicher wird die Ambivalenz in der Erzählung von Schmuel und Ablat (III D). Ablat ist ein nichtjüdischer Astrologe, wie aus verschiedenen Parallelstellen erkennbar ist.[112] Allein die Zusammenstellung der beiden Namen ist bereits aufschlußreich, denn ganz offensichtlich bestanden keinerlei Berührungsängste zwischen den Rabbinen und Berufsastrologen, seien sie nun jüdisch oder nichtjüdisch. Dies galt insbesondere für Schmuel, der sich selber für Astrologie interessierte.[113] Trotzdem vertritt er die These, der *mazzal* gelte nicht für Israel, die anschließend von Ablat herausgefordert und gleichsam empirisch überprüft wird. Das Ergebnis ist höchst interessant, denn eigentlich wird beiden Recht gegeben. Die Prognose ist nämlich tatsächlich eingetreten – die Schlange war da und wollte den Mann beißen –, allerdings nicht in der Art und Weise, wie von Ablat erwartet worden war. Wollte man die Astrologie per se widerlegen, wäre es ein Leichtes gewesen, Ablat mit seiner Prognose völlig in die Irre gehen zu lassen, indem z.B. gar keine Schlange dagewesen wäre. Wir erkennen daran, daß diese Frage überhaupt nicht im Interesse der Rabbinen stand, vielmehr ging es darum, eine moralisch hochstehende Tat durch Erfolg zu belohnen, wie die Auslegung von Spr 10,2 zeigt.[114]

Dahinter verbirgt sich aber noch ein wichtigeres Thema: Die Rabbinen bestehen darauf, daß die Astrologie nicht in die menschliche Freiheit eingreifen dürfe, welche allererst ein ethisches Handeln möglich macht. Damit sitzt nicht die Astrologie selber auf der Anklagebank, sondern lediglich eine *fatalistische Astrologie*, die in blindem Determinismus moralisches Handeln vereitelt. Durch diese Erklärung – und anders läßt sich die Geschichte nicht verstehen – wird deutlich, daß die Rabbinen sehr wohl die Richtigkeit astrologischer Prognosen schätzten, aber zugleich die jüdische Frömmigkeit

---

[112] bAZ 30a berührt er ein für Schmuel hereingebrachtes Weinglas nicht, damit dieser es noch trinken kann. In der Parallele zu unserem Passus jSchab 8d ist es ein Astrologe, der den Biß durch die Schlange vorhersagt; vgl. auch jBetsa 61c und jSchab 6a; vgl. WÄCHTER 1969a, 190 Anm. 37.
[113] Vgl. bBer 58b (jBer 13c); bRH 20b; bErub 56a; bChul 95b.
[114] Vgl. dazu auch bSchab 129b und bErub 56a, wo R. Schmuel dieselbe Argumentation vorbringt (s.u.).

ins Spiel brachten, welche die durch die Astrologie beschriebenen Qualitäten und Kräfte auf eine andere Ebene zu lenken vermochte – eine Ebene, die nun nicht mehr negative Auswirkungen zeitigen mußte. Mit dem Diktum, es gebe keinen *mazzal* für Israel, scheinen sie zu sagen, astrologische Aussagen hätten vielleicht für Nichtjuden eine radikal deterministische Wirkung (wenn überhaupt), doch Juden stehe qua ihrer Erwählung und ihrer Frömmigkeit die Möglichkeit zur Verfügung, astrologische Aussagen auf andere Manifestationsebenen zu verlagern.[115]

Die Erzählungen von R. Akiba (III E)[116] und R. Nachman bar Jitschaq (III F) bestätigen diesen Befund: Die „Grundqualitäten" der prognostizierten Ereignisse treten jedesmal ins Leben der Betroffenen, allerdings auf einer Manifestationsebene, welche nicht zu erwarten gewesen ist. Die Frömmigkeit sorgte in beiden Fällen dafür, die Konsequenzen der auf die Betroffenen einwirkenden Kräfte gleichsam abzuschwächen oder in heilsame Bahnen umzulenken.[117]

Fassen wir zusammen: In bSchab 156ab III steht nicht die Gültigkeit astrologischer Weltdeutung zur Disposition, sondern das Ausmaß der Determiniertheit durch Kräfte, die von der Astrologie beschrieben werden. Deshalb ist es auch völlig verfehlt, mit Wächter zu unterstellen, die Rabbinen seien „eigentlich" auf der Suche nach einer Widerlegung der Astrologie, doch ihre Mittel seien mehrheitlich ungenügend.[118] Wenn wir dieses Vorverständnis hinter uns las-

---

[115] Eine ähnliche Sicht deutet auch NEUSNER an, indem er den Einwand, für Israel gebe es keinen *mazzal*, so interpretiert, „that ‚Israel has no star' in precisely the way the nations do, because Israel's fate is shaped *not only* by the stars but also by ethical merits, divine intervention – which takes the form of altering the astrological patterns – and similar supernatural means" (1965–70, V, 192 [Hervorhebung KvS]).

[116] Vgl. P. LENHARDT/P. VON DER OSTEN-SACKEN: *Rabbi Akiva. Texte und Interpretationen zum rabbinischen Judentum und Neuen Testament* (Arbeiten zur neutestamentlichen Theologie und Zeitgeschichte 1), Berlin 1987.

[117] Da die Geschichte belegen will, daß Israel keinen *mazzal* hat, halte ich die Deutung für unwahrscheinlich, wonach das Schicksal unweigerlich (auch bei Juden) eintreffe, sobald die Frömmigkeit fehle. So z.B. WÄCHTER: „Der Mensch, sobald er seinem Triebe folgt, unterliegt – das will diese Anekdote sagen – der Herrschaft des Schicksals" (1969a, 191). Richtig dagegen DOBIN: „Thus, because of his devotion to God (symbolized by his never going bare-headed) his thievery was mitigated to only one small act" (1983, 195).

[118] WÄCHTERS Vorverständnis spricht schon aus der Gliederung seines Aufsatzes (1969a): Die besprochenen Passagen finden sich im Kapitel „Ansätze zur Überwindung des Sternenglaubens". Die geistigen Erzeugnisse der Rabbinen werden, weil sie dem unterstellten Ziel so gar nicht entsprechen möchten,

sen, so zeigt sich ein anderes Bild: Die Rabbinen des bT waren mit den astrologischen Deutungstechniken ihrer Zeit in Grundzügen vertraut, wie aus Teil I und II ersichtlich ist. Ihre Gültigkeit bezog sich selbstverständlich auf alle Nichtjuden, doch auch Juden waren von den durch Gott gesteuerten astralen Kräften beeinflußt.[119]

Wenn man sich also fragt, worum die Diskussion sich eigentlich dreht, wenn die Astrologie nicht das Thema darstellt, so kommt man zu dem Ergebnis, daß die Rabbinen sich gegen einen *astrologischen Fatalismus* zur Wehr setzen.[120] Dobin folgert zu Recht: „What they did fight was the fatalism of the day which colored astrological interpretation, as they battled for the possibility of Free Will to exist in this world as a theological necessity."[121] Man kann noch weiter gehen und das rabbinische Verständnis der Astrologie mit einem sehr modernen Auge betrachten, denn eigentlich sagen die Rabbinen nichts anderes, als daß die Sterne die herrschenden Kräfte *anzeigen*, nicht aber, daß sie die Ereignisse *erzwingen*.[122] Durch diesen „Paradigmenwechsel" gelingt dem rabbinischen Denken die Integration von Astrologie und jüdischer Theologie:

> Astrology was the „hook" on which an extremely important theological confrontation took place; the confrontation between pagan fatalism and Jewish insistence on Divine Election, Divine Salvation, and Free

---

konsequent abgewertet: „Der Gottesglaube der Rabbinen war immer wieder in der Gefahr, in einem bloßen Vorherbestimmungsglauben zu erstarren" (190f); „Das Format von Rabs Deutung erreicht Levi nicht" (192), doch immerhin: „Auf jeden Fall ist dem Gedanken, daß Gott einen Menschen aus der Sphäre der Gestirne herausheben und ihrem Einfluß entziehen kann, eine gewisse Größe nicht abzusprechen" (192). Vollkommen am Text vorbei geht die Äußerung B. LIFSHITZ': „[L]es docteurs de la Loi combattaient avec acharnement les tendances astrologique" („L'ancienne synagogue de Tibériade, sa mosaïque et ses inscriptions", in: *JSJ* 4 [1973], 43-55, S. 45).

[119] Richtig NEUSNER 1965–70, V, 192: „The rabbis generally accepted the accuracy of astrological predictions for Israel as a whole and for individual Jews"; STEMBERGER 1975, 34: „Die Sternkunde war bei den Rabbinen hochgeschätzt".

[120] Deswegen ist es falsch, wenn URBACH schreibt: „Astrology not only contradicted the freedom of human choice, but also impaired the concept of Providence, that is, the doctrine of the free will and unrestricted power of God" (1975, 277).

[121] DOBIN 1983, 196.

[122] „,The stars impel, they do not compel'. This is *exactly* the position on which both R. Samuel and R. Akiba insist: otherwise the story would not have been told in this form. Astrology is easy to ridicule; this profession lends itself easily to the ridicule of the blissfully ignorant. But the Rabbis knew too much about Astrology to indulge in ridicule" (DOBIN 1983, 196f [Hervorhebung im Original]).

Will; both through works (R. Samuel and R. Akiba) and through faith (R. Nachman). As we analyze these confrontations, we see that, rather than denying the validity of Astrology, the Rabbis really wanted to „modernize" Astrology, to modify it so that it would cease being the tool of pagans, and become a witness instead to the glory of God.[123]

Selbst wenn man Dobin in seiner Annahme nicht folgen möchte, die Rabbinen seien an einer Art „Modernisierung" der Astrologie interessiert – denn tatsächlich ist diese Sichtweise schon viel früher, etwa bei Karneades, Cicero und in deren Gefolge auch bei Philo von Alexandria zu belegen –, so offenbart sich hier doch eine Diskursstruktur, die für rabbinisches Denken einen gelungenen Mittelweg zwischen Astrologie und Willensfreiheit darstellte.

Wir werden diesen Befund im folgenden anhand weiterer Passagen aus bT überprüfen und uns zugleich fragen, ob die beschriebene Diskursstruktur möglicherweise zu einer ganz spezifischen *talmudischen Astrologie* geführt hat, die allen Bedürfnissen gelehrter jüdischer Gläubiger gerecht zu werden trachtete.

4.2. Israel und der *mazzal*: weitere Belege

Die Rolle, welche der *mazzal* für Israel spielt, ist an verschiedenen anderen Stellen des babylonischen Talmud ebenfalls ein umstrittenes Thema. Wie ein Überblick zeigt, hängt die Auseinandersetzung auch hier an der verwandten Frage, inwieweit ein astrologisch begründetes Urteil *notwendig* eintreffen werde, oder ob – besonders für Juden – Einflußmöglichkeiten auf das „Schicksal" vorhanden sind.

Das Diktum, für Israel gebe es keinen *mazzal*, das in bSchab 156ab III C unter Berufung auf R. Jehuda bezeugt ist, findet sich in bNed 32a:

> Es sagte Rab Jehuda, es sagte Rab: [...] *Und er führte ihn hinaus*. Er [Abram] sagte vor ihm: Herr der Welt, ich habe in mein Horoskop [מזל] geschaut (und gesehen), daß ich nur einen Sohn haben werde. Er [Gott] sprach zu ihm: Geh hinaus aus deinem Horoskop [מאיצטנינות שלך[124]]. Es gibt keinen *mazzal* für Israel.

Hier wird nichts der Diskussion beigesteuert, was wir nicht bereits untersucht hätten; die Wiederholung spricht allerdings dafür, daß diese Erklärungsvariante sich in der gesamten rabbinischen Literatur großer Beliebtheit erfreute. Was die Gegenposition betrifft, so erhalten wir in bMQ 28a nähere Auskünfte:

---

[123] DOBIN 1983, 197.
[124] S.o. S. 464 Anm. 84.

> Raba sagte: Leben, Kinder und Nahrung werden nicht vom Verdienst bestimmt, sondern vom *mazzal*.[125] Denn Rabba(h) und Rab Chisda (zum Beispiel) waren beide fromme und gerechte Rabbanan. Wenn der eine um Regen bat, kam er, und wenn der andere um Regen bat, kam er (auch). (Trotzdem) lebte Rab Chisda 92 Jahre und Rabba (nur) 40 Jahre. Bei Rab Chisda wurden 60 Hochzeiten gefeiert, bei Rabba (aber) gab es 60 Todesfälle. Bei Rab Chisda bekamen die Hunde feines Weizenbrot, und sie wollten es nicht (einmal). Bei Rabba aßen die Menschen Gerstenbrot, und (auch) das hatten sie nicht.

Das Schicksal kann, so die Argumentation, nicht vollständig von der Frömmigkeit des Menschen abhängen, da dieselbe Haltung offensichtlich zu unterschiedlichen Lebensumständen führt. Diese werden konkret mit Lebensdauer, Kinderzahl und Nahrungsangebot umschrieben. Raba greift damit eine Argumentation auf, wie wir sie bereits in bSchab 156b (III D-F) kennenlernten, allerdings in einer Form, die beinah einen Umkehrschluß darstellt. War an jener Stelle die These vertreten worden, durch Gerechtigkeit könne ein negatives Fatum abgemildert werden – zumindest Umstände, die ansonsten zum Tode führen würden –, so zeigt sich hier die Haltung, daß es verschiedene Bereiche gebe, die der moralisch-religiösen Praxis nicht unterworfen sind, sondern dem *mazzal*. Die Nennung der Lebenszeit ist ein direkter Widerspruch zur erstgenannten Argumentation, die nicht nur den unnatürlichen Tod, sondern ausdrücklich den „Tod überhaupt" durch Frömmigkeit hinauszuschieben trachtet.[126]

Wenn man bedenkt, daß die Ermittlung der Lebensdauer bzw. des Todestermins zu den Hauptbeschäftigungen antiker Astrologen gehörte, so überrascht es nicht, daß gerade dieser Punkt das Interesse der Rabbinen fand. Im Anschluß an die eben genannte Stelle bMQ 28a heißt es:

> Rab Seʿôrîm, der Bruder Rabas, saß bei ihm, als er im Sterben lag. Da sprach dieser: Möge der Meister (dem Todesengel) sagen, daß er mich nicht quäle. Er [R. Seʿôrîm] sagte: Ist der Meister (denn) nicht sein intimer Freund? Er [Raba] sagte: Seitdem (mein) *mazzal* (ihm) übermittelt worden ist [כיון דאימסר מזלא], kümmert er sich nicht mehr um mich.[127]

---

[125] Die Übersetzung Goldschmidts „vom Glücke" ist falsch.
[126] In Parallelversionen unserer Schabbatstelle (*Haggadoth ha-Talmud* und *ʿEn Jaʿaqob*) wird R. Akiba mit dem Satz zitiert: „[...] und nicht vom Tod überhaupt, sondern (nur) vom gewaltsamen Tod"; vgl. Urbach 1975, 265. An der hier vorgelegten Deutung ändert sich dadurch allerdings nichts.
[127] Auch hier ergibt die Übersetzung Goldschmidts („Da mein Glück fort ist, so beachtet er mich nicht mehr") keinen Sinn.

Trotz der großen Frömmigkeit Rabas ist der vorbestimmte Todesverlauf nicht aufzuhalten. Interessant ist an dieser Passage, daß der Todesengel selber dem Diktum des *mazzal* unterworfen ist, denn er kann in dem Moment, wo er den Termin (oder die Art des Todes) erfährt, nicht mehr ins Geschehen eingreifen. Vermutlich ist es Gott selber, der ihm das Horoskop Rabas zugänglich gemacht hat, womit der *mazzal* den numinosen Schicksalskräften entzogen ist und unter die Herrschaft Gottes gestellt wird. Diese Argumentation ist in dem Moment wichtig, wo kultische Fragen ins Spiel kommen (s.u. Kapitel 4.3.). Doch bevor wir diesen weiter nachgehen, sei noch ein Passus genannt, der ebenfalls Fragen nach Determinismus und Freiheit berührt. Es handelt sich um die Geschichte von Joseph dem Sabbatverehrer (bSchab 119a):

> Joseph der Sabbatverehrer hatte in seiner Nachbarschaft einen Nichtjuden, der viele Güter besaß. Da sprachen zu ihm die Chaldäer: Alle deine Güter wird Joseph der Sabbatverehrer verzehren. Da ging er und verkaufte alle seine Güter, kaufte dafür eine Perle und setzte sie in seine Kopfbedeckung. Einmal fuhr er in einer Fähre, und ein Wind wehte sie hinunter und warf sie ins Wasser, und sie [die Perle] wurde von einem Fisch verschlungen. Als dieser (aus dem Wasser) gezogen wurde, brachte man ihn am Vorabend des Sabbat (zum Verkauf). Sie [die Fischer] fragten: Wer wird einen solchen kaufen? Da sprachen sie zu ihnen: Geht, bringt ihn zu Joseph dem Sabbatverehrer, der pflegt solches zu kaufen. Da brachten sie ihn zu ihm, und er kaufte ihn. Als er ihn aufschlitzte, fand er in ihm die Perle, die er für dreizehn Maß Golddenaren verkaufte. Einst begegnete ihm ein Greis und sagte zu ihm: Wer am Sabbat leiht, den bezahlt der Sabbat.

Hier kommt ein ausgeprägter Glauben an die Unausweichlichkeit des astrologisch begründeten Schicksals zum Ausdruck, der sich vordergründig nur auf die Nichtjuden bezieht. Insofern fügt er sich nahtlos in die Meinung, der *mazzal* gelte zwar allgemein, doch nicht für Israel. Bei genauerer Betrachtung zeigt sich indes, daß auch Joseph in die astrologische Prognose involviert war, denn schließlich wird auch ihm prophezeit, er werde den Besitz seines Nachbarn bekommen. In welche Argumentation sich der Tenor der Geschichte fügt, ist deshalb alles andere als klar, vielmehr müssen wir erneut jene Ambivalenz konstatieren, die für die meisten rabbinischen Äußerungen kennzeichnend ist.[128]

---

[128] Anders als WÄCHTER (1969a, 186) kann ich in dieser Episode keine Polemik „gegen die in der Nachbarschaft von Juden wohnenden Heiden" erkennen.

Ein letzter Grund, warum die Rabbinen den *mazzal* ins Spiel brachten, mag darin gesehen werden, daß auf diese Weise ein ansonsten unerklärlicher Vorgang eine sinnfällige Bedeutung bekommt. Ein Beispiel dafür ist die Diskussion zwischen R. Mordechai und R. Aschi in bJeb 64b: Ersterer hatte behauptet, es liege an dem „Leib der Frau", wenn ihr hintereinander drei Männer gestorben seien. Mit solch einer offensichtlich kaum nachzuvollziehenden Erklärung kann sich R. Aschi nicht zufriedengeben und entgegnet, es liege vielmehr an ihrem *mazzal*.

4.3. Sternkult

Wie nicht anders zu vermuten, nimmt auch im Bavli die Behandlung der kultischen Fragen der Astrologie einen großen Raum ein. Den besten Zugang zur talmudischen Auseinandersetzung ist erneut die Mischna AZ III, 3, die in bAZ 42b ff ausführlich gedeutet wird. Da die Rabbinen die Astrologie hier nur implizit behandeln,[129] kann auf eine detaillierte Diskussion und Übersetzung verzichtet werden. Stattdessen wollen wir den roten Faden kurz resümieren, um anschließend einige Passagen näher zu betrachten, die für unser Thema relevant sind.[130]

Die für uns wichtige Interpretation der Mischna kreist im wesentlichen um drei Fragen: Gibt es einen Unterschied zwischen der *Verehrung* von Sonne, Mond, Drachen, und ihrer bloßen *Abbildung*? Impliziert das Verbot dieser drei auch ein Verbot *aller* Gestirne bzw. der Planeten? Und ist schließlich zwischen dem *Anfertigen* von derlei Gegenständen und ihrem *Finden* zu unterscheiden? Als (vorläufiges) Ergebnis der minutiösen und dialektisch durchgeführten rabbinischen Analyse können wir mit Schlüter festhalten:

> 1. Alle Planeten sind auf gefundenen Gegenständen erlaubt außer dem Planeten der Sonne und (dem Planeten) des Mondes. 2. Und alle Gesichter sind zur Anfertigung erlaubt außer dem Gesicht eines Menschen. 3 Und alle Figuren [...] sind auf gefundenen Gegenständen erlaubt außer der Figur eines *d^eraqôn*.[131]

---

[129] Vgl. auch DOBIN 1983, 198: „[...] the primary objection to depicting the Sun, Moon, and Dragon [...] is *not* an objection to Astrology, but rather a defense against accusations of idolatry" (Hervorhebung im Original).

[130] Dies mag auch deshalb genügen, weil M. SCHLÜTER die Stellen bereits systematisch analysiert hat, wenn auch nicht im Hinblick auf die Astrologie; vgl. SCHLÜTER 1982, 89ff. Einen kurzen Überblick hinsichtlich der Astrologie gibt auch STEMBERGER 1975, 35f.

[131] SCHLÜTER 1982, 94.

Dieses Zwischenergebnis wird zwar von Raba noch in Frage gestellt, der alle drei Thesen auf das Finden bezieht, doch die Darstellung von Planeten wird insgesamt eher milde beurteilt, während eine kultische Verehrung ohnehin von vornherein als für Juden schändliche Tat aufgefaßt wird, die keiner weiteren Kommentierung bedarf.

Das große Gewicht, welches die Rabbinen auf die Trennung zwischen Darstellung und Verehrung der Gestirne legten, zeigt sich an einer kleinen Episode, die in die Argumentation eingebaut wurde (bAZ 43a): R. Gamliel nämlich hatte auf dem Dachboden Abbildungen vom Mond in seinen verschiedenen Phasen (also keine gefundenen, sondern angefertigte Abbildungen!). Diese Darstellungen zeigte er den Zeugen für den Neumond und fragte sie: Sah er so aus, oder so? Daß ausgerechnet R. Gamliel die Anfertigung derartiger Bilder nachgesagt wird, verwundert nicht, zeigt er sich doch auch sonst der Astrologie durchaus zugetan.[132] Immerhin wird der Frage der Abbildung im rabbinischen Denken ein so großer Platz eingeräumt, daß die Episode auch in anderen Zusammenhängen Eingang in den Bavli fand.[133]

Daß die Gefahr eines kultischen Vergehens der Hauptgrund war, auf Distanz zur Astrologie zu gehen, läßt sich auch an einem biblischen Beleg ablesen, der gleich mehreren Rabbinen in den Mund gelegt wird (bPes 113b unten):

> Es sagte Rabba bar bar Chana, es sagte Rabbi Schmuel bar Marta, es sagte Rab aufgrund (der Meinung) von Rabbi Jose aus Chutsal: Woher (wissen wir), daß wir die Chaldäer nicht befragen (dürfen)? Weil es heißt: *Du sollst ganz bei dem Herrn, deinem Gott, bleiben* (Dt 18,13).

Die Auflistung der Rabbinennamen verleiht der tradierten Meinung ein höheres Gewicht, als wenn wir es nur mit einer individuellen Ansicht zu tun haben; gleichwohl muß dies nicht die Mehrheit anzeigen, die gewöhnlich mit „die Rabbanan sagen" eingeleitet wird. Auf jeden Fall wird die Empfindlichkeit der jüdischen Gelehrten deutlich, wenn es um eine bestimmte Form der Astrologie geht, verallgemeinernd hier mit „chaldäisch" umschrieben, die sich mit einem strengen Monotheismus und dem Festhalten an der Unabhängigkeit Gottes nicht vereinbaren läßt. Doch was die Rabbinen im Auge haben, ist nicht die Alternative zwischen Monotheismus und Astrologie – dann würden sie sich durch die vielen astrologischen

---

[132] Vgl. DOBIN 1983, 198.
[133] Vgl. bRH 14a; bRH 24b; bChul 40a. Dort wird erklärt, R. Gamliel habe die Bilder anfertigen *lassen*, und zwar nur zu Studienzwecken; vgl. STEMBERGER 1975, 36f.

Belege im Bavli selber Lügen strafen –, sondern eine *monotheistische Astrologie*.

Insgesamt müssen wir auch für den bT festhalten: Die Auseinandersetzung mit dem Sternkult, der historisch schon lange in den Hintergrund gerückt war, hat mit der rabbinischen Haltung zur Astrologie *nichts* zu tun. Man könnte sogar sagen, daß die Kritik an der Verehrung der Gestirne den Weg frei machte, sich umso intensiver mit der Astrologie befassen zu können, die dadurch gleichsam von allem Anrüchigen befreit worden war.

4.4. Talmudische Astrologie

Die bisherige Untersuchung der rabbinischen Haltung zur Astrologie im Bavli hat ein relativ klares Ergebnis gebracht. Sternkundliche Aktivitäten sind von zahlreichen Rabbinen belegt, Berührungsängste sind kaum vorhanden. Worauf allerdings großer Wert gelegt wurde, ist die strikte Abgrenzung von astrologischen Einstellungen, die in unaufhebbarem Determinismus gründen bzw. den Verdacht eines kultischen Vergehens nahelegen. Die *Synthese von Astrologie und Monotheismus* sowie die *Einbindung der Sternkunde in die Heilsgeschichte Israels* kann als spezifische rabbinische Diskursstruktur aufgefaßt werden, die ein bis dahin nicht erreichtes Reflexionsniveau im Bavli zu erkennen gibt.

Da die Grundposition in der skizzierten Weise von der Mehrheit der Rabbinen geteilt worden ist, konnten auch ohne Bedenken zahlreiche Details astrologischer Tätigkeit in das kanonische rabbinische Werk Eingang finden. Diese gilt es nun einer genaueren Darstellung zu würdigen. Der Übersichtlichkeit wegen habe ich die verschiedenen Befunde einzelnen Themenkreisen zugeordnet, die ein deutliches Bild davon zeichnen, wie groß die Bandbreite rabbinischer Beschäftigung mit der Astrologie gewesen ist. Beinah alle Bereiche der damaligen wissenschaftlichen und nichtwissenschaftlichen Sternkunde sind im Bavli vertreten, so daß eine über Grundkenntnisse hinausgehende Bekanntschaft der Rabbinen mit der Astrologie vorausgesetzt werden muß.

4.4.1. Astrologische Kompetenz

Die Berechnung der Mondphasen war für das Judentum aus kalendarischen Gründen von großer Wichtigkeit, und die mathematischen Voraussetzungen dafür können wir schon früh unterstellen.[134] Der

---

[134] Das gilt auch für den Fall, daß die Neumondsichel zusätzlich durch Zeugen

vielleicht aufschlußreichste diesbezügliche Beleg findet sich in bRH 25a, wo R. Gamaliel II. sich gegen eine verfrühte Heiligung des Neumonds wendet, also gegen ein einseitiges Vertrauen auf die Beobachtung. Seine Begründung lautet, er habe es von seinen Vorfahren als Tradition empfangen, daß „ein Mondmonat niemals kleiner sein könne als 29½ Tage 2/3 Stunden und 73 Chalakim".[135]

Zu der minutiösen Berechnung der Mondzyklen treten nun einige Zeugnisse hinzu, die eine weitergehende astronomische Kompetenz zu erkennen geben. Diese ist vor allem für die ambitionierte Ausübung der *Astrologie* notwendige Bedingung.[136] So heißt es bBer 58b (unten): „Es sagte Schmuel: Mir sind die Straßen des Himmels ebenso vertraut wie die Straßen von Nehardea. Nur von dem Kometen [כוכבא דשביט] weiß ich nichts (Genaues)."[137]

Die rabbinische Astronomie kannte sieben Himmel, die in bChag 12b genannt sind. Der oberste Himmel – ʿarabôth – ist uns aus der Henochastronomie ebenso vertraut wie die Feste des Zodiaks, die *mazzalôth*.[138] Man legte auch hier Wert darauf, eine eigene Begrifflichkeit zu entwickeln, die sich im Einklang mit der jüdischen Tradition wußte, auch wenn sie bisweilen von der Astronomie der nichtjüdischen Umwelt abwich. Das geht aus folgender Passage hervor (bPes 94b):

> Die Rabbanan lehren: Die Weisen Israels sagen: Die Sternbilder [גלגל] sind fest und der Zodiak [מזלות] bewegt sich. Die heidnischen Weisen

---

beobachtet werden mußte. Auf Beobachtung beruhte einzig der Neumond nach dem Frühjahrsäquinoktium, alle anderen Neumonde wurden berechnet; vgl. DOBIN 1983, 201. Es wird gleich zu prüfen sein, ob diese Tatsache nicht dafür spricht, daß es sich hier um Astrologie und weniger um Astronomie handelt.

[135] Die Vermutung A. SCHWARZ' (*Der jüdische Kalender historisch und astronomisch untersucht*, Breslau 1872, 14ff), „73 Chalakim" sei ein späterer Einschub, ist nicht stichhaltig; die rabbinische Kompetenz war schon früher erheblich höher, wie gleich gezeigt werden soll. Zur kalendarischen Rechen- und Schaltpraxis in rabbinischer Zeit s. ferner bSan 11a; bRH 19b; PRE VII sowie Maimonides, *Kiddusch ha-chodesch* 6, 1; vgl. auch die Diskussion bei STROBEL 1977, 430ff.

[136] Diese Tatsache rechtfertigt die Behandlung der astronomischen Kompetenz innerhalb dieses Kapitels. Astrologie ist nichts anderes als der deutende Zweig der Sternkunde und als solche nicht immer klar von der Astronomie zu trennen.

[137] Vgl. auch jBer 13c (s.o. S. 458); auf R. Schmuel wird gleich noch ausführlicher einzugehen sein.

[138] S.o. Kap. VI.1.3.2. Vgl. zum Thema FELDMAN 1931; S. LIEBERMANN: *The Natural Sciences of the Rabbis*, New York 1950 (repr. 1963); BIETENHARD 1951, bes. 8-10; GANDZ 1970.

sagen (dagegen): Die Sternbilder bewegen sich und der Zodiak ist fest. Rabbi wandte gegen ihre Meinung ein: Noch nie hat man den Wagen im Süden und den Skorpion im Norden gefunden.[139]

Die Beschäftigung mit Astronomie und Astrologie ist nicht nur eine akzeptierte und geachtete Tätigkeit für die Rabbinen gewesen, sondern sie wurde sogar verlangt, wie bSchab 75a zeigt:

> Es sagte Rab Zutra bar Tobija, es sagte Rab: [...] Wer ein Wort vom Magier lernt, der ist des Todes schuldig. Und wer die Sonnenwenden [תקופות] und die *mazzalôth* berechnen kann und sie nicht berechnet, mit dem ist zu sprechen verboten. [...] Es sagte R. Schimon ben Pazi, es sagte R. Jehoschua ben Levi, aufgrund (der Worte des) bar Qappara: Jeder, der die Sonnenwenden und die *mazzalôth* berechnen kann und sie nicht berechnet, über den sagt die Schrift: *Was der Herr tut, beachten sie nicht, das Werk seiner Hände sehen sie nicht* (Jes 5,12).[140] Es sagte R. Schmuel bar Nachmani, es sagte R. Jochanan: Woher (wissen wir), daß es dem Menschen geboten ist, Sonnenwenden und *mazzalôth* zu berechnen? Es heißt: *Ihr sollt sie hüten und sollt sie halten. Denn darin besteht eure Weisheit und eure Bildung in den Augen der Völker* (Dt 4,6). Was ist das für eine Weisheit und Bildung, die in den Augen der Völker besteht? Er sagte: Es ist die Berechnung der Sonnenwenden und der *mazzalôth*.

Interessanterweise wird hier die Sternkunde direkt und scharf von der Magie abgesetzt, eine Trennung, die im Christentum jener Zeit allenthalben fließend geworden war. Die astrologische Wissenschaft wird als biblisches Gebot aufgefaßt und zu den besonderen Eigenschaften gezählt, die das Ansehen der Juden in den Augen der anderen Religionen wesentlich bestimmen.[141] Daß es sich nicht nur

---

[139] Die Übersetzung ist nicht ganz einfach, da die Begrifflichkeiten recht stark durcheinandergehen. M.E. zeigt aber der Einwand Rabbis, daß es sich bei *galgel* hier um die Sternbilder handeln muß, da der Wagen als nördliches Bild eindeutig nicht dem Zodiak zuzuordnen ist, es sei denn, man verstünde ihn mit Raschi (ad locum) als „Stier" (vgl. bPes 94b; bErub 56a, s.u.). Nur der Skorpion kann Sternbild und Sternzeichen sein. Die Überlegung Raschis zeigt, wie verderbt oder doch mehrdeutig die Stelle ist. Ganz unklar bleibt die Übersetzung STEMBERGERS: „[D]ie Weisen Israels sagen, der Tierkreis sei fest und die Sternzeichen bewegen sich; die heidnischen Gelehrten jedoch sagen, der Tierkreis drehe sich und die Sternzeichen seien fest" (1975, 34). Noch eine Variante bietet JASTROW: „[T]he sphere of the zodiac is stationary, and the planets make the circuit [...] the sphere (wheel) turns around and the planets are stationary"(S. 245). Diese Übersetzung paßt jedoch nicht zum Einwand Rabbis, der nicht von den Planeten spricht.

[140] S.u. Anm. 143.

[141] Auch wenn die zeitliche Ansetzung jener Interpretation von Dt 4,6 (drittes Jahrhundert) durch STEMBERGER m.E. nicht belegt ist, so ist sein Hinweis doch

um astronomische Belange handelt, wie sie zur Berechnung des religiösen Kalenders notwendig waren, wird durch die Nennung der *mazzalôth* deutlich: Einmal mehr müssen wir uns fragen, welche Bedeutung dieser Begriff im vorliegenden Kontext annimmt, der ja eindeutig astronomisch geprägt ist. Eine Übersetzung als „Horoskop" etwa scheidet deshalb von vornherein aus; so könnte man entweder den „Lauf der Planeten" unterstellen[142] oder aber die „Zodiakalzeichen", die im Wechsel alle zwei Stunden im Osten aufgehen.[143] Wie wir uns hier auch entscheiden, in jedem Falle überschreitet das Interesse der Rabbinen an dieser Stelle zweifellos die Grenzen der kalendarischen Astronomie und bereitet den Weg für Berechnungen, die allein für die Erstellung von *Horoskopen* von Bedeutung sein konnten.[144]

Auch für *teqûphôth* lassen sich neben der Übersetzung als „Sonnenwenden" weitere Möglichkeiten ins Auge fassen. Die Grundbedeutung נקף/קוף ist nämlich allgemeinerer Art – „Wende, Zyklus, Kreis(lauf)" –, so daß wir auch eine Berechnung der Planetenzyklen hier unterstellen dürfen. Eine derartige Auffassung der *teqûphôth* ist den Rabbinen ebenfalls geläufig gewesen, wie mAbot III, 18 zu entnehmen ist. Dobin geht sogar noch weiter und vermutet die Berechnung des Saturn-Zyklus an dieser Stelle, der etwa 28 Jahre dauert. Zusätzlich fallen die *teqûphôth* ihrerseits jährlich um 1,25 Tage nach hinten, und „[e]very 4 years each *Tekufah* would occur

---

wichtig, daß die „*tequphot umazzalot* [...] auch den Mittelpunkt der Synagogenfußböden bilden" (1975, 35). Die Pavimente stammen bekanntlich nicht aus dem dritten Jahrhundert, sondern sind Zeugnisse der späteren talmudischen Zeit; vgl. VON STUCKRAD 1996, 161-175; zur Frage, ob die Rabbinen mit den Synagogen überhaupt in direkte Verbindung gebracht werden können, vgl. ebda. S. 177f.

[142] Diese Übersetzung findet sich bei GOLDSCHMIDT und DOBIN (1983, 200).

[143] Dies würde dem „*mazzal* der Stunde" entsprechen, wie R. Chanina ihn in bSchab 156 II A in die Diskussion bringt, s.o. S. 472.

[144] Gleichzeitig stoßen wir hier auch auf die Spuren einer sehr alten priesterlich-kulttheologischen Diskursstruktur, die von einer Parallele zwischen irdischer Liturgie und himmlischer Ordnung weiß. Dies zeigt sich etwa in bBer 59b: „Die Rabbanan lehren: Wer die Sonne in ihrer Wende und den Mond in seiner Kraft sieht, die Sterne in ihren Bahnen und die Sternbilder in ihrer Ordnung, der sage: gepriesen sei, der das Schöpfungswerk vollbringt." Interessant ist auch die Einschränkung durch R. Abaje: „Diesen Segen spricht man nur alle 28 Jahre." Sollte hier ein Wissen um die *Saturnzyklen* von 28 Jahren aufleuchten, das im priesterlichen Zusammenhang von großer Bedeutung war und sich nahtlos mit dem Siebenerschema ältester Zeit verband? Vgl. auch jBer IX, 2,13d; tBer VII; LevR 23,8 (jeweils ohne Rekurs auf die 28 Jahre); STEMBERGER 1975, 41.

at the same hour of the day, but 5 days later. After 28 (4 x 7) years, the *Tekufah* recurs not only at the same hour of the day but also on the same day of the week. This is known as the Great Cycle."[145] Auf den ersten Blick mag diese Theorie etwas konstruiert wirken. Aber die Wichtigkeit der Planeten, die über einzelne Stunden der Woche herrschen, ist ein nicht zu unterschätzender Faktor talmudischer Astrologie. Wir sahen bereits, daß der „*mazzal* der Stunde" auch jene Planetenherrscher ins Auge fassen konnte.[146]

In bErub 56a liegt eine längere astronomische Abhandlung vor, die ohne ein Verständnis, wie Dobin es vorschlägt, dunkel bleiben muß. Dort diskutieren die Rabbinen über das quadratische Messen, welches entsprechend den Himmelsrichtungen durchgeführt werden soll: „Als Merkzeichen diene dir der Wagen[147] im Norden und der Skorpion im Süden." Schmuel führt im Anschluß daran aus, daß der Wendepunkt des Frühlings [תקופת ניסן] nur eintreten kann „entweder nach dreiviertel Tag, am Beginn des Tages, am Beginn der Nacht, in der Mitte des Tages oder in der Mitte der Nacht." In der gleichen Weise werden auch die Stunden angegeben, an denen die anderen Jahreszeiten beginnen können. Dann heißt es:

> Von einem Wendepunkt zum anderen sind es genau 91 Tage und siebeneinhalb Stunden, und eine Jahreszeit kann in die nächste nur eine halbe Stunde hineinragen. Und es sagte Schmuel: Nie fällt die Frühlingswende in den Jupiter, ohne Bäume zu brechen, und nie fällt die Winterwende in den Jupiter, ohne die Saaten zu verderben. Dies (geschieht) nur dann, wenn der Neumond (in der Stunde) des Mondes geboren wird oder (in der Stunde) des Jupiter.

Diese Stelle bereitet erhebliche Schwierigkeiten, wenn man sie nicht in der vorgeschlagenen Weise übersetzt.[148] Nach der Planetenliste, die Dobin für die Jupiter- und die Mondstunden gibt,[149] muß die von Schmuel genannte Frühlingswende zwei Bedingungen erfüllen: Sie muß um Mitternacht oder um Mittag, um 6:00 h oder um 18:00 h

---

[145] DOBIN 1983, 199.
[146] S.o. S. 472f.
[147] Es gibt m.E. auch hier keinen Grund, den Wagen als Irrtum aufzufassen, wie schon zu bSchab 156 diskutiert (s.o. S. 487 Anm. 139). Diese Hypothese gründet allein darauf, daß ansonsten im Bavli lediglich die zwölf Zodiakalzeichen vorkommen. Gerade die Verbindung des Wagens aber mit dem Norden spricht tatsächlich für eine astronomisch korrekte Zuordnung, da der Wagen ein zuverlässiges Sternbild in dieser Hinsicht ist.
[148] So übersetzt GOLDSCHMIDT z.B. völlig unsinnig: „ [...] dies jedoch nur dann, wenn die Konjunktion des Mondes mit dem Monde oder dem Jupiter erfolgte".
[149] Vgl. Tafel 20.4 in DOBIN 1983, 214.

eingetreten sein; und sie muß an einem Tag stattgefunden haben, an dem diese Stunden von Jupiter beherrscht werden, nämlich Sonntag 18:00 h, Dienstag 12:00 h, Donnerstag 6:00 h oder Sonnabend um Mitternacht. Wenn man dasselbe Verfahren für die Winterwende durchführt, so stellt man fest, daß beides für ein Jahr praktisch ausgeschlossen ist, was offensichtlich auch der Intention des Textes entspricht.[150]

Die Schmuel in den Mund gelegten rabbinischen Regeln bieten die Möglichkeit, genau anzugeben, in welchem Jahr welche Jahreszeit unter welchem planetarischen Einfluß steht; außerdem entstehen Planetenzyklen, welche wiederum mit dem Saturn-Zyklus in Einklang gebracht werden können (s.o.). Die Symmetrie ist so beachtlich, daß wir die Möglichkeit ins Auge fassen müssen, im Bavli auf Traditionen zu stoßen, die sich aus priesterlicher (Kult-) Astronomie entwickelten, wie wir sie in Qumran vorfinden. Ein Hinweis darauf könnte auch im Kontext der zitierten Stelle vorliegen, denn vermutlich haben die Redaktoren die Überlegungen Schmuels nicht zufällig in die Abhandlung über die Maße der Stadt eingebettet, die sehr alte Vorgaben hinsichtlich einer Architektur tradiert, die am Heiligkeits- und am Entsprechungsdenken orientiert war.

Die Möglichkeit, daß Schmuel hier den Beginn der Jahreszeiten mit dem *Aszendenten(herrscher)* der jeweiligen Stunde in Verbindung bringt, ist demgegenüber kaum zu rechtfertigen. Denn wenn auch „die Stunde des Mondes" als Krebsaszendent, „die Stunde des Jupiter" aber als Aszendent im Schützen oder in den Fischen aufgefaßt werden könnte, fragt man sich natürlich, wie dies zu der Voraussetzung paßt, die Wende falle „in den Jupiter". Nur die Hinzunahme einer weiteren Stundeninterpretation erhellt die Passage, was der Deutung Dobins großes Gewicht verleiht.

In der Tradition des Bavli erscheint R. Schmuel als der stärkste Vertreter der wissenschaftlichen Astronomie. Man nannte ihn deshalb auch „den Astronomen" und „Ariokh den Großen";[151] neben den bereits zitierten Stellen bBer 58b und bErub 56a wäre hier auch bChul 95b bzw. bRH 20b zu nennen.[152] Schmuels Kompetenz erlangte auch auf medizinischem Gebiet einige Berühmtheit,[153] so daß

---

[150] Für eine genaue Analyse muß auf DOBIN 1983, 211 verwiesen werden.
[151] Vgl. bBM 85b.
[152] Zu Schmuel vgl. NEUSNER 1965-70, II, bes. 64-72; B.M. BOKSER: *Samuel's Commentary on the Mishnah*, Leiden 1975; STRACK/STEMBERGER 1982, 91.
[153] Bekannt sind besonders seine Bemerkungen zum Aderlaß in bSchab 129b; vgl. ROSNER 1977, 156-170 („Mar Samuel the Physician"). Auf das weitere Umfeld geht auch NEUSNER 1965-70, I, 140ff ein.

man behaupten kann, dieser Rabbiner sei auf der Höhe der damaligen Wissenschaft gewesen. Legt man die rabbinische Genealogie zugrunde, so muß man konstatieren, daß die Astrologie folglich schon zu Beginn des dritten Jahrhunderts fest im babylonischen Judentum verankert war,[154] denn eine solche Kompetenz ist kaum ohne längere Vorgeschichte denkbar.[155] Wenn man jedoch gegenüber dieser Chronologie – wie hier geschehen – Zweifel anmeldet, so könnte sich „Mar Schmuel" auch als eine Chiffre für die besondere astronomische und medizinische Kompetenz herausstellen, welche den Rabbinen nachgesagt wird. Wir werden unten Kap. 5 auf die pseudepigraphischen Tendenzen des Bavli zurückkommen.

Die Analyse der einschlägigen Passagen hat zweifelsfrei ergeben, daß – selbst wenn man im Detail zu anderen Auffassungen neigt – die Rabbinen nicht nur über rudimentäre astrologische Kenntnisse verfügten, sondern ihre Kompetenz weit über das hinausging, was für die Berechnung des Kalenders vonnöten war. Dazu kommt, daß sie die Ausübung der astrologischen Wissenschaft ausdrücklich für gut hießen, sie sogar als biblisches Gebot auffassen konnten, dessen Mißachtung eine Sünde darstellt. Im folgenden wollen wir untersuchen, in welche konkreten astrologischen Anwendungsgebiete dieses Grundwissen im Bavli eingeflossen ist.

4.4.2. Horoskopinterpretation und Prognosen

Die Deutung von Horoskopen ist eines der wichtigsten Anwendungsgebiete spätantiker Astrologie. In talmudischer Zeit war der Zeitpunkt schon lange vergangen, an dem nur vornehme Einzelpersonen und das Kaiserhaus professionelle Sterndeuter beschäftigen konnten oder durften. War die allgemein verbreitete Astrologie – die „Laienastrologie" – bis ins dritte Jahrhundert vor allem mit einfachen Prognosen beschäftigt, so zeigt der Bavli ein Stadium der Entwicklung, das eine große Beliebtheit der Genethlialogie auch in breiteren Kreisen der Bevölkerung mit sich brachte. Die Berichte über gestellte Horoskope sind meist beiläufig und mit einer großen Selbstverständlichkeit überliefert. Zu beachten ist gleichzeitig, daß astrologische Deutungen häufig von der Intention getragen sind, die Heilsgeschichte Israels zu erläutern und transparent zu machen. Beide Bereiche sollen im folgenden untersucht werden.

---

[154] Schmuel war der Leiter der Schule in Nehardea und starb im Jahr 254.
[155] So WÄCHTER 1969a, 198. Eine solche Darstellung übersieht freilich, daß auch in Palästina die Sternkunde unter Juden weit verbreitet war; selbst wenn wir die R. Schmuel zugeschriebenen Kenntnisse so früh ansetzen, brauchen wir nicht notwendig auf den babylonischen Raum zu rekurrieren.

Wir sahen bereits, daß das Stellen von Horoskopen mit einem relativ strengen Glauben daran einherging, daß die prognostizierten Ereignisse auch tatsächlich in der einen oder anderen Weise – zumindest aber in ihrem „qualitativen Gehalt" – eintreffen werden (s.o. Kapitel 4.1.2.). Eine weitere Episode dieser Art wird in bTaan 25a erzählt: Eingebettet in verschiedene Wundererzählungen von Rabbinen wird davon berichtet, daß R. Eleasar b. Pedath, nachdem er wegen seiner großen wirtschaftlichen Not die Nachwirkungen eines Aderlasses nicht zu mildern vermochte, vor lauter Verzweiflung Knoblauch aß. Ihm wurde übel, und er schlief ein. Die Rabbinen sahen ihn im Schlaf weinen und lachen, und ein Feuerstrahl kam aus seiner Stirn hervor. Als R. Eleasar erwacht war, fragten die Rabbinen ihn, was er erlebt habe.

> Er sagte ihnen: Es saß bei mir der Heilige, gepriesen sei er, und ich fragte ihn, wie lange ich mich noch quälen werde auf dieser Welt. Und er sagte zu mir: Eleasar, mein Sohn, ist es dir recht, daß ich die ganze Welt von vorne beginne? Vielleicht wirst du dann in einer günstigeren [מזוני[156]] Stunde geboren. Ich sagte vor ihm: Dies alles, und (dann nur) „vielleicht"?! Ich fragte ihn, ob (die Zeit), die ich gelebt hatte, oder die, die ich noch leben werde, die größere sei. Er sagte: Die ich gelebt hatte. Ich sagte: (Auch) wenn dem so ist, wünsche ich es nicht. Er sprach zu mir: Als Lohn dafür, daß du es nicht wünscht, werde ich dir in der kommenden Welt dreizehn Teiche Balsamöl geben, die so klar sind wie der Euphrat und der Tigris, in denen du dich der Wonne hingeben kannst. Ich sagte vor ihm: Dies und nicht mehr?! Er sagte: Und deinen Freunden, was sollte ich denn denen geben? Ich sagte ihm: Wünsche ich (denn) etwas von denen, die nichts haben? Da gab er mir einen Schlag auf die Stirn und sagte: Eleasar, mein Sohn, ich beschieße dich mit Pfeilen.

In dieser humorvollen Geschichte wird selbstverständlich davon ausgegangen, daß das Horoskop Eleasars notwendig in der einen oder anderen Weise eintreffen wird, in diesem Falle in Form seiner Armut und seines Leidens. Gleichwohl, und darin erkennen wir erneut die spezifische rabbinische Diskursstruktur, liegt es in Gottes Macht, die Geschichte gleichsam neu zu schreiben und dadurch auch Eleazar ein günstigeres Horoskop zu verschaffen. Gott ist also einmal mehr der Astrologe, der hinter der Weltgeschichte steht.

Eine weitere Erkenntnis, die wir aus dieser Episode gewinnen können, ist die positive Deutung, welche man mit dem „Schleudern der göttlichen Pfeile" verband. Wie Raschi betont, stellt dies eine

---

[156] Wörtlich „Stunde der Ernährung/Versorgung".

besondere Auszeichnung Eleasars dar (ad locum). Wenn dem so sein sollte, wirft es ein interessantes Licht auf bNed 39b, wo die göttlichen Pfeile gegen Mond und Sonne geschleudert werden, nachdem sie sich geweigert haben, weiter zu scheinen, bis Gott dem Mose zu seinem Recht verhelfen werde. Nach Rabs Interpretation begründet Gott diesen Schritt mit der Tatsache, daß Sonne und Mond täglich von den Menschen verehrt würden, diese sich aber nicht für die Ehrung Gottes einsetzten. Auch wenn uns die Pfeile auf R. Eleasar nicht veranlassen sollten, Sonne und Mond ebenfalls als besonders von Gott ausgezeichnet zu betrachten,[157] so müssen wir umgekehrt uns doch davor hüten, sie einseitig als Negativurteil zu deuten.

In bJeb 21b wird ebenfalls beiläufig das Horoskop eines Rabbinen erwähnt. Anläßlich der Frage, wie die Bibelstelle Lev 18,15 auszulegen sei – „du sollst die Scham deiner Schwiegertochter nicht entblößen" –, wird auch folgende Möglichkeit erwogen:

> (Lies) vielmehr: *Die Schwiegertochter seiner Tochter*, denn es sagte Rab Chisda: Folgendes hörte ich von einem bedeutenden Mann, das ist Rabbi Ami: Sie verboten die Schwiegertochter nur wegen der Schwiegertochter. Es sagten zu mir die Chaldäer, ich würde ein Lehrer sein. Wenn das (heißen sollte), ein bedeutender Mann, so glaube ich es zu verstehen, wenn das (heißen sollte), ein Kinderlehrer, so frage ich die Rabbanan, die ins Versammlungshaus kommen. Jetzt verstehe ich es selber: Sie verboten die Schwiegertochter seiner Tochter nur wegen der Schwiegertochter seines Sohnes.

Ich will den rabbinischen *Pilpul* hier nicht weiter verfolgen, da es für meinen Zweck genügt, die Selbstverständlichkeit festzuhalten, mit der im rabbinischen Denken das Stellen von Horoskopen seinen Platz hatte. Was hier in die Vieldeutigkeit von Worten gekleidet ist, stellt eine Bestätigung dar für meine Arbeitshypothese, daß die Qualität des Horoskops nach rabbinischer Maßgabe in jedem Falle eintreffen werde, allerdings obliegt es der Freiheit des Menschen, die Manifestationsebene jener Qualität durch sein Handeln zu bestimmen.

Auch R. Joseph gehört zu den Rabbinen, welchen von den Chaldäern, also den Astrologen, die Zukunft enthüllt wurde. Die in bBer 64a überlieferte Geschichte ist nicht zuletzt deshalb interessant, weil hier ein konkreter „historischer" Sachverhalt im Hintergrund steht – freilich nur nach rabbinischer Genealogie. R. Joseph war zum Schuloberhaupt gewählt worden, doch hatten ihm die Chaldäer

---

[157] Gegen DOBIN 1983, 183ff.

vorausgesagt, daß er das Amt nur zwei Jahre bekleiden könne, bevor er sterbe. Deshalb verzichtete R. Joseph auf die Ehre des Amtes, und Rabba wurde an seiner Stelle Oberhaupt. Dieser versah seinen Dienst 22 Jahre lang und gab danach das Amt an R. Joseph ab, der es – wie vorhergesagt – zwei Jahre innehatte, bevor er starb.[158] Die Moral der Geschichte: Die astrologische Prognose wird sich zwar erfüllen, doch in welcher Weise, läßt sich kaum vorhersagen. Daß es immer auf die Interpretation ankommt, ist auch den Rabbinen schon aus der antiken Orakeltradition bekannt gewesen.

Damit komme ich zur zweiten Möglichkeit der Horoskopinterpretation, nämlich ihre Integration in die Geschichte Israels. In der Episode um Abram–Abraham ist uns bereits ein wichtiges Beispiel dieser Art begegnet;[159] allerdings ist die Anwendung der Astrologie keineswegs auf diesen Ahnherr beschränkt. Auch König David stand unter der Herrschaft seines Horoskops; in bSanh 49a machen sich die Rabbinen Gedanken darüber, warum sich Joab nicht der Verschwörung Abschaloms gegen seinen Vater David angeschlossen hatte, wie es 1Kön 2,28 berichtet wird. R. Jehuda war der Meinung, er habe sich eigentlich anschließen wollen, tat es aber dann doch nicht.

> Warum schloß er sich (also) nicht an? Es sagte Rabbi Eleasar: Noch bestand die Vitalität [der „Lebenssaft"] Davids. Rabbi Jose im Namen von Rabbi Chanina sagte: Noch bestand das Horoskop [איצטגניני] Davids.[160]

Der Grund dafür, daß Joab sich nicht an der Verschwörung gegen David beteiligte, ist demnach, so die Meinung R. Joses, auf das Horoskop des Königs zurückzuführen. Daß davon gesprochen wird, Davids Horoskop bestehe *noch*, ist m.E. so zu verstehen, daß das Horoskop für jene Zeit noch einen günstigen Lebensverlauf ankündigte, während dasselbe Horoskop für eine spätere Zeit etwas anderes prognostizierte. Daß Davids Horoskop seine Gültigkeit verlieren werde, ist dem Satz nicht zu entnehmen; wie wir sahen, ist hierfür in der Regel eine „Neugeburt" mit Namensänderung (Abram–Abra-

---

[158] Zum Text und verschiedenen Lesarten vgl. WÄCHTER 1969a, 187.
[159] Im Bavli wird die astrologische Kompetenz Abrahams selbstverständlich – immerhin kommt Abram aus Ur! – rezipiert. Hier sei lediglich auf bBB 16b verwiesen, wo M und T fast wörlich aufgenommen wurden; vgl. auch bJoma 28b.
[160] Die Übersetzung GOLDSCHMIDTs ist zu korrigieren: „R. Jose b. Chanina erklärte: Noch bestanden die Schicksalsleiter Davids".

ham) oder die Neuschaffung der Welt (Eleasar, s.o.) notwendige Voraussetzung.

Auch Joseph weist ein königliches Horoskop auf, welches entscheidend für die Heilsgeschichte Israels gewesen ist (bSota 36b):

> Es sagte R. Chija bar Abba, es sgte Rabbi Jochanan: In der Stunde, in der Pharaoh zu Joseph sprach, *Ohne dich soll niemand seine Hand erheben etc.* [Gen 41,44], sagten die Astrologen [איצטגניני] des Pharaoh: Einen Sklaven, den sein Herr für zwanzig Silberlinge gekauft hat, willst du herrschen lassen über uns?! Er antwortete ihnen: Ich sehe an ihm königliche Eigenschaften [גנוני מלכות].[161] (Da) sagten sie zu ihm: Wenn dem so ist, müßte er die siebzig Sprachen verstehen. Da kam Gabriel und lehrte ihn die siebzig Sprachen, doch er verstand sie nicht. Da fügte er noch einen Buchstaben des Namens des Heiligen, gepriesen sei er, hinzu, und er lernte (sie). Denn es heißt: *Als Zeugnis in* Jehôseph[162] *setzte er ihn ein, als er auszog nach dem Land Ägypten; (Eine Sprache, die ich nicht kannte, verstand [hörte] ich)* (Ps 81,6).

Dies ist ein weiteres schönes Beispiel dafür, mit welcher intellektuellen Brillianz die Autoren des Bavli es verstanden, alle Details des biblischen Textes für eine Interpretation heranzuziehen. Es ist durchaus möglich, daß die Rede vom Horoskop Josephs an dieser Stelle ihren Platz fand, da sie die Bevorzugung durch den Pharao ebenso erklären konnte wie die erstaunliche Macht, die Joseph über die Ägypter entfaltete.

Was die Astrologie angeht, können wir die wichtige Tatsache vermerken, daß die astrologischen Prognosen der Nichtjuden auch auf das erwählte Volk angewandt wurden. Der von den ägyptischen Astrologen geäußerte Einwand, Joseph müsse, wenn er ein königliches Horoskop aufweise, auch die siebzig Sprachen sprechen, wird von Gabriel als Botschafter Gottes aus der Welt geschafft. Einmal mehr sorgt Gott persönlich dafür, daß die astrologischen Erwartungen tatsächlich in Erfüllung gehen. Wollte man die Astrologie insgesamt als ungültig oder doch als auf Israel nicht anwendbar hinstel-

---

[161] Übersetzung mit GOLDSCHMIDT, der zudem auf *Arukh* verweist, wo גנזי (=Herkunft) steht. Man könnte auch גנן zugrundelegen, dann käme etwas heraus wie „ich sehe an ihm Gärten des Königreiches", was in der Grundbedeutung freilich wenig ändert. Textlich nicht gesichert ist dagegen die Übersetzung DOBINS (1983, 179), „I see the colors of rulership in him"; DOBIN scheint folglich גוני zu lesen. Eine textkritische Ausgabe von bSota könnte hier Klarheit bringen.

[162] JHWSEPh ist eine Ergänzung des Namens JWSEPh durch das H des Tetragramms.

len, so hätte man die Geschichte leicht entsprechend präsentieren können. Dies ist nicht geschehen, weil astrologische Prognosen für die talmudischen Gelehrten schlicht eine Selbstverständlichkeit waren.

Die Genethlialogie, die, wie in der Josephsepisode, teilweise nur implizit enthalten ist, stellt folglich ein wichtiges Werkzeug talmudischer Astrologie dar. Doch auch die astrologische Prognose für politische oder persönliche Entscheidungen – die *Katarchenastrologie* – wurde von den Rabbinen des Bavli gepflegt. Eine Episode dieser Art findet sich in bSanh 95a:

> Was heißt: *noch heute macht er Halt in Nob* (Jes 10,32)? Es sagte Rab Huna: Bis zu jenem Tag war die Sünde von Nob bestehen geblieben.[163] Es sprachen zu ihm die Chaldäer: Wenn du jetzt gehst, wirst du sie besiegen; wenn aber nicht, wirst du sie nicht besiegen. Daraufhin legte er eine Strecke, die er in zehn Tagen[164] zurücklegen sollte, in einem Tag zurück.

Derartige Prognosen wurden gemäß der talmudischen Astrologie nicht nur aufgrund von Horoskopen erstellt, sondern ebenso mit Hilfe von *Ominadeutungen*, wie sie seit alters her verbreitet waren. Ein längeres Zitat aus bSuk 29a möge dies veranschaulichen:

> Es lehrten die Rabbanan: Eine Sonnenfinsternis ist ein böses Vorzeichen für die ganze Welt. [...][165] Es wird gelehrt: Es sagte Rabbi Meir: Immer wenn die Himmelslichter verdunkelt werden, ist dies ein böses Vorzeichen für die Feinde Israels, denn sie lernen durch ihre Armut. [...] Es lehrten die Rabbanan: Die Sonnenfinsternis ist ein böses Vorzeichen für jene, die den Sternen dienen.[166] Die Mondfinsternis ist ein böses Vorzeichen für die Feinde Israels,[167] denn Israel rechnet (den Kalender) mit dem Mond,[168] die Sterndiener aber mit der Sonne. Eine Finsternis im Osten ist ein böses Vorzeichen für die Völker des Ostens, eine (Finsternis) im

---

[163] Die Priesterschaft von Nob ist von Sauls Leuten blutig niedergemacht worden, vgl. 1Sam 22,6-23.

[164] Die zehn Tage beziehen sich auf eine Äußerung R. Hunas etwas vorher (bSanh 94b), wo er die „zehn Reiserouten der Sünder" behandelt.

[165] Es folgen jeweils Gleichnisse, die den Zusammenhang zur Mischna UND SIE SAGTEN EIN GLEICHNIS herstellen, aber zur Argumentation wenig beizutragen haben.

[166] Die Übersetzung GOLDSCHMIDTS ist völlig falsch.

[167] Hier ist auch die Übersetzung DOBINS (1983, 223) zu korrigieren.

[168] Vgl. bChul 60b, wo der Mond mit Gott hadert, er sei der Sonne gegenüber benachteiligt, und Gott die Vorzüge des Mondes (erfolglos) zu erläutern versucht, u.a. mit der Tatsache, daß Israel Tage und Jahre nach ihm berechnet.

Westen ein böses Vorzeichen für die Völker des Westens, eine (Finsternis) in der Mitte des Firmamentes ist ein böses Vorzeichen für die ganze Welt. Hat sie das Aussehen von Blut, so kommt das Schwert über die Welt; eines *saq* [d.h. eines dunkelhaarigen Sackes, also von dunkler Färbung], so fahren Pfeile des Hungers über die Welt. [...] Tritt die Finsternis beim Eintreten [d.h. bei Sonnenuntergang] ein, so kommt die Heimsuchung langsam; bei Hervortreten [d.h. bei Sonnenaufgang], so kommt sie schnell. [...] Es lehrten die Rabbanan: Wegen vier Dingen wird die Sonne verfinstert: Wenn ein Gerichtsvorsteher stirbt und nicht nach der Halakha getrauert wird; wenn ein verlobtes Mädchen in der Stadt (um Hilfe) schreit (wegen einer Vergewaltigung)[169] und niemand ihm hilft; wegen Sodomie, und wenn das Blut zweier Brüder zusammen vergossen wird. Wegen vier Dingen verfinstern sich die Himmelslichter: Wegen der Dokumentenfälscher,[170] wegen der Falschzeugen, wegen der Viehzüchter im Land Israel (deren Tiere auf fremdem Gelände grasen) und wegen derer, die gute Obstbäume fällen.

Die Rabbinen des Bavli nahmen ältere Deutungstraditionen auf, die nicht nur in Babylonien, sondern überall in der antiken Welt gepflegt wurden. Diese assimilierte man innerhalb der eigenen religiösen Weltsicht und der eigenen Form der Bibelinterpretation. Festzuhalten ist aber auch bei diesem Passus, daß nicht die Unterscheidung gemacht wurde zwischen Gültigkeit der Omina für Israel und für die anderen Völker. Einmal gilt das Vorzeichen für *alle* Völker, ein andermal gilt es für die anderen oder für Israel, wobei aber nur das einzelne Zeichen und nicht die Ominadeutung insgesamt gemeint ist.

Nachdem wir nun einen guten Überblick über die Rolle der Horoskopastrologie sowie das Erstellen mundanastrologischer Prognosen gewonnen haben, soll noch ein Blick geworfen werden auf die vertiefenden Deutungsmöglichkeiten des Horoskops. Diese ergeben sich besonders im Zusammenhang mit dem *Aszendenten*.

Es wurde bereits festgestellt, daß der *Herrscher der Stunde* für die Astrologie des Bavli von großer Bedeutung war. Dieser konnte sich entweder auf den Aszendenten beziehen oder aber auf das Herrschersystem, das die einzelnen Stunden der Woche einteilte. Die Befunde sollen hier nicht wiederholt, sondern lediglich um einige Facetten erweitert werden, um das Bild zu vervollständigen. bBM 30b heißt es:

Es sagte der Meister: Wer zur selben Stunde geboren ist [בן גילו], nimmt (dem Kranken) den sechzigsten Teil seiner Krankheit ab.

---

[169] Vgl. Dt 22,24.
[170] Die Bedeutung geht aus der Parallele tSuk II, 5 (פלסטיר) hervor (ed. ZUCKERMANDEL: פלסתר).

Die Bemerkung findet sich auch in bNed 39b, wo sie R. Acha b. Chanina zugeschrieben wird; der *ben gîlô* ist dort allerdings nicht genannt.[171] Die Wurzel גיל mit der Grundbedeutung des Kreises oder Kreisens hat verschiedene Entwicklungen durchgemacht, u.a. bezeichnen die Derivate das Zeitalter oder das Alter überhaupt. *Ben gîlô* ist also wörtlich zu verstehen als „Sohn seines Alters", womit nicht nur das Lebensjahr gemeint ist, sondern die Stunde der Geburt.[172] Damit haben wir einen deutlichen Hinweis auf die Berücksichtigung des Aszendenten, der ja auch in bSchab 156ab II eine so große Rolle spielte. Das Diktum will also sagen, daß „Aszendentenzwillinge" durch ihr vergleichbares Anlagegefüge sich bei einer Krankheit zur Seite stehen konnten. Die Richtigkeit dieser Deutung wird auch durch die antike Astrologie selber plausibilisiert, stellt doch der Aszendent einen wichtigen Horoskopfaktor dar für das äußere Erscheinungsbild, Körperlichkeit und dementsprechend die Krankheit.

Auch bJeb 120a und bBM 27b nennen den *ben gîlô* und stellen eine Verbindung mit Körper und Krankheit her. Die Rabbinen diskutieren dort über die Möglichkeiten zur Identifizierung eines Menschen. Manche sagen, ein Muttermal könne als eindeutiges Zeichen gelten, während andere vorbringen, ein solches Zeichen sei nicht eindeutig, weil es auch bei einem anderen *ben gîlô* auftreten könne. Gleiche Aszendenten führen dementsprechend zu ähnlichen körperlichen Merkmalen. Gemeinsamkeiten zwischen astrologischen Zwillingen werden auch in bBB 12ab genannt: Zwei, die unabhängig voneinander dasselbe aussagen, werden von Abaje als בני חד מזלא bezeichnet, also als „Kinder desselben Horoskops", oder allgemein als „astrologische Zwillinge". R. Aschi pflichtet dieser Auffassung bei: בר מזליה הוא. Wächter ist somit nur zum Teil Recht zu geben, wenn er sagt: „,Sohn eines Sternes' und ,in derselben Stunde Geborener' sind zwei gleich strukturierte Ausdrücke. Sie bedeuten auch m.E. im Prinzip dasselbe."[173] Die Struktur der Ausdrücke ist in der Tat gleich, allerdings scheinen die Rabbinen doch zwischen dem Aszendentenzwilling – *ben gîlô* – mit seiner Auswirkung auf Körper und Gesundheit und dem astrologischen Zwilling im allgemeinen

---

[171] Häufig werden die beiden Stellen einfach zusammengeworfen, etwa bei WÄCHTER 1969a, 196 und DOBIN 1983, 218.
[172] Vgl. JASTROW S. 238 (*gîl* II); WÄCHTER 1969a, 196. Damit wird die Übersetzung GOLDSCHMIDTS hinfällig: „Der Meister sagte, ein Wahlverwandter nehme den sechzigsten Teil seiner Krankheit ab."
[173] WÄCHTER 1969a, 197.

Sinne unterschieden zu haben. Sicher entscheiden läßt sich diese Frage allerdings kaum, was auch auf die Alternative zutrifft, im *ben gîlô* einen Hinweis auf den gemeinsamen Herrscher der jeweiligen Stunde zu sehen.[174]

Mit der körperlichen Ebene der Aszendentendeutung ist bereits ein Themenkreis berührt, der die Rabbinen in ähnlicher Weise interessierte, wie es in der Antike überall der Fall war, und zwar die *Medizin*. Abschließend soll auch dieses astrologische Anwendungsgebiet eine kurze Würdigung erfahren.

4.4.3. Astrologische Medizin

Für die Rabbinen bestand ein wesentlicher Nutzwert der Astrologie in ihrer Anwendung für medizinische Belange. Das dahinterstehende Weltbild können wir als magisch bezeichnen, d.h. als ein Weltbild, welches von *vernetzten Energiemustern* ausgeht, in die der Mensch durch geeignete Maßnahmen eingreifen kann. Hierin unterscheiden sich die Rabbinen nicht von ihren Zeitgenossen, und so treffen wir auch im Bavli auf die Konkretionen jenes Weltbildes: die Medizin ist *homöopathisch*, verquickt mit *sympathetischer Magie*.[175] Es liegt auf der Hand, daß die Astrologie einen wertvollen Beitrag leisten konnte zur Eruierung der jeweils passenden Therapie, bzw. der aussichts-

---

[174] Vgl. DOBIN 1983, 218: „The meaning of identical planetary hours is simple: the two must be Ascendent twins! And since each planet rules one of the series of weekly planetary hours in a known distribution which repeats itself weekly, the ‚hourly-rulership-planetary-twin' will also remove pain." Die beiden Konzepte kommen nicht notwendig zur selben Geburtsstunde, da die Planeten im zweiten System jeweils mehrere Stunden der Woche regieren.

[175] Zur Medizin in rabbinischer Tradition vgl. M. STEINSCHNEIDER: „Jüdische Ärzte", in: *Zeitschrift für hebräische Bibliographie* 17 (1914), 63-96; 121-168; 18 (1918), 25-57; E. CARMOLY: *Histoire des médicins juifs anciens et moderne*, Brüssel 1944; H. FRIEDENWALD: *The Jews and Medicine*, 2 vols., Baltimore 1944 (repr. New York 1962); S.R. KAGAN: *Jewish Medicine*, Boston 1952; ROSNER 1977; diverse Artikel zum Thema in *Koroth* 9 (1985–88). Wichtige Quelle für die Medizin der talmudischen Zeit ist das „Medizinbuch" Asaphs; vgl. dazu L. VENETIANER: *Asaf Judaeus, der älteste medizinische Schriftsteller in hebräischer Sprache*, 3 Bände, Budapest 1915-1917; A. BAR SELA/H.E. HOFF: „Asaf on Anatomy and Physiology", in: *Journal of the History of Medicine* 20 (1965), 358-359; A. MELZER: *Asaph the Physician: The Man and His Book*, Ann Arbor 1980; E. LIEBER: „Asaf's Book of Medicine: A Hebrew Encyclopedia of Greek and Jewish Medicine, possibly compiled in Byzantium on an Indian Model", in: J. SCARBOROUGH (ed.): *Symposium on Byzantine Medicine* (Dumbarton Oaks Papers 38), 1984, 233-249; S. NEWMYER: „Asaph's ‚Book of Remedies': Greek Science and Jewish Apologetics", in: *Sudhoffs Archiv* 76, Wiesbaden 1992, 28-36.

reichsten Amulette, welche die Kranken entweder um den Hals oder am Handgelenk trugen. Auch die in Babylonien weit verbreiteten magischen Schüsseln müssen hier einbezogen werden, da sie den Rabbinen mit Sicherheit bekannt waren.

Wie überhaupt bei der Astrologie geht es auch bei diesem Thema den Rabbinen nicht um eine Infragestellung oder gar „Überwindung" der dahinterstehenden Weltbilder. Nicht der Gültigkeit der angewandten Therapien galt ihr Interesse, sondern deren Anwendung im Sinne der Halakha. Dies wird an der Diskussion im Traktat Schabbat deutlich, die gleich zu untersuchen sein wird. Doch zuvor soll noch ein Passus Erwähnung finden, der dazu geeignet ist, die mühelose Verbindung des magischen Weltbildes mit dem astrologischen Entsprechungsdenken zu belegen. In bNed 40 wird die Diskussion fortgesetzt, die wir bereits kennenlernten, nämlich die Regeln und die Aussichten in bezug auf einen Krankheitsfall. Dort hieß es, ein *ben gîlô* nehme dem Kranken ein Sechzigstel seiner Krankheit ab. Eine astrologische Konnotation wird auch von Raba gepflegt (bNed 40a):[176]

> Raba sagte ihnen: Am ersten Tag einer Krankheit sollt ihr niemandem davon berichten, damit der *mazzal* [des Kranken] nicht gebrochen wird.

Bei dieser Sentenz handelt es sich keineswegs um eine Anspielung auf den *ben gîlô*,[177] sondern um die Implikation eines vernetzten oder auch magischen Weltbildes, das eine sympathetische Auswirkung des Sprechens über die Krankheit mit deren Heilungsverlauf in Verbindung bringt. Im übrigen widerspricht diese Position Rabas der Annahme, das Horoskop – oder auch nur der Geburtsregent – führe zu einem klar vorauszusehenden Resultat; in einem solchen Fall wäre das Bekanntwerden der Krankheit für deren Heilung irrelevant. Auch Raba entscheidet sich also nicht zwischen „Astrologie und Judentum", sondern zwischen fatalistischer Astrologie und der freien Gestaltung des vorbestimmten Schicksals.

Damit kommen wir zur schon erwähnten Diskussion in bSchab, die deutlich macht, daß astrologische Medizin ein nicht zu unterschätzender Faktor innerhalb der antiken jüdischen Heilkunst gewesen ist. Denn es mußte die Frage geklärt werden, ob ein am Sabbat

---

[176] Denselben Rat erteilt R. Aschi in bBer 55b; zur daraus resultierenden methodischen Problematik s.o. S. 434.
[177] Gegen WÄCHTER 1969a, 196f, der allerdings selber einräumt: „Über die Berechtigung, diese Verbindungslinie mitsamt ihren Folgerungen zu ziehen, läßt sich freilich streiten" (197).

getragenes Amulett als Schmuck zu betrachten sei – und deshalb dem Verbot unterliege –, oder aber als Medizin, weshalb man sie erlauben müsse. Hiervon nicht zu trennen ist die Frage, wann ein Amulett als *bewährt* anzusehen ist, denn dies ist die notwendige Voraussetzung dafür, daß es sich überhaupt um Medizin handeln kann.

In der Gemara zur Mischna NOCH MIT EINEM AMULETT, FALLS ES NICHT VON EINEM (BEWÄHRTEN) EXPERTEN HERRÜHRT einigen sich die Rabbinen grundsätzlich auf folgende Regeln (bSchab 61a unten): Ein Amulett gilt als bewährt, wenn es dreimal geheilt hat, unabhängig davon, ob es drei verschiedenen Menschen oder dreimal demselben half. Außerdem ist es unwichtig, ob das Amulett in konkreter Not oder aber prophylaktisch eingesetzt wurde. Auch wenn das Amulett von einem bewährten Experten [מומחה] angefertigt wurde, gilt es als bewährt, wie aus M direkt zu entnehmen ist. R. Papa betrachtet die Diskussion damit als beendet, stellt aber noch eine Spezialfrage:

> Wie ist es bei drei Amuletten für einen Menschen: Wenn sich ein Amulett nicht bewährt, ist dann der Schreiber des Amulettes bewährt oder nicht bewährt? Wollen wir sagen, er habe ihn geheilt, oder (wollen wir sagen), der *mazzal* der Person habe die Inschrift (des Amulettes) empfangen?

Die Frage bleibt unentschieden, doch immerhin deckt sich die Möglichkeit der Übernahme der Amulettbotschaft mit der Raba zugeschriebenen Ansicht, der *mazzal* könne mittels des vernetzten Systems von Kräften eine Beeinflussung erfahren, sei es zum Guten, sei es zum Schlechten.

Aus diesen Überlegungen zur Bewährung der Amulette ergibt sich die rabbinische Lehrmeinung, daß sowohl ein bewährtes Amulett als auch ein Amulett, welches von einem bewährten Experten angefertigt wurde, kein Schmuck ist, sondern *Medizin*; folglich darf es am Sabbat getragen werden.[178] In einer anderen Diskussion desselben Traktates wird auf diese Halakha bezug genommen, und zwar im Zusammenhang mit der Frage, ob Tiere am Sabbat Amulette tragen dürfen oder nicht. Nebenbei erfahren wir durch diesen Hinweis, daß die damaligen jüdischen Astrologen Amulette für Haustiere anfertigten. Noch wichtiger für unser Thema ist indes folgender Passus (bSchab 53b):

---

[178] Vgl. auch DOBIN 1983, 204.

> Es sagte der Meister [*Mar*]: (Man darf am Sabbat) kein Amulett (tragen), selbst wenn es bewährt ist. Wir haben doch gelernt (s.o.): Und nicht mit einem Amulett, das *nicht* bewährt ist. Ist es demnach, wenn es bewährt ist, erlaubt? [...] Bewährt hinsichtlich eines Menschen, aber nicht bewährt hinsichtlich eines Tieres. Was soll das heißen, „bewährt hinsichtlich eines Menschen, aber nicht bewährt hinsichtlich eines Tieres"?! Jeder Mensch hat einen *mazzal*, der ihm helfen kann [hilft], aber die Tiere haben keinen *mazzal*, der ihnen helfen kann [hilft].[179]

Aus dieser Differenzierung ergibt sich, daß ein Mensch sehr wohl am Sabbat das Amulett tragen darf, da sein astrales Geschick durch die Anziehung planetarer Kräfte positiv beeinflußt werden kann. Nur den Tieren ist dies untersagt, da das Amulett a priori keinen positiven Effekt erzielen kann.[180]

Insgesamt können wir festhalten: Die Astrologie war für die Rabbinen des Bavli eine wertvolle wissenschaftliche Disziplin, die nicht nur der Welterklärung diente, sondern auch im täglichen Leben, namentlich in medizinischen Belangen, eine wichtige Funktion innehatte. Die Möglichkeiten der Astrologie im Hinblick auf diese Fragestellungen waren so weitreichend und gesellschaftlich so gut abgesichert, daß die Rabbinen vernünftigerweise gar keinen Grund sahen, die Sternkunde grundsätzlich in Zweifel zu ziehen.

Deswegen gehen alle modernen Untersuchungen am Thema vorbei, die eine solche Selbstverständlichkeit der Rabbinen nicht für möglich halten und im Zuge ihres modernen, „aufgeklärten" Ansatzes notwendig nach einer Entwicklung suchen, die zur „Überwindung" der Astrologie führen mußte. Wir werden in der folgenden Zusammenfassung zu prüfen haben, ob hier nicht möglicherweise genau das geschehen ist, was Henri Bergson thematisierte: Die Gegenwart bestimmt kausal die Vergangenheit, indem sie eine Entwicklung diagnostiziert, die erst aus der Gegenwart heraus zu verstehen ist. Geben wir diese Projektion – wenn möglich – auf, so zeigt sich ein Bild der Vergangenheit, das gänzlich andere Konturen aufweist.

---

[179] Der *mazzal* kann also dem Menschen behilflich sein, ohne daß dieser es merkt, da sein Leben eben „unter einem guten Stern steht". Eine ähnliche, beinah personifizierte Vorstellung zeigt sich auch in bBQ 2b; bSanh 94a und bMeg 3a.

[180] Dieselbe Gegenüberstellung von Mensch und Tier findet sich auch bBQ 2b. Ob eine solche Position mehrheitsfähig gewesen ist, mag bezweifelt werden, da in ihrer Konsequenz das Amuletteschreiben für Haustiere insgesamt untergraben worden wäre.

5. Ergebnisse

Die Untersuchung der rabbinischen Texte zur Astrologie hat ein Bild offenbart, das in vielen Punkten erheblich von dem abweicht, welches bislang in der wissenschaftlichen Forschung gezeichnet worden ist. Denn quer durch alle Teile des rabbinischen Kanons ist keine ernstzunehmende Spur davon zu erkennen, daß die Gelehrten *überhaupt* eine Auseinandersetzung mit der Sternkunst anstrebten. Was ihnen Probleme bereitet hat, ist die deterministische Implikation einer bestimmten astrologischen Haltung, die schon in römischer Zeit von vielen Denkern kritisiert wurde: die fatalistische Astrologie. Mag eine solche Determinierung (wenn überhaupt) für die Nichtjuden Gültigkeit besitzen, so doch auf keinen Fall für einen frommen (!) Juden, der mit Hilfe seiner Religiosität sich des Beistands Gottes versichert, der wiederum die astrologischen Aussichten zugunsten des Menschen beeinflussen kann. Hat man diesen Unterschied erst einmal zur Kenntnis genommen, entfallen einige den Rabbinen immer wieder unterstellte Aporien und Widersprüche, denn mit der hier skizzierten Haltung ist sowohl eine rabbinische Beschäftigung mit Astronomie und Astrologie vollständig kompatibel, als auch ein Festhalten an religiösen Grundpositionen, die sich aus dem monotheistischen Denken ergeben. Wie wir sahen, beschränkt sich die theologische Abwehr der Astrologie stets auf den *kultischen Zusammenhang*, nämlich die Gefahr der Sternverehrung. Sobald diese gebannt schien, konnte sich auch das rabbinische Interesse wieder der Sterndeutung zuwenden.

Das hier entwickelte Bild ergibt sich nicht nur aus dem Bavli, sondern aus der Gesamtheit der heranzuziehenden Dokumente, so daß wir es als ein wesentliches Merkmal rabbinischen Diskurses auffassen müssen. Allerdings muß man deutlich festhalten, daß erst im Bavli eine Reflexionsebene erreicht wurde, die unmißverständlich die intendierten Erklärungsmuster zu elaborieren verstand. Was im Bavli in aller Schärfe ausformuliert wurde, ist in den älteren Schriften ansatzweise, in manchen Fällen sogar nur implizit enthalten gewesen. Es stellt sich nun selbstverständlich die Frage, ob es uns möglicherweise gelingen kann, eine *historische Perspektive* des rabbinischen Diskurses zu zeichnen. Wie bereits mehrfach ausgeführt, verläuft der übliche Weg, eine solche Geschichte zu entwerfen, über die Namen der Rabbinen, welche mit gewissen Äußerungen in Zusammenhang gebracht werden. Diese Methode ist unhaltbar, und es sei noch einmal daran erinnert, daß es hier auch keine Zwischenmöglichkeit geben kann. Ich schließe mich damit der Haltung Neusners an:

> I take the view that what we cannot show we do not know. Since, to date, we have been unable to demonstrate how we may know that some attributions are reliable, others not, we do not know which ones to trust. So we must either accept them all and begin at that point, or reject them all, and find some other starting points for inquiry [...].[181]

Diese methodische Vorsicht kann in ihrer Bedeutung für das wissenschaftliche Ergebnis kaum hoch genug veranschlagt werden. Das zeigt sich unmittelbar, wenn man die Implikationen betrachtet, die sich aus den Datierungen der Rabbinennamen ergeben. Alle in diesem Kapitel angeführten Studien legen eine Verläßlichkeit der Zuschreibungen zugrunde, was zu dem Ergebnis führt, daß es erst die babylonischen Amoräer gewesen seien, die sich intensiv der Astrologie öffneten. Die Tannaiten seien demgegenüber von der Sternkunst wenig beeindruckt gewesen, obwohl auch sie schon Bekanntschaft mit ihr gemacht hatten.[182] Infolge des Aufblühens der babylonischen Akademien im dritten Jahrhundert sei es schließlich zu einer starken astrologischen Beeinflussung Richtung Westen gekommen.[183]

Diese Darstellung geht neben der Verläßlichkeit der Zuschreibungen von einem weiteren Axiom aus: Die palästinischen Juden waren von der Astrologie wenig berührt; nur die Bekanntschaft mit Babylonien, dem „Mutterland" der Sternkunst, hat ein Klima schaffen können, das zur Aufweichung der jüdischen Abgrenzung führte. Dieses Axiom, man muß es vor dem Hintergrund der hier dargelegten Untersuchungen so deutlich sagen, ist falsch. Das hellenistisch-römische Judentum hatte auch in Palästina die zeitgenössischen wissenschaftlichen Ansichten zur Astrologie weithin aufgenommen, wenn auch in ganz eigener Rezeption. Es kann gar nicht die Rede

---

[181] J. NEUSNER, *How the Talmud Shaped Rabbinic Discourse* (South Florida Studies in the History of Judaism 33), Atlanta 1991, 113.
[182] Obwohl URBACH im Prinzip diesem Diktum folgt, sagt er dennoch zu Recht, der Glaube an die Richtigkeit der Astrologie „was shared by Tannaim and Amoraim alike" (1975, 277).
[183] Noch einmal WÄCHTER, da er die herrschenden Meinungen am deutlichsten vertritt: „In Babylonien [...], wo die Sternkunde zur ‚allgemeinen Bildung' gehörte, scheint damals schon die Durchdringung mit astrologischen Spekulationen entschieden weiter gegangen zu sein. Von Babylonien aus jedenfalls begann dann von der ersten Hälfte des dritten nachchristlichen Jh's. ab eine Welle astrologischer Spekulationen auch das palästinensische Judentum zu überfluten. Sie führte stellenweise zu einer Gefährdung des Gottesglaubens, rief aber auch Kräfte des Widerstandes auf den Plan, die sich nicht nur in Palästina, sondern auch in Babylonien regten. Doch blieb die Verstricktheit in die Astrologie im babylonischen Judentum stärker als im palästinensischen" (1969a, 199).

davon sein, die im Römischen Reich hochgeschätzte Astrologie sei den maßgeblichen Teilen des Judentums gefährlich vorgekommen oder gar unbekannt gewesen.

John Gager hat in einer Darstellung des Kontaktes zwischen Judentum und Paganismus in mischnaischer und frühtalmudischer Zeit deutlich machen können, daß „the period from Bar Cochba to Julian represents a new and perhaps unique phase in relations between pagans and Jews in the ancient world."[184] Im sich entwickelnden Spannungsdreieck aus Judentum, Paganismus und Christentum kam es immer wieder zu hochinteressanten Begegnungen, Brüchen und Überschneidungen, die eine die Jahrhunderte verbindende Gesamteinschätzung kaum erlauben. So zeigt die Einzelanalyse, „that the dialogue between paganism and Judaism depended heavily on the skill and tact of each succeeding patriarch."[185] Was uns an dieser Begegnung interessiert, ist der Austausch von astrologischen Traditionen, der sich nachweislich in jener Zeit vollzog. Die *Historia Augusta* etwa tradiert zur Regentschaft des Claudius (268–270), daß

> die am besten ausgebildeten Astrologen versichern, das Leben des Menschen betrage 120 Jahre, nur Mose, der Freund Gottes (*familiarem dei*), wie er in den Büchern der Juden genannt wird, lebte 125 Jahre.[186]

Die inhaltlichen Probleme der Nachricht sollen uns hier nicht weiter interessieren,[187] sondern allein die Tatsache, daß es jüdische (palästinische) Traditionen gab, die in jener Zeit sogar im römischen Denken rezipiert wurden. Ähnliches zeigt sich auch in der schillernden Person des Julian, der 362 vor jüdischen Vertretern die Absicht bekanntgab, den Jerusalemer Tempel wieder zu errichten. Dem Kaiser war auch die Tradition um die Sternkunst Abrahams vertraut, wie seine Bemerkung beweist: Abraham „opferte genau wie wir, regelmäßig und immer"; er „prophezeite durch Sternschnuppen, was vermutlich hellenistisch ist."[188]

---

[184] GAGER 1973, 116. Vgl. auch M.D. HERR: „The Historical Significance of the Dialogues between Jewish Sages and Roman Dignitaries", in: *Scr. Hier.* 22 (1971), 121-150. HERR kommt im großen und ganzen zum selben Ergebnis wie GAGER.
[185] GAGER 1973, 91.
[186] *Claudius* II, 4f. Zu Julian vgl. GUNDEL 1966, 285f.
[187] Vgl. dazu GAGER 1973, 95.
[188] *Contra Galilaeos* 305d-306b. Vgl. GAGER 1973, 97ff (mit weiterer Literatur). Julian nimmt eine besondere Position im jüdisch-paganen Gespräch ein: „This philosophical or theological aspect of paganism's dialogue with Judaism complements the official or political aspect discussed earlier, and in the figure of Julian the two became one" (109).

Belege wie diese sind es, die uns berechtigen, von einem beachtlichen Gedankenaustausch zwischen jüdischen und römischen Traditionen in der Zeit nach Bar-Kokhba zu sprechen, natürlich ohne die gewaltigen Irritationen herunterspielen zu wollen, die jener Aufstand nach sich zog. Es ist deshalb mehr oder minder ausgeschlossen, daß die palästinischen Rabbinen an den intensiven Auseinandersetzungen jener Zeit keinen Anteil hatten.[189] Daß also die Thematisierung der Astrologie in den rabbinischen Dokumenten Palästinas nicht in der Weise durchgeführt wird wie im Bavli, liegt nicht an einer Unkenntnis der dahinterstehenden Positionen, im Gegenteil: Die Astrologie war ein so fest etablierter Wissens- und Deutungszweig der römischen Welt, daß die Rabbinen nicht auf die Idee kamen, sie zu hinterfragen. Ihre Abwehr richtete sich ausschließlich gegen die Gefährdung monotheistischen Kultes sowie einen Fatalismus, der ethisches Verhalten unmöglich machte. Solch ein Fatalismus *konnte* aus der Astrologie erwachsen – und gerade das zweite Jahrhundert hatte einige Kaiser hervorgebracht, die in dieser Weise dachten –, doch der Fatalismus ist keine *notwendige* Folgerung astrologischer Weltbetrachtung. Hier scheinen die Rabbinen eine differenziertere Sichtweise zu vertreten als ihre modernen Interpreten.

Wenn somit die These, erst die Berührung mit babylonischer Sternkunst habe eine Öffnung der Juden gegenüber der Astrologie ermöglichen können, nicht aufrecht erhalten werden kann, und zudem die Datierung über die Rabbinennamen ebenfalls keine gesicherten Ergebnisse liefert, müssen wir nach anderen Möglichkeiten Ausschau halten, um zu einer Strukturierung des rabbinischen Diskurses in zeitlicher Hinsicht zu gelangen. Methodisch betrachtet, bleibt uns nur die Möglichkeit, von den relativ gesicherten Daten des *Abschlusses* der einzelnen rabbinischen Quellen auszugehen. Sodann gilt es zu überprüfen, ob bestimmte Legenden, Lehrmeinungen oder Traditionen sich in verschiedenen Teilen des rabbinischen Kanons finden; sollte dies der Fall sein, so können wir von einem höheren Alter – vielleicht auch von einer großen regionalen Verbreitung – des Stoffes sprechen. Sind aber jene Spuren ausschließlich im Bavli enthalten, ist eine spätere Entwicklung bzw. eine eigene Bearbeitung älteren Materials anzunehmen, die uns wiederum Rückschlüsse auf den Verlauf der rabbinischen Diskussion erlaubt.

---

[189] Vgl. auch CHARLESWORTH 1987, 931 Anm. 10, der gegen WÄCHTER festhält: „The Jewish documents discussed herein indicate that interest in astrology by Palestinian Jews predates Hanina."

Tritt man mit dieser Methode an die Quellen heran, so sieht man sich zu der Feststellung veranlaßt, daß die zugrundeliegende *Diskursstruktur* eine erstaunliche Konstanz über die Jahrhunderte besaß. Dies gilt insbesondere für die strenge Ablehnung der Sternverehrung, die bereits in der Mischna im Vordergrund der Beschäftigung mit der Astrologie stand. Kultische Belange machen in der gesamten rabbinischen Literatur einen zentralen Faktor des Diskurses aus. Dies zeigt sich in der recht kontinuierlich verlaufenden Interpretation des „Götzendienst"-Abschnittes mAZ III, 3, aber auch in vielen vergleichbaren Zusammenhängen, die die kultischen Vergehen mit der Sternkunde in Verbindung bringen.

Eine weitere Kontinuität konnten wir im Hinblick auf die apologetischen Tendenzen der rabbinischen Literatur feststellen. Der Rekurs auf die Ahnen des jüdischen Volkes und ihre sternkundlichen Fähigkeiten erweist das Judentum gegenüber den anderen Völkern, die ebenfalls die Astrologie pflegen, als überlegen. Diese Argumentation bildet seit der Spätzeit des Zweiten Tempels einen wichtigen Pfeiler für die Selbstdarstellung jüdischer Geistigkeit, und sie ist auch im Bavli allenthalben anzutreffen. Gleichwohl sollten wir nicht vergessen, daß es sich hier nicht nur um apologetische Intentionen handelt – die den Anschein erwecken, eigentlich habe das Judentum die Astrologie zwar abgelehnt, aber aus politisch-religiösen Überlegungen heraus doch die Juden als die besten Astrologen dargestellt –, sondern um ein klares Zeugnis für die Selbsteinschätzung weiter Teile des antiken Judentums. Dies zeigt sich auch in der Darstellung der rabbinischen Quellen, denn der Astrologie kommt eine nicht unbedeutende Funktion innerhalb der jüdischen Heilsgeschichte zu.

Eine interessante Feststellung ergibt sich in diesem Zusammenhang aus der Rolle des *mazzal*, wie sie im Bavli ausformuliert wird: Der *mazzal* – in seinen verschiedenen Bedeutungen – steht für eine „Schicksalsinstanz", die nicht nur das Leben des einzelnen beeinflußt, sondern auch regelmäßig in die Heilsgeschichte Israels eingreift. In dieser Funktion ähnelt der *mazzal* der beiden Talmudim dem antiken Konzept der *heimarmenê*, also einer Schicksalsmacht, die sich der einen oder anderen Seite zuwenden kann, und so geschichtliche Prozesse zu bestimmen vermag. Da der Heimarmene-Begriff schon im Judentum des ersten nachchristlichen Jahrhunderts, namentlich bei Josephus Flavius, begegnet, ist seine Bekanntschaft in tannaitischer Zeit als gegeben anzunehmen. Ihre volle Entfaltung, nun als spezifisch jüdisches Konzept, erfuhr die *heimarmenê* freilich erst im Bavli, wie überhaupt die philosophische Reflexion dort auf ein zuvor im rabbinischen Schrifttum nicht gekanntes Niveau angehoben wurde. Auch wenn das Primat des Bavli zweifellos bestehenbleibt, ist es unrichtig zu behaupten, die Tannaiten hätten noch keinen entsprechenden Begriff für das Heimarmenekonzept.[190] Wie wir sahen, konnte in frührabbinischen Schriften durchaus von dem „Schicksal" gehandelt werden, indem man sich die hellenistischen Formulierungen zu eigen machte.[191]

Die Verwendung des Begriffes *mazzal* können wir als systematische Ausarbeitung der rabbinischen Position zu *Determinismus*, *Fatalismus* und *Astrologie* verstehen, die in den älteren Dokumenten bereits angelegt war. Eine grundsätzlich neue Diskursstruktur kommt darin nicht zum Ausdruck. Auch die konkrete astrologische Betätigung einzelner Rabbinen – „R. Schmuel" oder „R. Chanina bar Chama" – ist uns schon aus dem Jeruschalmi bekannt (vgl. jBer 13c), doch erst im Bavli wird dieser ganze Zusammenhang systematisch präsentiert. Wir haben es deshalb nicht mit einer *grundlegenden* Erweiterung astrologischer Rezeption im babylonischen Judentum zu tun, sondern mit einem Anwachsen astrologischer Kompetenz und sternkundlichen Materials, das in Babylonien leicht verfügbar war. Mit I. Gruenwald können wir konstatieren: „It is now a widely accepted notion that the rabbis had a fairly good knowledge of magic, astrology, medicine, cosmology, etc. Indeed, some of them were by all standards learned scholars."[192]

---

[190] „Die Tannaiten verwendeten diesen Begriff [*mazzal*, KvS] nicht, ja sie hatten überhaupt noch kein Wort für ‚Schicksal'" (WÄCHTER 1969a, 195).

[191] Die gegenteilige Meinung setzt im übrigen voraus, daß die vielen Nennungen des *mazzal* innerhalb der Midrasch-Literatur alle spät datiert werden müssen (vgl. die Belege oben Kap. 2). Datieren wir aber Teile der Midraschim vor die amoräische Zeit, kommt diese Hypothese ins Wanken; in einem solchen Falle müssen wir vielmehr umgekehrt argumentieren: Das Auftreten des *mazzal*-Konzeptes in den Midraschim – übrigens auch im Jeruschalmi – deutet darauf hin, daß die Rabbinennamen uns keinen sicheren Hinweis darauf geben, daß Tannaiten diesen Begriff noch nicht kannten.

[192] I. GRUENWALD: „Anti-Gnostic Polemic in Rabbinic Literature", in: R. VAN DEN BROEK/M.J. VERMASEREN (eds.): *Studies in Gnosticism and Hellenistic Religions, Presented to Gilles Quispel on the Occasion of his 65th Birthday*, Leiden 1981, 171-189, S. 189. In eine ähnliche Richtung äußerte sich schon FEUCHTWANG: „[I]n der lebendigen Praxis blieben Astronomie und Astrologie mächtige Triebfedern, wie sie es seit grauester Vorzeit gewesen waren." Neben der Einzigkeit Gottes hat „wohl die astrologisch-astronomische Weltauffassung und -Erklärung des Kosmos zu den bedeutendsten, kräftigsten und langlebigsten Ideen gehört, die aus der heidnischen Antike in die monotheistische Zeit hinübergenommen wurden" (1915, 241).

Diese letzte Feststellung findet weitere Bestätigung, wenn wir die rabbinische Literatur in ihrem größeren Umfeld mit in die Betrachtung einbeziehen. Zunächst wäre hier *Pirqe de Rabbi Eliezer* zu nennen, jenes haggadische Werk, das wohl erst in islamischer Zeit entstand, gleichwohl aber älteres Material in sich einschließt.[193] In den Kapiteln 6-8 werden in aller Breite astronomische und astrologische Themen behandelt, die den Anschein machen, als sei hier ein selbständiger Text älteren Datums in seinem wesentlichen Gehalt übernommen worden.

Neben die intensive astronomische Beschäftigung trat, wie überall sonst auch, die astrologische Deutung. Als für unser Thema vielleicht wichtigster „außerkanonischer" Beleg dieser Art kann *Pesiqta Rabbati* (PesR) gelten, auch wenn hier die textkritischen Fragen so schwierig sind, daß eine endgültige, sogar eine nur vorläufige Datierung offen bleiben muß. In jüngerer Zeit neigt man dazu, eine generelle Spätdatierung, wie sie früher vertreten wurde, zugunsten einer differenzierten Betrachtung einzelner Bestandteile von PesR aufzugeben.[194] Man wird davon auszugehen haben, daß der heute bekannte Text aus einer Vielzahl einzelner Traktate zusammengefaßt worden ist, allerdings keineswegs von einem einzelnen Redaktor. Einzelne Homilien, die selber keine einheitlichen Werke darstellen, sind in einem sehr langen Entwicklungsprozeß zu einem Predigtzyklus zusammengewachsen. Im 20. Kapitel ist eine umfangreiche Deutung der Heilsgeschichte Israels enthalten, die von astrologischer Symbolik geprägt ist und eine Diskursstruktur enthüllt, welche uns bereits aus den rabbinischen Dokumenten bekannt ist. K.E. Grözinger vermutet, daß dieses Kapitel ursprünglich nicht zu PesR gehörte,[195] sondern aus anderen Traditionen schöpft, was auch durch die Aufnahme von Hekhalot-Stücken nahegelegt wird.

Der Text versucht die beiden Fragen zu beantworten, warum Gott die Torah im Monat Siwan gab, und warum die Welt im Nisan und nicht im Ijjar erschaffen worden ist. Vor dem Hintergrund unserer Studien ist besonders die Beschreibung des Zeichens Fische von Interesse:[196]

---

[193] Vgl. G. FRIEDLANDER: *Pirke de Rabbi Eliezer*, London 1916 (Ndr. New York 1965); weitere Literatur bei STRACK/STEMBERGER 1982, 299.
[194] Als Überblick vgl. STRACK/STEMBERGER 1982, 273-279.
[195] K.E. GRÖZINGER: *Ich bin der Herr, Dein Gott! Eine Homilie zum ersten Gebot (PesR 20)* (Frankfurter Judaistische Studien 2), Frankfurt a. M. 1976, 19f.
[196] Vgl. zu einer ausführlicheren Darstellung FEUCHTWANG 1915, 246; STEMBERGER 1975, 39f; VON STUCKRAD 1996, 156-159.

Pisces [Fish, the sign of Adar]. Because Israel are exempt from the forces that rule the world, and the evil eye or planetary influence can no more prevail over them [that it can over the fish in water]: only the destiny attending the hour of an Israelite's birth can affect his life.[197]

Hier scheint sich die Diskussion zu spiegeln, welche in bSchab 156ab im Mittelpunkt des Interesses stand: Gilt der *mazzal* lediglich für die anderen Völker oder auch für Israel? PesR scheint sich der Meinung R. Chaninas anzuschließen, denn erneut ist es der *mazzal* der Stunde, welcher das Schicksal repräsentiert, nun auch für Israel.

Die Einbindung der Astrologie in die jüdische (Heils-) Geschichte kommt in vielen Passagen der Homilie zum Ausdruck, die hier nicht einzeln aufgeführt werden müssen.[198] Von großem Interesse ist die Fortsetzung des zitierten Passus, denn in PesR 20,4[199] wird davon berichtet, wie Mose anläßlich der Gesetzgebung durch die sieben Himmel aufgestiegen ist. Nach R. Nachum hüllt Gott Mose in einen Teil seiner eigenen Herrlichkeit, so daß Mose die Gefahren des Aufstiegs bestehen kann. Dann öffnet Gott ihm die sieben Firmamente und zeigt ihm das obere Heiligtum, um sich schließlich selber in seiner Herrlichkeit und Schönheit, bekrönt auf seinem Thron sitzend, zu offenbaren. Israel stirbt bei diesem Anblick, wird aber von den Engeln wiederbelebt. Dann heißt es, Gott sei den Israeliten von Angesicht zu Angesicht offenbart worden, damit sie sich nicht anderen Göttern zuwenden.[200]

Man kann an solchen Texten unschwer erkennen, wie eng die verschiedenen jüdischen Traditionen in talmudischer Zeit aufeinander einwirkten und sich gegenseitig bereicherten. Besonders die *Helakhot-Literatur*[201] fand ihren Weg in unterschiedlicher Weise in

---

[197] PesR 20,2; Übersetzung nach W.G. BRAUDE: *Pesikta Rabbati*, 2 vols., New Haven/London 1968. Vgl. auch M. FRIEDMANN: *Pesikta Rabbati. Midrasch für den Fest-Cyklus und die ausgezeichneten Sabbathe*, Wien 1880 (Ndr. Tel Aviv 1963). Vgl. auch die ähnlichen Stellen in GenR 97,2 sowie PRE 6 (Anfang).
[198] Neben PesR 20,2 s. auch PesR 53,2 (FRIEDMANN 203a, BRAUDE 886-888), PesR 27/28,1 (FRIEDMANN 133b, BRAUDE 547f); vgl. STEMBERGER 1975, 39-41.
[199] FRIEDMANN 96bff, BRAUDE 405ff.
[200] Vgl. SCHOLEM 1960, 62 und 68 Anm. 12.
[201] Wir hatten schon wiederholt Gelegenheit, die Hekhalot-Literatur auf ihre astrologischen Komponenten hin zu untersuchen. Besonders im Zusammenhang mit den kulttheologischen Dimensionen der Qumranschriften zeigte sich eine nicht unerhebliche Affinität zum Genre der Hekhalot-Texte, allerdings verbot der große zeitliche Abstand der Dokumente das Ziehen einer direkten Verbindungslinie (s.o. Kap. IV.2.1.1.). Wir werden unten Kap. IX.3.2.1. auf diese Thematik zurückkommen.

die rabbinischen Texte hinein und, wie PesR zeigt, auch in die Homilien im weiteren Umfeld. Man wird in diesem Zusammenhang beachten müssen, daß die Hekhalot-Mystiker keineswegs vom „normativen" rabbinischen Judentum ausgegrenzt lebten, sondern tatsächlich eng mit ihm assoziiert waren, wie ihre Beteiligung an synagogaler Liturgie, am rabbinischen Ideal der Torah-Frömmigkeit und am öffentlichen Leben insgesamt zeigt.[202] Im Aufstieg des Adepten in den Himmel können wir überdies ein Motiv ausmachen, welches quer durch alle literarischen Gattungen des antiken Judentums die Frommen in seinen Bann zog, sei dies nun in genuin mystischem Kontext,[203] in rabbinischer Legendenbildung, oder aber in astrologischem Zusammenhang, der sich spielend mit den beiden erstgenannten verbinden konnte.

---

[202] Vgl. SCHOLEM 1960, 12; A. GOLDBERG: „Einige Bemerkungen zu den Quellen und redaktionellen Einheiten der Großen Hekhalot", in: *Frankfurter Judaistische Beiträge* Heft 1 (1973), 1-49, S. 32 Anm. 39; STEMBERGER 1975, 42. Hier wäre auch die rabbinische Regel zu nennen, daß man über die מעשי מרכבה nicht öffentlich sprechen darf (vgl. mChag II, 1; tChag II, 1; jChag 77a; bChag 11b). Vgl. hierzu GRUENWALD 1988, 61ff, sowie zum Thema insgesamt G.A. WEWERS: *Geheimnis und Geheimhaltung im rabbinischen Judentum* (RGVV 35), Berlin/New York 1975.

[203] Neben der Hekhalot-Literatur ist hier auch an den *Sefär Jᵉtsîrah* zu erinnern, der explizit den Zusammenhang zwischen den Buchstaben des hebräischen Alphabets und den *mazzalôth* herstellt (5,3ff). 6,15 ist davon die Rede, daß Gott Abraham das Geheimnis der Torah aufgedeckt hat und die 22 Buchstaben der Torah „leuchten ließ in den sieben Sternen und fahren in den zwölf Sternbildern"; vgl. I. GRUENWALD: *A Preliminary Critical Edition of Sefer Yezira* (Israel Oriental Studies 1), Tel Aviv 1971, 132-177; N. SED: „Le Sefer Yesirah", in: *Revue des Études Juives* 132 (1973), 513-528. Der Sefär Jᵉtsîra ist ein gutes Beispiel dafür, daß das Entsprechungsdenken im damaligen Judentum nach wie vor bekannt gewesen ist. Besonders die 12 „einfachen Buchstaben" „ermöglichen kosmologische Assoziationen, vor allem zu den sieben Planeten und den zwölf Tierkreiszeichen, und von da ergeben sich – für damals – selbstverständlich auch wieder anthropologische Bezüge im Sinne des astrologischen Determinismus und der Mikrokosmos-Vorstellung. Dazu gehören nicht nur anatomische Entsprechungen sondern auch psychische Sachverhalte bzw. menschliche Verhaltensweisen, offensichtlich auf Grund des Einflusses der stark astrologisch orientierten Medizin jener Zeit auch hier fest verankert" (J. MAIER: *Die Kabbalah: Einführung, Klassische Texte, Erläuterungen*, München 1995, 38f [Kommasetzung im Original]). Hinzuzufügen bleibt, daß die Kombination von Buchstaben und astrologischen Motiven bereits bei Teukros bzw. Rhetorius nachweisbar ist; vgl. BOLL 1903, 469ff.

Exkurs 3:
Antike Sternverehrung zwischen Polemik und Wirklichkeit

Es wurde in dieser Arbeit wiederholt die These vertreten, die Juden hätten in hellenistisch-römischer Zeit die Astrologie keineswegs insgesamt abgelehnt, sondern sie in weiten Teilen in ihre eigene Tradition zu integrieren versucht. Wogegen man sich in aller Entschiedenheit abgrenzte, ließe sich deshalb eher als Stern*verehrung* denn als Stern*deutung* bezeichnen. Es erhebt sich nun zwangsläufig die Frage, welcher *Sitz im Leben* einer derartigen Polemik zukommt, denn immerhin ist mit der Möglichkeit zu rechnen, daß sich hier ein altes exilisch-nachexilisches Paradigma – welches die Babylonier mit Vielgötterei und Sternverehrung in Verbindung brachte – verselbständigte und in späterer Zeit zur Abgrenzung diente, obgleich der Anlaß dafür schon länger nicht mehr bestand. Es gilt also zu klären, ob dem Diskurs über Sternkulte und Astrologie überhaupt ein historischer Sachverhalt als Gegenstand zugeordnet werden kann, oder ob wir hier einer Argumentation begegnen, die gleichsam mit Potemkinschen Dörfern arbeitet.

Unsere Untersuchung entfaltet sich in drei Schritten: Zunächst ist es notwendig, sich einen Überblick über das Vorkommen von Sternverehrung im Umfeld der römischen Kultur und Religion zu verschaffen. Dabei ist auch nach Vorläufern im hellenistischen, babylonischen und persischen Raum zu fragen. Im Anschluß daran sollen die nicht unbeträchtlichen jüdischen Zeugnisse für eine Einbindung astraler Größen in die religiöse Theorie und Praxis, bis hin zu ihrer kultischen Relevanz, hinzugezogen werden. Mit diesem Material werden wir schließlich erneut an die Frage herangehen, wie die unterschiedlichen Ebenen astrologischer Betätigungen innerhalb des Judentums den Diskurs bestimmten, mit anderen Worten: ob die Ablehnung des Sternkultes auf bestimmte pagane, aber auch jüdische Gruppierungen zielte, von denen man sich abzugrenzen suchte.

1. Die Rolle der Sterne in nicht-jüdischen Kulten

In *Mesopotamien* kam den Sternen seit jeher eine hohe Bedeutung in Religion und Kultur zu. Dabei schwankte die kultische Praxis durchaus zwischen einer eigentlichen Verehrung der Gestirne und der Verehrung der dahinterstehenden Gottheit, die durch *ihren* Stern lediglich repräsentiert wird. Die Symmetriebeziehung zwischen Göttin und Gott einerseits und den Bewegungen der Sterne andererseits paßt dabei weitaus besser zur astrologischen Grundposition, die sich in Mesopotamien schon im zweiten vorchristlichen Jahrtausend in aller Deutlichkeit herauskristallisierte – ein Denken in Entsprechungen, wonach beispielsweise Venus nicht die Göttin selber ist, sondern den Willen der Ischtar lediglich anzeigt. Da und dort kam es sicherlich zu einer kultischen Vermischung der beiden Kategorien, allerdings sollte die Verehrung der Gestirne in Mesopotamien nicht zu hoch veranschlagt werden. Weil wir auf diese Zusammenhänge bereits wiederholt eingegangen sind und die entsprechende Zeit zudem nicht im Zentrum der vorliegenden Untersuchung steht, wenden wir uns nun den in hellenistischer Zeit virulenten Religionen mit einer astralen Prägung zu.

Dabei gilt es vorab zu bedenken, daß der Begriff „Astralreligion", auch wenn er immer wieder verwendet wird, eigentlich keinen historischen Sachverhalt benennt.

> Denn eine Gestirnreligion im eigentlichen Sinne mit einer geschlossenen, literarisch niedergelegten Lehre, mit Gemeinden und Kirchen, mit Priestern, gottesdienstlichen Einrichtungen u. Satzungen hat es nie gegeben. A[stralreligion] ist in der überwiegenden Mehrheit ein theosophisch-philosophisches Erzeugnis des hellenistischen Synkretismus, in dem ältere orientalische u. abendländische Götter u. Kulte mit den Gestirnen in Verbindung gebracht werden.[204]

Die theosophische Komponente der Sternverehrung läßt sich im hellenistischen Raum direkt auf die Ansicht Platons zurückführen, die Sterne seien „lebendige Wesen göttlicher Art und unvergänglich" (*Tim.* 40b).[205] Nach diesem Zeugnis gab der Demiurg den Sternen den Auftrag, gemeinsam mit den anderen Göttern Lebewesen zu erschaffen, indem sie Sterbliches mit Unsterblichem verbänden (*Tim.* 41c-d). Der Demiurg

> überließ es den jungen Göttern [i.e. den Planeten, KvS], sowohl die sterblichen Leiber zu gestalten als für das übrige zu sorgen, was noch zur menschlichen Seele hinzugefügt werden müsse, nachdem sie aber das und alles daraus Hervorgehende vollendet, über sie zu herrschen und, soviel sie vermöchten auf das schönste und beste das sterbliche Wesen fortwährend zu leiten, soweit es nicht selbst Urheber der es selbst betreffenden Übel würde.[206]

---

[204] W. GUNDEL: Art. „Astralreligion", in: RAC I (1950), 810-817, Sp. 810.
[205] Zur Göttlichkeit und Beseeltheit der Gestirne vgl. CUMONT 1912, 39f (mit Verweis auf die ionische Naturphilosophie, Pythagoras und Aristoteles); BOLL 1950, 66.
[206] *Tim.* 42d-e, Übersetzung nach SCHLEIERMACHER/MÜLLER. In den *Nomoi* (821b-d) geht Platon noch weiter und fordert nachdrücklich, daß den Gestirnen, den „großen Göttern", Gebet und Opfer dargebracht werden sollen; vgl. dazu DODDS 1991, 119 m. Anm. 70.

Die Heimat der Seele in den Sternen ist ein Motiv, das vermutlich auf früheste Zeit zurückgeht.[207] Es erlebte im Laufe der Zeit einen großen Aufschwung und läßt sich sowohl im römischen Kaiserkult, als auch in gnostischen Zusammenhängen nachzeichnen. Inwieweit die platonische Lehre persische oder altägyptische Traditionen aufnahm, läßt sich kaum noch eindeutig eruieren.[208] Tatsache ist aber, daß mit dem Aufschwung der mittel- und neuplatonischen Geistesströmung in römischer Zeit auch die Rolle der Gestirne im religiösen Kult eine Aufwertung erfuhr. [209]

Eine herausragende Position kommt innerhalb dieser Entwicklung dem *Mithraskult* zu, in dessen Zentrum – wie wir sahen – ein Aufstieg des Gläubigen über die sieben Planetensphären kultisch vollzogen wurde. Bevor sich der Kult von Syrien bis ins Rheinland hinein ausbreitete, war er hauptsächlich in Kleinasien, Babylonien und Persien zuhause. Die besondere astrologische Konnotation wurde der Religion zweifellos durch die Berührung mit der babylonischen Sternkunde verliehen, denn im Mithrashymnus des zoroastrischen Awesta – Yasht 10 – werden die Zodiakalzeichen und Planeten noch nicht genannt.[210] Das änderte sich später, und die babylonischen Spuren sind unverkennbar;[211] ein Priester des Mithras nennt sich ausdrücklich „studiosus astrologiae".[212]

---

[207] Vgl. GUNDEL 1966, 77.
[208] Vieles spricht dafür, daß der Zoroastrismus dabei eine besondere Rolle spielte; vgl. VAN DER WAERDEN 1968, 215-224. Es ist ihm sicher zuzustimmen, wenn er für die platonische Lehre vom Himmel als der wahren Heimat der Seele festhält: „Mir scheint, wir rühren hier an die tiefste religiöse Wurzel der Horoskop-Astrologie. Die Seele kommt vom Himmel her, wo sie am Kreislauf der Gestirne teilgenommen hat. Sie vereinigt sich mit einem Körper und bildet mit ihm ein Lebewesen. So erklärt es sich, dass der Charakter des Menschen vom Himmel her bestimmt wird" (S. 220).
[209] Vgl. zur römischen Vorgeschichte jener Verehrung C. KOCH: *Gestirnverehrung im alten Italien. Sol Indiges und der Kreis der Di indegetes* (Frankfurter Studien zur Religion und Kultur der Antike 3), Frankfurt a. M. 1933.
[210] Vgl. dazu vor allem BIDEZ/CUMONT 1938 I, 5-55; VAN DER WAERDEN 1968, 226ff, der zusammenfassend festhält: „Die plausibelste Annahme ist also, dass der Mithrakult von Persien oder Medien über Babylon nach Kleinasien und von dort nach Rom gekommen ist" (S. 226).
[211] Daß die astrologischen Spuren auf Babylonien und nicht auf die hellenistische Astrologie verweisen, zeigt VAN DER WAERDEN 1968, 227-229 anhand der „drei Welten" Kaiser Julians, die auf die „drei Wege" des Enlil, Anu und Ea rekurrieren dürften. Die zeitliche Ansetzung ist freilich schwierig, dennoch spricht vieles für die babylonische Provenienz wichtiger mithräischer Lehren. Zur Rolle der Planeten im Mithraskult vgl. vor allem BECK 1988.
[212] Vgl. BIDEZ/CUMONT 1938 I, 67.

Exkurs 3: Antike Sternverehrung zwischen Polemik u. Wirklichkeit 515

Eine klare Mittelposition zwischen Mithraskult und verwandten hellenistisch-römischen Religionsgemeinschaften stellt die sog. *Mithrasliturgie* dar: Neben den zweifellos vorhandenen mithräischen Komponenten,[213] die in der Kritik an dem Herausgeber A. Dieterich bisweilen stark heruntergespielt worden sind, treten auch magisch-mystische Linien hervor, die auf einen hermetischen Zusammenhang verweisen.[214] Doch nicht die religionsgeschichtliche Einordnung interessiert uns an dieser Stelle, sondern die Frage nach der Rolle der astralen Mächte innerhalb des Kultes; mehrere Passagen sind dabei aufschlußreich: So wird der Adept ganz im Sinne der platonischen und hermetischen Lehrtradition aufgefordert, die „sieben unsterblichen Götter der Welt (τοὺς ζ' ἀθανάτους θεοὺς τοῦ κόσμου, Z. 620)" anzurufen, also die Gestirne. Das Ergebnis ist eine Vereinigung mit den Kräften der jeweiligen Gestirnsmacht, wodurch das eintritt, was der Gläubige schon zuvor ausgesprochen hatte: „Ich bin ein Stern, wandelnd mit Euch, und hervorstrahlend aus der Tiefe".[215] Die Zahl Sieben wird später auch auf die „sieben Jungfrauen" bezogen, die ebenfalls „aus der Tiefe" (ἐκ τοῦ βάθους, Z. 663) kommen und mit den himmlischen τύχαι gleichgesetzt werden. Göttliche Verehrung erfahren astrale Größen wieder in Z. 674-677, wo es heißt:

> Es treten außerdem sieben weitere Götter hervor, die das Gesicht von schwarzen Stieren haben, in leinenen Lendentüchern und im Besitz von sieben goldenen Diademen. Dies sind die sogenannten Pol-Herrscher des Himmels (πολοκράτορες τοῦ οὐρανοῦ), die du in derselben Weise grüßen mußt, jeden von ihnen mit seinem eigenen Namen.

Neben der besonderen Wertschätzung des größten Gottes Helios-Mithras zeigt sich an diesen Stellen eine kultische Einbindung der Planeten- und Astralgötter, die man nicht mehr als marginales Phä-

---

[213] Zu nennen ist besonders die Anrufung des „großen Gottes Hêlios Mithras" (Z. 482), die Anrufung der Elemente (Z. 487-537), die Beschreibung des feuer-atmenden Gottes Aiôn (Z. 587-616), die Darstellung des Hêlios (Z. 635-637) und schließlich des höchsten Gottes (Z. 693-704).
[214] Vgl. MEYER 1976, viii, der die Kritik an DIETERICHS Charakterisierung des Textes als Mithrasliturgie durch F. CUMONT und R. REITZENSTEIN zurückweist, aber einschränkt: „[...] it is advisable to conclude that the Mithras Liturgy may indeed represent some variety of Mithraism – – though not, to be sure, Mithraism as it is usually presented. If there is Mithraism in this papyrus, it is a Mithraism on the fringe, a Mithraism preoccupied with individualism, syncretism, and magic. The Mithras Liturgy may thus illustrate a direction taken by those carrying on the Mithras tradition in Egypt." Dieser Einschätzung ist sicher zuzustimmen.
[215] ἐγώ εἰμι σύμπλανος ὑμῖν ἀστήρ, καὶ ἐκ τοῦ βάθους ἀναλάμπων οξυ ο ξερθευθ (Z. 574f).

516 Exkurs 3: Antike Sternverehrung zwischen Polemik u. Wirklichkeit

nomen bezeichnen kann. In der Mithrasliturgie sowie in den Aufstiegsszenarien hermetischer und gnostischer Provenienz[216] offenbart sich mithin eine *religiöse* Wendung der Astrologie – nicht mehr die *Deutung* steht im Mittelpunkt des Interesses, sondern die *Verehrung* oder zumindest doch die kultische Relevanz der Gestirne.

Zur stärksten Ausformulierung des astralen Kultes in hellenistisch-römischer Zeit – und das klang in der Mithrasliturgie bereits an – kam es zweifellos im Rahmen der *Magie*.[217] Die Planeten erfreuten sich dort einer großen Wertschätzung, und man wußte sich ihrer Hilfe durch vielfältige Anrufungen und Preisungen zu versichern. Einige Beispiele mögen dies verdeutlichen:

PGM IV, 2241-2358 stellt eine umfangreiche Anrufung des *Mondes* dar, in der wiederholt die Göttlichkeit des Erdtrabanten herausgestrichen wird:

> Sei gegrüßt, heiliges Licht, Herrin des Tartaros, die du mit Licht schlägst, sei gegrüßt, heiliger Lichtglanz, der du aus dem Dunkel gekommen bist, die du alles verwirrst mit unbedachtem Rat: anrufen will ich, und du sollst erhören meine heiligen Gebete; denn die grause Anankê ist dir immer untertan.[218]

Ähnlich heißt es in einem Gebet an Selene:

> Nahe mir, liebe Herrin, dreigesichtige Selênê, und erhöre in Güte meine heiligen Zaubergesänge. Schmuck der Nacht, Neue, Licht den Sterblichen Bringende, in der Frühe Geborene, auf wildblickenden Stieren sitzende, Königin, die auf dem gleichen Weg wie Hêlios im Wagen einherfährt […].[219]

Die Unterwerfung unter die göttliche Kraft des Mondes schließt eine Verfügbarmachung der Göttin nicht aus, wie folgender Satz zeigt:

> […] als Listenvolle und Retterin aus Schrecknis kenne ich dich wohl, ich, als aller Zauberer Stammvater, Hermês, der Altehrwürdige, der Isis Vater. Höre ê ô, Phorba, Brimô, Sachmi, Neboutosoualêth; denn das ist dein Symbol; deine Sandale hab ich versteckt und deinen Schlüssel halt ich fest. Geöffnet habe ich die Schlösser des Tartarosbeherrschers Kerberos und gehüllt die frühzeitige Nacht in Finsternis. […] Was du tun mußt, dem darfst du nicht entfliehen. Das Notwendige mußt du mir erfüllen, ob du willst, ob du nicht willst.[220]

---

[216] Die entsprechenden Texte werden unten Teil III Kap. II.3.1. besprochen.
[217] Vgl. GUNDEL a.a.O (oben Anm. 204), 811.
[218] PGM IV, 2241-2246, Übers. PREISENDANZ, wie auch die folgenden; s. auch BETZ, GMP 78.
[219] PGM IV, 2785-2794.
[220] PGM IV, 2289-2302.

Exkurs 3: Antike Sternverehrung zwischen Polemik u. Wirklichkeit

Durch die Verschmelzung mit einem hohen Gott kann der Magier die Kontrolle über andere Göttinnen und Götter gewinnen; der Unterwerfung und Preisung folgt der Zwang, was nicht nur die Macht des Magiers unterstreicht, sondern auch Ausdruck der emotionalen Anspannung ist, unter der das Ritual abgehalten wird.[221]

Die Gestirnsgötter spielten also eine ganz besondere Rolle im magischen Ritus, und der Gläubige verfügte über eine persönliche Bindung an seine Göttinnen und Götter, die von ehrfürchtiger Anbetung bis zur Instrumentalisierung reichen konnte. Neben Selene/Mond nahm Helios/Sonne einen herausragenden Platz im magischen Pantheon ein, doch auch für Hermes/Merkur, Aphrodite/Venus oder schlicht die Allgötter sind lange und aufwendige Hymnen und Gebete erhalten.[222]

Von besonderem Interesse für unser Thema ist eine Anrufung der Venus, die ein Weihrauchopfer für den Planeten einschließt (PGM IV, 2891-2942). Das Ziel des Rituals ist die Gewinnung einer Frau, deren Liebe vermutlich durch einen von Venus gesandten Liebestraum entflammt werden soll. Falls dies noch nicht das gewünschte Resultat bringen sollte, kann noch ein zweiter Hymnus – nun mit einem zwingenden Opfer – ins Spiel gebracht werden, der sich dann an die dreigestaltige Hekate wendet. Diese Gottheit herrscht über die *anankê*, also die Notwendigkeit, und wohnt über dem Polarstern. Dort dreht sie das Weltall unaufhörlich um seine Achse. Wichtig zum Gelingen des Zaubers ist die Kenntnis des geheimen Namens der Göttin, welcher lautet: ᾿Ακτιωφι-᾿Ερεσχιγάλ-Νεβουτοσουαληθ. Neboutosoualêth lernten wir gerade schon als Namen der Artemis/Selene kennen, Aktiôphi bezeichnet vermutlich die Aphrodite, und Ereschigal ist zweifellos die babylonische Unterweltsgöttin Ereschkigal, hier mit Hekate-Persephone verschmolzen.[223] Das Ritual wird wie folgt abgehalten:

---

[221] Hierauf haben MERKELBACH/TOTTI, *Abrasax*, II, 83ff hingewiesen; vgl. die Analyse der Gebete an Selene PGM LXXII und LVII ebendort. Daß die Texte „keinen anderen Zweck" als eben diesen haben (S. 83), erscheint mir indes doch übertrieben.

[222] In der Sammlung PREISENDANZ sind 30 Hymnen enthalten, s. PGM II, 237ff. Weitere wichtige Passagen sind die Gebete an den Sonnengott als Weltschöpfer (PGM VII, 505-528), an Helios (PGM XXXVI, 211-230 und XIVa), an Selene-Isis (PGM LVII und LXXII) und an Selene (PGM VII, 756-794). Vgl. die Auflistung bei GUNDEL 1968, 3-17 (Sonne), 17-24 (Dekane), 25-41 (Mond) und 41-52 (Planeten).

[223] Zu diesen Zuordnungen und zum Text insgesamt vgl. MERKELBACH/TOTTI, *Abrasax*, II, 113-121.

518 Exkurs 3: Antike Sternverehrung zwischen Polemik u. Wirklichkeit

> Räucheropfer an den Stern der Venus. (Man benötigt) Blut und Fett einer weissen Taube, rohe Myrrhe und gekochte Artemis-Pflanze. (Rühr das) zusammen (und) mach Pillen und opfere dem Stern auf Holz oder Holzkohlen vom Weinstock. Halt aber auch das Hirn eines Geiers für das zwingende Opfer bereit, damit du es nachher vollführen kannst.[224]

Der Magier sichert sich daraufhin vorsorglich ab, indem er den Hymnus für das zweite, nämlich das zwingende Opfer voranstellt, und dann erst die Venus preist und um Hilfe anfleht. Er schließt mit der Hinleitung zum Ziel des Rituals:

> Darum gewähre mir dies, Selige (?), so wie du deinen Zuro in den Sternen, als er nicht zum Reigen kommen wollte, herbeiführtest um sich im Bett zu vereinigen, und wie er, als er herbeigeführt war, den grossen Barzan drehte und sich drehend nicht mehr aufhörte und (nun) im Umschwung rauscht. Deshalb führe herbei zu mir die N.N., die Tochter des N.N., zur Liebe und ins Bett, in Zypern geborene Göttin, vollende es, dass der Zaubersang vollendet werde.[225]

Interessant ist der gleich anschließende Passus, belegt er doch eindrucksvoll die direkte Verbindung zwischen astrologischen Deutungstechniken und dem magischen Ritus. Der Magier wird nämlich aufgefordert, die Venus genau zu beobachten:

> Wenn du siehst, wie der Stern rötlich leuchtet, dann ist das ein Zeichen dafür, dass sie [die Geliebte, KvS] getroffen wurde; wenn er Funken aussendet, hat sie sich auf den Weg gemacht; wenn er einen länglichen (Strahl aussendet) wie eine Lampe, dann hat (Venus) sie (die Geliebte) schon herbeigebracht.[226]

Die Magie im Römischen Reich machte also weithin Gebrauch von astrologischen Techniken; im Rahmen eines rituellen Geschehens versuchte man die Kraft der Planetengötter auf die Erde herabzuholen oder sich mit ihnen zu verbinden. Dabei kam es auch zu Räucherungen und Weihungen, welche der Verehrung der Gestirnsgötter Ausdruck verliehen und möglicherweise die religiöse Matrix

---

[224] PGM IV, 2891-2896, Übers. nach MERKELBACH/TOTTI, *Abrasax*, II, 115. GUNDEL bemerkt dazu: „In den Bestandteilen des Opfers erkennt man leicht den sympathischen Zusammenhang zu Göttin und Gestirn: Blut und Fett einer weißen Taube, Myrrhe, Artemisia gehören zu Venus. Mit dem ‚Hirn eines Geiers', dem ‚rechten Kinnbacken einer Eselsstute' oder einem ‚roten geopferten Kalbes' und dem ‚Anubisfaden' sollen die in dem Gestirn zugleich erschauten Gottheiten, Horos, Anubis, Seth und die kuhköpfige Isis bzw. Hathor affiziert werden" (1968, 48f).
[225] PGM IV, 2932-2938, ebenfalls nach *Abrasax*, II, 117.
[226] PGM IV, 2939-2941 (*Abrasax*, II, 117).

darstellten, gegen die man jüdischerseits – aber auch christlicherseits – immer wieder polemisierte.

Bevor wir den jüdischen Belegen für einen derartigen Ritus nachgehen, ist ein letzter wichtiger Aspekt zu nennen, der den damaligen religiösen Diskurs ebenfalls nachhaltig bestimmte: der *römische Kaiserkult*. Wir hatten bereits Gelegenheit, auf die römische Verherrlichung des Gott-Kaisers einzugehen, namentlich unter der Regentschaft Neros, Domitians und Hadrians.[227] Die Astrologie hatte zu jener Zeit einen so hohen Stellenwert, daß es notwendigerweise zu einer starken *Astralisierung* des Herrscherkultes kommen mußte. Und in der Tat rückt Helios als Kosmokrator zunehmend ins Zentrum des kaiserlichen Selbstverständnisses, damit einen Sonnenkult transportierend, der von kritischer Seite als äußerst gefährlich eingestuft wurde.

Jene astrologische Wendung des Kultes zeigte sich immer dann, wenn es um die Repräsentanz der kaiserlichen Macht ging, also um Thronbesteigungen, Hochzeiten oder sonstige Staatsfeierlichkeiten. Das spiegelt sich unzweideutig in der liturgischen, nicht zuletzt aber auch der architektonischen Struktur solcher Ereignisse wider. Henri Stierlin hält als Ergebnis seiner diesbezüglichen Studie fest: „Man sieht, wie sich eine regelrechte Verbindung entwickelt aus den Elementen: 1. Palast – Thron – *Aula regia*, 2. Hippodrom – Zirkus, 3. astrologische Geräte – Uhren."[228] Sollte man jedoch meinen, diese Verbindung beschränke sich auf die antike Blütezeit des Kaiserkultes und der Astrologie, also die ersten Jahrhunderte unserer Zeitrechnung, sieht man sich getäuscht. Stierlin gelingt der Nachweis, daß auch in Byzanz – trotz aller Veränderungen im Detail – die staatlichen Feierlichkeiten einen astralen Zusammenhang transportieren. So gebe es „keinen Zweifel an der beträchtlichen Bedeutung der Astrologie für das Ritual des Kaiserkults, den das Rennen im Hippodrom von Konstantinopel darstellt."[229]

Stierlin schließt sich in diesem Zusammenhang einer Unterscheidung an, die von André Corboz anhand italienischer Renaissance-

---

[227] S. dazu oben Kap. III.4.4.1. (Hadrian) und V.2.1. (Flavianer).
[228] STIERLIN 1988, 354.
[229] STIERLIN 1988, 226. Was den jüdischen und christlichen Umgang mit dem Kaiserkult anbelangt, so können wir vorab konstatieren, daß sich hier zwei Diskurse kreuzen, nämlich einerseits die Debatte um die Teilnahme am kaiserlichen Kult, also der Vergöttlichung der weltlichen Macht, andererseits aber die Frage nach der astrologischen Dimension des Kultes, um einen Diskurs also, der die Sternverehrung ablehnt, auch wenn die Deutungsebenen der Astrologie anerkannt werden.

Städte entwickelt worden ist.[230] Er spricht dabei von einem *doppelten Diskurs* in bezug auf die verborgene Symbolik kaiserlicher Architektur. Die Doppelstruktur zeigt sich in einem „offenen Diskurs", an dem das breite Publikum partizipiert, also einer vordergründigen astralen Deutung des kultischen und architektonischen Geschehens. Darunter aber fließt ein verborgener, gleichsam esoterischer Diskurs von Spezialisten und Eingeweihten. Dieser interne Diskurs

> wird überdeckt vom Mysterium der Initiation und verleiht dem Programm seine höhere Bedeutung. Das nicht Gesagte kommt in der Kohärenz der Symbole zum Vorschein für den Betrachter, der dessen plastische Ausdrucksweisen zu ‚lesen' versteht. [...] Den Schlüssel zu diesem sekundären Sinn liefert im gegebenen Fall augenscheinlich die Astrologie. Sie stellt das verbindende Glied dar, sie ist die Wurzel der symbolischen Struktur, wenn man sie aufdeckt.[231]

Vermutlich reicht eine solche Zweiteilung des Diskurses nicht aus, um der Komplexität der spätantiken Kulte gerecht zu werden. Dennoch zeigt sich hier die schier unerschöpfliche Virulenz astrologischer Weltbetrachtung, die sich wie ein roter Faden durch die Jahrhunderte verfolgen läßt. Für unsere Fragestellung bedeutet dieser Sachverhalt, daß wir von der Realität eines kultischen Geschehens auszugehen haben, in dem allenthalben den planetarischen Kräften – vor allem Helios/Sonne und Zeus/Jupiter – Verehrung gezollt wurde, indem der Kaiser als Kosmokrator mit ihnen verschmolz.

2. Sternverehrung im jüdischen Kontext

Nachdem wir uns einen Überblick über die Sternkulte in hellenistisch-römischer Zeit verschafft haben, können wir die Frage beantworten, inwieweit jüdischer, später auch christlicher Polemik gegen die kultische Verehrung der Gestirne eine historische Basis zukommt. Wir sahen, daß innerhalb der römischen Gesellschaft die Sternverehrung einen nicht zu unterschätzenden „Sitz im Leben" besaß, der sich vor allem in der Magie, ferner in einzelnen Religionsgemeinschaften, schließlich dann im Staatskult klar nachzeichnen läßt. Eine nichtjüdische Matrix für die Abgrenzung vom Gestirnskult ist also durchaus gegeben, so daß wir nicht davon sprechen können, die

---

[230] Vgl. A. CORBOZ: „Piazze ‚imperiali'", in: *Actes du Congrès international: „La Famiglia e la vita quotidiana in Europa dal' 400 al' 800: fonti e problemi*, 1983; ders.: *La Venezia immaginaria di Canaletto*, 2 Bände, Mailand 1984.
[231] STIERLIN 1988, 355f.

Argumentation einzelner jüdischer Kreise gründe auf überkommenen Positionen aus exilisch-nachexilischer Zeit. Es gab reale Anlässe für einen theologischen Disput.

Wir haben uns nun zu fragen, ob jener Disput lediglich zwischen Monotheismus und Polytheismus ausgefochten wurde, oder ob wir erneut eine Vernetzung der Diskurse in Rechnung zu stellen haben, wie wir sie bei der deutenden Astrologie bereits konstatieren konnten. Es liegt auf der Hand, daß wir auch für das Judentum vor allem im Bereich der Magie nach kultischen Einbindungen der Gestirne suchen müssen. Von dort besteht eine mitunter fließende Verbindung zu den jüdischen Hekhalot-Mystikern, die ihrerseits eine breite esoterische Bewegung innerhalb des antiken Judentums darstellten, mit deutlichen Überschneidungen auch zur rabbinischen Gelehrsamkeit.[232]

Die Frage, welche Funktion die häufig belegten jüdischen Gottesnamen innerhalb der magischen Tradition der Antike haben, ist durch die jüngsten Untersuchungen und die damit einhergehenden Paradigmenwechsel hinsichtlich der Magie insgesamt erneut aufgeworfen worden. E.R. Goodenough hatte den spezifisch jüdischen Charakter einiger magischer Traditionen in seinem Opus *Jewish Symbols in the Greco-Roman Period* betont, sah sich mit dieser These jedoch bald isoliert; A.D. Nock etwa konstatierte die Ubiquität der magischen Traditionen in der Antike, die ein Herausschälen genuin jüdischer Magie prinzipiell erschwert.[233] Die große Wirkung der jüdischen Gottesnamen, zusätzlich mythologisiert durch die Geschichten um Moses und Aaron in Ägypten sowie um Salomos magische Künste, hatte sich im Römischen Reich ganz offensichtlich herumgesprochen, so daß sich die Frage stellt, ob wir von der bloßen Verwendung eines kraftgeladenen Namens auf die religiöse Zugehörigkeit des Magiers schließen können. Dasselbe Problem erhebt sich bekanntlich innerhalb der christlichen Magie, die gerne vom Namen „Jesus" Gebrauch macht, um ihre Rituale durchzuführen.[234]

---

[232] Die Rolle der Astrologie innerhalb der Hekhalot-Mystik ist, sofern sie keine kultische Relevanz besitzt, nicht Gegenstand dieses Exkurses.

[233] „I agree with G[oodenough, KvS] in ascribing a considerable number of spells in the magical papyri and of amulets to Jews. […] [B]ut he probably goes too far. Magic was cosmopolitan and curiously uniform, and the power of the name Iao and of other Jewish formulas was widely recognized" (A.D. NOCK: „Religious Symbols and Symbolism I [review Goodenough]", in: *Gnomon* 27 [1955], 558-572, 569f; nachgedruckt in seinen *Essays on Religion and the Ancient World*, ed. Z. STEWART, Cambridge 1972, II, 877-894, 890f).

[234] Vgl. dazu M. MEYER: *Ancient Christian Magic: Coptic Texts of Ritual Power*, San Francisco 1994.

In neueren Untersuchungen zeigt sich, daß die beschriebene Problematik auf einer weitaus tieferen Ebene angesiedelt, die Lösung deshalb ebenfalls woanders zu suchen ist. Schließlich ist es außerordentlich schwierig – und die vorliegende Studie unterstreicht diesen Sachverhalt –, überhaupt eine Definition der Religionszugehörigkeit innerhalb des antiken Diskurses mit der wünschenswerten Klarheit durchzuführen. Die schwankenden Begrifflichkeiten im Hinblick auf das „normative", das „hellenistische" oder auch das „esoterische" Judentum haben dies verdeutlicht.[235] Für die jüdische Magie hat H.D. Betz darauf hingewiesen, daß wir die Frage der religiösen Zugehörigkeit nicht auf einer allgemeinen Ebene beantworten können. Es zeigt sich stattdessen, daß „the examples of Jewish magic present a complicated but illuminating picture, and that the question of the Jewishness of each particular spell may have to be answered from case to case, depending on the types of texts involved."[236] In vielen Fällen sind es die Schriftbeweise, die einen jüdischen Hintergrund zu erkennen geben,[237] so daß es insgesamt keinen Grund gibt, die jüdischen Elemente der PGM aus dem „normativen" Judentum auszuklammern.

M.E. müssen wir sogar noch weiter gehen und die Frage aufwerfen, ob nicht die Nennung eines jüdischen Gottesnamens allein schon ausreicht, um von einem jüdischen Diskurs bzw. einer *jüdischen Matrix* zu sprechen. Damit dürfen natürlich die unterschiedlichen Textgruppen und gesellschaftlich-religiösen Gruppierungen nicht einfach vermischt werden; der Vorteil einer solchen Ausweitung unserer Definition liegt aber darin, daß wir die Vernetzung der religiösen Diskurse weitaus besser in den Griff bekommen, ohne gleich in vereinfachender Weise von „Synkretismus" sprechen zu müssen. Aus sprachphilosophischer Sicht könnte man sagen: Die antike Magie hat in weiten Teilen „jüdisch" gesprochen, m.a.W.: sie hat jüdische Sprachspiele aufgegriffen und ihrer jeweiligen Situation angepaßt. Wir kommen nicht umhin, einen solchen Vorgang dem

---

[235] In der Unterscheidung zwischen „Christentum", „Kirche", „Gnosis" etc. werden wir auf dieselbe Schwierigkeit erneut zu sprechen kommen.

[236] H.D. BETZ: „Jewish Magic in the Greek Magical Papyri (*PGM* VII.260-71)", in: SCHÄFER/KIPPENBERG 1997, 45-63, 47.

[237] „[T]he Jewishness of the first three spells is [...] expressed by their religious framework. What makes them Jewish are the quotations from Scripture. These quotations represent the Jewish cultic context and theology, for which the creational order of the universe under God's rule are of primary importance. The language of the spells seems to be of secondary importance" (BETZ ebda. S. 59).

Phänomen „Judentum" zuzuordnen, weshalb die Frage eigentlich obsolet ist, ob die Autoren und Anwender der erhaltenen Texte sich selber als Juden betrachteten oder nicht.

Wenn wir diese methodische Überlegung bei unserer Untersuchung der Astrologie im religiösen Kult in Rechnung stellen, so gilt im Grunde alles, was oben zur paganen Magie gesagt wurde, auch für die Teilnehmerinnen und Teilnehmer am jüdischen Sprachspiel. Mit einem solchen allgemeinen Analogieschluß brauchen wir es indes nicht bewenden zu lassen, denn es gibt auch eindeutig jüdische Dokumente, die von der kultischen Verehrung der Gestirne Zeugnis ablegen. Am wichtigsten dürfte der *Sefär ha-razîm* sein, ein zentrales magisches Kompendium, das in der Forschung zu wenig Beachtung fand, und dem ich mich nun zuwenden möchte.

2.1. Sefär ha-razîm

Bei dem *Sefär ha-razîm* – dem „Buch der Geheimnisse" – handelt es sich um eine hypothetische Grundschrift, welche Mordechai Margalioth in den sechziger Jahren aus einer Anzahl magischer Texte, namentlich aus der Kairoer Genizah, rekonstruierte.[238] Der konstruierte Charakter des Dokumentes ist in der nachfolgenden wissenschaftlichen Diskussion bisweilen so stark in den Hintergrund getreten, daß man den Eindruck gewinnen konnte, das Buch der Geheimnisse sei tatsächlich ein aus dem dritten Jahrhundert stammendes magisches Kompendium. Deshalb ist es wichtig zu rekapitulieren, daß Margalioth in seiner Edition lediglich zur Hälfte auf Genizah-Material zurückgriff, während maßgebliche Teile des *Sefär* aus frühmittelalterlichen Kodices[239] und Textstücken der Hekhalot-Literatur[240] zusammengefügt worden sind. Ithamar Gruenwald ist der einzige, der auf diesen Umstand mit der wünschenswerten Klarheit hingewiesen hat und überdies eine neue textkritische Edition verlangte, weil „Margalioth tampered with the text, in some cases even where the manuscripts supply good and interesting readings."[241]

---

[238] MARGALIOTH 1966.
[239] Wichtigste diesbezügliche Quelle ist das Kaufman-MS der Orientalischen Bibiothek der ungarischen Akademie in Budapest No. 224, 41-63. Hinzu kommen spätere Sammlungen magischer Beschwörungen und Praktiken wie der *Sefär Raziel*, der *Sefär Kamajôt*, der *Sefär ha-malbûsh* und *Mafteach Schlomo*; vgl. die Übersicht bei MORGAN 1983, 2-6.
[240] Hier wären vor allem *Masäkät Hekhalot*, *Maᵃseh Bereshît* und *Shiʿûr qôma* zu nennen, hauptsächlich, aber nicht ausschließlich aus der Genizah.
[241] GRUENWALD 1980, 226. Vgl. auch J. MAIER: „Das Buch der Geheimnisse", in: *Judaica* 24 (1968), 98-111.

In der englischen Ausgabe des *Sefär* durch Michael A. Morgan ist dies nicht geschehen,[242] so daß eine neue Edition unter Einbeziehung der in der Zwischenzeit bekannt gewordenen Paralleltexte nach wie vor ein Desiderat der Forschung ist.

Da es sich um einen eklektischen Text handelt, ist auch die Datierung und die lokale Einordnung des Dokumentes nicht zweifelsfrei durchzuführen. Aufgrund eines Passus', der sich auf die römischen *indictiones* durch Diokletian 297 bzw. durch Konstantin 312 zu beziehen scheint,[243] gehen die meisten Interpreten davon aus, daß die Schrift im dritten oder vierten Jahrhundert anzusetzen ist. Darüber hinaus wird geltend gemacht, daß der Großteil der Texte in einem midraschischen Hebräisch jener Zeit verfaßt wurde, viele griechische Ausdrücke sich auch in den magischen Papyri und den aramäischen Beschwörungsschalen finden, der Duktus vieler Passagen dem der frühen rabbinischen Texte ähnelt und schließlich eine enge Verbindung zwischen dem *Sefär* und der Henoch- und Hekhalot-Literatur festzustellen ist.[244] Gruenwald plädiert dagegen für eine spätere Ansetzung des Textes – nämlich für die Kompilation in talmudischer Zeit (6. und 7. Jahrhundert) –, auch wenn er zweifellos ältere Elemente aufgenommen habe.[245]

Entgegen dem ersten Anschein liegen die Positionen m.E. nicht sehr weit auseinander, wenn man bedenkt, daß wir es hier mit einer *Makroform* magischer Texte zu tun haben, die in jüdischen Kreisen zirkulierte und in den verschiedenen religiösen, politischen und sozialen Kontexten in je eigener Weise ihre Konkretisierung erfuhr. Daß eine Virulenz jener Interessenlage schon in den ersten Jahrhunderten unserer Zeitrechnung zu beobachten ist, steht angesichts der großen Fülle magischer Papyri, aber auch jüdischer magischer Texte wie dem TestSal und später der Hekhalot-Tradition, außer Zweifel. Das heißt auf der anderen Seite allerdings nicht, daß wir ohne eine

---

[242] MORGAN 1983. Er konstatiert zunächst: „Margalioth was an excellent textual scholar", um dennoch einzuräumen, „a re-editing of SHR is needed in the future" (S. 1). Ähnliches gilt auch für die deutsche Fassung großer Teile des Buches durch J.H. NIGGEMEYER 1975.

[243] *Sefär ha-razîm* 1, 27-28: „These are the angels who are obedient in every matter during the first and second year of the fifteen year cycle of the reckoning of the Greek kings" (MORGAN 1983, 23).

[244] Vgl. MORGAN 1983, 8.

[245] Vgl. GRUENWALD 1980, 226. U.a. weist er darauf hin, daß die griechischen Parallelen nicht so eng sind, wie sie bisweilen dargestellt werden, daß vielmehr der Redaktor in einzelnen Fällen die frühere Bedeutung nicht mehr kannte: „Not all the corrupt transcriptions can be attributed to careless copyists" (ebda. Anm. 5).

genaue Prüfung die verschiedenen Ausformulierungen des Stoffes, also die *Mikroformen*, die Margalioth zusammenfügte, einfach auf das dritte Jahrhundert übertragen dürften.[246]

Trotz dieser Einschränkungen erscheint es demnach sinnvoll, das Buch der Geheimnisse als Makroform in die Betrachtung mit einzubeziehen, zumal es einen unschätzbaren Wert für die Erhellung der jüdischen Religion der Spätantike besitzt. Inhaltlich handelt es sich dabei um eine detaillierte Auflistung magischer Praktiken, Anrufungen, Rezepte und Gebete, eingebunden in einen kosmologischen Rahmen, der sich an der gängigen Siebenteilung der Firmamente orientiert. In jedem einzelnen Kapitel wird das Aussehen der jeweiligen Himmel dargelegt, sowie eine Beschreibung der Engel gegeben, die dort ihren Dienst verrichten und dem Adepten zur Verfügung stehen, sofern dieser die richtigen Rituale durchführt. Umfangreiche Engel- und Dämonenlisten, wie wir sie aus dem TestSal, dem ApokrJoh oder der Hekhalot-Literatur kennen,[247] runden das Handbuch ab.

Gleich zu Beginn wird unmißverständlich deutlich gemacht, was sich die Leserin oder der Leser von der Lektüre versprechen darf, wird doch hier entfaltet,

> (how) to master the investigation of the strata of the heavens, to go about in all that is in their seven abodes, to observe all the astrological signs, to examine the course of the sun, to explain the observations of the moon, and to know the paths of the Great Bear, Orion, and the Pleiades, to declare the names of the overseers of each and every firmament and the realms of their authority, and by what means they (can be made to) cause success in each thing (asked of them), and what are the names of their attendants and what (oblations) are to be poured out to them, and what is the proper time (at which they will hear prayer, so as) to perform every wish of anyone (who comes) near them in purity.[248]

Die zunächst nur Noah offenbarten, später dann über die aus mPirke Abot 1,1 bekannte Genealogie bis auf die „Weisen" rabbinischer

---

[246] Man beachte in diesem Zusammenhang auch, daß das „Vorwort" des *Sefär* davon spricht, Salomo seien die ספרי הרזים, also die *Bücher* der Geheimnisse, offenbart worden (26-27; MORGAN 1983, 19); dies belegt auch der erste Satz des Buches: „This is a book, from the Books of the Mysteries, which was given to Noah [...]"; vgl. GRUENWALD 1980, 227.

[247] In diesem Zusammenhang ist interessant, daß auch im *Sefär ha-razîm* die Anzahl der Engel gelegentlich auf 72 beziffert wird (vgl. 1, 30-33 [MORGAN 1983, 24]). Dieser auf ägyptische Dekanrechnungen hindeutende Zug wird uns unten Kap. IX.2.3.4. und 3.2.2. ausführlicher beschäftigen.

[248] *Sefär ha-razîm*, „Vorwort" 5-10 (MORGAN 1983, 17f).

Zeit überlieferten Kenntnisse[249] werden nun allen Adepten und Eingeweihten verfügbar gemacht.

Wiederholt wird der Gläubige aufgefordert, zur Erreichung seiner Ziele den Himmelskörpern kultische Verehrung zuteil werden zu lassen, sowohl in Form von Gebeten, als auch durch Räucherungen und Opfer. Um beispielsweise einen König oder andere hochgestellte Persönlichkeiten wohlgesonnen zu stimmen bzw. das Herz einer reichen oder schönen Frau zu erobern, wird ein Ritual empfohlen, welches dem oben besprochenen aus den PGM sehr ähnlich ist.[250] Man soll nämlich ein Löwenjunges mit einem bronzenen Messer schlachten, sein Blut auffangen und das herausgetrennte Herz damit beträufeln. Anschließend schreibe man die Namen der zuständigen Engel mit Blut auf die Haut des Löwen, und zwar zwischen die Augen, um es anschließend mit dreijährigem Wein abzuwaschen, den man endlich mit dem Blut mische. Unter Hinzunahme von bestimmten Räuchermitteln opfert man das Ganze der Venus, die man außerdem durch das wiederholte Rezitieren von Anrufungen und Beschwörungen für die eigene Sache zu gewinnen sucht.[251]

Ein zweites Beispiel sei angeführt:

> If you wish to speak with the moon or with the stars about any matter, take a white cock and fine flour, then slaughter the cock (so that its blood is caught) in „living water" [מיים חיים, also fließendes Wasser,[252] KvS]. Knead the flour with the water and blood and make three cakes and place them in the sun, and write on them with the blood the name(s) of (the angels of) the fifth encampment and the name of its overseer and put the three of them on a table of myrtle wood, stand facing the moon or facing the stars and say: *I adjure you to bring the planet of N and his star near to the star and planet of N, so his love will be tied with the heart of N son of N*.[253]

Abgesehen davon, daß wir es hier offensichtlich mit zwei ungeschickt zusammengestellten Textteilen zu tun haben – die Beschwörung will nicht so recht auf das Ziel des Rituals passen –, offenbart

---

[249] Vgl. das „Vorwort" 23-26 (MORGAN 1983, 19), wo allerdings die Reihe nicht mit den *chachamim* endet, sondern anschließend noch König Salomo genannt wird.
[250] PGM IV, 2891-2896; s.o. S. 517f.
[251] *Sefär ha-razîm* 1, 117-131 (MORGAN 1983, 33f).
[252] Das „lebendige Wasser" hatte nicht nur für magische Rituale hohe Bedeutung, sondern auch in Baptistenkreisen, allen voran bei den Mandäern. Sollte hier ein gemeinsames Sprachspiel zugrunde liegen?
[253] *Sefär ha-razîm* 1, 161-167 (MORGAN 1983, 36f); vgl. auch MORGANs grammatische Überlegungen zur Stelle.

Exkurs 3: Antike Sternverehrung zwischen Polemik u. Wirklichkeit

der Passus eine Unvoreingenommenheit gegenüber sternkultischen Handlungen, wie sie in einem jüdischen Kontext traditionell kaum erwartet wird. Interessant ist die Stelle auch deshalb, weil die Beschwörung den „Planeten von NN und seinen Stern" einbezieht; damit scheint der Text an einem Diskurs zu partizipieren, der sich im talmudischen Judentum um den *mazzal* herum entwickelt hatte.

Vor einer zusammenfassenden Bewertung wollen wir uns ein drittes Ritual vergegenwärtigen, das dem Ziel gewidmet ist, die Sonne/Helios des Nachts auf ihrer Fahrt „im Norden"[254] zu beobachten. Nach diversen Reinigungszeremonien und diätetischen Maßnahmen spricht man 21mal den Namen der Sonne und der sie begleitenden Engel aus und fährt fort:

> [...] In the name of the Holy King who walks upon the wings of the wind,[255] by the letters of the complete name that was revealed to Adam in the Garden of Eden, (by)[256] the Ruler of the planets, and the sun, and the moon, who bow down before Him as slaves before their masters, by the name of the wondrous God, I adjure you, that you will make known to me this great miracle that I desire, and that I may see the sun in his power in the (celestial) circle (traversed by) his chariot, and let no hidden thing be too difficult for me.[257]

Vollzieht sich diese Anrufung noch im Rahmen einer frommen jüdischen Depotenzierung der Engel unter den Willen Gottes, so treffen wir im Anschluß auf eine theologische Erweiterung dieser Position, denn Helios wird mit den Worten angerufen:

> Holy Helios who rises in the east, good mariner, trustworthy leader of the sun's rays, reliable (witness), who of old didst establish the mighty wheel (of the heavens), holy orderer, ruler of the axis (of the heaven), Lord, Brilliant Leader, King, Soldier. I, N son of N, present my supplication before you, that you will appear to me without (causing me) fear, and you will be revealed to me without causing me terror, and you will conceal nothing from me and will tell me truthfully all that I desire.[258]

Der Sonnengott wird hier mit eben jenen Epitheta ausgestattet, die nach einer strengeren jüdischen Tradition allein JHWH zukommen konnten: Nicht nur ist Helios der Offenbarer absoluten Wissens,

---

[254] Vgl. 1Hen 72, 5.
[255] Vgl. Ps 104,3.
[256] MORGAN liest hier במושל statt המושל; eine Emendation ist jedoch nicht nötig, da המושל auf den „Heiligen König" als Herrscher der Planeten abhebt und nicht unbedingt auf Adam zu beziehen ist.
[257] *Sefär ha-razîm* 4, 51-57 (MORGAN 1983, 70f).
[258] *Sefär ha-razîm* 4, 60-66 (MORGAN 1983, 71; vgl. auch die textkritischen Anmerkungen zu MARGALIOTH ebda. Anm. 21).

sondern sogar als Schöpfer der kosmischen Ordnung wird er gepriesen. Die Mächtigkeit seiner Erscheinung, für sterbliche Menschen ein äußerst gefährlicher Anblick, läßt sich aus der jüdischen Tradition ebenfalls unschwer herleiten.

Diese Inhalte des *Sefär ha-razîm* führten Margalioth dazu, das Buch insgesamt als „häretisch" zu bezeichnen.[259] Eine solche Haltung wird natürlich dem spätantiken Ringen um die Astrologie in keiner Weise gerecht. Wir haben es demgegenüber mit einer innerjüdischen Auseinandersetzung zu tun – die sich auch außerjüdisch spiegelt –, welche uns einen guten Einblick in die Verbreitung astralmagischer Praktiken vor allem abseits der rabbinischer Kontrolle unterworfenen Gelehrsamkeit bietet. Etwas ähnliches hat Gruenwald im Auge, wenn er vermutet:

> [I]t may be asked whether a book like *Sefer Ha-Razim*, and similar material contained in manuscripts, does not betray, in a more reliable manner than do the rabbinic writings, the nature and scope of these occult practices among the common people. After all, the rabbis and those who put their sayings into writing had certain standards to maintain. Their responsibility and obligations as religious and social leaders imposed on them restrictions and modes of expression that were not always applied among the common unlearned people.[260]

M.E. wird die (keineswegs gesicherte) Laienhaftigkeit des Dokumentes hier von Gruenwald zu stark betont; besser wäre es, von unterschiedlichen Positionen und Argumentationen innerhalb des Judentums zu sprechen, denn auch dem magischen Weltbild liegt ein hohes philosophisches Reflexionsniveau zugrunde. Die „Praxis der Konkordanz" schließlich – im Faivreschen Sinne – erforderte eine Beherrschung der Korrespondenzen zwischen Planeten, (Räucher-)Pflanzen, Tieren etc., die sicherlich nicht jedem erreichbar gewesen ist. So folgert Gundel hinsichtlich des bedeutsamen PGM V richtig: „[M]an muß annehmen, daß der Magier zur vorgeschriebenen Durchführung des Zaubers nicht nur Kenntnis dieser astrologischen Systematiken, sondern auch Zugang zu entsprechenden Tabellen oder astrologischen Lehrbüchern haben mußte."[261]

---

[259] Vgl. MARGALIOTH 1966, 14ff, wo er christliche Apologeten nennt, die die Juden angriffen, weil sie nicht zu Gott, sondern zu Engeln beteten, und weil sie Magie betrieben.
[260] GRUENWALD 1980, 230f.
[261] GUNDEL 1968, 44. GUNDEL betont mehrfach die Bedeutung des Entsprechungsdenkens für jede Form ritueller Magie, wie sie in den PGM anzutreffen ist; vgl. etwa S. 39 in Bezug auf Tiere, Steine, Pflanzen, Metalle und Räucherstoffe des Mondes.

Exkurs 3: Antike Sternverehrung zwischen Polemik u. Wirklichkeit 529

Daß die Adressatinnen und Adressaten des Buches der Geheimnisse keineswegs einer niedrigen sozialen Stufe angehörten, erkennt man an den mitunter sehr hohen Ansprüchen, welche die Rituale stellen. Zu erinnern wäre hier etwa an die Aufforderung, zur Eruierung dessen, was in den nächsten Jahren eintreffen werde, einen *hieratischen Papyrus* zu konsultieren und die eigenen Beschwörungen ebenfalls in hieratischer Schrift niederzuschreiben.[262] Würde man das Verbreitungsgebiet des *Sefär* in den ungebildeten Kreisen vermuten, so wäre man gezwungen, in dergleichen Ansprüchen einen rhetorischen Zug oder schlicht eine blanke Theorie ohne Rückhalt in der rituellen Wirklichkeit zu sehen. In einer solchen Position kommt die moderne Ansicht zum Ausdruck, magische, astrologische oder „okkulte" Techniken könnten von intelligenten Menschen schlechterdings nicht ernst genommen werden. Wie weit dies an den historischen Tatsachen vorbeigeht, kann man an Texten wie dem Buch der Geheimnisse und vergleichbaren Dokumenten erkennen.

An dieser Stelle wäre auch ein weiterer in der Forschung bislang völlig verkannter Zweig jüdischer Wissenschaftsgeschichte zu nennen – die *Alchemie*. In einer längst überfälligen Studie machte Raphael Patai jüngst deutlich, wie fest diese Disziplin seit jeher mit der jüdischen Religion, darin wiederum auch in angesehenen und gebildeten Kreisen verankert gewesen ist.[263] *Zosimus*, der um die Wende zum vierten nachchristlichen Jahrhundert lebte, war der erste, welcher seine umfassenden hermetisch-alchemistischen Kenntnisse schriftlich niederlegte. Er bezog sich dabei auf seine Lehrerin *Maria die Jüdin*, was nicht der einzige Grund ist, warum Zosimus als Jude anzusprechen ist, oder doch starke jüdische Affinitäten besaß.[264] Auf

---

[262] *Sefär ha-razîm* 1, 94-96 (MORGAN 1983, 29f).

[263] Es vollzog sich im Hinblick auf die Alchemie ein ähnlicher methodischer Zirkel wie bei der Astrologie: „One notices a psychologically understandable correspondence between the general evaluation of alchemy and the Jewish view on the Jew's participation in it. Once alchemy came into disrepute, was considered a false science, a fraudulent art – this is how it was viewed by nineteenth-century scholarship – the position of Jewish historians and other scholars was that Jewish participation in it was minimal. However, this dethronement of alchemy was preceded by a long period, some fifteen centuries long, in which alchemy was considered the greatest of arts and sciences, sincerely believed in and assiduously practiced by some of the greatest minds, including Newton in the early eighteenth and Goethe in the early nineteenth centuries" (PATAI 1994, 10).

[264] Vgl. dazu PATAI 1994, 51-59. Es ist bezeichnend für die methodischen Trugschlüsse moderner Forschung und die Implikationen gewisser Vorverständnisse, daß *Maria Hebraea* nur selten in ihrer Eigenschaft als Jüdin zur Kenntnis genommen worden ist; wertvoll deshalb ihre umfassende Würdigung durch PATAI (1994, bes. 60-91).

der Grenze zwischen Alchemie, Astrologie, Magie, Gnosis und Hermetik angesiedelt, finden sich im Werk des Zosimus zahlreiche Parallelen zu den hier verhandelten Schriften. Im Leidener Papyrus W heißt es etwa in einer Anrufung Gottes:

> All is subject to You, but none of the gods can see Your shape, because You transform Yourself into all. ... I invoke You by the names which You have in the language of the birds, in that of the hieroglyphics, in that of the Jews, in that of the Egyptians, in that of the Cynocephals ... in that of the sparrow hawks, in the hieratic language.[265]

Anrufungen wie diese lassen erkennen, daß es durchaus einiger Bildung bedurfte, die magischen Künste auszuüben. Damit soll keineswegs eine große gesellschaftliche Streuung der entsprechenden Praktiken in Abrede gestellt werden; Astrologumena, alchemistische und magische Quellen sind nicht nur in den höheren Kreisen rezipiert worden, sondern zirkulierten – in alltagstauglicher Form – auch in der breiten Öffentlichkeit. Dabei kann davon ausgegangen werden, daß die Überschneidung der Diskurse nicht der Regelfall gewesen ist. Was in der Magie die anspruchsvolle Philosophie eines Apuleius oder die Theurgie[266] gewesen ist, läßt sich in der Astrologie in elaborierten Schriften hellenistischer und jüdischer Provenienz nachzeichnen, die eine Verankerung in der breiten Masse kaum zu erkennen geben. Dort war man noch stärker an konkreten Hilfen für das alltägliche Leben interessiert, Fragen gesundheitlicher oder finanzieller Art überwogen jene nach spiritueller und philosophischer Erbauung.

Um auf den *Sefär ha-razîm* zurückzukommen, können wir festhalten, daß eine klare gesellschaftliche Einordnung der Schrift nicht durchzuführen ist. Das läßt der oben genannte Eklektizismus des vorliegenden Textes auch nicht erwarten, so daß wir unterschiedliche Trägerkreise ins Auge zu fassen haben, von einfachen Astrologen und Magiern, die das Buch oder Teile davon als Grundlage ihrer rituellen Praxis verwandten, bis hin zu ausgereiften Praktikerinnen und Praktikern, die sich auf die elaborierten Techniken jener Kunst verstanden und die intellektuellen und finanziellen Möglichkeiten mitbrachten, die für die Durchführung der geschilderten Rituale notwendig waren.[267] Das Beispiel des Zosimus zeigt, daß am Ende

---

[265] Zit. nach PATAI 1994, 57.
[266] Vgl. S.I. JOHNSTON: „Rising to the Occasion: Theurgic Ascent in Its Cultural Milieu", in: SCHÄFER/KIPPENBERG 1997, 165-194.
[267] Eine Abgrenzung der rabbinischen Gelehrten mit ihrer Verantwortung für die Gläubigen von der Personengruppe, die als Adressaten des *Sefär* in Frage kommen, wie GRUENWALD sie propagiert (s.o.), ist aus diesem Grunde nicht nur unnötig, sondern am konkreten Text auch kaum durchführbar.

des dritten Jahrhunderts bereits ein diesbezüglicher Diskurs bestand, wodurch die Frühdatierung des *Sefär* – zumindest in seiner Makrostruktur – durch die meisten Forscherinnen und Forscher gerechtfertigt erscheint.

Zurückhaltung ist geboten im Hinblick auf die Herkunft der Schrift. Auch wenn es zweifellos starke Anzeichen für einen ägyptischen Einfluß gibt,[268] weist der Text ebenso große Ähnlichkeiten mit den magischen Papyri[269] oder den Formeln der aramäischen Beschwörungsschalen syrischer Provenienz auf, die in der mandäischen Religion weiterlebten.[270]

Die kultische Verehrung astraler Mächte ist jedenfalls für das Judentum an kaum einer Stelle so klar belegbar wie im *Sefär ha-razîm*. Zum Abschluß sei eine Passage angeführt, in der zum Schutz vor wilden Tieren oder dem gefährlichen Hochwasser eines Flusses ein Ritual durchgeführt wird, welches dem rabbinischen Verbot aus mAboda Zara[271] klar entgegenzulaufen scheint. Zunächst heißt es:

> (For the wild animals) make a bronze image in the likeness of the one (which you desire to expel) and then make an iron *lamella* and write upon it, on the obverse and reverse, the names of the angels (of the seventh step) and bind it upon (the image) and bury it at the entrance of the city and let its face be facing north.

Für den Fall des Flusses wird ferner ausgeführt:

> [M]ake a stone image (of a man), write (the names of) these angels on two copper *lamellae* and place them beneath his heels, and make a

---

[268] Neben der Verwendung der hieratischen Papyri und der Nennung der römischen *indictiones*, die auf Alexandria verweisen, sind inhaltlich anzuführen der Aufstieg des Adepten durch die Mutter und die Reise der Sonne von Nord nach Ost, die auf den ältesten Textstücken MARGALIOTHS enthalten sind.

[269] GRUENWALD macht zu Recht darauf aufmerksam, daß wir daraus nicht auf eine bloße Übernahme der PGM ins Judentum schließen dürfen, denn im *Sefär* finden sich bemerkenswerte Unterschiede zur breiten Praxis der PGM, etwa die Betonungen der ritualgerechten Vorbereitung, „which, similar to the preparatory stages in the *Hekhalot* mysticism, insist on the ritual purity of the performer and on the special diets he has to keep" (1980, 231, mit weiteren Argumenten). Die Überschneidungen mit der Hekhalot-Literatur sind in der Tat ein besonderes Kennzeichen des *Sefär ha-razîm*.

[270] Zu einem ähnlichen Ergebnis kommt MORGAN 1983, 10f, der folgert: „Magic was the common property of the people of the Greco-Roman world. The praxeis could have arisen in any part of that world and have been initially preserved in any part of that world. To attempt to locate a single place of origin would be futile" (S. 11).

[271] Vgl. auch Maimonides *Mischnah Torah* zu Aboda Zarah VII,6.

marble staff and place it on his shoulder, his right hand grasping the staff and his left hand open and his face towards the water.[272]

Die mit dieser äußeren Handlung verbundenen Anrufungen, Darbringungen und Gebete sind im Text nicht mehr enthalten, vermutlich hat ein späterer Redaktor sie herausgestrichen.[273] Sollte dies der Fall sein, können wir folgern, daß man sich damals der Schwierigkeit eines *menschengestaltigen* Kultobjektes durchaus bewußt war, die Einbindung astraler Mächte in die rituelle und liturgische Praxis indes – zumindest in den Trägerkreisen des Buches der Geheimnisse – keinerlei Rechtfertigung bedurfte.

3. Ergebnis: Der Sternkult als besonderer Zweig der Astrologie

Unser kursorischer Überblick und die vertiefende Deutung des *Sefär ha-razîm* haben erbracht, daß die Auseinandersetzung über die kultische Verehrung astraler Mächte einen praktischen Bezug zur alltäglichen Religiosität von Juden und Nichtjuden der Spätantike aufweist. Es lassen sich dabei zwei Diskussionsbereiche isolieren, nämlich die Abgrenzung von paganer Religiosität einerseits und interne jüdische Diskurse andererseits.

Was die pagane Theologie anbelangt, so stellen wir in der Tat eine Kontinuität seit exilisch-nachexilischer Zeit fest, als man sich von den kultischen Dimensionen babylonischer Astrologie abzusetzen bemühte, über die astralen Implikationen hellenistischer Mysterienkulte bis hin zur zunehmenden Solarisierung und Astralisierung des römischen Kaiserhauses. Ungeachtet der darin zum Ausdruck kommenden starken theologischen, aber auch politisch-sozialen Veränderung der Rolle der Gestirne im religiösen Kult verläuft die jüdische Argumentation erstaunlich einheitlich, stets unter Rückbindung an die biblische Ablehnung des Sternkultes.

Doch schon früh zeigte sich auch im Judentum ein Interesse an jenen mystisch-magischen Traditionen, und in weiten Teilen des antiken Judentums – quer durch die sozialen Schichtungen der Gesellschaft hindurch – kam es zu einer konkreten Ausübung entsprechender Praktiken. Nach der zunehmenden „Hermetisierung" des Judentums war es vor allem die Magie der ersten nachchristlichen Jahrhunderte, welche die Einbindung astraler Mächte in Kulthandlungen zu einem festen Bestandteil ihrer Lehre machte.

---

[272] *Sefär ha-razîm* 2, 111-118 (MORGAN 1983, 53).
[273] Das vermutet auch M. MORGAN 1983, 53 Anm. 39.

Unsere Ausgangsfrage, ob dem Diskurs über Sternkulte überhaupt ein historischer Sachverhalt zugeordnet werden kann, können wir somit eindeutig bejahen. Allerdings schließt sich hier sogleich die Frage an, wie die Auseinandersetzung über den astralen Kult mit jener über die Astrologie insgesamt zusammenhängt. Auch dieser Sachverhalt läßt sich aufgrund der untersuchten Quellen recht genau darlegen, zeigen doch Astrologie und Sternkult gleichermaßen ein Denken in Entsprechungen, eine Deutungsstruktur also, die von der Symmetrie zwischen himmlischer und irdischer Ebene ausgeht. Da der Sternkult der Spätantike im wesentlichen im Zusammenhang mit ritueller Praxis nachweisbar ist, können wir den *Unterschied* zur Astrologie darin sehen, daß die kultisch-magische Einbindung der Gestirne gleichsam die *praktische Anwendung des Entsprechungsdenkens* ist, während die deutende Astrologie sich auf die beobachtende und empirische, mitunter auch spekulative Analyse der Zeitqualität konzentriert. Der Sternkult ist damit als besonderer Zweig der Astrologie anzusprechen, eine Gleichsetzung beider Disziplinen sollte vermieden werden.

Das schließt selbstverständlich einzelne Personen nicht aus, die sich auf beiden Wissensgebieten auskannten und astrologische Deutungen mit magischer Praxis verbanden; überblickt man die erhaltenen Quellen, so zeigt sich aber doch eine beachtliche Trennung der zugrundeliegenden Diskurse, hier die magische Struktur mit ihrem Interesse an praktischen Fragen, dort die astrologische Struktur, welche sich um die Ermittlung, Darstellung und Deutung von individuellen wie gemeinschaftlichen Qualitäten in ihrer zeitlichen Dimension bemüht. Auf diese Weise kommen ihr Fragen in den Blick, die für eine magische Interessenlage obsolet sind, etwa die Heilsgeschichte Israels oder die Rolle des einzelnen in ihr.[274] Deshalb verwundert es nicht, wenn die Polemik bestimmter jüdischer Kreise, namentlich der Rabbinen, aber auch der Henoch-Astronomen, gegen die paganen und jüdischen Sternkulte nicht in eine Ablehnung der Astrologie einmündete. Nicht das Rechnen mit Zeitkontingenten und die Ermittlung der gegenwärtigen Zeitqualitäten war der Angriffspunkt dieser Auseinandersetzung, sondern die Implementierung der astralen Mächte in die konkrete rituelle Praxis.

---

[274] Ein interessantes Bindeglied dieser beiden Diskurse stellt die Hekhalot-Literatur dar, fühlt sich doch der *jored märkabah* als Diener des jüdischen Volkes und Wegbereiter seiner Heilsgeschichte, ohne die magische Anwendung seines Wissens zu unterlassen.

Christliche Beiträge zum antiken Gespräch: Kritische Einleitung

„Das Christentum hat von Anfang an die Axiome der Sterndeutung grundsätzlich abgelehnt und auf das schärfste bekämpft."[1] In aller Klarheit formulierte Gundel 1966, was auch heute noch den Grundtenor der wissenschaftlichen Studien im Hinblick auf die Haltung des Christentums zur Astrologie ausmacht. Die Argumente für eine solche Darstellung erscheinen auf den ersten Blick stichhaltig, ja sogar zwingend, hat sich doch gerade die frühe Kirche in Person der „Kirchenväter" durch einen erbitterten Kampf gegen Astrologie und Magie hervorgetan. In Verbindung mit der politischen Macht, die die Kirche später erwarb, gelang ihr eine radikale Zurückdrängung astrologischer Praktiken, die bis dahin in der Geschichte beispiellos gewesen war.[2] Auch wenn in Byzanz die Sternkunde weiter gepflegt wurde, bedurfte es des Umwegs über arabische Quellen, die Astrologie im Mittelalter, dann vor allem in der Renaissance, im Abendland wieder hoffähig zu machen.

Die historischen Abläufe dieser Ausgrenzung der Astrologie aus dem seriösen gesellschaftlichen Diskurs werden im folgenden ausführlich darzulegen sein. Gleichzeitig gilt es, das Diktum Gundels auf seine Stichhaltigkeit hin zu überprüfen. Mehrere Argumente stehen schon von vornherein einer derart einseitigen Bewertung des Materials entgegen:

Durch die wissenschaftliche Bearbeitung der Schriftfunde aus Qumran ist inzwischen zweifelsfrei erwiesen, daß die christliche

---

[1] GUNDEL 1966, 332.
[2] Einen typischen Beleg dafür, wie christliche Geschichtsschreibung diesen mitunter blutigen Kampf des Christentums gegen andere Glaubensrichtungen als „Aufklärung" präsentiert, liefert R. RIEDINGER: „Schon Paulus feiert den Sieg Christi über die Sternenmächte [...], aber nach ihm sollte noch mancher Theologe ähnliches äußern, ohne daß sich dieser Glaube, der sich bald wissenschaftlich, bald volkstümlich gebärdete, selbst aufgegeben hätte" (RIEDINGER in BESKOW u.a. 1979, 308f).

Kritische Einleitung

Bewegung nicht – wie früher angenommen[3] – aus einem „orientalischen" oder hellenistischen Boden erwachsen ist, sondern weitaus besser verständlich ist, wenn man einen jüdischen Hintergrund in Rechnung stellt.[4] Die frühen Christen, die sich als Juden empfanden, deren Messias bereits erschienen war, teilten das endzeitliche Bild der einschlägigen jüdischen Gruppierungen. Sie standen fest in der jüdischen Tradition, welche sie folglich nicht aufzugeben wünschten, sondern als heilsgeschichtlich erfüllt betrachteten. Berücksichtigt man nun das bisherige Ergebnis der vorliegenden Studie, so sollte man äußerst vorsichtig sein, von vornherein eine „Immunität" des Christentums gegen astrologische Welterklärungsmodelle zu unterstellen. Wenn die endzeitlich orientierten jüdischen Gruppierungen die Sternkunde nahtlos in ihr Konzept zu integrieren vermochten, sollte man im Gegenteil annehmen, daß für Christen, die auf diesem Fundament aufbauten, ebenfalls keine generellen Berührungsängste bestanden.

Der Fund der gnostischen *Nag-Hammadi-Schriften* hat zudem unsere Kenntnisse alternativer christlicher Welterklärungsmodelle revolutioniert. Plötzlich zeigte sich, daß das von der Kirche ausgegrenzte Christentum eine ungemein lebendige und in sich wieder aufgesplitterte, gleichwohl aber doch inhaltlich ausgeformte Tradition barg, die nun erneut sichtbar wurde. Insofern spiegelt der Begriff „häretisches Christentum" die historischen Sachverhalte nur unzureichend wider. Tatsächlich handelt es sich um die unkritische Übernahme eines Diskurses, welcher von der etablierten und „offiziellen" Kirche etabliert worden ist. Da Machtfragen den Diskurs stärker dominierten als Argumente, wäre der Ausdruck „häretisiertes Christentum" sicherlich zutreffender. Machtfragen müssen schon deshalb immer im Auge behalten werden, weil sie – wie die Entwick-

---

[3] Diese Sicht hängt nicht zuletzt mit den wissenschaftlichen Paradigmenwechseln zu Beginn des 20. Jahrhunderts zusammen, über die H.G. KIPPENBERG schreibt: „Der Vorbehalt des deutschen Bürgertums den Juden gegenüber war [...] nicht auf die politische Arena beschränkt, sondern hat in der Geschichtsschreibung tiefe Spuren hinterlassen. Die Kategorie *Synkretismus* hatte die Aufgabe, das Christentum vom Judentum abzurücken. Sie sollte jenen Schuß hellenistischer ekstatischer Religiosität bezeichnen, den das Judentum dringend nötig gehabt habe, um von seiner starren Gesetzesreligiosität befreit zu werden" (1997, Hervorhebung im Original).

[4] Den aktuellen Stand der Diskussion spiegeln STEGEMANN/STEGEMANN 1997 wider. Vgl. außerdem VERMES 1973a (dt. Ausgabe: *Jesus der Jude. Ein Historiker liest die Evangelien*, Neukirchen-Vluyn 1993), sowie die prägnante Zusammenfassung bei BURKERT 1996.

lung der kaiserlichen Gesetze in den ersten vier Jahrhunderten deutlichmacht – maßgeblich auf die gesellschaftliche Debatte einwirkten und diese umgekehrt widerspiegelten.

Im Hinblick auf die Astrologie führte die genannte Definition christlicher Gruppierungen zu einer wissenschaftlichen Argumentation, die die Parole ausgab, das „Christentum" sei der Astrologie abhold gewesen, während einige gnostisierende oder nicht im Christentum aufgegangene Gruppierungen durchaus astrologische Vorstellungen adaptiert hätten.[5] Historisch betrachtet ist eine solche Darstellung, wie gesagt, inakzeptabel, denn sie macht sich die Haltung der viel später sich als führend etablierenden Kirche zu eigen, die aufgrund ihrer eigenen Vorstellungen entschied, was als „Christentum" zu gelten habe und was nicht.[6] Einmal mehr haben wir es mit der rückwärtsgewandten Entstehung von Geschichte zu tun, die Bergson so treffend beschrieben hat. Auch aus pragmatistischer Sicht verbietet sich eine einseitige Verallgemeinerung bestimmter Diskursbeiträge, da erst das Gespräch und die konkrete Verortung des Beitrags in zeitlicher und lokaler Hinsicht weiterführt.[7]

Halten wir zunächst einmal fest, daß das außerkanonische, gnostische und (nach späterer Definition) häretische Christentum *dieselbe* historische Bedeutung beanspruchen darf wie das kanoni-

---

[5] Dies trifft übrigens auch auf GUNDEL zu: Kapitel 3 seines Teils über die Astrologie in der Religion lautet: „In der Gnosis und bei den Haeretikern", Kapitel 4 dagegen: „Im Christentum".

[6] Eine Parallele können wir darin erkennen, daß auch für das Judentum immer wieder die rabbinische Bewegung als „normativ" betrachtet wird, was in rückwärtsgewandter Projektion zu einer Bewertung der jüdischen Richtungen zur Zeit des Zweiten Tempels führt.

[7] Als interessantes Detail sei vermerkt, daß sich in den letzten Jahren christlicherseits die Haltung gegenüber der Astrologie zu verändern scheint. Mehrere Publikationen zeigen ein „Ringen" mit der Sternkunde, das über kurz oder lang auch auf das Vorverständnis der Wissenschaftlerinnen und Wissenschaftler seine Auswirkungen zeitigen dürfte. Vgl. G. VOSS: „Astrologische Weisheit – Eine Herausforderung christlicher Theologie und Spiritualität", in: *Una Sancta* 41 (1986), 295-317; ders.: *Astrologie christlich*, Regensburg ²1990; S. BÖHRINGER: *Astrologie: Kosmos und Schicksal*, Stuttgart 1990; CHR. SCHUBERT-WELLER: *Spricht Gott durch die Sterne? Astrologie und christlicher Glaube*, München 1993; ders.: *Wege der Astrologie. Schulen und Methoden im Vergleich*, Mössingen 1996; H. KOCHANEK (Hrsg.): *Horoskop als Schlüssel zum Ich. Christlicher Glaube und Astrologie*, Leipzig 1995; R. LANG: *Wenn die Sterne das Leben bestimmen*, Gütersloh 1997; S. BÖHRINGER: „Menschheit und Kosmos. Über die wahren Herausforderungen der Astrologie", in: *EZW-Texte* 138 (1997).

sche.[8] Erst in der Kontrastierung wird die Vielfältigkeit christlicher Auseinandersetzung deutlich. Im übrigen betrifft diese Vielfalt nicht nur die genannten wichtigen Strömungen, sondern sogar den Kern der „nachösterlichen" Verkündigung, die gemeinhin als die Geburt des Christentums betrachtet wird.[9] Schon in der ältesten erhaltenen Bekenntnisformel (1Kor 15,3-7) werden unterschiedliche Personengruppen genannt: Jesus sei zunächst dem Kephas erschienen, dann mehr als 500 Brüdern auf einmal, dann dem Jakobus, und schließlich den Aposteln. Wir müssen davon ausgehen, daß die frühchristliche Wirklichkeit ein wesentlich bunteres Bild abgab, als es die paulinische Linie zunächst vermuten läßt.[10]

Besonders in der amerikanischen Forschung ist diesem Paradigmenwechsel ein breiter Raum zugestanden worden. Schon in den siebziger Jahren machte James M. Robinson auf die enge Verflechtung vermeintlich unterschiedlicher Gruppen im frühen Christentum aufmerksam,[11] die ihn zu der wohl begründeten Annahme brachte, das Thomas-Evangelium aus Nag Hammadi biete einen Schlüssel zur bislang nur „virtuell" vorhandenen Quelle „Q".[12] In einer herausragenden Studie rollte Burton L. Mack jüngst das ganze frühchristliche Material neu auf, wobei er zu Ergebnissen kommt, die sich mit den methodischen Grundpositionen der vorliegenden Studie weithin decken.[13] Zunächst weist er darauf hin, daß die Diversifika-

---

[8] Dieser Sachverhalt wird in Deutschland noch immer zu wenig beachtet. In den USA ist das anders, wie EHRMAN 1999 zeigt.

[9] Diese Einschätzung geht auf R. BULTMANN zurück, der das Auftreten Jesu von Nazareth lediglich als Vorbedingung des Christentums auffaßt; erst mit dem *kerygma* – der Verkündigung – etabliert sich die neue Religion.

[10] Weitere Belege dafür bei VOUGA 1994, 23ff. Vgl. außerdem W. SCHENK: „Die ältesten Selbstverständnisse christlicher Gruppen im ersten Jahrhundert", in: ANRW II.26.2., 1357-1467. Zur Geschichte des frühen Christentums aus der Sicht neuester Forschung vgl. überdies HYLDAHL 1997.

[11] Vgl. J.M. ROBINSON/H. KOESTER: *Entwicklungslinien durch die Welt des frühen Christentums*, Tübingen 1971; J.M. ROBINSON: „Jesus – From Easter to Valentinus (or to the Apostles' Creed)", in: *JBL* 101/1 (1982), 5-37.

[12] Vgl. J.M. ROBINSON: „On Bridging the Gulf from Q to the Gospel of Thomas (or Vice Versa)", in: HEDRICK/HODGSON 1986, 127-175. Vgl. auch die Bemerkung BURKERTS zum Thomas-Evangelium: „Dieses Logion-Evangelium ist den kanonischen Evangelien nicht einfach nachgeordnet. Neutestamentler mögen unwillig sein, es ernst zu nehmen; doch scheinen einige ‚Sprüche' hier authentischer als in der kanonischen Fassung vorzuliegen, und andere sind originell und herausfordernd genug" (BURKERT 1996, 38f).

[13] MACK 1995; als wichtige Vorarbeiten sind zu nennen: *A Myth of Innocence. Mark and Christian Origins*, Philadelphia 1988; *The Lost Gospel. The Book of Q and Christian Origins*, San Francisco 1993.

tion seit Anbeginn ein zentrales Merkmal der christlichen Bewegungen gewesen ist.

> Each of these branches of the Jesus movements, including many permutations of each type, imagined Jesus differently. They did so in order to account for what they had become as patterns of practice, thinking, and congregating settled into place. And they all competed with one another in their claims to be the true followers of Jesus. [...] As for the New Testament, it turns out to be a very small selection of texts from a large body of literature produced by various communities during the first one hundred years.[14]

Die zunehmende Verbindlichkeit jenes kleinen Teils der „neutestamentlichen" Quellen verlief in langsamen Schritten vom zweiten bis zum vierten Jahrhundert durch die Bemühungen des, wie Mack es nennt, *centrist Christianity*. Diese Religion ist das staatstragende Christentum nach Konstantin. Im Zuge jener Herauslösung des zentristischen Flügels geschah etwas Bemerkenswertes, das uns direkt an die Gedanken Bergsons zur Geschichtsschreibung erinnert:

> [...] over the course of the second and third centuries, centrist Christians were able to create the impression of a singular, monolinear history of the Christian church. They did so by carefully selecting, collecting, and arranging anonymous and pseudonymous writings assigned to figures at the beginning of the Christian time. [...] In the centrist Christian imagination, the four gospels merged into an amalgam of the one gospel story, and the letters of Paul and the other apostles were read as „witnesses" to these dramatic events that inaugurated the Christian time.[15]

Die Kontinuität von den „Zeugen" über die „Apostel" bis zu den Bischöfen der späteren Kirche ist mithin eine *Fiktion*, die im Interesse der Selbstdarstellung eines Flügels der frühen Christenheit lag.[16] Deshalb ist auch der Kanon „neither an authentic account of Christian beginnings nor an accurate rehearsal of the history of the empire church. Historians of religion would call it myth."[17] Dieser

---

[14] MACK 1995, 6.
[15] Ebda. S. 7.
[16] In diesen Zusammenhang gehört auch die Konstruktion des „Fortschritts" entsprechend kirchlichem Selbstverständnis und zentristischer Legitimation; vgl. dazu W. KINZIG: *Novitas Christiana. Die Idee des Fortschritts in der Alten Kirche bis Eusebius* (Forschungen z. Kirchen- und Dogmengesch. 58), Göttingen 1994.
[17] MACK 1995, 7f. Zum Verhältnis zwischen Fiktion, Mythos und Narration in der frühchristlichen Literatur vgl. jetzt auch HOCK/CHANCE/PERKINS 1998.

Kerngedanke Macks, daß der neutestamentliche Kanon sich einer *Mythisierung* der kirchlichen Vorgeschichte verdankt, wird im Zusammenhang mit der *sozialen* Dimension der frühchristlichen Geschichte erörtert und plausibilisiert. Zentral sind dabei die Begriffe *social formation* und *mythmaking*.

> Social formation and mythmaking are group activities that go together, each stimulating the other in a kind of dynamic feedback system. Both speed up when new groups form in times of social disintegration and cultural change. Both are important indicators of the personal and intellectual energies invested in experimental movements.[18]

Die Entstehung des *Jesus-Mythos* einerseits und des *Apostel-Mythos* andererseits ist also nicht zu verstehen ohne die politisch-sozialen Zusammenhänge, in denen die einzelnen frühchristlichen Dokumente entstanden sind.

Jonathan Z. Smith hat die Theorie Macks aufgegriffen und in einen weiteren philosophischen Zusammenhang gestellt.[19] Seine Überlegungen anhand der Vergleichbarkeit der sog. Mysterienkulte mit den Jesus-Erzählungen entfaltet er auf zwei Ebenen: Einmal gilt es festzuhalten, daß die Rede vom *Mythos* in jedem Falle auch für die christliche Überlieferung Bedeutung haben muß, soll ein Vergleich überhaupt gelingen.[20] In der Konsequenz dieser Position liegt es, daß die Herausstellung der „Einzigartigkeit" der Jesus-Mythen – in theologischer Reflexion allenthalben praktiziert – einer radikalen Kritik zum Opfer fällt:

> No, what is required is an end to the impositions of the *extrahistorical* categories of uniqueness and the ‚Wholly Other' upon historical data and the tasks of historical understanding. [...] What is required is the development of a discourse of ‚difference', a complex term which invites negotiation, classification and comparison, and, at the same time, avoids too easy a discourse of the ‚same'. It is, after all, the attempt to block the latter that gives the Christian apologetic language of the ‚unique' its urgency.[21]

---

[18] Ebda. S. 11.
[19] Vgl. SMITH 1990, 38f. 134-142.
[20] „For the acceptance of the category ‚myth', however defined, as applicable to the Christ stories, thereby establishing parity with non-Christian materials, is a prerequisite for comparative research. Any attempt to escape this requirement, and its consequences, will render the enterprise necessarily vain" (SMITH 1990, 87).
[21] SMITH 1990, 42 (Hervorhebung KvS).

Auf einer zweiten Ebene zeigt die Analyse Smiths, daß seit Beginn der historisch-kritischen Erforschung der frühchristlichen Geschichte ein apologetisches Grundmoment am Werke ist, welches einen Vergleich zwischen Mysterienkulten und Christentum a priori desavouierte. „The pursuit of the origins of the question of Christian origins takes us back, persistently, to the same point: *Protestant anti-Catholic apologetics.*" Smith betont, daß diese Grundhaltung auch der modernen Forschung eignet, allerdings mit der wichtigen Änderung, „that the characteristics attributed to ‚Popery', by the Reformation and post-Reformation controversialists, have been transferred, wholesale, to the religions of Late Antiquity."[22] Er kommt zu dem bemerkenswerten Ergebnis:

> [T]he old Reformation myth, imagining a ‚pristine' early Christianity centred in Paul and subjected to later processes of ‚corruption', has governed all the modulations we have reviewed. As in the archaic locative ideology,[23] the centre has been protected, the periphery seen as threatening, and relative difference perceived as absolute ‚other'. The centre, the fabled Pauline seizure by the ‚Christ-event' or some other construction of an originary moment, has been declared, *a priori*, to be unique, to be *sui generis*, and hence, by definition, incomparable. The periphery, whether understood temporally to precede or follow the Pauline moment, or, in spatial terms, to surround it, is to be subjected to procedures of therapeutic comparison. This is exorcism or purgation, not scholarship.[24]

Die Überlegungen Macks und Smiths stützen die methodischen Grundpositionen des Pragmatismus voll und ganz: Nicht nur die soziale – diskursive – Dimension des antiken religiösen Pluralismus' gilt es zu beachten, sondern auch die Situation dessen, der die Religionsgeschichte erzählt. Die Relativität und Kontingenz wissenschaftlich verankerter Geschichten über die Vergangenheit zeigt sich gerade im Hinblick auf die christlich konstruierte Kirchengeschichte und ihr Verhältnis zu den „anderen" Religionen. Wie das Beispiel Smiths zeigt, sind wir allerdings keineswegs dazu verurteilt, beim Befund der Kontingenz stehenzubleiben, sondern können die Qualität der Geschichtserzählungen bewerten, indem wir sie in ihren Hintergrund einordnen und ihr Vorverständnis aufzeigen. Das Er-

---

[22] Ebda. S. 34 (Hervorhebung im Original).
[23] Zur Unterscheidung zwischen *locative* und *utopian religion*, die für SMITHS Argumentation von zentraler Bedeutung ist, s. SMITH 1978, xi-xv. 67-207; SMITH 1990, 121.
[24] SMITH 1990, 143.

gebnis ist zwar nicht die „Wahrheit" über das frühe Christentum, aber vielleicht doch eine bessere Geschichte, also eine solche, die dem heutigen wissenschaftlichen Diskurs eher entspricht.

Die Parallelen zwischen Mack, Smith und der pragmatistischen Methode zeigen sich sodann auch in der konkreten methodischen Ausformulierung. Mack beschreibt sein Vorgehen folgendermaßen:

> The plan for the book is to take the New Testament apart for a thorough examination of each individual writing, parceling them out to their own specific junctures of social and cultural history, and tracing the subsequent fate of each through the period of the Bible's formation. Each writing will be given a separate discussion [...].[25]

Was Mack für die neutestamentlichen Schriften fordert, gilt für die christlichen Dokumente insgesamt, die alle in ihrer je eigenen Bedeutung im antiken Diskurs zu verorten sind (auch für die jüdischen Texte sind wir bekanntlich so vorgegangen). Wir nehmen sozusagen die Gruppierungen der Texte auseinander, betrachten jeden für sich, um anschließend im Hinblick auf den astrologischen Diskurs zu einer Neugruppierung zu kommen, die die Grenzen überkommener Einteilungen nicht selten überschreiten wird. Auf dem Weg dahin orientieren wir uns zunächst anhand einer – wenn auch nicht immer eindeutig abgrenzbaren – *Einteilung des schriftlichen Materials*.

Ausgehend vom Neuen Testament, also den später kanonisierten Schriften, die zweifellos auch zu den ältesten christlichen Zeugnissen gehören, soll ein Bild entwickelt werden, das anschließend mit den Ansichten anderer christlicher Strömungen zu kontrastieren ist. Diese werden besonders von den gnostischen Traditionen geprägt, welche eine ganz andere Adaptation astrologischer Deutungsstrategien zu erkennen geben als die neutestamentlichen, in erster Linie auf Paulus bezogenen Ansätze. Was die „häretisierten" Christentümer anbelangt, gilt es ferner zu unterscheiden zwischen den Sekundärquellen – also den Abgrenzungen kirchlicher Apologeten – und den Primärquellen, die uns aus Nag Hammadi zugänglich sind. Auch die lokale Ausformulierung jener Christentümer wird zu berücksichtigen sein: Handelt es sich um eine im Westen aufblühende Tradition, oder haben wir diesen Diskurs im Osten anzusiedeln? Daraus werden sich Rückschlüsse ziehen lassen auf das besondere Verhältnis zwischen ägyptischen, hellenistischen, babylonischen und persischen Traditionsstücken, die in den christlichen Strömungen je unterschiedlich nachzuweisen sind. Besonders die in letzter Zeit stark diskutierte

---

[25] MACK 1995, 10.

Frage, ob das gnostische Christentum eher hellenistischer oder ägyptischer Provenienz gewesen ist, bzw. wie der Kontakt zwischen *Mithraskult*, *Hermetik*, *Apokalyptik*, *Märkabah-Mystik* und *Gnosis* genauer zu beschreiben ist, wird durch die Untersuchung der Astrologie einer vertieften Analyse zugänglich.

Obwohl also „das Christentum" als eine Vielfalt unterschiedlicher Meinungen zu charakterisieren ist, erscheint die im folgenden vorgenommene Einteilung des Materials sinnvoll, da sie eine Strukturierung des antiken Diskurses erlaubt; schließlich waren es verschiedene Gruppen innerhalb des Christentums, die in je eigener Weise auf die astrologischen Deutungen der Wirklichkeit und der Geschichte reagierten. Diese müssen wir auseinander halten, wenn wir die Frage klären wollen, wie es zu einer so gründlichen Zurückdrängung der Astrologie in der Spätantike kam – damit auch zur Etablierung des Gundelschen Diktums –, obwohl im Judentum und in weiten Teilen des Christentums eine entsprechende Haltung gegenüber der Sternkunde kaum mehrheitsfähig gewesen sein dürfte.

VIII. Die Astrologie im christlichen Kanon

Die neutestamentlichen Autoren rekurrieren in vielfältiger Weise auf die astrologische Sicht der Welt.[26] Nicht immer geht es dabei um konkrete Praktiken der Sterndeutung, in vielen Fällen handelt es sich eher um Adaptationen *astralmythologischer Motive*, wie sie im jüdischen und hellenistischen Umfeld begegnen. Jene Adaptationen geben uns einen Einblick in die von akuter Endzeiterwartung geprägte Gedankenwelt der frühen Christen, die dadurch von vornherein für mythologische Geschichtsdeutungen empfänglich waren. In einem ersten Überblick sollen die Befunde gesichtet und anhand von einigen Leitideen strukturiert werden. Die eigentliche astrologische Thematik – der das Hauptinteresse der vorliegenden Studie gilt – findet sich vor allem in den apokalyptischen Bildern des Johannes sowie in der berühmten Magier-Perikope des Matthäus.[27] Diese Passagen erfordern deshalb eine genauere Analyse.

1. Spurensicherung

Doch beginnen wir mit der astrologischen Spurensicherung im neutestamentlichen Material. Wie nicht anders zu erwarten, finden sich uns bereits bekannte Sachzusammenhänge auch in den christlichen Schriften wieder, was zu einer Einteilung des Stoffes in folgender Weise führt: Die kosmische Ordnung begegnet als theologische Größe in Form von heiligen Zahlen und schöpfungstheologischen Positionen; dabei wird in vielen Fällen eine astrale Symbolik für theologische Aussagen in Anspruch genommen, die eine gewisse Nähe zu

---

[26] Vgl. den Überblick von O. BÖCHER in Art. „Astrologie 3. Neues Testament", in: TRE 4 (1979), 305ff, der in vielen Passagen lediglich eine wörtliche (!) Übernahme seines Aufsatzes von 1976 bietet. Außerdem W. GUNDEL: Art. „Astrologie", in: RAC 1 (1950), 817-831.

[27] Es wird sich freilich zeigen, daß Mt 2 in seiner astrologischen Aussagekraft gelegentlich überschätzt wird. Der Raum, den meine Erörterung der Magier-Perikope einnimmt, ergibt sich also nicht in erster Linie aus der Bedeutung der Stelle, sondern aus dem schier unbegrenzten Interesse der Interpreten an ihr – von der Antike bis heute.

Neuplatonismus und Gnosis aufweist; aus der Bedeutung der astralen Dimension ergeben sich Zusammenhänge mit himmlischen Omina bzw. Einwirkungen astraler Phänomene auf die Erde; endlich sind auch antiastrologische Tendenzen bereits im kanonischen Schrifttum erkennbar, die später die Argumentation der Kirche prägen sollten.

1.1. Der Gebrauch astraler Symbolik

Die hohe Bedeutung, welche man im Judentum bestimmten Zahlen zumaß, spiegelt sich an vielen Stellen des neutestamentlichen Kanons wider. Besonders die Zwölf ist es, welche hier eine herausragende Stellung innehat, doch auch die Vier und die Sieben gaben zu mancherlei theologischer Überlegung Anlaß. Die Zwölf greift dabei auf das alte *Zodiakalschema* zurück, das schon von Philo und Josephus auf die jüdische Geschichte übertragen wurde. Die zwölf Stämme Israels werden nun von den Jüngern abgelöst, die am Tag des Gerichts auf den zwölf Thronen des Himmelreichs sitzen und über die Stämme richten werden (Mt 19,28).[28] In der späteren kirchlichen Theologie nahm das Zodiakalschema einen besonderen Platz ein, wie W. Hübner ausführlich darlegte.[29] Die Vier und die Sieben stellen kosmische Größen dar, die einerseits mit den vier Himmelsrichtungen, andererseits mit den Planeten in Verbindung stehen; darauf wird im Zusammenhang mit der Apokalypse des Johannes (Kapitel 3) ausführlicher einzugehen sein.

Was in den heiligen Zahlen zum Ausdruck kommt, ist eine kosmische Symmetrie, welche die Vollkommenheit des göttlichen Schöpfungsplanes widerspiegelt. Gott als der Schöpfer des Lichtes (Gen 1,3) wird nun auch das Licht im Herzen der Menschen entfachen:

> Denn der Gott, der sprach: *Aus Finsternis soll aufleuchten*, ist in unserem Herzen aufgeleuchtet, damit wir erleuchtet werden zur Erkenntnis des göttlichen Glanzes auf dem Antlitz Christi (2Kor 4,6).[30]

Das Motiv des göttlichen Glanzes, das an vielen Stellen belegt[31] und in der jüdischen Weisheitstradition als Metapher der göttlichen

---

[28] Dies ist eine bewußte Adaptation jüdischen Selbstverständnisses. Schließlich sendet Jesus die zwölf Jünger nicht aus, um die Heiden und die Samaritaner zu bekehren, sondern „die verlorenen Schafe des Hauses Israel" (Mt 10,6); vgl. auch Jak 1,1; Apk 7,4-8; 12,1.12-21; 14,1-5 u.ö. Zur Apk s.u.
[29] HÜBNER 1983.
[30] Vgl. auch 2Kor 4,6; Kol 1,16.
[31] Vgl. etwa Joh 8,12; Eph 1,18; Röm 3,23; Hebr 1,3.

Vollkommenheit bekannt ist, nimmt im christlichen Kontext eine neuplatonische Wende, denn nun ist Gott die Quelle des „Urlichtes", welches sich durch die Vermittlung Jesu auf die Menschheit ergießt. Jak 1,17 spricht davon, daß Gott der „Vater der Lichter" (πατήρ τῶν φώτον) ist, „bei dem es keine Veränderung und keine Verfinsterung gibt".[32] Der Glaube an Jesus als Repräsentant des göttlichen Lichtes sorgt dafür, daß auch seine Anhänger aus der Finsternis ins Licht geführt werden, wie 1Petr 2,9 und Joh 1,2 – „Gott ist Licht, und keine Finsternis ist in ihm" – deutlich aufzeigen.

Das himmlische Licht ist nicht nur eine Metapher für die Erkenntnis der wahren Bestimmung des jüdischen Volkes, sondern auch für die endzeitliche Auferstehung. So sagt Paulus über den Leib der Auferstehung:

> Auch gibt es Himmelskörper und irdische Körper. Die Schönheit der Himmelskörper ist anders als die der irdischen Körper. Der Glanz der Sonne ist anders als der Glanz des Mondes, anders als der Glanz der Sterne; denn auch die Gestirne unterscheiden sich durch ihren Glanz (1Kor 15,40f).

Der irdische Körper ist mithin sterblich, doch der Leib der Auferstehung hat Anteil am ewigen Lichtglanz Gottes. Der Glanz der Sterne dient auch als Gleichnis für das Leuchten des Messias, der einerseits mit „seinem Stern" (Mt 2,2, s.u.), andererseits mit dem „hellen Morgenstern" in Verbindung gebracht wird.[33] Neben Jesus[34] werden auch seine Jünger[35] als „Licht der Welt" bezeichnet, was schließlich auf die Gerechten in Gottes Reich übertragen wird, die „leuchten werden wie die Sonne" (Mt 13,43).

Dieser flüchtige Überblick mag für den Moment genügen, haben wir es doch nicht mit einer astrologischen Thematik zu tun, sondern mit einer kosmischen Metapher, die aus den jüdischen Weisheitstraditionen schöpft, welche im Zuge der apokalyptischen Literatur sowie einer neuplatonischen Wende zum neutestamentlichen Bild umgeformt wurden.[36] Erst in der Weiterführung dieses Gedankens – apokalyptisch durch Johannes, dualistisch-platonisch durch die Gnostiker oder Manichäer – läßt sich eine klare astrologische Ten-

---

[32] Dasselbe göttliche Epitheton findet sich auch im TestAbr rez. B 7; vgl. auch ApkMos 33,36.
[33] Vgl. Apk 22,16; 2,28 (s.u.); 2Petr 1,19. Vgl. J. BOEHMER: „Tag und Morgenstern? Zu II Petr 1,19", in: ZNW 22 (1923), 228-233.
[34] Joh 1,9; 3,30; 8,12; 9,5; 12,46.
[35] Mt 5,14; Apg 13,47; Phil 2,15.
[36] Vgl. BÖCHER 1976, 55.

denz erkennen, die über den mythologisch-astralen Rahmen hinausgreift.

1.2. Himmlische Omina und „Zeichen der Zeit"

Wir konnten wiederholt feststellen, wie eng die hochgespannten Erwartungen einer Zeitenwende mit astronomischen Ereignissen in Zusammenhang standen.[37] So nimmt es nicht wunder, daß wir auch in neutestamentlichen Schriften auf diese Thematik stoßen. Die johanneische Apokalypse soll dabei erneut zurückgestellt werden, da sie einen Sonderstatus innehat. Aber auch sonst gibt sich das endzeitlich orientierte Muster zu erkennen, etwa in der Beschreibung der vom Himmel fallenden Sterne, die das Kommen des Messias verkünden:

> Aber in jenen Tagen, nach der großen Not, wird sich die Sonne verfinstern, und der Mond wird nicht mehr scheinen. Die Sterne werden vom Himmel fallen, und die Kräfte des Himmels werden erschüttert werden. Dann wird man den Menschensohn mit großer Macht und Herrlichkeit auf den Wolken kommen sehen. Und er wird die Engel aussenden und die von ihm Auserwählten aus allen vier Windrichtungen zusammenführen, vom Ende der Erde bis zum Ende des Himmels.[38]

Der Mythos der gefallenen Engel, wie er sich aus Gen 6,1-4 ergibt und in der jüdischen Tradition sehr verbreitet war,[39] ist in den christlichen Schriften an vielen Stellen adaptiert worden.[40] Wir dürfen freilich nicht übersehen, daß am Tag des Gerichts nicht nur die Sterne und der ganze Himmel vergehen werden, sondern auch die Erde, die ebenfalls „für das Feuer aufgespart wurde" (2Petr 3,7).[41] Ein weiteres Beispiel für die kosmischen Ausmaße der endzeitlichen Katastrophe liegt in Apg 2,19-20 vor, wo Joel 3,1-5 zitiert wird:

> Ich werde Wunder erscheinen lassen droben am Himmel und Zeichen unten auf der Erde, Blut und Feuer und qualmenden Rauch. Die Sonne

---

[37] Dies gilt nicht nur für die „apokalyptisch" eingestellten Juden, sondern ebenso für Josephus oder Herodes, wie wir sahen.

[38] Mk 13,24-27; par. Mt 24,29-31; Lk 12,15-27; vgl. auch Apk 6,13; 8,10-11; 9,1-11; 12,9; Lk 10,18; Joh 12,31. Von astraler Bedeutung ist noch die Version Mt 24,30: „Danach wird das Zeichen des Menschensohnes am Himmel erscheinen." Wie dieses himmlische Zeichen zu verstehen ist, wird uns unten im Zusammenhang mit Apk 1,7 beschäftigen.

[39] Vgl. beispielsweise oben Kap. VI.1.2. zum Buch der Wächter.

[40] Lk 10,18; Joh 12,31; Apk 6,13; 8,10f; 9,1-11; 12,4.7-9; außerdem 1Petr 3,19-20; Jud 6,13.

[41] Vgl. auch 2Petr 2,4; 3,10.

wird sich in Finsternis verwandeln und der Mond in Blut, ehe der Tag des Herrn kommt, der große und herrliche Tag. Und es wird geschehen: Jeder, der den Namen des Herrn anruft, wird gerettet.

Durch die Zerstörung des Jerusalemer Tempels hatte diese Prophezeiung eine ungeahnte Aktualität erhalten, und die „richtige" Interpretation der mit der Heraufkunft des neuen Zeitalters verbundenen Zeichen führte innerhalb der jüdischen Welt zu hitzigen Debatten.[42] Die Jesus-Anhänger reklamierten die Zeichen als Belege für die Erfüllung biblischer Verheißungen für sich, was zu einer ganz spezifischen Argumentationsstruktur in innerjüdischen Flügelkämpfen führte. Dies zeigt sich auch in der Deutung der Todesumstände Jesu, nämlich der Sonnenfinsternis und dem Zerreißen des Tempelvorhangs (Mk 15,33-38 par.): Die Bedeutung des Messias ist so gewaltig, daß sich sein Tod auf kosmischer Ebene niederschlagen muß. Das „Licht der Welt" wird verfinstert, zugleich offenbart sich dieses Geschehen im Mikrokosmos des Tempels, denn auf dem Tempelvorhang – so die jüdische Tradition – war der gestirnte Himmel dargestellt.[43]

In den astralen Hintergrund der endzeitlichen Wehen gehören auch Metaphern, die den Messias in kosmischen Bildern beschreiben. Neben der schon genannten Stelle Mk 13,26, wo der Menschensohn auf den Wolken daherkommt, wäre hier auch Mk 14,62 zu nennen: „Und ihr werdet den Menschensohn zur Rechten der Macht sitzen und mit den Wolken des Himmels kommen sehen."[44] Der Messias hat seine Heimat gleichsam in den himmlischen Sphären, was wir auch an der Vorstellung einer kosmischen Präexistenz Christi erkennen können.[45] Es ist deshalb mit Boll anzunehmen, daß sich eine solche neuplatonische Überlegung die Herkunft des Erlösers aus dem Sternenhimmel denkt.[46] Nach seinem Tod wird der Messias in die lichtvolle Heimat zurückkehren, was sich vor dem Hintergrund der antiken Traditionen leicht mit seiner Verstirnung verbinden konnte.[47] Die Verklärungen[48] und Entrückungen[49] Jesu können wir

---

[42] Dies zeigt sich z.B. in der Darstellung der Ereignisse durch Josephus, s.o. Kap. V.2.2.2.
[43] Vgl. Josephus, BJ V, 211-214. S. dazu oben Kap. V.2.2.3. und V.1.3.
[44] Vgl. auch Apk 1,7.12-20 und die Stellen oben Anm. 38.
[45] Joh 1,1-18; 3,13; 6,31; Phil 2,6; Apk 1,5.17; 3,14.
[46] BOLL 1914, 120.
[47] Die berühmteste antike Verstirnung kam oben Kap. III.2. zur Sprache: Julius Caesar und sein *sidus Iulium*; vgl. Sueton *Div. Iul.* 88.
[48] Mk 9,2-10 par.; Mt 17,2; Apk 1,16; vgl. auch 4Esr 10,25. 50.
[49] Mk 16,19; Apg 1,9. Außerdem Mk 14,62 par.; Apg 7,55-56; Joh 3,14; 8,28; 12,32. 34.

in diese Richtung interpretieren, wobei interessant ist, daß eine derartige Verstirnung auch Mose und Elia,[50] am Tag des Gerichts sogar allen Christen zuteil wird, wie in Thes 4,17 ausgeführt: „Dann werden wir, die Lebenden, die noch übrig sind, zugleich mit ihnen [den in Christus Gestorbenen] auf den Wolken in die Luft entrückt, dem Herrn entgegen."

1.3. Antiastrologische Polemik

Gaben die bislang angeführten Stellen vor allem einen astralen Hintergrund zu erkennen, der ohne große Schwierigkeiten in das frühchristliche Denken Eingang finden konnte, so ändert sich das Bild, wenn man jene Passagen untersucht, die sich tatsächlich mit astrologischen Zusammenhängen auseinandersetzen. Bei näherem Hinsehen stellt man fest, daß die kritische Haltung gegenüber der Astrologie uns fast ausschließlich in den *paulinischen Schriften* entgegentritt, weshalb man davon auszugehen hat, daß es maßgeblich dieser Verfechter der neuen Religion gewesen ist, der den Kampf der Kirche gegen die Sternkunde zu etablieren verstand. Schließlich hätte in den astral-mythologischen Kontext die Astrologie ohne weiteres eingefügt werden können, wie dies im Judentum oder in der Offenbarung des Johannes geschehen ist.

Paulus, mit der hellenistisch-römischen Kultur bekannt, nimmt sich besonders die *Tagewählerei* vor und attestiert ihr eine Unvereinbarkeit mit dem christlichen Glauben. Im Brief an die Römer (14,5-6) heißt es noch vermittelnd:

> Der eine bevorzugt bestimmte Tage, der andere macht keinen Unterschied zwischen den Tagen. Jeder soll aber von seiner Auffassung überzeugt sein. Wer einen bestimmten Tag bevorzugt, tut es zur Ehre des Herrn.

Im Brief an die Galater (4,9-11) läßt er die tolerante Sicht hinter sich und fragt:

> Wie könnt ihr aber jetzt, wo ihr Gott erkannt habt, oder besser von Gott erkannt worden seid, wieder zu den schwachen und armseligen Elementarmächten (τὰ ἀσθενῆ καὶ πτωχὰ στοιχεῖα) zurückkehren? Warum wollt ihr von neuem ihre Sklaven werden? Warum achtet ihr so ängstlich auf Tage, Monate, bestimmte Zeiten und Jahre? Ich fürchte, ich habe mich vergeblich um euch bemüht.[51]

---

[50] Apk 11,12; Mk 9,2-10; vgl. 2Kön 2,11.
[51] Vgl. auch Kol 2,16: „Darum soll euch niemand verurteilen wegen Speise und Trank oder wegen eines Festes, ob Neumond oder Sabbat."

Die Kritik richtet sich gegen die im römischen, aber auch jüdischen Umfeld gängige Praxis, den Wochentagen Planeten als Herrscher zur Seite zu stellen und damit für bestimmte Pläne einen entsprechenden Tag auszuwählen. Die genannten Monate und Jahre gehen über die Wochentagsgötter freilich hinaus und stellen die astrologischen Periodisierungen und die Beachtung der Sternwege insgesamt in Frage.[52] Auch Jesus wird bekanntlich schon die Ablehnung der Sabbatobservanz zugesprochen (Mk 2,23-28 par.), doch scheint sich diese Haltung noch im Kontext der jüdischen Tradition zu bewegen.[53]

Erst mit der paulinischen Mission rückt ein spezifisch astrologisches Moment in den Mittelpunkt des Interesses, denn nun werden die στοιχεῖα zum Thema gemacht.[54] Die Begrifflichkeit ist nicht ganz eindeutig, doch wie wir feststellen konnten, steht meist die Vorstellung von kosmischen Mächten dahinter, seien es nun die Planeten oder die Sternbilder.[55] Gelegentlich ist die Bedeutung sogar explizit auf die astrale Ebene bezogen,[56] so daß die allgemeine Übersetzung „Elementarmächte" nur insofern angebracht ist, als sie die astrologische Dimension jener Mächte mit einschließt.[57] Die Mächte werden von den Planeten repräsentiert, sie werden als personale Kräfte angesprochen, wie dies schon von Platon formuliert worden war (Tim. 40b).[58] Für Paulus hat sich das Bild durch die Begegnung mit Jesus gewandelt, denn nun empfindet er sich nicht mehr als „Sklave der Elementarmächte der Welt (στοιχεῖα τοῦ κόσμου)" (Gal 4,3);[59] er warnt sogar vor jenem seinerzeit anerkannten platonischen Zug:

---

[52] Ähnlich LUMPE 1959, 1091: „Damit ergibt sich aber auch die Möglichkeit, daß Gal. 4,10 überhaupt nicht jüdische Festtage, sondern astrologische Gepflogenheiten gemeint sind [...]; vielleicht trifft beides zu, indem jüdische Kulte mit astrologischen Gebräuchen synkretistisch verbunden wurden."

[53] Vgl. R. GOLDENBERG: „The Jewish Sabbath in the Roman World up to the Time of Constantine the Great", in: ANRW II.19.1., 414-447; H.A. MCKAY: *Sabbath and Synagogue. The Question of Sabbath Worship in Ancient Judaism* (RGRW 122), Leiden u.a. 1994.

[54] Zur Gesamtthematik „Stoicheia" vgl. den Überblick bei LUMPE 1959. Eine wichtige Studie lieferte schon H. DIELS: *Elementum. Eine Vorarbeit zum griechischen und lateinischen Thesaurus*, Leipzig 1899.

[55] Vgl. zum Hintergrund CH I, 9 und TestSal 8, 2 mit den entsprechenden Anmerkungen oben Kap. V.2.2.1. und VI.4.1.2.

[56] BOLL 1903, 471 Anm. 1 weist auf den Londoner Pap. Brit. Mus. I, 136 hin, wo der Terminus στοιχείῳ in astronomischem Sinn verwendet wird: Helios befindet sich Ζῳδίῳ, Ἄρεως, ὁρίοις Ἑρμοῦ, στοιχείῳ Ἑρμοῦ. Boll bemerkt: „Es muß eine kleine Abteilung eines Zeichens gemeint sein [...]".

[57] Vgl. LUMPE 1959, 1083f; 1089-1097; BÖCHER 1976, 65.

[58] Zur platonischen Vorstellung vgl. VON STUCKRAD 1996, 54-56.

[59] Vgl. dazu E. SCHWEIZER: „Die ‚Elemente der Welt' Gal 4,3.9; Kol 2,8.20", in: *Verborum Veritas. Festschrift für Gustav Stählin*, Wuppertal 1970, 245-259.

Gebt acht, daß euch niemand mit seiner Philosophie und falschen Lehre verführt, die sich nur auf menschliche Überlieferung stützen und sich auf die Elementarmächte der Welt, nicht auf Christus berufen (Kol 2,8).

In Kol 2,20 führt er weiter aus, daß die irdischen Gesetze keine Gültigkeit mehr besitzen, da die Christen schon im neuen Reich lebten: Sie sind „mit Christus gestorben" und haben sich „von den Elementen der Welt losgesagt (ἀπὸ τῶν στοιχείων τοῦ κόσμου)".[60]

Die Stoicheia sind somit die Urprinzipien der Welt,[61] gleichsam das, „was die Welt im Innersten zusammenhält", eine Sicht, die im jüdischen Kontext durchaus bekannt war.[62] Im paulinischen Denken haben die Mächte „dieser Welt" ihren Einfluß verloren, und die Menschen sind aufgefordert, den alten Regeln nicht länger zu folgen. Hier geht die Ablehnung der Stoicheia nahtlos in eine Ablehnung der Sternkunde über, denn die Gestirne sind lediglich ein Abbild der kosmischen Mächte. Auch für eine solche Gleichschaltung liegen antike Dokumente vor.[63]

An anderer Stelle läßt sich eine Kritik der Astrologie ebenfalls belegen. In Apg 7,42-43 wird die Anfertigung des Goldenen Kalbes durch die Israeliten und den damit verbundenen Götzendienst in Erinnerung gerufen. Der Autor, Lukas, läßt sodann den Stephanus sagen:

---

[60] LUMPE 1959, 1089 spricht davon, daß es sich „[b]ei der dort bekämpften Irrlehre [...] um eine synkretistisch-gnostische Strömung [handelt], bei der die Verehrung von Geistern, die wohl als halbgöttliche Wesen vorgestellt wurden, eine Rolle spielte." Paulus wende sich gegen die „Anhänger dieser Sekte". Eine solche Einschätzung dürfte schwerlich die tatsächlichen Verhältnisse treffen, vielmehr müssen wir statt von einer „Sekte" (wovon sollte sie sich abgespalten haben?) von unterschiedlichen Gruppierungen ausgehen, die sich als christliche Gemeinden empfanden und offensichtlich das von Paulus kritisierte Denken in ihr Christentum zu integrieren suchten.

[61] Damit liegen sie auch dem göttlichen Schöpfungsplan zugrunde, sie sind die „Anfangsgrundlagen der Worte Gottes (τὰ στοιχεῖα τῆς ἀρχῆς τῶν λογίων τοῦ θεοῦ)" (Hebr 5,12).

[62] Vgl. Wsh 7,17; 19,18; 4Makk 12,13.

[63] Aristides 3, 2; Justin, II, 5, 2; Diogenes Laertius 6, 102 (die Zodiakalzeichen werden τὰ δώδεκα στοιχεῖα genannt [HS Long 1964]), ebenso Pap. Osl. 4,18 (δώδεκα στοιχεῖα τοῦ οὐρανοῦ); Ps.-Callisthenes (=*Historia Alex. Magni* ed. W. KROLL 1926 [Ndr. 1958]) 13; im Aramäischen ist der Begriff als griechisches Lehnwort mit der Bedeutung „Horoskop" bekannt, vgl. STRACK/BILLERBECK II, 403. Allerdings sollte man daraus nicht den Schluß ziehen, eine Ablehnung der Stoicheia ginge *automatisch* mit dem Kampf gegen die Astrologie einher, im Gegenteil: Wie wir noch sehen werden, zogen die *Gnostiker* den Schluß, man müsse die Gesetze der Weltmächte – also der Planeten – besonders gut kennen, um sich aus ihnen zu befreien.

Da wandte sich Gott ab und überließ sie dem Sternenkult, wie es im Buch der Propheten heißt: *Habt ihr mir etwa Schlachtopfer und Gaben dargebracht während der vierzig Jahre in der Wüste, ihr vom Haus Israel? Das Zelt des Moloch und den Stern des Gottes Rompha habt ihr herumgetragen, die Bilder, die ihr gemacht habt, um sie kultisch zu verehren. Darum will ich euch in die Gebiete jenseits von Babylon verbannen* (Am 5,25-27).

Die hier zitierte Amos-Stelle ist textkritisch und inhaltlich äußerst schwierig zu bewerten. Tatsache ist, daß sie in der *adversus-Iudaeos*-Literatur eine große Rolle spielte und stets mit der Verehrung von Gestirnen oder Götzen allgemeiner Art in Verbindung steht.[64] Der Stern des Gottes Rompha dürfte mit dem Saturn identisch sein, so daß wir es hier möglicherweise nicht nur mit einer Polemik gegen etwaigen Sternkult zu tun haben, sondern auch gegen die jüdische Observanz des Sabbat, des Saturn-Tages.[65] Da wir von einer Trennung zwischen Sternkult und Astrologie auszugehen haben, dürfen wir zwar nicht von vornherein in der Kritik des Stephanus eine Ablehnung der Astrologie insgesamt sehen; allerdings legt der Gesamtcharakter der neutestamentlichen Dokumente die Vermutung nahe, daß die Autoren jene Trennung der beiden Beschäftigungen mit dem gestirnten Himmel nicht vorgenommen hatten, auch wenn die kulttheologische Komponente im Vordergrund steht.

Man hat auch in den verschiedentlich genannten γενεαλογίαι die Berechnung der Geburtskonstellation, also eine *Genethlialogie*, gesehen.[66] So heißt es 1Tim 1,4 warnend, die Leute sollten sich nicht „mit Geschichten und endlosen Geschlechterreihen [μύθοις καὶ γεναλογίαις ἀπεράντοις]" abgeben, die nur zu Streitfragen führen würden, sondern dem Heilsplan Gottes dienen. Die Hinzufügung des Adjektivs ἀπέραντος „endlos" schließt m.E. eine Bedeutung als „Nativität" völlig aus; vielmehr handelt es sich um eine Kritik an Genealogien, wie sie sich beispielsweise im Jubiläenbuch finden. Auch kritische Töne in den eigenen – und erst recht den gegnerischen – Reihen hinsichtlich der kaum als messianisch zu bezeichnenden Ahnenreihe Jesu dürften den Hintergrund der Passage abgeben (sind das die lästigen „Streitfragen"?), zumindest aber einen ent-

---

[64] Vgl. H.M. BARSTAD: *The Religious Polemics of Amos. Studies in the Preaching of Am 2,7b-8; 4,1-13; 5,1-27; 6,4-7; 8,14* (VT Suppl. 34), Leiden 1984, bes. 123f; SCHROER 1987, 267-272; LORETZ 1989; MACH 1992, 293f; VON STUCKRAD 1996, 96f.
[65] Vgl. BÖCHER 1975, 65.
[66] Vgl. ebda.

scheidenden Impetus. Daß es sich nicht um astrologische Berechnungen handelt, zeigt auch die Vergleichsstelle Tit 3,9: „Laß dich nicht auf törichte Auseinandersetzungen und Geschlechterreihen [γενεαλογίας], auf Streit und Gezänk über das Gesetz ein." Die Richtungskämpfe innerhalb der Jesustraditionen sowie im jüdischen Kontext sind mit dieser Aufforderung gemeint. Konsequenterweise ersetzen zwei Textzeugen (F und G nach NTG) γενεαλογίας durch λογομαχιας „Wortgefecht" (vgl. auch 2Tim 2,23).[67]

Das frühe Christentum lebte in einer akuten Endzeiterwartung. Man rechnete mit der baldigen Wiederkehr Christi, denn schließlich hatte Jesus verheißen: „Amen, ich sage euch: Diese Generation wird nicht vergehen, bis das alles eintrifft" (Mt 24,34).[68] Im selben Kapitel des Matthäusevangeliums ist zudem konkret aufgeführt, was als Zeichen des nahenden Endes bzw. der Parusie Christi zu erwarten ist, wobei selbstverständlich die jüdische Katastrophe der Tempelzerstörung theologisch und apologetisch verarbeitet worden ist (bes. Mt 24,1-3 par.).[69] Doch so klar die messianischen Wehen den Verständigen in naher Zukunft vor Augen treten werden, so deutlich wird der Versuch abgelehnt, den genauen Termin durch Berechnung oder dergleichen in Erfahrung bringen zu wollen: „Doch jenen Tag und jene Stunde kennt niemand, auch nicht die Engel im Himmel, nicht einmal der Sohn, sondern nur der Vater" (Mt 24,36; par. Mk 13,32). Ähnlich heißt es Apg 1,7: „Euch steht es nicht zu, Zeiten und Fristen [χρόνους ἢ καιροὺς] zu erfahren, die der Vater in seiner Macht festgesetzt hat." Die Begriffe *chronos* und *kairos* werden häufig im Zusammenhang mit der eschatologischen Endzeit verwendet,[70] wobei gewöhnlich auf die „Erfüllung der Zeit(en)" gemäß der biblischen Prophetien – insbesondere aus Daniel – sowie auf die konkrete Berechnung des Endzeittermins abgehoben wird. Allerdings wird letzteres, ganz im Gegensatz zu den qumranisch-zado-

---

[67] Auch sonst ist nur die Bedeutung „Geschlechtsregister/Stammbaum" gesichert, vgl. die Belege bei BAUER-ALAND S. 310.

[68] Die Hintergründe der Endzeiterwartung werden unten ausführlicher reflektiert, s. den *Exkurs 4* S. 604-623.

[69] Zum Antisemitismus in den christlichen Schriften besonders der vorkonstantinischen Zeit vgl. M. SIMON: *Verus Israel: A Study of Relations between Christians and Jews in the Roman Empire (135–425)*, Oxford 1986. SIMONs allgemein rezipierte Thesen sind jüngst von M.S. TAYLOR hinterfragt und korrigiert worden: *Anti-Judaism and Early Christian Identity. A Critique of the Scholarly Consensus* (Studia Post-Biblica 46), Leiden u.a. 1995.

[70] Mt 8,29; 16,3; Mk 13,33; Lk 21,8; Apg 3,20; 1Kor 4,5; 7,9; 1Thes 5,1; Eph 1,10; 1Petr 5,6; Apk 1,3; 12,14; 22,10 u.ö.

kidischen Endzeiterwartungen, als dem Menschen nicht zugestanden beurteilt.

Wir haben es also mit einem großen Interesse an der Ankündigung des Endgerichts zu tun, welches gleichwohl die Zuhilfenahme astrologischer (oder anderer) Techniken mit der Begründung ablehnt, der Heilsplan Gottes sei den Menschen, ja sogar den Engeln und dem „Sohn", prinzipiell unergründbar. Mehrere Erklärungen können für diese Haltung geltend gemacht werden; so wäre denkbar, daß man tatsächlich die Berechnung des von Gott festgesetzten Endtermins als unangemessenen Eingriff des Menschen in die göttliche Unabhängigkeit ansah. Die Unabhängigkeit Gottes impliziert zugleich, daß es einen von vornherein festgelegten Termin schlechterdings nicht geben kann, was eine Berechnung ohnehin obsolet macht. Der Gedanke der Prädestination der Geschichte ist im frühen Christentum nicht so stark ausgeprägt, wie dies im Umfeld der Qumran-Zadokiden der Fall gewesen ist, wo man ohne Bedenken davon ausgehen durfte, daß die Eingeweihten – und *nur* diese – die heilige Symmetrie des kosmischen Geschehens, abzulesen am Kalender, kannten und so auch den Termin des letzten Zeitalters zu berechnen vermochten. Dieser Umstand spricht für die geänderte Haltung der Gläubigen, vielleicht sogar für eine Abgrenzung von anderen jüdisch-apokalyptischen Kreisen, wie A. Sand vermutet.[71]

Freilich ist festzuhalten, daß man in den einschlägigen neutestamentlichen Passagen häufig auf eine Indienstnahme der Daniel-Prophezeiungen stößt, die wiederum zweifellos eine prädestinatorische Dominante besitzen.[72] Diesen Zug müßten die Jesusgemeinden folglich in ihrer Adaptation abgelegt haben, was durchaus denkbar ist, da die frühen Christen nicht aus einem priesterlichen oder kulttheologischen Milieu stammten, wie es sich in der spezifischen „Apokalyptik" Qumrans manifestiert.

Dennoch sollte auch eine andere Möglichkeit nicht außer acht gelassen werden. Dem Verbot einer genauen Bestimmung des Endzeittermins können nämlich auch sehr profane Ursachen zugrunde-

---

[71] A. SAND: „Zur Frage nach dem ‚Sitz im Leben' der apokalyptischen Texte des Neuen Testaments", in: *NTS* 18 (1971/72), 167-177.

[72] Vgl. etwa Dan 2,21f; 11,27. Wie eng sich die qumranische Theologie an diesem Konzept anlehnte, machte MERRILL deutlich: „In the Daniel passages, especially in chapter 12, there is unmistakable reference to the eschaton by use of קץ. It is surely understandable that the author of 1QH would appropriate the term in the same way. God determines even the times the work of all creatures will be ended" (1975, 21). Vgl. zu Daniel ferner VON STUCKRAD 1996, 101-103.

liegen, hatte man doch in der Vergangenheit häufig genug erlebt, wie unberechenbar das Heilsgeschehen Gottes offensichtlich war.[73] Außerdem wurden die neutestamentlichen Quellen unter dem Eindruck einer ungewissen Zukunft verfaßt: der Tod des Messias mußte erst verarbeitet, die Kunde seiner Auferstehung in theologische Reflexionen umgesetzt werden. Die Tempelzerstörung hatte offensichtlich die letzten Tage noch nicht eingeleitet, und aus „dieser Generation" (Mt 24,34) waren bereits viele gestorben, ohne daß die messianischen Wehen eingesetzt hätten. Vor solchem Hintergrund erscheint es verständlich, daß die theologische Bewältigung der *Parusieverzögerung* mit einer Ablehnung der Berechnung des Endtermins einherging. Bei näherer Betrachtung zeigt sich indes, daß auch diese profane Erklärung nicht vollends zu befriedigen vermag, da sie mit den hochgespannten Erwartungen der Gläubigen kaum in Einklang zu bringen ist. Wir werden deshalb auf die besonderen Konzeptionen dessen, was mit „Endzeit" und „Zeit" überhaupt in diesem Zusammenhang gemeint ist, ausführlicher einzugehen haben (s. den *Exkurs 4* unten S. 604-623).

Die Ablehnung der Berechnung der Endzeit – und damit sei ein dritter Erklärungsansatz genannt – kann endlich auch vor dem Hintergrund der Ermahnung zur Wachsamkeit gedeutet werden, die Mt 24,37-51 (par. Lk 17,26-27.34-35) von Jesus überliefert. Die Gläubigen – auch hier sind es nur die Wissenden, denen Jesus die „richtigen Zeichen" offenbart hat[74] – werden aufgefordert, die Ereignisse genau zu beobachten und sich bereit zu halten für die Wiederkehr Christi.[75] Würde man den Endtermin berechnen, bestünde die Gefahr, daß die Gläubigen in ihrem religiösen Eifer erlahmen und ihr missionarisches Werk vernachlässigen könnten. Die Ablehnung einer astrologischen Kalkulation hätte sich in diesem Fall aus einer theologischen Überlegung gespeist, die mit der Astrologie selber nur indirekt verbunden war.

Fassen wir zusammen: Der neutestamentliche Kanon (außerhalb der Johannesapokalypse) gibt eine astrologiefeindliche Haltung zu erkennen, die in erster Linie auf das paulinische Wirken zurückgeführt

---

[73] Gerade das Beispiel der Qumran-Zadokiden zeigt, welch tiefgreifende Infragestellungen das Ausbleiben des Zeitenwechsels für die Gläubigen haben konnte.

[74] Zu den „Zeichen des Menschensohnes", die von den „falschen Zeichen" deutlich unterschieden sind, vgl. BERGER 1980, 1438f.

[75] Vgl. auch Mt 25,13; Mk 13,33-37; Lk 12,39f. 46; Apg 20,31; 1Kor 16,13; 1Thess 5,1f. 6; 1Petr 5,8; Apk 3,2f; 16,15 u.ö.

werden kann. Die Ablehnung konzentriert sich auf die Tagewählerei, die im Römischen Reich weit verbreitet war. Darüber hinaus richtet sich die Kritik gegen die Berechenbarkeit heilsgeschichtlicher Perioden, was trotz der Adaptation der deterministischen Daniel-Prophezeiungen zu einer Abgrenzung von anderen apokalyptischen Strömungen im jüdisch-christlichen Kontext führte. Die ablehnende Haltung des Paulus kontrastiert mit dem häufigen Gebrauch astraler Metaphern, die zwar keine astrologischen Überlegungen implizieren, aber dennoch in bestimmten frühchristlichen Gruppierungen zu einer Einbeziehung der Sternkunde Anlaß geben konnten. Jene Gruppen haben wir in anderen Bereichen des Christentums zu suchen.

Zwei für die Erörterung der Astrologie zentrale Passagen im neutestamentlichen Kanon sollen im folgenden einer genauen Analyse unterzogen werden. Es handelt sich dabei um die Tradition, welche in die Magier-Perikope des Matthäus eingeflossen ist, sowie um die Johannesapokalypse, deren gewaltige astrologische Bilderwelt christliche Gruppen bis heute in ihren Bann zieht.

2. Die Magier-Perikope und der „Stern von Bethlehem"

Die Episode Mt 2,1-12, die von der Huldigung Jesu durch die Magier und der besonderen Sternerscheinung handelt, welche die messianische Geburt begleitete, hat schon im zweiten Jahrhundert u.Z. die Phantasie der Interpreten beflügelt. Das Interesse an dieser Passage riß nicht ab, und die Forschung unseres Jahrhunderts hat eine kaum zu überblickende Fülle an Material erbracht.[76] Im großen

---

[76] Vgl. vorab folgende Beiträge: GERHARDT 1922; KIRSCHBAUM 1954; KOEP 1956; RIEDINGER 1956, 130-146; VARDAMAN/YAMAUCHI 1989; FERRARI D'OCCHIEPPO 1994. Außerdem die kürzeren Aufsätze: DIETERICH 1902; J.K. FOTHERINGHAM: „The Star of Bethlehem", in: *JThS* 10 (1909), 116ff; E. LOHMEYER: „Der Stern der Weisen", in: *Theologische Blätter* 17 (1938), 289-299; J. BRUNS: „The Magi Episode in Matthew 2", in: *CBQ* 23 (1961), 51-54; J. DUCHESNE-GUILLEMIN: „Die Magier in Bethlehem und Mithras als Erlöser?" in: *ZDMG* 111 (1961), 469-475; GAECHTER 1968; R. A. ROSENBERG: „The ‚Star of the Messiah' Reconsidered", in: *Biblica* 53 (1972), 105-109; M. HENGEL/H. MERKEL: „Die Magier aus dem Osten und die Flucht nach Ägypten (Mt 2) im Rahmen der antiken Religionsgeschichte und der Theologie des Matthäus", in: *Studien zum Alten und Neuen Testament. FS J. Schmid*, Freiburg/Basel/Wien 1973, 139-169; D.W. HUGHES: „The Star of Bethlehem", in: *Nature* 264 (1976), 513-517; J.F. FARQUHARSON: „The Star of Bethlehem", in: *Journal of the British Astronomical Association* 89 (1978), 8-20; D.W. HUGHES: *The Star of Bethlehem Mystery*, London 1979; L. MARTIN/J. MOSLEY: „The

und ganzen dreht sich die Auseinandersetzung um die Frage, ob dem Bericht des Matthäus ein *historischer Kern* attestiert werden kann – wenn nicht sogar ein Tatsachenbericht vorliegen sollte –, oder ob es sich stattdessen um eine legendäre Erfindung des Autors handelt, möglicherweise auf einer Bibelinterpretation oder der Adaptation anderer Magier-Berichte fußend.

Anstatt die Forschungsgeschichte en detail durchzugehen, orientiert sich die Analyse des Dokuments im folgenden an dieser groben Strukturierung, was für die Fragestellung der vorliegenden Arbeit vollends genügt. Ich werde zu plausibilisieren versuchen, daß der Bericht des Matthäus kaum die uns überlieferte Form angenommen hätte, stünde nicht ein minimaler historischer, vor allem astronomisch zu fassender Kern hinter seiner Erzählung. Das zwingt uns aber keineswegs – und darauf muß eigens hingewiesen werden –, die genauen Umstände des Berichts als Tatsachen hinzunehmen, wie dies gewöhnlich geschieht; vielmehr müssen wir neben den astronomischen Zusammenhängen nach historischen Ereignissen suchen, an die sich recht bald die Legende des Sternes anlagern konnte.

2.1. Erklärungsansätze

Die Geschichte, die Matthäus der Nachwelt überlieferte, hat schon bald eine weitreichende Ausschmückung erfahren. Legendäre Elemente finden sich zunächst in den nichtkanonisierten *Kindheitsevangelien*, etwa im sog. Protoevangelium des Jakobus.[77] Aus diesem Bereich stammt auch die uns heute so geläufige Erwähnung des

---

Star of Bethlehem Reconsidered: A Historical Approach", in: *Planetarium* 9/2 (1980); F.W. DEICHMANN: „Zur Erscheinung des Sternes von Bethlehem", in: *Vivarium. FS Th. Klausner* (JAC Erg.-Bd. 11), Münster 1984, 98-106; K. VON STUCKRAD: „Der ‚Stern von Bethlehem' – Geschichte oder Legende?", in: *Astrolog* 89 (1995), 2-5. Diese Übersicht vermittelt lediglich einen kleinen Einblick in die Forschungserträge; zu den Publikationen von K. FERRARI-D'OCCHIEPPO s.u. S. 565 Anm. 118. weitere Literatur im Laufe des Kapitels. Aus anekdotischem Interesse sei auch auf die jedes Jahr zu Weihnachten aufflammenden Diskussionen um das „Horoskop Christi" hingewiesen, vgl. z.B. M. TSCHUDIN: „Das Horoskop von Jesus Christus – ein Versuch", in: *Astrologie heute* 52 (1995), 8-11; (J.-)C. WEISS: „2000 Jahre Jesus Christus", in: *Astrologie heute* 52 (1995), 12-16; außerdem B. HUBERS Bemerkungen in *Astrolog* 99 (1997), 24. Die Darstellungen – WEISS und HUBER sind namhafte Astrologen – erreichen ein spekulatives Niveau, das nur noch als peinlich zu bezeichnen ist. Wir werden freilich noch feststellen, daß ein derartiges methodisches Vorgehen auch in der wissenschaftlichen Literatur gang und gäbe ist.

[77] Dieses Evangelium wird uns unten S. 581 ausführlicher beschäftigen.

Stalles mit Ochs und Esel sowie die Meinung, es habe sich um *drei* Magier aus dem Osten gehandelt.[78] Die *Excerpta Latina Barbari*, lateinische Übersetzung eines griechischen Dokumentes des sechsten Jahrhunderts, bringen schließlich auch die Namen der drei „Könige", die sich bis heute durchsetzen sollten: Melchior, Balthasar und Gaspar.[79] In dieser Kombination haben sie auch die Kunst maßgeblich geprägt.[80]

Bei so viel legendärem Beiwerk überrascht es nicht, daß auch der Bericht des Matthäus selber in den Verdacht geriet, in weiten Teilen eine Erfindung des Autors zu sein. Als Erklärung dafür zog man im wesentlichen vier Möglichkeiten in Betracht, die es nun kurz zu resümieren gilt, da sie die Forschungsgeschichte unseres Jahrhunderts bestimmen.

2.1.1. Mt 2 und der Magier-Zug des Tiridates

Im Jahre 66 u.Z. empfing Kaiser Nero eine Delegation von *magoi*, die vom armenischen König Tiridates geführt wurde. Die näheren Umstände – namentlich die auf die Astrologie ausgerichtete Politik Neros – sind oben bereits gewürdigt worden.[81] Tiridates, so will es die antike Geschichtsschreibung, initiierte den Kaiser als Dank für seine Bestätigung in „magische Mysterien".

Schon 1902 machte A. Dieterich darauf aufmerksam, daß die Reise des Tiridates erhebliche Ähnlichkeiten zur Matthäus-Erzählung aufweist: Erstens kommen die Gesandten aus dem Osten, zweitens kommen sie, um dem Kaiser ihre Aufwartung zu machen, und drittens bringen sie ihm Geschenke mit.[82] Wenn man weiter bedenkt, daß Tiridates und seine Gefolgschaft als μάγοι/*magi* bezeichnet werden,[83] drängt sich geradezu die Vermutung auf, die Geburtser-

---

[78] In der Kunst schwankt die Zahl zunächst zwischen zwei und vier, doch mit der Zeit einigt man sich auf drei; vgl. C.R. MOREY: *Early Christian Art*, Princeton 1953, 68; A. GRABAR: *Christian Iconography*, Princeton 1968, fig. 26; P. DU BOURGUET: *Early Christian Art*, New York 1971, 46.

[79] Vgl. auch das *Armenische Kindheitsevangelium* und die *Excerpta et Collectanea*; zum ganzen YAMAUCHI 1989, 15f (Literatur). *Melchior* bedeutet „Mein König ist Licht"; *Balthasar* könnte abgeleitet sein von Beleshazzar, dem babylonischen Namen Daniels, und *Gaspar* schließlich mag vom indischen Namen Gundapharus stammen.

[80] Neben den oben Anm. 76 genannten Werken vgl. besonders H. KEHRER: *Die heiligen drei Könige in Literatur und Kunst*, 2 Bde., Leipzig 1908–1909 sowie J.C. MARSH-EDWARDS: „The Magi in Tradition and Art", in: *Irish Ecclesiastical Review* 85 (1956), 1-9.

[81] S.o. Kap. V.2.1.

[82] DIETERICH 1902.

[83] Plinius *Nat.* XXX, 16. Vgl. auch Dio Cassius *Hist. Rom.* LXIII, 1-7.

zählung Mt 2 sei ein Reflex auf diese historische Begebenheit. Dies wird noch deutlicher, nimmt man die astrologischen Hintergründe des Mithraskultes hinzu, welchen Tiridates mit nach Rom brachte. Die Zuspitzung auf astrologische Fragestellungen sowie die prachtvolle, königliche Zelebrierung des Besuches lassen sich direkt auf den Bericht des Matthäus übertragen.[84]

Die Theorie Dieterichs ist immer wieder vertreten worden, da sie eine Erklärung anbietet, die gänzlich ohne ein historisches Zugeständnis an den neutestamentlichen Bericht auskommt. Man kann sogar noch weiter gehen und eine versteckte Kritik des Evangelisten an dem Herrscherkult Neros und seiner „Anbetung" oder „Huldigung" durch die Untertanen entdecken.[85] Allerdings weist diese Konstruktion einige spekulative Elemente auf: Zunächst ist es keineswegs ausgemacht, daß die „magischen Mysterien", in die Nero initiiert wurde, mit den Mithrasgeheimnissen identisch sind; Mithras wird nämlich nicht namentlich erwähnt.[86] Außerdem sind die *magoi*, die Tiridates begleiten, eindeutig Priester, während die *magoi* des Matthäusevangeliums ebenso eindeutig Astrologen sind, ein Unterschied, der zu beachten ist.[87] Deshalb sind die Hinweise auf astrologische Konnotationen des Besuches, die bekanntlich bei Matthäus eine besonders große Rolle spielen, bei den Historikern lediglich implizit – vermittelt durch den Mithraskult und die politische Ausrichtung Neros auf die Astrologie – zu entnehmen.[88] Schließlich ist

---

[84] Vgl. STROBEL 1987, 1085f.

[85] Für diese Position plädieren u.a. E. HERZFELD: „Sakastan", in: *Archäologische Mitteilungen aus Iran* 4 (1932), 111; F. ZINNIKER: *Probleme der sogenannten Kindheitsgeschichte bei Matthäus*, Freiburg 1972, 128f; F.W. BEARE: *The Gospel According to Matthew*, San Francisco 1982.

[86] Auch Plinius schreibt lediglich, daß es ein „magisches Festmahl" gegeben habe (*magicis etiam cenis eum initeiaverat*, Nat. XXX, 6, 17). Weil Tiridates ein Anhänger der Mithrasreligion war und sich bereiterklärte, Nero als Mithras und Sol Invictus zu verehren, neigt man dazu, eine Initiation Neros anzunehmen; so schreibt Stierlin: „Aus den zitierten Texten über die feierliche Inthronisation von Tiridates entsteht so allmählich das Bild eines regelrechten Mithraskults, bei dem Nero zugleich Neueingeweihter und Lehrmeister, Mystagoge und Gott ist" (1988, 44). Diese Gleichsetzung ist allerdings durch die Texte selber schwer zu verifizieren.

[87] Auf die Frage, welche Personengruppe sich hinter der Bezeichnung *magoi* verbirgt, werde ich unten zurückkommen. Vgl. zum Thema insgesamt DE JONG 1997.

[88] Vgl. YAMAUCHI 1989, 19, der allerdings die Rolle der Astrologie in Neros Politik großzügig übergeht. Hier sei nur an die *Domus Aurea* erinnert (oben Kap. V.2.1.), von der auch STROBEL konstatiert: „Der Purpurbaldachin, unter dem Nero thronte, enthielt an der Decke das gestickte Bildnis des sonnen-

daran erinnert worden, daß die von Matthäus erzählten Ereignisse sich etwa 70 Jahre früher abgespielt haben sollen, eine Verbindung zur Politik Neros, die auch für die damaligen Zeitgenossen nur sehr versteckt gewesen sein dürfte, mithin äußerst konstruiert wirke.[89]

Selbstverständlich schließt diese Einschränkung nicht aus, daß der Tiridateszug dem Autor der Magier-Perikope in lebendiger Erinnerung war und in manches Detail der Erzählung Eingang fand. In diesem Zusammenhang kommt auch jenen Himmelsereignissen eine besondere Bedeutung zu, die wir im Bericht des Josephus bereits kennenlernten,[90] nämlich die Begegnung von Jupiter und Mars im Widder. Die Konjunktion fand im Sommer 66 statt, und zwar am 21. Juni, also unmittelbar vor der Sonnenwende;[91] H.-H. Kritzinger hat bereits 1911 darauf hingewiesen, daß diese Begegnung, in Mesopotamien und im Mittelmeerraum sehr gut zu beobachten als ein heller Punkt, der eine Unterscheidung der beiden Planeten kaum möglich machte, maßgeblich zur astralen Dimension des Tiridateszuges beigetragen hat.[92] Man kann nämlich die Tatsache ins Spiel bringen, daß das Sommersolstitium der höchste Feiertag im Mithraskult gewesen ist, eine astrale Konnotation der Reise demnach noch näher liegt.[93] Die zeitliche Koinzidenz ist allerdings auch das einzige, was für eine überdurchschnittliche Beachtung der Konjunktion spricht, zumindest im mithräischen Rahmen; denn die Jupiter-Mars-Begegnung findet etwa alle drei Jahre statt, mit Strobel von einer „singulären" Erscheinung zu sprechen, ist mithin äußerst irreführend. Dies haben wir bereits im Rahmen des jüdischen Aufstands gegen Rom festgestellt.

---

gleichen Kaisers, wie er auf einem Wagen über das Firmament mit den Sternen fährt. Die zugleich persische Mithrasymbolik ist unverkennbar. Im Blick auf die römische Mythologie stehen wir vor einer bewußten Pflege des Helios-Apollo-Kultes und dessen gezielter astronomischer Hindeutung auf die Sonderrolle des Nero" (1987, 1085). YAMAUCHIS Kommentar, „many of Dietrich's [sic!] interpretations were highly speculative, bordering on the fantastic" (1989, 19), ist folglich in dieser Weise unangemessen.

[89] Hierauf hat J.D.M. DERRETT hingewiesen: „Further Light on the Narratives of the Nativity", in: *Nov. Test.* 17 (1975), 96. Vgl. auch F. CUMONT: „L'adoration des Mages et l'art triomphal de Rome", in: *Atti di Pontificia Accademia de Archeologie* ser. 11A, 111 (1932), 82-105; E. NELLESSEN: *Das Kind und seine Mutter*, Stuttgart 1969, 76.

[90] S.o. Kap. V.2.2.2.

[91] Die exakte Konjunktion fand um 18:12 h GT auf 21°14'48" ♈ statt.

[92] KRITZINGER 1911, bes. S. 12f. Vgl. dazu *Tafel 3* im Anhang. Auch der Komet des Jahres 66 wäre hier zu nennen.

[93] Vgl. STROBEL 1987, 1086.

Es ergibt sich somit, daß eine konkrete Einarbeitung des Tiridateszuges in den Bericht des Matthäus nicht eindeutig belegt werden kann, auch wenn jenes politische Schauspiel zweifellos astrologisch konnotiert gewesen ist. Allerdings ist es sehr wahrscheinlich, daß der Zug der *magoi* des Jahres 66 eine ältere Tradition um den Messiasstern neu zu beleben vermochte. Es muß demnach bereits ein Erzählmotiv dieser Art gegeben haben, womit wir erneut auf die letzten Jahre Herodes' des Großen und die politisch wie astrologisch aufgeheizten Ereignisse jener Zeit zurückgeführt werden.

2.1.2. Ist Mt 2 eine Auslegung zu Num 24,17?

Die Wirkungsgeschichte der Bileamsweissagung Num 24,17 kann, wie wir sahen, für die jüdische Antike kaum hoch genug veranschlagt werden. Die Tatsache, daß die messianische Implikation der Prophezeiung im Bar-Kokhba-Aufstand eine große Rolle spielte, hat einige Wissenschaftler zu der Annahme geführt, auch im Bericht des Matthäus eine entsprechende Verarbeitung sehen zu dürfen. Bileam wird auf diese Weise zum Prototyp der *magoi*, Mt 2 dagegen zu einem „Midrasch", einer Auslegung von Num 24,17. In seiner ausführlichen Studie zum Thema folgert Raymond Brown:

> While this narrative reflects the general belief that the birth of great men was augured by astronomical phenomena, its immediate inspiration came from the story of Balaam in Num 22-24, a man with magical powers who came from the East and predicted that a star would rise from Jacob.[94]

Diese Hypothese ist zuvor schon von Jean Daniélou vorgetragen worden, der ebenfalls einen historischen Kern der Magier-Perikope als äußerst unwahrscheinlich annimmt.[95]

In Anbetracht der Wirkungsgeschichte der Bileams-Weissagung ist eine solche Möglichkeit ernsthaft in Erwägung zu ziehen. Das schwerwiegendste Argument gegen eine solche Bewertung findet sich allerdings im Text des Matthäus selber: Der Autor macht nämlich wiederholt und mit systematischer Hand von biblischen Zitaten Gebrauch, die Rückschlüsse auf das Leben und die Wirkung Jesu

---

[94] BROWN 1977, 177.
[95] „It is probable that the *midrash* on the star, with its leading the Magi from Jerusalem to Bethlehem and stopping over the spot where Jesus was, was inspired by Balaam" (*Infancy Narratives*, New York 1968, 84). Tatsächlich hatte sich schon DAVID FRIEDRICH STRAUSS (1808–1874) dahingehend geäußert; vgl. YAMAUCHI 1989, 22f.

erlauben. Wenn Mt 2,1-12 tatsächlich ein fiktiver Midrasch zu Num 24,17 sein sollte, so überrascht es doch sehr, die Numeri-Stelle nirgendwo im Matthäus-Evangelium zitiert zu finden. Ferrari d'Occhieppo stellt zu Recht fest: „Hätte aber Matthäus, wie rationalistische Erklärer meinen, von dorther das ‚Motiv' übernommen, dann wäre wohl wenn schon kein wörtliches Zitat, so doch ein deutlicherer Anklang zu erwarten gewesen, als er tatsächlich vorhanden ist."[96]

Selbstverständlich kannte Matthäus die Bileams-Weissagung, die die jüdische und christliche Zukunftshoffnung so folgenreich zu aktivieren vermochte. Er hat es aber vermieden, in seinen Bericht eine ausdrückliche Bezugnahme einzuflechten, wie dies in den vergleichbaren Adaptationen allenthalben praktiziert worden ist. Dieser Sachverhalt läßt sich nicht einfach damit erklären, daß Matthäus die Fiktion gleichsam zu verschleiern trachtete, oder aber eine abgeschlossene Perikope unhinterfragt in sein Evangelium einwob. Viel einleuchtender ist angesichts dieses Befundes die Vermutung, daß eine konkrete Begebenheit – nämlich die Jupiter-Saturn-Konjunktion des Jahres 7 v.u.Z. – zu einer Kristallisation der einschlägigen Bileamstradition führte. Zumindest *dies* ist ein historischer Kern, der als gesichert angesehen werden kann, und der das Herunterspielen der Perikope zu einem bloßen „Midrasch"[97] eindeutig widerlegt.[98] Auf der anderen Seite darf uns dieser Befund nicht dazu verführen, die Magier-Perikope insgesamt als historischen Sachverhalt zu betrachten.[99] Erst eine genaue Analyse des Textes und seines kulturellen Umfeldes kann uns Aufschluß darüber geben, ob neben dem historischen Kern einer astralen Begebenheit noch weitere Elemente der Erzählung auf tatsächliche Ereignisse rekurrieren könnten.

---

[96] K. Ferrari d'Occhieppo: *Der Stern der Weisen: Geschichte oder Legende?* Wien 1969, 14.
[97] Anzumerken ist ferner, daß der Begriff *Midrasch* an dieser Stelle äußerst unglücklich ist, da er eine rabbinische Terminologie projizierend auf Matthäus überträgt. Für die Verfechter jener Theorie erweist er sich überdies als Bumerang, da das Genre Midrasch grundsätzlich nicht auf eine konkrete (!) Bezugnahme auf das, was ausgelegt werden soll, verzichten kann.
[98] Vgl. auch Derrett 1975 (o. Anm. 89), 108: „Jean Daniélou's conclusion that the Magi were an invention of Matthew and that they are merely a figuration of the admission of the gentiles into the church, may well have gone too far."
[99] Gegen Yamauchi 1989, 23, der zu dem Ergebnis kommt, die Annahme einer Fiktion „requires greater credulity in critical ingenuity than the faith required to accept the episode as historical".

2.1.3. Kometentheorien

Der Stern von Bethlehem ist heutigen Christen zumeist in der Darstellung mit einem langen Schweif bekannt, der an einen Kometen erinnert. Derartige Bilder sind indessen erst nach Ausgang des Mittelalters geläufig geworden, während zuvor der Stern zwar groß, aber doch symmetrisch von Strahlen umgeben gedacht worden war.[100] Die Vermutung, es handele sich beim Stern von Bethlehem um die Erscheinung eines Kometen, ist dementsprechend in der Kunst weniger verbreitet gewesen, als bisweilen angenommen wird. Allerdings – und auch das darf nicht übersehen werden – äußerten schon von früh an kirchliche Vertreter eine dahingehende Vermutung.

Zunächst war es Ignatius von Antiochien, der zu Beginn des zweiten Jahrhunderts in seinem Brief an die Christen in Ephesus den Stern als eine Art Übersonne beschrieb, deren Licht alles andere überstrahlte. Origenes erklärte dann im dritten Jahrhundert konkret, es handele sich hier nicht um einen Fixstern oder einen Planeten, sondern um einen jener neuen Sterne, „die von den Griechen Haarsterne [Kometen] oder Balken, Bartsterne oder Fässer genannt werden."[101] Diese Position wird von ihm explizit als eigene Meinung präsentiert, die vermutlich unmittelbar mit dem Erscheinen des Kometen Halley im Mai und Juni des Jahres 218 zusammenhängen dürfte, der damals gut zu beobachten war.[102] Allerdings konnte der Gelehrte auf eine lange Tradition zurückgreifen, die eine umfangreiche Kometentheorie hervorgebracht hatte, sowohl im paganen, als auch im jüdisch-christlichen Bereich.[103]

Aus dieser Tradition weiß Origenes auch, daß im Normalfall die Erscheinung eines Kometen als Unglücksbotschaft zu verstehen ist, keineswegs aber als Ankündigung des Messias. Seine Erklärung

---

[100] Vgl. FERRARI D'OCCHIEPPO 1994, 14.
[101] C. Cels. I, 58-60.
[102] Der Komet Halley dürfte auch für die Panik verantwortlich sein, die in Rom während des Aufstands gegen Kaiser Macrinus ausbrach; vgl. BARRETT 1978, 53. Die eindrucksvolle Erscheinung des Kometen Hale-Bopp Anfang 1997 hat unmittelbar vor Augen geführt, wie grandios ein derartiges Himmelsereignis auf die Menschen wirkt (nicht nur auf die Mitglieder des „Heaven's Gate Cult"). In der Antike, als man noch nichts von der Planmäßigkeit der Kometenbahnen wußte, muß die Wirkung noch erheblich größer gewesen sein. (Tatsächlich ist es auch heute noch nicht möglich, das Eintreffen eines Kometen exakt vorherzusagen; dazu ist erst seine Beobachtung notwendig.)
[103] Vgl. besonders Josephus BJ VI, 289f sowie OrSib III, 334f, wo der „schwertähnliche Stern" und der „Haarstern" genannt sind. Weitere Belege oben Kap. V.2.2.2.

Die Magier-Perikope und der „Stern von Bethlehem" 563

beruft sich auf den Stoiker Chairemon und dessen Theorie, in Ausnahmefällen könne der Komet auch einen Umsturz zum Besseren andeuten.[104] Zugleich weist er darauf hin, daß dieser Komet der einzige gewesen sei, der von Propheten vorausgesagt worden war, womit er Num 24,17 ins Spiel bringt. Origenes bewegt sich damit durchaus im Rahmen der frühchristlichen Argumentation,[105] die davon ausging, die Geburt des Messias müsse von einem Sternphänomen begleitet worden sein, welches Gott eigens zu diesem Zweck geschaffen habe.[106]

Seither hat es immer wieder Versuche gegeben, den Stern von Bethlehem mit einem Kometen, gelegentlich auch mit einer Nova – besser noch einer Super-Nova – in Verbindung zu bringen. Ohne auf die Einzelheiten einzugehen,[107] können wir zusammenfassend festhalten: alle Erklärungsversuche in diese Richtung scheitern an der schlichten Tatsache, daß in den in Frage kommenden Jahren – kurz vor dem Tod Herodes' des Großen – keine entsprechenden astronomischen Ereignisse nachweisbar sind.[108] Berichte sind erhalten von

---

[104] Wie wir bei Balbillus und Nero sahen, machte selbst die professionelle Astrologie von der negativen Deutung der Kometen gelegentlich Ausnahmen.

[105] Vgl. auch das Fazit KIRSCHBAUMS: „[D]ie Deutung der Prophezeiung des Balaam im messianischen Sinn ist Gemeingut der katholischen Kirchenschriftsteller im Osten wie im Westen" (1954, 132). Nach Behandlung der künstlerischen Dokumente geht er noch weiter: „Ja die Weisen stammen sogar von Balaam ab oder sind jedenfalls seine Nachfolger in der Ausübung des Magierberufes. Balaam ist der Prophet der Heiden, die Magier sind die Erstlinge der Heidenkirche" (S. 170).

[106] Die Position des Origenes in diesem Punkt ist danach im Schrifttum der frühen Kirche mehr oder weniger „kanonisch" geworden; vgl. RIEDINGER 1956, 134ff und unten Kap. XI.1.2.

[107] Vgl. zu diesem Thema die Literatur o. Anm. 76. Außerdem A.J. MOREHOUSE: „The Christmas Star as a Supernova in Aquila", in: *The Journal of the Royal Astronomical Society of Canada* 72/2 (551, 1978), 65ff. Schon J. KEPLER hatte eine (hypothetische) Nova im Jahre 7 v.u.Z. als Stern von Bethlehem angenommen, auch wenn er die Große Konjunktion als begleitendes Signal auffaßte (s.u.).

[108] Manche Interpreten sind allerdings so kühn, aus der Not eine Tugend zu machen und den Kometen Halley des Jahres 12 v.u.Z. als „Stern von Bethlehem" zu postulieren; so etwa J. VARDAMAN: „Jesus' Life: A New Chronology", in: VARDAMAN/YAMAUCHI 1989, 55-82, S. 66: „This would give the general period of late 12 B.C. or spring 11 B.C. when Jesus was born – likely around the Tabernacle season in 12 B.C. This could explain why Mary went with Joseph to Bethlehem: it was customary for wives to attend festivals (cf. Luke 2:43), but not necessary for them to attend or be involved in census returns." Dies ist ein schönes Beispiel für die Blüten, die die „Leben-Jesu-Forschung" bisweilen treibt.

Kometen der Jahre 17 v.u.Z., anläßlich der Saekularfeiern,[109] und 12 v.u.Z., als der Halley'sche Komet im Mittelmeerraum sichtbar war.[110] Gelegentlich wird auch das Jahr 5 v.u.Z. ins Spiel gebracht, denn in einer kurzen Notiz der Chronik der chinesischen Han-Dynastie, etwa 100 Jahre nach den Ereignissen zusammengestellt, wird von einem entsprechenden Phänomen berichtet.[111] Es ist allerdings äußerst gewagt, dieses Indiz auf den Mittelmeerraum zu übertragen, weil man erstens nichts über den Verlauf und die Intensität der Erscheinung weiß, und zweitens weder aus den antiken Berichten noch aus wissenschaftlichen Berechnungen die Ankunft eines Kometen plausibilisiert werden kann.[112]

Sollte in den letzten Jahren des Herodes ein Himmelsphänomen zu beobachten gewesen sein, das den Ausmaßen dessen entspricht, was bei Mt berichtet wird, so können wir sicher sein, daß darüber in der einen oder anderen Weise reflektiert worden wäre, wie dies auch bei den anderen Begebenheiten stets der Fall gewesen ist. Gerade Nikolaus von Damaskus und der ihm folgende Josephus hätten sich in ihrer Geschichte der herodianischen Politik ganz sicher darauf bezogen. Das Schweigen der Quellen dürfen wir als eindeutiges Indiz dafür nehmen, daß der Stern von Bethlehem kein Komet oder ähnliches gewesen ist.

Auszuschließen ist natürlich nicht die Möglichkeit, daß man spätere Vorkommnisse, wie die Kometen der Jahre 60, 64 und 66, auf frühere Jahre übertrug. Das würde uns aber zugleich zwingen, die Matthäus-Perikope als Erfindung späteren Datums aufzufassen, ohne

---

[109] S.o. Kap. III.2. Erstaunlicherweise fehlt dieses Ereignis in der Übersicht bei YEOMANS 1991, 367, obwohl nicht nur Dio Cassius *Hist. Rom.* LIV, 19, 7 davon berichtet, sondern auch Julius Obsequens 71, ein Autor, der vermutlich im vierten Jahrhundert Prodigientafeln verfaßte, die von 249 bis 12 v.u.Z. reichten. Er ist, was die Genauigkeit seiner Angaben betrifft, als relativ unzuverlässig einzustufen; vgl. BARRETT 1978, 90 und 97.

[110] Dio Cassius beschreibt das Ereignis folgendermaßen: „[...] und das Gestirn, der Haarstern [κομήτης, Komet] genannt wird, der viele Tage über der Hauptstadt [Rom] selbst geschwebt hatte, löste sich in Fackeln auf" (*Hist. Rom.* LIV, 29, 8).

[111] FERRARI D'OCCHIEPPO 1994, 175 gibt den Inhalt folgendermaßen wieder: „In dem natürlichen Monat zwischen 9. März und 6. April des Jahres 5 v.Chr. erschien in der Sterngegend um Alpha und Beta im Steinbock ein ‚Besen-Stern' (Komet), der siebzig Tage lang sichtbar blieb." In der Tafel von HO 1962 ist der Komet unter der Nummer 63 aufgeführt. Auch ein fraglicher Komet des Jahres 4 v.u.Z. könnte hier genannt werden, dessen genaue Einordnung indes noch schwieriger ist (Nr. 64 bei HO).

[112] Zur Auseinandersetzung mit COLIN J. HUMPHREYS, der diese Theorie vertritt, vgl. FERRARI D'OCCHIEPPO 1994, 172-179.

jeglichen Rückhalt in der Wirklichkeit. Eine solche Konsequenz hat die Frage zu beantworten, warum der Autor das Symbol eines Kometen wählen sollte, dessen Deutung gewöhnlich in negativen Farben erfolgte. In der Zusammenfassung der Befunde (Kap. 2.4.) wird den mit diesen Konsequenzen verbundenen Fragen weiter nachgegangen.

2.1.4. Die Große Konjunktion des Jahres –6

Die Jupiter-Saturn-Zyklen haben in der babylonischen und hellenistischen Antike, ja selbst in der indischen Zeitalterlehre einen herausragenden Platz inne. Dies haben unsere Studien wiederholt deutlich gemacht.[113] Daß die Singularität der Himmelsereignisse – die dreimalige Begegnung der beiden Planeten – in den Jahren 7 und 6 v.u.Z. ein interessantes Licht auf die Magier-Perikope des Matthäus wirft, ist folglich schon früh festgestellt worden. Der große Astronom Johannes Kepler entwarf 1614 in seiner Schrift *De Anno Natali Christi*[114] die Theorie, die nachfolgende Generationen immer wieder adaptieren sollten. Allerdings sah Kepler die Große Konjunktion lediglich als eine Art kosmisches Signal für das Kommen des Messias an, während der Stern von Bethlehem eine Nova im Jahre 5 v.u.Z. gewesen sei.[115] L. Ideler baute diese Theorie 1826 aus und faßte die Konjunktion allein als Stern von Bethlehem auf.[116] In unserem Jahrhundert waren es zunächst H.-H. Kritzinger und O. Gerhardt, die weiteres Material beisteuerten,[117] bevor sich der Wiener Astronom Konradin Ferrari d'Occhieppo in jahrzehntelanger Forschung dem Phänomen zuwandte.[118]

---

[113] Vgl. vor allem die Darstellung oben Kap. III.2.1. Zur Herleitung der Zyklen vgl. VON STUCKRAD 1996, 60-63; zu ihrem Eingang in die indische Astrologie im Rahmen der Yuga-Lehre B.L. VAN DER WAERDEN: „Das große Jahr und die ewige Wiederkehr", in: *Hermes* 80 (1952), 129-155; D. PINGREE: „Astronomy and Astrology in India and Iran", in: *Isis* 54 (1963), 229-246.

[114] In: *Gesammelte Werke* V, München 1953.

[115] Ein Grund hierfür war die Beobachtung einer Nova am 10. Oktober 1604, die KEPLER auf die Geburt Jesu übertrug, da auch dieser Erscheinung eine Jupiter-Saturn-Konjunktion (im Schützen) vorhergegangen war; vgl. J. KEPLER: *De Stella Nova in pede Serpentarii*, Prag 1606, 134.

[116] L. IDELER: *Handbuch der mathematischen und technischen Chronologie* II, Leipzig 1826, 399ff. In DAVID HUGHES fand die Theorie IDELERS einen modernen Verfechter, gleichwohl nach allen Seiten hin vorsichtig abwägend; vgl. HUGHES 1979 (oben Anm. 76).

[117] KRITZINGER 1911; GERHARDT 1922.

[118] Wegmarken dieser Forschung waren: „Der Messiasstern unter neuen astronomischen und archäologischen Gesichtspunkten. Religion – Wissenschaft –

Allen Erklärungsansätzen aus dieser Richtung liegt die Annahme zugrunde, daß die astronomischen Ereignisse in bestimmter Weise auf den Bericht des Matthäus eingewirkt haben. In den konkreten Ausformulierungen jedoch gibt es erhebliche Unterschiede, besonders im Hinblick auf die Historizität des Magier-Zuges.[119] Schließlich gibt es keinen Grund, von der Authentizität der Sternerscheinung auf die Reise der Astrologen Rückschlüsse zu ziehen und jenen Teil der Geschichte ebenfalls als historisch zu betrachten. Eben diese Unterscheidung wird häufig nicht gemacht, da die Perikope einen einheitlichen Duktus aufweist. Wie ich im folgenden zu zeigen versuche, ist aber die Aussonderung des legendären Anteils der Geschichte durchaus – wenn auch nur unter Vorbehalt – möglich und sogar notwendig, um die astrologische Komponente darin zu isolieren. Zu diesem Zweck wenden wir uns nun der inhaltlichen Analyse des Abschnittes zu.

2.2. Analyse des Textes Mt 2,1-12 – eine Indizienkette astronomischer Spuren

Bevor die Frage beantwortet werden kann, inwieweit tatsächliche Begebenheiten in den Bericht des Matthäus eingeflossen sein könnten, ist eine genaue Sichtung des Textes unerläßlich. Besonders die Befürworter einer Historizität rekurrieren gewöhnlich auf die sprachlichen Besonderheiten der Perikope, die in der Tat einige bemerkenswerte Aufschlüsse hinsichtlich der astrologischen Konnotation des Textes erlauben.

Bis in die zwanziger Jahre unseres Jahrhunderts operierte die Forschung mehr oder weniger in einem luftleeren Raum, da die

---

Kultur", in: *Vierteljahrsschrift der Wiener Katholischen Akademie* 15 (1964), 3-19; „Jupiter und Saturn in den Jahren –125 und –6 nach babylonischen Quellen", in: *Österreichische Akademie der Wissenschaften, math.-nat. Klasse*, Sitzungsbericht 173 (1965), 343-376; „Die Rolle des Mars bei der Großen Konjunktion 7 v. Chr.", in: *Der Sternbote* 9 (1966), 30ff; „Der Stern der Magier", in: *Österreichische Akademie der Wissenschaften, phil.-hist. Klasse*, Anzeiger 111 (1974), 319-345; „Zur Hypothese einer 865-jährigen Planetenperiode in der babylonischen Astronomie", in: *Österreichische Akademie der Wissenschaften, phil.-hist. Klasse*, Anzeiger 113 (1976), 231-234; *Der Stern der Weisen: Geschichte oder Legende?*, Wien ²1977; außerdem FERRARI D'OCCHIEPPO 1989 und 1994, wo die Theorien zusammengefaßt werden.

[119] Als Beispiele für die Annahme weitgehender Historizität vgl. YAMAUCHI 1989 und die Schriften FERRARI D'OCCHIEPPOS. Vorsichtiger, doch ebenfalls tendenziell dieser Ansicht ist STROBEL 1987, 1083-1087.

babylonische Astrologie, deren Erkundung am Ende des 19. Jahrhunderts anhob, noch weitgehend im Dunkeln lag. Dies änderte sich schlagartig, als nach und nach immer neue Einsichten in die astronomische Kompetenz Mesopotamiens möglich waren, und im Zuge dieser Entwicklung begann man auch die Magier-Perikope in einem anderen Kontext zu sehen. Einen diesbezüglichen Einschnitt in der Forschung markiert die Publikation einer kleinen Tontafel aus dem Jahre 7/6 v.u.Z., die keinen Zweifel daran läßt, daß man in Babylonien die Große Konjunktion jenes Jahres beachtete und zu berechnen vermochte.[120] Trotz dieser Befunde scheute man sich, besonders auf theologischer Seite, eine derartig profane Erklärung der Perikope zu akzeptieren,[121] und in zahlreichen Publikationen zum Thema wird Wert auf die Feststellung gelegt, daß *zusätzlich* zu den astronomischen Tatsachen ein göttliches Wunder angenommen werden dürfe, ja müsse.[122]

Eine religionswissenschaftliche Studie braucht auf derlei Fragestellungen keinerlei Rücksichten zu nehmen, sondern interessiert sich in erster Linie für die historischen und sozialen Verbindungen, die sich aus dem vorliegenden Text eruieren lassen. Die theologischen Implikationen gilt es lediglich festzustellen, nicht aber zu „bewältigen". Gerade die astrologischen Hintergründe der Magier-Perikope zeigen in aller Deutlichkeit, daß der Autor nicht in einem

---

[120] VAT 290 und 1836; vgl. P. SCHNABEL: „Der jüngste datierbare Keilschrifttext", in: *ZA* 36 (1925), 66-70.

[121] Dies zeigt sich schon in der ersten Reaktion etwa bei SCHAUMBERGER: „Certum videtur, textum Evangelii sine miraculo explicari non posse. Idcirco valde dubito, utrum constellationes aliave phaenomena naturalia anni 7 a. Chr. coniungenda sint cum historia Magorum" (J. SCHAUMBERGER: „Textus cuneiformis de stella Magorum?", in: *Biblica* 6 [1925], 444-449, S. 449). Vgl. auch ders.: „Iterum textus cuneiformis de stella magorum?", in: *Biblica* 7 (1927), 294-301, S. 301. Die Erklärungsstruktur ist dieselbe wie bei den frühen Apologeten: Die Geburt „des Herrn" muß durch ein ganz außergewöhnliches Zeichen – ein Wunder – angezeigt worden sein.

[122] Selbst K. FERRARI-D'OCCHIEPPO, Verfechter einer beinah vollständigen Historizität des Matthäus-Berichts, sieht sich zur Abwertung der Astrologie genötigt: Die Konjunktion des Jahres 7 v.u.Z. „war in dieser Welt etwas ganz Einmaliges, außerhalb jeder wissenschaftlichen Regel. Aus dieser Perspektive verblaßt die Grenzlinie zwischen echtem und vermeintlichem Wissen des Menschen. So darf man wohl annehmen, daß eine göttliche Fügung auch an den *irrenden Sternglauben* der Magier anknüpfen konnte, um sie zum *wahren Messias* hinzuführen" (FERRARI-D'OCCHIEPPO 1994, 136, [Hervorhebung KvS]). Diese Feststellung ist umso erstaunlicher, als der Autor zuvor zu zeigen versucht, daß die Konjunktion eben *nicht* außerhalb der wissenschaftlichen Regeln stand.

luftleeren Raum schrieb, sondern ein konkretes sternkundliches Wissen in seinen Text einfließen ließ, welches sowohl in babylonischen, als auch hellenistischen Quellen greifbar ist.

Doch rekapitulieren wir vor einer eingehenderen Analyse zunächst den Passus, um den es geht. Die Übersetzung versucht möglichst nah am griechischen Text zu bleiben, um die Besonderheiten gewisser Ausdrücke in ihrem semantischen Umfeld zu verdeutlichen, die später Gegenstand unserer Untersuchung sein werden. Zur Textgestalt ist anzumerken, daß der uns erhaltene Wortlaut durch viele Textzeugen gut belegt ist, so daß wir in dieser Hinsicht methodisch „auf der sicheren Seite sind". Abweichungen in einzelnen Manuskripten können wir vernachlässigen.

> (Mt 2,1) Als Jesus geboren worden war in Bethlehem in Judäa in den Tagen des Königs Herodes, da gelangten Magier von den Aufgängen [d.h. von Osten] nach Jerusalem. (2) Sie fragten: „Wo ist der neugeborene König der Juden? Wir haben nämlich seinen Stern im Aufgang gesehen und sind gekommen, um ihm zu huldigen." (3) Als das der König Herodes hörte, erschrak er und ganz Jerusalem mit ihm. (4) Da ließ er alle Hohepriester und Schriftgelehrten des Volkes zusammenkommen und erkundigte sich bei ihnen, wo der Messias geboren werden solle. (5) Sie antworteten ihm: „In Bethlehem in Judäa; denn so steht es bei dem Propheten: *Du, Bethlehem* in Juda, *bist keineswegs die unbedeutendste unter den führenden Städten Judas; aus dir wird nämlich hervorgehen ein Fürst, der Hirt meines Volkes Israel* (Mi 5,1.3)." (7) Danach rief Herodes die Magier heimlich (zu sich) und erfragte von ihnen genau die Zeit des erschienenen Sterns. (8) Und er schickte sie nach Bethlehem und sagte: „Geht und forscht genau nach, wo das Kind ist; wenn ihr es gefunden habt, berichtet mir, damit auch ich hingehe und ihm huldige." (9) Nach diesen Worten des Königs machten sie sich auf den Weg, und siehe, der Stern, den sie im Aufgang gesehen hatten, zog vor ihnen her, bis er im Gehen stehenblieb oben darüber, wo das Kind war. (10) Als sie den Stern sahen, wurden sie sehr von sehr großer Freude erfüllt. (11) Sie gingen in das Haus und sahen das Kind mit Maria, seiner Mutter; da fielen sie nieder und huldigten ihm, dann holten sie ihre Schätze hervor (und) brachten ihm Gaben dar, Gold, Weihrauch und Myrrhe. (12) Weil ihnen aber im Traum geboten wurde, nicht zurückzukehren zu Herodes, zogen sie auf einem anderen Weg zurück in ihr Land. [...] (16) Als Herodes sah, daß ihn die Magier getäuscht hatten, wurde er sehr zornig, und er ließ alle Jungen von zwei Jahren und darunter in Bethlehem und dessen ganzer Umgebung töten, gemäß der Zeit, die er von den Magiern genau erfragt hatte.

2.2.1. Aufgang und Stillstand des Sternes

Die Untersuchung der astrologischen Konnotationen des Textes hat neben einer inhaltlichen Analyse vor allem auch die semantischen Feinheiten der verwendeten Begrifflichkeit zu untersuchen, die es in ihrem astronomischen Hintergrund – sofern vorhanden – zu verorten gilt. Beide Ebenen wollen wir nebeneinander im Auge behalten und uns jeweils fragen, ob wir Parallelen aus dem kulturellen Umfeld beibringen können, die weiteres Licht auf den Text werfen könnten. Aus methodischen Gründen kommen wir nicht daran vorbei, den Wortlaut des Textes zunächst einmal als authentischen Bericht zu nehmen. Ansonsten wäre eine Analyse von vornherein obsolet.

Inhaltlich betrachtet ist schon die Tatsache beachtenswert, daß die Sternerscheinung offensichtlich nicht allgemein bekannt gewesen ist. Die Heimlichkeit, mit der Herodes das Phänomen zu erfahren sucht, spricht gegen einen Kometen, der schließlich allen hätte sichtbar gewesen sein müssen. Die Magier[123] wiederum haben das Ereignis schon seit längerem verfolgt und sind aufgebrochen, um dem zu erwartenden neugeborenen König ihre Aufwartung zu machen. Interessanterweise stellen sie die Aussicht, *daß* dieses Ereignis eintreffen werde, in keinster Weise in Frage, denn sie erkundigen sich lediglich, *wo* denn der neugeborene König sei. Nebenbei kann man dieser Notiz entnehmen, daß man selbstverständlich davon auszugehen hatte, jene Geburt würde am Domizil des Königs in Jerusalem geschehen, ein Umstand, der den Spott erklären mag, mit dem der spätere „König der Juden" überzogen wurde: Die Magier aus dem Osten erwarteten einen Abkömmling des Königshauses, der die Herrschaft in ein neues Zeitalter führen würde.

In Vers 2 erhalten wir nun eine erste konkrete Information über den beobachteten Stern, denn die Magier berichten, sie hätten den Stern des Königs „im Aufgang" [ἐν τῇ ἀνατολῇ] gesehen. Gemeint ist also ein Phänomen, welches bereits seit längerem zu beobachten war und das die Magier dazu veranlaßte, mit der Geburt eines jüdischen Königs zu rechnen. „Im Aufgang" ist in diesem Zusammenhang der astronomische Fachausdruck für den *heliakischen Aufgang* der Planeten, deren Berechnung zu den zentralen Eckpunkten babylonischer Astrologie zählte.[124]

---

[123] Welcher Berufsstand mit *magoi* in unserem Text gemeint ist, wird unten zu erörtern sein.

[124] „The statement that some expressions in the text under consideration must be understood as technical terms is justified by present knowledge of Babylonian astronomy, as restored by modern scientists from a systematic

Die anderen Eckpunkte der Planetenbewegung stellen die „Kehren der Wege" dar,[125] nämlich die Zeitpunkte der Kulmination, Phasen der Rückläufigkeit sowie schließlich ihr heliakischer Untergang. Für eine königliche Interpretation kamen in der Antike allein die Planeten Jupiter und Saturn in Betracht; durch die erhaltenen Planetentafeln sind wir darüber informiert, daß man nach babylonischer Rechenmethode den heliakischen Aufgang des Jupiter am 15. März 7 v.u.Z. erwartete, und zwar auf 11° Fische. Saturn würde dagegen am 4. April auf 19° Fische heliakisch aufgehen. Auf den Tafeln ist sodann der östliche Stillstand der Planeten vermerkt (♃ am 20. Juli „am Ende Fische und ♄ ebendort am 27. Juli) sowie der gemeinsame Abendaufgang am 15. September.[126] Auch der zweite Stillstand – zwischen der zweiten und der dritten Konjunktion – und der heliakische Untergang im März des nächsten Jahres konnte nach babylonischer Rechenmethode annähernd korrekt eruiert werden.[127]

Aus dem Text des Matthäus läßt sich nicht nur der heliakische Aufgang der Sternerscheinung entnehmen, sondern auch ihr Wendepunkt, d.h. der *Stillstand*. Der Autor spricht nämlich davon, daß der Stern „im Gehen stehenblieb oben darüber, wo das Kind war" (v. 9). Eine Inanspruchnahme babylonischer Planetentheorie ist zwar nicht zwingend, aber auch nicht von der Hand zu weisen. So gilt es zu bedenken, daß die Partizipialform ἐλθών („gehend, kommend") ein zeitlich nicht eindeutig umrissenes vergangenes Geschehen bezeichnet. Der Aorist-Indikativ ἐστάθη („wurde zum Stehen gebracht") wiederum deutet auf einen konkreten Zeitpunkt hin; dies paßt hervorragend auf die *Phase* des Hinschreitens des Planeten zum Wendepunkt und den *Zeitpunkt* seines scheinbaren Stillstands.[128]

2.2.2. Das Zodiakallicht

An dieser Stelle sei auf ein Phänomen eingegangen, welches K. Ferrari d'Occhieppo zu seinem Kronzeugen für die Historizität des

---

study of many hundreds of clay tablets found in the ruins of Babylon and Uruk" (FERRARI D'OCCHIEPPO 1989, 43).

[125] Die Auf- und Untergänge, Kulmination, Rückläufigkeit etc. der Planeten sind schon im Kompendium ᵐᵘˡAPIN bezeugt, vgl. PINCHES/STRASSMAIER/SACHS 1955; VON STUCKRAD 1996, 25-32. S. hierzu ferner die Bemerkungen oben Kap. VI.1. zum AB und seinen babylonischen Hintergründen.

[126] Nach BM 34659, BM 34614, BM 35429, vor allem aber VAT 290 und 1836; vgl. STROBEL 1987, 1001-1008; FERRARI D'OCCHIEPPO 1994, 42ff sowie seine Abbildungen 2 und 3 S. 18f.

[127] Zu den astronomisch exakten Daten s. *Tafel 2* sowie die *Abbildungen 2-4* im Anhang; außerdem die Ausführungen oben Kap. III.2.1.

[128] Vgl. FERRARI D'OCCHIEPPO 1994, 166.

Matthäusberichtes erhoben hat. Es bietet nämlich ein Indiz dafür, daß der Ort Bethlehem, an dem der Stern „stehenblieb", tatsächlich durch eine unerwartete „wunderbare" Begebenheit herausgehoben wurde. Dabei handelt es sich um das *Zodiakallicht*, ein durch Streuung und diffuse Reflexion des Sonnenlichts an Staubpartikeln entstehender weißlicher Schimmer. In der heutigen Zeit ist es aufgrund der Luftverschmutzung kaum mehr sichtbar, was im übrigen an vielen Orten auch für die Milchstraße gilt, der das Zodiakallicht an Intensität kaum nachsteht.[129] Das Licht ergießt sich kegelförmig von einem Punkt am Himmel über die Landschaft, und besonders im Herbst weist jener Kegel eine gewisse Konstanz auf, d.h. er bleibt über Nacht länger an einem Ort stehen. Geht man mit diesem astronomischen Instrumentarium an die Matthäusgeschichte heran und legt die Begebenheit in die Zeit des zweiten Stillstands von Jupiter und Saturn, ergibt sich folgendes Bild:

> Kurz nach 18:30 Uhr (Ortszeit), als die Dämmerung in dunkle Nacht übergegangen war, zeigt sich zwischen Süden und Südwesten ein zarter, unscharf begrenzter Lichtkegel, das Zodiakallicht. Von Jupiter, der im Süden nächst der Spitze des Kegels stand, schien ein Lichtstrom auszugehen, welcher nach unten hin zugleich breiter und heller wurde. Deutlich hoben sich von der Basis des Lichtkegels die Umrisse der Hügelkette und beim Näherkommen auch die flachen Dächer einzelner Häuser von Bethlehem ab. Vom Einbruch der Dunkelheit bis zu dem mehr als zwei Stunden späteren Aufgang des Mondes wies die Achse des Lichtkegels beständig auf dieselbe Stelle des Horizonts und zeichnete dadurch einen kleinen Teil der Ortschaft, zuletzt vielleicht sogar ein bestimmtes Haus vor den umliegenden aus. Es ergab sich der Anschein, als wäre der Stern selbst stehengeblieben über der Stelle, wo das Kind war.[130]

Dieser etwas phantastisch anmutende Bericht[131] geht von mehreren schwer zu verifizierenden Axiomen aus. Zunächst muß Ferrari d'Occhieppo den historischen Hintergrund der Magier-Perikope auf den 12. November −6 vorverlegen, denn nur an diesem Abend kommt es zum Zusammentreffen von Abendaufgang und Zodiakallicht. Ein solches Datum ist indes nicht einmal annäherungsweise in der anti-

---

[129] In beinah allen seinen Publikationen geht FERRARI D'OCCHIEPPO auf das Zodiakallicht ein, vgl. etwa 1994, 92ff.
[130] FERRARI D'OCCHIEPPO 1994, 65f; vgl. auch die Abb. 7 ebda S. 39, ein Foto des Wiener Planetariums, welches das Ereignis eindrucksvoll nachstellt.
[131] Noch viel phantastischer geht es zu, wenn FERRARI D'OCCHIEPPO über die Reisevorbereitungen des Joseph berichtet, der deshalb der einzige gewesen sei, der in Bethlehem nach 20:00 Uhr noch auf gewesen sei (ebda. S. 68f).

ken Berichterstattung über Jesu Geburt zu finden, die stets auf das weitaus sinnfälligere Datum des Wintersolstitiums zugeschnitten war. Außerdem setzt ein solches Verständnis voraus, daß der scheinbare Stillstand der Planeten überhaupt als Ereignis beobachtet werden konnte; tatsächlich ist aber zu konstatieren, daß die beiden Planeten in den Tagen vor und nach dem astronomischen Stillstandstermin derartig langsam geworden waren, daß die Vorstellung, die Magier hätten den tatsächlichen Moment des Ereignisses beobachtet, kaum der Realität entsprechen dürfte.[132] Wenn man den Bericht in dieser Weise wörtlich nimmt, muß man sich ferner die Frage stellen, warum Herodes den Magiern nicht nachstellte und warum er seine Soldaten nicht ebenfalls gleich auf den Weg nach Bethlehem schickte, wo er doch von den Schriftgelehrten den Ort erfahren hatte und zudem ebenfalls die Planeten und das Zodiakallicht beobachten mußte.

Endlich sieht sich diese Theorie mit der Problematik konfrontiert, daß das Zodiakallicht in *keiner* antiken Quelle überhaupt Erwähnung findet. Immer wieder werden Lichterscheinungen – auch durchaus wunderbarer Art – beschrieben, aber einen Hinweis auf den schwachen Schimmer des Zodiakallichtes sucht man vergebens. Aus diesen Gründen leistet die Theorie Ferrari d'Occhieppos keinen Beitrag zur Eruierung der Hintergründe der Magier-Perikope, auch wenn die Existenz des Zodiakallichtes nicht bestritten werden kann. Für die Fokussierung auf Bethlehem sind andere, nämlich theologische, Erklärungen beizubringen; auch die Flucht nach Ägypten sollten wir nicht vorschnell als historisches Faktum nehmen, solange es apologetische Argumente für ihre Einführung gibt, die in die damalige Auseinandersetzung innerhalb des Judentums weitaus besser passen.

2.2.3. Die Dauer der Sternerscheinung

Kommen wir nach diesen Bemerkungen auf den Text des Matthäus zurück. Wir sahen, daß der Stillstand von Jupiter und Saturn möglicherweise in der Formulierung von v. 9 wiederzuerkennen ist, ebenso wie ihr heliakischer Aufgang in v. 2. Diese Indizien allein

---

[132] In vielen Stellungnahmen zum „Stehenbleiben" der Planeten wird zudem übersehen, daß Jupiter und Saturn ja für den irdischen Beobachter nicht tatsächlich stehenblieben, da sie sich mit dem Zodiak weiterbewegten. Der Stillstand bezieht sich allein relativ zum Zodiak. Allzu wörtlich sollten wir den Passus also nicht nehmen.

[133] STROBEL 1987, 1083.

würden sicherlich nicht hinreichen, um einen astronomischen Hintergrund der ganzen Perikope ins Auge zu fassen. Ein solcher wird allerdings höchst wahrscheinlich, betrachtet man die Beschreibung der Sternerscheinung in ihrem Wortlaut. Da heißt es zunächst (v. 7), Herodes hätte von den Magiern den Sachverhalt „genau erforscht" (ἠκρίβωσεν), und zwar „die Zeit des erschienenen Sternes" (τὸν χρόνον τοῦ φαινομένου ἀστέρος). Die Wortwahl läßt an der Interpretation keinerlei Zweifel, denn χρόνος kennzeichnet einen Zeitraum und nicht einen bestimmten Zeitpunkt, während als Partizip Präsens φαινομένος ebenfalls auf die *Dauer* der Sichtbarkeit des Sterns abhebt. „Alle Interpretationen der Stelle, die meinen, das Zeugnis beziehe sich auf den Zeitpunkt des Erscheinens des Sternes verfehlen den klaren Wortlaut."[133]

Diese Vermutung findet ihre Bestätigung in v. 16, wo unter Bezugnahme auf v. 7 davon berichtet wird, Herodes habe „alle Jungen von zwei Jahren und darunter" töten lassen, „gemäß der Zeit, die er von den Magiern genau erfragt hatte" (κατὰ τὸν χρόνον ὃν ἠκρίβωσεν παρὰ τῶν μάγων). Wir haben es also mit einem Sternphänomen zu tun, das – wenn wir dem Bericht nicht jeglichen historischen Kern absprechen – in einem Zeitraum von etwa zwei Jahren sichtbar gewesen ist. Ein Komet scheidet auch unter dieser Maßgabe aus, denn erstens währt eine solche Erscheinung niemals zwei Jahre, und zweitens wäre es undenkbar, daß Herodes ein derartiges Phänomen nicht selber beobachtet hätte, wie alle anderen an der Sternenwelt Interessierte auch. Die Angabe von zwei Jahren paßt demgegenüber ganz hervorragend auf die Große Konjunktion von Jupiter und Saturn, deren Höhepunkte sich zwar auf etwa ein Jahr verteilen, die aber durch die Hinzunahme eines entsprechenden Orbis' leicht auf zwei Jahre ausgedehnt werden kann. Letzteres ist auch deshalb wahrscheinlich, weil Herodes als machtbewußter Potentat die zeitlichen Grenzen sicherlich nicht gerade eng zog.

Es stellt sich in diesem Zusammenhang natürlich die Frage, ob der Kindermord überhaupt in einem historischen Kontext gesehen werden darf. Antike Belege für eine solche Reaktion des Herodes sind nicht beizubringen, so daß jegliche Spekulation über die näheren Umstände des „Mordes" ins Leere gehen muß.[134] Gleichwohl

---

[134] Manche Kommentatoren drehen den Spieß um und argumentieren, Bethlehem sei so klein gewesen, daß es sich wohl „nur" um vielleicht 15 Kinder gehandelt haben könne. „[...] als geschichtliches Einzelereignis ist es in der Reihe der anderen Bluttaten des Herodes nicht aufgefallen. Darum ist es erklärlich, daß Josephus, der ja die Geschichte des Herodes ausführlich

sahen wir im Rahmen der Politik des Herodes, wie erbittert und beinah neurotisiert der König in den letzten Jahren seiner Herrschaft auf Herausforderungen seiner Macht reagierte, bis hin zur Ermordung seiner „Lieblingssöhne". Zudem konnten wir plausibilisieren, daß Herodes sich in der Tat von astrologischen Überlegungen hat leiten lassen, allerdings nicht in geheimer Mission von *magoi* aus dem Osten, sondern in Gestalt von astrologischen Beratern am Hofe und durch eigene Studien.

Die gewalttätige Eindämmung jeglicher Gefährdung der Königsmacht erreichte ihren Zenit genau in den Jahren, als die Jupiter-Saturn-Konjunktion die antiken Zeitgenossen fesselte. Eine Reaktion, wie sie Matthäus beschreibt, liegt also durchaus im politischen Horizont des Herodes, auch wenn die Fokussierung auf die Person Jesu kaum als historisch zu betrachten ist, sondern dem Bedürfnis der Jesusgemeinden entsprungen sein dürfte, die Geburt des Messias auch politisch als einen wichtigen Einschnitt markiert zu sehen. Außerdem galt es, die für die Erfüllung der biblischen Prophezeiung[135] notwendige Flucht nach Ägypten vorzubereiten. Ägypten hat auch deshalb eine Rolle gespielt, weil das ganze Geschehen in Anlehnung an die wundersame Geburt und Rettung des *Mose* (Ex 2) erzählt wird.[136]

---

geschrieben hat, den Bethlehemitischen Kindermord nicht erwähnt. Dieses Ereignis war ihm zu gering im Vergleich zu der laufenden Kette all der Mordtaten des Tyrannen!" (F. RIENECKER: *Das Evangelium des Matthäus* [Wuppertaler Studienbibel], Wuppertal 1994, 26). Die „Kommentare" RIENECKERS sind ein Paradebeispiel für die teilweise unglaublichen Irrtümer apologetischer Bibelauslegungen; vgl. auch seine Bemerkung zu der historischen Glaubwürdigkeit der Evangelien: „Die Glaubwürdigkeit *weltlicher* Geschichtsschreiber hängt in erster Linie vom Nachweis ab, ob die Geschichtsschreiber als solche verstandesmäßig und moralisch in der Lage waren, einen wahrhaften Bericht von den zu schildernden Ereignissen zu geben [...] wieviel mehr gilt das von der Berichterstattung der Verfasser der vier Evangelien. Auch sie wollten und konnten nichts anderes, als die Wahrheit schreiben". Diese „Tatsache" sei auch dadurch erwiesen, daß sie „als Augen- und Ohrenzeugen Jesu drei Jahre in der harten Schule dessen gewesen [sind], der vorlebte, was Er von sich sagte: ‚Ich bin die Wahrheit'. In dieser einzigartigen Schule hatten sie gelernt, wie niemand vorher noch nachher, was die *Wahrheit* ist und zwar die *Wahrheit* in ihrem absolutesten Sinne!" (ebda. S. 3, Hervorhebung im Original). Wer heute noch eine solche Tradition der Bibelauslegung pflegt, macht sich des Ahistorismus, letztlich auch der Betonierung antisemitischer Strömungen in der Kirche schuldig, während er sich zugleich aus einem wissenschaftlichen Diskurs verabschiedet.

[135] Hos 11,1; vgl. auch 1Kön 11,17. 40; 2Kön 25,26; Jer 26,21; Jer 43.
[136] Zu einem ähnlichen Ergebnis kommt E. STAUFFER: *Jesus. Gestalt und Geschichte*, Bern/München 1957, 36-41.

2.3. Babylonien oder Persien: Wer sind die *magoi*?

Für ein Verständnis der Hintergründe des Matthäus-Berichtes ist es notwendig, die Rolle der *magoi*, die bislang bewußt unübersetzt geblieben sind, näher zu bestimmen. Ein Blick auf das semantische Umfeld des griechischen μάγος bzw. des lateinischen *magus* zeigt nämlich eine ausgesprochene Diversifizierung und Veränderung des Inhaltes im Laufe der Zeit.[137] Für unser Thema ist entscheidend, daß sich zwei unterschiedliche Auffassungen entwickeln konnten, die die Magier einmal mit dem Priesterstand des zoroastrischen Persiens, dann aber auch mit dem Berufsstand der Astrologen in Verbindung brachten, wie er in Babylonien hoch geschätzt war.

Herodot ist der erste, der die Magier als einen eigenen Stamm oder eine esoterische Gesellschaft bezeichnet, der sich um die Opfer der Könige, um Grabriten, Wahrsagung und Traumdeutung kümmerte.[138] Berühmt geworden ist auch die Definition Platos, bzw. eines seiner Schüler, der über den Lehrer eines jungen persischen Adligen sagt: „Der erste Lehrer unterweist ihn in der ‚Kunst der Magoi' [μαγεία], die von Zoroaster, dem Sohn des Horonmasdes, herkommt; dabei handelt es sich um den Götterkult."[139] Wir haben es hier mit der Bestimmung eines Berufsbildes zu tun, das eindeutig priesterliche Aufgaben erfüllt und eng mit dem antiken Bild des Zoroastrismus verbunden war.[140]

Die Beziehung zwischen der zoroastrischen Regierung und den *magoi* verlief dennoch nicht ohne Schwierigkeiten, wie das Massaker an unzähligen Magiern zeigt, über das Herodot und andere berichten.[141] Ein Grund hierfür dürften Unterschiede hinsichtlich der (mehr oder minder) monotheistischen Konzeption des Zoroastrismus sowie der lokalen Herkunft der Magier gewesen sein.[142]

---

[137] Einen hervorragenden Überblick gibt GRAF 1996, 24-57.
[138] Herodot I, 101; VII, 43. 113f. 191; I, 140; I, 107f. 120. 128; VII, 19. 37. Vgl. auch F. MORA: *Religione e religioni nelle storie di Erodoto*, Mailand 1958, 152; P. GEORGE: *Barbarian Asia and the Greek Experience*, Baltimore 1994, 194f.
[139] *Alcibiades Maior* 122a.
[140] Vgl. auch die Berichte von Strabo XV, 3, 15; XII, 3, 37 sowie von Xenophon, *Cyropedia* IV, 5, 14; VII, 5, 57, welche die Magier in ihrer Rolle als Priester des Feueraltars nennen. Ähnlich Strabo XV, 3, 14.
[141] Herodot III, 79; vgl. auch Ktesias §46; Strabo XV, 3, 24; Josephus AJ XI, 31. Vgl. GUNDEL 1966, 66: „Während die Orthodoxie der zoroastrischen Religion die Sterndeutung der Chaldäer immer streng abgelehnt hatte, wurden später die Priester des Mithraskultes und dann die Anhänger des Mani (gest. 277 n.Chr.) ihre wesentlichen Anhänger."
[142] M. BOYCE konstatiert: „It is reasonable, however, to suppose that the existence

Im Laufe der Zeit gewann neben der kultorientierten priesterlichen Note die Ausübung divinatorischer Praktiken durch die Magier größere Bedeutung. Dieser Wandel läßt sich im Werk des Plinius nachzeichnen, der nun davon spricht, die Magie erfülle zwei Funktionen, nämlich Heilung und Wahrsagung, wobei er letzterer den Vorrang einräumt.[143] Damit stand er nicht allein, wie eine von Cicero und Plutarch überlieferte Episode zeigt: Alexander wurde in derselben Nacht geboren, in der der Tempel der Diana von Ephesos niederbrannte. „Und als der Tag anbrach, schrien die Magier [*clamitasse magos*], Asiens Tod und Verderben sei in der vergangenen Nacht auf die Welt gekommen."[144] Im nachrepublikanischen Rom fand die damals angesehenste Tradition der Divination, nämlich die Astrologie, ihren Weg in das Berufsbild des *magus*. Die *ars mathematica* „entsprach den neuen Anforderungen einer individualisierten Elite, die sich von ihren Traditionen weitgehend emanzipiert hatte, eingeschlossen derjenigen im Privatbereich, wie sie man [sic!] von Cicero kennt."[145]

Gleichzeitig muß man festhalten, daß von jeher die Begriffe μάγος/ lat. *magus*, besonders wenn sie nicht im Zusammenhang mit den persischen Priestern verwendet werden, negative Konnotationen zu transportieren pflegten. In neutestamentlicher Zeit war diese Entwicklung so weit fortgeschritten, daß man im christlichen Kanon eine positive Verwendung von *magos* vergeblich sucht. Gilt dies für alle Evangelien, so können wir bei Matthäus sogar konstatieren, daß er systematisch die magischen Elemente der Erzählung eliminierte.[146] Daher ist die positive Verwendung des Begriffs in der Magier-Perikope zunächst überraschend und hat manche Interpreten zu der Annahme geführt, Matthäus habe einen unabhängigen Bericht, der recht nah an den historischen Tatsachen sei, in sein Evangelium eingebaut.[147] Daß die

---

of these hereditary priesthood [i.e. the magi, KvS], with its own traditions and forms of worship, was a major factor in western Iranian resistance to Zoroastrian proselytizing" (*A History of Zoroastrianism*, 2 vols., Leiden 1975, II, 21). Zu den Konflikten vgl. auch YAMAUCHI 1989, 24-26.

[143] Vgl. das 30. Buch seiner *historia naturalis*. Außerdem GRAF 1996, 48-54.
[144] Cicero *Div*. I, 47; vgl. auch Plutarch, *Alexander* 3,7.
[145] GRAF 1996, 55.
[146] Dies hat J.M. HULL nachgewiesen: *Hellenistic Magic and the Synoptic Tradition* (Studies in Biblical Theology 2/28), London 1974, 116ff; 123. Vgl. auch M. SMITH: *Jesus der Magier*, München 1981, 249ff.
[147] So YAMAUCHI: „I would [...] argue that it is more credible to believe that Matthew's use of the word in a positive context was based on a historic episode than on a desire to develop a midrashic embroidering of the nativity event" (1989, 28).

Perikope – zumindest einige Sätze darin – im Duktus des Gesamttextes einen Fremdkörper darstellt, ist nicht zu übersehen; gleichwohl muß dies nicht auf die Historizität des Erzählten verweisen, sondern lediglich auf die Tatsache, daß es schon früh eine Tradition gab, die von dem Stern und dem Besuch der Magier wußte, was später legendär ausgeschmückt wurde.

Die Schwierigkeit einer genauen semantischen Bestimmung von μάγος/*magus* zeigt sich außerdem in der Tatsache, daß spätestens in der römischen Kaiserzeit ein weiterer Begriff ins Spiel gebracht wurde, nämlich die *Chaldäer*. Vom vierten vorchristlichen Jahrhundert an verband man diese zunächst als Orts- und Volksbezeichnung übliche Chiffre mit der Astrologie und den Magiern insgesamt.[148] Die Auswirkungen einer solchen Verwirrung sind uns bei unseren Untersuchungen immer wieder begegnet. Für das Verständnis der Magier-Perikope des Matthäus ist die Sprachentwicklung deshalb von Belang, weil unsere astronomische Interpretation in erster Linie eine *babylonische* Deutungstradition zugrundelegt, nicht aber eine – heute kaum noch greifbare[149] – zoroastrische. Nicht die priesterlich-kultische Bedeutung der *magoi* steht für uns im Mittelpunkt, sondern ihre divinatorisch-astrologische. Letztere aber verweist uns eindeutig auf einen babylonischen Hintergrund.

Man wird also mit der Möglichkeit rechnen müssen, daß im Matthäus-Evangelium die positive Beschreibung der Magier, die sich von der ansonsten ablehnenden Haltung gegenüber der Magie abhebt, zwei unterschiedliche semantische Felder zusammengeflossen sind. Die Magier-Perikope macht von einem astrologischen Hintergrund Gebrauch und greift folgerichtig auf die babylonische Linie zurück. Die „Verwechslung" der Chaldäer mit den Persern schließlich ist eine in zeitgenössischen Quellen immer wieder anzutreffende Tatsache.

> So war etwa im 3. Jahrhundert n.Chr. die Identifizierung von Perser und „Astrologe" durchaus möglich. Aus dieser geistigen Lage sind die Pseudepigraphen verständlich, und von hier aus fällt auch Licht auf die zahlreichen Kapitel in astrologischen Sammelhandschriften, in denen schlechthin „die Perser" als Verfasser angegeben werden.[150]

---

[148] Vgl. BIDEZ/CUMONT 1938, I, 33-36.
[149] „Der iranischen Religion an sich und der Vorstellungswelt der Perser war eine ausgeprägte Sterndeutung ebenso fremd wie den Griechen des griechischen Mittelalters und der klassischen Zeit. Unbestreitbar sind jedoch starke astralreligiöse Momente, die bereits im Awesta als frühes Gut nachweisbar sind […]" (GUNDEL 1966, 60).
[150] GUNDEL 1966, 66.

Ein einfacher Grund für die Zusammenfassung der persischen mit der „chaldäischen" Tradition mag auch in dem Namen des persischen Religionsstifters gesehen werden, der im Griechischen *Zoroaster* genannt wurde; darin steckt das Wort ἀστήρ/„Stern", womit volksetymologisch eine Verbindung zur Sternkunst nahelag.[151]

Nur die Annahme eines babylonischen Hintergrundes des „Magierzuges" ist m.E. für die Interpretation von Mt 2,1-12 gerechtfertigt, auch wenn es zweifellos zu einer Vermischung der Kulturkreise gekommen ist. Neben der Ausrichtung auf astronomische Forschungen ist es vor allem die spezifische *Deutungstradition*, welche hier anzuführen ist, und die babylonische Gelehrte in der Tat zu der Annahme führen konnte, die Jupiter-Saturn-Konjunktion lasse die Geburt eines herausragenden Königs in Jerusalem erwarten. Im Grunde unterschied sich diese Deutung kaum von jener, die man auch in Rom und Jerusalem propagierte und die auf einem Analogieschluß beruhte:[152]

Schon die Begegnung von Jupiter und Saturn im Jahre 126 v.u.Z. hatte einen jüdischen König hervorgebracht, der es zu einem ansehnlichen Königreich bringen sollte; um wieviel bedeutender mußte das Königtum sein, welches mit der Großen Konjunktion am Frühjahrspunkt in Verbindung stand. Die herausragende Stellung des Jupiter, wie sie in Rom begegnet, läßt sich auch in babylonischen Quellen nachweisen, denn schließlich ist dieser Planet der Stern Marduks. Seine Wege wurden schon früh berechnet, und sein Erscheinen gab immer wieder zu Omina Anlaß.[153] Auf den Kalendertafeln werden die Ephemeriden Jupiters stets als erste genannt.

Neben diesen Befunden, die in keinster Weise einen persischen Ursprung der Magier nahelegen, ist auch ein Rekurs auf die babylonische Zodiakalgeographie interessant: Man brachte nämlich den Zodiak mit dem „fruchtbaren Halbmond" in Verbindung, der vom Zweistromland bis Ägypten reichte.

---

[151] Vgl. YAMAUCHI 1989, 30. Eine ausführliche Darstellung der Wirkungsgeschichte Zarathustras, die, was die Astrologie angeht, wesentlich auf jene Etymologie zurückzuführen ist, hat nun Stausberg (1998) vorgelegt; vgl. besonders S. 952-968.

[152] Vgl. die ausführlichen Betrachtungen oben Kap. III.1. (126 v.u.Z.) und III.2.1. (7/6 v.u.Z.).

[153] So etwa in ^{mul}APIN ii B, 1-6, wo sich Vorhersagen folgender Art finden: „[If] the star [of Mar]duk becomes visible at the beginning of the year: in this year the crop will prosper" (HUNGER/PINGREE 1989, 117)

Hence, a planetary phenomenon near the central part of that constellation was considered to be important to Palestine. [...] At least the second stationary points of Jupiter and Saturn, in 7 B.C., lay in the very middle of the Fishes, although it was about the 350th degree of the zodiac (the 20th of Pisces) according to the Babylonian method of counting longitudes then in use.[154]

Ein Vergleich der Ereignisse von 126 mit jenen des Jahres 7 liefert im Rahmen babylonischer Astrologie somit eine direkte Deutungslinie zum König (Jupiter) der Juden (Saturn)[155] in Palästina (Fische).[156]

Unsere Untersuchung des Textumfeldes der Magier-Perikope hat eine ganze Reihe von Indizien ergeben, die einen astrologischen Hintergrund des Berichtes äußerst plausibel erscheinen lassen. Den Magiern kommt dabei die Rolle von Sterndeutern zu, die aus babylonischer Tradition schöpfen. Es muß gleichwohl betont werden, daß ein Großteil der astrologischen Überlegungen des Textes ohne weiteres auch aus hellenistisch-römischer Astrologie heraus verstanden werden kann. Die Inanspruchnahme Babyloniens, wie sie in der Regel den wissenschaftlichen Untersuchungen zugrundeliegt, geht davon aus, daß Herodes, die Römer und erst recht die Juden keine eigenen Spekulationen im Hinblick auf den zu erwartenden König anzustellen vermochten. Dagegen konnten wir nachweisen, daß Herodes und große Teile des damaligen Judentums von den Magiern in dieser Hinsicht kaum etwas zu lernen brauchten.

In einer abschließenden Zusammenfassung wollen wir nun versuchen, eine vorsichtige Abgrenzung vorzunehmen zwischen dem, was als historisch gesichert gelten kann, und jenem, was wir als legendäre Ausschmückung des Matthäus bzw. seiner Vorlage anzusehen haben.

---

[154] FERRARI D'OCCHIEPPO 1989, 45; vgl. auch ders. 1994, 51f.
[155] Es ist verlockend, an dieser Stelle spätere Texte heranzuziehen, die von der Verbindung Judentum–Saturn, aber auch Judentum–Fische und Fische–Endzeit wissen. Ich verweise lediglich auf folgende Texte, da ein direkter Vergleich mit methodischen Schwierigkeiten verbunden wäre: Zu rabbinischer Literatur (Fische als Sternbild der Endzeit) vgl. STRACK/BILLERBECK IV, 1046 u. 1049; zur mandäischen Verbindung von Jupiter, Saturn, Fischen und der messianischen Zeit vgl. M. LIDZBARSKI: *Das Johannesbuch der Mandäer*, Gießen 1915, 408ff, sowie E.S. DROWER (ed.): *The Book of the Zodiac*, London 1949, bes. 60ff; 119. S. auch TestLevi 18, 3.
[156] Ähnlich FERRARI D'OCCHIEPPO 1994, 53. Vgl. auch STAUFFER 1957 (o. Anm. 136), 35: „Wenn Juppiter dem Saturn im Zeichen der Fische begegnet, so bedeutet das demzufolge: In Palästina wird in diesem Jahre der Herrscher der Endzeit erscheinen. Das aber ist genau die Erwartung, mit der die Magier von

2.4. Ergebnisse: Die Magier-Perikope zwischen Dichtung und Wahrheit

Die vorangehenden Bemerkungen zur Magier-Perikope sind von einem methodischen Spagat geprägt: Um herauszufinden, inwieweit der Bericht auf ein historisches Geschehen rekurriert, waren wir dazu gezwungen, die Historizität vorab zu unterstellen, denn andernfalls hätte die Untersuchung des Wortlautes keinen Sinn gemacht. Aus diesem in sich durchaus widersprüchlichen Prozeß gilt es sich jetzt wieder zu befreien, indem wir gleichsam das herausdestillieren, was in einer historisch-kritischen Prüfung kondensiert ist.

Das *einzige*, was wir mit einiger Sicherheit feststellen können, ist die Tatsache, daß der Bericht des Matthäus auf astronomische Gegebenheiten zurückgreift, die in geeigneter Weise interpretiert wurden. Dieser Befund ist zunächst ernüchternd, wenn auch für die Intentionen dieser Arbeit völlig ausreichend, da die Indienstnahme astrologischer Überlegungen – welcher Art auch immer – zur Legitimierung messianischer Autorität im Christentum zweifelsfrei erwiesen ist. Wir können allerdings noch weitere Indizien mit relativ großer Wahrscheinlichkeit isolieren: So hat die genaue Textanalyse ergeben, daß im Hintergrund eine Sternenbewegung steht, die von den Eckpunkten der Planetenbahnen her gedeutet worden ist. Daß für eine solche Bewegung einzig die dreifache Begegnung von Jupiter und Saturn in den Fischen in Betracht kommt, haben unsere Untersuchungen zu plausibilisieren versucht. Zu stark war das Interesse an dieser bemerkenswerten Konstellation, als daß jüdisch-christliche Quellen nicht auch an den weitreichenden Spekulationen beteiligt sein wollten. Das vielleicht stärkste Argument für diese Annahme ist die große Verbreitung des Sternmotives im Judentum des zweiten und ersten vorchristlichen Jahrhunderts im allgemeinen und bei Herodes im besonderen.[157]

Die vorgeschlagene Interpretation hat freilich ein großes Problem zu lösen: In den einschlägigen Texten wird stets nur von *einem* Stern

---

Mt 2,2 in Jerusalem ankommen." Dazu ist kritisch anzumerken, daß eine Endzeiterwartung in babylonischen Quellen *nirgends* anzutreffen ist, wir es folglich mit einer jüdisch-christlichen Interpretation bei Matthäus zu tun haben, die sich höchstens im Einklang weiß mit hellenistisch-römischen Wendezeiterwartungen.

[157] Vgl. neben Origenes und seiner Deutung der Magiergeschichte auf Num 24,17 auch Justin, der in seinem *Dialog mit Tryphon* 77-78 den Magierzug beschreibt und 106, 1-4 fortsetzt: „Und daß er [Jesus] wie ein Stern aufgehen wollte aus dem Geschlecht Abrahams, hat Mose offenbart, als er sagte: Ein Stern wird aufgehen aus Jakob und ein Fürst aus Israel."

gesprochen. Sollte man nicht annehmen, die Autoren seien darüber informiert gewesen, daß es sich um eine herausragende Begegnung *zweier* Sterne gehandelt hat? Haben wir es deshalb vielleicht doch mit der Beschreibung eines Kometen zu tun? Dieser Einwand ist sehr gewichtig, da gerade die Befürworter einer historischen Authentizität, die sich für die Jupiter-Saturn-Konjunktion aussprechen, stets auf den *Wortlaut* der Perikope Wert legen – ein eklatanter Widerspruch. Das Problem wird meist damit zu entschärfen gesucht, daß man darauf hinweist, Matthäus sei schließlich nicht selber Astronom, sondern habe die Geschichte in Laienmanier weitergegeben, unter Konzentration auf die wesentlichen Inhalte.[158] Nun könnte man freilich darauf erwidern, daß jene Lässigkeit des Autors auch auf andere Teile seines Berichtes Auswirkung haben müßte, die Betonung des Wortlautes mithin keineswegs ohne Widersprüche auskommt.

In dieser Situation ist ein Text von Bedeutung, den Ferrari d'Occhieppo als zentralen Beleg für die Richtigkeit der „Zwei-Sterne-Theorie" ins Feld führt: das sog. *Protoevangelium des Jakobus.* Dieses Dokument, möglicherweise aus dem zweiten Jahrhundert stammend, ist ein Konglomerat unterschiedlichster Legenden und Überlieferungen, welches auch den Zug der Magier überliefert. Interessant ist nun das Kapitel 21, denn im ältesten Textzeugen – Papyrus Bodmer V – heißt es:

> ειδον αστερας εν τη ανατολη και προηγαν αυτους εως εισηλθαν εν τω σπηλαιω. Sie sahen Sterne in dem Aufgang und sie [die Sterne] zogen ihnen voran, bis sie die Grotte erreichten.[159]

---

[158] So etwa FERRARI D'OCCHIEPPO: Der Evangelist „war auch kein Astronom, der nachträglich hätte ausrechnen können, was um die Zeit der Geburt Jesu Besonderes am Himmel zu sehen war. Der Evangelist war – im besten Sinne des Wortes – ein christlicher Schriftgelehrter, der die ihm zur Verfügung stehenden Nachrichten unter dem Blickwinkel der Erfüllung alter Weissagungen betrachtete" (1994, 21).

[159] *Protoevangelium des Jakobus* 21, 2-3 nach Papyrus Bodmer V, 112. Der stilistisch einfache Text ist ohne Akzente geschrieben und sehr gut zu lesen; Abbildungen und Übersetzung finden sich in FERRARI D'OCCHIEPPO 1989 und 1994. Vgl. zum Text M. TESTUZ: *Papyrus Bodmer V: Nativité de Marie*, Köln/Genf: Bibliotheka Bodmeriana 1958, 110-114; E. DE STRYCKER: *La forme la plus ancienne du Protévangile de Jacques* (SHG 33), Brüssel 1961; O. CULLMANN: „Kindheitsevangelien", in: SCHNEEMELCHER I, 330-372; E. COTHENET: „Le Protévangile de Jacques: origine, genre et signification d'un premier midrash chrétien sur la Nativité de Marie", in: ANRW II.25.6 (1988), 4252-4269; G. KRETSCHMAR: „‚Natus ex Maria Virgine'. Zur Konzeption und Theologie des Protevangelium Jacobi", in: C. BREYTENBACH/H.PAULSEN (Hrsgg.): *Anfänge der Christologie. Festschrift für F. Hahn zum 65. Geburtstag*, Göttingen 1991, 417-428.

Der Plural der „Sterne" ist sowohl durch das Substantiv αστερας, als auch durch das Verb προηγαν gesichert.[160] Auch wenn das Evangelium des Jakobus dadurch eine interessante Textvariante belegt, ist fraglich, von welchem Wert diese Feststellung für unsere Ausgangsfrage ist, denn noch im Satz davor heißt es: „Wo ist der König der Juden? Wir haben nämlich seinen Stern [τον αστερα αυτου] im Aufgang gesehen und sind gekommen, um ihm zu huldigen." Anschließend geben die Magier Herodes „Auskunft über den Stern" [περι του αστερος]. Die weitreichenden Konsequenzen, die Ferrari d'Occhieppo aus diesem Textzeugen ziehen möchte, erscheinen deshalb doch stark übertrieben,[161] zumal es noch weitere Belege geben müßte, falls hier tatsächlich die „älteste" Version des Berichts vorliegen sollte. Damit soll andererseits nicht ausgeschlossen sein, daß im vorliegenden Text ein Wissen um die eigentlichen astronomischen Begebenheiten jener Jahre eingeflossen ist. Lediglich als Beweis für die Richtigkeit unserer Theorie oder das Alter jener Überlieferung kann der Text nicht angeführt werden.

Soweit ich sehe, haben wir grundsätzlich nur zwei Möglichkeiten, wenn wir die Tradition des *einen* Sterns als gegeben zugrundelegen: Entweder wir erwärmen uns doch für die Kometentheorie oder wir fassen das Ganze als legendäre Ausschmückung eines minimalen historischen Kerns auf.[162] Unsere Untersuchung der Wirkungsgeschichte der Bileamsweissagung, aber auch die Berücksichtigung der wichtigen Spekulationen angesichts jeder Jupiter-Saturn-Begegnung haben es als höchst wahrscheinlich erwiesen, daß ähnliche Gedankengänge auch im Christentum verfingen.

Man wird in diesem Zusammenhang bedenken müssen, daß auch im jüdischen und römischen Kontext die Spekulationen im Hinblick

---

[160] Vgl. FERRARI D'OCCHIEPPO 1989, 51, wo sich im griechischen Text allerdings versehentlich ein πφοηγαν (S. 50) eingeschlichen hat.
[161] „Es kann sich demnach nicht um ein bloßes Schreibversehen handeln, sondern es stellt eine außerbiblische Bestätigung dafür dar, daß unsere Erklärung des Sterns von Bethlehem durch eine ungewöhnliche Planetenbegegnung zutrifft. Umgekehrt spricht diese nur im Papyrus Bodmer V enthaltene Besonderheit dafür, daß uns mitten in diesem sonst größtenteils legendären Werk das Fragment einer wirklich uralten echten Überlieferung bewahrt geblieben ist" (1994, 83); ebenso auf Englisch 1989, 51.
[162] Ich übergehe hier die These GAECHTERS (1968, 284), es handele sich bei dem Stern um die Bewegung des *Jupiter* (ohne Rücksicht auf Saturn), da sie völlig verfehlt ist. Jupiter als Stern Marduks hat für die babylonische Astrologie seit jeher *nur* die mesopotamischen Könige repräsentiert, eine Bezugnahme auf das Judentum oder Palästina kommt allein durch die Hinzunahme des Saturn in Betracht (evt. noch durch das Zeichen Fische).

auf Königtum und Zeitalterwechsel nicht explizit unter Rekurs auf „die zwei Planeten" erfolgten, sondern stets unter Bezugnahme auf „wichtige Himmelserscheinungen", „astrale Vorzeichen" und dergleichen. Und doch steht außer Frage, daß die genannten Planeten im Zentrum jener Spekulationen standen. Wenn wir diese Sprache auch dem Matthäus-Bericht unterstellen, so brauchen wir nicht auf eine Kometentheorie zurückzugreifen, die, wie wir oben sahen, mehr Fragen aufwirft als beantwortet.

Der eben beschriebene Eindruck ist allerdings schon alles, was wir mit einiger Sicherheit annehmen dürfen. Denn für *alle* Züge der Matthäus-Erzählung kann eine Vielzahl hellenistischer Parallelen angegeben werden, die ohne weiteres als literarisches Vorbild hätten dienen können. Diese Position ist besonders von H. Usener und A. Dieterich[163] herausgearbeitet worden, wofür sie sich völlig zu Unrecht einige Häme von theologischer Seite einhandelten. Sehr häufig ist der theologischen Literatur – die weithin trotz gegenteiliger Beteuerungen[164] eigentlich nicht historisch, sondern *exegetisch* orien-

---

[163] DIETERICH 1902. Vgl. auch H. USENER: „Geburt und Kindheit Christi", in: ZNW 4 (1903), 19. Die Parallelen betreffen etwa die von Cicero erwähnte Alexandersage (s.o. S. 576), das Voranziehen eines Sternes (Venus oder eines Meteoren) vor Aeneas von Troja bis Laurentium nach dem Aeneas-Kommentar (zu Aen. II, 801) des M. Terentius Varro, Nachrichten über die Geburt des Königs Mithridates VI., welche durch eine Kometenerscheinung herausgehoben wurde oder schließlich den Zug der Magier des Tiridates.

[164] Ein Beispiel dafür, daß nicht nur FERRARI D'OCCHIEPPO zuweilen die Phantasie durchgeht, sei hier angeführt. P. GAECHTER schreibt: „Aus der Erzählung geht hervor, daß die Magier zur Nachtzeit nach Bethlehem gezogen sind. Das ergibt sich aus der Sichtbarkeit des Sternes und aus der Wendung, daß sie ‚im Traum' vor der Rückkehr zu Herodes gewarnt wurden. Da Bethlehem nur 7 km von Jerusalem entfernt liegt und *die Orientalen* kurze Wegstrecken wie diese bei Tag [...] zurücklegen, entsprach ihr Aufbruch zur Nachtzeit nicht den orientalischen Reisegewohnheiten. Es ist wohl auf Befehl des Herodes so gelegt worden, der verhindern wollte, daß sich die Bevölkerung der Hauptstadt *wie immer* einmischte" (1968, 289, Hervorhebung KvS). Solche Ausschmückung der wenigen Textangaben ist besonders deshalb erstaunlich, weil GAECHTER vorgibt, wissenschaftliche Studien zu betreiben: „Man überlasse die dichterische und phantasievolle Ausmalung dem Volk für seine Krippen und Sternsinger. In keinem Fall darf sie zum Augangspunkt der Exegese gemacht werden" (ebda. S. 283f). In wahrhaft groteske Dimensionen stieß L. LIEBHART 1954 vor („Die Seltenheit der Himmelserscheinung des Jahres 7 vor Christus", in: *Theologisch-praktische Quartalschrift Linz* 102 (1954), 12-20. Er sieht in der Seltenheit der Himmelserscheinung des Jahres 7 vor Christus „eine grandiose christologische Idee" (S. 19), denn tatsächlich trete dieses Himmelsbild nur alle 50.000 Jahre auf, was wiederum bedeutet, „daß Gott den Weltlauf irgendwie [...] auf die Zeit der Ankunft Christi eingestellt hat" (S. 18). Hierzu hat RIEDINGER die passenden Worte gesagt (1956, 132f).

tiert ist¹⁶⁵ – ein Tenor zu eigen, der von der Prämisse ausgeht, daß derartige Begleiterscheinungen herrschaftlicher Geburt auf Jesus nicht zutreffen können, weil hier schließlich der Messias geboren worden sei.¹⁶⁶ Beinah einhundert Jahre nach Usener und Dieterich ist an ihrer Einschätzung wenig zu ändern, lediglich die Bewertung des *jüdischen* Erbes wird man wesentlich höher anzusetzen haben, als dies vor den Entdeckungen der Qumranschriften noch denkbar gewesen ist,¹⁶⁷ zumal das Matthäus-Evangelium zweifellos einen jüdischen Hintergrund zu erkennen gibt.¹⁶⁸

---

¹⁶⁵ Es bestätigt sich hier die Verwirrung, die A. MOENIKES zu Recht beklagt. Er konstatiert: „Mit Religion hat nur die Religionswissenschaft zu tun; die Theologie beschäftigt sich nicht mit Religion, sondern mit Gott. Diese Beschäftigung geschieht *innerhalb* einer Religion und aus ihr heraus; ‚Religion' gibt also den *Standort* der Theologie an und nicht deren Gegenstand" („Religionswissenschaft und Theologie", in: ZRGG 49/3 [1997], 193-207, S. 194, Hervorhebung im Original).

¹⁶⁶ Als pars pro toto sei noch einmal GAECHTER zitiert, der die Parallele zwischen der Mose-Tradition und dem Matthäus-Bericht folgendermaßen zu entkräften versucht: Trotz der Vaterschaft des Heiligen Geistes soll Joseph seine Rolle annehmen, wie ihm im Traum mitgeteilt worden ist. „Als erstes soll er ihm den Namen geben – Jesus, denn in diesem Namen sei die göttliche Aufgabe und Größe des Kindes enthalten: ‚Er wird sein Volk von dessen Sünden erlösen.' Das Wort ist ein organischer Teil der Erzählung. Für einen jüdischen Leser wirft es freilich theologische Probleme auf, aber sie weisen auf andere Schriftstellen zurück, nicht auf die Kindheitsgeschichte des Moses. Diese gehört zur von Gott gelenkten, national-politischen Sphäre, Mt 1,21 zur übernatürlich-religiösen. Daß beide auf Gott zurückgehen, reicht nicht hin, an eine Abhängigkeit des Wortes Mt 1,21 von der Exoduserzählung oder späteren haggadischen Ausdeutungen derselben zu denken" (1968, 278). Die künstliche und methodisch unhaltbare Trennung zwischen „national-politisch" und „übernatürlich-religiös" zeigt die Inkompatibilität theologisch-apologetischer und (pragmatistisch-) religionswissenschaftlicher Forschungsansätze.

¹⁶⁷ Beispielsweise hatte die Bileamsweissagung, wie durch die vorliegende Arbeit belegt werden kann, doch erheblich mehr Einfluß, als DIETERICH ihr zugestand: „Es ist an dieser Stelle [Num 24,17, KvS] nur in bildlicher Rede ein Mensch gemeint, der plötzlich und mächtig wirken wird. Der Stern als Begleiter göttlicher Epiphanie ist den heiligen Büchern Israels fremd, erst späte jüdische Schriften kennen ähnliches […] Jene Weissagung konnte deshalb bei der Aufnahme des Sternmotivs in die Geburtsgeschichte Christi gar nicht wirksam sein […]" (1902, 8). Zu einem noch schärferen Urteil als die vorliegende Studie kommt KIRSCHBAUM 1954 (vgl. besonders S. 164ff), der für Matthäus einen Hintergrund von Num 24,17 der gängigen Position entgegenstellt, es handle sich um die Erfüllung der Prophezeiung aus Jes 9,1ff („Das Volk, das im Dunkeln lebt, sieht ein helles Licht […] Denn uns ist ein Kind geboren, ein Sohn ist uns geschenkt") und 60,6 („Sie alle kommen von Saba; Gold und Weihrauch werden sie bringen"). Er folgert für Matthäus und die

Die Endgestalt des Matthäus-Berichtes läßt sich nur in der Weise ohne größere Spekulation erklären, daß sich um einen astronomischen Kern – die Jupiter-Saturn-Konjunktionen – eine Tradition anlagerte, welche verschiedene historische Ereignisse, gemischt mit legendären Anteilen, instrumentalisierte, um die herrschaftliche Geburt des Messias zu feiern. Vor diesem Hintergrund müssen auch die Erklärungsansätze neu beleuchtet werden, die auf eine Kometenerscheinung oder den Zug des Tiridates zurückgreifen: Da es einige Beispiele dafür gibt, wie stark die eigene Begegnung mit einem Kometen das theologische bzw. wissenschaftliche Denken beeinflußte,[169] können wir mit gutem Recht annehmen, daß dergleichen Erscheinungen auch auf den Bericht des Matthäus Einfluß hatten. Wenn wir ferner davon auszugehen haben, daß die Abfassungszeit des Matthäus-Evangeliums frühestens in den achtziger Jahren des ersten Jahrhunderts angesetzt werden kann und die Ereignisse des jüdischen Krieges zu bewältigen sucht,[170] so drängen sich förmlich die Kometen der Jahre 60, 64 und 66 auf, die für Josephus und andere von so großer Bedeutung waren. Auch in der christlichen Apologetik begann man schnell, jene Ereignisse auf die Zerstörung Jerusalems hin zu deuten,[171] damit aber zugleich auch auf den „neuen Bund" Gottes. Die Kometentheorie können wir unter Vorbehalt also durchaus gelten lassen, freilich ohne jeden Hinweis auf die oft behauptete Historizität des Matthäus-Berichts.

Ähnlich verhält es sich mit dem Magierzug des Tiridates. Die Ähnlichkeiten in den antiken Berichten sind so groß, daß mit einiger

---

bildlichen Darstellungen: „Isaias und seine verschiedenen Lichtprophezeiungen […] finden in diesem Zusammenhang keinen Platz; sie treten erst später in den Epiphaniekreis ein und scheiden damit für die Deutung der alten Monumente aus" (S. 170).

[168] B.L. MACK konstatiert in bezug auf diese Strömung früher Jesusgemeinden: „Since this form of the Jesus movement did not survive the emergence of ‚orthodox' Christianity in the fourth century C.E., there is a touch of irony in the fact that Matthew's gospel became the preferred ‚gospel of the church,' and that it was given the privilege of first place in the canon of the New Testament" (1995, 162).

[169] Wie oben beschrieben, wurde Origenes durch den Kometen Halley im Jahre 218 dazu veranlaßt, im Stern von Bethlehem einen Kometen zu sehen (s.o. S. 562). Kepler wiederum überzeugte die Nova des Jahres 1604 davon, eine solche müsse auch die Geburt Jesu begleitet haben (s.o. S. 565).

[170] VOUGA spricht davon, daß das Matthäusevangelium „ein Sondergut alter ‚judenchristlicher' Traditionen rezipiert, den Anfang der Reorganisation des Judentums nach dem jüdischen Krieg voraussetzt und wahrscheinlich in Syrien (Antiochien?) in den 80er Jahren entstanden ist" (1994, 9).

[171] Vgl. FERRARI D'OCCHIEPPO 1994, 12.

Wahrscheinlichkeit die Inthronisierung des Tiridates und die Huldigung Neros durch die Magier auf die Legendenbildung in den Jesusgemeinden abgefärbt haben dürfte.[172] Dies gilt auch dann, wenn man – wie oben geschehen – die signifikanten Unterschiede zur Magier-Perikope nicht herunterspielt.[173] Im übrigen deckt sich ein solcher Befund mit den Ergebnissen einer pragmatischen, auf die soziale, politische und lokale Situation der Zeit bezogenen Forschung, denn erst vor einem solchen Hintergrund ist die konkrete Ausformulierung des Textes zu verstehen. Das Dokument ist in diesem Sinne stets eine Reaktion auf die Bedingungen der Zeit. Die Jahrzehnte der Abfassung des Matthäusevangeliums sind wiederum von einer Kette fundamentaler Umstürze, Infragestellungen und Hoffnungen geprägt, so daß man kaum annehmen darf, der Autor hätte sich damit begnügt, eine alte Tradition getreulich zu überliefern. Vielmehr hatte die Tradition *Legitimation für die Gegenwart* zu sein und Antworten auf die Herausforderungen der Jesusgemeinden zu liefern.

Solange es keine eindeutigen außerchristlichen Belege für den Magierzug oder den „Stern von Bethlehem" gibt, müssen wir den Bericht des Matthäus als das nehmen, was er ist: eine legendäre Ausschmückung der Großen Konjunktion des Jahres −6, zugeschnitten auf die Erfüllung biblischer Prophezeiungen einerseits und die Legitimation einer herrscherlichen Geburt andererseits. Auch wenn wir mithin Mt 2,1-12 nicht als historischen Bericht lesen können, offenbart er doch die virulente astrologische Spekulation, welche sich um die Sternbewegungen und die Heraufkunft des Neuen Äons rankte. Diese machte selbstverständlich auch vor den Jesusgemeinden nicht halt.

---

[172] Geradezu haarsträubend ist die zirkuläre Argumentation GAECHTERS, der gegen DIETERICH den Einwand aus dem Hut zaubert, im Matthäusbericht könne keine Legende gesehen werden, da Mt 2,1-12 selber legendär ausgeschmückt worden sei: „Daß sich Legenden um eine Geschichte ranken, ist wohl bekannt; daß sich aber Legende um eine Legende schlingt [...] ist meines Wissens nirgends bezeugt. In der legendarischen Ausschmückung der Magier-Perikope liegt somit ein Beweis, daß diese Perikope nicht selbst eine Legende ist, sondern eine nüchterne Geschichtserzählung" (1968, 295).

[173] An dieser Stelle sei auf eine weitere Analogie verwiesen, auf die schon HUGO KEHRER aufmerksam machte, nämlich der Zug der Parther nach Jerusalem im Jahre 40 u.Z., um Antigonus, den letzten König der Juden aus dem Geschlecht der Makkabäer, wieder auf den Thron zu setzen. (*Die „Heiligen drei Könige" in der Legende und in der deutschen bildenden Kunst bis Albrecht Dürer*, Strassburg 1904, 21f).

3. Johannesapokalypse

Mit der Offenbarung des Johannes tritt uns ein Geist entgegen, der sich in beachtlicher Weise vom Duktus der anderen kanonischen Quellen des Christentums unterscheidet. Trotz aller Ähnlichkeiten zum Johannesevangelium machen es dieser Wechsel im kulturellen Hintergrund, aber auch textliche Unterschiede sehr unwahrscheinlich, daß der Autor, nach seinem eigenen Zeugnis auf der Insel Patmos aufgrund seines Glaubens inhaftiert, mit dem Apostel identisch ist,[174] auch wenn eben dies schon von Justin, Irenäus, Klemens von Alexandria, Tertullian u.a. vermutet wurde.[175] Die Heimat des Autors ist Ephesus,[176] als Abfassungszeit gilt gewöhnlich die Regierungszeit Domitians, also die Jahre kurz vor Ende des ersten nachchristlichen Jahrhunderts. Allerdings sprechen auch einige Argumente für eine spätere Ansetzung unter Trajan.[177]

---

[174] BÖCHER 1975, 35, faßt prägnant zusammen: „Die unleugbare Verwandtschaft zwischen Apokalypse und Evangelium des Johannes (Sickenberger) läßt an einen Schulzusammenhang denken (Wikenhauser; vgl. Kraft), ohne daß der Apokalyptiker mit einem sonst bekannten Johannes identifiziert werden könnte (Charles, Kraft)."

[175] Neben den einschlägigen Kommentaren vgl. als neuere Publikationen MÜLLER 1995 sowie H. GIESEN: *Die Offenbarung des Johannes* (Regensburger Neues Testament), Regensburg 1997. Die ältere Literatur ist gut aufbereitet bei BÖCHER 1975. Zur Verbindung zwischen Johannesevangelium und -apokalypse vgl. Th. L. BRODIL: *The Quest for the Origin of John's Gospel*, New York 1993; M. HENGEL: *Die johanneische Frage: ein Lösungsversuch. Mit einem Beitrag zur Apokalypse* (WUNT 1/67), Tübingen 1993; J. NEUGEBAUER: *Die eschatologischen Aussagen in den johanneischen Abschiedsreden. Eine Untersuchung zu Johannes 13-17*, Stuttgart 1995.

[176] Die historischen Entwicklungen dieser Gemeinde sind jüngst von M. GÜNTHER erarbeitet worden: *Die Frühgeschichte des Christentums in Ephesus* (Arbeiten zur Religion und Geschichte des Urchristentums 1), Frankfurt a. M. u.a. 1995. Seine Ergebnisse sind zu kontrastieren mit W. THIESSEN: *Christen in Ephesus. Die historische und theologische Situation in vorpaulinischer und paulinischer Zeit und zur Zeit der Apostelgeschichte und der Pastoralbriefe* (TANZ 12), Tübingen/Basel 1995; diese Studie ist weiterführend, da sie an geographischer Darstellung, also der lokalen Religionsgeschichte, orientiert ist.

[177] Vgl. die Übersicht bei BÖCHER 1975, 36-41, die BÖCHER zu der Bemerkung veranlaßt, an der Datierung um 95 u.Z. „sollte nicht mehr gezweifelt werden" (S. 41); ähnlich MÜLLER 1995, 41f. Diese Einschätzung gründet u.a. auf einer Mitteilung des Irenäus (*Adv. Haer.* V, 30, 3), doch sind erhebliche Zweifel angebracht, die sowohl mit Irenäus als auch mit den kirchlicherseits bisweilen mythisierten und stark überzogenen Religionsverfolgungen unter Domitian zu tun haben. Deshalb gehen manche Kommentatoren von einer Abfassungszeit unter Trajan aus, so etwa M. GÜNTHER a.a.O. (oben Anm. 176), 125ff (mit weiterer Literatur); außerdem B. NEWMAN: „The Fallacy of

Die Vision wird in faszinierenden Bildern plastisch vor Augen geführt, wobei sowohl biblische prophetische Motive, als auch eine lokale, durch hellenistisches Gedankengut beeinflußte Bildersprache ins Gesamtwerk einfließen. Was die astrologische Thematik jener Bilder anbelangt, so hat Franz Boll, ausgehend vom Kommentar Boussets, umfassend und eindrucksvoll dargelegt, wie stark der Autor bis in Details von hellenistischer Sternkunde und Astralmythologie beeinflußt ist.[178] Dieser Darstellung ist wenig hinzuzufügen, so daß wir uns darauf beschränken können, die umfangreichen Spuren in aller Kürze zu resümieren, um anschließend etwas näher auf die Jungfrau und das Zeichen am Himmel (Apk 12) einzugehen.

3.1. Astrologische Konnotationen

In der Offenbarung des Johannes finden wir all jene astralen Metaphern wieder, die wir bereits in den übrigen neutestamentlichen Zeugnissen zu isolieren vermochten. Dabei zeigt sich allerdings eine weitaus größere Zuspitzung, die bisweilen den Charakter einer radikal konstruierten Dramaturgie annimmt,[179] und die nicht zu unrecht dem Text das Epitheton der *Apokalypse par excellence* eingebracht hat.[180] Da wäre zunächst einmal die überragende Bedeutung der Zahlen *Vier*, *Sieben* und *Zwölf*. Gleich im ersten Kapitel werden die sieben Sterne, die sieben goldenen Leuchter, Engel und Geister genannt, die nach Apk 1,20 gleichermaßen die sieben Gemeinden repräsentieren. In denselben Kontext gehören die sieben Fackeln (4,5), die sieben Augen (5,6), der siebenköpfige Drache (12,3; 13,1; 17,3.7f), sowie die sieben Katastrophen der Donner (10,3f), der Posaunen (8,2-11,19) und der

---

the Domitian Hypothesis", in: *NTS* 10 (1963/64), 133-139. B.L. MACK sieht nicht nur die „Verfolgungen" unter Domitian, sondern auch jene unter Nero, als Mythos an und hält fest: „[W]e know of no official persecution by the Romans to which John may have been reacting [...]. It must have been the vulnerability of Christians to charges of disloyalty that became apparent around the turn of the first century that so exercised John" (1995, 196).

[178] BOLL 1914; BOUSSET 1906. MACK 1995, 196 rekapituliert die Forschung mit den griffigen Worten: [S]ome of the descriptions [of John, KvS] would put Hieronymus Bosch to shame. A search for the source of John's imagery turns up a veritable hodgepodge of ancient Near Eastern myths."

[179] Ähnliches wird von L. SCHENKE auch für das Johannesevangelium vermutet: Es handele sich hier nicht um ein Epos, sondern um ein Drama: *Das Johannesevangelium. Einführung – Text – dramatische Gestalt*, Stuttgart 1992.

[180] Dabei gilt es natürlich zu beachten, daß diese Zuschreibung zirkulär ist. Schließlich ging man zunächst davon aus, Apk sei der Prototyp einer Apokalypse.

Zornschalen (15,1-16,21).[181] Die Fackeln und Augen sind dabei sowohl als die sieben antiken Planeten (einschließlich Sonne und Mond) zu denken, als auch im Sinne einer Sterngruppe, etwa dem Kleinen Bären oder den Plejaden.[182] Wie Boll aufzeigt, kommt durch die Nennung der sieben Hörner zudem das Sternbild des *Widders* in Betracht, der das Lamm repräsentiert, welches inmitten des Himmels und der Tierkreisbilder, eingerahmt von 24 Sternen, das Zentrum oder den Anfang des Kosmos darstellt.[183]

Der Zahl Vier eignet ebenfalls kosmische Bedeutung, was durch die Adaptation der babylonischen vier Jahreszeiten in Apk 4,6-8; 5,6.8.14 u.ö. zweifelsfrei erhellt. Die schon auf Ezechiel[184] zurückgehende Tradition verbindet die Jahreszeiten mit den vier Himmelsrichtungen (den Winden in Apk 7,1) und signalisiert auf diese Weise die vollkommenen und alles umfassenden Konsequenzen des visionären Bildes. Das Dreifache der Vier ist die Zwölf, und die Verknüpfung jener drei Zahlen ist geradezu symptomatisch für das Denken des Apokalyptikers. Sie erklärt die besondere Vorliebe des Autors für die Dreiteilung des Kosmos, der Zeit und des Raumes.[185]

Die Zwölf wiederum verwendet der Autor wiederholt im Sinne der zwölf Tierkreiszeichen; dies war in der hellenistischen, aber auch der jüdischen Tradition fest verankert.[186] Die Beschreibung des

---

[181] Zu Unterschieden in den Detaildeutungen s. BOLL 1914, 21-23.
[182] S. auch Apk 1,4.12f.16.20; 2,1; 3,1. Auffällig ist die Verwandtschaft mit Mithras, der häufig mit dem Siebengestirn geschmückt zur Darstellung kommt. In der „Mithras-Liturgie" Z. 693-704 T 109 wird die Vision eines herabkommenden Gottes geschildert, begleitet von Blitzen, Lichtern und Erdbeben. In der Rechten hält er das goldene Schulterblatt eines Rindes, „welches das Bärengestirn ist, das den Himmel bewegt und wieder umwendet, stundenweise den Pol hinauf- und hinabwandelnd. Dann wirst du aus seinen Augen Blitze und aus seinem Körper Sterne entspringen sehen." Vgl. MEYER 1976, 18f; außerdem F. SAXL: *Mithras. Typengeschichtliche Untersuchungen*, Berlin 1931, 84f; G. WIDENGREN: „Aspetti simbolici di templi e luoghi di culto", in: *Numen* 7 (1960), 22; R. BECK: „Interpreting the Ponza Zodiac", in: *JMS* 2 (1977/78), 120f.127-131; W. FAUTH: „Arktos in den griechischen Zauberpapyri", in: *ZPE* 57 (1984), 96; FAUTH 1995, 13.
[183] BOLL 1914, 44ff. Zur Parallele Sach 4,10 vgl. schon BOUSSET 1906, 258f. Auf den Widder werden wir unten zurückkommen.
[184] Ez 1,10; 10,12-14.
[185] Vgl. BOLL 1914, 20f.
[186] Vgl. BOLL 1914, 39. BOLL konzentriert sich so stark auf die griechischen Hintergründe der Apokalypse, daß er die jüdische Tradition bisweilen aus dem Blick verliert. Gerade hinsichtlich der Zwölf zeigt sich aber eine Vermischung unterschiedlichen Materials, das sich beispielsweise in der Architektur des himmlischen Jerusalem zeigt: Zodiakalastrologie verbindet sich hier mit jüdischer Astralsymbolik.

messianischen Jerusalems (Apk 21) zeigt einen geradezu inflationären Gebrauch dieser die Vollkommenheit (3 x 4)[187] repräsentierenden Zahl. Die astralen Hintergründe sind dabei so offensichtlich, daß sie nicht bezweifelt werden können.[188] Auch der Versuch, eine Trennung zwischen „ekklesiologischer" und „astrologischer" Thematik vorzunehmen, erscheint unnötig und künstlich.[189] Dem gedanklichen Hintergrund des Autors dürfte dies kaum gerecht werden, der von einer selbstverständlichen Gleichschaltung von Astrologie und Theologie ausgegangen ist.

Die bereits angedeutete Inbeziehungsetzung des Raumes und der Zeit ist ein Schlüssel zum Verständnis der apokalyptischen Astrologie. Wie in anderen Zusammenhängen erörtert, ergibt sich im Zuge dieser Konstruktion eine Art antiken *Raum-Zeit-Kontinuums*, welche die irdischen Entsprechungen – die Planetenwoche, die Tagewählerei etc. – in kosmische Dimensionen überhöht. Dadurch wiederum lassen sich bemerkenswerte Rückschlüsse auf den eschatologischen Erwartungshorizont der johanneischen Vision ziehen. Da wir im *Exkurs* unten ausführlicher auf diese Problematik eingehen werden, sei an dieser Stelle lediglich auf folgende Sachverhalte hingewiesen: Die hellenistische Vorstellung der Planetengötter, die ebenso in christlich-jüdischer Magie und Mystik, aber auch der Henochtradition ihren Niederschlag fand, zeigt sich in der Apk an mehreren Stellen, oft verbunden mit der kosmischen Bedeutung der Zahlen. Nachdem der sechste Engel seine Posaune geblasen hat, sieht der Visionär folgendes Ereignis:

---

[187] Nicht nur die Teilung der Zwölf, sondern auch deren Potenzierung ist ein beliebter Topos des Apokalyptikers; vgl. die 12.000 Stadien der Stadtmauer (21,16) und die 144.000 (12 x 12.000), die das Siegel Gottes tragen (7,2-8; 14,1-5).
[188] Genau dies versuchen LOHMEYER, HADORN, SICKENBERGER und KRAFT, vgl. BÖCHER 1975, 106-118. Vgl. dagegen BOLL 1914, 39f. Angesichts der auch im jüdischen Bereich zweifelsfrei erwiesenen astralen Tradition der Zahl Zwölf ist die Unentschiedenheit BERGMEIERS (1982, 103) nicht nachzuvollziehen: „[O]b die *Zwölfzahl* wie bei der Himmelsgöttin Juno auf den Tierkreis verweist oder vom jüdischen Apokalyptiker allererst eingesetzt wurde, läßt sich schwerlich entscheiden" (Hervorhebung im Original). Es kann m.E. ausgeschlossen werden, daß der Autor die Symbolik stiftete.
[189] Gegen BÖCHER 1975, 119: „[D]ie ekklesiologische Topik [ist] wichtiger als die astrologische: Das neue Jerusalem, Wohnstatt und zugleich Symbol des neuen Zwölfstämmevolks Israel, ruht auf dem Fundament der Apostel und verbindet die Traditionen des Alten und des Neuen Bundes." Das Bedürfnis nach einer derartigen Trennung entspringt christlich-theologischen Grundtendenzen, die aus religionswissenschaftlicher Sicht obsolet sind.

Die Stimme sagte zu dem sechsten Engel, der die Posaune hält: Binde die vier Engel los, die am großen Strom, am Eufrat, gefesselt sind. Da wurden die vier Engel losgebunden, die auf Jahr und Monat, auf Tag und Stunde bereitstanden, um ein Drittel der Menschheit zu töten (Apk 9,14f).

Hier fügt sich eine deterministische Sicht auf die erwarteten Ereignisse der letzten Entscheidung in einen astrologischen Kontext ein, der häufig den Hintergrund apokalyptischen Denkens bildet.[190] Die Wende der Zeiten ist – wie schon in Qumran und der Henochtradition – seit Anbeginn durch Gottes Ratschluß zeitlich festgelegt worden, allerdings bedarf es der Offenbarung durch ein menschliches Medium, die geheime Bedeutung des himmlischen Planes zu entschlüsseln.

Neben jener kosmischen Dimension der messianischen Ereignisse fließt auch eine gänzlich unpaulinische Haltung gegenüber der Tagewählerei in den Text ein, denn wiederholt macht der Autor genauestens auf die Stunde aufmerksam, in der die beschriebenen Sachverhalte eintreffen.[191] Auch legt er Wert auf die Feststellung, seine Vision habe ihm „am Tag des Herrn" ergriffen (Apk 1,10), womit der Inhalt der Offenbarung zusätzlich legitimiert wird. Boll betont zu Recht die große Nähe dieser Anschauungen zur hermetischen Inbeziehungsetzung von Tagen, Zeiten und Handlungen, im hellenistischen Kontext insgesamt als *Katarchenastrologie* bekannt.[192] Eine solche Nähe wird durch unsere Studien entschieden bestätigt, da sie auch in vielen Teilen des Judentums eindeutig nachzuweisen ist. Auch Apk 3,1-3 gehört in jenen Kontext hermetischen Denkens, das im mithräischen Rahmen ebenfalls eine besondere Rolle spielt:

> So spricht Er, der die sieben Geister Gottes und die sieben Sterne hat: Ich kenne deine Werke. [...] Denk also daran, wie du die Lehre empfangen und gehört hast. Halte daran fest, und kehr um! Wenn du aber nicht aufwachst, werde ich kommen wie ein Dieb, und du wirst bestimmt nicht wissen, zu welcher Stunde ich komme.

Der erste Teil des Zitats fügt sich nahtlos in das astrale Konzept der Sterngötter ein, die natürlich – wie im Judentum – zu Planetenengeln

---

[190] Die genannte Vorliebe des Apokalyptikers für die Dreiteilung der Zeiten und der Welt kommt in der zitierten Stelle ebenfalls zum Ausdruck.
[191] Vgl. Apk 1,40; 4,6.52; 11,2.9; 12,6; 13,5.30; s. Boll 1914, 24f Anm. 4.
[192] Boll 1914, 24. Vgl. auch ebda. Anm. 3, wo auf eine christlich gefärbte Wochentagsliste astrologischen Inhalts (CCAG VIII, 3, 164, 4ff) sowie auf die Verwendung des Motivs in den syrischen Johannesakten aufmerksam gemacht wird.

und Befehlsempfängern Gottes geworden sind.[193] Der zweite Teil offenbart eine gewisse Ambivalenz, da dort die Möglichkeit der Berechnung des Endes nicht mehr in Aussicht gestellt wird. Gewöhnlich wird die Stelle deshalb mit Mt 24,43f und Lk 12,39f und Mk 13,35 in Verbindung gebracht,[194] doch spricht m.E. ebenso viel für die Annahme, lediglich jenen, *die nicht erwacht sind*, sei die Einsicht in den Termin des Endes verwehrt. Eine solche Deutung paßt auch besser zur Gesamtanlage der Apokalypse, der schließlich eine Entrückung des Visionärs in himmlische Gefilde zugrundeliegt,[195] in welchen ihm die „Wahrheit" über die Geschichte mitgeteilt wird. Die Darstellung der himmlischen Schau trägt dabei alle Attribute vergleichbarer Visionen, sei dies nun bei Henoch, Baruch o.a.

Haben die sieben Planeten und die siebenfachen Sternbilder bereits eine kosmische Dimension des irdischen Geschehens in den Blick gerückt, so vollzieht die Offenbarung des Johannes eine weitere astrologische Zuspitzung auf die messianische Gestalt, indem diese mit dem *Morgenstern* assoziiert wird. Jesus sagt von sich selbst:

> Ich, Jesus, habe meinen Engel gesandt als Zeugen für das, was die Gemeinden betrifft. Ich bin die Wurzel und der Stamm Davids, der strahlende Morgenstern [ὁ ἀστὴρ ὁ λαμπρὸς ὁ πρωϊνός] (Apk 22,16; vgl. auch 2,28).

Die Bezugnahme auf die Bileamsweissagung Num 24,17 steht durch die Verbindung mit dem Stamm Davids außer Frage, was die positive Deutung des Morgensterns erklärt (s. auch Apk 5,5). Dagegen scheint ein Rekurs auf Jes 14,12 trotz der ähnlichen Wortwahl nicht zu überzeugen, denn dort bezieht sich der „strahlende Sohn der Morgenröte" auf den gefallenen Stern, den babylonischen König.[196]

Astrologisch von Bedeutung sind ferner die vier Reitergestalten aus Apk 6,1-8. Neben dem eindeutigen Verweis auf die Vision der vier Wagen bei Sach 1,8; 6,1-6, welche von den unterschiedlich gefärbten Pferden gezogen werden und die babylonischen Himmels-

---

[193] Zur Depotenzierung der Engelmächte s. auch Apk 6,13; 8,19f; 9,1-11; 12,4.7-9.
[194] Vgl. schon BOUSSET 1906, 223.
[195] Dies erhellt aus Apk 21,10: „Da entrückte er mich in der Verzückung auf einen großen, hohen Berg [...]."
[196] Gegen BOUSSET 1906, 459, der dieses Problem dadurch entschärften möchte, daß die ganze Stelle eben „völlig unerklärbar" ist. Die Schwierigkeiten der Bezugnahme auf den gefallenen Stern hat schon BOLL 1914, 47f betont, ohne allerdings Num 24,17 ins Spiel zu bringen.

richtungen repräsentieren, kommen in unserem Text weitere Momente hinzu, die nicht aus dem prophetischen Erbe allein erklärt werden können. Boll konnte durch eine Fülle von Paralleldokumenten[197] plausibilisieren, daß die Sacharja-Vision mit der astrologischen Technik der *Dodekaeteris* verknüpft worden ist, nach der jedes Jahr einem bestimmten Tierkreiszeichen unterstellt ist.[198] Da der Autor der Apokalypse den dritten Reiter ausdrücklich mit der Waage in Verbindung bringt, ergibt sich die Abfolge Löwe–Jungfrau–Waage–Skorpion.[199]

Die Sternzeichen kommen auch sonst in der Offenbarung zum Tragen:[200] Genannt wird der „Thron" (Apk 1,4; 4,2; 5,1.6f; 12,5; 20,11; 22,3 u.ö.), der „Altar" (Apk 6,9) und die „Wasserschlange" (Apk 12,9.15f, s.u.). Die vier Wesen aus Apk 4,6-8 sind „voller Augen", was von vornherein eine Adaptation der babylonischen Jahreszeitenbilder Löwe, Stier, Skorpionmensch und Adler vermuten läßt. Eine solche läßt sich der Vision Ez 1,10; 10,12-14 entnehmen, die als Vorlage der Apokalypse angesehen werden kann. Das Sternbild des messianischen Sieges dürfte das Zeichen *Widder* sein, wie etwa Apk 5,6f andeutet:

> Und ich sah zwischen dem Thron und den vier Lebewesen und mitten unter den Ältesten ein Lamm stehen; es sah aus wie geschlachtet und hatte sieben Hörner und sieben Augen; die Augen sind die sieben Geister Gottes, die über die ganze Erde ausgesandt sind. Das Lamm trat heran und empfing das Buch aus der rechten Hand dessen, der auf dem Thron saß.

Die Attribute des „Lammes" (ἀρνίον) sind hier durchaus nicht so friedlich, wie man es vordergründig vermuten würde.[201] Stattdessen wird der Wunde des Messias die kosmische Stärke des Widders mit

---

[197] Besonders herauszuheben ist der Zwölfzeitenzyklus aus Baruch 27 sowie ein hermetischer Traktat (CCAG VII, 226ff).
[198] Dies schließt die Zeitalterspekulation mehr oder weniger aus, die gewöhnlich in der Forschung anhand der vier Reiter – analog der Weltreiche Daniels – propagiert wird, vgl. BÖCHER 1975, 47-56. Denkbar wäre höchstens, daß der Apokalyptiker die ihm vorliegende Quelle zeitalterorientiert erweiterte.
[199] BOLL 1914, 78-97. Da die Reihenfolge nicht kohärent nachgewiesen werden kann, vermutet BOLL eine unabhängige Quelle, die vom Apokalyptiker nach seinen Interessen benutzt worden ist.
[200] En detail nachgewiesen bei BOLL 1914, 30-56.
[201] Vgl. F. SPITTA: „Christus das Lamm", in: ders.: *Streitfragen der Geschichte Jesu*, Göttingen 1907, 172-224. Zum ganzen ferner: U.B. MÜLLER: *Messias und Menschensohn in jüdischen Apokalypsen und in der Offenbarung des Johannes* (Studien zum Neuen Testament 6), Gütersloh 1972, bes. 162-165; MÜLLER 1995, 160-162.

den sieben Hörnern gegenübergestellt. Ähnliches ist auch anderweitig geschehen, wenn etwa der Zorn des Lammes (Apk 6,16) oder seine Leittierfunktion (7,14.17) ins Spiel gebracht wird.[202] Das geschlachtete Passahlamm erhält auf diese Weise einen siegreichen Charakter, es wird nicht nur zum Messiaswidder, sondern ist auch der „Löwe aus dem Stamm Juda, der Sproß aus der Wurzel Davids" (Apk 5,5). Die Widderanalogie ist astrologisch konnotiert, denn schließlich ist jenes Sternbild der Frühlingspunkt, der Heraufbringer des neuen Jahres oder des neuen Äons.

Eine solche Bezugnahme auf Widder ist verschiedentlich hinterfragt worden, denn erstens heißt es im Text „wie geschlachtet", was nicht auf das Sternbild passen möchte, und zweitens ist das Motiv der Erlösung durch das Lamm und sein Blut das Leitbild der Apk, so daß auch hier eine derartige Verwendung angedeutet sein dürfte.[203] Wir haben es mit einem echten Dilemma zu tun, denn veranschlagen wir die Erlöser- und Opferthematik als Hauptmotiv, können wir wieder die kriegerischen Attribute des *arnion* schlecht erklären. Offensichtlich reflektiert der Text des Johannes *alle* Bedeutungsebenen des griechischen Wortes, und eine eindeutige Entscheidung kann kaum getroffen werden. Tatsache ist aber, daß die antiken Leserinnen und Leser an einem Sprachspiel teilnahmen, welches durchaus astrologische Konnotationen zuließ, diese möglicherweise sogar als den Kern der Sache behandelte.

Bei der auf die bevorstehende Endzeit und ihre zeitliche Determinierung ausgerichteten Apokalypse nimmt es nicht wunder, daß die kosmischen *Omina* eine noch stärkere Bedeutung innehaben, als wir dies schon in den anderen kanonischen Schriften nachweisen konnten. Die herabfallenden Sterne und der Himmel, der „wie eine Buchrolle verschwindet" (Apk 6,13f; s. auch 12,9) gehören ebenso in diesen Kontext wie das „gewaltige Beben", welches die Öffnung des sechsten Siegels durch das Lamm auslöst: „Die Sonne wurde schwarz wie ein Trauergewand, und der ganze Mond wurde wie Blut" (Apk 6,12).[204]

Selbst in unserer skizzenhaften Annäherung an die Offenbarung des Johannes ist deutlich geworden, wie stark dieses Dokument mit astralen Motiven arbeitet, die da und dort explizit einen astrologischen Hintergrund zu erkennen geben. Anhand des für unser Thema zentralen Kapitels 12 wollen wir nun etwas mehr ins Detail gehen.

---

[202] Vgl. BÖCHER 1975, 42-47 sowie BÖCHER 1976, 52.
[203] So argumentiert MÜLLER 1995, 162.
[204] Weitere einschlägige Passagen oben S. 546 Anm. 38.

3.2. Apk 12, die *Regina caeli* und das „Zeichen am Himmel"

Das zwölfte Kapitel der Johannesoffenbarung hat wie kein anderes die Phantasie der Gläubigen und der Interpreten beflügelt. Auch für unser Thema ist es bedeutsam, wird hier doch das „große Zeichen am Himmel" (σημεῖον μέγα ὤφθη ἐν τῷ οὐρανῷ [12,1]) angekündigt, welches allein aufgrund eines astralen oder astrologischen Hintergrundes adäquat zu verstehen ist.[205] In der Vision erscheint als Zeichen für den heraufziehenden Endkampf eine Frau am Himmel, mit der Sonne bekleidet und dem Mond unter ihren Füßen; ein Kranz von zwölf Sternen umgibt ihr Haupt. Die Frau ist schwanger und bringt einen Sohn zur Welt, der „mit eisernem Szepter" über die Welt herrschen wird. Diesem Bild wird antithetisch die Vision des Drachen mit sieben Köpfen und zehn Hörnern sowie sieben Diademen auf den Köpfen gegenübergestellt. Mit seinem Schwanz fegt der Drache „ein Drittel der Sterne vom Himmel" und wirft sie auf die Erde hinunter (12,4). Die Frau und das Kind wiederum werden von dem Drachen verfolgt, der in einem kosmischen Kampf schließlich von den Engeln des Michael besiegt wird. Das Kind wurde zuvor – gleich nach der Geburt – in den Himmel entrückt, während die Mutter in der Wüste Zuflucht findet.

Um den Verstehenshintergrund dieses Passus aufzuhellen, ist es unumgänglich, sich die hohe Bedeutung der *Jungfrau-Symbolik* in der Antike vor Augen zu führen.[206] Stets erwartete man im Umfeld hellenistisch-römischer Frömmigkeit am Ende der Zeiten einen apollinischen Verheißungsträger, und die ausgiebigen Spekulationen, welche sich an einen Zeitenwechsel anhafteten, sind nirgends so

---

[205] Zum hellenistischen astrologischen Hintergrund des Kapitels vgl. die detaillierten Untersuchungen bei BOLL 1914, 98-124; außerdem BÖCHER 1975, 68-76. Der astralmythische Hintergrund wird heute von niemandem mehr ernsthaft bestritten, höchstens seine Einflüsse in Details bzw. der theologischen Aussage des Textes. Vgl. zum Kapitel 12: H. GUNKEL: *Schöpfung und Chaos in Urzeit und Endzeit. Eine religionsgeschichtliche Untersuchung über Gen 1 und ApJoh 12*, Göttingen 1895; A. KASSING: *Die Kirche und Maria. Ihr Verhältnis im 12. Kapitel der Apokalypse*, Düsseldorf 1958; J. ERNST: „Die ‚himmlische Frau' im 12. Kapitel der Apokalypse", in: *Theologie und Glaube* 58 (1968), 39-59; H. GOLLINGER: *Das große Zeichen von Apokalypse zwölf* (Stuttgarter biblische Monographien 11), Würzburg 1971; A. VÖGTLE: „Mythos und Botschaft in Apokalypse 12", in: *Tradition und Glaube* (Festgabe für K.G. Kuhn), Göttingen 1971, 395-415; A.Y. COLLINS: *The Combat Myth in the Book of Revelation* (HThR Harvard Dissertations in Religion 9), 1976.

[206] Vgl. die Übersicht zur Forschungsgeschichte bei GOLLINGER a.a.O. (o. Anm. 205), 25-72.

deutlich zu spüren wie in der Wirkungsgeschichte der 4. Ekloge Vergils.[207] In diesem Zusammenhang ist auf eine interessante ephesische Inschrift des Jahres 104 u.Z. aufmerksam zu machen, die die Virulenz der apollinischen Traditionen in der Heimat des Apokalyptikers veranschaulicht, denn dort wird ein Nachkomme des Verheißungsträgers der Ekloge Vergils, Pollio, als *consul suffectus* – also als nachgewählter Konsul – geehrt.[208] Die *Virgo* ist gleichsam eine kosmische Geburtshelferin, und jedes Jahr zur Wintersonnenwende wird das himmlische Schauspiel religiös bedeutsam: In der dunkelsten Nacht des Jahres erhebt sich das Sternbild Jungfrau im Trigon zur Sonne und zum Steinbock am östlichen Himmel und leitet die Periode der Lichtzunahme ein.[209] Dies ist die „heilige Nacht" im römischen wie dann auch im christlichen Kontext, der eine Jungfrausymbolik übernahm, die sich mühelos in astrologische Deutungen fügen konnte.[210]

Im kulturell-religiösen Umfeld von Ephesus[211] – und das ist gerade aus pragmatistischer Sicht herauszuheben – zeigt sich die Nähe zu

---

[207] Vgl. STROBEL 1987; VON STUCKRAD 1996, 68ff.
[208] Vgl. STROBEL 1987, 1094.
[209] H. KRAFT brachte eine ganz andere Variante ins Spiel: „Wenn die Sonne ins Zeichen der Jungfrau tritt, dann wird am Nachthimmel der Vollmond zu ihren Füßen stehen" (*Die Offenbarung des Johannes* [Handbuch zum NT 16a], Tübingen 1974, 164). Dagegen ist allerdings einzuwenden, daß der Eintritt der Sonne in die Jungfrau nur gelegentlich mit dem Vollmond zusammenfällt, wir jedoch bei einem traditionellen Motiv eine gewisse Regelmäßigkeit der Erscheinung unterstellen müssen. Die Trigonalstellung der Jungfrau im Winter ist neben ihrer Regelmäßigkeit auch ein wesentlich passenderes Symbol für die messianische Vision, das überdies weitaus besser im kulturellen Umfeld verankert war.
[210] M.E. spricht einiges dafür, daß die astrologische Thematik der Virgo den christlichen Jungfraumythos wesentlich mitprägte, allerdings ist diese Vermutung im einzelnen kaum zu belegen, und andere mythologische Anleihen, etwa aus dem Isis-Kult, sind ebenfalls so deutlich, daß eine Engführung auf astrologische Erklärungen nicht hinreicht.
[211] Vgl. zur Bedeutung dieser Stadt E. LESSING/W. OBERLEITNER: *Ephesos. Weltstadt der Antike*, Wien 1978; D. KNIBBE: „Ephesos vom Beginn der römischen Herrschaft in Kleinasien bis zum Ende der Principatszeit. A: Historischer Teil", in: ANRW II.7.2 (1980), 748-810; W. ELLIGER: *Ephesos – Geschichte einer antiken Weltstadt*, Stuttgart u.a. 1985; R.E. OSTER: „Ephesus as a Religious Center under the Principate", in: ANRW II.18.3 (1990), 1661-1778; C. SCHULTE: *Die Grammateis von Ephesos. Schreiberamt und Sozialstruktur in einer Provinzhauptstadt des römischen Kaiserreichs*, Heidelberg 1994; T. WOHLERS-SCHARF: *Die Forschungsgeschichte von Ephesos. Entdeckungen, Grabungen und Persönlichkeiten*, Frankfurt a. M. u.a. ²1996; F. HUEBER: *Ephesos – Gebaute Geschichte*, Mainz 1997.

den beschriebenen Überlegungen in den Heiligtümern der Leto in Xanthos[212] sowie des Apollon auf Delos, die beide überregionale Bedeutung innehatten. Der Leto-Mythos rankt sich um diese Geliebte des Zeus und die Mutter der Zwillingskinder Apollon und Artemis (Diana), die dem Haß und der Eifersucht der Hera (Juno) ausgesetzt ist und sich auch noch des Drachen Python erwehren muß, den Hera auf sie gehetzt hat. Auf astrologischer Ebene verband man diesen Mythos schon früh mit dem Sternbild der Jungfrau, welches sich in direkter Nähe zum Sternbild der Wasserschlange (Hydra) befindet und von dieser tatsächlich bedroht zu werden scheint.[213]

Bevor wir auf die spezifische Adaptation jenes Mythos' durch Johannes zu sprechen kommen, gilt es eine weitere zentrale Parallele im antiken Denken zu berücksichtigen, nämlich die Geburt des Horuskindes durch *Isis*. Ähnlich wie in Apk 12 ist Isis die *Regina caeli*, die Sonne und Mond zu ihren Attributen zählen kann und deren Kult in römischer Zeit mehr und mehr an Bedeutung gewann.[214] Auch der Isis-Mythos kennt die Verfolgung des göttlichen Kindes durch einen Drachen, der nun als Wasserschlange Seth–Typhon auftritt.[215] Die Griechen konnten deshalb ohne weiteres das Horuskind mit Apoll gleichsetzen und verschmolzen auch die astrologischen Hintergründe miteinander.[216] Nun ist es interessant zu vermerken, daß die ägyptische Frömmigkeit während der römischen

---

[212] Vgl. Strab. XIV, 666 und bereits Herodot II, 156; vgl. W.F. OTTO: „Mythos von Leto, dem Drachen und der Geburt", in: K.v. FRITZ (Hrsg.): *Das Wort der Antike*, Stuttgart 1962, 90ff. In Ephesos ist zudem die Amme Letos, Ortygia, in einem heiligen Hain verehrt worden (Strab. XIV, 639f; Tac. *Ann.* III, 61). Zur Verbreitung des Artemis-Kultes vgl. R. FLEISCHER: *Artemis von Ephesos und verwandte Kultstatuen aus Anatolien und Syrien* (EPRO 35), Leiden u.a. 1973; A. BAMMER/U. MUSS: *Das Artemision von Ephesos. Das Weltwunder Ioniens in archaischer und klassischer Zeit*, Mainz 1996. Die Mythologie wurde ferner von G.M. ROGERS untersucht: *The Sacred Identity of Ephesos. Foundation Myths of a Roman City*, London/New York 1991.
[213] Vgl. BOLL 1914, 100ff; STROBEL 1987, 1094f.
[214] Das Problem, ob Isis tatsächlich als „auf dem Mond stehend" abgebildet wurde (wie evt. in Apk 12), hat alle Attribute eines Scheinproblems, denn eine Widerlegung jener These ändert nichts am Ergebnis der Argumentation. Die diesbezüglichen Ausführungen BERGMEIERS (1982, 104f) sind deshalb zwar interessant, aber nicht weiterführend. Zur Entwicklung der Isiskulte vgl. ausführlich MERKELBACH 1995.
[215] Vgl. BERGMEIER 1982, 102ff.
[216] Vgl. BOLL 1914, 108f; STROBEL 1987, 1095f.

Kaiserzeit auch Kleinasien beeinflußte.[217] Dies zeigt sich beispielsweise im Verschmelzen der Isis mit der *Artemis Ephesia*, beides mächtige Schutzgöttinnen jener Zeit. Die *Ephesiaca* des Xenophon von Ephesus, ein „Mysterienroman"[218] vom Beginn des zweiten nachchristlichen Jahrhunderts – also genau zur Abfassungszeit der Offenbarung –, zeigen eine bereits weit fortgeschrittene Synthese zwischen ägyptischem und griechischem Gedankengut.[219]

Aus einem ganz anderen religiösen Ferment lassen sich schließlich weitere Aspekte der Artemis Ephesia dokumentieren. In einem magischen Papyrus zum Zwecke des Liebeszaubers wird die ephesische Göttin mit unzähligen Brüsten bildlich dargestellt, und im dazugehörigen Text greift der Autor auf die jüdischen Gottesnamen zurück, die sich innerhalb der antiken Magie offenbar als besonders wirkmächtig erwiesen haben.[220]

---

[217] So lebte zwischen 46 und 41 v.u.Z. die Schwester der Kleopatra und vormals als ägyptische Königin anerkannte Arsioe IV. im Artemision von Ephesus im Exil. Man darf annehmen, daß derartige Verbindungen zur gegenseitigen kulttheologischen Öffnung beigetragen haben.

[218] Der Begriff ist maßgeblich von R. MERKELBACH geprägt worden: *Roman und Mysterium in der Antike*, München 1962. Allerdings dürfte seine These, es handele sich hier *ausschließlich* um Mysterientexte, deutlich überzeichnet sein. Das erbauliche Moment sollte demgegenüber nicht verkannt werden.

[219] Ein Beispiel: Im fünften Buch begegnen sich die Protagonisten Antheia und Habrokomes in Rhodos vor dem Isistempel und danken Isis für ihre Rettung (V, 13, 4), doch im Anschluß an ihre Rückkehr nach Ephesus bringen sie das Dankopfer im Tempel der Artemis dar (V, 15, 2). Vgl. G. HÖLBL: *Zeugnisse ägyptischer Religionsvorstellungen für Ephesus* (EPRO 73), Leiden u.a. 1978, 79-86. Seine Kritik an der These MERKELBACHS, der in „Artemis" lediglich einen Decknamen für „Isis" sehen möchte, ist überzeugend. S. auch R.E. WITT: *Isis in the Graeco-Roman World*, Ithaca 1971, 141-151.

[220] „Für jeden Ort, fürs Haus oder die Werkstatt. Es führt dem Mann eine Frau zu, wie es auch beide beständig und treu macht. Nimm eine [Blei]tafel und zeichne mit einem Nagel die Figur, wobei du den [untenstehenden] Namen sprichst und das: ‚Ich werde das Haus und die [Seele des NN zum] Verlangen nach der NN entflammen, der Tochter der NN, der Tochter der NN, wie Typhon [des] Osiris [nicht] zum Schlafe kommen [ließ]. Denn ich bin [der Herr des] *Maskelli Maskellô (Logos)*. Führe mir das aus, allen leuchtende, hehre Lichtbringerin [der Götter und Dämonen]. Name der allmächtigen Gottes: *Iaô Iaô Iaô*'" (PGM LXXVIII; Abbildung der Artemis multimammaea auf Tafel IV bei Preisendanz). En passant können wir notieren, daß dieser Text auch ein Beispiel für die Realität antiker Magie ist, die nicht etwa auf das schnelle erotische Abenteuer abzielte, sondern auf eine lebenslange vertrauensvolle Bindung. Wichtig ist deshalb die Bemerkung F. GRAFS: „[...] one has to distinguish between literary magic, i.e. magic used as a motif in a literary text, and the reality of ancient magic, as attested by the magical papyri or other direct, non-literary evidence. It is an important principle of method –

Angesichts dieser religiösen Voraussetzungen kann eine Interpretation der Johannesapokalypse allein mit Hilfe der Einordnung in die kulturell vorgegebenen Erklärungsmuster erfolgen. Dies ist heute allgemein anerkannt, und die wissenschaftliche Debatte greift eher die Frage auf, wie die Reaktion der christlichen Quelle auf eben jene Mythen des Umfeldes konkret beschrieben werden kann und wie stark die jüdische Vorgeschichte des Motivs nachgewirkt haben mag.[221] Hierbei muß der Rolle der *Regina caeli* besondere Beachtung geschenkt werden, da sie nachweislich im Zentrum der Religiosität von Ephesus stand und den Stolz der Einwohner repräsentierte. Das wird in der Apostelgeschichte noch einmal überdeutlich, wenn die Empörung der Silberschmiede um Demetrios über die Absichten des Paulus geschildert wird:

> (Apg 19,27f) So kommt nicht nur unser Geschäft in Verruf, sondern auch dem Heiligtum der Göttin Artemis droht Gefahr, nichts mehr zu gelten, ja sie selbst, die von der ganzen Provinz Asien und von der ganzen Welt verehrt wird, wird ihre Hoheit verlieren. Als sie das hörten, wurden sie wütend und schrien: Groß ist die Artemis von Ephesus![222]

---

and one disregarded in many studies of ancient magic whose authors, literature scholars for the most part, have taken the literary record for the reality" („How to Cope with a Difficult Life. A View of Ancient Magic", in: SCHÄFER/ KIPPENBERG 1997, 93-114, S. 96). Dieser Hinweis läßt sich ebenso auf die Astrologie anwenden.

[221] Vgl. BERGMEIER 1982. Zum Verhältnis der Apokalypse zur Umwelt: C.L. MITTON: *Ephesos. Stadt der Artemis und des Johannes*, Wien 1958; H. GSÄNGER: *Ephesos. Zentrum der Artemis-Mysterien*, Schaffhausen 1974, bes. 53-82 („Die Erneuerung der ephesischen Mysterien durch Paulus und Johannes"); dieser Beitrag ist durch seine Treue zu anthroposophischen Anschauungen historisch leider unbrauchbar; R. OSTER: „The Ephesian Artemis as an Opponent of Early Christianity", in: JAC 19 (1976), 24-44; D. KNIBBE: „Ephesos – nicht nur die Stadt der Artemis. Die ‚anderen' Götter", in: S. SAHIN/E. SCHWERTHEIM/J. WAGNER (Hrsgg.): *Studien zur Religion und Kultur Kleinasiens. FS F.K. Dörner* (EPRO 66.2), Leiden u.a. 1978, 489-503; M. WOLTER: „Apollos und die ephesinischen Johannesjünger", in: ZNW 78 (1987), 49-73; s. außerdem die Studien von M. GÜNTHER und W. THIESSEN a.a.O. (oben S. 587 Anm. 176).

[222] RICHARD OSTER a.a.O (oben Anm. 221, 36) betont zu Recht die hohe Bedeutung der Artemis und ihres Heiligtum: „[T]heir roles were both crucial and diverse. Consequently the worshippers of Artemis in Ephesus would not brook any serious threat to the well being of the goddess and her temple. [...] In view of the profound cultural significance of Artemis for the city of Ephesus and the fervor of the Ephesians' dedication to their patron goddess, one can now better appreciate the historical dynamics at work in the brief scene in Acts 19.23ff where Christianity is in pitched battle with the worshippers of Artemis."

Bei einer Untersuchung des Einflusses ephesischer Artemisverehrung auf die Apokalypse des Johannes dürfen wir nicht übersehen, daß die Verbindung mit zodiakalen und astrologischen Attributen eines der hervorstechendsten Merkmale der *Artemis Ephesia* gewesen ist.[223] Wenn wir nach konkreteren Anhaltspunkten suchen, so bietet sich aufgrund ihrer religiösen Bedeutung vor allem die astrologische Konnotation der Jungfrau an, denn in der Figur der Hydra zeigt sich ohne Zweifel eine himmlische Parallele zur apokalyptischen Vision. Wenn der Schwanz des Drachen ein Drittel der „Sterne des Himmels" wegfegt (12,4), entspricht dies der tatsächlichen Größe jenes riesigen Sternbildes, das vom Krebs bis zur Waage (d.h. den Scheren des Skorpion) reicht.[224] Boll macht ferner darauf aufmerksam,

> daß die *unmittelbar auf der Hydra stehenden* und mit ihr auch in der Sternsage zu einer Einheit verbundenen Sternbilder des Raben und des Bechers gerade sieben und zehn Sterne haben; der Rabe mit seinen sieben, die an Zahl den Köpfen entsprechen, liegt näher gegen die Jungfrau, der Becher mit zehn Sternen würde die Vorstellung einer ἔκφυσις von zehn Hörnern ergeben [...].[225]

W. Gundel wiederum brachte verschiedene Texte aus hermetischer Tradition ins Spiel,[226] so daß die Adaptation dieser besonderen astrologischen Topoi durch Johannes außer Zweifel steht.[227] Nun ist die Erwartung eines Äonenwechsels nach der Geburt eines göttlichen Abkömmlings durch die Jungfrau ein beinah ubiquitäres Motiv der damaligen Zeit gewesen, und Johannes traf auf eine bereits ausgeformte feste Deutungsstruktur. Aus diesem Grunde ist es im Nachhinein kaum mehr möglich, die Herkunft einzelner Details klar zu verorten.[228] Wenn man ferner eine diskursorientierte Annäherung an

---

[223] Nachweise und Abbildungen bei GUNDEL 1992, 150-152; 272-275.
[224] Vgl. BOLL 1914, 102; GUNDEL 1936, 203.
[225] BOLL 1914, 102 (Hervorhebung im Original). Diese Zusammenhänge sind nicht unhinterfragt geblieben, und schon J. FREUNDORFER wies auf den heuristischen Charakter der These hin: *Die Apokalypse des Apostels Johannes und die hellenistische Kosmologie und Astrologie*, Freiburg 1929, 124ff; vgl. auch BERGMEIER 1982, 100.
[226] Vgl. GUNDEL 1936, 259f.
[227] Gegen BERGMEIER 1982, 100f, der den Polardrachen als Bezugspunkt nehmen möchte; richtig die Einschätzung bei STROBEL 1987, 1097.
[228] Auch MÜLLER 1995, 231 spricht davon, „daß der Apokalyptiker keine strikte Allegorese beabsichtigt hat, welche jedes Bildmotiv auf eine bestimmte Wahrheit hin komponiert hat. Außerdem zeigt sich Johannes bei diesem Kapitel in einer Weise von vorgegebener Tradition abhängig, daß es manchmal schwerfällt, seine eigene Deutung zu bestimmen."

das Thema zugrundelegt, verschwimmen die Grenzen zwischen jüdischer, christlicher, römischer und ägyptischer Gesprächsseite noch weiter.[229]

Auch wenn eine genaue Explikation der Traditionsstränge nicht mehr durchgeführt werden kann, ist eine Untersuchung der spezifischen Intention des Autors der Apokalypse durchaus sinnvoll, also die Frage: Welchen Diskursbeitrag hat der Verfasser leisten wollen?[230] Unter diesem Blickwinkel zeigt sich rasch, daß jenes „Zeichen am Himmel" die kosmische Parallele der Heraufkunft des messianischen Zeitalters darstellt. Die göttlichen Mitstreiter, nämlich Michael und seine Heerscharen – hierin erkennen wir ein älteres jüdisches Motiv, das noch nicht im „Sieg des Lammes" aufging –, erringen den Sieg über den „Drachen", der christologisch mühelos mit dem satanischen Gegenspieler Gottes und der christlichen Heilsgemeinde gleichgesetzt werden konnte. Die allgemein vertretenen Metaphern des ersten nachchristlichen Jahrhunderts gerinnen hier in einem einzigartigen Amalgam mythologischer und christologischer Versatzstücke. Strobel spricht mit Recht davon, daß die

> nur sehr notdürftige Einschmelzung des Mythos [...] ein eindeutiger Beweis für die damals in Ephesus virulente Erwartung eines neuen apollinischen Zeitalters [ist]. Angesichts solcher im Allgemeindenken tieffundierter Hoffnung bezeugt der Apokalyptiker die Bewahrung der messianischen Heilsgemeinde.[231]

Und weiter:

> Der Apokalyptiker hat dabei die vielleicht markanteste mythologische Thematik seiner Zeit aufgegriffen, um sie über wesentliche jüdische Vorstellungsformen, die das heidnische Material nur teilweise überdecken, in das Zeugnis von der Erfüllung in Christus und seiner Gemeinde einzuschmelzen.[232]

Eine derartige Verflechtung mythologisch-astrologischer Diskurse kann man sich besonders gut in einem multireligiösen Zentrum, wie

---

[229] Die Polemik BERGMEIERS (1982, 99) gegen die Ansicht, Apk 12,1-6 könne eben jener ubiquitäre Mythos zugrundeliegen, welchen der Apokalyptiker selbständig weiterbearbeitet habe, überzeugt nicht, da die dann zu erwartende „ganz andere Geschichte", die „man sich leicht ausmalen kann", allein der Phantasie BERGMEIERS zuzuschreiben ist, nicht aber den historischen Möglichkeiten.

[230] Hier ist U.B. MÜLLER zuzustimmen: „Die Umdeutung des ursprünglichen Mythos erhellt das Charakteristische des Textes" (a.a.O. [oben Anm. 201], 174).

[231] STROBEL 1987, 1096.

[232] Ebda. S. 1098.

es Ephesus gewesen ist, vorstellen. Es ist hier etwas ähnliches anzunehmen, wie wir bereits für Alexandria eruieren konnten, nämlich ein lebendiges Gespräch, in dem jede Gruppe für sich in Anspruch nahm, legitime Verwalterin der überkommenen Deutungstraditionen zu sein.

Es ist nun keineswegs so, daß jenes Gespräch in eine Beliebigkeit der Standpunkte münden konnte,[233] und die Offenbarung des Johannes birgt eine Vielzahl genuin jüdischer Traditionselemente, ohne die ein Verständnis des Dokuments nicht erreicht werden kann.[234] Da die Bedeutung der astralen Symbolik sowie der Entsprechung zwischen himmlischer und irdischer Sphäre in dieser Studie deutlich herausgearbeitet wurde, können wir uns an dieser Stelle mit einigen Hinweisen begnügen: Das „himmlische Jerusalem" (Apk 21,12f) als ideales, beinah platonisch zu denkendes Gegenbild zum zu verwirklichenden irdischen Reich begegnet bereits im jüdischen Schrifttum. Hier ist besonders die Vorstellung zu nennen, am Ende der Zeiten würde das obere Jerusalem gleichsam herabschweben und das irdische Heiligtum ersetzen, wie es 1Hen 90, 28f und dann besonders in 4Esra zum Ausdruck bringen.[235] Die zwölftorige Himmelsstadt – schon in Ez 48,31-34 vorgebildet – wurde sowohl mit dem Tierkreis, als auch mit dem Sternbild Jungfrau gleichgesetzt, wie etwa die Henochtradition zeigt.[236] Selbst die Verschmelzung der astrologischen mit der heilstheologischen Vorstellung findet in 4Esra 10,25. 27.40-50 einen beachtlichen Vorläufer.

---

[233] Das ist genau der Unterschied zwischen *Gespräch* und *Diskurs*.

[234] Eine Vernachlässigung des jüdischen Erbes ist der Darstellung BOLLS (1914) wiederholt anzumerken, auch wenn dadurch die Bedeutung seines Beitrags nicht geschmälert wird. Er steht damit in der Tradition der *Religionsgeschichtlichen Schule*, die zuvor von W. BOUSSET geprägt worden ist. Hier wurde der leidige Begriff des „Spätjudentums" gebildet, das in einer rigiden Gesetzesreligion erstarrt sei, bis das Christentum es gleichsam neu belebte. Diese Tradition, leicht zu verbinden mit antisemitischen Tendenzen, bewahrte in theologischen Schriften bis in die 90er Jahre unseres Jahrhunderts hinein eine erstaunliche Konstanz. Vgl. die Kritik von C. COLPE: *Die religionsgeschichtliche Schule* (FRLANT 78), Göttingen 1961, 205ff; außerdem J.Z. SMITH: *Drudgery Divine. On the Comparison of Early Christianities and the Religions of Late Antiquity*, Chicago 1990; G. LÜDEMANN (Hrsg.): *Die ‚Religionsgeschichtliche Schule'. Facetten eines theologischen Umbruchs*, Frankfurt a. M. 1996; BURKERT 1996, 27-32; KIPPENBERG 1997, 164ff.

[235] 4Esra 7, 26-44; 8, 52; 9, 26-10, 60. S. auch Bar 4, 3-6; rabbinische Parallelen bei STRACK/BILLERBECK III, 573. Auf die Bedeutung von Esra in diesem Zusammenhang hat auch BERGMEIER 1982, 107, hingewiesen.

[236] Vgl. 1Hen 34-36; 72, 2-35; 75, 6; 82, 4.

An dieser Stelle gilt es einen kritischen Blick auf die theologisch-exegetische Forschung zu werfen, die viel Sorgfalt auf die Frage verwendete, ob die Jungfrau die „Mutter des Messias", also Maria, verkörpere oder aber die „Kirche", die von Rom verfolgt wird.[237] Zweifellos hat der Autor der Offenbarung *auch* die Drangsale der Jesusgemeinden Kleinasiens im Auge,[238] von einer *Kirche* zu sprechen, impliziert jedoch einen Organisationsgrad, der erst durch die Durchsetzung der paulinischen Missionsbemühungen überhaupt geschaffen wurde.[239] Eine solche Darstellung verschleiert die Tatsache, daß die Offenbarung des Johannes viel stärker an der antiken Mythologie um Artemis (Leto) und Apollon orientiert ist, als an christologischen Feinheiten.[240] Die Erwartungen des apollinischen Messias wurden sodann mit jüdischen Traditionsstoffen verwoben – der Wüste als dem Ort der Rettung etc. –, wodurch ebenfalls die „kirchlichen" Fragestellung in den Hintergrund treten. Johannes hatte folglich nicht Maria im Auge, sondern die Himmelskönigin, die seinem religiösen Umfeld bestens vertraut war.

Die astrologischen Hintergründe der *Regina caeli* entschärfen auch ein weiteres Problem christlicher Exegese, nämlich die Frage, warum die Szenerie am Himmel ohne einen erkennbaren Übergang auf die irdische Ebene wechselt (12,1-7), um dann unvermittelt

---

[237] Das Problem ergibt sich dadurch, daß die Frau einerseits den Messias zur Welt bringt, welcher gleich darauf zu Gott entrückt wird (12,5), andererseits aber auch als Mutter ihrer übrigen Nachkommen (ihres „Samens", wie so gerne patriarchal übersetzt wird) genannt ist (12,17). Als eine besonders haarsträubende theologische Interpretation s. KASSING a.a.O. (o. Anm. 205) sowie J. KOSNETTER: „Die Sonnenfrau in der neueren Exegese", in: *Theologische Fragen der Gegenwart* (Festgabe für Kardinal Innitzer), Wien 1952, 93-108. Vgl. dazu ferner MÜLLER 1995, 226ff.

[238] Freilich stets unter der Einschränkung B. MACKs (oben S. 588 Anm. 177).

[239] Man muß sich vergegenwärtigen, daß die christliche Selbsteinschätzung seit BULTMANN, die neue Religion und damit die „Kirche" habe mit dem „Osterereignis" begonnen, allein auf theologischer Strukturierung beruht, keineswegs aber historisch haltbar ist. Zu Recht fordert THIESSEN a.a.O. (oben S. 587 Anm. 176), 21: „Kriterien für eine Epocheneinteilung sollten weniger *theologische Bewertungen* sein, sondern vielmehr *historische* Argumente. Auch ist eine ‚offene' Terminologie sinnvoll, die der Realität unterschiedlicher Strömungen und Gruppen nicht ausschließt" (Hervorhebung im Original). Trotzdem spricht auch THIESSEN noch vom „frühen Christentum" der „neutestamentlichen Zeit", „danach von der Zeit der ‚Alten Kirche'" (ebda.).

[240] Die patriarchale Gesinnung der meisten Exegeten steht einer solchen Deutung freilich im Wege, und noch 1995 hält MÜLLER den Hinweis für angebracht: „Dabei bereitet es zugrundeliegendem antikem Denken keine Schwierigkeit, das ideale Heilsvolk im Bild der Frau symbolisiert zu sehen" (S. 233).

wieder im Himmel zu spielen (7-12).[241] Wir sahen wiederholt, daß es in weiten Teilen des antiken Judentums, doch auch im paganen Kontext, eine *funktionale Gleichsetzung* zwischen astraler Ebene und irdischer Ebene gegeben hat. Dies dürfte in besonderer Weise für das mythische Denken der Apokalypse gelten, so daß die Frage obsolet ist, wie der Duktus der Vision zu erklären ist, denn die antiken Leserinnen und Leser konnten selbstverständlich davon ausgehen, daß die beschriebenen Ereignisse *parallel* und *isomorph* sowohl am Himmel als auch in der irdischen Sphäre beobachtbar waren.[242]

Hier klingt bereits eine interessante Möglichkeit an, die frühen christlichen Dokumente in einem größeren philosophischen Zusammenhang zu deuten. Nicht nur bei Johannes, sondern in den Quellen des ersten Jahrhunderts insgesamt zeigt sich nämlich eine Tendenz, die politisch-geschichtlichen Erwartungen in einen heilsgeschichtlichen Entwurf zu überhöhen. Dadurch verbinden sich – in durchaus ähnlicher Weise wie in den untersuchten jüdischen Quellen – praktische Hoffnungen mit kosmischen Dimensionen, ein Charakterzug, welcher bisweilen innerhalb der Forschung nicht angemessen zur Kenntnis genommen worden ist, obwohl er gravierende Implikationen auf unser Verständnis des antiken Umgangs mit „Parusieverzögerung", „Endzeit" und „Apokalyptik" aufweist. Aus diesem Grunde erscheint es ratsam, kurz innezuhalten und jenen Zusammenhängen aus philosophischer Sicht etwas genauer nachzuspüren.

Exkurs 4: Parusieverzögerung, Endzeiterwartung und Apokalyptik

I

Seitdem Johannes Weiß 1892 das Diktum prägte, die Ethik Jesu von Nazareth sei vollständig durch die Erwartung des nahenden Welten-

---

[241] Diese Frage hat schon WELLHAUSEN und nach ihm BOLL beschäftigt, der Belege für eine Geburt am Himmel beibringt (1914, 104f). Vgl. zur heutigen Forschungslage MÜLLER 1995, 231f; 241-245.

[242] Das schließt natürlich nicht aus, daß tatsächlich unterschiedliche Textstücke vom Autor zusammengefügt wurden. Allerdings scheint mir eine Trennung der himmlischen von den irdischen Erzählmomenten nicht zu überzeugen; für MÜLLER z.B. war letztere jüdisch, erstere dagegen ein Eigenbeitrag des Johannes, wenn auch unter Zuhilfenahme eines paganen Mythos: „Das verbreitete Bild der Himmelskönigin konnte helfen, die Hoheit des Gottesvolkes zu beschreiben, wenn auch die Einzelzüge dabei ihren ursprünglichen Sinn verloren" (1995, 245). M.E. ist Johannes dem „ursprünglichen Sinn" jener Mythologeme noch weitaus näher, als theologische Interpretation einzuräumen bereit ist.

Exkurs 4: Parusieverzögerung, Endzeiterwartung und Apokalyptik

endes gefärbt gewesen, was sie in den Kontext jüdischer „Apokalyptik" stellt,[243] ist in der wissenschaftlichen Forschung immer wieder heftig um die Frage gestritten worden, ob das Christentum tatsächlich aus jenen jüdischen Erwartungen erklärbar ist, und – damit zusammenhängend – welche Rolle die Hoffnung auf die baldige Rückkehr des Messias und die Enttäuschung über ihr Ausbleiben (Parusieverzögerung) für die christlichen Gläubigen gespielt haben mag. Letzteres wurde ebenfalls schon im 19. Jahrhundert, am schärfsten von Nietzsches Freund Franz Overbeck, in die These gekleidet, die historische Widerlegung der Parusieerwartung habe den anfänglichen reinen Glauben in Metaphysik verwandelt, die Geschichte der Kirche stelle mithin eine Auseinandersetzung mit dem Irrtum des Anfangs und daher eine grundsätzliche Fehlentwicklung dar.[244]

Es liegt auf der Hand, daß eine solche These kaum Aussicht darauf haben konnte, über längere Zeit vertreten zu werden, doch die grundsätzliche Annahme, Apokalyptik hänge mit einer *rechnenden Wertung* der Geschichte zusammen, wodurch die Parusieverzögerung allererst zu einem fundamentalen Problem wird, konnte sich halten, bis Klaus Koch mit seiner Streitschrift *Ratlos vor der Apokalyptik*[245] die Diskussion in neue Bahnen lenkte. Nun wurde man mehrerer Sachverhalte gewahr, die die antike Deutung der Geschichte in einem anderen Licht erscheinen ließen: Trotz der zweifelsfrei bestehenden Annahme der frühen Christen, sie lebten „in der letzten Generation" oder buchstäblich „in den letzten Tagen",[246] wurde eine konkrete Berechnung des Endzeittermins vermieden. Dies gilt sowohl für die kanonischen Schriften, als auch für die frühen Apologeten, die das Ausbleiben der Parusie theologisch zu bewältigen trachteten. Kurt Erlemann dreht deshalb das ältere Diktum geradezu um, wenn er sagt:

> Eine exaktere Auskunft, als daß die letzten Ereignisse sich noch „in dieser Generation" ereignen werden (Mk 13,30 parr.), ist nicht mög-

---

[243] J. Weiß: *Die Predigt Jesu vom Reiche Gottes*, Göttingen 1892 (²1900 mit Abweichungen); die zweite Auflage, ergänzt durch fehlende Stücke aus der ersten, wurde von F. Hahn 1964 (Göttingen) neu herausgegeben. Vgl. zur Einordnung Weiß' in die Forschungsgeschichte Kippenberg 1997, 164f.

[244] F. Overbeck: *Christentum und Kultur. Gedanken und Anmerkungen zur Modernen Theologie* (hrsg. von C.A. Bernoulli), Basel 1919, Ndr. Darmstadt 1963. Vgl. die kritische Sichtung bei Erlemann 1996, 150f.

[245] Koch 1970. Vgl. dazu Erlemann 1996, 16f.

[246] Vgl. z.B. Mk 13,30: „Diese Generation wird nicht vergehen, bis das alles eintrifft".

> lich [...] Überhaupt ist der Hinweis auf den unbekannten Zeitpunkt geradezu charakteristisch für apokalyptisches Denken. Durch das Spiel mit pseudo-exakten, rätselhaften und relativen Aussagen wird der genaue Zeitpunkt in der Schwebe gelassen. In einigen Texten wird die Unkenntnis des Zeitpunkts, ja die Plötzlichkeit des Endes zum Hauptmotiv.[247]

Dies sollte uns freilich nicht dazu ermuntern, das politische, wenn nicht sogar pragmatische Element der Parusiediskussion zu unterschätzen, nämlich die Tatsache, daß man ganz offensichtlich aus früheren Berechnungen des Endes gelernt hatte, wie gefährlich eine terminliche Festlegung sein konnte.[248] Dies zeigte sich immer deutlicher, nachdem die ersten Generationen der Jesusgemeinden gestorben waren und nichts auf eine Parusie hinzuweisen schien. Die Ablehnung der Terminberechnung aber – und das ist der zentrale Punkt der neueren Diskussion – ist nicht allein durch jene Erlebnisse zu erklären, sondern greift wesentlich tiefer. Bernard McGuinn formuliert diesen Sachverhalt unter Rekurs auf den bekannten Satz E. Käsemanns so:

> It is not incorrect to see apocalypticism as the mother of all Christian theology, as long as we do not restrict this nurturing to a single form of apocalyptic belief, or exclude the influence of other religious motifs in the formation of first-century Christianity. The hypothesis that Christianity underwent a fundamental change in the second century as archaic apocalyptic expectations of the imminent return of Christ yielded to belief in the Savior's ongoing presence in the church, is at best a half-truth. A certain cooling down of predictive imminence was only a part of a more complicated development in which apocalyptic hopes for judgment and reward were rarely abandoned, but often spiritualized or reformulated, and at times even recreated to meet new needs.[249]

Ein weiterer Sachverhalt ist zu beachten: Die häufig geäußerte Vermutung, eine nicht eingetroffene Datierung des Weltenendes konfrontiere die jeweilige christliche Gruppe mit einer radikalen Infragestellung ihrer Existenzberechtigung, bestätigt sich im Rahmen der christlichen Geschichte *nicht*. Deshalb endet die apokalyptische

---

[247] ERLEMANN 1996, 77.
[248] M.E. unterschlägt ERLEMANN in seiner Studie diese Komponente, indem er die Argumentation ganz auf die Nichteruierbarkeit des Zeitpunkts bzw. auf den „ganz anderen Zeitbegriff" der Antike aufbaut. Dies ist zwar richtig, doch dürften auch die antiken Gläubigen ihre Aussagen mitunter konkreter gemeint haben, als ERLEMANN es unterstellt.
[249] B. MCGUINN: „The End of the World and the Beginning of Christendom", in: BULL 1995, 58-89, S. 61.

Exkurs 4: Parusieverzögerung, Endzeiterwartung und Apokalyptik 607

Tendenz nicht mit Laktanz, Eusebius und Augustinus, als die Christenverfolgungen eingestellt wurden, sondern ist beinah *jederzeit* wieder aktualisierbar gewesen.[250] Bis in die heutige Zeit hinein läßt sich dies mühelos zeigen, wobei der nordamerikanischen Religionsgeschichte ein besonderes Gewicht zukommt.[251]

Wenn wir also nicht in die unbewiesene Behauptung zurückfallen wollen, das Christentum sei eine Fehlentwicklung gewesen (Overbeck), da die zugrundeliegende Zukunftshoffnung sich nie erfüllte, so müssen wir zum Verständnis der Endzeiterwartungen auf einer

---

[250] Vgl. ERLEMANN 1996, 150f. Augustinus vertrat eine Position, die man als *spirituelle* Deutung der Schrift ansehen kann, wodurch eine konkrete politisch-historische Erwartungshaltung ausgeschlossen wurde. Gleichwohl kam es wiederholt zu einer *historischen* Deutung, also einer Verortung der Schriftprophezeiungen in der geschichtlichen Gegenwart. Wichtiger Vertreter einer solchen teleologische Deutung war Joachim von Fiore im zwölften Jahrhundert; vgl. dazu M. REEVES: „The Originality and Influence of Joachim of Fiore", in: *Traditio* 36 (1980), 269-316; außerdem den Aufsatz mit dem schönen Titel „On Making Ends Meet" von MALCOLM BULL in BULL 1995, 1-17, S. 3.

[251] Vgl. E.J. HOBSBAWM: *Sozialrebellen. Archaische Sozialbewegungen im 19. und 20. Jahrhundert*, Neuwied/Berlin 1962; Y. ARIEL: „A Neglected Chapter in the History of Christian Zionism in America: William E. Blackstone and the Petition of 1916", in: J. FRANKEL (Hrsg.): *Jews and Messianism in the Modern Era: Metaphor and Meaning* (Studies in Contemporary Jewry VII), New York/Oxford 1991, 68-85; P. BOYER: *When Time Shall Be No More: Prophecy Belief in Modern American Culture*, Cambridge/London 1992; E. SCHAFFER: „Secular Apocalypse: Prophets and Apocalypties at the End of the Eighteenth Century", in: BULL 1995, 137-158. Sehr interessant ist auch die Interpretation des Marxismus als apokalyptische Umdeutung, wie sie LÖWITH vorlegte: „Der ganze Geschichtsprozeß, wie er im *Kommunistischen Manifest* dargestellt wird, spiegelt das allgemeine Schema der jüdisch-christlichen Interpretation der Geschichte als eines providentiellen Heilsgeschehens auf ein sinnvolles Endziel hin. Der historische Materialismus ist Heilsgeschichte in der Sprache der Nationalökonomie" (1953, 48). Auf die Frage, ob eine derartige Säkularisierung christlicher Positionen nachweisbar ist – die *Löwith-Blumenberg-Debatte* – wird in Abschnitt III näher einzugehen sein. Von heutigen religiösen Gruppierungen innerhalb des Christentums, die offen oder implizit eine Naherwartung pflegen, sind zu nennen: Zeugen Jehovas, Siebenter-Tag-Adventisten, Neuapostolen, Pfingstbewegung, Vereinigungskirche, „Fiat Lux", „Universelles Leben". Wie akut jene Erwartung sein kann, zeigen die Freitode der Sonnentempler in der Schweiz und Kanada 1994 und 1995. Die spektakulären Selbsttötungen der „Heaven's Gate Cult"-Anhänger anläßlich des Erscheinens des Kometen Hale-Bopp 1997 binden die eschatologischen Überlegungen zudem in astrologische Zusammenhänge ein. Etwas ähnliches geschah übrigens bereits zu Luthers Zeiten; vgl. dazu die Tagungsbeiträge in P. ZAMBELLI (ed.): *„Astrologi hallucinati": Stars and the End of the World in Luther's Time*, Berlin/New York 1986.

tieferen Ebene ansetzen, nämlich dem *Zeitverständnis* der gesellschaftlichen Gruppen, soweit wir es aus den Quellen erheben können.[252]

II

„Eine Orientierung an Newtons absolutem, linearem Zeitbegriff hat für längere Zeit auch in den historischen Wissenschaften den Blick auf die *Sozialdimension* von Zeit versperrt."[253] Mit diesem Satz richtet Burkhard Gladigow die Aufmerksamkeit auf die gesellschaftliche Bedeutung von Zeitkonzeptionen, die namentlich für die Herrschenden von überragendem Interesse waren, da sie ihre Macht zu legitimieren trachteten. In dem Moment, wo die soziale Einheit zwischen religiösen und politischen Zeitdiskursen – Merkmal vorstaatlicher Gesellschaftsformen – auseinanderbrach, begannen auch die einzelnen gesellschaftlichen Gruppierungen in je unterschiedlicher Weise von Zeitsystemen zu sprechen.[254] Es kam zu einer Varianz der Interpretationen, da der historische Rahmen sich aus verschiedenen Perspektiven heraus anders darstellte. Der historische Rahmen wiederum war nicht mehr eine Abfolge von Einzelerscheinungen – ob zirkulär oder linear –, sondern von *Zeitkontingenten*, also Zeitaltern verschiedenster Längen oder Äonen, die spezifische *Sinnbeziehungen* zur Gegenwart aufwiesen.[255]

Die Geschichtsdeutungen und die daraus abgeleiteten Erwartungshorizonte beziehen sich gewöhnlich, zumal im apokalyptischen Kontext, nicht auf die

> Bruchstelle selbst, die Zäsur zwischen zwei Perioden [...], sondern auf eine Situation kurz vor und kurz nach dem Wechsel. Aus der jeweiligen politischen Inanspruchnahme ergibt sich der erwünschte Typ von Syn-

---

[252] Auch hier gibt es eine spannende Parallele zwischen Marxismus und Christentum: „Es ist nicht möglich, die Vision der messianischen Berufung des Proletariats wissenschaftlich zu beweisen und Millionen von Anhängern durch eine bloße Feststellung von Tatsachen zu begeistern" (LÖWITH 1953, 48f). Ebenso reicht eine offenbarte *Rechnung* sicherlich nicht aus, die Gläubigen in Endzeitstimmung zu versetzen, was zugleich impliziert, daß das *Verrechnen* nicht unbedingt zum Scheitern der Bewegung führen muß.
[253] GLADIGOW 1983, 255 (Hervorhebung KvS).
[254] Vgl. N. LUHMANN: „Weltzeit und Systemgeschichte", in: H.M. BAUMGARTNER (Hrsg.): *Seminar: Geschichte und Theorie*, Frankfurt a. M. 1976, 337-387, S. 349ff. Eine hochinteressante Sichtung der verschiedenen Zeitdeutungskonzepte einzelner Religionen findet sich in MÜLLER/RÜSEN 1997, 221-306.
[255] Vgl. GLADIGOW 1983, 258f. Vgl. zum Ganzen auch B. GLADIGOW: „Historische Orientierungsmuster in komplexen Kulturen. Europäische Religionsgeschichte und historischer Sinn", in: MÜLLER/RÜSEN 1997, 351-372.

Exkurs 4: Parusieverzögerung, Endzeiterwartung und Apokalyptik 609

chronisation: Das zeitliche Deutungssystem und die zu interpretierende Gegenwart werden dergestalt zur Deckung gebracht, daß eine auf eine bevorstehende Zäsur zulaufende Entwicklung beschrieben wird – und damit ein zu erwartender grundsätzlicher Wechsel in der Qualität aller Relationen. Oder Synchronie wird so hergestellt, daß ein bereits eingetretener Neubeginn (Sukzession, Territoriumswechsel, Herrschaftswechsel usw.) durch ‚sein' Zeitkontingent legitimiert und die Fortsetzung aller Veränderungen ins Positive in Aussicht gestellt wird.[256]

Die verwendete Formulierung ist ausgesprochen glücklich, da sie unmißverständlich klarmacht, daß nicht das *termingenaue* Eintreffen eines Ereignisses – entsprechend einem „objektiv" meßbaren Punkt auf der Zeitachse – das Hauptanliegen der antiken Autoren war, sondern die *Synchronisation* der Zeitkontingente mit den fundamentalen Wandlungen der *Qualität aller Relationen*. Letztere bringen uns direkt in ein Verständnis von Zeit, welches im Zentrum der astrologischen Deutung steht: die Messung und Verobjektivierung dessen, was subjektiv als Zeitqualität empfunden wird.

Wir können denselben Zusammenhang nicht nur aus sozialwissenschaftlicher, sondern auch aus philosophischer Sicht darstellen. Es zeigt sich nämlich, daß die Uhrwerksmetapher Newtons und der Glaube an eine alles beherrschende Kausalität die antike Vorstellung von „Zeit" – zumindest in weiten Teilen der damaligen Gesellschaft[257] – kaum angemessen abbildet.[258] Selbst wenn wir davon auszugehen haben, daß die jüdischen und christlichen Apokalyptiker ebenfalls von einem notwendig ablaufenden Geschichtsplan Gottes ausgingen, der „seit Anbeginn der Zeit" feststeht und den Auserwählten offenbart wird, dürfen wir daraus nicht den (modernistischen) Schluß ziehen, die Zeitkontingente bedürften keiner qualitativen Interpretation mehr. Ein Beispiel dafür ist die in apokalyptischer Literatur beliebte Angabe der „dreieinhalb Zeiten", die in Dan 7,25 und 12,7 begegnet und auf Jer 25,11-14 sowie 2Chron 36,21 fußt.[259]

---

[256] GLADIGOW 1983, 260.
[257] Richtig dazu ERLEMANN 1996, 38: „Antikes und modernes Zeitverständnis stehen sich nicht wie zwei erratische Blöcke gegenüber. Eher ist von, wenn auch schwerwiegenden, Akzentverlagerungen zu sprechen."
[258] S. dazu oben Kap. II.3.2.2. Eine gute Kritik an den „klassischen" Unterscheidungsmerkmalen zwischen „antikem" und „modernem" Zeitverständnis im Hinblick auf die Apokalyptik trägt ERLEMANN 1996, 33-59 vor.
[259] Die dort genannten 70 Jahre Exilszeit deutet Dan 9,24 im Sinne von 70 Jahrwochen. Nach dieser Zeit wird die Gerechtigkeit Gottes herrschen; die letzte der 70 Jahrwochen ist nochmals unterteilt, wobei ihre zweite Hälfte (7:2=3½ Jahre) die schlimmste Heimsuchung bringen wird; vgl. ERLEMANN 1996, 78.

Im Sinne von Gladigow könnte man מועד geradezu mit „Zeitkontingent" übersetzen, da die konkrete Ausformulierung bewußt in der Schwebe gehalten wird.

Diese mangelnde Konkretheit wird verständlich, wenn man die Vielschichtigkeit und Relativität des damaligen religiösen Diskurses über Zeit in Rechnung stellt. Es gibt für jüdisches und christliches Denken nicht nur eine objektiv meßbare Zeit – dieser scheint sogar in der Endzeitspekulation vergleichsweise wenig Beachtung geschenkt worden zu sein –, sondern auch noch die subjektive „Zeit des Menschen" und die „Zeit Gottes". Wenn in der Prognose von „dreieinhalb Zeiten" oder dergleichen gesprochen wird, so hat der Visionär primär die göttliche Zeit im Auge, die im urzeitlichen Schöpfungsplan festgehalten und notwendig ablaufen wird. Diese Zeit freilich ist nicht immer kommensurabel mit der menschlichen Erwartung, auch wenn ein gewisser Zusammenhang zwischen ihnen besteht: Es obliegt dem Menschen, der göttlichen Zeit gleichsam die Wege zu bereiten, um im Verlauf der Heilsgeschichte selber an der Erlösung partizipieren zu können.

Daß eine Zeit sich vollendet hat oder ein Wechsel unmittelbar bevorsteht, läßt sich folglich nicht eindeutig berechnen, sondern *zeigt sich* durch eine bestimmte *Zeitqualität*, gewöhnlich durch eine noch stärkere Drangsal der Gläubigen. Die Berufenen sind in der Lage, die *Zeichen der Zeit* zu erkennen und durch entsprechendes Handeln einer Synchronisation zwischen Gottes Zeitplan und menschlichem Zeiterleben buchstäblich „auf die Sprünge zu helfen".[260] Wenn ein prognostizierter Zeitpunkt verstreicht, ohne daß sich ein sichtbarer Einschnitt vollzogen hat, ist deshalb nicht die Prophezeiung per se desavouiert, sondern die Deutung hat sich lediglich als falsch erwiesen – eine Synchronisation der Zeitkontingente läßt weiter auf sich warten. Dies ist eine vernünftige Erklärung dafür, daß sich in der Geschichte des Christentums kaum eine auf den Weltuntergang konzentrierte Gruppierung auflöste, nachdem der (menschlich!) bestimmte Termin verstrichen war.

Natürlich wird die menschliche Zeit durch das subjektive Empfinden – was allgemein bekannt ist und hier nicht weiter belegt werden muß – zusätzlich von exakter Einschätzbarkeit abgerückt. Bezogen auf die Parusieverzögerung ergibt sich aus diesen Überlegungen eine veränderte Sichtweise:

---

[260] Diese Gegenüberstellung sollte nicht verwechselt werden mit der Schere zwischen „Weltzeit" und „Lebenszeit", die HANS BLUMENBERG thematisiert, und die wir in Abschnitt III näher untersuchen werden.

> Die große Mehrzahl der Belege, die angeblich auf die (objektiv meßbare) Verzögerung der Parusie hinweisen, sind Symptome für das subjektive Empfinden, die Zeit dehne sich über Gebühr. Wie stark dieses Empfinden ausgeprägt ist, hängt entscheidend von der individuellen Erwartungshaltung ab – euphorisch, enthusiastisch, optimistisch, verhalten zuversichtlich, eher skeptisch etc. Was die Forschung gemeinhin als „Parusieverzögerung" bezeichnet, ist als Erfahrung sich dehnender Zeit potentiell schon ab der Ankündigung des erhofften Geschehens für die „nahe" Zukunft möglich. Die Erfahrung sich dehnender Zeit ist wie die Naherwartung *elastisch*, chronometrisch nicht meßbar.[261]

Die Rede von der nahen Endzeit ist also – und das können wir als Zwischenergebnis festhalten – nicht notwendig deckungsgleich mit der Realisation in menschlichen Zeitkontingenten. Sowohl subjektives Zeitempfinden als auch die Unergründbarkeit göttlicher Zeitkontingente stehen einer exakten Bewertung im Wege, so daß den Gläubigen nichts anderes übrig bleibt, als auf eine nahende Besserung der Lage zu hoffen und die Zeichen der Zeit minutiös zu beobachten. Darüber hinaus rückt die Kategorie der *Restzeit* in den Mittelpunkt des Interesses: Hinter der Prognose des nahen Endes steht eine implizite Aufforderung, die Zeit bis dahin – die lang oder kurz, prinzipiell aber in jedem Moment beendet sein kann – nicht ungenutzt verstreichen zu lassen – je näher jener Moment, desto eindrücklicher die Aufforderung zur Handlung.

Dieses Ergebnis ist allerdings nur die halbe Wahrheit. So wichtig es nämlich ist, die Varianz der Zeitentwürfe in den antiken (jüdisch-christlichen) Quellen sowie ihre Inkompatibilität mit dem Newtonschen Zeitbegriff zur Kenntnis zu nehmen, so gravierend sind die Einwände, die einer solchen Sicht entgegenstehen. Es bleibt schließlich immer noch die Tatsache zu erklären, daß wiederholt im christlichen Schrifttum konkrete Angaben gemacht werden, den Termin des Endes betreffend.[262] Die wirkungsgeschichtlich sehr wichtige Aussage in Mk 13,30 parr. – „Amen, ich sage euch: Diese Generation [ἡ γενεά] wird nicht vergehen, bis das alles eintrifft" –, die im Zusammenhang mit der sog. „kleinen Apokalypse" Mk 13 steht,[263] wäre hier an erster Stelle zu nennen, doch ebenso die Angabe „2300 Abend-Morgen" (also 1150 Tage) Dan 8,14 und die damit nicht übereinstimmende Zahl „1290 bzw. 1335 Tage" Dan 12,11f.

---

[261] ERLEMANN 1996, 49 (Hervorhebung im Original).
[262] Vgl. ERLEMANN 1996, 77-83.
[263] Vgl. E. BRANDEBURGER: *Markus 13 und die Apokalyptik* (FRLANT 134), Göttingen 1984.

612   Exkurs 4: Parusieverzögerung, Endzeiterwartung und Apokalyptik

In der Schrift *Epistula Apostolorum* aus der Mitte des zweiten Jahrhunderts fragen die Jünger ihren Herrn ebenfalls nach dem genauen Zeitpunkt seiner Wiederkehr. Die Antwort lautet nach der äthiopischen Version: „Wenn das hundertundfünfzigste Jahr vollendet ist, zwischen Pfingsten und Pascha wird stattfinden die Ankunft meines Vaters" (Kap. 17). Nach der koptischen Lesart sprach Jesus zu ihnen: „Wenn das Hundertstel und das Zwanzigstel vollendet sein wird, zwischen Pentekoste und dem Fest der Ungesäuerten wird stattfinden die Ankunft des Vaters (Kap. 28)".[264] Die genaue Fixierung der beiden Termine braucht uns hier nicht zu interessieren,[265] da der Versuch einer eindeutigen und in menschlicher Zeit markierten Terminierung der Parusie zweifellos dem Text anzumerken ist.

Dasselbe gilt für die von Hippolyt von Rom (ca. 195-240 u.Z.) in seinem Danielkommentar berichteten Beispiele von Gemeindevorstehern, die ganze Familien dazu überredeten, in die Wüste zu ziehen, um dem wiederkehrenden Christus zu begegnen. Die Armen sind dabei fast den Römern als Räuber in die Hände gefallen (*Comm. in Dan.* IV, 18). In einem anderen Fall prognostizierte ein Kirchenvorsteher aus Pontos (Kleinasien) die Parusie Christi im Laufe des Jahres, woraufhin die Gläubigen ihre Habe verkaufen und schließlich als Bettler ihr Dasein fristen müssen (IV, 19). Hippolyt haben wir auch einen Bericht über den Propheten *Elchasai* zu verdanken, der die endzeitliche Sündenvergebung auf das dritte Jahr Trajans, also 101 u.Z., datiert, später dann einen Weltenbrand im dritten Jahr nach dem Sieg Trajans über die Parther, also 119 u.Z., angekündigt habe.[266] Auf Elchasai werden wir in Kapitel X.1.1. ausführlicher einzugehen haben. An dieser Stelle genügt es, die Tatsache einer konkreten Datierung der Parusie festzuhalten, was uns verbietet, einseitig eine subjektive und letztlich konfliktfreie Haltung früher Christen zur Parusie(verzögerung) zu behaupten.

Anders als Kurt Erlemann bin ich nicht der Ansicht, daß wir derartige Erwartungen als marginale Position betrachten dürfen, die schon früh einer theologischen Reflexion in der dargestellten Weise gewichen ist.[267] Stattdessen sollten wir davon ausgehen, daß es in-

---

[264] Übersetzung nach DUENSING in SCHNEEMELCHER I, 134f.
[265] Die äthiopische Angabe wird gewöhnlich auf das Jahr 183 u.Z. bezogen, die koptische dagegen auf das Jahr 119 bzw. 153, je nachdem, ob man die Geburt oder den Tod Jesu zugrundelegt; vgl. ERLEMANN 1996, 81.
[266] *Ref.* IX, 16, 2-4 (Frg. 7) bzw. IX, 13, 3f (Frg. 2).
[267] Vgl. ERLEMANN 1996, 99-101, sowie seine Einschätzung: „Mit Hippolyt ebben die Versuche, exakte Angaben über das nahe Ende zu machen, erheblich ab. Durch die fatalen Folgen solcher Falschprophetien wird schließlich die Apokalyptik als solche desavouiert" (S. 83).

nerhalb der frühen Christentümer eine Vielzahl von Strömungen gab, die dem Versuch einer konkreten Terminierung der sehnsüchtig erwarteten Parusie nicht widerstehen konnten. Wenn die synoptischen Evangelien von *dieser Generation* sprechen, so *meinen* die Autoren auch die eigene Generation, ebenso wie Joseph Franklin Rutherford es absolut ernst meinte, als er den Zeugen Jehovas (damals noch die Wachtturm-Bibel- und Traktat-Gesellschaft) die Auferstehung Abrahams und das Ende der gesellschaftlichen Ordnung für das Jahr 1925 ankündigte. Dementsprechend ist auch die Enttäuschung über das Ausbleiben der Endzeit nicht einfach durch theologische Rationalisierungen aus der Welt zu schaffen, auch wenn – und das sei noch einmal betont – die Restzeit in der Tat qualitativ beschrieben werden konnte. Jenes qualitative Erleben indes darf nicht gegen eine akute Parusiehoffnung ausgespielt werden, sondern stellt gleichsam einen Trost für die Gläubigen dar, weil trotz des konkreten Ausbleibens „die Zeit nahe" zu sein schien. Wir werden unten Gelegenheit haben, im Zusammenhang mit dem frühchristlichen Osterkalender der konkret terminierten Parusiehoffnung und der aus der Enttäuschung ihres Ausbleibens hervorgehenden Rationalisierung genauer nachzugehen (Exkurs 5).

Ein weiterer Einwand gegen die vorschnelle Abkoppelung der göttlichen von der menschlichen Zeitstruktur ergibt sich aus den Ergebnissen unserer Untersuchung der jüdischen Astrologie: Die priesterliche Diskursstruktur, welche von einer funktionalen Gleichschaltung der kosmischen und irdischen Ebene ausgeht und deren wichtigstes Instrument der *Kalender* ist, spielt auch und gerade im „apokalyptischen" Zusammenhang eine nicht zu unterschätzende Rolle. So geschieht im henochitischen System genau das Gegenteil dessen, was als Erklärung der Parusieverzögerung ins Feld geführt wird. Das göttliche und menschliche Muster von Zeitkontingenten wird durch den richtigen (!) Kalender *synchronisiert*, d.h. der richtige, den Henoch-Astronomen offenbarte Kalender garantiert eine Teilhabe am göttlichen Heilsgeschehen einerseits und – was für unseren Zusammenhang noch wichtiger ist – erlaubt darüber hinaus durch die Synchronie die *Berechnung* der Zeitkontingente in menschlichen Maßen. Im konkreten Fall hat man in Qumran vermutlich keine Einigung über den zu erwartenden Termin erzielt,[268] doch hielt man an der prinzipiellen Möglichkeit der Berechnung fest.

---

[268] Nach dem Tod des „Propheten wie Mose" und „Torah-Erteilers" war offenbar keine Autorität seines Ansehens mehr zugegen, um die Qualitäten der Jetzt-Zeit zu offenbaren. Die Bewältigung der falsch berechneten Endzeit im

614 Exkurs 4: Parusieverzögerung, Endzeiterwartung und Apokalyptik

Nun hat für die christlichen Quellen eine priesterliche Sicht der Dinge keinerlei Relevanz, was die Entschärfung dieser Position im neuen Kontext erklären mag. Auf der anderen Seite partizipiert die Qumran-Ideologie maßgeblich an der Endzeit-Chronologie Daniels, ebenso wie die christliche Apokalyptik. Von daher haben wir mit der Möglichkeit zu rechnen, daß auch in christlichen Kreisen die Hoffnung auf das Große Gericht sich mit astronomisch-kalendarischen Überlegungen verband. Dergleichen geschah im Falle von Elchasai, und im Zusammenhang mit dem frühchristlichen Osterkalender werden wir feststellen, daß ohne eine Berücksichtigung der funktionalen Synchronie zwischen himmlischer und irdischer Zeit der christliche Diskurs über die Astrologie schlechterdings nicht verstanden werden kann.

III

Eine philosophische Reflexion über die Hintergründe apokalyptischer Naherwartung wäre unvollständig ohne die Einbeziehung jener Thesen, die *Hans Blumenberg* entwickelte und die in den letzten Jahren immer wieder zu kontroversen Diskussionen Anlaß boten. Dabei ist zu unterscheiden zwischen seinen Ausführungen hinsichtlich des Problemkreises *Säkularisation christlicher Apokalyptik* und der Frage nach der *apokalyptischen Bewältigung der Daseinskrise*. Was den ersten Komplex angeht, so müssen wir uns mit einigen Bemerkungen begnügen, weil jene Fragestellungen nicht im Zentrum der vorliegenden Untersuchung stehen; sie sind allerdings für ein Verständnis der Philosophie Blumenbergs erforderlich. Der Konflikt zwischen *Lebenszeit* und *Weltzeit* führt anschließend direkt in unser Thema hinein, und es wird zu untersuchen sein, inwieweit die Erörterung der Astrologie dadurch Anregungen erfahren kann.

Der schon erwähnte Karl Löwith stellte in seinem Werk *Weltgeschichte und Heilsgeschehen* die These auf, daß es einen direkten Zusammenhang gebe zwischen christlicher Apokalyptik und einem säkularisierten Fortschrittsdenken, wie es etwa in den Wissenschaften grundlegend geworden ist.[269] Durch eine Analyse französischer

---

Jahre 70 v.u.Z. kann man später daran erkennen, daß in den etwa 100 Jahren nach diesem Termin noch eine große Anzahl von Schriftrollen kopiert worden ist.

[269] LÖWITH 1953; s. auch oben Anm. 251 und 252. Die englische Erstausgabe (*Meaning in History. The Theological Implications of the Philosophy of History*, Chicago 1949) erschien zeitgleich mit E.L. TUVESONS *Millennium and Utopia*, Berkeley 1949, der zu ähnlichen Ergebnissen kam. TUVESONS Studie scheint BLUMENBERG nicht gekannt zu haben; vgl. M. BULL in BULL 1995, 8.

Exkurs 4: Parusieverzögerung, Endzeiterwartung und Apokalyptik 615

und deutscher Autoren des späten 18. und frühen 19. Jahrhunderts, vor allem aber der Schriften Hegels, gelangt Löwith zu der These:

> Das moderne Geschichtsbewußtsein hat sich zwar des christlichen Glaubens an ein zentrales Ereignis von absoluter Bedeutung entledigt, aber es hält an seinen Voraussetzungen und Konsequenzen fest, nämlich an der Vergangenheit als Vorbereitung und an der Zukunft als Erfüllung, so daß das Heilsgeschehen auf die unpersönliche Teleologie einer fortschreitenden Entwicklung reduziert werden konnte, in der jedes gegenwärtige Stadium die Erfüllung geschichtlicher Vorbereitungen ist. In eine weltliche Fortschrittstheorie verwandelt, konnte das Schema des Heilsgeschehens natürlich und beweisbar erscheinen.[270]

Löwith erhebt aus guten Gründen nicht den Anspruch, sein Ergebnis über den engen Fokus der herangezogenen Autoren hinaus zu verallgemeinern. Beschränkt man die Ergebnisse seiner Untersuchung auf eine enge Verflechtung religiöser und säkularer Deutungskonzepte, lassen sie sich aber auch allgemein bestätigen. Das heißt freilich nicht, daß wir die christliche Zeitdeutung als *notwendige* Bedingung zur Entfaltung des Fortschrittsgedankens in der Neuzeit auffassen müssen, wie Löwith bisweilen zu erwägen scheint. Eine Durchdringung historischer Entwürfe mit christlich-teleologischen Konzepten ist zwar nachzuweisen, doch erscheint ein konkreter Vergleich historisch weit auseinanderliegender Phänomene sowie eine systematische Trennung von „religiös" und „säkular" überhaupt mehr als fragwürdig.[271]

Diese Einschränkung ist gegenüber der Theorie Löwiths unbedingt zu machen, will man ihre Implikationen nicht gänzlich als spekulativ abtun.[272] Ihren Wert beweist sie sodann in der Anwendung auf parallele Entwicklungen, wie wir sie beispielsweise in den schon genannten Exponenten amerikanischer Endzeitstimmung[273] wiederfinden. Auch an Max Weber wäre hier zu erinnern, der den Zusammenhang zwischen kapitalistischen Idealen – also ebenfalls einem optimistisch-naiven „Fortschrittsdenken" – innerhalb der protestantischen, speziell der puritanischen Bewegung und der Idee der christlichen Erwählung schlüssig aufzuzeigen vermochte. Auch von

---

[270] LÖWITH 1953, 170.
[271] Ähnlich H.G. KIPPENBERG: „Es geht nicht an, aktuelle politische Bewegungen zu Säkularisaten vorkapitalistischer Phänomene zu machen. Die Kontexte sind zu unterschiedlich, die Positionen, die das scheinbar Ähnliche im Ganzen jeweils einnimmt, zu divers" (1990, 14).
[272] Natürlich kann man die Frage stellen, wie viel der ursprünglichen Theorie nach Abzug der genannten Thesen noch übrig bleibt.
[273] S. dazu die Literatur oben Anm. 251.

Weber wird die moderne Kultur als ein Produkt der Religionsgeschichte gedeutet.[274]

Die Säkularisierungsthese ist von Hans Blumenberg in seinem Werk *Die Legitimität der Neuzeit* (1966) einer differenzierten Kritik unterzogen worden.[275] Sein Hauptargument richtet sich gegen die Möglichkeit, die Identität und Kontinuität christlicher Eschatologie im säkularen Fortschrittsdenken überhaupt nachzuweisen.[276] Es bestehen nämlich zwischen beiden „entscheidende, die Umsetzung blockierende Differenzen", die Blumenberg näher bestimmt:

> Der formale Unterschied liegt darin, daß die Eschatologie von einem in die Geschichte einbrechenden, ihr selbst transzendenten und heterogenen Ereignis spricht, während die Fortschrittsidee von einer der Geschichte immanenten und in jeder Gegenwart mitpräsenten Struktur auf die Zukunft extrapoliert.[277]

Neben dem formalen Unterschied konstatiert Blumenberg die „genetische Differenz von Eschatologie und Fortschrittsidee", die er als rational nicht beantwortbare „Frage nach dem Sinn und der Verlaufsweise der Geschichte im ganzen" einerseits – Eschatologie – und der Fortschrittsidee ausmacht, die „ursprünglich gar nicht diese umfassende, das menschliche Geschick in seiner Totalität betreffende Frage" stelle, sondern sich „auf die partielle Struktur des theoretisch-wissenschaftlichen Prozesses" beziehe.[278]

Da christliche Eschatologie als Hintergrund des Fortschrittsdenkens also nicht ins Spiel gebracht werden kann, haben wir uns nach einem Modell umzusehen, welches tatsächlich eine Relation herstellt zwischen einem „quantum of time" – Gladigows „Zeitkontingent" – und „the quality of achievement", wie Blumenberg an anderer Stelle den Fortschritt charakterisiert.[279] Das beste diesbezüg-

---

[274] Vgl. H. Lehmann/G. Roth (eds.): *Weber's Protestant Ethic. Origins, Evidence, Contexts*, Cambridge 1993; Kippenberg 1997, 218-243 (mit weiterer Literatur).

[275] Die Argumente werden vorgetragen in Blumenberg 1966, 9-74. Vgl. dazu die gute Analyse von R. Wallace: „Progress, Secularization, and Modernity: The Löwith-Blumenberg Debate", in: *New German Critique* 22 (1981), 63-79.

[276] Wallace hält fest: „The secularization of eschatology is apparently such an elusive, or such a deep-lying process that its stages, if it has stages, are not manifest in the documents of the history of ideas. It is, perhaps, a ‚theoretical construct,' necessary to explain what is observable, but not itself apparent in the data" (a.a.O. [oben Anm. 275], 67).

[277] Blumenberg 1966, 23.

[278] Ebda. S. 24.

[279] Blumenberg 1974, 6. Konkret heißt das: „It is when the mere quantity of distance in time becomes the chief premise of new possibilities that the rationality of the idea of progress takes succinct form" (ebda.).

Exkurs 4: Parusieverzögerung, Endzeiterwartung und Apokalyptik

liche Modell liefere die *Astronomie*, wie sie in der frühen Neuzeit entwickelt worden sei. Doch schon in der Antike gilt:

> In this science there are cognitions which the most intense empirical and mathematical exertion could not have achieved at all times because they presuppose a time basis for the comparison of data, a basis that can be determined in relation to observational exactitude. [...] What appears in the context of progress is precisely thereby qualified as that which is not possible at all times.[280]

Was Blumenberg hier beschreibt, hat eigentlich mit reiner Astronomie nichts mehr zu tun, da in dem Moment, wo eine Beziehung hergestellt wird zwischen beobachtbaren Sternbewegungen und historischen Ereignissen, die Grenze zur Astrologie überschritten ist.

Was die Genese der neuzeitlichen Fortschrittsidee anbelangt, so hat der astronomische Paradigmenwechsel des 16. Jahrhunderts im christlichen Denken eine grundsätzliche Wandlung bewirkt:

> For it is precisely this sweeping appoach to the future, this breadth of the temporal horizon, that was absent from the medieval consciousness even where apocalyptic expectations or fears did not narrow it down to an immediate concern with salvation.[281]

Blumenberg konstruiert auf diese Weise eine Trennung zwischen christlicher Eschatologie und säkularer Fortschrittsidee.[282] Eine Verbindung, geschweige denn eine innere Dependenz, ist kaum denkbar; auch ein reziprokes Verhältnis zwischen beiden Ideenkomplexen scheint nicht im Bereich des Möglichen zu liegen.

Der Erklärungsansatz Blumenbergs ist innerhalb der philosophischen Diskussion auf eine erstaunlich positive Resonanz gestoßen, so daß man zuweilen die Säkularisierungsthese als endgültig erledigt betrachtete.[283] Trotz der Überzeugungskraft seiner Argumentation bleiben indessen einige Zweifel bestehen. Der allgemeine Einwand gegen Blumenbergs Abgrenzungen, nämlich der Hinweis, daß Religion und „säkulares" Denken schon immer ein inderdependentes Verhältnis zeigten, ist bereits zur Sprache gekommen. Doch auch für

---

[280] BLUMENBERG 1974, 7
[281] Ebda. S. 18.
[282] Immerhin räumt er ein, daß „[i]t might, however, be correct to say that the idea of progress does bear on the suppression of the eschatological expectations or fears in one respect, namely, insofar as it includes a sense of ‚large time consumption' and the corresponding requirement of a large margin of time [...]" (1974, 18).
[283] Vgl. z.B. die begeisterte Zustimmung durch M. JAY: *Fin-de-Siècle Socialism*, New York 1988, 159.

Exkurs 4: Parusieverzögerung, Endzeiterwartung und Apokalyptik

den konkreten Zusammenhang zwischen Fortschrittsdenken und christlicher Teleologie gibt es in der abendländischen Geschichte der Neuzeit instruktive Beispiele, die M. Bull zu einer fundierten Kritik an Blumenberg zusammenstellt:[284]

Da wäre etwa Joachim von Fiore zu nennen, dessen teleologische Grundauffassung ein Christentum zu erkennen gibt, das Blumenberg a priori aus seiner undifferenzierten Betrachtung ausschließt.[285] Auch Lessings *Erziehung des Menschengeschlechts* stellt einen Entwurf dar, dessen Implikationen in eine andere Richtung weisen: „It suggests that rather than being the paradigm for a secular teleology, scientific progress may be used as evidence for a theological model of teleology."[286] Auch „for Bacon [...] the progress of science was a fulfilment of prophecy",[287] was umso schwerer wiege, da Blumenberg diesem Gelehrten die Entwicklung des Fortschrittsgedankens zuschreibe. In der Konsequenz ist Bull zweifellos zuzustimmen, wenn er eine Ähnlichkeit zwischen Astronomie und prophetischer Eschatologie konstatiert:

> [Blumenberg] thus fails to notice that, like astronomy, prophetic interpretation was founded upon a relationship between time and knowledge in which distance in time was the prerequisite of further understanding.[288]

Gerade für die antike Religionsgeschichte erweist sich eine solche Interpretation als korrekt: Apokalyptische Deutungssysteme gehen eine enge Verbindung mit astronomischen Strukturen ein, die eine konkrete Verortung der offenbarten Zeitqualitäten allererst ermöglichen. Die Interdependenz zwischen Zeitkontingenten einerseits – Astronomie, Astrologie, Kalender – und Sinnstiftung andererseits – Apokalyptik, Herrschaftslegitimation etc. – stellt geradezu ein Charakteristikum antiker Wirklichkeitsdeutung dar.

Dieser Sachverhalt läßt auch Zweifel aufkommen, ob Blumenberg mit seinem „formalen Unterschied" zwischen Eschatologie und Fortschrittsdenken richtig liegt,[289] denn einerseits ist der Zeitpunkt des Endes nicht in jeder apokalyptischen Position ein Einbruch aus der Transzendenz, die Geschichte heterogen und unvorhersehbar aufhebend, umgekehrt ist bisweilen auch das Ende der Geschichte

---

[284] BULL in BULL 1995, 10-14.
[285] S.o. S. 607 Anm. 250.
[286] BULL in BULL 1995, 11.
[287] Ebda. S. 12.
[288] Ebda. S. 11.
[289] S.o. S. 616.

immanent und der Gegenwart mitpräsent.[290] Nicht einmal in der Neuzeit ist eindeutig zu erkennen, warum der Fortschrittsgedanke, obwohl er sich zweifellos vom christlichen *eschaton* abhebt, nicht mit eben diesem in Verbindung gebracht werden kann. Die Astronomie der Neuzeit jedenfalls taugt als Ersatzerklärung ebenso wenig, da auch sie noch mit christlich-religiösen Deutungsmustern verschränkt war.

Damit sind wir beim zweiten Problemkreis angelangt, der eingangs mit dem Stichwort der *apokalyptischen Bewältigung der Daseinskrise* bezeichnet wurde und den Blumenberg in seinem Werk *Lebenszeit und Weltzeit* (1986) expliziert. Bezugnehmend auf Apk 12,12 beginnt Blumenberg seine Ausführungen zu „Apokalypse und Paradies" mit dem „Ein-Satz-Mythos" *Der Teufel weiß, daß er wenig Zeit hat.*[291] Was hier aufleuchtet, stellt ein Grundmuster menschlicher Erfahrung dar, nämlich die Einsicht, daß das Böse und Gefährliche aus einem Mangel an Zeit geboren wird. Das Ende der menschlichen Zeit wird durch den Tod markiert, der somit zum entscheidenden Moment der menschlichen Daseinskrise gerät, weil er die einzige Grenze unserer Freiheit und Selbstverwirklichung darstellt. Demgegenüber hatte

> [d]as Paradies [...] Paradies sein können, so paradiesisch, wie man es ihm zutrauen möchte, weil dort kein Mangel an Zeit war. [...] Mit weniger bildhaften Anlehnungen ausgedrückt: Lebenszeit und Weltzeit wären einmal, in welchem Gehege von Vergünstigungen auch immer, identisch gewesen.[292]

Die fundamentale Gegenüberstellung von Lebenszeit und Weltzeit, parallel entwickelt zu jener von Paradies und Tod, führt uns zur zentralen These, apokalyptisches Denken hänge untrennbar mit der Erfahrung zusammen, daß sich zwischen dem menschlichen Leben und der Existenz der Welt ein Widerspruch auftut, von Blumenberg *Zeitschere* genannt.

> [E]s beginnt mit der schlichten und unselbstverständlichen Wahrnehmung, daß die Welt so wenig mit dem eigenen Leben endet, wie sie mit ihm begonnen hat, und ist jederzeit wieder darin auffindbar, daß keine

---

[290] Schon der Periodisierung Daniels ist eine innere Stringenz zu eigen, die planvoll auf das Ende hinsteuert. Auch in Qumran ist der Grund für die Heraufkunft des Endes bzw. der Erlösung *geschichtsimmanent* zu suchen, nämlich im direkten Zusammenhang mit dem Verhalten Israels.
[291] BLUMENBERG 1986, 71.
[292] Ebda. S. 72.

Generation sich mit dieser Fatalität abzufinden vermag. Ebenso erkennbar ist, daß der elementare Konflikt nach vorne offener Verschärfungen fähig ist, die sich auf die Formel bringen lassen: Immer weniger Zeit für immer mehr Möglichkeiten und Wünsche.[293]

Die Tatsache, daß die Welt weder mit unserer Geburt begann, noch mit unserem Tod enden wird, ist dem Menschen nicht durch eigene Erfahrung vermittelt,[294] sondern allein durch eine Analogie von Geburt und Tod *anderer*, die er erlebt.[295] Die Enttäuschung über die grundsätzliche Gleichgültigkeit der Welt dem einzelnen Menschen gegenüber verbindet sich also mit einer stillen Hoffnung, in seinem individuellen Leben könne das eherne Gesetz der zeitlichen Begrenzung durchbrochen werden.

Nähert man sich aus diesem Blickwinkel den Zeugnissen christlicher Apokalyptik, so stellt man folgendes fest: Jene Dokumente sind von der Absicht getragen, eine Koinzidenz zwischen Lebenszeit und Weltzeit herzustellen. Den Gläubigen wird in Aussicht gestellt, daß es nach ihrem Tod wenigstens auch keine andere Welt mehr geben wird, die sie überlebt. „Es geht um das Nichtertragenmüssen der Gleichgültigkeit der Welt in ihrem Vorbestand und Fortbestand als *der* Sinnverweigerung."[296] Diese sehr menschliche Deutung wird der abstrakten theologischen Adaptation der Endzeiterwartung provokativ gegenübergestellt.[297] Nicht ein theologisches Dogma steht am Anfang der endzeitlichen Verheißung, sondern die zunehmende Öffnung der Zeitschere.

---

[293] Ebda. S. 73.
[294] BLUMENBERG verwendet hier mit großer Selbstverständlichkeit christliche Erklärungsmuster, denn in anderen religiösen Zusammenhängen ist diese These kaum zu halten, denken wir allein an die Reinkarnationserfahrungen in Hinduismus oder Buddhismus; s.u. Anm. 304.
[295] Vgl. BLUMENBERG 1986, 91: „Es gibt einen zwingenden Zusammenhang zwischen Fremderfahrung und Lebenszeitbewußtsein.". Bei Kindern kann man diesen Sachverhalt gut studieren, denn wenn ein fünfjähriges Kind sagt, „dieses Haus steht *schon immer*", so meint es damit „fünf Jahre" – im kindlichen Entwicklungsstadium fallen Weltzeit und Lebenszeit somit noch zusammen.
[296] BLUMENBERG 1986, 79 (Hervorhebung im Original).
[297] „Die in unserer Tradition überwiegend wohlwollende Beschreibung der urchristlichen Naherwartung des Weltendes hat über dem Moment des jeden Untergang kompensierenden Heils, also über der zentral theologischen Verheißung, die schlicht menschliche Attraktivität übersehen, die in der Befriedigung des kaum genuin biblischen Wunsches besteht, bei eigener Hinfälligkeit und Endlichkeit soll gefälligst auch alles andere hinfällig und endlich sein – abstrakter ausgedrückt: Lebenszeit und Weltzeit sollten koinzidieren" (BLUMENBERG 1986, 79).

Exkurs 4: Parusieverzögerung, Endzeiterwartung und Apokalyptik

Aus dem geschilderten menschlichen Dilemma ergibt sich sodann eine kaum zu überschätzende Dynamik, wenn nämlich nicht passiv in die Unausweichlichkeit des Geschehens und die Hoffnung auf Koinzidenz eingewilligt, sondern aktiv der Untergang betrieben wird. Die wahnhafte Steigerung der Suche nach Kongruenz zwischen Lebenszeit und Weltzeit, die in der gewaltsamen Herbeiführung eines apokalyptischen Szenarios gipfelt, exemplifiziert Blumenberg anhand der Biographie Adolf Hitlers, der in seinem letzten Lebensabschnitt eben diesen Wahn zu erkennen gibt.[298]

Die Ausführungen Blumenbergs stellen eine bedenkenswerte Alternative zu vordergründigen Deutungen theologischer Provenienz dar, die genuin menschliches Bedürfnis zugunsten göttlichen Wirkens in „Seiner" Heilsgeschichte gerne hintanstellen. Auch die verschiedenen Möglichkeiten, die sich als Bewältigung jenes menschlichen Dilemmas anbieten, können uns der Erklärung apokalyptischer Gesinnung näherbringen: Neben einer Einwilligung in die Inkongruenz von Weltzeit und Lebenszeit und deren Zurückzwingen in die Kongruenz stellt Blumenberg einen Weg in Aussicht, den er beschreibt als „Abkoppelung der Lebenszeit von der Weltzeit. Vermeidung des Ärgernisses ihrer Unverhältnismäßigkeit eröffnet sich durch deskriptive Behauptung ihrer Unvergleichlichkeit."[299] Mit anderen Worten: Der Mensch kann aus der Not eine Tugend machen. In der abendländischen Philosophie sei dies geschehen, und zwar aus dem Impetus heraus, das *Bewußtsein* des Menschen als mit sich selber identisch und somit als Konstante menschlicher *Sinnfindung* innerhalb der Lebenszeit zu begreifen; man hielt die Weltzeit dadurch gewissermaßen auf Distanz, um das menschliche Selbstverständnis zu schützen.[300] Später – in der Phänomenologie Husserls – ging dies im Konzept der „Lebenswelt" auf.[301]

---

[298] Vgl. BLUMENBERG 1986, 80-85.

[299] BLUMENBERG 1986, 87.

[300] Es gibt noch weitere Möglichkeiten, wie man von der Weltzeit abzusehen versuchte; vgl. dazu die Kurzdarstellung bei F.J. WETZ: *Hans Blumenberg zur Einführung*, Hamburg 1993, 133-137.

[301] Die Auseinandersetzung BLUMENBERGS mit HUSSERLS Begriff der Lebenswelt begann schon in seiner Habilitation mit dem Titel *Die ontologische Distanz. Eine Untersuchung über die Krisis der Phänomenologie Husserls*, Kiel 1950 (unveröffentlicht). Seine Konzeption stimmt im wesentlichen mit der A. SCHÜTZ' überein, vgl. A. SCHÜTZ/TH. LUCKMANN: *Strukturen der Lebenswelt*, 2 Bde., Frankfurt a. M. 1979. Die Aktualität der Diskussion spiegelt die Untersuchung von R. WELTER wider: *Der Begriff der Lebenswelt*, München 1986.

Das Dilemma der *Zeitschere* erlaubt uns einen neuen Blick auf die Problematik des Zusammenhangs von „Apokalyptik", „Messianismus", „Endzeiterwartung" und „Chiliasmus". Anstatt nämlich nach definitorischen Abgrenzungen zu suchen, stellt Blumenbergs Theorie die philosophisch-psychologische Reflexion des Gläubigen in den Mittelpunkt, was je nach Lage der Dinge entweder in Aktivität oder Passivität führen kann – unabhängig davon, ob diese Handlung „apokalyptisch" oder „messianisch" gefärbt ist.[302] Wir haben es folglich mit einer *Strukturanalyse* apokalyptischen Deutens zu tun, einer Art Metabetrachtung, deren Ergebnisse sich in unterschiedlichen religionsgeschichtlichen Formen manifestieren können. Auch die Kontrastbegriffe, die H.G. Kippenberg als Alternative zu überkommenen Einteilungen vorschlug, werden von dieser Seite bereichert, namentlich die Frage, was politisch-sozial – aber auch mental – passieren muß, um die Gläubigen zu *aktivieren*.[303]

Auch wenn Blumenbergs Theorie damit einen interessanten Beitrag zur Erhellung endzeitlicher Befindlichkeiten leistet, dürfen ihre Schwierigkeiten m.E. nicht übersehen werden. Die Zuspitzung auf ein fundamentales Drama menschlichen Seins bewährt sich nämlich nur vordergründig, wendet man jenes Konstrukt auf das historische Material an. Das liegt im wesentlichen an den Axiomen, die Blumenberg seinem Entwurf unterschiebt. Indem er nämlich das Erlebnis der Inkongruenz von Lebenszeit und Weltzeit gleichsam als „Urtrauma" einführt, muß eine Einwilligung in die Inkongruenz notwendig einer Kapitulation, einem Scheitern vor der menschlichen Tragödie der Endlichkeit, gleichkommen. Die Möglichkeit, daß Menschen von der Zeitschere nicht traumatisiert werden könnten, weil sie ihr eigenes Leben nicht mit dem sinnstiftenden Universum identifizieren, wird durch jenes Axiom ausgeschlossen; eine solche Haltung ist a priori nur denkbar als *Bewältigung* des Traumas, nämlich durch eine Sublimierung in religiöse Ebenen. Durch diese Herangehensweise erscheint die jüdische Weisheitstradition – um nur ein Beispiel zu nennen[304] – als eine Geschichte der Kapitulation,

---

[302] Zur Frage, wann ein Übergang vom Abwarten in die Handlung gewöhnlich zu beobachten ist, vgl. W.E. MÜHLMANN: *Chiliasmus und Nativismus. Studien zur Psychologie, Soziologie und historischen Kasuistik der Umsturzbewegungen*, Berlin 1961, 317-323.

[303] Vgl. KIPPENBERG 1990, 13. S. dazu auch die einleitenden Bemerkungen zu Kap. VI oben.

[304] Noch deutlicher wird die Schwierigkeit der Theorie, wenden wir unseren Blick auf religiöse Traditionen, die außerhalb der abendländischen Geschichte liegen. Der Reinkarnationsgedanke etwa kann als Gegenentwurf angeführt

die aus der Not der eigenen Endlichkeit und Ohnmacht die Tugend des Lobpreises göttlicher Ewigkeit, Vollkommenheit und Omnipotenz macht. Vermutlich ist dieses Moment in den weisheitlichen Traditionen enthalten, doch kann das nicht über die Schwäche der Blumenbergschen Erklärung hinwegtäuschen, daß ihre Axiome nicht falsifizierbar sind.

Halten wir fest: Naherwartung und Endzeithoffnung speisten sich aus einer Vielzahl von Gründen, die sowohl mit einer als feindlich betrachteten Lebenswelt zusammenhingen, also äußeren Kriterien, als auch mit der individuellen Hoffnung, selber Zeuge der „letzten Tage" zu werden, dadurch eine Kongruenz zwischen Lebenszeit und Weltzeit herstellend. Jener Hoffnung konnte entweder passiv abwartend entsprochen werden, oder aber man entschloß sich dazu, der erwarteten Endzeit „auf die Sprünge zu helfen" – beide Reaktionen lassen sich im Kontext der jüdischen und christlichen Endzeitstimmung nachweisen. Auch die dritte von Blumenberg skizzierte Möglichkeit findet ihre Entsprechung in den frühchristlichen Schriften, indem nämlich eine Diskursstruktur etabliert wurde, die von der fundamentalen Trennung zwischen göttlicher Zeit (Weltzeit, allerdings im abstrahierten Sinne) und menschlicher Zeit (Lebenszeit) ausging.

Gleichwohl erschöpft sich die Analyse nicht im unterstellten Urtrauma des Menschen, sondern hat weitere Faktoren wie religiöse Dynamik, politische und soziale Herausforderungen, nicht zuletzt auch Tagesdiskurse über den „Ort" des Geschehens auf der „Zeitachse", zu berücksichtigen. Die Astrologie stellt dabei das Instrumentarium zur Verfügung, die Kontingente der Weltzeit mit den subjektiv erlebten qualitativen Zeitstrukturen zu synchronisieren. Sie objektiviert gewissermaßen das Verhältnis zwischen abgelaufener Geschichte und „Restzeit", sie trägt die aktuelle Situation im welt- und heilsgeschichtlichen Raster ein und wirkt auf diese Weise sinnstiftend.

---

werden, da er eine Kongruenz von Lebenszeit(en) und Weltzeit in Aussicht stellt – eine Möglichkeit, die BLUMENBERG gar nicht in Betracht zieht, da es ihm allein um das europäische Denken geht. Damit zeigt er indes auch ein gehöriges Maß an Eurozentrismus, denn er möchte seine Theorie als umfassend verstanden wissen.

IX. Astrologie im gnostischen Kontext

1. Einführung

Es ist bereits zur Sprache gekommen, daß wir der christlichen Haltung zur Astrologie in keiner Weise gerecht werden können, solange wir eine allgemeingültige Aussage aus einem kleinen Teil christlicher Literatur – meist der später kanonisierten – extrapolieren. War schon für den Bereich der „frühen Kirche" eine große Diversifizierung von Standpunkten erkennbar, die sich in regionalen, sozialen und politischen Unterschieden ausfächerte, so öffnet sich der Blick noch weiter, wenn wir die vielen christlichen Gruppierungen betrachten, welche im Laufe der Kirchengeschichte aus dem Diskurs verbannt wurden, indem man sie der Häresie verdächtigte. Vor diesem Hintergrund zeigt sich die (Bergsonsche) Tendenz der Geschichte, im Nachhinein eine Polarisierung einzelner Strömungen zu diagnostizieren, die in dieser Weise historisch schwer zu verankern ist.

Das gilt besonders für die Gnosis, die gern dichotomisch der „Kirche" oder der „Orthodoxie" gegenübergestellt wird. Ein Blick auf die Selbstbezeichnungen der gnostischen Gruppen zeigt das Dilemma dieser Position: Hatten die kirchlichen Apologeten den Begriff *Gnostiker* geprägt,[1] wenn sie die Gemeinden nicht nach ihren Gründern „Valentinianer", „Marcioniten" usw. nannten, so finden sich derartige Benennungen innerhalb der neu gefundenen Primärquellen keineswegs. Vielmehr offenbaren diese Schriften die inneren Konflikte der frühen Christentümer hinsichtlich des rechten theologischen Verständnisses. Das zog konkrete politisch-gesellschaftliche Implikationen nach sich, wie man am *Testament der Wahrheit* erkennen kann, wo es kämpferisch heißt:

> The foolish – thinking [in] their heart [that] if they confess, „We are Christians," in word only (but) not with power, while giving themselves over to ignorance, to a human death, not knowing where they are

---

[1] Hippolyt definiert: „Alle diese nennen sich mit Vorzug ‚Wissende' [Gnostiker], da sie allein das wunderbare ‚Wissen' [γνῶσις] vom Vollkommenen und Guten hineingeschlürft haben" (*Ref.* V, 23, 3).

going nor who Christ is, thinking that they will live, when they are (really) in error – Hasten towards the principalities and the authorities. They fall into their clutches because of the ignorance that is in them. For (if) only words which bear testimony were effecting salvation, the whole world would endure this thing [and] would be saved.[2]

Zweifellos betrachteten sich die hinter dieser Schrift stehenden Gläubigen als *Christen*, und zwar als die rechtgläubigen – *orthodoxen* – Christen. Deshalb konnten sie sogar, ganz im Sinne der „kirchlichen" Apologeten, konkurrierende christliche Gemeinden als Häretiker brandmarken. Namentlich genannt werden die Valentinianer sowie die Anhänger von Basilides und Simon.[3] Das angedeutete Problem verschärft sich noch, wenn man bedenkt, daß herausragende „Gnostiker", allen voran Valentin, ihre Gemeinden ebenfalls als *Kirche* (*ekklesia*) betrachteten.[4]

Anstatt also spätere vereinfachende Zuschreibungen unkritisch zu übernehmen, müssen wir uns die Mühe machen, die verschiedenen christlichen Gruppen jede für sich zu betrachten und ernst zu nehmen. Erst danach können wir bestimmte Allianzen eruieren, die den Verlauf des damaligen religiös-gesellschaftlichen Gespräches widerspiegeln. Es könnte sich dabei herausstellen, daß Celsus im zweiten Jahrhundert recht hatte, als er keine begriffliche Trennung zwischen „Kirche" und „Gnosis" zuließ; schließlich hatte sich selbst Irenäus darüber beklagt, daß die Mehrheit der Christen die Valentinianer nicht als Häretiker sah und die Unterschiede zur orthodoxen Lehre nicht benennen könnte.[5] Die Allianzen lassen sich anhand bestimmter *Sprachspiele* darstellen, die quer über die Grenzen der Theologien hinweg den kulturellen Diskurs prägen. Die Unterscheidung zwischen gnostischem und kirchlichem Christentum resultiert dabei eher aus einer Gliederung des Textmaterials und kann auf soziale oder religiöse Wirklichkeiten nicht angewendet werden. Sie stellt somit eine Krücke dar, die wir hinter uns lassen können (und müssen!), sobald wir die Frage nach der christlichen Haltung zur Astrologie insgesamt stellen.

---

[2] NHC IX.3,31,22-32,12 (*NHL* 450).
[3] NHC IX.3,56,1-60,4. Vgl. dazu K. Koschorke: *Die Polemik der Gnostiker gegen das kirchliche Christentum. Unter besonderer Berücksichtigung der Nag Hammadi-Traktate „Apokalypse des Petrus" (NHC VII,3) und „Testimonium Veritate" (NHC IX,3)* (NHS 12), Leiden 1978.
[4] Vgl. Irenäus *Adv. haer.* I, 1, 1; 5, 6; Clemens Alexandrinus *Excerpta ex Theodoto* 24, 1.
[5] Irenäus *Adv. haer.* III, 16, 6-8. Zum Ganzen vgl. auch E. Pagels: *Versuchung durch Erkenntnis. Die gnostischen Evangelien*, Frankfurt a. M. 1987, 70-93.

Wenn wir uns nach diesen Vorbemerkungen jenem Gegenentwurf zum kirchlichen Christentum zuwenden, so werden wir die Frage im Auge behalten, ob die Polarisierung des Diskurses zur Astrologie, wie sie allenthalben aus den Quellen entnommen wird, in dieser Weise verifizierbar ist, oder ob sie der apologetischen Intention der erhaltenen Quellen zugeschrieben werden muß. So leicht diese Frage zu stellen ist, so schwierig ist sie zu beantworten, da gnostische Primärquellen weitgehend zerstört worden sind, so daß wir nach wie vor in manchen Details auf die ausführlichen Beschreibungen der christlichen Apologeten angewiesen sind.

Die Textbasis ist 1945 durch die Funde der *Nag-Hammadi-Schriften* wesentlich ausgeweitet worden. Dabei handelt es sich um einen Korpus von 13 Bänden, die in der Mitte des vierten Jahrhunderts entstanden sind. Manche vermuten hinter den Texten die Bibliothek eines Klosters,[6] andere die Schriften einer gnostischen Gemeinde.[7] In der jüngeren Forschung ist man diesbezüglich nicht mehr ganz so sicher.[8] Die in koptischer Sprache abgefaßten Texte stellen neben der 1778 erstmals publizierten *Pistis Sophia*, den 1891 herausgegebenen *Büchern des Jeû* und dem *Papyrus Berolinensis* die wichtigste Quelle zur Erforschung der Gnosis dar. Aufgrund der ägyptischen Nag-Hammadi-Texte sind wir heute in der Lage, wesentliche theologische Grundstrukturen, vormals allein durch Sekundärquellen bezeugt, in den Dokumenten gnostischer Gruppen selber zu überprüfen. Der Diskurs gewinnt auf diese Weise eine ganz neue Dynamik, welche durch die Konfrontation der gnostischen Texte mit denen ihrer kirchlichen Gegner transparent gemacht werden kann.

---

[6] So K. RUDOLPH: „Vielleicht stammen die Schriften aus einer Klosterbibliothek und wurden bei einer Säuberungsaktion wegen ihres häretischen Charakters ausgeschieden und vergraben oder, was wahrscheinlicher ist, von Interessenten und Anhängern in Sicherheit gebracht" (1990, 48).

[7] JONAS I, 379.

[8] So stellt A. KHOSROYEV die Mannigfaltigkeit der erhaltenen Schriften heraus, die nicht auf eine feste Herkunftsgemeinschaft hindeuten muß. Gleichwohl diagnostiziert er ein städtisches Herkunftsmilieu: „Obwohl die Kartonagetexte der Nag-Hammadi-Codices verschiedenen Quellen entstammen [...], gestattet 1. das Vorhandensein der aus einer staatlichen Kanzlei gekommenen Verordnungen, 2. die Tatsache, daß diese heterogenen Dokumente meistens auf griechisch geschrieben sind und 3. daß einige Dokumente vom Land in die Stadt geschickt worden zu sein scheinen, an eine Stadt als ihr Repositorium zu denken" (*Die Bibliothek von Nag Hammadi. Einige Probleme des Christentums in Ägypten während der ersten Jahrhunderte* [Arbeiten zum spätantiken und koptischen Ägypten 7], Altenberge 1995, 102f).

Wir müssen also beide Seiten des Gesprächs berücksichtigen, wollen wir so etwas wie eine gesellschaftliche Verständigung über gewisse Grundpositionen zur Astrologie eruieren, oder einfach nur die *Sprachspiele* verstehen, die man in großen Teilen des antiken Christentums zu spielen pflegte.[9] Die wichtigsten kirchlichen Schriften, die die nachfolgende Diskussion bis in unser Jahrhundert hinein in beinah kanonischer Weise prägten, sind folgende: Das zwischen 185 und 189 entstandene Werk *Adversus haereses* des Irenäus von Lyon (ca. 140–200), die *Refutatio omnium haeresium* des Hippolyt von Rom (gest. ca. 235), welche er drei Jahre vor seinem Tod verfaßte, die Schrift des Tertullian (ca. 160–222) mit dem Titel *De praescriptione haereticorum* und schließlich das *Panarion haeresium* des Epiphanius von Salamis (ca. 315–403).[10] Für die Astrologie bedeutsam sind ferner Iustinus (gest. zwischen 163 und 167), Klemens von Alexandria (um 200) und Eusebius (1. Hälfte des 4. Jahrhunderts).

Die christliche Auseinandersetzung mit und über die Astrologie ist außerdem Teil einer größeren gesellschaftlichen Debatte, die im Laufe unserer Untersuchungen an vielen Stellen sichtbar geworden ist. Gerade für die Gnosis gilt, daß wir sie ohne eine Bezugnahme auf andere religiöse Phänomene der antiken Welt schlechterdings nicht verstehen können. Aus diesem Grunde ist es notwendig, nicht nur die christliche Gegnerschaft zur Gnosis heranzuziehen, sondern auch Dokumente nichtchristlicher Provenienz, die in direktem oder indirektem Zusammenhang mit gnostischen Diskursen stehen. Damit sind vor allem die ägyptisch-hellenistischen Traditionen gemeint, die im *Corpus Hermeticum* auskristallisierten. Wir werden die Frage zu beantworten haben, ob die schon für die jüdische Astrologie in Ägypten behauptete Bedeutung des hermetischen Denkens auch auf die frühchristlichen Gruppen jenes Kulturkreises zutrifft.

---

[9] Am Beispiel der Magie formuliert H.G. Kippenberg eine ähnliche Berücksichtigung *aller* erhältlichen Quellen des antiken Diskurses, also auch der sekundären. Trotz der Wichtigkeit der PGM wird durch die Rechtsgeschichte die besondere Entwicklung gesellschaftlicher Verständigungen erst voll erfaßt: „In fact the understanding of *magic* as crime rose out of a civil discourse by degrees. The steps of this discourse can be recovered from ancient legal history" („Magic in Roman Civil Discourse: Why Rituals could be Illegal", in: Schäfer/Kippenberg 1997, 137-163, 140 [Hervorhebung im Original]; s. auch ebda. S. 137). Die Rechtsgeschichte wird uns unten Kap. XI.2.2. weiter beschäftigen.

[10] Vgl. den Überblick bei Rudolph 1990, 13-58.

Für die Astrologie ist vielleicht ein ähnlicher Wechsel in der wissenschaftlichen Perspektive vonnöten, wie er sich hinsichtlich der Magie in den letzten Jahren immer stärker zeigt: eine Aufweichung fester Begrifflichkeiten zugunsten der konkreten Verortung religiöser Phänomene in der antiken sozialen Wirklichkeit. Auch in der Magiediskussion kommt interessanterweise der ägyptischen Tradition heute weitaus mehr Gewicht zu, als noch vor kurzem zu vermuten war.[11] Von voreiligen Differenzierungen heißt es also Abstand nehmen, da sie der antiken Wirklichkeit kaum gerecht werden. Nicht nur das Sprachspiel „Gnosis" und „Christentum" war überaus flexibel, sondern auch die sozialen und politischen Implikationen zeigen die Vagheit der antiken Meinungen: Der angesehene (gnostische) Theologe Valentin wäre beinah zum Bischof von Rom gewählt worden,[12] umgekehrt fanden sich führende kirchliche Apologeten später selber im Kreise der Ketzer wieder.[13]

Die *Vernetzung* der gnostischen Haltungen zur Astrologie werfen schließlich ein interessantes Licht auf die historischen Begegnungen religiöser Gruppierungen der Antike. Nach einer Darstellung der einzelnen Vertreter des gnostischen Christentums wird deshalb zu untersuchen sein, ob uns die Ergebnisse neue Einsichten in das

---

[11] Vgl. dazu die aufschlußreichen Bemerkungen von FRANKFURTER 1997.
[12] Irenäus *Adv. haer.* III, 3, 4; Tertullian *Adversus Valentinum* IV, 1. Neuere Studien haben gezeigt, daß Valentin von seinen gnostischen Schülern sehr klar zu unterscheiden ist, eine „valentinianische Gnosis" mithin einem Etikettenschwindel gleichkommt; s. dazu besonders CHR. MARKSCHIES: *Valentinus Gnosticus. Untersuchungen zur valentinianischen Gnosis mit einem Kommentar zu den Fragmenten Valentins* (WUNT 1.65), Tübingen 1992. In BÖHLIG/MARKSCHIES 1994, 104f wird zusammenfassend festgestellt, daß Valentin keineswegs gnostische Lehren aufgenommen hat, vielmehr finde man in seiner Lehre „eine erstaunliche Nähe zu theologischen Problemlösungen des hellenistischen alexandrinischen Judentums eines Philo oder des Christentums eines Clemens. Nicht zuletzt deswegen zitiert ihn Clemens ja auch z.T. *zustimmend*" (Hervorhebung im Original). Damit bestätigt sich die Beweglichkeit und Dynamik des antiken theologischen Gespräches, das vorschnelle Zuschreibungen unmöglich macht. Auf Valentin werden wir unten S. 643f zurückkommen.
[13] Z.B. nennt Epiphanius von Salamis Origenes das „Oberhaupt der Ketzer", Hippolyt wurde von Papst Kallist verurteilt, und die Schriften Tertullians verdammte das gelasianische Edikt von 495 als häretisch; vgl. dazu A. ADAM: *Lehrbuch der Dogmengeschichte* Bd. I: Die Zeit der Alten Kirche, Gütersloh [6]1992, 191. 168f. Zu erinnern ist schließlich auch an die Tatsache, daß Epiphanius *Prooem.* I, 4, 3-8 (s. LEISEGANG 1985, 57-59) in seinem Ketzerverzeichnis 60 verschiedene gnostische Gruppen nennt, ohne daß diese Liste vollständig wäre.

Verhältnis der „Gnosis" zu jüdischen, christlichen, hellenistischen oder ägyptischen Anschauungen erlauben. Dabei ist zu bedenken, daß wir es mit einem Ineinandergreifen von historisch gewachsenen religiösen Phänomenen einerseits und einer geistesgeschichtlichen Kategorie („Gnosis") andererseits zu tun haben. Es läßt sich zwischen den beiden Größen häufig nicht unterscheiden, da es, mit Ausnahme höchstens der Marcioniten und Manichäer, nicht zu einer gnostischen Institution oder zur Schaffung eines verbindlichen gnostischen Kanons gekommen ist. Zudem lassen die erhaltenen Primärquellen, wie gesagt, nicht erkennen, daß die Gnostiker sich selbst als Gnostiker verstanden. Der Versuch der Konferenz von Messina 1966, „Gnosis" als kategorialen oder systematischen Begriff vom phänomenologischen, historisch zu beschreibenden „Gnostizismus" abzusetzen, konnte deshalb auf Dauer nicht befriedigen.[14] Tatsächlich stehen beide Begriffe in einem solch engen Verhältnis zueinander, daß eine Trennung nur zu künstlichen, letztlich falschen Ergebnissen führen kann.[15] Das heißt freilich nicht, daß die „Gnosis" nicht im Sinne einer bestimmten Geisteshaltung ihren historischen Platz transzendieren kann. Dies kommt auch in der Feststellung K. Rudolphs zum Ausdruck:

> Deshalb bleiben wir bei der vor allem im deutschsprachigen Raum üblichen Verwendung und verstehen unter Gnosis und Gnostizismus dasselbe; erstere als Selbstbezeichnung einer spätantiken Erlösungsreligion, letzterer als neuere Bildung davon. Natürlich bleibt nach wie vor der neutrale Gebrauch von „Gnosis" im Sinne philosophischer Erkenntnis oder erkenntnistheoretischer Bemühung („Gnoseologie") davon unberührt. Gnosis in unserem Zusammenhang ist zunächst eine historische Kategorie, die eine bestimmte Form spätantiker Weltanschauung erfassen will und dabei an deren eigenes Selbstverständnis anknüpft.[16]

Jene Transzendenz ihres historischen Ortes ließ die Gnosis durch die Jahrhunderte hindurch in immer neuen Variationen die abendländische Geistesgeschichte beeinflussen. So kann Eric Voegelin die Neuzeit als das „gnostische Zeitalter" schlechthin betrachten, während Hans Blumenberg im Gegensatz dazu in der Neuzeit die *Überwin-*

---

[14] Zusammenfassung der Thesen durch C. COLPE: „Vorschläge zur Gnosisforschung", in: W. ELTESTER (Hrsg.): *Christentum und Gnosis*, Berlin 1969, 129-132.
[15] Zur Kritik vgl. RUDOLPH 1990, 65; KIPPENBERG 1991, 373-375. KHOSROYEV (oben Anm. 8, 143ff) versucht die Einteilung wiederzubeleben, ohne allerdings neue Argumente beizubringen.
[16] RUDOLPH 1990, 65.

dung des „gnostischen Rezidivs" sieht.[17] Eine philosophische und geistesgeschichtliche Adaptation des Begriffes *Gnosis* erscheint aufgrund dieser Verwirrungen erst dann sinnvoll, wenn sie sich auf eine historisch fundierte Typologie einigt, auch wenn diese nach allen Seiten hin vage bleiben muß. Für eine gnostische Wirkungsgeschichte führt daran kein Weg vorbei, wie Michael Pauen in einer jüngeren Studie zeigte.[18]

Wir werden uns im folgenden auf die historischen Manifestationen jener Geisteshaltung beschränken; anders als im *hermetischen* Denken, das als philosophisch-esoterische Weltbetrachtung einen konkreten religiösen Kontext – die „Hermetik"[19] – historisch überlebte, scheint im Falle des gnostischen Denkens eine Unabhängigkeit von einzelnen Religionen nicht gegeben zu sein. Die Bindung ist so stark, daß K. Rudolph sich zu folgendem etwas peinlichen Vergleich hinreißen läßt: Der Gnostizismus „wuchert wie Parasiten (oder Pilze) auf fremdem Boden, den ‚Wirtsreligionen', wenn man so sagen kann, wozu die griechische, jüdische, iranische, christliche und islamische gehören. Der Gnostizismus hat also keine eigene Tradition, sondern nur eine geborgte".[20] Die gnostische Religion schöpfte aus dem Fundus bereits bestehender Traditionen, die im Lichte der eigenen Weltanschauung neu interpretiert wurden.[21] Dabei ist be-

---

[17] E. VOEGELIN: „Philosophie der Politik in Oxford", in: *Philosophische Rundschau* 1 (1953/54), 23-48, S. 43; H. BLUMENBERG: *Säkularisierung und Selbstbehauptung*, Frankfurt a. M. ²1983, 144; vgl. dazu O. MARQUARD: „Das gnostische Rezidiv als Gegenneuzeit. Ultrakurztheorem im lockeren Anschluß an Blumenberg", in: J. TAUBES (Hrsg.): *Religionstheorie und politische Theologie*, Bd. II: Gnosis und Politik, München/Paderborn 1984, 31-36.

[18] M. PAUEN: *Dithyrambiker des Untergangs: Gnostizismus in Ästhetik und Philosophie der Moderne*, Berlin 1994; vgl. besonders S. 21-23.

[19] Die Frage eines „hermetischen Kultes" möchte ich an dieser Stelle offenlassen. Ähnlich wie in bezug auf die Gnosis kann man nämlich eine hermetische Geisteshaltung von einer hermetischen Religion unterscheiden – deren Abgrenzungen freilich sind in der Forschung nach wie vor heftig umstritten. REITZENSTEIN u.a. propagierten eine voll durchorganisierte hermetische Religion, FESTUGIÈRE u.a. dagegen zogen es vor, die hermetischen Texte als Dokumente einzelner Schulen zu betrachten. Vgl. als Überblick K.W. TRÖGER: „Die hermetische Gnosis", in: ders.: *Gnosis und Neues Testament. Studien aus Religionswissenschaft und Theologie*, Berlin 1973, 97-119, S. 118f; J.-P. MAHÉ: *Hermès en Haute-Égypte* (Bibliothèque copte de Nag Hammadi, „Textes" 3), Quebec 1978, I, 54-59 und „Textes" 7 (1982), II, 3-38.

[20] „Randerscheinungen des Judentums und das Problem der Entstehung des Gnostizismus", in: K. RUDOLPH (Hrsg.): *Gnosis und Gnostizismus*, Darmstadt 1975, 768-797, S. 772; ebenso RUDOLPH 1990, 63.

[21] Nach H. JONAS wurden diese Religionen Objekt „revolutionärer Allegorie", vgl. JONAS I, 214-217.

sonders die Schöpfungslehre des jüdischen Monotheismus zu nennen, die Auferstehungslehre des Christentums, die Seelenlehre platonischer Prägung und – heute als tendenziell geringer bewertet – der iranische Dualismus.

2. Zentrale Positionen gnostischer Astrologie

Im folgenden soll es darum gehen, die wichtigsten astrologischen Theorien und ihre theologisch-philosophische Reflexion gnostischer Provenienz zu veranschaulichen. Schon bei einer ersten allgemeinen Annäherung zeigt sich die große Nähe zwischen gnostischen Betrachtungen kosmogonischer und anthropogonischer Art sowie ihrem Interesse für die Erlösung des Menschen und seiner Seele mittels des Aufstiegs durch die Astralebenen einerseits und der philosophischen Diskussion um Heimarmene, Astralreligion und Astrologie andererseits.[22] Diesen Umstand stellte bereits Hippolyt unmißverständlich fest: Die Ansichten der Häretiker „haben ihren Ursprung in der Weisheit der Griechen, in philosophischen Anschauungen, aufgegriffenen Mysterien und in herumziehenden Astrologen."[23]

Das Spannungsfeld zwischen menschlicher Freiheit und den kosmischen Mächten, die das irdische Schicksal bestimmen, nimmt einen zentralen Ort im gnostischen Denken ein. Das astrologische Konzept der Heimarmene wird dabei zwar übernommen, gleichzeitig sind die Archonten als Repräsentanten der göttlichen Macht aber zu Dämonen herabgesunken, die dem Erkenntnisdrang des befreiten Menschen letztlich nicht widerstehen können. Eine genaue Eruierung jener Gestirnsmächte ist von daher natürliches Anliegen gnostischer Suche. Der Bedrohung der menschlichen Seele durch die Gewalten des Fixsternhimmels, aber auch durch die dämonisierten Planetensphären, setzt der Gläubige die *gnôsis* entgegen, die ihn aus den Fesseln der Heimarmene zu befreien vermag. In diesem Sinne ist die Gnosis treffend als eine Religion der Selbstbefreiung bezeichnet worden, oder – mit M. Pauen – als *Selbstermächtigung des erkennenden Subjektes.*[24]

---

[22] Vgl. dazu den Überblick bei GUNDEL 1966, 318ff.
[23] *Ref.* I, 8; s. auch Porphyrius *Vita Plotini* 16.
[24] „Entscheidend [...] ist dabei deren Überzeugung [der Gnostiker, KvS], daß dem Menschen aus *eigener* Einsicht und Machtvollkommenheit die Wahrheit zugänglich sei. Die Kirchenväter beharren darauf, daß Gottes Ratschlüsse den Schafen seiner Herde nun einmal unverständlich seien. Sie suchen damit

Diese gedankliche Nähe gilt es im Auge zu behalten, wenn wir uns nun einen Überblick über die astrologischen Kenntnisse und ihre theologische Anwendung durch das gnostische Christentum verschaffen. Trotz der Unterschiede zum gängigen astrologischen Diskurs der antiken Welt und der weitgehenden Nichtbeachtung gnostischer Beiträge durch die professionelle hellenistische Astrologie können wir mit Gundel davon ausgehen, „daß die Bedeutung der Astrologie und ihres Schrifttums für die Gnosis grundlegend war und kaum überschätzt werden kann."[25]

2.1. Kosmologie und Zodiakalastrologie

Die gnostischen Denker gründeten ihre Anschauungen vom Kosmos fest im allgemein verbreiteten antiken Weltbild, gingen in der *Deutung* jedoch eigene Wege.[26] Danach ist die Erde vom Luftraum und den acht Himmelssphären umgeben, die sich aus den sieben Planetenreichen und der abschließenden Sphäre der Fixsterne zusammensetzen.[27] Jenseits dieser Welten liegt das *pleroma* (die Fülle), also das Reich des „unbekannten Gottes", wie es sich aus der neuplatonischen Konzeption heraus ergab.

Wie detailliert die Kenntnis der zeitgenössischen Astronomie und ihre lebhafte theologische Reflexion gewesen ist, läßt sich besonders anschaulich dem *Diagramm der Ophiten* entnehmen, das sowohl Celsus als auch Origenes beschrieben haben.[28] H. Leisegang versuchte 1928 eine bildliche Rekonstruktion, die allerdings in Details nicht zu überzeugen vermag.[29] Zweifellos handelt es sich aber um eine

---

Zweifel an der Autorität der Kirche zum Verstummen zu bringen und sich selbst aus den Aporien der Bibelexegese zu retten" (PAUEN a.a.O. [oben Anm. 18], 36 [Hervorhebung im Original]). Interessant ist auch sein Hinweis auf CH XIII, 15, wo ausdrücklich auf die Fähigkeit des Adepten hingewiesen wird, *alles durch sich selbst* zu begreifen. In CH I, 20 wird der Gedanke ebenfalls ausgedrückt, denn Poimandres schilt den Adepten: „Du, du scheinst nicht auf das geachtet zu haben, was du hörtest. Habe ich dir nicht gesagt, du sollst mitdenken?" (CHD I, 17). Die Selbstermächtigung des Subjektes führt uns direkt in magische und mystische Parallelen, die unten im einzelnen diskutiert werden.

[25] GUNDEL 1966, 325.
[26] Vgl. RUDOLPH 1990, 76-98.
[27] Zur gängigen christlichen Vorstellung von sieben Himmeln vgl. A. LUMPE: Art. „Himmel", in: RAC 15 (1991), 203.
[28] Origenes *c. Cels.* VI, 24-38. Origenes bekennt: „Die Wißbegierde hat uns veranlaßt, das Diagramm kennenzulernen" (VI, 24).
[29] LEISEGANG korrigierte seine Zeichnung in der zweiten Auflage (wiedergegeben in LEISEGANG 1985, 168ff mit der Abbildung S. 32 und in RUDOLPH 1990, 77f),

Dreiteilung des Kosmos, gebildet aus dem „Reich Gottes" und seinem reinen Geist (πνεῦμα), dem mittleren oder Zwischenreich, welches von Geist und Seele beherrscht wird, und schließlich der irdischen Sphäre aus Körper, Seele und Geist. Die Erde befindet sich zusammen mit der Unterwelt (τάρταρος) im Mittelpunkt.

Wichtig für unseren Zusammenhang ist die Beschaffenheit der einzelnen Schichten der unteren Welt: Um die Erde legt sich konzentrisch die „Beemoth-Sphäre" oder Luftregion. Diesen Begriff gewann man durch das urzeitliche Ungeheuer jüdischer Tradition.[30] Nach den sieben Planetensphären – in der Reihenfolge Mond, Venus, Merkur, Sonne, Mars, Jupiter, Saturn – folgt der Kreis des Ungeheuers Leviathan, einer sich in den Schwanz beißenden Schlange. Leviathan ist der Repräsentant des bösartigen Herrn der Welt. Erst dahinter folgt die Sphäre der Zodiakalbilder mit dem Paradies zwischen dem Stier und den Zwillingen.[31]

In ähnlicher Weise wird die himmlische Welt auch in anderen gnostischen Kreisen gedeutet, etwa bei den *Peraten*, die ebenfalls eine Dreiteilung vornehmen: Unter dem Fixsternhimmel befindet sich die zweite Welt der Planetensphären. Diese ist bereits durch Werden und Vergehen gekennzeichnet, allerdings noch nicht so stark wie in der dritten Welt, in der der Tod und das widergöttliche Böse herrschen.[32] Die Abwertung der irdischen Welt bezieht sich

---

dennoch sollten auch hier im Zodiakalring die astrologischen Symbole gegen Bilddarstellungen ausgetauscht werden, vgl. GUNDEL 1966, 323 Anm. 11. Abweichende Deutungen des Diagramms bei A. HILGENFELD: *Ketzergeschichte*, 277ff und TH. HOPFNER: „Das Diagramm der Ophiten", in: *Christeria. A. Rzach zum 80. Geburtstag*, Reichenberg 1930, 86-98; G. BORNKAMM: Art. „Ophiten", in: RE XVIII.1 (1939), 654-658, Sp. 657; HAARDT 1967, 78-81; A.J. WELBORN in: *Nov.Test.* 23 (1981), 261-287; FOERSTER 1995, I, 124ff. BOUSSET versuchte die dämonischen Namen der Planeten aus jüdischen, letztlich jedoch persischen Kontexten herzuleiten (1960, 81f). FRIEDLÄNDER hatte zuvor behauptet, das Diagramm entspringe einer jüdischen Tradition, die in der Abgrenzung der Rabbinen von den *Giljonim* bShab 116a, bShab 149a u.ö. sichtbar werde, wobei er jede historisch-chronologische Rücksicht vermissen läßt (*Der vorchristliche jüdische Gnosticismus*, Göttingen 1898 [Ndr. Westmead, Farnborough 1972], 83-88); zur Frage der „vorchristlichen Gnosis" s.u. Kap. 3.2.

30 Vgl. Gen 1,1.4; 4Esra 6,49; Baruch 29,4. Behemoth stammt ebenso wie Leviathan aus der kanaanäischen Religion.
31 An dieser Stelle zeigt sich noch einmal die Selbstverständlichkeit, mit der gnostische Betrachter – doch sicher nicht nur jene – die Beschreibung der *Regina Caeli* in Apk 12 verstehen mußten: Die Figur ist gekrönt von den Tierkreiszeichen, die der höheren Sphäre angehören. Die Gestirne selber sind darunter angesiedelt; vgl. LINDSAY 1971, 395.
32 Vgl. zu dieser Beschreibung Hippolyt *Ref.* V, 16-18; LIESEGANG 1985, 142ff.

auch hier sowohl auf die Gestirne, die als „Götter des Verderbens" bezeichnet werden, als auch auf die Gottheit selber, den „Mörder von Anfang an", der sich in Joh 8,44 wiederfindet. Die Seele ist aus der ewigen Welt der Fixsternsphäre in die sublunare Welt hineingestoßen worden, wo sie durch die Bösartigkeit der Planetenmächte der Heimarmene ausgeliefert ist. Ihr Verlangen richtet sich darauf, die Mächte der Heimarmene gleichsam zu „durchbohren", um zu ihrem Stern und ihrer Lichtheimat zurückzukehren, welche die Stätte des ewigen Lebens ist (s.u.).

Die Gemeinschaft der Peraten hat – das sei an dieser Stelle vermerkt – auch einige genuin astrologische Lehren in ihre Kosmologie übernommen, namentlich im Zusammenhang mit dem Zwölfstundenkreis, *Dodekaoros*. Hippolyt, dem es „fast peinlich" ist, die Lehre der Peraten „ganz darzustellen, denn sie ist widersinnig, da sie offenbar von der Sekte der Astrologen hergeleitet ist",[33] berichtet davon, daß nach dieser Lehre zwei Dodekaoroi unterschieden werden, nämlich die der Nacht, welche von Osiris regiert wird, und jene des Tages mit Isis oder dem Hundsgestirn als Regenten.[34] Boll bemerkt hierzu:

> Diese Stelle ist auch insofern von besonderer Bedeutung für uns, weil die Ketzerei der Peraten, wie schon Hippolytos ausgesprochen hat, nur eine anders benannte und benennende Doppelgängerin der Astrologie gewesen ist. [...] Daß Isis die 36 Dekane als Hundsgestirn beherrscht, ist ebenso geläufige ägyptische Anschauung wie ihre enge Verbindung mit ihrem Bruder Osiris-Orion am Himmel; und damit ist hier die alte, schon in den thebanischen Königsgräbern zur Anschauung gebrachte Lehre von den zwölf Stunden des Tages und den zwölf Stunden der Nacht verknüpft, in denen der Sonnengott Ra seine Bahn durch Oberwelt und Unterwelt zurücklegt.[35]

Boll sprach hier vor beinah 100 Jahren etwas Richtiges aus, das durch die Forschungen der letzten Jahre zunehmend in den Mittelpunkt rückte und uns unten noch ausführlicher beschäftigen wird: Die wichtige Rolle *ägyptischer Religion* bei der Ausformung des gnostischen Christentums.

Eine weitere für unseren Zusammenhang aufschlußreiche Spekulation haben nach Hippolyt die Anhänger des *Justinus* entwickelt, die wohl den Schlangengnostikern zuzurechnen sind. Sie verbanden

---

[33] *Ref.* V, 17; ähnlich auch V, 15: „Allen ist leicht ersichtlich, daß die Sekte der Peraten die der Astrologen bloß den Ausdrücken nach umgeformt hat."
[34] Hippolyt *Ref.* V, 14.
[35] BOLL 1903, 310.

die Zodiakalbilder mit jüdischen Paradiesmythen und betrachteten einzelne der zwölf Patriarchen, der Erzengel und Engel als ihre überkosmischen Regenten.[36] Diese Angabe paßt zur Kosmogonie der *Geheimschrift des Johannes*, wo die „großen Lichter", also die Planeten, nicht nur mit Epitheta wie „Gnade", „Einsicht", „Wahrnehmung" und „Klugheit" verbunden werden, sondern auch mit semitischen Engelnamen (Harmozel, Oroiael, Daveithe, Eleleth); die Vierergruppen der Lichter bestehen aus je drei Äonen, so daß wir auf eine Abfolge von zwölf Äonen kommen.[37] Im weiteren Verlauf der Kosmogonie entsteht aus „unserer Mitschwester, der Weisheit (σοφία)", der erste Archont oder Weltenherrscher, der den Namen Jaldabaoth trägt. Dieser erschafft nun die untere Welt:

> Er vereinigte sich mit der Unvernunft, die mit ihm ist. Er erzeugte die Gewalten, die unter ihm sind, zwölf Engel, jeden einzelnen von ihnen für seinen [eigenen] Äon nach dem Typ (Urbild) der unvergänglichen Äonen. Und er schuf jedem einzelnen von ihnen je sieben Engel und den Engeln (je) drei Kräfte, so daß alle, die unter ihm sind, 360 Engelschaften ergeben[38] [...] Als die Gewalten nun aus dem Ersterzeuger, dem ersten Herrscher der Finsternis, aus der Unwissenheit dessen, der sie erzeugte, in Erscheinung traten, da waren dies ihre Namen: der erste ist Jaoth, der zweite ist Hermas [...] der dritte ist Galila, der vierte ist Jobel, der fünfte ist Adonaios, der sechste ist Sabaoth, der siebente ist Kainan und Kae, der Kain genannt wird, das ist die Sonne, der achte ist Abiressine, der neunte ist Jobel (!), der zehnte ist Harmupiael, der elfte ist Adonin, der zwölfte ist Belias.[39]

An dieser Stelle zeigt sich die feindliche Haltung der Gnostiker gegenüber dem jüdischen Gott, denn Sabaoth wird seiner Macht beraubt und zu einem Erzeugnis des bösen Demiurgen. Dasselbe wird im Anschluß noch einmal sichtbar, wenn der Autor die sieben Planeten benennt, die als „Könige" über die sieben Himmel herrschen: Der vierte ist Yao, das Schlangengesicht mit sieben Häuptern, der fünfte ist Adonaios, das Drachengesicht, während der sechste

---

[36] Hippolyt *Ref.* V, 23-28; vgl. GUNDEL 1966, 323. Das Nachwirken dieser Zuordnungen bis hin zu einem ausgebildeten System bei Athanasius Kircher wurde von HÜBNER 1983, 17ff beschrieben. HÜBNER unterläßt es allerdings, auf Frühformen wie die genannte einzugehen, sondern springt von Philo sogleich zu Priszillian, der 385/86 in Trier hingerichtet wurde (ebda. S. 18). Diese Lücke verstellt den Blick auf die weite Verbreitung jener Spekulationen.
[37] Nach *Pap. Ber.* 33, 7-34, 7; vgl. RUDOLPH 1990, 87. Die Vierergruppen werden auch von Hippolyt *Ref.* V, 26 beschrieben.
[38] Zur ägyptischen Provenienz dieser Zahl s.u.
[39] *Pap. Ber.* 39, 4-44, 18, Übers. nach RUDOLPH 1990, 88.

den Namen Adoni, das Affengesicht, trägt. Die antijüdische Propaganda ist offenkundig, doch im Unterschied zum „kirchlichen" Antijudaismus, wie er besonders klar in Mt 23 zum Ausdruck kommt, spielt hier die Auseinandersetzung mit dem Geworfensein des Menschen in das Walten der *heimarmenê* hinein, das auf den jüdischen Schöpfergott projiziert wurde.[40] Auch ein Konflikt zwischen Juden und Christen, die aus der Synagoge und jüdischen Bürgerverbänden ausgeschlossen wurden (s. Joh 9,22), mag dabei eine Rolle gespielt haben.[41]

Die irdische Welt ist für die Gnostiker ein Ort der Fesselung, ein Gefängnis, in dem die Seele von den dämonischen Mächten gefangen gehalten wird. Die Planeten sind – ähnlich wie bei Paulus – Stellvertreter der *stoicheia*, doch nun werden sie vollständig in die gnostische Kosmologie eingebunden. Der Mensch, indem er seinen Wohnort auf der irdischen Welt nimmt, hat Anteil sowohl am dämonisierten Materiellen als auch an der göttlichen Sphäre, da seine Seele einen Funken des vollendeten Lichtes in sich trägt. Wenn die Planeten und – wenigstens teilweise – auch die Tierkreiszeichen dergestalt abgewertet und zu Trägern des Bösen werden, stellt sich die Frage, wie es zu einer so interessierten Adaptation astrologischer Lehren kommen konnte. Wir scheinen hier einer spezifisch gnostischen Diskursstruktur auf der Spur zu sein, die sich aus der Intention ergibt, die Gefahrenquellen beim Aufstieg der Seele in die Lichtheimat möglichst genau kennenzulernen sowie die kosmischen Prinzipien, nach denen die Welt erschaffen wurde, exakt zu studieren. Doch bevor aus diesem Gedanken eine Hypothese werden kann, müssen wir die Rolle der Heimarmene und die Erlösungsthematik innerhalb der Gnosis näher kennzeichnen.

2.2. Heimarmene, Befreiung der Seele und Himmelsreise

Wir haben im Verlauf unserer Untersuchungen die unterschiedlichsten Auffassungen hinsichtlich der Heimarmene kennengelernt. Auch

---

[40] Der gnostische Antijudaismus ist besonders pointiert von M. BRUMLIK herausgearbeitet worden: *Die Gnostiker. Der Traum von der Selbsterlösung des Menschen*, Frankfurt a. M. 1992; vgl. dazu auch KIPPENBERG 1991, 377-379, der zu Recht die Bedeutung Philos hervorhebt. Die Depotenzierung des jüdischen Schöpfergottes ist auch im Johannesevangelium klar formuliert, vgl. Joh 12,31; 14,30; 16,11.

[41] Dies ist das Ergebnis der Untersuchungen A.F. SEGALS: „Ruler of this World: Attitudes about Mediator Figures and the Importance of Sociology for Self-Definition", in: E.P. SANDERS (ed.): *Jewish and Christian Self-Definition* II, London 1981, 245-268, sowie SEGAL 1977, 234-267.

wenn in der Regel die hellenistische Konzeption eines deterministischen Geschehens Pate steht, kann die Bewältigung dieses als Problem erlebten Schicksalszwanges sehr verschieden ausfallen. Josephus war es, der die Heimarmene mit dem Willen Gottes zusammenschmolz und eine jüdische Bewältigungsstrategie etablierte, mit Torahfrömmigkeit und göttlicher Vorhersehung als Schlüssel zur Befreiung des jüdischen Volkes von den Mächten des Schicksals. Auch Philo hatte letztlich stoische Gedankengänge das Schicksal betreffend aufgenommen, fand indes einen anderen Weg aus dem Dilemma fatalistischer Weltanschauung. Gerade Philo hat für die Entwicklung christlicher Mystik eine nicht unbedeutende Rolle gespielt, was wir allein daran ermessen können, daß seine Schriften uns vor allem aufgrund der christlichen Überlieferung erhalten geblieben sind.[42]

Wir finden in den gnostischen Schriften ein System wieder, das besonders anschaulich im *Poimandres* entfaltet wurde. CH I, 15 führt dazu aus:

> Und deshalb ist der Mensch im Gegensatz zu allen (anderen) Lebewesen auf der Erde zweifachen Wesens: sterblich wegen seines Körpers, unsterblich aber wegen des wesenhaften Menschen. Denn obwohl er unsterblich ist und im Besitze der Macht über alles, erleidet er Sterbliches als Untertan des Schicksals [εἱμαρμένη]. Er steht über der Sphärenstruktur und ist doch ein Sklave der Himmelssphären; er ist mannweiblich, entstanden aus einem mannweiblichen Vater und kennt keinen Schlaf und dennoch wird er vom Schlaf bezwungen.[43]

In ähnlicher Weise wird auch in der *Apokalypse Adams* aus Nag Hammadi die vielfache Struktur des Menschen dargestellt.[44] Seine Geworfenheit in die Welt kommt an vielen weiteren Stellen zum Ausdruck, worin wir eine spezifische Version des hellenistischen Konzeptes der Heimarmene erkennen können.[45]

---

[42] Vgl. dazu BERCHMAN 1984; F. TRISOGLIO: „Filone Alessandrino e l'esegesi cristiana. Contributo alla conoscenza dell'influsso esercitato da Filone sul IV secolo, specificatamente in Gregorio di Nazianzo", in: ANRW II.21.1 (1984), 588-730, sowie im selben Band S. 731-759 von H. SACON: „Saint Abrose et saint Jérôme, lecteurs de Philon"; außerdem speziell R.McL. WILSON: „Philo of Alexandria and Gnosticism", in: *Kairos* 14 (1972), 213-219.
[43] CHD I, 15.
[44] NHC V.5,77,18-82,28; s. *NHL* 279ff. G.W. MACRAE bemerkt dazu: „This unusual passage is a remarkable example of gnostic syncretism" (ebda. 275). Vgl. auch J.-E. MÉNARD: „Apocalyptique et gnose: Leur eschatologie respective", in: PHILONENKO 1977, 159-177, S. 168.
[45] Vgl. A.-J. FESTUGIÈRE: *L'Idéal religieux des Grecs et l'évangile*, Paris 1932, 101-115.

In einigen Bereichen gnostischen Nachdenkens kam es darüber hinaus zu einer Aufnahme griechischer Positionen zur Heimarmene. Ein Beleg dafür liegt vor in der *Pistis Sophia*, welche eine große und eine kleine Heimarmene unterscheidet, die den fünf Planeten bzw. ihren Dubletten zugeschrieben wird, die wiederum mit den Archonten auf dem Weg der Mitte gleichzusetzen sind.[46] Die griechischen Spekulationen über jenen Begriff gehen auf Aristoteles zurück, den auch Ptolemaios (*tetrab*. I, 1) aufnimmt, wenn er die kleine Heimarmene auf die sublunare Welt bezieht.[47]

So dunkel die Mächte „dieser Welt" auch erscheinen mögen, diejenigen, die Kraft ihrer eigenen *gnôsis* deren Walten durchschaut haben, können den versklavenden Einflüssen der Heimarmene entrinnen. Dies geschieht entweder bereits zu Lebzeiten oder aber nach dem Tod. Auf die Unterschiede dieser beiden Möglichkeiten werden wir unten zurückzukommen haben, da sie die Themenkreise *Theurgie* und *Magie* berühren, die einen Vergleich mit jüdischen Aufstiegsszenarien nahelegen. An dieser Stelle soll lediglich der *Erlösungsprozeß* der Seele beschrieben werden, der die in die Materie gestürzte Seele nach ihrem Abstreifen des materiellen Körpers in die Lichtheimat Gottes zurückbringt.

Dieser platonische Gedanke ist untrennbar mit der gnostischen Kosmologie verbunden, denn der Aufstieg erfolgt durch die einzelnen Sphären, wobei die Seele geläutert und vom irdischen Ballast gleichsam entschlackt wird. Ein mandäischer Text bringt diesen Aufstieg und die damit verbundenen Erlebnisse anschaulich zum Ausdruck:[48]

> Mein Maß ist vollendet, und ich scheide ab, die Sieben stellten sich auf dem Wege gegen mich auf.
> Sie hielten die Tore vor mir zu, um mich auf dem Weg gefangenzunehmen.
> Die Bösen sprechen über mich: Wir wollen ihn (vom Licht) abschneiden und bei uns zurücklassen.
> Da erhob ich meine Augen zur Höhe und schaute aus und blickte zum Haus des Lebens.
> Das Leben gab mir Antwort aus den Früchten, der Glanz gab mir Antwort von weither.
> Dem Großen Leben gefiel es und es sandte zu mir den Sohn des Lebens.
> Es sandte den Mann zu mir, der mich seinen Ruf hören ließ.

---

[46] *Pistis Sophia* 111 (ed. SCHMIDT 183, 19), weitere Stellen laut Index ebda. 407.
[47] Vgl. GUNDEL 1966, 323.
[48] Vgl. dazu schon BOUSSET 1960, 38-41.

Er öffnete mir die Türen und kam, spaltete das Firmament und gab sich kund.
Er öffnete die Türen und kam, er öffnete die Tore vor mir und trieb die Sieben von meinem Weg.
Er bekleidete mich mit Glanz und hüllte mich mit Licht ein.
Er gab mir einen Kranz des Glanzes, und meine Gestalt erstrahlte mehr als alle Welten.[49]

Die Planeten- und Tierkreissphären stellen Gefahrenpunkte dar, deren sich die menschliche Seele auf ihrer Reise in die göttliche Welt zu stellen hat.[50] „Die Sieben" versuchen die Tore zum Licht geschlossen zu halten, und es bedarf eines *Gnadenaktes* aus der Lichtwelt, damit der Gnostiker in die Heimat zurückfindet. Dieser Sachverhalt, der in mandäischen Texten eine wichtige Rolle spielt, ist unbedingt zu beachten, hält er uns doch davon ab, voreilige Schlüsse hinsichtlich einer theurgischen Orientierung oder auch nur des Ausmaßes der gnostischen Selbstermächtigung zu ziehen. Allerdings kann der Aufstieg auch in diesem Kontext nur gelingen, wenn zuvor eine Läuterung und Erkenntnis der Seele stattgefunden hat, also eine Eigenleistung des Gnostikers erbracht worden ist; zudem wurde der Aufstieg bisweilen auch in rituellem oder liturgischem Rahmen innerhalb der Gemeinde begleitet.[51]

Wir finden die Thematik des Seelenaufstiegs und ihrer diesbezüglichen Gefährdung quer durch die gnostischen Dokumente. So heißt es NHC VII.5,127,20f, einem Text der sethianischen Gnosis, allgemein: „Der Aufstiegsweg ist (wie) der Abstiegsweg". Die erlösungsbewirkende Kraft der Erkenntnis öffnet dabei die Türen, und zwar nicht nur auf einer intellektuellen Ebene des Wissens, sondern durch zusätzliche „flankierende Maßnahmen", die dem magischen Bereich entlehnt sind. Ein erheblicher Teil des gnostischen Wissens dürfte in der Mitteilung der *passwords* bestanden haben, die als Antwort auf die Fangfragen der Archonten geäußert werden konnten. Celsus machte sich darüber lustig, daß die Christen auf ihrem Weg zu Gott „Gauklern, Zauberern und Gespensterbeschwörern" aufsitzen, die

---

[49] *Linker Ginza* III, 56, zit. nach RUDOLPH 1990, 196f.
[50] FILORAMO macht darauf aufmerksam, daß hier eine Abweichung vom hermetischen Konzept vorliegt: „In Christian Gnostic texts this passage of instructions [*Poimandres*/CH I, 25, KvS] assumes a more menacing aspect. Unlike the Hermetic planetary governors, the Archons are implacable customs officials and border guards. One needs special passports to get across the various planetary borders" (1990, 140).
[51] Vgl. RUDOLPH 1990, 191ff.

ihnen weismachen, durch „dämonische Anreden an den Löwen, das Doppelwesen (Amphibie), den Dämon in Eselsgestalt und die anderen erhabenen Torhüter, deren Namen ihr Unglücklichen mühselig auswendig lernt", ans Ziel gelangen zu können. Origenes weist diesen Vorwurf an die Christen zurück und leitet sie gewissermaßen an die Gnostiker weiter, die in der Tat derlei Unsinn praktizierten.[52]

Auch die rituelle Begleitung des Aufstiegs ist den kirchlichen Apologeten nicht verborgen geblieben, wie der Bericht des Irenäus über eine spezielle Totenzeremonie erhellt, bei der den Toten Olivenöl über den Kopf gegossen wird, um anschließend Zaubersprüche zu rezitieren,

> damit sie für Archonten und die Mächte nicht zu greifen sind und unsichtbar werden, und damit ihr innerer Mensch [*interior ipsorum homo*] über die unsichtbaren Sphären hinaus aufsteigt, während ihr Leib in der kreatürlichen Welt zurückgelassen und die Seele [*anima*] dem Demiurgen ausgeliefert wird.[53]

Durch die Funde der Primärquellen ist die Richtigkeit dieser Beschreibungen inzwischen belegbar geworden. Hier wären etwa die relativ späten *Bücher des Jeû* zu nennen, die nicht nur die „Siegel" und „Merkmale" der „oberen Schätze" (also der Pleromasphären) verraten, sondern auch die geheimen Anweisungen Jesu an seine Jünger enthalten, wie sie sich gegenüber den Herausforderungen der einzelnen Äonen zu verhalten haben. Im 2. *Jeû* Kap. 52 heißt es etwa:

> Wenn ihr aus dem Leib kommt und zu dem ersten Äon gelangt, und die Archonten jenes Äons vor euch treten, so besiegelt euch mit diesem Siegel: Dies ist sein Name: *Zôzezê*, sagt ihn nur einmal, ergreift diese Zahl: 1199, mit euren beiden Händen. [...] Wenn aber die Archonten des ersten Äons diese Namen hören, so werden sie sich sehr fürchten und sich zurückziehen und nach Westen nach links fliehen, und ihr werdet nach oben gehen.[54]

---

[52] Origenes *c. Cels.* VII, 40 und VI, 30f. Der Vorwurf lautet: *Fraus illa, admirabiles illi consiliarii, verba illa mirifica quibus leonem, amphibium, asiniformem aliosque interpellatis, divini illi janitores quorum nomina misere ediscitis, causa sunt cur infeliciter torti vitam in patibulo relinqualis* (VII, 40).
[53] Irenäus *Adv. haer.* I, 21, 5.
[54] Vgl. dazu I.P. CULIANU: „L'ascension de l'âme dans les mystères et hors des mystères", in: U. BIANCI/M.J. VERMASEREN (eds.): *La soteriologie dei culti orientali*, Leiden 1982, ; CULIANU 1983; FILORAMO 1990, 141. Schon vor der Entdeckung der Nag-Hammadi-Schriften sind gnostische Himmelsreisen zusammengetragen worden von BOUSSET 1960. Sein Ansatz, die Hintergründe vornehmlich in ähnlichen Phänomenen der iranischen Religion zu suchen, gilt heute als veraltet; vgl. GRUENWALD 1980, 110 Anm. 55.

Zentrale Positionen gnostischer Astrologie 641

Sehr anschaulich ist auch die *Apokalypse des Jakobus* aus Nag Hammadi, die ebenfalls eine ausführliche Anleitung Jesu an seine Jünger enthält; in allen Details werden die Adepten darauf vorbereitet, den Archonten auf ihrem Weg nach oben die richtigen Antworten zu geben.[55] Jesus ermahnt sie zur Zuversicht, denn nach seinem schweren Gang wird er zurückkehren und

> appear for a reproof to the archons. And I shall reveal to them that he cannot be seized. If they seize him, then he will overpower each of them.[56]

Die Adepten um Jakobus werden mit der Fähigkeit ausgestattet, den Kampf gegen die feindlichen Mächte zu bestehen. Interessanterweise wird die Welt der Archonten im vorliegenden Text noch genauer differenziert:

> James said, „Rabbi, are there then twelve hebdomads and not seven as there are in the scriptures?" The Lord said, „James, he who spoke concerning this scripture had a limited understanding. I, however, shall reveal to you what has come forth from him who has no number. [...] James said, „Rabbi, behold then, I have received their number. There are seventy-two measures!" The Lord said, „These are the seventy-two heavens, which are their subordinates. These are the powers of all their might; and they were established by them; and these are they who were distributed everywhere, existing under the [authority] of the twelve archons.[57]

Abgesehen davon, daß dieser Passus ein klares Beispiel für das Genre des apokalyptischen Dialoges darstellt, legt er Zeugnis ab von einer bemerkenswerten Diskussion jener Zeit, nämlich der möglichen Adaptation unterschiedlicher astraler Konzeptionen an die biblische Tradition. Was hier geschieht, ähnelt dem Offenbarungsgeschehen der Henoch-Astronomie, handelt es sich doch um eine *Neubewertung ererbter Weltbilder*, legitimiert durch einen quasi-göttlichen Vermittler.

Nicht nur die Frage der Zwölf oder der Sieben steht im Hintergrund der Diskussion, sondern die 72 gewinnt plötzlich eine Bedeutung, welche ihr bislang nicht eingeräumt wurde. Man scheute sich

---

[55] NHC V.3,32,29-35,25 (*NHL* 260ff); vgl. A. BÖHLIG/P. LABIB: *Koptisch-gnostische Apokalypsen aus Codex V von Nag Hammadi im Koptischen Museum zu Alt-Kairo*, WZ der Martin-Luther-Universität Halle-Wittenberg, Sonderband 1963, 42-45; W.P. FUNK: *Die zweite Apokalypse des Jakobus aus Nag Hammadi Codex V*, Berlin 1976, 211; 214-217; RUDOLPH 1990, 189f; FILORAMO 1990, 139-141.
[56] NHC V.5,30,2-6 (*NHL* 264).
[57] NHC V.5,26,2-23 (*NHL* 263).

im vorliegenden Text nicht einmal, diese Zahl als das Ergebnis von 12 x 7 zu präsentieren, nämlich der „zwölffachen Hebdomade".[58] Damit aber rückt die *ägyptische Dekanlehre* ins Zentrum der astrologischen Überlegungen, denn die Zahl der untergeordneten Mächte ergibt sich mühelos aus der Verdoppelung der 36 Dekane. Daneben muß die Möglichkeit ins Auge gefaßt werden, daß hier nicht 2 x 36 Dekane, sondern 72 Pentaden in die Lehre eingeflossen sind, Regenten also nicht über 10°, sondern über jeweils 5° des Tierkreises, wie sie in Ägypten ebenfalls als Zodiakalherrscher von gewisser Bedeutung waren.[59] Der Einfluß der ägyptischen Dekanlehre auf die mystisch-magischen Vorstellungen gnostischer Christen wird uns unten ausführlicher beschäftigen.

Wenn die Archonten die Repräsentanten der unerbittlichen Macht der Heimarmene sind, so erkennen wir in der Möglichkeit, ihnen ihr Geheimnis zu entlocken und ihre Stationen auf dem Weg ins Pleroma unbeschadet zu passieren, eine Überwindung der Macht der dämonischen Sterne. Der Wissende, dem Erkenntnis über die irdischen und himmlischen Zusammenhänge zuteil wurde, ist dem Gesetz der Heimarmene entronnen. Auf der Suche nach jenem astralen Wissen lag es nahe, die astrologischen Traditionen genau zu studieren, die von der Fesselung des Menschen an die Kraft der Heimarmene zu berichten wußten.[60] Wir haben es also mit einer gänzlich anderen Diskursstruktur zu tun, als sie bei Paulus zu beobachten war, der aus der Ablehnung der *stoicheia* einen Kampf gegen die Astrologie ableitete.[61] So paradox es auf den ersten Blick erscheint: Gerade *weil* die Gnosis auf Überwindung der dämonisierten Sternenwelt ausge-

---

[58] Für eine entsprechende Einteilung des Zodiaks gibt es ebenfalls antike Beispiele, etwa von dem um 400 schreibenden Martianus Capella 2, 200; vgl. BL 216f Anm. 3, der von einer „combinaison des deux chiffres astrologiques par excellence, 7 et 12" spricht. Zu Martianus vgl. R. HERZOG: Art. „Martianus", in: *kP* 3, 1054-1956.

[59] Als Belege für die Beachtung der Pentaden vgl. Iamblich *de mysteriis aegyptiorum* VIII, 3 sowie Proklos in Platon *Timaios* 41a,3; Nachweise bei GUNDEL 1936, 346f. Eine weitere wichtige Quelle hierfür sind die *Salmeschiniaka*, deren Fragmente bei Eusebius *Praep. Ev.* III, 4, 1 enthalten sind; auch der POxy 465 dürfte ein Fragment des Textes sein, vgl. QUACK 1995, 101.

[60] Ähnlich GUNDEL 1966, 322: „Ein wesentlicher Teil der gnostischen Heilserkenntnis gilt der Erschließung der Gewalten, die im Fixsternhimmel und in den Planetensphären die Seele und damit den Menschen bedrohen. Hierbei ergab sich von selbst die Berücksichtigung des astrologischen Gedankens der Heimarmene, d.h. des gesetzmäßigen Zusammenwirkens aller Astralmächte, mit denen die Astrologie rechnete, bzw. die Auseinandersetzung mit ihm. Die Gnosis hat dazu in keiner Weise eine einheitliche Antwort gefunden."

[61] S.o. Kap. VIII.1.3.

richtet war, hat sie astrologische Lehren in einer tiefgreifenden Weise aufgenommen. Diese Auseinandersetzung ist im damaligen Christentum einzigartig.

2.3. Einzellehren

Nachdem wir uns einen Überblick über die thematischen Schwerpunkte gnostischer Theologie und Philosophie verschafft und ihr Verhältnis zur Astrologie näher bestimmt haben, gilt es nun, den Blick auf konkrete Ausformulierungen zu richten. In einigen gnostischen Kreisen ist es nämlich zu einer ausgesprochen detaillierten Adaptation astrologischer Lehren gekommen, was zur Herausbildung ganzer Schulrichtungen innerhalb des gnostisch-christlichen Umfeldes führt. Paradigmatisch für diese Entwicklung ist *Bardesanes von Edessa* (154–222), der die maßgeblichen Diskurse seiner Zeit in einem einheitlichen System zu verbinden suchte, und dessen Schule bis ins fünfte Jahrhundert hinein von überregionaler Bedeutung war. Aber auch bei *Markos* und *Theodotus* begegnen uns differenzierte Lehren antiker Sternkunde; letzterer leistete zudem einen nicht unbeträchtlichen Beitrag zur philosophischen Bewältigung der astrologischen Herausforderungen seiner Zeit. Er ist damit ein wichtiger Zeuge für den Diskurs über Fatalismus und menschliche Freiheit, wie er damals geführt wurde.

Zunächst aber wollen wir Thematik der *ägyptischen Dekanlehre* noch einmal aufgreifen, da sie uns einen wichtigen Schlüssel zur Eruierung der Traditionslinien an die Hand gibt. Die Astrologie kann als Paradigma dafür gelten, wie stark der ägyptische Einfluß auf den Gnostizismus gewesen ist.

2.3.1. Markos

Im Zusammenhang mit der Kosmologie gnostischer Schriften stießen wir bereits auf die Bedeutung der ägyptischen Dekanlehre für die jüdisch-christliche Mystik. Es konnte zudem oben gezeigt werden, daß die ägyptische Astrologie auf jüdische Kreise besonders dort einwirken konnte, wo ein Interesse an magischen und medizinischen Fragen bestanden hat, etwa im TestSal. Vor diesem Hintergrund verwundert es nicht, wenn wir auch in gnostischen Schriften auf derartige Einflüsse stoßen.

Eine der wichtigsten gnostischen Schulen geht auf *Valentin* zurück, jenen Gelehrten, der an philosophischer und theologischer Bildung den großen kirchlichen Lehrmeistern in nichts nachstand. Geboren in Ägypten, durchlief er die stolze alexandrinische Ausbildung, wo er vermutlich schon früh mit gnostischem Gedankengut Bekanntschaft machte. Seine Hauptaktivitäten konzentrierte er nach 136 u.Z. indes auf Rom, wo er als Papstprätendent ins Spiel gebracht wurde, dann aber doch Pius dem Märtyrer das Vorrecht überlassen mußte. Die valentinianische Gnosis hat im damaligen innerchristlichen Diskurs eine einflußreiche Position gehabt, was wir etwa auch daran erkennen können, daß Origenes im Jahre 229 eigens nach Athen reiste, um mit dem dort lehrenden Valentinianer Candidus zu diskutieren.[62] Leider sind von Valentin und seinen Schülern keine gesicherten Primärquellen auf uns gekommen, so daß wir mit den widersprüchlichen und bisweilen stark verzerrenden Berichten der Häresiologen vorlieb nehmen müssen.[63]

Es ist besonders ein Vertreter der valentinianischen Gnosis, der uns im Zusammenhang mit der Astrologie interessiert – *Markos*. Über Markos, der in der zweiten Hälfte des zweiten Jahrhunderts lebte, haben die kirchlichen Gegner, vor allem sein Zeitgenosse Irenäus, ganze Kataloge von Schauerlichkeiten überliefert, womit Markos gleichsam zum *enfant terrible* der valentinianischen Gnosis mutierte.[64] Besonders seine allzu wörtliche Auslegung der mystischen Vereinigung von Frau und Mann und seine suggestive Wirkung auf die weiblichen Gemeindemitglieder trug ihm den Ruf eines schändlichen Magiers ein. Dieses Bild hat mitunter auch auf die moderne Forschungsliteratur durchgeschlagen, so daß Rudolph an die valentinianischen Grundpositionen bei Markos erinnert:

---

[62] Zu Valentin vgl. F.M. SAGNAR: *La Gnose valentinienne et le témoignage de S. Irénée*, Paris 1947; G.C. STEAD: „In Search of Valentinus", in: LAYTON 1980/1981, II, 75-95; G. QUISPEL: „Valentinian Gnosis and the Apokryphon Johannis", in: LAYTON 1980/1981, I, 118ff; FILORAMO 1990, 166f; RUDOLPH 1990, 348ff; BÖHLIG/MARKSCHIES 1994, 39-111.

[63] Allen voran Tertullian *Adversus Valentinum* und Irenäus *Adv. haer.* Noch einmal sei daran erinnert, daß der „Valentinianismus" Valentins durchaus umstritten ist, da er sich nur aus wenigen Fragmenten rekonstruieren läßt. In den Worten CHR. MARKSCHIES': „Der mythologische Valentinianismus, wie er uns vertraut ist, beginnt sichtbar erst mit Ptolemäus. Sollte man von den Fragmenten Valentins her nicht die Hypothese wagen, daß erst die Schüler das mythologische System des Valentinianismus entwickelten? Wir wissen natürlich nicht sicher, ob Ptolemäus oder ein anderer ‚Schüler' Valentins der ‚erste Valentinianer' war und erst sie mit vollem Recht ‚Valentinianer' genannt werden dürfen. *Aber der Valentin der Fragmente war kein Valentinianer; dies sollte m.E. nicht mehr ignoriert werden*" (*Valentinus Gnosticus* a.a.O. [oben S. 628 Anm. 12], 406).

[64] Irenäus *Adv. haer.* I, 13, 1-7; Hippolyt *Ref.* VI, 39-51. Zu Markos vgl. LEISEGANG 1985, 326-349; RUDOLPH 1990, Index „Markos, Markosier"; FILORAMO 1990, 168.

Die von ihm praktizierten Zeremonien knüpfen offenbar teilweise an alte Mysterienkulte an, sind aber auch der valentinianischen Gemeinde des Orients vertraut gewesen. Ob damit, wie meist behauptet wird, ein Einbruch „vulgärer Gnosis" erfolgt sei, ist nicht bewiesen, denn wir wissen über die kultische Praxis aller Gnostiker recht wenig, und eine reine kultlose Gnosis hat es sicher nicht gegeben.[65]

Die Verknüpfung von christlichen Positionen und magischen Praktiken ist, das wurde schon bei den Aufstiegsszenarien deutlich, eine allgegenwärtige Tendenz gnostischen Christentums. Dies gilt nicht nur für das Christentum, sondern für die *gesamte* religiöse Welt der Antike, so daß eine Trennung zwischen Religion und Magie eine schlechterdings undurchführbare, weil künstliche Operation darstellt. In neueren Forschungsbeiträgen wird dies allenthalben anerkannt und nach einer Neubeschreibung des Phänomens Magie gesucht.[66] Die pragmatische und am Diskurs der Zeit orientierte Darstellung kommt hier zu weitaus besseren Resultaten als die letztlich auf theologischen Abgrenzungsbemühungen fußende Stilisierung einer Spannung zwischen „Glauben" und „Magie".[67]

Wenn eine Trennung zwischen Magie und Religion am Charakter antiker Sprachspiele vorbeigeht, so gilt dies auch und erst recht für die Astrologie. Irenäus überliefert ein Spottlied gegen Markos, das von der engen Verknüpfung jener Bereiche ein temperamentvolles Zeugnis ablegt:

> Du Götzenmacher Markus und Zeichendeuter du,
> Erfahren in Astrologie und Zauberei dazu,
> Wodurch du festigst deiner Lüge Lehren
> Und Wunder ihnen zeigst, sie zu verkehren.

---

[65] RUDOLPH 1990, 350.
[66] Vgl. besonders GRAF 1996 sowie die Beiträge in FARAONE/OBBINK 1991, MEYER/MIRECKI 1995 und SCHÄFER/KIPPENBERG 1997. Zum Christentum s. MEYER/SMITH 1994, KOLLMANN 1996 und WERBLOWSKY 1997, zur Magie in Ägypten (auch in christlicher Zeit) RITNER 1993, PINCH 1994 und KOENIG 1994.
[67] Vgl. H.G. KIPPENBERG: „Magic in Roman Civil Discourse: Why Rituals could be Illegal", in: SCHÄFER/KIPPENBERG 1997, 137-163. S. 139: „In the past three decennia students of religion have become increasingly aware that religious beliefs are seldom as pure as they would like to have them. Generally these beliefs are mixed with meanings attributed to them in the process of communication and social interaction. So students have begun to pay heed to pragmatic meanings, relying on contemporary philosophical theories of representation and their application by cultural anthropologists." In Anlehnung an eine interessante Dreiteilung theologischen Sprechens bei Varro formuliert KIPPENBERG unterschiedliche Diskurse anhand der Sprachspiele, wie sie im *Theater*, in der *Schule* und auf dem *Forum* stattfinden.

Das ist der finstern Mächte freventliches Spiel,
Der Vater Satanas ist ein und auch ihr Ziel.
Es schenkt dir die Kraft der Teufel Azazel,
Du läufst vor ihm einher, sein Wort ist dir Befehl.[68]

„Götzenmacher" (εἰδωλοποιός) und „Zeichendeuter" (τερατοσκόπος), „Astrologie" (ἀστρολογία) und „Zauberei" (μαγεία) stellen im häresiologischen Sprachspiel des zweiten Jahrhunderts eine feste Einheit dar. Damit etablieren Irenäus und andere im antiken Diskurs die *Dichotomie zwischen den deutenden Disziplinen und der („wahren") Religion*. Der Möglichkeit einer Unterscheidung zwischen Götzendienst und Zeichendeutung, im jüdischen Kontext bevorzugte Diskursstrategie, hat man sich im kirchlichen Christentum weitgehend beraubt, was mit zur Diskriminierung der Astrologie beigetragen hat.[69]

Worin bestanden nun die astrologischen Lehren des Markos? Nach dem Bericht des Irenäus und anderer[70] leiteten sie sich von einer Reflexion über bestimmte *Zahlenverhältnisse* ab. Diese ist uns aus der pythagoräischen und stoischen Philosophie hinreichend bekannt, und wir können davon ausgehen, daß nicht nur in der Elite der damaligen Zeit dergleichen Spekulationen getrieben wurden, sondern auch in jenen Bereichen, die wir der „Laienastrologie" zurechnen. Heilige oder doch sinnhaltige Zahlen waren überdies in medizinischen – iatromathematischen – Zusammenhängen von herausragender Bedeutung. Hier bestand, wie wir sahen, eine enge Verbindung zur Magie, die in der Antike in erster Linie dem Erhalt oder der Wiederherstellung der Gesundheit diente.

Markos hat, so scheint es, den Zahlen 360, 30 und 12 besondere Aufmerksamkeit geschenkt: Die zwölf Tierkreiszeichen teilte er in je 30° und bekam auf diese Weise einen 360°-Zodiak. Daß Markos dabei starke Anleihen an der ägyptischen Astrologie machte, läßt sich an der Einteilung in 36 Dekane zu je 10° ablesen, die er ebenfalls propagierte. Doch mit einer solchen Gliederung gab er sich

---

[68] Ἐιδωλοποιὲ Μάρκε καὶ τεραιοσκόπε / ἀστρολογικῆς ἔμπειρε καὶ μαγικῆς τέχνης. / δι' ὧν κρατύνεις τῆς πλάνης τὰ διδάγματα, / σημεῖα δεικνὺς τοῖς ὑπὸ πλανωμένοις. / ἀποστατικῆς δυνάμεως ἐγχειρήματα, / ἃ σοὶ χορηγεῖ σὸς πατὴρ Σατᾶν ἀεὶ / δι' ἀγγελικῆς δυνάμεως 'Αζαζὴλ ποιεῖν, / ἔχων σε πρόδρομον ἀντιθέου πανουργίας (*Adv. haer.* I, 15, 6, metrische Übersetzung nach RUDOLPH 1990, 350).

[69] S. dazu unten Kap. XI.

[70] Irenäus *Adv. haer.* I, 14, 1-16, 2; Hippolyt *Ref.* VI, 44; Epiphanius *Panarion* XXXIV, 5.

nicht zufrieden, vielmehr versuchte er, zu einer Integration verschiedenster Kreisteilungen zu gelangen. Dies schloß die Dekas, Ogdoas, Hebdomas und Tetras mit ein, sodann die Monomoiriai (s.u.), die acht Felder und Himmel, die sieben Planeten und die vier Kentra.[71] Markos hat auf diese Weise das *Entsprechungsdenken* der hermetischen bzw. stoischen Tradition zu einer in gnostischen Kreisen selten erreichten Blüte geführt. Er scheint die verbreitete Meinung geteilt zu haben, daß in letzter Analyse die Unterschiede zwischen platonischer oder aristotelischer, griechischer oder ägyptischer Denkweise verschwimmen, alles stattdessen eine Einheit und Wahrheit ausdrückt. Das „senkrechte Weltbild" ist für ihn eine selbstverständliche Grundlage zur Erfassung der Welt, zugleich Basis für Astrologie und Magie.

Ein weiterer sehr aufschlußreicher Beleg für derartiges Entsprechungsdenken besteht in der Kombination des Zodiaks mit den 24 Buchstaben des Alphabets, die Markos entwickelte. Er spricht, durchaus traditionell, von den Buchstaben als *stoicheia*, zugleich auch als Weltelement. Jeden einzelnen Buchstaben faßt er als Äon auf, der sich mit anderen zu einer Äonenreihe verbindet. Auf diese Weise entfaltet sich die Gestalt der ἀλήθεια (Wahrheit) folgendermaßen:[72]

Kopf	A	Ω	Hals	B	Ψ
Schultern/Hände	Γ	X	Brust	Δ	Φ
Zwerchfell	E	Y	Bauch	Z	T
			(nach Epiphanius Rücken)		
Scham	H	Σ	Oberschenkel	Θ	P
(nach Epiphanius Bauch)					
Knie	I	Π	Unterschenkel	K	O
Knöchel	Λ	Ξ	Füße	M	N

Das Prinzip ist denkbar einfach, kombiniert es doch den ersten mit dem letzten, den zweiten mit dem vorletzten Buchstaben etc., bis die 24 *stoicheia* auf die 12 Körperteile, entsprechend den 12 Zodiakalzeichen, verteilt sind. Boll bemerkt dazu: „Es ist kaum ein Zweifel, daß diese Methode, das A nnd das Ω an die erste und vornehmste Stelle zu rücken, ihren Ursprung in bekannten Stellen der Johannes-

---

[71] Vgl. GUNDEL 1966, 324.
[72] Irenäus *Adv. haer.* I, 14, 3; Epiphanius *Panarion* XXXIV, 5 ; vgl. dazu BOLL 1903, 471f.

Apokalypse hatte."[73] Diese Möglichkeit ist nicht von der Hand zu weisen, wenn wir an die Bedeutung denken, welche der Apk im gnostischen Denken zukam. Gleichwohl ist auch in Erwägung zu ziehen, daß wir es hier lediglich mit einer Anwendung des in jüdischen Kreisen bekannten *Atbash*-Stiles zu tun haben könnten. Eine solche Technik ist uns in der Verschlüsselung des qumranischen Astrologumenons 4Q186 begegnet. Auf jeden Fall liegt hier eine andere Zuordnung der Buchstaben vor, als sie bei Teukros-Rhetorios begegnet, nämlich einer parallelen Reihung von A bis M bzw. von N nach Ω.[74]

In diesem Zusammenhang gilt es ein interessantes Indiz festzuhalten: Der „heilige Name" besteht für Markos aus 30 Buchstaben, nämlich den 24 Buchstaben des griechischen Alphabets zuzüglich der „ausgezeichneten Zahl" Sechs, die von besonderer Heiligkeit ist.[75] Die Sechs steht nämlich im Zusammenhang mit dem wirkmächtigen Namen Ἰησοῦς, welcher aus sechs Buchstaben gebildet wird

> und allen Berufenen [ὑπὸ πάντων τῶν τῆς κλήσεως] bekannt ist. Aber der (Name) bei den Äonen im Pleroma besteht aus vielen Teilen und hat andere Gestalt und anderes Gepräge und ist nur denen bekannt, die ihm wesensverwandt sind [μορφῆς καὶ ἑτέρου τύπου] und deren Größen immer bei ihm sind.[76]

Ganz offensichtlich machte man einen Unterschied zwischen jenen, die christliche Namen für ihre Magie zu instrumentalisieren verstanden – „allen Berufenen" –, und den wirklich großen Magiern, die mit der Göttlichkeit Jesu gleichsam verschmelzen, mit ihm wesensverwandt sind. Darin zeigt sich eine Vielfalt magischer Traditionslinien, die auch in den magischen Papyri griechischer und ägyptischer Provenienz aufscheint: Nicht jeder, der einen christlichen Namen anruft, ist als Christ anzusprechen, umgekehrt hatten Christen vermutlich ebenso geringe Vorbehalte bei der rituellen Verwendung nichtchristlicher Namen. Markos – wenn wir Irenäus Glauben schenken – vertrat in dieser Sache einen radikaleren Standpunkt, indem er die wirkliche Macht nur jenen Adepten zugestand, die den gnostischen Weg der Vereinigung mit dem „ausgezeichneten Namen" gingen.

---

[73] BOLL 1903, 471, mit Verweis auf *BL* 320 Anm. 1, der diese Vermutung bereits aussprach.
[74] Vgl. BOLL 1903, 469–472.
[75] Irenäus *Adv. haer.* I, 14, 6: ὁ γὰρ ἐπίσημος ἀριθμὸς συγκεκρασθεὶς τοῖς εἰκοσιτέσσαρσι στοιχείοις τὸ τριακονταγράμματον ὄνομα ἀπετέλεσεν.
[76] Irenäus *Adv. haer.* I, 14, 4; Übersetzung nach N. BROX, *FChr.* 8/1 (1993), 233.

Zentrale Positionen gnostischer Astrologie

Im jüdischen Umfeld Alexandrias war die *Melothesie* ein beliebtes Spezialgebiet von Astrologie, Magie und Heilkunde.[77] Markos, als Schüler des Ägypters Valentin zweifellos mit jener Tradition vertraut, baute bestehende Systeme aus, indem er die Zodiakalmelothesie mit der Dekanmelothesie und weiteren Entsprechungen verknüpfte. Im Zuge jener Ausarbeitung fanden auch die schon genannten *Monomoiriai* Eingang in seine Lehre. Mit diesem astrologischen Terminus werden die Herrscher über die einzelnen Grade des Zodiaks bezeichnet. Die ägyptische Herkunft der Monomoiriai ist schon von Bouché-Leclercq herausgestellt worden, der sie – in einer ähnlichen Vermischung unterschiedlichster Kreisteilungen, wie Markos sie aufgriff – mit der Dekanlehre in Zusammenhang bringt.[78] Diese Sichtweise hat sich heute allgemein durchgesetzt,[79] da sie auf erhebliches Material zurückgreifen kann.[80]

In der antignostischen Polemik wies man die Monomoiriai nicht nur dem Markos, sondern auch den Phibioniten und den Marcioniten zu, wobei erstere die 360 Mächte als Götter oder doch vergöttlichte Dämonen betrachteten, letztere jedoch in der Art des Markos eine umfangreiche Zahlenspekulation mit den Zodiakalkräften verbanden.[81] Im ausgehenden fünften Jahrhundert waren die Monomoiriai ein fester Bestandteil der Horoskopierkunst, wie man an einem sehr schönen, bei Rhetorius überlieferten Horoskop aus dem Jahre 497 erkennen kann.[82] Wir sehen Markos hier demnach voll eingebunden in das gelehrte astrologische Gespräch seiner Zeit.

---

[77] Dies wurde oben für TrShem und TestSal nachgewiesen, s. Kap. VI.3.2.1. und VI.4.1.1.

[78] BL 216f mit Anm. 3.

[79] Vgl. BOLL 1903, 434ff, der die spätere Verbindung mit der Lehre des Teukros (Paranatellonta) herausstellt; GUNDEL 1936, 42 („das astrologische System der Monomoirien [...] stammt aus der alten Gelehrsamkeit der Ägypter"); LINDSAY 1971, 159f; BARTON 1995, 73f (mit Bezug auf die Gnostiker).

[80] Zentral sind folgende Texte: Hermetik: *Kore Kosmou* Traktat 23, nach *Stobaios* I, 21 (vgl. FESTUGIÈRE 1950, IV, 1-22); hellenistische Autoren: Makrobius *Sat.* I, 23; Paulus Alexandrinus *Isagoge* 5; Manilius *Astron.* II, 693-722 (Dodekatemoria); Gnosis: Epiphanius *Panarion* XXVI, 9.

[81] Vgl. Epiphanius *Panarion* XXVI, 9 (Phibioniten); Hippolyt *Ref.* VI, 44; Epiphanius *Panarion* XXXIV, 5 (Marcioniten).

[82] Rhetorius der Ägypter faßte im sechsten Jahrhundert die Werke von Ptolemaios, Vettius Valens und dem sog. Astrologen des Jahres 379 (u.Z.) zusammen. Das vielleicht schönste Horoskop jener Sammlung, deren Daten von 401 bis 516 u.Z. reichen, ist das erwähnte, weil darin alle Planetenpositionen in Grad und Minuten, die Kardinalpunkte sowie der aufsteigende Mondknoten verzeichnet sind. Außerdem finden sich detaillierte Angaben

2.3.2. Theodotus

Nach einem Bericht des Hippolyt (*Ref.* VI, 35, 3-7) teilte sich die valentinianische Gnosis in zwei große Strömungen, die sich selber „anatolisch", d.h. orientalisch, und „italisch" nannten. Wichtiger, wenn auch nicht einziger Grund hierfür scheint ein Streit über die christologische Frage gewesen zu sein, ob Jesus ein physischer Leib zugekommen sei, der erst durch die Taufe von Sophia beseelt wurde, oder ob jener „pneumatische" Leib Jesus schon bei der Geburt angehörte. Letzteres wurde von der orientalischen Richtung propagiert, die vor allem in Ägypten, Syrien und Kleinasien verbreitet war. Interessanterweise gehen die zentralen astrologischen Impulse, wie wir bei Markos sahen, von dieser Richtung valentinianischer Gnosis aus, während die Nachrichten über Ptolemaios und Herakleon – die wichtigsten Vertreter der italischen Schule – bezüglich der Astrologie vergleichsweise spärlich sind. Unsere Vermutung, daß das ägyptische Element wesentlich zur Ausformung der gnostischen Astrologie beigetragen hat, findet eine Bestätigung in den Lehren eines weiteren Vertreters der orientalischen Schule, nämlich *Theodotus*.

Über die Person des im zweiten Jahrhundert wirkenden Valentinianers ist aus Primärquellen nichts bekannt, doch durch die wertvollen *Excerpta ex Theodoto* des Klemens von Alexandria sind einige Ansichten dieses Denkers der Nachwelt überliefert worden.[83] Dabei kommt philosophischen und astrologischen Überlegungen eine große Bedeutung zu, die uns ermessen läßt, auf welchem Reflexionsniveau in manchen Kreisen des damaligen Christentums über die Implikationen der Sternkunde nachgedacht wurde.

Für Theodotus ist die Heimarmene ein Zusammenspiel unzähliger Kräfte, die sich in den Bewegungen der Gestirne widerspiegeln. Jene Kräfte können sich in Harmonie zueinander befinden, in vielen Fällen aber widersprechen sie sich von Grund auf. Die Planetenwelt gibt uns demzufolge einen Hinweis auf die zentralen Herausforderungen menschlicher Existenz, die im Denken des Theodotus mit der Kosmologie, Anthropogonie und Soteriologie der Gnosis verschmelzen und – nach Klemens – in den Fragen kondensieren:

über die Häuser der Planeten, Aspekte, Erhöhungen und Fall der Planeten, ihr Verhältnis zu den Fixsternen, Dekanen und schließlich den Monomoiriai. Vgl. BARTON 1995, 82f mit Abbildung 1.

[83] Sie finden sich in *strom.* VIII, 83f; Textausgaben: R.P. CASEY (ed./tr.): *The Excerpta ex Theodoto* (Studies and Documents ed. by K. and S. LAKE I), London 1934; F.M. SAGNARD: *Clément d'Alexandrie. Extraits de Théodote* (SChr. 23), Paris 1970 ([1]1948).

Wer waren wir? Was sind wir geworden? Wo waren wir? Wohinein sind wir geworfen? Wohin eilen wir? Wovon sind wir erlöst? Was ist die Entstehung [γέννησις] und was die Wiederentstehung [ἀναγέννησις]?[84]

Diese Fragen führen uns direkt zur Rolle der Heimarmene, stellt sie doch nicht nur ein numinoses, der menschlichen Erkenntnis aufgrund ihrer Willkür entrücktes Phänomen dar, sondern eine tiefe kosmische Wahrheit, die dem Gnostiker durch seine Suche zugänglich werden kann. Besonders hervorzuheben ist bei diesem Ansatz die Tatsache, daß die Planeten, indem sie das Walten der Heimarmene widerspiegeln, nicht das Schicksal *machen*, sondern die Zukunft lediglich *anzeigen*. Denken wir etwa an folgende Formulierung:

> Wenn aber das Schicksal [die Heimarmene] für die anderen existiert, sagt er [Theodotus, KvS], dann läßt es sich aus dem Horoskop voraussagen. Der augenfällige Beweis dafür liegt in der Theorie der Astrologie.[85]

Theodotus belegt diese These mit der Episode um die Astrologen (Mt 2), die den Messiasstern völlig richtig interpretiert hätten, indem sie ihn auf die Juden und den zu erwartenden König bezogen.[86] Bei dem Ausdruck für „Horoskop" – ἀποτελέσματα – handelt es sich um einen Fachbegriff spätantiker Astrologie, während προλεγόμενα δείκνυσιν – „sich zeigen als Vorzeichen" – unzweideutig auf ein *symbolisches* Verständnis der Gestirne abhebt. Hier zeigt sich Theodotus gut vertraut mit der hermetischen Philosophie,[87] die das Entsprechungsdenken ausformulierte, welches wir als zentrales Merkmal der elaborierten Astrologie auffassen dürfen. Die Planeten sind nicht die Götter selber, die vom Menschen entsprechend verehrt zu werden beanspruchen – eine Forderung, die der gnostischen Dämono-

---

[84] τίνει ἦμεν, τί γεγόναμεν· τοῦ ἦμεν, ἢ τοῦ ἐνεολήθημεν· ποῦ σπεύδομεν, πόθεν λυτωούμεθα· τί γέννησις, τί ἀναγέννησις (*Excerpta ex Theodoto* 78, 2 [PG 9, 696]).
[85] ὅτι δὲ ἐστι, φασὶν εἱμαρμένη τοῖς ἄλλοις, τὰ ἀποτελέσματα προλεγόμενα δείκνυσιν· ἐναργὴς δὲ ἀπόδειξις καὶ ἡ τῶν μαθημάτων θεωρία (*Excerpta ex Theodoto* 75, 1 [PG 9, 693]).
[86] 75, 2; vgl. auch 74, 2. Sowohl CASEY als auch SAGNARD ad loc. betonen die Intention des Autors, eine Ähnlichkeit zwischen Jesus und dem Gott der Juden radikal zu verneinen: Die Deutung der Magier ist richtig, beruht allerdings ausschließlich auf dem *Ruf* der Juden, ein frommes Volk zu sein. Für die Gnostiker dagegen ist der Gott der Juden eigentlich der Demiurg.
[87] Umgekehrt können wir aus dieser Kenntnis, die auch Markos teilte, schließen, daß die Hermetik selber durch die christliche Theologie wesentlich beeinflußt wurde. S. dazu unten Kap. 3.1.

logie ohnehin zuwiderlaufen würde –, sondern sie sind Repräsentanten kosmischer Mächte.

Aus der eben zitierten Stelle geht hervor, daß Theodotus an einer strengen Vorhersagbarkeit aufgrund des Horoskops festhält. Er leitet daraus jedoch keinen fatalistischen Standpunkt ab, wie man oberflächlich vermuten könnte, sondern hält dem Geworfensein unter das Gesetz der Heimarmene die gnostisch-christliche Erlösungstheorie entgegen. Er betont, daß „durch die Herabkunft des Herrn" der Widerstreit und Kampf der Weltmächte (στάσεως καὶ μάχης τῶν δυνάμεων) ein Ende fand. Dies bewirke Erlösung und die Schaffung von Frieden auf Erden.[88] Das zweite entscheidende Merkmal christlicher Erlösung zeigt sich für Theodotus in der *Taufe*, die als *anagenesis* eine Wiedergeburt und ein Erwachen im Heilsgeschehen Gottes verkörpert.[89]

Weil durch die Herabkunft Christi die Mächte des *fatum* überwunden wurden, gelangt der valentinianische Gnostiker zu einer Neubewertung der Planetenkräfte, die als autonome Schicksalsbewirker ausgedient haben.[90] In seiner Lösung für das Dilemma des Fatalismus ähnelt das Konzept des Theodotus in frappanter Weise der neuplatonischen Philosophie *Plotins*.[91] Dieser äußert sich zur Frage des Sternenzwanges dahingehend, daß die Wege der Sterne *als Zeichen* das zukünftige Geschehen ankündigen, aber keinesfalls das Schicksal notwendig herbeiführen.[92] Ähnliches finden wir auch bei

---

[88] *Excerpta ex Theodoto* 72, 1; s. auch 74, 1.
[89] *Excerpta ex Theodoto* 76, 1-80, 3.
[90] Vgl. FILORAMO 1990, 119f.
[91] Plotin kommt bei der Ausarbeitung platonischen, „esoterischen" Entsprechungsdenkens in der Spätantike zweifellos die Hauptrolle zu. Das hier begegnende Reflexionsniveau überragt jenes vieler anderer Neuplatoniker. Sein Einfluß auf christlich-hermetische Spekulation kann kaum hoch genug veranschlagt werden.
[92] Ὅτι ἡ τῶν ἄστρων φορὰ σημαίνει περὶ ἕκαστον τὰ ἐσόμενα, ἀλλ' οὐκ αὐτὴ πάντα ποιεῖ, ὡς τοῖς πολλοῖς δοξάζεται (*Ennead.* II, 3). Zu Recht bringt BOUCHÉ-LECLERCQ hier die *Sympathie* ins Spiel: „En vertu de la sympathie universelle, chaque partie de l'Être communique avec les autres et peut, pour qui sait y lire, renseigner sur les autres: la divination inductive ou conjecturale n'est que la ‚lecture de caractères naturels' [*ibid.* III,4,6]. Il ne faut pas suivre plus avant les explications de Plotin, si l'on veut garder une idée nette de sa doctrine, qui devait, à sons sens, atténuer le fatalisme astrologique et sauvegarder la liberté humaine" (*BL* 600). Die Frage, „wie die Sterne unsere Gebete hören", beantwortet Plotin in seinem langen Exkurs Περὶ ψυχῆς ἀποριῶν (*Ennead.* IV, 4) dahingehend, daß die Bewegungen des Universums einem Tanz gleichkommen, an dem jeder, also Sterne und Menschen gleichermaßen, teilnehmen müssen, damit die kosmische Ordnung erhalten bleibt.

Philo,⁹³ so daß wir eine breite Basis des damaligen Gespräches annehmen dürfen.

Vor diesem Hintergrund kritisiert Theodotus die gängigen zeitgenössischen Klassifizierungen der Planeten in gute und böse, linke und rechte; hierzu sei man nur insofern berechtigt, als man im Auge behält, daß damit nicht die Gestirne selber gemeint sind, sondern deren geistige Regenten. Wir erkennen in dieser Unterscheidung einen platonisierenden Zug, der die Archonten ihrer materiellen Einwirkung entkleidet und sie als Sternenmächte der Welt der Ideen zuordnet. Konkret impliziert diese Voraussetzung, daß beispielsweise Mars nicht mehr als böser Planet sein Unwesen treibt, sondern in den Bewegungen des Mars sich die *Idee* einer kriegerischen, zerstörerischen Energieform manifestiert. Jene Idee ist zwar nicht gänzlich der Welt entrückt, da die Archonten an ihr Anteil haben, doch in den Vordergrund tritt das Band der Entsprechung zwischen Planeten, Archonten und geistigen Regenten, wie es für die hermetische Spielart des Platonismus kennzeichnend ist.

Konsequent geht Theodotus von hier weiter und nimmt auch andere Entsprechungen der Planeten und Tierkreiszeichen in sein System auf. Bemerkenswert ist dabei die bei ihm zum ersten Mal begegnende Lehre, die den zwölf Zodiakalzeichen die zwölf *Apostel* als ihre Herren zuordnet. Damit übernehmen die Apostel die Rolle der olympischen Prosopa bzw. der römischen *Tutelae*.⁹⁴ Mit einer bloßen Zuordnung begnügt sich Theodotus indessen nicht, sondern mutmaßt ferner, daß sich die leibliche Geburt nach den Zodiakalzeichen richte, die Wiedergeburt dagegen nach den Aposteln.⁹⁵ Diese

---

Die Teile des Kosmos haben selber keinen eigenen freien Willen, sondern partizipieren am Willen des ganzen lebendigen Universums. Deshalb wirken Gebete mechanisch oder automatisch, wenn sie in der richtigen Entsprechung vorgebracht werden. Hier zeigt sich auch bei Plotin der Übergang zur Magie: Der Magier sei ein Mann, der die Kräfte des Universums und ihr Verhältnis gegeneinander kennt und nutzen kann. Da Magie durch ἄλογος ψυχή wirke, sei die höhere Seele oder auch das spirituelle Selbst des Menschen von Magie nicht beeinflußt (*Ennead*. IV, 4, 40-43). Dasselbe gilt für die Schicksalseinflüsse insgesamt; vgl. dazu DE VOGEL 1973, 522-532. Zum συμπάθεια-Konzept des Plotin und seiner Abgrenzung von der theurgischen Anwendung vgl. DODDS 1991, 152-154.

⁹³ *Migr. Abr.* 32; *Opif. mundi* 19.
⁹⁴ Vgl. GUNDEL 1966, 324.
⁹⁵ *Excerpta ex Theodoto* 25, 2 (PG 9, 672): οἱ ἀπόστολοι, φησί, μετετέθησαν [sc. Οὐαλεντίνοι] τοῖς δεκαδύο ζῳδίοις. ὡς γὰρ ὑπ' ἐκείνων ἡ γένεσις διοικεῖται, οὕτως ὑπὸ τῶν ἀποστόλων ἡ ἀναγέννησις.

Unterscheidung ist von Hübner mit den Lehren des Priszillian verglichen worden, mit dem Ergebnis, daß dem vorliegenden Text

> dasselbe Doppelschema zugrunde [liegt] wie dem Priszillians. Geburt und Wiedergeburt entsprechen sich ebenso wie Körper und Seele. In beiden Systemen gehört der Körper zu den heidnischen Tierkreiszeichen, das nichtkörperliche Element zur biblischen Zwölferreihe. Beide Texte stellen also eine ‚Verhältnisgleichung' auf.[96]

Priszillian ordnet den Zodiakalzeichen dabei die *membra corporis*, den Patriarchen aber die *membra animae* zu,[97] Theodotus verbindet erstere mit γέννησις und letztere mit ἀναγέννησις. Damit stehen die Tierkreiszeichen in beiden Fällen für die „grobstofflichen" Entsprechungen, während die Patriarchen bzw. die Apostel „feinstofflichere" Bereiche verkörpern. Es handelt sich demnach um eine Anpassung gängiger astrologischer Systeme – Melothesie und Bestimmung der γέννησις – an eine spezialisierte Interessenlage, wie sie in der Gnosis vorauszusetzen ist.[98] Inwieweit wir aber schließen dürfen, daß Theodotus mit jener Einteilung eine Wertung vorgenommen hat, nämlich die geistige Überwindung der Zodiakalkräfte durch die Macht der Apostel, die sich in der Wiedergeburt herausstellen wird, erscheint fraglich. Immerhin würde dies der gnostischen Diskursstruktur Vorschub leisten, die trotz der Abwertung der Planetenmächte zu dämonischen Archonten an einer detaillierten Beschäftigung mit der Astrologie interessiert war.

Die erstaunliche Vertrautheit Theodotus' mit der antiken Astrologie sowie seine kritische Weiterentwicklung derselben zeigt sich ferner in der *Aszendentenlehre*, die Klemens von ihm überliefert. Die Planeten entfalten nämlich nicht für alle Menschen gleichbleibende Energien, vielmehr richtet sich die Deutung nach den vom Aszendenten vorgezeichneten Themen; erst wenn ein Planet im aufsteigenden Zeichen zu finden ist, wirkt die von ihm repräsentierte Energie mit aller Kraft auf den Nativen ein.[99]

Den angeführten Beispielen ist zu entnehmen, daß Theodotus und mit ihm ein nicht unwesentlicher Teil der valentinianischen Gnostiker

---

[96] HÜBNER 1983, 37.
[97] Vgl. zu den Nachweisen im einzelnen HÜBNER 1983, 18-21. Eine zusammenhängende Lehre ist diesbezüglich kaum noch zu rekonstruieren.
[98] Vgl. HÜBNER 1983, 38. Zur Herleitung dieser Lehre aus der Hermetik s.u. In byzantinischen Zodiologien finden wir später die *Ersetzung* der paganen Gestirnsmächte durch Engel und Heilige; vgl. dazu CCAG IV, 158f; X, 100ff; 171ff; 211ff.
[99] Vgl. GUNDEL 1966, 324. Zentrale Belegstelle hierfür ist *tetrab.* I, 24.

in ein differenziertes gesellschaftliches Gespräch über die Astrologie involviert war. Man stand nicht außen vor oder versuchte sich von den gängigen Interpretamenten der Wirklichkeit zu distanzieren, sondern öffnete sich mit großer Selbstverständlichkeit jenen Deutungsmustern.[100] Auf dem Weg zur spezifischen „gnostischen Astrologie" freilich erfuhren die hellenistisch-ägyptischen Lehrsysteme spezifische Veränderungen, etwa die Übertragung der Zodiakalzeichen auf die Apostel oder die Einführung der Taufe als Erlösungsgeschehen. Das Zeugnis des Klemens ist deshalb von großer Bedeutung für unser Thema, weil es die Diskussion um Heimarmene und das Geworfensein des Menschen in die Mächte „dieser Welt" auf eine Weise aufgreift, die die Vielschichtigkeit des damaligen Diskurses eindrucksvoll belegt.

2.3.3. Bardesanes von Edessa

Bardesanes von Edessa (154–222) nimmt in der Welt des frühen Christentums eine Sonderstellung ein, denn er wandte sich offenbar erst spät dem Christentum zu, nachdem er zuvor eine hellenistisch-orientalische Bildung erfahren hatte. Die Kirchengeschichtsschreibung, die ihn später zum Häretiker machte, war sich nicht sicher, ob er von der Valentinianischen Gnosis zum Christentum gekommen war oder erst im Nachhinein Anhänger des Valentin wurde.[101] Für die moderne Forschung gilt er durch seine spezifische religiöse Ausprägung als unmittelbarer Vorläufer Manis, seine Schule wiederum hatte erheblichen Einfluß auf das christliche Edessa, wo Bardesanes von 179 bis 216 am Hofe Abgars IX. wirkte.[102]

---

[100] Ähnlich GUNDEL 1966, 325: Die *Excerpta ex Theodoto* „zeigen, daß man sich in gnostischen Schriften eingehend mit der Astrologie auseinandergesetzt hat. Und ähnliche Schriften wird man in größerer Zahl anzunehmen haben."

[101] Vgl. Hippolyt *Ref.* VI, 35; Epiphanius *Pan.* 56: erst „Christ", dann – mit Abweichungen – Valentinianer; dagegen Eusebius *Hist. eccl.* IV, 30: „Bardesanes hatte sich früher der Schule des Valentinus angeschlossen. Als er sie aber durchschaut hatte, wies er die meisten ihrer Lügen ab und glaubte sich zu einer reineren Lehre bekehrt zu haben. Doch er hat den Schmutz des alten Irrtums nicht vollständig abgeschüttelt." Vgl. auch die Vielzahl von Quellen, die F. NAU in seiner Edition (*Patrologia Syriaca* 1.2 [1907]) zusammengetragen hat.

[102] Zu Bardesanes vgl. besonders die Studie von H.J.W. DRIJVERS: *Bardaisan of Edessa*, Assen 1966; außerdem JÜLICHER: Art. „Bardesanes", in: RE II, 8f; F. HAASE: *Zur bardesanischen Gnosis* (TU 34.4), Leipzig 1910; A.F.J. KLIJN: *Edessa, die Stadt des Apostels Thomas. Das älteste Christentum in Syrien*, Neukirchen-Vluyn 1965, 83-94; B. EHLERS: „Bardesanes von Edessa – ein syrischer Gnostiker. Bemerkungen aus Anlaß des Buches von H.J.W. Drijvers,

Neben Bardesanes prägten insbesondere Tatian und Ephraem die Geschichte des syrischen Christentums, welches wir insgesamt als ein buntes Nebeneinander verschiedener christlicher Strömungen mit einer starken Betonung des gnostischen Elementes auffassen müssen.[103] Wilhelm Pratscher stellt die Bedeutung dieses Kulturraumes prägnant heraus:

> In Syrien, einem der Kernländer des frühesten Christentums, sind besonders im 1. Jahrhundert Entscheidungen gefallen, die die Gestalt der Kirche wie ihre Theologie zukunftsweisend prägten. Und gleichzeitig etablierte sich in diesem Raum im ersten und insbesondere im 2. Jahrhundert die Gnosis, die für die werdende Großkirche eine außerordentlich ernste Bedrohung darstellt. Erst in deren Bewältigung wurde die Kirche das, was sie nachher war – im Positiven wie auch im Negativen.[104]

Für die Thematik unserer Untersuchung ist Bardesanes von exzeptioneller Bedeutung, darf er doch „als der erste bedeutende Astrologe im weiteren Bereich des Christentums bezeichnet werden".[105] Auch

---

Bardaisan of Edessa", in: *ZKG* 81 (1970), 334-351; H.J.W. DRIJVERS: Art. „Bardaisanes", in: TRE 5 (1980), 206-212; RUDOLPH 1990, 353ff; HAIDER/HUTTER/KREUZER 1996, 283ff (moderne Darstellung mit Bezug zur christlichen Geschichte Edessas im zweiten Jahrhundert). Unverständlicherweise hat FILORAMO (1990) Bardesanes und das syrische Christentum aus seiner *History of Gnosticism* gänzlich herausgehalten, was den Blick auf die geschichtlichen Zusammenhänge stark verzerrt.

[103] Eine bemerkenswerte Analyse der syrischen Religionsbegegnungen in der Frühzeit des Christentums legte A. FELDTKELLER vor: *Im Reich der syrischen Göttin. Eine religiös plurale Kultur als Umwelt des frühen Christentums* (Studien zum Verstehen fremder Kulturen 8), Gütersloh 1994. FELDTKELLER versucht dabei, unter Bezugnahme auf Systemtheorien, besonders jener N. LUHMANNS, „den Präzedenzfall christlich wahrgenommener Fremdreligionen einer Revision zu unterziehen. Damit ist gemeint, daß wir uns von einem bleibend christlichen Standpunkt aus, jedoch mit einem modernisierten methodischen Instrumentarium und herausgefordert durch den religiösen Pluralismus unserer heutigen Zeit, ein eigenes Urteil bilden über die religiöse Kultur, der das Christentum auf seinem Weg in die Heidenwelt zuerst begegnet ist, und unser Verstehen fremder Religionen an ihr schärfen" (S. 19, im Original kursiv). Für einen *theologischen* Diskurs ist dieser Ansatz sicherlich modern und bedeutsam, es bleibt indes zu fragen, ob aus religions*geschichtlicher* Perspektive eine derartige Intention überhaupt relevant ist. Auch erscheint es zweifelhaft, ob unter solcher Vorgabe der „Präzedenzfall christlich wahrgenommener Fremdreligionen" tatsächlich überprüft werden kann.

[104] W. PRATSCHER in HAIDER/HUTTER/KREUZER 1996, 284.

[105] GUNDEL 1966, 326. Zur astrologischen Relevanz seiner Lehren vgl. ebda. 325-328; außerdem NAU 1899.

Eusebius spricht davon, Bardesanes sei bis „zum Gipfel der chaldäischen Wissenschaft vorgedrungen"; außerdem habe er die „Bücher der Chaldäer [...] und Ägypter" studiert.[106] Aufgrund seiner hellenistischen Bildung war er nicht nur mit den vieldiskutierten Fragestellungen um Heimarmene und menschliche Freiheit vertraut, sondern es gelang ihm auch, umfangreiche astrologische Einzellehren in ein christlich-gnostisches Programm zusammenzuschmelzen, das ihn aus der Masse der „einfachen Astrologen" heraushebt. Beide Bereiche gilt es nun näher zu beleuchten, wobei wir in der glücklichen Lage sind, auf sein Buch über die „Gesetze der Länder" zurückgreifen zu können, einen Dialog, der von Bardesanes' Schüler Philippos aufgeschrieben wurde.[107] Hinzu kommen einige astrologische Werke, die mit großer Sicherheit auf Bardesanes zurückgehen, namentlich „Über die Konjunktion der Planeten"[108] und „Über die Heimarmene". Letztere wirft allerdings einige textgeschichtliche Fragen auf, da dem christlichen Astrologen auch eine Schrift „Gegen die Heimarmene" zugeschrieben wurde. Nachdem man früher davon ausging, es habe sich um einen Wechsel in der Auffassung des

---

[106] *Praep. evang.* VI, 9, 32; vgl. *LibrLegReg* 25.
[107] Die grundlegende Textausgabe *De libro legum regionum* stammt von F. NAU in: *Patrologia Syriaca* 1.2 (1907), 490-658 (der Text selber findet sich S. 527-611), nachdem W. CURETON (*Spicilegium Syriacum*, London 1855) schon eine Edition herausgebracht und A. MERX (*Bardesanes von Edessa*, Halle 1863, 25-56) eine deutsche Übersetzung hatte folgen lassen. Größere Abschnitte aus diesem Buch werden auch bei Eusebius *Praep. evang.* VI, 9, 32-10, 48 überliefert.
[108] *Coniunctiones astrorum*. Diese Schrift ist erhalten in einem syrischen Auszug des Araberbischofs Georgios (gest. 724); ediert ebenfalls bei F. NAU in *Patrologia Syriaca* 1.2 (1907), 612-615. In diesem kurzen Fragment setzt Bardesanes die Zyklen der Planeten miteinander in Beziehung und gewinnt so eine Art heilige Symmetrie: 60 Jahre entsprechen nämlich zwei Saturnzyklen, fünf Jupiterzyklen, 40 Marszyklen, 60 Sonnenzyklen, 72 Venuszyklen, 120 Merkurzyklen und 720 Mondzyklen. Bardesanes potenziert diese Rechnung anschließend und kommt so auf 6000 Jahre, die er auf das Alter der Welt bezieht: *Et haec ita numeravit Bardesanes cum vellet ostendere sex millia annorum tantum hunc mundum permansurum esse* (ed. NAU S. 614). Da diese Zahlen vor allem bei Mars, Venus, Merkur und Mond doch stark idealisiert sind, kommt dem Text weniger eine reale astronomische als eine spekulative Bedeutung zu, die die Wichtigkeit von Zahlenverhältnissen betont, wie wir sie schon bei Markos kennenlernten. Man beachte die Zahl 72, die auf ägyptische Einflüsse hindeutet, die uns unten noch beschäftigen werden. Bardesanes' Konjunktionenlehre wird auch in einigen kleineren Textstücken beschrieben; vgl. dazu NAU ebda. S. 526. Zur weltchronologischen Bedeutung der 6000-Jahr-Rechnung vgl. STROBEL 1961, 289f und STROBEL 1977, 400.

Autors gehandelt, ist die heutige Forschung weniger zuversichtlich, das Problem lösen zu können.[109]

Was die Macht der Heimarmene anbelangt, so nimmt Bardesanes einen differenzierten Standpunkt ein. Zwar drücken die Planeten durch ihre Bewegungen das Schicksal einzelner Menschen und Völker aus, allerdings kommt ihnen in erster Linie eine Bedeutung für den animalischen Körper, die sensitive Seele – also Triebe und Affekte – und die Äußerlichkeiten des Lebens zu, nämlich die Frage nach Reichtum und Armut, Krankheit und Gesundheit etc. Die *Gesetze eines Volkes* aber stünden noch über der Heimarmene und hebten die Planeteneinflüsse auf, so individualisierend diese sonst auch zu deuten seien.[110] Bardesanes äußert sich damit zu einem Problemkreis, der im Diskurs der damaligen Gesellschaft einen zentralen Ort besetzt hatte – die Frage nach dem Zusammenhang zwischen Volkszugehörigkeit und Individualschicksal. Wir sind schon wiederholt auf diese Diskussion gestoßen, besonders im Zusammenhang mit der philosophischen Reflexion des Cicero in *De Divinatione*,[111] so daß der große Rahmen bereits ausgeleuchtet ist, in den hinein Bardesanes argumentiert.[112]

Daß die Gesetze eines Volkes noch über dem Schicksal des Individuums rangieren, erläutert Bardesanes – in völlig konventioneller Weise – mit den offensichtlichen Einflüssen der *patrioi nomoi* und der körperlichen Merkmale der einzelnen Völker. So stünden die Juden zu allererst unter dem Einfluß des mosaischen Gesetzes, da sei es völlig irrelevant, ob sie in Syrien, Galatien, Italien, Griechenland oder Persien lebten. Auch ihr persönliches Schicksal ist den „väterlichen Gesetzen" untergeordnet.[113] Interessanterweise kreuzt sich

---

[109] Die Vermutung eines Gesinnungswandels des Bardesanes gründet vor allem auf *LibrLegReg* 18 (NAU S. 564), die Schrift περί εἱμαρμένης nennt Eusebius *Hist. eccl.* VI, 30, während κατά εἱμαρμένης aus Epiphanius *Panarion* LVI erschlossen wird. Zu den Werken des Bardesanes und ihren textlichen Schwierigkeiten vgl. L. CERFAUX: Art. „Bardesanes", in: RAC I, 1181; H.H. SCHAEDER: „Bardesanes von Edessa in der Überlieferung der griechischen und der syrischen Kirche", in: *Zeitschrift für Kirchengeschichte* 51 (1932), 21-74.

[110] *Sed in omnibus regionibus, quocunque die, quacunque hora nascuntur homines sub horoscopiis ab invicem discretis, et superant Fatum leges hominum qui ducuntur secundum suam consuetudinem* (*LibrLegReg* 40, ed. NAU 597f).

[111] S.o. *Exkurs 2* mit weiteren Parallelen zu Philo und anderen; s. vor allem Philo *Prov.* I, 84f.

[112] Hierzu paßt auch die Dialogform des *Buches der Gesetze der Länder*, denn die Fragen, mit denen die Schüler ihren Lehrer konfrontieren, sind direkt den zeitgenössischen gelehrten Diskussionen entlehnt.

[113] Eusebius *Praep. evang.* VI, 10, 42; dasselbe stellt Bardesanes auch für die

hier die Debatte um astrologische Themen mit jener um die Traditionslinien einzelner Gemeinschaften und deren Rechten innerhalb der antiken Gesellschaft.[114] Zugleich tritt Bardesanes damit aber auch in eine Diskussion mit seinem wichtigsten christlichen Kollegen in Edessa ein, nämlich *Tatian*. Der hatte die Frage nach der Heimarmene und ihrer Wirkung auf die Völker und Individuen aufgegriffen und festgestellt:

> Wir [Christen] stehen über der *heimarmenê* und haben statt der „wandelnden Dämonen" [d.h. der Planeten, KvS] den einen unwandelbaren Herrn kennengelernt und haben, da wir nicht vom Schicksal getrieben werden, uns ihrem Gesetzgeber entzogen.[115]

Etwas später (11, 2) führt Tatian noch einmal aus, daß die Menschen durchaus in der Lage seien, sich ihrer ursprünglichen Herkunft – *genêsis* – zu entziehen, allerdings täten sie dies in der Regel nicht und wiesen ihre letztlich kontingente Geburt in eine Stadt- und Religionsgemeinschaft als unabwendbares Schicksal aus, beraubten sich dadurch aber ihrer Freiheit. Bardesanes schließt sich dieser Position an, indem er die christliche Zugehörigkeit zum „Gesetz ihres Messias" über die *genêsis* des Individuums stellt.[116] H.G. Kippenberg weist darauf hin, daß sich bei beiden Gelehrten „mit

---

Christen fest, vgl. *Praep. evang.* VI, 10, 45-46. Daß Eusebius hier richtig zitiert, können wir anhand von *LibrLegReg* 43 bestätigen, wo es heißt: *Omnes Iudaei qui legem acceperunt per manum Moysis filios masculos in die octavo circumcidunt et adventum stellarum non exspectant et legem regionis non servant, et vi non regit eos stella quae imperat in climate, sed sive sunt in Edom aut in Arabia aut in Graecia aut in Persia sive in septentrione aut in meridie, illam legem quae posita est eis a patribus servant, et patet eos non ita facere propter suum horoscopium* (ed. NAU 605).

[114] Vgl. dazu H.G. KIPPENBERG: „Die jüdischen Überlieferungen als ‚patrioi nomoi'", in: R. FABER/R. SCHLESIER (Hrsgg.): *Die Restauration der Götter. Antike Religion und Neo-Paganismus*, Würzburg 1985, 45-60; ders. 1991, 183-191. Die Rede von den *patrioi nomoi* legitimierte die Herrschaft im hellenistischen Einflußbereich; gleichzeitig offenbarte schon Hippokrates *Peri aerôn* 16, „daß man in der Antike zwischen den gegensätzlichen Herrschaftssystemen von Königtum und Stadtherrschaft einerseits und dem praktischen politischen Bewußtsein der Bürger andererseits einen Zusammenhang gesehen hatte" (KIPPENBERG 1991, 189). Die astrologische Debatte griff in jene gesellschaftlichen Diskussionen ein und lieferte nicht unerhebliches Material, wie Bardesanes' Überlegungen zeigen.

[115] Tatian *Oratio ad Graecos* 9, 2.

[116] *Peri Heimarmenês* ed. DRIJVERS S. 60, 13-16: „Wo sie [die Christen] sind und wo sie sich aufhalten, bringen die Gesetze der Länder sie nicht ab vom Gesetz des Messias, und nicht zwingt sie das *fatum* der Verwalter, Sachen zu gebrauchen, die ihnen unrein sind" (zit. nach KIPPENBERG 1991, 354). Das deckt sich genau mit der Darstellung in *LibrLegReg* 46-47.

dieser intellektuellen Konzeption die recht konkrete Hoffnung verband, von den Mächten dieser Welt frei zu werden."[117] Der allgemeine Topos christlicher Erlösungslehre verband sich hier mit einer politischen Zuspitzung, die überdies astrologisch konnotiert wurde.

Erstaunlicherweise hinderte die Ablehnung der Heimarmene und der Aussagefähigkeit der Astrologie Bardesanes nicht daran, en detail astrologische Lehren zu rezipieren. Die *Zodiakalgeographie* etwa, also die Zuordnung von Völkern zu Tierkreiszeichen, wird sogar in bemerkenswerter Weise ausgebaut, verzeichnet *LibrLegReg* 25-40 doch nicht weniger als 22 verschiedene astrologische Signaturen für die Gewohnheiten einzelner Völker. Es wurde oben schon gezeigt, daß die Korrelationen von Planeten, Zodiakalzeichen und Ländern zu jener Zeit alles andere als einheitlich waren.[118]

Diese Beobachtung findet eine klare Bestätigung, betrachtet man die Ausführungen des Bardesanes zu jenem Punkt. Beispielsweise bringt er Gallien mit den Planeten Venus und Merkur in Verbindung, wenn sie gemeinsam „im Haus des Kronos [Saturn/Steinbock, KvS] und den Grenzen des Widders untergehen (ἐν οἴκοις Κρόνου καὶ ὁρίοις Ἄρεος δύνοντα)".[119] Wenn überhaupt, könnte hier eine Verbindung zu Manilius bestehen,[120] der Gallien mit dem Steinbock assoziiert, doch sind derartige Parallelen, die sich auch für andere Astrologen erweisen lassen,[121] offensichtlich eher zufällig. Man kannte verschiedene sich parallel entwickelnde Traditionen und griff jeweils das heraus, was in die eigene Vorstellungswelt hineinzupassen schien. Der Grund hierfür ist sicher nicht in Willkür und Belie-

---

[117] KIPPENBERG 1991, 355 mit Verweis auf MACMULLEN 1984 und DODDS 1970.
[118] S.o. Kap. VI.3.2.1. zu TrShem und seinen Parallelen Manilius, Dorotheos und Paulus Alexandrinus. Anläßlich der Darstellung der manichäischen Astrologie werden wir darauf erneut eingehen.
[119] Eusebius *Praep. evang.* VI, 10, 27. Auch dieses Exzerpt läßt sich aus *LibrLegReg* verifizieren: *Tamen* [nämlich nach der Sitte der Germanen, KvS] *possibile non est omnium qui in gallia hanc abominationem committunt, esse nativitatem cum Hermes est cum Venere in domo Saturni et in finibus Martis et in signis zodiaci in Occidente* (35, ed. NAU 593).
[120] *Astron.* IV, 793. Zu Dorotheos paßt diese Zuordnung nicht, was gegen GUNDELS Vermutung spricht, dessen ältere Liste könnte als Vorläufer in Frage kommen (1966, 327).
[121] BOLL 1894, 194ff führt einige Details auf Poseidonius zurück; in BOLL 1931, 158 wird darüber hinaus auf Philo *Prov.* I, 84f verwiesen, wo sich allerdings gar keine konkreten Zuordnungen finden; anders K. TRÜDINGER: *Studien zur Geschichte der griechisch-römischen Ethnographie*, Diss. Basel 1918, 8ff; vgl. außerdem HONIGMANN 1929, 92f.

bigkeit zu sehen, sondern hängt an der großen Schwierigkeit, derartige Zuordnungen empirisch konsensfähig zu machen.

Bardesanes gibt implizit selber einen Grund für die unübersichtliche Vielfalt zodiakalgeographischer Lehren an, denn auf die Frage seines Schülers Philippos, wie es sich mit den *klimata* verhalte, antwortet er, die von Philippos genannte Einteilung sei falsch.

> Denn wenn die bewohnte Welt eingeteilt ist in sieben Zonen, oder zumindest in einzelne Teile, können wir die Unterschiede der Gesetze zwar gut erklären. Das heißt aber nicht, daß sieben Gesetze den sieben Planeten entsprechen, zwölf den Tierkreiszeichen oder 36 den Dekanen; vielmehr gibt es zehntausende (Gesetze).[122]

Es gab also nicht nur die Einteilungen der *oikoumenê* in sechs, sieben oder zwölf Klimata, sondern auch die ägyptischen Dekane wurden in dieser Hinsicht angewandt. Artapanos hatte schon am Ende des zweiten vorchristlichen Jahrhunderts davon berichtet, Mose, den er mit Hermes gleichsetzte, habe die Stadt in 36 Gaue eingeteilt und jedem dieser Gaue aufgetragen, seinen je eigenen Gott zu verehren.[123] Die Götter wiederum – unter ihnen Katzen, Hunde, Ibisse[124] – sind aus den ägyptischen Dekantraditionen bekannt, so daß Gundel zuzustimmen ist, wenn er folgert, daß „eine hermetische Dekangeographie in dieser Zeit in bestimmten Kreisen Ägyptens und Palästinas besonderes Ansehen gehabt haben [dürfte]".[125] Zu demselben Ergebnis gelangten wir bereits anläßlich der Untersuchung des TestSal.

---

[122] Εἰ γὰρ καὶ διῄρηται ἡ οἰκουμένη εἰς μέρη ἑπτά, ἀλλ' οὖν γε ἐν μιᾷ μερίδι εὑρίσκομεν πολλὰς διαφορὰς νόμων. Οὐδὲ γὰρ ἑπτὰ νόμοι εἰσὶ κατὰ τοὺς ἑπτὰ ἀστέρας οὐδὲ δώδεκα κατὰ τὰ ζώδια οὐδὲ τριάκοντα ἓξ κατὰ τοὺς δεκανούς, ἀλλὰ μυρίοι (Eusebius *Praep. Evang.* VI, 10, 37). Dieselbe Nachricht findet sich über Bardesanes auch in den pseudo-clementinischen Recognitionen IX, 26. Vgl. dazu C. Schmidt: *Studien zu den Pseudo-Clementinen* (TU 46), Berlin 1930, 156.

[123] Vgl. den Bericht bei Eusebius *Praep. evang.* IX, 27, 4.

[124] An der Übernahme tiergestaltiger Gottheiten, gegen die die „offizielle" jüdische Religion der damaligen Zeit einen tiefen Abscheu hegte, können wir die Virulenz ägyptischer Religionsformen in Alexandria erkennen. Ferner wird daran einmal mehr die hohe Bedeutung der *lokalen Religionsgeschichte* sichtbar.

[125] Gundel 1936, 310; weitere Nachweise ebda. 309ff. Quack macht ferner darauf aufmerksam, „daß die tierköpfigen Archonten auffällig auf Ägypten und seine Götter verweisen" (1995, 102 Anm. 37); s. auch die dort verzeichnete umfangreiche Literatur. Zur spätägyptischen Dekanlehre vgl. außerdem Kákosy 1982.

Daß Bardesanes die „hermetische" Einteilung der antiken Welt kannte – woran wir den hohen Verbreitungsgrad ägyptischer Astrologumena auch in Syrien ablesen können –, zeigt sich an einer weiteren Bemerkung, die uns Eusebius überliefert:

> Wir haben somit viele Völker der Barbaren aufgelistet, die im Süden, im Westen, im Osten und Norden wohnen, das heißt in den verschiedenen Klimata, ohne Hinzunahme der hermetischen Wissenschaft.[126]

Die Herausstellung der hermetischen Astrologie darf uns allerdings nicht dazu verleiten, die ägyptische gegen die griechische Tradition ausspielen zu wollen; stattdessen gilt es die Komplexität der astrologischen Diskurse jener Zeit zur Kenntnis zu nehmen, die eingleisige Antworten und Analysen von vornherein unterläuft. Wir werden auf diese Probleme im Anschluß (Kap. 3) zurückzukommen haben.

Zuvor sind aber in aller Kürze noch weitere Lehren zu erwähnen, die dem Bardesanes aufgrund verschiedener Berichte zugeschrieben worden sind.[127] Erneut in die ägyptische Astrologie weist seine Lehre der 360 Welten; die Einteilung des Zodiaks in 360 Grade, wie sie sich aus dem ägyptischen Kalender und der Dekanstruktur ergab, wird dabei in der Weise ausgestaltet, daß sich die Einzelgrade zu realen Welten entwickeln, die ohne weiteres mit der bei Markos rezipierten Lehre der *monomoiriai* verbunden werden konnten.

Die in der alten Welt überall anzutreffenden *Brontologien* sind auch dem Bardesanes bekannt gewesen, und er scheint sie ebenso in seine Sternkunde aufgenommen zu haben wie die *Zodiakallunare*, hat er doch aufgrund des Zodiakalstandes des Vollmondes Prophezeiungen über zukünftige Geschehen abgegeben.

Abschließend sei noch auf den bemerkenswerten Ausbau der *Tage-* und *Stundenwählerei* hingewiesen, die von Paulus so vehement bekämpft worden war. Bardesanes greift sogar die christliche Überlieferung selber auf, um die Richtigkeit der Lehre zu erweisen. So sei Christus in der Stunde des Jupiter (Bel oder Bill) geboren worden, was wir vielleicht als einen Beleg für die Bedeutung des Jupiter hinsichtlich der Messiassterntradition werten dürfen. Es ist durchaus möglich, daß Bardesanes als guter Kenner der zeitgenössischen Astrologie auch über die singuläre Konjunktion von Jupiter

---

[126] Ἀλλὰ καὶ πολλὰ βάρβαρα ἔθνη κατελέξαμεν, τά γε ὄντα ἐν μεσημβρίᾳ καὶ δύσει καὶ ἀνατολῇ καὶ ἄρκτῳ, τουτέστιν ἐν διαφόροις κλίμασι, μὴ μετέχοντα Ἑρμαϊκῆς ἐπιστήμης (*Praep. evang.* VI, 10, 39).

[127] Vgl. zum folgenden die Nachweise bei NAU in seiner Edition der *LibrLegReg* sowie GUNDEL 1966, 327.

und Saturn Bescheid wußte, die sich während der Regentschaft Herodes' des Großen ereignet hatte. Bardesanes führt weiter aus, daß Jesus zur Stunde des Mars gekreuzigt wurde, man ihn zur Stunde des Merkur begrub, und daß er zur Stunde des Jupiter auferstanden sei.[128] Interessanterweise bezeugt Bardesanes hier eine astrologische Tradition, die auch im talmudischen Judentum ihren Niederschlag fand, nämlich die Herrschaft der Planeten über bestimmte Stunden der Woche. Damit liefert Bardesanes einen Beleg für die Verflechtung astrologischer Diskurse im syrischen und mesopotamischen Kulturraum, dem auch die Astrologie des Bavli ihre Entstehung verdankt.

Für die christliche Astrologie können wir festhalten, daß in der angeführten Passage noch einmal die exzeptionelle Bedeutung des Jupiter zum Ausdruck kommt – die natürlich der hellenistischen Werteskala entlehnt wurde. Das gilt auch für den kriegerischen Charakter des Mars, während die Beziehung des Merkur zur Grablegung Jesu schwer mit der Deutungstradition dieses Planeten in Verbindung zu bringen ist. Sollte hier die Qualität des „Götterboten" anklingen, die Jesus in Kontakt zu seinem göttlichen Ursprung brachte und eine Vermittlung zwischen den höchsten und den niedrigsten Ebenen erlaubte? Man wird an dieser Stelle über Spekulationen nicht hinauskommen. Immerhin können wir sicher sein, daß Bardesanes von Edessa Kenntnis auch von differenzierten Einzellehren besaß, die er, wie dies allgemein üblich gewesen ist, mit der eigenen theologischen Intention in Einklang zu bringen versuchte. Das hat nichts mit Verfälschung oder Irrtum zu tun, sondern ist ein grundlegendes Kennzeichen antiker Astrologie.

2.3.4. Dekanmelothesie in Nag Hammadi

Die Spuren astrologischer Einzellehren lassen sich nicht nur im Werk exponierter Vertreter gnostischen Denkens auffinden, sondern auch in der Bibliothek von Nag Hammadi. Nachdem wir uns oben einen allgemeinen Eindruck von der gnostischen Astrologie verschafft haben, wie sie uns aus den ägyptischen Dokumenten entgegentrat, soll nun das Bild anhand eindeutiger Adaptationen weiter konkretisiert werden. Im Mittelpunkt steht dabei die *Dekanastrologie*, die im *Apokryphon Johannis* in ausführliche Aufzählungen von Entsprechungen zwischen Zodiakalmächten und Körperteilen einmündete.

---

[128] *Et dixit* [i.e. Bardesanes, KvS] *Christum natum esse in hora Beli, crucifixum esse in hora Martis et resurrexisse iterum in hora Beli* (ed. NAU 524).

Die Dekanmelothesie ist uns in verschiedenen Variationen bereits begegnet. So konnte oben die Vermutung ausgesprochen werden, das *Testamentum Salomonis* gehöre einer Makroform astrologischer und magischer Texte an, die altägyptische Dekanlehren interpretierend aufnahm und in jüdische Zusammenhänge integrierte.[129] Es wurde auch schon auf die Hintergründe jener Traditionslinien verwiesen, die für Nag Hammadi unmittelbar vorauszusetzen sind.[130] Die Zahl 36 kommt in jenen Schriften wiederholt vor, die 72 wiederum läßt sich nur als Verdoppelung der Dekane oder als Pentadenlehre begreifen.[131]

Die Zuordnung von Dämonen zu Körperteilen ist im ApokrJoh[132] eingebettet in eine weit ausufernde Liste von über hundert Engeln und Dämonen, die für die Erschaffung der einzelnen Körperteile und die Prägung ihrer Eigenschaften von Bedeutung waren. Außerdem bezieht sich der Text auf eine noch umfangreichere Liste, die mit 365 Dämonen vollständig sei und im „Buch des Zoroaster" vorliege.[133] Die Nennung der 365 Dämonen zeigt den Einfluß der ägyptischen Zodiakalastrologie und ihrer Lehre der *monomoiriai*, die man, ausgehend von 12 x 30 = 360, unter Hinzunahme der fünf Epagomenen, die seit alters her in Ägypten bekannt waren, auf 365 erweiterte. Das ist freilich kaum überraschend, da wir es mit einem ägyptischen Text zu tun haben, dessen Autor mit dem dortigen Kalender aufgewachsen war.[134]

Im ApokrJoh wird der Schöpfungsakt des Menschen in mehreren Stufen entfaltet, wobei das Leitmotiv die Entstehung des Bösen und

---

[129] S.o. Kap. VI., besonders 4.1.1. (Literatur) und 4.2.
[130] Kap. VI.4.1.2.
[131] S.o. Zentral sind folgende Passagen: *Eugnostos* III.5,83,10-19 (=V.1,11,20-12,1); III.5,84,12-85,6 (=V.1,12-13,4); *Apokalypse des Jakobus* V.3,26,14-22. Zur wichtigen Textstelle II.4,95 und II.5,104f, die QUACK nicht anführt, s.u. QUACK hält fest: „Der explizite Bezug der betreffenden Texte auf die Himmel macht zur Gewißheit, daß am Anfang der Reihe die 12 Tierkreiszeichen, am Ende die 360 Grade der himmlischen Sphäre stehen. Die dazwischen stehenden 72 können kaum etwas anderes als die Dekane und Pentaden sein" (1995, 102).
[132] Vgl. zum ApokrJoh M. WALDSTEIN/F. WISSE (eds.): *The Apocryphon of John. Synopsis of Nag Hammadi Codices II,1; III,1; and IV,1 with BG 8502,2* (Nag Hammadi Studies 33), Leiden 1995; zum weiteren Kontext ferner HOLZHAUSEN 1994.
[133] NHC II.15,29-19,10; IV.24,22-29,18; Buch des Zoroaster: NHC II.19,8-10; IV.29,16-18.
[134] Deshalb ist diese Erklärung der Annahme vorzuziehen, man habe im ApokrJoh Traditionen der Henoch-Astronomie übernommen. Freilich läßt sich eine solche Entscheidung kaum zweifelsfrei belegen.

die Erlösung aus seiner Umklammerung ist. Dabei kommt der göttlichen Sophia eine entscheidende Rolle zu, da sie es ist, die ihrer Begierde nicht standhalten kann und dadurch dem bösen Schöpfergott Yaldabaoth das Leben schenkt (NHC II.10,1-19). Dieser erschafft zunächst die zwölf Mächte, die ihm zu Diensten stehen und anschließend die sieben Archonten, welche wir ohne weiteres mit den Planeten identifizieren dürfen:

> And he placed seven kings – each corresponding to the firmaments of heaven – over the seven heavens, and five over the abyss, that they may reign.[135]

Dann werden die sieben und die sechs mit der Zahl 365 verbunden:

> And the archons created seven powers for themselves, and the powers created for themselves six angels for each one until they became 365 angels.[136]

Die Archonten erschaffen später auch die sieben verschiedenen Seelen.[137] Erst jetzt kommt es zur Aufzählung der Körperteile, die von den Engeln gebildet werden, und über die der Text sagt:

> And they created by means of their respective powers in correspondence with the characteristics which were given. And each authority supplied a characteristic in the form of the image which he had seen in its natural (form). He created a being according to the likeness of the first, perfect Man. And they said, ‚Let us call him Adam, that his name may become a power of light for us.'[138]

Die Formulierung ist bemerkenswert, denn über das dahinterstehende Entsprechungsdenken können überhaupt keine Zweifel bestehen.

Was die Korrespondenzenliste im ApokrJoh angeht, so kann die Anzahl der Körperteile nur indirekt erschlossen werden, da der Text diverse Widersprüche und Lücken aufweist. Aus diesem Grunde ist es nicht verwunderlich, daß in der Forschung sowohl die Zahl 70 (Tardieu) als auch die Zahl 73 (Nagel, Layton) gehandelt wurde. F.J. Quack brachte allerdings überzeugende Argumente dafür vor, daß wir es vermutlich mit 72 Körperteilen zu tun haben.[139] Wenn

---

[135] NHC II.11,4-7 (*NHL* 111). Die fünf anderen genannten Archonten könnten die „echten" Planeten, also ohne die Gestirne Sonne und Mond, sein; vgl. A.J. WELBURN: „The Identity of the Archons in the ‚Apocryphon Johannis'", in: *VigChr* 32 (1978), 241-254.
[136] NHC II.11,22-24 (*NHL* 111).
[137] NHC II.15,13-29 (=IV.24,2-21).
[138] NHC II.15,1-14 (*NHL* 113).
[139] QUACK 1995, 98 Anm. 8; dort finden sich auch die Nachweise der anderen Theorien, auf die hier nicht weiter eingegangen werden kann.

man weiter überlegt, auf welcher religionsgeschichtlichen Basis jene Zuordnungen vorgenommen wurden, lassen sich erneut unterschiedliche Bereiche ins Spiel bringen. A. Böhlig plädierte für eine griechische Schulmedizin, da die Reihenfolge der Körperteile Ähnlichkeiten aufweist,[140] P. Nagel dagegen möchte ägyptische Gliederlisten als Quelle annehmen,[141] während M. Tardieu davon ausgeht, das zugrundeliegende „Buch des Zoroaster" und seine Mikro-Makrokosmos-Vorstellung gehe auf Platons *Timaios* und die ionische Naturphilosophie zurück.[142] T. Onuki sucht den Ursprung ebenfalls in der antiken Philosophie, diesmal allerdings im Kontakt zwischen der Stoa und eigentlich fremdem Gedankengut.[143]

F.J. Quack macht dagegen geltend, daß die im ApkrJoh begegnenden Zuordnungen vermutlich auf ägyptische Texte zurückgehen, die eine *Gliedervergottung* zum Inhalt haben. Derartige Körperlisten sind bereits früh belegt[144] und finden sich an exponierter Stelle, etwa im Totenbuch Spruch 172.[145] Diese Theorie hat allerdings das Problem zu lösen, daß sich die Zahl 36 nur durch Emendationen einiger spärlicher Papyri konstruieren läßt,[146] so daß Quack einräumen muß: „Insgesamt läßt sich aus dem verfügbaren Material derzeit keine sichere Schlußfolgerung ableiten", um gleich hinzuzufügen: „Auf sehr viel sichererem Boden steht man dagegen ab der hellenistischen Zeit in der griechisch überlieferten astrologischen Literatur".[147] Durch diese Einschränkung entfällt allerdings auch die Profilierung der Theorie Quacks gegenüber den Vorgängermeinungen, die er zu widerlegen versucht. Die Schwierigkeit, hier zu einer einvernehmlichen Lösung zu gelangen, liegt nämlich in der schlichten Tatsache, daß uns diesbezüglich unvermischte ägyptische Lehren, sollte es sie überhaupt gegeben haben, nicht bekannt sind. Die astrologische Ausarbeitung des älteren Gutes hob erst an, als Ägypten in ein Gespräch eintrat, dem griechische Kultur seinen Stempel aufgedrückt hatte. Aufgrund dieser hohen Verflechtung der antiken Diskurse verwundert es nicht, daß jeder Wissenschafter seine

---

[140] BÖHLIG 1989, 265f.
[141] NAGEL 1979, 74; 79-81.
[142] Vgl. M. TARDIEU: *Écrits gnostiques. Codex de Berlin*, Paris 1984.
[143] ONUKI 1989, 48f.
[144] Astrale Konnotationen schwingen schon in Pyramidentextsprüchen des dritten Jahrtausends mit; vgl. QUACK 1995, 109.
[145] QUACK 1995, 104-111.
[146] PBerlin 3027 rt. 3,6-5,1 sowie vs. 4,8-5,6; PChester Beatty VII und Par. Weitere Nachweise bei QUACK 1995, 110f.
[147] QUACK 1995, 111.

"Spezialgebiete", seien diese nun in Griechenland oder Ägypten angesiedelt, im ApokrJoh wiederfinden kann. Solange es keine konkreten, d.h. wörtlichen Übereinstimmungen gibt, müssen wir uns mit der Feststellung begnügen, daß man damals ganz offensichtlich an religiösen Sprachspielen teilnahm, deren Vorläufer und Einzellinien weder von den Menschen in der Antike noch von der heutigen Forschung zweifelsfrei eruiert werden können.

Gibt es möglicherweise solche konkreten Parallelen, die uns den historischen Hintergrund des ApokrJoh erhellen könnten? Um diese Frage zu beantworten, bietet sich in erster Linie eine Untersuchung der *Dekannamen* an, die mit den Körperteilen verbunden werden. Eine umfangreiche Liste dieser Art hatte Gundel bereits 1936 (S. 77-81) vorgelegt, für den Nag-Hammadi-Text erarbeitete Quack eine synoptische Übersicht.[148] Im Ergebnis bestätigt sich prinzipiell die Einschätzung Gundels, daß eine frühere Einheitlichkeit der Lehre – sofern man eine solche unterstellen darf – im Laufe der Zeit ausfaserte, so daß die einzelnen Autoren zwar noch in Kenntnis gewisser Namen, aber ohne Rücksicht auf überkommene Strukturen ihr Wissen niederlegten.[149]

Wenn beispielsweise NHC II.16,7 *Evanthen* als Regent des linken Unterarms genannt wird, so erinnert dies durchaus an TestSal und den dortigen Regenten des zweiten Dekans Schütze, ενανθα, wobei nur υ und ν vertauscht wurden. Quack nennt ferner PGM IV, 234 (αυαντου) und schlägt als ägyptische Wurzel *i:wn cw* „der den Berg geöffnet hat" vor.[150] Für den im Anschluß genannten *Krys*, der den rechten Unterarm regiert, kann ebenfalls auf TestSal zurückgegriffen werden, heißt doch der erste Dekan Widder dort ρυαξ, PGM XIII, 987 wiederum kennt den Namen ριξω.[151] Man sieht hier leicht, wie kompliziert sich ein Vergleich der Traditionen gestaltet, denn im letzten Beispiel könnte man ebenso folgern, TestSal liege mit PGM auf einer Linie, während die Veränderung im ApokrJoh doch als erheblich zu betrachten ist.

Immerhin machen es die etymologischen Verwandtschaften der Namen im ApokrJoh mit altägyptischen Vorläufern, so schwierig diese im Einzelfall zu verifizieren sind, wahrscheinlich, daß die Nag Hammadi-Schrift Elemente integrierte, die im Land am Nil beson-

---

[148] Vgl. Quack 1995, 114-119.
[149] Zur Ausdifferenzierung vgl. Gundel 1936, 71ff. S. auch oben Kap. VI.4.1.1.
[150] Quack 1995, 115.
[151] Vgl. ebda mit ägyptischer Parallele, die Quack auch für das TestSal als Vorläufer geltend machen will.

ders gepflegt wurden. Unter lokalgeschichtlichen Aspekten erscheint eine solche Feststellung ohnehin banal, da es sich hier schließlich um eine ägyptische Schrift handelt. Parallel zu diesem Befund konstatiert Quack weiter, es sei eindeutig,

> daß die Dekannamen nicht so sehr den Formen bei Hephaistion entsprechen, der normalerweise die ägyptischen Urbilder am treuesten bewahrt. Näherstehend sind Formen des Firmicus Maternus, der hermetischen Tradition, des Testamentum Salomonis und gelegentlich auch die magischen *Nomina barbara*. Dies dürfte für die Bewertung der Quelle nicht unwichtig sein. So schwierig auch die jetzige Überlieferungslage alle Schlüsse macht, kann man doch vermuten, daß die Quelle ihre Namen nicht unmittelbar aus einer ägyptischen Überlieferung hat, sondern von einer bereits griechisch überlieferten ‚hermetischen' Vulgata der hellenistischen Zeit abhängt.[152]

Dieser Einschätzung wird man sicherlich zustimmen können, da sie die Dimension des *Austausches* von althergebrachten Traditionen in den Mittelpunkt der Betrachtung rückt. Hier nähert sich Quack einer pragmatischen Position an, die im religiösen Diskurs ihr eigentliches Forschungsgebiet entdeckt. Umso unverständlicher ist deshalb die These Quacks, die zugrundeliegende Schrift der Erschaffung des Menschen im ApokrJoh, das „Buch des Zoroaster", sei

> ein mutmaßlich griechischer, aber in Ägypten abgefaßter und auf ägyptischen Vorstellungen beruhender astrologischer Text [...], der von den Salmeschiniaka beeinflußt sein könnte. Er gehört möglicherweise in den Umkreis des Teukros von Babylon.[153]

Eine solche Konstruktion der Abhängigkeiten einzelner Schriften untereinander bewährt sich an den relevanten Texten nur punktuell, ebenso wie alle anderen Theorien auch. Bestimmte astrologische Lehren zirkulierten in der römischen Welt in einem Ausmaß, das die eindeutige Zuordnung praktisch unmöglich macht. Jene Lehren konstituierten in den verschiedenen Kulturräumen allerdings unterschiedliche *Sprachspiele*, deren Regeln von der jeweiligen religiösen, politischen, sozialen, mithin *lokalen* Situation geprägt wurden.

Diese Sichtweise erklärt die diversifizierten astrologischen Einzellehren der antiken Dokumente, ohne allerdings die eine gegen die andere ausspielen zu wollen. Und indem der *Einzelfall* als lokal geprägtes Phänomen seine Bedeutung zurückerhält, entschlägt man sich nicht der Möglichkeit, gewisse Traditionen herauszuschälen, die bei-

---

[152] QUACK 1995, 120.
[153] QUACK 1995, 121.

spielsweise auf eine ägyptische Linie hindeuten. Die Dekanlehre etwa verweist in ihren Ursprüngen auf sehr alte ägyptische Auffassungen, die Ausformung zu einer Dekan*melothesie* indessen ist das Produkt einer intensiven Begegnung mit einem weiteren kulturellen Umfeld.[154] Wir hatten schon gesehen, daß Alexandria ein besonderer Brennpunkt jener Begegnung gewesen ist, und die Zuordnungen, wie sie im TestSal vorgenommen wurden, wären ohne die gegenseitige Befruchtung der Kulturen nicht zustande gekommen.[155] Anstatt also singuläre Stränge der astrologischen Tradition zu isolieren, deren Einzelexistenz nicht nachweisbar ist, empfiehlt sich m.E. die Beschreibung besonderer *Makroformen* im Sinne P. Schäfers.

Betrachtet man unter dieser Vorgabe das ApokrJoh, so stellt man fest, daß es derselben Makroform angehört wie das TestSal, nämlich einer astrologischen Zuordnung von Himmelsmächten und Körperteilen. Allerdings scheint das Sprachspiel anderen Regeln zu folgen, denn während im jüdischen Traktat die Dämonisierung der Mächte die Herrschaft Gottes anzeigt, die auf den magischen Adepten übergehen kann und medizinisch zu wirken vermag, stand im Nag-Hammadi-Text die gnostische Abwertung des materiellen Körpers bei der Übernahme der Korrespondenzen Pate. Deshalb gilt Quacks Feststellung, „[d]ie Konzentration auf Krankheit und Heilung ist sicher durch die praktische Anwendung der Lehre bedingt",[156] lediglich für die Interessenlage des TestSal, nicht aber, wie er es verstanden wissen will, für das ApokrJoh, wo von einer heilerischen Anwendung nichts zu spüren ist. Vielmehr geht es dort um *Erlösung*, nämlich die Sprengung der körperlichen Fesseln auf dem Weg zur Lichtheimat – das ist ein ganz anderes Sprachspiel, auch wenn beide Varianten magische Konzeptionen in sich bergen.[157]

3. Die Gnosis innerhalb des antiken Diskurses

Es bietet sich an dieser Stelle an, den Schwerpunkt von einer historisch-deskriptiven zu einer systematisch-vergleichenden Perspektive

---

[154] Gegen QUACK, denn eine Gliedervergottung, selbst wenn sie einmal als Vorläuferin bestanden haben sollte, ist im ApokrJoh nicht mehr nachzuweisen. Das einzige klare astrologische Moment ist die Melothesie, die wiederum erst in hellenistischer Zeit ihre Ausformung erfuhr.
[155] Die Verbindung zwischen alexandrinischem Christentum und gnostischen Gruppen ist jüngst von R. VAN DEN BROEK (1996) untersucht worden.
[156] 1995, 113.
[157] Vgl. auch GRUENWALD 1980, 109-111.

zu verlagern, wie es eben bereits im Zusammenhang mit dem TestSal angeklungen ist. Ein Blick auf die Gnosisforschung zeigt nämlich ein buntes Spektrum unterschiedlichster Positionen zum Verhältnis zwischen Gnosis – oder dem „Gnostizismus" – und den anderen antiken Religionen. Es liegt auf der Hand, daß im Rahmen dieser Untersuchung die damit verbundenen komplexen Fragestellungen nicht adäquat bearbeitet werden können. Das Ziel der folgenden Überlegungen ist deshalb lediglich darin zu sehen, gleichsam en passant die möglichen Konsequenzen zu erörtern, die sich aus der pragmatistischen Untersuchung der Einzelquellen im Hinblick auf die Kontakte der religiösen Gruppen der damaligen Zeit ergeben. Astrologische Lehrmeinungen, allgemeiner gesprochen: bestimmte typische Diskursstrategien im Umgang mit der Astrologie, können uns dabei unter Umständen wertvolle Hinweise geben. Gefragt werden soll also nach dem Beitrag der Astrologieforschung zur heftig diskutierten Debatte um die Stellung der Gnosis innerhalb der antiken Religionsgeschichte.

3.1. Gnosis und Hermetik

Die gnostischen Schriften sind mit dem Gedankengut, welches uns im *Corpus Hermeticum* entgegentritt, in mannigfaltiger Weise verschränkt. Diese Verschränkung geht so weit, daß man für gewöhnlich hermetische Traktate zur Erhellung ansonsten dunkler Hintergründe gnostischer Texte heranzieht, ohne dabei die unterschiedlichen Kontexte der jeweiligen Dokumente zu berücksichtigen.[158] Gegen ein solches Verfahren ist im Grunde nichts einzuwenden, solange man sich bewußt bleibt, daß die Ähnlichkeiten auf prinzipieller Ebene nicht notwendig eine Übernahme hermetischer Einzellehren in gnostisches Christentum (oder umgekehrt) implizieren. Wir haben stets mit der Möglichkeit zu rechnen, daß hermetische Schriften im gnostischen Kontext eine Umwertung und Neudeutung erfuhren, die einer Spezialisierung und Individualisierung Vorschub leisteten.

Deshalb gilt es zu unterscheiden zwischen einer *Metastruktur* gnostischen Denkens und deren *Ausformulierung* im jeweiligen religiösen Zusammenhang. Die übergeordneten Eigenschaften gnostischen Denkens, wie es im sog. *Gnostizismus* nachweisbar ist, lassen sich mit K.-W. Tröger in vier Punkten zusammenfassen:[159] (1)

---

[158] Vgl. als Beispiel die Darstellung der „Erlösungs- und Erlöserlehre" bei RUDOLPH 1990, 132ff, wo CH und NHC als sich gegenseitig stützende Belege herangezogen werden.

[159] Vgl. TRÖGER 1971.

Die himmlische Heimat und der göttliche Ursprung des Menschen, (2) die göttliche Natur des Menschen, (3) die Möglichkeit einer Rückkehr des Menschen in seine Heimat und (4) Erlösung durch Gnosis. Wir haben es also mehr mit einer religiös-philosophischen Geisteshaltung zu tun als mit einer konkreten Manifestation innerhalb religiöser Wirklichkeit. Dieser Umstand führt dazu, daß wir „gnostische" Tendenzen in weiten Teilen der römischen Welt antreffen, nicht nur in ägyptischen Zirkeln, welche für die Hermetika verantwortlich zeichnen, sondern auch bei hellenistischen und römischen Philosophenschulen, in antiken Mysterienkulten und schließlich in bestimmten jüdischen und christlichen Gruppierungen. Durch eine solche Universalisierung der Definition verschwimmen die beachtlichen Unterschiede einzelner Lehren,[160] und es stellt sich die methodische Frage nach dem Nutzen einer derartigen Metastruktur.

Aus pragmatistischem Blickwinkel besteht die Relevanz der Metastruktur darin, daß sie uns bestimmte Diskurseigenschaften erhellt, die in der antiken Welt zirkulierten. In diesem Sinne ähnelt sie der *Makroform*, nur daß letztere sich auf Texte bezieht, erstere dagegen auf Denkformen und Dialoge. Das methodische Problem besteht demnach nicht in der *Untersuchung* der Meta- oder Makrostruktur, sondern in ihrer *Verwechslung* mit der ihr untergeordneten Ebene der konkreten Textgestalt. Dies sei an einem für unser Thema entscheidenden Beispiel verdeutlicht: Ich habe wiederholt dafür plädiert, das *Entsprechungsdenken* als zentrales Merkmal antiken Umgangs mit der Astrologie herauszustellen, das zu einem ganz bestimmten Blick auf die Wirklichkeit führt. Mikrokosmos und Makrokosmos gehören in diesem Denken zueinander, sie spiegeln sich gegenseitig. Die mit dem Entsprechungsdenken historisch einhergehenden Diskursstrukturen sind wiederum durchaus unterschiedlich, was anhand der kulttheologischen sowie der magisch-mystischen Argumentation gezeigt werden konnte.[161]

Wenn wir nun die Metastruktur verlassen und uns den konkreten Formen dieses Denkens zuwenden, so finden wir schon in frühester Zeit, nämlich in babylonischer Kulttheologie, die Idee der Entsprechung zwischen himmlischer und irdischer Welt vor, die geradezu als Grundmerkmal vorderasiatischer Tempeltraditionen anzusprechen ist. Wenn man nun in Qumran ähnliche Gedanken pflegte und Philo von Alexandria über die mystischen Dimensionen des Tempels nachdachte, so sind diese jüdischen Quellen *inhaltlich* keineswegs

---

[160] Zur Kritik an TRÖGER in diesem Punkt vgl. GRESE 1979, 50-55.
[161] Zur zusammenfassenden Deutung der Diskursstrukturen s.u. Kap. XII.

abhängig von babylonischen Kulttheologien, sondern partizipieren an einer vergleichbaren Diskursstruktur.

So einleuchtend dieser Befund im genannten Beispiel ist, so wenig wird die Trennung der Ebenen beachtet, wenn es um die Herleitung des Entsprechungsdenkens aus dem ägyptischen Erbe geht. Es stellt nämlich ein schlechterdings sinnloses Unterfangen dar, die Ursprünge von Metastrukturen ergründen zu wollen, etwa der Idee von *Mikrokosmos und Makrokosmos*. J.F. Quack versucht eben dies durch den Verweis auf die früh anzutreffende Gliedervergottung, wobei er sich auf namhafte Ägyptologen berufen kann. Er folgert: „Am ägyptischen Ursprung der Mikrokosmosidee wird also schwerlich zu zweifeln sein".[162] Ohne die ägyptischen Beiträge zur philosophischen und religiösen Reflexion über eine solche Idee herunterspielen zu wollen,[163] wird man doch sagen müssen, daß von einer „Erfindung" oder auch nur „Geburt" der Idee der Entsprechung in Ägypten keine Rede sein kann. Schließlich liegt dasselbe Prinzip beinah *jeder* sakralen Architektur zugrunde, nicht nur im Kontext der antiken Religionen.[164] Der kulttheologische Zusammenhang ist überdies nicht der einzige Nährboden für die Mikrokosmosvorstellung: ein Blick auf die Lehre der *Quattuor Humores* zeigt eindeutig, daß schon im fünften vorchristlichen Jahrhundert griechische Ärzte und Philosophen die Entsprechung zwischen Welt und Mensch zu systematisieren begannen. Dabei kam Empedokles (483/82–424/23) eine besondere Rolle zu.[165]

Auch wenn also keine frühe Kultur die Erfindung des Entsprechungsdenkens für sich reklamieren kann, ändert sich das Bild, sobald wir die *Ausgestaltung* jener Idee zu einem umfassenden Denkentwurf betrachten. Nun zeigt sich nämlich, daß der Anteil Ägyptens an der Ausformulierung der Mikrokosmosvorstellung erheblich ge-

---

[162] QUACK 1995, 112.
[163] Dies wird heute allgemein anerkannt; vgl. die Literatur bei QUACK 1995, 113 Anm. 94.
[164] Man denke etwa an die bronzezeitlichen Kreisbauten von Stonehenge oder die erst jüngst entdeckten elliptischen Anlagen im bayerischen Meisternthal, die auf den Beginn des fünften vorchristlichen Jahrtausends datieren und ein vollkommenes Abbild der Sonnenwenden liefern. Damit stellen sie die ältesten Bauten (kult)kalendarischer Art weltweit dar.
[165] „Man sieht, daß Empedokles die Einheit von Makrokosmos und Mikrokosmos fest – beinahe zu fest – begründet hat (denn Mensch und Welt bestehen aus den gleichen Grundstoffen) und daß er auch schon den Versuch unternimmt, eine systematische Beziehung zwischen körperlichen und geistigen Momenten nachzuweisen, mit anderen Worten, eine psychophysiologische Charakterlehre aufzustellen" (KLIBANSKY/PANOFSKY/SAXL 1990, 43).

wesen ist; hierfür können die Hermetika als klarer Beleg angeführt werden, da sie sich nicht allein aus griechischem Gedankengut herleiten lassen. Weil wir uns allerdings bereits wieder in griechischer Zeit befinden, ist eine klare Trennung der Einzeltraditionen kaum noch möglich,[166] zumal auch die antiken Autoren daran keinerlei Interesse zeigten. Immerhin hätte das, was wir heute *hermetisierend* nennen, ohne die systematisierende Arbeit platonisch beeinflußter Ägypter nicht entstehen können.

Was für die Hermetik insgesamt gilt, trifft auch auf ihr Verhältnis zur Gnosis zu. Viele Ähnlichkeiten beziehen sich auf die Metaebene, während konkrete Übernahmen wesentlich seltener sind.[167] Bevor wir uns der astrologischen Fragestellung zuwenden, sei deshalb an die Aussage G. Fowdens erinnert:

> It is possible [...] to find parallels in Christian gnosticism for much of what we read in the Hermetica. There are indeed passages in the philosophical Hermetica that suggest a real intellectual kinship [...]. But more often the parallels are suggested by ideas that are undeniably current in Christian gnosticism, but not exclusive to it [...]. It would be a mistake, then, to imagine that Christian gnosticism either substantially influenced Hermetism, or can be used to illuminate it, except by way of general analogy. What can be asserted is that Hermetism represents the sort of pagan intellectual milieu with which Christian gnostics could feel that they had something in common.[168]

Die Astrologie – und damit kommen wir zur Ausgangsfrage dieses Kapitels – findet ihren Ausdruck im hermetischen Korpus insbesondere im Zusammenhang mit Seelenlehre, Kosmologie und Heimarmene. Ähnlich wie in Nag Hammadi gehört es zu den Grundannahmen der Hermetik, daß sich die Seele, die noch immer einen göttlichen Funken in sich trägt, durch die sieben himmlischen Sphären absteigend auf der Erde inkarnierte und dort den Gesetzen der Archonten, also der Heimarmene,[169] unterworfen ist, von der sie sich kraft der Erkenntnis ihres Zustandes – *gnôsis* – zu befreien ver-

---

[166] Neben Ägypten haben pythagoräische Philosophie und Stoa das Ihrige zur Entwicklung der Mikrokosmosvorstellung beigetragen.
[167] Als ein Beispiel dafür, wie man ohne jegliche Rücksichtnahme auf historische Zusammenhänge die philosophische Metaebene behandeln kann, vgl. R. LIEDTKE: *Die Hermetik. Traditionelle Philosophie der Differenz*, Paderborn 1996, 66-72. Liedtkes „assoziative" und „interpretative" Reduzierung hermetischen Denkens und seine „Verdichtung" hin „zu einer genaueren Bestimmung von Hermetik" (ebda. 42) durch den Blick auf die Gnosis ist gänzlich inkompatibel mit der von mir vorgeschlagenen Methodik.
[168] FOWDEN 1993, 113f.
[169] Vgl. *Poimandres* CH I, 9.

mag.[170] Die Erlösung des Menschen aus den Fesseln der Materie und sein Wiederaufstieg in die Lichtheimat geht einher mit konkreten ethischen Forderungen, an die sich der Adept zu halten hat.[171]

In der Beschreibung des Seelenaufstiegs durch die sieben Sphären im *Poimandres* wird die Ähnlichkeit mit gnostischen, aber auch jüdischen, persischen und hellenistischen Aufstiegsszenarien deutlich:

> Und auf diese Weise steigt er (der innere Mensch)[172] schließlich nach oben durch die Himmelsharmonie, und der ersten Zone gibt er die Kraft des Wachsens und die Anlage des Verfallens, der zweiten das Mittel zum Bösen, die List, die ohne Wirkung geblieben ist, und der dritten Zone den Betrug aus Begierde, da ebenfalls ohne Wirkung, und der vierten die Herrscherpose, auf deren Vorteil er verzichtete, der fünften den unfrommen Eifer und den tollkühnen Frevelmut, der sechsten die schlechte Gier nach Reichtum, die ohne Wirkung geblieben ist, und der siebten Zone die hinterhältige Lüge. [26] Und dann, befreit von den Wirksamkeiten der Himmelsharmonie, kommt er (der innere Mensch) in die achte Natur und hat (nur noch) sein eigenes (geistiges) Vermögen und besingt mit den (wahrhaft) Seienden den Vater. Es freuen sich aber alle, die dort sind, über sein Kommen; und nachdem er denen, zu denen er nun gehört, gleich geworden ist, hört er auch noch andere Kräfte, die sich oberhalb der achten Natur befinden, mit süßer Stimme Gott besingen. Und dann steigen sie in geordnetem Zuge zum Vater auf und übergeben sich selbst den Kräften und, zu Kräften geworden, gehen sie in Gott ein. Dies ist das selige Ziel für die, die Erkenntnis erlangt haben: vergöttlicht zu werden.[173]

Dieser Passus kann als Schlüsselstelle betrachtet werden für die hermetische Haltung zur Erlösung des Menschen aus der Macht der Heimarmene, Ergebnis des Aufstiegs durch die kosmischen Sphären und die bestandenen Prüfungen. Auch das Verschmelzen mit Gott kommt hier unumwunden zur Sprache. Der *Poimandres* spielte in der Forschungsgeschichte eine besondere Rolle, betrachtete man ihn doch als Paradigma für antike Aufstiegsbeschreibungen überhaupt; er war für manche so etwas wie ein „Urmeter", das man an andere Himmelsreisen anlegen konnte, um Einflüsse und Veränderungen zu konstatieren. Die unterschiedlichen Ergebnisse lassen sich bereits an den Schriften Richard Reitzensteins studieren, der in seinem *Poi-*

---

[170] Vgl. den Überblick bei FOWDEN 1993, 104-115.
[171] Vgl. CH I, 22; VI, 5; IX, 4; X, 9; XVI, 11; *Asclep.* XI, 29 mit NHC VI.6,56f. 62,28-33.
[172] Das Subjekt des Satzes ist unbestimmt. NOCK/FESTUGIÈRE 1946–1954 übersetzen „l'homme".
[173] CH I, 25f (CHD I, 19f); s. auch COPENHAVER 1992, 6.

mandres (1904) noch einen ägyptischen Hintergrund der Lehre in Rechnung stellte, um gut zwanzig Jahre später Ägypten gegen Persien auszutauschen. Die Urform des hermetischen Traktats machte er nun in einer verlorenen Schrift des Avesta aus, dem *Damdaδ-Nask*, das er ins fünfte vorchristliche Jahrhundert datierte.[174]

In der Tat wären die zoroastrischen Texte, sofern ihre Datierung gerechtfertigt ist, die frühesten Bezeugungen des genannten Motivs. Und die Rolle der Engelklassen – der „Geister der Firmamente" – in 4Q405[175] kam in ihrer mystischen Überhöhung des irdischen Kultes jener Motivik ebenfalls recht nahe, was ein Einströmen iranischen Gedankenguts nach Westen zusätzlich wahrscheinlich macht. Allerdings zeigte sich im Zusammenhang mit Qumran auch schon, daß von einer schlichten Übernahme keine Rede sein kann, daß vielmehr die jüdische Religion lediglich solche Gedanken absorbierte, die auch im eigenen Kontext hätten entstehen können. Im Zuge der Absorption veränderte sich das Gedankengut und konnte als traditionelle jüdische Lehre aufgenommen werden.

Etwas ähnliches müssen wir auch für Hermetik und Gnosis konstatieren: Die Frage nach dem Ursprung der Ideen ist eigentlich von untergeordnetem Interesse, wenn man die spezifischen *Unterschiede* in den Mittelpunkt der Betrachtung rückt, die uns in die Diskussionen jener Zeit hineinführen. Denn während in Qumran eine Verschmelzung mit dem Göttlichen völlig außerhalb des religiösen Interesses lag, gewinnt diese Dimension im hermetischen Kontext eine große Relevanz.[176] Es ist die *innere Disposition* des Gläubigen, nicht ein von außen kommender Gnadenakt oder das kultische Geschehen im allgemeinen, der ihn zum Aufstieg befähigt. Das Ziel des Gläubigen ist demnach nicht nur Erlösung, sondern *Vergöttlichung*, wie aus der angeführten Stelle des Poimandres deutlich zu entnehmen ist. Für diese Intention ließen sich eine Reihe anderer Passagen aus CH anführen,[177] aber bezeichnenderweise auch aus Nag Hammadi. So heißt es in einem zweifelsfrei hermetischen Text: „By stages he advances and enters into the

---

[174] Vgl. R. REITZENSTEIN/H.H. SCHAEDER: *Studien zum antiken Synkretismus aus Iran und Griechenland*, Leipzig 1926, 26. Zu einem ähnlichen Ergebnis kam BOUSSET 1901 (=1960, 76): Spuren der mithräischen Anschauung des Seelenaufstiegs finden sich auch in dem „echt synkretistischen Litteraturgebiet, dem der hermetischen Schriften".
[175] S.o. Kap. IV.2.1.
[176] Wir werden im folgenden Abschnitt sehen, daß damit auch eine wichtige Abgrenzung zur Hekhalot-Mystik benannt ist.
[177] Vgl. CH I, 26; X, 7; XI, 20; XII, 1; XIII, 3. 10. 14; *Asclep.* VI, 22. Zum Thema s. DODDS 1970, 76-79.

way of immortality. And thus he enters into the understanding of the eighth that reveals the ninth."[178]

Die Tatsache, daß hermetische Traktate zu den geachteten Beständen der Bibliothek von Nag Hammadi gehörten,[179] belegt das gemeinsame Sprachspiel, das in den beiden gesellschaftlichen Gruppen gepflegt wurde. Heute geht man bisweilen von diesem Befund einen Schritt weiter und postuliert eine „absichtliche Paganisierung" eigentlich christlicher, teilweise auch jüdischer Dokumente, etwa in der These Burkerts:

> Die sogenannte Hermetik ist eine Form der Gnosis, die sich, mit dem Christentum konkurrierend, von diesem wieder distanzieren will; sie ist im wesentlichen wohl ans Ende des dritten und ins vierte nachchristliche Jahrhundert zu setzen. Sie dürfte mit der Spaltung der Platoniker in Christen und Heiden zusammenhängen, von der Porphyrios in seiner Plotinbiographie, Plotin selbst in seiner antignostischen – antichristlichen – Schrift Kunde gibt. Die hermetischen Texte leisten dann allerdings nichts mehr für den sogenannten Ursprung des Christentums, wohl aber sind sie eine Stimme im vielstimmigen Konzert der religiösen Auseinandersetzungen, die mit dem Sieg des Christentums äußerlich ihr Ende fanden.[180]

Mit Büchli und Burkert von einer „absichtlichen Paganisierung" zu sprechen, verzerrt m.E. die Intention der Autoren. Die Untersuchung der astrologischen Komponenten jener Lehren zeigen nämlich, daß wir in maßgeblichen Aussagen, nämlich in den verschiedenen Dekantraditionen, auf älteres und als genuin ägyptisch anzusprechendes Material stoßen, das keineswegs in nachchristlicher Zeit gleichsam erfunden wurde.[181] Burkert grenzt die Aussagekraft seiner eigenen These auch gleich wieder ein, wenn er schreibt:

---

[178] NHC VI.6.63,9-14 (*NHL* 326, Hervorhebung KvS). Die Acht und die Neun beziehen sich auf die über den Planetensphären befindlichen, schon zum Göttlichen weisenden Himmel. Die „Hymne auf die Enneade" (NHC VI.6.59,29-32) findet sich, wie der ganze Topos überhaupt, in den Hermetika wieder, vgl. den ausführlichen Hymnus CH XIII, 17-20.

[179] Daß der Passus NHC VI.6 auf einen hermetischen Text zurückgeht, erkennen wir zusätzlich an der Nennung des Namens Hermes Trismegistos und der Formulierung, der Adept werde „die Dinge hüten, die Hermes gesagt hat" (VI.6.63,24).

[180] BURKERT 1996, 40f. BURKERT bezieht sich damit vor allem auf J. BÜCHLI: *Der Poimandres. Ein paganisiertes Evangelium. Sprachliche und begriffliche Untersuchungen zum ersten Traktat des Corpus Hermeticum* (WUNT 2.27), Tübingen 1987.

[181] Daß wir es in der Tat im römischen Ägypten mit einer komplexen Mischung alter und neuer Diskurse zu tun haben, weist FRANKFURTER 1998 nach.

Noch kaum untersucht ist, inwieweit wirklich echt Ägyptisches darin [im CH, KvS] zum Ausdruck kommt. Das späte pagane Ägypten ist, soweit ich sehe, immer noch wenig erforscht. Rechten Ägyptologen liegt diese Spätzeit fern; und doch kann man der spätägyptischen oder pseudoägyptischen Spiritualität nicht mit den alten, seit langem edierten Texten wie Pyramidensprüche und Totenbuch beikommen.[182]

Mit der Konzentration auf den Vernetzungscharakter der damaligen Diskurse kommen wir den einzelnen Textschichten vermutlich bedeutend näher, als wenn wir versuchen, die Hermetik auf christliche Traditionen zurechtzustutzen. Freilich geht mit dieser Feststellung nicht einher, einer „vorchristlichen" Gnosis oder Hermetik das Wort zu reden.

Betrachten wir die gemeinsamen Sprachspiele näher, so stellen wir fest, daß der Begriff der „Erlösung" auch in diversen gnostischen Kreisen eine Konnotation von „Vergöttlichung" hatte, wie sie aus *theurgischen* Zusammenhängen wohlbekannt ist. Während der Gnostiker in der Regel einen Aufstieg nach dem Tode anstrebt, sind auch Tendenzen erkennbar, die auf eine Vergöttlichung im Diesseits – und damit stets eine *Unsterblichkeit* – abheben.[183] Ausgehend von den *Chaldäischen Orakeln* florierte diese mystisch-magische Bewegung in der ganzen antiken Welt, um im zweiten Jahrhundert u.Z. auch Hermetik, Gnosis und Teile des Judentums zu berühren, wie S.I. Johnston in einer neuen Studie nachweist.[184] Bei der Theurgie haben wir es mit einer Religion für ausgewiesene Spezialisten zu tun, die gewöhnlich aus der intellektuellen gesellschaftlichen Elite stammen und magische Techniken pflegen, die in hohem Maße ritualisiert sind und liturgische Elemente einschließen. Eine Breitenwirkung ist ihnen deshalb nicht zuzuschreiben, wohl aber ein nicht zu unterschätzender Einfluß auf mystische Kreise jener Zeit.[185]

---

[182] BURKERT 1996, 41.
[183] Zu nennen wäre beispielsweise NHC VI.6.60,4-5; CH XIII, 1. 22 sowie *Asclep.* 41, wo es heißt: „We rejoice that you have deigned to make us gods for eternity even while we depend on the body. For this is mankind's only means of giving thanks: knowledge of your majesty" (COPENHAVER 1992, 92); diese Übersetzung trifft den Gedanken besser als HOLZHAUSENS: „wir freuen uns, daß Du die Güte hattest, uns trotz unserer Körperlichkeit ewig und unsterblich zu machen" (CHD I, 315); vgl. FOWDEN 1993, 109f.
[184] S.I. JOHNSTON: „Rising to the Occasion: Theurgic Ascent in Its Cultural Milieu", in: SCHÄFER/KIPPENBERG 1997, 165-194 (mit der maßgeblichen Literatur). Eine neue Annäherung und Kontextualisierung findet sich ferner in BERCHMAN 1998.
[185] „Both the restricted nature of the group and the chain of discipleship would have aligned theurgists with other mystics of the time such as the Hermetics,

Die Rolle der Theurgie innerhalb der gnostischen und hermetischen Schriften, auch wenn ihre Positionen nicht durchgängig beibehalten werden, wirft ein erhellendes Licht auf die aktive Haltung des Gläubigen gegenüber den himmlischen Mächten, auf eben jene Perspektive, die M. Pauen als *Selbstermächtigung des erkennenden Subjektes* bezeichnet (s.o. S. 631). Die Ermächtigung geht einher mit der Überwindung der planetarischen Schicksalskräfte, welche das menschliche Leben im Diesseits beherrschen. Da die Macht der Heimarmene aber unumstritten anerkannt wird, verlagert sich die Suche nach Überwindung auf die zukünftige *Wiedergeburt*. Ein diesbezüglich ausgefeiltes Konzept hatte Theodotus vorgelegt: Indem er die *anagenêsis* als Erlösungszustand bezeichnet, kann er sie von der *genêsis* absetzen, die noch immer den Archonten unterworfen ist. Dabei verband er die leibliche Geburt mit den Zodiakalzeichen, die Wiedergeburt aber mit den Aposteln.[186]

Einen direkten Vorläufer dieser Doktrin stellt der Traktat CH XIII dar, der einen Dialog zwischen Hermes Trismegistos und seinem Sohn Tat über die Frage der Wiedergeburt zum Inhalt hat. Tat wünscht darin nähere Auskunft über die hermetische Lehre, daß nur derjenige gerettet werden könne, der wiedergeboren worden sei (CH XIII, 1). Hermes führt daraufhin aus, daß der Mensch von den zwölf Lastern geplagt und im „Gefängnis des Körpers" gefangen gehalten wird. „Die Züchtigungen aber entweichen eine nach der anderen von dem, dessen sich Gott erbarmt hat, und so ergibt sich die Art und Weise und die Lehre der Wiedergeburt."[187] Die Herrschaft „der Zwölfen" wird durch die Ankunft „der Dekade" gebrochen, was zu einer geistigen Geburt sowie zur Vergöttlichung des Menschen führt (XIII, 10). Da Tat nicht versteht, warum die Zehn über die Zwölf triumphieren soll, wird sein Vater ausführlicher:

---

who validated themselves through affiliation with prestigious teachers, some of whom had learned their skills from the gods themselves, as well as with the way in which the magical papyri present spells as being handed down, from one individual to another. [...] Clearly, theurgy was an intellectual's pursuit, lacking any ambition to draw large numbers of adherents" (JOHNSTON a.a.O. 178).

[186] *Excerpta ex Theodoto* 25, 2; s.o. S. 654 mit der Parallele bei Priszillian.

[187] CH XIII, 7 (CHD I, 179); s. auch COPENHAVER 1992, 51. Zu beachten ist, daß hier nicht die Selbstermächtigung im Vordergrund steht, sondern der *Gnadenerweis* Gottes. In XIII, 13 heißt es weiter, die Erkenntnis werde nur jenen zuteil, „für die Gott selbst es will". Auf der Gratwanderung zwischen autonomer Erkenntnis der Wahrheit und göttlichem Heilsgeschehen gab es demnach durchaus unterschiedliche theologische Spielarten.

Diese körperliche Behausung, mein Sohn, aus der wir nun herausgetreten sind, entstand aus dem Tierkreis; und dieser besteht aus Gliedern, zwölf an der Zahl, (aber) aus einer einzigen Natur in vielerlei Gestalt zur Täuschung der Menschen. Es gibt Unterteilungen darin, mein Sohn, die in ihrem Wirken eine Einheit bilden [...]. Also ist es warscheinlich bei rechter Überlegung, daß sie sich davonmachen, weil sie von den zehn Kräften, das bedeutet von der Zehnheit, vertrieben werden. Denn die Zehnheit, mein Sohn, schafft eine Seele; Leben und Licht bilden eine Einheit, und dabei ergibt sich der Zahlbegriff Einheit aus der pneumatischen Natur. Die Einheit umfaßt also, recht verstanden, die Zehnheit, die Zehnheit aber die Einheit. [...] Darin liegt die Wiedergeburt, mein Sohn, daß man seine Vorstellungen nicht mehr im Hinblick auf den dreidimensionalen Körper entwickelt [τὸ μηκέτι φαντάζεσθαι εἰς τὸ σῶμα τὸ τριχῇ διαστατόν].[188]

Sowohl die Gleichklänge als auch die Unterschiede zwischen der hermetischen Lehre und Theodotus' valentinianischer Gnosis lassen sich aus diesem Passus extrapolieren: In beiden Fällen ist der Körper das Gefängnis, das von den zwölf Zodiakalzeichen konstituiert wird;[189] die Tierkreiszeichen stellen darüber hinaus die grobstoffliche Materie des Körpers dar, die vor dem Hintergrund gnostisch-hermetischen Denkens eine klare Abwertung erfährt zugunsten des feinstofflichen Körpers, der dem Menschen durch eine geistige Wiedergeburt zuteil wird. Die παλιγγενεσία des Hermes kommt eher einer mystischen Schau gleich, die den Dimensionen des Raumes entrückt ist,[190] die ἀναγέννησις des Theodotus fügt die Apostel als kosmische Größe hinzu, ähnlich wie Priszillian die „biblische" Zwölf damit über die „pagane" Zwölf stellend.

Man erkennt an diesem Beispiel sehr gut die Veränderung, die eine konkrete astrologisch-religiöse Lehre auf ihrer Wanderung von einem System in das andere erfahren hat. Theodotus war fest inte-

---

[188] CH XIII, 12-13 (CHD I, 181f); s. auch COPENHAVER 1992, 52.
[189] Vielleicht ist es sogar möglich, den Hinweis des Hermes auf die Verunsicherung der Menschen durch die Einteilung (διαζυγή) des Zodiaks, welche die dahinterliegende Einheit verschleiere, auf die ägyptische Dekanlehre oder die *monomoiriai* zu beziehen. Wie oben gezeigt wurde, spielte die Zuordnung zodiakaler Abschnitte zu einzelnen wichtige Rolle in der Körperteilen ägyptischen Astrologie jener Zeit. Vgl. zur Diskussion um διαζυγαί GRESE 1979, 142 Anm. 465, wo die von mir angesprochene Möglichkeit allerdings nicht erwogen wird.
[190] Zur Vielfalt der möglichen Übersetzungen vgl. GRESE 1979, 19 Anm. i sowie COPENHAVER 1992, 192. Als weitere Vergleichsstellen seien genannt: CH XII, 9; *Asclep.* 29. Vgl. auch FOWDEN 1993, 109: „It is this liberation from fate and materiality that the Hermetists thought of as ‚rebirth'".

griert in den gesellschaftlichen Diskurs über Astrologie, Schicksal und freien Willen; die hermetischen Sichtweisen und Sprachspiele kamen seinen theologischen Intentionen sehr nahe, so daß er sie ohne Schwierigkeiten in den christlichen Hintergrund zu integrieren vermochte, der sich aus der „Herabkunft des Herrn" sowie der Taufe als wesentliche Konstituenten des Heils zusammensetzte. Trotz dieser Umformungen ist Theodotus ein Zeuge für die Virulenz hermetischen Gedankenguts in gnostischen Kreisen, hauptsächlich im ägyptischen Umfeld, dem Valentin entstammte. Bardesanes von Edessa hat, wie wir sahen, zum Zusammenhang zwischen Zodiakalmächten, Heimarmene und dem menschlichen Körper eine abweichende Position vertreten; es steht aber zu vermuten, daß auch Bardesanes die hermetische Konzeption kannte, denn er räumt den Planeten nach wie vor einen Einfluß auf den animalischen Körper ein, der nun jedoch durch die *patrioi nomoi* überlagert wird (s.o. S. 658f).

3.2. Gnosis und Judentum

Nachdem M. Friedländer 1898 die These aufgestellt hatte, der Gnostizismus sei ein religionsgeschichtliches Phänomen, welches nicht aus christlichen Quellen zu erklären sei, sondern auf eine ältere jüdische Bewegung zurückgehe,[191] kam die Diskussion um das Verhältnis zwischen Gnosis und Judentum nicht mehr zur Ruhe. Die inzwischen publizierten Nag-Hammadi-Texte, aber auch die manichäischen Dokumente waren nicht geeignet, hier zu einer endgültigen Klärung beizutragen, so daß die Vermutung Friedländers von verschiedenen Wissenschaftlerinnen und Wissenschaftlern auch heute noch geteilt wird. So kommt etwa B.A. Pearson zu dem Urteil: „To be sure, it can no longer be doubted that Gnosticism, especially in its earliest forms, displays a fundamental indebtedness to Jewish concepts and traditions. The Nag Hammadi discovery has provided much new material of relevance here."[192] Als direkte Gegenposition sei auf J. Maier verwiesen, der in mehreren Publikationen zu zeigen versuchte, daß das, was gewöhnlich als „jüdische Gnosis" ausgegeben wird, sich *vollständig* aus innerjüdischen, vornehmlich kulttheologischen Entwicklungen herleiten läßt, eine Berührung mit

---

[191] M. Friedländer: *Der vorchristliche jüdische Gnostisicmus*, Göttingen 1898 (Ndr. Westmead, Farnborough 1972).
[192] Pearson 1986, 16. Vgl. auch G. Quispel: „Gnosis", in: Vermaseren 1981, 413-435.

paganen oder christlichen Ansichten höchstens als marginal zu bezeichnen ist.[193]
Im Mittelpunkt des wissenschaftlichen Interesses stehen mehrere Einzelfragen, nämlich einmal das Ausmaß und die Qualität des jüdischen Einflusses auf die Gnosis, sodann das Problem der jüdischen Polemik gegen gnostische Tendenzen, weiter die umgekehrte Einflußnahme, also vom Gnostizismus auf das Judentum, und schließlich die schon angedeutete Möglichkeit einer jüdischen Gnosis, welche den Weg bereitete für die christliche Ausformung dieser Geisteshaltung.[194] Es ist hier nicht der Ort, in extenso auf die komplexen Fragestellungen einzugehen, die hinter dieser Diskussion liegen.[195] Vielmehr gilt es zu untersuchen, ob mit Hilfe der pragmatistischen Methode einerseits und unter Zuspitzung auf die astrologischen Diskurse andererseits Beiträge zum wissenschaftlichen Gespräch geliefert werden können, die über altbekannte Positionen hinausgehen.

3.2.1. Himmelsreise in Gnosis und Hekhalot-Mystik

Im Zusammenhang mit den Sabbatopfer-Gesängen sind wir bereits auf die Frage eingegangen, inwieweit eine Verbindung zwischen der Qumranliturgie und den Hekhalot-Texten bestehen könnte.[196] Aufgrund der großen zeitlichen, aber auch funktionalen Diskrepanz zwischen den einzelnen Dokumenten wurde eine derartige Verbindung – besonders, wenn textliche Abhängigkeiten behauptet werden – als hochinteressant, gleichwohl aber auch spekulativ bezeichnet. Die Hekhalot-Mystik gehört weniger in den zadokidischen Rahmen qumranischer Theologie als in den Kontext rabbinischer Zeit mit ihren ganz eigenen Diskursen. Deshalb wurde eine Beurteilung zurückgestellt, bis der Hintergrund der religiösen Entwicklung besser ausgeleuchtet sein würde. Durch die Behandlung der gnostischen Texte haben wir erheblich mehr Einblick in die Diskurse der ersten nachchristlichen Jahrhunderte erhalten, so daß es an der Zeit ist, noch einmal auf die Rolle der Hekhalot-Mystik einzugehen.

---

[193] Vgl. MAIER 1963 sowie seine Monographie *Vom Kultus zur Gnosis*, Salzburg 1964.
[194] Vgl. GRUENWALD 1988, 221.
[195] Als Überblick vgl. E.M. YAMAUCHI: *Pre-Christian Gnosticism. A Survey of the Proposed Evidences*, Grand Rapids ²1983; K.-W. TRÖGER: „Gnosis und Judentum", in: ders. (Hrsg.): *Altes Testament, Frühjudentum, Gnosis. Neue Studien zu „Gnosis und Bibel"*, Berlin 1980, 155-168; R. McL. WILSON: „Half a Century of Gnosisforschung – in Retrospect", in: PREIßLER/SEIWERT 1994, 343-353.
[196] S.o. Kap. IV.2.1.1.

Was oben ebenfalls schon herausgestellt wurde, ist die Partizipation der Qumran-Zadokiden und der Hekhalot-Mystiker an einer gemeinsamen Diskursstruktur hinsichtlich der Astrologie, nämlich einem ausgeprägten Entsprechungsdenken, was die irdische und himmlische Liturgie anbelangt. Stand aber in Qumran der Tempelkult, bzw. dessen Ersatz durch die *Jachad*-Liturgie im Vordergrund, verschob sich in rabbinischer Zeit der Akzent auf *Israel* und den zwischen den Ebenen vermittelnden Hekhalot-Mystiker. Die *Struktur* läuft also durch die Jahrhunderte hindurch, ändert allerdings im Laufe der Zeit ihre konkrete Ausformulierung. Deshalb ist es berechtigt, wenn J. Maier die Behauptung einer „jüdischen Gnosis" zurückweist und darauf aufmerksam macht, daß sich die wesentlichen Merkmale der gnostischen „Himmelsreise" aus einer innerjüdischen Entwicklung, nämlich aus dem Kult heraus, erklären lassen.[197] Allerdings darf bei dieser Darstellung nicht übersehen werden, daß die Hekhalot-Mystiker sich nicht nur in eine innerjüdische Traditionslinie – gleichsam ein „Gespräch mit den Alten" – eingebunden fühlten, sondern in mindestens ebenso starkem Maße in die theologischen Meinungen ihrer Zeit involviert waren, seien diese nun rabbinisch, christlich oder pagan. Wir haben also neben der jüdischen Kulttradition auch mit Reflexionen zeitgenössischer Theologien zu rechen, ein Umstand, den Maier nicht ausreichend ins Kalkül zieht.

Vergleicht man unter dieser Vorgabe die in Frage kommenden Texte, so fällt ein gewichtiger Unterschied ins Auge: Die gnostischen Aufstiegsszenarien tragen stets einen *Erlösungsaspekt*, und zwar auf einer ganz individuellen Ebene, in sich. Der Hekhalot-Mystiker dagegen sieht sich in der Funktion Israels, dessen Stellvertreter er vor Gott ist. Diese grundsätzliche Verschiedenheit impliziert ein weiteres, nämlich den *temporären* Charakter der Himmelsreise des Hekhalot-Mystikers, der in scharfem Kontrast steht zur endgültigen Erlösung des Gnostikers. Darüber hinaus gilt es die andere Bewer-

---

[197] Im einzelnen nennt MAIER vier Merkmale: „1. Die Konzentration des Interesses auf den thronenden Gott (auch bei kosmologischen Ausführungen) als Zentrum und Ziel. 2. Der temporäre Charakter des Aufstiegs aus eigener Initiative und die Zweckgebundenheit dieses Unternehmens, ohne individuell-soteriologische Bedeutung. 3. Der nomistische Charakter der Diszplin, der sich aus der Parallelisierung zum Kultritual notwendigerweise ergibt [...]. 4. Der magisch-theurgische Charakter, der sich mit der Ritualisierung der Disziplin automatisch einstellte" (MAIER 1963, 39f). Auf die einzelnen Merkmale wird im folgenden einzugehen sein.

tung der Gestirne und der Dienstengel herauszustellen, die mit der Erlösungsthematik zusammenhängt. Für den *jored märkabah* sind die Engel nämlich prinzipiell gutartige Geschöpfe, deren Aufgabe darin besteht, die Unwürdigen vom Eintritt in den höchsten Himmel abzuhalten, während die Gnostiker die Engel mit den vom bösen Demiurgen abhängigen Archonten identifizieren.[198]

Als ein Beispiel sei hier Hekhalot Zutarti angeführt, wo R. Akiba – überhaupt ein Prototyp der Entrückungsthematik[199] – in die oberen Himmel aufsteigt, dort die ihm auferlegten Prüfungen besteht und als Belohnung den „König in seiner Schönheit" schauen darf. Daraufhin kehrt er zurück.[200] Sind diese allgemeinen Muster der Himmelsreise für die Hekhalot-Literatur beinah als ubiquitär zu bezeichnen,[201] so gibt es doch aufschlußreiche Unterschiede, betrachtet man die Details der einzelnen Makroformen. Dabei fällt nämlich auf, daß Hekhalot Rabbati Aufstiegstraditionen enthält, die von der Liebe Gottes handeln, der sich seinem Volk Israel in Gnade zuwendet. Hekhalot Zutarti indes verknüpft den Aufstieg mit der Beschwörung Gottes und seiner Diener, wodurch in diese Makroform eine theurgische Komponente Eingang findet.[202]

Mit dieser Detailbetrachtung kommen wir zum springenden Punkt, der eine vorschnelle Beurteilung der offenbar kaum vorhandenen Ähnlichkeiten zwischen Hekhalot-Mystik und Gnosis in Frage stellt. In Nag Hammadi fanden sich verschiedene Texte, welche eine Verarbeitung von Märkabah-Traditionen überaus wahrschein-

---

[198] Vgl. zu diesen Unterschieden GRUENWALD 1988, 192f.
[199] Vgl. die berühmten rabbinischen Erzählungen dazu in tChag II, 3; jChag 77b; bChag 14b.
[200] Vgl. §§ 422f (besondere Rolle R. Akibas); §§ 407-410 (Prüfungen); § 411 (Belohnung), wahrscheinlich von Hekhalot Rabbati beeinflußt; vgl. SCHÄFER 1991, 63.
[201] Dies gilt nicht nur für das Judentum, wie GRUENWALD zu Recht betont: „These heavenly ascents of the soul became almost a cultural fashion in many religious systems in the first centuries of the Christian Era, the spiritual climate of which was full of a constant exchange of religious ideas and practices. In this respect there was no substantial difference between religion, philosophy and science" (1988, 202 mit Anm. 30). Mit dieser Bemerkung kommt GRUENWALD dem Ergebnis der vorliegenden Studie sehr nahe.
[202] Vgl. §§ 335-374. Besonders deutlich wird dieser Aspekt im schwierigen Text § 420, wo der Engel MGHŠH den *jored märkaba* am Eingang zum ersten *hekhal* bedroht. Die „Tore der Errettung" werden dann vom Engel PNYYWN geöffnet, um den Adepten Huld und Gnade zu erweisen. P. SCHÄFER bemerkt dazu: „Der Text zeigt die fast untrennbare Verquickung von Aufstiegs- und Beschwörungstraditionen in *Hekhalot Zutarti*" (1991, 73 Anm. 110).

lich machen. Zu diesen zählen vor allem *Die Hypostase der Archonten* und Parallelen in *Vom Ursprung der Welt*, die I. Gruenwald in einer Analyse herausarbeitete.[203] Dort werden Jaldabaoth und sein Sohn Sabaoth genannt, den wir aus der gnostischen Kosmogonie bereits kennen.[204] Sabaoth wird dabei von Sophia und Zoe in einer Weise bevorzugt, die den Neid Jaldabaoths weckt:

> Sophia and Zoe caught him up and gave him charge of the seventh heaven, below the veil between above and below. And he is called ‚God of the forces, Sabaoth', since he is up above the forces of chaos, for Sophia established him. Now when these (events) came to pass, he made himself a huge four-faced chariot of cherubim, and infinitely many angels to act as ministers, and also harps and lyres. And sophia took her daughter Zoe and had her sit upon his right to teach him about the things that exist in the eighth (heaven); and the angel [of] wrath she placed upon his left.[205]

In *Vom Ursprung der Welt* lesen wir:

> And as he had authority, he made himself first of all a mansion. It is huge, magnificent, seven times as great as all those that exist in the seven heavens. And before his mansion he created a throne, which was huge and was upon a four-faced chariot called „Cherubin." Now the Cherubin has eight shapes per each of the four corners, lion forms and calf forms and human forms and eagle forms, so that all the forms amount to sixty-four forms – and (he created) seven archangels that stand before it; he is the eighth, and has authority. All the forms amount to seventy-two. Furthermore, from this chariot the seventy-two gods took shape; they took shape so that they might rule over the seventy-two languages of the peoples. And by that throne he created other, serpent-like angels, called „Saraphin," which praise him at all times.[206]

Was an diesen Passagen zunächst einmal erstaunt, ist die Bedeutung und Ausschmückung des Thronwagens, die jener in der Hekhalot-Mystik sehr nahekommen.[207] Nach der „klassischen" Tradition steht der Thronwagen im siebten, also höchsten Himmel, wobei in der Regel nicht von „Himmel" gesprochen wird, sondern von הכל/

---

[203] „Jewish Merkava Mysticism and Gnosticism", abgedruckt in GRUENWALD 1988, 191ff.
[204] S.o. S. 635.
[205] NHC II.4,95,19-35 (*NHL* 168).
[206] NHC II.5,104,31-105,19 (*NHL* 176). Auf die 72 Götter werden wir unten zurückkommen.
[207] Auch der „Vorhang zwischen oben und unten" erinnert deutlich an die Beschreibungen des Allerheiligsten in jüdischen Spekulationen.

Palast.²⁰⁸ Der Begriff רקיעים/Himmel ist aber sowohl in 3Hen²⁰⁹ als auch in *Reʿujjot Jechezqʾel*²¹⁰ sehr gut belegt. Jene „Visionen Ezechiels" enthalten Beschreibungen der sieben Himmel, die jeder einen Thronwagen beherbergen. Der oberste zeichnet sich allerdings durch seine besondere Größe aus: „And there is also a big chariot [Hebrew: *merkava (gedo)lah*] in which God will descend to judge all the nations ... And what is its name? – The chariots [!] of fire and storm."²¹¹

Nicht nur für die „große Märkabah", sondern auch für den viergesichtigen Thronwagen und die Zahl 64 lassen sich Parallelen aus der Hekhalot-Literatur beibringen,²¹² so daß Gruenwald mit guten Gründen das Resümee zieht: „[T]hus, it seems very likely that some of the Gnostic writers were indeed familiar with certain aspects of the Merkavah tradition, while the opposite, that is, the adaptation by the Merkava mystics of specific Gnostic doctrines, cannot so easily be proved."²¹³

Als Zwischenbilanz können wir somit ein positives und ein negatives Ergebnis festhalten: Die jüdischen Spuren in den gnostischen Texten von Nag Hammadi gehen über zufällige Parallelen deutlich hinaus, so daß eine zumindest teilweise Übernahme konkreter Anschauungen aus der Hekhalot-Tradition – oder ihren Vorläufern²¹⁴ – als gesichert gelten kann. Damit ist aber noch nichts ausgesagt über das *Verhältnis* der beiden Gruppen zueinander, die ganz offensichtlich in theologischer und sozialer Hinsicht meilenweit auseinander lagen. Die Bekanntschaft gnostischer Christen mit esoterischen jüdischen Traditionen ist an sich schon bemerkenswert, zeigt sie doch das ungewöhnliche Flechtwerk antiker Religionsbegegnungen. Das eine aber aus dem anderen erklären zu wollen, verkennt die Art und Weise, wie solche Begegnungen abliefen, denn war erst einmal eine

---

[208] Hekhalot Rabbati spricht ausdrücklich nicht von den רקיעים/Himmeln, sondern nur von den sieben Palästen; vgl. §§ 153.157.206.245.298.322.
[209] §§ 15.21.29.33.41.42.
[210] Textausgabe durch I. GRUENWALD in: *Temirin* Bd. I, Jerusalem 1972, 103-129; s. dort Zeilen 33.39.43.45.108; vgl. auch SCHÄFER 1988, 8f.
[211] Zitiert nach GRUENWALD 1988, 198.
[212] Nachweise bei GRUENWALD 1988, 198-200.
[213] GRUENWALD 1988, 201.
[214] Man darf nicht vergessen, daß die gnostischen Quellen sicher in das zweite, vielleicht sogar erste Jahrhundert u.Z. zu datieren sind, verschiedene Ausformungen von Texten der Märkabah-Mystik aber aus talmudischer Zeit stammen. Bei konkreten Vergleichen gilt es deshalb kritisch zu prüfen, wie alt der jeweilige Passus ist.

konkrete Vorstellung in das gnostische Konzept übergegangen, so machte es eine Art Metamorphose durch und wurde aller jüdischen Attribute entkleidet, ja konnte sogar als antijüdische Waffe instrumentalisiert werden.[215]

Ferner dürfen wir mit großer Sicherheit eine „vorchristliche Gnosis" ausschließen. Vermeintlich gnostische Elemente aus dieser Zeit lassen sich weitaus besser in den Kontext von jüdischer Apokalyptik[216], Kulttheologie und Entrückungsthematik einordnen, als daß sie in irgendeiner Form als Vorläufer des Gnostizismus anzusprechen seien.[217] Wenn Übernahmen aus der jüdischen Tradition stattgefunden haben, so stammen diese nicht aus einer Art „Urgnosis", sondern eben aus Apokalyptik oder Kulttheologie.[218]

Dieses vorläufige Ergebnis wollen wir nun anhand eines weiteren konkreten Beispiels möglicher Begegnungen überprüfen – der astrologisch relevanten Zahl 72, die uns sowohl in 3Hen als auch in der Spekulation der *Shi'ûr qôma* begegnet.[219]

3.2.2. Dekanlehren in 3Hen und *Shi'ûr qôma*?

Es konnte oben gezeigt werden, daß in der römischen Kaiserzeit eine bestimmte Makroform religiöser Texte zirkulierte, die sich in jüdischen wie christlichen Kreisen großer Beliebtheit erfreute, und die

---

[215] Ähnlich A. BÖHLIG: „Der jüdische und judenchristliche Hintergrund in gnostischen Texten von Nag Hammadi", in: U. BIANCI (ed.): *Le Origini dello Gnosticismo. Colloquio di Messina 13 – 18 Aprile 1966. Testi e Discussioni* (SHR 12) Leiden ²1970, 109-140, „Es ist ganz eindeutig festzustellen, dass die Gnosis mit der Umwertung der religiösen Traditionen aus Judentum und Judenchristentum zwar Vorstellungen übernommen, aber aus ihnen Neues geschaffen hat" (139f).

[216] Hierauf hat vor allem I. GRUENWALD wiederholt hingewiesen; vgl. die verschiedenen Essays dazu in GRUENWALD 1988.

[217] Auch die zuweilen konstruierte Parallele zwischen dem Dualismus qumranischer Provenienz und gnostischem Dualismus entpuppt sich bei näherer Betrachtung als das, was sie ist: völlig unterschiedliche Konsequenzen eines im *Zeitgeist* verankerten Diskurses über Gut und Böse, ohne jede direkte Begegnung.

[218] Die Adaptationen apokalyptischer Traditionen lassen sich bis in einzelne Textgestalten hinein nachweisen; vgl. dazu A. BÖHLIG: *Mysterion und Wahrheit. Gesammelte Aufsätze zur spätantiken Religionsgeschichte*, Leiden 1968, 80ff; 119ff; 135ff; 149ff; J.-É. MÉNARD: „Littérature apocalytique juive et littérature gnostique", in: *Revue des science religieuse* 47,2/4 (=*Exégèse biblique et Judaisme*, Strassburg 1973, 301ff).

[219] Zu erinnern ist ferner an *Sefär ha-razîm* 1, 30-33 und seine Nennung der 72 – nach anderer Lesart 70 – Engel im ersten Firmament; s. dazu oben *Exkurs 3* Abschnitt 2.1.

wir unter der Rubrik *Melothesie* einordnen können. Dabei spielte der Spezialfall der Dekanmelothesie eine Rolle, die darauf hindeutet, daß wir Ägypten einen nicht unwesentlichen Einfluß auf jüdische und christliche Astrologumena einzuräumen haben. Interessanterweise lassen sich derartige Lehren auch in der Hekhalot-Literatur nachweisen. Die astrologische Spurensuche kann uns dabei möglicherweise neue Hinweise auf das Alter und die Herkunft bestimmter Texttraditionen geben.

Die Engel und überhaupt die himmlische Welt bilden einen integralen Bestandteil der Makroform des sog. *3. Henoch*. Dies verwundert nicht, bedenkt man die Vorgeschichte der Henochtradition. In keinem anderen Text der Hekhalot-Literatur wurde die Angelologie in einer vergleichbaren Weise ausgestaltet und systematisiert, wobei Henoch/Metatron unbestritten die zentrale Gestalt ist. Im Zuge dieser Systematisierung sind vermutlich verschiedene Traditionslinien ineinander aufgegangen.[220] Was die himmlische Welt anbelangt, so finden wir hier die schon genannten sieben Himmel (רקיעים), über welche die sieben Engelfürsten als Regenten gesetzt sind (§ 21). Im anschließenden Paragraphen werden die Fürsten genannt, die über die Sonne, den Mond und die Planeten herrschen und ihre Bahnen kontrollieren.[221] Für die Planeten ist RHTY'L verantwortlich, „und bei ihm befinden sich 72 Engel, groß und geehrt."[222] Dann heißt es:

Über ihnen [den Engelfürsten, KvS] sind 72 Fürsten
der Königreiche in der Höhe,
entsprechend den 72 Sprachen in der Welt.[223]
Sie alle sind gekrönt mit königlichen Kronen,
bekleidet mit königlichen Gewändern
und gehüllt in königlichen Schmuck.

Die Fürsten der Königreiche sind über den Fürsten des siebten Himmels gesetzt,[224] erweisen ihrerseits aber den Wächtern am Ein-

---

[220] Vgl. SCHÄFER 1991, 123.
[221] Die Sonne wird mit der Zahl 365.000 verbunden, der Mond aber mit 354.00, was als Anspielung auf Sonnen- und Mondjahr zu verstehen ist.
[222] Vermutlich ist der Name des Engels von *rht* „laufen" abgeleitet und weist dadurch auf den Umlauf der Planeten hin; vgl. auch § 18.
[223] § 22; Lesart nach den MSS M302, N404, O1656 und N1737. SCHÄFER gibt aus V228 „entsprechend den 70 Sprachen in der Welt".
[224] „Der Fürst des siebten *raqiaʿ*, wenn er die 72 Fürsten der Königreiche sieht, nimmt er die herrliche Krone von seinem Haupte ab und fällt auf sein Angesicht" (§ 23).

gang zum siebten הכל, d.h. zu ערבות, ihre Reverenz.²²⁵ Ergänzend bringt der Text eine lange Liste von Engeln, deren Namen meist aus Permutationen des Tetragramms bestehen, bzw. eine eschatologische Funktion aufweisen (§§ 25-29).²²⁶

Diese Kosmologie fügt sich nahtlos in die henochitische und die rabbinische Tradition ein, auch die Berührungspunkte mit gnostischen und paganen Deutungen der siebenfachen himmlischen Welt sind unverkennbar.²²⁷ Überraschend freilich sind die „72 Fürsten der Königreiche/Weltvölker", die aus jüdischem Hintergrund allein kaum hinreichend erklärt werden können, ganz im Gegensatz zur Zahl 70, welche sich mühelos aus der Apokalyptik und den Jahrwochen bei Daniel, in Qumran und anderswo herleiten läßt.²²⁸ Der Text ist an dieser Stelle nicht ganz eindeutig, doch vieles weist darauf hin, daß „[d]ie Kombination der Fürsten der 72 Weltvölker mit den Fürsten der *reqiᶜim* [...] offensichtlich sekundär [ist], da die Fürsten der Sonne, des Mondes, der Planeten und der Sterne hier fehlen."²²⁹

Auf der Suche nach jener sekundären Quelle stößt man zwangsläufig auf die Dekanlehre, die eine Beziehung zwischen einzelnen Weltvölkern und ihren himmlischen Regenten schon früh entwickelt hatte. Zu erinnern ist hier etwa an Artapanos, nach dessen Zeugnis Mose die Stadt Alexandria in 36 Bezirke aufgeteilt habe²³⁰ oder an die Dekangeographie des Bardesanes, die die weite Verbreitung letztlich hermetischer Astrologie zu bezeugen vermag.²³¹ Die Verbreitung ist nachweislich so groß, daß eine Bekanntschaft der Hekhalot-Mystiker mit dieser Tradition als gegeben vorausgesetzt werden kann.²³² Dieser Befund paßt auch zur ägyptischen Entwick-

---

[225] „Die 72 Fürsten der Königreiche, wenn sie die Wächter am Eingang des ersten Palastes in den ᶜ*aravot*, dem höchsten *raqiᶜa*, sehen, nehmen sie die königliche Krone von ihren Häuptern und fallen auf ihr Angesicht" (§ 24).
[226] Dabei können auch Anleihen bei griechischen Namensformen gemacht werden, wie etwa TTRWSYY, was Levy, *Tarbiz* 12 (1940/1941), 166 von τετράς herleitet; die auf die Viererheit des göttlichen Namens hinweisende Form findet sich überall in der Hekhalot-Literatur; vgl. § 414 mit Schäfers Anmerkung 9.
[227] Vgl. auch Séd 1981, 273f.
[228] Vgl. dazu auch J. Dan: „The Seventy Names of Metatron", in: *Proceedings of the Eighth World Congress of Jewish Studies* III, Jerusalem 1982, 19-23.
[229] Schäfer 1991, 123 Anm. 37.
[230] Nach Eusebius *Praep. evang.* IX, 27, 4; s.o. S. 661.
[231] S.o. S. 661f.
[232] Hinzuweisen ist ferner auf § 47, wo die 72 Fürsten der Welt in der göttlichen Gerichtsszene auftreten: „Wann immer der große Gerichtshof in der Höhe des ᶜ*arevot raqiaᶜ* sitzt, darf kein Geschöpf (den Mund) öffnen, außer jenen großen Fürsten, die YWY genannt werden mit dem Namen des Heiligen, er sei gepriesen. Wieviele solcher Fürsten sind es? 72 Fürsten der Königreiche,

lungslinie der henochitischen Sternkunde, die neben der palästinischen Komponente auch im 3. Henoch spürbar ist. Der sekundäre Einschub eines hermetischen bzw. ägyptischen Traktats über die Dekangeographie läßt sich vor diesem Hintergrund leicht vorstellen. Ob die Zahl 72 dabei als Verdoppelung der 36 anzusprechen ist, oder ob wir es mit der Pentadenlehre[233] zu tun haben, wird sich – wie im ApokrJoh – kaum mit Sicherheit eruieren lassen.

Wir kommen damit zu einem weiteren interessanten Traditionskomplex, der sich für einen Vergleich mit dem gnostischen Gedankengut förmlich anbietet. Es handelt sich dabei um die mystische Spekulation über das „Maß der Größe" oder auch das „Maß des Körpers", קומה שעור,[234] bei der man das Aussehen und die Größe der göttlichen Gliedmaße näher zu bestimmen suchte. Gewöhnlich datiert man die zugrundeliegenden Texte und Lehren in talmudischer, mitunter sogar erst in mittelalterlicher Zeit.[235] Das liegt in erster Linie daran, daß in jener Periode derartige Spekulationen einen großen Aufschwung erlebten und bei Maimonides und den Kabbalisten eifrig diskutiert wurden.[236] Allerdings fehlte es nicht an

---

die es in der Welt gibt, außer dem Fürsten der Welt, der zugunsten der Welt vor dem Heiligen, er sei gepriesen, spricht, an jedem einzelnen Tag, zur Stunde der Öffnung des Buches, in dem alle Taten der Welt aufgeschrieben sind, wie es heißt [Dan 7,10]: *Das Gericht nahm Platz, und die Bücher wurden geöffnet."*

[233] S.o. S. 642 mit Anm. 59.

[234] Man kann die Wurzel קום im Sinne des Hebräischen „Höhe, Größe" übersetzen, doch manche argumentieren, wir müßten die Verwendung in aramäischen Beschwörungstexten zugrundelegen, also schlicht „Körper", so etwa SCHOLEM 1991, 398 Anm. 81.

[235] Vgl. M.S. COHEN: *The Shiʿur Qomah: Liturgy and Theurgy in Pre-Kabbalistic Jewish Mysticism*, Washington D.C. 1983; ders.: *The Shiʿur Qomah. Texts and Recensions* (TSAJ 9), Tübingen 1985; P.W. VAN DER HORST: „The Measurements of the Body", in: *Effigies Dei*, Leiden 1987, 56-68; J. MAIER: *Die Kabbala. Einführung – Klassische Texte – Erläuterungen*, München 1995, 30f.

[236] Das *Shiʿûr Qômah* ist aus folgenden Texten bekannt: In der Sammlung *Märkabah Sheˡemah* ed. S. MUSAJOFF folio 30a-40a; Buch *Raziel*, Amsterdam 1701, folio 37a-38b; MS Oxford 1791, folio 58-71; ferner in einigen Genizah-Fragmenten und implizit im *Alphabet des Rabbi Akiba*. In rabbinischen Quellen und dann im Mittelalter stieß man sich zuweilen heftig an den anthropomorphen Zügen jener Tradition, die die Kabbala deshalb nicht mehr auf die Gottheit selber bezog, sondern auf die Manifestationen der Sefiroth und deren Konfigurationen; vgl. dazu J. MAIER: „Anthropomorphismen in der jüdischen Gotteserfahrung", in: W. STROLZ (Hrsg.): *Kosmische Dimensionen religiöser Erfahrung*, Freiburg 1978, 39-99; G. SCHOLEM: *Von der mystischen Gestalt der Gottheit*, Zürich 1962, 7-47 („Schiʿur Koma").

Stimmen, die für eine Frühdatierung der Tradition eintraten und dabei besonders auf den *gnostischen* Charakter dieser Lehre verwiesen.[237] Die fortschreitende Edition der Hekhalot-Literatur vermochte eine solche Haltung zusätzlich zu bestärken, so daß Gruenwald sagen kann: „[I]t appears that the *Shiʿur Qoma* belongs to the earlier phases of the *Hekhalot* literature".[238]

Wie berechtigt diese Haltung ist, läßt sich unter Rückgriff auf die astrologischen Deutungstraditionen klar belegen. Hierfür gilt es sich zunächst einen Überblick über die Spekulationen zur Größe Gottes zu machen, wie sie uns aus der Hekhalot-Tradition entgegentreten. Die Makroform *Märkabah Rabba* dürfte die früheste diesbezügliche Quelle sein. Dort fragt Rabbi Jischmael den Fürsten der Torah nach dem „Maß unseres Bildners" (§ 688), doch statt einer Antwort verzeichnet der Text ein vor allem aus Namen bestehendes Beschwörungsgebet (§ 689) sowie ein Metatron-Stück, ebenfalls aus Permutationen des Tetragramms bzw. aus traditionellen Gottesnamen bestehend (§ 690). Später folgt ein weiterer Einschub, in dem der Fürst des Angesichts – d.h. Metatron – das „Maß unseres Bildners" ankündigt, doch erneut lediglich den göttlichen Namen preist (§ 692).

Man kann an dieser Komposition erkennen, daß bis hierher eine Linie vorherrscht, die die prinzipielle Unverfügbarkeit und Unbeschreibbarkeit Gottes betont. In § 699 (MS Oxford) wird dies durch den Redaktor ausdrücklich hervorgehoben:

> Der Anblick seines Angesichts und der Anblick seiner Wangen ist wie das Maß des Windhauches und wie die Erschaffung des Lebensodems. Sein Glanz leuchtet auf und ist furchtbar aus der Finsternis heraus. Wolke und Nebel umgeben ihn, und alle Fürsten des Angesichts sind hingegossen vor ihm durch die Kraft der Gestalt seiner Schönheit und seiner Zier. Wir haben in unseren Händen kein Maß (*midda*), aber die Namen sind uns enthüllt.[239]

Neben dieser Linie, und durchaus ohne systematischen Zusammenhang eingefügt, findet sich die ausführliche Beschreibung der Glieder Gottes, der unser besonderes Interesse gilt. Der Text beginnt mit den Fußsohlen, geht über Unter- und Oberschenkel, Oberkörper, Schul-

---

[237] So stellt SCHOLEM 1991, 70 die Verbindung mit Markos heraus. Er verweist zudem auf S. GASTER: *Studies and Texts* II, 1330-1353, bes. S. 1344 (Angabe nach SCHOLEM).

[238] GRUENWALD 1980, 95 Anm. 69, unter Berufung auf die Studien von S. LIEBERMAN und G. SCHOLEM. Vgl. auch die literarische Einordnung bei SCHÄFER 1988, 28.

[239] Vgl. SCHÄFER 1991, 96f.

tern und Hals bis zum Kopf, wo Haare, Ohren, Stirn, Augen, Augenbrauen, Nase, Wangen, Lippen, Zunge und Bart einzeln genannt werden. Linke und rechte Körperhälfte wird dabei jeweils getrennt erörtert.[240] Im folgenden Passus geht die Beschreibung der göttlichen Gliedmaßen umgekehrt vonstatten, also abwärts über die Schultern, Arme, Handflächen und Finger bis zu den Zehen.[241] Die einzelnen Körperteile Gottes werden nicht nur in ihren Maßen bestimmt, vielmehr finden sich nun auch ihre genauen Namen, bisweilen auf die „höchste Stelle" des Körperteils bezogen, also sozusagen auf die charakteristische Eigenschaft.

An zwei Stellen im Text fügt der Redaktor umfangreiche Listen von Namen ein, die er offensichtlich aus einem anderen Zusammenhang übernommen hat. Die erste findet sich im MS New York zwischen „Schultern" und „Hals" und verzeichnet „70 Namen", die „auf seinem Herzen geschrieben" sind.[242] Ein Teil der Namen besteht aus Kombinationen des Tetragramms,[243] ein anderer kennzeichnet göttliche Namen und Epitetha,[244] doch für einen beträchtlichen Rest lassen sich kaum angemessene Erklärungen finden.[245] Das mag daran liegen, daß die Handschriften einem sehr späten Redaktionsstadium entstammen und zu einer Zeit kopiert wurden, als man sich der Bedeutung der Namen nicht mehr sicher war – falls eine solche Sicherheit jemals bestanden hat und nicht jeder Hekhalot-Mystiker, ähnlich wie in der magischen Tradition, seine eigenen rituell wirksamen Namen verwendete. Eine gewisse Vagheit und Flexibilität, die in der jeweiligen *Anwendung* begründet liegt, muß also in jedem Fall unterstellt werden.

§ 697 enthält einen Einschub mit der Beschreibung des göttlichen Kopfes, seiner Maße, seines Namens und der Krone auf seinem Haupt. „Hier haben wir offensichtlich eine abgegrenzte redaktionelle Einheit vor uns, denn dieses Stück schließt mit der Bemerkung

---

[240] §§ 695-699.
[241] §§ 700-704. Das abschließende Zitat Hld 5,10-16 scheint dem oberflächlichen Interesse entsprungen zu sein, die völlig abweichende Beschreibung Gottes gleichsam zu legitimieren.
[242] § 696; vgl. § 948, wo eine ähnlich strukturierte Liste zugrundeliegt. Auf die in der Überschrift angekündigten 70 Namen kommt man, wenn man den gestrichenen Namen in die Zählung von M40 einbezieht; vgl. dazu Schäfer, *Übersetzung* IV, 152 Anm. 21.
[243] YYY, YHW, HYH etc.
[244] Namen: ShDY, 'LWHYM etc.; Epitheta: TsDYQ/Gerechter, TsWR/Fels, TsB'W/Heerscharen, HChY/Der Lebendige etc.
[245] MMM, NNN, BBB, BKK, MMS, LP etc.

„Dies ist die Gestalt des YDYDYH"".[246] In § 698, eingefügt zwischen „Stirn" und „Ohren", finden wir dann die zweite Liste, bestehend aus 70 bzw. 72 *Buchstaben*, die auf die Stirn Gottes geschrieben seien. Die Überlieferung der Manuskripte ist im Hinblick auf die Anzahl der Buchstaben auch hier nicht ganz eindeutig, was auf eine allgemeine Unsicherheit der Tradition hinzuweisen scheint.[247] Denkbar wäre, daß die Redaktoren und Kopisten im Laufe der Zeit die – ältere – Linie der Zahl 72 nicht mehr recht einzuordnen wußten und die 72 deshalb mit der in jüdischer Tradition viel besser eingeführten Zahl 70 vertauschten.

Die strukturellen Ähnlichkeiten mit dem Körper der *Aletheia* bei Markos springen ins Auge, auch wenn dort die 24 griechischen Buchstaben auf lediglich zwölf Körperteile verteilt werden.[248] Für eine Kombination von heiligen Zahlen, dem göttlichen Namen und den Buchstaben des hebräischen Alphabets gibt es freilich auch Belege aus der Hekhalot-Literatur. Zu erinnern wäre hier beispielsweise an § 389, wo es vom „Siegelring" heißt:

> *Ich bin, der ich bin* (Ex 3,14),
> (der) geschrieben wird
> mit sechs Buchstaben,
> mit (sieben) Buchstaben,
> mit 22 Buchstaben,
> mit 70 Namen
> und mit sieben Heiligungen,
> (der) gesetzt ist über sechs von ihren Namen,
> (der) eingraviert ist über zwölf Steinen,
> (der) geschrieben ist mit sieben Stimmen, mit sechs mal sechs,
> und (der) gesetzt ist in (die) Zierden der Zierden
> und Wunder der Wunder.

Alle hier genannten mystischen Zusammenhänge weisen in den Diskurs der ersten nachchristlichen Jahrhunderte, spätere Überhöhungen sind noch nicht erkennbar. Eine *direkte* Parallele indes werden wir kaum eruieren können, was an der Ubiquität jener magisch-mystischen Motive liegt, welche sich dem jeweiligen Interesse der Gläubigen anzupassen pflegten. Entscheidend ist daher die *strukturelle* Parallele, die die Hekhalot-Mystiker nicht nur mit Markos,

---

[246] SCHÄFER 1991, 96 mit Anm. 26: „Von *yadid* – ‚Geliebter, Freund'; vgl. Jes 5,1; Jer 11,15; Ps 127,2."

[247] Vgl. COHEN a.a.O. (oben Anm. 235), 143 Z. 86; die 70 Namen werden auch in §§ 387, 389, 396 und 398 erwähnt. Vgl. zudem die Beschreibung § 699 mit Parallele § 356.

[248] S.o. S. 647.

sondern ebenso mit der Offenbarung des Johannes oder den Anschauungen der Gemeinde von Nag Hammadi verband.

Für die Zahl 72 können wir die ägyptischen Traditionen ins Spiel bringen, die nachweislich am Anfang der Dekanmelothesie standen. Ähnlich wie im ApokrJoh besteht die Möglichkeit, daß die ägyptische Lehre der Gliedervergottung einen Anstoß gab, das Entsprechungsdenken zwischen Körper und Himmelsteilung auch jüdischerseits zu adaptieren, zumal die *Shi'ûr qôma*-Tradition ja tatsächlich den *göttlichen Körper* in den Mittelpunkt der Betrachtung stellt. Dabei spricht einiges dafür, daß wir es hier mit der Verdoppelung der Dekane zu tun haben, indem man die linke und die rechte Körperhälfte getrennt betrachtete.

An dieser Stelle sei auf eine weitere interessante Verflechtung astrologischer Einzeltraditionen verwiesen. Die Herrschaft von *Sternenengeln* über himmlische Gefilde und ihre Anrufung zum Zwecke der Heilung von Kranken und dem Schutz der Menschen ist nämlich nicht nur in der Hekhalot-Literatur und den PGM nachweisbar, sondern auch in den jüdischen Amuletten aramäischer Provenienz. Dort werden gelegentlich Beschwörungsformeln und göttliche Namen genannt, die wörtlich in den Hekhalot-Texten wiederkehren. Als Beispiel möge ein Amulett für Theodos(i)us, den Sohn der Theodora, dienen, in dem es heißt:

[...]
4   and may they be ashamed, and chased away, and driven out of Theodosus son of Theodora, by the name of Shalom El Eloah ... in the land
4a and his servant and every deity
5   the name that ru<l>es in the heaven, Ah-in-Ah, Yah-in-Yah, and his servant ... each one, A, he who rides the clouds.
6   ... Sevi'el, Babi'el, ... He who rules over She'ol. **hh**
7   ... his servant ...
8   ... he who rules over the sun, y' '''bbb, and his servant you, you, Theon the Great.
9   Amuna Na ... Abraoth, Abla Abrasas, ... who rules, Yah, his name
    ...
10 ... Malal (?), who rules over the moon ... his servant Alam (?) ... Gananiel
[...][249]

---

[249] Amulett Nr. 22 bei Naveh/Shaked 1993, Übers. S. 75. Vgl. auch das Amulett Nr. 21 ebda.

Wir können Amuletten wie diesem das große *praktische* Interesse entnehmen, das man damals der Astrologie entgegenbrachte. Natürlich geht es hier nicht um die Deutungstradition des Sternkunde, sondern um ihre Verfügbarmachung im Alltag. Auch gegenüber den eher spekulativen Komponenten der Hekhalot-Mystik besteht eine Akzentverschiebung:

> In these instances we see the mutual dependence and interpenetration of the two types of writings, that of amulets for practical purposes and that of the theoreticians and mystics of the Hekhalot compositions. The *Hekhalot* books use the magical style of incantations and amulets, while the magic texts of Late Antiquity, for their part, were deeply impregnated by the *Hekhalot* tradition. At the same time, since magic is an ancient and conservative craft, much of its practice went on using older moulds, without explicit reference to the theoretical developments made by the authors of the *Hekhalot* texts.[250]

Zusammenfassend können wir konstatieren, daß unser oben formuliertes Zwischenergebnis bestätigt wurde: Eine Übernahme gnostischen Gedankenguts, etwa aus dem ApokrJoh, in jüdische Märkabah-Texte hat es mit Sicherheit nicht gegeben, wohl aber eine punktuelle Berührung der Nag-Hammadi-Literatur mit der frühjüdischen Mystik. Gruenwalds Erklärung für die Tatsache, „that many of the gnostic writings were in one way or another influenced by Jewish thought and beliefs", scheint dabei nur teilweise berechtigt: „Although the exact way these Jewish ideas reached gnosticism is still a riddle, one may assume that certain Jews who underwent conversion to gnosticism brought their knowledge along with them."[251] Vermutlich kann von einer „Konversion" keine Rede sein, da die Grenzen zwischen Judentum, Christentum und Gnosis im ersten, wahrscheinlich auch noch im zweiten Jahrhundert, äußerst

---

[250] NAVEH/SHAKED 1993, 19.
[251] GRUENWALD 1980, 111f. Er verweist auf die Bemerkung des Irenäus *Adv. haer.* I, 24, 6, die Gnostiker behaupteten, sie seien nun nicht mehr Juden oder Christen. Irenäus bezieht sich dabei allerdings nicht auf Konversionen, sondern auf die Tatsache, daß die gnostischen Christen ihre religiösen Überzeugungen leugnen. Die Bemerkung ist deshalb zu parallelisieren mit Epiphanius *Panarion* XXIV, 5, 4, wo es von Basilides heißt, er fordere seine Schüler auf, sich selber zu kennen, aber sich niemandem zu erkennen zu geben. Auf die Frage nach ihrem Glauben antworteten sie, sie seien „nicht mehr Juden und noch nicht Christen geworden". Daß dahinter nicht nur politische Beweggründe liegen, sondern auch eine spezifisch gnostische Esoterik, hat G.G. STROUMSA aufgezeigt: „Gnostic Secret Myths", in: STROUMSA 1996, 46-62, bes. S. 55f.

beweglich waren.²⁵² Weiterführend ist indes Gruenwalds zweite Möglichkeit:

> [...] Christian writers who were familiar with Jewish writings could have served as literary intermediaries. In any event, it is clear today that a number of Jewish ideas and concepts found their way into gnosticism, and this in spite of the fact that gnosticism totally rejected Judaism.²⁵³

Jetzt kommt der *Tagesdiskurs* in den Blick, der die Autoren der ersten nachchristlichen Jahrhunderte in ein theologisch-gesellschaftliches Gespräch einband und Antworten lieferte auf akute Fragen von Lebensentwurf und Zeitdeutung.

Dieses Bild wird durch die Untersuchung der Astrologumena im allgemeinen und der Dekanmelothesie im besonderen bestätigt, zeigen die astrologischen Hintergründe doch ein Flechtwerk spätantiker Meinungen und ein kulturelles Gespräch, das selten vor religiösen Grenzen Halt machte. Es etablierten sich auf diese Weise bestimmte Metastrukturen religiöser Weltdeutung, und sowohl 3Hen als auch die *Shiʿûr qôma*-Spekulationen können wir ohne weiteres jener Makroform zuweisen, die im TestSal und im ApokrJoh auskristallisierte. Die *Intentionen* und *Sprachspiele* haben sich allerdings auch hier wieder beträchtlich verändert, denn es geht den Autoren weder um eine Sichtbarmachung der göttlichen Herrschaft über die Dämonen und ihre medizinisch-magische Verfügbarkeit (TestSal) noch um eine Abwertung des Körpers und die Erlösung der Seele (ApokrJoh), sondern um eine Anwendung der traditionellen Entsprechungslehren auf das Ziel der mystischen Versenkung. Die magisch-theurgische Komponente der Hekhalot-Mystik weist dabei eine größere Übereinstimmung mit dem TestSal auf als mit den Schriften aus Nag Hammadi.

---

[252] S.o. die Einleitung zu diesem Kapitel.
[253] GRUENWALD 1980, 112.

X. Manichäische Astrologie

Im Netzwerk der christlichen Diskurse der Spätantike nimmt die Religion Manis (14. April 216 – 276 u.Z.) eine besondere Stellung ein. Hervorgegangen aus einer jüdisch-christlichen Matrix von Täuferbewegungen des syrischen Kulturraumes stieg der Manichäismus zu einer ernsthaften Konkurrentin der sich etablierenden Staatskirche auf, getragen von festen Strukturen und Institutionen im gesamten Römischen Reich. Die Verfolgungen der Anhänger der „Religion des Lichtes", wie sich die Manichäer nannten, nahmen im vierten Jahrhundert enorme Ausmaße an. Nur im Osten konnte sich die Religion auf Dauer halten, etwa im friedlichen Miteinander von Manichäismus, Christentum und Buddhismus entlang der Seidenstraße. Im achten Jahrhundert wurde der Manichäismus im uigurischen Reich sogar noch einmal Staatsreligion, bis im 13. Jahrhundert auch hier der Mongolenangriff zum Niedergang des Manichäismus führte. Einzelne Spuren finden sich noch aus dem 17. Jahrhundert in buddhistischen Heiligtümern Chinas.

Insgesamt kommt dem Manichäismus damit eine Bedeutung zu, die nicht nur das Bild des frühen Christentums maßgeblich beeinflußt, sondern auch auf die religiöse Interaktion von Ost und West ein markantes Licht wirft. Die wissenschaftliche Erforschung dieses komplexen Gebietes hat in den letzten Jahrzehnten große Fortschritte gemacht.[1] Das liegt vor allem an der Erschließung weiterer Primärquellen, namentlich des *Kölner Mani-Kodex* aus Ägypten, des *Tebessa-Kodex* aus Algerien sowie der jüngsten Funde von *Kellis* in der ägyptischen Dakhleh-Oase. Diese wichtigen Quellen tragen zu

---

[1] Gute Einführungen in den Manichäismus bieten H.J. POLOTSKY: Art. „Manichäismus", in: RE Suppl. 6 (1935), 241-272; M. TARDIEU: *Le manichéisme* (Que sais-je? Vol. 1940), Paris 1981; G. WIDENGREN (Hrsg.): *Der Manichäismus* (Wege der Forschung), Darmstadt 1977; RUDOLPH 1990, 352-379. Den neuesten Stand der Forschung repräsentieren LIEU 1992 und 1994 sowie MIRECKI/BEDUHN 1997. Eine ausführliche Bibliographie bietet LIEU 1992; ferner sei hingewiesen auf den *Manichaean Studies Newsletter* (ed. A. VAN TONGERLOO), der von der International Association of Manichaean Studies herausgegeben wird.

einem vertieften Verständnis der bereits länger bekannten *Turfan-Texte* und der Funde von *Medinet Madi* bei, so daß wir nicht mehr ausschließlich auf die tendenziöse Darstellung antiker christlicher Gegner angewiesen sind, um uns ein Bild von der Geschichte, der Lehre und der Organisation des Manichäismus zu machen.

Ein Hauptthema der frühchristlichen Auseinandersetzung mit der Religion Manis bestand in der Haltung zur Astrologie.[2] Dies zeigt sich nicht nur in der Polemik der kirchlichen Apologeten, sondern auch in der römischen Gesetzgebung, die im vierten Jahrhundert kaum noch Unterschiede machte zwischen Astrologen, Magiern und Manichäern.[3] Der Begriff „Manichäer" konnte auf diese Weise beinah zur Chiffre für „Astrologe" werden, ähnlich dem älteren Sprachspiel der „Chaldäer". Inwieweit eine solche Gleichsetzung gerechtfertigt ist, wird im folgenden zu untersuchen sein. Die Analyse hat – wie bereits in den vorigen Kapiteln in anderem Zusammenhang ausgeführt – ein methodisches Problem zu gewärtigen. Es stellt sich nämlich die Frage, wo die Grenzlinie zwischen „Christentum" und „Manichäismus" eigentlich verlief. Allzu leichtfertig hat die moderne Forschung die Abgrenzungsbemühungen antiker Kritiker übernommen und die astrologischen Interessen der entsprechenden Quellen der Gnosis oder dem Manichäismus zugewiesen, obwohl sie durchaus einem christlichen Kontext entspringen können.

Die Implikationen einer solchen Infragestellung älterer Grenzlinien können exemplarisch studiert werden im Zusammenhang mit *Kellis* und der Dakhleh-Oase, deren Erforschung sich noch im Anfangsstadium befindet. Die aus dem vierten Jahrhundert stammenden Dokumente zeigen eine bemerkenswerte Verflechtung christlicher und manichäischer Lehrmeinungen, wobei zuweilen lediglich die Verwendung typisch manichäischer Begriffe einen Text vom „orthodox" christlichen unterscheidet. Dies wirft ein interessantes Licht auf die Hochschätzung, die etwa die Paulus-Briefe innerhalb einer manichäischen Gemeinschaft erfuhren: Sie sind „to be regarded as having been used by the Manichaean community at Kellis, rather than as evidence for (non-Manichaean) Christian presence".[4]

---

[2] Deshalb muß es überraschen, daß bislang keine ausführlichere Darstellung der manichäischen Haltung zur Astrologie vorliegt. Einen groben Überblick geben WIDENGREN 1961, 72ff; GUNDEL 1966, 329-331; LIEU 1992, 177-179.
[3] S. dazu unten Kap. XI.2.
[4] I. GARDNER: „The Manichaean Community at Kellis: A Progress Report", in: MIRECKI/BEDUHN 1997, 161-175, S. 166.

Für die methodischen Überlegungen der vorliegenden Arbeit ist diese Einschätzung Iain Gardners sehr wichtig, zeigt sich doch einmal mehr die vielfach unterbewertete Rolle lokaler Dimensionen von Religionsbegegnungen und der Verflechtung von Diskursen über konfessionelle Grenzen hinaus. Die unvoreingenommene Sichtung des Materials zeigt, wie offen beide Religionen an ihren Rändern tatsächlich waren. So bemerkt Gardner zu einem Text über die christliche Trinität:

> How Christian the Kellis material appears at a superficial glance with its mention of the Trinity and its pious exhortations. Indeed it is Christian, but the turns of phrase and subtlety of terminology show it also and without contradiction to be a product of Manichaean faith. Perhaps this is the most important lesson, to free Manichaeology and heresiology from their own histories, and thus from a too crude conception of this as „the other".[5]

Wie wenig die lokale und diskursive Struktur der religiösen Begegnung der damaligen Zeit bisweilen zur Kenntnis genommen wird, sei ebenfalls an einem Beispiel gezeigt. Josef Sudbrack formuliert noch 1993 apodiktisch: „[W]ie wohl keine andere antike Religiosität beantwortet der Manichäismus die Grundfragen des Lebens konträr zum christlichen Ansatz."[6] Was Sudbrack mit dem „christlichen Ansatz" meint, ist allein die heutige theologische Perspektive, die es dem modernen Interpreten nach einer weithin verständnislosen Sichtung des Phänomens Manichäismus sogar erlaubt, sich dem Urteil der frühen Apologeten anzuschließen:

> Erst muß man sich mit solchen Fragen auseinandersetzen, ehe man verantwortungsbewußt [sic!] den nächsten Schritt tun darf: diese harte Askese der Manichäer zu hinterfragen und dabei auch ein Stück Sympathie mit der harten Kritik zu empfinden, die von der frühen christlichen Kirche an den Manichäern geübt wurde.[7]

Methodisch mag Sudbrack ein besonders peinlicher Vertreter der wissenschaftlichen Zunft sein,[8] die hier schlaglichtartig sichtbaren Schwierigkeiten mit der religiösen Wirklichkeit der Antike finden sich jedoch in der einen oder anderen Form in vielen, vor allem den älteren Publikationen. Deshalb ist es von übergeordnetem Interesse,

---

[5] Ebda. S. 173.
[6] G. SUDBRACK: „Vorwort" zu KOEHNEN/RÖMER 1993, 7-20, S. 8.
[7] Ebda. S. 13.
[8] Immerhin haben KOENEN und RÖMER offenbar nichts dagegen, daß das Vorwort zu ihrem ansonsten seriösen Buch dergestalt ausgefallen ist.

die Implikationen moderner Forschung, wie das Beispiel des Kellis-Materials zeigt, ernst zu nehmen:

> Certainly this material from Kellis provides access to the very life of a practising Manichaean community. They were devout followers of Mani, who is directly quoted here as the Paraclete, presumably from some canonical scripture. They would have regarded themselves as the *true church of Jesus*.[9]

Es ist mithin dasselbe zu konstatieren wie im Hinblick auf Gnosis und Christentum: In der religiösen Wirklichkeit kam es zu Allianzen zwischen Christen und Manichäern, die wir mit einer verfrühten Festlegung der theologischen Grenzen überhaupt nicht in den Blick nehmen können. Es gilt auch hier, mit einem übergreifenden Gespräch zu rechnen, welches gemeinsame und abweichende Antworten auf dieselben religiösen Fragestellungen hervorbrachte.

Im Mittelpunkt der folgenen Analysen stehen die erhaltenen Primärquellen zum Manichäismus, die uns ein recht differenziertes Bild der Astrologie innerhalb der „Religion des Lichts" liefern. Neben der „Grundschrift" Manis – auch wenn diese nicht die ipsissima vox des Stifters darstellen sollte –, also den *Kephalaia*, sind vor allem der Kölner Mani-Kodex sowie weitere, erst in jüngerer Zeit edierte Texte heranzuziehen. Das Material soll dabei in einer Weise entfaltet werden, welche die Unterschiede zwischen allgemeinen astralen Konnotationen der Lehre, die keineswegs schon astrologisch zu nennen sind – sozusagen Astrologie *in sensu lato* –, und der genuin manichäischen Sternkunde – der Astrologie *in sensu stricto* – hervortreten läßt. Um aber die Beschäftigung und die Vertrautheit Manis mit der hellenistisch-babylonischen Sternkunde in einen historischen Zusammenhang einzufügen, ist es unerläßlich, zunächst den Boden näher zu bestimmen, aus dem die neue Religion hervorgegangen ist. Es wird zu fragen sein, ob innerhalb der diversen Täuferbewegungen, namentlich unter den Elchasaiten, bereits eine Adaptation astrologischer Kenntnisse zu verzeichnen ist, die Mani dann in seine theologische Konzeption einzuflechten verstand.[10]

---

[9] GARDNER a.a.O. (oben Anm. 4), 175 (Hervorhebung KvS). Auch LIEU stellt fest: „ἐκκλησία appears to be the term used by the Manichaeans for their own community" (1994, 14).

[10] Auf einen der wichtigsten Wegbereiter Manis, den astrologisch höchst versierten Bardesanes von Edessa, ist oben Kap. IX.2.3.3. schon eingegangen worden.

1. Hintergründe und Vorläufer

Die Entstehung des Manichäismus ist nicht zu trennen von verschiedenen religionsgeschichtlichen Prozessen, die im vierten Jahrhundert das Römische Reich, vor allem aber Mesopotamien bestimmten. Die großen Schulbildungen der Gnosis im Westen waren beendet, als sich im Osten „die abschließende und konsequente Systematisierung der spätantiken Gnosis in der Form einer universalen Offenbarungsreligion mit missionarischem Charakter" vollzog, wie R. Haardt es ausdrückt.[11] Diese Systematisierung ist eingebettet in ein buntes Spektrum christlicher Gemeinschaften. Durch die verschiedenen Berichte über Mani, vor allem aber durch die sensationelle Entdeckung des Kölner Mani-Kodex, wissen wir, daß der Religionsstifter von vornehmer Abstammung war; von seinem Vater Pattikios wurde er schon als Kind in eine gnostische Täufergemeinschaft eingeführt, die sich auf einen Stifter namens *Alchasaios* beruft, wie es im CMC heißt.[12] In der Forschung ist es weithin üblich, diesen religiösen Anführer mit dem berühmten Propheten *Elchasai* zu identifizieren, der zu Beginn des zweiten Jahrhunderts in Syrien wirkte. Auch die Namen *Helkesai*, *Elkesai*, *Elxai* und *Alkibiades* sind im Zusammenhang mit den Elchasaiten überliefert worden, so daß einige Verwirrung besteht im Hinblick auf die eindeutige Zuordnung zu historischen Persönlichkeiten.

Die verbreitete These, Lehrunterschiede zwischen den Personen seien zu vernachlässigen, teilweise handle es sich vermutlich sogar um ein und dieselbe Person, so daß die Taufgemeinschaft Manis demnach als *Elchasaiten* bezeichnet werden könne,[13] ist von Gerard P. Luttikhuizen in Zweifel gezogen worden. Stattdessen betont er die Unterschiede zwischen den antiken, meist häresiologischen Berichten über die jeweiligen Personen. Dadurch ist es schwierig, zur Erklärung manichäischer Lehrmeinungen auf jene Darstellungen zurückzugreifen. Es muß stets mit gravierenden Abweichungen gerechnet werden.[14] So wichtig es ist, Luttikhuizens Warnung zuzustimmen, seine Implikationen scheinen doch an der Verflechtung der frühchristlichen Wirklichkeiten vorbeizugehen, die einen breiten

---

[11] *Sacramenta Mundi. Theologisches Lexikon für die Praxis* Bd. III, Freiburg 1969, 328.
[12] Vgl. CMC 93-97.
[13] So etwa die Herausgeber des CMC, A. Henrichs und L. Koenen, in: *Zeitschrift für Papyrologie und Epigraphik* 32 (1978), 183ff; Rudolph 1990, 355.
[14] Vgl. Luttikhuizen 1985, bes. S. 210-224.

gemeinsamen Nenner unter den diversen Taufgemeinschaften zu erkennen geben. Deshalb spricht viel dafür, mit S.N.C. Lieu festzuhalten, daß der Alchasaios des CMC zwar nicht als regulärer Gründer der Gemeinschaft anzusprechen ist, aber doch die Ähnlichkeiten zwischen verschiedenen Gruppen die Unterschiede überwiegen:

> Though none of these similarities is in itself conclusive of a definite link, they do suggest a similar Jewish Christian background between the Elchasaites and the „Baptists" of the *CMC*, especially when one takes into account Mani's one-sided representation of the teaching of a sect whose teaching he rejected.[15]

Auch wenn die personelle Vorgeschichte der Gemeinschaft, in der Mani aufwuchs, nicht eindeutig aufzuhellen sein wird, können wir von einer in Grundpositionen recht einheitlichen religiösen Matrix in den genannten Taufgemeinschaften ausgehen, die – und das ist für unser Thema besonders interessant – eine hohe Achtung *apokalyptischer Traditionen* in sich einschloß. Das wirkte sich auch auf die Vorstellung aus, Christus würde in zyklischen Perioden wiederkehren. Da dem Propheten Elchasai diesbezüglich eine breite Wirkung zu attestieren ist, erscheint es zur Ausleuchtung der manichäischen Hintergründe notwendig, dessen Auftreten kurz zu resümieren.

1.1. Elchasai

Über den zu Beginn des zweiten Jahrhunderts in Syrien wirkenden Propheten Elchasai sind wir aufgrund verschiedener antiker Zeugnisse unterrichtet. Er tritt in einer Zeit auf, die christlicherseits von starken Endzeitspekulationen geprägt gewesen ist, welche auf der zu erwartenden Parusie Christi bzw. der Bewältigung ihres Ausbleibens fußen. Weltzeitalterlehren, Kalenderfragen und eschatologische Hoffnungen vermischten sich in jenen Jahren mit astrologischen Traditionsstücken und führten zu einem Aufleben entsprechender Diskussionen innerhalb der jungen Christenheit.

Von besonders großem Interesse ist der Bericht des Hippolyt, der in weiten Teilen von Epiphanius *Pan.* IXX, 1, 4ff bestätigt wird, auch wenn letzterer den Propheten *Elxai* Ηλξαΐ nennt. Hippolyt beginnt seine Auseinandersetzung mit dem Gegner folgendermaßen:

> Über das kürzliche Auftreten des fremdartigen Dämons Elchasai [ἐπιδημία τοῦ ξένου δαίμονος 'Ηλχασαΐ]. Um seine beschränkten Irrtümer zu verbergen, beruft er sich oberflächlich auf das Gesetz, aber in

---

[15] Lieu 1994, 87 unter Bezug auf R. Merkelbach.

Wirklichkeit ist er ein Anhänger von gnostischen Lehren und auch von Astrologie und Magie [τῷ δὲ ὄντι γνωστικοῖς δόγμασιν ἢ καὶ ἀστρολογικοῖς καὶ μαγείαις πρόσκειται].[16]

Die unreflektierte Zusammenstellung und Ineinssetzung von Gnosis, Astrologie und Magie deutet bereits auf eine Intention des Verfassers hin, die stärker von Rhetorik als von der Vermittlung sachlicher Informationen geprägt ist. Die damit verbundenen Sprachspiele griffen im Laufe der Zeit immer weiter um sich und diktierten später die offizielle Haltung des christlichen Roms zur Astrologie, wie wir noch feststellen werden. Doch betrachten wir einmal die Argumentation Hippolyts gegen die Elchasaiten, die er *Ref.* IX, 16, 1-4 konkretisiert, und zwar unter Bezugnahme auf Alcibiades, den „höchst wunderlichen Interpreten" Elchasais (*Ref.* IX, 17, 2):

> Nachdem wir gelehrt haben, daß sie auch Gebrauch machen von astrologischer Täuschung [ἀστρολογικῇ πλάνῃ], wollen wir dies belegen. Er [Alcibiades, KvS] sagt nämlich folgendes: „Es gibt böse Sterne der Gottlosigkeit. Das ist von uns gesagt worden, von Frommen und ihren Schülern: ‚Hüte dich vor den Tagen, an denen sie ihre Herrschaft entfalten, unternimm keine Arbeit an den Tagen ihrer Herrschaft und taufe weder Mann noch Frau an den Tagen ihrer Herrschaft, (oder) wenn der Mond durch sie hindurchläuft und (/oder)[17] mit ihnen eine Konjunktion bildet [ὁπόταν διαπορεύηται δι' αὐτῶν ἡ σελήνη καὶ συνοδεύῃ αὐτοῖς]. Sei vorsichtig an diesem Tag, bis er an ihnen vorbeigezogen ist, und dann taufe und beginne mit den Unternehmungen deiner Arbeit. Ehre aber auch den Tag des Sabbat, denn er ist einer jener Tage. Doch hüte dich (wiederum) am dritten Tag der Woche vor Unternehmungen, denn wenn drei Jahre des Kaisers Trajan vollendet sind, von der Zeit an (gerechnet), als er die Parther seiner Herrschaft unterwarf, wenn drei Jahre vollendet sind, wird der Krieg unter den gottlosen Engeln des Nordens ausbrechen. Dadurch werden alle gottlosen Königreiche in Aufruhr geraten.'"

Der Passus erweckt den Anschein, als habe Hippolyt hier verschiedene Fragmente astrologisch-theologischer Lehren Alcibiades' bzw. Elchasais zusammengewoben. Dabei kommt es auf den ersten Blick zu einigen Widersprüchen und Sprüngen im Duktus; beispielsweise hat die Warnung vor der Zeit, während der der Mond „durch sie", also doch wohl die Zodiakalzeichen, hindurchläuft, nichts mit einer Konjunktion zu tun, die der Mond mit den Regenten jener Zeichen bilden könnte. Auch die Anbindung des Mondlaufes an die Tage, an

---

[16] *Ref.* IX, 4, 4.
[17] Zur Übersetzung „oder" s.u. Anm. 21.

denen die gottlosen Gestirne „ihre Herrschaft entfalten", ist nur durch einen Analogieschluß verständlich. Die berühmte Prophezeiung des Krieges der Engel des Nordens scheint lediglich als Begründung für die Warnung vor dem dritten Tag der Woche eingefügt worden zu sein.[18]

Deswegen empfiehlt es sich, vor einer Gesamtbewertung die enthaltenen Einzellehren jede für sich zu betrachten. Zunächst schreibt Hippolyt dem Elchasai eine in damaliger Zeit vollkommen geläufige Ansicht zu, daß nämlich die Gestirne über einzelne Tage der Woche regieren. Die Tagewählerei hängt direkt mit der Planetenwoche zusammen und gehört zum großen Gebiet der *Katarchenastrologie*, welche seit jeher im Römischen Reich en vogue war. Wir konnten bereits feststellen, daß Paulus dieser Kunst sehr kritisch gegenüberstand, während in der Apokalypse des Johannes verschiedentlich darauf rekurriert wird.[19] Elchasai hat in diesem Punkt folglich keine Außenseiteransicht vertreten, sondern lediglich ein Allgemeingut der Zeit in seine Theologie integriert. Die Taufe ist für die Christen als Initiationsritual ein hochgradig sensibles Geschehen, eine „Unternehmung" (καταρχή) also, die als Wiederholung des Geburtsvorgangs nach einer astrologischen Absicherung geradezu verlangt.

Es fragt sich nun, welche Mächte mit den „bösen Sternen der Gottlosigkeit" gemeint sind; denn sowohl die im gnostischen Kontext geläufige Ansicht, die Planeten seien insgesamt als böse Archonten aufzufassen, kommt hier in Betracht, als auch die Möglichkeit, Alcibiades bezöge sich auf bestimmte Planeten, die in einem schlechten Ruf standen. Letzteres wird durch die Heraushebung des dritten Tages und des Sabbat nahegelegt, denn die dazugehörigen Planeten Mars und Saturn galten der Antike stets als gefährlich und unheilverkündend. Wenn wir Mars mit dem Dienstag in Verbindung bringen, fällt ein zusätzliches Licht auf die Anbindung der Trajan-Prophezeiung, denn daß der Kriegsgott Mars für kämpferische Auseinandersetzungen verantwortlich zeichnet, war allen antiken Leserinnen und Lesern ohne weiteres verständlich.[20]

---

[18] „... *denn* wenn drei Jahre des Kaisers Trajan vollendet sind ..."; vgl. auch LUTTIKHUIZEN 1985, 79.
[19] Vgl. zu Paulus Gal 4,9-11 (streng) und Röm 14,5-6 (vermittelnd); dagegen Apk 1,40; 4,6.52; 11,2.9; 12,6; 13,5.30.
[20] Richtig deshalb LUTTIKHUIZEN (1985, 79): „Was the warlike Mars, the ruler of Tuesday, believed to be the instigator of the war among the angels of the North? Anyhow, there is a close connection between the caution against the third day of the week and the subsequent prediction."

Die Tagewählerei wird anschließend mit einem *Zodiakallunar* zusammengefügt, wie es uns ebenfalls schon häufig begegnet ist:[21] Da bestimmte Planeten als nachteilig betrachtet wurden, läßt sich auch den durch sie repräsentierten Tierkreiszeichen eine entsprechende Bedeutung zuschreiben. Wenn der Mond nun jene Zeichen durchwandert, entfaltet sich ihre negative Kraft, was auch für den Fall einer Konjunktion des Mondes mit den „bösen" Planeten, also hauptsächlich Mars und Saturn, gilt.

Es ist vor diesem Hintergrund falsch, mit Luttikhuizen von „two basically different types of astrology" zu sprechen.[22] Die unterschiedlichen Deutungstechniken sind durch das für astrologisches Denken typische Analogiesystem verbunden, und quer durch die Literatur der Antike finden wir die Lunation als eine Art Differenzierung der doch recht allgemeinen Aussagemöglichkeiten innerhalb der Planetenwoche.[23] Nicht nur literarisch schlug sich jene Differenzierung nieder, sondern auch ikonographisch: Zahlreiche Parapegmata und graphische Kalender sind erhalten, auf denen z.T. auch die Kombination von Wochentag und Mondstand mit Stecknadeln sichtbar gemacht werden konnte.[24]

Wir kommen damit zur Prophezeiung Elchasais, die durch die Filterung Alcibiades' und Hippolyts auf uns gekommen ist. Neben der Ankündigung des Krieges der Engel und des Aufruhrs der gottlosen Königreiche ist auch *Ref.* IX, 13, 3-4 hinzuzunehmen, wo der

---

[21] Die Darstellung Hippolyts macht deshalb am meisten Sinn, wenn wir das καὶ, mit dem die einzelnen Warnungen verknüpft sind (IX, 16, 2), nicht mit „und", sondern mit „oder" wiedergeben.

[22] 1985, 78. Er zieht daraus die weitreichende Konsequenz, daß nur ein Teil der „Offenbarung des Elchasai" entstammen könne: „Whereas the second part of Alcibiades' words is most likely a citation from the book of revelations, it would seem that the astrological admonitions of the opening passage, which are virtually conflicting with the warning against undertaking initiatives on the Sabbath and the third day of the week, are formulated by Alcibiades himself" (79). Die Warnung vor Unternehmungen am Sabbat steht aber gerade *nicht* im Widerspruch zu den einleitenden Sätzen. Falsch ist auch LUTTIKHUIZENs Folgerung aus der vermeintlichen Diskrepanz der beiden Deutungssysteme: „The present combination can therefore hardly be traditional" (214).

[23] Instruktive Beispiele sind Juv. IV, 569-576 und Amm. XXVIII, 4, 24. Vgl. als grundlegende Studie zum Thema ERIKSSON 1956; außerdem DÖLGER 1940 und – mit umfangreicher Literatur – RÜPKE 1995, 456-460; 563-592.

[24] Zur Tradition der Parapegmata vgl. A. REHM: *Parapegmastudien. Mit einem Anhang Euktemon und das Buch De signis* (Abh. Bayer. Akad. d. Wiss., phil.-hist. Kl. NF 19), München 1941, sowie ders.: Art. „Parapegma", in: RE XVIII.4 (1949), 1295-1366.

Prophet für den genannten Zeitpunkt zusätzlich die Vergebung der Sünden, letztlich die Parusie Christi in Aussicht stellt. Es konnte oben gezeigt werden, daß innerhalb der endzeitlich orientierten frühen Christentümer der konkreten *Datierung* der Parusie ein weitaus größerer Raum zugestanden wurde, als meistens angenommen wird.[25] Deshalb ist Luttikhuizen nur in dem Punkt zuzustimmen, daß die Verbindung zwischen der Prophezeiung und der astrologisch begründeten Warnung vor allem die schlechte Qualität des dritten Tages veranschaulichen soll. Damit ist der Zusammenhang allerdings keineswegs ausgeleuchtet, denn Luttikhuizen unterschlägt die eminent wichtige Rolle der Astrologie für den Zeitpunkt von Taufe und Parusie.[26]

Sowohl dem Jahr 101 – als drittem Jahr der Regentschaft Trajans –, als auch dem Jahr 119 – als Jahr 3 nach dem Sieg über die Parther – eignet in der apokalyptischen Rechnung mit Zeitkontingenten hoher Symbolwert. Der erste Termin ergibt sich aus einer großen Jahrwoche von 70 Jahren, die man dem Todestermin Jesu hinzuaddierte,[27] der zweite könnte sich von einem zentralen Einschnitt in der Heilsgeschichte herleiten: das für die jüdische Diaspora, aber auch für die Christen so wichtige Jahr 119 fällt nämlich mit einer Jobeljahrperiode (7 x 7 = 49) nach der Zerstörung des Tempels durch die Römer zusammen.

Interessanterweise scheint auch Hippolyt, der die Lehre des Elchasai überliefert, einer termingenauen Berechnung des Endes durchaus ambivalent gegenüber gestanden zu haben. Das geht aus seinem Kommentar zum Danielbuch hervor, wo er sagt, daß der Tag der Parusie an sich zwar verborgen sei, die Gemeinde aber nicht völlig im Unklaren bleiben müsse. „Er unterrichtete nämlich durch

---

[25] S.o. den *Exkurs 4*.
[26] Vgl. LUTTIKHUIZEN 1985, 193f sowie seine Bemerkung: „I do not conclude from this passage that the book [i.e. the ‚book of revelation', KvS] was specially interested in astrology. For one thing, we are dealing here with a simple and popular type of astrology. Moreover, we did not come upon other traces of astrology in the preserved fragments of the book" (S. 194 Anm. 20). Sicherlich handelt es sich hier um allgemein bekannte astrologische Lehren, was es uns verbietet, in die häresiologische Kritik einzufallen, Elchasai sei „ein Astrologe". Interessant im Hinblick auf den theologischen Diskurs ist aber gerade die besondere Art und Weise, *wie* der christliche Prophet die Vulgata in seine Eschatologie einband.
[27] Vgl. STROBEL 1977, 420, der ergänzt: „Die geschichtstheologischen Kontakte mit Johannes dem Täufer (Mk 1,4) und Jesus (Mk 1,15) erweisen sich doch wohl als unübersehbar".
[28] *Comm. in Danielem* IV, 17, 1.

Zeichen, welche geschehen, (und) aus welchen der Mensch Schlüsse ziehen kann; wir müssen erkennen, was zu jeder Zeit geschieht, als Wissende (aber) schweigen."[28] Strobel kommentiert diesen Passus mit den Worten:

> Mit dieser Überlegung, die verschiedene Berechnungen begründen soll, wird Hippolyt jüdischer als viele Rabbinen seiner Zeit, bei denen sich, bekanntlich durch Erfahrung klug geworden, eine entschlossene Neigung abzeichnet, alle berechnenden Versuche abzulehnen.[29]

Damit überschätzt Strobel bei weitem das Interesse der Rabbinen an der Berechnung des Endes,[30] zumal die rabbinische Haltung zur Zeit des Hippolyt alles andere als eindeutig zu eruieren ist. Das Zeugnis des Hippolyt zeigt etwas anderes: Es gab eine Christentum und Judentum gleichermaßen prägende Diskursstruktur, die sich darum bemühte, astrologische oder andere prognostische Deutungsmethoden für die eigenen theologischen Anliegen fruchtbar zu machen. Damit war Hippolyt nicht „jüdischer als viele Rabbinen seiner Zeit". Nebenbei können wir dieser kleinen Stelle entnehmen, daß die intensive Beschäftigung mit der Thematik der Endzeitberechnung für Hippolyt eine Sache der „Wissenden" war, Spezialisten also, die ihr Wissen nicht der Allgemeinheit zugänglich machten. Hippolyt sieht sich selber ganz offensichtlich in einer Traditionskette „Wissender", die auch schon Josephus für sich in Anspruch genommen hatte.

Insgesamt können wir festhalten, daß die dem Elchasai zugeschriebenen „häretischen" Lehrmeinungen keineswegs aus dem *gros* antiker – auch christlicher – Ansichten herausragen. Allerdings ist er ein signifikantes Beispiel dafür, daß man die Astrologie im Hinblick auf christliche Theologien fruchtbar zu machen suchte, etwa für die Frage nach dem richtigen Termin der Taufe. Es waren *Alltagsfragen*, die sich hier stellten, und die Menschen waren es gewohnt, bei wichtigen Unternehmungen den Rat von Fachleuten einzuholen, die die Zeitqualität zu messen verstanden. In diesen Rahmen gehört auch eine weitere Beschreibung der Elchasaiten durch Hippolyt: „Sie führen Anrufungen und Taufen durch nach dem Zeugnis der Elemente[31] [ἐπὶ

---

[29] STROBEL 1961, 144.
[30] Das ist übrigens eine Grundstruktur christlich-theologisch geprägter Forschung, die sich eine Theologie ohne Messianismus nicht vorstellen kann. Der messianische Gedanke nimmt innerhalb des rabbinischen Judentums jedoch nur eine marginale Stellung ein.
[31] στοιχεῖα trägt hier vermutlich auch die Konnotation von „Planeten(mächten)" in sich, ein Sprachspiel, das nicht nur in gnostischen Kreisen allgemein bekannt war.

τῇ τῶν στοιχείων ὁμολογίᾳ]. Sie sind besessen von Astrologie und Mathematik und Magie. Sie sagen, sie haben Wissen von der Zukunft."[32]

Hier fließen zwei Ebenen ineinander: Die Astrologie galt als bewährtes Mittel zur Eruierung eines günstigen Termins für jedwede Unternehmung, sei dies nun ein geschäftlicher Plan, eine Anrufung oder eine Taufe. Die Magie – auch das war christlicherseits keineswegs ein Vergehen[33] – konnte dazu dienen, die Kräfte des Kosmos günstig zu stimmen, um den Plan nicht zu gefährden. Was Hippolyt als „Besessenheit" bezeichnet, war die überall und in allen sozialen Schichten gleichermaßen verbreitete Alltagsreligion, von deren Ritualen MacMullen zutreffend sagt: „For both the Christian and the non-Christian, in such scenes the essential and, so far as we can tell, the only thing believed in was some supernatural power to bestow benefits."[34] Die antiken Sprachspiele zeigen, daß die Ansicht führender christlicher Apologeten gerade umgekehrt auf die Mehrheit der Bevölkerung empörend wirken mußte, denn traditionell galt, daß „[f]rom divinity all good might be received: foreknowledge, safety in risky doings, good crops, and [...] good health. Such were the universal expectations, so far as we can judge, outside of Judeo-Christian circles."[35] Wir werden noch Gelegenheit haben, der Konfrontation zwischen Paganismus und Christentum weiter nachzugehen, für den Moment genügt es, die breite Akzeptanz jener Lehren und Praktiken zur Kenntnis zu nehmen, die Hippolyt so eloquent als häretisch brandmarkt.

Die zweite Ebene, die im Zeugnis des Hippolyt sichtbar wird, stellt die Elchasaiten in einen Diskurs hinein, der vor allem in apokalyptischen Kreisen gepflegt wurde. Gemeint ist die bereits genannte Spekulation über das Ende der Geschichte und die damit

---

[32] *Ref.* X, 29, 3.
[33] Vgl. MEYER/SMITH 1994. Zur Magie im Manichäismus hat die Entdeckung des Kellis-Materials neue Aufschlüsse gebracht; vgl. dazu P. MIRECKI/I. GARDNER/A. ALCOCK: „Magical Spell, Manichaean Letter", in: MIRECKI/BEDUHN 1997, 1-32; s. auch LIEU 1994, 1-21 („Mani and the Magians – *CMC* 137-140"). Den Manichäern war insbesondere die schwarze Magie verboten; vgl. *Keph.* 6 (31,25-33); *Hom.* 30, 3; al-Nadim, *Fihrist*, übers. DODGE, 789; G. FLÜGEL: *Mani. Seine Lehre und seine Schriften*, Leipzig 1862, 96; C. COLPE: *Der Manichäismus in der arabischen Überlieferung*, Phil. Diss., Göttingen 1954, 109f.
[34] MACMULLEN 1984, 4.
[35] Ebda. S. 13. Völlig zu Recht kritisiert MACMULLEN, daß der gesamte Bereich der Mehrheitsreligion in der wissenschaftlichen Geschichtsschreibung ausgeblendet wird, vgl. ebda. S. 4.

verbundene Parusie Christi. Die Zukunftsschau, sei sie nun astrologisch, mantisch oder prophetisch abgesichert, ist eine besondere Domäne apokalyptischer Gruppen. Verständlicherweise begnügte man sich nicht mit einer vagen Hoffnung auf eine unbestimmte Zukunft, sondern trachtete danach – trotz aller Rücksicht auf die Freiheit Gottes –, den Termin des Endes näher einzugrenzen oder sogar genau vorherzusagen. Elchasai hat durch seine Prophezeiung diesen Schritt getan, wobei die Herleitung im Sinne der Jahrwochen und Jobelperioden auf eine breite jüdische Basis rekurrieren konnte. Gerade die Beachtung der Sabbatstruktur der Geschichte stellt die Elchasaiten in eine apokalyptische Matrix, die sie von konkurrierenden christlichen Auffassungen deutlich abhebt.

Um den dahinterstehenden Diskurs und die Rolle der Astrologie im geschichtstheologischen Denken des frühen Christentums näher bestimmen zu können, wollen wir an dieser Stelle innehalten und uns die hohe Bedeutung von Kalenderfragen vergegenwärtigen. Nicht nur im Judentum läßt sich ein Kalenderstreit konstatieren, sondern auch das Christentum des ersten und zweiten Jahrhunderts war gespalten angesichts der starken symbolisch-theologischen und heilsgeschichtlichen Implikationen von *Zeitstrukturen*. In dieser Diskussion wird deutlich, wie schwer es für Hippolyt und seine Parteigänger gewesen ist, sich gegen die fest verankerte Sicht durchzusetzen, daß Zeitkontingenten eine klare Strukturierungsfunktion zukommt, die es den Gläubigen erlaubt, den gegenwärtigen Punkt innerhalb des kosmologischen Geschehens genau zu bestimmen. Eine solche Bestimmung erscheint angesichts der tiefen Irritation des antiken Denkens durch das christliche Lehrsystem, zusätzlich verschärft infolge der ausbleibenden Wiederkehr Christi, als ausgesprochen *sinnstiftend*.

Exkurs 5: Der frühchristliche Osterkalender und seine heilsgeschichtliche Bedeutung

Im Laufe des ersten und zweiten Jahrhunderts konnte die akute Endzeiterwartung der ersten christlichen Generationen immer wieder aktualisiert wurde. Die Hoffnung auf die Wiederkehr Christi, die Sündenvergebung oder auch das Letzte Gericht Gottes kristallisierte sich stets an jenen Terminen, die im Rahmen eines apokalyptischen Rechnens mit Zeitkontingenten besonders ausgewiesen waren. Ob das nun die Wende zum zweiten Jahrhundert war, die Johannes zur Niederschrift seiner Offenbarung veranlaßte, Elchasai aber zur Ankündigung der Parusie, oder das Jahr 119, das eine

Jobelperiode nach der Tempelzerstörung abschloß und von Elchasai und der Epistula Apostolorum ausgedeutet wurde – Spekulationen, die sich letztlich aus astrologischen Überlegungen speisten, zeigen die große Nähe zwischen Theologie und Astrologie, ihre gegenseitige Durchdringung im Hinblick auf die *Deutung der Gegenwart*.

Diese Verflechtung wird transparenter, wenn wir uns die komplexe Geschichte des frühchristlichen Osterkalenders vergegenwärtigen. Man muß dabei bedenken, daß die ersten Jesusgemeinden sich zunächst keineswegs von ihrer jüdischen Umgebung absetzten, sondern innerhalb deren liturgischen und kalendarischen Systeme verblieben. Als Problem zeigte sich allerdings rasch das Gedenken des Todes Jesu, welcher sich nach dem Bericht der Evangelien am Passahfest vollzogen hatte. Wie sollte man an jenem Freudenfest der Juden die Brücke schlagen zu Tod und Auferstehung des christlichen Messias? Wir dürfen davon ausgehen, daß diese Frage die frühen Christen außerordentlich aufwühlte und sie einiges daran setzten, eine theologische Antwort zu finden. Eine direkte Parallele zum Passahfest bestand in der eschatologischen Überhöhung dieses höchsten Wallfahrtsfestes der Juden, das die Christen, wie gleich dargelegt werden soll, in eine akute Parusieerwartung weiterentwickelten. In dieser Hinsicht besonders ergiebig ist die Tradition der sog. *Quartadezimaner*,[36] jener Gruppe von Christen also, die das Osterfest gemeinsam mit dem jüdischen Passah am 14. Nisan feierten.

Der Problemhintergrund sei kurz genannt, der bis heute innerhalb des Christentums alles andere als geklärt ist, da er auf die unterschiedlichen Darstellungen des Todestermins Jesu in den kanonischen Quellen zurückgeht: Nach Aussage der synoptischen Evangelien nämlich starb Jesus am 15. Nisan, also dem ersten Feiertag des einwöchigen Mazzot-Festes. Das Johannesevangelium dagegen bezeugt den 14. Nisan als Todestag, also den Vortag zum Mazzot-Fest. Eng verbunden mit dieser Diskrepanz war (und ist!) die Frage nach dem „wahren" Termin für das letzte Abendmahl Jesu mit seinen Jüngern und die für christliches Verständnis so wichtigen Einsetzungsworte. Daran knüpfen sich theologische Implikationen, die auf das Verhältnis Jesu zur jüdischen Tradition abheben.[37] – Eine theologische Klärung des Problems und eine (meist arg konstruierte)

---

[36] HUBER (1969, 5 Anm. 35) macht mit guten Gründen darauf aufmerksam, daß die korrekte Schreibweise eigentlich „Quartodezimaner" heißen muß, gleichwohl bleibe ich bei der geläufigeren Variante.

[37] Die Synoptiker lassen Jesus ganz traditionell das jüdische Passah-Mahl am Abend vom 14. zum 15. Nisan feiern, während nach Johannes das letzte Mahl am Abend des 13. Nisan stattgefunden haben muß. Allen Berichten

Harmonisierung der Widersprüche ist nicht das Anliegen religionswissenschaftlicher Analyse und braucht deshalb hier nicht weiter verfolgt zu werden. Wir können uns damit begnügen, verschiedene Traditionen zu diagnostizieren, die in je eigener Weise ihren Festkalender religiös verankerten. Das Entscheidende für die Thematik der vorliegenden Arbeit besteht in der Verflechtung astrologischer und christlich-theologischer Diskussionslinien, die aus dem frühen Osterkalender eruiert werden kann. Der „wahre" Todestermin Jesu und der Zeitpunkt des Sedermahles spielen dabei keine Rolle.

1. Die Passah-Feier der Quartadezimaner

Die beschriebene Problemlage offenbart sich bereits im ersten Jahrhundert, denn eine nicht unbeträchtliche Zahl von Christen orientierte sich nach wie vor am Festkalender der Juden und feierte das Passahfest am 14. Nisan, gerechnet nach dem lunaren Kalender. Diese deshalb *Quartadezimaner* genannten Gruppen beriefen sich auf das Johannesevangelium, obwohl dort der Sederabend auf den 13. Nisan vorverlegt worden war.[38] Die mit dem Verhältnis Ostern und Passah verbundenen Fragestellungen haben eine reichhaltige Literatur hervorgebracht, die lediglich in einigen wenigen Bereichen einen Konsens herzustellen vermochte.[39] Anstatt die Diskussion in ihrer Breite zu resümieren, wollen wir uns vornehmlich auf die für

---

gemeinsam ist lediglich, daß das Mahl auf einen Donnerstagabend fiel, die Kreuzigung entsprechend auf einen Freitag. Die theologischen Implikationen liegen auf der Hand, denn der Bericht des Johannes könnte auf eine ganz andere Symbolik des Mahles zielen, als es die traditionelle Feier des Sederabends durch Jesus nahelegen würde. Vgl. zum Ganzen J. JEREMIAS: *Die Abendmahlsworte Jesu*, Göttingen ³1960 (die Auflage ²1942 verzeichnete noch einen Überblick über die ältere Forschungsgeschichte).

[38] Vgl. zum Hintergrund dieser Spannung LOHSE 1953, 89ff; HUBER 1969, 21ff; STROBEL 1977, 20ff.

[39] Vgl. besonders die folgenden weiterführenden Studien, die jeweils eine ausführliche Sichtung älterer Forschung beinhalten: LOHSE 1953; E. SCHWARTZ: *Osterbetrachtungen*, in: *Gesammelte Schriften 5*, Berlin 1963, 1-41; HUBER 1969; STROBEL 1977 sowie ders.: *Texte zur Geschichte des frühchristlichen Osterkalenders* (Liturgiewissenschaftliche Quellen und Forschungen 64), Münster 1984. An diesen drei Exponenten läßt sich die Bandbreite heutiger wissenschaftlicher Standpunkte gut illustrieren. Zur Bewertung der STROBELschen Arbeit s. TH.J. TALLEY: „Liturgische Zeit in der Alten Kirche: Der Forschungsstand", in: *Liturgisches Jahrbuch* 32 (1982), 25-45 und die Doppelrezension durch PH. HARNONCOURT: „Osterkomputation – Geschichtstheologie – Theologiegeschichte", in: *Archiv für Liturgiewissenschaft* 27 (1985), 263-272; außerdem RÜPKE 1995, 448-453.

ein eschatologisches Verständnis wichtigen Zusammenhänge konzentrieren. Es läßt sich nämlich klar aufzeigen, daß es nicht nur eine terminliche Übereinstimmung zwischen Passah und quartadezimanischer Osterfeier gab, sondern darüber hinaus auch eine inhaltliche, deren Implikationen für eine Geschichtstheologie als außerordentlich bezeichnet werden müssen.

Die Zeugnisse für den Ablauf des quartadezimanischen Passahfestes sind, besonders was die frühe Zeit anbelangt, leider sehr spärlich. Zu nennen wäre einmal die *Epistula Apostolorum*,[40] dann Eusebius' Bericht über den Osterstreit zur Zeit Viktors von Rom (um 195)[41] sowie die Argumentation des Apollinaris von Hierapolis,[42] schließlich Hippolyts kritische Darstellung der Quartadezimaner. Letztere sei an dieser Stelle angeführt:

> Gewisse andere, streitsüchtig in ihrem Wesen, unwissend nach dem Grad ihrer Erkenntnis, vor allem aber kämpferisch in der Art ihres Vorgehens, behaupten, man müsse das Passa am 14. des ersten Monats entsprechend der Vorschrift des Gesetzes feiern, unabhängig davon, auf welchen Wochentag es falle. Sie übersehen dabei, was im Gesetz geschrieben steht, nämlich daß der verflucht sein werde, der es nicht so hält, wie es angeordnet wird, und achten nicht darauf, daß den Juden das Gesetz gegeben wurde als denjenigen, die künftig das wahre Passa beseitigen, das sich unter die Heiden ausbreitet und im Glauben erkannt wird, jetzt also nicht dem Buchstaben nach gehalten wird. Sie achten also nur auf dieses eine Gebot und sehen dabei nicht auf das Wort des Apostels: „Ich bezeuge jedem, der sich beschneiden läßt, daß er schuldig ist, das ganze Gesetz zu halten." In allem anderen aber stimmen diese Leute mit allem überein, was der Kirche von den Aposteln überliefert ist.[43]

Der Unterschied zwischen der römischen Tradition, die Hippolyt vertritt, und der Praxis der Quartadezimaner besteht also darin, daß letztere ihr Passah immer in Übereinstimmung mit dem jüdischen Festkalender feiern, also unabhängig vom Wochentag, während Hippolyt für eine Regelung eintritt, nach der das Osterfest stets auf einen Sonntag fällt.[44] Der letzte Satz deutet darauf hin, daß abgese-

---

[40] Kap. 15-17; vgl. dazu auch oben den *Exkurs 4*.
[41] HE V, 23-25.
[42] Edition M.J. ROUTH: *Reliquiae Sacrae* I, Oxford 1846, 160f; vgl. STROBEL 1977, 22f.
[43] *Ref.* VIII, 18, Übers. nach HUBER 1969, 14.
[44] Für unsere Fragestellung ist die Unterscheidung zwischen *Solar-* und *Lunarquartadezimanern* unerheblich. Die erste Gruppe feiert am 14. des Mondmonats, also genau wie die Juden, die zweite feiert am 14. des solaren Frühlingsmonats; vgl. dazu STROBEL 1977, 368ff.

hen von terminlichen Fragen zwischen den beiden Traditionen eine große Übereinstimmung herrscht. Diese inhaltliche Parallele läßt sich auch den anderen Dokumenten zum Osterfest entnehmen.[45]

Das jüdische Passahfest hatte sich in nachexilischer Zeit zum Höhepunkt des jährlichen Kultgeschehens entwickelt. J. Jeremias[46] schätzt, daß zu Beginn des ersten nachchristlichen Jahrhunderts etwa 85.000 bis 125.000 Menschen an den Feierlichkeiten teilnahmen. Neben die Erinnerung an die Befreiung aus der ägyptischen Knechtschaft trat im Laufe der Zeit die starke Erwartung, der Messias werde in der Passahnacht erscheinen.[47] Gemäß Ex 12,42 ist dies die „Nacht der Bewahrung/Beobachtung" (לֵיל שִׁמֻּרִים).[48] Sie gilt spätestens im rabbinischen Denken als Nacht der Schöpfung, Nacht des Abrahambundes, Nacht der Befreiung aus Ägypten sowie als Nacht der bevorstehenden Erlösung.[49] Diese verschiedenen Deutungslinien wurden im Rahmen der quartadezimanischen Feier, wenn nicht im frühen Christentum insgesamt, aufgegriffen und christologisch angepaßt. Allerdings ist Vorsicht geboten, will man die jüdische *Pesach-Haggada*[50] mit christlichen Quellen ergänzen oder vergleichen, denn die Frühformen dieser Feier sind textmäßig in keiner Weise zu greifen, und eine gewisse Vagheit der Liturgie ist immer zu berücksichtigen.[51] Aus methodischer Sicht ist G. Stemberger ohne Einschränkung Recht zu geben, wenn er konstatiert:

---

[45] Vgl. HUBER 1969, 15f.

[46] A.a.O. (oben Anm. 37), 36; vgl. außerdem ders.: *Jerusalem zur Zeit Jesu*, Göttingen ³1962, 90-98. Das Passahfest gehört auch für die Diaspora-Juden zu den Höhepunkten der Wallfahrten, denn wenigstens einmal im Leben wollte man den Jerusalemer Tempel besuchen; vgl. dazu S. SAFRAI: *Wallfahrt im Zeitalter des Zweiten Tempels*, Neukirchen 1981.

[47] Zur Entwicklung des jüdischen Passahfestes vgl. J.B. SEGAL: *The Hebrew Passover from the Earliest Times to A.D. 70* (London Oriental Series 12), London 1963; N. FÜGLISTER: *Die Heilsbedeutung des Passah*, München 1963; H. HAAG: *Vom Alten zum Neuen Passah*, Stuttgart 1971; J. SCHARBERT: „Das Pascha als Fest der Erlösung im Alten Testament", in: J. SCHREINER (Hrsg.): *Freude am Gottesdienst* (FS für J.G. Plöger), Stuttgart 1983, 21-30.

[48] Vgl. STRACK/BILLERBECK IV.1, 54.

[49] Vgl. TJer 2 Ex 15,18; Mekhilta Ex 12,42 (s. STRACK/BILLERBECK I, 85). Dazu JEREMIAS a.a.O. (oben Anm. 37), 198; LOHSE 1953, 82; M. BLACK: *An Aramaic Approach to the Gospels and Acts*, Oxford ²1954, 172ff; STROBEL 1961, 65ff; 203ff; HUBER 1969, 213ff.

[50] Vgl. D. GOLDSCHMIDT: הגדה של פסח, תולדותיה ומקורותיה, Jerusalem ⁴1982. Damit zu vergleichen ist der Text der Mischna Pes 10 und die dazugehörige Gemara der beiden Talmudim.

[51] Eine schlichte Übertragung der Pesach-Haggada auf die Zeit Jesu ist deshalb vollkommen unhaltbar, wird aber von christlichen Theologen immer wieder

Exkurs 5: Der frühchristliche Osterkalender

> Der uns vorliegende Pesachseder ist der der Mischna. Vergleiche der Haggada mit der Mischna und anderen rabbinischen Texten haben uns kein einziges Mal erlaubt, hinter die Mischna zurückzukommen [...] [W]ir haben keine Quellen, um etwas über den Ablauf des Pesachmahles vor dem Jahre 70 oder dabei verwendete Texte auszusagen.[52]

Auch wenn wir also über den konkreten liturgischen Hergang des Festes zur Zeit Jesu nicht zu gesicherten Aussagen gelangen können, besteht an der zunehmend eschatologischen Konnotation des Festes kein Zweifel.[53] Mit Einschränkung kann deshalb folgender Sachverhalt als wahrscheinlich gelten:

> Wie in der jüdischen Feier, so wurde auch bei den Quartadecimanern Exod 12 als Kardinallektion des österlichen Festes verlesen. Wie in der jüdischen Feier, so verband sich auch bei ihnen mit der Mitternachtsstunde des Passa eine besondere eschatologische Hoffnung.[54]

In der starken eschatologischen Ausprägung des Passahfestes dürfte der Hauptgrund zu sehen sein, warum die christlichen Gemeinden trotz der Widersprüche zur synoptischen Tradition und trotz einer ansonsten zunehmenden Lösung vom jüdischen Umfeld bis ins dritte Jahrhundert hinein – zumindest in der Provinz Asia[55] – das Passahfest am 14. Nisan feierten. Diese Begründung ist von Strobel herausgearbeitet worden, was ihn zu der Schlußfolgerung bringt:

> Im quartadecimanischen Passa hat diese jüdische Erlösungshoffnung eine spezifisch christliche Form angenommen, wobei sich die Erwartung auf die Wiederkunft des Herrn richtete. Er sollte die „Erlösung

---

unkritisch aus STRACK/BILLERBECK IV.1, 74 übernommen, so etwa durch J. JEREMIAS (oben Anm. 37), 80, oder in einer jüngeren Arbeit von M. BARTH: *Das Mahl des Herrn. Gemeinschaft mit Israel, mit Christus und unter den Gästen*, Neukirchen-Vluyn 1987, 22.

[52] G. STEMBERGER: „Pesachhaggada und Abendmahlsberichte des Neuen Testaments", in: *Kairos* 29 (1987), 147-158, S. 156. Vgl. auch die oben Kap. VII.1. angestellten methodischen Überlegungen.

[53] Das betont auch STEMBERGER (ebda. S. 157): „Dieser Schluß soll nicht davon abhalten, jüdisch-theologische Vorstellungen im Zusammenhang mit Pesach für die gedankliche und atmosphärische Kennzeichnung der neutestamentlichen Texte zu verwenden. In Bezug auf eine konkrete Pesachliturgie sollte man aber viel vorsichtiger sein, als dies gewöhnlich der Fall ist."

[54] STROBEL 1977, 17; ähnlich HUBER 1969, 215: „Für die Christen galten die Ereignisse des Auszugs aus Ägypten, die der primäre Gegenstand der jüdischen Passafeier waren, nicht nur als Typus des Sterbens Christi, sondern auch als Bild seiner zukünftigen Parusie. Die Vorschriften für das jüdische Passa wurden deshalb umgewandelt zu eschatologischen Ermahnungen." Damit bezieht er sich auf Lk 12,35a; 1Petr 1,13; Eph 6,14.

[55] Vgl. HUBER 1969, 1.

überhaupt" bringen. Dieser Tatbestand eines aktuellen eschatologischen Interesses (das typologische kann daneben nur als sekundär betrachtet werden!) erklärt, weshalb es zu jener spannungsvollen Kombination von johanneischem Geschichtsbild und jüdisch-urchristlicher Termintradition kam.[56]

In den erhaltenen Zeugnissen tritt die Parusieerwartung deutlich hervor. Der schon genannte Streit um den Ostertermin gegen Ende des zweiten Jahrhunderts stellt eine Konfrontation unterschiedlicher Traditionen dar. Hierbei verdient das Zeugnis des Polykrates, Oberhaupt der Bischöfe Kleinasiens, besondere Beachtung, verteidigt er doch nicht nur die quartadezimanische Praxis, sondern dokumentiert auch die hochgespannten Erwartungen, welche mit diesem Ereignis alljährlich zusammenfielen.[57] Er schreibt:

> Wir bestimmen den Tag also keineswegs leichtsinnigerweise, denn wir fügen weder etwas hinzu, noch nehmen wir etwas fort. Auch in Asien sind nämlich große Persönlichkeiten entschlafen, die am Tag der Parusie des Herrn auferstehen werden, wenn er mit Herrlichkeit vom Himmel kommen und alle Heiligen zusammenholen wird.

Der zweite Satz kann nur dann als Begründung für die quartadezimanische Terminlegung dienen, wenn jene großen Persönlichkeiten, die Polykrates anschließend aufzählt, tatsächlich an Passah gestorben sind.[58] Die theologische Bedeutsamkeit des Datums steht für ihn demnach außer Frage, auch die eschatologische Dimension des Martyriums, für das diese Menschen starben, ist für ihn eine Selbstverständlichkeit. Durch ihr „Zeugnis" am Tag des Passahfestes werden sie der Parusie Christi direkt teilhaftig, da diese ebenfalls zu jenem Termin erwartet wurde. Strobel konnte durch eine gründliche Analyse der auf uns gekommenen Texte eine solche Deutung plausibilisieren:

> Der Katalog des Polykrates ruht somit auf einer ganz anderen Voraussetzung, als man bisher üblicherweise annahm. Der theologisch relevante Passatermin des Martyriums wird herausgestellt, von dem zugleich gilt: „am (gleichen) Tage der Wiederkunft des Herrn (hoffte man sie selbst noch zu erleben?) werden diese auferstehen" (Euseb h.e. V. 24,2).[59]

---

[56] STROBEL 1977, 30.
[57] Der Brief des Polykrates an den römischen Bischof Viktor ist überliefert bei Eusebius HE V, 24, 1-7. Vgl. dazu A. VON HARNACK: *Geschichte der altchristlichen Literatur bis Eusebius* I.1, Leipzig ²1958, 260.
[58] So richtig STROBEL 1977, 31 Anm. 3.
[59] STROBEL 1977, 33; vgl. auch die dort S. 29-36 versammelten Belege. Er wendet sich damit gegen die Marginalisierung des Katalogs durch LOHSE und HUBER.

Exkurs 5: Der frühchristliche Osterkalender

Dieser Befund Strobels stützt sich freilich nur auf eine recht dünne textliche Basis, die zudem vorwiegend aus jüngeren Dokumenten besteht. Inwieweit eine genaue Bestimmung des *Inhalts* der quartadezimanischen Feier des ersten Jahrhunderts, also der Gewichtung von Parusieerwartung und Gedenken des Todes Jesu, daraus erschlossen werden kann, erscheint fraglich.[60] Die Belege aus dem kanonischen Schrifttum, die Strobel beibringt, sind durchaus nicht so eindeutig, wie er sie interpretiert.[61] Lediglich für die Offenbarung des Johannes lassen sich stichhaltige Indizien ins Spiel bringen, die für eine Identifikation des Ostergeschehens mit der eschatologischen Wiederkehr des Messias sprechen. Diese überträgt Strobel dann auf die „Urgemeinde" schlechthin:

> Für die Urgemeinde bestand auch nicht der mindeste Anlaß, den traditionellen jüdischen Termin aufzugeben. Ganz im Gegenteil! Unter dem Eindruck des Christusgeschehens mußte sie das Recht der mit dem Passatermin verbundenen Erwartung auch für sich gerade bestätigt sehen.[62]

Es wurde oben festgestellt, daß die Apk sich stärker den ephesischen Diskursen verbunden fühlt, als daß sie „deutlich [mache], welche enthusiastische Erwartung die älteste Kirche beseelt hat."[63] Eine hypothetische „Urgemeinde" hat es nicht gegeben, sie ist das virtuelle Produkt rückwärtsgewandter Geschichtsschreibung. Dennoch – und das herauszustellen ist das Verdienst Strobels – zeigt die Offenbarung des Johannes und die in seiner Tradition stehende Ostererwartung, daß man in bestimmten Kreisen der frühen Jesus-

---

[60] Zu erinnern ist hier an die warnende Bemerkung Hubers: „Nur aus der Epistula Apostolorum 17 (28) – und auch aus dieser Stelle nur auf Grund einer Konjektur – läßt sich mit einiger Sicherheit entnehmen, daß die Parusieerwartung am Passa zum Festinhalt des quartodezimanischen Passa gehörte. [...] Daß die Parusieerwartung der wesentliche Inhalt der quartodezimanischen Passafeier gewesen sei, läßt sich aus den Quellen nicht belegen" (1969, 212).
[61] Beispielsweise formuliert Cod. D zu Lk 23,42f (aus dem 2. Jhdt.) die Bitte des mit Jesus Gekreuzigten folgendermaßen: „Gedenke meiner am Tage deiner Ankunft [ἔλευσις]." Strobel dazu: „Nicht ohne tiefere Absicht scheinen Todestermin und Tag der Parusie aufeinander bezogen zu sein" (1977, 33). Eine solche Deutung ist reine Spekulation, die dem angestrebten Ergebnis verpflichtet ist. In dem Passus ist nirgends davon die Rede, daß die Parusie mit dem Todestag zusammenfallen werde (wann hätte der Schächer denn sonst Jesus um seinen Beistand angehen sollen?).
[62] Strobel 1977, 35.
[63] Ebda.

gemeinden nicht nur einer baldigen Parusie Christi harrte, sondern jenen Termin auch sehr genau zu bestimmen suchte, indem man ihn mit der jüdischen Passah-Tradition zusammenbrachte. Die vereinzelte Polemik gegen die Berechnung des Endes richtet sich möglicherweise gegen eben jene hochgespannten Erwartungen, die alljährlich zu Passah die jungen christlichen Gemeinden elektrisierten.[64]

2. Parusieerwartungen in der kirchlichen Osterfeier

Die quartadezimanische Festpraxis kann als eine sehr alte Form des Gedenkens der Christen an Tod und Auferstehung Jesu angesehen werden. Die terminliche Verknüpfung mit dem Passahfest der Juden liegt schon allein deshalb nahe, weil sich die ersten Christen überhaupt nicht außerhalb der jüdischen Tradition wähnten, sondern lediglich darauf bestanden, der Messias sei inzwischen erschienen. Somit bestand auch kein Anlaß, sich von der althergebrachten Festtradition zu distanzieren, vielmehr kam es zu einer christologischen Umdeutung und Erweiterung des Festinhalts. Bei den Jesusgemeinden, die einer paganen Umwelt entsprangen, war eine solche Kohärenz vermutlich weniger ausgeprägt, doch auch hier bezog man die sinnträchtigen, bedeutungsschwangeren Ereignisse der Passion Jesu[65] auf einen apokalyptisch-jüdischen Hintergrund, der für die zukünftige Parusie entsprechendes zu verheißen schien.

---

[64] Vgl. etwa Mt 24,36 (par. Mk 13,32); Apg 1,7; s. dazu oben Kap. VIII.1.3. Die verschiedenen neutestamentlichen Belege, welche STROBEL als Zeugnisse einer Parusieerwartung wertet, lassen einen Bezug auf die Nacht des Passahfestes wenn überhaupt, so nur indirekt erkennen (s.o. Anm. 61). Das gilt auch für die Aussage Lk 17,20, der STROBEL enormes Gewicht zubilligt; vgl. „Die Passa-Erwartung als urchristliches Problem in Lc 17 20f", in: *ZNW* 49 (1958), 157-196, bes. 164ff; ders.: „In dieser Nacht (Lc 17 34)", in: *Zeitschrift für Theologie und Kirche* 58 (1961), 16-29, bes. 19ff. HUBER (1969, 215-218) hat sich mit dieser Argumentation kritisch auseinandergesetzt und fragt, warum die Passahnacht im kanonischen Schrifttum nie explizit genannt ist, obgleich die Parusie in der Nacht wiederholt begegnet. Die vorherrschende Meinung sei dort demnach allgemein auf die Nacht bezogen, nicht aber auf eine besonders ausgewiesene. „Auszuschließen ist es nicht, daß neben dieser Anschauung eine andere, nur schwächer bezeugte und wohl auch nur von wenigen vertretene einhergeht, die die Parusie auf die Passanacht datiert. Lc 17 20f scheint darauf hinzudeuten" (218). Auch hier liegt m.E. die „Wahrheit" in der goldenen Mitte, denn wo STROBEL die eschatologische Konnotation der „einen Nacht" überinterpretiert, spielt HUBER sie zu stark herunter.

[65] Die relativ profane Geschichte der Gerichtsverhandlung und Hinrichtung

Exkurs 5: Der frühchristliche Osterkalender   717

Wir sahen bereits, daß sich die Auseinandersetzungen zwischen Quartadezimanern und ihren Kritikern vor allem auf den *Termin* des Festes bezogen, während man sich *inhaltlich* durchaus auf einem Nenner befand. So nimmt es nicht wunder, daß die eschatologischen Konnotationen in der späteren sonntäglichen Osterfeier ebenfalls sichtbar werden, wenn auch bisweilen unter stärkerer Betonung des Passionsthemas.[66] Das erste diesbezügliche Zeugnis liefert Tertullian, wenn er die Wiederkehr des Messias auf den Zeitraum der *pentekoste* terminiert.[67] Laktanz ist es dann, der konkret von einer Parusie zur Osternacht spricht, und zwar „in der Mitte der Nacht". In dieser Nacht werde „unser König und Gott" dereinst „die Herrschaft über den Erdenkreis gewinnen".[68] Bei Hieronymus finden wir dieselbe Meinung, diesmal jedoch begründet unter Hinweis auf die jüdische

---

wurde schon früh in kosmische Dimensionen überhöht und eschatologisch mythisiert. Die Wirkung Jesu bestand allerdings weniger in dieser für antike Mentalität befremdlichen Mythologisierung, sondern vor allem in seiner Wundertätigkeit und magischen Kompetenz; vgl. dazu MACMULLEN 1984, 25ff.

[66] HUBER hält fest, „daß die Osterfeier am Sonntag sich aus der Passafeier am 14. Nisan entwickelt hat. Sie hat den gesamten Festinhalt des quartodezimanischen Passa in sich aufgenommen. Allerdings verschoben sich die Akzente. Das Gedächtnis von Tod und Auferstehung Christi trat in den Mittelpunkt der Feier. Die Erwartung der Parusie verlor demgegenüber an Bedeutung" (1969, 219). Unverständlich bleibt an der Argumentation HUBERS, daß er im Anschluß (S. 220-223) eine ganze Reihe von Belegen aufführt, die die Rolle der Parusie in der sonntäglichen Osterfeier unterstreichen. Vermutlich möchte er mit der zitierten These zu seinem letzten Argumentationsschritt überleiten – der Überwindung der „termingemäßen Gleichsetzung des Ostertags mit dem Tag der Parusie" durch die Betonung der „theologischen Verknüpfung der Auferstehung Christi mit der Endauferstehung" (S. 223). Mit dieser durchaus willkürlichen Entwicklungslinie gibt sich HUBERS Buch zweifelsfrei als kirchlicher Selbstdarstellung verhaftet zu erkennen.

[67] *De babtismo* IXX, 2. Ob Tertullian sich damit auf eine ältere Tradition bezieht, die von einer Parusieerwartung zu Ostern geprägt war, kann hier nicht entschieden werden. Diese These vertreten LOHSE 1953, 80 Anm. 2 sowie HUBER 1969, 220; anders W. RORDORF: *Der Sonntag. Geschichte des Ruhe- und Gottesdiensttages im ältesten Christentum* (AThANT 42), Zürich 1962, 173 Anm. 22.

[68] *Divinae Institutiones* VII, 19, 3: *Tum aperietur caelum medium intempesta et tenebrosa nocte, ut in orbe toto lumen descendentis dei tamquam fulgur appareat [...] haec est nox quae a nobis propter aduentum regis ac dei nostri peruigilio celebratur: cuius noctis duplex ratio est, quod in ea et uitam tum recepit cum passus, et postea regnum orbis terrae recepturus est.* Vgl. zu dieser und den folgenden Stellen HUBER 1969, 220f; STROBEL 1977, 33-36.

Messiaserwartung zu Passah.⁶⁹ Einen Beleg aus späterer Zeit liefert Isidor von Sevilla (600/601–636), der von der Parusie während der Vigilfeier spricht.⁷⁰ Daß die Parusieerwartung auch im syrischen Raum mit dem Osterfest verbunden wurde, zeigt ein unter dem Namen Ephraems überlieferter Text, der nur armenisch erhalten ist.⁷¹ Eine Reihe weiterer Belege könnte beigebracht werden.⁷²

Halten wir fest, daß die christliche Erwartung der Parusie des Messias bis ins dritte Jahrhundert hinein an den österlichen Festtermin gebunden war. Mit großer Sicherheit entwickelte sich die spätere kirchliche Ostersonntagsfeier aus einer quartadezimanischen Tradition heraus, die des letzten Mahles Jesu und seines Todes in Übereinstimmung mit dem jüdischen Passahfest am 14. Nisan gedachte. Dieser Befund reicht freilich nicht aus, unsere Ausgangsfrage zu beantworten, inwieweit die christliche Kalendertradition apokalyptische Überlegungen zur Chronologie der Welt- und Heilsgeschichte reflektiert. Dafür müssen wir noch einen Schritt weiter gehen und die frühchristlichen Quellen im Hinblick darauf untersuchen, ob

---

[69] *In Matthaeum* IV, 25, 6 (PL 26, 129A): *Traditio Iudaeorum est, Christum media nocte venturum in similitudinem Aegyptii temporis, quando Pascha celebratum est. [...] Unde reor et traditionem apostolicam permansisse, ut in die vigiliarum Paschae ante noctis dimidium populo dimittere non liceat, exspectantes adventum Christi.*

[70] *Etymologiae (Origines)* VI, 17, 12 (PL 82, 248 A): *Cuius nox ideo pervigil ducitur, propter adventum Regis ac Dei nostri, ut tempus resurrectionis eius nos non dormientes, sed vigilantes inveniat. Cuius noctis duplex ratio est, sive quod in ea vitam tunc recepit cum passus est, sive quod postea eadem hora qua resurrexit ad iudicandum venturus est.*

[71] Vgl. A. STROBEL: „Der Begriff des vierkapiteligen Evangeliums in Pseudo Ephraem C." in: ZKG 70 (1959), 112-120. Der Text lautet: „Und wann der letzte Tag naht, an dem die Nacht die einzige ist, daß der Sonntag anbricht, zwischen mir und zwischen dem Bräutigam, so wollen auch wir tätig und wachsam sein und in Sorgen und Betrachtung infolge der Freude unseres Gemütes, daß der Schlaf von unseren Augen verscheucht sei, und daß wir unsere Augen zum Himmel erheben die ganze Nacht in der Erwartung, da wir warten und hoffen und herbeisehnen, (sagen zu dürfen): Siehe er hat sich offenbart. So wollen wir zueinander sagen die ganze Nacht, in der sich unser Herr offenbaren wird" (Übers. von J. SCHÄFERS 1917, zit. nach HUBER 1969, 221).

[72] Vgl. etwa Eusebius *De solemnitate Paschali* 4 (PG 24, 697 CD) und die Einschätzung STROBELS (1977, 28 Anm. 1): „Wir stehen vor einem Nachhall ältester haggadischer (auch: jüdischer) Passatheologie!" Ferner wäre das syrische *Testamentum Domini nostri Jesu Christi* II, 19 (ed. I.E. RAHMANI 1899) zu nennen, das die Vigilpflicht aus Gründen der Parusiehoffnung sogar für Kinder vorschreibt (vgl. HUBER 1969, 222, der darin eine „Verschleierung" der Parusieerwartung sehen will; anders STROBEL 1977, 36).

eine kalendarische Erfassung zyklischer Zeitstrukturen in ihnen nachweisbar ist und welche Deutungsmuster ihr zugrundeliegen.

3. Christliche Positionen zur Sabbatstruktur der Geschichte

Die jüdische Geschichtsdeutung der Zeit des Zweiten Tempels zeigt ein großes Interesse an der Periodisierung der Heilsgeschichte Israels, wobei man besonders gern auf die Siebenerzyklen, d.h. die Sabbatstruktur der Geschichte, abhob.[73] Aufgrund der engen Verflechtung des Christentums mit jüdisch-eschatologischen Spekulationen steht zu vermuten, daß auch die neue Religion auf entsprechende, den eigenen Ort in der Geschichte verdeutlichende Zeitstrukturen rekurrierte. Ein Blick auf die Literatur des frühen Christentums bestätigt diese Vermutung, und zwar auf zwei verschiedenen Ebenen: Einmal zeigt der Osterkalender selber eine enge Verbundenheit mit Siebener-Zyklen, wie sie aus dem Judentum bekannt sind; zum anderen läßt sich anhand der Deutung der Wochenprophetie Daniels innerhalb des frühen Christentums nachweisen, wie stark die teleologische Ausrichtung des Kalenders in der Tat gewesen ist.[74]

Wenden wir uns zunächst den konkreten Überlegungen zum Osterkalender zu. Schon früh legte man Wert darauf, diesbezüglich zu einer einheitlichen und theologisch abgesicherten Regelung zu kommen.[75]

> Die altchristlichen Ostertafeln, Kalenderwerke und Chroniken bemühen sich in starkem Maße um eine rechnerische Kontinuität zum Christusgeschehen. Zugleich streben sie danach, den eigenen geschichtlichen Standort von jenem Geschehen her zu erhellen. Kalender- und eschatologisches Geschichtsbewußtsein gehörten in der alten Kirche eng zusammen.[76]

Wie oben erläutert wurde, spielte der Tod und die Auferstehung Jesu die zentrale Rolle innerhalb der Herleitung des Osterkalenders. Auch wenn die Geburtsgeschichte seit dem zweiten Jahrhundert mehr und mehr mythisiert wurde, stellte die Passion die eigentliche Verankerung der weltgeschichtlichen Betrachtung christlicher Theologie dar.

---

[73] Vgl. KOCH 1983 sowie die Ausführungen oben.
[74] Die für das folgende maßgebliche und unentbehrliche Studie ist STROBEL 1977.
[75] Vgl. die grundlegende Übersicht bei E. SCHWARTZ: *Christliche und jüdische Ostertafeln* (Abh. d. Gött. Akad. d. Wiss., Phil.-hist. Kl. NF VIII, 6), Berlin 1905.
[76] STROBEL 1977, 12, damit das Ergebnis seiner Studie vorwegnehmend.

Das erste greifbare Zeugnis für die Existenz von Osterzyklen sind die Passahberechnungen Hippolyts von Rom.[77] Er gibt darin für sieben Zyklen von je 16 Jahren, also für 112 Jahre, eine synoptische Zusammenstellung von Passahtermin (14. Nisan) und römisch-julianischer Zeitrechnung. Sein Anfangsdatum ist das Jahr 222 u.Z. Die Zyklen sind auf der Oktaeteris aufgebaut, so daß sich die Daten nach acht Jahren in derselben Reihenfolge wiederholen. Nach sieben Oktaeteriden, zugleich zwei Sonnenzyklen von 28 Jahren, fallen die Passahtermine zudem wieder auf denselben Wochentag.[78] Damit ist der Zyklus nach 56 Jahren eigentlich abgeschlossen, und es fragt sich, warum Hippolyt das Ganze noch einmal verdoppelte. Während A. Hilgenfeld schon 1892 vermutete, dies liege daran, daß „die rückschreitende Folge der Ostergrenzen in den 7 Zyklen durch alle 7 Tage der Woche [...] anschaulich" gemacht werden sollte,[79] plädierte Strobel dafür, hierin eine Weiterentwicklung der älteren 84-jährigen Periodisierung zu sehen.[80]

Sowohl die Zahl 56 als auch die 84 ist aus theosophischer Sicht von herausragender Symbolik: In der 56 versteckt sich die Oktaeteris und die Hebdomade (8 x 7 = 56); die Sieben ist auch im 28-jährigen Sonnenzyklus konstitutiv (7 x 4 = 28); in der 84 trifft sich nun die 56-jährige Periode mit einem weiteren Sonnenzyklus (56 + 28 = 84) – eine enge Verbindung zwischen beiden Systemen liegt folglich auf der Hand. Für die 84-jährige Periode gilt darüber hinaus, daß sie auch das Zodiakalschema in sich birgt, welches an die Sabbatstruktur angebunden ist (12 x 7 = 84). Schon an diesen einfachen Zahlenspielen, und ohne auf die historischen Entwicklungen von einem System zum anderen einzugehen, erkennen wir die ungeheure

---

[77] Vgl. SCHWARTZ a.a.O (oben Anm. 75), 29ff.

[78] Mit der Kombination von Achter- und Siebenerzyklen sowie ihrer Bezugnahme auf die Wochentage ähnelt dieses System durchaus dem zadokidischen, welches wir in Qumran kennenlernten. Sollten wir hier einer christlichen Adaptation jenes jüdischen Priesterkalenders auf der Spur sein, wie A. JAUBERT sie in der Passionschronologie des Johannes suchte („The Calendar of Qumran and the Passion Narrative of John", in: J.H. CHARLESWORTH [ed.]: *John and Qumran*, London 1972, 62-75)? Auch wenn solche Vermutungen als Spekulation bezeichnet werden müssen, zeigen die Parallelen doch ein gleichbleibendes Interesse an jenen heiligen Zahlen und ihrer sinnhaften Verknüpfung.

[79] A. HILGENFELD: „Die Zeiten der Geburt, des Lebens und des Leidens Jesu nach Hippolytus", in: *Zeitschrift für die wissenschaftliche Theologie* 35 (1892), 257ff (hier 337).

[80] Vgl. STROBEL 1977, 122ff. 160ff. Er führt damit die Forschungsergebnisse HARTKES weiter, vgl. W. HARTKE: *Über Jahrespunkte und Feste, insbesondere das Weihnachtsfest*, Berlin 1956, s. bes. S. 8ff.

Attraktivität, welche der althergebrachten jüdischen Gematrie eignet. Warum sollten die Christen eine derartige Chance zur vollkommenen Abbildung des christologischen Heilsgeschehens auch aus der Hand geben? Wir können für Hippolyts Kanon etwas ähnliches konstatieren wie für die Henoch-Astronomie: Sein Impuls verdankte sich nicht rein kalendarischen Interessen, sondern dem Bemühen um eine theologisch-kosmische Absicherung des Heilsgeschehens. Das wurde in der Forschung nur selten berücksichtigt.[81]

Vor diesem Hintergrund verwundert es nicht, daß die frühesten Spuren des 84-jährigen Osterkalenders ins zweite nachchristliche Jahrhundert führen. „Aus der ungewöhnlichen Verbreitung der Periode, besonders im quartadecimanischen Raum der Kirche, aber auch im römisch-abendländischen Westen, ergibt sich ihre anerkannte und altertümliche Tradition."[82] Eine vorsichtige Sichtung der Indizien macht es darüber hinaus wahrscheinlich, daß der 84-jährige Osterzyklus bereits im ersten Jahrhundert von verschiedenen christlichen Gemeinden praktiziert worden ist.[83]

Eine in der wissenschaftlichen Forschung heftig umstrittene Frage betrifft den jeweiligen *Ausgangspunkt* der Rechnung, der zu durchaus unterschiedlichen theologischen Implikationen und Wertungen der Geschichte führen kann. Hintergrund ist dabei zumeist das Bemühen der Autorinnen und Autoren, den Todestag Jesu bzw. die Chronologie der Passionsberichte, genau zu bestimmen. Für unser Anliegen ist diese Frage von untergeordneter Bedeutung, da wir an der Eruierung des „wahren" Kreuzigungstermins nicht interessiert sind. Uns genügt die Feststellung, daß man auf das 84-jährige Periodisierungssystem in unterschiedlicher Weise zugreifen konnte, um den gegenwärtigen Punkt auf der heilsgeschichtlichen Zeitachse zu ermitteln. Dabei ist es unerheblich, ob man den ganzen Zyklus beispielsweise im Jahr 30, im Jahr 29 – beide Termine kommen als Todesjahr Jesu in Betracht[84] –, oder auch mit der Tempelzerstörung

---

[81] Vgl. etwa die Einschätzung L. IDELERs, es handele sich bei Hippolyts Kanon um einen „rohen Versuch", „der nur auf wenige Jahre die Probe bestand" (*Handbuch der mathematischen und technischen Chronologie* II, Berlin 1826, 224). Zur Ehrenrettung Hippolyts s. STROBEL 1977, 125 mit Anm. 3. Es zeigt sich in IDELERs Meinung dieselbe Fehleinschätzung, die NEUGEBAUER und anderen eine adäquate Bewertung der Henoch-Astronomie verbaute.
[82] STROBEL 1977, 281.
[83] Nachweise bei STROBEL 1977, 233-324.
[84] Ob STROBEL tatsächlich das Datum des Todestags Jesu, nämlich den 7. April 30, „über jeden Zweifel hinaus erhärtet" hat, wie RÜPKE (1995, 451 Anm. 90) meint, sei dahingestellt.

im Jahr 70 u.Z. begann. Entscheidend ist lediglich, daß man 84 Jahre *nach* einem beliebigen Termin mit *derselben Qualität* erneut konfrontiert wurde, d.h. die zurückliegenden Etappen des Zyklus weisen direkt auf das gegenwärtige Geschehen hin. Deshalb beziehen sich die Jahre 114, 198, 282 etc. alle auf das Jahr 30 u.Z., und wenn christliche Gemeinden den Tod Jesu von dort her rechneten, so dürften sie in jenen Jahren auf eine Reaktivierung der Thematik, also möglicherweise eine Parusie Christi, gefaßt gewesen sein.[85] Genauso verhält es sich mit der Periodisierung der Tempelzerstörung aus dem Jahr 70, was zur Aktivierung jener Thematik in den Jahren 154, 238, 322 etc. führt.

Man kann an dieser Darstellung unschwer erkennen, wie variabel die eschatologische Geschichtsdeutung gewesen ist. Das sollte uns indes nicht dazu verleiten, dem ganzen Prozeß eine gewisse Beliebigkeit zuzuschreiben, denn im Rahmen der christlichen Diskurse gab es durchaus Deutungen, denen allgemeine Zustimmung sicher war, während andere offensichtlich weniger Einfluß hatten. Gelang es den Vertretern, die Zahlen Sieben, Acht und Zwölf in ihrem System zu verankern, war ihnen gemeindlicher Konsens gewiß. Auf den 84-jährigen Zyklus trifft dies zu, doch sahen wir bereits, daß auch die jüdischerseits bekannte Jobelperiode von Wichtigkeit für die Deutung der Geschichtsabläufe gewesen ist. Das zeigte sich bei Elchasai, der die Parusie Christi für das Jahr 119 ankündigte, also 49 Jahre nach der Zerstörung des Tempels.[86]

Eine weitere Dimension der Deutung fand sich in *astrologischen* Vorkommnissen, die möglicherweise geeignet waren, die Aktivierung früherer Ereignisse zusätzlich anzuheizen. Dies war immer dann der Fall, wenn Jupiter und Saturn sich zu einer (Großen) Konjunktion zusammenfanden, aber auch Kometenerscheinungen konnten in entsprechender Weise mit Kalenderberechnungen in Beziehung gesetzt werden.[87]

---

[85] Eine solche Deutung der Geschichte aufgrund von zyklischen Wiederholungen ist innerhalb astrologischer Diskurse eine Selbstverständlichkeit. Da die antike Welt weithin von diesem Denken geprägt war, ist die Teilnahme christlicher Gruppen daran kaum verwunderlich.

[86] In diesem Sinne ausgewiesene Jahre wären folgende: a) von 70 an gerechnet: 119, 168, 217, 266 etc., b) von 30 an gerechnet: 79, 128, 177, 226, 275 etc.

[87] Ein Beispiel sei genannt: Es wurde oben (VIII.2.1.3.) argumentiert, die Vermutung des Origenes, der Stern von Bethlehem sei ein Komet gewesen, gründe sich nicht zuletzt auf die Beobachtung des Kometen Halley im Jahre 218. Das Jahr 217/218 entspricht einem Zeitraum von drei Jobelperioden nach der Zerstörung des Tempels, womit ein sinnfälliger Zusammenhang

Damit kommen wir zum zweiten Themenkreis, der uns ein genaueres Bild von der teleologischen Ausrichtung des christlichen Kalenders vermittelt, nämlich der Interpretation der Wochenprophetie des Daniel. Auch hier zeigt sich, daß die hochgespannten Erwartungen innerhalb apokalyptisch orientierter jüdischer Gruppierungen in maßgeblichen Kreisen des frühen Christentums ebenfalls ihre Wirkung entfalteten. Die Wochenprophetie Dan 9,24-27 wurde dabei ausführlich adaptiert und auf die Heilsgeschichte angewandt, auf diese Weise den zu erwartenden Termin der Parusie berechnend.

Durch die Analyse der Qumrantexte ist der Nachweis möglich, daß diesbezüglich eine jüdische Matrix bestand, aus der heraus die christliche Eschatologie ihre Begründung erfuhr. Nachdem nämlich die Qumran-Zadokiden erst ein Ende der Welt für das Jahr 70 v.u.Z. erwartet hatten, korrigierte man im Sinne des Danielbuches diesen Termin um 140 Jahre nach hinten, so daß man auf das Jahr 70 u.Z. kam. Dieser Sachverhalt wird dadurch bestätigt, daß die verbleibenden Mitglieder des Qumran-Jachad noch in den Jahrzehnten vor der Tempelzerstörung neue Daniel-Handschriften anfertigten. Das läßt sich als Hinweis darauf werten, „daß die Essener spätestens damals an einer allgemeiner verbreiteten Daniel-Exegese beteiligt waren, die das Ende des Imperium Romanum – damit auch den Termin für das Endgericht und den Anbruch der Heilszeit Israels – auf das Jahr 70 n. Chr. datierte."[88]

Für jüdische Geschichtsdeutung besaßen Dekajubiläen, also Perioden von 70 Jahrwochen (=490 Jahren), höchste Relevanz, nicht nur symbolisch aufgrund ihrer Sabbatstruktur, sondern auch durch ihre tatsächliche Anwendbarkeit auf gewisse Ereignisse der jüdischen Geschichte. Deshalb ist das Dekajubiläum „für heilsgeschichtstheologisch relevante Geschichtszäsuren so geläufig, daß diese Form des Periodendenkens für das Geschichtsbewußtsein der damaligen Zeit als konstitutiv anzusetzen ist."[89] Auch für das Christentum muß deshalb davon ausgegangen werden, daß die Gliederung der Geschichte

---

    hergestellt wird zwischen der Geburt des Messias – Origenes' Stern von Bethlehem – und der Zerstörung des Tempels, also aus christlicher Sicht der Aufkündigung des Bundes Gottes mit den Juden. Dieses Beispiel soll nicht etwa zeigen, daß Origenes dieser Argumentation folgte, sondern lediglich festhalten, wie eine astrologische Interpretation der Heilsgeschichte konkret vor sich gehen kann. Zweifellos hätte Origenes damit bei seinen antiken Zeitgenossen ein offenes Ohr gefunden.

[88] STEGEMANN 1996, 186, mit Verweis auf R. MEYER: *Der Prophet aus Galiläa*, Leipzig 1940 (Ndr. Darmstadt 1970), 52-55.
[89] MAIER 1995, III, 131.

724   Exkurs 5: Der frühchristliche Osterkalender

in Jahrwochen allenthalben Zustimmung fand, freilich nun bezogen auf die zentralen Einschnitte christlicher Religionsgeschichte.

Zwei Termine waren es, an denen sich die christliche Spekulation entzündete: Das Todesjahr Jesu und die Zerstörung des Jerusalemer Tempels. Ersteres erscheint schon in den johanneischen Schriften als Kardinalpunkt für die Parusieerwartung, denn ganz offensichtlich rechnet man dort mit einer Wiederkunft des Messias um die Wende zum zweiten Jahrhundert.[90] Nun ergibt sich ein solcher Termin ohne weiteres durch Hinzufügung einer Jahrwoche zum Todesjahr Jesu, welches man auf etwa 30 u.Z. datierte.[91] Die erste Prophetie des Elchasai bestätigte dieses Verständnis.[92] Zusätzlich lassen sich etliche Belege beibringen, die die Virulenz der Danielprophetie aufzeigen. Sie sollen kurz genannt werden.[93]

Der Barnabasbrief (16, 6) rechnet von der Zerstörung des Tempels bis zu seinem Wiederaufbau eine „Woche" und kommt damit auf das Jahr 140 u.Z., ein Datum, welches unmittelbar der Abfassung der Schrift folgte. Interessant ist sodann das Zeugnis des Irenäus, der in Anlehnung an Dan 9,24-27 das Auftreten des Antichristen auf die zweite Hälfte der letzten Woche (also 3½ Jahre) legt. Diese bringe das Ende, und alle Apostasie werde rekapituliert.[94] Klemens von Alexandria tradiert eine abweichende, offenbar weit verbreitete Tradition, welche zwischen Kyros und der Zerstörung Jerusalems ein Dekajubiläum von 490 Jahren ansetzt. Das Wirken Jesu markiert den Endpunkt jener Geschichte und ist klar in diesen Rahmen integriert.[95] Zusätzlich rekurriert Klemens auf Dan 8,14 und rechnet mit einer letzten Woche von 2300 Tagen, deren Mitte er im Tod Neros findet.[96] Die akute Endzeiterwartung dieser Tradition springt ins Auge.

Ein wichtiges Zeugnis liegt sodann in Origenes vor. Die 70 Wochen von Dan 9,24 sind nach ihm als 4900 (70 x 70) Jahre zu

---

[90] Vgl. Joh 21,20ff; Apk 17,9ff.
[91] Vgl. STROBEL 1977, 420. Zum Jahr 30 als Todestermin Jesu vgl. ebda. *passim*. Für unsere Überlegungen ist es – wie gesagt – nicht entscheidend, ob wir als Datum das Jahr 29, 30, 31 oder gar 34 ansetzen.
[92] S.o. S. 702.
[93] Vgl. zum folgenden die noch immer grundlegende Studie von F. FRAIDL: *Die Exegese der 70 Wochen Daniels in der Alten und Mittleren Zeit* (FS d. K. und K. Universität Graz), 1883; eine kurze Übersicht findet sich zudem bei STROBEL 1977, 420-428.
[94] *Adv. Haer.* V, 25, 4f.
[95] *Strom.* I, 21, 125f. 146.
[96] Überliefert durch Hieronymus *Comm. in Danielem* IX.

werten, und zwar von Adam bis zur Zerstörung Jerusalems durch die Römer. Die halbe Woche (Dan 9,27) umfaßt also 35 Jahre, die Origenes vom Beginn der dreijährigen Wirksamkeit Jesu bis zur Zerstörung des Tempels einordnet. Nach 69 Wochen, im 4830. Jahr der Welt, habe Christus im geistigen Sinne „Straßen und Mauern" gebaut und damit das Ende des jüdischen Volkes besiegelt.[97] Das Ende der 70 Wochen liegt nach dieser Tradition 35 Jahre nach der Zerstörung des Tempels. Tertullian verdanken wir einen anderen Entwurf, der die 62½ Wochen von „Darius Nothus"[98] bis zur Geburt Jesu rechnet. Die restlichen 7½ Wochen erstrecken sich bis zur Zerstörung des Tempels.[99]

Überblickt man die frühchristlichen Zeugnisse, so stellt man fest, daß sich zwei tendenziell unterschiedliche Schwerpunkte ergeben. Zeigen die ältesten Traditionen eine starke Orientierung an der Parusie und der eschatologisch-teleologischen Dimension des Geschehens, so offenbaren die späteren eine deutliche Christologisierung, d.h. die Parusie tritt zugunsten der Thematik von Tod und Auferstehung Jesu in den Hintergrund.[100] Eusebius kann als Beispiel dieser neueren Selbstdefinition der sich entwickelnden konstantinischen Staatskirche dienen, streicht er doch die christologische Auslegung heraus, indem er die 70 Wochen mit Kyros beginnen läßt und den Tod Jesu in die Mitte der letzten Woche legt.[101] Das impliziert eine geläufige Argumentation der antijüdischen Polemik, nämlich die Erfüllung der Geschichte im Jahre 70 mit der Zerstörung des Tempels.

Der Grund für eine solche Akzentverschiebung liegt auf der Hand; schließlich hatte man mehrfach erfahren müssen, mit welchen Enttäuschungen das Ausbleiben der für die nächste Zeit erwarteten Parusie des Messias verbunden war. Die Wochenprophetie war unkonkret genug, um auch für eine theologische Neuorientierung als

---

[97] *Comm. in Matthaeum* XXIV.
[98] Nach Dan 9,1 ist wohl Darius Medus gemeint.
[99] *Adv. Iud.* VIII und XI.
[100] STROBEL (1977, 423) konstatiert, „daß die Geschichte der Auslegung der Wochenprophetie enteschatologisierende Tendenzen verrät, denen freilich zugleich eine deutliche Christologisierung parallel läuft." Insgesamt halte ich das Entwicklungsschema FRAIDLS und STROBELS für zu starr. Auch wenn es natürlich zu Akzentverschiebungen kommen mußte infolge der weiter ausbleibenden Parusie, müssen wir doch von einer *Vermischung* der Traditionen ausgehen, so daß einzelne Gruppen auch im vierten Jahrhundert noch an einer eschatologischen Interpretation der Danielprophetie festhalten konnten.
[101] Vgl. dazu FRAIDL a.a.O. (oben Anm. 93), 58ff.

Beleg angeführt zu werden. Was durchlief, war die hohe Bedeutung der dahinterstehenden Siebener-Perioden und ihre Beziehung zum irdisch-kosmischen Heilsgeschehen.

2. Astrologische Weltdeutung bei Mani

Die Untersuchung des Bodens, aus welchem der Manichäismus erwachsen ist, hat ergeben, daß dort durchaus schon eine intensive Auseinandersetzung mit astrologischen Motiven und Lehrtraditionen festzustellen ist, die dem Religionsstifter somit zur Verfügung standen. Die apokalyptische[102] und damit astrologischer Zeitdeutung aufgeschlossene Matrix stellt einen wichtigen Eckpfeiler manichäischer Religiosität dar, verbunden mit einem starken Einfluß gnostischen Christentums. Dabei ist es unerheblich, ob wir – in einer sicher vereinfachten Darstellung – die Gründung der Täufergemeinschaft, in der Mani aufwuchs, auf Elchasai und Alcibiades zurückführen,[103] oder ob wir von weiter verbreiteten religiösen Sprachspielen ausgehen, die den gesamten syrisch-mesopotamisch-persischen Raum prägten. Die Verbindungen zwischen Bardesanes, Marcion, Ephraem und Mani scheinen eine solche Sichtweise zu stützen. Auf die Bedeutung der Kellis-Funde ist bereits hingewiesen worden, die unser Bild der frühen Christentümer und ihrer Begegnung mit dem Manichäismus revolutionieren können.[104]

---

[102] Wie stark die apokalyptische Orientierung tatsächlich ist, läßt sich dem CMC entnehmen, der wiederholt davon berichtet, wie Mani seine Lehre in einer *Offenbarung* empfangen hat; vgl. CMC 21.26-33.62-64.66-68. Auch der Rekurs auf die „Apokalypsen derer, die Mani seine Vorläufer nannte", nämlich Adam, Seth, Enos, Sem, Henoch und Paulus (CMC 48-63), spricht eine deutliche Sprache; s. dazu unten S. 763.

[103] Eine solche Sicht findet sich etwa bei H.-J. KLIMKEIT: „Mani, ein Adliger parthischer Abstammung, war in Mesopotamien in der judenchristlichen Täufersekte der Elchasaiten aufgewachsen, wie wir aus dem in Ägypten gefundenen *Kölner Mani-Kodex* wissen" (*Manichäische Kunst an der Seidenstraße: Alte und neue Funde* [Nordrhein-Westfälische Akademie der Wissenschaften: Geisteswissenschaften; Vorträge; G 338], Opladen 1996, 7).

[104] Vgl. dazu die prägnante Aussage GARDNERS: „Every discipline is a product of its own cultural framework and its time. Manichaeology at the turn of the millenium takes its place in the story of the deconstruction of received histories. The finds at Kellis evidence that the Manichaeans there regarded themselves as the true holy church. This story subverts that of the inevitable triumph of, for want of a better phrase, catholic Christianity. Instead, *Christianities in context are found to be diverse, subjects of law and economics*

Der Hintergrund ist also hinreichend ausgeleuchtet, um nun das besondere Profil Manis im Hinblick auf seine astrologischen Überlegungen zu entwickeln. Auch hier müssen wir unterscheiden zwischen einer Verwendung astraler Motive zur Erläuterung der religiösen Botschaft und einer tatsächlichen Adaptation und Weiterentwicklung astrologischer Lehren. Für beides lassen sich aufschlußreiche Passagen aus den erhaltenen Manichaica beibringen. Unter den astralen Motiven dominieren Sonne und Mond, die dem negativen Machtbereich der Archonten weithin enthoben sind und damit eine andere Bedeutung gewinnen, als wir dies im gnostischen Zusammenhang kennenlernten. Die genuin astrologischen Positionen Manis wiederum spiegeln einerseits eine Vertrautheit mit gängigen Interpretamenten wider, andererseits offenbaren sie eine mitunter sehr eigenwillige Anpassung an die intendierten religiösen Aussagen. Die intensive Auseinandersetzung mit der babylonisch-hellenistischen Sternkunde läßt sich besonders dem Hauptwerk Manis entnehmen, den *Kephalaia*, wenn man von einer nicht weiter nachweisbaren Schrift Manis „Über Astrologie" absieht, die Epiphanius nennt.[105]

Die koptischen Kephalaia – „Hauptstücke" – enthalten eine Sammlung von Lehrvorträgen Manis, die uns in dialogischer Form einen detaillierten Einblick in seine religiöse Welt vermitteln. Die Texte, die man in der Bibliothek von Medinet Madi fand, dürften aller Wahrscheinlichkeit nach im vierten Jahrhundert von ägyptischen Manichäern angefertigt worden sein.[106] Etwas vorsichtiger formuliert Wolf-Peter Funk:

> It seems advisable, then, to regard the *Kephalaia* just as being a *de facto* product of the western Manichaean church, originally compiled in Greek rather than Syriac, but nonetheless based on, and helping to shape further, common Manichaean tradition. Is it likely, then, that there evolved, already at a very early stage, in the Manichaean West an early „patristic" tradition, an authoritative theological corpus [...],

---

and inter-personal relations. Doctrine is imposed and undermined, theological orthodoxy is seen to be a social construct" (1995, xiii, Hervorhebung KvS). Diese Position deckt sich lückenlos mit den Ergebnissen der vorliegenden Studie.

[105] Epiphanius gibt folgende Reihenfolge der Schriften Manis: „περὶ πίστήρια, θησαυρός, μικρὸς θησαυρός, περὶ ἀστρολογίας" (*panarion* LXVI, 13 [PG 42, 48]). Augustinus deutet etwas ähnliches an, wenn er „die (astrologischen) Behauptungen des Mani" kritisiert, „der über diese Dinge vieles geschrieben und weitschweifig gefaselt hat (*cum dictis Manichaei, quae de his rebus multa scripsit copiosissime delirans*) " (*Conf.* V, 3, 6).

[106] Vgl. GARDNER 1995, xv.

second in rank only to the Canon, and that one of the foremost items of this patristic tradition was the *Kephalaia*?[107]

Funk scheint diese Frage tendenziell bejahen zu wollen und mutmaßt über den Autor unserer Kephalaia:

> He must have been one of Mani's disciples, and a man of high rank in the church hierarchy. Unfortunately, we do not have any source as yet, whether from inside or outside the *Kephalaia*, to identify him by name, but I am almost certain that his name was no secret to his fellow-Manichaeans.[108]

Tatsache ist jedenfalls, daß uns die Kephalaia sehr nahe an die authentische Lehre des Religionsstifters heranführen. Durch einen Vergleich mit anderen Manichaica, allen voran dem Kölner Mani-Kodex, aber auch mit den Berichten der christlichen Gegner Manis, sollte es möglich sein, ein differenziertes Bild der manichäischen Beiträge zur Astrologie zu gewinnen.

2.1. Astrologische Konnotationen manichäischer Kosmologie

Die gnostisch-hermetische Auffassung, die Planeten repräsentierten die bösen Mächte der *heimarmenê*, findet ihren Niederschlag auch in der Konzeption des Manichäismus. Am deutlichsten können wir dies im Zusammenhang mit Kosmologie und Kosmogonie erkennen, denn auch bei Mani sind die *Archonten*, also die „Herrschermächte", für die negativen kosmischen Bereiche verantwortlich. Das Universum gliedert sich in vier Teile, namentlich die zehn Firmamente, die acht Erden und die umgebenden Wände und Gefäße.[109] Der vierte

---

[107] W.-P. FUNK: „The Reconstruction of the Manichaean *Kephalaia*", in: MIRECKI/BEDUHN 1997, 143-159, 152. In diesem Beitrag findet sich auch eine Übersicht über alle noch nicht edierten Kapitel der Kephalaia.

[108] Ebda. S. 154. FUNK (ebda. Anm. 17) geht noch einen Schritt weiter und vermutet, daß diese Person auch mit dem im Titel des ersten Bandes der Kephalaia genannten „Lehrer" identisch ist. Das wird sich allerdings kaum verifizieren lassen. MICHEL TARDIEU vertritt die These, es handle sich bei dem Autor vermutlich um Adda, den ersten Führer der westlichen Mission, der bis Alexandria gekommen war. Er stand im Rang eines *Lehrers*, also der höchsten Autorität nach dem ἀρχηγός, und war im westlichen Raum überaus einflußreich; vgl. M. TARDIEU: „Principes de l'exégèse manichéenne du Nouveau Testament", in: ders. (ed.): *Les règles de l'interprétation*, Paris 1987, 134 mit Anm. 73.

[109] Die zehn Firmamente sind auch sonst gut bezeugt; vgl. neben den in dieser Arbeit angeführten Belegen noch die Nachweise bei J.C. REEVES: „Manichaean Citations from the *Prose Refutations* of Ephrem", in: MIRECKI/BEDUHN 1997,

Bereich besteht aus dem Zodiakalkreis, in dem die bösen Mächte der Planeten das Regiment führen, gemeinsam mit den zwölf Tierkreiszeichen. Exemplarisch sei hier *Keph.* 47 zitiert, wo die Lehre in aller wünschenswerten Klarheit überliefert wird. Dort heißt es über die kosmischen Herrscher:

> Now, just as for this king, who is matched against the measure of his entire ki/ngdom by his wisdom, skill and st/rength; so also is it for the / powers [w]ho are bound on the sphere as compared to the ruling-power, and the [10] powers who exist in the entire zone. Like the king towards his r/etinue; so too is it that this totality is gathered / to the sphere, to seven leaders, to twelve sig/ns of the zodiac. As all the cities are gathered to the king, again they gather / to the leaders of the universe. All that is done [15] in the universe above and below:[110] the battles / and the disorders and the captivity and the hunger and the l/ust and the property; so shall they increase and diminish through / these leaders. They are the motivaters of the whol[e] created order; / the totality being gathered in to them the way that I have to[20]ld you. I have opened your eyes![111]

Die Planeten und Zodiakalzeichen haben die Herrschaft verliehen bekommen über Krieg und Frieden, Ordnung und Unordnung, Gefangenschaft der Seele, Verlangen und Besitz – alles negative Attribute, die mit dem Walten der Heimarmene in Zusammenhang stehen. Am Ende der Zeiten, herbeigeführt durch die Offenbarung und Mission Manis, wird ihre Herrschaft ein Ende finden, die Seele der Erwählten von ihrer Macht befreit werden. Diese Positionen sind fest in der gnostischen Theologie verankert, was auch für die weiteren aus der Astrologie entlehnten Einteilungen des Kosmos gilt: das schwierige Kephalaion 121 nennt die „sieben Säulen", welche die Welt tragen, darüber hinaus aber auch die „36 Engel" und die „22 Engel" (289, 30-290, 4), was nur durch die Adaptation von Dekantraditionen einerseits und die Isomorphie zwischen hebräisch-aramäischem Alphabet und den Engelmächten andererseits plausibel zu machen ist. Mani steht hier in Verbindung mit Entsprechungs-

---

217-288, S. 283f Anm. 91. Auch bei Ephraem (*Mani* 204, 46-47) werden sie genannt, allerdings in Verbindung mit „seven regions […], as both (Mani and Bardaisan?) have said", wie Reeves (S. 244) übersetzt. Jene sieben Gebiete können sowohl auf die Zodiakal- bzw. Planetargeographie des Bardesanes hinweisen als auch auf die sieben Planetensphären gnostisch-hermetischer Kosmologie; vgl. die Hinweise bei Reeves ebda. S. 283 Anm. 90.

[110] Zur Mikro-Makrokosmos-Vorstellung, die hier sichtbar wird, s.u. Kap. 2.1.2.
[111] *Keph.* 47 (120, 6-20). Soweit nicht anders vermerkt, richten sich alle Zitate der Kephalaia nach der neuen Übersetzung von Gardner 1995.

modellen, wie sie etwa Markos oder auch die Hekhalot-Literatur kennt.[112]

Die sieben Planetenmächte der hermetisch-gnostischen Überlieferung erfahren allerdings bei Mani eine bemerkenswerte Veränderung. Sonne und Mond sind nämlich aus der negativen Bewertung herausgenommen und werden, um das althergebrachte System der Sieben nicht zu stören, in *Keph.* 69 (169, 13-16) durch die beiden *Anabibazontes* (Mondknoten) ersetzt.[113] Nicht zuletzt aus der Hochschätzung von Sonne und Mond ergibt sich demnach die Rolle der *Pentade*, die bei Mani eine für den damaligen Kontext exzeptionelle Stellung innehat.[114] Fünfer-Einheiten sind uns bislang wenig begegnet, so daß Gardner zuzustimmen ist, wenn er konstatiert:

> Elaborate and highly schematic descriptions of the kingdom of darkness, and its powers, are a feature of Manichaean (and anti-Manichaean) writings that must derive from canonical sources. The overall conception, with its delight in pentads, and a certain attention to what can be termed the psychosymbolism of evil, has a stamp that is unmistakably Mani's. Specific features such as the „five trees" appear in other gnostic writings, and may serve to indicate Manichaean influence, rather than vice-versa.[115]

Die systematische Abtrennung der beiden „Lichter" vom Reich des Bösen ist eine eigenständige theologische Reflexion Manis. Sie ergibt sich aus der wichtigen Funktion von Sonne und Mond für die Seelenreise des Menschen in seine Lichtheimat, der wir nun weiter nachzugehen haben.

2.1.1. Sonne und Mond

Die Sonne erfährt im manichäischen Schrifttum wiederholt eine Verehrung, die über die sonst in jüdisch-christlicher Religiosität geläufige Form weit hinausgeht. Lassen sich im Judentum vor allem die erbaulichen weisheitlichen Traditionen als Vorläufer ausma-

---

[112] Vgl. Irenäus *Adv. haer.* I, 14, 3 (zu Markos) sowie den Hekhalot-Abschnitt § 389.

[113] GARDNER (1995) übersetzt hier irreführend mit „ascendents", macht aber in der Einleitung (S. 176) deutlich, daß er eigentlich die Mondknoten meint. Das Kephalaion läßt keinen Zweifel daran, wie es die Sonderrolle von Sonne und Mond verstanden wissen will: „I have revealed to you about the sun and the moon: They / are *strangers* to them [the planets, KvS] (169, 17-18)", und weiter: „For, the sun and the moon are from out of the greatness, / *not belonging* to the stars and the signs of the zodiac (169, 21-22)" (Hervorhebung KvS).

[114] Vgl. besonders *Keph.* 6 und 27; außerdem *Keph.* 12, 13, 15, 16, 18, 19, 25, 27, 33, 103.

[115] GARDNER 1995, 34.

chen,[116] scheint Mani in seiner Konzentration auf solare Aspekte auch von persisch-zoroastrischen Traditionen Gebrauch zu machen. Die Sonne ist für Mani das zentrale Symbol für lebensspendende Kraft, lichtvolle Erkenntnis sowie den Sieg des Lichtes über die Finsternis. Letzteres weist auf die kosmische Bedeutung des Kampfes zwischen den Kindern des Lichtes und den Söhnen der Finsternis, bekanntlich ein dualistisches Motiv, das im Mittelpunkt manichäischen Denkens steht.

In den koptischen Kephalaia ist dieses theologische Muster klar bezeugt, wobei die Möglichkeit nicht ausgeschlossen werden kann, daß die Verehrung der Sonne nicht nur auf persische Einflüsse zurückgeht, sondern gerade in Ägypten auf einen gut bereiteten Boden fallen mußte.[117] Doch betrachten wir zunächst Keph. 65, wo Mani seine Lehre hinsichtlich der Sonne zusammenfaßt. Emphatisch verkündet er seinen Jüngern, die Sonne sei

> the gate of life and the vessel of [p]/eace, to this great aeon of l[ight ...] [159] However, since Satan knows that it is the gate of the / souls' departure, he placed an exclusionary judgement / in his law that no one worship it, saying: / Whoever will worship it can die [Dt 17,2-5]. He has otherwise called it: [5] The light that will be nullified. He has hindered the souls from / themselves turning their faces towards the light. He has caused them to deny / the light of their being. Now, people are blind abou/t everything! They have not understood the greatness of this great light-giver. / They have denied the grace of this great light that shines upon them. [10] They have not perceived its greatness and its divinity. / No[r], also, have they understood the good things that it does for them, / even today, as they are entrenched in their body; when it / comes to th[is] world and shines (158, 31-159, 13).

Die Göttlichkeit der Sonne[118] und ihr Symbol für das Weltalter des Lichtes, das Mani ankündigt, wird hier dichotomisch der Dunkelheit

---

[116] Vgl. dazu ALBANI 1994, 142-154, der die Verbindung zwischen Weisheitstradition und Henochastronomie – ebenfalls mit Orientierung am Sonnenlauf – nachzeichnet. Da Henoch von Mani ausdrücklich rezipiert wird (vgl. CMC 58-60), ist ein direktes Weiterleben im späteren Manichäismus durchaus verständlich.

[117] So hat D. MCBRIDE die These aufgestellt, es handele sich hier um Sonnenkulte, die im ägyptischen Manichäismus ausgebildet wurden („Egyptian Manichaeism", in: *The Journal of the Society for the Study of Egyptian Antiquities* 18 [1988], 80-98). GARDNER (1995, 167) ist da vorsichtiger: „[T]hat would be difficult to prove without a parallel non-Coptic text."

[118] Die Göttlichkeit der Sonne wird auch 160, 15f betont, und zwar geradezu als besonderes Kennzeichen der Religion Manis gegenüber den „sects of error", „[which] have not perceived the mystery of [the div]/inity of this great light-giver."

Satans und seines Reiches gegenübergestellt. Ganz dem gnostischen Sprachspiel entsprechend finden wir hier den jüdischen Gott mit dem satanischen Demiurgen verschmolzen. Im Anschluß nennt Mani sieben Wohltaten, durch die die Sonne ihre Gnade in die Welt trägt, um auch diese mit den sieben Übeln zu konfrontieren, welche durch die Verworfenheit und die Nacht ins Dasein treten.

Keph. 65 dürfte ein Kompendium verschiedener Quellen sein, das Manis Aussagen zur Symbolik der Sonne systematisch zu vereinigen sucht. Erkennbar ist dies anhand weiterer Beschreibungen, die der Autor hinzufügt, nämlich den fünf „Archetypen" der Sonnenqualität (161, 31-162, 20) und drei anderen Grundmerkmalen „made apparent by the sun, in res/pect of the mystery of the first greatness" (162, 21-22). Der Sonnenaufgang als Geheimnis des Anfangs deutet auf den göttlichen Vater, „the great greatness" (162, 27), da die Kraft der Sonne niemals abnimmt wie die des Mondes. In *Keph.* 66 wird dieser Topos aufgegriffen und auf die kosmische Heilsgeschichte übertragen: Nach einer Aufforderung an alle Menschen und Geschöpfe, die Sonne morgens in ihrem Lauf zu begrüßen, abends ihren Untergang mit Anteilnahme zu begleiten, leitet Mani zur Betrachtung der Menschheitsgeschichte über:

> This pertains to the mystery of the First / Man, because when he came out from the grea[t][30]ness he shone forth over all the children of darkness. At that mome[nt] / all the children of darkness came forth from their stor[e]/houses, its powers and its armies, abandoni[ng] their cav[es] / and their black abyss. They destroyed the [outer] body / of his five sons, who were swathed over hi[s b]o[dy, in [165] t]hat first struggle.

Das Ende des Tages wiederum repräsentiert en miniature das Ende der Geschichte:

> Again, when / the sun sinks from the universe and sets, / and all people go in to their hiding places and /houses and conceal themselves; this also pertains to the mystery [5] of the end, as it presages the consummation of the universe. For, / when all the light will be purified and redeemed i[n] / the universe at the last, the collector of all things, / the Last Statue, will gather in and sculp it/self. It is the last hour of the day, the time [10] when the Last Statue will go up to the aeo[n of] / light. The enemy too, death, will go in to / bondage; to the prison of the souls of the de[ni]ers / and blasphemers who loved the darkness. They will go in / with it to bondage and the dark night overcomes th[em]; [15] and thenceforth this name „light" will not shine upon them (164, 28-165, 15).

Aus diesen Passagen wird deutlich, daß im Manichäismus eine enge Verbindung zwischen Kosmologie und Erlösungswerk Gottes greift, welcher sich der Menschen bedient, um die „Befreiung (eines Teiles) Gottes durch Gott selbst" durchzuführen, wie K. Rudolph formuliert:

> Die kosmische Entwicklung als unumkehrbarer Zeitvorgang und als Ausdruck der Zeitlichkeit als solcher verstanden, wird auf dem Hintergrund einer sukzessiven Befreiung des Lichts aus der Finsternis gesehen. Erst bei Mani ist der gnostische Kerngedanke eigentlich streng zur Darstellung gebracht worden: Die Kosmologie dient der Soteriologie.[119]

Interessant ist, daß der Mond als Repräsentant der Nacht nach manichäischem Verständnis keineswegs als Widersacher der Sonne aufgefaßt wird, sondern als *Leuchte* (φωστήρ), gewissermaßen sogar als *Lichtbringer*.[120] In dieser Funktion wird auch ihm gebührende Anerkennung zuteil, wie in den Kephalaia wiederholt nachgewiesen werden kann.[121] Der Mond ist gemeinsam mit der Sonne der Garant für die kosmische Ordnung, von einer Abwertung, wie in der Henoch-Astronomie, kann keine Rede sein.[122] Besonders deutlich zeigt sich dies in *Keph.* 87, wenn die Heiligkeit der manichäischen Kirche beschrieben wird. Anhand der Frage des Almosengebens zeigt Mani, daß erst das Zusammenwirken von *Electi* und *Katechumenen* in der kirchlichen Hierarchie den Anteil der Gläubigen am Reich des Lichtes garantiert. Der einzige Weg dorthin führt über die „Tore" von Sonne und Mond, deren herausragende Heilsfunktion dadurch erneut evident wird:

> [...] this [liv]ing sou[l] / that today is set in mixture; for it wishes / to [as]cend and go to the house of its people, but it kn/ow[s a]nd understands that it has no open door in all the powers / of heaven and earth. For they are its oppression that [15] [...] it everywhere. Indeed, it has no open door / except the sun and the moon themselves, the light-givers of the heavens [... / ...] they become the place of rest for it. And they become a door that opens for it / [in] the coming forth, and (the

---

[119] RUDOLPH 1990, 362. Zur apokalyptischen Orientierung des Manichäismus s. auch unten Kap. 2.2.4.
[120] In den syrischen Exzerpten Ephraems, von dem REEVES (wie oben Anm. 109, S. 218) sagt, „he represents the most important textual witness to the earliest forms of Manichaean discourse", findet sich eine Bestätigung für das Alter dieser Lehre: „And the moon, as befits their insanity, they greatly magnify and term it ‚Ship of Light' which conveys a cargo of their ‚refinings' to the ‚house of life'" (*Ephraem* H 178, 45-179, 3; nach REEVES ebda. S. 248).
[121] Vgl. zum Mond und seiner Eigenschaft der Erhellung der Dunkelheit 113, 20; 181, 14; 199, 23; 204, 12; 231, 21; 233, 28; 245, 4; 259, 30.

soul) comes out through them to the country of the household of i[ts] / people. Again, further in, also the light-givers of the heavens have no [20] place of rest amongst all the powers of heaven; except for the lan[d] / of light, that has indeed been theirs for ever. So, thus / the living soul is purified of all afflictions; / and they provide a rest for it, and open a door that opens to the house [of] / its people. Also, it is the case that the land of lig[25]ht will become the final receiver for the light-givers of [the] / heavens, and they will rest themselves therein and rule in it [for] ever (218, 10-27).

Die manichäischen Quellen sind deshalb ausführlich zitiert worden, weil auf diese Weise am besten die Überschneidungen und bemerkenswerten Unterschiede zwischen der Systematisierung Manis und den in Frage kommenden Vergleichstexten sichtbar gemacht werden können. Der Aufstieg der Seele in die Lichtheimat etwa – ein zentraler Topos gnostischer Theologie – erfährt hier eine Änderung dergestalt, daß nicht mehr die sieben Planetenmächte als Torwächter zum Lichtreich fungieren, sondern Sonne und Mond.[123] Die Archonten sind zwar ihrer Rolle nicht gänzlich verlustig gegangen,[124] und lokale Unterschiede innerhalb manichäischer Lehre müssen ebenfalls in Rechnung gestellt werden, doch die Herausnahme von Sonne und Mond scheint das zu sein, was Mani im Auge hat, wenn er sagt:

> Ich habe die Wahrheit meinen Mitreisenden gezeigt, den Frieden habe ich den Kindern des Friedens verkündet; die Hoffnung habe ich dem unsterblichen Geschlecht gepredigt; die Auswahl habe ich erwählt und den Weg, der in die Höhe führt, habe ich denen gezeigt, die gemäß dieser Wahrheit hinaufsteigen.[125]

---

[122] Vgl. dazu insgesamt F. CUMONT/M. KUGENER: *Recherches sur le manichéisme*, 2 vols., Brüssel 1908/1919 (bes. I: „La cosmogonie manichéenne"); ferner GUNDEL 1922, 147; DIETERICH 1923, 209; NILSSON 1941, II, 493.

[123] Weitere Aufschlüsse über die Bedeutung von Sonne und Mond im manichäischen Religionssystem werden wir gewinnen, wenn die bisher unedierten Kapitel der Kephalaia aus Berlin und Dublin publiziert sein werden; in der Auflistung von W.-P. FUNK (wie oben S. 728 Anm. 107, S. 156-159) scheinen folgende Passagen interessant zu sein: Kap. 145: „There are three moons"; Kap. 162: „Why [the moon is called ‚youth' (?) and why (?)] ... is called"; Kap. 182 (?): „[What they mean (?)]: the year and its twelve months, and the rest"; Kap. 199: „... the Living Soul ... the world of the [upper] heavens".

[124] So kommt ihnen im nahenden Endgericht eine wichtige Funktion zu; vgl. *Keph.* 7 (35, 24-27). In einem unedierten Kapitel (nach FUNK [wie oben S. 728 Anm. 107, S. 158] das Kapitel 31 X) spielt die Sieben eine wichtige Rolle, und zwar im Zusammenhang mit „sieben Buddhas" und „sieben Gemeinschaften".

[125] CMC 67, zit. nach KOENEN/RÖMER 1993, 69.

In diesem Zusammenhang begegnet immer wieder das Motiv der *Schiffe*,[126] das in zweierlei Hinsicht von Mani verwendet wird. Einerseits stellen Sonne und Mond schlicht die Schiffe des göttlichen Lichtes dar, damit altägyptischen Traditionen nicht unähnlich. Auf der anderen Seite dienen die himmlischen Lichter dem Aufstieg der menschlichen Seele in die Lichtheimat. Sie sind demnach nicht nur Torwächter, sondern auch Fährmänner zur Erlösung.[127]

Bei einer solchen Wertschätzung von Sonne und Mond nimmt es nicht wunder, daß die Gegner des Manichäismus darauf insistierten, Mani hätte einer kultischen Verehrung der Himmelslichter das Wort geredet. Epiphanius beispielsweise charakterisiert die Manichäer folgendermaßen: „Sonne und Mond beten sie an, [...] die Sieben und Zwölf verkünden sie, Glückssterne und Lose gibt es nach ihnen, und sie sind eifrig in der Chaldäerkunst."[128] Daß eine solche Vermutung keineswegs aus der Luft gegriffen ist, zeigen verschiedene manichäische Primärquellen. So bezeugt der Kölner Kodex die manichäische *Proskynese* vor den Himmelslichtern, also das Niederknien in Verehrung, als wörtliche Rede Manis:

> Ich aber belehrte ihn [i.e. den „haarigen Mann"] in der Höhle (?), so daß die Weisheit in ihm aufging. Ich *verkündete* ihm das Ausruhen, die Gebote und die Proskynese vor den Himmelsleuchten.[129]

An anderer Stelle wird eine Begebenheit geschildert, bei der die Täufer in Pharat am Unterlauf des Tigris Mani und Pattikios nach dem Grund für ihre besondere Gebetsform fragen:

> Als die *Stunde des* Gebetes herankam, sagten wir zu Pattikios: „*Wir wollen beten*! Denn das Gebot *Gottes ruft* meinen Herrn Mani *mit uns* (?) ... zum Gebet." *Pattikios aber* bat uns ... (vermutlich fragt der Täufer Mani): „... *Warum betest du* (?) im Unterschied *zu uns, indem du dich zum Himmelslicht wendest* (?)?[130]

---

[126] Ausführliche Nachweise bei GARDNER 1995, Index „sun" und „moon". Vgl. ferner CMC 33, wo Timotheos Mani sagen läßt: „Zu *dieser Zeit, als ich aufwuchs* ... *offenbarte er mir die* ... der Väter des Lichtes und alles, was in den Schiffen geschieht" (KOENEN/RÖMER 1993, 56).

[127] Vgl. dazu die neue Studie von S. RICHTER: *Die Aufstiegspsalmen des Herakleides. Untersuchungen zum Seelenaufstieg und zur Seelenmesse bei den Manichäern* (Sprachen und Kulturen des Christlichen Orients 1), Wiesbaden 1997.

[128] Epiphanius *panarion* LXVI, 13 (PG 42, 48). Ähnlich urteilt der in der zweiten Hälfte des vierten Jahrhunderts lebende Maruta von Maipherqat; vgl. F. HAASE: *Altchristliche Literaturgeschichte*, 1925, 362.

[129] CMC 127f (KOENEN/RÖMER 1993, 97).

[130] CMC 141f (KOENEN/RÖMER 1993, 101f).

Keph. 66 beginnt mit folgenden Sätzen:

> Once again he speaks to his disciples: Pay attention, look / [and] understand in the way that I show you. / Two great mysteries are apparent in this shining sun, / at its rising and setting. Now, at the moment / when it rises and is visible in the universe, [15] all creatures of flesh shall lift up their heads fr[om their sleep] / towards the splendour of the sun, <and open their doors[131]>(164, 10-16).

Diese wenn nicht kultische, so doch liturgische Bedeutung der Himmelslichter war im Einflußbereich des Manichäismus überaus weit verbreitet.[132] Eine Bestätigung findet eine solche Einschätzung durch die Darstellung des arabischen *Fihrist* („Katalog") des al-Nadîm, der allerdings erst im Jahre 988 in Bagdad publiziert worden ist und deshalb für unsere Analyse nur unter Vorbehalt verwendet werden kann.[133] Dennoch lohnt sich ein Blick auf diesen Text, enthält er doch eine liturgische Anweisung zur Proskynese, die in einen theologischen Zusammenhang gestellt ist, welcher jüdisch-christlich vorgeprägt ist. Von Gott wird dort zunächst festgehalten, er sei „der König der Paradiese des Lichtes. Sein Licht ist die Sonne und der Mond." Sonne und Mond als Geschöpfe des „Vaters der Größe" werden anschließend in die Liturgie einbezogen:

---

[131] Or „mouths".

[132] Nur am Rande sei ein interessanter parthischer Text erwähnt (M 48 I, M 1306 II, M 5911, M 1307, ed. W. Sundermann), der von Manis Missionserfolg bei Tûrân Šâh im Osten berichtet: „Der Apostel führte den Gerechten in den Luftraum, Er sprach: ‚Was ist noch höher?' Der Gerechte sprach: ‚Meine Sphäre.' Der Apostel sprach: ‚Weiter, was ist noch größer?' Er sprach: ‚Die Erde, die alles trägt.' Ferner sprach er: ‚Was ist noch größer als das?' Der Gerechte sprach: ‚Der Himmel ...' — — — ‚Was ist noch größer?' Er sprach: ‚Die [Sonne] und der Mond.' ‚Weiter, was ist noch strahlender?' Er sprach: ‚Die Weisheit des Buddha.' Da sagte der Tûrân-Šah: ‚Über all das (hinaus) bist du noch größer und leuchtender. Denn du bis in Wahrheit der Buddha selber" (zitiert nach Foerster, *Gnosis* III, 92f). Die Tatsache, daß Mani eine wichtige Schaltstelle zwischen Buddhismus und dem Römischen Reich darstellte, dürfte auch für die Astrologie von bislang unterschätzter Bedeutung sein. Zu weiteren persischen und parthischen Texten, die in den liturgischen Zusammenhang gehören, vgl. H.-J. Klimkeit: *Hymnen und Gebete der Religion des Lichts. Iranische und türkische liturgische Texte der Manichäer Zentralasiens* (Abh. d. Rhein.-Westf. Akad. d. Wiss. 79), Oplanden 1989, 198ff („Anrufung der Himmlischen").

[133] Die Schrift ist schon lange bekannt und war früher die einzige Quelle, um Manis Kindheit und Werdegang zu enträtseln. Vgl. zur Edition G. Flügel: *Mani. Seine Lehre und seine Schriften*, Leipzig 1862, zum Thema insgesamt C. Colpe: *Der Manichäismus in der arabischen Überlieferung*, Phil. Diss., Göttingen 1954.

Und er ordnete vier oder sieben Gebete an. Und zwar stehe der Mann aufrecht, reibe sich mit fließendem Wasser oder mit etwas anderem und wende sich stehend dem größten Lichtkörper zu. Dann wirft er sich nieder und spricht dabei: „Gepriesen sei unser Führer, der Paraklet, der Gesandte des Lichts, und gelobt seien seine (des Lichtes) Engel, die Wächter, und gelobt seien seine leuchtenden Heerscharen. [...] Ich bete an und lobe die mächtigen Heerscharen und die leuchtenden Götter, die durch ihre Weisheit zurückgestoßen und ausgetrieben haben die Finsternis und sie niedergeworfen haben."[134]

Die angeführten Texte lassen keinen Zweifel daran, daß Mani die hohe Verehrung von Sonne und Mond nicht auf einen (weisheitlich-) spekulativen Bereich beschränkte. Ihre Vergöttlichung und Huldigung im Gebet stellt in der praktischen Religiosität Mesopotamiens, vielleicht auch Ägyptens, keine Besonderheit dar, mußte aber auf Seiten jüdischer und bestimmter christlicher Gruppierungen zwangsläufig Widerspruch herausfordern. Zu beachten ist dabei die Schwierigkeit, eine klare Grenze zwischen einer Anbetung der Sonne *als Gott* und ihrer Huldigung als heiliges und vollkommenes *Geschöpf* Gottes zu ziehen.[135] Für ersteres gibt es innerhalb des manichäischen Schrifttums keinen echten Beleg, so daß wir lediglich die Aufwertung der Himmelslichter in Theologie und Kult konstatieren können, keineswegs aber einen Polytheismus. Damit bleibt Mani durchaus in den Grenzen des jüdisch-christlichen Diskurses, dem freilich Elemente des mesopotamischen Kulturraumes hinzugefügt werden.

2.1.2. Die Planeten und ihre Verbindung zur irdischen Welt

Der Manichäismus betrachtete die Planeten als negativ besetzte Archonten. War dies für maßgebliche Kreise der frühen Christentümer kein Grund, die Astrologie als Instrument der Wirklichkeitsdeutung hinter sich zu lassen, so gilt das auch für Mani, der sich intensiv mit der Sternkunde auseinandersetzte. Bevor wir diesem Thema ausführlicher nachgehen, soll ein bemerkenswerter spekulativer Zug der manichäischen Kosmologie herausgestellt werden, welcher sich aus der Verbindung der Planetensphäre mit der irdischen Welt ergibt. Dieser Zug ist geeignet, die manichäische Astrologie in einen esoterischen Diskurs einzubetten, wie wir ihn vor allem in hermetischen Texten des hellenistischen Ägypten kennengelernt haben.

---

[134] *Fihrist* 333, zitiert nach FOERSTER, *Gnosis* III, 190f.
[135] Zweifellos ist diese Frage für theologische Forschung weitaus wichtiger als für religionswissenschaftliche.

Die Planeten, welche sich auf der Ebene des Zodiakalkreises befinden, entfalten ihre Wirkung auf die materielle Welt der Erde und der Menschen. Gemeinsam mit den Tierkreiszeichen bestimmen sie das Schicksal, wie *Keph.* 46 (117, 34-118, 5) ausführt:

> Again, [befo]re mankind had been engendered, some were named / [„rich" and] others „poor" on earth / [...] upon them. Before they die, (118) they who will die are marked out by the stars and the signs of the zo[di]/ac in the sphere. They are appointed for them; in the[m] are their births. / And their root[136] is bound up with their zodiacal signs; and they are compe/lled by them and brought to an equal judgement [5] in accordance with their deeds and their sins.

En passant sei vermerkt, daß dieser Passus ein weiterer Beleg dafür ist, wie wenig sich im theologischen Diskurs der Antike ein radikal ausformulierter Determinismus und die Aufrechterhaltung einer gewissen Entscheidungsfreiheit, Voraussetzung für ethisch korrektes oder verwerfliches Handeln, ausschlossen. Die damit verbundene Diskussion wird von Markus dem Diakon bestätigt, der über den Besuch Julias der Manichäerin in Gaza um das Jahr 397 feststellt, sie spreche über „Horoskope, Heimarmene und die Astrologie, so daß ein Mensch ohne Furcht sündigen möge, denn das Begehen von Sünden liege nicht in uns, sondern in der Verfügung der Heimarmene begründet".[137]

Was mich im Moment aber mehr interessiert, ist die Rede von der *Wurzel* (*nocne*), die nach Manis Vorstellung die Verbindung zwischen Zodiakalzeichen und dem Schicksal des Menschen bildet. Der Begriff gehört zu den etymologisch bislang nicht geklärten Wörtern des manichäischen Sprachgebrauchs und begegnet häufig mit einem anderen, ebenfalls schwierig zu deutenden Begriff – nämlich den *Röhren* oder *Kanälen* (*lihme*).[138] Während die Etymologie also erhebliche Probleme bereitet, sind wir dank einer ausführlichen Dar-

---

[136] I.e. people's fate.
[137] θεους γαρ πολλους λεγουσιν, ινα Ελλησιν, ετι δε και γενεσιν και ειμαρμενην και αστρολογιαν φασκουσιν, ιν αδεως αμαρτανωσιν, ως μη οντος εν ημιν του αμαρτανειν, αλλ εξ αναγκης της ειμαρμενης (Marc. Diac. aus *Porphyrius* 85, 15-19, S. 67).
[138] Das Wort könnte sich vom semitischen Stamm *lchm* „anhangen" herleiten oder auch vom koptisch-bohairischen Wort *lahem* „Röhre, Strunk, Zweig, Stengel". Vgl. dazu E.B. SMAGINA: „Some Words with Unknown Meaning in Coptic Manichaean Texts", in: *Enchoria* 17 (1990), 115-122, 121f; außerdem W. VYCICHL: *Dictionnaire étymologique de la langue Copte*, Leuven 1983, 102. GARDNER übersetzt *lihme* mit „conduit" (vgl. seine Erklärung 1995, 127).

stellung in *Keph.* 46 und 48 über die *Bedeutung* jener Begriffe innerhalb der manichäischen Kosmologie recht gut informiert.

Die „Wurzel" ist gleichsam eine Chriffre für das Schicksal, das im Zusammenspiel von Planeten und Zodiakalzeichen abgelesen werden kann. Damit entspricht der manichäische Sprachgebrauch exakt der neuzeitlichen Gewohnheit, das Horoskop mit dem Begriff *Radix* zu bezeichnen. Das Geburtshoroskop bildet die Wurzel, aus der die individuelle menschliche Existenz erwächst, durch das Aussehen der Wurzel vorgeprägt und doch frei, sich entlang dieses Planes zu entwickeln.[139] Damit soll natürlich keineswegs unser neuzeitlicher Begriff auf das Sprachspiel Manis projiziert werden; erstaunlich ist aber doch die große Nähe zwischen beiden Entwürfen.[140]

Anhand eines Analogons aus dem alltäglichen Leben erklärt Mani an anderer Stelle (*Keph.* 101), wie man sich die Wurzeln vorzustellen hat. Die Spiegelung von Gesichtern und Bäumen im Wasser begründet er folgendermaßen:

> This occurs to the mystery of the [stars] [30] and the zodiac, which hang upside down and are vis[ible in] / the great sea. For [the face of people a](255)nd beasts and all trees hang on the ro[ot] / of the stars and the zodiac, being begotten from them (254, 29-255, 2).

Mani gefällt es, die theosophischen Überlegungen zur Erklärung auch alltäglicher Dinge heranzuziehen; das werden wir noch verschiedentlich feststellen können.

Die „Röhren" stehen also in direkter Verbindung mit der „Wurzel", sie bilden gewissermaßen die Brücke zwischen planetarischer und irdischer Sphäre. *Keph.* 48 enthält eine detaillierte Auseinandersetzung mit den Implikationen dieses Bildes. Dort führt Mani aus, daß es drei verschiedene Röhren gibt, und zwar als Verbindung einmal zwischen den himmlischen Mächten und ihren Verkörperungen auf der Erde (120, 25-121, 12), dann zwischen den himmlischen Städten und den fünf Arten von Bäumen (121, 13-17),[141] schließlich zwischen den bösen Himmelsmächten und den fünf fleischlichen

---

[139] Die vielleicht schönste Formulierung dieses esoterischen Gesetzes stammt aus den „Orphischen Urworten" J.W. VON GOETHES: „Wie an dem Tag, der dich der Welt verliehen, / Die Sonne stand zum Gruße der Planeten, / Bist alsobald und fort und fort gediehen, / Nach dem Gesetz wonach du angetreten. / So mußt du sein, dir kannst du nicht entfliehen, / So sagten schon Sibyllen, so Propheten; / Und keine Zeit und keine Macht zerstückelt / Geprägte Form die lebend sich entwickelt."

[140] Möglicherweise ist der Begriff auch ganz schlicht zu verstehen, nämlich als Verankerung der Röhrenverbindungen, die in die oberen Ebenen führen.

Welten (121, 17-32). Durch die Röhren findet in beide Richtungen ein Austausch statt: Der dämonische Unrat gelangt durch sie auf die Erde, gleichzeitig besteht die Möglichkeit eines Aufstiegs und einer Reinigung (vgl. 121, 1-9). Für die Wurzel des Zodiakalrades gilt dagegen, daß sie nicht mit der Erde verbunden ist, sondern mit der himmlischen Sphäre, von wo sie auch ihre Lebenskraft erhält (121, 33-122, 4). Hieraus ergibt sich ein Problem, das die Jünger Manis sogleich erkennen:

> They say to him: Look, / in that the wheel has no root in this earth, from where did the stars / and signs of the zodiac find this authority? They became masters over these five / fleshes and five trees. Even though you have told us that / the wheel has no root there! For you said to us that every[10]thing, if it can be reduced from the earth, the heavenly powers above / draw it through a conduit. Also, we see / that every thing that a person will attain, whether it be weal/th that comes into his possession or poverty that will / accrue to him, or his sickness and health; he attains it thro[15]ugh the signs of the zodiac and the star under which he shall be born (122, 5-15).

Mani räumt diesen Widerspruch durch eine ausführliche kosmogonische Betrachtung aus, die uns hier nicht weiter beschäftigen muß (122, 16-123, 15). Erstaunlich ist allerdings die in *Keph.* 49 tradierte Antwort Manis auf die erneute Frage der Jünger nach dem Zusammenhang zwischen Röhren und Zodiakalrad. Sie sind sich nicht schlüssig, wie man sich das vorzustellen habe, und ob nicht die Röhren sich im Rad verfangen können.

> The enlightener says to them: The reason that the conduits shall not be cut, / for they are not cut, is because they are spiritual. Thus [10] the conduits are like the waters through which ships / sail. You shall find the prow that is in position in the / front part of the ship divides the waters, casting t[h]em back / and forth. So, when it parts the wat[ers] / and that ship opens up the water with its c[leaving] pro[w], [15] immediately and without delay the wat/ers [min]gle with each other again behind the ship; and the pa/th of the ship shall not be discernible in the midst of the waters (125, 8-17).

Mani präsentiert seinen Jüngern ein elaboriertes und kohärentes kosmologisches System, dem es immer wieder gelingt, komplexe Fragestellungen in anschaulichen Bildern transparent zu machen. Er

---

[141] Die Bäume spielen eine wichtige Rolle im Manichäismus, was seinen Niederschlag auch in der Kunst fand; vgl. V. ARNOLD-DÖBEN: *Die Bildersprache des Manichäismus*, Köln 1978, 7-44; einen neueren Überblick gibt H.-J. KLIMKEIT a.a.O. (oben S. 726 Anm. 103).

weist darauf hin, daß die Verbindung zwischen irdischer und Planetenwelt nicht materiell zu denken ist, sondern *feinstofflich*. Durch die Betonung der spirituellen Dimension der Röhren greift Mani einen zutiefst esoterischen Gedanken auf, nämlich die *wesenhafte*, nicht kausal-materielle Verbindung zwischen Himmel und Erde.[142] Das hermetische Entsprechungsdenken ist uns selten in einer solchen Konsequenz begegnet wie in den koptischen Kephalaia.

Mikro-Makrokosmos-Vorstellungen durchziehen das gesamte manichäische Lehrsystem. Eine für astrologische Fragestellungen interessante Anwendung findet sich in der Symmetrie zwischen Himmelswelt und menschlichem Körper.[143] Mani geht davon aus, daß die einzelnen Körperteile des Menschen von spirituellen Wesenheiten bevölkert und bewacht werden, die ihre Entsprechung in den oberen Welten haben. So wie die Tore zu den himmlischen Lagern bewacht werden, sind jene Wesenheiten auch für den Körper zuständig:

> The enlightener says: this body too is like the mighty c/amp. And the gates of the camp with / their guards are like the orifices and organs [5] of the body. Now, the orifices of the body are of sight, / hearing and smell; and they that send o/ut words. There are many sentinels and a ma/ss of guards placed over the limbs of the body, guarding / their orifices. And the faculty in it is the di[10]rective of the body, the queen of the entire camp; so that / whenever it wishes it can open, or when it wishes it can shut (*Keph.* 56 [142, 2-11]).

Die feinstofflichen Wesenheiten im Körper – fast möchte man von Elementarwesen sprechen – sind durch die Röhren mit den oberen Welten verbunden. In *Keph.* 86 wird eine schöne Episode tradiert, die den Standpunkt Manis noch einmal deutlich macht: Ein Jünger berichtet davon, daß er ohne erkennbaren Grund von einer Stimmung in die andere fällt, daß sein Körper von Krankheiten heimge-

---

[142] Es wäre verlockend, einen Vergleich zwischen den Röhren Manis und den *Sefiroth* der jüdischen Kabbala anzustellen. Immerhin gibt es hier eine nicht unerhebliche funktionale Übereinstimmung, da auch die Sefiroth Emanationswege göttlicher Energie darstellen sowie Aufstiegsmöglichkeiten bereit halten für den frommen Mystiker. Die früheste diesbezügliche Quelle aber ist das Buch *Jetsirah* aus dem siebten Jahrhundert; deshalb muß eine konkrete Verbindung ins Reich der Spekulation verwiesen werden. Wir können jedoch festhalten, daß es in der ausgehenden Antike ein fest etabliertes Vorstellungsmuster gegeben hat, das als „hermetisch" bezeichnet werden kann, und welches den Nährboden für gnostische wie auch jüdische Theosophie darstellte.
[143] Die konkreten Implikationen für die manichäische *Zodiakalmelothesie* werden unten Kap. 2.2.1. erörtert.

sucht wird, ohne daß sich eine Ursache dafür finden ließe. An manchen Tagen gehe es ihm einfach schlecht, böse Gedanken stellten sich ein, und auch sein spiritueller Weg sei dann von Hindernissen übersät. Als Erklärung nennt Mani zwei Hauptgründe: Einmal dringe durch eine falsche Ernährung negative Kraft in den Körper ein, d.h. die mit negativen kosmischen Mächten verbundenen Lebensmittel schädigen Gesundheit und Wohlbefinden. Noch wichtiger ist allerdings die astrologische Begründung:

> [...] when a disturbance will arise for [him] / and he will be troubled, this disturbance shall go in to him in [...], / first through his birth-signs and his difficult stars that [...] / they turn over him and stir him and trouble him with / lust and anger and depression and grief, as he wi[10]lls. Also, as he wills, the powers of heaven shall trouble him through the[ir] / roots, to which he is attached (215, 5-11). [...] Now, [beh]old, I have explained to you that should you be troubled [... / ...] them through the c[ondui]ts and the r[oot]s of they above [... [25] ... the f]ood that comes in to you (215, 23-25).

Neben den Tierkreiszeichen und den Planeten sind es vor allem die unzähligen den Körper bevölkernden Mächte, welche für Krankheiten verantwortlich sind. *Keph.* 70 spricht von „840 mal 10.000" Herrschern, die über die vier Regionen des Körpers verteilt sind; ihre „Häuser" summierten sich damit auf „210 mal 10.000" (175, 5-11).[144] Das im Zusammenhang mit der Ernährung schon angedeutete medizinische Interesse Manis offenbart sich auch hier, denn Krankheiten entstehen, indem die vielen Herrscher untereinander im Streit liegen. Dadurch bilden sich Schmerzen sowohl im Innern als auch im Äußeren. Letzteres zeigt sich durch brennende oder nässende Beulen und Wunden, die man zu behandeln habe, indem man sie auspresse und anschließend mit derselben Energie heile, die die Krankheit ausgelöst habe (175, 12-24).[145]

Unsere Untersuchung der kosmologischen Vorstellungen des Manichäismus hat zweifelsfrei ergeben, daß das Entsprechungsdenken zum Kernbestand seiner Weltdeutung zu rechnen ist. Die philosophisch-theologischen Voraussetzungen für eine intensive Auseinandersetzung mit astrologischen Fragestellungen sind deshalb gegeben. Den Spuren der manichäischen Astrologie *in sensu stricto* wollen wir im folgenden nachgehen.

---

[144] Zu dieser Vorstellung vgl. auch *Keph.* 70 (172, 29-174, 20 und 175, 5-24).
[145] Wie die meisten seiner Zeitgenossen plädiert also auch Mani für eine homöopathische Behandlungsweise.

2.2. Astrologie *in sensu stricto*

Mani hat offensichtlich viel Mühe darauf verwandt, traditionelle astrologische Deutungssysteme mit seinen eigenen theologischen Positionen in Einklang zu bringen. Wir stellten oben fest, daß dies keineswegs bruchlos geschehen konnte, da Mani Sonne und Mond aufwertete und aus dem negativen Machtbereich der Archonten herauslöste. Die sich daraus ergebende Pentade von Planeten indes fügt sich nur mühsam in die tradierten Lehren der Sternkunde ein. Ähnlichen Schwierigkeiten werden wir im folgenden immer wieder begegnen, woran man ablesen kann, daß Mani vom Primat der theologischen Position ausging, nicht aber an einer Tradierung der „reinen astrologischen Lehre" interessiert war. Als Prophet und Offenbarer lebte er darüber hinaus vermutlich im Bewußtsein seiner eigenen Wahrheit, die er der Tradition entgegenhielt.

Die beiden für die astrologische Thematik wichtigsten Abschnitte der Kephalaia sind Kapitel 69 und 70. Dort sind verschiedene Einzellehren zusammengefaßt und in einen größeren Zusammenhang eingeordnet worden. Nachdem Viktor Stegemann 1938 in aller Kürze zwei der vier zentralen Passagen zum Zodiak untersucht hatte, wurden bis heute keine detaillierten Studien zur manichäischen Astrologie durchgeführt. Das Schweigen wissenschaftlicher Forschung über 60 Jahre dürfte sich nicht zuletzt dem Umstand verdanken, daß die Sternkunde, wie sie den Kephalaia zu entnehmen ist, den Eindruck einer nicht immer nachvollziehbaren Eigenleistung des Religionsstifters macht. Da und dort gibt es zwar deutliche Berührungen mit älteren Traditionen, doch eine spezifische Quelle ist kaum auszumachen.

Im folgenden soll diese Lücke wenigstens ansatzweise geschlossen werden. Die Ausführungen Manis zur Astrologie werden wir in einer thematischen Gliederung nacheinander untersuchen und in einen Diskurs einordnen, der den begrenzten Kreis des Manichäismus überschreitet. Sowohl Übernahmen als auch Veränderungen müssen dabei benannt und interpretiert werden.

2.2.1. Melothesie

Beginnen wir mit der Zodiakalmelothesie, da sie die Linie weiter auszieht, die eben bereits angedeutet wurde. Die Korrespondenzen zwischen himmlischer Welt und menschlichem Körper sind im manichäischen System nämlich nicht nur allgemein thematisiert worden, sondern fanden in konkreter astrologischer Form Eingang in *Keph.* 70. Dort werden zwei unterschiedliche Entsprechungslisten überliefert: Einmal korrespondieren die Zodiakalzeichen mit den Körperteilen in vertikaler Reihenfolge vom Kopf bis zu den Füßen (173, 21-174, 10), im zweiten Schema sind die Zeichen kreisförmig angeordnet, und zwar beginnend mit dem „rechten Tempel" des Kopfes über die Genitalien zurück zur linken Kopfhälfte (174, 10-175, 4). Es handelt sich dabei nicht um Konkurrenzsysteme, sondern, wie Mani betont, um zwei unterschiedliche Anschauungsweisen. Im zweiten System wird der Körper lediglich gedreht: „So, we have proclaimed that these are turned to the side, bent, and spread / out; because from its head down to its / hip shall count six to its left, and another six to its right" (174, 17-19).

Es ergeben sich folgende Korrespondenzen:

Schema I:

Widder:	Kopf	Stier:	Nacken und Schultern
Zwilling:	beide Arme	Krebs:	Oberkörper
Löwe:	Magen	Jungfrau:	Rückgrat und Eingeweide (?)
Waage:	Rückgrat und Eingeweide (?)	Skorpion:	Genitalien
Schütze:	Lenden	Steinbock:	Knie
Wassermann:	Schienbeine	Fische:	Fußsohlen

Schema II:

Widder:	rechter „Tempel" (des Kopfes)	Stier:	rechte Schulter
Zwilling:	rechter Arm	Krebs:	rechter Brustkorb
Löwe:	Magen	Jungfrau:	rechte Hälfte der Genitalien
Waage:	linke Hälfte von [...]	Skorpion:	linker Brustkorb
Schütze:	linke Brust und linke Niere	Steinbock:	linker Ellenbogen
Wassermann:	linke Schulter	Fische:	linker „Tempel" (des Kopfes)

Schema 1 entspricht recht genau den gängigen Korrespondenzlisten der Antike;[146] daß auch Juden und Christen über diese Systematisierungen informiert waren, konnte oben für TestSal, TrShem, Markos, Theodotus und andere gezeigt werden. Es kann demnach nicht

---

[146] Vgl. Manilius *Astron.* IV, 704-709 und II, 453-466; Firmicus *Mathesis* II, 24; IV, 22, 2; VIII, 4, 14; Ptolemaios *tetrab.* III, 12; Sextus Empiricus *Adv. astrol.* V, 21; Paulus von Alexandria A-B 2 (s. BOLL 1903, 471ff); CCAG V, 3, 133ff; II, 161, 19ff; Michigan Papyrus no. 1 (ed. ROBBINS 1927). *BL* 319-325 gibt eine vorbildliche Übersicht; s. außerdem BARTON 1995, 189-197, die auch magische Texte mit einbezieht.

verwundern, auch bei Mani auf dieses Schema zu stoßen, zumal es sich aus einer einfachen Übertragung der Zodiakalzeichen auf den Körper ergibt. Augustinus, in jungen Jahren glühender Anhänger des Manichäismus, bezeugt diese Kenntnis ebenfalls, wenn er die in christlichen Kreisen offensichtlich immer noch virulente Lehre später als häretisch brandmarkt.[147] Bemerkenswert ist die Tatsache, daß sich in dem hier dokumentierten Schema keine Spuren einer Dekanmelothesie finden, obwohl der uns heute vorliegende Text aus Ägypten stammt. Dies unterstreicht die Vermutung, die koptischen Kephalaia führten uns in die Nähe der frühesten, d.h. mesopotamischen, manichäischen Lehrmeinungen, denn im zweiten Jahrhundert hatte man im Westen allenthalben die Dekan- mit der Zodiakalmelothesie verknüpft. In der „anatolisch-orientalischen" Richtung valentinianischer Gnosis – Markos und Theodotus – läßt sich das auch für das Christentum zeigen.

Wie sieht es nun mit dem zweiten Schema aus? Mani selber erläutert, es leite sich vom ersten ab, indem das Zodiakalband kreisförmig auf den Körper gelegt wird. Für direkte Übereinstimmungen lassen sich hier keine Belege anführen,[148] und auch jene Texte, die linke und rechte Körperhälfte getrennt betrachten, gehen in ihrer Darstellung nicht kreisförmig vor. Außerdem stammen letztere aus der Dekanmelothesie, die mit 36 oder 72 Dekanherrschern arbeitet.[149]

Da die Zodiakalzeichen von den jeweiligen Planeten beherrscht werden, lohnt sich auch ein vergleichender Blick auf die *Planetarmelothesie*, die als Ableitung oder Parallele zum zodiakalen Schema aufzufassen ist. Sie gehörte im zweiten Jahrhundert ebenfalls zum

---

[147] *Ipsum corpus nostrum secundum XII signa compositum adstruunt Mathematici, constituentes in capite Arietem [...] ad plantas usque, quas Piscibus tribuunt* (*De Haeres.* 70). Die Haltung Augustinus' zur Astrologie wird uns unten Kap. XI noch beschäftigen; zu seiner Auseinandersetzung mit dem Manichäismus vgl. R. STOTHERT/A.H. NEWMAN (transl.): „Writings in Connection with the Manichaean Controversy", in: P. SCHAFF (ed.): *A Select Library of the Nicene and Post-Nicene Fathers of the Christian Church IV: St. Augustin, The Writings against the Manichaeans and against the Donatists*, repr. Edinburgh/Grand Rapids 1989, 3-365; R. MERKELBACH: „Zum Text der antimanichäischen Schriften Augustins", in: A. VAN TONGERLOO/S. GIVERSEN (eds.) *Manichaika Selecta* (FS J. Ries) (Manichaean Studies 1), Leuven 1991, 233-241; LIEU 1992, 151-191.

[148] Zu demselben Ergebnis kam auch STEGEMANN 1938, 222f.

[149] Zu nennen wäre hier die Hekhalot-Spekulation zur *Shiʿûr qôma* §§ 695-704; auch das ApokrJoh (NHC II.15,29-19,10; IV.24,22-29,18) trennt zwar die Körperhälften, stellt sie jedoch nicht kreisförmig dar.

allgemeinen Repertoire professioneller Astrologie. Es zeigt sich, daß dort die getrennte Behandlung der Körperhälften vorherrschend ist, allerdings auf eine ganz andere Weise, als dies von Mani überliefert wird. So verdanken wir Ptolemaios folgendes Schema:[150]

Saturn: rechtes Ohr, Blase, Milz, Schleimhäute und Knochen
Jupiter: Gefühlssinn (Hand), Lungen, Arterien und Sperma
Mars: linkes Ohr, Nieren, Venen und das männliche Glied
Sonne: Augen, Gehirn, Herz, Nerven und die ganze rechte Seite
Venus: Geruch, Geschmack, Fleisch
Merkur: Sprache, Sinne, Zunge, Galle und Gesäß
Mond: Gaumen, Speiseröhre, Schlund, Magen, Bauch, Gebärmutter und die ganze linke Seite

Bouché-Leclercq macht darauf aufmerksam, daß hier eine Systematisierung dergestalt zugrundeliegt, daß Saturn beispielsweise alles zugeordnet wird, was trocken oder hart sei, mit einer Beimischung des Kalten, Jupiter dagegen die stärker „pneumatischen" Attribute, schließlich sei er „la planète [...] venteuse par excellence."[151]

Trotz verschiedener Versuche, im Rahmen der Temperamentenlehre bzw. Humoralpathologie zu einer Systematisierung vorzudringen – besonders Galen wäre hier zu nennen –, kann von einer allgemeinverbindlichen Tradition in der Astrologie bis auf weiteres keine Rede sein. Zu vielfältig waren die Einteilungsmöglichkeiten, und jeder Interessenlage konnte ein entsprechendes Schema zugrundegelegt werden. Dies gilt besonders für all jene Kreise, die der „orthodoxen" Astrologie – sollte es eine solche jemals gegeben haben – freizügiger gegenüberstanden. Bouché-Leclercq konstatiert: „Ce sont peut-être des astrologues amateurs, gnostiques ou pythagorisants, qui, plus libres à l'égard des traditions, ont le mieux réussi à combiner l'ordre des planètes avec leurs affinités physiologiques et psycho-

---

[150] *Tetrab.* III, 13 (WINKEL 1995, 190). Ptolemaios differenziert anschließend Verletzungen und Krankheiten, für deren „nähere Bestimmung jedoch [...] eine ins einzelne gehende Untersuchung [verlangt ist], welche Körperteile und in welcher Art sie die Krankheit ergreifen wird. In den meisten Fällen ereignen sich diese entsprechend der Stellung der Gestirne." (ebda. [WINKEL 1995, 191]).

[151] BL 321; dort weitere Nachweise. Hier gehört auch das Sperma hinein, hatte doch schon Aristoteles in seiner Temperamentenlehre davon gesprochen, daß „die Ergießung des Samens beim Geschlechtsverkehr und sein Herausschleudern offenbar durch das Nachstoßen der Luft bewirkt wird (vgl. *Problem* XXX, 1, 954a, 1-5)."

logiques."[152] Genau dies dürfte im Hinblick auf Mani ebenfalls eingetreten sein: eine Einbindung überkommener Zuordnungen in das eigene theologische System, Zuordnungen freilich, welche bereits in einer großen Vagheit und Vielfältigkeit im damaligen gesellschaftlichen Gespräch zirkulierten.

2.2.2. Zodiakalgeographie in kosmischer Perspektive

An zwei Stellen des 69. Kapitels der Kephalaia fügt der Autor oder Redaktor Passagen ein, welche sich mit der Zuordnung der Zodiakalzeichen zu einzelnen Ländern beschäftigen. Ähnlich wie im Hinblick auf die Zodiakalmelothesie können wir auch hier ein tendenziell traditionsgebundenes und ein mehr aus Eigenleistung entstandenes Schema ausmachen. Letzteres führt über konkrete geographische Größen hinaus in Dimensionen, die mit der manichäischen Kosmologie zusammenhängen. Doch rekapitulieren wir zunächst das leichter einzuordnende Stück:

> Once more I reveal to you about these signs of the zodiac: [They] are / distributed, appointed on four sides, three per angle in / these four places. And they are fixed to this revolving sphere. Ari[es], [20] Leo and Sagittarius, they three belong to a single side. / In contrast, Taurus, Capricorn and Virg[o], / these other three belong to another side. And then, Gemini, / Libra and Aquarius belong to another side. Scorp[i]/o, Pisces and Cancer belong to another corner. Now, th[ey] [25] are placed like this, appointed to these four parts, and distribute[d] / on the sphere (168, 16-26).

Wir haben es hier mit einer Vierteilung der Welt zu tun, die anhand der Zusammenstellung von je drei Zodiakalzeichen desselben Elementes vorgenommen wird.[153] Verbindet man die jeweiligen Zeichen miteinander, so entstehen gleichseitige Dreiecke, die man wiederum mit den Grundlinien aneinanderlegen kann, um das entstehende Gebilde mit der *oikoumenê* in Analogie zu bringen. Diese Tradition ist sehr alt und geht zumindest auf Poseidonius zurück, von wo Ptolemaios sie übernommen hat.[154] Im zitierten Kephalaion wird ebenfalls davon gesprochen, die Zeichen seien angeordnet zu „(je) drei eckenweise", wie Stegemann wörtlich übersetzt.[155] Die Trigone

---

[152] BL 322 mit Verweis auf die Autoren des *Hermippus*. Daß man diesen Satz heute noch so stehenlassen kann, zeigt die Größe Bouché-Leclercqs.
[153] Vgl. auch *Keph.* 4 (25, 15-19).
[154] Nachweise bei Boll 1894, 194ff. Vgl. Ptolemaios *tetrab.* II, 2-4.
[155] Stegemann 1938, 220.

finden sich sodann auf den „vier Seiten" an den „vier Orten"; damit ist der Zusammenhang eindeutig, nämlich eine geographische Korrelation zwischen Zeichen und Ländern.

Das ptolemäische System geht an dieser Stelle in bisher nie gekannter Weise ins Detail und verzeichnet eine umfangreiche Liste mit den Zuordnungen der Länder zu den verschiedenen Zeichen, ausgehend von einer Vierteilung der bekannten Welt. Es ergibt sich folgendes Schema:[156]

1. Trigon: Widder, Löwe, Schütze. Mischung aus Nord- und Südwestwind; Sommer-Abend-Seite, hauptsächlich Jupiter und Mars unterstellt.
   Länder: „Das Land der Kelten, das allgemein die Bezeichnung *Europa* führt".
2. Trigon: Stier, Jungfrau, Steinbock. Winter-Morgen-Seite; hauptsächlich Venus und Saturn unterstellt.
   Länder: „[...] wird als Teil von Asien mit dem Namen *Australien* bezeichnet", von Äthiopien begrenzt.
3. Trigon: Zwillinge, Waage, Wassermann. Mischung aus Nord- und Ostwind; Sommer-Morgen-Seite; hauptsächlich von Saturn, sekundär von Jupiter beherrscht.
   Länder: Äquilonien als Teil Asiens, von Skythien begrenzt.
4. Trigon: Krebs, Skorpion, Fische. Mischung aus Süd und Südwestwind; Winter-Abend-Seite; hauptsächlich von Mars, sekundär von Venus beherrscht.
   Länder: Libyen, vom äthiopischen Westen begrenzt.

Leider enthält das manichäische Kephalaion nur die grundsätzliche Aussage, die Welt sei in der dargestellten Weise in vier Teile geteilt; eine konkrete Ausformulierung in einzelne geographische Bezirke fehlt. Deshalb mutet die Aussage Stegemanns etwas euphorisch an, man solle nur den koptischen Text mit Ptolemaios vergleichen, „und man wird überall betreffs der Anordnung der Trigona Übereinstimmung finden."[157] Es muß dagegen betont werden – und Stegemann meinte es wohl auch so –, daß sich die Übereinstimmung *allein* auf die Anzahl und Zusammenstellung der Trigone erstreckt, was eigentlich recht wenig ist. Zu erinnern ist an dieser Stelle auch an die

---

[156] Ptolemaios *tetrab*. II, 2-4. Uns genügt hier eine kurze Darstellung; vgl. ausführlicher BOLL 1894, 197 und BARTON 1995, 180-185; s. auch STEGEMANN 1938, 221.
[157] STEGEMANN 1938, 220; vgl. auch den Satz: „Alles dies ist klar und in seiner Herkunft deutlich zu machen" (221).

Erträge unserer bisherigen Untersuchung, denn es zeigte sich angesichts der Listen bei Manilius, Dorotheos, Paulus Alexandrinus, Bardesanes, Hephaistion von Theben und im TrShem, daß es bis zur Durchsetzung des ptolemäischen Systems – und auch dann nur in der „Fachliteratur" – keine einheitlichen Entsprechungen gegeben hat, konkrete Übereinstimmung allenfalls marginal und dann wohl auch zufällig sind.

Vor diesem Hintergrund überrascht es nicht, wenn im Anschluß an den eben zitierten Passus astrologische Prognosen aufgeführt werden, die kaum in eine klare Traditionslinie hineinzupassen scheinen:

> So, when the side of A[ri]/es, Leo and Sagittarius will be plundered by the guard/ian who is over it, who extorts from it and the leaders [w]/ho move upon it; at that instant shall affliction st[r][30]ike all the fourfooted creatures below. / However, when [the side] of Tau[rus], / Virgo and Capricorn will be plundered; [affliction] sh[all] (169) at once befall the herbs, together with the vegetables and / all the fruits of the trees. Yet again, when / the side of Scorpio, Pisces and Cancer will be plundered; / scarcity shall befall the waters upon the earth, [5] and drought be from place to place. / Conversely, should the side of Gemini, Libra and Aq/uarius be plundered; deformity and stuntedness shall befall / the form of mankind from place to place (168, 26-169, 8).

Dieser Abschnitt dürfte einem anderen Kephalaion entnommen sein als der vorausgehende, ist doch die Anknüpfung allein durch die Nennung der Trigone gegeben, während die räumliche Bezugnahme hier nicht ausgeführt wird. Stattdessen wird eine Verbindung zwischen den Trigonen – die im Falle drei und vier auch noch gegenüber dem ersten Passus vertauscht sind – und bestimmten Wirklichkeitsbereichen auf der *ganzen* Erde hergestellt. Die Rede von den „Seiten" der Trigone impliziert immerhin, daß die beschriebenen Beeinträchtigungen auf jene Himmelsgegenden einwirken, bzw. dort sichtbar werden. Dadurch zeigt der Text eine große Nähe zu jener Prodigientradition, die wir im jüdisch-christlichen Kontext immer wieder angetroffen haben: Lunarien, Brontologien, Neujahrsprognosen etc. Solche Deutungstechniken waren sowohl in Mesopotamien als auch in Ägypten und im Römischen Reich weit verbreitet.[158] Eine Bekanntschaft Manis mit ihr dürfen wir deshalb getrost unterstellen.

Auch Stegemann „scheint [es], als habe Mani eine solche Liste [mit Prodigien, KvS] zusammengezogen und auf seine Trigona hier

---

[158] Vgl. besonders die Untersuchungen zu 4Q318 oben Kap. IV.4.2. und zum TrShem Kap. VI.3.2.1.

umgearbeitet und so dem räumlichen System ein zeitliches – nicht gerade sehr logisch – hinzugefügt."[159] Stegemann führt als Beleg einige griechische Texte aus dem CCAG[160] an, die mit den ersten Zeichen der jeweiligen Trigone eine gewisse Ähnlichkeit aufweisen, wenn auch auf einer sehr oberflächlichen Ebene. Er schließt:

> Ich glaube auch hier nicht, daß die Übereinstimmung mit jenen angeführten Listen für die jeweils ersten Tierkreisbilder der vier Dreiecke auf einem Zufall beruht. Wohl ist Zufall, daß eine solche Listenangabe unter unserem Material ist, denn die Dodekaeteridenaussagen weichen natürlich sehr voneinander ab.[161]

Ob es sich im Kephalaion Manis um eine Übertragung von der räumlichen auf die zeitliche Ebene handelt, darf indes bezweifelt werden. Denn es werden von Vorfällen in bestimmten Himmelsbezirken – sei dies nun in tatsächlicher Hinsicht oder indirekt über die Mondstellung zu jener Zeit – Rückschlüsse auf *entsprechende Wirklichkeitsbereiche* gezogen. Damit offenbart Mani auch hier die Kenntnis des zugrundeliegenden „senkrechten Weltbildes". Das ist zwar keine materiell-räumliche Kategorie, aber erst recht keine zeitliche.

Die von Stegemann angeführten Vergleiche zeigen, recht betrachtet, dasselbe wie die von uns bisher untersuchten Texte: Abgesehen von einer prinzipiellen Gemeinsamkeit im Weltbild – nämlich der Isomorphie von „oben und unten" – weichen die Zusammenstellungen in teilweise erheblichem Maße voneinander ab. Die Abweichungen werden größer, je konkreter die Aussagen sind, die die Prognose macht.

Allerdings gibt es in der *allgemeinen* Behandlung der einzelnen Zeichen immer wieder Parallelen, die sich aus der Bekanntheit ihrer Urqualitäten ergeben. Das gilt auch für Mani, und seine Entsprechungen bewegen sich durchaus im Rahmen der damaligen Astrologie, wenn er die „Plünderung" des Wassertrigons Krebs-Skorpion-Fische mit dem Mangel an Wasser auf der Erde in Verbindung bringt. Auch die Entsprechung des Erdtrigons Steinbock-Stier-Jungfrau mit den Früchten der Erde überrascht nicht. Schwieriger sind die anderen Trigone, denn die „Vierfüßer" sind nicht ohne weiteres mit dem Feuertrigon in Verbindung zu bringen. Das kämpferische Potential von Widder-Löwe-Schütze könnte man höchstens in der

---

[159] STEGEMANN 1938, 221f.
[160] CCAG III, 25, 8; 26, 6; 27, 17; 30, 8. 10; VII, 164, 4. 10. 18. 25; 165, 1.
[161] STEGEMANN 1938, 222.

Gewalt und der Plötzlichkeit – „in diesem Augenblick" oder „zu jener Stunde"[162] – wiederfinden, mit welcher der „Aufseher" dieser Gegend die Vierfüßer heimsucht. Für das Lufttrigon wiederum kann keine klare Aussage gemacht werden, da der Satz 169, 8 nicht eindeutig zu übersetzen ist: A. Böhlig gibt *ptabef* in Anlehnung an gr. τύπς in der Erstausgabe mit „Siegel der Menschen" wieder, Stegemann läßt hier eine Lücke,[163] Gardner wiederum übersetzt „form of mankind".

Halten wir also fest, daß das Kephalaion ein Entsprechungsdenken widerspiegelt, welches sich von der Elementequalität der einzelnen Trigone her erklärt. Die zweifellos vorhandenen Parallelen in anderen Texten jener Zeit erschöpfen sich im wesentlichen in dieser allgemeinen Elementezuordnung, während die konkreten Ausformulierungen eine große Vagheit offenbaren. Das zeigt sich auch im Hinblick auf die Offenbarung des Johannes, welche Stegemann als eine beachtliche Parallele zu Mani bezeichnet. Apk 8,6ff beschreibt die Plagen, welche Mensch und Erde heimsuchen werden, nachdem die Engel ihre Posaunen geblasen haben.

> [A]uch dort treffen vier Engel hintereinander 1. Bäume und grünes Gras, 2. die lebendigen Kreaturen im Meer, 3. den dritten Teil der Wasserströme und die Wasserbrunnen, in die ein vergiftender Stern fällt, 4. die Menschen, die nicht das Siegel Gottes an ihrer Stirn haben.[164]

So wie Stegemann die Plagen des Johannes darstellt, scheint in der Tat eine erhebliche Ähnlichkeit zu Kephalaia 69 zu bestehen.[165] Ein genauer Blick in Apk 8-9 zeigt aber, daß die Parallelen eher als zufällig zu betrachten sind: Der erste Engel verursacht „Hagel und Feuer, die mit Blut vermischt waren" (Apk 8,7), was eine gute Entsprechung für das erste, nämlich das Feuertrigon, wäre. Doch es ist derselbe Engel, welcher „ein Drittel der Bäume und alles grüne Gras" verdirbt – mit dem Feuertrigon ist das kaum noch zu vereinen. Durch die Posaune des zweiten Engels „wurde etwas, das einem großen brennenden Berg glich, ins Meer geworfen. Ein Drittel des

---

[162] Letzteres ist die Übersetzung von STEGEMANN 1938, 221. Damit möchte er seine Deutung unterstreichen, es handele sich hier um eine Übertragung auf zeitliche Ebenen.
[163] Vgl. STEGEMANN 1938, 221.
[164] STEGEMANN 1938, 221.
[165] LIEU 1992, 179 übernimmt die Deutung von STEGEMANN, wie auch dessen Interpretation insgesamt, völlig kritiklos. Die Widersprüche jener Deutung sind auch WIDENGREN 1961, 73-75 entgangen.

Meeres wurde zu Blut" (8,8). Die Geschöpfe des Meeres, die davon vertilgt werden, deuten auf das Wassertrigon, allerdings stört dann die Rede von Feuer und Blut. Auch der vergiftende Stern „Wermut", der mit den Flüssen und den Quellen in Verbindung gebracht wird, „loderte wie eine Fackel" (8,10). Stegemanns vierter Engel wiederum findet sich bei Johannes an fünfter Stelle und wird verbunden mit Heuschrecken, Skorpionen, dem Gras der Erde sowie ihren grünen Pflanzen und Bäumen. Daraus ist beim besten Willen kein Lufttrigon zu entnehmen.

Mit dieser Kritik soll nicht in Abrede gestellt werden, daß Mani möglicherweise einen Text der Johannesapokalypse vor Augen hatte, als er seine astrologischen Prognosen verfaßte. Allerdings sind die konkreten Übernahmen so gering, daß eine Verbindung hier über den Grad der Hypothese nicht hinauskommt. Stattdessen bestätigt sich unser früher gewonnener Eindruck, daß im Rahmen der antiken Wirklichkeitsdeutung bestimmte Sprachspiele in vielen Kreisen der Gesellschaft und Religionen beobachtet werden können. Die Bedeutung der johanneischen Schriften in gnostischen und manichäischen Religionsgemeinschaften weist auf gemeinsame Sprachspiele hin, doch wurden diese jeweils erheblich angepaßt, um der eigenen theologischen Intention zu dienen. Zudem zeigen sich Ähnlichkeiten mit paganen, jüdischen und christlichen Prodigien der Zeit.

Mit diesem vorläufigen Befund wenden wir uns der zweiten Passage aus *Keph.* 69 zu, die die Zodiakalzeichen in Verbindung bringt mit räumlichen Gegebenheiten. Dort geht es nicht mehr um konkrete Himmels- oder Erdgegenden, sondern um die fünf Welten der Finsternis, aus denen die zwölf Zeichen herausgenommen und auf das Rad des Zodiak geheftet wurden.

> Two zodiacal signs were taken per world. Gemini [25] [an]d Sagittarius belong to the world of smoke, which / is the mind. In contrast, Aries and Leo belong to the wo/rld of fire. Taurus, Aquarius and Libra be/[long] to the world of wind. Cancer and Virgo / [an]d [P]isces belong to the world of water. Capricorn [30] [an]d Scorpio belong to the world of darkness. These are / [the] twelve rulers of depravity, the ones that wicked/[ness] shall not [...] For they cause all the evil and / [... in the wo]rld, whether in tree or in flesh (167, 24-33).

An diesem Abschnitt läßt sich gut ermessen, wie schwierig die von Mani aus theologischen Gründen verfochtene Betonung der Pentade ist, wenn sie auf das Siebener- oder, wie hier, auf das Zwölferschema angewendet werden soll. Seine einleitende Ankündigung nämlich, für jede Welt würden zwei Zeichen genommen, kann er nicht einlösen, da sonst zwei Zeichen übrigbleiben würden. Diese ordnet er deshalb den Zeichenpaaren zu, wodurch eine Systematisierung entsteht, die manche Frage offenläßt.

Wir wollen die Zusammenstellung einmal durchgehen und dabei in Rechnung stellen, daß Mani bei den „Dreierpaaren" ein Zeichen hinzufügen mußte, auch wenn es sich möglicherweise nicht ohne weiteres anbot. Da finden wir als erstes Zwilling und Schütze als Repräsentanten der Welt des Rauches, „die der Geist [νοῦς] ist." Die Opposition Zwilling-Schütze steht nach geläufiger Meinung für das Denkvermögen (bewegliches Luftzeichen Zwilling) und dessen Einbindung in einen größeren Zusammenhang (bewegliches Feuerzeichen Schütze). Insofern erscheint die Zuordnung zum Geist völlig kohärent.

Als zweites Paar nennt Mani Widder und Löwe, die er entsprechend ihres Elementes natürlich der Welt des Feuers zuordnet.

Dann folgt die erste Dreiergruppe, bestehend aus Stier, Wassermann und Waage, also einem fixen Erdzeichen und zwei Luftzeichen (fix und kardinal); die beiden Luftzeichen dürften der Grund sein, warum Mani die Gruppe der Welt des Windes zuordnet. Unverständlich bleibt die Hinzunahme des Stieres (s.u.).

Wir kommen damit zur Welt des Wassers, der Mani Krebs, Jungfrau und Fische zuordnet. Hier finden wir zwei Wasserzeichen (kardinal und beweglich), womit die Entsprechung hinreichend begründet ist. Für die Jungfrau könnte ausschlaggebend sein, daß sie als bewegliches Erdzeichen gilt und ebenfalls eine wässrige Beimischung enthält.

Das letzte Paar – Steinbock und Skorpion – repräsentiert die Welt der Finsternis, was nicht überrascht, wenn man bedenkt, daß die antike Astrologie mit dem kardinalen Erdzeichen Steinbock und seinem Herrscher Saturn die dunklen Mächte identifizierte; der andere Bösewicht war Mars, dessen zweites Domizil sich im fixen Wasserzeichen Skorpion fand, in jenem Zeichen also, welches traditionell mit Unterwelt, Tod und Finsternis in Verbindung gebracht wurde.

Insgesamt gewinnt man den Eindruck, daß Mani hier bewußt und im Einklang mit der Tradition vorgegangen ist, obwohl seine persönlichen Lehrsysteme ihm Kompromisse abrangen, die die Kohärenz der astrologischen Zuordnungen beeinträchtigen. Die Zweiergruppen ergeben ohne weiteres Sinn, und bei den Dreiergruppen konstatieren wir eine Überzahl des jeweilig passenden Elementes unter Hinzufügung eines dritten Zeichens. Da die Jungfrau durch ihre feuchten Anteile der Welt des Wassers zugeordnet werden kann, bleibt nur noch der Stier in der Welt des Windes unverständlich; dies umso mehr, als er durch seine Zugehörigkeit zum fixen Kreuz ein Übergewicht dieser Eigenschaft in die Welt des Windes bringt. Sollte Mani hier unbedacht das überzählige Zeichen einfach hinzugefügt haben? Oder handelt es sich um einen Fehler in der Überlieferungskette des Lehrstückes? Wir können es nicht wissen, solange es keinerlei Vergleichstexte zu unserem Kephalaion gibt.

Viktor Stegemann hat zu diesem Abschnitt eine Deutung vorgelegt, die einen ganz anderen Weg beschreibet. Stegemann geht davon aus, „daß hier anscheinend ein Spiel mit den Aspekten vorliegt, Diagonal [i.e. Opposition, KvS], Trigon, Quadrat und Sextil".[166] Verbindet man nämlich die in den einzelnen Welten angesiedelten Zodiakalzeichen miteinander, so entdeckt man zwischen Zwillinge und Schütze eine Opposition, zwischen Widder und Löwe ein Trigon und zwischen Steinbock und Skorpion ein Sextil. Bei den Dreiergruppen steht die Sache komplizierter, doch Stegemann unterstellt, daß wir die in der Antike nicht beachteten Nebenaspekte – etwa den Quinkunx zwischen Stier und Waage – ignorieren können, so daß er für Stier-Wassermann-Waage lediglich die Aspekte Quadrat (Stier-Wassermann) und Trigon (Wassermann-Waage) in Rechnung stellt.[167] In der Welt des Wassers wiederum folgt er demselben Schema und extrapoliert aus Krebs-Jungfrau-Fische die Aspekte Sextil (Krebs-Jungfrau) und Opposition (Jungfrau-Fische), das Trigon zwischen Krebs und Fische dabei übergehend.[168]

Im nächsten Schritt argumentiert Stegemann, es könne kein Zufall sein, daß die verwendeten Zodiakalzeichen allesamt in Hauptaspekten zueinander stehen:[169] Demnach „muß natürlich hinter dieser Anordnung etwas stecken. Ich glaube das aus Mani selbst entnommen zu haben: ‚sie sind Feinde und Widersacher gegeneinander'."[170] Um dies zu erläutern, weist Stegemann darauf hin, daß in der Reihenfolge, die Mani nennt, abwechselnd ein „schlechter" und ein „guter" Aspekt begegnet.[171] Völlig unverständlich in diesem

---

[166] STEGEMANN 1938, 217.
[167] Zu den Nebenaspekten vgl. Ptolemaios *tetrab.* I, 17, wo sie „unverbunden" genannt werden.
[168] Vgl. STEGEMANN 1938, 217; außerdem die Zeichnung ebda.
[169] Kritiker könnten freilich einwenden, dies liege daran, daß STEGEMANN die Nebenaspekte großzügig ausklammert, was seiner Argumentation etwas Zirkuläres verleiht.
[170] STEGEMANN 1938, 218; das Zitat findet sich S. 167, 14.
[171] Also Zwillinge-Schütze-Opposition=schlecht; Widder-Löwe-Trigon=gut; Stier-Wassermann-Quadrat=schlecht; Wassermann-Waage-Trigon=gut etc.

Gedankengang bleibt allerdings, warum der Wechsel zwischen guten und schlechten Apekten eine Feindschaft zwischen den einzelnen Welten dokumentieren soll. Schließlich ist für die antiken Astrologinnen und Astrologen das Trigon dem Quadrat keineswegs feindlich gesinnt.

Überhaupt ist festzuhalten, daß sich eine solche Reihenfolge nur ergibt, wenn man der Konstruktion Stegemanns folgt, denn man könnte ebenso nach dem Sextil Krebs-Jungfrau mit dem Trigon Krebs-Fische fortfahren, anstatt diesen positiven Aspekt zu überspringen und die (negative) Opposition Jungfrau-Fische anzufügen. Stegemann operiert hier ausgesprochen zirkulär. Die Widersprüchlichkeit erhöht sich noch, wenn Stegemann schreibt, die Feindschaft gelte nicht nur zwischen den Welten, sondern bereits „für die Aspekte der Tierbilder je einer der Welten";[172] für die Opposition Zwillinge-Schütze mag das stimmen, doch wie verhält es sich mit dem Trigon Widder-Löwe (Feuerwelt) und dem Sextil Steinbock-Skorpion (Finsterniswelt), ganz zu schweigen von Stegemanns Stier-Waage-Trigon und dem Sextil Krebs-Jungfrau? Stegemann bleibt die Erklärung schuldig.

Insgesamt erweckt Stegemanns Analyse den Eindruck einer zwar originellen und phantasievollen, gleichwohl aber hochgradig spekulativen und in sich völlig widersprüchlichen Erklärung. Wie oben gezeigt wurde, brauchen wir eine solche Spekulation überhaupt nicht zu bemühen, da Mani sich fast vollständig im astrologischen Deutungsfeld seiner Zeit bewegte. Berücksichtigt man ferner die theologischen Implikationen manichäischer Astrologie, so erscheint auch der Ansatzpunkt des Verteilungsschemas in den Zwillingen nicht unbedingt erklärungsbedürftig.[173] Seine kosmologische Darstellung beginnt einfach mit dem *nous*, was ihn gemäß astrologischem Denken zwangsläufig zu den Zwillingen bringt. Einen tieferen Sinn dieser Abkehr von der traditionellen Reihenfolge – meist ausgehend vom Widder – müssen wir darin nicht suchen.[174]

---

[172] STEGEMANN 1938, 218.
[173] STEGEMANN erscheint dies „[m]erkwürdig" (1938, 219).
[174] Natürlich könnte man auch hier noch Erklärungsmöglichkeiten anbieten, etwa die Spekulation, Mani hätte in dieser Veränderung seine mesopotamische Heimat an den Anfang der Darstellung gerückt. Die ptolemäische Zodiakalgeographie weist nämlich dem Luft-Trigon folgende Bereiche „des Nordens Groß-Asiens" zu: „Armenien, Hyrcanien, Matiana, Bactrien, Caspien, Serica, Sarmatien, Oxiana und Sogdiana" (*tetrab.* II, 3 [WINKEL 1995, 90]). Solch eine Vermutung ist freilich ebenso spekulativ wie die V. STEGEMANNS.

Als Ergebnis können wir notieren, daß Mani ein hohes Maß an astrologischem Wissen offenbart, das damit über reine Laienastrologie hinausgeht. Verschiedene zodiakalgeographische Lehren waren ihm bekannt, die er im Rahmen seiner eigenen Theologie systematisch und selbstbewußt adaptierte. Damit sind die Kephalaia ein wichtiges Zeugnis für die Lebendigkeit der christlichen Astrologie im dritten Jahrhundert. Interessant ist ferner, daß Mani sich nicht mit einer schlichten Übernahme überlieferter Lehrmeinungen begnügte, sondern die eigentliche Zodiakalgeographie gleichsam auf eine Metaebene übertrug, indem er die fünf Welten – in gewissem Sinne ebenso feinstoffliche Bereiche wie die Zodiakalzeichen selber – als mit dem Tierkreis verbunden betrachtete. Darin ist zweifellos eine Eigenleistung Manis zu sehen, womit wir berechtigt sind, von einer besonderen „manichäischen Astrologie" zu sprechen.

2.2.3. Planeten und Stundenherrscher

Bisher sind die Planeten lediglich in ihrer allgemeinen kosmologischen Bedeutung sowie ihrer Einbindung in das Entsprechungsdenken Manis zur Sprache gekommen. Kap. 69 der Kephalaia führt im direkten Anschluß an die eben untersuchten Zuordnungssysteme eine Lehre auf, die uns weitere Informationen über die Astrologie *in sensu stricto* liefert. Dort werden nämlich die fünf Planeten auf die fünf Welten verteilt – d.h. es wird berichtet, aus welcher Welt sie erstanden sind –, was von vornherein mit weniger Problemen befrachtet sein sollte als das vorhergehende Schema. Doch auch hier stellen sich Fragen, wird uns doch folgende Zuordnung überliefert:[175]

Stern des Zeus (Jupiter):	Welt des Rauches / *nous*
Aphrodite (Venus):	Welt des Feuers
Ares (Mars):	Welt des Windes
Merkur:	Welt des Wassers
Kronos (Saturn):	Welt der Finsternis

Vergleicht man dieses Schema mit der vorherigen Zeichenzuordnung, so stellt man fest, daß sich nur in drei Fällen eine Deckungsgleichheit ergibt: für Jupiter als Regent des Schützen, für Merkur als Regent der Jungfrau und für Saturn als Regent des Steinbocks. Die Nennung des Merkur für die Welt des Wassers ergibt sich von selbst, denn der Herrscher der Fische – Jupiter – wurde schon dem Rauch zugeordnet, Mond als Herrscher des Krebses indes fällt für Mani aus der Planetenfolge heraus.

---

[175] Vgl. 168, 1-6.

Merkwürdig ist freilich die Zuordnung der Venus und des Mars. Wenn wir nicht eine uns heute unbekannte Begründung dafür unterstellen, deutet alles darauf hin, daß hier eine Verwechslung vorliegt; in umgekehrter Reihenfolge – Mars als Regent von Widder zum Feuer,[176] Venus als Regentin von Waage zum Wind – ergibt sich nämlich ein gänzlich unproblematischer Sinn. Dürfen wir daraus schließen, daß der Redaktor oder Schreiber der Kephalaia mit der dahinterstehenden Lehre nicht vertraut war, bzw. die Tradition bereits zu verwischen drohte? Nicht von der Hand zu weisen ist freilich auch die Möglichkeit, daß Mani auf eine in astrologischem Sinne kohärente Systematik keinen Wert legte und sich stattdessen von theologischen Überlegungen hat leiten lassen. Wir müssen diese Fragen vorerst zurückstellen, bis wir weiteres Material beigebracht haben.

In *Keph.* 6 liegt ein interessantes Zeugnis für das manichäische Entsprechungsdenken vor, implizit enthalten in der Abhandlung über das Land der Finsternis und die fünf „Lagerhäuser", aus denen die fünf Elemente respektive fünf Planetenherrscher hervorgegangen sind. Was hier als Kosmogonie präsentiert wird, läßt sich ebenso als Zuordnung von Wirklichkeitsebenen zur himmlischen Sphäre lesen, denn Mani fügt auch die Körper und Geschmäcker, später sogar noch Farben und Metalle in die Liste ein:

> Five s[to]/rehouses have arisen since the beginning in the land of darkne[ss! The] fiv[e] / elements poured out of them. Also, from the five e[le][20]ments were fashioned the five trees! Again, from the five tre[es] / were fashioned the five genera of creatures in each wor/ld, male and female. And the five worlds thems[el]ves [ha]/ve five kings therein, and five spiri[ts, five] bodies, five [tastes]; / in each world, they n[ot] resembling [one another] (30, 17-24)!

Ausführlich entwickelt Mani in diesem Kapitel die Eigenschaften, Taten und Zuordnungen der fünf Welten. Dabei ergeben sich erhebliche Inkonsistenzen, denn der Redaktor scheint sich nicht sicher zu sein, wie das Verhältnis des übergeordneten Königs der Finsternis (30, 33-33, 1) zu seinen fünf untergebenen Herrschern der einzelnen Welten zu beschreiben ist. Offensichtlich stellt er ihn dem König des Rauches zur Seite (33, 2-4), dadurch zu unterscheiden vom König über die (untergeordnete) Welt der Finsternis (33, 33-34, 5).[177]

---

[176] Die Sonne als Regentin des Löwen steht im manichäischen Planetensystem ebenfalls nicht zur Verfügung.

[177] Vgl. die einleitenden Bemerkungen zum Kapitel in GARDNER 1995, 34, der daraus schließt: „Kephalaion 6 (and compare also 27) evidences some textual development; and probably some corruption in the tradition."

Dem übergeordneten König der Finsternis werden fünf Erscheinungsformen zugeschrieben: Sein Kopf sei löwengesichtig, seine Hände und Füße dämonen- und teufelsgesichtig, seine Schultern adlergesichtig, sein Bauch drachengesichtig und sein Schwanz fischgesichtig (30, 33-31, 2). Für die ihm unterstellten Könige der fünf Welten läßt sich folgendes Bild ermitteln, wobei auch die Manifestationen der Weltenherrscher in religiösen und politischen Kontexten nachgezeichnet werden, die Mani zu überwinden trachtet (vgl. 33, 3-34, 5):

Welt	Tier	Metall/Farbe	Geschmack	Religion/Politik
Rauch		Gold	salzig	Tyrannen
Finsternis	Drache	Blei, Zinn	bitter	Wahrsager
Feuer	Löwe	Kupfer	sauer	Feuerkulte
Wind	Adler	Eisen	scharf	Idolatrie
Wasser	Fisch	Silber	süß	Baptisten

Die in *Keph.* 6 enthaltenen Zuordnungen lassen keine Systematik erkennen, die mit den vorhergehenden vollständig kompatibel wäre. Auch die astrologischen Traditionen werden aufgrund des Ineinanderpressens von Siebener- und Fünferschema auf sehr eigenwillige Weise rezipiert, wenn hier überhaupt ein astrologisches Interesse unterstellt werden kann. Schließlich kommen die Planeten und Zodiakalzeichen lediglich mittelbar zur Sprache, nämlich über die Vergleiche mit anderen Passagen der Kephalaia. Übereinstimmung mit der Vulgata zeigt sich ansatzweise bei den Metallen, denn Steinbock/Finsternis gehört zu Blei, Mond/Wasser wiederum zu Silber. Die Zuordnung von Eisen und scharfem Geschmack, d.h. von Marsattributen, zur Welt des Windes überrascht dagegen, deckt sich aber mit der Zusammenstellung oben, für die eine Verwechslung vermutet wurde.

Die Tiererscheinung der dämonischen Herrscher erweckt den Eindruck, als habe hier die freie Assoziation Pate gestanden;[178] schließlich gehört der Adler als traditioneller Repräsentant des Wasserzeichens Skorpion gemäß einer astrologisch fundierten Auflistung nicht zur Luft, dafür paßt er sehr gut zur Vorstellung eines „Königs der Winde". Für den Löwen als Feuerzeichen und den Fisch als Wasserzeichen lassen sich zwar astrologische Hintergründe ins Spiel bringen, doch ergibt eine nähere Prüfung auch hier keinen

---

[178] Dies gilt in gleicher Weise auch für die religiösen „Verirrungen", die Mani anprangert, denn daß die Baptisten mit Wasser, die Feuerkulte mit Feuer in Verbindung stehen, muß keine tieferliegende Bedeutung transportieren.

Sinn.[179] Die Verbindung von Drachen und Steinbock wiederum ist aus der Tradition ebenfalls nicht konsistent herzuleiten.

Kurzum: Die von Mani hier verwendeten Zuordnungen offenbaren das *Primat der theologischen vor der astrologischen Aussage*. Die mythologischen Tiergestalten stammen aus der paganen und christlichen Tradition, wobei ein Einfluß der Apokalyptik, namentlich der Offenbarung des Johannes, deutlich spürbar ist. Erst sekundär versucht der Text astrologische Lehren in das theologisch-mythologische System einzufügen, wobei Inkonsistenzen unausweichlich sind.

Die manichäische Astrologie kombiniert die fünf Planeten nicht nur mit den fünf Welten und den zwölf Zodiakalzeichen; in Kapitel vier der Kephalaia treffen wir auf deutliche Spuren einer *Kronokratorie*, also jener Lehre, die für jede Stunde einen besonderen Stundenherrscher vorsieht. Mani entfaltet diese Sicht im Zusammenhang mit der Rede von den „vier großen Tagen", welche jeweils auseinander hervorgingen und die Heilsgeschichte in aufsteigender Reihenfolge symbolisieren. Ihnen treten – streng nach dem manichäischen Dualismus – „vier (große) Nächte" gegenüber, womit auch die absteigende Entwicklung der Menschheit in die Verstrickungen von Materie und Sünde theologisch verankert wird. Die großen Tage werden bezeichnet als „Vater, der Gott der Wahrheit", als „Dritter Botschafter", als „Säule der Herrlichkeit" und als „Jesus". Die Kronokratoren werden gleich zu Anfang genannt, emanierend aus der „Mitte der Äonen Seiner Größe":

> The twelve hours of this great day / [are the] twelve great rich Gods of great[ness]. / [These], who are the first evocations that he evoked (to mirror) / [h]is greatness, he spread out to the four climes, three b/y three before his face (25, 15-19).

An dieser Stelle bringt Mani die Stundengötter ins Spiel und kombiniert sie sogleich mit der schon behandelten Lehre der Zodiakalgeographie, nämlich den vier Klimata.[180] Die Stundengötter auf der Lichtseite der Heilsgeschichte emanieren aus dem transzendenten Göttlichen, dessen Größe sie, wie es heißt, reflektieren sollen. Trotz ihrer Göttlichkeit sind sie demnach Geschöpfe und Wesenheiten mit einer klaren Aufgabe, untergeordnet dem Wirken der ungeteilten transzendenten göttlichen Entität des „Vaters".

---

[179] Man bedenke etwa, daß der Mond und das Metall Silber keineswegs den Fischen zugeordnet werden, sondern dem Krebs.
[180] S.o.

Die zwölf Stunden des zweiten Tages bringt der Text mit den „zwölf Jungfrauen" in Verbindung, was wiederum an die Jungfrau des Lichtes anknüpft, den weiblichen Aspekt des „Botschafters".[181] Für den dritten Tag heißt es dann, seine zwölf Stunden seien „the five sons [of the F]irst Man; the five sons of the Living Sp[ir]it, / who support all the weights of the uni/[v]erse" (25, 26-28). Die manichäische Kombination des Zodiakalschemas mit der Pentade ist uns inzwischen hinreichend bekannt, so daß sie an dieser Stelle nicht überrascht. Die lichtvollen Stunden des vierten Tages schließlich sind die „zwölf Weisheiten", was sich mühelos aus der Tatsache erklärt, daß Jesus – der „vierte Tag" – ein Spiegel des „Botschafters" ist, die Jungfrau wiederum als *sophia*/Weisheit aus dem gnostisch-manichäischen Denken bekannt ist.[182]

Damit kommen wir zur Schattenseite der Heilsgeschichte, repräsentiert durch die vier Nächte.

> The first nigh[t] is the land of darkness. It has t[w]e/[l]v[e] black [shadows] therein, which are its [5] dark h[o]ur[s]. The twelve shadows of the f[irst ni]/ght a[re] the five elements of the land of darkness, [which] / poured [fo]rth from his five sense organs (26, 3-7).

Auch in der Behandlung der zweiten Nacht macht Mani von der Pentade und dem Zodiakalschema Gebrauch; die Pentade bezieht er nun sogar in eindeutig hermetisierender Tendenz auf die verschiedenen Welten, heißt es doch über den König der Finsternis:

> [He] was brought [u]/p from the land of death and s[et ... ab]/ove and below in the [whole] universe; in the five par[t[[25]s] in the heavens above, as well as the five [parts] / in the earths below (26, 22-26).

Der Widerspruch zu den *vier* Klimata, die im Text kurz vorher genannt werden, scheint Mani bzw. den Redaktoren keinerlei Schwierigkeiten zu bereiten, was erneut am theologischen Primat der Lehre liegen dürfte.

Nachdem die dritte Nacht die Emanation der fünf Welten des Fleisches und den Fall des Menschen in die Materie brachte, werden in der vierten Nacht die Zodiakalzeichen als „Throne der Materie" eingeführt:

> The fourth night is the law of [si/n, which] is the dark spirit who speaks in the twelv[e [15] spirits], the twelve sects. They are the nakedne/[sses], the twelve zodiacal signs of Matter. They / [are] her thrones; she

---

[181] Vgl. GARDNER 1995, Index „Virgin".
[182] Vgl. GARDNER 1995, 29.

who is made public, as she sculpts and is dis/[p]layed in the old man. And, also, the hours of this four[t/h] night that is the old man, who reigns in the sects, are the [tw][20]elve e[vi]l spirits (27, 13-20).

Vom ersten Menschen bis zum alten Menschen verläuft demnach eine absteigende Linie, was Mani an anderer Stelle sogar anhand der Körpergröße demonstriert.[183] Der Fall des Menschen in die Materie und seine Entfernung von der lichtvollen Heimat führt ihn zugleich den Abhängigkeiten der Zodiakalmächte und den menschlichen Irrlehren zu, eine Ansicht, die Mani auch in Kap. 15 seiner Kephalaia erläutert.[184] Die Herrschaft der Heimarmene kennzeichnet mithin die konkurrierenden christlichen Gruppierungen, während der manichäische Gnostiker sich aus diesen Verstrickungen zu befreien vermag, was Mani mit dem Makarismus bekräftigt: „[Bl]essed is he [who wi]ll know them, and separate them, and / [... for] ever" (27, 30-31).

Die manichäische Argumentation verläuft hier ganz parallel zur gnostischen: Die Planeten und Zodiakalzeichen als böse Archonten repräsentieren die Heimarmene, was jedoch nicht bedeutet, daß eine Beschäftigung mit der Astrologie einer Sünde gleichkäme – im Gegenteil! Jene, die die Planetenkräfte zu deuten verstehen, werden ausdrücklich gesegnet, erheben sie sich doch kraft ihrer *gnôsis* über die Abhängigkeiten des Schicksals und werden der Sphäre ihrer Lichtheimat erneut teilhaftig.

2.2.4. Lebenszeit und Weltzeit:
Manis Offenbarung der Zeitqualität

Es ist eben bereits angeklungen, daß die Manichäer einer Dekadenztheorie anhingen, die sich zwangsläufig aus dem apokalyptischen Milieu ergeben mußte. Mani trat folglich zu einer besonders ausgewiesenen Zeit auf den Plan, einer Zeit nämlich, die in Erwartung des Endes der Geschichte auf die Erlösung der wenigen Getreuen hoffte. Mit dem Bild der vier Tage und Nächte ist dies zur Sprache gekommen, doch es lohnt sich, jenem Gedankengang noch weiter nachzuspüren.

---

[183] Vgl. *Keph.* 57; wir werden gleich darauf eingehen.
[184] „Alongside the mystery of these twe/lve parts that came about in the darkness [...] / against the First Man. The twel[ve ...] / the twelve spirits of error that [came] [35] about the twelve signs of the zodiac [... (49) ...] They are estab[lished agai]nst the second living man, w/ho dwells in the [h]oly chur[ch]. They pursue him the way t/hat they pursued [... at] the beginning of the First Man in the land / of darkness. As the First Man humiliated the darkness [5] [... / ... the li]ght th[at] dwells in the church / [...] the twelve sects" (48, 31-49, 7).

In den Kephalaia findet sich ein besonders instruktives Beispiel dafür, wie es Mani gelingt, vermeintliche Widersprüche zwischen Astrologie, Weltgeschichte und Theologie durch eindrucksvolle Belehrungen in kohärente Systeme zu überführen. Kap. 57 berichtet davon, daß ein babylonischer Katechumene den Meister nach Adam fragt, dem ersten Menschen, der von so anderer Gestalt gewesen sei als die heutigen Menschen; zudem übersteige seine Lebenserwartung die der Jungen in beträchtlichem Maße. Auch interessiert ihn, „[wh][30]y is the birth today, of [the]y who are born, / altered compared with that of these first" (144, 29-31). Sein Problem ist dabei folgendes:

> See, even the stars and signs of the zodiac continue / in their positions. Why now have the age and / the years of these last ones diminished, and he has also become smaller, / compared to these ancient ones who belong to these first generations (145, 1-4)?

Die Begründung des Widerspruchs ist hochinteressant, offenbart sie doch die Selbstverständlichkeit, mit der damals an der astrologischen Prägung des menschlichen Schicksals festgehalten wurde. Da sich die Konstellationen nicht geändert haben, muß die rapide Veränderung des menschlichen Schicksals erstaunen. Die Antwort des „Erleuchters" ist überraschend:

> They increased, have turned, and diminished; / because there are five types of authorities and / leaders appointed in the sphere of zodiacal signs, and the hea[10]vens above it. They have names they are ca[lled] / by: the first name is the year; the sec/[on]d is the month; the third is the day; the fou/[rth] is the hour; the fifth is the moment (145, 7-13).

Mani greift hier einmal mehr auf das pentadische System seiner Theologie zurück, um die Welt der Zodiakalzeichen zu erläutern. Er fährt fort:

> So, mankind is begotten, and [the ani]/mals. They are born in these powers. And, thus, these powers / have received authority since the beginning of creation till the end of the wo/rld (145, 20-23).

Die Argumentation läuft darauf hinaus, daß – obwohl Mensch und Tier der Macht der Gestirne unterworfen sind –, wesentliche Unterschiede daraus resultieren, daß zu Beginn der Geschichte die Herrscher der Jahre wirkten, später jene der Monate usw. Daraus ergibt sich, daß trotz gleicher zodiakaler Konstellationen gleichsam die Vorzeichen wechselten, was zur Beeinträchtigung der Lebenserwartung der jüngeren Generationen führt. Doch nicht nur die Lebenserwartung geht zurück, sondern auch die physische Kraft und die

Größe der Menschen.[185] Mani bringt an dieser Stelle noch einmal die „Röhren/*lihmê*" ins Spiel, wenn er über die Generation der vom Augenblick Beherrschten sagt: „Their {conduit} is less than that of the m/onths and the days" (146, 7-8).

Mani kehrt daraufhin diese Erkenntnis um und fragt den Katechumenen: „Do you see, how near the en[10]d [of] the world approaches? The life span of the pe[o]/ple has drawn in to nothing" (146, 9-11).[186] Die Lebenszeit spiegelt die Weltzeit wider, die von Verfall und Dekadenz gekennzeichnet ist. Damit nähert sich Mani einer Position, die Blumenberg als das apokalyptische Lebensgefühl schlechthin bezeichnete.[187] Daß der Religionsstifter gleichzeitig mit Motiven der Henochtradition bzw. des AB operiert, liegt auf der Hand, hieß es doch auch dort über „die Tage der Sünder", daß die Jahre kürzer würden (1Hen 80, 2).[188]

Der Hinweis auf die Henochschriften führt uns zum besonderen *Offenbarungscharakter* der manichäischen Lehre. Denn die richtige Deutung der Zeitqualität, d.h. die Erkenntnis darüber, an welchen Zeichen die bevorstehende Wende der Geschichte abzulesen ist, entwickelt der Religionsstifter nicht allein aus der traditionellen Astrologie, sondern in wesentlichen Teilen anhand eines Offenbarungsgeschehens, in welches er integriert ist. Im Kölner Mani-Kodex stellt er sich explizit als „Siegel der Propheten" dar – um einen späteren Begriff vorwegzunehmen –, indem er als Abschluß der Reihe Adam–Seth–Enos–Sem–Henoch–Paulus genannt wird.[189] Er stellt sich selber folgendermaßen vor:

---

[185] Später (146, 25-147, 17) gelingt es Mani sogar, mit dieser Argumentation die Frage zu beantworten, warum so viele Menschen von nur zwei Vorfahren – Adam und Eva – abstammen könnten: Die ersten Generationen seien weitaus fruchtbarer gewesen; während heute die Geburt von Zwillingen schon eine Ausnahme sei, hätten frühere Generationen regelmäßig Fünf- und Sechslinge zur Welt gebracht. „Indeed, because of this the offspring of Eve multipl[5]ied, and of her children" (147, 4-5).

[186] Vgl. auch 147, 10-11, wo die „letzten Generationen" ausdrücklich genannt werden.

[187] Vgl. dazu oben den *Exkurs 4*, darin bes. Abschnitt III.

[188] Vgl. dazu J. TUBACH: „Spuren des astronomischen Henochbuches bei den Manichäern Mittelasiens", in: P.O. SCHOLZ / R. STEMPEL (Hrgg.): *Nubia et Oriens Christianus* (FS C. Detlef G. Müller), Köln 1988; außerdem J.C. REEVES: *Jewish Lore in Manichaean Cosmogony: Studies in the Book of Giants Traditions* (Monographs of the Hebrew Union College 14), Cincinatti 1992.

[189] CMC 48-63.

> Ich Mani, Apostel Jesu Christi durch den Willen Gottes, des Vaters der Wahrheit, aus dem ich bin, der lebt und bleibt in alle Ewigkeit, der vor allem war und der nach allem sein wird. Alles, was geworden ist und was werden wird, besteht durch seine Kraft. Denn aus ihm bin ich geworden, und gleichfalls bin ich aus seinem Willen. Aus ihm wurde mir alles Wahre enthüllt, und ich bin aus seiner Wahrheit. Die *Wahrheit der Aeonen, die er mir enthüllte*, habe ich gesehen. Ich habe die Wahrheit meinen Mitreisenden gezeigt, den Frieden habe ich den Kindern des Friedens verkündet.[190]

Zum offenbarten Wissen gehört auch die Astrologie, die im manichäischen System zur kosmisch-theosophischen Disziplin überhöht wird. Mani (oder sein Biograph) bringt dies zum Ausdruck, wenn er sagt:

> (Mani berichtet:) Zu *dieser Zeit, als ich aufwuchs ... offenbarte er* [der Zwilling, KvS] *mir die ...* der Väter des Lichtes und alles, was in den Schiffen geschieht. Er enthüllte ferner den Schoß der Säule, die Väter und die überaus mächtigen Kräfte, die in *eben dieser Säule* verborgen sind und *zur Höhe des Vaters reisen ... er zeigte ... meine Kirche, die gewürdigt worden ist* (?), erwählt zu werden und vor mir zu erscheinen.[191]

Da an dieser Stelle die „Schiffe", also die Bewegungen von Sonne und Mond, enthüllt werden, steht zu vermuten, daß auch die Nennung der „Säule" eine astrologische Konnotation beinhaltet, nämlich ein ähnliches Konzept, wie wir es in den „Röhren/*lihmê*" vorfanden – dies umso mehr, als mit dem „Schoß" auch die „Wurzel" jener Verbindung genannt ist.[192] Genau wie Henoch sind auch Mani die Geheimnisse der kosmischen Welt sowie der verborgene Sinn der Heilsgeschichte offenbart worden. Allerdings geht die Weisheit Manis noch weit über die Henochs hinaus, zeigt er doch einen Weg auf, der alle Erkenntnisse zur Erlösung der Menschen zusammenfaßt und dank der nur ihm mitgeteilten Geheimnisse in die neue *Religion des Lichtes* integriert.

Wir kommen somit zu folgendem *Ergebnis* unserer Untersuchung: Mani hat in seiner Religion ausführlich auf astrologische Lehren seiner Vorgänger zurückgegriffen. Auch speziellere Fragen des damaligen vorderasiatischen Diskurses zur Sternkunde waren ihm vertraut, allerdings hat er sie in individueller Adaptation theologisch

---

[190] CMC 66-67 (KOENEN/RÖMER 1993, 69).
[191] CMC 33-34 (KOENEN/RÖMER 1993, 56).
[192] S.o. S. 739f. Darüber hinaus stellt die Säule selbstverständlich die Straße der Lichtteilchen in die himmlische Heimat der Erwählten dar.

überformt. Der schon öfter genannte Primat der theologischen vor der astrologischen Kohärenz begegnet uns quer durch das manichäische Schrifttum, und die herausragende Rolle der Pentade kann geradezu als Erkennungszeichen eines manichäischen Zusammenhangs der Lehrmeinung dienen. Als Träger einer göttlichen Offenbarung hatte Mani es keineswegs nötig, sich der astrologischen Tradition zu beugen, sondern hielt den Lehren der Alten seine neue Wahrheit entgegen. Gleichwohl gelingt es ihm auf erstaunliche Weise, die Kohärenz der speziellen manichäischen Astrologie auch gedanklich-argumentativ zu erweisen, indem er die Anfragen und Probleme seiner Schülerinnen und Schüler durch mitunter überraschende intellektuelle Konstruktionen aus der Welt schafft.

Bei anderen freilich trafen die astrologischen Ausführungen Manis auf eine breite Kritik. Allen voran wäre hier *Augustinus* zu nennen, für den die Astrologie in seinen jungen Jahren ein Grund gewesen ist, dem Manichäismus anzuhängen, der jedoch später, als seine Kenntnisse der paganen Sternkunde zunahmen, die Unhaltbarkeit manichäischer Astrologie betont: In den Behauptungen Manis fand er

> nichts von vernünftiger Begründung, sei es der Sonnwenden oder der Tag- und Nachtgleichen oder der Sonnen- und Mondfinsternisse, nichts von der Art, was ich aus den Büchern der weltlichen Philosophie gelernt hatte. Da hieß es einfach glauben, aber es stimmte nichts mit jenen Einsichten zusammen, die auf Rechnung und dem eigenen Augenschein beruhen, und war etwas ganz anderes.[193]

Auch Alexander von Lykopolis zeigte sich verblüfft über die völlige Inkompetenz der manichäischen Astronomie: Wenn die Manichäer auch nur ein einziges Mal die Astronomen mit einem Besuch beehrt hätten, wären sie nicht in diese Verlegenheit geraten und hätten vielmehr von der Tatsache erfahren, daß der Mond, der nach Meinung nicht weniger Leute kein eigenes Licht habe, von der Sonne erleuchtet wird, sein Aussehen sich aber nach den jeweiligen Stellungen zur Sonne richte.[194]

Das naturwissenschaftliche Modell des Kosmos wird somit dem von Mani entwickelten theologischen Modell gegenübergestellt. Auf

---

[193] [...] *non mihi occurrebat ratio nec solstitiorum et aequinoctiourm nec defectuum luminarium nec quidquid tale in libris saecularis sapientiae didiceram. Ibi autem credere iudebar, et ad illas rationes numeris et oculis meis exploratas non occurrebat et longe diversum erat* (Conf. V, 3, 6, übers. nach BERNHART).

[194] Alex. Lyk. *Manich. opinion.* 22, ed. BRINKMANN, 30, 5-13; zit. nach LIEU 1992, 178 mit Anm. 124.

diese Weise ist es leicht, das manichäische Konstrukt zu desavouieren, allerdings verkennt eine solche Rhetorik das Anliegen der „Religion des Lichtes", *Wissenschaft theosophisch zu überhöhen.* Die zugrundeliegende Argumentation reflektiert bereits eine Semantik, die sich im dritten und vierten Jahrhundert mehr und mehr etablieren sollte, und die dazu beitrug, daß die Astrologie ihren Status als *ars mathematica* einbüßte, ja im Rahmen des zur Staatsreligion avancierten Christentums vollends kriminalisiert wurde. Diese Entwicklung ist das Thema des folgenden Kapitels.

XI. Antiastrologische Diskurse im zentristischen Christentum

Unsere ausführliche Sichtung des christlichen Materials der Spätantike hat gezeigt, daß das Diktum Gundels, „[d]as Christentum [habe] von Anfang an die Axiome der Sterndeutung grundsätzlich abgelehnt und auf das schärfste bekämpft",[1] einer kritischen Überprüfung nicht standhält. Zu einer solchen Einschätzung gelangt man nur dann, wenn man die Haltung des Christentums mit den Äußerungen einiger exponierter Vertreter der sich entwickelnden Kirche ohne weitere Rückfragen identifiziert. Der logische Zirkel ist komplett, wenn anschließend die anderslautenden Aussagen früher Christen aus dem Christentum ausgeschlossen werden. Dagegen haben unsere Studien gezeigt, daß die Rede von *dem Christentum* endgültig als überkommen abzulehnen ist und stattdessen die Wirklichkeit einzelner *Christen* in den Mittelpunkt der Untersuchung gestellt werden muß. Jene disparaten, aber mitunter in einem Gespräch interagierenden Gruppen definierten sich einerseits durch die Zugehörigkeit zu einer bestimmten Tradition, andererseits durch ihre von anderen Gruppen – auch christlichen – unterschiedene Identität. Die Bestimmung der Identität durch „Selbstreferenz" und „Fremdreferenz", wie N. Luhmann sie vorgeschlagen hat, ist hierfür ein weitaus passenderes Modell als die theologisch-apologetischen Versuche einer Abgrenzung.[2]

---

[1] GUNDEL 1966, 332.
[2] Vgl. LUHMANN 1993, 259-357, bes. 262-270. Sowohl die identitätsstiftende Funktion selbstreferentieller Kommunikation einzelner sozialer Einheiten, erfahren als Differenz von Selbstreferenz und Fremdreferenz, wird durch LUHMANNs Theorie erklärt, als auch die Tendenz der Überhöhung der Gegensätze bei zunehmender Ausdifferenzierung, denn: „Logisch steigert diese System/Umwelt-Differenz das Unterschiedene zu einem kontradiktorischen, nicht nur einem konträren Gegensatz. Man kann ihn also nur noch durch eine Seinsnegation unterlaufen: Was nicht zum System gehört, gehört deshalb zur Umwelt und umgekehrt – es sei denn, daß es überhaupt nicht existiert" (266f). Eine derartige Tendenz zur Herausstellung der Unterschiede zwischen christlichen Gruppierungen, welche die tatsächliche Verschränkung der Diskurse verschleiert, läßt sich anhand der antiken Quellen unschwer nachweisen.

Im folgenden wird es darum gehen, dem antiastrologischen Diskurs innerhalb des frühen Christentums eine genauere Darstellung zu widmen. Besonders die als „Kirchenväter" in die theologische Geschichtsschreibung eingegangenen Denker bedürfen einer genaueren Betrachtung, denn die von ihnen angestoßene Argumentation kann in ihrer historischen Tragweite kaum überschätzt werden. Nachfolgende Generationen berufen sich in der Regel auf jene Polemiken, und auch die moderne Auffassung, mit dem „Sieg" der Kirche über das Heidentum sei auch das Ende der Sternkunde gekommen, verdankt sich weithin diesen Positionen. Im Anschluß an Burton L. Mack rechtfertigt diese Haltung den Begriff des *zentristischen Christentums*, welches eine kontinuierliche Linie von Paulus über die Apostel bis zu den Bischöfen konstruierte und damit den christlichen Mythos erfand.[3]

In einem ersten Schritt gilt es nun, sich den Argumentationsgang führender Vertreter der Kirche zu vergegenwärtigen, und zwar im Hinblick auf die Frage, inwieweit ältere Diskurse – etwa die Fatalismusdebatte eines Karneades – hier ihre Spuren hinterlassen haben. Es wird zu fragen sein, ob sich jene Haltung gegenüber der Astrologie aufgrund ihrer Argumentationskraft durchsetzte – durchsetzen *mußte* –, wie die moderne (theologische) Forschung vermuten möchte,[4] oder ob äußere politisch-gesellschaftliche Entwicklungen zu ihrem Erfolg beitrugen. Dabei ist auch mit kontingenten Einflüssen individueller Erlebnisse und staatlicher Politik zu rechnen.

Die sich bis zum sechsten Jahrhundert mehr und mehr durchsetzende Ausgrenzung der Astrologie aus dem wissenschaftlichen und gesamtgesellschaftlichen Gespräch läßt sich sehr gut anhand der kirchlichen Konzilsentscheidungen sowie der kaiserlichen Gesetzgebung studieren, was in einem zweiten Schritt geschehen soll. Im juristischen Sprachspiel bildet sich eine Kriminalisierung der Sternkunde ab, die vor paganem Hintergrund in diesem Ausmaß undenkbar war.

1. Argumente kirchlicher Apologeten gegen die Astrologie

Wirft man einen Blick auf die wissenschaftliche Erforschung der christlichen Astrologie der Antike, so läßt sich unschwer ausmachen,

---

[3] Vgl. MACK 1995, 7f und die Diskussion seiner Thesen oben.
[4] Damit ist der rote Faden genannt, den HENRI BERGSON so meisterhaft ad absurdum führte. Vgl. auch die klare Position BURKERTS: „Es ist nichts mit einer eingleisigen Religions- und Geistesgeschichte, die aufs Christentum zuläuft" (1996, 42).

daß die Darstellung der astrologiefeindlichen Haltung gewöhnlich im Mittelpunkt des Interesses steht. Die Gründe hierfür liegen auf der Hand und brauchen nicht wiederholt zu werden; immerhin sind wir vor dem Hintergrund dieser Forschungslage in der vorteilhaften Situation, daß das in Frage kommende Material bereits ausgiebig gesammelt und interpretiert worden ist, wir uns also diesbezüglich auf das wesentliche beschränken können.[5]

Gerade die mitunter stark apologetischen Interessen der Autorinnen und Autoren machen es allerdings notwendig, in kritischem Dialog die Erträge der Forschung Revue passieren zu lassen. Das gilt auch für den „Kronzeugen" der theologischen Geschichtsschreibung, Utto Riedinger, dessen 1956 vorgelegte Arbeit *Die Heilige Schrift im Kampf der griechischen Kirche gegen die Astrologie von Origenes bis Johannes von Damaskos* bis heute die einzige Monographie zum Thema darstellt. Da seine Arbeit forschungsgeschichtlich sehr wirkungsvoll war und ist, scheint es ratsam, einen Blick auf das bemerkenswerte Vorverständnis des Autors zu werfen. In der Einleitung zu seinem Buch erläutert er, wie wichtig eine Erhellung auch der „unwichtigeren" Entscheidungen der Alten Kirche für das Verständnis gegenwärtiger Fragestellungen sei. Die astrologische Herausforderung reiht er, da er eine dogmengeschichtliche Studie vorzulegen gedenkt, unter die weniger wichtigen Auseinandersetzungen ein. Schließlich läßt „[s]chon das Vorhandensein verhältnismäßig zahlreicher Quellen zur Geschichte der christlichen Lehrverkündigung [...] unter diesem ‚Hochwald' das ‚Unterholz' des damals in Auflösung begriffenen Heidentums verschwinden."[6]

Trotz der unermüdlichen, geduldigen, bisweilen auch strengen Belehrung der kirchlichen Autoritäten wollte es dennoch nicht gelingen, der Astrologie endgültig Herr zu werden: „Die Seuche widerstand eben nicht nur philosophischen und theologischen Argumenten, ihre Krankheitsträger verstanden es auch, sich dem Zugriff des Rechtes zu entziehen."[7] Durch seine historische Blindheit macht

---

[5] Die einschlägigen Passagen sind schon 1707 von J.A. FABRICIUS in seiner *Bibliotheka Graeca* III, 518f zusammengestellt worden. Als Überblick vgl. BL 609-627; THORNDIKE 1923, I; M.L.W. LAISTNER: „The Western Church and Astrology during the Early Middle Ages", in: *HThR* 34 (1941), 251-275; GUNDEL 1966, 332-339.

[6] RIEDINGER 1956, 13. Kritiker könnten einwenden, daß sich hier geradezu ein christlicher Zynismus zu erkennen gibt, war es doch die Kirche, die paganes Geistes- und religiöses Leben radikal ausgemerzt hatte und für das Verschwinden der entsprechenden Quellen verantwortlich war.

[7] Ebda. S. 20f.

Riedinger sich hier zum Anwalt einer mitunter brutal durchgeführten Bekämpfung der Astrologie durch das staatlich subventionierte Christentum und schreibt die Ursache dafür im Umkehrschluß der fehlenden Einsicht, ja sogar der Kriminalität der Anhängerinnen und Anhänger der Astrologie zu. Damit übernimmt Riedinger eine Semantik, welche sich im Gefolge von Origenes und der kaiserlichen Rechtsprechung des vierten Jahrhunderts etabliert hatte. Wie wenig ihn eine komplexere Darstellung der historischen Sachverhalte interessiert, zeigt sich an der methodischen Ausrichtung seiner Studie: „Das Thema der vorliegenden Arbeit ist [...] im wesentlichen eine Fragestellung, die sich der theologischen Methode des Origenes anpaßt."[8]

Derartige methodische und weltanschauliche Vorentscheidungen entziehen einer wissenschaftlichen Untersuchung der antiken Dokumente den Boden. Inhaltlich allerdings ist Riedinger in dem Punkt zuzustimmen, daß Origenes wie ein monolithischer Block den antiastrologischen Diskurs der frühen Kirche beherrschte. Seine Auseinandersetzung mit dem Thema hat aufgrund ihrer Intelligenz und Konsequenz dazu geführt, daß es später in vielen Fällen nur noch zu einer plagiatenhaften Überlieferung origenestischer Theologie gekommen ist. In meiner Darstellung der antiastrologischen Argumentationen wird deshalb Origenes wiederholt eine Schlüsselposition einnehmen, ergänzt durch weitere kirchengeschichtlich wichtige Denker wie Tertullian oder Augustinus.

Die Geschichte der christlichen Abgrenzung von der Astrologie ist so oft erzählt worden, daß es hier genügt, skizzenhaft die wesentlichen Aspekte darzustellen und exemplarisch zu belegen. Für tiefergehende Analysen sei auf die angeführte Literatur verwiesen.[9]

---

[8] Ebda. S. 22. Die paganen astrologischen Lehrsysteme werden dabei fast vollständig ausgeblendet, so daß er einräumen muß, „das Abhängigkeitsverhältnis gegenüber profanen Autoren" könne „hier auch nur nebenbei beachtet werden [...]" (S. 24).

[9] Einen sehr guten und unvoreingenommenen Überblick lieferte jüngst SCOTT 1991. Auch RIEDINGER 1956 hat auf den Seiten 27-97 alle relevanten Autoren vorgestellt. Neben den für dieses Kapitel ausgewählten Themenbereichen „Fatalismus" und „Gestirne als Zeichen" – die Auswahl erfolgte aufgrund ihrer hohen Stellung im antiastrologischen Diskurs des Christentums – behandelt RIEDINGER „Die Weisheit der Astrologen" (146ff), „Die Torheit der Astrologen" (157ff), den „Gestirnkult" (163ff), „Prophetie und Zukunftsschau" (183ff), „Die Gestirne bei der Geburt eines Menschen" (185f), „Das Weltbild der Alten Kirche und die Astrologie" (186ff) und natürlich „Das Ende der Astrologie" (191ff).

1.1. Fatalismus, Willensfreiheit und Vorhersagbarkeit des Schicksals

Die christliche Abgrenzung von der Astrologie verläuft fast immer über die Debatte zum Fatalismus, die uns aus anderen Zusammenhängen bereits gut vertraut ist. Im Hintergrund steht die Frage, wie ethisches Handeln möglich sein kann, wenn die menschliche Willensfreiheit durch den Einfluß der Gestirne determiniert ist. War dies für moralische Intentionen aller Religionen der Antike eine große Herausforderung, so kam für das Christentum noch hinzu, daß in der Person Jesu die Schicksalsbestimmung der Christen als aufgehoben gedacht wurde; an den Einfluß der Gestirne zu glauben, bedeutete in der Konsequenz eine Abwendung vom Glauben an die Erlösung durch Jesus.

Nicht immer verfiel man auf eine derart radikale Interpretation des Gedankengangs, und es schlugen sich, wie wir sahen, gerade in der Lösung dieses Problems die individuellen theologischen Adaptationen astrologischer Weltdeutung in den jüdischen und christlichen Gruppen nieder. Ob man im rabbinischen Judentum das torahgemäße Leben gleichsam als Abmilderung vorbestimmter Ereignisse ansah oder innerhalb der valentinianischen Gnosis des Theodotus das Fatum lediglich auf die Geburt, nicht aber auf die Wiedergeburt bezog – stets bemühte man sich um eine Integration des althergebrachten astrologischen Denkens in die religiösen Anschauungen, was zu einer Abkehr von streng fatalistischen Positionen führte, doch stets *innerhalb* astrologischer Weltdeutung.

In der patristischen Literatur begegnen wir demgegenüber einer Polemik, die sich von dergleichen Kompromissen unterscheidet und die Astrologie insgesamt zunehmend mit dem Fatalismus identifiziert.[10] Dabei griff man auf pagane Philosophen zurück, die schon im zweiten vorchristlichen Jahrhundert gelehrt hatten – Karneades, Kleitomachos, Panaitios oder Poseidonius –, und die bereits Cicero und Philo von Alexandria als Matrix gedient hatten.[11] Gegen Ende

---

[10] Vgl. dazu V. STEGEMANN: „Fatum und Freiheit im Hellenismus und in der Spätantike", in: *Gymnasium* 50 (1939), 165-191; ders.: „Christentum und Stoizismus im Kampf um die geistigen Lebenswerte im 2. Jahrhundert n.Chr.", in: *Die Welt als Geschichte* 7 (1941), 295-330; RIEDINGER 1956, 172-177; H.O. SCHRÖDER: Art. „Fatum", in: RAC 7 (1969), 524-636.

[11] Die wichtigste Studie zum Thema stellt nach wie vor AMAND 1945 dar; vgl. ferner CRAMER 1954, 50-58; FÖGEN 1993, 262-268; BARTON 1995, 71-78 sowie oben Kap. V.1. mit dem *Exkurs 2*. Karneades' Argumentation läßt sich auf fünf Positionen engführen: (1) Es ist unmöglich, die genauen Konstella-

des zweiten Jahrhunderts u.Z. zirkulierten eine ganze Reihe von entsprechenden christlichen Schriften,[12] und es liest sich wie eine Weiterführung philonischer Philosophie, wenn Justinus, der um 165 den christlichen Märtyrertod starb, ausführt:

> Daß die Strafen und Züchtigungen wie auch die Belohnungen nach dem Wert der Handlungen eines jeden zugeteilt werden, darüber sind wir von den Propheten belehrt worden und verkünden es als wahr. Wenn dies nicht der Fall wäre, vielmehr alles nach dem Schicksal geschehen würde, so käme gar nichts auf uns (selber) an. Denn wenn es vom Schicksal bestimmt ist, daß dieser gut und jener schlecht ist, so ist der eine ebensowenig zu loben wie der andere zu tadeln. Und ferner: Wenn das Menschengeschlecht nicht das Vermögen hat, aus freier Wahl das Böse zu fliehen und sich für das Gute zu entscheiden, so ist es unschuldig an allem, was es tut [...] Auch verdiente der Mensch weder Strafe noch Lohn, wenn er nicht aus sich (selber heraus) das Gute wählen würde, sondern dort hinein geboren wäre, und ebenso könnte ihn nicht, wenn er böse wäre, eine rechtmäßige Strafe treffen.[13]

Derselbe argumentative Duktus findet sich auch beim Schüler Justins, Tatian, später dann bei Eusebius (ca. 260–339 u.Z.).[14] Origenes (ca. 185–253/4) sollte für die Folgezeit mit seiner Schrift „περί είμαρμένης/Über die Heimarmene" wichtige Akzente setzen,[15] und in

---

tionen für den Zeitpunkt der Geburt oder der Empfängnis zu berechnen; (2) zwei Menschen, die zur selben Zeit geboren sind, haben unterschiedliche Schicksale; (3) unter verschiedenen Horoskopen geborene Menschen sterben zur selben Zeit; (4) die astrologische Bestimmtheit müßte auch für Tiere gelten; (5) die Zugehörigkeit zu einem Volk, einem Glauben oder einer Tradition ist mit den Differenzierungen der Astrologie unvereinbar. Vgl. zu dieser Auflistung mit den einschlägigen Nachweisen CRAMER 1954, 55f, der zu Recht konstatiert: „[...] the anti-astrological argumentation of Carneades [...] was destined to become the standard system of attacking astrology in pagan and Christian times [...]" (S. 55).

[12] Vgl. RIEDINGER 1956, 147-156. 172-177; weitere Nachweise bei GUNDEL 1966, 335f. Von besonderem Wert dürfte die verlorene Schrift κατὰ ἀστρονόμων καὶ ἀστρολόγων καὶ είμαρμένης des Diodor von Tarsus (gest. vor 394) sein; vgl. dazu PG 103, 829ff; RIEDINGER 1956, 52f.

[13] *Apologia* I, 43 (ed. BRAUN); vgl. Philo *prov.* I, 80ff sowie oben Kap. V.1.2.

[14] Tatian *Rede an die Griechen* 7, 3 (PG 6, 820); Eusebius *Praep. Ev.* VI, 6, 3-21. Eusebius' Haltung zur Willensfreiheit wird ausführlicher dargestellt bei F. WINKELMANN: *Euseb von Kaisareia. Der Vater der Kirchengeschichte*, Berlin 1991, 121ff.

[15] Die Schrift ist nur sekundär erhalten, und zwar in der *Philocalia* XXIII, 19-21 (ed. ROBINSON, Cambridge 1893, 187-212), vgl. dazu CCAG IX, 2, 111-114 ed. ST. WEINSTOCK; ferner bei Eusebius *Praep. Evang.* VI, 11, 1-81 (PG 21, 477B-505A); vgl. F. MESSERSCHMIDT: „Himmelsbuch und Sternenschrift", in: *Römische Quartalsschrift* 39 (1931), 63-69; zur antifatalistischen Haltung des Origenes immer noch grundlegend ist AMAND 1945, 275-325.

einer Predigt geht er so weit, das *anathema* gegen jene auszusprechen, die die Geheimnisse des Lebens in den Sternen suchten, da sie das „Lager des Herrn" verunreinigten und das Volk der Christen von ihrem Sieg abbrächten.[16]

Im Kommentar zu Genesis offenbart Origenes indes eine etwas differenziertere Sicht, die durchaus geeignet war, den Gläubigen seiner Gemeinde gleichsam eine „astrologische Hintertür" offenzuhalten.[17] Anläßlich der Erschaffung der Gestirne „als Zeichen" (Gen 1,14) argumentiert er nämlich folgendermaßen:[18] Gerade dadurch, daß Gott die Taten der Menschen im voraus kennt, schützt er die menschliche Willensfreiheit.[19] Die Sterne wiederum sind nicht selber für das Schicksal verantwortlich, sondern sie lassen sich auffassen als *Zeichen* des dahinterstehenden Impulses. Die Menschen sind nicht in der Lage, die Bedeutung der Gestirne zu entschlüsseln, aber bestimmten höheren Mächten wurden ihre Geheimnisse offenbart.

Origenes läßt somit zwar keinen Zweifel daran, daß nicht die Gestirne, sondern allein Gott für das Schicksal des Menschen verantwortlich ist,[20] aber in der These, die Bewegungen der Planeten seien gleichsam die „Handschrift Gottes", die von höheren Mächten gelesen werden könnten, erkennen wir ein großes Zugeständnis an die antike Geisteshaltung. Daß Origenes damit die Mehrheit der christlichen Zeitgenossen auf seiner Seite wußte, dürfte aus unseren Untersuchungen evident sein. Der Alexandriner geht in seinen Auslassungen so weit, daß die Sterne tatsächlich Auskunft über Vergangenheit und Zukunft geben können, und in Ausnahmefällen sei die Kenntnis darüber sogar den Menschen zugänglich, wenn auch nicht in letzter Klarheit. Die bösen, aber auch die guten Mächte handelten nämlich nicht immer nach dem in den Sternen aufgezeichneten Willen Gottes, sondern gelegentlich auch nach ihrem eigenen Willen.

---

[16] *Predigt zu Josua* VII, 4 (PG 12, 895D-860A): *Sed et illi qui, verbi gratia, cum Christiani sint, solemnitates Gentium celebrant, anathema in Ecclesias introducunt. Qui de astrorum cursibus vitam hominum et gesta perquirunt, qui volatus avium et caetera huiusmodi quae in saeculo prius observabantur, inquirunt, de Iericho anathema inferunt in Ecclesiam, et polluunt castra Domini et vinci faciunt populum Dei.* Vgl. auch *Comm. in Matth.* XIII, 6.
[17] Ausführliche Analyse der drei Abschnitte der origenestischen Argumentation bei AMAND 1945, 309-318.
[18] Vgl. *Philocalia* XIII, 1-21.
[19] Dieses Argument ist von derselben Dynamik wie L. WÄCHTERS „Freiheit in der Gebundenheit an Gott" (1969a, 194).
[20] Nach T. BARTON können wir daran ablesen, „just how close the two forms of predestination were. This points up the challenge of astrology to the Church" (1995, 75).

Insofern kommt dem Menschen durchaus eine wichtige Funktion in der Deutung des Sterngeschehens zu. Barton konstatiert: „Even his argument about human access to this knowledge seems to offer a loophole. Though their knowledge may not be accurate, they may find some things out."[21]

Auf die Diskussion, ob die Gestirne nun Ursache oder Zeichen für das Schicksal seien, wird zurückzukommen sein. Halten wir zunächst fest, daß der Streit über die fatalistische Astrologie keineswegs einspurig verlief; auch die erbittertsten Gegner jener astrologischen Doktrin, die sich auf Karneades und seine Nachfolger beriefen, kamen nicht umhin, Rücksicht auf die allgemein übliche Deutung religiöser und politischer Wirklichkeit zu nehmen. Wenn wir die großen Denker kontextualisieren, so liegt auf der Hand, was Barton so schön formuliert: „However, even after these perfunctory attempts to demolish astrology, puzzled congregations might well demand answers to problems like the accounts of the birth of Christ in the Gospels."[22]

M.E. müssen wir noch weiter gehen und uns klarmachen, daß die christlichen Autoritäten selber sich ebenfalls diese Fragen stellten: Sie *mußten* sie stellen, weil sie aus den damaligen Diskursen nicht einfach ausbrechen konnten. Aus den Zeugnissen tritt uns nicht ein rhetorischer Zug entgegen, in dem die christlichen Oberhäupter den einfachen Gläubigen die Astrologie ausreden wollten und dabei Rücksicht auf deren Befindlichkeiten nahmen, sondern ein wirkliches Ringen um die Implikationen christlicher Theologie, die mit gewissen astrologischen Positionen offenbar nicht vereinbar waren. Deswegen nahm man sich – wie auch auf paganer und jüdischer Seite – besonders den Fatalismus vor, der ethisches Handeln zu untergraben drohte, ließ aber das Weltbild der Astrologie insgesamt, nämlich die Deutung bestimmter Zeitqualitäten, unberücksichtigt.[23]

---

[21] BARTON 1995, 75.
[22] Ebda. S. 76.
[23] Es ist deshalb völlig unsinnig, mit RIEDINGER davon zu sprechen, das „astrologische ‚Welt- und Geschichtsbild' [stehe] in krassem Widerspruch zu jeglicher Heilsgeschichte. Ja, es kennt eigentlich gar keine Geschichte [...]". Unsere Studien haben gezeigt, daß auch die weitere Folgerung RIEDINGERS allein seinen sehr eingeschränkten theologischen Vorentscheidungen zuzuschreiben ist: „[D]ie Übertragung einer Prognose, die auf so ungeschichtlichen Voraussetzungen beruht, auf ein wesentlich historisches Geschehen, wie es die Geschichte des Heilsratschlusses Gottes und die des einzelnen Menschen ist, gehört zu den unlösbaren Fragen, die jedem Sterngläubigen zu seiner

Ein ähnliches Bedürfnis nach Integration läßt sich auch bei anderen Autoren jener Zeit nachweisen. Dabei gibt es deutliche argumentative Überschneidungen mit gnostischen Positionen, wenn z.B. Marius Victorinus im vierten Jahrhundert den Weg beschritt, den schon Theodotus freigemacht hatte, indem er in der Taufe die Aufhebung der Heimarmene sah.[24] Auch Ignatius konnte in seinem *Brief an die Epheser* 19 die Astrologie prinzipiell anerkennen, hielt sie allerdings durch die Geburt Jesu für überholt. Ähnlich argumentierte auch Tertullian, um dann trotzdem die Astrologie mitsamt aller anderen der Neugier/*curiositas* verpflichteten Künste der Geschichte anheimzugeben:

> Was hat Athen mit Jerusalem zu schaffen? Und was die Akademie mit der Kirche? Was ist Häretikern und Christen gemein? [...] Mögen sie ein stoisches, ein platonisches und ein dialektisches Christentum erfinden! Wir bedürfen seit Jesus Christus nicht mehr der Neugier und nicht mehr des Forschens seit dem Evangelium (*Nobis curiositate opus non est post Christum Iesum nec inquisitione post evangelium*)![25]

Tertullian verwirft hier im Handstreich die gesamte hellenistische Geistigkeit, was zugleich bedeutet, daß die philosophischen Begründungen der Astrologie aus dem christlichen Diskurs vollständig ausgegliedert werden. Von dort war es nur noch ein Schritt zur Kriminalisierung der deutenden Künste, die Tertullian in *de idolatria* ausformulierte.[26]

Ein Wegbereiter der Ausgrenzung der Astrologie und ein wichtiger Eckpfeiler der christlichen Debatte war *Augustinus* (13.11.354–

Beschämung gestellt werden können" (S. 185). Die christlichen und jüdischen Gläubigen der Antike bewiesen eine große Phantasie in der Lösung solcher Probleme, was RIEDINGER leider entgangen ist.

[24] Vgl. *Excerpta ex Theodoto* 76, 1-80, 3 und Marius Victorinus' Kommentar zum Galater-Brief PL 8, 1175f.

[25] *De praescriptione haereticorum* VII, 9-12; zur Interpretation dieses Ausspruchs vgl. L.F. PIZZOLATO: „Tertulliano e la dialettica", in: *Paradoxos politeia. Studi patristici in onore di Giuseppe Lazzati*, Mailand 1979, 145-177; allgemein zu Leben und Werk Tertullians T.D. BARNES: *Tertullian. A Historical and Literary Study*, Oxford ²1985 (mit Literatur).

[26] Vgl. *De idolatria* IX, 1-2 und bes. 7-8: „Wenn aber Magie bestraft wird, deren Spezies die Astrologie ist, so wird die Spezies natürlich mit dem Genus verdammt. Nach dem Evangelium wirst du nirgendwo mehr Sophisten, Chaldäer, Zauberer, Deuter oder Magier finden, es sei denn als offenkundig Bestrafte." Mit der mutigen Behauptung, Astrologie sei eine Spezie des Genus „Magie", dürfte Tertullian damals ganz allein gestanden haben; vgl. FÖGEN 1993, 305 Anm. 53.

430).²⁷ Sein Zeugnis ist gerade deshalb interessant, weil er in seinen jungen Jahren ein überzeugter Anhänger manichäischer Astrologie gewesen ist, sich später aber – ähnlich wie sein Zeitgenosse Firmicus Maternus – von diesem Glauben löste und als radikaler Gegner der Sternkunde in die Geschichte einging.²⁸ In den *confessiones* bekennt er:

> So zog ich denn jene Art von Betrügern, die man Astrologen [*mathematicos*] nennt, unbedenklich immer wieder zu Rate, in der Erwägung, daß es ja bei ihnen so gut wie keine Opfer gebe und keine Gebete an irgendeinen Geist zum Zweck der Wahrsagung gerichtet würden.²⁹

Diese Sentenz ist bemerkenswert, denn sie wirft ein erhellendes Licht auf die Beziehung zwischen Sterndeutung und Sternkult. Anstatt beide Disziplinen als zusammengehörige und notwendig gemeinsam auftretende Kennzeichen der Astrologie zu betrachten, wie dies christlicher und jüdischer Polemik bisweilen eignet, sieht Augustinus gerade im *Fehlen* der rituellen Verehrung der Gestirne einen Hinweis auf die Gefahrlosigkeit der Astrologie. Doch schon im nächsten Satz nimmt Augustinus, der seine *vita* im Nachhinein aufschreibt, die möglichen Implikationen zurück: „Aber der wahrhaft fromme Christ verurteilt und verdammt folgerecht auch dieses."

Auch für den nordafrikanischen Kirchenvater ist der Fatalismus die entscheidende Waffe gegen die Sternkunde:

> Aber all solche Heilsmahnung erdreisten sich jene Blinden zunichte zu machen, wenn sie sagen: „Vom Himmel kommt dir der unausweichliche Anstoß zum Sündigen [*enevitabilis causa peccandi*]" und „Venus

---

[27] Neben den hier verhandelten Passagen aus den *Bekenntnissen* stellt *Civ.* V eine wichtige Quelle für die Behandlung der Astrologie durch Augustinus dar. Vgl. zum Thema DE VREESE 1933; F. VAN DE MEER: *Augustinus als Seelsorger*, Köln 1951, 88ff.

[28] Die Haßliebe Augustinus' zur Astrologie ist eng mit seiner Prägung durch den Manichäismus verknüpft. L.C. FERRARI hat darauf hingewiesen, daß Augustinus' Konversion nicht zuletzt durch das Auftreten des Kometen Halley im März 374 u.Z. induziert gewesen ist; vgl. L.C. FERRARI: „Astronomy and Augustine's Break with the Manichees", in: *Études Augustiniennes* 19 (1973), 263-276; ders.: „Augustine's ‚Nine Years' as a Manichee", in: *Augustiniana* 25 (1975), 210-216; ders.: „Halley's Comet of 374 A.D. New Light upon Augustine's Conversion to Manichaeism", in: *Augustiniana* 27 (1977), 304-315. Derselbe Autor vermutet, daß Augustinus mit der Mahnung an seine Gemeinde, früheren Astrologen skeptisch gegenüberzustehen, da sie einen Rückfall bewirken könnten, sich selber meinte (*Predigt zu Psalm 61*); vgl. L.C. FERRARI: „Augustine's ‚Ennaratio in Psalmum LXI'", in: *Augustiniana* 28 (1978), 18-33.

[29] *Conf.* IV, 3, 4, Übers. BERNHART, wie auch die folgenden.

hat das bewirkt oder Saturn oder Mars", in der Absicht, wie leicht zu sehen, den Menschen von der Schuld zu entlasten, sein „Fleisch und Blut" und seine von Hochmut stinkende Fäulnis, hingegen dem Schöpfer und Ordner des Himmels und der Gestirne die Schuld aufzubürden.[30]

Die Formel *enevitabilis causa peccandi* ist eine genaue Fortsetzung der karneadischen und philonischen Argumentation, die im Christentum eine so wichtige Rolle gespielt hatte.

Augustinus führt weiter aus, er habe es in der Kunst der Sterndeutung in jenen Jahren zu einer solchen Kompetenz gebracht, daß er sich mit dem Gedanken trug, seinen Lebensunterhalt mit der Astrologie zu bestreiten. Davon habe ihn glücklicherweise in Kathargo ein Arzt abgehalten, mit dem Argument: „Du hast ja schon einen Beruf, der dich über Wasser hält in der Menschengesellschaft, den eines Rhetors, und betreibst dieses Trugwerk nur als Liebhaberei, nicht zum Erwerb des nötigen Unterhalts". Augustinus ist noch nicht vollends überzeugt und äußert dieselbe Frage, der sich schon viele andere Kirchenväter in ihren Gemeinden zu stellen hatten – woher es denn aber komme, daß die Sterndeuterei oft das Richtige voraussage?![31] Erneut zeigt sich, wie fest verankert die Astrologie im alltäglichen Leben gewesen ist. Die Antwort des Vindicianus bestätigt dies, ersetzt sie doch lediglich die eine Rätselhaftigkeit durch eine andere:

> Er erwiderte (nämlich), eine Orakelkraft [*vim sortis*] sei da im Spiele, wie sie ja überall in der Welt anzutreffen sei; springe doch auch, wenn man etwa ratsuchend einen beliebigen Dichter aufschlage, der etwas ganz anderes besinge und im Auge habe, oft ein Vers heraus, der merkwürdig gut auf das Anliegen passe.[32]

Die Gegner der fatalistischen Astrologie fanden sich in einer schwierigen Gratwanderung wieder, denn die Ablehnung des *fatum* scheint einer gewissen Kontingenz der Geschichte Tür und Tor zu öffnen, was freilich aufgrund des christlichen Weltbildes ebenfalls vermieden werden mußte.[33] Die Kontingenz jener *vis sortis* genannten

---

[30] Ebda.
[31] *A quo ego cum quaesissem, quae causa ergo faceret, ut multa inde vera pronuntiarentur* [...]; *Conf.* IV, 3, 5.
[32] *Conf.* IV, 3, 5.
[33] Man beachte, daß Augustinus genau die hier beschriebene und als Kritik formulierte Kontingenz später als göttliche Fügung interpretiert: Als er niedergeschlagen und in Tränen aufgelöst war, habe er eine Kinderstimme gehört, die ihn aufgefordert habe, willkürlich die Heilige Schrift aufzuschlagen und sich an das zu halten, was er dort lese (*Conf.* VIII, 12, 29-30).

Schicksalsmacht bezeugt Augustinus auch, wenn er die Meinung referiert, daß es „eine wirkliche Kunst der Vorschau in die Zukunft" (*artem futura praevidendi*) eigentlich nicht gebe. Vielmehr „handle es sich um rein menschliche Mutmaßungen, bei denen oft der Zufall die Rolle des Orakels spiele, und wer vieles sage, sage allerlei, was hinterher eintreffe."[34]

Hatte diese Position dem Glauben des Kathargers an die Astrologie bereits einen Schlag versetzt, so führte die Bekanntschaft mit einem gewissen Firminus dazu, Augustinus vollends zum Gegner der Sternkunde zu machen, da sich nun auch wissenschaftlich ihre Fehlerhaftigkeit nachweisen ließe. Ausgangspunkt war die Biographie jenes Gewährsmanns, der zur selben Stunde geboren worden war wie ein Sklave der Familie, aber ganz offensichtlich ein völlig anderes Schicksal erfuhr als die bedauernswürdige Vergleichsperson.[35] Es stellt sich hier für die Astrologie das klassische *Zwillingsproblem*, ein für den anti-astrologischen Diskurs wichtiger Topos. Die diesbezügliche augustinische Argumentation zeigt deutlich, daß die Frage der Zwillingsgeburten eigentlich einen Sonderfall der Fatalismus- und Determinismusdebatte darstellt. Die Behauptung der Astrologie, das Leben des Nativen zwingend aus dem Horoskop ableiten zu können, wird durch die Wirklichkeit unterschiedlicher Zwillingsbiographien widerlegt.[36] Eine derartige Argumentation macht nur Sinn, wenn einer vollständigen deterministischen Voraussagbarkeit der im Horoskop angezeigten Sachverhalte das Wort geredet wird, m.a.W.: Augustinus bekämpft allein die fatalistische Astrologie, die mit seiner Theologie nicht in Einklang zu bringen ist. Indem er gleichsam das Kind mit dem Bade ausschüttet, reiht er sich ein in

---

[34] [...] *coniecturas autem hominum habere saepe vim sortis et multa dicendo dici pleraque ventura nescientibus eis* (Conf. VII, 6, 8).

[35] NB: Firminus' Vater und sein Freund, so berichtet Augustinus, schenkten der Astrologie eine solche Aufmerksamkeit, daß sie „sogar beim unvernünftigen Vieh im Hause auf den Zeitpunkt des Jungewerfens achteten und die augenblickliche Stellung der Gestirne aufzeichneten, um Erfahrungen in dieser vermeintlichen Kunst zu sammeln" (*unde illius quasi artis experimenta colligerent,* Conf. VII, 6, 8). An diesem Nebensatz erkennen wir, daß Augustinus sich über den *empirischen* Charakter der astrologischen Wissenschaft durchaus im klaren war.

[36] Vgl. die zusammenfassende Formel Conf. VII, 6, 9: *Unde autem fieret, ut eadem inspiciens diversa dicerem, si vera dicerem – si autem eadem dicerem, falsa dicerem – inde certissime colligi ea, quae cera consideratis constellationibus dicerentur, non arte dici, sed sorte, quae autem falsa, non artis inperitia, sed sortis mendacio.*

eben jenen Diskurs, der den Umgang des Christentums mit der Sternkunde immer mehr prägen sollte: Fatalismus wird als notwendiges Kriterium der Astrologie angenommen, die damit insgesamt desavouiert wird. Sie stellt eine Anmaßung und Selbstermächtigung des Menschen dar und muß der Demut und dem freiwilligen *Wissensverzicht* des Christenmenschen weichen. Hatte der gnostische Diskurs eben jene Selbstermächtigung und Erkenntnis der Geheimnisse Gottes zum Ziel, verunglimpft Augustinus und, wie wir noch sehen werden, das sich etablierende Christentum insgesamt eine derartige Sehnsucht nach Erkenntnis als Kompetenzüberschreitung.

Es zeigt sich hier, wie schon bei Tertullian, eine klare Verschiebung der Semantik: Nicht mehr die Gültigkeit einer (fatalistischen oder nicht-fatalistischen) Astrologie steht auf dem Prüfstand, sondern die *curiositas* des Menschen und damit alle deutenden Disziplinen der antiken Wissenschaft. Augustinus bringt die Sache auf den Punkt:

> Denn Du, Herr, allgerechter Lenker des Alls, Du bewirkst, den Fragenden und den Befragten unbewußt, durch geheime Eingebung, aus der undurchdringlichen Tiefe Deines Gerichtes heraus, daß jeder beim Befragen das vernimmt, was ihm je nach dem verborgenen Verdienst oder Mißverdienst der Seele zu vernehmen gebührt. Es soll kein Mensch zu Dir sagen: „Was ist das? Warum das?" Er soll es nicht, nein, er soll es nicht; er ist ja nur Mensch [*Cui non dicat homo: „Quid est hoc? Ut quid hoc?" Non dicat, non dicat: homo est enim*].[37]

Der Kriminalisierung menschlicher Neugierde war damit der Weg bereitet. Trotz des Versuches Augustinus', die pagane Wissenschaft – gleichsam in abgemilderter Form – der christlichen Theologie einzuverleiben,[38] schnitt man sich doch von der Möglichkeit ab, jenseits der fatalistischen Astrologie eine Sternkunde zu etablieren, die mit dem neuen Glauben kompatibel war.

1.2. Die Gestirne: Bewirkende Mächte oder Zeichen?

An dieser Stelle gilt es, die Argumentation des Origenes, wie sie eben bereits angeklungen ist, erneut aufzugreifen. Die Frage nämlich, ob die Gestirne als kausale Mächte oder aber als Anzeiger des göttli-

---

[37] *Conf.* VII, 6, 10.
[38] Die Nachwirkung einer solchen christlichen Bildungskultur in Mittelalter und Neuzeit ist glänzend behandelt worden von H.-I. MARROU: *Augustinus und das Ende der antiken Bildung*, Paderborn u.a. 1982 (franz. Orig. *Saint Augustin et la fin de la culture antique*, Paris 1938, ⁴1958).

chen Willens anzusprechen seien, beschäftigte die antike Diskussion in besonderem Maße. Für die Argumentation der kirchlichen Gegner der Astrologie stellt der Kommentar des Origenes zu Gen 1,14 das Material bereit, welches später meist einfach übernommen wurde, während man die astrologische Fachliteratur demgegenüber kaum konsultierte.[39]

Die Argumentation wurde aufgenommen in die *Praeparatio evangelica* VI, 11 des Eusebius und in die *Philocalia*, aus der wiederum ein Exzerpt des Cod. Arundel. 528 von Stephan Weinstock im CCAG publiziert wurde.[40] Origenes führt aus, die Bewegungen der Gestirne seien zu betrachten als eine Art Handschrift Gottes am Himmel, welche die himmlischen Mächte, die größere Einsicht hätten als die Menschen, zu lesen verstünden. Jene Mächte seien engelsgleiche Wesen oder auch gutartige Dämonen. Die Handschrift Gottes gehe allen kosmischen und irdischen Ereignissen voraus, sie auf diese Weise ankündigend, und zwar von der Schöpfung der Welt bis zu ihrem Ende. Die himmlischen Mächte erfahren die Pläne Gottes und werden in seine tiefsten Geheimnisse eingeweiht, um deren Ausführung sie sich stets bemühen. Barton macht zu Recht darauf aufmerksam, daß „[t]he idea of the stars being there to be read like writing seems close to Gnosticism or Neoplatonism. The stars seem to be perceived as intelligent entities with souls, rather than as objects manipulated by divine will."[41]

Die Lehre von der Himmelsschrift führt zu der Annahme, die Gestirne seien σημεῖα/Zeichen und nicht ποιητικοί/bewirkende Mächte. Aus den christlichen Schriften wird dabei Mt 16,2-3[42] herangezogen, was den „meteorologischen" Hintergrund von *sêmeia* erklären soll, ein Topos, welcher auch bei anderen Schriftstellern gegen

---

[39] Das Material ist von RIEDINGER 1956, 177-182 zusammengetragen worden. Auch RIEDINGER stellt fest, „daß die späteren griechischen Väter nur in Ausnahmefällen selbständig auf die astrologische Fachliteratur zurückgegriffen haben, vielmehr in ihrem astronomisch-astrologischen Wissen wie auch in der jeweiligen Polemik in den meisten Fällen von kirchlichen Autoren abhängig sind" (S. 177). Vgl. außerdem AMAND 1945, 307-318.
[40] CCAG IX, 2, 112, 11ff; s. auch oben S. 772.
[41] BARTON 1995, 75. Die Nähe zum Platonismus läßt sich auch an der „Liebe zum Schönen und Guten" ablesen, die das Exzerpt aus der Philocalia für sich reklamiert.
[42] Auf die Frage der Pharisäer und Sadduzäer, ob er ihnen ein himmlisches Zeichen offenbaren könnte, antwortet Jesus: „Diese böse und treulose Generation fordert ein Zeichen, aber es wird ihr kein anderes gegeben werden als das Zeichen des Jona."

die kausale Astrologie ins Spiel gebracht wird.[43] Origenes führt aber auch 1Kor 13,9[44] an, worin wir eine Rückbindung an sein Argument sehen können, die wahre Bedeutung der himmlischen Planetenschrift sei nur den Engeln zugänglich.

Wir können es uns an dieser Stelle ersparen, die vielfältigen Ausdifferenzierungen jener Argumentationslinien zu verfolgen, da dies in der einschlägigen Literatur zur Genüge geschehen ist. Hinzuweisen bleibt lediglich auf das erstmals bei Origenes anzutreffende Argument, die *Präzession* habe der Astrologie endgültig die Legitimation entzogen. Er führt aus, daß die komplexe Berechnung des Aszendenten und der anderen wichtigen Achsen im Horoskop aufgrund der gegenseitigen Verschiebung von Zodiakalzeichen und Sternbildern grundsätzlich nicht mehr exakt sein könne. Die Astrologie hantiere deshalb nurmehr mit imaginären Zeichen oder abstrakten Kraftfeldern, womit sie den Boden ernstzunehmender Divination verlassen habe.[45]

---

[43] Die von RIEDINGER 1956, 179 dafür angeführten Passagen bei Basileios (PG 29, 125) und Ps.-Kaisarios (PG 38, 461) eignen sich kaum als Beleg. Richtig dagegen der Verweis auf Prokopios (PG 87, 92) und Severianos (PG 56, 450), der sich neben Jes 47,13 auch auf Lk 12,54-56 beruft: „Außerdem sagte Jesus zu den Leuten: Sobald ihr im Westen Wolken aufsteigen seht, sagt ihr: Es gibt Regen. Und es kommt so. Und wenn der Südwind weht, dann sagt ihr: Es wird heiß. Und es trifft ein. Ihr Heuchler! Das Aussehen der Erde und des Himmels könnt ihr deuten. Warum könnt ihr dann die Zeichen dieser Zeit nicht deuten?"

[44] „Denn Stückwerk ist unser Erkennen, Stückwerk unser prophetisches Reden." Vgl. CCAG IX, 2, 112, 11ff.

[45] Vgl. *Comm. in Genes.* I, 14 (PG 12 ‚80); *Philocalia* (ed. ROBINSON 206, 29ff); *Praep. ev.* LXVII, 11, 78. Vgl. BOLL 1931, 131. Die moderne Forschung kommt gewöhnlich nicht umhin, an dieser Stelle mit triumphalem Ton zu bemerken, daß jenes Argument von den Anhängerinnen und Anhängern der Astrologie bis heute nicht verstanden wurde. Sogar GUNDEL versteigt sich zu der Aussage: „Damit ist Origenes der Menschheit um 1¾ Jahrtausende vorausgeeilt; denn erst im 20. Jahrhundert sind mit dieser Waffe die entscheidenden Schläge gegen alle Sterndeuterei geführt worden (1966, 335 Anm. 12)." Verborgen bleibt GUNDEL dabei, daß die Astrologie seit der römischen Kaiserzeit des Auseinanderlaufens von Zeichen und Bildern bewußt war, gleichwohl an der Aufteilung der Ekliptik mit Hilfe der Zeichen festhielt, da die Bilder ohnehin zufällig waren. Es zeigt sich in derartigen Aussagen die völlige Ignoranz der akademischen Wissenschaft gegenüber den Argumentationen der Astrologie. Gerade für das 20. Jahrhundert stimmt die Aussage GUNDELs im übrigen nicht, wie etwa an P. ORBANs Forderung abzulesen ist: „Wir [die Astrologinnen und Astrologen, KvS] sollten das Gerede von den Planeten ein für allemal an die Astronomie zurückerstatten" (P. ORBAN/I. ZINNEL: *Symbolon. Arbeitsbuch zum Horoskop-Mandala*, Neuhausen 1994, 11). Diese Position wird von praktisch allen Schulen moderner Astrologie geteilt.

Insgesamt können wir festhalten, daß sich die kirchliche Abgrenzung von der Astrologie in einer auffällig ambivalenten Weise manifestiert, die sich darum bemüht, gleichsam einen „unproblematischen Kern" der Sternkunde gelten zu lassen, sei dies nun eine nicht-fatalistische Astrologie[46] oder die Rückführung der Divinationsmöglichkeit auf meteorologische, mithin unverfängliche Gebiete. Der Zeichencharakter der Gestirne wird nicht angetastet, so daß Engel oder auch besonders ausgezeichnete Menschen durchaus in die Lage versetzt sein können, die geheime Bedeutung himmlischer Zeichen zu entschlüsseln, übrigens ein Argument, das ebenfalls aus Lk 12,54-56 extrapoliert werden kann.

Diese Einschränkungen können aber nicht darüber hinwegtäuschen, daß sich der Ton im Laufe der Zeit verschärft und es zu einer deutlichen Polarisierung der Diskussion über die Astrologie kommt, letztlich zu einer radikalen Ausgrenzung der Sternkunde aus den geachteten Disziplinen. Dieser Entwicklung gilt es nun nachzugehen.

2. Die Verdrängung der Astrologie aus dem gesellschaftlichen Diskurs

Am Beispiel von Tertullian und Augustinus ist bereits zur Sprache gekommen, wie stark sich der kirchliche Diskurs im Laufe der Zeit zuungunsten der Astrologie zu verschieben begann. Bemühte man sich einerseits, gewisse astrologische Grundannahmen aufrecht zu erhalten oder ins christliche Verständnis zu überführen, neigte man je länger, je mehr dazu, die Astrologie insgesamt als mit dem christlichen Glauben unvereinbar zu brandmarken. Neben der Radikalisierung der theologischen Auseinandersetzung läßt sich die erstaunliche Veränderung des Diskurses auf dem Gebiet der Legislative verfolgen, und zwar sowohl anhand der kirchlichen Konzilsentscheidungen als auch der kaiserlichen Gesetzgebung jener Zeit.

2.1. Theologische Kriminalisierung

Zu Beginn des vierten Jahrhunderts u.Z. zeigte sich allenthalben die angesprochene Zuspitzung der Auseinandersetzung. So war es etwa der Bischof Methodios von Olympos in Lydien (gest. 311), der die

---

[46] J. NORTH (1994, 123) kommentiert die Argumentation des Origenes mit dem Satz: „Origen [...] tried desperately to purge astrology of fatalism".

Astrologie mit der Magie bzw. der *goêteia* gleichsetzte, einer Art der Magie also, die zu dieser Zeit eine Konnotation von Betrug und Zauberei besaß. Selbst die paganen Namen und Mythen der Sterne wies er als reine Erfindung menschlichen Geistes zurück, die mit den himmlischen Urwahrheiten nichts gemein hätten.[47] Da die Magie schon vorher aus dem Kanon der angesehenen Disziplinen ausgegrenzt worden war, reihte Methodios die Sternkunde durch seine Gleichsetzung ebenfalls in die verbotenen Künste ein.

Es ist kein Zufall, daß der Bischof von Olympos in dieser Weise argumentierte, denn zur selben Zeit kam es auch zur Kriminalisierung der Manichäer, ebenfalls infolge ihrer Gleichsetzung mit den „Magiern" und „Chaldäern". Diokletian erließ um die Wende zum vierten Jahrhundert ein Gesetz, das Aufschluß gibt über die Verschiebung der Akzente, heißt es doch hinsichtlich der Praktiken der „Religion des Lichtes", sie seien „als Formen ganz offenkundiger Zauberei erkannt worden", weshalb sich der Kaiser zu harten Konsequenzen veranlaßt sieht:

> Wir befehlen nämlich, daß die Urheber und Anführer zugleich mit ihren abscheulichen Schriften einer sehr harten Strafe unterworfen werden, indem sie durch Flammen und Feuer verbrannt werden. Die Sympathisanten aber und erst recht die Eiferer sollen mit dem Tode bestraft werden; ihr Vermögen soll zugunsten unseres Fiskus eingezogen werden.[48]

Den Ton des um die paganen Kulte bemühten Kaisers machten sich auch die ihm folgenden christlichen Herrscher zu eigen, so daß Fögen konstatieren kann: „Über ein Jahrhundert, vom allerheidnischsten Kaiser Diokletian bis zu Theodosius I., dem Kaiser von Gnaden des christlichen Gottes, entwickeln sich die Techniken der Unterdrückung einer bestimmten, der manichäischen Weltinter-

---

[47] Vgl. *Method. sympos.* 14ff (ed. G.N. BONWETSCH: *Die griechischen christlichen Schriftsteller der ersten drei Jahrhunderte* 27, Leipzig 1917); ausführlich zu diesem „génial platonicien chrétien" (AMAND 1945, 327): G.N. BONWETSCH: *Die Theologie des Methodius von Olympos* (Abh. d. kön. Ges. d. Wiss. zu Göttingen, Phil.-hist. Kl. NF 7,1), Berlin 1903 und V. BUCHHEIT: *Studien zu Methodios von Olympos* (TU 69), Berlin 1958. Die Verbindungen von Methodios zu Karneades und Origenes werden aufgezeigt bei AMAND 1945, 326-341.

[48] *Coll.* XV, 3, 6: *Iubemus namque auctores quidem ac principes una cum abominandis scripturis eorum severiori poenae subici, ita ut flammeis ignibus exurantur: consentaneos vero et usaque adeo contentiosos capite puniri praecipimus, et eorum bona fisco nostro vindicari sancimus.* Vgl. dazu FÖGEN 1993, 26-34.

pretation."[49] Was für den Manichäismus gilt, läßt sich beinah nahtlos auf die Astrologie übertragen; doch bevor wir den kaiserlichen Edikten des vierten Jahrhunderts weiter nachgehen, gilt es sich einen Überblick zu verschaffen über die Hand in Hand mit ihnen gehende Rechtsprechung der kirchlichen Obrigkeiten,[50] nachdem Kaiser Konstantin im Jahre 312 die entscheidende Wende zugunsten des Christentums eingeleitet hatte.[51]

Das erste Konzil, welches Angehörigen der Kirche die Betätigung als Astrologen oder Magier verbot, ist jenes von Laodicea aus dem Jahre 365.[52] Alle, welche an die Sternkunde glaubten, wurden mit Lüstlingen, Zauberern und ähnlichen dunklen Gestalten gleichgesetzt und von der Taufe ausgeschlossen,[53] in anderen Fällen sogar verdammt.[54] Gemäß den um 380 u.Z. zusammengestellten *Constitutiones Apostolorum*[55] war es den Christen streng verboten, zu Sonne, Mond und Gestirnen zu beten oder bei ihnen zu schwören. Die folgenden Konzilsbeschlüsse, die schwerste Bestrafungen für die Beschäftigung mit der Astrologie festsetzen, sind nicht zu trennen vom Fall der als häretisch verfolgten *Priszillianisten*. Den Anhängern des Bischofs von Avila war von dessen jüngerem Zeitgenossen Sulpicius Severus vorgeworfen worden, sie wollten gnostisches Gedankengut nach Spanien einschleusen. Es wirft ein bezeichnendes Licht auf die Verwässerung der christlichen Sprachspiele, daß Priszillian als Manichäer bezeichnet und zugleich der Ausübung von Astrologie und Magie geziehen wurde, wofür man ihn im Jahre

---

[49] FÖGEN 1993, 33. Vgl. zum Thema ferner POTTER 1994.
[50] MACMULLEN bemerkt in diesem Zusammenhang: „The two forces, ecclesiastical and imperial, have been seen working together, sometimes the one at the behest of the other, sometimes contrariwise, but always in agreement about the one essential, to rid God's world of nonbelievers" (1997, 30).
[51] Zur Bewertung der Konstantinischen Wende vgl. zuletzt E. MÜHLENBERG (Hrsg.): *Die Konstantinische Wende* (Veröff. d. wiss. Gesellsch. f. Theologie 13), Gütersloh 1998. Zum Selbstverständnis Konstantins und der Entwicklung des Kaiserkultes vgl. ferner R. LEEB: *Konstantin und Christus. Die Verchristlichung der imperialen Repräsentation unter Konstantin dem Grossen als Spiegel seiner Kirchenpolitik und seines Selbstverständnisses als christlicher Kaiser* (Arbeiten zur Kirchengeschichte 58), Berlin/New York 1992.
[52] Vgl. Canon. Apost. I, 77, 29; ed. H.TH. BRUNS, Berlin 1839. Die *Canones Apostolorum* sind ein Anhang zu den *Constitutiones* und stammen vom selben Verfasser. DIHLE setzt die Verfolgungen von Astrologinnen und Astrologen bereits früher an; vgl. DIHLE 1997.
[53] Vgl. *Const. Apost.* VIII, 32, 11 (ed. FUNK: *Didascalia et Constitutiones Apostolorum* I [1905]).
[54] *Const. Apost. (Didascalia)* III, 4.
[55] *Canon. apost.* V, 12, 1. 2. 5.

385/386 in Trier zum Tode verurteilte. Wir sahen oben, daß die Priszillianisten in der Tat astrologische Lehren christlich einschmolzen, indem sie die Zodiakalzeichen mit den Körperteilen und den Patriarchen verbanden.[56] Das Konzil von Toledo sprach gegen diese Lehre im Jahre 400 das *anathema* aus,[57] was auf dem Konzil von Braga 561 wiederholt werden mußte,[58] woran wir die große Virulenz des astrologischen Denkens in jener Zeit trotz aller Verfolgung ablesen können.

Das zweite Konzil von Braga im Jahre 572 schreibt noch einmal ein striktes Verbot jeglicher astrologischer Betätigung fest. Ausdrücklich genannt werden Sternbeobachtung und die Katarchenastrologie, also Konsultationen der Gestirne für Häuserbau, Pflanzzeitpunkt und Heiratstermine.[59] Der östliche Teil des Römischen Reiches wurde vom „Quinisextum" genannten Konzil von Konstantinopel 553 geprägt, welches unter Justinian stattfand. Auch dort wurde die Ausübung der Sternkunde unter Strafe gestellt.[60] Jenes Konzil ist ein hervorragendes Beispiel für die Parallelität, mit der kaiserliche und kirchliche Rechtsprechung vollzogen wurde, denn Justinian ließ auch sonst keine Gelegenheit aus, die paganen Wissenschaften zu bekämpfen. Er schloß die Philosophenschulen im Jahre 529 und führte bei ihnen ein neues Curriculum ein.[61] Über Justinians Behandlung der Astrologen schreibt Prokopios in seiner 550 verfaßten und erst posthum veröffentlichten Schmähschrift gegen den Kaiser:

---

[56] S.o. Kap. IX.2.3.2.
[57] Kanon 15 des Konzils von Toledo: *Si quis astrologiae vel mathesi existimat esse credendum, anathema sit.*
[58] Vgl. *Canon. Apost.* IX, 10, 15, wo es heißt: *Si quis animas et corpora humana fatalibus stellis credit adstringi, sicut pagani et Priscillianistae dixerunt, anathema sit.* Und weiter: *Si qui XII signa, i.e. sidera quae mathematici observare solent, per singula animae vel corporis membra dissipata cedunt et nominibus Patriarcharum ascripta dicunt, sicut Priscillianus dixit, anathema sit.*
[59] *Non liceat Christianis tenere traditiones gentilium et observare vel colere elementa aut lunae aut stellarum cursum aut inanem signorum fallaciam pro domo facienda vel ad segetes vel arbores plantandas vel coniugia sociando* (*Canon. Apost.* II, 56, 72); vgl. BOLL 1931, 183.
[60] *Canon. Apost.* I, 55, 61; das Verdikt richtet sich gegen τύχην καὶ εἱμαρμένην καὶ γενεαλογίαν καὶ τοιούτων τινῶν ὄχλον κατὰ τοὺς τῆς πλάνης λήρους φωνοῦντας. Vgl. auch Prokopios *Geheimgeschichte* XI (76,13ff ed. HAURY).
[61] Leidtragende dieses Eingriffs waren auch die Astrologen, z.B. der an der Akademie in Athen lehrende Simplikios aus Kilikien, ein Schüler des berühmten Ammonios, der den Vorsitz der alexandrinischen Neuplatonikerschule innehatte. Simplikios emigrierte mit sechs weiteren Neuplatonikern nach Persien und verfaßte um 533, nach seiner Rückkehr, einen Kommentar zur

They were bitterly hostile to the astrologers. Accordingly, the official appointed to deal with burglaries made a point of illtreating them simply because they were astrologers, flogging the backs of many of them and setting them on camels to be shown to jeering crowds all over the city, even though they were old men and respectable in every way. Yet he had nothing against them except that they wished to be authorities on the stars in such a place as this.[62]

An Prokopios läßt sich die Konfliktlage zwischen dem in paganer Tradition verwurzelten Gelehrtentum und der zunehmend auf Wissensbeschneidung abzielenden Politik der christlichen Kaiser studieren. Zieht man eine Linie von Lukian, dem paganen Intellektuellen des zweiten Jahrhunderts, bis zu Prokopios, dem christlichen Intellektuellen des sechsten Jahrhunderts, so zeigt sich, daß die Errungenschaften antiker Geistigkeit auch dem Jüngeren als wichtige Eckpunkte seines Denkens galten, selbst wenn entsprechende Ausführungen bisweilen als klassizistische Floskeln erscheinen. Erstaunlich ist doch, daß Prokopios an klassischen Begriffen wie τύχη festhält und diese ohne Schwierigkeiten in seine Gottesvorstellung, nämlich als Eigenschaften des θεός, einfließen lassen kann.[63] Auch sein Zeitgenosse Cassiodorus (ca. 485–580), bekanntgeworden durch seine Gelehrtenschulen und Klostergründungen, lieferte seinen Mönchen einen Studienführer mit den sieben klassischen *artes liberales*, zu denen auch die Sternkunde gehörte. Gleichzeitig und durchaus im Widerspruch dazu verwarf er grundsätzlich jede Möglichkeit der Vorhersage künftiger Ereignisse.[64]

Aristotelesschrift „Über den Himmel", worin er zur Erläuterung die gesamte ihm vorliegende Literatur der antiken Astrologie verwertete. Vgl. *Simplicii in Aristotelis de caelo commentaria*, ed. I.L. HEIBERG: *Commentaria in Aristotelem Graeca* 7, Berlin 1894; K. PRAECHTER: Art. „Simplikios" 10, in: RE III A, 205, 29ff.

[62] *Geheimgeschichte (Anekdota)* XI, 37, in der Übersetzung von G.A. WILLIAMSON: *Secret History*; vgl. die deutsche Ausgabe J. HAURY (Leipzig 1905–1913) XI, 76, 13ff. Zum Hintergrund und zur Frage der Autentizität der *Geheimgeschichte* vgl. J.A.S. EVANS: *Procopios* (Twayne's World Authors Series), New York 1972, 85-99.

[63] Vgl. dazu B. RUBIN: *Prokopios von Konstantinopel*, Stuttgart 1954, 57-59 (=RE XXIII, 237-599; zu Prokopios allgemein O. VEH: *Zur Geschichtsschreibung und Weltauffassung des Procopius von Constantinopel*, Bayreuth 1951-1953; B. RUBIN.: *Das Zeitalter Iustinians*, Berlin 1960, I, 173-226; EVANS a.a.O. (vorige Anm.), 99 und bes. 118-126. In der *Geheimgeschichte* IV, 44-45 definiert Prokopios *Tychê* als das, was dem Anschein nach zufällig geschieht, in Wahrheit jedoch auf Gottes Willen zurückgeht.

[64] In seiner Auslegung zu Ps 20,1 heißt es (PL 70, 148): *Contat enim in nullo voluntatem eius fuisse fraudatam: quando omnia quae fieri iussit impleta*

Etwa einhundert Jahre zuvor hatte schon Papst Leo, den die kirchliche Geschichtsschreibung „den Großen" nennt und der von 440 bis 461 regierte, allen Abweichungen vom zentristischen Christentum den Kampf angesagt. Erneut finden wir die Vermischung von Manichäismus, Priszillianismus, Magie und Astrologie,[65] denn auf die vermeintliche Infiltration manichäischen Gedankenguts in Kreise seiner eigenen kirchlichen Administration,[66] der er das Gepräge eines kaiserlichen Hofstaates zu verleihen schien, reagierte er mit einem Rundumschlag gegen alle genannten Denominationen:

> Unsere Väter, in deren Zeit diese ruchlose Häresie ausgebrochen war, verfolgten sie zu Recht mit der größten Anstrengung in der ganzen Welt, auf daß dieser frevelhafte Wahnsinn aus der gesamten Kirche ausgetrieben würde.[67]

In dieselbe Zeit fiel eine weitere Episode, und zwar in Ephesus: Im Jahre 449 wurde Bischof Sophronius von Constantina wegen der Ausübung der Astrologie und anderer Divinationstechniken vor Gericht gestellt.[68] Der häretische Bischof wurde diesmal allerdings nicht als Anhänger Manis oder Priszillians bezeichnet, sondern als Nestorianer – ein weiterer Beleg für die Entwicklung der kirchlichen Abgrenzungspolitik hin zu einer pauschalen Verurteilung des „anderen".[69]

---

sunt; sicut scriptum est: Omnia quaecumque voluit, Dominus fecit in coelo et in terra *(Ps 134,6)*; vgl. zum Wirken Cassiodors O. HILTBRUNNER: Art. „Cassiodorus", in: *kP* 1, 1067-1069.

[65] Leo warnt seine Leser vor diesem „finsteren Heidentum", *ut per magicarum artium profana secreta et mathematicorum vana mendacia, religionis fidem morumque rationem in potestate daemonum, et in (d) effectu siderum collocarent* (PL 54, 679).

[66] Dieses pikante Detail zeigt, wie eng die antiken christlichen Diskurse tatsächlich verschränkt waren. Es war keineswegs ausgeschlossen, daß man mit dem Gedankengut Manis oder Priszillians eine Karriere am päpstlichen Hof machen konnte. Mit Sicherheit waren die Grenzen so fließend, daß sich die Gläubigen über die vielen Denominationen überhaupt nicht im klaren waren. In ihrer eigenen Wahrnehmung waren sie einfach „Christen", erst später machte die Geschichtsschreibung aus Details ihrer Glaubensanschauungen eine Häresie.

[67] *Merito patres nostri, sub quorum temporibus haeresis haec nefanda prorupit, per totum mundum instanter egere ut impius furor ab universa Ecclesia pelleretur* (PL 54, 679).

[68] Vgl. E. HONIGMANN: „A Trial for Sorcery on August 22, A.D. 449", in: *Isis* 35 (1944), 281-284.

[69] Hier schließt sich der Kreis zu BURTON MACK und JONATHAN SMITH mit ihrer These, die Mythisierung der eigenen Geschichte durch das zentristische Christentum habe das „ganz andere" erst erzeugen können – „the centre has been protected, the periphery seen as threatening, and relative difference perceived as absolute ‚other'" (SMITH 1990, 143).

2.2. Politische Kriminalisierung im Spiegel der Gesetze

Die politische Macht hatte in Rom seit Beginn der Kaiserzeit ein äußerst ambivalentes Verhältnis zu professionellen Sterndeutern. Waren einerseits die Gebildetsten unter ihnen fester Bestandteil kaiserlicher Beraterstäbe, sah man sich andererseits immer wieder veranlaßt, die Ambitionen einfacher Astrologen in die Grenzen zu weisen. In der Zeit von 16 bis 93 u.Z. kam es zu elf Ausweisungen von Astrologen, um die Kontrolle über die deutende Zunft nicht aus der Hand zu geben. Cramers umfangreiche Studie zum Thema hat deutlich gemacht, daß es sich bei jenen Restriktionen nicht um eine grundsätzliche Ablehnung der Astrologie handelte, sondern daß machtpolitische Überlegungen leitend gewesen sind. Dieser Umstand zeigt sich etwa darin, daß es vor allem verboten war, das Horoskop des Kaisers auf dessen Tod oder Nachkommenschaft hin zu befragen.[70] Dabei setzte das Edikt des Kaisers Augustus aus dem Jahre 11 u.Z. die Maßstäbe, die für die Folgezeit paradigmatisch werden sollten.[71]

In der Rechtsprechung gegenüber Astrologinnen und Astrologen dominierte von nun an der Begriff *maiestas*, seit Julius Caesar und später Augustus die Bezeichnung für Hochverrat. Tiberius und Claudius setzten diese Linie fort: „Their reigns witnessed the emergence of the legal concept that violations of the edict of A.D. 11 constituted treason *per se* when involving the ‚well being' (*salus*) of the emperor, and eventually also that of any member of the imperial family."[72] Tatsächlich bestand das Interesse der Obrigkeit nicht darin, die astrologische Deutungstradition insgesamt aus dem Diskurs zu entfernen, sondern zielte auf die politische Kontrolle der Deutenden ab. Solange die Gesundheit des Kaiserhauses nicht Gegenstand der Untersuchung war, konnte man relativ ungehindert der Astrologie nachgehen. Anders ist es auch nicht zu erklären, daß in jüdischen und christlichen Kreisen der ersten drei Jahrhunderte ein solch breites sternkundliches Wissen gepflegt werden konnte, wie es uns aus den Quellen ent-

---

[70] Vgl. CRAMER 1954, 233-283.
[71] Ausführlich dazu CRAMER 1954, 248ff.
[72] CRAMER 1954, 251; vgl. auch ebda. seine Übersicht über fünf Gerichtsverfahren aus den Jahren 16 bis 49 u.Z. Interessant ist zu vermerken, daß es sich dabei mehrheitlich um Frauen handelt, die der *maiestas* durch Astrologie für schuldig befunden und mit Exil belegt wurden, während man ihre Besitztümer konfiszierte. Julia Balbilla aus der berühmten Astrologendynastie scheint demnach nicht die Ausnahme der damaligen Zeit gewesen zu sein.

gegentritt.⁷³ Dazu kommt, daß diese Periode ein ungeahntes Aufblühen astrologischer Fachliteratur, Handbücher und Kompilationen mit sich brachte, in denen die Vulgata der Nachwelt überliefert wurde.⁷⁴

Vor diesem Hintergrund erscheint die gängige These, es habe im zweiten und dritten Jahrhundert ein restriktives Vorgehen gegen die Sterndeutung gegeben, sehr fragwürdig. In der Regel werden als Begründung die Juristen *Ulpianus* und *Paulus* angeführt, die beide zu Beginn des dritten Jahrhunderts wirkten.⁷⁵ Marie Theres Fögen hat in einer wichtigen Untersuchung der juristischen Diskurse jener Zeit diese Theorie überprüft und dargelegt, daß erst mit dem Edikt Diokletians aus dem Jahre 296 die Sprache eingeführt wurde, welche den Ulpian und Paulus zugeschriebenen Dokumenten Pate gestanden hat.

Betrachten wir zuerst das Zeugnis Ulpians, welches sich auf die Ausweisung und möglicherweise sogar Hinrichtung römischer Astrologinnen und Astrologen im Jahre 16 u.Z. bezieht:

> Ferner sind die hinterlistige Betrügerei und der hartnäckige Glaube der Astrologen [*mathematicorum callida inpostura et obstinata*] untersagt worden. Und nicht erst heute hielt man es für angemessen, ihr Treiben zu untersagen, sondern dieses Verbot ist alt: […] [es folgt der Verweis auf das *senatus consultum*, KvS]. Es wurde aber gefragt, ob das Wissen [*scientia*] solcher Menschen bestraft wird oder die Ausübung und Lehre [*exercitio et professio*]. Bei den Alten hieß es zwar, daß ihr Beruf, nicht die Kenntnis [*notitiam*] verboten sei; später änderte sich das. Es ist aber nicht zu übersehen, daß sich zuweilen der Brauch eingeschlichen hatte, daß diese Leute auch lehrten und sich öffentlich anboten. Diese Sitte beruhte gewiß eher auf dem Ungehorsam und der Frechheit derjenigen, die öffentlich Weissagungen einholten oder erteilten, als darauf, daß so etwas erlaubt gewesen wäre.⁷⁶

Einem ansonsten äußerst dezidiert argumentierenden Autor, gewohnt, in klaren juristischen Wendungen die Sache auf den Punkt zu bringen, erscheint eine solche Aussage kaum angemessen.

---

[73] Auch GUNDEL stellt fest: „Die höhere Astrologie blieb im Westen seit dem Edikt des Augustus vom J. 11 n.Chr. insofern ein Reservat der Kaiser, als kein Unbefugter für die Person des Kaisers ein Horoskop stellen oder astrologische Prognosen in Umlauf bringen durfte; im übrigen aber beschäftigten sich führende Kreise und Gebildete bis hin zu dem jungen Augustinus mehr oder weniger intensiv mit der gelehrten Sterndeutung" (1966, 301).
[74] Vgl. die umfangreiche und dennoch exemplarische Übersicht bei GUNDEL 1966, 202-279.
[75] So etwa GUNDEL 1966, 301f.
[76] *Coll.* XV, 2, 1-2.

> Der Autor bemüht sich [...] zu belegen, daß das anfänglich von ihm
> behauptete Verbot der Astrologie eine lange Tradition hat und das
> Verbot aller Arten von Wahrsagung mit einschloß. Das Ergebnis seiner
> Mühe ist jedoch höchst kümmerlich. Eigentlich weiß er wenig Exaktes
> zu berichten.[77]

Fögen führt weiter aus, daß die Frage nach Ausübung und Lehre der Astrologie erst dann sinnvoll gestellt war, „nachdem Diokletian im Jahre 294 (C. 9.18.2) das *discere atque exerceri* der Geometrie erlaubt, die Lehre und die Ausübung der *ars mathematica* hingegen verboten hatte."[78] Der gesamte Text *Coll.* XV, 2 sei demnach – mit Ausnahme des Hinweises auf das *senatus consultum* von 16/17 – vermutlich zwischen 302 und 321 anzusetzen, also eine spätere Interpolation des Kompilators.[79]

Diese Einschätzung – auch wenn die Frage nach der Authentizität des Textes letztlich offenbleiben muß – wird durch die Tatsache gestützt, daß wir keinerlei konkrete Angaben über Verfolgungen und Ausgrenzungen der Astrologie *als Wissenschaft* aus der Zeit vor Diokletian besitzen. Fögen weist zu Recht darauf hin, daß dergleichen Verurteilungen einer anerkannten Disziplin nicht in die Sprache des zweiten und frühen dritten Jahrhunderts passen.[80] Die Analysen der jüdischen und christlichen Texte bestätigen dies.

Einen analogen Befund ergibt die Untersuchung der Sentenzen, die dem Juristen Paulus zugeschrieben werden, allerdings ist in diesem Fall die Forschung einhellig der Meinung, einen Großteil der Passagen ins vierte Jahrhundert datieren zu müssen.[81] Schon in der Antike wurden wiederholt Zweifel an der Echtheit der Sentenzen laut, was die Kaiser Konstantin (327 oder 328 u.Z.) und Theodosius (426 u.Z.) zur Behauptung ihrer Authentizität per Dekret veranlaßte.[82] Daß in der Tat Paulus für das kaiserliche Selbstverständnis des vierten Jahrhunderts als Kronzeuge herhalten mußte, läßt sich am

---

[77] Fögen 1993, 69.
[78] Ebda. S. 66.
[79] Vgl. ebda. S. 73 und 178-181.
[80] „Daß es ein generelles Verbot der Astrologie gab, welches zudem noch alt war und von fast allen Herrschern verhängt wurde – eine solche Behauptung hätten Tacitus, Sueton und Cassius Dio nur mit Kopfschütteln kommentieren können. Sie wußten etwas anderes und wußten es vielleicht besser: [...] daß nicht von einem generellen Verbot der Astrologie, geschweige denn von einem solchen der astrologischen *scientia*, die Rede sein konnte, sondern von eifersüchtigen, sinnlosen, vermessenen und lächerlichen Eingriffen der Kaiser in fremde Kompetenzen" (Fögen 1993, 179).
[81] Vgl. Fögen 1993, 74-79 mit der maßgeblichen Literatur.
[82] Konstantin: CTh. I, 4, 2; Theodosius: CTh. I, 4, 3.

juristischen Sprachspiel der Sentenzen ablesen. So wird in der Schrift „Über Weissager und Astrologen" (*de vaticinationibus et mathematicis*) festgehalten, daß die „Weissager, die heucheln, von Gott erfüllt zu sein", aus dem Land vertrieben werden, um öffentliche Unruhe, vorwiegend unter dem einfachen Volk, zu vermeiden.[83] Nachdem das altbekannte Verbot der Recherche über die Gesundheit des Kaisers und der Regierung durch Astrologen, Hariolen, *haruspices* oder Weissager wiederholt wurde,[84] geht der Autor einen Schritt weiter: „Man tut gut daran, nicht nur von der Divination, sondern auch von dem Wissen selbst und den entsprechenden Büchern Abstand zu nehmen."[85]

Das ist bereits die Diktion des vierten Jahrhunderts, die nicht mehr zwischen Ausübung der Kunst und ihrer einfachen Kenntnis unterschied. Auch die Unterscheidung zwischen Magie und Astrologie war inzwischen aufgeweicht worden, wie folgende Stelle zeigt:

> Mitwisser der magischen Künste sollen mit dem Tode bestraft werden, i.e. den wilden Tieren vorgeworfen oder ans Kreuz geschlagen werden. Die Magier selbst werden lebend verbrannt. Bücher der magischen Kunst bei sich zu haben, ist niemandem erlaubt. Werden solche Bücher bei wem auch immer entdeckt, sollen sie genommen und öffentlich verbrannt werden. Ihre Besitzer werden auf eine Insel deportiert; Leute niederen Standes werden mit dem Tode bestraft. Es ist nämlich nicht nur die Ausübung dieser Kunst verboten, sondern auch ihre Kenntnis (*non tantum huius artis professio, sed etiam scientia prohibitata est*).[86]

Das neue Sprachspiel, welches *scientia* als solche unter Strafe stellt, mußte von den Juristen erst eingeübt werden. Die dem Paulus zugeschriebenen, tatsächlich aber in konstantinischer Zeit verfaßten Sentenzen zeigen deshalb die beachtliche Veränderung juristischen Sprechens über Astrologie und Divination.

> Was in Ulpians oder Pseudo-Ulpians Ausführungen noch umständlich und letzthin mit mäßigem Erfolg aus vager Erinnerung an Gesetze der Vorzeit begründet werden mußte, ist in den Pauli sententiae zur Reife gediehen. Die Sentenzen stehen in ihrem dezidierten Wortlaut und ihrer die menschliche Natur und deren Vermögen berührenden Semantik den Kaiserkonstitutionen des 4. Jahrhunderts außerordentlich nahe.[87]

---

[83] *P. Sent.* V, 21, 1.
[84] *P. Sent.* V, 21, 3.
[85] *Non tantum divinatione quis, sed ipsa scientia eiusque libris melius fecerit abstinere* (*P. Sent.* V, 21, 4).
[86] *P. Sent.* V, 23, 17-18.
[87] FÖGEN 1993, 78f.

Fögens Analyse ist in der Lage, die erstaunliche Virulenz astrologischer Theorien in den ersten nachchristlichen Jahrhunderten zu erklären. Anstatt einen durchgängig ablehnenden juristischen Diskurs zu konstatieren – der letztlich nur durch das Auffüllen der tatsächlichen Lücken durch einen Laiendiskurs beschrieben werden kann[88] –, gilt es den schwerwiegenden Paradigmenwechel ins Auge zu fassen, der mit Diokletian seinen Anfang nahm und unter den nachfolgenden christlichen Kaisern die Kriminalisierung einer wissenschaftlichen Disziplin vollendete.

2.2.1. Von Diokletian bis Theodosius: Die Neuformatierung des Diskurses

Schon 1951 hatte F.H. Cramer darauf bestanden, daß in der Römischen Republik und im Prinzipat keine Gesetze gegen die Astrologie erlassen wurden, sondern lediglich gegen Astrologen.[89] Der wissenschaftlich verbreiteten Annahme, auch die paganen Kaiser seien bereits vehement gegen Magie, Divination und Astrologie vorgegangen, hat dieser Hinweis indes keinen Abbruch getan.[90] M.Th. Fögen ist es zu danken, an diesen Sachverhalt erinnert und weitere Argumente beigebracht zu haben, die für einen juristischen Paradigmen-

---

[88] „Fehlenden Juristendiskurs durch einen Laiendiskurs zu ersetzen, der zwar Gesetze kennt, nicht aber von Recht handelt, scheint mir zu einer trügerischen Rechtsgeschichte zu führen, einer Rechtsgeschichte, die allzu selbstverständlich annimmt, daß alle Gesetze Recht produzieren" (FÖGEN 1993, 85). FÖGEN ist grundsätzlich beizupflichten in ihrer kritischen Trennung zwischen dem juristischen Diskurs und anderen Gebieten antiker Kommunikation, namentlich unter den Geschichtsschreibern. Allerdings führt dies zu einer starken Engführung der Argumentation, wodurch die Vielschichtigkeit des gesellschaftlichen Gesprächs verschleiert wird. Schließlich argumentierten die Fachjuristen nicht in einem sauber abgegrenzten Milieu, sondern partizipierten zugleich an anderen Diskursen – wie schwierig eine Trennung zwischen Fachleuten und Laien sein kann, haben wir im Bereich der Astrologie häufig feststellen können. Vgl. auch H.G. KIPPENBERGS Kommentar zum zitierten Satz: „Ignoring ancient historians as witnesses for legal discourses appears to me equally deceptive" („Magic in Roman Civil Discourse: Why Rituals Could Be Illegal", in: SCHÄFER/KIPPENBERG 1997, 137-163, S. 150 Anm. 34).

[89] CRAMER 1951.

[90] Vgl. etwa H. FUNKE: „Majestäts- und Magieprozesse bei Ammianus Marcellinus", in: JAC 10 (1967), 145-175, S. 150: „Majestätsgesetze, die solche Handlungen unter Strafe stellten, dürften die ganze Kaiserzeit hindurch bestanden haben." Der Konjunktiv offenbart die Dünnheit des Eises, auf dem sich eine solche Konstruktion bewegt.

wechsel im vierten Jahrhundert sprechen.[91] Damit ist nicht gesagt, daß es keine Kontinuitäten im römischen Strafrecht gegeben habe – wir werden auf einige gleich zu sprechen kommen. Der springende Punkt ist aber in der erstaunlichen „Neuformatierung" des gesellschaftlichen Diskurses mit Hilfe juristischer Sprachspiele zu sehen.

Den Anfang machte Diokletian, dessen Edikt aus dem Jahre 294 im *Codex Iustinianus* folgenden Wortlaut hat: „Die Wissenschaft der Geometrie zu erlernen und auszuüben liegt im öffentlichen Interesse, die Astrologie hingegen ist verdammenswert und deshalb verboten."[92] Zum ersten Mal in der römischen Rechtsgeschichte wird eine ganze wissenschaftliche Disziplin – auch Diokletian reiht Geometrie und Astrologie noch unter die *artes* ein – Gegenstand eines kaiserlichen Verbotes.[93]

Parallel zur kirchlichen Auseinandersetzung mit der Astrologie entwickelte sich nach der konstantinischen Wende auch innerhalb der kaiserlichen Rechtsprechung das von Diokletian vorgezeichnete Programm weiter. War es dort im Jahre 365 das Konzil von Laodicea, welches die neue Sprache dokumentierte, so legt hier das Edikt der Kaiser Valentinian und Valens aus dem Jahr 370 oder 373 Zeugnis von der Werteverschiebung ab:

> Ein Ende haben soll die Lehre der Astrologen! Wer, sei es öffentlich oder privat, sei es bei Tag oder Nacht, bei der Beschäftigung mit diesem verbotenen Irrtum ergriffen wird, soll die Todesstrafe erleiden – und zwar beide Beteiligte. Hinsichtlich der Schuld macht es nämlich keinen Unterschied, ob jemand etwas Verbotenes lernt oder lehrt.[94]

Neben der Brandmarkung der Astrologie als *error* ist dieses Gesetz auch in anderer Hinsicht bemerkenswert, setzt es sich doch von einer langen Tradition römischer Rechtsprechung ab, die genau zwischen

---

[91] Vgl. die vielen Nachweise aus der Forschungsgeschichte bis 1992, die von einer Kontinuität der Rechtsgeschichte in diesem Punkt ausgehen, und ihre Problematisierung bei FÖGEN 1993, 54-56. Weitere Literatur findet sich bei GUNDEL 1966, 301 Anm. 2.

[92] *Codex Iustinianus* IX, 18, 2: *Artem geometriae discere atque exerceri publice intersit, ars autem mathematica damnabilis inderdicta est.*

[93] „[D]aß nicht Täter und Taten, sondern die *ars mathematica* als Wissensgebiet und als professionelle Methode der Weltbeschreibung ohne Umschweife einem gesetzlichen Verbot unterlag – dies war eine Novität" (FÖGEN 1993, 22).

[94] CTh. IX, 16, 8: *Cesset mathematicorum tractatus. Nam si qui publice aut privatim in die noctuque deprehensus fuerit in cohibito errore versari, capitali sententia feriatur uterque. Neque enim culpa dissimilis est prohibita discere quam docere.*

geheimer und *öffentlicher* Ausübung religiöser Praktiken zu unterscheiden wußte. Im Gegensatz zur griechischen Auffassung, nach der religiöse Wahrheiten vor der Öffentlichkeit verborgen gehalten werden müssen,[95] war in römischer Tradition stets die Meinung vorherrschend, daß eine religiöse Handlung in dem Moment illegitim wird, wo sie im Privaten, also Geheimen, praktiziert wird. Am Beispiel der Magie hat H.G. Kippenberg jüngst diesen Sachverhalt untersucht. Er konstatiert:

> The equation of magical actions with concealed ones was at the core of the legal proceeding. To understand this argument we have to take into account two settings: a legal and a religious one. In Roman legal discourse secrecy served to distinguish illicit from licit rituals. In religious practice secrecy turned a religious action into a magical one.[96]

Interessanterweise ist diese Praxis zunächst in die christliche Rechtsauffassung übernommen worden.[97] Konstantin war es, der im Jahre 319 veranlaßte, daß *haruspices* und Priester der traditionellen Religion keinen Ritus in einem Privathaus abhalten dürfen:

> Wer tatsächlich das, woran ihr glaubt, ausüben will, gehe zu öffentlichen Altären und Tempeln und zelebriere dort die Feierlichkeiten eures Brauchs. Wir verbieten nämlich nicht, daß die Liturgien eines vergangenen Brauchs im Licht der Öffentlichkeit ausgeübt werden.[98]

Jegliche Divination, also auch Astrologie und Magie, gehörte in diesem Sinne zur religiösen Tradition, die in der Öffentlichkeit geduldet wurde. Doch die römische Rechtsauslegung mußte schon sehr bald der neuen Sprache christlichen Selbstverständnisses weichen, welches Constantius im Jahre 341 wie folgt auf den Punkt bringt:

---

[95] Vgl. die diversen Beiträge in KIPPENBERG/STROUMSA 1995, bes. J.N. BREMMER: „Religious Secrets and Secrecy in Classical Greece" (61-78), der den interessanten Fall des Alcibiades beschreibt: Dieser sah sich im Jahr 432/431 v.u.Z. plötzlich einer *Asebeia*-Anklage gegenüber, weil er die Geheimnisse der eleusinischen Mysterien veröffentlicht hatte.

[96] KIPPENBERG a.a.O. (oben Anm. 88), 152. Später fügt er hinzu: „The equation of ‚illegal' with ‚secret' can be called a genuine Roman tradition" (S. 153).

[97] KIPPENBERG geht so weit zu sagen: „Church historians tend to stress the discontinuity between Roman paganism and Christianity. With regard to *magic* however the continuity could hardly be greater" (a.a.O. [oben Anm. 88]), 159 (Hervorhebung im Original). Gleichwohl beschränkt auch KIPPENBERG diese Aussage auf die *ersten* christlichen Kaiser.

[98] CTh. IX, 16, 2: *Qui vero id vobis existimatis conducere, adite aras publicas adque delubra et consuetudinis vestrae celebrate sollemnia: nec enim prohibemus praeteritae usurpationis officia libera luce tractari.*

Die Verdrängung der Astrologie

Der Aberglaube habe ein Ende, der Wahnsinn der Opfer muß aufgegeben werden (*Cesset superstitio, sacrificiorum aboleatur insania*)! Denn wer auch immer gegen das Gesetz des heiligen Princeps, unseres Vaters, und gegen den Befehl unserer Gnade Opferhandlungen zu zelebrieren gewagt haben sollte, an dem soll die ihm gebührende Strafe und ein sofortiges Urteil vollstreckt werden.[99]

Mit *superstitio* ist hier in erster Linie Magie und Divination gemeint,[100] die Gegenstand öffentlich ausgeübter Religion waren. Diese Distinktion wird von Constantius kurzerhand abgeschafft, wie auch eine weitere, nämlich jene zwischen *haruspices*, Auguren, Astrologen und anderen Spezialisten der Wirklichkeitsdeutung. Im Jahre 357 ergeht folgendes Gesetz:

Niemand soll einen *haruspex* konsultieren oder einen Astrologen, niemand einen Hariologen. Die verkehrte Verkündung der Auguren und Weissager soll verstummen. Chaldäer, Magier und die übrigen, die man wegen der Ungeheuerlichkeit ihrer Übeltaten gewöhnlich *malefici* nennt, sollen nichts derartiges unternehmen. Schweigen soll endgültig die Neugier (*curiositas*) all dieser Menschen auf die Wahrsagung! Mit der Todesstrafe durch das Schwert wird nämlich niedergestreckt, wer der Anordnung den Gehorsam verweigert.[101]

Innerhalb kurzer Zeit gerät also die Divination in die Mühlen kaiserlicher Verbote, und die Ausübung der Astrologie war nur unter Lebensgefahr möglich.[102] Damit war der Weg bereitet für die endgül-

---

[99] CTh. XVI, 10, 2.
[100] Vgl. KIPPENBERG a.a.O. (oben Anm. 88), 160, mit Verweis auf MARTROYE und GRODZYNSKI.
[101] CTh. IX, 16, 4: *Nemo haruspicem consulat aut mathematicum, nemo hariolum. Augurum et vatum prava confessio conticescat. Chaldaei ac magi et ceteri, quos maleficos ob facinorum magnitudinem vulgus appellat, nec ad hanc partem aliquid moliantur. Sileat omnibus perpetuo divinandi curiositas. Etenim supplicium capitis feret gladio ultore prostratus, quicumque iussis obseuium denegaverit.* Vgl. auch CTh. XVI, 19, 6 aus dem Jahr 356: „Der Todesstrafe unterwerfen wir diejenigen, die Opfer darbringen oder Götzenbilder verehren." Wir sehen hier erneut die Verschränkung politischer und theologischer Diskurse.
[102] Richtig FÖGEN 1993, 37: „Binnen einer Generation wird alte religiöse Tradition also zum ‚Wahnsinn' (*insania*) erklärt, binnen einer Generation wird aus einem Verbot privater, verborgener Divination ein generelles Verdikt." Ähnlich KIPPENBERG: „The Christian emperors adopted the Roman legal tradition. But soon they did more and sanctioned the view of the common people, banning all *magi* as *malefici*. [...] Practising magic had become a crime, independent of any damage it caused or not. Not even a private plaintiff was necessary. The state itself prosecuted it" (a.a.O. [oben Anm. 88], 160).

tige Kriminalisierung der Sterndeutung – nunmehr als *error* gekennzeichnet – durch Valentinian und Valens.

Doch an dieser Stelle war die Entwicklung keineswegs beendet. Vielmehr ist es ein wesentliches Kennzeichen christlicher Herrschaftspolitik, daß dem Diskurs ein weiteres Element hinzugefügt wurde: die Auseinandersetzung mit der Astrologie nicht als Wissenschaft, sondern als Häresie. Dies läßt sich gut studieren an einem Gesetz der Kaiser Honorius und Theodosius aus dem Jahre 409:

> Astrologen, wenn sie nicht bereit sind, nachdem sie die Bücher des ihnen eigenen Irrtums unter den Augen der Bischöfe verbrannt haben, zum Glauben der katholischen Religion überzutreten und niemals zu ihrem früheren Irrtum zurückzukehren, sollen nicht nur aus der Stadt Rom, sondern auch aus allen Gemeinden vertrieben werden. Wenn sie dies nicht tun, sondern entgegen der heilsamen Bestimmung unserer Sanftmut in den Städten aufgegriffen werden oder wenn sie die Geheimnisse ihres Irrtums und ihres Berufs anderen einflüstern, sollen sie mit der Deportation bestraft werden.[103]

Die von Theodosius und Honorius repräsentierte Haltung war für die Folgezeit bestimmend im Verhältnis zwischen staatlichem Christentum und Astrologie, und zwar bis herauf in die Neuzeit. Deshalb ist die Zusammenfassung Fögens auch in dieser Schärfe gerechtfertigt:

> Die Alternativen heißen nicht Geometrie und Astrologie, wie Diokletian sie in antiker Einfalt sah, sondern katholischer Glaube und Häresie. Mit Herstellung dieser Relation – die Sterndeutung ist nicht der Irrtum an sich, sondern eine mögliche falsche Wahl (= *airesis*) unter vielen falschen Optionen – wird die Astrologie endgültig ihres Wissenschaftskontextes entkleidet und als ordinäre, dem üblichen Verfahren zu unterziehende Glaubensdevianz gehandelt.[104]

In dieses Bild paßt es sehr gut, daß Theodosius auch der erste römische Kaiser war, der sich entschloß, ein persönliches Glaubensbekenntnis in Gesetzesform zu gießen:

> Wir wollen, daß alle Völkerschaften, die die maßvolle Herrschaft unserer kaiserlichen Gnade regiert, an der Religion in der Version

---

[103] CTh. IX, 16, 12: *Mathematicos, nisi parati sint codicibus erroris proprii sub oculis episcoporum incendio concrematis catholicae religionis cultui fidem tradere numquam ad errorem praeteritum redituri, non solum urbe Roma, sed etiam omnibus civitatibus pelli decernimus. Quod si hoc non fecerint et contra clementiae nostrae salubre constitutum in civitatibus fuerint deprehensi vel secreta erroris sui et professionis insinuaverint, deportationis poenam excipiant.*
[104] FÖGEN 1993, 25.

teilnehmen, wie sie der heilige Apostel Petrus den Römern überliefert hat [...] das heißt: wir glauben der apostolischen Lehre und der evangelischen Doktrin folgend an eine einzige Gottheit des Vaters, des Sohnes und des heiligen Geistes unter Annahme gleicher Majestät und heiliger Dreifaltigkeit. Wir befehlen, daß alle, die diesem Gesetz folgen, das Recht haben, sich katholische Christen zu nennen, während alle übrigen, die wir als Schwachsinnige und Verrückte von häretischem Glauben beurteilen, der Infamie unterliegen (*reliquos vero dementes vesanosque iudicantes haeretici dogmatis infamiam sustinere* [...]).[105]

Am Ende des vierten Jahrhunderts war es selbstverständlich geworden, daß die kaiserliche Verfügungsgewalt nicht nur die *Handlungen* ihrer Untergebenen gesetzlich zu regeln beanspruchte, sondern auch das, was sie als legitimes *Wissen* betrachtete. Die *curiositas* selbst und in ihrem Gefolge die *scientia* waren zum Objekt der Kriminalisierung geworden.

3. Zusammenfassung

Überblickt man die in diesem Kapitel behandelten Dokumente, erkennt man rasch, daß die gängige These, das Christentum habe aufgrund theologischer Überlegungen zwangsläufig eine kritische Haltung zur Astrologie einnehmen müssen, am tatsächlichen historischen Verlauf vorbeigeht. Übersehen wird dabei, daß diese Position lediglich von einem bestimmten Flügel innerhalb der neuen Religion bezogen wurde, der erst dadurch eine Aufwertung erfuhr, daß er im vierten Jahrhundert Zugang zur politischen Macht erhielt. Im Laufe der Zeit verzahnten sich drei zuvor durchaus eigenständige Diskurse immer mehr, nämlich die kritische Argumentation maßgeblicher Kirchenväter, die juristischen Sprachspiele im Kontext der kaiserlichen Rechtsprechung und schließlich die Beschlüsse kirchlicher Synoden.

Die theologischen und philosophischen Überlegungen christlicher Autoritäten, im wesentlichen ja aus der antiken Diskussion bekannt, waren dabei nur insofern von Bedeutung, als sie den Hintergrund abgaben für die einschneidenden politischen Entscheidungen, die im vierten Jahrhundert die antike Welt revolutionierten. Man könnte auch sagen: Nicht die überlegene christliche Argumentation führte zur Krise der astrologischen Weltdeutung, sondern die juristische

---

[105] CTh. XVI, 1, 2. (Edikt der Kaiser Theodosius und Valentinian aus dem Jahre 380); vgl. FÖGEN 1993, 86f.

Ausgrenzung dieser Disziplin aus den *artes* und ihre blutige Verfolgung seitens der kaiserlichen Herrschermacht.[106]

Der Weg dorthin verlief demnach nicht kontinuierlich, sondern in mehreren, deutlich voneinander abzusetzenden Stufen: Für die Zeit bis weit ins dritte Jahrhundert hinein haben wir christlicherseits von einer interessierten Beschäftigung mit der Astrologie auszugehen, wie die vielen untersuchten Dokumente belegen. Auch die in diesem Kapitel herangezogenen kritischen Stimmen geben nicht selten eine ambivalente Haltung zu erkennen,[107] die von dem Bestreben geprägt ist, einen Kernbestand astrologischer Weltdeutung bestehen zu lassen, und deshalb vor allem die fatalistische Astrologie und die Sternverehrung bekämpfte. Von seiten des Kaiserhauses wurde die Ausübung der Astrologie selber nicht behindert. Daran ändern auch die gelegentlichen Ausweisungen von Astrologinnen und Astrologen aus Teilen des Reiches nichts, die stets von politischen, nicht von philosophisch-theologischen Überlegungen herrührten. Anders wäre es auch nicht zu erklären, daß zwischen 100 und 300 u.Z. eine große Welle literarischer Aufarbeitung der Vulgata einsetzte und die maßgeblichen Werke astrologischer Gelehrsamkeit ebenfalls in dieser Zeit entstanden.

Erst Diokletian setzte mit seinem Edikt aus dem Jahre 294 einen neuen Akzent und leitete damit jenen Prozeß ein, der zur Ausgrenzung der Astrologie aus den Wissenschaften führte. Als Theodosius zwei Generationen später sein Glaubensbekenntnis per Gesetz den Untertanen verordnete, waren bereits nicht mehr die schädliche Ausübung der Divination und damit die einzelnen Täter Gegenstand kaiserlichen Rechts, sondern die Wissenschaft/*scientia* selber galt als Irrtum/*error*, und schon die menschliche Neugierde/*curiositas* reichte aus, vor den Augen der christlichen Kaiser als kriminelles Subjekt zu gelten. An dieser Stelle ging die Argumentation nahtlos von der politischen zur theologischen über, veränderte sich doch der kaiserliche Sprachgebrauch dergestalt, daß man nicht mehr nur von einem Irrtum sprach, sondern von einer Glaubensdevianz, der man innerkirchlich Herr zu werden gedachte. Indem man die Astrologie aus dem wissenschaftlichen Diskurs entfernte, nahm man ihr zugleich die politische Sprengkraft.

---

[106] Wie brutal die offizielle Kirche bei der Christianisierung des Römischen Reiches zu Werke ging, wurde zuletzt von MACMULLEN (1997, 1-31) geschildert. Vgl. zum Thema außerdem P. THRAMS: *Christianisierung des Römerreiches und heidnischer Widerstand*, Heidelberg 1992.

[107] In der einschlägigen Forschungsliteratur wird dies gerne als Naivität gedeutet, die sich der Widersprüchlichkeit ihrer Argumentation nicht bewußt ist.

In den Verlautbarungen der kirchlichen Synoden wurde in der Folgezeit das Feld weiter beackert, das durch die Apologeten und die kaiserliche Rechtsprechung bereitet war. Das Konzil von Laodicea im Jahre 365 markiert dabei den Anfangspunkt einer Ausgrenzungspolitik, die sich kontinuierlich bis ins sechste Jahrhundert fortsetzte. An der Häufigkeit, mit der man gegen die Neugierde der Untertanen vorgehen mußte, erkennen wir freilich nicht nur die Haltung der Machthabenden, sondern auch die große Verbreitung astrologischer Weltdeutung innerhalb der Bevölkerung, nicht zuletzt in weiten Teilen der christlichen Anhängerschaft. Trotz des massiven Vorgehens gegen Studium und Ausübung der Sternkunde, einschließlich der öffentlichen Verbrennung gelehrter Bücher, kam es deshalb im Grunde nicht zu ihrer Auflösung. Einerseits wurde nämlich auch in Byzanz die Vulgata tradiert,[108] andererseits kam es immer wieder

---

[108] Hier wären als erstes die zahlreichen Ptolemaios-Kommentare zu nennen, etwa die *Isagoge* des Porphyrios (232-304), Schriften des Pancharios (3. Jhdt.) oder des Proklos aus Konstantinopel (410-485). Im vierten Jahrhundert trugen Firmicus Maternus, Maximos – der Lehrer des späteren Kaisers Julian war –, Paulus Alexandrinus, der anonyme „Astrologe des Jahres 379" und schließlich Hephaistion von Theben zum Aufblühen der Astrologie bei. Im 5. Jahrhundert wirkten neben Proklos aus Konstantinopel und den schon genannten Ammonios und Simplikios die Gelehrten Heliodorus, Eutokios aus Askalon, Iulianos aus Laodicea, Rhetorios und Palchos; vgl. die Übersicht bei GUNDEL 1966, 213-254. Aus der Spätantike ist zudem auf die Schrift *de rerum natura* des Bischofs Isidorus von Sevilla (um 570-636) oder *de natura rerum* des Beda Venerabilis (672/673-735) zu verweisen. Daß die Astrologie sogar noch im 5. Jahrhundert ungehindert gelehrt werden konnte, zeigen beispielsweise die 48 Gesänge umfassenden *Dionysiaka* des Nonnos aus Panopolis (etwa 380-450). V. STEGEMANN schreibt in seiner Monographie zu diesem Dichter: „Es gibt keinen Autor der griechisch-römischen Antike, der in ähnlicher Weise wie Nonnos den Versuch einer historischen Weltdeutung auf der Grundlage der Astrologie gemacht hat" (*Astrologie und Universalgeschichte. Studien und Interpretationen zu den Dionysiaka des Nonnos von Panopolis* [Stoicheia 9], Leipzig/Berlin 1930, 200). Die orphische Weltalterlehre um den Erlösergott Dionysos wird hier zu einer einzigartigen apokalyptischen Vision ausgebaut mit dem Ziel, die Qualität der gegenwärtigen Zeitepoche und die Dynamik der unmittelbar bevorstehenden Zeitenwende näher zu bestimmen. Besonders aufschlußreich hinsichtlich der Verschränkung antiker christlicher und paganer Diskurse ist die Tatsache, daß Nonnos vermutlich Bischof von Edessa war; vgl. E. LIVREA: „Il Poeta ed il Vescovo", in: *Studia Hellenistica II*, Florenz 1991, 439-462. Ferner ist von Interesse, daß Nonnos' christliches Grab in Ägypten mit einem Dionysos-Behang geschmückt gewesen ist; vgl. D. WILLERS: „Dionysos und Christus – ein archäologisches Zeugnis zur ,Konfessionsangehörigkeit' des Nonnos", in: *Museum Helveticum* 49 (1992), 141-151.

von außen zu einer Belebung der Astrologie, zunächst aus Persien und Babylonien, später dann durch islamische Vermittlung.[109]

Auch aus anderer Richtung läßt sich eine Erklärung für die weitere Beschäftigung vieler Menschen mit der Astrologie entwickeln: Erinnern wir uns an die jüdischen Quellen des zweiten bis achten Jahrhunderts, so zeigt sich der interessante Sachverhalt, daß wir an keiner Stelle auf ein Verbot der Astrologie durch die politische Obrigkeit stoßen. Da dies in gleicher Weise für die palästinischen wie auch die babylonischen Dokumente gilt, müssen wir schließen, daß der Kampf des christlichen Rom gegen die Astrologie keineswegs so durchgreifenden Erfolg hatte, wie bisweilen dargestellt wird. Zumindest im Judentum verfingen christliche Argumentationen nicht, zumal eine gewisse Eigenständigkeit in der rechtlichen Semantik dies erschwerte.

Selbst wenn man den besonderen Charakter jüdischer Selbstverwaltung berücksichtigt, spricht vieles dafür, daß wir diesen Befund übertragen können: Auch in Teilen des Christentums bildete man sich seine eigene Meinung zur astrologischen Weltdeutung. Eine solche Vermutung – die anhand der christlichen Texte außerhalb des zentristischen Flügels ohnehin bereits verifiziert wurde – wird bestärkt durch die besonderen Umstände der Christianisierung des Römischen Reiches, welche in nachkonstantinischer Zeit von repressiver Konversion geprägt war. Aber:

> It must not be forgotten, since both pagan and Christian spokesmen drew attention to the fact, that conversion under pressure was unlikely to reach very far down into the mind. Prudential considerations, to curry favor or gain a rich wife, or not to lose one's job or one's life, diminished the meaning of conversion. True, post-Constantine, everything encouraged a sense of triumph and conviction among the crowds attending church; but everything also encouraged hypocrisy.[110]

---

[109] Eine ausgezeichnete allgemeine Einführung in die mittelalterliche und frühmoderne Astrologie im christlichen Kontext lieferte SMOLLER 1994. S. auch die gute Darstellung bei GRAFTON 1999 (mit neuester Literatur).
[110] MACMULLEN 1997, 153.

XII. Ergebnisse

Unser Gang durch beinah eintausend Jahre jüdischer und christlicher Auseinandersetzung mit den Implikationen der Sterndeutung hat eine Fülle von Material ans Tageslicht gebracht. Eines ist dabei deutlich geworden: *Die* Geschichte der Astrologie in monotheistischer Färbung gibt es nicht; vielmehr müssen wir der vielen unterschiedlichen Geschichten gewahr werden, die das Gesamtbild der antiken Beschäftigung mit der Astrologie konstituieren. Voreilige Schlußfolgerungen verbieten sich dabei. Was zählt, ist das gesellschaftliche Gespräch, das theologische, politische, juristische und philosophische Sprachspiel, das in verschiedenen sozio-religiösen Kontexten sehr unterschiedliche Regeln aufweist. Unsere Befragung der Quellen erbrachte das Ergebnis, daß gemeinsame Sprachspiele über religiöse Grenzen hinweg gepflegt wurden, von einer spezifisch christlichen oder jüdischen Haltung gegenüber der Astrologie im Unterschied zur spezifisch paganen folglich keine Rede sein kann. Die Partizipation an gemeinsamen kulturellen Diskursen ist ebenso selbstverständlich wie die Einbindung in konkrete politisch-soziale Kontexte. Geschichtsschreibung hat diese pragmatische Komponente zu berücksichtigen und zum integralen Bestandteil ihrer Methode zu machen.

Wenn Geschichtsschreibung aufgefaßt wird als die Beschreibung zeitlich und räumlich begrenzter Kommunikation, die zwar länger laufende Diskurse und damit Tradition sichtbar macht, den konkreten historischen Ort des Gesprächs jedoch an keiner Stelle wirklich überschreiten kann, so stellt sich die Frage, wie überhaupt ein *Ergebnis* historischer Forschung, immerhin das Anliegen dieses abschließenden Kapitels, formuliert werden kann. Handelt es sich nicht bei den einzelnen Beiträgen zum antiken Gespräch um singuläre Erscheinungen, letztlich kontingent und nur dem Tagesdiskurs verpflichtet? Widerspricht eine Zusammenfassung nicht der methodischen Grundannahme, und verwässert sie nicht das kaleidoskophafte Bild religiöser Wirklichkeit, das zuvor entwickelt wurde, sozusagen als Zugeständnis an die traditionelle historische Forschung? Diese Fragen haben zweifellos ihre Berechtigung und machen noch einmal darauf aufmerksam, daß nur mit Hilfe einer konsequenten Kontextualisierung der Quellen die Vielschichtigkeit historischer Prozesse sichtbar gemacht werden kann.

Dennoch wäre es verfehlt, eine Engführung der Ergebnisse gänzlich zu unterlassen, denn zum einen kann keine Geschichtsschreibung ohne die vorherige Annahme eines bestimmten Ergebnisses auskommen. Die These, jüdische und christliche Gläubige seien der Sternkunde gegenüber durchaus nicht so verschlossen gewesen, wie ältere Forschung behauptete, stand selbstverständlich am Anfang der vorliegenden Untersuchung. Daß die herangezogenen Quellen diese These in so deutlicher Weise unterstützen, kann lediglich als Glücksfall gewertet werden, wodurch die Überzeugungskraft der Theorie gesteigert zu werden scheint. Noch einmal sei daran erinnert, was Richard Rorty über die Philosophie sagt:

> Interessante Philosophie ist nur selten eine Prüfung der Gründe für und wider eine These. Gewöhnlich ist sie explizit oder implizit Wettkampf zwischen einem erstarrten Vokabular, das hemmend und ärgerlich geworden ist, und einem neuen Vokabular, das erst halb Form angenommen hat und die vage Versprechung großer Dinge bietet.[1]

Diese Feststellung gilt in gleicher Weise für die Geschichtsschreibung, und es gehört zur Redlichkeit wissenschaftlicher Forschung, den eigenen Ort im gegenwärtigen Diskurs kenntlich zu machen, mithin das eigene Vorverständnis offenzulegen.[2]

Eine zusammenfassende Darstellung ist indes auch aus einem anderen Grunde notwendig: Die Autorinnen und Autoren der antiken Quellen befinden sich nicht nur mit ihren Zeitgenossen in einem Gespräch, sondern stehen selbstverständlich auch zu älteren Traditionen in einer ganz konkreten Referenz. Die Vulgata, also die astrologische Überlieferung der Spätantike, gehört zum gemeinsamen Erbe jüdischer, christlicher und paganer Weisheit. Insofern gibt es einen übergeordneten Gesprächsstrang, der in der Vulgata kristallisierte, und an dem die Nähe oder Distanz monotheistischen Denkens zur Sternkunde ablesbar wird. Ein weiteres „Urmeter" astrologischer Kompetenz ist zudem das Œvre des Klaudios Ptolemaios, im Verbund mit Vettius Valens und Firmicus Maternus. In gebildeten

---

[1] RORTY 1995, 30.
[2] Zu diesem Zweck ist es nicht immer notwendig, explizit den eigenen Ort zu beschreiben. Wie WITTGENSTEIN sagen würde, *zeigt sich* ein solcher durchgängig in Form und Inhalt der Präsentation. Das gilt auch für die vorliegende Arbeit.

jüdisch-christlichen Kreisen waren die Errungenschaften der modernen astrologischen Forschung allenthalben bekannt, ebenso wie in den stoischen Philosophenschulen von Rhodos oder Tarsus, wo die Entdeckung der Präzession vielleicht die Geburt des Mithraskultes einleitete. Unter den weniger Gebildeten der antiken Gesellschaft gab es ebenso starke Anknüpfungspunkte kultureller Gespräche über religiöse Grenzen hinweg, und auch hier entfaltete sich eine bestimmte Tradition von Astrologumena, theologisch vielleicht nicht immer so ausgefeilt wie andernorts, aber dennoch von großem Erkenntnisgewinn für die Beteiligten.

1. Metastrukturen des antiken Gesprächs

Um die sowohl in ihrem religiösen als auch sozialen Kontext stark ausdifferenzierten Quellen in überschaubarer Weise zu ordnen, möchte ich deshalb folgende *Argumentationsstrukturen* vorschlagen, die im Ergebnis eine Art *Metastruktur des antiken Diskurses* darstellen. Dabei müssen wir im Auge behalten, daß der hier konstruierte rote Faden eine nachträgliche Projektion darstellt, die korrigiert werden muß, sobald wir in historische Details hineingehen. An dieser Stelle bietet es sich an, die Unterscheidung Jan Assmanns in *implizite* und *explizite Theologie* heranzuziehen: Letztere „bewegt sich auf einer Meta-Ebene in reflektierender Distanz zum religiösen Handeln", welches wiederum die implizite Theologie „von selbst" erkennbar macht.[3] Der Pragmatist würde freilich kritisch anfragen, ob die implizite Theologie tatsächlich aus den „in das religiöse Handeln eingebetteten Ideen, Symbolen, Vorstellungen und auch Texten"[4] erschlossen werden kann, denn schließlich sind wir dafür erneut auf die sprachlichen Horizonte der Quellen einerseits und der Wissenschaft andererseits verwiesen. Der Konsequenz würde er dennoch zustimmen:

> Ein Diskurs entfaltet sich [...] nur in Form sprachlicher, aufeinander Bezug nehmender Texte, im Hin und Her der Rede. Er stellt eine Art „Arbeit" an dem dar, was ihm als Thema aufgegeben ist. *Daher hat jeder Diskurs eine Geschichte.* Dies unterscheidet ihn von empraktischer Rede, z.B. in der Mythologie. Ein Diskurs vollzieht sich in Positionen, die errungen, verteidigt, aufgegeben werden und immer fest im sozialen und zeitlichen Raum verankert sind. Jeder Diskurs ist ein Prozeß.[5]

---

[3] ASSMANN 1991, 192.
[4] Ebda.
[5] Ebda. (Hervorhebung im Original).

Assmann geht davon aus, daß für die Eruierung des Diskurses lokal und zeitlich auseinanderliegende Quellen herangezogen werden können, da es bei ihm um eine übergeordnete Struktur geht, also etwas, was ich *Metastruktur* nennen würde.

Nach diesen Vorbemerkungen wollen wir uns den einzelnen Formen der Adaptation astrologischen Denkens in Judentum und Christentum zuwenden.

1.1. Die Struktur der Entsprechung

Dieses Argumentationsmuster kann als grundlegend betrachtet werden. Es läßt sich innerhalb der in dieser Arbeit untersuchten Quellen auf Schritt und Tritt nachweisen und steht Seite an Seite mit den nachfolgend zu nennenden, nicht selten ihnen auch systematisch vorgeordnet. So ist es etwa der kulttheologischen Struktur sehr ähnlich, allerdings unter Verzicht auf die Fragen des (Tempel-)Kultes, die besonders für priesterliche Traditionen, auch im Hinblick auf die Absicherung ihrer gesellschaftlichen Position, stark im Vordergrund stehen. Die Entsprechung zwischen himmlischer und irdischer Ebene ist bereits im babylonischen Denken angelegt, wenn die Bewegungen der Gestirne den Willen der durch sie repräsentierten Göttinnen und Götter anzeigen. In stark elaborierter Weise tritt uns diese Struktur sodann im ägyptischen Raum entgegen, nachdem altes Priesterwissen mit der hellenistischen Kultur verschmolz und im *hermetischen Denken* kondensierte. Dabei ist es unerheblich, wie alt ein solches Wissen wirklich gewesen ist; entscheidend ist das hohe Maß an theologischer Reflexion zu diesem Thema sowie die Tatsache, daß die Menschen der hellenistisch-römischen Antike quer durch alle Gesellschaftsschichten hindurch Ägypten als den Ort solcher Weisheit betrachteten. *Dies* ist die antike Wirklichkeit, auf die unsere Quellen in der einen oder anderen Weise Bezug nehmen. Im hellenistischen Kontext war es vor allem die Philosophie der Stoa, die mit ihrem *Sympathie*-Begriff eine „Hermetisierung" des Diskurses förderte, Voraussetzung für eine Durchdringung der Gesellschaft mit astrologischem Gedankengut.

Das Entsprechungsdenken findet sich in allen untersuchten Texten wieder, wobei es sich nahtlos mit dem kulttheologischen und dem magischen Ansatz verbindet. Besonders deutlich ist dies im Testamentum Salomonis (vgl. TestSal 20, 15) und in der Schrift des Sem zu beobachten.[6] Auch die christliche Annahme von der Zeichen-

---

[6] Hier ist auch an A. BOUCHÉ-LECLERCQ zu erinnern, der schon vor 100 Jahren

struktur des Himmels, etwa im Zusammenhang mit der Messiassterndiskussion oder der „Himmelsschrift" des Origenes, bestätigt die große Verbreitung und Selbstverständlichkeit einer solchen Wirklichkeitsdeutung. Ein besonders eindrucksvolles Elaborat jenes Denkens verdanken wir sodann dem Manichäismus.

1.2. Die kulttheologische Struktur

Naturgemäß begegnet diese Differenzierung des hermetischen Denkens in erster Linie innerhalb priesterlicher Traditionen, die von einer Entsprechung zwischen himmlischem und irdischem Kult ausgehen. Auf sie treffen wir in Qumran, aber auch in der ganzen Henochastronomie und im Jubiläenbuch. Der Kalender spielt dabei eine besondere Rolle, da er die vollkommene göttliche Ordnung repräsentiert; in den Bewegungen der Gestirne offenbart sich die Zuverlässigkeit und die Liebe des Schöpfers zu Israel. Indem Israel „unten" durch rechtes Verhalten und rechten Kult(kalender) die Vollkommenheit „oben" nachahmt und begleitet, partizipiert es an der Heilsordnung Gottes und an der künftigen Herrschaft der Gerechten.

In manchen Kreisen, namentlich unter den Henochastronomen, führt dieser Gedanke zur *Ergründbarkeit des göttlichen Willens* mit Hilfe der Sterndeutung, womit einer Öffnung für astrologisches Wissen der Weg bereitet ist. In Qumran hat dies weiter dazu geführt, daß auch Horoskope und andere divinatorische Mittel zur Anwendung kamen. Selbst in Jub behält das kulttheologische Muster seine Gültigkeit, obgleich die Astrologie selber abgelehnt wird. An der Peripherie solchen Denkens finden wir sodann Texte wie den Pseudo-Phokylides, die als Zeugnis für „ethisches Entsprechungsdenken" gelesen werden können, aber weniger die Ergründbarkeit postulieren, als vielmehr weisheitliche Skepsis.

Kulttheologische Überlegungen lassen sich sehr deutlich auch bei Josephus Flavius und Philo von Alexandria nachweisen, später dann an vielen Stellen der Hekhalot-Literatur. Christlicherseits zeigt sich ein entsprechendes Konzept nur ansatzweise, etwa in der Annahme der Quartadezimaner, die Parusie Christi werde in der Osternacht

---

darauf hinwies, daß „les docteurs juifs, talmudistes et kabbalistes, dressaient des tableaux de correspondance entre les vents, les saisons, les planètes, les signes du Zodiaque, les 28 mansions de la Lune et les anges, les patriarches, les lettres de l'alphabet, etc. (Cf. Cl. Duret, *Thrésor de l'histoire des langues de cest Vnivers*, Cologne 1613, pp. 206-216). Le mysticisme est une mer sans rivage" (*BL* 609 Anm. 1).

geschehen, wenn eine Symmetrie zwischen Kalender, Liturgie und kosmischem Geschehen hergestellt sei. Ansonsten führte die Ablehnung des Tempelkultes zu einer Verlagerung astrologischer Spekulation auf andere Bereiche.

1.3. Die magisch-mystische Struktur

Wenn das Entsprechungsdenken in praktischen Anwendungen gerinnt, so können wir von einer magischen Haltung gegenüber der Wirklichkeit sprechen. Im Zuge des senkrechten Weltbildes werden Analogien gebildet, mit deren Hilfe man aus Gestirnspositionen Rückschlüsse auf körperliche oder andere Ebenen ziehen kann. Der eindrucksvollste Vertreter dieses Wirklichkeitsverständnisses ist wohl die Makroform, welche sich um die Person *Salomos* entwickelt hat und die ihren Ausdruck u.a. im TestSal findet. Besonders in medizinischen Fragen setzte man je länger je mehr auf derartige Lehren, denen stets ein homöopathisches Konzept zugrundelag.

Die magische Anwendung des Entsprechungsgedankens geht fließend über in seine mehr mystische Ausprägung: Indem der Adept die Geheimnisse des Himmels und der Erde kennt, kann er sich aufschwingen in göttliche Sphären, die Stufen der Planeten durchschreitend, um letztlich Gottes Antlitz zu schauen. Im paganen Umfeld wurde dies besonders im Mithraskult und den orphischen Mysterien gepflegt, doch auch im Judentum sind solche Traditionen in römischer Zeit beinah überall zu greifen: Ob dies der Topos der Himmelsreise ist, wie sie von Henoch, Mose oder anderen Helden der Geschichte unternommen wird, oder ob es um deren Nachahmung durch den Adepten geht, stets können wir das Bedürfnis nach Ergründung der himmlischen Welt konstatieren, das bisweilen theurgische Dimensionen mit einschließt. Belege für letzteres liegen vor allem im „Jüdischen Orpheus" vor, später dann in der Hekhalot-Literatur.

Himmelsreisen waren selbstverständlich auch im Christentum ein wichtiges theologisches Instrument.[7] Dort verbanden sie sich alsbald mit dem platonischen Weltbild, welches auch der Hermetik zu eigen ist, und brachten die gnostische Sehnsucht nach individueller Erlösung des Adepten hervor – ein Zug, welchen jüdische Mystiker ablehnten, die sich als Vertreter der Gemeinde Israels sahen. Einzel-

---

[7] Man denke allein an die Tatsache, daß die Henoch-Traditionen vor allem durch die fleißige Arbeit *christlicher* Kopisten der Nachwelt überliefert worden sind.

ne Nag-Hammadi-Schriften oder die Theologie des Theodotus sind Beispiele für die Nähe christlicher Gemeinden zu magisch-theurgischen Ausformungen der Astrologie.

Die therapeutische Anwendbarkeit der Sternkunde ist ein wichtiger Grund für ihre Adaptation innerhalb der magischen Tradition der Antike. Das große Gebiet der Melothesie gehört in diesen Bereich, deutlich erkennbar in den medizinischen Anteilen unserer Quellen, und zwar von den PGM über die Gnosis bis zum babylonischen Talmud.

1.4. Das Rechnen mit Zeitkontingenten und der Ort auf der Zeitachse

Dreh- und Angelpunkt astrologischer Weltdeutung ist die Beobachtung von Planetenzyklen und die Erforschung ihrer Korrespondenzen mit der irdischen Sphäre. Für die Menschen der Antike bildeten Konjunktionen von Saturn und Jupiter, zuweilen unter Hinzunahme des Mars, die zentralen Einschnitte in der Geschichte. Dazu kam eine weiterführende Adaptation der 28-jährigen Umlaufzeit des Saturn, die in die Beachtung von Siebener-Zyklen mündete – gemeinsam mit dem Mondzyklus offenbarte sich hier für die Beobachterinnen und Beobachter die Heiligkeit der Zahl Sieben. Innerhalb des Judentums gelangte man auf diese Weise zur *Sabbatstruktur der Geschichte*: In den kosmischen Zyklen spiegelt sich die Heilsgeschichte Israels ab, die sich nach einem vorbestimmten Plan entfaltet. Die Eingeweihten sind in der Lage, die verborgene Symbolik zu entschlüsseln und so den gegenwärtigen Ort auf der Zeitachse aufzufinden. Sie kennen die „Zeichen der Zeit", also die Ereignisse, welche einen Umbruch ankündigen.

Die apokalyptischen Spielarten jüdischer und christlicher Theologie sind ohne einen astrologischen Hintergrund – allgemein gesprochen: ohne ein Rechnen mit Zeitkontingenten – schlicht undenkbar. Ob man in Qumran dem Kalender eine so zentrale Stelle einräumte und den Anbruch der messianischen Zeit rechnerisch zu ermitteln trachtete; ob die Henoch-Astronomie die „Verkürzung der Tage" als Vorzeichen des Umschwungs herausstellte; ob die Evangelien des christlichen Kanons von der bevorstehenden Parusie Christi sprachen oder der Prophet Elchasai eben diese eine Generation später vorhersagte – immer stand ein Rechnen mit Zeitkontingenten im Hintergrund, das sich auf astrologische Systematik zurückführen läßt, angereichert mit zusätzlichen Auslösungen wie Kometenerscheinungen, Erdbeben oder politischen Umstürzen.

1.5. Schicksal und freier Wille

Der Diskurs über Schicksal und Willensfreiheit gehört sicherlich zu den komplexisten und theologisch am stärksten aufgeheizten Auseinandersetzungen paganer wie monotheistischer Religionen. Gewöhnlich wurde er um die philosophischen Konzepte von Heimarmene und Tyche geführt, die entweder in einem deterministischen Sinne – vorwiegend unter stoischen Denkern – oder in einem antifatalistischen Zusammenhang zur Anwendung kamen. Für letzteres kann die von Karneades inaugurierte Argumentation als paradigmatisch gelten, die später von vielen übernommen wurde, einschließlich Cicero, Philo von Alexandria oder Origenes. Bezogen auf jüdische und christliche Theologien ergeben sich natürlich Fragen, die dringender Klärung bedürfen: Akzeptiert man die Herrschaft des Schicksals, wie kann man dann noch von ethisch richtigem Verhalten sprechen? Was ist Vergehen und Sünde, wenn jede Handlung von den astralen Mächten verantwortet wird? Macht Gebet und Frömmigkeit in einem deterministischen Konzept noch Sinn? Wie steht es mit Erlösung? – Fragen wie diese markieren das Zentrum monotheistischer Kontroversen über fatalistische Konzepte. Wie unser Gang durch die Jahrhunderte offenbarte, waren die Antworten weitaus differenzierter, als in der modernen Wissenschaft allenthalben vermutet wird, zeigen doch die antiken Autoren ein leidenschaftliches Ringen um jene Herausforderungen und die Suche nach *Integration* der unterschiedlichen philosophisch-theologischen Argumentationen, statt die Gültigkeit der Heimarmene-Lehre schlicht zu bestreiten. Deshalb hat sich die Vorstellung, jüdische und christliche Religionen müßten per se fatalistische Ideen ausschließen, als neuzeitliches Produkt historischer Einbildungskraft erwiesen.

An dieser Stelle ist daran zu erinnern, daß Willensfreiheit „is an artificial concept. We have to study certain specialist theories in order to find out how it is to be manipulated."[8] Mit Blick auf die antiken Diskurse muß die Möglichkeit in Rechnung gestellt werden, daß Menschen über Schicksal und freien Willen in gänzlich anderer Weise sprachen, als unser durch moderne Determinismusdebatten und Newtonsche Uhrwerksmetaphern geprägte Denkweise nahelegt. Schließlich waren spezialisierte Astrologinnen und Astrologen von der Antike bis in die Neuzeit hinein normalerweise keine Determi-

---

[8] RYLE 1970, 61. RYLES ganzes Kapitel 3 ist ein wertvoller Beitrag zur Diskussion.

nisten.[9] Wie vorsichtig man hier sein muß, zeigen die mehrdeutigen und oftmals auf den ersten Blick auch widersprüchlichen Lösungen für das Problem, die von antiken Autoren erarbeitet wurden. Besonders eindrückliche Beispiele stellen die Überlegungen Josephus Flavius' zur Heimarmene dar sowie das *Mazzal*-Konzept der rabbinischen Gelehrten.

1.6. Die Struktur religiöser Propaganda

Schon immer sind himmlische Zeugnisse beigebracht worden, um den Anspruch der Herrschenden auf die Macht zu legalisieren. Als in der römischen Kaiserzeit die Astrologie in den Mittelpunkt des gesellschaftlichen Diskurses rückte, schwang sich ihre Instrumentalisierung zu neuen Höhen auf. Das kaiserliche Horoskop wurde verbreitet, um das göttlich vorbestimmte Anrecht des Herrschers auf den Thron zu unterstreichen. Im Laufe der Zeit führte der Kaiserkult zu einer Solarisierung der Religion, die mit einer Vergöttlichung des Kaisers einerseits und der verstärkten Verwendung astrologischer Semantik andererseits einherging.

Ein solches politisches Denken blieb nicht auf die römischen Herrscher beschränkt, sondern wurde auch von den Hasmonäern, von Herodes und anderen gern übernommen. Hier war es die eigene Tradition, die man geschickt in die astrologische Legitimation einband, auf diese Weise die Brücke schlagend zwischen den Diskursen der Zeit, die einen Zeitenumschwung thematisierten, und der eigenen religiösen Identität. In zwischentestamentlicher Zeit gab es eine Vielzahl von Publikationen, die einen weiteren Aspekt ins Spiel brachten, nämlich die Überlegenheit der jüdischen Religion gegenüber den Religionen der Umwelt. Man versuchte zu belegen, daß wissenschaftliche, ethische oder politische Erkenntnisse bereits seit alters her von den Israeliten gehütet worden waren, um später den anderen Völkern zuteil zu werden. Vor diesem Hintergrund sind die Legenden um Abraham zu sehen, der die „Chaldäer" oder die Ägypter die Astrologie lehrte. Die biblische Figur kann auch Mose oder Henoch heißen, stets geht es um den Erweis der religiösen Überlegenheit.[10]

---

[9] Das hat ANTHONY GRAFTON anläßlich seiner hervorragenden Studie der Astrologie der Reformationszeit am Beispiel Cardanos noch einmal deutlich gemacht; vgl. GRAFTON 1999, 162.

[10] Wie alt dieser Topos tatsächlich ist, läßt sich in biblischen Passagen ablesen, etwa im „magischen Wettbewerb" zwischen Mose und Aaron auf der einen und den Magiern des Pharao auf der anderen Seite, vgl. Ex 7ff.

Eine besondere Spielart kommt in den Sibyllinischen Orakeln zum Ausdruck, die nun explizit römische Propaganda aufgreifen und nach ihren eigenen Interessen formen. Auch im TrShem und im „jüdischen Orpheus" sind diese Tendenzen vorhanden, doch noch einmal sei darauf hingewiesen, daß die Bedeutung der (römischen wie jüdischen) Sibyllen oder Orakel nicht auf ihre Instrumentalisierung zugunsten politischen Kalküls reduziert werden kann, sondern zugleich darin besteht, daß wir einen wertvollen Einblick in die religiöse Befindlichkeit vieler Gläubiger der damaligen Zeit erhalten.

Auch Christen nahmen an diesem Gespräch teil, was wir leicht an den Spekulationen zur Geburt Jesu und den kosmischen Ereignissen, die sie begleiteten, ablesen können. In der Diskussion um den Messiasstern suchte man die exzeptionelle Funktion des kosmischen Heilbringers und damit seinen Anspruch auf den Thron der Welt astrologisch zu untermauern. Selbst jene christliche Polemik, nach der die Geburt Jesu die Macht der Heimarmene und damit die Gültigkeit der Astrologie gebrochen habe, gehört in diese Argumentationsstruktur – gleichsam mit negativen Vorzeichen –, da sie von derselben Semantik Gebrauch macht.

2. Lokale Brennpunkte des Gesprächs

Von Babylonien kommend und mit dem griechischen Denken verschmelzend hatte sich die Kunst der Sterndeutung in hellenistischer Zeit im gesamten Römischen Reich ausgebreitet. Gleichwohl zeigen unsere Studien auf jüdischer wie auch auf christlicher Seite eine erstaunliche Konzentration astrologischer Dokumente in bestimmten Zentren der antiken Welt. Da Ägypten zweifellos einen diesbezüglichen Fokus darstellt, wird durch unsere Studien ein neues Licht auf die vermeintliche astrologische Inkompetenz des Nillandes geworfen. Die fruchtbare Begegnung von griechischem Sympathie-Denken und hermetischer Philosophie, angereichert durch alte Kulttraditionen und magisches Wissen aus Ägypten, das uns heute nur noch in Ansätzen bekannt ist, führte in diesem Milieu, vor allem im geistigen Zentrum Alexandria, zu einer ungeahnten Blüte astrologischen Denkens.

Als das Christentum im Römischen Reich Fuß gefaßt hatte und im Begriff war, die konkurrierenden Religionen zu verdrängen, verschob sich der Brennpunkt des astrologischen Diskurses auf den östlichen Raum, in dem seit jeher die Sternkunde eine fest integrierte

Komponente des geistigen und religiösen Lebens gewesen war. Diese freilich sehr vergröberte Darstellung gilt es nun etwas genauer in den Blick zu fassen.

2.1. Ägypten

Gegen Ende der Zeit des Zweiten Tempels verlagerte sich die jüdische Beschäftigung mit der Astrologie zusehends in den ägyptischen Raum. Dies ist das klare Ergebnis unserer Analyse der zwischentestamentlichen Literatur und läßt sich schon an der Entwicklung der Henochastronomie ablesen: Während 1Hen eindeutig mesopotamisches und palästinisches Gedankengut transportiert, ist in 2Hen allenthalben ägyptisch-hellenistische Tradition erkennbar. Die Vermutung, in römischer Zeit habe eine Verlagerung der wissenschaftlichen wie auch der populären Sternkunde nach Alexandria stattgefunden, wird weiter erhärtet, betrachtet man die Quellen, welche mit Ägypten assoziiert werden: Artapanos, Aristobulos, Pseudo-Eupolemus, dann das Testamentum Salomonis, die Schrift des Sem, der Roman um Joseph und Aseneth und schließlich die Sibyllinischen Bücher jüdischer Herkunft. Bemerkenswert ist, daß die kulttheologische Diskursstruktur am deutlichsten in palästinischen Quellen hervortritt, nämlich in 1Hen und Jub, während in Ägypten die magisch-mystische Struktur etabliert wurde.

Es stellt sich bei diesem Befund zwangsläufig die Frage, wie eine derartige Entwicklung erklärt werden kann. Vordergründig könnte man anführen, daß die Nähe zum Jerusalemer Tempel eine kulttheologische Orientierung fördern mußte, nicht zuletzt auch aufgrund politisch-wirtschaftlicher Erwägungen der Priesterschaft. Dieses Argument ist nicht von der Hand zu weisen, scheint aber doch zu kurz zu greifen angesichts der Tatsache, daß die Kulttheologie keine Domäne der Juden gewesen ist, sondern auch in Ägypten in den Mittelpunkt der Theologie der Spätzeit gerückt war. Die Architektur der Tempel beweist dies unzweideutig, was in der Forschung zur Annahme führte, es handele sich dabei um eine Abbildung des Makrokosmos im Kleinen.[11] K. Koch führt dazu aus:

> Wie immer es mit der Mikrokosmosidee bestellt gewesen sein mag, unstritig liegt für die *Kultgenossen* die kosmoserhaltende Rolle von Tempel und Ritus zutage. Über die Heiligtümer des Niltals pflegen die maßgeblichen Gottheiten die lebensnotwendigen Verbindungen zur

---

[11] Vgl. KOCH 1993, 500ff.

Welt. „Ägypten ist die Kopie des Himmels, oder, genauer gesagt, der Ort, wo sich abspielen und abspiegeln hier unten alle Operationen, welche die himmlischen Mächte regieren und arbeiten lassen."[12] So hegen die ägyptischen Priester das stolze Bewußtsein, daß von ihrem Dienst der Bestand der Erde abhängt.[13]

Es liegt demnach dasselbe Konzept vor, wie es uns aus den priesterlichen jüdischen Kreisen bekannt ist; die örtliche Entfernung vom Jerusalemer Tempel ist nicht gleichbedeutend mit einem vollständig anderen Kultmilieu, das die „hellenisierten" Juden aus den traditionellen Bedeutungen des Tempels heraushob.[14]

Ich möchte sogar das Gegenteil annehmen: Juden fanden in Ägypten eine Tradition vor, die ihrem eigenen Tempelkult – trotz der als abstoßend empfundenen Tierverehrung – in strukturell-theologischer Hinsicht sehr nahestand.[15] Das Entsprechungsdenken wurde noch weiter unterstützt aufgrund der sich mehr und mehr entwickelnden *hermetischen Weltdeutung*. Die Literatur um Hermes Trismegistos und Nechepso-Petosiris hatte auch auf das jüdische Denken einen nachhaltigen Einfluß, wie unsere Untersuchungen aufzeigen.[16] Es ist deshalb völlig gerechtfertigt, mit Gager festzuhalten, die hermetisch-alchemistischen Befunde

---

[12] *Asclepius-Apokalypse* 24-25.
[13] KOCH 1993, 502 (Hervorhebung im Original). Für die römische Zeit fährt er fort: „Die Bedeutung der Heiligtümer als Schaltstelle zwischen oben und unten, zwischen Himmel und Erde, wächst nun weit über alles hinaus, was frühere Jahrhunderte zu sagen wußten" (S. 503). Zur Entwicklung der Tempelsymbolik vom Alten Reich bis zum hermetischen Traktat *Asclepius* vgl. ferner ASSMANN 1991, 35-67, der die sinnvolle Unterscheidung in kosmische, soziale und mythische Aspekte des ägyptischen Tempels vornimmt.
[14] Als Bestätigung könnte auch die Rolle des Tempels genannt werden, wie sie in OrSib III begegnet, auch wenn der Onias-Tempel in Leontopolis der Anlaß sein sollte. Das Verhältnis des alexandrinischen Judentums zu Jerusalem und zur nichtjüdischen Bevölkerung Ägyptens ist Gegenstand wissenschaftlicher Diskussion; vgl. FRASER 1972, I, 285f, der die große Unabhängigkeit der alexandrinischen Juden von ihrer Umgebung herausstellt (bei gleichzeitiger Anbindung an die palästinische „Tradition"). Dagegen J. MAIER: „Sowohl in städtischen wie in ländlichen Bereichen ist mit extremen assimilatorischen Tendenzen zu rechnen, teils auf höherem sozialen und kulturellem Niveau (siehe zu *Joseph und Aseneth*), teils auf der Basis der Volksreligiosität und Volkskultur (siehe Zauberpapyri)" (1990, 180). Letzteres deckt sich mit den Ergebnissen der vorliegenden Studie.
[15] Dies ist ein weiterer Grund für die erstaunliche Wirkung Ägyptens im antiken Judentum; vgl. dazu insgesamt ASSMANN 1997.
[16] Dies führte umgekehrt zu einer nicht unwesentlichen Beeinflussung der „Hermetik" durch Juden und später auch Christen.

may indicate the existence of Jewish schools of alchemy in Egypt, though there is no evidence for them apart from the names and titles. More important is the fact that, as with the magical papyri, these contributions of Jewish alchemy were borrowed and preserved by non-Jews in collections designed for general use. In the realm of astrology, the same type of Jewish influence and participation is evident.[17]

Und weiter:

These Jewish contributions to magic, alchemy and astrology are an invaluable witness to a dialogue between paganism and Judaism rather different from that of the philosophers and official Rome. [...] The explanation for this largely unnoticed aspect of the dialogue lies partly in sociological and geographical factors. There must have been significant numbers of Jews who adapted themselves to the syncretistic environment of Egypt. Most of these will not have belonged to the social or economic elite.[18]

Vordergründig könnte man nun vermuten, daß jene Konzepte gleichsam über den Umweg des Hellenismus ins Judentum kamen, doch bei genauerer Betrachtung gilt dasselbe, was Koch für Griechenland festhält:

[...] der Schein trügt. Sieht man aufs Ganze der graeco-ägyptischen Literatur, so ist der Einfluß der ägyptischen auf die griechischen Texte erheblich stärker als der umgekehrte. Das gilt vornehmlich auf dem Gebiet der Religion.[19]

Die ägyptische Theologie ist es, welche dem Judentum wichtige Impulse im Hinblick auf die Astrologie vermittelte, denn die Sternkunde konnte sich bruchlos in das kulttheologische Schema einfügen, wenn man es um die Struktur der Entsprechung auf allgemeinerer Ebene ergänzte. Im Zuge dieser *Hermetisierung* des Judentums konnte zudem eine Öffnung stattfinden für eigentliche Astrologumena bzw. die magisch orientierte Astrologie, wie wir sie kennenlernten. Die paganen und jüdischen Dokumente der Zeit – allen voran wäre hier Philo von Alexandria zu nennen – zeigen darüber hinaus, daß man auch in den intellektuellen Kreisen eine Auseinandersetzung mit der Astrologie pflegte, so daß es nicht verwundert, wenn Ptolemaios die afrikanische Metropole endgültig zur Hochburg astrologischer Wissenschaft aufbauen konnte.

---

[17] GAGER 1973, 112.
[18] Ebda. S. 113. Bezüglich der Alchemie und ihrer engen Verbindung mit dem Judentum sei an dieser Stelle noch einmal auf PATAI 1994 hingewiesen.
[19] KOCH 1993, 489.

Der hohe Stellenwert Ägyptens sollte sich in den christlichen Quellen fortsetzen. Die Laienebene der magischen Diskursstruktur repräsentieren dabei die koptischen Papyri jener Zeit,[20] während die elaborierteren Adaptationen mit der valentinianischen Gnosis und ihren Seitenzweigen, den Kodizes aus Nag Hammadi und nicht zuletzt mit Klemens und Origenes verbunden sind.

Die gnostischen Lehren breiteten sich gleichermaßen im syrisch-persischen Raum aus, eine Entwicklung, die sich in dem Maße verstärkte, wie das Klima für Astrologinnen und Astrologen des Römischen Reiches im Zuge der Christianisierung rauher wurde. Dort fand man eine mehr oder minder ungebrochene Tradition vor, die man den eigenen Bedürfnissen anpassen konnte.

2.2. Syrien, Persien, Mesopotamien

Da das Zweistromland als die Wiege der Astrologie angesehen werden kann, nimmt es nicht wunder, daß sich in dieser Region die Sternkunde durch die Jahrhunderte hindurch ihre hohe Stellung bewahren konnte. In hellenistischer Zeit war ein Großteil des alten Wissens – etwa durch die Vermittlung des Berossos – nach Westen gelangt und hatte dort neue Blüten getrieben. Auch später blieb der Austausch lebendig, denn trotz der Konfrontation zwischen Rom und den Parthern sorgten die antiken Handelsrouten – vorbei an den alten, der Astrologie sehr aufgeschlossenen Reichen der Nabatäer und Sabier – für eine Vermittlung zwischen Ost und West. Die Priesterastrologen der Zoroastrier, die man *magoi*/Magier zu nennen pflegte, genossen in Rom beinah legendären Ruf, was sich auch in der Geburtslegende Jesu niederschlug.

Die Perser standen der Sterndeutung positiv gegenüber, so daß sich sowohl auf der Ebene der religiösen Oberschicht, in den Gelehrtenschulen des Landes, als auch unter den einfachen Gläubigen eine bunte Mischung astrologischer Lehrmeinungen und Praktiken etablieren konnte. Dies gilt auch für die Religionen der Minderheit, wie die jüdischen Beschwörungsschalen magischen und astrologischen Inhalts deutlich machen. In diesem Klima fiel das gnostische Denken jüdischer und christlicher Religionsgemeinschaften auf einen bereiten Boden, und im Laufe der ersten Jahrhunderte u.Z. waren es vor allem Vertreter „valentinianischer" Gnosis, die im Osten von sich reden machten: Theodotus, Markos und Bardesanes

---

[20] Vgl. MEYER/SMITH 1994.

von Edessa. Auch judenchristliche Taufgemeinschaften wie die Elchasaiten, aus denen sich später der Manichäismus als überregional bedeutsame Religion herausentwickelte, wären ohne einen kulturellen Hintergrund, wie man ihn im Osten antraf, nicht denkbar.

Im Laufe des dritten und vierten nachchristlichen Jahrhunderts gingen römische Kaiser verstärkt gegen die Astrologie vor, und nachdem das zentristische Christentum es zur Staatsreligion gebracht hatte, war die Praktizierung der Sternkunde, in welchem Kontext auch immer, nur noch unter Lebensgefahr möglich. Obwohl auch in Byzanz die Astrologie trotz dieser Repressalien weiterlebte, kam es zu einer territorialen Verschiebung des astrologischen Wissens an die Ränder des Römischen Reiches und in die angrenzenden Herrschaftsgebiete. Dies läßt sich nicht nur an den christlichen Dokumenten ablesen, sondern ebenso an den jüdischen, führte doch die Herausbildung der babylonischen Gelehrtenschulen, die für den *Bavli* verantwortlich sind, zu einem ganz eigenen und mit hohem Selbstbewußtsein vorgetragenen astrologischen Lehrgebäude.

In vielen Gruppierungen des Judentums und Christentums war man zu der Einsicht gelangt, daß nicht die Astrologie insgesamt mit der eigenen Religion unvereinbar war, sondern deren Sonderform der kultischen Verehrung astraler Mächte. Hatte man sich von diesem Zweig erst einmal abgegrenzt – und wie die magischen Texte zeigen, hielten nicht alle Juden und Christen dies für notwendig –, konnte man sich mit großem Engagement der astrologischen Deutung der Wirklichkeit im allgemeinen und der Heilsgeschichte im besonderen zuwenden.

Diese Linie wurde vom Islam weiterverfolgt, indem er die persischen Traditionen aufgriff und mit den Erkenntnissen griechischer Philosophie zu vereinen begann. Ein neues Aufblühen astrologischen Wissens war die Folge. Der islamischen Vermittlung ist es zu danken, daß man sich zur Zeit der Renaissance auch im westlichen Christentum der astrologischen Wissenschaft besann. Bis dahin von offizieller kirchlicher Seite verdammt, gleichwohl allenthalben praktiziert, wurde die Astrologie aus dem Dunkel der Vergangenheit befreit und in den Stuben der Gelehrten erneut heimisch. – Doch das ist eine andere Geschichte.

Abkürzungsverzeichnis

AB	Astronomisches Buch (1Hen 72-82)
Abr.	Philo, *De Abrahamo*
AC	Aszendent
Adv. astrol.	Sextus Empiricus, *Adversus astrologiam*
Adv. haer.	Irenäus, *Adversus haereses*
Adv. Rufin.	Hieronymus, *Apologia adversus Rufinum*
AfO	Archiv für Orientforschung
AJ	Josephus Flavius, *Antiquitates Iudaicae*
ALUOS	Annual of Leeds University Oriental Society
Ann.	Tacitus, *Annales*
ANRW	Aufstieg und Niedergang der Römischen Welt. Geschichte und Kultur Roms im Spiegel der neuen Forschung, hrsg. von H. TEMPORINI und W. HAASE, Berlin 1972ff
AO	Acta Orientalia
ApokMos	Apokalypsis Mosis
ApokrJoh	Apokryphon Johannis
Apol.	Justin, *Apologia*
Asclep.	Asclepius
Astron.	Manilius, *Astronomica*
AThANT	Abhandlungen zur Theologie des Alten und Neuen Testaments
b/bT	Babylonischer Talmud (*Bavli*)
BA	Biblical Archaeologist
BASOR	Bulletin of the American Schools of Oriental Research
Bib	Biblica
BJ	Josephus Flavius, *De bello Iudaeorum*
BL	BOUCHÉ-LECLERCQ, A.: L'Astrologie Grecque, Paris 1899
CA	Josephus Flavius, *Contra Apionem*
Canon. Apost.	Canones Apostolorum et Conciliorum
CBQ	Catholic Biblical Quarterly
CCAG	Catalogus Codicum Astrologorum Graecorum, ed. CUMONT/BOLL
c. Cels.	Origenes, *Contra Celsum*
CIG	Corpus Inscriptionum Graecorum
CIH	Corpus Inscriptionum Hebraicarum
CIL	Corpus Inscriptionum Latinarum
Civ.	Augustinus, *De Civitate Dei*
CH	Corpus Hermeticum

CHD	Das Corpus Hermeticum Deutsch, ed. COLPE/HOLZHAUSEN
Cher.	Philo, *De Cherubim*
CIMRM	Corpus Inscriptionum et Monumentorum Religionis Mithraicae (=VERMASEREN 1956–60)
CMC	Kölner Mani-Kodex (*Cologne Mani Codex*)
CN	Codex Neofiti
Coll.	Collatio Mosaicarum et Romanarum legum, ed. HUSCHKE/SECKEL/KÜBLER
Comm. in Dan.	Hippolytus, *Commentarius in Danielem*
Conf.	Augustinus, *Confessiones*
Conf. Ling.	Philo, *De Confusione Linguarum*
Const. Apost.	Constitutiones Apostolorum
CRINT	Compendia Rerum Iudicarum ad Novum Testamentum
CTh.	Codex Theodosianus, ed. TH. MOMMSEN
DC	Deszendent
Deus imm.	Philo, *Quod Deus sit immutabilis*
Div.	Cicero, *De Divinatione*
DJD	Discoveries in the Judaean Desert (of Jordan)
DtR	Midrasch Deuteronomium Rabba
EAE	Enuma Anu Enlil
EchaR	Midrasch Echa Rabba
EchaRB	Midrasch Echa Rabba ed. BUBER
EJ	Encyclopaedia Judaica
Epist.	Seneca, *Epistulae ad Lucilium*
EPRO	Études préliminaires aux religions orientales dans l'Empire Romain
ExR	Midrasch Exodus Rabba
FChr.	Fontes Christiani
Flacc.	Philo, *In Flaccum*
FrgmT	Fragmenten-Targum
FRLANT	Forschungen zur Religion und Literatur des Alten und Neuen Testamentes
GCS	Griechische Christliche Schriftsteller
gK	Gregorianischer Kalender
GenR	Midrasch Genesis Rabba
GMP	The Greek Magical Papyri in Translation, Including the Demotic Spells, ed. H.D. BETZ, Chicago 1986
GT	Greenwich Time
HE	Eusebius, *Historia Ecclesiastica*
Hist.	Tacitus, *Historiae*
Hist. Rom.	Dio Cassius, *Historia Romana*
Hom.	Manichäische Homilien
HThR	Harvard Theological Review
HUCA	Hebrew Union College Annual
IC	Immum Coeli
IEJ	Israel Exploration Journal

j/jT	Palästinischer Talmud (*Jeruschalmi*)
JAC	Jahrbuch für Antike und Christentum
JBL	Journal of Biblical Literature
JBTh	Jahrbuch für Biblische Theologie
JJS	Journal of Jewish Studies
jK	Julianischer Kalender
JMS	Journal of Mithraic Studies
JNES	Journal of Near Eastern Studies
JPOS	Journal of the Palestine Oriental Society
JQR	Jewish Quarterly Review
JRS	Journal of Roman Studies
JSHRZ	Jüdische Schriften aus hellenistisch-römischer Zeit
JSJ	Journal for the Study of Judaism
JSOT	Journal for the Study of the Old Testament
JSP	Journal for the Study of the Pseudepigrapha
JThS	Journal for Theological Studies
Keph.	Mani, *Kephalaia*
kP	Der Kleine Pauly
Legat.	Philo, *Legatio ad Gaium*
LevR	Midrasch Leviticus Rabba
LibrLegReg	Bardesanes, *De libro legum regionum*
M/m	Mischna
MC	Medium Coeli
MGWJ	Monatsschrift für Geschichte und Wissenschaft des Judentums
Migr. Abr.	Philo, *De Migratione Abrahami*
Mos.	Philo, *De Vita Mosis*
MThSR	Method & Theory in the Study of Religion
Nat.	Plinius, *Maior naturalis historia*
NHC	Nag Hammadi Codex
NHL	The Nag Hammadi Library in English, ed. J.M. ROBINSON
NHMS	Nag Hammadi and Manichaean Studies (früher Nag Hammadi Studies)
Nov. Test.	Novum Testamentum
NTD	Das Neue Testament Deutsch
NTG	Novum Testamentum Graece
NTS	New Testament Studies
NumR	Midrasch Numeri Rabba
OBO	Orbis Biblicus et Orientalis
OGIS	W. DITTENBERGER: *Orientis Graeci Inscriptiones Selectae* I-II
Opif. mundi	Philo, *De opificio mundi*
OrSib	Oracula Sibyllina
Pap. Ber.	Papyrus Berolinensis
P. Sent.	Pauli Sententiae
PesR	Pesiqta Rabbati

PG	Patrologiae cursus completus, Series Graeca, ed. MIGNE
PGM	Papyri Graecae Magicae, ed. PREISENDANZ
PL	Patrologiae cursus completus, Series Latina, ed. MIGNE
Praep. Ev.	Eusebius, *Praeparatio Evangelica*
PRE	Pirqê de Rabbi Eliezer
PRK	Pesiqta de Rab Kahana
Prov.	Philo, *De providentia*
PVTG	Pseudegpigrapha Veteris Testamenti Graece
Quaest. in Ex./Gen.	Philo, *Quaestiones in Exodum/Genesin*
Quaest. Nat.	Seneca, *Quaestiones naturales*
RAC	Reallexikon für Antike und Christentum
RB	Revue Biblique
RdQ	Revue de Qumran
RE	Paulys Real-Encyclopädie der Classischen Altertumswissenschaft, hrsg. von G. WISSOWA (KROLL, MITTELHAUS, ZIEGLER), Stuttgart 1893–1980
Ref.	Hippolytus, *Refutatio omnium haeresium*
Rer. Div. Her.	Philo, *Quis rerum divinarum heres sit*
RGRW	Religions in the Graeco-Roman World (vormals EPRO)
RGVV	Religionsgeschichtliche Versuche und Vorarbeiten
RIC	Roman Imperial Coinage
SÄ	Seleukidische Ära
Sat.	Makrobius, *Saturnalia*
SBL	Society of Biblical Literature
SBLDS	Society of Biblical Literature Dissertation Series
SChr.	Sources Chrétiennes
Scr. Hier.	Scripta Hierosolymitana
Serv. Aen.	*Servius Commentarius in Vergilii Aeneida*
ShirR	Midrasch Shîr ha-Shîrîm Rabba
SHR	Studies in the History of Religions (Numen Book Series)
SPB	Studia Post-Biblica
Spec. Leg.	Philo, *De Specialibus Legibus*
Strom.	Klemens von Alexandria, *Stromateis*
t/T	Tosefta
TANZ	Texte und Arbeiten zum Neutestamentlichen Zeitalter
TAPhA	Transactions of the American Philological Association
Test12Patr	Testamente der Zwölf Patriarchen
TestAbr	Testament Abrahams
TestSal	Testamentum Salomonis
Tetrab.	Ptolemaios, *Tetrabiblos*
ThRev	Theological Review
ThWNT	Theologisches Wörterbuch zum Neuen Testament
TJer	Targum Jeremia
Tim.	Platon, *Timaios*
TO	Targum Onkelos
TPsJ	Targum Pseudo-Jonatan

TRE	Theologische Real-Enzyklopädie
TrShem	Treatise of Shem (Schrift des Sem)
TSAJ	Texte und Studien zum antiken Judentum
TU	Texte und Untersuchungen zur Geschichte der altchristlichen Literatur
Vett. Val.	Vettius Valens
VigChr	Vigilia Christiana
Virt.	Philo, *De virtutibus*
VT	Vetus Testamentum
WMANT	Wissenschaftliche Monographien zum Alten und Neuen Testament
WUNT	Wissenschaftliche Untersuchungen zum Neuen Testament
Yalq	Yalqut Shim'oni
ZA	Zeitschrift für Assyriologie und verwandte Gebiete
ZAW	Zeitschrift für die Alttestamentliche Wissenschaft
ZDMG	Zeitschrift der Deutschen Morgenländischen Gesellschaft
ZDPV	Zeitschrift des Deutschen Palästina-Vereins
ZfR	Zeitschrift für Religionswissenschaft
ZKG	Zeitschrift für Kirchengeschichte
ZKTh	Zeitschrift für Katholische Theologie
ZNW	Zeitschrift für die neutestamentliche Wissenschaft (und die Kunde der älteren Kirche)
ZRGG	Zeitschrift für Religions- und Geistesgeschichte

Quellenverzeichnis

Angeführt sind nur jene Autoren(gruppen), deren Werke wiederholt zitiert werden. Ansonsten finden sich die Nachweise im Text, wo sie über das Register leicht aufgefunden werden können.

1. Griechische und Römische Autoren

Cicero, Marcus Tullius
M. Tulli Ciceronis De divinatione libri duo, ed. A.S. PEASE (Illinois Studies in Language and Literature 6), 1920, 161-500; 8, 1923, 153-474 (Ndr. in einem Band Darmstadt 1963)
De divinatione–Über die Wahrsagung, Lateinisch–Deutsch, hrsg., übers. und erläutert von CHR. SCHÄUBLIN, München/Zürich 1991

Dio Cassius
Historia Romana. Römische Geschichte, übers. und hrsg. von O. VEH. Eingeleitet von G. WIRTH, Zürich/München 1985–1987

Firmicus Maternus
Julii Firmici Materni Matheseos Libri VIII. ed. W. KROLL, F. SKUTSCH und K. ZIEGLER. 2 Bände: 1. Libri IV priores et quinti prooemium (Leipzig 1897); 2. Libri IV posteriores cum praef. et indicibus (Leipzig 1913)

Historia Augusta
Historia Augusta. Römische Herrschergestalten I-II, eingel. und übers. von E. HOHL, Zürich/München 1976/1985

Magische Papyri
Papyri Graecae Magicae. Die griechischen Zauberpapyri, hrsg. u. übers. von K. PREISENDANZ, 2 Bände, Stuttgart ²1973 [=*PGM*]
The Greek Magical Papyri in Translation, Including the Demotic Spells, ed. by H.D. BETZ, Chicago 1986 [=*GMP*]

Makrobius
Saturnalia, ed. I. WILLIS, Leipzig (Teubneriana) 1963

Pauli sententiae
Pauli sententiarum ad filium libri quinque, ed. E. HUSCHKE, in: *Iurisprudentia Anteiustiniana* II, 6. Aufl., ed. E. SECKEL, B. KÜBLER, Leipzig 1911, Ndr. 1988, 1-161

Platon
Sämtliche Werke, nach der Übersetzung von Friedrich Schleiermacher und Hieronymus Müller mit der Stephanus-Numerierung hrsg. von W.F. Otto, E. Grassi und G. Plamböck, 6 Bände, Reinbek 1959

Ptolemaios, Claudios
Tetrabiblos, nach der von Philipp Melanchthon besorgten seltenen Ausgabe aus dem Jahre 1553, ins Deutsche übertragen von M.E. Winkel, Berlin-Pankow 1923, Nachdr. Mössingen 1995 [=Winkel 1995]

Seneca
Philosophische Schriften, 4 Bände, übers., mit Einleitungen und Anmerkungen versehen von O. Apelt, Leipzig 1924

Tacitus
Historiae – Historien, Lateinisch–Deutsch, übers. u. hrsg. von H. Vretska, Stuttgart1995 (¹1984)
Annales – Annalen, Lateinisch und Deutsch hrsg. von E. Heller, München/Zürich ²1989

Manilius
Astronomica – Astrologie, Lateinisch/Deutsch, übers. u. hrsg. von W. Fels, Stuttgart 1990

Vettius Valens
Vettii Valentis Anthologiarum libri, primum edidit G. Kroll, Berlin 1909

2. Judentum

Josephus Flavius
Josephus in Nine Volumes, with an English Translation by H.St.J. Thackeray, Cambridge/London 1926–1963
De bello Judaico – Der jüdische Krieg, zweisprachige Ausgabe der sieben Bücher, hrsg. u. mit einer Einleitung sowie mit Anmerkungen versehen von O. Michel und O. Bauernfeind, 3 Bände, Darmstadt 1959–1969 [=Michel-Bauernfeind]

Philo von Alexandria
Werke in deutscher Übersetzung, hrsg. von H. Cohn, I. Heinemann, M. Adler, E. Theiler, Berlin ²1962–1964
Les Œuvres de Philon d'Alexandrie, publiées sous le patronage de l'Université de Lyon par R. Arnaldez, J. Pouilloux et C. Mondésert, 36 Bände, Paris 1961–1973 (bis 35); der Einfachheit halber wird lediglich auf die „französische Edition" verwiesen unter Angabe der Autorin/des Autors
Philonis Iudaei sermones tres hactenus inediti, I. et II. de providentia et III. de animalibus, ex Armena versione antiquissima ab ipso originali textu Graeco ad verbum stricte exsequuta, nunc primum in Latium fideliter translati per P. Io. Baptistam Aucher Ancyranum, Monarchum Armenum et Doctorem Mechitaristam, Venedig 1822

Qumranschriften
The Dead Sea Scrolls on Microfiche. A Comprehensive Facsimile Edition of the Texts from the Judean Desert, ed. by E. Tov with the collaboration of St.J. Pfann, Leiden 1993
Maier, J.: *Die Qumran-Essener: Die Texte vom Toten Meer*. Bd. 1: Die Texte der Höhlen 1-3 und 5-11; Bd. 2: Die Texte der Höhle 4; Bd. 3: Index, München/Basel 1995 (Bd. 3 1996)

Rabbinische Literatur
Babylonischer Talmud, Druckausgabe Romm, Wilna 1880–1886
Goldschmidt, L.: Der babylonische Talmud, 12 Bände, Berlin 1929–1936 [=Goldschmidt]
Mirqin, M.A.: Midrash Rabba [Hebr.], 10 Bände, Tel Aviv 1957 [=Mirqin]
Theodor, J. / Albeck, Ch.: Midrasch Bereschit Rabba mit kritischem Apparat und Kommentar [Hebr.], Jerusalem 1965 [=Theodor/Albeck]
Zuckermandel, M.S.: Tosephta. Based on the Erfurt and Vienna Codices, with parallels and variations, Jerusalem 1963 [=Zuckermandel]

„Zwischentestamtliche" Literatur
Charles, R.H.: The Apocrypha and the Pseudepigrapha of the Old Testament in English, Vol. I: Apocrypha, Vol. II: Pseudepigrapha, Oxford 1913, reprint 1963/1964
Charlesworth, J.H. (ed.): The Old Testament Pseudepigrapha, 2 vols., Garden City /New York 1983/1985
Kautzsch, E. (Hrsg.): Die Apokryphen und Pseudepigraphen des Alten Testaments, Bd. I: Die Apokryphen des Alten Testaments, Bd. II: Die Pseudepigraphen des Alten Testaments, Tübingen 1900

3. Christentum

„Apokryphen"
Neutestamentliche Apokryphen in deutscher Übersetzung, hrsg. von W. Schneemelcher, begründet von E. Hennecke, Band 1: Evangelien, Tübingen ⁵1987, Band 2: Apostolisches, Apokalypsen und Verwandtes, Tübingen ⁵1989 [zit. als Schneemelcher]

Augustinus
Confessiones – Bekenntnisse, eingeleitet, übersetzt und erläutert von J. Bernhart, München ²1960

Bardesanes
De libro legum regionum, hrsg. von F. Nau in: *Patrologia Syriaca* 1.2, Paris 1907, 492-657 (Textedition S. 527-611)

Klemens von Alexandria
Werke, hrsg. von O. Stählin, 3 Bände, Leipzig 1936–1970 (GCS 12/15/17)

Epiphanius von Salamis
Ancoratus und Panarion. Hrsg. von K. Holl, 3 Bände, Leipzig 1915/1922/1933 (GCS 25/31/37)

Eusebius von Caesarea
Die Kirchengeschichte, ed. E. Schwartz, GCS 2.1-2, Leipzig 1903/1908
Praeparatio Evangelica, ed. K. Mras, GCS 8.1-2, Berlin 1954/1956

Hippolytus von Rom
Refutation omnium haeresium. Hrsg. von P. Wendland (Werke Bd. 3), Leipzig 1916 (GCS 26)

Irenäus von Lyon
Adversus haereses. Irénée de Lyon, Contre les hérésies, ed. A. Rousseau et L. Doutreleau, Paris 1979 (SChr. 263/264)

Nag Hammadi
The Nag Hammadi Library in English, ed. J.M. Robinson, Leiden/New York/Köln ³1988 (¹1977)

Origenes
Contra Celsum, ed. P. Koetschau, Leipzig 1899 (Origenes Werke I, II; GCS 2/3)

Tertullian
De idolatria. Critical Text and Commentary by J.H. Waszink and J.C.M. van Winden, Leiden 1987
De praesriptione haereticorum, ed. R.F. Refoulé, Corpus Christianorum, Series Latina I, 185ff, 1954

4. Manichäismus

Gardner, I.: The Kephalaia of the Teacher. The Edited Coptic Manichaean Texts in Translation with Commentary (NHMS 37), Leiden/New York/Köln 1995
Koenen, L. / Römer, C. (Hrsgg.): Mani. Auf der Spur einer verschollenen Religion, Freiburg/Basel/Wien 1993 (mit Übersetzung des CMC)
Polotsky, H.J. (Hrsg./Übers.): Manichäische Homilien, Stuttgart 1934

5. Hermetika

Colpe, C. / Holzhausen, J.: Das Corpus Hermeticum Deutsch. Übersetzung, Darstellung und Kommentierung in drei Teilen, im Auftrag der Heidelberger Akademie der Wissenschaften bearbeitet und herausgegeben von Carsten Colpe und Jens Holzhausen, Band 1 und 2 (Clavis Pansophiae 7.1/2), Stuttgart/Bad Cannstatt 1997 [=*CHD*]
Copenhaver, B.P.: Hermetica: The Greek Corpus Hermeticum and the Latin Asclepius in a New English Translation, with Notes and Introduction, Cambridge 1992
Festugière, A.-J. / Nock, A.D. (transl./eds.): Corpus Hermeticum, 4 Bände, Paris 1945–1954

Literaturverzeichnis

Um das Literaturverzeichnis in einem überschaubaren Maß zu halten, sind nur solche Titel aufgeführt, die in allgemeinem Zusammenhang mit den hier verhandelten Themen stehen. Im Text sind sie in der Kurzzitationsweise angegeben. Für weitere Literatur sei auf die in den entsprechenden Kapiteln in Langzitation gegebenen Titel verwiesen. Auf die Angabe von Reihennummern wurde des öfteren verzichtet.

ACHTNER, W. / KUNZ, ST. / WALTER, TH.: Dimensionen der Zeit. Die Zeitstrukturen Gottes, der Welt und des Menschen, Darmstadt 1998

ALBANI, M.: „Die lunaren Zyklen im 364-Tage-Festkalender von 4QMischmerot/4QS^e", in: *Mitteilungen und Beiträge der Kirchlichen Hochschule Leipzig, Forschungsstelle Judentum* (1992), 3-47

- „Der Zodiakos in 4Q318, in: *Mitteilungen und Beiträge der Kirchlichen Hochschule Leipzig, Forschungsstelle Judentum* 7 (1993), 3-42
- Astronomie und Schöpfungsglaube. Untersuchungen zum astronomischen Henochbuch (Wissenschaftliche Monographien zum Alten und Neuen Testament 68), Neukirchen-Vluyn 1994

ALBANI, M. / FREY, J. / LANGE, A. (Hrsgg.): Studies in the Book of Jubilees (TSAJ 65), Tübingen 1997

ALFÖLDI, A: „Der neue Weltherrscher der vierten Ekloge Vergils," in: *Hermes* 65 (1930), 369-384

AMAND, D.: Fatalisme et liberté dans l'antiquité grecque. Recherches sur la survivance de l'argumentation morale antifataliste de Carnéade chez les philosophes grecs et les théologiens chrétiens des quatre premiers siècles, Université de Louvain 1945, Nachdruck Amsterdam 1973 [=AMAND 1945]

AMIR, Y.: Die hellenistische Gestalt des Judentums bei Philon von Alexandrien (Forschungen zum jüd.-christl. Dialog 5), Neukirchen-Vluyn 1983

APPLEBAUM, S.: Judaea Independent and Under Alien Rule, Leiden 1987
- Judaea in Hellenistic and Roman Times. Historical and Archaeological Essays (Studies in Judaism in Late Antiquity 40), Leiden 1989

ARIEL, A.CH.: The Alexandrian Jews during the Ptolemaic Period, Michigan 1982

ARZT, TH. / HIPPIUS-GRÄFIN DÜRCKHEIM, M. / DOLLINGER, R. (Hrsgg.): Unus Mundus. Kosmos und Sympathie. Beiträge zum Gedanken der Einheit von Mensch und Kosmos, Frankfurt a. M. u.a. 1992 [=ARZT 1992]

ASSMANN, J.: Ägypten: Theologie und Frömmigkeit einer frühen Hochkultur, Stuttgart u.a. ²1991

- Ägypten. Eine Sinngeschichte, München 1996
- Moses the Egyptian. The Memory of Egypt in Western Monotheism, Cambridge, MA/London 1997

ATTRIDGE, H.W.: The Interpretation of Biblical History in the Antiquitates Judaicae of Flavius Josephus, Missoula 1976
- „Josephus and his Works", in: STONE 1984, 185-232

AVENI, A.F.: Conversing with the Planets. How Science and Myth Invented the Cosmos, New York/Toronto 1992
- Ancient Astronomers (Smithsonian Exploring the Ancient World Series), Washington 1993
- „Time", in: TAYLOR 1998, 314-333

BACHER, W.: Die Agada der palästinensischen Amoräer, 3 Bände, Straßburg 1892-1899, Ndr. Hildesheim 1965 [=BACHER, pAm]
- Die Agada der babylonischen Amoräer, Frankfurt a. M. ²1913, Ndr. Hildesheim 1967 [=BACHER, bAm]
- Tradition und Tradenten in den Schulen Palästinas und Babyloniens. Studien und Materialien zur Entstehungsgeschichte des Talmuds, Leipzig 1914, Ndr. Berlin 1966 [=BACHER, Tradition]

BAIGENT, M.: From the Omens of Babylon. Astrology and Ancient Mesopotamia, London/New York 1994

BAIGENT, M. / CAMPION, N. / HARVEY, CH.: Mundan-Astrologie. Handbuch der Astrologie des Weltgeschehens, Wettswil 1989

BALCH, D.L. / FERGUSON, E. / MEEKS, W.A. (eds.): Greeks, Romans, and Christians. Essays in Honor of Abraham J. Malherbe, Minneapolis 1990

BALSLEV, A.N. / MOHANTY, J.N. (eds.): Religion and Time (SHR 54), Leiden/New York/Köln 1993

BARDTKE, H. (Hrsg.): Qumran-Probleme. Vorträge des Leipziger Symposiums über Qumran-Probleme vom 9. bis 14. Oktober 1961, Berlin 1963

BARKER, M.: The Lost Prophet: The Book of Enoch and Its Influence on Christianity, London 1988

BARNES, R.B.: Prophecy and Gnosis. Apocalypticism in the Wake of the Lutheran Reformation, Stanford 1988

BARON, S.W.: A Social and Religious History of the Jews, I-XIX, New York/Philadelphia 1937 (²1952) ff

BARRETT, A.A.: „Observations of Comets in Greek and Roman Sources before A.D. 410", in: *Royal Astronomical Society of Canada Journal* 72 (1978), 81-106

BARTLETT, J.R.: Jews in the Hellenistic World: Josephus, Aristeas, The Sibylline Oracles, Eupolemus (Cambridge Commentaries on Writings of the Jewish and Christian World 200 BC to AD 200 I.1), Cambridge u.a. 1985

BARTON, T.: Power and Knowledge: Astrology, Medicine and Physiognomics under the Roman Empire, Ann Arbor 1994
- Ancient Astrology, London/New York ²1995

BASNIZKI, L.: Der jüdische Kalender. Entstehung und Aufbau, Königstein ²1986

BAUER, W.: Griechisch-deutsches Wörterbuch zu den Schriften des Neuen

Testaments und der frühchristlichen Literatur, 6., völlig neu bearbeitete Auflage hrsg. von KURT ALAND und BARBARA ALAND, Berlin/New York 1988 [=BAUER-ALAND]

BAUMANN, U.: Rom und die Juden. Die römisch-jüdischen Beziehungen von Pompeius bis zum Tode des Herodes (63 v.Chr.–4 v.Chr.) (Studia Philosophica et Historica 4), Frankfurt a. M./Bern/Berlin ²1986

BAUMGARTEN, A.I.: The Flourishing of Jewish Sects in the Maccabean Era: An Interpretation (Suppl. to the Journal for the Study of Judaism 55), Leiden/New York/Köln 1997

BEARD, M. / NORTH, J. / PRICE, S.: Religions of Rome, vol. I: A History; vol. II: A Sourcebook, Cambridge 1998

BECK, P.H.: Vorsehung und Vorherbestimmung in der theologischen Literatur der Byzantiner (Orientalia Christiana Analecta 114), Rom 1937

BECK, R.: Planetary Gods and Planetary Orders in the Mysteries of Mithras (EPRO 109), Leiden 1988

BECKWITH, R.T.: Calendar and Chronology, Jewish and Christian. Biblical, Intertestamental and Patristic Studies, Leiden/New York/Köln 1996

– „The Temple Scroll and Its Calendar: Their Character and Purpose", in: *RdQ* 69 (1997), 3-20

BEN-SASSON, H. H. (Hrsg.): Geschichte des jüdischen Volkes, 3 Bände, Von A. MALAMAT, H. TADMOR, M. STERN, SH. SAFRAI, München ²1981 (¹1978) [=BEN-SASSON 1981]

BERCHMAN, R.M.: From Philo to Origen. Middle Platonism in Transition (Brown Judaic Studies 69), Chico, CA 1984

BERCHMAN, R.M. (ed.): Mediators of the Divine: Horizons of Prophecy, Divination, Dreams and Theurgy in Mediterranean Antiquity, Atlanta, GA 1998

BERGER, K.: „Hellenistisch-heidnische Prodigien und die Vorzeichen in der jüdischen und christlichen Apokalyptik", in: ANRW II.23.2 (1980), 1428-1469

– Das Buch der Jubiläen (JSHRZ II.3), Gütersloh 1981

BERGER, K. / COLPE, C. (Hrsgg.): Religionsgeschichtliches Textbuch zum Neuen Testament (NTD Textreihe 1), Göttingen/Zürich 1987

BERGER, P.L. / LUCKMANN, TH.: Die gesellschaftliche Konstruktion der Wirklichkeit. Eine Theorie der Wissenssoziologie, Frankfurt a. M. 1979

BERGMEIER, R.: Glaube als Gabe nach Johannes. Religions- und theologiegeschichtliche Studien zum prädestinatianischen Dualismus im vierten Evangelium (Beiträge zur Wissenschaft vom Alten und Neuen Testament, Sechste Folge Heft 12), Stuttgart u.a. 1980

– „Altes und Neues zur ‚Sonnenfrau am Himmel (Apk 12)'. Religionsgeschichtliche und quellenkritische Beobachtungen zu Apk 12,1-17", in: *ZNW* 73 (1982), 97-109

BERGSON, H.: Denken und schöpferisches Werden: Aufsätze und Vorträge, übers. von L. KOTTJE, Hamburg 1993 (dt. Erstausgabe Meisenheim am Glan 1948; frz. Original Paris 1934)

BESKOW, P. / BÖCHER, O. / PINGREE, D. / MATTHÄUS, K. / GREIVE, H. / RIEDINGER,

R. / BAUER, P.: Art. „Astrologie", in: TRE 4 (1979), 281-315
BETZ, O. / HAAKER, K. / HENGEL, M. (Hrsgg.): Josephus-Studien. Untersuchungen zu Josephus, dem antiken Judentum und dem Neuen Testament, Göttingen 1974
BEYER, K.: Die aramäischen Texte vom Toten Meer, 2 Bände, Göttingen 1994
BEZOLD, C. / BOLL, F.: Reflexe astrologischer Keilinschriften bei griechischen Schriftstellern (Sitzungsber. d. Heidelberger Akademie d. Wissensch.: Philos.-Hist. Klasse 7), Heidelberg 1911
BIANCI, U. (ed.): Mysteria Mithrae. Proceedings of the International Seminar on the „Religio-Historical Character of the Mithraeum with particular reference to Roman and Ostian Sources" at Rome and Ostia, 28–31 March 1978, Leiden 1979
BICKERMANN, E.J.: The Jews in the Greek Age, Cambridge, Mass. 1988
BIDERMAN, SH. / SCHARFSTEIN, BEN-AMI (eds.): Interpretation in Religion, Leiden/ New York/Köln 1992
BIDEZ, J. / CUMONT, F.: Les mages hellénisés, Paris 1938
BIETENHARD, H.: Die himmlische Welt im Urchristentum und Spätjudentum, Tübingen 1951
BILDE, P.: Flavius Josephus between Jerusalem and Rome. His Life, his Works, and their Importance (JSP Supplement Series 2), Sheffield 1988
BISCHOFF, E.: Babylonisch-Astrales im Weltbilde des Thalmud und Midrasch, Leipzig 1907
BLACK, M.: The Book of Enoch or 1 Enoch (Studia in Veteris Testamenti Pseudepigrapha), Leiden 1985
BLAß, F.: „Die Sibyllinen", in: KAUTZSCH 1900, II, 177-217
BLUMENBERG, H.: Die Legitimität der Neuzeit, Frankfurt a. M. 1966
- „On a Lineage of the Idea of Progress", in: *Social Research* 41 (1974), 5-27
- Die Genesis der kopernikanischen Welt, Frankfurt a. M. 1975
- Lebenszeit und Weltzeit, Frankfurt a. M. 1986
- Der Prozeß der theoretischen Neugierde, Frankfurt a. M. [4]1988
BÖCHER, O.: Die Johannesapokalypse (Erträge der Forschung 41), 1975
- „Jüdischer Sternglaube im Neuen Testament", in: *Wort und Wirklichkeit*. FS Eugen Ludwig Rapp I, Meisenheim a. Glan 1976, 51-66
- „Die Johannesapokalypse in der neueren Forschung", in: ANRW II.24.4 (1988), 3247-3279
BÖHLIG, A.: Gnosis und Synkretismus. Gesammelte Aufsätze zur spätantiken Religionsgeschichte, Tübingen 1989
BÖHLIG, A. / MARKSCHIES, CHR.: Gnosis und Manichäismus. Forschungen und Studien zu Texten von Valentin und Mani sowie zu den Bibliotheken von Nag Hammadi und Medinet Madi (Beiheft zur ZNW 72), Berlin/New York 1994
BÖKER, R.: „Über Namen und Identifizierung der ägyptischen Dekane", in: *Centaurus* 27 (1984), 189-217
BÖTTRICH, CHR.: Weltweisheit, Menschheitsethik, Urkult. Studien zum slavischen Henochbuch (WUNT 2.50), Tübingen 1992

- Adam als Mikrokosmos. Eine Untersuchung zum slavischen Henochbuch (Judentum und Umwelt 59), Frankfurt a. M. u.a. 1995
- Das slavische Henochbuch (JSHRZ 5.7) Gütersloh 1996
- „Astrologie in der Henochtradition", in: ZAW 109 (1997), 222-245

BOLL, F.: Studien über Claudius Ptolemäus", in: *Jahrbuch für classische Philologie* Suppl. 21 (1894), 181ff
- Sphaera: Neue Griechische Texte und Untersuchungen zur Geschichte der Sternbilder, Leipzig 1903
- Aus der Offenbarung Johannis. Hellenistische Studien zum Weltbild der Apokalypse (Stoicheia 1), Leipzig/Berlin 1914 (Ndr. Amsterdam 1967)
- Sternglaube und Sterndeutung. Die Geschichte und das Wesen der Astrologie (unter Mitwirkung von C. BEZOLD), hrsg. von W. GUNDEL, Leipzig/Berlin ⁴1931
- Kleine Schriften zur Sternkunde des Altertums, Leipzig 1950

BOLL, F. / GUNDEL, W.: Art. „Sternbilder, Sternglaube und Sternsymbolik bei Griechen und Römern", in: W.H. ROSCHER (Hrsg.): *Ausführliches Lexicon der griechischen und römischen Mythologie*, Leipzig/Berlin 1924–1937 (=Heidelberg 1977), Bd. VI, S. 867-1071 [=BOLL/GUNDEL, *Sternbilder*]

BONWETSCH, N.: Die Apokalypse Abrahams (Studien zur Geschichte der Theologie und der Kirche I.1), Leipzig 1897

BOTTÉRO, J.: „Symptômes, signes, écritures", in: J.-P. VERNANT (ed.): *Divination et rationalité*, Paris 1974, 7-199

BOUCHÉ-LECLERCQ, A.: Histoire de la divination dans l'antiquité, 4 vols., Paris 1879–1882
- L'Astrologie Grecque, Paris 1899

BOUSSET, W.: Die Offenbarung Johannis (Kritisch-exegetischer Kommentar über das Neue Testament, 16. Abt.), ⁶1906
- Die Himmelsreise der Seele, Sonderausgabe Darmstadt 1960, zuerst erschienen im *Archiv für Religionswissenschaft* 4 (1901), 139-169 und 229-273 [=BOUSSET 1960]

BOWDEN, M.E.: The Scientific Revolution in Astrology, Diss. Yale University 1974

BRÄUNINGER, F.: Untersuchungen zu den Schriften des Hermes Trismegistos, Berlin/Gräfenhainichen 1926

BRÉHIER, E.: Les idées philosophiques et religieuses de Philon d'Alexandrie, Paris ²1925 (¹1908) [=BRÉHIER 1925]

BREMMER, J.N.: „Prophets, Seers, and Politics in Greece, Israel and Early Modern Europe", in: *Numen* 40 (1993), 150-183

BROEK, R. VAN DEN: Studies in Gnosticism and Alexandrian Christianity (NHMS 39), Leiden/New York/Köln 1996

BROEK, R. VAN DEN / HANEGRAAFF, WOUTER J. (eds.): Gnosis & Hermeticism from Antiquity to Modern Times. Albany 1997

BROWN, R.E.: The Birth of the Messiah, Garden City 1977

BUBLITZ, S.: Der „linguistic turn" der Philosophie als Paradigma der Sprachwissenschaft. Untersuchungen zur Bedeutungstheorie der linguistischen Pragmatik (Internationale Hochschulschriften 116), Münster 1994

BULL, M. (Hrsg.): Apocalypse Theory and the End of the World, Oxford/ Cambridge 1995
BURKERT, W.: Klassisches Altertum und antikes Christentum. Probleme einer übergreifenden Religionswissenschaft (Hans-Lietzmann-Vorlesungen 1), Berlin/New York 1996

CALLAWAY, P.R.: The History of the Qumran Community. An Investigation (JSP Supplement Series 3), Sheffield 1988
- „The 364-Day Calendar Traditions at Qumran", in: *Qumran Mogilanensia* 2, Kraków 1993, 19-29
CARR, W.: Angels and Principalities. The Background, Meaning and Development of the Pauline Phrase *hai archai kai hai exousiai*, Cambridge 1981
CASSIRER, E.: Die Begriffsformen im mythischen Denken (Studien der Bibliothek Warburg 1), Leipzig 1922
CATE, R.L.: A History of the Bible Lands in the Interbiblical Period, Nashville 1989
CHARLES, R.H.: The Book of Jubilees or the Little Genesis, London 1902
- The Book of Enoch or 1 Enoch, Oxford 1912
- The Apocrypha and the Pseudepigrapha of the Old Testament in English, Vol. I: Apocrypha, Vol. II: Pseudepigrapha, Oxford 1913, reprint 1963/ 1964 [=Charles, *Pseudepigrapha*]
CHARLESWORTH, J.H.: „Jewish Astrology in the Talmud, the Pseudepigrapha, the Dead Sea Scrolls and Early Palestinian Synagogues", in: HThR 70 (1977), 183-200
- The Pseudepigrapha and Modern Research with a Supplement, Chico, CA 1981
- „Jewish Interest in Astrology during the Hellenistic and Roman Period", in: ANRW II.20.2 (1987), 926-950
- „Die Schrift des Sem: Einführung, Text und Übersetzung", in: ANRW II.20.2 (1987), 951-987 [=1987a]
CHARLESWORTH, J.H.: John and Qumran, London 1972
- ders. (ed.): The Old Testament Pseudepigrapha, 2 vol., Garden City/New York 1983/1985 [=CHARLESWORTH, *Pseudepigrapha*]
CHARLESWORTH, J.H. / WHITAKER, R.E. u.a. (eds.): Graphic Concordance of the Dead Sea Scrolls, Tübingen/Louisville 1991
COHEN, N.G.: Philo Judaeus: His Universe of Discourse (Beiträge zur Erforschung des Alten Testaments und des Antiken Judentums 24), Frankfurt a. M. u.a. 1995
COHEN, SH.J.D.: Josephus in Galilee and Rome: His „Vita" and Development as a Historian (Columbia Studies in the Classical Tradition 8), Leiden 1979
- From the Maccabees to the Mishna, Philadelphia 1987
COLISH, M.L.: The Stoic Tradition from Antiquity to the Early Middle Ages, I: Stoicism in Classical Latin Literature; II: Stoicism in Christian Latin Thought through the Sixth Century, Leiden u.a. ²1990
COLLINS, A.Y.: „Numerical Symbolism in Jewish and Early Christian Apocalyptic Literature", in: ANRW II.21.2 (1984), 1221-1287

COLLINS, J.J.: The Sibylline Oracles of Egyptian Judaism (SBLDS 13), Missoula 1974
- „Sibylline Oracles. A New Translation and Introduction", in: CHARLESWORTH, Pseudepigrapha I, 317-472 [=Collins, SibOr]
- The Apocalyptic Imagination. An Introduction to the Jewish Matrix of Christianity, New York 1989

COLPE, C.: Art. „Gnosis II (Gnosticismus)", in: RAC XI (1981), 537-659

COLPE, C. / HOLZHAUSEN, J.: Das Corpus Hermeticum Deutsch. Übersetzung, Darstellung und Kommentierung in drei Teilen, im Auftrag der Heidelberger Akademie der Wissenschaften bearbeitet und herausgegeben von CARSTEN COLPE und JENS HOLZHAUSEN, Band 1 und 2 (Clavis Pansophiae 7,1/2), Stuttgart/Bad Cannstatt 1997 [=CHD]

COPENHAVER, B.P.: Hermetica: The Greek Corpus Hermeticum and the Latin Asclepius in a New English Translation, with Notes and Introduction, Cambridge 1992

CRAMER, F.H.: „Expulsion of Astrologers from Ancient Rome." In: *Classica et Mediaevalia* 12, 1-2 (1951), 9-50
- Astrology in Roman Law and Politics (Memoirs of the American Philosophical Society 37), Philadelphia 1954

CULIANU, I.P.: Psychanodia I. A Survey of the Evidence Concerning the Ascension of the Soul and Its Relevance (EPRO 99), Leiden 1983

CUMONT, F.: „Fatalisme astral et religions antiques", in: *Revue d'histoire et de littérature religieuses*, Nouv. série, 3 (1912), 513-543
- Astrology and Religion Among the Greeks and Romans (American Lectures on the History of Religions Series of 1911–1912), New York/London 1912 [=1912a]
- L'Egypte des astrologues, Paris 1937
- Symbolisme, Paris 1943
- Lux perpetua, Paris 1949
- The Mysteries of Mithra, New York 1956
- Oriental Religions in Roman Paganism, New York 1956 [=1956a]

CUMONT, F. / BOLL, F.J. (Hrsgg.): Catalogus codicum astrologorum graecorum, 12 Bände, Brüssel 1898–1953

CURRY, P.: Prophecy and Power. Astrology in Early Modern England, Cambridge 1989.

DAUMAS, F.: „Les fons égyptiens de l'Hermétisme", in: J. RIES (ed.): *Gnosticisme et monde hellénistique: actes du colloque de Louvain-la-Neuve (11–14 mars 1980)*, Louvain-la-Neuve 1982, 1-25

DAVIDSON, D.: Handlung und Ereignis, Frankfurt/M. 1985
- Wahrheit und Interpretation, Frankfurt/M. 1986
- Der Mythos des Subjektiven. Philosophische Essays, Stuttgart 1993

DAVIDSON, M.J.: Angels at Qumran. A Comparative Study of I Enoch 1-36, 72-108 and Sectarian Writings from Qumran (JSP Supplement Series 11), Sheffield 1992

DAVIES, PH.R. / WHITE, R.T. (eds.): A Tribute to Geza Vermes. Essays on Jewish

and Christian Literature and History (JSOT Suppl. 100), Sheffield 1990
DEAN-OTTING, M.: Heavenly Journeys. A Study of the Motif in Hellenistic Jewish Literature (Judentum und Umwelt 8), Frankfurt a. M./Bern/New York 1984
DIETERICH, A.: Abraxas. Studien zur Religionsgeschichte des späteren Altertums, Leipzig 1891
- „Die Weisen aus dem Morgenland", in: ZNW 3 (1902), 1-14
- Eine Mithrasliturgie, Leipzig/Berlin ³1923
DIHLE, A.: Die Vorstellung vom Willen in der Antike, Göttingen 1985
- „Die antike Astrologie und ihre Gegner", in: Antike und Abendland 43 (1997), 90-108
DOBIN, J.C.: The Astrological Secrets of the Hebrew Sages. To Rule Both Night and Day, Rochester 1983
DODD, C.H.: The Bible and the Greeks, London 1935
DODDS, E.R.: Pagan and Christian in an Age of Anxiety: Some Aspects of Religious Experience from Marcus Aurelius to Constantine, New York 1970
- Die Griechen und das Irrationale, Darmstadt ²1991
DÖLGER, F.J.: „Die Planetenwoche der griechisch-römischen Antike und der christliche Sonntag (1940)", in: Antike und Christentum 6 (1950), 202-238; Taf. 4-7 [=DÖLGER 1940]
DÖRFEL, D.: Angelologie in der apokalyptischen Literatur und ihre theologische Relevanz am Beispiel von Ezechiel, Sacharja, Daniel und Erstem Henoch, Diss. Universität Hamburg 1996
DOMENICUCCI, P.: Astra Caesarum: Note sul catasterismo a Roma (Collana di studi degli Istituti di Lettere, Università di Chieti), Chieti 1989
DONNER, H.: Geschichte des Volkes Israel und seiner Nachbarn in Grundzügen. Teil 2: Von der Königszeit bis zu Alexander dem Großen. Mit einem Ausblick auf die Geschichte des Judentums bis Bar Kochba, Göttingen ²1995
DORESSE, J.: The Secret Books of the Egyptian Gnostics. An Introduction to the Gnostic Coptic Manuscripts Discovered at Chenoboskion, with an English Translation and Critical Evaluation of The Gospel According to Thomas, Rochester 1960
DULING, D.C.: „Testament of Solomon. A New Translation and Introduction", in: CHARLESWORTH, Pseudepigrapha I, 935-987 (=DULING, TestSal]

EADE, J.C.: The Forgotten Sky: A Guide to Astrology in English Literature, Oxford 1984
EFROS, I.I.: Ancient Jewish Philosophy, New York 1976
EGO, B.: Im Himmel wie auf Erden. Studien zum Verhältnis von himmlischer und irdischer Welt im rabbinischen Judentum (WUNT 2.34), Tübingen 1989
EHRMAN, B.D.: After the New Testament: A Reader in Early Christianity, Oxford 1999
EISENMAN, R. / WISE, M.: Jesus und die Urchristen. Die Qumran-Rollen entschlüsselt, München ²1994
EISSFELD, O.: Einleitung in das Alte Testament, Tübingen ⁴1976

ERIKSSON, S.: Wochentagsgötter, Mond und Tierkreis: Laienastrologie in der römischen Kaiserzeit (Studia Graeca et Latina Gothoburgensia 3), Stockholm 1956
ERLEMANN, K.: Naherwartung und Parusieverzögerung im Neuen Testament. Ein Beitrag zur Frage religiöser Zeiterfahrung (TANZ 17), Tübingen/Basel 1995
– Endzeiterwartungen im frühen Christentum, Tübingen/Basel 1996
ETTISCH, E.: „Eschatologisch-astrologische Vorstellungen in der Gemeinderegel (X, 1-8)", in: *RdQ* 2 (1959), 3-19

FAIVRE, A.: Access to Western Esotericism, Albany 1994
– Esoterik, Braunschweig 1996
FAIVRE, A. / NEEDLEMAN, J.: Modern Esoteric Spirituality, New York 1992
FARANDOS, G.D.: Kosmos und Logos nach Philo von Alexandrien, Amsterdam 1976
FARAONE, CHR. A. / OBBINK, D. (eds.): Magika Hiera. Ancient Greek Magic and Religion, Oxford 1991
FAUTH, W.: Helios megistos. Zur synkretistischen Theologie der Spätantike (RGRW 125), Leiden/New York/Köln 1995
FELDMAN, L.H.: Josephus and Modern Scholarship (1937–1980), Berlin/New York 1984
– „Flavius Josephus Revisited: The Man, his Writings, and his Significance", in: ANRW II. 21.2 (1984), 763-862 [=1984a]
FELDMAN, W.M.: Rabbinic Mathematics and Astronomy, London 1931
FELDMEIER, R. / HECKEL, U. (Hrsgg.): Die Heiden. Juden, Christen und das Problem des Fremden (WUNT 70), Tübingen 1994
FERRARI D'OCCHIEPPO, K.: „The Star of the Magi and Babylonian Astronomy", in: VARDAMAN/YAMAUCHI 1989, 41-53
– Der Stern von Bethlehem in astronomischer Sicht: Legende oder Tatsache? Gießen ²1994
FESTUGIÈRE, A.-J.: La révélation d'Hermès Trismégiste. 4 Bände, Paris 1950–1954 [=1950]
FEUCHTWANG, D.: „Der Tierkreis in der Tradition und im Synagogenritus", in: *MGWJ* 59 (1915), 241-267
FILORAMO, G.: A History of Gnosticism, Oxford/Cambridge 1990
FISCHER, G.: Die himmlischen Wohnungen. Untersuchungen zu Johannes 14,2f, Bern u.a. 1975
FISHBANE, M. / TOV, E. (eds.): „Shaʿarei Talmon". Studies in the Bible, Qumran, and the Ancient Near East Presented to Shemaryahu Talmon, Winona Lake 1992
FITZMYER, J.A.: „The Bar Cokhba Period", in: J.L. McKENZIE (ed.): *The Bible in Current Catholic Thought* (Saint Marys Theology Studoes 1), New York 1962, 133-168
FLASCHE, R.: Die Religionswissenschaft Joachim Wachs, Berlin/New York 1978
FLINT, V.: The Rise of Magic in Early Medieval Europe, Princeton 1991
FÖGEN, M.TH.: Die Enteignung der Wahrsager. Studien zum kaiserlichen

Wissensmonopol in der Spätantike, Frankfurt a. M. 1993

FOERSTER, W. (Hrsg.): Die Gnosis. 3 Bände. Band I: Zeugnisse der Kirchenväter. Unter Mitw. v. E. HAENCHEN u. M. KRAUSE eingel., übers. u. erl. v. W. FOERSTER, Düsseldorf/Zürich ⁵1995; Band II: Koptische und mandäische Quellen. Eingel., übers. u. erl. von M. KRAUSE und K. RUDOLPH, hrsg. von W. FOERSTER, Düsseldorf/Zürich 1995; Band III: Der Manichäismus. Unter Mitw. v. J.P. ASMUSSEN eingel., übers. u. erl. von A. BÖHLIG, Düsseldorf/Zürich 1995, zitiert nach der Sonderausgabe Düsseldorf/Zürich 1997 [=FOERSTER, *Gnosis*]

FOSSUM, J.E.: The Name of God and the Angel of the Lord. Samaritan and Jewish Concepts of Intermediation and the Origin of Gnosticism (WUNT 36), Tübingen 1985

FOUCAULT, M.: Die Ordnung der Dinge, Frankfurt a. M. 1974

FOWDEN, G. The Egyptian Hermes, Oxford 1986 (Ndr. 1993)

FRANKFURTER, D.: „Ritual Expertise in Roman Egypt and the Problem of the Category ‚Magician'", in: SCHÄFER/KIPPENBERG 1997, 115-135

- Religion in Roman Egypt: Assimilation and Resistance, Princeton 1998

FRASER, P.M.: Ptolemaic Alexandria, 3 vols., Oxford 1972

FRIESENHAHN, P.: Hellenistische Wortzahlenmystik im neuen Testament, Leipzig/Berlin 1935

FRÜCHTEL, U.: Die kosmologischen Vorstellungen bei Philo von Alexandrien. Ein Beitrag zur Geschichte der Genesisexegese, Leiden 1968

GADAMER, H.-G.: Wahrheit und Methode, Tübingen 1975

GAECHTER, P.: „Die Magierperikope (Mt. 2,1-12)", in: *ZKTh* 90 (1968), 257-296

GAGER, J.G: „The Dialogue of Paganism with Judaism: Bar Cochba to Julian", in: *HUCA* 44 (1973), 89-118

- Curse Tablets and Binding Spells from the Ancient World, Oxford 1992

GANDZ, S.: Studies in Hebrew Mathematics and Astronomy, New York 1970

GANTKE, W.: Die Bedeutung des hermeneutischen Ansatzes Otto Friedrich Bollnows für die Religionswissenschaft, diss. phil. Bonn 1987

- Der umstrittene Begriff des Heiligen. Eine problemorientierte religionswissenschaftliche Untersuchung (Religionswissenschaftliche Reihe 10), Marburg 1998

GARCÍA MARTÍNEZ, F.: Qumran and Apocalyptic. Studies on the Aramaic Texts from Qumran (Studies on the Texts of the Desert of Judah 9), Leiden 1992

GARCÍA MARTÍNEZ, F. / TREBOLLE BARRERA, J.: The People of the Dead Sea Scrolls: Their Writings, Beliefs and Practices, Leiden 1995

GARDNER, I.: The Kephalaia of the Teacher. The Edited Coptic Manichaean Texts in Translation with Commentary (NHMS 37), Leiden/New York/Köln 1995

GASTON, L.: No Stone on Another. Studies in the Significance of the Fall of Jerusalem in the Synoptic Gospels (Nov. Test. Suppl. 23), Leiden 1970

GEERTZ, C.: Die künstlichen Wilden. Der Anthropologe als Schriftsteller, Frankfurt a. M. 1993

GERHARDT, O.: Der Stern des Messias, Leipzig/Erlangen 1922
GLACKEN, C.: Traces on the Rhodian Shore. Nature and Culture in Western Thought from Ancient Times to the End of the Eighteenth Century, Berkeley 1967
GLADIGOW, B.: „Aetas, aevum und saeclorum ordo: Zur Struktur zeitlicher Deutunssysteme", in: HELLHOLM 1983, 255-271
GLASSER, R.: Studien zur Geschichte des französischen Zeitbegriffs: Eine Orientierung, München 1936
GLESSMER, U.: „Das astronomische Henochbuch als Studienobjekt", in: *Biblische Notizen* 36 (1987), 69-129
- „Der 364-Tage-Kalender und Sabbatstruktur seiner Schaltungen in ihrer Bedeutung für den Kult", in: D.R. DANIELS U.A. (Hrsgg.): *Ernten, was man sät. Festschrift für Klaus Koch zu seinem 65. Geburtstag*, Neukirchen-Vluyn 1991, 379-398
- „Antike und moderne Auslegungen des Sintflutberichtes Gen 6-8 und der Qumran-Pescher 4Q252", in: *Mitteilungen und Beiträge der Forschungsstelle Judentum, Theologische Fakultät Leipzig* 6 (1993), 3-79
- „The Otot-Texts (4Q319) and the Problem of Intercalations in the Context of the 364-Day-Calendar", in: H.-J. FABRY/A. LANGE/H. LICHTENBERGER (Hrsgg.): *Qumranstudien. Vorträge und Beiträge der Teilnehmer des Qumranseminars auf dem internationalen Treffen der Society of Biblical Literature, Münster, 25.-26. Juli 1993*, Göttingen 1996, 125-164
GLESSMER, U. / KOCH, K.: Synopse zum Astronomischen Henoch-Buch (1. Hen 72-82). Zusammenstellung der aramäischen, griechischen und äthiopischen Überlieferung, Hamburg 1987
GÖSSMANN, P.F.: Planetarium Babylonicum oder die sumerisch-babylonischen Stern-Namen. In: A. DEIMEL (Hrsg.): *Sumerisches Lexikon* IV, 2, Rom 1950
GOLDMAN, B.: The Sacred Portal: A Primary Symbol in Ancient Judaic Art, Detroit 1966
GOLDSCHMIDT, V.: Le système stoïcien et l'idée de temps, Paris ²1969
GOODBLATT, D.: „The Babylonian Talmud", in: ANRW II.19.2 (1979), 257-336
GOODENOUGH, E.R.: By Light, Light. The Mystic Gospel of Hellenistic Judaism, New Haven 1935
- Jewish Symbols in the Greco-Roman Period, VIII Vols., New York 1953-1968 [=Goodenough, *Symbols*]
GOUDOEVER, J. VAN: Biblical Calendars, Leiden 1961
GOULET, R.: La philosophie de Moïse. Essai de reconstitution d'un commentaire philosophique préphilonien du pentateuque, Paris 1987
GRAF, F.: Gottesnähe und Schadenzauber. Die Magie in der griechisch-römischen Antike, München 1996
GRAFTON, A.: Cardanos Kosmos. Die Welten und Werke eines Renaissance-Astrologen, Berlin 1999
GREENFIELD, J.C. / SOKOLOFF, M.: „Astrological and Related Omen Texts in Jewish Palestinian Aramaic", in: *JNES* 48 (1989), 201-214
- „An Astrological Text from Qumran (4Q318) and Reflections on Some

Zodiacal Names" (mit 2 Appendices von D. PINGREE und A. JARDENI), in: *RdQ* 16/64 (1995), 507-525

GREENFIELD, J.C. / STONE, M.E.: „The Books of Enoch and the Traditions of Enoch", in: *Numen* 26 (1979), 89-103

GRELOT, P.: „La Légende d'Hénoch dans les Apocryphes et dans la Bible", in: *Recherches de science religieuse* 46 (1958), 5-26; 181-210

- „L'eschatologie des Esseniens et le livre d'Hénoch", in: *RdQ* 1 (1958), 113-131 [=1958a]

GRESE, W.C.: Corpus Hermeticum XIII and Early Christian Literature (Studia ad Corpus Hellenisticum Novi Testmenti 5), Leiden 1979

GRIFFIN, M. / BARNES, J. (eds.): Philosophia Togata. Essays on Philosophy and Roman Society, Oxford 1989

GRUENWALD, I.: „Jewish Apocalyptic Literature", in: ANRW II.19.1 (1979), 89-118

- Apocalyptic and Merkava Mysticism (Arbeiten zur Geschichte des antiken Judentums und des Urchristentums 14), Leiden/Köln 1980
- From Apocalypticism to Gnosticism. Studies in Apocalypticism, Merkavah Mysticism and Gnosticism (Beiträge zur Erforschung des Alten Testaments und des antiken Judentums 14), Frankfurt a. M. u.a. 1988

GUNDEL, H.G: Weltbild und Astrologie in den griechischen Zauberpapyri (Münchener Beiträge zur Papyrusforschung und antiken Rechtsgeschichte 53), München 1968

- Zodiakos. Tierkreisbilder im Altertum. Kosmische Bezüge und Jenseitsvorstellungen im antiken Alltagsleben (Kulturgeschichte der Antiken Welt 54), Mainz 1992

GUNDEL, W.: Sterne und Sternbilder im Glauben des Altertums und der Neuzeit, Bonn/ Leipzig 1922

- „Individualschicksal, Menschentypen und Berufe in der antiken Astrologie", in: *Jahrbuch der Charakterologie* (ed. E. UTITZ) 4 (1927), 135-193
- Dekane und Dekansternbilder. Ein Beitrag zur Geschichte der Sternbilder der Kulturvölker (Studien der Bibliothek Warburg 19), Glückstadt/Hamburg 1936 [=1936a]
- Sternglaube, Sternreligion und Sternorakel. Aus der Geschichte der Astrologie, Heidelberg ²1959

GUNDEL, W. (Hrsg.): Neue astrologische Texte des Hermes Trismegistos. Funde und Forschungen auf dem Gebiet der antiken Astronomie und Astrologie (Abh. d. Bayerischen Akademie d. Wissenschaften, Philos.-hist. Abt., N.F., Heft 12), München 1936

GUNDEL, W. u. GUNDEL, H.G.: Art. „Planeten", in: RE XX.2 (1950), 2017-2185

- Astrologumena: Die astrologische Literatur in der Antike und ihre Geschichte (Sudhoffs Archiv 6), Wiesbaden 1966 [=GUNDEL 1966]

HAARDT, R.: Die Gnosis. Wesen und Zeugnisse, Salzburg 1967

HABERMAS, J.: Nachmetaphysisches Denken, Frankfurt a.M. 1988

HACHLILI, R.: Ancient Jewish Art and Archaeology in the Land of Israel (Hdb. d. Or. Abt. 7,I 2 B/4), Leiden 1988

HADAS-LEBEL, M.: „Le paganisme à travers les sources rabbiniques des IIe et IIIe siècles. Contribution à l'étude du syncrétisme dans l'empire romain", in: ANRW II.19.2 (1979), 397-485

HADOT, P.: Exercices spirituels et philosophie antique, Paris 1981

HAHM, D.E.: The Origins of Stoic Cosmology, Athen/Ohio 1977

HAIDER, P.W. / HUTTER, M. / KREUZER, S. (Hrsgg.): Religionsgeschichte Syriens. Von der Frühzeit bis zur Gegenwart, Stuttgart u.a. 1996

HALBRONN, J.: Le monde juif et l'astrologie: histoire d'un vieux couple, Milano 1986

HALSBERGHE, G.H.: The Cult of Sol Invictus, Leiden 1972

HAMERTON-KELLY, R. / SCROGGS, R. (eds.): Jews, Greeks and Christians. Religious Cultures in Late Antiquity. Essays in Honor of William David Davies, Leiden 1976

HANEGRAAFF, W.J.: „Empirical Method in the Study of Esotericism", in: *MThSR* 7 (1995), 99-129

— New Age Religion and Western Culture. Esotericism in the Mirror of Secular Thought (SHR 72), Leiden 1996

HEDRICK, C.W. / HODGSON, R. (eds.): Nag Hammadi, Gnosticism, and Early Christianity, Peabody, Mass. 1986

HEINISCH, P.: Der Einfluß Philos auf die älteste christliche Exegese (Barnabas, Justin und Clemens von Alexandria): Ein Beitrag zur Geschichte der allegorisch-mystischen Schriftauslegung im christlichen Altertum, Münster 1908

HELLHOLM, D. (ed.): Apocalypticism in the Mediterranean World and the Near East, Tübingen 1983 (^{2}1989) [=HELLHOLM 1983]

HENGEL, M.: Judentum und Hellenismus, Tübingen ^{1}1969 (^{3}1988) [=HENGEL 1969]

— Die Zeloten. Untersuchungen zur jüdischen Freiheitsbewegung in der Zeit von Herodes I. bis 70 n.Chr. (Arbeiten zur Geschichte des antiken Judentums und des Urchristentums 1), Leiden/Köln ^{2}1976

HENGEL, M. / SCHWEMER, A.M. (Hrsgg.): Königsherrschaft Gottes und himmlischer Kult im Judentum, Urchristentum und in der hellenistischen Welt (WUNT 55), Tübingen 1991

HENNINGER, S.K.: Touches of Sweet Harmony. Pythagorean Cosmology and Renaissance Poetics, San Marino 1974

HESSE, M.: Revolutions and Reconstructions in the Philosophy of Science, Bloomington 1980

HIMMELFARB, M.: Ascent to Heaven in Jewish and Christian Apocalypses, New York/Oxford 1993

HINNELS, J.R. (ed.): Mithraic Studies. Proceedings of the First International Congress of Mithraic Studies, 2 vols., Manchester 1975

HOCK, R.F. / CHANCE, J.B. / PERKINS, J. (eds.): Ancient Fiction and Early Christian Narrative, Atlanta, GA 1998

HOGREBE, W.: Metaphysik und Mantik. Die Deutungsnatur des Menschen (Système orphique de Iéna), Frankfurt a. M. 1992

HOLZHAUSEN, J.: Der „Mythos vom Menschen" im hellenistischen Ägypten.

Eine Studie zum „Poimandres", zu Valentin und dem gnostischen Mythos (Theoph. 33), Bodenheim 1994

HONIGMANN, E.: Die sieben Klimata und die πόλεις ἐπίσημοι. Eine Untersuchung zur Geschichte der Geographie und Astrologie im Altertum und Mittelalter, Heidelberg 1929

HO PENG YOKE: „Ancient and Medieval Observations of Comets and Novae in Chinese Sources", in: *Vistas of Astronomy* 5 (1962), 127-225

HO PENG YOKE / ANG TIAN-SE: „Chinese Astronomical Records on Comets and ‚Guest Stars'", in: *Oriens extremus*, Buch 1/2, Wiesbaden Dezember 1970, 63-99

HOPFNER, TH.: Fontes historiae religionis aegyptiacae, Bonn 1922

HOULDEN, M.A. / STEPHENSON, F.R.: A Supplement to the Tuckerman Tables (Memoirs of the American Philosophical Society 170), Philadelphia 1986

HUBER, W.: Passa und Ostern. Untersuchungen zur Osterfeier der alten Kirche (Beiheft zur ZNW 35), Berlin 1969

HÜBNER, K.: Kritik der wissenschaftlichen Vernunft, Freiburg/München ²1979

HÜBNER, W.: „Das Horoskop der Christen (Zeno 1, 38 L.)", in: *Vigiliae Christianae* 29 (1975), 120-137

– Die Eigenschaften der Tierkreiszeichen in der Antike. Ihre Darstellung und Verwendung unter besonderer Berücksichtigung des Manilius, Wiesbaden 1982

– Zodiacus Christianus. Jüdisch-Christliche Adaptationen des Tierkreises von der Antike bis zur Gegenwart (Beiträge zur klassischen Philologie 44), Königstein 1983

– „Religion und Wissenschaft in der antiken Astrologie", in: J.-F. BERGIER (Hrsg.): *Zwischen Wahn, Glaube und Wissenschaft: Magie, Astrologie, Alchemie und Wissenschaftsgeschichte*, Zürich 1988, 9-50

– Die Begriffe „Astrologie" und „Astronomie" in der Antike. Wortgeschichte und Wissenschaftssystematik, mit einer Hypothese zum Terminus „Quadrivium", Mainz 1989

– „Die Astrologie der Antike", in: *Berichte zur Wissenschaftsgeschichte* 8 (1995), 7-24

HUGHES, D.: The Star of Bethlehem Mystery, London 1979

HUGHES, G.R.: „A Demotic Astrological Text", in: *JNES* 10 (1951), 256-264

HUNGER, H.: Astrological Reports to Assyrian Kings (State Archives of Assyria Vol. VIII), Helsinki 1992

HUNGER, H. / PINGREE, D.: Mul.Apin. An Astronomical Compendium in Cuneiform (AfO Beiheft 24), 1989

HYLDAHL, N.: The History of Early Christianity, Frankfurt a. M. u.a. 1997

IANCU, C. U.A. (eds.): Juifs et Judaisme en Afrique du Nord, Montpellier 1985

ISBELL, CH.D.: Corpus of the Aramaic Incantation Bowls, Missoula 1975

JACOBS, L.: Structure and Form in the Babylonian Talmud, Cambridge 1991

JASTROW, M.: Dictionary of the Targumim, Talmud Babli, Yerushalmi and Midrashic Literature, New York 1989 [=JASTROW]

JAUBERT, A.: „The Calendar of Qumran and the Passion Narrative in John", in: CHARLESWORTH (ed.) 1972, 62-75
JONAS, A.: Gnosis und spätantiker Geist. Teil I: Die mythologische Gnosis, Göttingen ³1964; Teil II, erste Hälfte: Von der Mythologie zur mystischen Philosophie, Göttingen 1954 [=JONAS]
JONG, A. DE: Traditions of the Magi. Zoroastrianism in Greek and Latin Literature, Leiden/New York/Köln 1997
JONGE, M. DE (ed.): Outside the Old Testament, Cambridge 1985
JUNG, L.: Fallen Angels, New York 1952

KÁKOSY, L.: „Decans in Late-Egyptian Religion", in: *Oikumene* 3 (1982), 163-191
KANAEL, B.: „Ancient Jewish Coins and Their Historical Importance", in: *BA* 36 (1963), 38-62
KASHER, A. u.a.: The Jews in Hellenistic and Roman Egypt. The Struggle for Equal Rights (TSAJ 7), Tübingen 1985
- Greece and Rome in Eretz Israel, Jerusalem 1990
- Jews and Hellenistic Cities in Eretz-Israel. Relations of the Jews in Eretz-Israel with the Hellenistic Cities during the Second Temple Period (332 BCE – 70 CE) (TSAJ 21), Tübingen 1990 [=1990a]
KAUTZSCH, E. (Hrsg.): Die Apokryphen und Pseudepigraphen des Alten Testaments, Bd. I: Die Apokryphen des Alten Testaments, Bd. II: Die Pseudepigraphen des Alten Testaments, Tübingen 1900
KEEL, O. / UEHLINGER, CHR.: Göttinnen, Götter und Gottessymbole. Neue Erkenntnisse zur Religionsgeschichte Kanaans und Israels aufgrund bislang unerschlossener ikonographischer Quellen (Quaestiones disputatae 134), Freiburg/Basel/Wien ³1995
KINDLER, A.: The Coins of Tiberias, Tiberias 1961
KINDLER, A. / STEIN, A.: A Bibliography of the City Coinage of Palestine: from the 2nd Century B.C. to the 3rd Century A.D. (BAR International Series 374), Oxford 1987
KING, H.: „Behind the Medical Market-Place: New Directions in Ancient Medicine", in: *Early Science and Medicine* 2 (1997), 88-97
KIPPENBERG, H.G.: Art. „Apokalyptik / Messianismus / Chiliasmus", in: H. CANCIK u.a. (Hrsgg.): *Handbuch religionswissenschaftlicher Grundbegriffe*, Stuttgart u.a. 1990, Bd. 2, 9-26
- Die vorderasiatischen Erlösungsreligionen in ihrem Zusammenhang mit der antiken Stadtherrschaft. Heidelberger Max-Weber-Vorlesungen 1988, Frankfurt a. M. 1991
- Die Entdeckung der Religionsgeschichte. Religionswissenschaft und Moderne, München 1997
KIPPENBERG, H.G. / LUCHESI, B. (Hrsgg.): Lokale Religionsgeschichte, Marburg 1995
KIPPENBERG, H.G. / STROUMSA, G.G. (eds.): Secrecy and Concealment. Studies in the History of Mediterranean and Near Eastern Religions (SHR 65), Leiden/New York/Köln 1995

KIRSCHBAUM, E.: „Der Prophet Balaam und die Anbetung der Weisen", in: *Römische Quartalschrift für christliche Altertumskunde und Kirchengeschichte* 49 (1954), 129-171

KLEIN, F.-N.: Die Lichtterminologie bei Philon von Alexandrien und in den Hermetischen Schriften: Untersuchungen zur Struktur der religiösen Sprache der hellenistischen Mystik, Leiden 1962

KLIBANSKY, R. / PANOFSKY, E. / SAXL, F.: Saturn und Melancholie. Studien zur Geschichte der Naturphilosophie und Medizin, der Religion und der Kunst, Frankfurt a. M. 1990

KLIMKEIT, H.-J.: Vergleichen und Verstehen in der Religionswissenschaft (Studies in Oriental Religions 41), Wiesbaden 1997

KNAPPICH, W.: Geschichte der Astrologie, Frankfurt a. M. 1967

KOCH, K.: Ratlos vor der Apokalyptik. Eine Streitschrift über ein vernachlässigtes Gebiet der Bibelwissenschaft und die schädlichen Auswirkungen auf Theologie und Philosophie, Gütersloh 1970

– „Sabbatstruktur der Geschichte. Die sogenannte Zehn-Wochen-Apokalypse (I Hen 93, 1-10; 91, 11-17) und das Ringen um die alttestamentlichen Chronologien im späten Israelitentum", in: *ZAW* 95 (1983), 403-430

– Geschichte der ägyptischen Religion. Von den Pyramiden bis zu den Mysterien der Isis, Stuttgart u.a. 1993

KOCH-WESTENHOLZ, U.: Mesopotamian Astrology: An Introduction to Babylonian and Assyrian Celestial Divination, Kopenhagen 1995

KÖGLER, H.H.: Die Macht des Dialogs. Kritische Hermeneutik nach Gadamer, Foucault und Rorty, Stuttgart 1992

KOENEN, L. / RÖMER, C. (Hrsgg.): Mani. Auf der Spur einer verschollenen Religion, Freiburg/Basel/Wien 1993

KOENIG, Y.: Magie et magiciens dans l'Égypte ancienne, Paris 1994

KOEP, L.: Der Stern der Weisen als astrologisches Problem der Väterexegese, Habil. Bonn 1956

KOLLMANN, B.: Jesus und die Christen als Wundertäter. Studien zu Magie, Medizin und Schamanismus in Antike und Christentum (Forschungen zur Religion und Literatur des Alten und Neuen Testaments 170), Göttingen 1996

KOSELLECK, R.: Vergangene Zukunft. Zur Semantik geschichtlicher Zeiten, Frankfurt a. M. ³1995

KOTANSKI, R.: Greek Magic Amulets. The Inscribed Gold, Silver, Copper, and Bronze Lamellae. Part I: Published Texts of Known Provenance (Abhandlungen der Nordrhein-Westfälischen Akademie der Wissenschaften, Sonderreihe Papyrologica Coloniensia 22.3), Opladen 1994

KRITZINGER, H.-H.: Der Stern der Weisen. Astronomisch-kritische Studie, Gütersloh 1911

KROLL, G.: Die Lehren des Hermes Trismegistos (Beiträge zur Geschichte der Philosophie des Mittelalters. Texte und Untersuchungen 12/2-4), Münster 1914

– Auf den Spuren Jesu, Leipzig ⁸1980

KUHNEN, P.: Palästina in griechisch-römischer Zeit (HdA, Vorderasien II.2), München 1990

KVANVIG, H.S.: Roots of Apocalyptic. The Mesopotamian Background of the Enoch Figure and the Son of Man (WMANT 61), Neukirchen-Vluyn 1988

LAATO, A.: A Star is Rising. The Historical Development of the Old Testament Royal Ideology and the Rise of the Jewish Messianic Expectations, Atlanta, GA 1997

LANDSCHEIDT, TH.: Astrologie – Hoffnung auf eine Wissenschaft? Innsbruck 1994

LAURIKAINEN, K.V.: Beyond the Atom. The Philosophical Thought of Wolfgang Pauli, Berlin u.a. 1988

- „Vom Dualismus zur *Einen Welt*: Wolfgang Paulis ontologische Ansätze", in: ARZT 1992, 215-242

LAURIKAINEN, K.V. / MONTONEN, C. (Hrsgg.): The Copenhagen Interpretation and Wolfgang Pauli (Symposia on the Foundations of Modern Physics 1992, Helsinki, Finland June – August 1992), Singapore/River Edge/London 1993

LAYTON, B. (ed.): The Rediscovery of Gnosticism. Proceedings of the International Conference on Gnosticism at Yale, New Haven, Conn., March 28–31, 1978, 2 vols., Leiden 1980/1981

LEASE, G.: „Mithraism and Christianity: Borrowings and Transformations", in: ANRW II.23.2 (1980), 871-909

LEISEGANG, H.: Die Gnosis (Leipzig 1924), Stuttgart ⁵1985

LEITZ, CHR.: Studien zur ägyptischen Astronomie, Wiesbaden 1989

LEPORE, E. (ed.): Truth and Interpretation: Perspectives on the Philosophy of Donald Davidson, Oxford 1986

LETSON, B.H.: Davidson's Theory of Truth and Its Implications for Rorty's Pragmatism, New York u.a. 1997

LEVINE, A.B.: In the Presence of the Lord, Leiden 1974

LEVINE, L.I.: Judaism and Hellenism in Antiquity: Conflict or Confluence?, Seattle 1998

LEWY, H.: Chaldaean Oracles and Theurgy: Mysticism, Magic and Platonism in the Later Roman Empire, ed. by M. TARDIEU, Paris 1978

LIEBESCHUETZ, J.H.W.G.: Continuity and Change in Roman Religion, Oxford 1979

LIEU, S.N.C.: Manichaeism in the Later Roman Empire and Medieval China (WUNT 63), Tübingen ²1992

- Manichaeism in Mesopotamia and the Roman East (RGRW 118), Leiden/New York/Köln 1994

LIMBECK, M.: Die Ordnung des Heils. Untersuchungen zum Gesetzesverständnis des Frühjudentums, Düsseldorf 1971

LINDNER, A.: The Jews in Roman Imperial Legislation, Detroit 1987

LINDNER, H.: Die Geschichtsauffassung des Flavius Josephus im Bellum Judaicum. Gleichzeitig ein Beitrag zur Quellenfrage (Arbeiten zur Geschichte des Antiken Judentums und des Urchristentums 12), Leiden 1972

LINDSAY, J.L.: The Origins of Alchemy in Graeco-Roman Egypt, London 1970

- Origins of Astrology, London 1971

LLOYD, G.: Magic, Reason and Experience. Studies in the Origin and Development of Greek Science, Cambridge 1979
LÖWITH, K.: Weltgeschichte und Heilsgeschehen. Die theologischen Voraussetzungen der Geschichtsphilosophie, Stuttgart u.a. 1953
LOHSE, B.: Das Passafest der Quartadecimaner (Beiträge zur Förderung christlicher Theologie 2.54), Gütersloh 1953
LONG, A.A.: „Astrology: Arguments pro and contra", in: J. BARNES U.A. (eds.): *Science and Speculation: Studies in Hellenistic Theory and Practice*, Cambridge/Paris 1982, 165-192
LORETZ, O.: „Die babylonischen Gottesnamen Sukkut und Kajjamanu in Amos 5,26: ein Beitrag zur jüdischen Astrologie", in: ZAW 101,2 (1989), 286-289
LUCK, G.: Magie und andere Geheimlehren in der Antike, Stuttgart 1990
LUCKMANN, TH.: Die unsichtbare Religion (1967), mit einem Vorwort von H. KNOBLAUCH, Frankfurt a. M. 1991
– Lebenswelt und Gesellschaft, Paderborn 1980
LUHMANN, N.: Gesellschaftsstruktur und Semantik. Studien zur Wissenssoziologie der modernen Gesellschaft Bd. 3, Frankfurt a. M. 1993
LUMPE, U.: Art. „Elementum", in: RAC 4 (1959), 1073-1100
LUTTIKHUIZEN, G.P.: The Revelation of Elchasai. Investigations into the Evidence for a Mesopotamian Jewish Apocalypse of the Second Century and its Reception by Judeo-Christian Propagandists (TSAJ 8), Tübingen 1985

MACH, M.: Entwicklungsstadien des jüdischen Engelglaubens in vorrabbinischer Zeit (TSAJ 34), Tübingen 1992
MACK, B.L.: Who Wrote the New Testament? The Making of the Christian Myth, San Francisco 1995
MACMULLEN, R.: Enemies of the Roman Order, Cambridge, Mass. 1966
– „Social History in Astrology", in: *Ancient History* 2 (1971), 105-116
– Christianizing the Roman Empire (A.D. 100–400), New Haven/London 1984
– Christianity and Paganism in the Fourth to Eighth Centuries, New Haven/London 1997
MADDEN, F.W.: Coins of the Jews (The International Numismata Orientalia II), London 1881, Ndr. 1976 [=MADDEN 1976]
MAIER, J.: „Das Gefährdungsmotiv bei der Himmelsreise und ‚Gnosis'", in: *Kairos* 6 (1963), 18-40
– „Die Sonne im religiösen Denken des antiken Judentums", in: ANRW II.19.1 (1979), 346-412
– Grundzüge der Geschichte des Judentums im Altertum, Darmstadt ²1989
– Zwischen den Testamenten. Geschichte und Religion in der Zeit des Zweiten Tempels (Die Neue Echter Bibel – Ergänzungsband 3), Würzburg 1990
– „Zu Kult und Liturgie der Qumrangemeinde", in: *RdQ* 14 (56) (1990), 543-586 [=1990a]
– Geschichte der jüdischen Religion. Von der Zeit Alexanders des Großen bis

zur Aufklärung mit einem Ausblick auf das 19./20. Jahrhundert, Freiburg ²1992
- „Shîrê ʿÔlat hash-Shabbat: Some Oberservations on their Calendric Implications and on their Style", in: TREBOLLE BARRERA/VEGAS MONTANER 1992, II, 543-560 [=1992a]
- Die Qumran-Essener: Die Texte vom Toten Meer. Bd. 1: Die Texte der Höhlen 1-3 und 5-11; Bd. 2: Die Texte der Höhle 4; Bd. 3: Index, München/ Basel 1995 (Bd. 3 1996) [=1995]
- „Jüdisches Grundempfinden von Sünde und Erlösung in frühjüdischer Zeit", in: H. FRANKEMÖLLE (Hrsg.): *Sünde und Erlösung im Neuen Testament*, Freiburg/Basel/ Wien 1996, 53-75 [=1996a]
- „Early Jewish Biblical Interpretation in the Qumran Literature", in: M. SÆBØ (ed.): *Hebrew Bible/Old Testament: The History of Its Interpretation*, Vol. I: From the Beginnings to the Middle Ages (Until 1300), Part 1: Antiquity, Göttingen 1996, 108-129 [=1996b]

MAIER, J. / SCHREINER, J. (Hrsgg.): Literatur und Religion des Frühjudentums. Eine Einführung, Würzburg 1973

MALACHOWSKI, A. (ed.): Reading Rorty. Critical Responses to Philosophy and the Mirror of Nature (and beyond), Oxford 1990

MARANINI, A.: Filologia fantastica, Manilio e i suoi Astronomica, Bologna 1994

MARGALIOTH, M: Sepher ha-Razîm [hebr.], Jerusalem 1966

MARTIN, L.H.: „Josephus' Use of *Heimarmene* in the *Jewish Antiquities* XIII, 171-3", in: *Numen* 28.2 (1981), 127-137

MAURY, L.-F. A.: La magie et l'astrologie dans l'antiquité et au moyen âge, Paris ⁴1877, Ndr. Hildesheim/New York 1980 [=MAURY 1877]

MCCASLAND: „Portents in Josephus and in the Gospels", in: *JBL* 51 (1932), 323-335

MCCLUSKEY, S.C.: Astronomies and Cultures in Early Medieval Europe, Cambridge 1998

MCCOWN, C.C.: The Testament of Solomon, Leipzig 1922

MCKAY, J.W.: Religion in Judah under the Assyrians, London 1973

MCNAMARA, M.: Intertestamental Literatur, Wilmington 1983

MENDELSON, A.: Philo's Jewish Identity, Atlanta 1988

MERKELBACH, R.: Mithras, Königstein/Ts. 1984
- Isis regina - Zeus Sarapis. Die griechisch-ägyptische Religion nach den Quellen dargestellt, Stuttgart 1995

MERKELBACH, R. / TOTTI, M. (Hrsgg.): Abrasax. Ausgewählte Papyri religiösen und magischen Inhalts (Abhandlungen der rheinisch-westfälischen Akademie der Wissenschaften Sonderreihe Papyrologica Coloniensia 17.1-4), 4 Bände, Wiesbaden 1990–1996 [=MERKELBACH/TOTTI, *Abrasax*]

MERKUR, D.: Gnosis: An Esoteric Tradition of Mystical Visions and Unions, Albany 1993

MERRILL, E.H.: Qumran and Predestination. A Theological Study of the Thanksgiving Hymns, Leiden 1975

MESHORER, Y.: Jewish Coins of the Second Temple Period, Tel-Aviv 1967
- Ancient Jewish Coinage, 2 vols., New York 1982

MEYER, M.W. (ed./tr.): Mithras Liturgy (The Society of Biblical Literature: Texts and Translations 10/Graeco-Roman Religion Series 2), Missoula 1976

MEYER, M. / MIRECKI, P. (eds.): Ancient Magic and Ritual Power, Leiden/New York/Köln 1995

MEYER, M. / SMITH, R. (eds.): Ancient Christian Magic: Coptic Texts of Ritual Power, San Francisco 1994

MEYER, R.: Zur Geschichte und Theologie des Judentums in hellenistisch-römischer Zeit, Berlin 1989

MILDENBERG, L.: The Coinage of the Bar Kokhba War, Aarau/Frankfurt a. M./Salzburg 1984

MILIK, J.T.: The Books of Enoch. Aramaic Fragments of Qumrân Cave 4, Oxford 1976

MINOIS, G.: Geschichte der Zukunft. Orakel, Prophezeiungen, Utopien, Prognosen, Düsseldorf/Zürich 1998

MIRECKI, P. / BEDUHN, J. (eds.): Emerging from Darkness. Studies in the Recovery of Manichaean Sources (NHMS 43), Leiden/New York/Köln 1997

MONTEFIORI, H.W.: „Josephus and the New Testament", in: *Nov. Test.* 4 (1960), 139-160; 307-318.

MOORE, G.F.: „Schicksal und freier Wille in der jüdischen Philosophie bei Josephus", in: SCHALIT 1973, 167-189 (zuerst erschienen als „Fate and Free Will in the Jewish Philosophies According to Josephus", in: *HThR* 22 [1929], 371-389) [=MOORE 1973]

MORGAN, M.A.: Sepher ha-Razim (SBL Texts and Translations 25, Pseudepigrapha series 11), Chico, CA 1983

MOWINCKEL, S.: Die Sternnamen im AT, Oslo 1928

MUCKE, H.: Helle Kometen, Wien 1972

MÜLLER, K.E. / RÜSEN, J. (Hrsgg.): Historische Sinnbildung. Problemstellungen, Zeitkonzepte, Wahrnehmungshorizonte, Darstellungsstrategien, Reinbek 1997

MÜLLER, U.B.: Die Offenbarung des Johannes (Ökumenischer Taschenbuchkommentar zum Neuen Testament 19), Gütersloh ²1995

MÜLLER-JAHNCKE, W.-D.: Astrologisch-magische Theorie und Praxis in der Heilkunde der frühen Neuzeit (Sudhoffs Archiv Beiheft 25), Stuttgart 1985

MÜNCHOW, CHR.: Ethik und Eschatologie. Ein Beitrag zum Verständnis der frühjüdischen Apokalyptik, Göttingen 1981

NAGEL, P.: Studien zum Menschenbild in Gnosis und Manichäismus, Halle 1979

NAU, F.: Bardesane l'astrologue. Le Livre des lois des pays, Paris 1899

NAVEH, J. / SHAKED, SH.: Amulets and Magic Bowls: Aramaic Incantations of Late Antiquity, Jerusalem ²1987

– Magic Spells and Formulae. Aramaic Incantations of Late Antiquity, Jerusalem 1993

NESS, L.J.: Astrology and Judaism in Late Antiquity, Diss. Miami University 1990

NEUF, G.: „Religionswissenschaft aus der Sicht der Analytischen Philosophie",

in: G. STEPHENSON (Hrsg.): *Der Religionswandel unserer Zeit im Spiegel der Religionswissenschaft*, Darmstadt 1976, 339-354
NEUGEBAUER, O.: „Die Bedeutungslosigkeit der Sothis-Periode für die ältere ägyptische Chronologie", in: *AO* 17 (1938), 169-195
- „The Origin of the Egyptian Calendar", in: *JNES* 1 (1942), 396-403
- „The History of Ancient Astronomy: Problems and Methods", in: *JNES* 4 (1945), 1-38
- The Exact Sciences in Antiquity, Kopenhagen 1951
- Astronomical Cuneiform Texts: Babylonian Ephemerides of the Seleucid Period for the Motion of the Sun, the Moon, and the Planets, London 1955 (=New York 1983) [=1955]
- The „Astronomical" Chapters of the Ethiopic Book of Enoch (72 to 82): Translation and Commentary, Kopenhagen 1981
- Astronomy and History: Selected Essays, New York 1983
NEUGEBAUER, O. / VAN HOESEN, H.B.: Greek Horoscopes, Philadelphia 1959
NEUGEBAUER, O. / PARKER, R.A.: Egyptian Astronomical Texts, 3 Bände, London 1960-1969
NEUSNER, J.: A History of the Jews in Babylonia, 5 vols., Leiden 1965-70
- From Politics to Piety. The Emergence of Pharisaic Judaism, Englewood Cliffs, NJ 1973
- Formative Judaism, 4 vols., Chico, CA 1982-1989
- New Perspectives on Ancient Judaism, 3 vols., Lanham 1987
- Canon and Connection. Intertextuality in Judaism (Studies in Judaism), Lanham 1987 [=1987a]
- „Das Problem des babylonischen Talmud als Literatur: Der Bavli und seine Quellen", in: *Kairos* 14/15 (1992/93), 64-74
- „Evaluating the Attributions of Sayings to Named Sages in the Rabbinic Literature", in: *JSJ* 26.1 (1995), 93-111
- The Ecology of Religion. From Writing to Religion in the Study of Judaism, Atlanta, GA 1997
NEUSNER, J. (ed.): The Formation of the Babylonian Talmud, Leiden 1970
- (ed.): Judaism in Late Antiquity, Leiden 1994
NEUSNER, J. / GREEN, W.S. (eds.): The Origins of Judaism: Religion, History, and Literature in Late Antiquity, 20 vols., New York 1991ff
NEWSOM, C.: Songs of the Sabbath Sacrifice: A critical edition (Harvard Semitic Studies 27), Atlanta 1985
NICKELSBURG, G.W.E.: Jewish Literature Between the Bible and the Mishnah, Philadelphia 1981
NIEHOFF, M.: The Figure of Joseph in Post-Biblical Jewish Literature (Arbeiten zur Geschichte des antiken Judentums und des Urchristentums 16), Leiden/ New York/Köln 1992
NIELSEN, K.: After the Demise of the Tradition. Rorty, Critical Theory, and the Fate of Philosophy, Boulder, Colorado 1991
NIGGEMEYER, J.H.: Beschwörungsformeln aus dem „Buch der Geheimnisse": Zur Topologie der magischen Rede (Judaistische Texte und Studien 3), Hildesheim 1975

NIKIPROWETZKY, V.: La Troisième Sibylle (Etudes Juives 9), Paris 1970
NILSSON, M.P.: Geschichte der griechischen Religion, 2 Bände, Band 1 (1941): Die Religion Griechenlands bis auf die griechische Weltherrschaft (^{2}1955; ^{3}1967; 4., unveränderte Aufl. München 1988); Band 2 (1950): Die hellenistische und römische Zeit (^{2}1961 (Text); ^{3}1974 (Nachträge); ^{4}München 1988) (Handbuch der Altertumswissenschaft 5.2,1-2) [=NILSSON 1941]
NORDEN, E.: Die Geburt des Kindes. Geschichte einer religiösen Idee, 4., unveränderter Abdruck der ersten Auflage 1924, Darmstadt 1969
NORTH, J.: „Astrology and the Fortunes of Churches", in: *Centaurus* 24 (1980), 181-211
- Horoscopes and History (Warburg Institute Surveys and Texts 13), London 1986
- Stars, Minds and Fate. Essays in Ancient and Medieval Cosmology, London/Ronceverte 1989
- The Fontana History of Astronomy and Cosmology (Fontana History of Science), London 1994
NUSSBAUM, M.: The Therapy of Desire: Theory and Practice in Hellenistic Ethics, Princeton 1994

ONUKI, T.: Gnosis and Stoa (NTOrAnt 9), Freiburg/Göttingen 1989
OTTO, E.: „Zeitvorstellungen und Zeitrechung im Alten Orient", in: *Studium Generale* 19 (1966), 743-751
OTTO, W.: Art. „Herodes", in: RE Suppl. II (1913), 1-158
OTZEN, B.: „Die neugefundenen hebräischen Sektenschriften und die Testamente der zwölf Patriarchen", in: *Studia Theologica* 7 (1954), 125-157
PARKER, R.A.: The Calendars of Ancient Egypt, Chicago 1950
PARMA, CHR.: Pronoia und Providentia. Der Vorhersehungsbegriff Plotins und Augustins (Studien zur Problemgeschichte der antiken und mittelalterlichen Philosophie 6), Leiden 1971
PATAI, R.: The Jewish Alchemists. A History and Source Book, Princeton 1994
PAULI, W.: Collected Scientific Papers, ed. by R. KRONIG/V.F. WEISSKOPF, 2 vols., New York/London/Sydney 1964 [=PAULI, *CSP*]
- Wissenschaftlicher Briefwechsel mit Bohr, Einstein, Heisenberg u.a. (Sources in the History of Mathematics and Physical Science 2 bzw. 6), 2 Bände, hrsg. von K. V. MEYENN/A. HERMANN/V.F. WEISSKOPF, New York/Heidelberg/Berlin 1979 bzw. 1985 [=PAULI, *Briefwechsel*]
PEARSON, B.A.: „The Problem of ‚Jewish Gnostic' Literature", in: HEDRICK/ HODGSON 1986, 15-35
- Gnosticism, Judaism, and Egyptian Christianity (Studies in Antiquity and Christianity), Minneapolis 1990
PEAT, F.-D.: Synchronicity. The Bridge between Matter and Mind, Toronto u.a. 1987
- The Philosopher's Stone, New York 1991
- „Synchronizität: Das Speculum zwischen Inschaft und Landschaft", in: ARZT 1992, 203-214

PERETTI, A.: La Sibilla Babilonese nella propaganda ellenistica, Florenz 1943
PEUCKERT, W.-E.: Astrologie. Geschichte der Geheimwissenschaften 1, Stuttgart 1960
PFEIFFER, E.: Studien zum antiken Sternglauben (Stoicheia 2), Leipzig/Berlin 1916
PHILONENKO, M. (ed.): L'Apocalyptique (Etudes d'histoire des religions 3), Paris 1977
PINCH, G.: Magic in Ancient Egypt, London 1994
PINCHES, T.G. / STRASSMAIER, J.N. / SACHS: Late Babylonian Astronomical and Related Texts, Providence 1955
PINGRÉ, A.G.: Comètographie, ou traité historique et théorétique des comètes, 2 vols., Paris 1783-1784
PINGREE, D.: Hephaestio Thebanus: Apotelesmata I-II, Leipzig 1973
- Dorotheus Sidonius: Carmen Astrologicum, Leipzig 1976
- „Mesopotamian Astronomy and Astral Omens in Other Civilizations", in: H.-J. NISSEN / J. RENGER (Hrsgg.): *Mesopotamien und seine Nachbarn* (Berliner Beiträge zum Vorderen Orient 1), Berlin 1982, 613-631
- From Astral Omens to Astrology: From Babylon to Bîkâner (Serie orientale Roma), Rom 1997
POHLENZ, M.: Die Stoa, 2 Bände, Göttingen ³1964
POTTER, D.: Prophets and Emperors. Human and Divine Authority from Augustus to Theodosius, Cambridge, Mass. 1994
PREISENDANZ, K.: Art. „Salomo", in: RE Suppl. VIII (1956), 660-704
PREISSLER, H. / SEIWERT, H. (Hrsgg.): Gnosis und Religionsgeschichte. Festschrift für Kurt Rudolph zum 65. Geburtstag, Marburg 1994
PROPHET, E.C.: Forbidden Mysteries of Enoch: The Untold Story of Men and Angels, Los Angeles 1983
PUECH, H.C.: Le Manichéisme. Son fondateur, sa doctrine, Paris 1949
PUTNAM, H.: „Why Reasons Can't Be Naturalized", in: K. BAYNES / J. BOHMAN / TH. MCCARTHY (eds.): *After Philosophy*, Boston 1987

Quack, J.F.: „Dekane und Gliedervergottung. Altägyptische Traditionen im Apokryphon Johannis", in: JAC 38 (1995), 97-122.

RAJAK, T.: Josephus. The Historian and His Society, London 1983
RAMSEY, J.T. / LICHT, A.L.: The Comet of 44 B.C. and Caesar's Funeral Games, Atlanta, GA 1997
RAU, E.: Kosmologie, Eschatologie und die Lehrautorität Henochs. Traditions- und formgeschichtliche Untersuchungen zum äthiopischen Henochbuch und zu verwandten Schriften. Diss. masch. Hamburg 1974
REEVES, M. (ed.): Prophetic Rome in the High Renaissance Period, Oxford 1992
REINHARDT, K.: Poseidonios, München 1921
- Kosmos und Sympathie, München 1926
REITZENSTEIN, R.: Poimandres. Studien zur griechisch-ägyptischen und frühchristlichen Literatur, Leipzig 1904
RENGSTORF, K.H.: A Complete Concordance to Flavius Josephus, 4 vols. with 2 supplements, Leiden 1973-1986

Ricoeur, P.: Hermeneutik und Strukturalismus, München 1973
- Zeit und Erzählung, 3 Bände, München 1988–1991
Riedinger, U.: Die Heilige Schrift im Kampf der griechischen Kirche gegen die Astrologie von Origenes bis Johannes von Damaskos. Studien zur Dogmengeschichte und zur Geschichte der Astrologie, Innsbruck 1956
Riessler, P.: Altjüdisches Schrifttum außerhalb der Bibel, Augsburg 1928
Ritner, R.K.: The Mechanics of Ancient Egyptian Magical Practice (Studies in Ancient Oriental Civilization 54), Chicago 1993
Rochberg-Halton, F.: Aspects of Babylonian Celestial Divination: The Lunar Eclipse Tablets of Enuma Anu Enlil (AfO, Beiheft 22), 1988
Rorty, R.: Consequences of Pragmatism (Essays 1972–1980), Minneapolis 1982
- Der Spiegel der Natur. Eine Kritik der Philosophie, Frankfurt/M. ²1984
- Objectivity, Relativism, and Truth. Philosophical Papers 1, Cambridge 1991
- Essays on Heidegger and Others. Philosophical Papers 2, Cambridge 1991 [=1991a]
- Eine Kultur ohne Zentrum. Vier philosophische Essays, Stuttgart 1993
- Hoffnung statt Erkenntnis. Eine Einführung in die pragmatische Philosophie (IWM-Vorlesungen zur modernen Philosophie 1993), Wien 1994
- Kontingenz, Ironie und Solidarität, Frankfurt/M. ³1995
- Solidarität oder Objektivität? Drei philosophische Essays, Stuttgart 1995 [=1995a]
Rorty, R. (ed.): The Linguistic Turn, Chicago 1967, Neuauflage als „The Linguistic Turn. Essays in Philosophical Method", Chicago 1992 [=1967]
Roscher, W.H.: Die Hebdomadenlehren der griechischen Philosophen und Ärzte. Ein Beitrag zur Geschichte der griechischen Philosophie und Medizin (Abh. d. philol.-hist. Kl. d. königl. sächs. Ges. d. Wiss. 24.6), Leipzig 1906
Rosner, F.: Medicine in the Bible and the Talmud, New York 1977
Rost, L.: Einleitung in die alttestamentlichen Apokryphen und Pseudepigraphen, Heidelberg 1971
Ruderman, D.: Kabbalah, Magic and Science: The Cultural Universe of a Sixteenth-Century Jewish Physician, Cambridge, Mass./London 1988
- Jewish Thought and Scientific Discovery in Early Modern Europe, New Haven/London 1993
Rudolph, K.: Die Gnosis: Wesen und Geschichte einer spätantiken Religion, Göttingen ³1990
Rüdel, M.: Erkenntnistheorie und Pragmatik. Untersuchungen zu Richard Rorty und Hilary Putnam, Diss. Hamburg 1987
Rüpke, J.: Kalender und Öffentlichkeit. Die Geschichte der Repräsentation und religiösen Qualifikation von Zeit in Rom (RGVV 40), Berlin/New York 1995
Runggaldier, E.: Philosophie der Esoterik, Stuttgart/Berlin/Köln 1996.
Rzach, A.: Art. „Sibyllen/Sibyllinische Orakel", in: RE II A (1923), 2073-2183

Safrai, S. / Stern, M.: The Jewish People in the First Century, 2 Vols., Philadelphia 1974/1976

SANDMEL, S.: Philo of Alexandria. An Introduction, New York/Oxford 1979
SCHÄFER, P.: Studien zur Geschichte und Theologie des rabbinischen Judentums (Arbeiten zur Geschichte des antiken Judentums und des Urchristentums 15), Leiden 1978
- „Die Flucht Johanan b. Zakkais aus Jerusalem und die Gründung des ‚Lehrhauses' in Jabne", in: ANRW II.19.2 (1979), 43-101
- Der Bar Kokhba-Aufstand. Studien zum zweiten jüdischen Krieg gegen Rom (TSAJ 1), Tübingen 1981
- Geniza-Fragmente zur Hekhalot-Literatur, Tübingen 1984
- Hekhalot-Studien (TSAJ 19), Tübingen 1988
- Der verborgene und offenbare Gott. Hauptthemen der frühen jüdischen Mystik, Tübingen 1991

SCHÄFER, P. (Hrsg.): Synopse zur Hekhalot-Literatur (TSAJ 2), Tübingen 1981 [=SCHÄFER, *Synopse*]
- (Hrsg.): Übersetzung der Hekhalot-Literatur, Bd. II-IV, (TSAJ 17/22/29), Tübingen 1987/1989/1991, Band I (TSAJ 46) Tübingen 1995 [=Schäfer, *Übersetzung*]

SCHÄFER, P. / KIPPENBERG, H.G. (eds.): Envisioning Magic. A Princeton Seminar and Symposium (SHR 75), Leiden/New York/Köln 1997

SCHALIT, A.: König Herodes. Der Mann und sein Werk (Studia Judaica. Forschungen zur Wissenschaft des Judentum IV), Berlin 1969
- „Die Erhebung Vespasians nach Flavius Josephus, Talmud und Midrasch. Zur Geschichte einer messianischen Prophetie", in: ANRW II.2 (1975), 208-327

SCHALIT, A. (Hrsg.): Zur Josephusforschung, Darmstadt 1973

SCHIFFMAN, L.H.: From Text to Tradition, New York 1991

SCHIFFMAN, L.H. / SWARTS, M.D.: Hebrew and Aramaic Incantation Texts from the Cairo Geniza: Selected Texts from Taylor-Schechter Box K1, Sheffield 1992

SCHLATTER, A.: Wie sprach Josefus von Gott? (Beiträge zur Förderung christlicher Theologie 14, 1), Gütersloh 1910
- Die Theologie des Judentums nach dem Bericht des Josefus (Beiträge zur Förderung der christlichen Theologie, 2. Reihe, Bd. 26), Gütersloh 1932

SCHLÜTER, M.: „D^eraqôn" und Götzendienst, Frankfurt a. M. u.a. 1982

SCHMIDT, F.: „Astrologie juive ancienne: Essai d'interpretation de 4QCryptique (4Q186)", in: *RdQ* 69 (1997), 125-142

SCHOLEM, G.: Jewish Gnosticism, Merkabah Mysticism, and Talmudic Tradition, New York 1960
- Die jüdische Mystik in ihren Hauptströmungen, Frankfurt a. M. ^{4}1991 (Erstauflage Zürich 1957) [=SCHOLEM 1991]

SCHRECKENBERG, H.: Bibliographie zu Flavius Josephus (Arbeiten zur Geschichte und Literatur des Hellenistischen Judentums 1), Leiden 1968
- Bibliographie zu Flavius Josephus: Supplementband mit Gesamtregister (Arbeiten zur Geschichte und Literatur des Hellenistischen Judentums 14), Leiden 1979

SCHROER, S.: In Israel gab es Bilder. Nachrichten von darstellender Kunst im Alten Testament (OBO 74), Freiburg/Göttingen 1987
SCHÜRER, E.: The History of the Jewish People in the Age of Jesus Christ (175 B.C.–A.D. 135). A New English Version Revised and Edited by G. VERMES, F. MILLAR and M. BLACK, 3 vols., Edinburgh 1986 (^{1}1973ff) (=SCHÜRER 1986)
SCHWARTZ, S.: Josephus and Judaean Politics (Columbia Studies in the Classical Tradition 18), Leiden 1990
SCHWEMER, A.M.: „Gott als König und seine Königsherrschaft in den Sabbatliedern aus Qumran", in Hengel/Schwemer 1991, 45-118
SCOTT, A.: Origen and the Life of the Stars, Oxford 1991
SÉD, N.: La mystique cosmologique juive (Études juives 16), Berlin/Paris/New York 1981
SEGAL, A.F.: Two Powers in Heaven. Early Rabbinic Reports about Christianity and Gnosticism (Studies in Judaism in Late Antiquity 25), Leiden 1977
– Rebecca's Children. Judaism and Christianity in the Roman World, Cambridge, MA 1986
SHEMES, A. / WERMAN, C.: „Hidden Things and Their Revelation", in: *RdQ* 71 (1998), 409-428
SIGAL, PH.: The Emergence of Contemporary Judaism, vol. I, Pittsburgh 1980
SILVER, A.H.: A History of Messianic Speculation in Israel, Boston ^{2}1959
SIMON, U.: Heaven in the Christian Tradition, London 1958
SMALLWOOD, E.M.: The Jews under Roman Rule: From Pompey to Diocletian, Leiden 1976
SMELIK, W.F.: „On Mystical Transformation of the Righteous into Light in Judaism", in: *JSJ* 26.2 (1995), 122-144
SMITH, J.Z.: Map is Not Territory. Studies in the History of Religions, Leiden 1978
– Imagining Religion. From Babylon to Jonestown, Chicago 1982
– To Take Place. Toward Theory in Ritual, Chicago 1987
– Drudgery Divine. On the Comparison of Early Christianities and the Religions of Late Antiquity, Chicago 1990
– „Religion, Religions, Religious", in: TAYLER 1998, 269-284
SMITH, R.W.: The Art of Rhetoric in Alexandria. Its Theory and Practice in the Ancient World, Den Haag 1974
SMOLLER, L.: History, Prophecy and the Stars. The Christian Astrology of Pierre d'Ailly, 1350–1420, Princeton 1994
STÄHLI, H.-P.: Solare Elemente im Jahweglauben des Alten Testaments (OBO 66), Freiburg/Göttingen 1985
STAUSBERG, M. Faszination Zarathushtra. Zoroaster und die Europäische Religionsgeschichte der Frühen Neuzeit (RGVV 42), Berlin/New York 1998
STEGEMANN, E. / STEGEMANN, W.: Urchristliche Sozialgeschichte, Stuttgart u.a. ^{2}1997
STEGEMANN, H.: „The Qumran Essenes – Local Members of the Main Jewish Union in Late Second Temple Times", in: TREBOLLE BARRERA/VEGAS MONTANER 1992, I, 83-166

- Die Essener, Qumran, Johannes der Täufer und Jesus. Ein Sachbuch, Freiburg u.a. ⁵1996 (¹1993) [=1996]
STEMBERGER, G.: „Die Bedeutung des Tierkreises auf Mosaikfußböden spätantiker Synagogen", in: *Kairos* 17 (1975), 23-56
- Das klassische Judentum, München 1979
- Studien zum rabbinischen Judentum, Stuttgart 1990
- Pharisäer, Sadduzäer, Essener (Stuttgarter Bibelstudien Bd. 144), Stuttgart 1991
STERN, M. (ed.): Greek and Latin Authors on Jews and Judaism, vol. 2: From Tacitus to Simplicus, Jerusalem 1980
STERLING, G.E.: Historiography and Self-Definition. Josephos, Luke-Acts and Apologetic Historiography (Supplements to Novum Testamentum 64), Leiden/New York/Köln 1992
STEPHENSON, F.R. / YAU, K.K.C.: „Far Eastern Observations of Halley's Comet: 240 B.C. to A.D. 1368", in: *British Interplanetary Society Journal* 38 (1985), 195-216
STIEGLITZ, R.R.: „The Hebrew Names of the Seven Planets", in: *JNES* 40 (1981), 135-137
STIERLIN, H.: Astrologie und Herrschaft. Von Platon bis Newton, Frankfurt a. M. 1988
STONE, M. (ed.): Jewish Writings of the Second Temple Period. *CRINT* Section 2, Assen/Philadelphia 1984
STRACK, H.L. / BILLERBECK, P.: Kommentar zum Neuen Testament aus Talmud und Midrasch, 6 Bände, München 1922–1961 [=STRACK/BILLERBECK]
STRACK, H.L. / STEMBERGER, G.: Einleitung in Talmud und Midrasch, 7., völlig neu bearbeitete Auflage, München 1982
STRECKER, G.: Literaturgeschichte des Neuen Testaments, Tübingen/Basel 1992
- Theologie des Neuen Testaments. Bearb., erg. und hrsg. von F.-W. HORN (de Gruyter Lehrbuch), Berlin/New York 1996
STROBEL, A.: Untersuchungen zum eschatologischen Verzögerungssystem (Nov. Test. Suppl. 2), Leiden 1961
- Ursprung und Geschichte des frühchristlichen Osterkalenders (TU 121), Berlin 1977
- „Weltenjahr, Große Konjunktion und Messiasstern", in: ANRW II.20.2 (1987), 988-1190,
STROUMSA, G.A.G.: Hidden Wisdom. Esoteric Traditions and the Roots of Christian Mysticism (SHR 70), Leiden/New York/Köln 1996
STUCKRAD, K. VON: Frömmigkeit und Wissenschaft. Astrologie in Tanach, Qumran und frührabbinischer Literatur (Europ. Hochschulschriften Reihe XXIII, Bd. 572), Frankfurt a. M. u.a. 1996
- „Entsprechungsdenken als Grundform esoterischer Wirklichkeitsdeutung: Das Beispiel Astrologie", in: *Spirita* 2 (1999), im Erscheinen
SUTHERLAND, C.H.: Roman History and Coinage 44 BC–AD 69. 50 Points of Relation from Julius Caesar to Vespasian, Oxford u.a. 1987

TAYLOR, M.C. (ed.): Critical Terms for Religious Studies, Chicago 1998

TEITELBAUM, I.: Jewish Magic in the Sassanian Period, Diss. Dropsie College Philadelphia 1964

TENBRUCK, F.H.: „Die Religion im Maelstrom der Reflexion", in: *Religion und Kultur*: Sonderheft der Kölner Zeitschrift für Soziologie und Sozialpsychologie 33 (1993), 31-67

TESTER, S.J.: History of Western Astrology, Woodbridge/Wolfeboro 1987

TEYSSÈDRE, B.: Anges, astres et cieux: Figure de la destinée et du salut, Paris 1986

THACKERAY, H.ST.J.: Josephus: The Man and the Historian, New York 1929

THOMAS, K.: Religion and the Decline of Magic. Studies in Popular Beliefs in Sixteenth and Seventeenth Century England, London 1971

THORNDIKE, L.: A History of Magic and Experimental Science, 8 vols., New York 1923-1958

TOLLAND, A.: Epistemological Relativism and Relativistic Epistemology. Richard Rorty and the Possibility of a Philosophical Theory of Knowledge (Acta Philosophica Gothoburgensia 4), Göteborg 1991

TRACHTENBERG, J.: Jewish Magic and Superstition, New York ²1962

TREBOLLE BARRERA, J. /VEGAS MONTANER, L. (eds.): The Madrid Qumran Congress, 2 vols., Leiden 1992

TRÖGER, K.-W.: Mysterienglaube und Gnosis in Corpus Hermeticum XIII (TU 110), Berlin 1971

TUCKERMAN, B.: Planetary, Lunar, and Solar Positions 601 B.C. to A.D. 1 at Five-Day and Ten-Day Intervals (Memoirs of the American Philosophical Society 56), Philadelphia 1962

UHLIG, S.: Das äthiopische Henochbuch (JSHRZ V.6), Gütersloh 1984

ULANSEY, D.: The Origins of the Mithraic Mysteries: Cosmology and Salvation in the Ancient World, New York/Oxford 1989

URBACH, E.E.: The Sages. Their Concepts and Beliefs, Jerusalem ²1987 (¹1975) (=URBACH 1975)

VADEN HOUSE, D: Without God or His Doubles: Realism, Relativism, and Rorty (Philosophy of History and Culture 14), Leiden/New York/Köln 1994

VANDERKAM, J.C.: Enoch and the Growth of an Apocalyptic Tradition (CBQ Monograph Series 16), Washington 1984

– The Book of Jubilees (Corpus Scriptorum Christianorum Orientalium – Ae 88),Leuven 1989

VARDAMAN, J. / YAMAUCHI, M. (eds.): Chronos, Kairos, Christos. Nativity and Chronological Studies Presented to Jack Finegan, Winona Lake 1989

VARNEDA, V.I.: The Historical Method of Flavius Josephus (Arbeiten zur Geschichte und Literatur des Hellenistischen Judentums 19), Leiden 1986

VELTRI, G.: Magie und Halakha. Ansätze zu einem empirischen Wissenschaftsbegriff im spätantiken und frühmittelalterlichen Judentum (Texts and Studies in Ancient Judaism 62), Tübingen 1997

VERMASEREN, M.J.: Corpus Inscriptionum et Monumentorum Religionis Mithraicae, 2 Bände, Den Haag 1956-60

VERMASEREN, M.J. (ed.): Die orientalischen Religionen im Römerreich (EPRO 93), Leiden 1981
VERMES, G.: Scripture and Tradition in Judaism. Haggadic Studies (Studia Post-Biblica 4), Leiden ²1973 (¹1961) [=VERMES 1973]
– Jesus the Jew. A Historian's Reading of the Gospels, London 1973 [=1973a]
VOGEL, C.J DE.: Greek Philosophy. A Collection of Texts with Notes and Explanations, vol. III: The Hellenistic-Roman Period, Leiden ³1973
VOUGA, F.: Geschichte des frühen Christentums, Tübingen/Basel 1994
VREESE, L. DE: Augustinus en de Astrologie, Diss. Amsterdam, Maastricht 1933

WACHOLDER, B.-Z.: Essays in Jewish Chronology and Chronography, New York 1976
WÄCHTER, L.: „Die unterschiedliche Haltung der Pharisäer, Sadduzäer und Essener zur Heimarmene nach dem Bericht des Josephus", in: ZRG 21 (1969), 97-114
– „Astrologie und Schicksalsglaube im rabbinischen Judentum", in: Kairos 11 (1969), 181-200 [=1969a]
– „Sternglaube und Gottesglaube im Judentum", in: Jüdischer und christlicher Glaube, Berlin 1975, 26ff.
WAERDEN, B.L. VAN DER: Die Anfänge der Astronomie. Erwachende Wissenschaft II, Groningen o.J. (1968), ²Boston/Basel/Stuttgart 1980 [=VAN DER WAERDEN 1968]
– Astronomie der Griechen. Eine Einführung, Darmstadt 1988
WAGENVOORT, H.: „Vergils fourth Eclogue and the Sidus Iulium," in: DERS.: Studies in Roman Literature, Culture and Religion, Leiden 1956, 1-29
WEBER, W.: Josephus und Vespasian. Untersuchungen zu dem jüdischen Krieg des Flavius Josephus, Berlin/Stuttgart/Leipzig 1921
WEILER, G.: Ich brauche die Göttin. Zur Kulturgeschichte eines Symbols, Basel 1990
WEISS, H.-F.: Untersuchungen zur Kosmologie des hellenistischen und palästinischen Judentums, Berlin 1966
WENDLAND, P.: Philos Schrift über die Vorsehung, Berlin 1892
WERBLOWSKY, R.J. ZWI: Magie, Mystik, Messianismus. Vergleichende Studien zur Religionsgeschichte des Judentums und des Christentums, Hildesheim 1997
WHITE, H.: Metahistory: Die historische Einbildungkraft im 19. Jahrhundert in Europa, Frankfurt a. M. 1991
– Auch Klio dichtet oder die Fiktion des Faktischen: Studien zur Tropologie des historischen Diskurses, Stuttgart 1991 [=1991a]
WIDENGREN, G.: Mani und der Manichäismus, Stuttgart 1961
WIDENGREN, G. / HULTGÅRD, A. / PHILONENKO, M.: Apocalyptique iranienne et dualisme qoumrânien (Recherches intertestamentaires 2), Paris 1995
WIEBE, D.: Religion and Truth. Towards an Alternative Paradigm for the Study of Religion, Berlin/New York 1981
WILLIAMSON, R.: Jews in the Hellenistic World: Philo (Cambridge Commentaries

on Writings of the Jewish and Christian World 200 BC to AD 200 I.2), Cambridge u.a. 1989
WINTERMUTE, O.S.: „Jubilees. A New Translation and Introduction", in: CHARLESWORTH, Pseudepigrapha, 35-142 [=WINTERMUTE, Jubilees]
WISE, M.O.: Thunder in Gemini and Other Essays on the History, Language and Literature of Second Temple Palestine (JSP Supplement Series 15), Sheffield 1994
WOCHENMARK, J.: Die Schicksalsidee im Judentum (Veröffentlichungen des orientalischen Seminars der Universität Tübingen, Heft 6), Tübingen 1933
WOLFSON, H.A.: Philo: Foundations of Religious Philosophy in Judaism, Christianity and Islam, 2 Bände, Cambridge ³1962 (¹1947) [=WOLFSON 1962]

YAMAUCHI, E.M.: „The Episode of the Magi", in: VARDAMAN/YAMAUCHI 1989, 15-39
YEOMANS, D.K.: Comets. A Chronological History of Observation, Science, Myth, and Folklore, New York u.a. 1991

ZATELLI, I.: „Astrology and the Worship of the Stars in the Bible", in: *ZAW* 103 (1991), 86-99
ZEHREN, E.: Das Testament der Sterne, Berlin 1957
ZERUBAVEL, E.: Hidden Rhythms: Schedules and Calendars in Social Life, Chicago 1981
– The Seven Day Circle: The History and Meaning of the Week, Chicago 1985
ZIMMERLI, W.CH. / SANDBOTHE, M. (Hrsgg.): Klassiker der modernen Zeitphilosophie, Darmstadt 1993

Astrologische Symbole

Zodiakalzeichen

♈	Widder	Aries	♉ Stier	Taurus
♊	Zwillinge	Gemini	♋ Krebs	Cancer
♌	Löwe	Leo	♍ Jungfrau	Virgo
♎	Waage	Libra	♏ Skorpion	Scorpio
♐	Schütze	Sagittarius	♑ Steinbock	Capricornus
♒	Wassermann	Aquarius	♓ Fische	Pisces

Gestirne

☉ Sonne   ☽ Mond
☿ Merkur   ♀ Venus
♂ Mars   ♃ Jupiter
♄ Saturn

Aspekte

☌ Konjunktion   ✶ Sextil
□ Quadrat   △ Trigon
☍ Opposition

Sonstige Symbole

AC Aszendent   DC Deszendent
MC Himmelsmitte (Medium Coeli)   IC Himmelstiefe (Immum Coeli)
☊ aufsteigender Mondknoten   ℞ retrograder Planet

Glossarium astrologischer Fachtermini

Anaphoroi: Aufgänge und Aufgangszeit der Fixsterne, bes. des Zodiaks.
Antimesouranema →Immum Coeli.
Antiskia: („Gegenschatten", „Gegenstrahl", Spiegelpunkte), hellenistische Lehre von den in Opposition stehenden Graden des Zodiaks.
Aphairetes: Der Planet, welcher den Tod verursacht.
Apokatastasis: Wiederkehr der gleichen Konstellation und damit – in kosmischer Überhöhung – die Spekulation über die Wiedergeburt und Erneuerung der Welt. Im Plural auch als „Weltalter" gebräuchlich.
Apoklima: Das in der Reihenfolge der Tierkreiszeichen vor einem →Kentron stehende Zeichen, also dem veränderlichen Kreuz zugeordnet (wenn z.B. Löwe das kulminierende Zeichen ist, dann ist Krebs das Apoklima); s. auch →Epanaphorai.
Apotelesmata: Spätantiker Fachausdruck für die Astrologie als horoskopierende Kunst bzw. für die Lehre von den Konstellationen und ihren Wirkungen vor allem auf den Menschen; Apotelesmatikoi sind demnach die Astrologen.
Aspekt: Neuzeitlicher Ausdruck für den Winkel, in dem sich Fixsterne, Gestirne und/oder Horoskopfaktoren „anschauen"; in der Antike sprach man diesbezüglich von σχηματισμός oder *radiatio*. Besondere Beachtung fanden Konjunktion (0°), Sextil (60°), Quadrat (90°), Trigon (120°) und Opposition (180°). Die anderen Winkel werden Nebenaspekte genannt.
Astrologia naturalis: Einfluß der Planeten oder Konstellationen auf Witterung und menschlichen Körper.
Astrometeorologie: Astrologische Wetterkunde.
Aszendent: Das im Osten aufgehende Zodiakalzeichen bzw. Gestirn. Für die Horoskopierkunst von herausragender Bedeutung; s. auch →Horoskopos.
Augenblicksastrologie →Katarchenastrologie.
Bezirke →Horoi.
Brontologia: Donnerbücher, auch „Tonitrualia" genannt.
Cardines (κέντρα, bei Ptolemaios γονίαι): Die vier Kardinalpunkte des Horoskops: Aszendent, Deszendent, IC und MC.
Chronokratores: Herrscher über bestimmte Zeitabschnitte.
Dekane: Sterne, die sich im Aufgang nach je 10 Tagen folgen. Lehre stammt aus Ägypten und wurde später dahingehend umgewandelt, daß man mit D. Zodiakalabschnitte von 10° bezeichnete bzw. deren Herrscher.
Deszendent: Das im Westen untergehende Zodiakalzeichen bzw. Gestirn.
Dodekaeteris: Zwölfjahreszyklus.
Dodekaoros: Zwölfstundenkreis (Doppelstunden), dann Kreis von 12 Tieren.

Dodekatopos: Lehre von den 12 Orten (→Häusern) des Horoskops.
Donnerbücher →Brontologia.
Epanaphorai: Aufsteigende Zodiakalzeichen, die einem →Kentron folgen; s. auch →Apoklima.
Ephemeriden: Tabellen der Gestirnstände für jeden einzelnen Tag.
Erhöhung (ὕψωμα, *exaltatio, altitudo*): Stelle des Zodiakos, an der ein bestimmter Planet stärksten Einfluß hat; sowohl einfach vom Zeichen her gedacht, als auch in exakten Gradangaben (z.b. gilt die Sonne im Widder auf 19° als erhöht). S. auch →Tapeinomata.
Genethlialogie: Geburtshoroskopie.
Haus (οἶκος, *domus, domicilium*): Besonderer Herrschaftsbereich der einzelnen Gestirne im Zodiak, besonders im 15. Grad eines Zeichens. Das Gestirn gilt dann als „Herrscherin/Herrscher" des Zeichens.
Häuser: Durch Einteilung der Ekliptik in 12 Abschnitte gebildete Einzelbereiche, denen bestimmte Bedeutungen innerhalb der Horoskopierkunst zukommen. Neben der *äqualen* Einteilung in gleich große Abschnitte wurden seit dem 2. Jhdt. u.Z. auch *inäquale* Systeme entwickelt, die das MC als 10. Häuserspitze zugrundelegen und die Zwischenhäuser in geeigneter Weise berechnen.
Himmelsmitte →Medium Coeli
Himmelstiefe →Immum Coeli
Horoi (*fines*): Grenzen oder Gebiete: Abschnitte des Zodiaks in der planetarischen Astrologie; Aufteilung der 30° eines Zeichens auf die 5 Planeten nach verschiedenen Systemen.
Horoskopos („Stundenschauer"): Aufgehender Ekliptikgrad und damit gleichbedeutend mit →Aszendent. Zugleich als Spitze des 1. Hauses Ausgangspunkt der →Häuser. Später auch im Sinne einer „Momentaufnahme" zodiakaler Konstellationen gebräuchlich.
Hypsomata →Erhöhung.
Iatromathematik: Astrologische Medizin; s. auch →Melothesie.
Immum Coeli (IC/ἀντιμεσουράνημα): Himmelstiefe, untere Kulmination.
Individualastrologie: Sterndeutung für das Individuum, vornehmlich über das Geburtshoroskop. Spätestens seit Ptolemaios der →Mundanastrologie gegenübergestellt.
Katarchenastrologie: Astrologische Deutung von Unternehmungen, „Anfängen" (καταρχαί, mittelalterlich *electiones*), die sich nicht auf die Geburt beziehen, also Heirat, Vertrag, Taufe etc.
Katasterismen: Verstirnungssagen.
Kentra →Cardines.
Kleroi: Lehre der →Lose (*sortes*) zur Zukunftsprognose. Die Lose wurden in Verbindung mit dem Aszendenten ermittelt.
Klima: Die durch die Neigung der Erdachse gegen den Horizont bedingten Parallelzonen zum Äquator und am meisten verwendete Ortsbezeichnung innerhalb der antiken Geographie. Die Anzahl der Klimata ist nicht einheitlich.
Klimaktere: Sieben-Jahres-Perioden, gemäß astrologischer Lehre aufgrund der

Saturnzyklen von besonderer Bedeutung.
Konstellation: Gestirnung und Sternbild; doch zugleich Stand der Planeten zu einem bestimmten Zeitpunkt.
Kulmination: Meridiandurchgang eines Sternes.
Lose: Lebenslose; Teilung des Zodiaks zur Prognose vor allem der Lebensaufgaben; s. auch →Kleroi.
Lunare: Mondbücher.
Lunarhoroskop: Für Neumond, seltener auch Vollmond erstelltes Horoskop mit einer Gültigkeitsdauer von einem Mondmonat.
Medium Coeli (MC/μεσουράνημα): Himmelsmitte, obere Kulmination.
Melothesie: Lehre von den Entsprechungen zwischen zodiakaler Ebene und Teilen des menschlichen Körpers, für die astrologische Medizin von zentraler Bedeutung. Zu unterscheiden sind Dekanmelothesie, Zodiakalmelothesie und Planetarmelothesie.
Mesuranema →Medium Coeli.
Monomoiriai: Einzelgrade; Lehre von den Schicksalseinflüssen der 365 Gradherrscher des Zodiaks.
Mundanastrologie: Im Gegensatz zur →Individualastrologie die astrologische Deutung des Weltgeschehens, sowohl im Hinblick auf Witterungsverhältnisse, Ernten etc. als auch in Bezug auf größere soziale Verbände wie Städte, Reiche und Völker.
Nativität: Geburtshoroskop.
Oktatopos: Lehre von den acht Orten (→Häusern) des Horoskops, älter als die →Dodekatopos.
Orte: Lehre der Orte oder →Häuser.
Palingenesis: Wiedergeburt, auch Wiederholung.
Paranatellonta: „Begleitgestirne", also Sterne und Sternbilder der sichtbaren Sphäre, die gleichzeitig mit bestimmten Zodiakabschnitten aufgehen oder kulminieren.
Parapegmata: Steckkalender.
Präzession („Vorrücken): Langsames und von Hipparch zuerst berechnetes Vorrücken des Frühjahrspunktes auf der Ekliptik entgegen der Reihenfolge der Zodiakalzeichen infolge der Kreiselbewegung der Erdachse. Ursache für die Verschiebung von Zodiakalzeichen und -bildern.
Seismologia: Erdbebenbücher.
Selenodromia: Mondbücher, Lunare.
Solare: Neben der allgemeinen Bedeutung als Sonnenbücher auch die Berechnung der exakten Wiederkehr der Sonne auf den Stand eines Geburtshoroskops und dem Erstellen eines neuen Horoskops für jenen Augenblick („Geburtstagshoroskop"), das ein Jahr lang gültig ist.
Sphaera barbarica: Nichtgriechische Sternbildvorstellungen und deren literarische Ausformung.
Sympatheia: Lehre von den Wechselbeziehungen zwischen Kosmos und Erde, namentlich in der Stoa elaboriert.
Synaphai: Mondkonjunktionen.
Tagewählerei →Katarchenastrologie.

Tapeinomata (ταπεινώματα, *deiectiones*, *depressiones*): Als „Fall" im Gegensatz zur →Erhöhung jene Stellen des Zodiaks, an denen die Gestirne ihre geringste Kraft entfalten.
Thema: Horoskop, Nativität.
Thema mundi (γένεσις κόσμου): Horoskop der Welt, sowohl im Hinblick auf Geburt der Welt als auch deren Untergang.
Universalastrologie →Mundanastrologie.
Vulgata: Die aus der Tradition überlieferten astrologischen Lehren der Antike, die um 150 v.u.Z. zu einem mehr oder weniger festen Grundbestand zusammengewachsen waren.

Tabellen und Abbildungen

Verzeichnis der Jupiter-Saturn-Konjunktionen von −200 bis 710 u.Z.

Die Angaben richten sich nach dem gregorianischen Kalender und sind mit Hilfe der Astrologie-Software *Galileo* berechnet. Als Beinah-Konjunktionen sind jene Planetenstände bezeichnet, bei denen während der rückläufigen Phase von Jupiter und Saturn der Orbis zwischenzeitlich unter 2° lag.

Datum	Ort	Status
24.01. −184	20°35'08" ♒	Konjunktion
13.09. −164	08°49'12" ♑	Konjunktion
16.10. −145	16°43'58" ♋	Große Konjunktion (1)
07.12. −145	15°33'01" ♋	Große Konjunktion (2)
01.05. −144	12°10'41" ♋	Große Konjunktion (3)
21.04. −125	02°14'26" ♓	Konjunktion
25.10. −125	♃ 29°05'57" ♒ ♄ 28°00'53" ♒	Beinah-Konjunktion
04.12. −105	19°10'52" ♑	Konjunktion
09.08. −85	25°10'10" ♋	Konjunktion
18.02. −65	08°22'36" ♓	Konjunktion
04.10. −45	24°01'48" ♑	Konjunktion
27.06. −25	03°17'37" ♌	Konjunktion
27.05. −6	20°56'00" ♓	Große Konjunktion (1)
29.09. −6	17°25'22" ♓	Große Konjunktion (2)
03.12. −6	15°34'09" ♓	Große Konjunktion (3)
24.12.14	04°52'59" ♐	Konjunktion
03.10.34	16°40'18" ♌	Konjunktion
24.03.54	28°24'13" ♓	Konjunktion
27.10.74	10°03'23" ♐	Konjunktion
19.08.94	25°01'31" ♌	Konjunktion
28.01.114	06°13'19" ♈	Konjunktion
19.01.134	21°17'28" ♐	Konjunktion
15.08.134	♃ 22°30'17" ♐ ♄ 19°01'13" ♐	Beinah-Konjunktion
07.07.154	03°12'21" ♍	Konjunktion
07.05.173	20°17'16" ♈	Konjunktion
21.11.193	26°34'56" ♐	Konjunktion
11.10.213	16°11'24" ♍	Konjunktion
20.03.233	28°31'15" ♈	Konjunktion

Tabellen und Abbildungen

13.02.253	07°51'43" ♐	Konjunktion
27.08.273	23°31'25" ♍	Konjunktion
27.06.292	12°42'48" ♉	Konjunktion
28.12.292	♃ 10°18'30" ♉ ♄ 09°09'27" ♉	Beinah-Konjunktion
14.12.312	12°59'19" ♐	Konjunktion
29.11.332	05°35'36" ♎	Große Konjunktion (1)
23.04.333	02°10'31" ♎	Große Konjunktion (2)
16.06.333	00°57'09" ♎	Große Konjunktion (3)
07.05.352	20°58'40" ♉	Konjunktion
07.03.372	23°59'54" ♐	Konjunktion
11.09.372	♃ 21°58'25" ♐ ♄ 20°18'56" ♐	Beinah-Konjunktion
03.10.392	11°58'51" ♎	Konjunktion
29.08.411	04°08'30" ♓	Große Konjunktion (1)
03.11.411	02°32'14" ♓	Große Konjunktion (2)
12.03.412	29°13'00" ♉	Große Konjunktion (3)
01.01.432	28°47'12" ♐	Konjunktion
15.01.452	22°42'37" ♎	Große Konjunktion (1)
18.03.452	21°12'33" ♎	Große Konjunktion (2)
04.08.452	17°54'14" ♎	Große Konjunktion (3)
21.06.471	12°27'16" ♓	Konjunktion
24.03.491	09°31'07" ♒	Konjunktion
26.09.491	♃ 07°21'48" ♒ ♄ 05°45'29" ♒	Beinah-Konjunktion
01.11.511	28°28'53" ♎	Konjunktion
02.05.531	19°59'58" ♓	Konjunktion
16.01.551	14°04'34" ♒	Konjunktion
31.08.571	03°31'38" ♏	Konjunktion
01.08.590	02°51'54" ♋	Konjunktion
08.04.610	24°51'23" ♒	Konjunktion
13.10.610	♃ 23°06'50" ♒ ♄ 12°15'00" ♒	Beinah-Konjunktion
21.11.630	13°44'16" ♏	Konjunktion
13.06.650	10°15'35" ♋	Konjunktion
30.01.670	29°35'58" ♒	Konjunktion
20.09.690	18°24'05" ♏	Konjunktion
17.09.709	22°53'01" ♋	Große Konjunktion (1)
08.02.710	19°33'22" ♋	Große Konjunktion (2)
03.04.710	18°20'21" ♋	Große Konjunktion (3)

Verzeichnis der Kometenerscheinungen nach antiken Berichten

Aufgenommen wurden in die Liste ausschließlich jene Kometen, deren Beobachtung in direktem oder doch indirektem Zusammenhang mit den in der vorliegenden Untersuchung angestellten Überlegungen steht. Eine umfassende Übersicht von 1059 v.u.Z. bis 1699 u.Z. gibt D.K. YEOMANS 1991, 361-424. Für die Antike vgl. PINGRÉ 1783-1784, BARRETT 1978 (Rom), HO 1962 (China) und STEPHENSON/YAU 1985 (China).

In Klammern ist jeweils angegeben, aus welchem Kulturkreis Belege über die Beobachtung vorliegen. Beim Auftreten des Kometen Halley ist zudem vermerkt, in welchen Monaten das Perihel und die geringste Erdnähe erreicht, also die beste Sichtbarkeit gegeben war (die Sichtbarkeit kann folglich insgesamt wesentlich länger gewesen sein).

240 v.u.Z. (Mai–Juni: China): Der Komet Halley als Besenstern
204 (August–September: China, Rom): Ein diffuser Stern-Komet[1] erscheint für zehn Tage
172 (China): Geschweifter Sternkomet im Osten
164 (September–November: Babylonien): Vermutlich Komet Halley
163 (5. September: Babylonien): Ein geschweifter Komet erscheint oberhalb von α Coronae, der Schweif zeigt Richtung Süden
162 (6. Februar: China): Ein „Himmlischer Magnolienbaum" oder Thien-Chhan-Komet erscheint im Südwesten
157 (Oktober: Babylonien, China): Diffuser Stern-Komet im Westen nahe Skorpius, der Schweif zeigt nach Nordosten
137 (Oktober: China, Griechenland): Komet im Nordosten, nach Seneca während der Regierungszeit Attalus' III anwachsend zu unbegrenzter Größe
120 (Frühjahr: China, Babylonien): Diffuser Stern-Komet im Osten
110 (23. November: Babylonien): Komet im Osten mit dem Schweif nach Westen
87 (Juli–August: China, Babylonien, Italien): Komet Halley
44 (Mai–Juli: China, Korea, Italien): Besenstern-Komet im Nordwesten. Er hatte eine rötlich-gelbe Färbung und wurde im Laufe der Monate immer größer, bis er in der Nähe des Orion 15° maß, den Schweif nach Nordosten gerichtet
17 (Italien): Eine „Fackel" (fax caelestis) ist sichtbar in nord-südlicher Richtung
12 (26. August–November: China, Italien): Komet Halley, intensiv beobachtet in China und Rom. Zuerst beobachtet am 26. August als diffuser Stern-Komet in der Nähe von Canis Minor, 56 Tage später zuletzt gesehen in Scorpius

---

[1] Mit diesem Begriff wird das chinesische *po* übersetzt (englisch „bushy star comet"), doch zuweilen bezeichnet *po* auch einen Kometen mit Schweif, vgl. YEOMANS 1991, 361.

Tabellen und Abbildungen 863

10	(China): Diffuser Stern-Komet nahe Arturus
5	(China): Besenstern-Komet in der Nähe des Steinbocks, der 70 Tage beobachtet wurde
4	(23. Februar [?]: China, Korea): Diffuser Stern-Komet nahe Altair
13 u.Z.	(Dezember: China): Besenstern-Komet
54	(9. Juni: China, Korea, Italien): Besenstern-Komet in den Zwillingen, der einen weißen Schweif entwickelte, 7° lang, nach Südosten gerichtet. Er bewegte sich nach Nordosten und verschwand nach 31 Tagen
60	(9. August: China, Italien): Besenstern-Komet nördlich von Perseus. Er bewegte sich langsam nach Norden und erreichte einen Punkt südlich der Jungfrau. Er war 135 Tage zu beobachten
61	(27. September: China): Gaststern war 70 Tage zu sehen in der Nähe der Corona Borealis
64	(3. Mai: China, Italien): Gaststern mit einem weißen, 3° langen Schweif erschien südlich von h Virginis. Seine Sichtbarkeit betrug 75 Tage
65	(29. Juli: China): Geschweifter Komet in Hydra, der sich Richtung Leo und Perseus weiterbewegte und 56 Tage sichtbar war
66	(31. Januar–März: China, Rom [Josephus?]): Komet Halley, zuerst beobachtet am 31. Januar, dann erneut am 20. Februar, zuletzt am 10. April; Beobachtbarkeit etwa 74 Tage
71	(6. März: China): Gaststern in der Nähe der Plejaden, der nach 60 Tagen den Blicken entschwand
79	(Korea, Italien): Besenstern-Komet, zunächst im Osten sichtbar, dann nach Norden wandernd; Beobachtbarkeit 20 Tage
117	(9. Januar: China): Gaststern im Westen, der am 20. Januar im Wassermann war und dann bis in die Mitte des Widders weiterwanderte
133	(8. Februar: China): Gaststern südwestlich von Eridanus
141	(27. März–April: China): Komet Halley, als Besenstern-Komet im Osten beobachtet mit einem 9° langen blaßblauen Schweif; war bis Ende April zu sehen
204–205	(Dezember–Januar: China, Korea, Rom): Diffuser Stern-Komet in den Zwillingen und im Krebs, der dann in den Löwen weiterzog
218	(Mai–Juni: China, Rom): Komet Halley, etwa 40 Tage zu beobachten; die ersten 20 Tage wird er als diffuser Stern-Komet im Osten beschrieben, der von den Zwillingen in Ursa Major und Ophiuchus weiterwanderte

Weitere Erscheinungen des Kometen Halley:

295	(April–Mai: China)
374	(4. März–April: China)
451	(10. Juni–15. August: China, Rom)
530	(29. August–27. September: China, Rom)
607	(März–April: China)
684	(6. September–Oktober: China, Japan)
760	(17. Mai–Juni: China)
837	(22. März–7. Mai: China, Japan, Europa)

864   Tabellen und Abbildungen

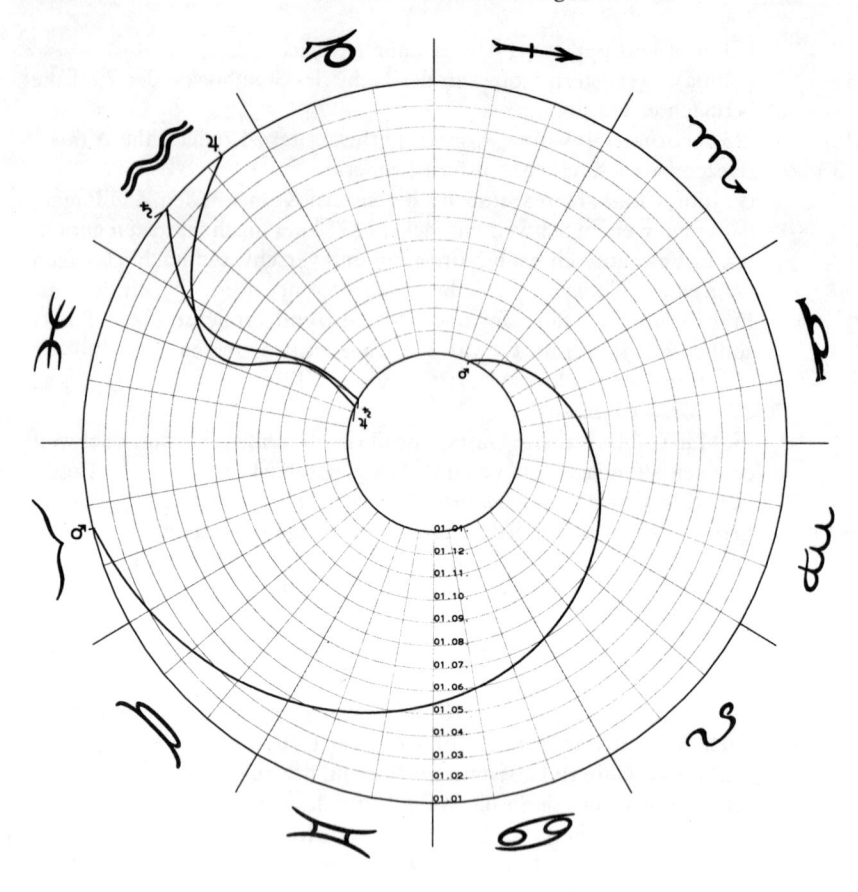

Tafel 1: Große Konjunktion des Jahres 126 v.u.Z.

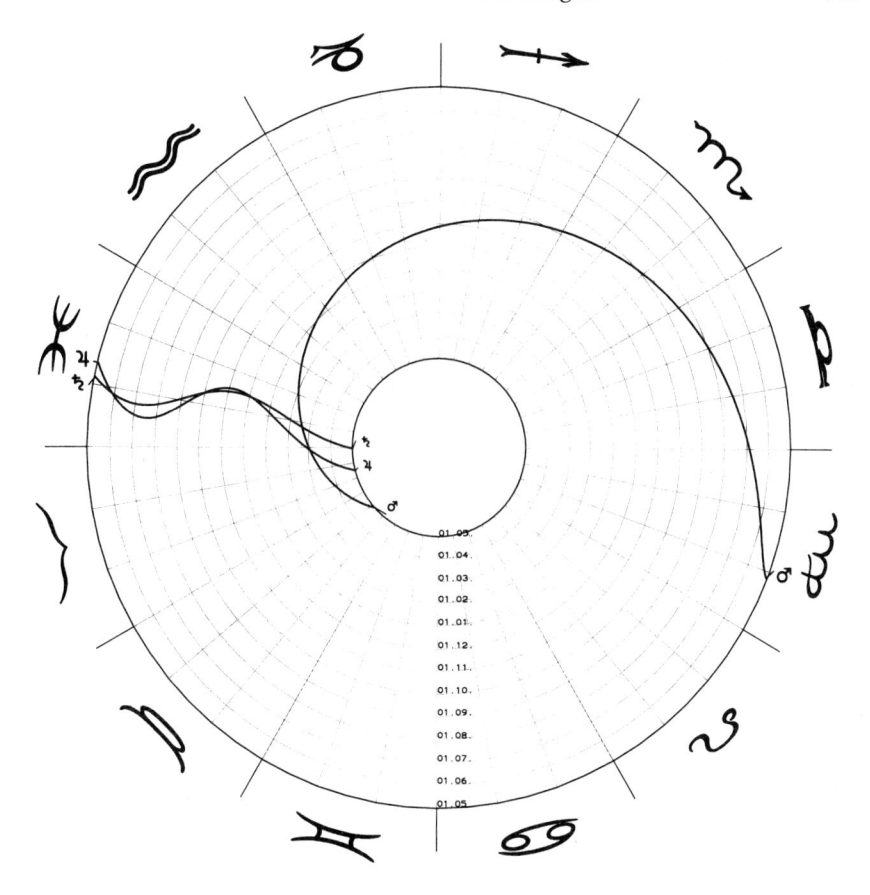

Tafel 2: Große Konjunktion des Jahres 7 v.u.Z.

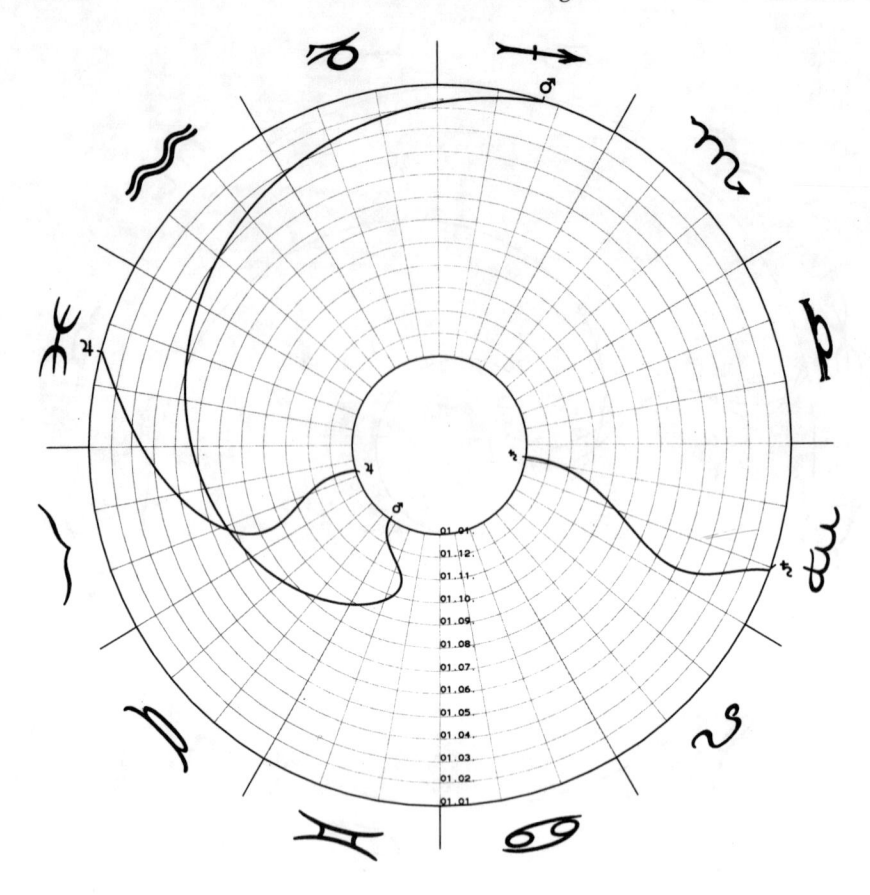

Tafel 3: Jupiter, Saturn und Mars im Jahre 66 u.Z.

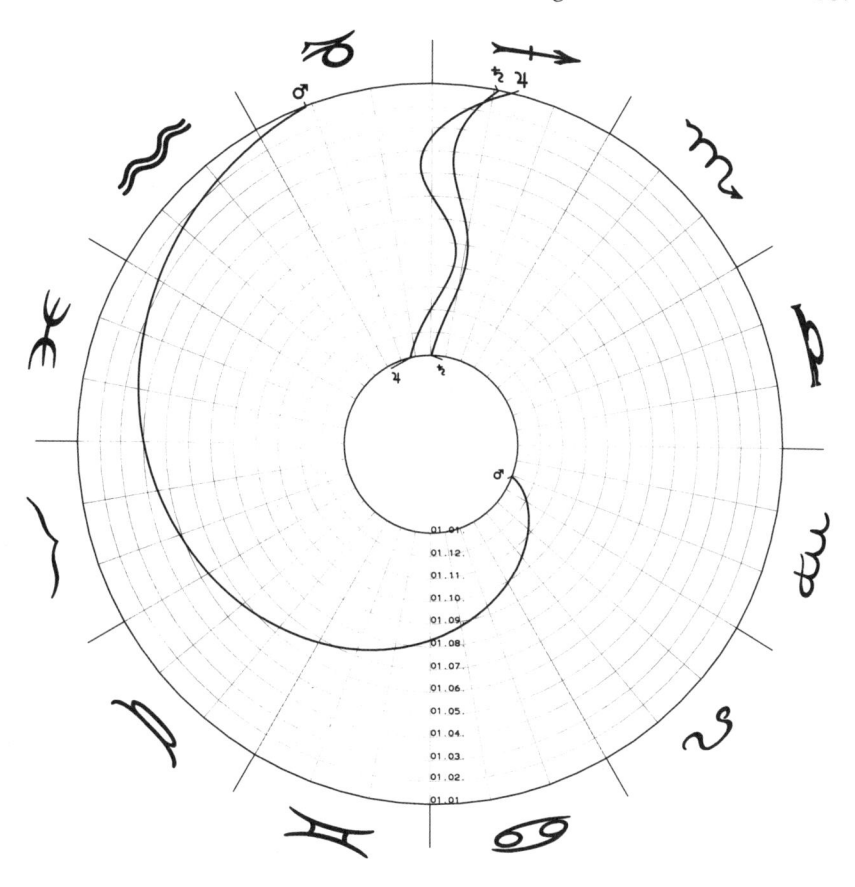

Tafel 4: Jupiter, Saturn und Mars im Jahre 134 u.Z.

868	Tabellen und Abbildungen

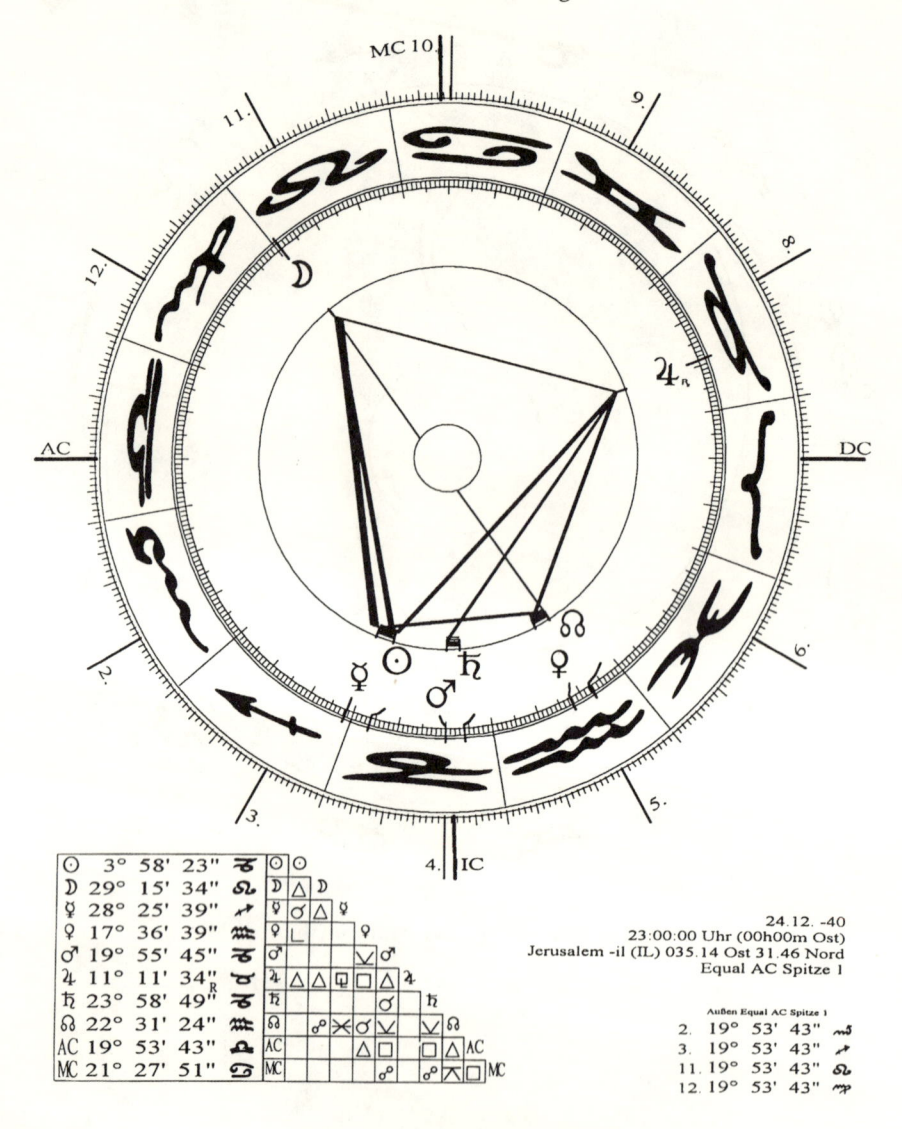

☉	3° 58' 23"	♑
☽	29° 15' 34"	♌
☿	28° 25' 39"	♐
♀	17° 36' 39"	♒
♂	19° 55' 45"	♑
♃	11° 11' 34"R	♑
♄	23° 58' 49"	♑
☊	22° 31' 24"	♒
AC	19° 53' 43"	♎
MC	21° 27' 51"	♋

24.12. -40
23:00:00 Uhr (00h00m Ost)
Jerusalem -il (IL) 035.14 Ost 31.46 Nord
Equal AC Spitze 1

Außen Equal AC Spitze 1
2. 19° 53' 43" ♏
3. 19° 53' 43" ♐
11. 19° 53' 43" ♌
12. 19° 53' 43" ♍

Abbildung 1: Chanukka 41 v.u.Z.

Tabellen und Abbildungen   869

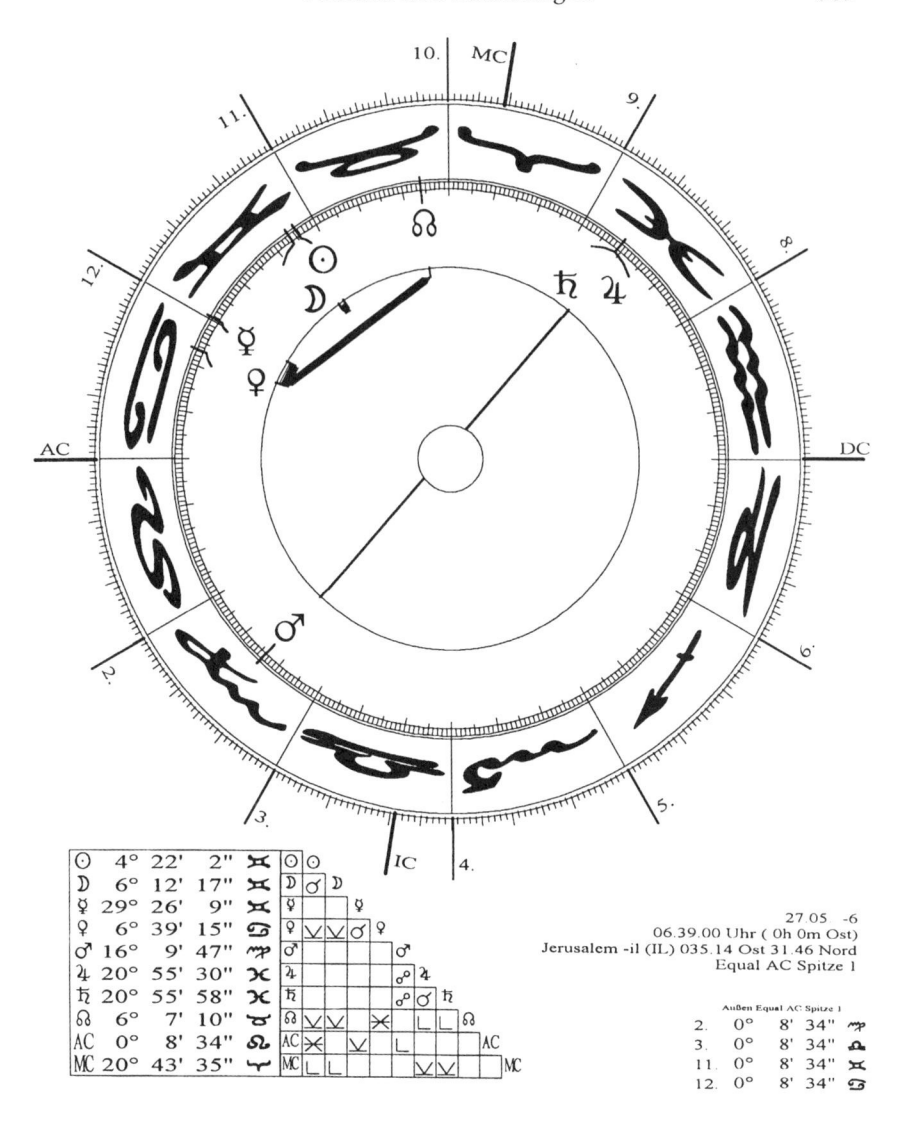

☉	4°	22'	2"	♓
☽	6°	12'	17"	♓
☿	29°	26'	9"	♓
♀	6°	39'	15"	♋
♂	16°	9'	47"	♍
♃	20°	55'	30"	♓
♄	20°	55'	58"	♓
☊	6°	7'	10"	♉
AC	0°	8'	34"	♌
MC	20°	43'	35"	♈

27.05. -6
06.39.00 Uhr (0h 0m Ost)
Jerusalem -il (IL) 035.14 Ost 31.46 Nord
Equal AC Spitze 1

Außen Equal AC Spitze 1
2.	0°	8'	34"	♍
3.	0°	8'	34"	♎
11.	0°	8'	34"	♓
12.	0°	8'	34"	♋

Abbildung 2: Große Konjunktion des Jahres 7 v.u.Z. (1)

870 Tabellen und Abbildungen

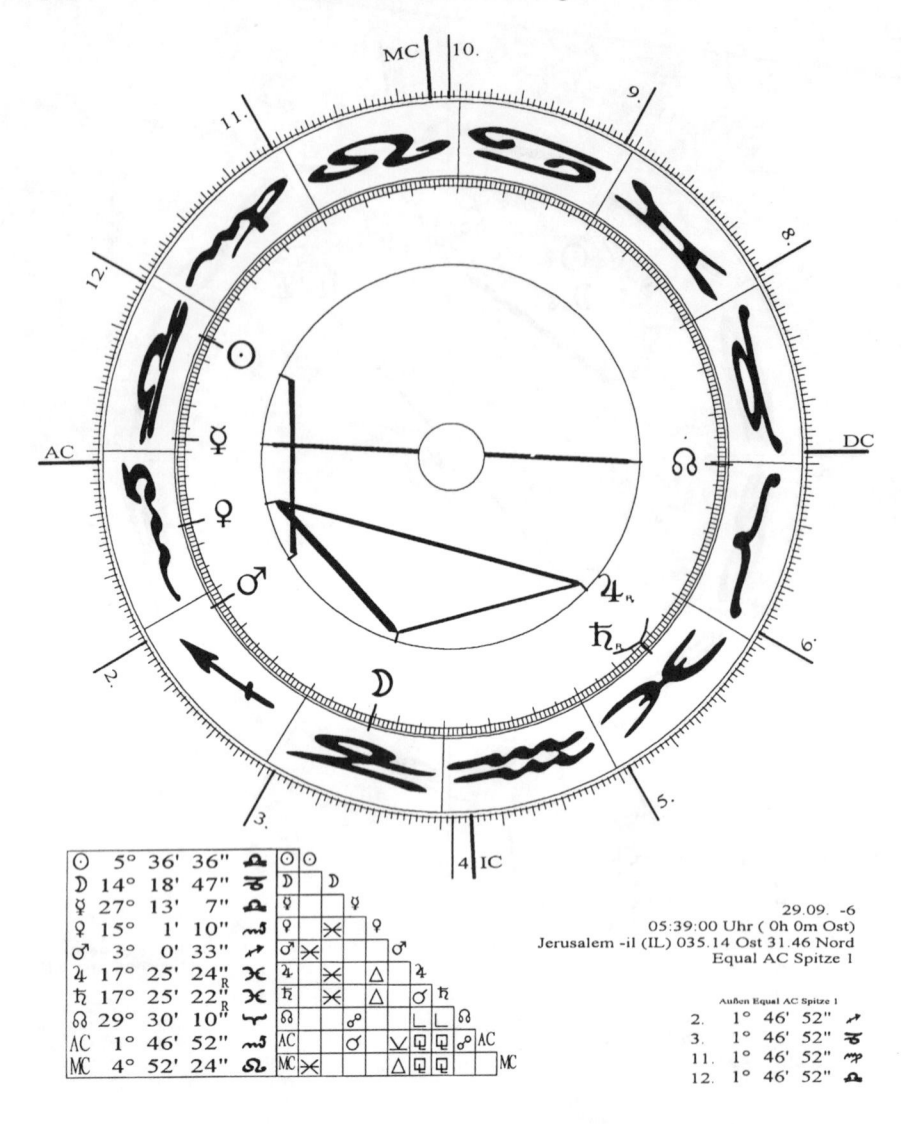

☉	5°	36'	36"	♎
☽	14°	18'	47"	♑
☿	27°	13'	7"	♎
♀	15°	1'	10"	♐
♂	3°	0'	33"	♐
♃	17°	25'	24"	♓ R
♄	17°	25'	22"	♓ R
☊	29°	30'	10"	♈
AC	1°	46'	52"	♐
MC	4°	52'	24"	♌

29.09. -6
05:39:00 Uhr (0h 0m Ost)
Jerusalem -il (IL) 035.14 Ost 31.46 Nord
Equal AC Spitze 1

Außen Equal AC Spitze 1
2. 1° 46' 52" ♐
3. 1° 46' 52" ♑
11. 1° 46' 52" ♍
12. 1° 46' 52" ♎

Abbildung 3: Große Konjunktion des Jahres 7 v.u.Z. (2)

Tabellen und Abbildungen   871

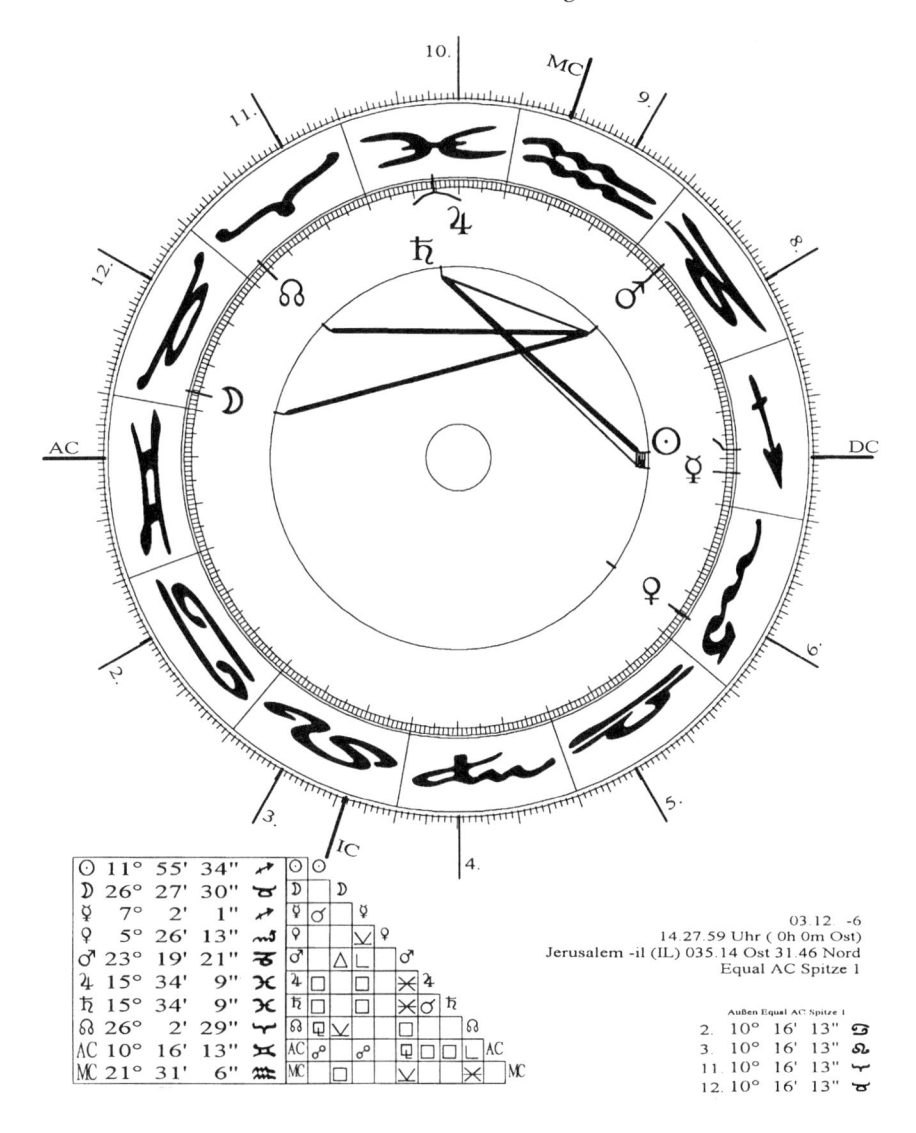

☉	11°	55'	34"	♐
☽	26°	27'	30"	♉
☿	7°	2'	1"	♐
♀	5°	26'	13"	♏
♂	23°	19'	21"	♎
♃	15°	34'	9"	♓
♄	15°	34'	9"	♓
☊	26°	2'	29"	♈
AC	10°	16'	13"	♓
MC	21°	31'	6"	♒

03.12. -6
14.27.59 Uhr (0h 0m Ost)
Jerusalem -il (IL) 035.14 Ost 31.46 Nord
Equal AC Spitze 1

Außen Equal AC Spitze 1
2. 10° 16' 13" ♋
3. 10° 16' 13" ♌
11. 10° 16' 13" ♈
12. 10° 16' 13" ♉

Abbildung 4: Große Konjunktion des Jahres 7 v.u.Z. (3)

872　　　　　　　　Tabellen und Abbildungen

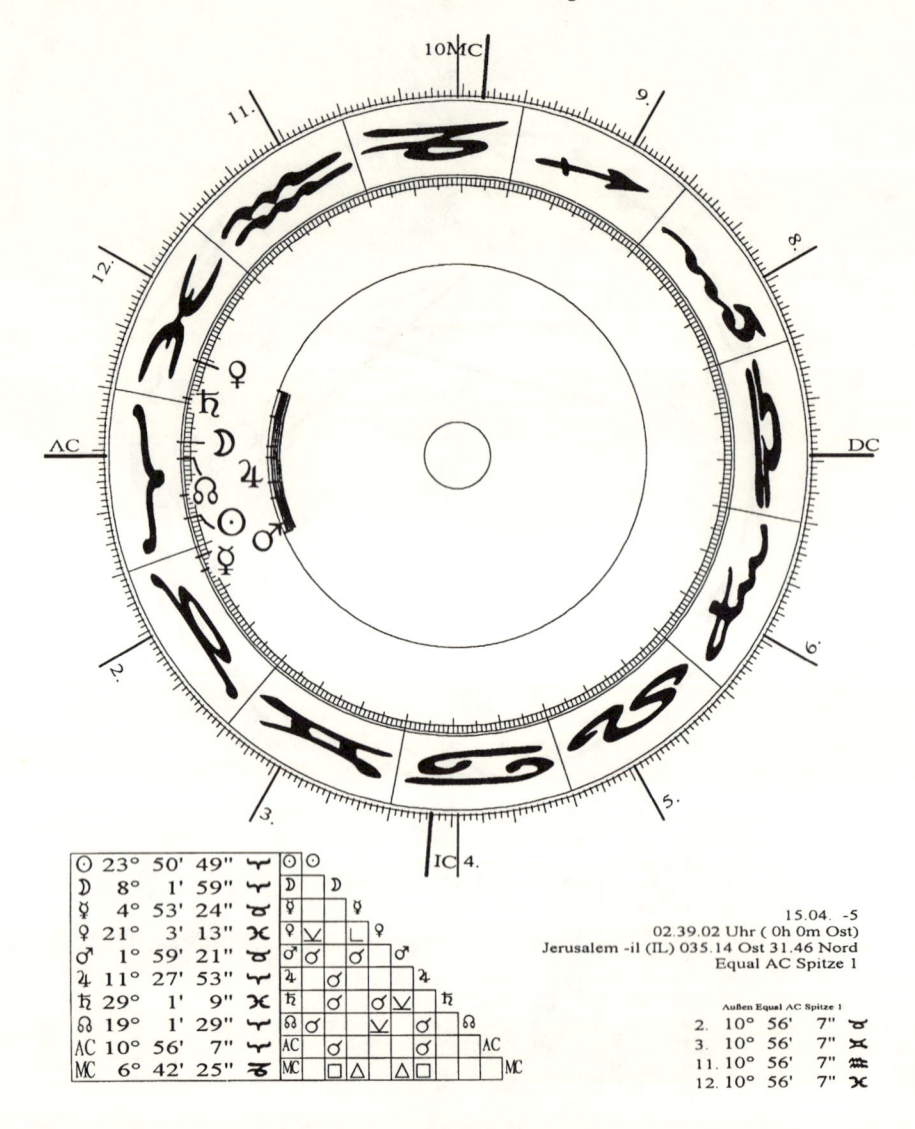

Abbildung 5: Heliakischer Aufgang des Jupiter im Jahre 6 v.u.Z.

Tabellen und Abbildungen 873

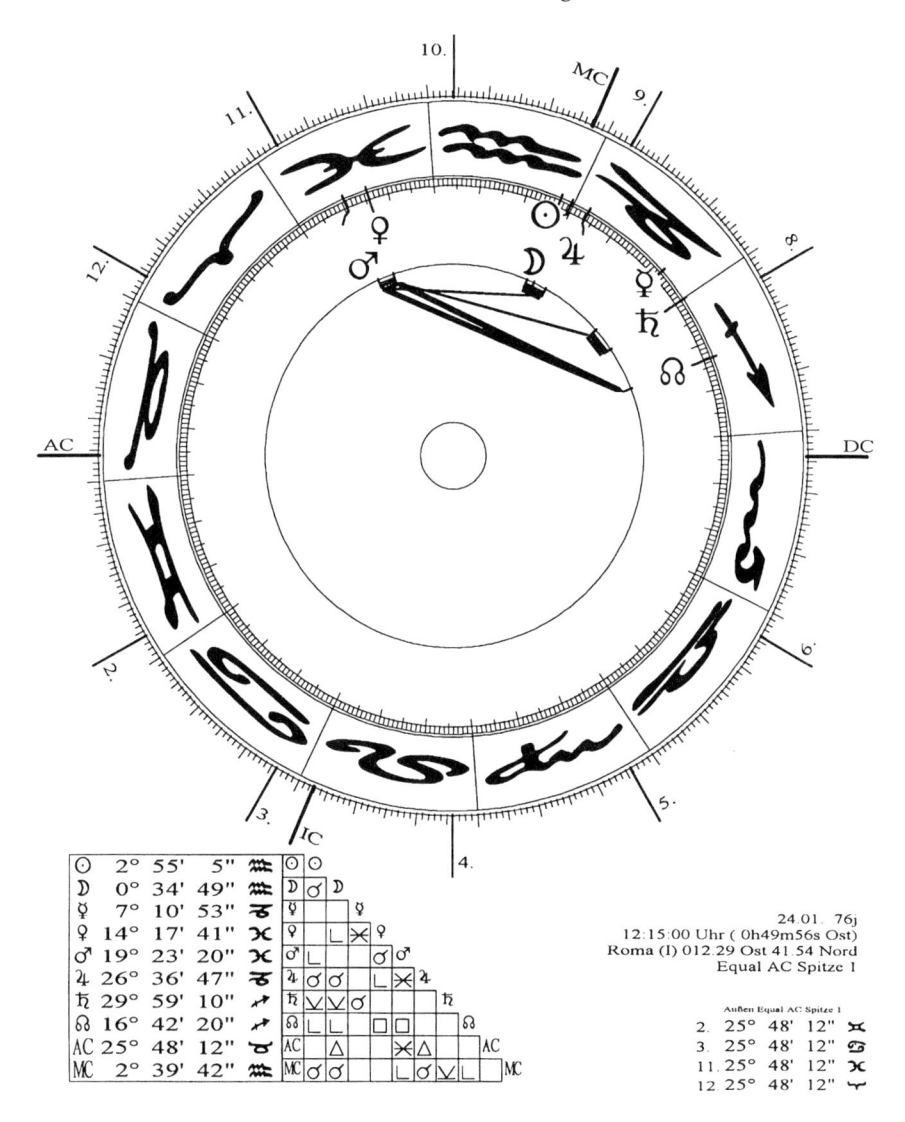

Abbildung 6: Geburtshoroskop Kaiser Hadrians

874 Tabellen und Abbildungen

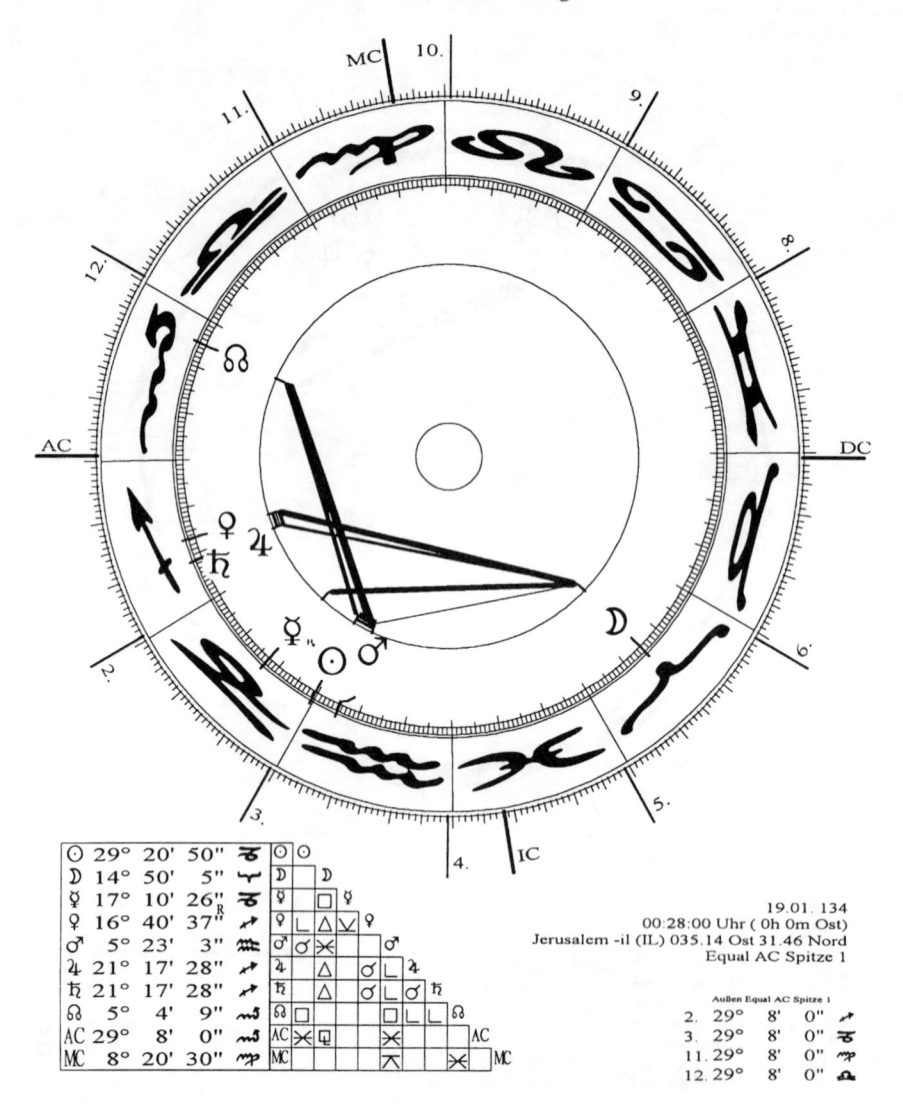

Abbildung 7: Jupiter-Saturn-Konjunktion am 19.01.134 u.Z.

Tabellen und Abbildungen 875

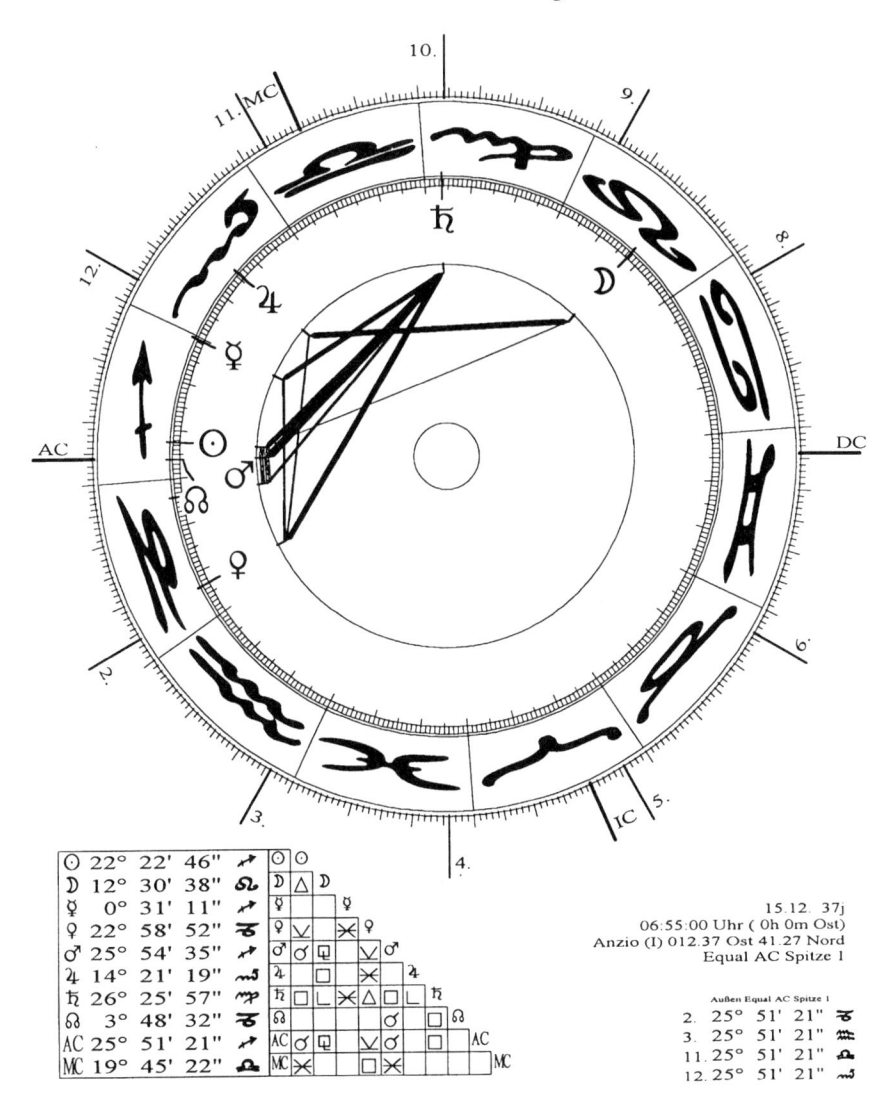

Abbildung 8: Geburtshoroskop Kaiser Neros

Register

Verweise mit einem nachgestellten *A* beziehen sich auf die Fußnoten.

Stellenregister

Aufgeführt sind alle Stellen in alphabetischer Reihenfolge, die ausdrückliche Erwähnung finden. Auch Schriften, die in ihrer Gesamtheit besprochen werden, sind im Stellenregister aufgenommen. Sind mehrere Schriften eines Autors enthalten, so sind diese unter dem jeweiligen Autorennamen gelistet. Die Zitierweise richtet sich nach den Angaben im Text.

Ägyptisches Töpferorakel: 420
Ägyptisches Totenbuch: 677; 162: 402A; 172: 666
Aelius: III, 9: 146A
Alcibiades maior: 122a: 575
Alphabet des Rabbi Akiba: 689A
Alexander von Lykopolis:
– *Manich. opinion.*: 22: 765
Ammianus: XXVIII, 4, 24: 704A
Amos: 4,7: 392; 5,26f: 134, 135, 137; 9,11: 134, 135, 136, 137, 551
Antiochus von Athen:
– *Über den Siriusaufgang*: 377
Apokalypse Abrahams: 405A, 451A
Apokalypse Moses: 33,36: 545A
Apostelgeschichte: 1,7: 552, 716A; 1,9: 547A; 2,19f: 546; 3,20: 552A; 4,6: 226; 7,42f: 135, 550f; 7,55f: 547A; 12,19b-24: 128A; 13,47: 545A; 15,16: 136; 19,27f: 599; 20,31: 554A
Appian:
– *Syriaca*: L, 252: 142A
Aristides: 3, 2: 550A
Aristoteles:
– *Problem XXX*: 1, 954a, 1-5: 746A
Armenisches Kindheitsevangelium: 557A
Asclepius: s. *Corpus Hermeticum (Asclepius)*

Augustinus:
– *Civ.*: V: 776A
– *Conf.*: IV, 3, 4: 776f; IV, 3, 5: 777; V, 3, 6: 727A, 765; VII, 6, 8: 778; VII, 6, 9: 778A; VII, 6, 10: 779; VIII, 12, 29f: 777A
– *De haeres.*: 70: 745
– *Enneration in Psalmum LXI*: 776A

Bahman Yasht: 420
Bardesanes von Edessa:
– *LibrLegReg*: 657; 18: 658A; 25-40: 660; 25: 657A; 35: 660A; 40: 658; 43: 659A; 46f: 659A
– *Coniunctiones astrorum*: 657
– *Peri heimarmenês*: 657-659
Barnabas: 16,4: 143; 16,6: 724
Baruchapokalypse: 4,3-6: 602A; 27: 593A; 29,4: 633A
Beda Venerabilis:
– *De natura rerum*: 799A
BM (British Museum):
– I, 136: 549A
– 34614: 570
– 34659: 570
– 35429: 570
Buch der Giganten: 313A
„Buch des Zodiaks": 471A
„Buch des Zoroaster": 400A, 664, 666, 668

Bücher des Jeû: 626, 640
- 2. Jeû: 52: 640

Canones Apostolorum: I, 66, 61: 785; I, 77, 29: 784A; II, 56, 72: 785; V, 12, 1-5: 784; IX, 10, 15: 785A
Cassiodorus:
- Expositiones Psalmorum (Ps. 20,1): 786
CCAG: 3; I, 140ff: 376A; II, 161, 19ff: 744A; III, 25, 8: 750A; III, 26, 6: 750A; III, 27, 17: 750A; III, 30, 8-10: 750A; III, 32ff: 207A; III, 39f: 208A; IV, 142-145: 207A, 208A; IV, 158f: 654A; IV, 170-172: 208A; V, 1, 209, 9ff: 400A; V, 3, 133ff: 744A; VI, 73-78: 401A; VII, 129-151: 352A; VII, 164, 4-25: 750A; VII, 165, 1: 750A; VII, 171ff: 348; VII, 226ff: 593A; VIII, 1, 60: 395A; VIII, 2, 139-165: 408; VIII, 3, 164, 4ff: 591A; VIII, 3, 171ff: 348; VIII, 4, 80: 348A; VIII, 4, 102: 359A; VIII, 4, 105ff: 207A; VIII, 4, 196, 1: 400A; VIII, 4, 233ff: 230A; IX, 2, 111-114: 772A; IX, 2, 112, 11ff: 780, 781A; X, 58f: 348; X, 100ff: 654A; X, 121: 207A; X, 122ff: 348A; X, 136f: 208A; X, 153: 348; X, 171ff: 654A; X, 211ff: 654A; XI, 1, 134ff: 204A; XI, 1, 165f: 208A; XI, 2, 157ff: 207A; XII, 33: 395A; XII, 153f: 348
Cicero:
- de fato: III, 6: 247A; IV, 8: 246f
- div.: 658; I, 17f: 246A; I, 47: 576; I, 85: 386A; II, 87-99: 240-247; II, 97: 234A; II, 150: 246A
- nat. deor.: 246; II, 20: 152A
Corpus Hermeticum: 627, 670; VI, 5: 674A; IX, 4: 674A; X, 7: 675A; X, 9: 674A; X, 17: 283: X, 23: 283; XI, 20: 675A; XII, 1: 675A; XII, 5-9: 283; XII, 9: 679A; XIII, 1: 677A, 678; XIII, 3: 675A; XIII, 7: 678; XIII, 10: 675A, 678; XIII, 12f: 679; XIII, 13: 678A; XIII, 14: 675A; XIII, 15: 632A; XIII, 17-20: 676A; XIII, 22: 677A; XVI, 11-18: 283; XVI, 11: 674A

- Poimandres (CH I): 9: 175, 282, 403f, 549A, 673A; 15: 637; 20: 632; 22: 674A; 25(f): 639A, 674f; I, 25f: 674
- Asclep.: 19: 283; 24f: 812; 29: 679A; 39f: 282A; 41: 677A; VI, 22: 675A; XI, 29: 674A
- Kore Kosmou: 408A; 5: 359; 23: 649A
1Chronik: 6,1-8: 363; 24,1-19: 185
2Chronik: 36,21: 609
Codex Iustinianus: IX, 18, 2: 793
Codex Theodosianus: I, 4, 2f: 790; IX, 16, 2: 794; IX, 16, 4: 795; IX, 16, 8: 793; IX, 16, 12: 796; XVI, 1, 1: 796f; XVI, 10, 2: 795; XVI, 19, 6: 795A
Coll.: XV, 2: 790; XV, 2, 1f: 789; XV, 3, 6: 783
Constitutiones Apostolorum: 784; III, 4: 784; VIII, 32,11: 784A

Danielbuch: 105, 297, 314, 552, 553, 555, 688, 719, 723, 724; 2,21(f): 275, 285, 553A; 7,10: 689A; 7,14: 205; 7,25: 609; 8,14: 293, 611; 9,1f: 188, 725A; 9,17: 361A; 9,24-27: 723-725; 9,24: 188, 609A; 10,6: 361A; 11: 352A; 11,27: 553A; 12,3: 293; 12,7: 609; 12,11f: 611
De XV stellis (Traktat): 346
Deuteronomium: 313A; 4,6: 487; 4,19: 333; 5,6ff: 449; 5,8: 333; 5,14: 461; 7,1: 138A; 17,3-5: 333, 731; 18,13: 484; 18,18ff: 140; 22,24: 497; 26,5-9: 392
Dio Cassius:
- Hist. Rom.: VIII, 146: 259A; XXV, 3: 406A; XLIV, 32, 4: 406A; L, 5, 3: 406A; LI, 32, 4: 406A; LIV, 19, 7: 564; LIV, 29, 8: 289, 564; LX, 35: 289; LXI: 258; LXII-LXIII: 259A; LXIII, 1-7: 557A; LXV, 9, 2: 265; LXV, 12, 1: 266A; LXVI, 1: 263; LXIX, 1,1: 145A; LXIX, 11, 2f: 146A; LXIX, 12-14: 142
Diodorus Siculus: I, 31, 6-9: 225A; II, 29: 331
Diogenes Laertius: 6, 102: 550A

ʿEn Jaʿaqob: 481A
Enuma Anu Enlil: 194, 203, 323
Epheser: 1,10: 552A; 1,18: 544A; 6,12: 407A; 6,14: 713A
Ephraem:
- *Mani*: 204, 46f: 729
Epiphanius:
- *Panarion haeresium*: 627; IXX, 1, 4ff: 701; XXIV, 5, 4: 694A; XXVI, 9: 649A; XXXIV, 5: 646, 647, 649A; LVI: 658A; LXVI, 13: 727, 735
- *Prooem.*: I, 4, 3-8: 628A
Epistel an Rehobeam: 408f
Epistula Apostolorum: 612, 709; 15-17: 711; 17: 715A
4Esra: 6,49: 633A; 7,26-44: 602; 8,52: 602; 9,26-10,60: 602; 10,25: 547A, 602; 10,27: 602; 10,40-50: 602; 10,50: 547A
Eusebius:
- *Chron.*: II, 166-169: 142A
- *De solemnitate Paschali*: 4: 718A
- *HE*: I, 8, 5ff: 128A; III, 8, 2: 264A; IV, 5, 2/6: 142A; IV, 6 , 2: 152; IV, 30: 655A; V, 23-25: 711; V, 24, 1-7: 714; VI, 30: 658A; VIII, 13, 14: 407A; IX, 9, 1: 407A; X, 8, 6-16: 407A
- *Praep. Ev.*: III, 4, 1: 642A; VI, 6, 3-21: 772; VI, 7ff: 234; VI, 9, 32: 657; VI, 9, 32-10,48: 657A; VI, 10, 27: 660; VI, 10, 37: 661; VI, 10, 39: 662; VI, 10, 42: 658A; VI, 10, 45f: 659A; VI, 11: 780; VI, 11, 1-81: 772A; IX, 8-27: 306; IX, 17, 8: 307, 351; IX, 27, 4: 661A, 688A; XIII, 12, 8-16: 308, 309; LXVII, 11, 78: 781A
Eutropius: VIII, 6, 1: 145A
Excerpta et Collectanea: 557A
Excerpta Latina Barbari: 557
Exodus: 313A; 2: 574; 3,14: 692; 7ff: 809A; 12,42: 712f; 17,11: 457A; 20: 140; 20,2ff: 449; 20,10: 461; 23,12: 461; 25f: 178, 25,4: 301; 26,1: 301; 26,31: 301; 36: 301; 28: 250; 28,6-8: 301
Ezechiel: 1,10: 589, 593; 10,12-14: 589, 593; 20,12: 189A; 48,31-34: 602

Fihrist: 736; 333: 737
Firmicus Maternus:
- *Math.*: II, 4, 5: 199A; II, 24: 744A; IV, 17, 2-5: 307A; IV, 22, 2: 744A; IV, 22, 5ff: 199A; VIII, 3: 307A; VIII, 4, 14: 744A; VIII, 27: 244
Fragm.Targum/Cod.Neofiti: 104
Fronto:
- *Epistulae*: 142A

Galater: 4,3: 407A, 549; 4,9: 407A; 4,9-11: 548, 703A; 4,10: 549A
Geheimschrift des Johannes: 635
Gellius: XVI, 13, 4: 145A
Geminos:
- *Isagoge*: 8, 11: 207A; I, 17,1-38: 241; II, 1, 5ff: 241
Genesis: 313A; 1,1: 633A; 1,1-2: 309; 1,4: 633A; 1,11f: 469; 1,14-19: 152A, 175, 177, 236, 282, 344, 773, 780; 1,20-22: 469; 5,21-24: 358A; 5,23: 358; 6: 325; 6, 1-4: 325A, 546; 7,11: 358A; 15,3ff: 451f, 464; 15,5: 167A, 363A, 452, 464, 476; 24,1: 451; 28,12f: 345; 37,9f: 453A; 39,7-20: 453; 41,44: 495; 41,45: 453; 49,10: 295
Geoponica: 381
Gilgamesch-Epos: I, 1f: 358f

Haggadot ha-Talmud: 481A
Hebräer: 221; 1,3: 544A; 5,12: 550A
Hegesippus:
- *Hist. eccl.*: V, 44: 264A
Hekhalot-Literatur: §§ 153-322: 685A; § 174: 181A; § 179: 181; §§ 335-374: § 356: 692A; § 387: 692A; § 389: 683A, 692, 730A; § 396: 692A; § 398: 692A; §§ 407-411: 683; § 414: 688A; § 420: 683A; §§ 422f: 683; § 555: 182A; §§ 688-699: 690; §§ 695-704: 691, 745A; § 698: 692; § 699: 692A; § 948: 691A
- *3Hen*: 686-695; § 13: 349; § 15-42: 685; § 17: 349; § 18: 687A; § 18, 1f: 349; §§ 21f: 687; § 23: 687A; § 24: 688A; §§ 25-29: 688; § 47: 688A
Heliodor: II, 24, 6: 152A

Henochbücher: 7, 178, 187, 313, 316-352, 353, 354, 355, 363f, 365
- *1Hen*: 7, 317, 343, 344, 346A, 347, 348, 350, 811; 2, 1: 320; 8, 3: 325, 326, 349A; 9, 6f: 340; 10, 7: 340f; 12, 3f: 358; 17, 3: 338f; 18, 13-16: 325A, 403A; 21, 3-6: 325A, 403A; 34-36: 602A; 41, 3: 339; 59, 1: 339; 69, 23: 339; 71, 1: 319; 86, 1-6: 325A; 88, 1-3: 325A; 90, 24: 325A; 90, 28f: 602
- *1Hen 72-82 (AB)*: 7, 317-338, 348A, 763; 72, 1: 319; 72,2-35: 602A; 72, 5: 527A; 72, 32: 318; 72, 37: 327A; 73, 1-74, 9: 337A; 74, 3-9: 337A; 74, 13-17: 318; 75, 1f: 318, 320, 327A; 75, 3f: 335; 75, 6-8: 334; 75, 6: 602A; 80, 1f: 326f; 80, 2ff: 362A, 763; 80, 4: 355, 356; 80, 6-8: 325A, 327, 329; 81, 1-4: 318; 82, 4: 321, 329, 602A; 82, 6f: 355; 82, 9: 334, 335; 82, 20: 335
- *2Hen*: 7, 317, 335, 337A, 343, 346, 350, 351, 352, 811; 11-14: 346; 11-17: 345; 14, 2f: 347; 21, 6f: 349; 23, 1: 347; 27, 3: 344, 347; 30, 2-7: 175, 282, 343f; 40, 9: 347; 48, 1f: 347; 68, 4: 349
- *3Hen*: s. *Hekhalot-Literatur*

Hephaistion: I, 24: 289
Herodot: I, 101: 575; I, 107-128: 575; I, 140: 575; II, 104, 2-4: 144A; II, 156: 597A; III, 79: 575; VII, 19: 575; VII, 37: 575; VII, 43: 575; VII, 113f: 575
Hieronymus:
- *In Danielem*: IX: 724
- *In Matthaeum*: IV, 25, 6: 717f

Hiob: 38: 173; 38,33: 332
Hippokrates:
- *Peri aerôn*: 16: 659A

Hippolyt:
- *Comm. in Dan.*: IV, 17, 1: 705f; IV, 18f: 612
- *Ref.*: 627; I, 8: 631; V, 15: 634A; V, 16-18: 633; V, 17: 634; V, 23, 3: 624A; V, 23-28: 635; VI, 35: 655; VI, 35, 3-7: 650; VI, 39-51: 644; VI, 44: 646, 649A; VIII, 18: 711; IX, 4, 4: 701f; IX, 13, 3f: 612, 704f; IX, 16, 1-4: 702; IX, 16, 2-4: 612A; IX, 16, 2: 704A; IX, 17, 2: 702; X, 29, 3: 706f

Historia Augusta:
- *Claudius*: II, 4f: 505

Hoheslied: 5,10-16: 691A
Horaz:
- *Oden*: II, 17: 386A

Hosea: 2,17: 138A; 11,1: 574
Hypsikles:
- *Anaphorikos*: 371

Iamblich:
- *De mysteriis aegyptiorum*: VIII, 3: 642A

Iggeret des Rab Scherira Gaon: 436
Ignatius:
- *Brief an die Epheser*: 19: 775

Irenäus:
- *Adv. Haer.*: 627, 644A; I, 1, 1: 625; I, 5, 6: 625; I, 13, 1-7: 644; I, 14, 1-16, 2: 646; I, 14, 3: 647, 730A; I, 14, 4: 648; I, 14, 6: 648; I, 15, 6: 645f; I, 21, 5: 640; I, 24, 6: 694A; III, 3, 4: 628; III, 16, 6-8: 625; V, 25, 4f: 724; V, 30, 3: 587A

Isidor:
- *De rerum natura*: 799A
- *Etymologiae (Origines)*: VI, 17, 12: 718

Jakobus: 1,1: 544A; 1,17: 545
Jeremia: 8,2: 333; 10,2: 333, 423, 464, 476; 25,11-14: 609; 26,21: 574A; 28,8: 422; 37,11-15: 270A; 43: 574A
Jerome:
- *Chron.* I, 224: 145A

Jesaja: 313A; 5,12: 487; 6,3: 181; 9,1ff: 584A; 10,2: 360; 10,17: 294; 10,32: 496; 14,12: 592; 41,2: 464, 476; 47,13: 333, 781A; 60,1-4: 293; 60,6: 584A
Joel: 3,1-5: 546
Johannesakten (syrische): 591A
Johannesevangelium: 587, 709, 710, 724; 1,1-18: 547A; 1,2: 545; 1,9: 545A; 3,13: 547A; 3,14: 547A;

3,30: 545A; 6,31: 547A; 8,12: 544A, 545A; 8,28: 547A; 8,44: 634; 9,5: 545A; 9,22: 636; 12,31: 546A, 636A; 12,32: 547A; 12,34: 547A; 12,46: 545A; 14,30: 636A; 16,11: 636A

Joseph und Aseneth: 224, 410, 811, 812A; 17, 4ff: 410A; 18, 3ff: 410A; 19, 5: 410A

Josephus Flavius:
- *AJ*: 257, 286; I, 14: 305; I, 166-168: 239A, 351A; III, 126: 301A; III, 145: 302; III, 179ff: 302; III, 184-186: 304; III, 252: 303; IV, 125: 296; VIII, 2: 415A; X, 147: 277; X, 210: 296f; X, 278: 274; XIII, 171-173: 273; XIII, 299: 270A; XIII, 311: 270A; XIV, 325f: 117A; XIV, 374-376: 113A; XIV, 378: 115A; XIV, 381ff: 113, 114; XIV, 403: 118A; XIV, 455: 131; XIV, 462-464: 131; XV, 4: 270A; XV, 316: 132A; XV, 328f: 115A; XV, 342f: 118A, 119; XV, 371-379: 127A, 130, 131; XV, 383: 130; XV, 387: 130; XVI, 6: 118A, 123A; XVI, 73-77: 124A; XVI, 92: 118A; XVI, 328-334: 126A; XVI, 361-366: 126A; XVI, 373-394: 127; XVI, 394-399: 279, 286; XVI, 397: 128, 273; XVII, 41-46: 127A; XVII, 44: 127; XVII, 149-167: 128; XVIII, 12-22: 273; XX, 70: 286; XX, 195: 255A; XX, 224-251: 277
- *BJ*: 255, 266A, 284, 285; I, 60: 303; I, 244: 117A; I, 279: 113A; I, 445: 118A; I, 447: 124A; I, 454-458: 118A; I, 535-543: 126A; I, 544-551: 127; I, 569-571: 127A; I, 648-655: 128; II, 42: 303; II, 147: 303; II, 162-166: 273; II, 185-203: 228; II, 220: 26; II, 360: 284, 285; II, 385: 225A; III, 292-408: 263; III, 354: 270, 285; III, 391: 287; III, 399f: 270A; III, 354: 284; III, 401f: 262; III, 405-408: 271; IV, 297-323: 288; IV, 585-629: 256; IV, 622: 273; V, 39ff: 256; V, 211-214: 300, 547A; V, 216-218: 302; V, 366f: 284; V, 391-393: 270; V, 395: 285; V, 546f: 256; VI, 99-110: 278; VI, 108f: 288; VI, 249f: 275, 288; VI, 267-270: 275, 277, 288; VI, 288-291: 264, 289; VI, 289-299: 293, 294; VI, 289f: 562A; VI, 313-315: 264, 295; VI, 428: 288; VI, 435-442: 277; VII, 147-149: 303
- *CA*: I, 6: 294A; I, 30ff: 272A; I, 41: 269; I, 54: 272A; II, 175: 303
- *Vita*: 257; 1: 272A; 9-18: 255; 10-12: 272A; 13: 261; 16: 261f; 18: 286; 416-429: 256

Jubiläenbuch: 178, 187, 275, 328, 352-365, 375, 393, 394, 423, 551, 805, 811; 1: 355; 4, 17-19: 358, 364A; 6, 23-38: 354-356; 6, 35: 359f; 6, 36: 327, 356, 360, 424A; 6, 38: 355; 11, 3-8: 360; 12: 193A, 313; 12, 16-18: 360f, 362A, 393A; 12, 20: 361

Judas: 6,13: 546A

Jüdischer Orpheus: 405f, 806, 810; I, 25-31: 405; I, 41: 405A

Jüdisches Dekanbuch: 282A, 401-403

Julian:
- *Contra Galilaeos*: 305d-306b: 505

Julius Obsequens: 71: 564A

Justinus:
- *Apol.*: I, 31, 6: 142A, 151A, 152A; I, 43: 772; II, 5, 2: 550A
- *Dialog mit Tryphon*: 77f: 580A; 106, 1-4: 580A

Juvenal:
- *Sat.*: IV, 569-576: 704A; VI, 569: 386A;

Kephalaia des Mani: 699, 727f, 734A, 741, 745, 756
- 4: 25, 15-19: 759; 25, 26-28: 760; 26, 22-26: 760; 27, 13-20: 760f; 27, 30f: 761
- 6: 730A; 30, 17-24: 757; 30, 33-31, 2: 758; 30, 33-33, 1: 757; 33, 2-4: 757; 33, 33-34, 5: 757f
- 12: 730A
- 13: 730A
- 15: 730A; 48, 31-49, 7: 761
- 16: 730A

Stellenregister 881

- 18: 730A
- 19: 730A
- 25: 730A
- 27: 730A, 757A
- 33: 730A
- 43: 113, 20: 733A
- 46: 117, 34-118, 5: 738f
- 47: 120, 6-20: 729
- 48: 120, 25-121, 12: 739; 121, 1-9: 740; 121, 13-17: 739; 121, 17-123, 15: 740
- 49: 125, 8-17: 740
- 56: 142, 2-11: 741
- 57: 761; 144, 29-31: 762; 145, 1-4: 762; 145, 7-13: 762; 145, 20-23: 762; 146, 7-11: 763; 146, 25-147, 17: 763A ; 147, 4f: 763A; 147, 10f: 763A
- 65: 732; 158, 31-159, 13: 731; 160, 15f: 731A; 161, 31-162, 27: 732
- 66: 164, 10-16: 736; 164, 28-165, 15: 732
- 69: 743; 167, 24-33: 752; 168, 1-6: 756; 168, 16-26: 747; 168, 26-169, 8: 749; 169, 8: 751; 169, 12ff: 450A; 169, 13-16: 730; 169, 17f: 730A; 169, 21-22: 730A
- 70: 743; 172, 29-174, 20: 742A; 173, 21-174, 10: 744; 174, 10-175, 4: 744; 175, 5-24: 742A; 175, 5-11: 742; 175, 12-24: 742
- 73: 181, 14: 733A
- 82: 199, 23: 733A
- 83: 204, 12: 733A
- 86: 215, 5-11: 742; 215, 23-25: 742
- 87: 218, 10-27: 733f
- 91: 231, 21: 733A; 233, 28: 733A
- 96: 245, 4: 733A
- 101: 254, 29-255, 2: 739
- 103: 730A
- 106: 259, 30: 733A
- 121: 289, 30-290, 4: 729
- 145-199: 734A

Klemens von Alexandria:
- *Excerpta ex Theodoto* (*strom.* VIII, 83f): 650; 24, 1: 625A; 25, 2: 653, 678; 72, 1: 652; 74, 1: 652A; 74, 2: 651A; 75, 1f: 651; 76, 1-80,3: 652, 775A; 78, 2: 651
- *Strom.*: I, 21, 125f: 724; I, 21, 146: 724

1Korinther: 4,5: 552A; 7,9: 552A; 13,9: 781; 15,3-7: 537; 15,40f: 545; 16,13: 554A
2Korinther: 4,6: 544
Kölner Mani-Kodex: 8, 696f, 699, 700, 728; 21: 726A; 26-33: 726A; 33: 735A; 33f: 764; 48-63: 726A, 763; 58-60: 731A; 62-64: 726A; 66-68: 726A; 66f: 764; 67: 734; 93-97: 700; 127f: 735; 141f: 735
1Könige: 2,28: 494; 5,9-14: 416; 11,1-13: 419; 11,17: 574A; 17,1: 394; 18,41-46: 394
2Könige: 2,11: 548A; 23,4f: 333; 25,26: 574A
Kolosser: 1,16: 544A; 2,4: 407A; 2,8: 550; 2,16: 548A; 2,20: 407A, 550
Ktesias: §46: 575A

Laktanz:
- *Divinae Institutiones*: VII, 19, 3: 717
Leiter Jakobs: 345f
Leviticus: 313A; 18,15: 493
Linker Ginza: III, 56: 638f
Lukan:
- *Bellum civile*: I, 651: 386A
Lukasevangelium: 2,43: 563A; 8,2: 407A; 10,18: 546A; 11,26: 407A; 12,15-27: 546A; 12,35a: 713A; 12,39f: 554A, 592; 12,46: 554A; 12,54-56: 781, 782; 17,20f: 716A; 17,26f: 554; 17,34f: 554; 21,8: 552A; 23,42f: 715A; 23,45: 69
Lydus:
- *De ostensis*: 39-41: 208A

Maimonides:
- *Kiddusch ha-chodesch*: 6, 1: 486A
- *Mischna Torah*: zu mAZ VII, 6: 531A
Makkabäerbücher: 224
- 2Makk.: 1,10: 308A
- 4Makk.: 12,13: 550A
Makrobius:
- *Sat.*: I, 23: 649A

Manilius:
- *Astron.*: I, 805-927: 289; I, 813-15: 289f; I, 835-837: 290; I, 892-898: 290; I, 904-907: 290; II, 442f: 199A; II, 443: 124A; II, 453-466: 386A, 744A; II, 504-506: 410; II, 608-641: 386A; II, 693-722: 649A; II, 788-841: 242A; II, 826-835: 200A; III, 633: 124A; IV, 217-229: 124A; IV, 294-407: 303A; IV, 338-343: 199; IV, 485ff: 389; IV, 585ff: 243; IV, 704-709: 386A, 744A; IV, 718f: 124A; IV, 731f: 243; IV, 793: 660A

Maphteach Schlomo: 523A

Markusevangelium: 1,4: 705A; 1,15: 705A; 2,23-28: 549; 9,2-10: 547A, 548A; 13: 611; 13,24-27: 546; 13,26: 547; 13,30: 605, 611; 13,32: 552, 716A; 13,33-37: 554A; 13,33: 552A; 13,35: 592; 14,62: 547; 16,19: 547A

Martial:
- *Epigramme*: VII: 268

Martianus Capella: 2, 200: 642A

Matthäusevangelium: 585A, 586; 1,17: 276A; 1,21: 584A; 2,1-12: 8A, 69, 133A, 259A, 294, 543, 555-586, 651; 2,2: 292, 545, 569, 572; 2,7: 573; 2,9: 292, 570, 572; 2,16: 573; 5,14: 545A; 8,29: 552A; 10,6: 544A; 12,45: 407A; 13,43: 545; 16,2f: 780; 16,3: 552A; 17,2: 547A; 19,28: 544; 23: 636; 24,1-3: 552; 24,29-31: 546A; 24,34: 552, 554; 24,36: 552, 716A; 24,37-51: 554; 24,43f: 592; 25,13: 554A

Mekhilta: Ex 12,42: 712A

Methodios von Olympos:
- *Sympos.*: 14ff: 783

Micha: 5,1-3: 568

Midrasch: 136A, 353, 432, 439, 441, 443, 448, 451-454, 455, 560f, 576A
- *GenR*: 1,4: 453; 44,10: 452; 44,12: 452A; 63,2: 453A; 64,10: 143; 85,2: 453; 87,4: 453; 97,2: 510A; 100,9: 453f
- *ExR*: 38,6: 451
- *LevR*: 445; 23, 8: 488A; 36,4: 453A
- *NumR*: 2,12: 452; 14,18: 454
- *DtR*: 4,5: 453A
- *EchaR*: 2,4: 151A
- *EchaRB*: 101: 151A
- *ShirR*: 2,7: 151A

Mischna: 219, 431f, 437, 438, 439, 441, 443, 444, 445, 447, 448, 449f, 451, 454f, 456, 457A, 466, 483, 494A, 507, 713
- *Aboda Zara*: 466: III, 3: 449, 456, 483, 507; VII, 6: 531
- *Abot*: 438; III, 15: 274; III, 18: 488
- *Chag*: II, 1: 511A; II, 2: 130A
- *Edujot*: I, 6: 437; V, 7: 437f
- *Pes*: 10: 712A
- *Pirke Abot*: 1, 1: 525
- *Schab*: 461, 501
- *Taan*: IV, 6: 276

„Mithrasliturgie": 164A, 167f, 177, 183, 345, 515f; Z. 482-537: 515A; Z. 574f: 515; Z. 587-616: 515A; Z. 620: 515; Z. 635-637: 515A; Z. 663: 515; Z. 674-677: 515; 693-704: 589A

mulApin: 189, 194A, 213, 323, 333, 348A, 393; I iv, 33: 213, 324; II i, 30: 331A; II i, 40: 330f; II i, 42f: 331A; II ii, 1-6: 578; II iii, 37: 331A

Nag-Hammadi-Kodex: 8; II.4,95,19-35: 684; II.5,104,31-105,19: 684; II.5: 408; II.10,1-19: 665; II.11,4-7: 665; II.11,22-24: 665; II.15,1-14: 665; II.15,13-29: 665; II.15,29-19,10: 664; II.16,7: 667; II.19,8-10: 664; III.5,83,10-19 (=V.1,11,20-12,1): 664A; III.5,84,12-85,6 (=V.1,12-13,4): 664A; IV.24,22-29,18: 664; IV.29,16-18: 664; VI.6,56f: 674A; VI.6,59,29-32: 676A; VI.6,60,4-5: 677A; VI.6,62, 28-33: 674A; VI.6,63,9-14: 675f; VI.6,63,24: 676A; VII.5,127,20f: 639; XIII.2: 408
- *Apokalypse des Jakobus*: V.3,26.14-22: 664A; V.3,32,29-

35,25: 641; V.5,26,2-23: 641; V.5,30,2-6: 641
- *Apokalypse Adams*: 415A; V.5,77,18-82,28: 637
- *Apokryphon Johannis*: 400A, 525, 663-669, 689, 693, 694, 695; II.15,29-19,10: 745A; IV.24,22-29,18: 745A
- *Testament der Wahrheit*: IX.3,31,22-32,12: 624A; IX.3,56,1-60,4: 625
- *Thomasevangelium*: 537

Nonnos:
- *Dionysiaca*: 799A; 38, 347-409: 427A

Numeri: 22-24: 102; 22,5-6: 102; 24,17-19: 11, 103f, 107, 108, 132-141, 142, 143, 151, 220, 264, 295, 197, 311, 427, 560f, 563, 580A, 584A, 592

Offenbarung des Johannes: 221, 543, 544, 546, 548, 554, 555, 587-604, 647f, 693, 703, 708, 715, 752, 759; 1,3: 552A; 1,4-20: 589A; 1,4: 593; 1,5: 547A; 1,7: 546A, 547A; 1,10-20: 180, 547A; 1,10: 591; 1,16: 407A, 547A; 1,17: 547A; 1,20: 407A; 1,40: 591A, 703A; 2,1: 407A; 2,28: 545A, 592; 3,1-3: 591; 3,2f: 554A; 3,14: 547A; 4,2: 593; 4,5: 588; 4,6-8: 589, 593; 4,6: 591A, 703A; 4,52: 591A, 703A; 5,1: 593; 5,5: 592, 594; 5,6-14: 589; 5,6(f): 588, 593; 6,1-8: 592; 6,12: 594; 6,13(f): 546A, 592A, 594; 6,16: 594; 7,1: 589; 7,2-8: 590A; 7,4-8: 544A; 7,14: 594; 7,17: 594; 8,2-11,19: 588; 8,6ff: 751; 8,8: 751f; 8,10(f): 427A, 546A, 752; 8,19f: 592A; 9,1: 427A; 9,1-11: 546A, 592A; 9,14f: 591; 10,3f: 588; 11,2: 591A, 703A; 11,9: 591A, 703A; 11,12: 548A; 12: 595-604, 633A; 12,1-6: 601A; 12,1-7: 603f; 12,1: 544A; 12,3: 588; 12,4: 546A, 592A, 595; 12,5: 593, 603A; 12,6: 591A, 703A; 12,7-9: 546A, 592A; 12,7-12: 604; 12,9: 594; 12,12-21: 544A; 12,12: 619; 12,14: 552A; 12,17: 603A; 13,1: 588; 13,5: 591A, 703; 13,30: 591A, 703A; 14,1-5: 544A, 590A; 15,1-16,21: 589; 16,15: 554A; 17,3: 588; 17,7f: 588; 20,11: 593; 21,10: 592A; 21,12f: 602; 21,16: 590A; 22,3: 593A; 22,10: 552A; 22,16: 545A, 592

Oracula Sibyllina: 224, 420-430, 810, 811; Prolog 33: 421A; I, 289: 421A; II, 200f: 427A; III: 422-425, 426, 427, 428, 429A, 430, 812A; III, 88: 152A; III, 218-233: 423; III, 334f: 291, 562A; III: 422-425; III, 584-590: 424; III, 672-679: 425; III, 673: 291; III, 713: 425A; III, 796f: 291; III, 796-802: 424; III, 827: 421A; V: 425-430; V, 155-161: 427; V, 206-213: 426, 427A; V, 215-245: 428; V, 515-531: 426; V, 516: 152A

Orakel des Hystaspes: 420, 425

Origenes:
- *Comm. in Genes.*: I, 14: 781A
- *Comm. in Matth.*: XIII, 6: 773A; XXIV: 724f
- *C. Cels.*: I, 58-60: 562A; VI, 22: 163A; VI, 24-38: 632; VI, 24: 632A; VI, 30(f): 407A, 639f; VII, 40: 639f
- *Peri heimarmenês*: 772
- *Philocalia*: XIII, 1-21: 773; XXIII, 19-21: 772A
- *Predigt zu Josua*: VII, 4: 773

Ovid:
- *Ibis*: 209ff: 386A

Papyrus Berlin: 3027 rt. 3,6-5,1: 666; 3027 vs. 4,8-5,6: 666
Papyrus Berolinensis: 626; 33, 7-34, 7: 635; 39, 4-44, 18: 635
Papyrus Cairo 31222: 378, 379, 380A
Papyrus Chester Beatty: VII: 666
Papyrus Leiden W: 530
Papyrus Michigan: 1: 744A
Papyrus Oslo: 4, 18: 550A
Papyrus Oxy.: 465: 642A
Pauli Sententiae: 791; V, 21, 1: 791; V, 21, 3: 791; V, 21, 4: 791; V, 23, 17f: 791

Paulus Alexandrinus:
- *Isagoge*: 5: 649A
Peschitta: 104
Pesiqta de Rab Kahana: 445
Pesiqta Rabbati: 509-511; 20: 509; 20, 2: 510; 20, 4: 510; 27/28, 1: 510A; 43: 452A; 53, 2: 510A
Pesach-Haggada: 712f
1Petrus: 1,13: 713A; 2,9: 545; 3,19f: 546A; 5,6: 552A; 5,8: 554A
2Petrus: 1,19: 545A; 2,4: 546A; 3,7: 546; 3,10: 546A; 3,12: 427A
PGM: 175, 516-519, 522, 524, 531, 627A, 693, 807, 812A, 813; I, 94: 282A; I, 661ff; 282A; II, 237ff: 517A; IV, 234: 667; IV, 674-693: 283A; IV, 2241-2358: 516; IV, 2785-2794: 516; IV, 2891-2942: 517f, 526A; IV, 2932-2941: 518; V: 528; V, 113: 164A; VII, 505-528: 517A; XIII, 161-205: 283A; XIII, 298: 152A; XIVa: 517A; XXXVI, 211-230: 517A; LVII: 517A; LXXII: 517A; LXXVIII: 598
Philipper: 2,6: 547A; 2,15: 545A
Philo von Alexandria:
- *Abr.*: 69-80: 239A
- *Cher.*: 4: 239
- *Conf. Ling.*: 168-173: 282
- *De congressu eruditionis gratia*: 50: 237
- *Deus Imm.*: 47-51: 235
- *Flacc.*: 228; 43: 225A
- *Legat.*: 228; 23-45: 225A; 182: 224f; 189: 229; 210: 229; 306: 229; 366f: 229
- *Migr. Abr.*: 32: 653A; 176ff: 239A; 181: 235
- *Mos.*: II, 67ff: 249, 250; II, 88: 301A; II, 105: 303; II, 124f: 304A; II, 126: 251; II, 232: 225A; II, 133-135: 251f; V: 405A
- *Opif. mundi*: 19: 653A; 58f: 236; 101: 237A; 113: 237A; 117: 237A
- *Prov.*: 227, 231; I, 77-88: 232; I, 80ff: 772A; I, 81-83: 233, I, 84-86: 234; I, 84f: 658A; 660A
- *Quaest. in Ex.*: II, 73-79: 303
- *Rer. Div. Her.*: 216-229: 303

- *Spec. Leg.*: I, 13ff: 238; I, 23: 238A; I, 62-64: 236; I, 66ff: 249; I, 86-94: 250; I, 207: 252; II, 126: 251; III, 1-3: 228A
- *Virt.*: 73-75: 250A
Pirqê de Rabbi Eliezer: 509; 6-8: 509; 6: 510A; 7: 486A
Pistis Sophia: 626; 111: 637
Plato:
- *Tim.*: 666; 19: 248A; 39b-c: 236A, 238A; 40b: 513, 549; 41a: 642A; 41, c-d: 513; 42, d-e: 513
Plinius:
- *Nat.*: II, 98: 289A; XXX: 576; XXX, 6, 17: 259A, 558A; XXX, 16: 557
Plotin:
- *Ennead.*: II, 3: 652; III, 4, 6: 652A; IV, 4: 652A
Plutarch:
- *Alexander*: 3, 7: 576
- *De Iside et Osiride*: 18: 386A
- *Mor.*: 430A: 152A; 601A: 152A; 889A: 152A
Porphyrius:
- *De Antr. Nymph.*: 6: 164; 24: 164
- *Isagoge*: 799A
- *Vita Plotini*: 16: 631A
Prokopios:
- *Geheimgeschichte (Anekdota)*: IV, 44f: 786A; XI: 785A; XI, 37: 786
Properz: IV, 1, 83: 386A
Protoevangelium des Jakobus: 556, 581f; 21,1ff: 581f
Psalmen: 313A; 8: 392; 24: 392; 29: 392; 31,17: 361A; 67,2: 361A; 80,4-20: 361A; 81,6: 495; 104,3: 527A; 118,19: 176A; 119,135: 361A; 148: 173
Psalmen Salomo: 18,10: 152A
Ps.-Callisthenes: 13: 550A
Pseudo-Clementinen:
- *Recognitionen*: IX, 26: 661A
Ps.-Phokylides: 805; 70-75: 332A
Ps.-Plato:
- *Tim. Locr.*: 96E-97A: 152A
Ptolemaios:
- *Syntaxis*: III, 7: 385A
- *Tetrab.*: I, 1: 638; I, 2: 214A; I, 3: 401; I, 10: 344; I, 14: 259A; I, 17:

410A, 754A; I, 24: 298A, 654A; II: 389; II, 1: 244; II, 2-4: 243, 748; II, 3: 755A; II, 5: 149; II, 8: 203A; II, 9: 289, 329A; II, 10; 301A; III, 5: 200A; III, 12: 744A; III, 13: 746

Qumranschriften: 104, 142, 159
- Damaskusschrift (CD): 313A; III, 13f: 357A; VII, 8-21: 136A, 137; VII, 12bff: 134, 136
- 4QEnastr: 318, 335, 337
- Florilegium (4Q174): III, 11b-12: 136, 137
- Gemeinderegel (1QS): 313A; IV, 15-26: 161A; IV, 23b-25: 161f, 354A
- Hodajot (1QH): 313A, 553A
- Kriegsrolle (1QM): 4b-9a: 137f; 11: 140; II, 2: 192A
- Mess ar (4Q534): 162A
- Mishmarot (4Q320-330): 191, 192, 354A
- MMT (4Q394-399): 216A, 294A
- New Jerusalem (11QNJ): 180, 221
- Sabbatopfer-Gesänge (0QShir und 4Q400-407): 169-175, 178, 180, 209, 211, 217, 221, 313A, 342, 675, 681
- Tempelrolle (11QT/11Q19): VII, 13f: 179
- Testimonia (4Q175): 9-12: 140, 141
- 4Q186: 193, 194-197, 202, 342, 368A, 648
- 4Q227: 335
- 4Q318: 159, 194, 204-215, 335A, 338, 342, 348, 375, 749A
- 4Q319 (4QOtot): 185, 191, 192, 354A
- 4Q561 (4QPhysiognomy/Horoscopes ar): 193, 194, 197A
Pschai-Aion-Liturgie:
s. Mithrasliturgie

Re'ujjot Jechezq'el: 685
Revelatio Esdrae de qualitatibus anni: 348A
Richter: 5: 173
Römer: 3,23: 544A; 14,5f: 548, 703A

Sacharja: 4,10: 589A; 10,1: 392
1Samuel: 1,8: 592; 6,1-6: 592; 10,10: 103; 19,23: 103; 22,6-23: 496A
Sapientia Salomonis: 224; 5, 17-23: 425A; 7, 15-22: 397; 12, 3: 414A; 16, 24: 425A
Schrift des Sem: 362A, 365-394, 424, 649A, 660A, 744, 749, 804, 810, 811; 1, 3f: 370; 1, 5-9: 375; 1, 6: 386; 1, 9: 386; 1, 11: 367; 1, 13: 370; 2, 1-13: 368f; 2, 2: 386; 2, 5f: 387; 3, 6: 368A; 3, 7f: 391; 5, 10: 387; 6, 13-17: 367; 7, 8: 381A; 7, 20: 367; 8, 3: 393; 8, 4-12: 387; 10, 14: 367; 10, 17: 393, 394; 11, 1-10: 370; 11, 18: 369; 12, 4: 368A, 375; 12, 9: 393
Sefär ha-malbûsh: 523A
Sefär Raziel: 523A
Sefär ha-r'fuôt: 394A
Sefär ha-razîm: 415A, 523-532; „Vorwort", 1f: 525A; „Vorwort", 5-10: 525; „Vorwort", 23-26: 526A; „Vorwort", 26f: 525A; 1, 27f: 524A; 1, 30-33: 525A, 686A; 1, 94-96: 529; 1, 117-131: 526; 1, 161-167: 526; 2, 111-118: 531f; 4, 51-57: 527; 4, 60-66: 527
Sefär J'tsîrah: 511A; 5, 3ff: 511A; 6, 15: 511A; 741A
Seneca:
- Consolatio ad Marciam: 26, 6: 427A
- Epist.: 107, 6: 232f; 107, 11: 161A, 233
- Quaest. Nat.: II, 35: 258; II, 36f: 258A; III, 29: 427A; VII: 289
- Thyestes: 844-874: 427A
Servius:
- Aen.: X, 272: 289
Sextus Empiricus:
- Adv. astrol.: 244; V, 21: 744A
- Pros physikous: I, 104f: 248A
SHA:
- Hadrian: 145A; II, 4: 146; XVI, 7: 146A; XVI, 9-10: 147A; XX, 2: 147A
Sprüche: 10,2: 465, 477
Sirach: 332A; 43,7: 152A
Stobaios: I, 21: 649A; I, 27: 289

Strabo: XII, 3, 37: 575A; XIV, 639f: 597A; XIV, 666: 597A; XV, 3, 14f: 575A; XV, 3, 24: 575A

Sueton:
- *Caesar*: 88: 289
- *Claudius*: 27: 258A; 46: 289
- *Div. Iul.*: 88: 120, 547A
- *Domitian*: 10, 3: 268A; 14, 1: 267
- *Nero*: 6: 258; 13: 259A; 30: 259A; 36: 261, 289
- *Titus*: 2: 266; 5: 263; 9, 2: 266
- *Vespasian*: 4f: 263, 264A; 25: 266

„Syrisches Medizinbuch": 470, 471A

Tacitus:
- *Ann.*: III, 61: 597A; VI, 22: 259, 261A; XIV, 22: 289; XV, 28-30: 259A; XV, 47: 261, 289; XIII, 22: 261A
- *Hist.*: I, 10: 263; I, 22: 260f; II, 4: 263; II, 78: 263; V, 13: 263, 264A, 291

Talmud (allgemein): 200f, 219, 433, 438-440, 443

Talmud Bavli: 10, 431, 433-435, 437, 441-448, 449, 455, 456, 459, 460-511, 663, 807, 815
- *Aboda Zara*: 107; 30a: 477A; 42bff: 483; 43a: 484
- *BB*: 12ab: 498; 16b: 494A; 157b: 436A
- *Ber*: 55b: 434, 500; 58b: 477A, 486, 490; 59b: 488A; 64a: 493
- *Betsa*: 439A
- *BM*: 27b: 498; 30b: 497f; 85b: 490A; 86a: 436A
- *BQ*: 2b: 502A; 119b: 446A
- *Chag*: 11b: 511A; 12b: 349; 14b: 683A
- *Chul*: 40a: 484; 60b: 496A; 95b: 477A, 490
- *Erub*: 56a: 477A, 487, 489, 490
- *Jeb*: 21b: 493; 64b: 483; 120a: 498
- *Joma*: 28b: 494A; 39b: 291A
- *Ker*: 448
- *Meg*: 3a: 502A
- *Meil*: 448
- *Men*: 76a: 446A
- *MQ*: 28a: 480f
- *Naz*: 448
- *Ned*: 448; 32a: 464A, 480; 39b: 493, 498; 40a: 434; 500
- *Nidda*: 63a: 446A
- *Pessach*: 57a: 291A; 94a: 487A; 94b: 486f; 113b: 484
- *RH*: 11a: 350; 14a: 484; 19b: 486A; 20b: 477A, 490; 24b: 484; 25a: 486
- *San*: 11a: 486A; 49a: 494; 93b: 151A; 94a: 502A; 94b: 496A; 95a: 496
- *Schab*: 461, 500; 53b: 502; 61a: 501; 75a: 487; 116a: 633A; 119a: 482; 129b: 477A, 490A; 149a: 633A; 156ab: 458A, 460, 461-480, 481, 488A, 489A, 498, 510
- *Sot*: 13b: 350; 36b: 495
- *Suk*: 29a: 496f; 59a: 464A
- *Taan*: 25a: 492; 29a: 276A
- *Tam*: 448

Talmud Jeruschalmi: 10, 437, 438, 442, 444, 448, 454-460, 476, 508
- *Aboda Zara*: 42d: 456
- *Ber*: 13c: 458, 477, 486A, 488A, 508
- *Betsa*: 61c: 477A
- *Chag*: 77a: 511A; 77b: 683A
- *RH*: 59a: 457
- *Schab*: 6a: 477A; 8cd: 458f, 477A
- *Taan*: 65b: 459; 68d: 151

Tanchuma Schophtim: 11: 452A

Targum Jeremia: 2 Ex 15,18: 712A

Targum Onkelos: 104

Targum Pseudo-Jonathan: 104

Targum Sh^{e}ni zu Esther: 415A

Tatian:
- *Oratio ad Graecos*: 7, 3: 772; 9, 2: 659; 11, 2: 659

Tebessa-Kodex: 696

Tertullian:
- *Adv. Iud.*: VIII: 725; XI: 725
- *Adv. Valent.*: 644; IV, 1: 628
- *De babtismo*: IXX, 2: 717
- *De idolatria*: IX, 1f: 775; IX, 7f: 775
- *De praescriptione haereticorum*: 627; VII, 9-12: 775
- *In Marcionem*: I, 18: 449A

Testamentum Abraham: rez. B 7: 545A

Testamentum Domini nostri Jesu Christi: II, 19: 718

Testamentum Juda: 25,2: 152A
Testamentum Levi: 14,3: 152A
Testamentum Salomonis: 199, 346, 394-420, 424, 524, 525, 643, 649, 661, 664, 667, 668, 669, 695, 744, 804, 806, 811; 1, 1f: 396; 1, 5-7: 396; 2, 1-3: 397, 409f; 2, 3: 418; 4, 2-11: 411; 4, 5: 413; 4, 6f: 412f, 419A; 4, 8: 412; 4, 9-11: 413; 5, 4: 415; 5, 5: 417A, 419A; 6, 7: 415; 7, 6: 415; 8: 403-415; 8, 1-4: 398; 8, 2: 282, 362A, 549A; 13: 413; 14, 2: 417A; 15, 2-6: 414; 15, 3: 417A; 15, 13-15: 419A; 18: 395, 399-403; 18, 3: 398; 18, 41f: 398; 20, 12: 415, 418; 20, 6ff: 418; 20, 14f: 418; 20, 15: 804; 20, 18ff: 418; 20, 21: 419; 26, 7: 419
1Thessalonicher: 4,17: 548; 5,1(f): 552A; 554A; 5,6: 554A
Tibull: I, 3, 17: 386A
1Timotheus: 1,4: 551
2Timotheus: 2,23: 552
Titus: 3,9: 552
Tosefta: 432, 437, 439, 441, 443, 444, 448, 449, 450f, 454f, 494A

– *Aboda Zara*: V (VI), 1: 450
– *Ber*: VII: 488A
– *Chag*: II, 1: 511A; II, 3: 683A
– *Qid*: V, 17: 451
– *Sot*: VIIf: 350; XI: 350
– *Suk*: II, 5: 497A
Treatise of Shem: s. *Schrift des Sem*

VAT:
– 290: 567, 570
– 1836: 567, 570
Vergil:
– *4. Ekloge*: 111, 119, 421A, 596
Vettius Valens: 96, 8: 307; 69, 28: 307; 104, 30: 152A; 105, 7: 152A; 236, 6: 152A

Weisheit: 7,17: 550A; 8,1: 282; 13,2: 152A; 19,18: 550A

Xenophon:
– *Cyropedia*: IV, 5, 14: 575A; VII, 5, 57: 575A
– *Ephesiaca*: 598; V, 13, 4: 598A; V, 15, 2: 598A

Yasht (Awesta): 10: 514

Namensregister

Historische Persönlichkeiten sind vollständig aufgeführt. Was moderne Autorinnen und Autoren anbelangt, so sind nur jene Personen aufgenommen, deren Thesen im Text besprochen werden. Einfache Verweise sind nicht enthalten. Ortsnamen, Göttinnen und Götter sowie Bezeichnungen von Gruppen finden sich im Sachregister.

Aaron: 521, 809A
Abaje, Rab: 434, 463, 475, 488A, 498
Abgar IX.: 655
Ablat: 464f, 477
Abram, Abraham: 102, 167A, 239, 307, 351, 360f, 362, 363, 405, 423, 451f, 457, 464, 477, 480, 494f, 505, 580A, 712, 809
Abraxas: 405
Abschalom: 494
Acha b. Chanina, Rab: 472, 498
Adam: 353, 527, 665, 725, 726A, 762, 763
Aelius Afer, P.: 145
Aelius Hadrianus: 145
Aeneas: 583A
Agrippa: 119, 284
Agrippina: 258, 260
Ahuva Ho: 476A
Akiba, Rab: 151, 155, 437, 465, 478, 479f, 481A, 683
Albani, M.: 7, 69, 160, 186A, 189, 192, 205, 208, 209A, 210-214, 317, 319, 320, 323f, 328, 329f, 332-336, 341, 348A, 350, 354A, 356, 357, 362A, 364A, 365, 370A, 731A
Albeck, Ch.: 475A
Alexander d. Gr.: 284, 576
Alexander, Sohn Herodes d. Gr.: 118f, 122f, 126f, 128
Alexander Jannai: 106, 107, 108, 109, 110, 126, 140, 141, 220
Alexander von Lykopolis: 765
Alityrus: 255, 261
Alkibiades: s. *Elchasai*
Al-Nadîm: 736
Amand, D.: 234, 239A, 772A, 783A
Ami, Rab: 493
Ammonios: 785A, 799A
Antigonus: 117, 118A, 586A
Antigonus von Nicaea: 145, 149

Antinous: 146
Antiochus IV. Epiphanes: 105, 111A
Antiochus von Askalon: 376A
Antiochus von Athen: 376f, 403
Antipater: 124
Antonia: 226
Antonius: 113, 117, 367, 375
Apion: 229
Apollinaris von Hierapolis: 711
Apuleius: 530
Aqabja b. Mahalalel, Rab: 437
Archedemos von Thera: 411A
Aretas III.: 108, 110
Aristeas: 224
Aristobul II.: 110, 113A
Aristobul, Sohn Herodes d. Gr.: 118f, 122f, 126f, 128
Aristobulos: 308-310, 351, 352, 405, 811
Aristophanes: 421A
Aristoteles: 309A, 344, 513A, 638, 746A, 786A
Arsioe IV.: 598A
Artapanos: 223, 306-308, 351, 352, 451A, 661, 688, 811
Arzt, Th.: 73A, 75, 76A
Asasel: 340f
Aseneth: 410A
Aschi, Rab: 434, 436A, 462, 467A, 468, 475f, 483, 498
Assi, Rab: 436A
Assmann, J.: 401, 803f, 812A
Astrologe des Jahres 379: 377, 400, 649A, 799A
Atlas: 403
Augustinus: 396, 607, 727A, 745, 765, 770, 775-779, 782, 789A
Augustus: 114, 118f, 120, 121, 122, 126, 129, 130, 131, 147, 229, 268, 269, 374A, 375, 788, 789A
Austermann, M.: 84A
Austin, J.L.: 68

Bacon, F.: 618
Baigent, M.: 357A
Balak: 102, 103
Balbilla, Julia: 146f, 230A, 788A
Balbillus: 147, 229-231, 238, 251A, 253, 257, 259, 260f, 265f, 289A, 290A, 299, 305, 563A
Balthasar: 557
Bannus: 255
Bardesanes von Edessa: 234, 389A, 643, 655-663, 680, 688, 699A, 726, 729A, 749, 814f
Bar-Kokhba: 143, 150-152, 154, 155, 157, 158, 505
Bartelmus, R.: 326
Barth, M.: 713A
Barton, T.: 4, 69, 167, 168, 241A, 374, 388, 389, 401A, 407A, 773A, 774, 780
Baruch: 592
Basileios: 781A
Basilides: 625, 694A
Baumann, U.: 123, 132
Baumgarten, J.M.: 442A
Bausani, A.: 165
Beck, R.: 165
Beda Venerabilis: 799A
Bergmeier, R.: 590A, 597A, 600A, 601A
Bergson, H.: 64f, 77, 78-87, 88, 96, 502, 536, 538, 624, 768A
Berossos: 814
Betz, H.D.: 522
Betz, O.: 271
Bilde, P.: 270A, 305A
Bileam: 102, 103, 104, 105, 296, 560, 563A
Bischoff, E.: 5
Blau, L.: 5
Blumenberg, H.: 188A, 607A, 610A, 614, 616-623, 629f, 763
Böcher, O.: 543A, 587A, 590A
Böhlig, A.: 666, 686A, 751
Böttrich, C.: 7, 317, 324, 326, 338, 339f, 343, 347, 348, 349, 350, 371A
Bohr, N.: 88, 90f, 93
Boll, F.: 2, 7, 391, 547, 549A, 588f, 591, 592A, 593, 600, 602A, 604A, 634, 647f, 649A, 660A

Bollnow, O.F.: 61
Bottéro, J.: 330
Bouché-Leclercq, A.: 2, 642A, 648A, 649, 652A, 746f, 804A
Bousset, W.: 588, 592A, 602A, 633A, 640A, 675A
Bréhier, E.: 235
Bremmer, J.: 794A
Brown, R.: 560
Brüne, B.: 294
Brumlik, M.: 636A
Büchli, J.: 676
Bull, M.: 618
Bultmann, R.: 537A, 603A
Burkert, W.: 537A, 676f, 768A

Caesar, Julius: 121, 289, 547A, 788
Caligula: 225, 226, 228f
Camponovo, O.: 169A
Candidus: 644
Cardano, G.: 809A
Cassiodorus: 786
Cassirer, E.: 74
Celsus: 163, 276A, 625, 639f
Chairemon: 563
Chanina, Rab: 458, 459, 462, 464, 471f, 476f, 494, 506A, 508, 510
– Unsicherheit des Namens: 471
Charles, R.H.: 353A
Charlesworth, J.H.: 5, 202, 335, 349A, 366-372, 375, 380, 383, 385, 388, 392, 393, 452A, 464A, 467A, 506A
Chija bar Abba, Rab: 495
Chisda, Rab: 481, 493
Cicero: 233, 234A, 235, 240-247, 376A, 480, 576, 583A, 658, 771, 808
Claudius: 147, 229f, 505, 788
Cohen, S.J.D.: 431, 442, 443
Collins, A.Y.: 309
Constantius: 795
Corboz, A.: 519f
Cumont, F.: 2, 163A, 164, 167A, 252A, 407A, 151A
Cramer, F.H.: 3, 8, 144, 230, 235, 237A, 247, 253, 257, 260A, 263, 265, 269, 376A, 380A, 401A, 772A, 788, 792

Dan, J.: 73
Daniel: 296f, 557A, 614, 619A, 723

Daniélou, J.: 560, 561A
David: 136, 348, 494, 592, 594
Davidson, D.: 18, 23, 24-29, 31, 38, 52, 299
Demetrios: 224
Demokrit: 253A
Descartes, R.: 20, 25
Dethlefsen, Th.: 71A
Dewey, J.: 23
Dieterich, A.: 167, 412, 515, 557f, 583f, 586A
Dihle, A.: 276A, 784A
Dio Cassius: 153, 258, 259, 790A
Diodor von Tarsus: 331f, 772A
Diokletian: 524, 783, 789f, 792, 793, 796, 798
Dobin, J.C.: 6, 167A, 450A, 468A, 469, 473, 474A, 478A, 479f, 483A, 488f, 493A, 495A, 496A, 498A, 499A
Dodd, C.H.: 175, 282
Dodds, E.R.: 175, 282
Domitia Paulina: 145
Domitian: 147, 256f, 267-269, 303, 519, 587, 588A
− Horoskop des D.: 268
Donnolo, Sh.: 450A
Doresse, J.: 408f
Dorotheos von Sidon: 389, 660A, 749
Duling, D.C.: 395A, 397A, 416

Einstein, A.: 88, 90A, 92A, 99A
Eisenman, R. (& Wise): 159, 208, 209A, 213f
Elchasai: 612, 700-708, 709, 722, 724, 726, 807
Eleasar, Rab: 154
Eleasar von Modiin, Rab: 451
Eleasar b. Pedath, Rab: 459, 492f
Elia: 548
Eliade, M.: 62A
Elija: 394
Empedokles: 672
Enmeduranki: 322f
Enz, C.P.: 88
Epaphroditus: 257
Ephraem: 656, 718, 726, 733A
Epiphanius von Salamis: 627, 628A, 727
Erkelens, H. van: 93A

Erlemann, K.: 605f, 609A, 611, 612
D'Espagnat, B.: 98A
Esra: 348, 602A
Eupolemos: 224
Eusebius: 153, 264, 307, 405, 406f, 607, 627, 657, 659A, 662, 711, 725, 772
Eutokios aus Askalon: 799A
Eva: 763A

Fabricius, J.A.: 769A
Faivre, A.: 72, 272, 528
Feldman, L.H.: 262A
Feldtkeller, A.: 656A
Ferrari, L.C.: 776A
Ferrari-d'Occhieppo, K.: 109, 561, 564A, 565, 567A, 569A, 570-572, 581f, 583A
Festugière, A.-J.: 630A
Feuchtwang, D.: 508A
Fierz, M.: 94, 95A
Filoramo, G.: 639A, 656A
Firmicus Maternus: 242, 244, 372, 401A, 668, 776, 799, 802
Firminus: 778
Flaccus: 228
Fögen, M.Th.: 8, 234, 235A, 246, 783, 789-793, 795A, 796
Fowden, G.: 673, 679A
Fraidl, F.: 725A
Frankfurter, D.: 628A, 676A
Fraser, P.M.: 371A, 429A, 812A
Freundorfer, J.: 600A
Friedländer, M.: 633A, 680
Früchtel, U.: 236A, 249A, 251, 252A
Funk, W.-P.: 727f, 734A

Gabriel (Erzengel): 495
Gadamer, H.-G.: 15, 32A, 77
Gaechter, P.: 582A, 583A, 584A, 586A
Gager, J.: 417, 505, 812f
Galba: 262A
Galen: 276A, 746
Gallus, C.A.: 114, 119
Gamaliel II., Rab: 486
Gamliel, Rab: 484
Gantke, W.: 61f
García Martínez, F.: 139A, 187A
Gardner, I.: 697-699, 726A, 730, 731A, 751, 757A

Gaspar: 557
Geertz, C.: 50, 59, 60A
Geminos von Rhodos: 207A, 241
Gerhardt, O.: 565
Gilgamesch: 358f
Ginzberg, L.: 130A
Gladigow, B.: 608f, 610, 616
Glessmer, U.: 160, 191A, 192, 211A, 212, 323
Goethe, J.W. von: 529A, 739A
Goldschmidt, L.: 462A, 481A, 489A, 494A, 495A, 496A, 498A
Goodman, N: 23
Goodenough, E.R.: 5, 107A, 227A, 249, 252A, 253, 392, 521
Graf, F.: 576, 598A
Grafton, A.: 809A
Green, W.S.: 434f
Greenfield, J.C. (& Sokoloff): 194, 200, 202f, 205, 471
Grese, W.C.: 679A
Grözinger, K.E.: 509
Gruenwald, I.: 162A, 183A, 195, 196A, 508, 523f, 528, 530A, 531A, 683A, 684, 685, 686A, 690, 694f
Gsänger, H.: 599A
Günther, M.: 587A
Gundel, H.G.: 1, 3, 177, 206A, 230, 238A, 251, 346A, 376, 391, 404f, 518A, 528, 534, 536A, 542, 575A, 577, 632, 642A, 655A, 656, 660A, 767, 781A, 789A
Gundel, W.: 3, 396, 399-402, 513, 600, 649A, 661, 667

Haardt, R.: 700
Habermas, J.: 46, 48, 51
Hadrian: 142-150, 156, 157, 230A, 428A, 519
- Horoskop H.s: 145, 149
Haggai: 275
Halivni, D.: 447
Hamburger, L.: 156A
Hanegraaff, W.J.: 12, 50A, 56f, 63, 72A, 73A
Handelman, S.A.: 442, 443
Hawking, St.W.: 89, 91A
Hegel, G.W.F.: 615
Hegesippus: 264

Heidegger, M.: 77
Heinisch, P.: 239
Heisenberg, W.: 88, 89, 93
Heliodor: 799A
Hengel, M.: 137A, 193A, 264A, 296A, 352A, 353A
Henoch: 307, 318, 321, 322, 326-329, 332, 333A, 335, 337, 338f, 341, 342, 345-351, 358, 362, 363, 365, 403A, 592, 687, 726A, 731A, 763, 764, 806, 809
Hephaistion von Theben: 145, 198, 199A, 289, 377, 380A, 389A, 401A, 668, 749, 799A
Herakleon: 650
Herbert, N.: 97A
Hermippos: 307
Herodes Agrippa I.: 226
Herodes Antipas: 112
Herodes d. Gr.: 104, 109, 112-133, 137, 140, 217, 279, 546A, 560, 563, 564, 568f, 572-574, 579, 580, 582, 583A, 663, 809; „Kindermord" des H.: 573f
Herr, M.D.: 505A
Hieronymus: 717f
Hilgenfeld, A.: 720
Hillel: 200f, 437, 439f
Hiob: 330A, 332, 359
Hipparch: 165, 213f
Hippolyt von Rom: 612, 627, 628A, 634, 650, 701-708, 711, 720f
Hjelde, S.: 13A
Hoffmann, D.: 60A
Holzhausen, J.: 677A
Honorius: 796
Houlden, M.A. (& Stephenson): 109A
Horaz: 120
Huber, B.: 556A
Huber, W.: 709A, 713A, 714A, 715A, 716A, 717A, 718A
Hübner, W.: 7, 544, 635A, 654
Hughes, D.W.: 565A
Hughes, G.R.: 377, 378f, 380A
Hull, J.M.: 576A
Huna, Rab: 459f, 496
Hunger, H. (& Pingree): 331A
Husserl, E.: 621
Hypsikles: 242, 371, 372
Hyrkan II.: 110, 112, 113A

892 Register

Ideler, L.: 565, 721A
Ignatius von Antiochien: 562, 775
Insler, S.: 165
Irenäus von Lyon: 587, 625, 644, 646, 694A, 724
Isidor von Sevilla: 718, 799A
Iulianos aus Laodicea: 799A

Jacobs, L.: 445-447, 466A
Jakob: 102, 103, 104, 345f, 353, 468A, 580A
Jakobus: 537, 641
James, W.: 21, 23, 77
Jastrow, M.: 487A
Jaubert, A.: 720A
Jehoschua b. Levi, Rab: 461, 462, 467, 470, 471f, 487
Jehuda, Rab: 437, 464, 480, 494
Jeremia: 270, 333, 360
Jeremias, J.: 712, 713A
Jerome: 153
Jesaja: 333, 585A
Jesus von Nazareth: 296A, 407A, 521, 537, 538, 539, 544A, 545, 547, 548, 551, 552, 554, 555, 560f, 563A, 565A, 568, 572, 573, 580A, 581A, 584, 585A, 592, 604, 612, 640f, 648, 650, 651A, 662f, 699, 705, 709, 715A, 716, 717A, 718, 719, 721f, 724f, 760, 764, 771, 775, 780A, 781A, 810, 814
Jischmael, Rab: 690
Joab: 494
Joachim von Fiore: 607A, 618
Jochanan, Rab: 456, 464, 476, 487, 495
Johannes: 545, 587, 588A, 600, 603, 604, 708, 714, 724, 752
Johannes der Täufer: 705A
Johannes Hyrkan: 269
Johannes Kamateros: 401
Johannes von Gischala: 278
Johnston, S.I.: 677
Jonas, H.: 630A
Jose, Rab: 484, 494
Joseph: 306, 453, 495f
Joseph, Vater Jesu: 571A, 584A
Joseph, Rab: 493f
Josephus, Flavius: 114, 115A, 122, 123, 128, 130, 131, 175, 177, 178f, 184, 189, 218, 220, 223f, 226, 253A, 254-306, 308, 321, 403, 422, 427f, 451A, 507, 544, 546, 547A, 559, 564, 573A, 585, 637, 706, 805, 809
Josua b. Levi, Rab: 457
Judas Makkabäus: 105, 353
Julia die Manichäerin: 738
Julian: 163A, 505, 514A, 799A
Julius Alexander: 226
Jung, C.G.: 96
Justinian: 785
Justinus: 587, 627, 772
Justinus (Gnostiker): 634f

Käsemann, E.: 606
Kallimachos: 307
Kanael, B.: 107, 116, 117, 153A
Kant, I.: 16, 19, 20, 24, 48A, 80
Karneades: 234f, 244, 245, 480, 768, 771, 774, 777, 783A, 808
Kassing, A.: 603A
Keel, O. (& Uehlinger): 361A
Kehrer, H.: 586A
Kephas: 537
Kepler, J.: 563A, 565, 585A
Khosroyev, A.: 626A, 629A
Kippenberg, H.G.: 57A, 60A, 68, 204, 295A, 305, 314, 535A, 615A, 622, 627A, 636A, 645A, 659f, 792A, 794, 795A
Kircher, A.: 635A
Kirschbaum, E.: 563A, 584A
Klein, F.-N.: 238
Kleitomachos: 771
Klemens von Alexandria: 587, 627, 628A, 650, 654, 814
Kleopatra: 375, 406, 598A
Klibansky, R. (& Panofsky & Saxl): 672A
Klimkeit, H.-J.: 726A
Koch, K.: 187f, 192, 213A, 321A, 404A, 605, 811-813
Kögler, H.-H.: 15f, 46f, 48, 51
Koenen, L. (& Römer, C.): 698A
Kopernikus: 382A
Konstantin d. Gr.: 85, 406, 407A, 524, 538, 784A, 790, 793, 794, 800
Koselleck, R.: 58f
Kosnetter, J.: 603A

Kraft, H.: 596A
Kraus, H.-J.: 176A
Kritzinger, H.-H.: 299A, 559, 565
Kugler, F.X.: 3, 109A
Kuhn, Th.S.: 27, 28
Kvanvig, H.S.: 320, 322, 330A, 336f, 358A, 363
Kyros: 275, 725

Laato, A.: 104A
Laban: 102
Lafargue, M.: 406A
Laktanz: 607, 717
Landscheidt, Th.: 99
Laplace, Marquis de: 89
Laurikainen, K.V.: 92, 93f, 98A
Lehmann, M.R.: 200, 201f, 368A
Leibniz, G.W.: 89
Leisegang, H.: 632
Leo (Papst): 787
Lessing, G.E.: 618
Leviathan: 633
Liebhart, L.: 583A
Liedtke, R.: 673A
Lieu, S.N.C.: 699A, 701, 751A
Lilith: 414
Limbeck, M.: 322
Lindner, H.: 270, 272A, 286A
Lindsay, J.L.: 396A
Locke, J.: 79A
Löhr, H.: 170A, 179A
Löw, L.: 5
Löwith, K.: 607A, 608A, 614f
Lohse, B.: 714A, 717A
Lucrez: 235A
Luhmann, N.: 656A, 767
Lukas: 550
Lukian: 421A, 786
Lumpe, U.: 549A, 550A
Luther, M.: 607A
Luttikhuizen, G.P.: 700f, 703A, 704f

Mack, B.L.: 537-541, 585A, 588A, 603A, 768, 787A
MacMullen, R.: 707, 784A, 798A, 800
MacRae, G.W.: 637A
Madden, F.W.: 106A, 110, 116
Maier, J.: 136A, 156, 170, 171, 182, 188, 189, 190, 191, 205A, 312, 313, 325A, 337, 338A, 511A, 680f, 682, 723, 812A

Maimonides: 476, 689
Mani: 450A, 575A, 655, 696f, 699, 700f, 726-766, 787
Manilius: 242, 243, 289f, 292, 303A, 372, 390, 660, 749
Marcion: 624, 726
Margalioth, M.: 523, 528
Maria, Mutter Jesu: 603
Maria die Jüdin: 529
Mariamme: 117f, 122
Marius Victorinus: 775
Markos: 643-649, 650, 651A, 657A, 662, 690A, 692f, 730, 744, 745, 814
Markus der Diakon: 738
Markus Alexander: 226
Markschies, Chr.: 644A
Martial: 268
Martianus Capella: 642A
Martin, L.H.: 280-282, 283A
Maruta von Maipherqat: 735A
Mastema: 360
Mathers, McGregor: 394A
Matthäus: 556, 560, 561, 566, 574, 576, 579, 580, 581, 584A, 585
Mau, J.: 372
Maximos: 799A
Mayer, R.: 425A
McBride, D.: 731A
McCarthy, Th.: 46, 51
McCown, C.C.: 395, 397A, 400, 403
McGuinn, B.: 606
McTaggart, J.E.: 77
Meir, Rab: 437, 496
Melchior: 557
Merkelbach, R.: 598A
Merrill, E.H.: 553A
Meshorer, Y.: 106, 107, 110, 117, 154A, 157A
Metatron: 195, 687, 690
Methodios von Olympos: 782f
Mettius Pompusianus: 268A
Meyer, G.: 274A
Meyer, M.W.: 515A
Michael (Erzengel): 396, 595, 601
Michel, O. (& Bauernfeind, O.): 284, 285f, 288, 292f, 301
Mildenberg, L.: 155, 156, 157
Milik, J.T.: 159, 335, 337A
Mithridates VI.: 583A

Moenikes, A.: 13A, 70A, 584A
Moore, G.F.: 2A, 280A, 436
Mordechai, Rab: 483
Morgan, M.A.: 524, 531A, 532A
Mose: 140, 236, 250A, 302, 307, 308, 353, 405, 439, 445, 457f, 493, 505, 510, 521, 548, 574, 580A, 584A, 661, 806, 809
Müller, U.B.: 600A, 601A, 603A, 604A
Münchow, Chr.: 319A, 355A

Nachman b. Jitschaq, Rab: 462, 463, 465, 469, 475, 478, 480
Nachum, Rab: 510
Nagel, P.: 666
Nahor: 360
Naveh, J. (& Shaked, Sh.): 694
Nechepso-Petosiris: 812
Nero: 255, 257f, 259-262, 265, 268, 290A, 425, 428, 519, 557-559, 563A, 586, 588A, 724
– Horoskop des N.: 258-260, 262A
Ness, L.J.: 6, 342A, 371A, 385A, 408A
Neuf, G.: 55A, 63, 67
Neugebauer, O.: 3, 7, 323, 335, 342A, 374A, 379A, 381A, 383A, 721A
Neusner, J.: 433, 434A, 436-440, 443-445, 447, 449, 464A, 478A, 479A, 503f
Newsom, C.: 170f
Newton, I.: 76, 89, 529A, 608, 609, 611, 808
Nietzsche, F.: 45, 605
Nigidius Figulus: 246
Nikolaus von Damaskus: 115A, 122, 123, 127A, 564
Nilsson, M.P.: 67A
Noah: 353, 354, 356, 392, 421, 525
Nock, A.D.: 521
Nonnos von Panopolis: 799A
North, J.: 166A, 214A, 782A
Nostradamus: 421A
Nussbaum, M.: 246A

Oates, J.F.: 371A
Obyzouth: 413f
Octavian: s. *Augustus*
Onias IV.: 423, 812A
Onoskelis: 411-413
Onuki, T.: 666

Orban, P.: 71A, 781A
Origenes: 163, 234, 396, 562, 580A, 585A, 628A, 640, 644, 722A, 724f, 770, 772-774, 779-781, 783A, 805, 808, 814
Ornias: 418
Oster, R.: 599A
Otho: 261A
Otto, R.: 60
Otto, W.: 113A
Overbeck, F.: 605, 607

Palchos: 799A
Panaitios: 234, 235, 245, 771
Pancharios: 799A
Papa, Rab: 501
Papke, W.: 213A
Parker, R.A.: 370, 382
Patai, R.: 529
Pattikios: 700, 735
Pauen, M.: 630, 631, 678
Pauli, W.: 30A, 73A, 77, 87-96
Paulus: 407, 534A, 537, 538, 540, 541, 545, 548-550, 555, 591, 603, 636, 642, 662, 697, 703, 726A, 763, 768
Paulus (Jurist): 789, 790f
Paulus Alexandrinus: 386A, 389, 390, 391, 660A, 744, 749, 799A
Pearson, B.A.: 680
Peat, D.: 95, 98
Peirce, Ch.S.: 23
Petosiris: 377, 812
Peuckert, W.-E.: 74A
Phasael: 113
Pheroras: 124, 127
Philippos: 657, 661
Philo von Alexandria: 168, 172A, 173A, 175A, 178-180, 189A, 218, 219f, 221, 224-240, 243, 247-253, 299, 303, 306, 308, 310, 321, 343, 352, 404A, 451A, 480, 544, 628A, 635A, 636A, 637, 653, 658A, 671, 771f, 777, 805, 808, 813
Pingree, D.: 4, 208A, 209
Pius der Märtyrer: 644
Planck, M.: 89
Plato: 16, 18, 22, 60A, 214A, 248, 253, 309A, 357A, 513, 549, 575, 666

Namensregister

Plessner, H.: 61
Plinius: 289A, 299, 576
Plotin: 652, 676
Poimandres: 632A
Pollio, G.A.: 114, 119, 121, 129, 131, 596
Polykrates: 714
Pompeius: 112
Poppaea Sabina: 255, 260-262, 265
Porphyrius: 163A, 164, 376, 676, 799A
Poseidonius: 234, 242A, 246, 660A, 747, 771
Pratscher, W.: 656
Preisendanz, K.: 395, 398, 416A
Priszillian: 635A, 654, 678A, 679, 784f, 787
Proklos aus Konstantinopel: 642A, 799A
Prokopios: 781A, 785f
Pseudo-Eupolemus: 337A, 351, 811
Pseudo-Hekataios: 351A
Pseudo-Kaisarios: 781A
Ptolemäus Lathyrus: 108
Ptolemaios (Gnostiker): 644A, 650
Ptolemaios, K.: 147, 199, 242, 244, 289, 344, 372, 374A, 377, 380, 382A, 388, 389, 401, 649A, 746, 747-749, 755A, 799A, 802, 813
Ptolemaios III. Euergertes: 373
Ptolemaios VI. Philometor: 308
Putnam, H.: 23, 38, 46, 47, 48, 49, 51
Pythagoras: 250, 357A, 513A
Python: 597

Quack, J.F.: 402A, 661A, 664A, 665, 666-668, 669, 672
Quine, W.v.O.: 23, 29, 42

Rab: 464, 476f, 480, 484, 487
Raba: 434, 481f, 484, 500, 501
Rabba b. Rab Schila, Rab: 462, 463, 470, 475f, 481
Rabba bar bar Chana: 484
Rabba bar Nachmani: 494
Rabbi: 487
Rabina, Rab: 436A
Rajak, T.: 266A, 292, 295, 296A, 297
Raphael: 340
Raschi: 448A, 464A, 487A, 492f
Rau, E.: 334f, 355, 363A, 365

Reeves, J.C.: 728A; 733A
Reinhardt, K.: 242A
Reitzenstein, R.: 175A, 283, 515A, 630A, 674f
Rhetorius: 198A, 376, 511A, 648, 649, 799A
Riedinger, R.: 534A
Riedinger, U.: 7, 583A, 769f, 774A, 781A
Rienecker, F.: 574A
Robinson, J.M.: 537
Romanòs, K.P.: 86A
Rorty, R.: 9, 13, 14-55, 60A, 64, 80A, 299, 802
Rudolph, K.: 62, 626A, 629, 630, 644f, 670A, 733
Rüpke, J.: 186, 374, 721A
Rüsen, J.: 58, 83A
Runggaldier, E.: 72A
Russell, B.: 77
Rutherford, J.F.: 613
Ryle, G.: 808

Sabina: 147
Sacharja: 593
Sachs, A.: 3
Salome, Schwester des Herodes: 124
Salome Alexandra: 110
Salomo: 275, 348, 394, 396-398, 403, 407-409, 411, 413f, 415A, 416-419, 521, 526A, 806
Sand, A.: 553
Sandbothe, M.: 76
Sarai, Sarah: 452
Sarapis: 404
Satan: 731, 732
Saul: 496A
Schäfer, P.: 136A, 143, 144, 151, 154A, 158A, 181, 182, 183A, 195, 197A, 200, 669, 683A, 691f
Schalit, A.: 113A, 114, 129
Schammai: 437, 439f
Schaumberger, J.: 567A
Schechter, S.: 436
Schenke, L.: 588A
Scherira, Rab: 436
Schiffman, L.H.: 179A, 222A, 442, 443
Schimon b. Gamliel, Rab: 449
Schimon b. Jochai, Rab: 151, 451

Schimon b. Pazi, Rab: 487
Schlatter, A.: 281, 288A, 291A
Schlüter, M.: 449A, 456f, 483f
Schmidt, F.: 313A
Schmuel, Rab: 452, 458, 464f, 477, 479, 486, 489-491, 508
Schmuel bar Jitschaq, Rab: 452
Schmuel bar Marta, Rab: 484
Schmuel bar Nachmani, Rab: 487
Scholem, G.: 195A, 402, 690A
Schwarz, A.: 486A
Schwemer, A.M.: 171A, 182A
Segal, A.F.: 636A
Segal, J.B.: 357A
Seïr: 104
Sem: 392
Seneca: 161, 233, 257f, 267, 299
Seorim, Rab: 481
Seth: 103, 136, 518A, 597, 639, 726A, 763
Severianos: 781A
Sextus Empiricus: 244
Shaked, Sh.: 471
Sharf, A.: 450A
Simon (Gnostiker): 625
Simon, M.: 552A
Simplikios aus Kilikien: 785, 799A
Smelik, W.F.: 303A
Smith, J.Z.: 539-541, 787A
Smoller, L.: 800A
Snaith, N.H.: 372
Sokrates: 357A
Sophronius von Constantina: 787
Spinoza, B.: 20
Stark, K.B.: 165
Stauffer, E.: 574A, 579A
Stausberg, M.: 578A
Stegemann, H.: 215f, 723
Stegemann, V.: 743, 745A, 747-752, 754f, 799A
Stemberger, G.: 110A, 274, 353A, 434A, 453A, 454, 455, 457A, 479A, 487A, 712f
Stephanus: 550f
Sterling, G.E.: 254A, 266A, 270
Stierlin, H.: 260, 268, 519f, 558A
Strabo: 228A
Strauss, D.F.: 560A
Strobel, A.: 3, 113A, 118A, 119, 125, 128A, 132A, 135, 137, 139, 148, 155A, 299A, 558A, 559, 573, 600A, 601, 705A, 706, 713-715, 716A, 718A, 719-721, 725A
Stroumsa, G.G.: 694A
Sudbrack, J.: 698
Sueton: 258, 264A, 266, 291A, 790A

Sulpicius Severus: 784
Sutherland, C.H.V.: 106A
Tacitus: 259, 260f, 264A, 291f, 293, 790A
Talmon, S.: 172A
Tamar: 361A
Tardieu, M.: 666, 728A
Tat: 678f
Tatian: 656, 659, 772
Taylor, M.S.: 552A
Tertullian: 163A, 449A, 587, 627, 628A, 717, 725, 770, 775, 779, 782
Testuz, M.: 353
Teukros von Babylon: 400, 511A, 648, 649A, 668
Thackeray, H.St.J.: 296
Theodosius: 783, 790, 796f, 798
Theodotus: 643, 650-655, 678-680, 744, 745, 771, 775, 807, 814
Theukros: 198A
Thiessen, W.: 587A; 603A
Thrasyllus: 147, 229, 257, 259, 265
Tiberius: 147, 229, 258, 788
Tiberius Alexander: 226
Tiessen, W.: 587A
Tiridates: 259f, 557-560, 583A, 585f
Titus: 157A, 256, 257, 262, 263, 266-268, 275, 303
– Horoskop des T.: 266
Tower, W.S.: 435A
Trachtenberg, J.: 5
Trajan: 426, 587, 612, 702, 703, 705
Tröger, K.-W.: 670f
Tuckerman, B.: 109A, 112A, 148A
Tûrân Shâh: 736A
Tuveson, E.L.: 614A

Ulansey, D. 165-167, 214
Ulpianus: 789-791
Urbach, E.E.: 436, 464A, 479A, 504A
Uriel: 318, 332, 333A, 335
Usener, H.: 583f

Valens: 793, 796
Valentin: 624, 625, 628, 643f, 649, 655, 680
– V. als „Gnostiker": 628A, 644A
Valentinian: 793, 796
VanderKam, J.C.: 322f, 324, 325, 353A
Vardaman, J.: 563A
Varro: 246, 583A, 645A
Vergil: 114, 119, 129, 421A
Vespasian: 226, 256, 257, 262-268, 271A, 275, 289A, 295, 297, 303, 415A
– Horoskop des V.: 265
Vettius Valens: 242, 307, 372, 385A, 649A, 802
Viktor von Rom: 711, 714A
Vindicianus: 777
Vitellius: 263
Voegelin, E.: 629f
Völker, W.: 235
Volkmann, H.: 406A
Vouga, F.: 585A

Waardenburg, J.: 55A, 70A
Wächter, L.: 65-67, 69, 274A, 315A, 325, 350, 460A, 478, 482A, 491A, 498, 500A, 504A, 506A, 508A, 773A

Waerden, B.L. van der: 3, 242A, 320A, 381, 514A
Wallace, R.: 616A
Walter, N.: 309A
Weber, M.: 57A, 248, 615f
Weidner, E.F.: 3
Weiler, G.: 361A, 413
Weinberg, M.: 176A, 221
Weinberg, S.: 97A
Weinfeld, M.: 220A
Weiss, J.C.: 71A, 556A
Weiß, J.: 604f
Wellhausen, J.: 604A
White, H.: 59f
Widengren, G.: 751A
Wintermute, O.S.: 353A
Wittgenstein, L.: 24, 26, 31, 280A, 802A

Xiphilinus: 165A

Yamauchi, M.: 558A, 561A, 576A
Yeivin, Sh.: 153A
Yeomans, D.K.: 564A

Zarathustra: 396A, 575, 578
Zenon: 81, 248A
Zerubavel, E,: 77A
Zimmerli, W.Ch.: 76
Zosimus: 529f
Zutra bar Tobija, Rab: 487

Sachregister

Abendmahl: 709, 718
Adversus-Iudaeos-Literatur: 135, 551; s. auch Antijudaismus
Ägypten: 146, 176A, 203, 220, 303, 306f, 343, 346, 351f, 357A, 359, 366f, 368, 370, 372, 374, 375, 376, 378, 380-384, 386, 390, 391, 396A, 397, 399-402, 404A, 407, 408, 410A, 415, 417, 422, 424, 425f, 451, 458, 495, 514, 521, 525A, 530, 531, 541f, 572, 574, 578, 597f, 627f, 629, 634, 642, 643, 647, 649, 650, 657, 664, 666-669, 671-673, 675-677, 680, 687, 688f, 693, 712, 727, 731, 735, 737, 745, 749, 799A, 804, 809, 810-814
Aelia Capitolina: 143, 147f; s. auch Jerusalem
Amalek, Amalekiter: 457
Amulett: 471, 500, 501f, 693f
Äquinoktien: 164; s. auch Sonnenwenden
Äthiopien: 426
Aion: 404, 515A
Aktium: 367, 375
Alchemie: 396A, 529f, 812f
Aletheia: 647, 692
Alexandria: 147, 225f, 228-230, 242, 263, 266, 306, 308, 343, 344, 345, 351f, 366f, 368, 370, 371f, 374A, 375, 376, 377, 380, 383A, 384, 388, 389, 391, 394, 422, 424, 531A, 602, 628A, 643f, 661, 669, 688, 728A, 785A, 810f
– jüdische Gemeinde in A.: 225A, 309, 424, 426, 628A, 649, 812A
Allerheiligstes des Tempels: 172, 178-180, 249, 301, 547, 684A
Alltagsreligion: 403, 416
Amoräer: 431, 434, 435A, 447, 454, 467A, 471, 475, 476, 504
Anankê: 128, 517f
Anthropologie (kulturelle): 59, 645A
Antijudaismus, Antisemitismus: 226, 228-230, 552A, 574A, 602A, 635, 686

Antium: 258f
Anu: 514A
Aphrodite: 344, 517, 756; s. auch Venus
Apokalyptik: 10, 87, 122, 217, 222, 277f, 285A, 291, 313f, 324, 332, 336, 352A, 353, 427, 542, 545, 546A, 553, 555, 588, 590-592, 604-623, 641, 686, 688, 701, 705, 707f, 716, 718, 723, 726, 759, 761, 763, 799A, 807
Apoll, Apollkult: 115, 116, 260, 559A, 595-597, 601, 603
Apostel (als Zodiakalherrscher): 653-655, 678f, 785
Apotheose: 121, 260, 268, 289, 405, 450, 809
Araboth: 349, 486
Architektur (und Astrologie): 519f, 672, 811f
Archonten: 175, 238A, 251, 282, 631, 635, 638-642, 623, 654, 661A, 665, 673, 678, 683, 703, 727, 728, 734, 737, 743, 761
Ares: 344. 756; s. auch Mars
Aristotelismus: 300A, 647
Artemis: 517f, 597, 598, 599A, 603; A. Ephesia: 598-600
Artemision von Ephesus: 598A
Aschera: 361A
Aspekte: 650A, 754f
– Konjunktion: 378f, 382, 489A, 559, 657, 702, 704
– Sextil: 754
– Quadrat: 125, 240A, 259, 262A, 754f
– Trigon: 240A, 596, 747-751, 754f
– Quinkunx: 410, 754
– Opposition: 378f, 754
Astralmythologie: 543-547, 548, 555, 577A, 588, 589A, 590, 595A, 597, 600-604, 631, 699, 727, 759, 783
Astrologie: passim
– Begriffsbestimmung der A.: 100
– mesopotamische A.: 4, 175, 194, 203, 212, 213, 214, 237A, 239, 242A. 252A, 292A, 309, 320A,

Sachregister

321A, 323, 331-334, 349, 351, 362, 372f, 380A, 383A, 385A, 389, 393, 403, 423, 467, 471, 504, 506, 508, 512f, 514, 532, 565, 567-570, 578f, 582A, 699, 727, 749, 804, 810, 814f
- griechische A.: 3, 199, 221, 344, 371A, 372, 388, 403, 429, 513, 514A, 530, 565, 568, 579, 588, 591, 595A, 632, 655, 662, 666, 699, 727, 810
- ägyptische A.: 198, 199, 200, 203, 239, 351, 379A, 383A, 387, 401, 403, 429, 495, 642, 643, 650, 655, 657A, 661f, 663, 810f
- indische A.: 450A, 565
- und Wissenschaft: 4, 5, 69, 71, 74, 99, 100, 115, 193, 207, 214, 216, 237, 238, 239, 283, 351f, 384f, 454, 485, 502, 534A, 766, 778, 790, 796, 798, 813, 815
- und Astronomie: 237, 240f, 242, 275, 316f, 324, 337, 371A, 486A, 509, 617-619, 781A
- und Politik: 2, 9, 11, 85, 131f, 139, 389
- Verfolgung der A.: 263, 265f; s. auch *Recht*

Aszendent: 199f, 241, 259, 370, 371-373, 378, 383, 384, 473, 474, 475, 490, 497-499, 654, 730A, 781
Aszendentenherrscher: 473, 490, 497
Aszendentenzwilling: s. *ben gîlô*
Athen: 376A, 644, 785A
Auferstehung: 545, 548, 554, 631, 709, 714, 716, 717A, 719, 725
Aufstieg durch die Planetensphären: 163, 167f, 177, 182, 345, 359, 404, 510, 511, 514, 516, 525, 531A, 631, 634, 636, 638-642, 645, 674f, 677, 734f, 740, 806
Augurium: 240, 423, 795

Babylonien: s. *Mesopotamien*
Bagdad: 736
Bar-Kokhba-Aufstand: 105, 141-145, 299, 428A, 431, 505, 560
Belief-Sätze: 25, 63
Ben gîlô: 497-499, 500
Beschneidung: 144

Beschwörungsschalen: 415A, 500, 524, 531, 689A, 814
Bethlehem: 560A, 562, 563A, 564, 565, 568, 571, 572, 573A, 582A, 583A, 585A, 586, 722A
Bilderverbot: 449
Blei: 412, 414, 758
Brontologion: 159, 194, 205, 207, 214, 338-340, 342, 347, 348, 365, 662, 749
Buchstaben, Alphabet: 511A, 647f, 692, 729, 805A
Buddhismus: 696, 734A, 736A
Byzanz: 519, 534, 654A, 799, 815

Chaldäa, Chaldäer: 239, 240, 252A, 267, 360, 405, 423, 465, 482, 484, 493, 496, 575A, 577f, 657, 697, 735, 775A, 783, 795, 809
Chaldäische Orakel: 677
Chanukka-Fest: 111f, 187A
Cherubim: , 301684
Chiliasmus: 314, 622
China: 696
Chiromantik: 195
Chronos: 552, 573
Curiositas: 779, 795, 797, 798f

Damaskus: 366, 391
Dekane, Dekanlehre: 198, 199, 200, 282, 302, 387, 398, 399-403, 404, 410, 525, 634, 642, 643, 646, 649, 650A, 661, 662, 664, 667f, 676, 679A, 688, 693, 729
Dekangeographie: 661f, 688f
Dekangötter: 398, 400, 416A, 517A, 642, 661
Dekanmelothesie: s. *Melothesie (Dekanmelothesie)*
Delos: 597
Demiurg: 282, 513, 635f, 640, 683, 732
D^{e}raqôn: 449, 456, 483
Deszendent: 145
Determinismus: 1, 65-67, 74, 76, 81, 82, 87, 88, 89, 93-96, 100, 114, 130, 139, 160, 161, 200, 218, 222, 231-234, 269, 272, 273-276, 279f, 281, 287, 292A, 295, 305, 336, 362, 392, 393, 394, 454, 460f,

466f, 468, 472, 474, 477f, 482, 485, 500, 503, 506, 507, 511A, 553, 555, 591, 594, 609f, 631, 637, 652, 738, 771, 773A, 778, 807, 808f
Deuteronomistische Tradition: 277, 279, 296, 333
Diana: 576, 597
Dionysos: 411A, 799A
Diskurs: 2, 8-10, 14, 46f, 52, 56, 59f, 64, 67A, 73, 85, 180f, 299, 304, 314-316, 325, 393, 409, 416, 417, 419, 424, 428, 430, 434, 441, 448, 452, 454, 455, 456, 457A, 458, 459, 466, 476, 480, 485, 492, 503, 506-508, 509, 512, 519-523, 527, 530-533, 534-536, 540-542, 600-602, 610, 613, 614, 623, 624, 625f, 627, 632, 636, 642-646, 654, 655, 658, 662, 663, 666, 668, 670, 671f, 677, 680, 681, 682, 686A, 692, 695, 698, 705A, 706-708, 715, 722, 737, 738, 743, 764, 767A, 768, 770, 774, 775, 778, 779, 782, 787A, 788, 789, 792f, 795A, 796-798, 799A, 801-815
Divination: 4, 127, 130, 235, 252, 300, 324, 325, 331, 333, 340, 360, 364, 415, 418f, 423, 576, 577, 707, 708, 776, 778, 781, 782, 786, 787, 791, 792, 795, 798, 805
Dodekaeteris: 593, 750
Dodekaoros: 400, 634
Domus Aurea: 260, 268, 558A
Domus Flavia: 268
Dualismus: 138, 160-162, 193, 202, 404A, 545, 631, 686A, 731

Ea: 514A
Edelsteine: 251, 451, 528A, 692
Edessa: 655, 659, 799A
Edom(iter): 103, 123, 133, 156
Ekpyrôsis: 425, 426, 427, 546, 612
El: 361A
Elchasaiten: 699, 700f, 702, 706f, 708, 726A, 815
Elektionshoroskop: 149
Eleusis: 404A, 794A
Empfängnishoroskop: 234
En Gedi: 361A

Endzeiterwartung: s. *Eschatologie* und *Zeitalterspekulation*
Engel: 169, 172, 174-178, 181, 182, 184, 217, 220, 249, 250A, 318, 320, 329, 340f, 345, 347, 348, 355, 396, 398, 403, 408, 471, 481f, 510, 525, 526, 527, 531, 546, 552f, 588, 590f, 595, 635, 654A, 664, 665, 675, 683, 684, 686A; 687f, 702f, 704, 729, 737, 751f, 780, 781
– gefallene E.: 164A, 173, 325f, 333A, 340f, 403, 546, 592
– Planetenengel, Planetengötter: 172, 173, 174, 175, 177, 186, 237f, 239, 283A, 318, 400, 408A, 417, 468, 515-518, 590, 591, 693
Enlil: 514A
Entsprechungsdenken: 71, 72, 74, 96, 99f, 139, 160, 164, 169, 171f, 180, 181, 184, 185, 189, 192, 199, 217, 218, 219, 221, 238f, 240, 241, 247f, 251, 272, 290, 300, 322, 343A, 381, 386, 402, 408f, 412, 418, 419, 454, 490, 499f, 511A, 513, 528, 533, 547, 590, 602, 647, 651, 652A, 653, 665, 666, 671-673, 682, 693, 695, 729f, 741f, 750, 751, 756, 757, 804f, 806f, 811f
Epagomenen: 373, 664
Ephesus: 265, 562, 576, 587, 596-602, 715, 787
Epikuräismus, Epikuräer: 231, 246A, 253, 274
Erfahrungsraum: 58f
Erhöhung (der Planeten): 650A
Erkenntnis (gnostisch-theosophische): 631, 632A, 639, 642, 651, 673f, 678A, 761, 764
Erkenntnistheorie: 9, 14, 16, 17f, 19f, 24, 33, 35, 37, 44, 45, 51, 54, 61-63, 80A, 629
Erklären-und-Verstehen-Debatte: 13
Erwählung:
– im Judentum: 123, 138, 161, 197, 217, 338A, 466, 468, 478, 479
– im Christentum: 546f, 609, 615, 729
Erwartungshorizont: 58f, 608

Eschatologie: 10, 105, 133f, 137, 222, 267, 293, 424f, 534, 543, 545, 546f, 552-554, 590, 592, 604A, 607A, 610f, 613f, 616-623, 688, 701, 705, 706, 707f, 709, 711, 713-717, 719, 722-725, 729, 761; s. auch *Zeitalterspekulation*
Esna: 402A
Esoterik: 12, 55, 71f, 73A, 96, 221, 241, 272, 406A, 520, 521, 522, 630, 652A, 685, 694A, 737, 739A, 741
Essener: 127A, 130, 131, 193A, 215f, 269, 273f, 353, 723
Ethik: 41, 42, 43, 45, 51, 54, 233, 234f, 738, 771, 774, 808
– im Judentum: 161A, 162, 193, 197, 202, 207, 218, 221, 223, 277, 280f, 286, 295, 355A, 356, 468, 477, 478A, 481, 506, 604f, 805, 808, 809
Ethnozentrismus: 24A, 35, 36, 40, 42-55, 57A
Eurozentrismus: 623A

Fall (der Planeten): 650A
Faschismus: 43
Fatalismus: 1, 227, 232-235, 237, 239, 246f, 253, 401A, 452, 454, 459, 460A, 477, 479, 481, 500, 503, 506, 508, 620, 643, 652, 768, 771, 774, 776-779, 782, 798, 808
Fatum: 268, 481, 652, 771, 777
Fischezeitalter: 166, 369, 371A, 579A
Fortschritt, Fortschrittsidee: 56, 64A, 75, 538, 614-619
Fortuna: 288, 307A
Fremdverstehen: s. *Verstehen*
Frühjahrspunkt: 124, 125, 166, 213, 214f, 369, 371A, 374, 578, 594

Gebet: 65
Geheimnis, Geheimhaltung: 182, 325, 326, 327, 329A, 338f, 340-342, 345, 357f, 359, 365, 474, 511A, 517, 591, 642, 648, 764, 773. 779, 780, 794, 806, 809
Genealogiai: 551f
Genethlialogie: s. *Horoskop*
Genika: 377

Geoponica: 380f
Ger: 361A
Geschichtsschreibung: s. *Historiographie*
Gespräch: 19, 22, 27, 33f, 46, 47, 49, 51, 52, 53f, 60, 64, 67, 68, 160, 183, 219, 245, 276, 536, 601f, 625, 627, 628A, 649, 653, 655, 666, 681, 695, 699, 747, 767, 792A, 801-815
Gliedervergottung: 666f, 669A, 672, 693
Gnosis, Gnostiker, Gnostizismus: 8, 73, 163, 168, 177, 183A, 238A, 283, 303A, 396, 404A, 408, 514, 516, 522A, 530, 535, 536, 541f, 544, 545, 550A, 624-695, 697, 699, 700, 702, 703, 726-730, 732-734, 746, 752, 760, 761, 771, 775, 779, 780, 784, 806f, 814
– Gnosis vs. Gnostizismus: 629f, 670f
Götzendienst: 135, 216, 228, 301; 422, 424, 449f, 456, 507, 550, 645f, 758, 812; s. auch *Sternkult*
Goldenes Kalb: 550
Grand Unified Theory: 91A
Große Göttin: 414
Große Konjunktion: 9, 108f, 110f, 124-126, 127, 148-150, 157, 220, 292A, 298, 336, 371A, 427, 561, 563A, 565, 567, 570, 573, 578-582, 585, 586, 662f, 722, 807
Großer Wagen: 487A, 489
Großes Jahr: 214A

Häresie: 528, 535, 536, 541, 624f, 628A, 631, 646, 655, 698, 700, 705A, 706f, 745, 787, 796f
Haggada: 441A, 447, 449, 457, 467A, 584A, 718A
Halakha: 222A, 439f, 442A, 446, 449, 450, 451, 469, 497, 500, 501
Haran: 360-362
Haruspizin: 240, 791, 794, 795
Hasidäer: 353A
Hasmonäer: 10, 104, 105-112, 113, 117f, 122, 123, 124, 133, 137, 140, 141, 187A, 217, 220, 586A, 809
Hauran: 366, 390, 391; s. auch *Haran*

Haus, Häuser (im Horoskop): 200A, 241, 371, 474A, 650A
Hebdomas: 303, 641f, 647; s. auch *Zahlen (7)*
„Heiliges", „Denker des Heiligen": 12, 14, 17, 60-63, 70, 75
Heilsgeschichte: 103, 105, 123, 136, 156, 157, 158, 161, 187, 188, 191, 223, 224, 276, 277, 285, 287f, 321, 408, 452, 485, 491, 494f, 507, 509, 510, 533, 535, 544, 552-555, 604, 607A, 610, 613, 615, 618f, 620A, 621, 623, 652, 705, 708, 718, 719, 721-726, 732, 759f, 762, 764, 774A, 805, 807, 815
Heimarmene: 74, 128, 131A, 175, 184, 231A, 254, 264, 271, 272-283, 286-288, 403, 404A, 427, 430, 507f, 631, 634, 636-643, 650f, 652, 655, 657-660, 673f, 678, 680, 728f, 738, 761, 775, 808f, 810
Hekate: 517
Hekhalot-Tradition und -Literatur: 85, 170A, 180-183, 199, 219, 220, 343, 345, 346, 349, 352, 509, 510f, 521, 523, 524, 525, 531A, 533A, 675A, 681-695, 730, 805, 806
Heliopolis: 351
Helios: 167A, 260, 268, 345, 404, 406, 515f, 519, 520, 527f, 549A, 559A
Hellenismus, hellenistisch: 105A, 114, 116, 122, 144, 176A, 193, 215, 220, 221, 223, 226, 228, 231, 269, 273, 276, 280, 284f, 286f, 293, 305f, 308, 310, 332A, 340, 343, 346, 371A, 392, 430, 504f, 513, 522, 535, 541f, 543, 548, 590, 598, 628A, 629, 631, 637, 655, 657, 663, 666, 671, 674, 775, 804, 811-813, 815
Henochastronomie: 7, 192, 213, 214, 316f, 319, 320, 321, 323, 326, 328f, 334, 336, 337, 341A, 342, 347, 348, 354, 356-359, 363, 364f, 375, 416, 423, 486, 533, 613, 641, 664A, 721, 731, 733, 805, 807, 811

Henochtradition: 164A, 168, 173, 177A, 219A, 363, 403, 524, 590, 591, 613, 687f, 689, 763, 806A
Hera: 597
Herakles: 405
Hermeneutik: 13, 14, 15, 42, 46, 51, 61, 444
– und Bibelauslegung: 226f, 236, 239, 308, 497, 574A, 632A
Hermes: 344, 359, 470, 516f, 661, 676A; s. auch *Merkur*
Hermes Trismegistos: 346, 359, 401, 474, 676A, 678f, 812
Hermetik: 71A, 73, 75, 98, 99f, 163, 164A, 175, 176A, 177, 217, 238f, 241, 247, 281f, 283, 287, 290, 300, 304, 343, 344f, 346, 349, 352, 359, 377, 381, 386, 388, 396A, 400, 401A, 403, 404A, 415A, 418, 515, 516, 529f, 532, 542, 591, 593A, 600, 627, 630, 639A, 647, 651, 652A, 653, 654A, 662, 668, 670-680, 688f, 728, 730, 737, 741, 804, 805, 806, 810, 812f
Herrschaftslegitimation (astrale): 104A, 106, 108, 112, 117f, 119, 121, 137, 141, 147, 148, 220, 268, 618, 659A, 809f
Hieratische Sprache: 529f, 531A
Hieroglyphen: 530
Himmelskönigin, Himmelsgöttin: 590A, 597-599, 603, 604A, 633A
Himmelsreise: 405, 418, 592, 595, 640A, 674, 681-686, 806; s. auch *Aufstieg durch die Planetensphären*
Historiographie: 11, 57-59, 64, 83, 223, 226, 248A, 353, 535A, 536, 538-541, 574A, 608f, 616, 707A, 715, 768, 769, 787A, 801f, 803, 808
Historismus: 13, 57
Hoherpriester: 154, 157, 217, 222, 228, 255, 420
– und Königstitel: 106, 107, 108, 110, 140
– astrale Dimension des H.: 180, 221, 248-253, 304
Holismus: 71, 72, 74, 88, 99
Homöopathie: 499, 742A, 806
Horoskop: 145, 149, 162, 167, 193, 197, 217, 221, 222, 232, 233, 234,

Sachregister 903

241A, 244, 257, 259, 262A, 266, 349, 379, 385A, 387, 451f, 464, 472, 474, 477, 480, 482, 488, 491-499, 500, 514A, 550A, 551, 649, 651f, 738f, 771A, 778, 781, 788, 789A, 805, 809
Horoskopos: s. Aszendent
Horus: 518A, 597
Humoralpathologie: s. Quattuor humores
Hygromantik: 408

Iatromathematik: 400f, 416Am 646
Idealismus: 23
Ideologiekritik: 55, 56, 57, 62
Idolatrie: s. Götzendienst und Sternkult
Idumäer: 115A, 124
Indien, Inder: 426
Individualastrologie: s. Horoskop
Initiation: 168, 176, 221A, 259A, 520, 557f, 703
Intuition: 83f
Ionische Naturphilosophie: 513A
Ironie: 15
Ischtar: 331, 513; s. auch Venus
Isis, Isiskult: 164A, 404A, 405, 406, 516, 518A, 596A, 597, 598, 634
Islam: 630, 800, 815
Israel: 104, 138, 177, 178, 181, 182, 277, 285, 287, 338A, 460, 464f, 466f, 477f, 480, 482, 494-497, 507, 509f, 533, 544, 551, 590A, 619A, 682, 686, 723, 805, 806, 807
Itstageninût: 464A, 480, 494, 495

Jabne: 142, 432
Jahrwochen: s. Jubiläen
Jahwe: 361A
Jericho: 140
Jerusalem: 140, 143, 148-150, 153, 154, 156, 169, 216, 218, 220, 249, 256, 270, 272, 276, 278f, 293, 303, 322, 352, 423A, 505, 560A, 568, 569, 578, 585, 586, 589A, 590A, 602, 712A, 724f, 811f
Jesusbewegungen: 538f, 547, 552, 553, 574, 585A, 586, 603, 606, 699, 709, 715f
Jobeljahr, Jobelperiode: s. Jubiläen

Jored märkabah: 533A, 683
Jotapata: 256, 262, 269f, 271
Jubiläen: 188, 191, 356, 364, 705, 708, 709, 722f
– Dekajubiläum: 188, 723f
Juno: 590A, 597
Jupiterkult: 143, 148f, 156, 233
Jupiter-Saturn-Konjunktion: s. Große Konjunktion

Kabbala: 689, 741A, 805A
Kairoer Genizah: 193, 195-201, 204, 471, 523
Kairos: 552
Kaiserkult: 406f, 514, 519f, 532, 558, 784A, 809
Kalender: 141, 158, 160, 170, 184-192, 205, 208, 209, 211A, 217-219, 222, 303, 316f, 319, 320, 324, 327f, 337f, 354-359, 360, 363, 364, 365, 370, 372, 374, 486A, 488, 491, 496f, 553, 578, 613f, 618, 672A, 701, 704, 708-726, 805f, 807
– solarer K.: 170, 184f, 189, 209, 211, 318, 356A, 357, 372, 375
– lunarer K.: 184f, 191, 209, 211, 212, 318, 354, 357, 360, 370, 372, 373-375, 383f, 710
– römischer K.: 186, 374
– ägyptischer K.: 370, 373-375, 376, 377, 380-384, 662, 664
– Kalenderstreit im Judentum: 184, 211, 212, 354, 365, 708
Kalendologion: 348, 365
Kanaan, kanaanäische Religion: 173, 322, 359, 633A
Kanon, kanonisch: 311f, 438f, 448, 536f, 538f, 541, 585A, 624, 629, 728, 730
Kapitalismus: 615
Katarchenastrologie: 235, 247, 307, 496, 591, 703, 707, 785
Kathargo: 777
Katholizismus: 540
Kausalität: 71, 74A, 76, 83, 87, 88, 100f, 139, 199, 241, 242, 248, 336, 609, 741, 781
Kehre der Wege (der Planeten): 174f, 570, 580

Kellis: 696-699, 707A, 726
Kirchenväter: 534, 541, 631A, 644, 697, 698, 707, 727f, 768, 771, 776f, 797, 799
Kijjun: 134, 135
Kleiner Bär: 589
Klima, Klimata: 242, 344, 661f, 759, 760
Kopenhagener Interpretation: 93
Kometen: 9, 111A, 120, 121A, 208, 261, 262, 263f, 289-291, 292A, 293, 298, 305, 405, 424f, 427, 486, 559A, 562-565, 569, 573, 581, 582, 583, 585, 607A, 722, 807
– Halley: 111A, 141, 562, 563A, 564, 585A, 722A, 776A
Kommensurabilität: 9, 14, 27, 28, 51, 52, 53, 63
Kommunikation: s. *Gespräch*
Konkordanz, Praxis der: 528, 807
Konstantinopel: 519
Konstruktivismus: 39, 57A, 58, 248A, 540
Kontingenz(theorie): 15, 20, 31, 34, 35, 38f, 42, 54, 80A, 83, 86, 540
Konzil von Braga: 785
Konzil von Konstantinopel („Quinisextum"): 785
Konzil von Laodicea: 784, 793, 799
Konzil von Toledo: 785
Korinth: 428
Korrespondenztheorie der Wahrheit: 16f, 18-23, 26, 29, 33, 54, 55, 56
Kosmokratores: 282, 398, 404, 406f, 519. 520, 635
Krieg der Endzeit: 138, 139, 162, 731
Kronokratores: s. *Stundenherrscher*
Kronos: 343, 414, 660, 756; s. auch *Saturn*
Kulmination: 241
Kulttheologie: 7, 111, 156, 157, 158, 160, 162, 164, 168-183, 184, 189, 191, 192, 193, 207, 208, 216, 217-222, 227f, 248-253, 271, 272, 286, 293, 294, 300, 302, 303, 317, 320, 321, 328, 337f, 346, 360, 363, 364, 393, 416, 425, 454, 456, 488A, 490, 503, 510A, 522A, 551, 553, 576, 577, 598A, 671f, 675, 682, 686, 804, 805f, 810, 811-813
Kulturkritik: 15

Leben-Jesu-Forschung: 563A
„Lehrer der Gerechtigkeit": 136; s. auch *Torah-Darleger*
Leontopolis: 423, 812A
Leto: 597, 603
Levi, Leviten: 363
Linguistic turn: 23
Liturgie: s. *Kulttheologie* und *Entsprechungsdenken*
Löwe (außer Zodiakalzeichen): 103, 526, 684, 758
Logos: 238, 251
Lokale Religion: 8f, 67f, 130A, 201, 203f, 219, 536, 541, 587A, 661A, 668, 698, 734
Ludi saeculares: 119f, 129, 564
Luna: 268; s. auch *Mond*

Ma^{a}ssê märkabah: 511A; s. auch *Märkabah*
Märkabah: 174f, 182, 527, 542, 683-685
Magie: 5, 55, 164A, 167f, 198, 237, 282, 300A, 303A, 308, 346, 359, 395f, 397, 401, 402A, 404A, 408f, 415-417, 418A, 458, 487, 499f, 508, 516-532, 557f, 576f, 598, 627A, 628, 632A, 638, 639, 642, 643, 646, 647, 649, 653A, 668, 669, 671, 677, 691, 695, 697, 702, 707, 744A, 775A, 783f, 787, 791, 792, 794f, 804, 806f, 809A, 810, 811, 813f
– im Judentum: 4f, 164A, 182f, 201, 394, 396A, 407, 451, 521-532, 590, 598, 682A, 693f, 815
– im Christentum: 4f, 394A, 521, 528A, 534, 590, 645, 648, 707, 717A, 814, 815
– in Ägypten: 628, 645A, 648
– im Manichäismus: 707A
Magier: 102, 133A, 345, 487, 517, 521, 528, 530, 555f, 557-560, 561A, 563A, 566, 568f, 572-579, 581, 582, 585, 586, 644. 648, 651A, 791, 814

Sachregister

Maiestas: 788
Makkabäer: s. *Hasmonäer*
Makroform: 9, 181, 314f, 359, 409, 524f, 531, 664, 669, 671, 683, 686f, 690, 695, 806
Mandäer, mandäisch: 194, 470, 471, 526A, 531, 579A, 638f
Manichäer, Manichäismus: 8, 177, 545, 629, 660A, 680, 696-708, 726-766, 776, 783f, 787, 805, 815
– Verfolgung der M.: 696, 783f
– und Christentum: 697-699, 726, 787A
– Primat der theologischen vor der astrologischen Aussage: 759, 760, 765
Mantik: s. *Divination*
Marcioniten: 624, 629, 649
Marduk: 578, 582A
Matriarchat: 413, 414A
Mazzal: 434, 451, 462, 464f, 472f, 476, 477, 480-483, 489, 500, 501, 502A, 507f, 510, 527, 809
Mazzalôt: 335, 349, 454, 456, 457f, 486, 487f
Mazzot-Fest: 709
Medinet Madi: 697, 727
Medium Coeli: 149, 200A, 241, 259
Medizin: 300A, 401-403, 416, 451, 471f, 490f, 492, 497-502, 508, 530, 643, 646, 649, 666, 695, 741f, 464A, 806, 807
Meisternthal: 672A
Melothesie: 386, 649, 654, 663, 669, 679f, 687, 741, 806, 807
– Dekanmelothesie: 198, 199A, 387A, 400, 401, 649, 664-667, 669, 687, 693, 695, 745
– Zodiakalmelothesie: 400, 647, 649, 741A, 743-745, 747
– Planetarmelothesie: 400, 745-746
Menorah: 250f, 303f
Mesopotamien: 176A, 194, 322, 324, 329, 330f, 343, 357, 359, 363, 372f, 393, 397, 415, 431, 433, 445, 467, 471, 475, 491, 497, 500, 504, 506, 508, 512f, 514, 541, 551, 559, 567, 575, 577-579, 589, 592f, 663, 671f, 700, 726, 737, 745, 749, 755A, 762, 800, 810, 811, 814f

Messias, Messianismus: 104, 111, 114, 119, 123, 125, 127, 128-133, 135, 136, 138, 139, 142, 143, 151-155, 157, 158, 188, 276A, 292, 296, 297f, 299, 314, 535, 545-547, 551, 552, 554, 555, 560, 562f, 565, 567A, 568, 579A, 580, 584, 585, 591-594, 596A, 601, 603, 605, 622, 659, 706A, 712, 715-718, 724f, 807
Messiasstern: 104, 105-112, 116f, 136, 137, 138, 141, 143, 155, 405A, 427, 545, 560, 568, 651, 662, 722A, 805, 810
Meteorologische Astrologie: 204, 206, 208, 236f, 243, 338f, 362, 379, 780f, 782
Metoposkopie: 195
Mikro-Makrokosmos:
s. *Entsprechungsdenken*
Mission, Missionierung: 44, 554, 603, 700, 729, 800
Mithräum San Silvestro: 164
Mithräum delle Sette Sfere: 163
Mithras, Mithraskult: 162-168, 176, 183A, 214, 215, 221, 259, 260, 345, 346, 404, 405, 514f, 542, 558f, 575A, 589A, 591, 803, 806
Mittelplatonismus: s. *Platonismus*
Moab(iter): 102, 103
Mond: 112, 125, 149, 186, 194, 195f, 197, 199, 203, 205, 207, 208, 210, 212, 236, 237, 238, 247, 250A, 252, 268, 304, 318, 319, 320, 325, 327-329, 333, 334, 336, 337, 342, 344, 346, 347, 355f, 360, 361f, 364, 365, 370, 374A, 375f, 377, 379, 382, 384, 392, 406A, 410, 413, 414, 417, 423f, 425A, 449, 456, 463, 468, 470, 473, 474, 483, 484, 485f, 488A, 489f, 493, 496f, 516f, 526, 527, 528A, 545, 546, 571, 589, 594, 595, 597, 633, 657A, 687f, 702, 704, 727, 730-737, 743, 746, 750, 756, 758, 759A, 764, 765, 784, 805A, 807
Mondfinsternis: 203, 208, 236, 301A; 319, 352A, 496f, 546, 765
Mondgott: 361, 414f
Mondknoten: 449, 649A, 730

Mondkult: 361A; 362, 407A, 413, 450, 493, 735f, 784
Mondwahrsagebücher: 206, 376, 377, 380, 384, 749; s. auch *Brontologion* und *Selenodromion*
Monomoiriai: 647, 649, 650A, 662, 664, 679A
Monotheismus: 1, 217, 230, 338, 422, 426, 484f, 503, 506, 508A, 521, 575, 631, 801, 802, 808
Moral: s. Ethik
Münzprägungen: 105-112, 115-118, 121, 142f, 150, 152-158
Mundanastrologie: 206, 241, 244, 253, 377, 379, 384, 497
Mysterienkult: 5, 227, 406, 532, 539f, 557f, 631, 645, 671, 794A
Mysterienroman: 598
Mystik: 73, 164A, 168, 172A, 176, 179, 182, 227f, 252, 253, 359, 392A, 406A, 511, 515, 520, 521, 531A, 532, 590, 632A, 637, 642, 643, 644, 671, 677, 681, 682, 684, 685, 691, 692, 694, 695, 741A, 806f, 811
Mythisierung der christlichen Geschichte: 538f, 715, 726A, 768, 787A

Nabatäer: 108, 814
Nag-Hammadi, Nag-Hammadi-Schriften: 396, 535, 541, 626, 665f, 673, 675f, 680, 683, 685, 693f, 695, 807, 814
Naturphilosophie: 666
Naturwissenschaft: 40f, 72, 79, 84
Nehardea: 458, 486, 491A
Neith: 410
Neo-Phänomenologie: 55A
Nestorianer: 787
Neue Akademie: 245, 246, 247
„Neues Testament": 538, 541; s. auch Kanon
Neujahr: 370, 372, 373-377, 380-384, 393, 578A, 749
Neukantianismus: 19
Neumond: 187, 208A, 354A, 355, 362, 370, 372, 382, 383, 484, 485A, 486, 489, 548A
Neumondhoroskop: 362

Neuplatonismus: 164, 168, 248, 418, 514, 544, 545, 547, 632, 652, 780, 785A; s. auch *Platonismus*
Nob: 496
Nous: 753, 755, 756
Nova, Super-Nova: 563, 565

Offenbarung: 169, 326, 328, 332, 337, 339, 340f, 342, 343, 345, 347, 348, 351, 353, 355, 357, 359, 364, 438-440, 442, 447, 448, 510, 525, 527f, 554, 591, 609, 641, 700, 704A, 726A, 743, 763f, 765
Olam: 327A, 334f
Olympos: 783
Omina: 194f, 203, 204, 208, 217, 237A, 264, 265, 276A, 279, 289f, 292-294, 324, 375f, 380A, 385, 388, 496f, 544, 546-548, 578, 594
Ontologie: 17, 21, 25, 29, 49, 61
Ophiten: 177, 632f
Orakel: 136A, 271, 295, 420f, 423-425, 429, 430, 494, 777f. 810
Orion: 634
Orpheus: 406A
Orphik, orphische Mysterien: 404, 406, 799A, 806
Osiris: 634
Ostern, Osterkalender: 185, 537, 603, 613f, 709-721, 805f

Palästina: 194, 216, 255, 263, 294, 353, 363, 367A, 368A, 375, 390, 391, 397, 415, 433, 448, 451, 454, 455, 457A, 467A, 471f, 491A, 504-506, 579, 582A, 661, 689, 800, 811, 812A
Pan: 411, 414
Panbabylonische Schule: 214A
Pantheismus: 40A
Paradies: 619, 633, 635, 736
Paraklet: 737
Paranatellonta: 335, 400, 649A
Parapegmata: 704
Parther, parthisch: 113, 390, 391, 586A, 612, 702, 705, 726A, 736, 814
Parusie (des Messias), Parusieverzögerung: 552, 554, 604-623, 701, 705, 708, 709, 713-718, 722-725, 805, 807

Passah: 185, 392, 594, 612, 709-716, 717A, 718, 720
Patmos: 587
Patriarchat: 603A
Patrioi Nomoi: 305, 658f, 680
Pax Augusta: 129
Pentade: 730, 743, 752, 760, 762, 765
Peraten: 633f
Periodisierung der Geschichte: s. *Zeiten, Zeitkontingente*
Persien: 429, 512, 513, 541, 559A, 575-578, 630, 631, 633A, 640A, 658, 674, 675, 726, 731, 736A, 785, 800, 814f
Pethor: 102
Pfingsten: 185, 612, 717
Pflanzen (im Entsprechungsdenken): 528
Phänomenologie: 55, 62, 621
Pharisäer: 106, 110, 127, 128, 130A, 267, 269, 272, 273f, 279, 288, 353A, 431, 780A
Phibioniten: 649
Physik: 76, 78, 83, 84, 86, 87, 95, 96, 99, 100, 101
Physiognomik: 195-197; s. auch *Melothesie*
Planeten (auch Gestirne, außer Sonne und Mond): 71, 135, 137, 173f, 200A, 214A, 236, 249, 252, 253, 268, 298A, 302, 303, 305, 319, 321, 326-331, 333-336, 340f, 342, 343, 346, 347f, 349, 360f, 364, 377A, 379, 392, 393, 397f, 403, 404, 405, 406A, 408f, 415, 417, 423, 425, 426, 449f, 453A, 456, 459, 472, 473, 483f, 487A, 488f, 490, 502, 510, 511A, 512-533, 544, 545, 546, 549, 550, 562, 569, 572, 588f, 591f, 595, 600, 631, 632-636, 638, 642, 646, 650-653, 657-661, 665, 676A, 683, 687f, 702-704, 706A, 728-730, 734, 737-742, 743, 756-762, 771, 773f, 779f, 783, 784, 805A, 806
– Merkur: 125, 378, 410, 463, 469, 470, 474, 517, 633, 657A, 660, 663, 746, 756
– Venus: 111, 125, 148, 152, 164, 268, 331, 378, 402, 410, 463, 469, 474, 513, 517f, 526, 583A, 746, 756f, 776; als Morgenstern: 545, 592, 633, 657A, 660
– Mars: 124, 127, 164, 244A, 259, 298f, 378, 386, 463, 468f, 474, 475, 559, 633, 653, 657A, 663, 703f, 746, 756f, 758, 777, 807
– Jupiter: 9, 108, 109, 112, 120, 125, 135, 137, 139, 148, 149, 150, 157, 195f, 197, 199, 299, 336, 378, 382, 405A, 463, 464, 469, 489f, 520, 559, 570, 571, 572, 578f, 582A, 633, 657A, 662f, 746, 756, 807; und *tsädäq* (Gerechtigkeit): 463, 464, 465, 469, 476
– Saturn: 108, 109, 120, 125, 134, 135, 139, 148, 149, 244A, 259, 262A, 298f, 309, 336, 378, 382; 386A, 405A, 412A; 412f, 463, 469, 470, 475, 488, 489, 551, 570, 571, 572, 578f, 633, 657A, 660, 703f, 746, 756, 777, 807; und Judentum: 108, 134, 135, 150, 157, 186, 298, 382, 412, 417, 470, 551, 578f, 582A
– Farben der P.: 163, 174f, 301, 757
– Depotenzierung der P.: 177, 217, 237f, 339, 344, 398, 407, 417-419, 425, 527, 592, 631, 636, 652, 654, 759
Planetengötter: s. *Engel*
Planetenwoche: s. *Sieben-Tage-Woche* und *Wochentagsgötter*
Platonismus: 39, 40, 73, 163, 173A, 176, 177, 221, 226f, 231, 235, 236A, 237A, 238, 239, 248, 250, 251, 253, 513f, 515, 545, 549, 602, 631, 647, 652A, 653, 673, 676, 806; s. auch *Neuplatonismus*
Plejaden: 213A, 403, 589
Pleroma: 632, 640, 642, 648
Pneuma: 282, 633, 650, 679, 746
Polarstern: 517
Pol-Herrscher: 515
Polokratores: s. *Pol-Herrscher*
Polytheismus: 430, 521, 737
Pontos: 612
„Postmoderne": 13
Präzession: 165, 166A, 213-215, 336, 781, 803

Pragmatic turn: 68, 69
Pragmatismus: 9, 10, 13, 23, 29, 30f, 35, 36, 37, 39, 41, 44, 45, 48, 49, 50, 54, 57, 60, 64, 67, 68, 84, 100, 123, 130A, 160, 201, 202, 220, 248A, 274, 314, 315f, 325, 442A, 443, 536, 540f, 596, 645A, 668, 670, 671, 801, 803
Priester, Priestertradition: 136A, 162, 168-183, 185, 187A, 190, 191f, 201, 204, 205, 215f, 218-220, 249, 252, 253, 254, 255, 256, 262, 267, 271f, 274, 279, 285, 287, 293, 294A, 295, 300, 301, 306, 309, 320, 322, 331A, 337, 342, 351, 353, 357, 358, 363, 364, 416, 421, 431, 458, 490, 513, 514, 553, 558, 575f, 577, 613f, 720A, 794, 804, 805f, 811f, 814; s. auch *Kulttheologie*
„Prinzip der Nachsicht": 26, 47, 54A
Priszillianisten: 784f, 787
Pronoia: 271, 287, 288, 428
Prophet, Propheten: 270f, 278f, 295, 420, 422, 423, 552, 563, 593, 700, 701, 705A, 743, 763, 772
Prophet „wie Mose": 140, 613A
Prophezeiung: 127, 130f, 132, 137, 254, 256, 260, 262f, 265, 266, 268-272, 278, 289, 295, 297, 298, 324, 420f, 422f, 426, 458, 492-494, 496, 505, 547, 553, 555, 560, 574, 581, 586, 607A, 610, 618, 662, 703, 704f, 708
Proskynese: 735f; s. auch *Sonnenkult, Mondkult*
Protestantismus: 540, 615
Psychologie: 72, 77, 96
Puritanismus: 615
Pythagoräismus: 71A, 250, 308f, 404, 406, 646, 673A, 746

Quadriga: 268
Quantenmechanik: 76, 84, 89, 90-94, 97, 99A, 100f
Quartadezimaner: 709, 710-717, 721, 805
– Solar- und Lunar-Q.: 711A
Quattuor humores: 672, 746
Quelle „Q": 537

Qumran: 6, 10, 85, 104, 123, 133-141, 151, 159-222, 274, 280A, 294, 300, 302, 312f, 316f, 320, 321, 328, 337, 340, 342, 348, 352, 353, 357, 363, 364, 365, 368, 370A, 442A, 468, 490, 510A, 534, 552f, 554A, 584, 591, 613f, 619A, 671, 675, 681f, 686A, 688, 720A, 723, 805, 807

Ra: 634
Rabbinen, rabbinische Tradition: 10, 87, 136A, 142, 168, 171A, 176A, 201, 204, 219, 272, 277, 333A, 349f, 362f, 431-511, 521, 525f, 528, 530A, 531, 533, 536A, 561A, 579A, 633A, 663, 681f, 688, 689A, 706, 712f, 771, 805A, 809
– Anonymität der Quellen und Namen: 432-441, 443A, 445f, 455, 503, 506
– Intertextualität der Quellen: 441-443
– Pseudepigraphischer Charakter der Quellen: 446f, 491, 503f
– Astronomische Kompetenz der R.: 458, 485-491, 508
Raqiaʿ: 181, 685, 687, 688
Rationalität: 41, 44, 46f, 48, 49, 75, 246A
Realismus: 22, 23, 24, 28, 35-40, 43, 49, 92
Recht (antikes), Rechtsgeschichte: 8, 11, 627A, 697, 768, 770, 782-785, 787, 788-800
Reformation: 540
Reinkarnation: 620A; 622A
Relativismus: 14, 15, 27, 34, 35-42, 46-50, 64, 100, 540
Relativitätstheorie: 76, 78, 84, 100
Religionsgeschichtliche Schule: 602A
Religionswissenschaft: 12, 49
– Pragmatistische R.: 12f, 18, 55-68, 75, 443, 445, 584A, 586, 645, 681, 801; s. auch *Pragmatismus*
– Verstehende R.: 13, 55, 63, 75; s. auch „*Heiliges*", „*Denker des Heiligen*"
– und Theologie: 12, 13, 14, 62, 70, 170A, 311, 313, 314, 330, 567,

Sachregister

574A, 583f, 590A, 603f, 621, 645, 656A, 698, 706A, 709f, 712A, 717A, 737A, 767, 774A
Renaissance: 815
Rhodos: 114f, 116, 122, 165, 598, 803
„Röhren" (bei Mani): 738-742, 763, 764
Rom: 110, 112, 113, 118, 121, 133, 141, 157, 186, 225, 228f, 230, 255, 256, 257, 261, 263, 266, 269, 272, 284f, 293, 297, 367, 368, 375, 390, 391, 407A, 558, 559, 576, 578, 603, 628, 644, 702, 711, 788, 796, 800, 813, 814
Rompha(n): 135, 551

Sabbat: 170, 171, 178, 182, 185, 186, 187A, 189, 303, 355, 356, 461, 462, 469f, 482, 500-502, 548A, 549, 551, 702, 703, 704A; s. auch *Zahlen (7)*
Sabbatstruktur: s. Siebenerstruktur
Sabier: 814
Sadduzäer: 110, 215, 273f, 780A
Säkularisierung: 607A, 614-618
Salmeschiniaka: 400A, 642A, 668
Samaritaner: 351, 544A
Schechina: 294
Schema-Inhalt-Dualismus: 18, 24, 28, 29
Schicksalsglaube: s. *Determinismus*
Sebaste (Samaria): 126, 129A
Sefiroth: 689A, 741A
Selene: 406, 516f
Selenodromion: 205, 207A, 338, 370, 380
Senatus consultum: 789, 790
Senkrechtes Weltbild: s. *Entsprechungsdenken*
Shi'ur Qôma: 689-693, 695, 745A
Sibylle: 421, 810
Sidus Iulium: 121, 547; s. auch *Verstirnung*
Siebenerstruktur: 303f, 357, 708, 719, 807; s. auch *Zahlen (7)*
– des Kosmos: 182, 189, 308f; s. auch *Sieben-Tage-Woche*
– der Geschichte: 187f, 192, 719-726, 807

Siebenerzahl: s. *Hebdomas*
Sieben-Tage-Woche: 186, 187, 189, 190, 192, 303, 467f
Sikarier: 137
Sintflut: 354, 358A
Sippar: 323
Sirius: 373, 374A, 376, 377, 378, 379, 381, 405A, 634
Skeptik, Skeptiker: 245, 246A, 247
Solar: 149
Solarisierung:
– der Politik: 259, 519, 532, 809
– der Religion: 321, 328, 361, 375, 809
Sol Invictus: 406, 407A, 450, 558A
Sonne: 112, 120, 125, 149, 199, 208, 210, 214A, 236, 237, 238, 244A, 247, 250, 252, 259, 262A, 304, 318, 319, 320, 325-329, 333, 334, 336, 337, 342, 344, 346f, 356, 361f, 370, 371A, 374, 378f, 382, 383, 406A, 407A, 410, 423, 424, 425A, 426, 449, 451, 456, 463, 468, 474, 483, 488A, 493, 496f, 517, 520, 527, 531A, 545, 589, 594, 595, 596f, 633, 634, 657A, 687f, 720, 727, 730-737, 743, 746, 757A, 764, 765, 784
Sonnenfinsternis: 203A, 236, 301A; 319, 352A, 496f, 546f, 765
Sonnenkult: 259, 260, 407A, 493, 519, 527f, 731f, 735-737, 784
Sonnenwenden: 559, 572, 596, 672A, 765; s. auch *t'qûphôt*
Sophia: 635, 650, 665, 684, 760
Sothis: s. *Sirius*
Sothisjahr: 370, 373, 377, 381f, 384
Sphärenmusik: 250
Sprachphilosophie: 17, 18, 22, 23-35, 38, 42, 54
Sprachspiel: 24, 30f, 32, 42, 44, 53, 54, 64, 280A, 522f, 526A, 625, 627, 628, 645, 646, 666, 668f, 676, 677, 680, 695, 702, 706A, 707, 732, 739, 752, 784, 791, 793, 797, 801
Stern, Sternbild: 103, 104, 549, 555f, 562f, 568, 569-574, 577, 580-583, 584A, 589, 592; s. auch *Planeten* und *Zodiakalzeichen*

Sternenzwang: 66; s. auch *Determinismus*
Sternkult: 1, 4, 135, 216, 238, 239, 247, 253, 327, 329-331, 333, 338, 346, 363, 364, 394, 404, 407A, 408, 411-413, 418-420, 422f, 424, 430, 449f, 456f, 466, 482, 483-485, 493, 496f, 503, 507, 512-533, 551, 776, 784, 798, 815; s. auch *Sonnenkult, Mondkult, Proskynese*
– und Astrologie: 532f
Sternreligion: s. *Sternkult*
Sternschnuppen: 505
Stier (außer Zodiakalzeichen): 103, 164, 515, 516
Stierzeitalter: 166, 371A
Stoa, Stoiker: 71A, 73, 74A, 86, 161, 165, 166, 176A, 184, 207A, 228, 232, 237, 241, 246A, 247, 248, 251, 252A, 253, 255, 257, 258, 267, 272, 276, 280, 281A, 282, 287, 299, 343A, 427f, 563, 637, 646f, 666, 673A, 804, 808
Stoicheia: 282, 398, 403, 548-550, 636, 642, 647, 706f
Stonehenge: 672A
Stundenherrscher: 470f, 472f, 488f, 497f, 499, 510, 634, 662f, 759-761
Sumer: 220A
Sura: 434
Sympathie: 71, 74, 86, 184, 228, 237, 247, 272, 287, 308, 652A, 804, 810
– sympathetische Magie: 499f, 518A
Synagoge: 432, 488A, 511, 636
– Fußbodenpavimente: 5, 6, 167A, 302; 408A, 432, 457A, 488A
Synchronizität: 76, 77, 87, 88, 96-100, 418
Synkretismus: 308, 406, 417, 513, 522, 535A, 549A, 550A, 513
Syrien: 146, 194, 307, 352A, 377A, 378, 390, 397, 470, 471, 514, 531, 650, 656, 658, 662, 663, 700, 701, 718, 726, 814f

Täufergruppen: 526A, 696, 699, 700f, 726, 735, 758, 815

Tafeln, himmlische: 354, 355, 359, 362
Tagewählerei: 548f, 555, 590, 591, 662f, 702-704
Tanach: 438f, 522A
– Astrologie im T.: 216, 532
Tannaiten: 435A, 471, 504, 507f
Tarsus: 165, 803
Taufe: 650, 652, 655, 680, 702f, 705, 706f, 775, 784
Teleologie: 615, 618, 719, 723, 725
Tell Deir ʿAlla: 103
Tempeleinlaßliturgie: 176A
Tempelkult: s. *Kulttheologie*
T^{e}qûphôt: 487-490
Thema mundi: 213f, 657A
Thea Sibylla: 421
Theologie (christliche): s. *Religionswissenschaft (und Theologie)*
Theurgie: 359, 530, 638f, 653A, 677f, 682A, 683, 695, 806f
Tiberias: 457A
Torah: 135, 136, 137, 272A, 280f, 312, 337, 433, 438, 447, 509f, 690
– mündliche T.: 433, 438-440, 447
Torah-Darleger: 136, 613A
Torahfrömmigkeit: 459; 460A, 476A, 478, 481, 511, 637, 771
Tore (des Himmels, der Planeten, des Horizontes): 163, 175, 176, 177A, 318, 319, 321, 323, 327A, 334, 335, 347, 638f, 683A, 733f, 741
Torwächter: 175, 282, 687f, 734f
Trinität: 698
Trishagion: 182
Tropologie: 59f
Turfan: 697
Tutelae: 653
Tyche: 114, 254, 272, 279, 283-288, 403, 405, 427f, 515, 786, 808
Überredung: 33, 40, 41, 43, 44
Uiguren: 696
„Umläufe der Zeiten": 275f, 296, 298
Universalastrologie: 377; s. auch *Mundanastrologie*
Unschärferelation Heisenbergs: 89
Ur: 239, 360, 405A, 423, 494A
Valentinianer: 624, 625, 644, 645, 650, 652, 654, 655, 679, 745, 771, 814f
Verstehen (Fremdverstehen): 14, 33f, 42, 46, 47, 51, 248A

Sachregister 911

Verstirnung: 548
– des Messias: 547f
Vigilfeier: 718
Virgo: s. *Zodiakalzeichen (Jungfrau)*
Vogelschau: s. *Augurium*
Vollmond: 191, 411, 596A, 662
Vorbestimmung: s. *Determinismus*
Vorsehung: 128, 129, 130, 131, 149, 232, 273f, 275f, 279, 345, 453, 591, 609; s. auch *pronoia*
Vulgata: 668, 705A, 758, 789, 798, 799, 802

Wahrsagung: s. *Divination*
Wallfahrt: 712
Weihrauch: 517f
Weisheitstradition: 332, 341, 545, 622f, 730, 731A, 737, 805
Weltenbrand: s. *ekpyrôsis*
Widderzeitalter: 166, 371A, 474A
Wiedergeburt: 652, 653f, 678f, 771
Willensfreiheit: 1, 66f, 74, 81, 89, 95, 98A, 160f, 200, 232-235, 237, 272, 274, 276A, 305, 401A, 404A, 454, 479f, 482, 493, 500, 619, 631, 643, 652A, 657, 659, 680, 738, 771, 772, 773, 808f
Wochenfest: 185
Wochentagsgötter: 207, 473, 549, 590, 703f
„Wurzel" (bei Mani): 738-740, 742, 764

Xanthos: 597

Zadok, Zadokiden: 136A, 177, 185, 187, 215f, 274, 294A, 302, 363, 364, 552f, 554A, 681f, 720A, 723
Zahlen: 250, 357, 543f, 588, 590, 646, 649, 657A, 692, 720A, 721
– 3: 589f, 591A, 633, 635
– 4: 190, 320, 544, 588, 589f, 635
– 5: 642A, 740, 752, 756, 757f, 759; s. auch *Pentade*
– 6: 185f, 187A, 190, 191, 212, 319, 323, 328, 648, 665, 692
– 7: 162, 163, 168, 170, 173, 175, 178A, 180, 182, 185-187, 189, 192, 212, 221, 250, 277, 282, 283A, 302, 303, 308f, 320, 328, 344, 347, 349, 357, 361, 379, 397f, 403, 407, 408f, 410, 412, 510, 511A, 515, 525, 531, 544, 588f, 591f, 600, 632, 635, 638f; 641f, 661, 665, 673f, 684, 685, 687f, 692, 705, 722, 729f, 734A, 735, 752, 758, 807
– 8: 632, 676, 720, 722
– 9: 676
– 10: 600, 679
– 12: 251, 303, 304, 307A, 320, 334, 344, 345, 347, 357, 453f, 489A, 511A, 544, 588, 589f, 595, 602, 634f; 641f, 646-648, 653f, 661, 664, 665, 678f, 692, 722, 735, 752, 759-761; s. auch *Zodiakalschema*
– 13: 170, 189, 192, 357A
– 21: 527
– 22: 692
– 24: 190, 192, 345, 589, 647f, 692
– 28: 488, 720, 807
– 30: 320, 373, 646, 648, 664
– 36: 198, 303, 375, 387, 398, 399, 634, 642, 646, 661, 664, 666, 688f, 729, 745
– 48: 192
– 49: 277, 408, 705, 722
– 52: 192, 320, 354
– 56: 720
– 64: 685
– 70: 126A, 495, 609A, 665, 686A, 688, 691f, 705, 723
– 72: 525A, 641, 657A, 664, 665, 684, 686-689, 692f, 745
– 84: 720-722
– 91: 189, 190, 489
– 182: 347
– 294: 191
– 354: 318, 354, 358A, 370
– 360: 319, 335, 354, 373, 635, 646, 649, 662, 664
– 364: 189f, 192, 211, 212, 318, 320, 327, 354, 355, 357
– 365: 358, 370, 372, 373, 382, 664, 665
– 490: 723; s. auch *Jubiläen (Dekajubiläen)*
– 1181: 277
– 1460: 373

Zauberei: 325, 404A, 423, 426, 457, 516f, 528, 639, 645f, 775A, 783, 784; s. auch *Magie*
Zeichenhaftigkeit der Gestirne: 236f, 238, 651-654, 773f, 779-782, 804f
Zeitalterspekulation, Zeitenwenden: 105, 108, 111, 114f, 121, 123, 129f, 133, 139, 214, 222, 267, 275f, 285A, 293, 295, 297, 336, 369, 406A, 407f, 421, 430, 546f, 553, 554A, 565, 569, 579A, 583, 586, 594, 595f, 600f, 602, 604-610, 701, 731f, 763, 799A, 807, 809
Zeiten, Zeitkontingente: 139, 187A, 275f, 277f, 285, 296, 533, 552, 553A, 554, 590, 608-611, 613, 616, 618, 619A, 623, 705, 708, 807
Zeitphilosophie: 56, 71, 76f, 79, 86, 608-611, 614, 619-623
Zeitqualität: 86, 87, 96, 100, 216, 217, 218, 278, 298, 533, 609f, 613, 618, 623, 706, 722, 763, 774
Zeloten: 296
Zentristisches Christentum: 538, 540, 768, 787, 800, 815
Zeus: 344, 520, 597, 756; s. auch *Jupiter*
Zodiak: 179, 251, 300, 302, 304, 305A, 335, 340, 344, 348A, 371, 392, 393, 397, 405A, 409, 457A, 486f, 572A, 578, 590A, 600, 602, 633A, 647, 649, 662, 679, 729, 738-740, 743, 745, 752
Zodiakalgeographie: 243, 388-391, 578f, 660-662, 729A, 747-756
Zodiakallicht: 294, 570-572
Zodiakallunar: 206, 207, 208, 348A, 375, 662, 704
Zodiakalmelothesie: s. *Melothesie (Zodiakalmelothesie)*
Zodiakalschema: 347, 453f, 544, 720, 760
Zodiakalzeichen: 163, 195, 301; 366, 370, 385, 400, 402, 408, 409, 426, 454, 472, 486f, 488, 489A, 511A, 514, 593, 633f, 636, 646f, 653f, 660, 661, 664A, 678f, 702, 704, 729, 738-740, 742, 758-762, 781, 785, 805A
- Widder: 125, 164, 213, 366, 369, 370, 371A, 385, 386, 387, 390, 402, 475, 559, 589, 593f, 660, 667, 744, 747f, 749, 750, 752-755, 757
- Stier: 164, 165, 213, 368, 386, 387, 426, 474, 487A, 633, 744, 747f, 749, 750, 752-755
- Zwillinge: 378, 390, 426, 633, 744, 747f, 749, 752-755
- Krebs: 199, 377, 382, 468, 473, 474f, 490, 600, 744, 747f, 749, 750, 752-755, 756, 759A
- Löwe: 165, 377, 382, 387, 468, 474, 593, 640, 744, 747f, 749, 750, 752-755, 757A, 758; und Juda: 103A, 468, 594
- Jungfrau: 111, 390, 397, 409f, 426, 588, 593, 595-597, 600, 603, 744, 747f, 749, 750, 752-755, 756
- Waage: 148A, 198, 199, 259, 390, 474, 593, 600, 744, 747f, 749, 752-755, 757
- Skorpion: 148, 387, 475, 487, 489, 593, 600, 744, 747f, 749, 750, 752-755, 758
- Schütze: 148, 199, 244, 259, 378, 379, 410, 475, 490, 565A, 667, 744, 747f, 749, 750, 752-755, 756
- Steinbock: 149, 390, 411f, 413, 414, 417, 426, 475, 596, 660, 744, 747f, 749, 750, 752-755, 756, 758f
- Wassermann: 149, 366, 397, 409f, 475, 744, 747f, 749, 752-755
- Fische: 108, 109, 110f, 124, 125, 366, 369, 371A, 385, 390, 475, 490, 509f, 570, 579, 580, 744, 747f, 749, 750, 752-755, 756, 758, 759A; und Judentum: 579A, 582A; und Endzeit: 579A
- Z. *versus* Sternbilder: 195A, 781
Zodiologion: 206, 654A
Zoroastrismus: 514, 575, 577f, 640A, 675, 731, 814
Zwei-Geister-Lehre: 160
Zwillingsproblem: 245, 778

JOHN PAIRMAN BROWN

Israel and Hellas II
Sacred Institutions with Roman Counterparts

2000. 23 x 15,5 cm. XXVIII, 414 pages. Cloth. DM 198,– /EUR 101,24 / öS 1445,– /sFr 176,– /approx. US$ 124.00 • ISBN 3-11-016434-5
(BZAW 276)

Hebrew, Greek, and Latin texts describing sacred institutions compared.

Continuing "Israel and Hellas I" (BZAW 231) on the vocabulary of social enterprises. Sample contents: the God of justice; the High God and the elements; divine kingship; the Mediterranean seer as shaman; the witch, Circe, the Sibyl; sacred space and time; the Ark of the Covenant and the Temple of Janus.

The author taught for seven years at the American University of Beirut, and is now Visiting Scholar at the Graduate Theological Union, Berkeley.

Already available:

Israel and Hellas I

1995. 23 x 15,5 cm. XXII, 407 pages. Cloth. DM 178,– /EUR 91,01 / öS 1299,– /sFr 158,– /approx. US$ 111.00 • ISBN 3-11-014233-3
(BZAW 231)

Comparison of texts in classical Hebrew and Greek (plus Latin and other languages).

The shared vocabulary of Hebrew and Greek in its literary context illustrates institutions and symbolism common to Israel and Hellas.

Sample themes: cosmological myth, viticulture, military terms, sacrificial cult, role of women, the treaty , proverbs, gold-economy.

Indices of foreign words discussed, passages quoted, subjects.

Publication date of Israel and Hellas III (The Legacy of Iranian Imperialism and the Individual) is expected end of 2000.

Prices are subject to change.

WALTER DE GRUYTER GMBH & CO. KG
Genthiner Straße 13 · D–10785 Berlin
Tel. +49-(0)30-2 60 05–0
Fax +49-(0)30-2 60 05–251
Internet: www.deGruyter.de

de Gruyter
Berlin · New York

Synoptic Concordance

A Greek Concordance to the First Three Gospels in Synoptic Arrangement, statistically evaluated, including occurrences in Acts

PAUL HOFFMANN, THOMAS HIEKE, ULRICH BAUER

In four volumes; **Volume 1 (Introduction, A–Δ):**
1999. 31 x 23,5 cm. LXXIII, 1032 pages. Cloth.
DM 298,–/EUR 152,36/öS 2175,–/sFr 265,–
- ISBN 3-11-016296-2

The Synoptic Concordance is a major new research tool for the analysis of the first three Gospels, providing an extensive mass of data that greatly facilitates literary and linguistic examination.

The advantages of a concordance are combined with those of a synopsis: each occurrence of a word in the synoptic Gospels, along with a section of text that provides its context, is displayed in three columns. The result is that one sees not only the occurrences of a certain word in one Gospel, but also the parallels in the other two Gospels.

Prior to the availability of this new scholarly tool, it was necessary first to check the concordance for the occurrences of a certain word, then to look up each reference individually in a synopsis, and finally to take notes, before moving on to the next entry in the concordance, and so on. The Synoptic Concordance presents the whole synoptic situation at one time: all of the differences and similarities are obvious at a glance, so that the first three Gospels can easily be compared according to their divergent terminology and syntax. On the two-document hypothesis, one can see, for example, how Matthew or Luke takes over and changes his Markan source, or how they differ in the redaction of their Q text.

Prices are subject to change.

WALTER DE GRUYTER GMBH & CO. KG
Genthiner Straße 13 · D–10785 Berlin
Tel. +49-(0)30-2 60 05–0
Fax +49-(0)30-2 60 05–251
Internet: www.deGruyter.de

de Gruyter
Berlin · New York